DIE ZEIT

Das Lexikon in 20 Bänden

DIE ZEIT

Das Lexikon in 20 Bänden

Mit dem Besten
aus der ZEIT,
u. a. mit Beiträgen
von Matthias Naß,
Gero von Randow
und Michael Thumann

07

Impf–Kiq

Zeitverlag
Gerd Bucerius GmbH & Co. KG

Herausgeber
Zeitverlag Gerd Bucerius GmbH & Co. KG
Pressehaus
Speersort 1
20095 Hamburg

Redaktionsleitung Lexikon Dr. Joachim Weiß
Redaktionsleitung ZEIT Aspekte Dr. Dieter Buhl

Realisation WGV Verlagsdienstleistungen (verantwortlich: Walter Greulich), Weinheim, unter Mitarbeit von Silvia Barnert, Gabi Gumbel, Andreas Lenz und Otto Reger

Layout Sigrid Hecker
Einband- und Umschlaggestaltung Mike Kandelhardt, Hans Helfersdorfer
Herstellung Verona Meiling, Stefan Pauli

Bibliografische Information der Deutschen Bibliothek
Die Deutsche Bibliothek verzeichnet diese Publikation in der Deutschen Nationalbibliografie; detaillierte bibliografische Daten sind im Internet über http://dnb.ddb.de abrufbar.

Satz A–Z Satztechnik GmbH, Mannheim (PageOne, alfa Media Partner GmbH)
Druck und Bindung GGP Media GmbH, Pößneck
Printed in Germany

ISBN Gesamtwerk: 3-411-17560-5
ISBN Band 7: 3-411-17567-2

Abbildungen auf dem Einband aisa, Archivo iconografico, Barcelona: K. Adenauer, Elisabeth II., S. Freud, G. Kelly; Bibliographisches Institut, Mannheim: O. v. Bismarck, B. Brecht, F. Castro, C. Chaplin, R. Diesel, Friedrich der Große, M. Gandhi, G. Garbo, A. Schwarzer, A. Schweitzer, V. Woolf; Bundesministerium der Verteidigung, Bonn: H. Schmidt; Kinemathek Hamburg e. V.: M. Dietrich, M. Monroe; Klaus J. Kallabis, Hamburg: G. Bucerius; M. Adelmann, Zürich: S. de Beauvoir; Nobelstiftelsen, The Nobel Foundation, Stockholm: W. Churchill, M. Curie, T. Mann, R. Sussman Yalow; picture-alliance/akg-images, Frankfurt am Main: A. Einstein; picture-alliance/dpa, Frankfurt am Main: W. Allen, J. Baker, Beatrix – Königin der Niederlande, J. Beuys, H. Bogart, H. Böll, G. H. Brundtland, A. Christie, B. Clinton, J. Dean, M. Dönhoff, C. Freeman, J. Gagarin, I. Gandhi, M. Gorbatschow, J. Habermas, V. Havel, E. Hemingway, R. Herzog, A. Hitchcock, A. Lindgren, R. Luxemburg, N. Mandela, Mao Zedong, B. McClintock, G. Meir, Muhammad Ali, Mutter Teresa, P. Picasso, R. Schneider, S. Spielberg; picture-alliance/Keystone Schweiz, Frankfurt am Main: L. Meitner; picture-alliance/Picture Press/Camera Press, Frankfurt am Main: E. Presley; S. Müller, Leipzig: C. Wolf; U. S. Information Service, Bonn: J. F. Kennedy

Impfkalender: Standardimpfungen für Säuglinge, Kinder, Jugendliche und Erwachsene*) (Stand: August 2003)

Lebensalter	Art der Impfung	Zielgruppe
ab 2. Monat	1. Diphtherie-Tetanus-Pertussis-Impfung und Haemophilus-influenzae-Typ-b-Impfung, Poliomyelitis-Impfung und Hepatitis-B-Impfung (vorzugsweise in Kombination)	alle Säuglinge
ab 3. Monat	2. Diphtherie-Tetanus-Pertussis-Impfung; bei Anwendung von Kombinationsimpfstoffen mit Pertussis-Komponente einschließlich: Haemophilus-influenzae-Typ-b-Impfung, Poliomyelitis-Impfung und Hepatitis-B-Impfung	alle Säuglinge
ab 4. Monat	3. Diphtherie-Tetanus-Pertussis-Impfung und Haemophilus-influenzae-Typ-b-Impfung, Poliomyelitis-Impfung und Hepatitis-B-Impfung (vorzugsweise in Kombination)	alle Säuglinge
11.–14. Monat	4. Diphtherie-Tetanus-Pertussis-Impfung und Haemophilus-influenzae-Typ-b-Impfung, Poliomyelitis-Impfung und Hepatitis-B-Impfung (vorzugsweise in Kombination), 1. Masern-Mumps-Röteln-Impfung (MMR); 2. MMR-Impfung (frühestens nach 4 Wochen möglich)	alle Kleinkinder
15.–23. Monat	2. Masern-Mumps-Röteln-Impfung (bisher versäumte Impfungen nachholen)	alle Kleinkinder
5.–6. Lebensjahr	Auffrischimpfung gegen: Tetanus, Diphtherie;	alle Kinder
	Masern-Mumps-Röteln-Impfung (weitere bisher versäumte Impfungen nachholen)	Ungeimpfte oder erst 1-mal Geimpfte
9.–17. Lebensjahr	Auffrischimpfung gegen: Tetanus, Diphtherie, Pertussis und Poliomyelitis (vorzugsweise in Kombination),	alle Kinder beziehungsweise Jugendlichen,
	Hepatitis-B-Grundimmunisierung, Masern-Mumps-Röteln-Impfung (weitere, bisher versäumte Impfungen nachholen)	noch Ungeimpfte oder erst 1-mal Geimpfte
Erwachsene	Tetanus-Diphtherie-Auffrischimpfung	alle Erwachsenen alle 10 Jahre
	Influenza	ab 60 Jahre (jährlich)
	Pneumokokken	ab 60 Jahre alle 6 Jahre

*) nach den Empfehlungen der Ständigen Impfkommission am Robert-Koch-Institut

Impfkalender, Zeitplan für die Schutzimpfung von Säuglingen, Kindern, Jugendlichen und Erwachsenen mit dem Ziel einer optimalen Immunisierung gegen die wichtigsten Infektionskrankheiten nach Empfehlungen des Robert-Koch-Instituts.

Impfpass, Ausweis mit ärztl. Eintragungen über durchgeführte Impfungen; wichtig z. B. zur Feststellung der Immunität gegen bestimmte Erreger.

Impfschäden, *Medizin:* ↑Impfung.

Impfung, 1) *Chemie* und *Physik:* Einbringen eines Kristallkeims eines gleichen oder chemisch nahe verwandten Stoffs in eine unterkühlte Schmelze oder übersättigte Lösung, um deren Auskristallisieren zu beschleunigen.

2) *Landwirtschaft:* das Versetzen bakterienarmer Böden mit Präparaten, die meist Stickstoff bindende Bakterien enthalten, z. B. Azotobacter.

3) *Medizin:* die Vornahme einer Schutz-I. mit so genannten **Impfstoffen** (Vakzine), d. h. antigenhaltigen Lösungen zur aktiven Immunisierung bei Infektionskrankheiten. Man unterscheidet **Lebendimpfstoff,** hergestellt aus lebenden Organismen, deren krank machende Fähigkeiten und Angriffslust abgeschwächt sind, und **Totimpfstoff** aus abgeschwächten (inaktivierten) Erregern. Das Infektionsschutz-Ges. regelt die Haftung für durch Impfung verursachte Gesundheitsschäden **(Impfschäden).** Impfschäden treten v. a. in Form von Lymphknotenentzündungen, Sepsis, Herz-Kreislauf-Störungen (Schock, Kollaps),

Fieberkrämpfen, Nervenentzündungen oder Hirnschädigungen auf. Seitdem die Polio-Schutzimpfung in Dtl. nur noch mit Totimpfstoff und die Tuberkulose- und Pockenschutzimpfung nicht mehr durchgeführt werden, sind Impfschäden sehr selten. ✣ siehe ZEIT Aspekte

Impfung 3): 1796 hatte der Wundarzt Edward Jenner erfolgreich die erste Pockenschutzimpfung an einem 8-jährigen Jungen durchgeführt. Massenschutzimpfungen in den folgenden Jahrhunderten ist es zu verdanken, dass die Seuche seit 1977 weltweit als ausgerottet gilt.

4) *Mikrobiologie:* Übertragung von Mikroorganismen in oder auf Nährböden mit Impfnadel oder -öse.

Imphal ['ɪmpəl], Hptst. von Manipur, NO-Indien, am Manipur, 198 500 Ew.; Univ.; Marktort, Herstellung von Messing- und Bronzewaren; Flugplatz.

Implanon® (Itonogestrel), ↑Empfängnisverhütung.

Implantation [zu lat. in... »hinein« und plantare »pflanzen«] *die,* **1)** *Gynäkologie:* die Einnistung der befruchteten Eizelle in die Gebärmutterschleimhaut.

2) *Medizin:* operatives Einbringen von körperfremdem organ. oder anorgan. Material (Implantat) in den Organismus als Ersatz oder zur Verstärkung von Gewebe- oder Organteilen (z. B. Prothesen, künstl. Zahnwurzeln, Herzschrittmacher oder Arzneimittel als Depotpräparate).

Implantologie [lat.] *die,* Lehre von der Einpflanzung nicht lebender Gewebe und Materialien (Implantate, z. B. Gefäß- und Herzklappenprothesen oder künstliche Zähne) in den Organismus; Spezialgebiet der Zahnmedizin.

Implementation Force [ɪmplɪmen'teɪʃn 'fɔːs; engl. »Umsetzungstruppe«], die internat. Friedenstruppe ↑IFOR.

Implementierung [lat.-engl.], **1)** *allg.:* Umsetzung, Durchsetzung (z. B. von UN-Resolutionen).

2) *Informatik:* die Erstellung eines Entwurfs oder Konzepts (eines Algorithmus) durch ein lauffähiges Programm. Ein wichtiger Teil der I. ist deshalb die Wahl einer geeigneten Programmiersprache.

Implikation [lat.] *die,* **1)** *allg.:* Einbeziehung einer Sache in eine andere.

2) *Logik:* die Beziehung, in der These und Hypothese stehen. Als Folgerung, d. h. eine Aussage über Aussagen (Metaaussage) darstellend, ist die I. streng von der ↑Subjunktion, der Verknüpfung von Aussagen zu einer neuen Aussage, zu unterscheiden. Diese Unterscheidung wird oft nicht vorgenommen, weil sowohl Subjunktion als auch I. mit ähnlichen sprachl. Mitteln (z. B. »wenn ..., dann ...«) ausgedrückt werden.

implizit [lat.], mit enthalten (ohne ausdrücklich gesagt zu sein), logisch zu erschließen; Ggs. ↑explizit.

implizit, *Mathematik:* gesagt von Gleichungen und Funktionen mit mehreren Variablen, die (im Ggs. zu den explizit geschriebenen) nicht nach bestimmten Variablen aufgelöst sind.

Implosion [lat.] *die,* das schlagartige Zusammenfallen eines evakuierten Behälters aufgrund des äußeren Luftdrucks. Bei der mit lautem Knall stattfindenden I. fliegen alle Splitter zunächst in den Innenraum, danach explosionsartig nach außen; Ggs.: Explosion.

Impluvium [lat.] *das,* im Boden des altröm. Atriums das Becken zur Aufnahme des Regenwassers.

Imponderabilien [lat. imponderabilis »unwägbar«], Unwägbarkeiten, nicht vorhersehbare Risiken. Der Begriff (ab Ende des 18. Jh.) geht vielleicht auf A. L. de Lavoisiers Unterscheidung zw. den unwägbaren Elementarstoffen (»Lichtstoff«, »Wärmestoff«) und den wägbaren Grundbestandteilen der Gase zurück.

Imponierverhalten, *Verhaltensforschung:* ein sich zur Schau stellendes Verhalten, das zum Drohen (Flossenspreizen, Fellsträuben, Zähnefletschen) oder Balzen (Radschlagen bei Pfauen, Imponierschreiten bei Antilopen) eingesetzt wird.

Import [lat.] *der* (Einfuhr), das Verbringen von Gütern ins Inland (zollrechtlich: in das Zollgebiet).

Importbeschränkungen, Handelshemmnisse, die als staatl. Eingriffe in den internat. Güterverkehr den Zugang ausländ. Anbieter zum inländ. Absatzmarkt erschweren und dazu führen sollen, ein Handelsbilanzdefizit abzubauen; auch aus polit. Gründen möglich. Zu den **preisbezogenen I.** gehören u.a. Abschöpfungen, Zuschläge, Zölle, Mindestpreise sowie Abgaben. Von größerer Bedeutung sind **mengenbezogene I.** (↑Kontingent). Importverbote werden heute nur in Ausnahmefällen (z.B. zur Verhinderung von Seuchen) erlassen.

imposant [lat.-frz.], durch Größe, Bedeutsamkeit oder Ungewöhnlichkeit ins Auge fallend; einen bedeutenden Eindruck hinterlassend; großartig, überwältigend.

Impotenz [lat. »Unvermögen«] *die,* **1)** *allg.:* Unvermögen, Unfähigkeit.

2) *Medizin:* im sexuellen Bereich die Zeugungsunfähigkeit infolge Sterilität oder das Unvermögen des Mannes, den Geschlechtsverkehr auszuüben (v.a. die Unfähigkeit zur Peniserektion). Darüber hinaus gilt als I. auch die Unfähigkeit, zum Orgasmus zu gelangen. – Die I. kann zugleich physisch und psychisch bedingt sein sowie vorübergehend oder auf Dauer bestehen. Phys. Ursachen sind u.a. Penis- oder Hodenfehlbildungen, allg. körperl. Schwäche, Rückenmark- und Stoffwechselerkrankungen, Drogenmissbrauch oder starker Alkoholgenuss; psych. Ursachen sind v.a. in mangelndem Selbstvertrauen, Nervosität oder Angst zu suchen.

impr., *Verlagsrecht:* Abk. für ↑**Impr**imatur.

Imprägnation [lat.] *die,* Füllung von Gefügehohlräumen in Gesteinen durch infiltrierende Substanzen (z.B. Erdöl, Erzlösungen), bes. die diffuse Verteilung von Erzmineralen durch Einwirkung von pneumatolyt. Dämpfen oder hydrothermalen Lösungen, wobei oft Bestandteile des Gesteins zersetzt oder verdrängt werden.

Imprägnieren [lat. impraegnare »einprägen«] *das,* **1)** *Lebensmitteltechnik:* Einpressen von Kohlendioxid in Wein; erlaubtes Verfahren zur Herstellung von Schaum-, Perlwein.

2) *Werkstoffbehandlung:* Tränken fester Stoffe (Holz, Textilien, Papier) mit gelösten, dispergierten oder emulgierten Substanzen, um sie schwer entflammbar, wasserdicht oder Wasser abweisend zu machen, vor tier. (Insekten), pflanzl. (Pilze) Schädlingen und Bakterien oder gegen Fäulnis zu schützen.

Impresario [italien. »Unternehmer«] *der,* Theater- und Konzertagent, der für Künstler Verträge abschließt und Geschäfte führt.

Impression [lat.-frz.] *die, Psychologie:* der auf den Betrachter wirkende, nicht zergliederte, ganzheitl. Eindruck einer Situation.

Impressionismus [frz. impression »Eindruck«] *der,* eine in der frz. *Malerei* zw. 1860 und 1870 entstandene Kunstrichtung, die in fast allen europ. Ländern und auch in Nordamerika auf die Entwicklung der Malerei Einfluss nahm. Der Name ist von C. Monets Landschaftsbild »Impression, soleil levant« (1872) abgeleitet, das 1874 in der ersten gemeinsamen Ausstellung der frz. Impressionisten gezeigt wurde. Die Maler des I. überwanden die akadem. Ateliermalerei des 19. Jh. durch eine neue Art der Wirklichkeitswiedergabe, die einen Gegenstand in seiner augenblickl. Erscheinungsform und in einem zufälligen Ausschnitt zu erfassen suchte und die farbl. Reize der im Licht wechselnden Erscheinung oft in mehr andeutender als ausführender Art festhielt. Entwicklungsgeschichtlich ging der I. aus der Freilichtmalerei der Schule von ↑Barbizon hervor. Impressionist. Tendenzen waren bereits vorher z.B. in Werken von D. Velázquez, F. Hals, F. de Goya, W. Turner und J. Constable zu beobachten. Jedoch erst mit den Arbeiten É. Manets und C. Monets und der sich ihnen anschließenden Maler wie C. Pissarro, A. Sisley, B. Morisot, E. Degas und A. Renoir entstand ein eigener Stil. Dieser wurde von G. Seurat (seit etwa 1885) und P. Signac im **Neo-I. (Pointillismus)** weiterentwickelt, der ungemischte Grundfarben mosaikartig nebeneinander setzte. A. Rodin und E. Degas (in seinen späten Tänzerinnen-Statuetten) übertrugen die Prinzipien des I. auf die Plastik.

In Dtl. wurden die Ideen des I. von K. Blechen, J. C. Dahl und A. Menzel vorbereitet, jedoch kam es nie zu einer vollständigen Lösung vom Realismus (W. Leibl, C. Schuch, M. Liebermann, F. von Uhde, W. Trübner, L. von Kalckreuth, L. Corinth, M. Slevogt). Zu den führenden Impressio-

nisten gehören in England W. Sickert und der meist in London lebende Amerikaner J. Whistler, in Dänemark P. S. Krøyer und V. Hammershøi, in Italien G. De Nittis und der Bildhauer M. Rosso. Bedeutende amerikan. Vertreter des I. sind C. Hassam, J. S. Sargent, J. F. Sloan und v. a. Mary Cassatt.
Literatur: Als I. wird die literar. Strömung zw. 1890 und 1910 bezeichnet, die bes. in Lyrik, Prosaskizzen und Einaktern auf eine betont subjektive, differenzierte Wiedergabe persönl. Wirklichkeitserfahrung abhob und v. a. das Augenblickhafte zu erfassen suchte. (↑Symbolismus)
Musik: Hier bezeichnet I. eine Stilrichtung des ausgehenden 19. und beginnenden 20. Jh., die die strengen Formen der Tonalität auflöste und geschlossene Melodien wie themat. Entwicklung vermied zugunsten zerfließender Klangfarben. Durch die Aufnahme außereurop. Elemente (Ganztonleiter, Pentatonik) erzielte der I. Klangwirkungen von exot. Reiz, die sich dem Hörer in stimmungshafte Bildvisionen umsetzen sollen. Vorläufer waren M. P. Mussorgski und F. Liszt. Unabhängig entstand der frz. I., v. a. vertreten durch C. Debussy, ferner durch P. Dukas, M. Ravel, A. Roussel, J. Ibert; außerhalb Frankreichs durch F. Delius, C. Scott, M. de Falla.
📖 *Rewald, J.: Die Geschichte des I. Schicksal u. Werk der Maler einer großen Epoche der Kunst. Köln* [7]*2001. – I. Die Kunst in Frankreich zw. 1850 u. 1920, hg. v. G. Crepaldi. A. d. Italien. Köln 2002. – I., hg. v. I. F. Walther, 2 Bde. Köln 2002.*

Impressokeramik, vorgeschichtl. Tonware, v. a. der Jungsteinzeit; die Oberfläche ist durch Abdrücke von Muschelrändern (oft von Cardium edule, daher »Cardiumkeramik«) belebt.

Impressum [lat.] *das,* die landespresserechtlich vorgeschriebene Herkunftsangabe von Druckwerken; vermerkt Verleger und Drucker, bei Selbstverlag auch Autor oder Herausgeber, bei period. Werken zusätzlich den verantwortl. Redakteur.

Imprimatur [lat. »es werde gedruckt«] *das,* **1)** Abk. **imp., impr.,** *Druckwesen:* Druckerlaubnis des Verfassers bzw. Verlages (nach Abschluss aller Korrekturen).
2) *kath. Kirchenrecht:* die aufgrund der kirchl. Bücherzensur (↑Zensur) erteilte bischöfl. Druckerlaubnis für religiöse und theolog. Schriften; bindend vorgeschrieben für Bibelausgaben, liturg. Bücher und

1

2

1 Camille Pissarro, »Boulevard Montmartre in Paris« (1897; Sankt Petersburg, Eremitage)
2 Auguste Renoir, »Mädchen mit Fächer« (1881; Sankt Petersburg, Eremitage)
3 Claude Monet, »Mohnblumenfeld« (um 1890; Sankt Petersburg, Eremitage)
4 Edgar Degas, »Tänzerinnen in Blau« (um 1898; Moskau, Puschkin-Museum)

3 4601

4 4601

für Bücher zum Gebrauch im Unterricht und in der kirchl. Unterweisung.

Impromptu [ɛ̃prɔ̃'ty; frz., von lat. in promptu »in Bereitschaft«, »zur Hand«] *das,* der Improvisation nahe stehendes, kürzeres Musikstück, beliebt v. a. in der Klaviermusik der 1. Hälfte des 19. Jh. (F. Schubert, F. Chopin).

Improvisation [italien., zu lat. improvisus »unvorhergesehen«] *die,* in einer bestimmten Situation geborener Einfall, der in Handlung umgesetzt wird, bes. in den Bereichen Theater, Tanz und Musik. Letztere kennt die I. im Unterschied zur Komposition als tonschriftlich fixiertem Werk. In Jazz, Rock, z. T. in der Neuen Musik und in außereurop. Musikkulturen spielt die I. eine wichtige Rolle.

Impuls [lat.] *der,* **1)** *allg.:* Anstoß; Anregung.

2) *Elektrotechnik:* einmaliger Vorgang, dessen Augenblickswerte nur innerhalb einer beschränkten Zeitspanne merklich von null abweichen (z. B. kurzzeitiger Spannungs- oder Stromstoß) und dabei einen beliebigen Verlauf haben. Kenngrößen sind neben I.-Form (wie Rechteck-, Trapez-, Glocken-, Sägezahn-I.) u. a. I.-Amplitude und I.-Dauer. Period. Wiederholungen von I. heißen **Puls.**

3) *Physik:* allg. die kurzzeitige Wirkung einer physikal. Größe bzw. ihre kurzzeitige Abweichung von einem Normal- oder Grundwert. I. e. S. ist der I. **(Bewegungsgröße),** Formelzeichen $\boldsymbol{p}$, das Produkt aus Masse m und Geschwindigkeit $\boldsymbol{v}$ eines Körpers oder Massenpunktes. Die Richtung des I.-Vektors fällt mit der der Geschwindigkeit zusammen. Bei Systemen von Massenpunkten ist der Gesamt-I. gleich der Summe der einzelnen I.-Vektoren. In der Nähe der Lichtgeschwindigkeit ist die relativist. Massenänderung zu berücksichtigen (↑Relativitätstheorie).

Impulserhaltungssatz, der ↑Impulssatz.

Impulsgenerator (Impulsgeber), elektron. Gerät zur Erzeugung impulsförmiger Wechselspannung. I. werden u. a. als Taktgenerator für elektron. Steuerungen oder in Computern verwendet.

Impulshöhenanalyse, Messung von Teilchen- oder Strahlungsenergie. Die einfallenden Teilchen erzeugen in einem Zählrohr (Impulshöhenanalysator) Impulse, deren Höhe (Amplitude) ein Maß für die Energie ist. Durch geeignete Filter lässt sich die registrierbare Impulshöhe einstellen. Je nachdem, ob der Analysator nur eine einzige (durch Schwellen oder Fenster einstellbare) Impulshöhe registrieren kann, oder versch. Impulshöhen über einen Analog-digital-Wandler besonderen Messkanälen zuordnet, handelt es sich um einen **Einkanalanalysator** (auch Diskriminator genannt) oder um einen **Vielkanalanalysator.**

Impulsivität [lat.] *die, Psychologie:* Neigung zu unkontrollierter und unmittelbarer Affektentladung bzw. Handlung.

Impulssatz (Impulserhaltungssatz), eines der Grundgesetze der Physik; ihm zufolge ist in abgeschlossenen Systemen, auf die von außen keine Kräfte wirken, der Gesamtimpuls nach Betrag und Richtung zeitlich konstant. Der I. folgt unmittelbar aus den newtonschen Axiomen. Er gilt auch in allen mikrophysikal. Theorien und spielt z. B bei der Analyse von Stoßprozessen eine große Rolle.

Impulstechnik, Disziplin der Elektrotechnik, die sich mit Verfahren der Erzeugung, Formung, Übertragung und Verarbeitung elektr. Impulse bzw. Impulsfolgen befasst. Anwendungsgebiete sind u. a. Nachrichtentechnik, elektr. Mess-, Steuer- und Regelungstechnik.

Impulswahlverfahren, *Telekommunikation:* ↑Mehrfrequenzwahlverfahren.

Imroz [-z] (Gökçe Adası), türk. Insel im Ägäischen Meer, bei der Einfahrt zu den Dardanellen, bis 697 m ü. M., 279 km², 5 000 Einwohner.

Imst, Bez.-Hptst. in Tirol, Österreich, am Ausgang des Gurgltals in das Inntal, 828 m ü. M., 8 500 Ew.; Fachschulen, Heimatmuseum; SOS-Kinderdorf (gegr. 1949); Textil-, Metallwaren- u. a. Ind.; Fremdenverkehr. Lebendiges Brauchtum (»Schemenlaufen« zur Fastnachtzeit). – Spätgot. Pfarrkirche, roman. Laurentiuskirche. – Das 763 erstmals erwähnte I. wurde 1898 Stadt.

IMT, Abk. für das Internationale Militärtribunal in Nürnberg (↑Nürnberger Prozesse).

Imuthes [grch.], ägypt. Baumeister, ↑Imhotep.

in, Einheitenzeichen für ↑Inch.

in [engl.], umgangsprachl. Wendung; bes. in der Verbindung **in sein** gebraucht: Personen und Dinge, die im Brennpunkt des

Interesses stehen, sehr in Mode sind; (sportl.) Aktivitäten, die von vielen betrieben werden. Ggs.: out.

In, chem. Symbol für ↑Indium.

in... [lat.], Präfix, 1) ein..., hinein..., in...; 2) un...

inadäquat [lat.-nlat.], unangemessen, nicht passend, nicht entsprechend; Ggs. ↑adäquat.

in aeternum [-ε-, lat.], auf ewig.

inan [lat.], *Philosophie:* nichtig, hohl, eitel.

Inanität *die,* Nichtigkeit, Leere, Eitelkeit.

inäqual [lat.], ungleich, verschieden; Ggs. ↑äqual.

Inarisee (schwed. Enaresee), Binnensee im finn. Lappland, rd. 1 000 km² groß, insel- und buchtenreich, 119 m ü. M., bis 60 m tief. Am SW-Ufer liegt der Ort Inari, 7 900 Ew. (Lappen); Freilichtmuseum.

Inauguraladresse (engl. Inaugural Address), Bez. für die Rede des Präs. der USA, die er am Tage seiner Amtseinführung (20. 1., »Inauguration Day«) vor dem Kapitol in Washington (D. C.) hält; in ihr legt er die Grundsätze seiner Politik dar.

Inauguraldissertation [lat. »Einführungsschrift«], Doktorarbeit (↑Dissertation).

Inauguration [lat.] *die,* feierl. Amtseinsetzung; im alten Rom die feierl. Weihe bestimmter Priester (z. B. Auguren; Flamen) durch den Pontifex maximus, wobei ein billigendes göttliches Zeichen eingeholt wurde (augurium).

1413

Eliahu Inbal

Inbal, Eliahu, israel. Dirigent, *Jerusalem 16. 2. 1936; war 1974–90 Chefdirigent des Sinfonieorchesters des Hess. Rundfunks in Frankfurt am Main und 1983–86 Musikdirektor des Teatro La Fenice in Venedig; Gastdirigent u. a. bei den Festspielen in Salzburg und Luzern. I. ist seit 2001 Chefdirigent des Berliner Sinfonie-Orchesters.

Inber, Wera Michailowna, russ. Schriftstellerin, *Odessa 10. 7. 1890, †Moskau 11. 11. 1972; stand in ihrer frühen Lyrik dem frz. und russ. ↑Symbolismus nahe; seit 1922 gehörte sie dem Kreis der Konstruktivisten an; schrieb heroisch-patriot. Dichtungen sowie das Tagebuch über die Blockade Leningrads »Fast drei Jahre« (1946).

Inbetween [ɪnbɪˈtwiːn, engl.] *der,* halbdurchsichtiger, in seiner Dichte zw. Gardinen- und Vorhangstoff liegender Stoff zur Raumausstattung.

in blanko [italien.], unausgefüllt, leer (von Schecks o. Ä.).

in bond [engl.], *Wirtschaft:* unverzollt, aber unter Zollaufsicht stehend (von gelagerten Waren).

INC, Abk. für ↑**I**ndian **N**ational **C**ongress.

Inc., Abk. für ↑**Inc**orporated.

Incentives [ɪnˈsentɪvz; engl. »Anreize«], wirtschafts- oder finanzpolit. Maßnahmen zur Steigerung des privaten ökonom. Leistungswillens, z. B. steuerl. Vergünstigungen. Ggs.: ↑Disincentives.

Inch [ɪntʃ, engl.] *der,* Einheitenzeichen **in** oder ″, angloamerikan. Längeneinheit, entspricht dem dt. Zoll; 1 in = $^1/_{36}$ yard = 25,4 mm.

Inchoativ [-ko-, lat.] *das,* Aktionsart des Verbs zur Bez. des Eintretens eines Zustandes oder einer Handlung, z. B. erblühen.

Inch'ŏn [ɪntʃhʌn] (früher Chemulp'o), Hafenstadt in Süd-Korea, im Rang einer Provinz (955 km²), am Gelben Meer, 2,3 Mio. Ew.; kath. Bischofssitz; TH; zweitgrößter Hafen Süd-Koreas; Eisen- und Stahlwerk, Erdölraffinerie, Maschinen- und Fahrzeugbau u. a. Ind.; Fischerei. – Hafen 1883 für den Außenhandel geöffnet.

Inchromieren (Chromieren), das Anreichern der Oberfläche eines Werkstücks (Stahl) mit Chrom durch thermochem. Behandlung (Glühen) in gasförmigen, flüssigen oder festen, Chrom abgebenden Stoffen. Bei Stählen mit niedrigem Kohlenstoffgehalt bildet sich eine intermetall. Eisen-Chrom-Verbindung, die einen erhöhten Oxidationsschutz bei hohen Temperaturen bietet. Bei Stählen mit einem großen Kohlenstoffgehalt (über 0,45 %) bildet sich Chromcarbid, dessen hohe Härte vor abrasivem Verschleiß schützt.

incipit [lat. »es beginnt«], Vermerk am Anfang vieler lat. Handschriften und Frühdrucke; Ggs. ↑explicit.

Incipit *das,* Bez. eines Liedes oder einer Arie mit den Anfangsworten ihres Textes; Anfangstakte eines Musikstücks in einem themat. Verzeichnis.

In coena Domini [- 'tsø:na -; lat. »beim Mahle des Herrn«] (Bulla i.c. D., Abendmahlsbulle), bis ins 13. Jh. zurückreichende Samml. päpstl. Exkommunikationssentenzen und -androhungen; bis 1770 jährlich am Gründonnerstag verkündet; heute außer Kraft gesetzt.

in concert [- 'kɔnsət, engl.], 1) in einem öffentl. Konzert, in öffentl. Veranstaltung (auftretend); 2) in einem Mitschnitt eines öffentl. Konzerts (im Unterschied zu einer Studioaufnahme).

Incorporated [ɪn'kɔ:pəreɪtɪd; engl. »eingetragen«], Abk. **Inc.**, auf die Haftungsbeschränkung hinweisender Zusatz amerikan. Kapital-, bes. Aktiengesellschaften, entspricht dem engl. Limited.

in corpore [lat.], gemeinsam; alle zusammen.

Incoterms ['ɪnkəʊtə:mz, engl.], ↑Handelsklauseln.

Incroyable [ɛ̃krwa'ja:bl; frz. »unglaublich«] *der,* Pariser Stutzer um 1800; weibl. Gegenstück: ↑Merveilleuse.

I. N. D., Abk. für lat. **i**n **n**omine **D**ei (oder **D**omini), im Namen Gottes (oder des Herrn).

Indalsälv *der,* einer der wasserreichsten Flüsse Schwedens, 430 km, entspringt nahe der Grenze zu Norwegen, bildet zahlr. Fälle (z.T. in Großkraftwerken genutzt), mündet in den Bottn. Meerbusen; bed. Holzflößerei.

Indan *das,* bizykl. Kohlenwasserstoff, der im Steinkohlenteer und Indenharz vorkommt, lässt sich zu Inden dehydrieren; Grundkörper vieler pharmakologisch wichtiger Verbindungen.

Indanthrenfarbstoffe [Kurzwort aus **Ind**igo und **Anthr**acen], sehr beständige Küpenfarbstoffe der Anthrachinonreihe, die vielfach zum Färben von Stoffen jeder Art verwendet werden.

indebite [lat.], irrtümlich und ohne rechtl. Grund geleistet (von Zahlungen).

indeciso [inde'tʃi:zo, italien.], musikal. Vortragsbez.: unentschlossen, unentschieden.

indefinit [lat.], unbestimmt.

Indefinitpronomen *das,* unbestimmtes ↑Pronomen, z.B. *alle, einige.*

indeklinabel [lat. »unbeugbar«], *Grammatik:* nicht beugungsfähig (z.B. Partikel und Adverbien).

Indemnität [lat.] *die,* Straflosigkeit eines Abg. für Abstimmungen oder Äußerungen im Parlament mit Ausnahme verleumder. Beleidigungen (Art. 46 Abs. 1 GG, parallele Bestimmungen in Länderverfassungen, auch in *Österreich* und der *Schweiz*); persönl. Strafausschließungsgrund, der im Ggs. zur Immunität nicht aufgehoben werden kann.

Inden *das,* bizykl. Kohlenwasserstoff, der im Steinkohlenteer vorkommt und zur Herstellung von I.-Cumaron-Harzen dient.

Inden, Tagebau (seit 1957/81) im Rhein. Braunkohlenrevier, NRW, nördlich von Weisweiler, v.a. auf dem Gebiet der Gem. Inden. Rd. 1 Mrd. t gewinnbarer Kohle lagern auf einer Abbaufläche von 45 km².

Indentgeschäft [engl.-dt.], ein Exportgeschäft, das der Minderung des Risikos für den Exporteur dient.

Indentured servants [ɪn'dentʃərəd 'sə:vənts, engl. »Kontraktknecht«], ↑Kontraktarbeiter.

Independence [ɪndɪ'pendəns], Stadt im W von Missouri, USA, 112 300 Ew.; Harry-S.-Truman-Bibliothek. – Gegr. 1827.

Independence Day [ɪndɪ'pendəns 'deɪ, engl.-amerikan.] *der,* Unabhängigkeitstag der USA (4. 7.); geht zurück auf den Tag der Unabhängigkeitserklärung der 13 brit. Neuenglandkolonien auf dem 2. Kontinentalkongress 1776.

Independenten [lat. »Unabhängige«], aus den Religionskämpfen des 16. Jh. in England hervorgegangene Bez. der radikalen Puritaner, die gegenüber der anglikan. Kirche völlige Unabhängigkeit und Autonomie der einzelnen Gemeinden (engl. congregations) forderten (daher auch **Kongregationalisten**). Nach ihrer Verfolgung ab 1593 ins niederländ. Exil ziehend, ließen sich die I. später in Neuengland nieder (1620 Überfahrt auf der »Mayflower«; ↑Pilgerväter), wo sie bed. religiösen und polit. Einfluss erlangten und maßgeblich zur Ausformung des amerikan. Demokratieverständnisses beigetragen haben.

Independentfilm [ɪndɪ'pendənt-], Sammelbez. für das außerhalb der großen Hollywoodstudios entstehende, unabhängige Filmschaffen in den USA (»independent cinema«).

Independent Label [ɪndɪ'pendənt leɪbl, engl.], Kurzform Indie, Schallplattenlabel einer Plattenfirma, die unabhängig von den großen, marktbeherrschenden Konzernen Schallplatten produziert; auch: unabhängiger Produzent von Musik, Filmen o. Ä.

Independent Labour Party [ɪndɪˈpendənt ˈleɪbə ˈpɑːtɪ] *die,* 1893 gegr. brit. Partei, ging in der ↑Labour Party auf.

Inder, das Sternbild ↑Indianer.

Indersdorf, ehem. Augustinerchorherrenstift (um 1126 gegr.) im Landkreis Dachau; die roman. Kirche wurde 1754/55 durch F. X. Feuchtmayer und M. Günther umgestaltet und gilt als eine der gelungensten Barockisierungen mittelalterl. Architektur.

indeterminabel [lat.], unbestimmbar.

indeterminiert [lat.], unbestimmt.

Indeterminismus [lat.] *der, Philosophie:* im Ggs. zum Determinismus die Lehre, wonach ein (bzw. alles) Geschehen (grundsätzlich) nicht durch eine Ursache bestimmt ist und nicht nach dem Kausalprinzip erkannt bzw. vorausgesagt werden kann. Argumente für den I. lieferte im 20. Jh. v. a. die Quantentheorie. – In der Ethik die Lehre von der ↑Willensfreiheit.

Index [lat.] *der,* **1)** *allg.:* alphabet. Verzeichnis (z. B. Namen- oder Titelregister), v. a. bei Büchern.

2) *Biologie:* Verhältnis zweier Maße (Längen, Umfänge, Gewichte), von denen das eine in Prozenten des anderen ausgedrückt wird; z. B. in der Anthropologie der Längen-Breiten-I. des Kopfes.

3) *Informatik:* Register, die nur Anfangsinformationen enthalten. Indizes dienen als Zuordnungshilfen und vereinfachen das Auffinden bestimmter Daten innerhalb einer Datei.

4) *kath. Kirchenrecht:* Kurzbez. für den **I. librorum prohibitorum,** 1559–1966 das amtl. Verzeichnis der vom Apostol. Stuhl verbotenen Bücher. (↑Bücherverbot)

5) *Naturwissenschaften:* Zahl oder Buchstabe, der (tief- oder hochgesetzt) an Zeichen oder Symbole für gleichartige Größen zur Unterscheidung oder zur Kennzeichnung angehängt wird, z. B. bei den Isotopen eines Elements, wie ^{238}U, ^{235}U oder den Komponenten eines Vektors x_1, x_2, x_3.

Indexanleihe, Anleihe, bei der die Höhe der Zinszahlungen und/oder der Rückzahlungspreis an einen Index (z. B. Goldpreis, Preisindex der Lebenshaltungskosten, Aktienindex) gebunden wird, um Gläubiger vor Geldwertverschlechterungen zu schützen.

Index der menschlichen Entwicklung, ↑Human Development Index.

Indexfonds [-fɔ̃], Investmentfonds, der einen bestimmten Wertpapierindex (z. B. DAX®) nachbildet. Das bedeutet, das Fondsvermögen wird in gleicher Gewichtung in diejenigen Aktien investiert, aus denen sich auch der betreffende Index zusammensetzt. Im Ggs. zu den klass. Investmentfonds erfolgt keine Umschichtung der im Fonds enthaltenen Titel entsprechend der erwarteten Kursentwicklung, da der Index die Auswahl der Aktien vorgibt (»passives Portfoliomanagement«). Damit entfallen die Anlegerrendite reduzierende Analyse- und Transaktionskosten für die Umschichtung. Die in den 70er-Jahren in den USA entwickelten I. basieren auf der These, dass infolge der Schnelligkeit der Informationsverarbeitung und zunehmender Informationstransparenz aktives Portfoliomanagement keine bessere Performance erreichen kann als ein die durchschnittl. Marktentwicklung repräsentierender I. In Dtl. ist die Auflegung von I. seit 1998 möglich.

Indexlohn (gleitender Lohn), Lohn, der i. Allg. an den Preisindex der Lebenshaltungskosten gekoppelt ist, um die Höhe des Reallohns stabil zu halten.

Indexmiete, schriftl. Vereinbarung, dass die Miethöhe in einem Wohnungsmietverhältnis auf der Grundlage des Preisindex festgelegt wird, der vom Statist. Bundesamt für die Lebenshaltung aller privaten Haushalte in Dtl. ermittelt wird (§§ 557 Abs. 2, 557 b BGB). Die Miete muss hierbei mindestens ein Jahr unverändert bleiben, eine Erhöhung ist nur wegen der Kosten baul. Maßnahmen, die der Vermieter nicht zu vertreten hat, sowie wegen gestiegener Betriebskosten möglich.

Indexminerale (typomorphe Minerale), Minerale, deren Auftreten für spezif. Bildungstemperaturen und -drücke, d. h. für bestimmte Bildungsbereiche der Gesteinsmetamorphose und ihre ↑Mineralfazies, typisch ist.

Indexregister, *Informatik:* ein Prozessorregister, das zur Bildung und Änderung von Operandenadressen verwendet wird.

Indexröhre, Elektronenstrahlröhre zur Wiedergabe farbiger Fernsehbilder mit einem Elektronenstrahlsystem und senkrechter Streifenstruktur der Leuchtstoffe.

Indexwährung, manipulierte Währung, bei der die Entwicklung der Geldmenge an bestimmte Preisindizes gekoppelt ist, um dadurch die Kaufkraft des Geldes (Geldwert) zu stabilisieren.

Indexzahlen (Indexziffern), *Statistik:* Verhältniszahlen, die relative Veränderungen bzw. relative Unterschiede zusammengesetzter Größen angeben. I. sind Verhältnisse gewogener Mittelwerte von mehreren Messziffern. Sie werden am häufigsten als Preis-, Mengen- und Umsatzindizes errechnet. Meist werden mehrere gleichartige Zeitreihen zu einer **Indexreihe** zusammengefasst, wobei das Jahr, das den Ausgangswert (= 100) einer solchen Reihe liefert, als Basisjahr bezeichnet wird.

393

Indiana: Mount Rose nahe dem Lake Tahore in Indiana

Indexzertifikat, an der Börse notiertes und täglich handelbares Wertpapier, das die Entwicklung eines Aktienindex exakt nachvollzieht. Es verbrieft dem Käufer ein Recht auf Zahlung eines Geld- oder Abrechnungsbetrages, dessen Höhe vom Wert des zugrunde liegenden Index am Rückgabe- oder Fälligkeitstag abhängt. Während der Laufzeit erfolgen keine Zinszahlungen oder sonstigen Ausschüttungen.

indezent [lat.], nicht taktvoll, nicht feinfühlig; Ggs. ↑dezent.

Indiaca *das,* Rückschlagspiel mit dem gleichnamigen Spielgerät, einem mit Federn versehenen Lederball, der mit der flachen Hand über ein 2,35 m hohes Netz (gemischte Mannschaften 2,25 m, Frauen 2,15 m) geschlagen wird; Spielregeln ähnlich wie beim Volleyball.

Indiana [ɪndɪ'ænə], Abk. **Ind.,** Bundesstaat im Mittleren Westen der USA, 94 328 km², (2001) 6,11 Mio. Ew., Hptst.: Indianapolis. I. liegt im O des Zentralen Tieflands der USA; das Klima ist gemäßigt kontinental. Rd. 80 % der Bev. sind Weiße, 8 % Schwarze. Größtenteils gehört I. zum Corn Belt; Anbau von Mais, Sojabohnen, Weizen; Viehzucht. Reiche Bodenschätze an Kohle (Abbau v. a. im Tagebau), Erdöl, Kalkstein; Stahl-, Maschinen-, Kraftwagen-, Elektro-, chem., Nahrungsmittelind., Musikinstrumentenbau. – Das 1679 von dem Franzosen R. de La Salle erkundete I. gelangte 1763 in brit. Besitz und kam 1783 an die USA; ab 1800 eigenes Territorium. Nach militär. Sicherung (1811 Sieg über die Indianer bei Tippecanoe) wurde I. 1816 als 19. Staat in die Union aufgenommen.

Indiana [ɪndɪ'ænə], Robert, eigtl. R. Clark, amerikan. Maler und Grafiker, *New Castle (Ind.) 13. 9. 1928; wichtiger Vertreter der amerikan. Pop-Art. Sein Werk wird wesentlich bestimmt durch geometr. Figuren und vorgeprägte Zeichen wie z. B. Zahlen und Buchstaben.

Indian Airlines ['ɪndɪən 'eəlaɪnz], staatl. indische Luftverkehrsgesellschaft; gegr. 1953, Sitz: Neu-Delhi.

Indianapolis [ɪndɪə'næpəlɪs], Hptst. von Indiana, USA, 742 000 Ew.; kath. Erzbischofssitz, mehrere Univ.; pharmazeut., elektron. Ind., Auto-, Flugzeugmotoren-, Maschinenbau; Autorennstrecke (eröffnet 1911). – Gegr. 1821, Hauptstadt seit 1825.

Indianapolisstart [nach der Stadt], Form des Starts bei Automobilrennen (nicht bei der Formel 1), bei der die Fahrzeuge nach einer Einlaufrunde im ↑fliegenden Start über die Startlinie fahren.

Indianer, 1) *Astronomie:* (Inder, lat. Indus), Sternbild am Südhimmel.

2) *Völkerkunde:* die Ureinwohner (neben den Eskimo und Aleuten) des amerikan. Doppelkontinents; der Name geht auf den Irrtum Kolumbus' zurück, der bei seiner Landung in Amerika glaubte, Indien auf dem westl. Seeweg erreicht zu haben. Die I. sind wahrscheinlich über eine damals im Bereich der Beringstraße bestehende

Indianer – Nordamerika in frühhistorischer Zeit

Landbrücke aus Asien eingewandert (zw. 23 000–18 000 und nach 12 000 v. Chr.). In der Anthropologie werden sie als Indianide zusammengefasst. Die Schätzungen über die Zahl der I. vor der europ. Kolonisation schwanken erheblich (zw. etwa 15 Mio. und mehr als 100 Mio.).

Nordamerika: Die I. der Sprachfamilie der Subarktis (Algonkin, Athapasken) und der NW-Küste (Tlingit, Haida) waren einfache Jäger und Binnen- bzw. Küstenfischer, die I. Kaliforniens (Maidu, Yokuts, Pomo, Cahuilla) und des Goßen Beckens (Shoshone, Paiute, Ute) und der angrenzenden Plateaus (Nez Percé, Flathead) waren Fischer (Lachs), Wildbeuter und Sammler (Eicheln) mit hoch entwickelter Korbflechtkunst. Die Sprachfamilien des nordöstl. (Algonkin, Irokesen) und I.-Völker des südöstl. Waldlandes (Cherokee, Creek, Natchez) sowie des SW (Hopi, Zuni, Keres u. a.) waren weitgehend sesshafte und intensive Feldbauern (Mais, Bohne, Kürbis), die künstl. Bewässerungssysteme und Tongefäße kannten. In den stammesübergreifenden Zusammenschlüssen, z. B. der Irokesenföderation, die aus den sechs Nationen der Onondaga, Mohawk, Seneca, Cayuga, Oneida und Tuscarora bestand, und der so genannten Fünf zivilisierten Stämme (Creek, Choctaw, Chickasaw, Seminolen, Cherokee), zeigten sich Ansätze einer Staatenbildung, die diese I. kulturell in die Nähe der Hochkulturen Mittelamerikas und des westl. Südamerikas rückt. Eine Sonderstellung nahmen die I. der Prärien des Mittleren Westens (Dakota, Arapaho, Cheyenne, Comanchen) ein. Urspr. Gartenbauern (Mais) und saisonale Jäger, entwickelten sie sich seit der Übernahme des Pferdes von den Spaniern (um 1630) schnell zu (auch krieger.) Reiterjägern, die nahezu ihren gesamten Lebensbedarf aus der Bisonjagd deckten. Typ. Waffen der I. waren vor der Verbreitung der Feuerwaffen Wurfbeil (Tomahawk), Keule sowie Pfeil und Bogen.Die Landnahme der Europäer war vom Widerstand und Freiheitskampf der nordamerikan. I. begleitet **(Indianerkriege):** 1680 verbündeten sich die Pueblo-I. im SW gegen die Spanier. 1755 vereinigte Häuptling Pontiac von den Ottawa mehrere Stämme im Gebiet der Großen Seen und führte 1763–66 einen Aufstand gegen die Engländer. Shawnee-Häuptling Tecumseh bemühte sich nach 1805 um ein Bündnis aller Stämme im Mittelwesten und S gegen die nach W vordringenden weißen Siedler (Scheitern seiner Pläne durch die Niederlage der I. in der Schlacht am Tippecanoe River 1811). Im 19. Jh. wurde das Schicksal der indian. Völker besiegelt.

Indianer 2): Blackfoot-Indianer, Prov. Alberta, Kanada

Viele Stämme wurden ab 1830 (Indian Removal Act) in das – mehrfach verkleinerte – ↑Indianerterritorium umgesiedelt. Durch das Abschlachten von über 70 Mio. Bisons zw. 1830 und 1883 war den Prärie- und Plains-I. die Existenzgrundlage entzogen worden. Der letzte große Sieg der I. gegen die Armee der USA war die Schlacht der Dakota u. a. Stämme unter Führung von Crazy Horse und Sitting Bull am Little Big Horn 1876. Weitere bekannte I.-Führer, die zumeist in blutigen Guerillakriegen um die Freiheit und die Rechte ihrer Stämme kämpften, waren u. a. die Apachen Cochise († 1874) und Geronimo sowie der Häuptling der Nez Percé Chief Joseph (* um 1840, † 1904). Mit dem Massaker am Wounded Knee 1890 war der indian. Widerstand gebrochen. Die einzelnen Stämme hatte man inzwischen alle in Indianerreservationen zusammengedrängt. – In den 1960er-Jahren formierte sich ein neuer Widerstand (»Red Power«). Seit den 1970er-Jahren forderten die I.-Stämme der USA und Kanadas die Erneuerung der zahlr. gebrochenen Verträge bzw. Wiedergutmachung und konnten seit 1972 zum Teil Schadensersatzansprüche gerichtlich durchsetzen. In den USA besitzen die I. seit 1924 allg. Staatsbürgerrecht, in Kanada seit 1960 Wahlrecht. – 1990 lebten in den USA etwa 2 Mio. I. (einschl. Eskimo und Aleuten; um 1890 etwa 500 000), davon mehr als die Hälfte außerhalb des Stammeslands; in Kanada (1991) 784 000, von denen nur die Hälfte staatlich anerkannt sind, dazu 213 000 als Autochthone anerkannte Mischlinge (Métis) und 49 000 Eskimo (Inuit).

Lateinamerika: Zu unterscheiden sind die hoch entwickelten Staaten in Mittelamerika und im westl. Südamerika und die indian. Stammesvölker v. a. des trop. Tieflands im O und SO Südamerikas. Von den archäologisch bekannten Völkern Mittelamerikas (Olmeken, Azteken, Zapoteken, Mixteken, Tarasken, Totonaken, Maya) sowie von den Inka im westl. Südamerika überlebten nur noch die Nachfahren der bäuerl. Grundbevölkerung. Während die hoch entwickelten I.-Staaten schon bald nach der Ankunft der Spanier mit der Gefangennahme der jeweiligen Herrscher unterworfen wurden, kamen die I. der trop. Regenwälder nur zögernd, z. T. erst im 20. Jh., in Kontakt mit den Weißen. Heute sind bis auf einige Stämme im Amazonasgebiet sämtl. I. Lateinamerikas unterdrückt, z. T. auch ganze Stämme ausgerottet (z. B. Patagonier, Feuerland-I.). Die weitere Existenz der Tieflandstämme ist durch die großflächige Gewinnung von Bodenschätzen und Entwaldung sowie durch die Verbreitung von Krankheiten gefährdet. Außerhalb der Zentralanden rechnet man noch mit 1,5–2 Mio. I.; vor allem in den Anden kam es zu einer intensiven, auch kulturellen Vermischung mit den Weißen, bes. mit den Spaniern.

Religion: Vielgestaltig sind die Religionen und mytholog. Vorstellungen der Indianer. – Bei den I. *Nordamerikas* war der Glaube an einen Hochgott (Großer Geist) weit verbreitet; in vielen Stämmen ist daneben die

Gestalt eines Heilbringers nachweisbar, auf den auch der Besitz der Kulturgüter zurückgeführt wird. Typ. Erscheinungen sind Totemismus und Initiationsriten. Der Kult der I. hatte oft ekstat. Charakter. Der Seelen- und Unsterblichkeitsglaube verband sich mit der Vorstellung von einem Jenseitsreich, das an unterschiedl. Orten gedacht und von den Jägerstämmen als »ewige Jagdgründe« angesehen wurde. Die Verbindung zur Geister- und Dämonenwelt wurde vielfach von einem ↑Medizinmann aufrechterhalten, der auch Funktionen eines Priesters hatte. – Ähnl. Vorstellungen finden sich auch bei den indian. Naturvölkern Lateinamerikas.

📖 *Helfritz, H.: Amerika. Inka, Maya u. Azteken. Neuausg. Augsburg 1986. – Rockstroh, W.: USA, der Südwesten. Indianerkulturen u. Naturwunder zw. Colorado u. Rio Grande. Köln* [8]*1988. – Die I. Kulturen u. Geschichte, Beiträge v. W. Lindig u. M. Münzel, 2 Bde. München* [5–6]*1992–94. – Läng, H.: Kulturgeschichte der I. Nordamerikas. Bindlach* [8]*1994. – Müller, Wolfgang: Die I. Amazoniens. München 1995.*

Indianerkapelle, die ↑offene Kapelle.

Indianerkriege, i.w.S. Bez. für alle Kämpfe zw. Indianern und weißen Siedlern seit der Landung von Europäern auf dem amerikan. Kontinent; hauptsächlich um das Land der Ureinwohner geführt; i.e.S. die zahlr. Kriege zw. US-amerikan. Truppen und den Indianerstämmen v.a. des Nordwestens, Südwestens und der Great Plains im 19. Jh., die zur Vertreibung und Dezimierung der Indianer sowie zur Einweisung der Stämme in Indianerreservationen führten; fanden um 1890 (Brechung des letzten indian. Widerstandes durch das Massaker am ↑Wounded Knee) ihr Ende.

Indianerliteratur, Bez. sowohl für die über die Indianer als auch für die von Indianern verfasste Literatur. – Die das Leben und die Gebräuche der Indianer darstellende *I. von Nichtindianern* hat bis heute die Vorstellungen der Weißen von Indianern maßgeblich geprägt. Die darin vermittelten Klischees vom »edlen« bzw. »barbar. Wilden« fanden zunächst in Reise- und Missionarsberichten, histor. und philosoph. Schriften ihre Verbreitung. Die Vorstellung vom heidn., aber »unschuldigen«, edlen Naturmenschen war seit dem 16. Jh. in Europa populär und diente v.a. im Frankreich des 18. Jh. den Philosophen der Aufklärung als Argument ihrer Zivilisationskritik. In Nordamerika dominierte dagegen lange das Bild des blutrünstigen, gottlosen Roten, das im 19. Jh. von der Verherrlichung der Indianer abgelöst wurde (J. F. Cooper). Seit der 2. Hälfte des 19. Jh. entwickelte sich eine realistischere I. In den 1960er-Jahren schließlich wurde »der Indianer« zur Identifikationsfigur der nach neuen Lebensformen und Einklang mit der Natur strebenden Gegenkultur und diente als Mittel ihrer Kritik an der Industriegesellschaft z. B. in K. Keseys Roman »Einer flog über das Kuckucksnest« (1962). – In Dtl. erschienen im 19. Jh. populäre, humanitär für die Indianer eintretende Romane (C. Sealsfield, F. Gerstäcker, B. Möllhausen, F. A. Strubberg, F. Pajeken und K. May).

Die *Literatur der indian. Bevölkerung* Nordamerikas umfasst die jahrtausendealten mündl. Überlieferungen der verschiedenen indian. Kulturen. Im Wortsinn des schriftlich Niedergelegten bezeichnet I. v.a. die von Indianern in engl. Sprache verfasste Literatur, die sich erst nach dem Kulturkontakt mit den Weißen entwickelte (zur I. in indian. Sprache ↑Indianersprachen). Die ersten bed. Werke dieser I. entstanden in der 1. Hälfte des 19. Jh. und vermehrt nach Einweisung der Urbevölkerung in Reservationen im späten 19. und frühen 20. Jh. Es waren dies v.a. Autobiografien, die persönl. Erinnerung und Stammeskultur verbinden und z.T. mithilfe weißer Koautoren aufgezeichnet wurden. Daneben erschien erstmals Lyrik und erzählende Prosa. Erst in den 1960er-Jahren aber, parallel zu den Forderungen der Indianer nach Gleichberechtigung und Selbstbestimmung, gelang der I. der Durchbruch mit dem Roman »Haus aus Dämmerung« (1968) des Kiowa N. S. Momaday, während das neu erwachte indian. Selbstbewusstsein seinen Ausdruck in dem »indian. Manifest« »Custer died for your sins« (1969) des Sioux Vine Deloria jr. (* 1933) fand. Zu den bekanntesten Vertretern der modernen I. gehören die Tiwa Leslie Marmon Silko, der Blackfoot J. Welch, der Keres S. Ortiz, die sich zu den Chippewas bekennende Louise Erdrich und der Ojibwa G. R. Vizenor. (↑Vereinigte Staaten von Amerika, Literatur)

📖 *American Indian authors, bearb. v. N. S.*

Indianerreservationen – Verbreitung

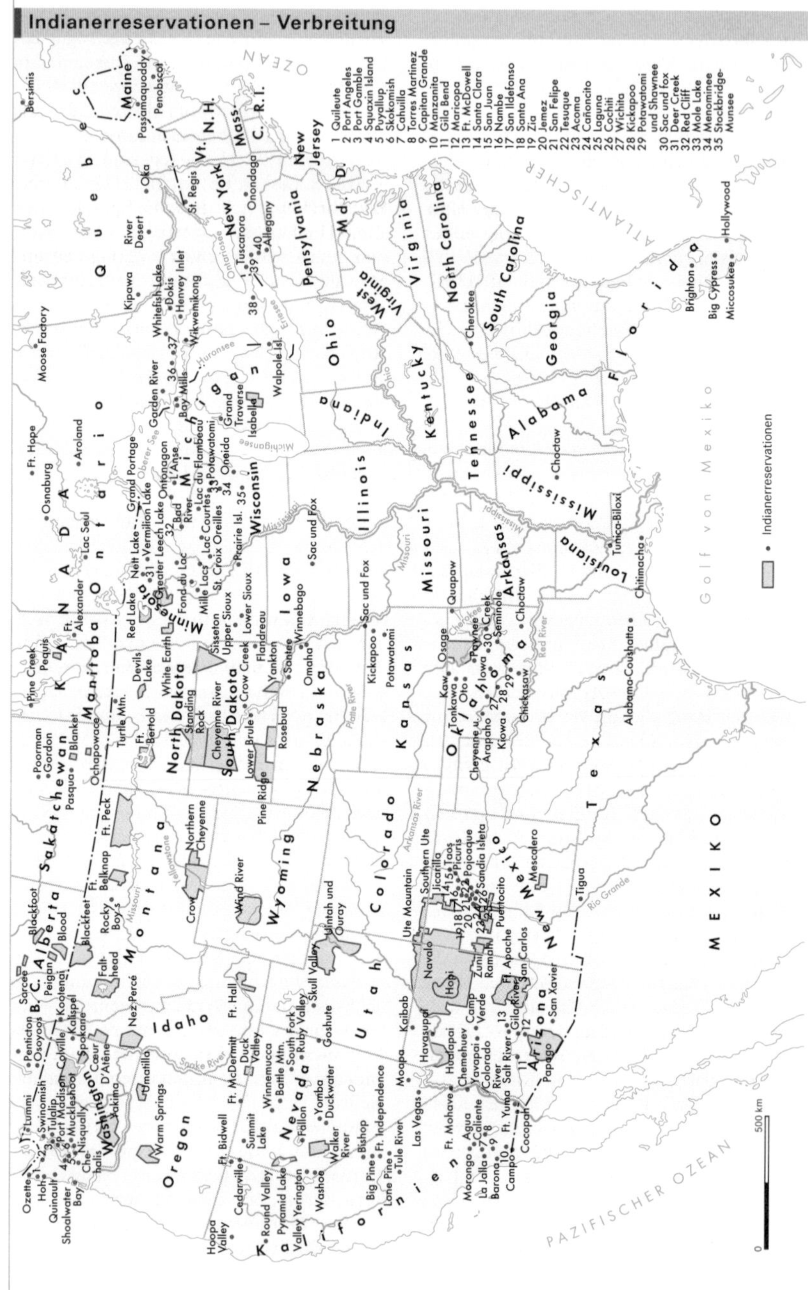

Momaday. Neuausg. Boston, Mass., u. a. 1976. – Wiget, A.: Native American literature. Boston, Mass., 1985. – Dictionary of native American literature, hg. v. A. Wiget. New York u. a. 1994.

Indianerreservationen, in den USA und Kanada die den Indianern vorbehaltenen, zunächst zwangsweise zugewiesenen Siedlungsgebiete, in denen sie sich selbst verwalten. In den USA (Schaffung erster Reservationen in Neuengland im 17. Jh.) gibt es 278 I., in Kanada (seit 1871) rd. 2 250 I., die z. T. nur aus Einzeldörfern bestehen. Zuständige staatl. Behörde ist in den USA das 1824 gegr. Bureau of Indian Affairs. Indianerschutzgebiete gibt es auch in Südamerika, so in Brasilien (seit 1962) die Xingu-Reservation.

📖 *Frantz, K.: Die I. in den USA. Stuttgart 1993.*

Indianersprachen, Sprachen der indian. Bev. Amerikas, deren Verbreitung seit der europ. Entdeckung und Besiedlung auch unter den Indianern bes. in Nordamerika stark zurückgegangen ist. In Mittel- und Südamerika dagegen wurden v. a. Aztekisch und Ketschua von den span. Eroberern als Missionssprachen verwendet und auf diese Weise noch über ihren ursprüngl. Bereich hinaus verbreitet. – Während nordamerikan. Sprachen und die Sprachen der entwickelten präkolumb. Kulturen wie Aztekisch (Nahuatl), Maya und Ketschua relativ gut erforscht sind, ist die Erfassung der südamerikan. I. noch lückenhaft. Schätzungen ihrer Anzahl sind sehr unterschiedlich; man rechnet heute mit etwa 3 000 Sprachen in über 100 Sprachfamilien, deren Zuordnung stark umstritten ist. Zu den wichtigsten Sprachgruppen Altamerikas gehören Na-Dené (Athapaskisch u. a.) im N, Algonkin in Kanada, dem oberen Mississippital und an der atlant. Küste der USA, Irokesisch im Gebiet des Ontariosees, Sioux westlich der Großen Seen und in den nördl. Prärien, Muskogee im SO der USA, Uto-Aztekisch im Großen Becken, in NW- und Zentral-Mexiko sowie Guatemala bis Nicaragua, Maya in NO- und S-Mexiko und Guatemala, Chibcha in Zentralamerika, Kolumbien, Ecuador, Aruakisch auf den Großen Antillen, an der Guayanaküste und im Amazonasbecken, Karibisch auf den Kleinen Antillen, im Tal des Río Magdalena in Kolumbien sowie in Venezuela und Guyana, Gé in Zentralbrasilien, Tupí-Guaraní in Südbrasilien, als Verkehrssprache auch weiter verbreitet. Die I. sind meist inkorporierende Sprachen. Nominalsätze sowie ganze Satzkomposita treten häufig auf. In verschiedenen sozialen Klassen, ebenso innerhalb verwandtschaftl. Beziehungen sind in vielen indian. Sprachen unterschiedl. Gruß- und Redeformen üblich. Bes. die Sprachen der alten Hochkulturen verfügen über einen sehr reichen Wortschatz. – Einige europ. Missionare sorgten für die Aufzeichnung indian. Literatur in lat. Schrift. Bed. Werke in aztek. Sprache sind die »Historia general de las cosas de Nueva España« (1560) des Franziskaners Bernardino de Sahagún sowie das Geschichtswerk des Azteken D. Chimalpahin. Aus dem Bereich der Maya sind das »Popol Vuh« als heiliges Buch (u. a. mit Berichten über die Erschaffung der Welt) überliefert sowie mehrere unter dem Titel »Chilam Balam« veröffentlichte prophet. Bücher. In Ketschua ist das Drama »Apu Ollántay« verfasst.

Indianerterritorium, in den USA nach dem Erlass des Indian Removal Act (»Indianerumsiedlungsgesetz«; 1830) bereitgestellter Siedlungsraum für die aus dem Gebiet östlich des Mississippi vertriebenen Indianerstämme; umfasste das Territorium der späteren Bundesstaaten Oklahoma, Kansas, Nebraska, North Dakota und South Dakota. Im Rahmen der Westexpansion 1866 von der amerikan. Reg. halbiert und 1889 erneut verkleinert, ging der Rest des I. 1907 im Bundesstaat Oklahoma auf.

indianische Blumen, im 18. Jh. entstandene irreführende Bez. für einen Dekor in der Porzellanmalerei, der aus stilisierten, nach ostasiat. Vorlagen entwickelten Blütenzweigen bestand. Er wurde ab etwa 1725 in Meißen angewendet und dann von anderen europ. Manufakturen übernommen.

indianische Hochkulturen, die ↑andinen Hochkulturen und die ↑mesoamerikanischen Hochkulturen.

Indianistik *die,* Wiss., die sich mit der Erforschung der indian. Sprachen und Kulturen beschäftigt.

Indian National Congress ['ɪndɪən 'næʃənel 'kɔŋgrɛs, engl.], Abk. **INC** (Indischer Nationalkongress, Kongresspartei, All India Congress Committee), größte ind. Partei; 1885 zur Vertretung eigenständiger ind. Interessen gegr.; wurde unter Führung M. K. Gandhis zu einer Massenbewegung, die seit 1920 zunehmend Einfluss auf die polit. Entwicklung Indiens zur Unabhängigkeit nahm. Nach 1947 gestaltete sie J. Nehru zu einer modernen Massenpartei; der nach zahlr. Spaltungen 1978 gegr. INC(I) Indira Gandhis wurde 1980 die stärkste polit. Partei; musste 1989 unter Führung R. Gandhis die Regierungsgewalt abgeben; errang sie 1991 erneut unter dem Vorsitz von P. V. Narasimha Rao (1996 Rücktritt als Premiermin.); seit 1996 Oppositionspartei, deren Präs. 1998 Sonia Gandhi (* 1946), Witwe R. Gandhis, wurde; seit 2004 wieder stärkste polit. Kraft, stellte mit M. Singh den Premierminister.

Indian Removal Act [ˈɪndɪən rɪˈmu:vl ækt; engl. »Indianerumsiedlungsgesetz«], in den USA ein Bundesgesetz vom 28. 5. 1830, das die Deportation aller Indianerstämme in das Gebiet westlich des Mississippi festlegte; betraf zunächst die ↑Fünf Zivilisierten Stämme. Als Siedlungsland wurde das ↑Indianerterritorium bereitgestellt.

Indian Summer [ˈɪndɪən ˈsʌmə, amerikan.], ↑Altweibersommer.

Indide, *Anthropologie:* Europide mit zahlr. Untertypen, die v. a. in Vorderindien verbreitet sind; mittelgroßer, schlanker Körperbau, langer Kopf, länglich ovales Gesicht mit steiler Stirn und großer Lidspalte, schwarzbraunes Haar, dunkelbraune Augen und hellbraune Haut.

Indie [ˈɪndi, engl.], ↑Independent Label.

Indilen (amtl. Namen: Hindi Bharat, engl. Republic of India), Staat in S-Asien, reicht vom Himalaja bis zur S-Spitze der Halbinsel Vorderindien im Ind. Ozean; grenzt im NW an Pakistan, im N an China, Nepal und Bhutan, im O an Birma und Bangladesh. Zu I. gehören die Andamanen und Nikobaren im Golf von Bengalen und die Lakkadiven im Arab. Meer.

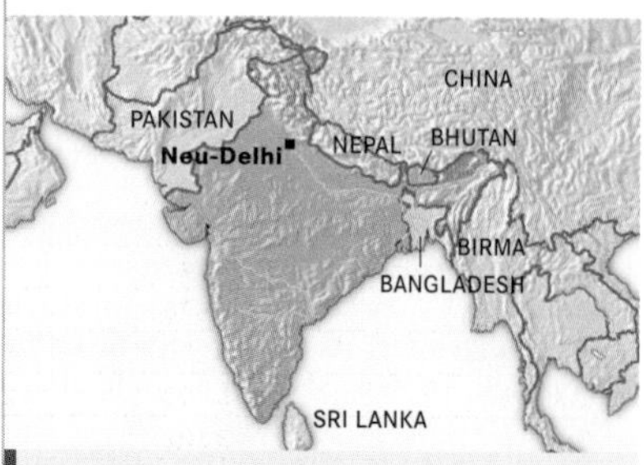

Indien

Fläche	3 287 263 km²
Einwohner	(2003) 1,065 Mrd.
Hauptstadt	Neu-Delhi (Delhi)
Verwaltungsgliederung	28 Bundesstaaten und 7 Unionsterritorien
Amtssprache	Hindi
Nationalfeiertage	26. 1. und 15. 8.
Währung	1 Indische Rupie (iR) = 100 Paise (P.)
Zeitzone	MEZ + 4,5 Std.

Staat und Recht: Nach der am 26. 1. 1950 in Kraft getretenen Verf. (mehrfach geändert) ist I. eine parlamentarisch-demokrat. Rep. mit bundesstaatl. Ordnung (28 Bundesstaaten, sieben Unionsterritorien). Staatsoberhaupt ist der Präs., der von einem Gremium aus Mitgl. des Zentralparlaments und der Landesparlamente für 5 Jahre gewählt wird. Er ernennt als formell oberster Repräsentant der Exekutive den Premiermin. und auf dessen Vorschlag die Mitgl. des Kabinetts, das dem Parlament verantwortlich ist. Die Legislative liegt beim Präs. und beim Zweikammerparlament (Kongress), bestehend aus Oberhaus (Rat der Staaten, 233 von den Landesparlamenten für 6 Jahre gewählte und 12 vom Präs. ernannte Mitgl.) und Unterhaus (Haus des Volkes, 543 direkt auf 5 Jahre gewählte und 2 ernannte Abg.). Die Bundesstaaten verfügen über eigene Verf., Parlamente und Reg.; an der Spitze der Verw. der Bundesstaaten steht jeweils ein vom ind. Präs. für 5 Jahre ernannter Gouv. Die Unionsterritorien werden jeweils durch vom Präs. ernannte Gouverneursleutnants verwaltet. – Das Parteienspektrum ist vielgestaltig; einflussreichste Parteien: All India Congress Committee (auch Indian National Congress bzw. Kongresspartei), Bharatiya Janata Party (BJP), Communist Party of India (Marxist) (CPI[M]), Telugum Desam Party (TDB), Samajwadi Party (SP), Shiv Sena (SS), Bahujan Samaj Party (BSP).

Landesnatur: I. nimmt den größten Teil Vorderindiens ein und umfasst einen Teil des Karakorum (im Saser Kangri 7 672 m ü. M.) und des Himalaja (Nanda Devi, im

Indien: Verwaltungsgliederung (2001)

Bundesstaat/ Unionsterritorium	Fläche in km²	Ew. in Mio.	Ew. je km²	Hauptstadt/ Verwaltungssitz
Bundesstaaten				
Andhra Pradesh	275045	75,73	275	Hyderabad
Arunachal Pradesh	83743	1,09	13	Itanagar
Assam	78438	26,64	340	Dispur
Bihar	99200	82,88	836	Patna
Chhattisgarh[1)]	135100	20,79	154	Raipur
Goa	3702	1,34	362	Panaji
Gujarat	196024	50,59	258	Gandhinagar
Haryana	44212	21,08	477	Chandigarh
Himachal Pradesh	55673	6,08	109	Shimla
Jammu and Kashmir	222236[2)]	10,07[3)]	–	Srinagar
Jharkhand[4)]	74677	26,90	360	Ranchi
Karnataka	191791	52,73	275	Bangalore
Kerala	38863	31,84	819	Thiruvananthapuram
Madhya Pradesh	308446	60,39	196	Bhopal
Maharashtra	307713	96,75	314	Bombay
Manipur	22327	2,39	107	Imphal
Meghalaya	22429	2,31	103	Shillong
Mizoram	21081	0,89	42	Aizawl
Nagaland	16579	1,99	120	Kohima
Orissa	155707	36,71	236	Bhubaneswar
Punjab	50362	24,29	482	Chandigarh[5)]
Rajasthan	342239	56,47	165	Jaipur
Sikkim	7096	0,54	76	Gangtok
Tamil Nadu	130058	62,11	478	Madras
Tripura	10486	3,19	304	Agartala
Uttaranchal[6)]	51125	8,48	166	Dehradun
Uttar Pradesh	243286	166,05	683	Lucknow
West Bengal	88752	80,22	904	Kalkutta
Unionsterritorien				
Andamanen und Nikobaren	8249	0,36	44	Port Blair
Chandigarh	114	0,90	7895	Chandigarh
Dadra und Nagar Haveli	491	0,22	448	Silvassa
Daman und Diu	112	0,16	1429	Daman
Delhi	1483	13,78	9292	Delhi
Lakshadweep	32	0,06	1875	Kavaratti
Pondicherry	492	0,97	1972	Pondicherry
Indien	3287263	1027,02	312	Delhi (Neu-Delhi)

1) Neugründung am 1. 11. 2000; ehem. O-Teil von Madhya Pradesh. – 2) Einschließlich der von Pakistan und China kontrollierten Teile Kaschmirs. – 3) Schätzung; ohne die von Pakistan und China kontrollierten Gebiete. – 4) Neugründung am 15. 11. 2000; ehem. S-Teil von Bihar. – 5) Chandigarh bildet ein eigenes Unionsterritorium. – 6) Neugründung am 9. 11. 2000; ehem. Teil von Uttar Pradesh.

W, 7817 m ü. M., Kangchendzönga, im O, 8586 m ü. M.) mit seinen Vorbergen, die Ganges-Brahmaputra-Ebene sowie die Halbinsel I. mit dem Hochland von Dekhan, das von den West- und Ostghats eingefasst ist. Im NW hat I. Anteil am Pandschab, der nach S in die Wüstensteppen der Thar übergeht. Das subtrop. bis

Indien: Pilger am Ufer des Ganges in Varanasi

trop. Klima wird bestimmt durch den jahreszeitl. Wechsel der Monsune. Die damit verbundenen Niederschläge (80–90% durch den SW-Monsun; am höchsten in Cherrapunji) sind für die Landwirtschaft wesentlich. Abhängig von Klima und Höhenlage reicht die Vegetation vom immergrünen trop. Regenwald über regengrüne Wälder und Trockenwälder bis zu Trocken- und Dornsavannen und der Hochgebirgsvegetation.

Bevölkerung: I. ist nach China das volkreichste Land der Erde. Das Bev.wachstum, das wirtsch. und polit. Hauptproblem des Landes, beträgt jährlich 2,0%. Die Reg. versucht zwar, den hohen Zuwachs durch Geburtenkontrolle einzudämmen, jedoch wird diese nur von etwa einem Fünftel der Paare praktiziert. Ethnisch werden der N und Mittel-I. von den hellhäutigen ↑Indiden geprägt. Im NO und SO (Tamil Nadu) bilden die Melaniden (Schwarzinder) die zweite ethn. Hauptgruppe. Viele Bergvölker des Himalaja und Nordost-I.s gehören zu den Mongoliden; Weddide leben in den Wäldern des Dekhan. I. gehört zu den dicht besiedelten Staaten der Erde; die Bev.verteilung ist sehr unterschiedlich. Mehr als ein $^1/_4$ der Bev. lebt in Städten. Millionenstädte sind: Bombay, Delhi, Kalkutta, Bangalore, Madras, Hyderabad, Ahmadabad, Kanpur, Surat, Jaipur, Nagpur, Lucknow, Pune, Indore, Bhopal, Ludhiana, Patna, Vadodara, Thane, Agra, Kalyan, Varanasi u. a. – Den Streit um die Amtssprache Hindi, der sich v. a. Tamilen und Bengalen widersetzen, hat die Zentralreg. durch das Zugeständnis

Indien: Straßenbild vor dem Victoria-Bahnhof (1878–87; jetzt Chatrapati Shivaji Station) in Bombay

Indien

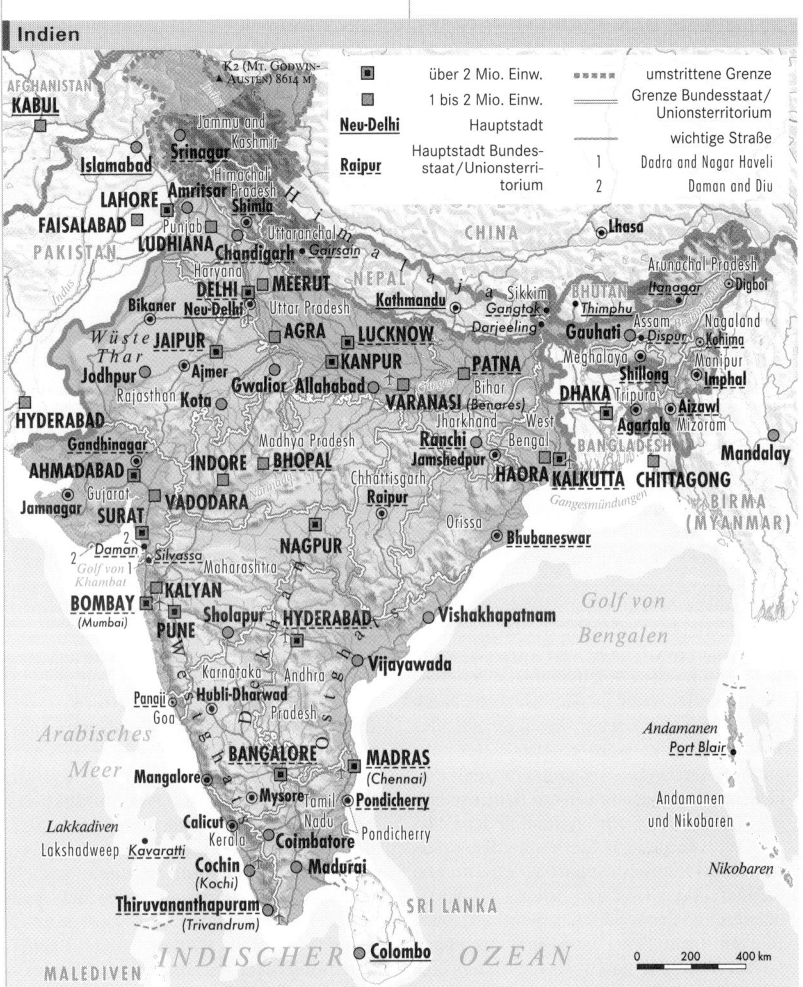

beigelegt, Englisch im Verkehr mit den Nicht-Hindi-Staaten unbefristet beizubehalten. An den Schulen sollen Regionalsprache, Hindi und Englisch unterrichtet werden. 14 Regionalsprachen werden von der Verf. anerkannt: Assami, Bengali, Gujarati, Kannada, Kaschmiri, Malayalam, Marathi, Oriya, Pandschabi, Sanskrit, Sindhi, Tamil, Telugu, Urdu. – Für die hinduist. Organisationen gelten rd. 80% der Bev. (darin eingeschlossen die kastenlosen Inder) als Hindus. Die größte religiöse Minderheit sind mit rd. 12% die Muslime. Rd. 2,4% der Bev. sind Christen, rd. 1,9% Sikhs, rd. 0,7% Buddhisten und rd. 0,4% Dschainas. Das im Hinduismus begründete Kastenwesen ist noch immer ein Hindernis für die gesellschaftl. Entwicklung, obwohl Modernisierung und Verstädterung Möglichkeiten zur Überwindung überkommener Kastenschranken bieten. Den Kastenlosen (Unberührbare, Harijans; heute 135 Mio.) und den Angehörigen der Bergstämme räumt die Verf. eine Vorzugsbehandlung im Ausbildungssystem und bei der Anstellung im öffentl. Dienst ein; sie sind aber v.a. im ländl. Raum immer noch Opfer starker sozialer und wirtsch. Diskriminierung. – Die Bildungspolitik in ihren grundsätzl. Richtlinien wird gemeinsam von der Zentralreg. und den Reg. der Bundesstaaten formuliert. Die Organisation des Schulwesens erfolgt in Verantwortung der Bundesstaaten, denen die Verf. eine allgemeine achtjährige Schulpflicht ab dem 6. Lebensjahr vorgibt (heute in den meisten Bundesstaaten auf zehn Jahre erhöht), deren Verwirklichung allerdings auf vielfältige sprachl., religiöse, soziale und wirtsch. Probleme trifft. Das Schulsystem gliedert sich in folgende Stufen: einen zweistufigen Primarschulbereich (fünfjährige Grund- und dreijährige Mittelschule) und die auf den Hochschulbesuch vorbereitende dreijährige Sekundarschule. Unterrichtssprache ist in der Grundschule die jeweilige Regionalsprache, in der Sekundarschule und den Hochschulen daneben Hindi und Englisch. Die Analphabetenquote beträgt 43%. Das Hochschulwesen umfasst weit über 6000 Colleges, über 1200 Hochschulen und rd. 200 Universitäten.

Wirtschaft und Verkehr: Trotz der stark agrarisch geprägten Erwerbsstruktur kann I. zu den zwanzig höchstindustrialisierten Ländern der Welt gezählt werden. Nach wie vor lebt aber noch etwa ein Drittel aller Einwohner oder mehr unterhalb der offiziell festgelegten »Armutsgrenze« und zählt das Land, gemessen am Bruttosozialprodukt, zu den ärmsten Staaten der Erde. Seit 1951 werden zur Steuerung der Volkswirtschaft Fünfjahrespläne aufgestellt. Die Schlüsselindustrien wie Eisen- und Stahlerzeugung, Erdölind., der Bergbau sowie Banken (seit 1969) und Versicherungen (seit 1971) sind ganz, übrige Ind.zweige z.T. staatlich. Die 1991 eingeleitete ökonomische Liberalisierung und Privatisierung wird seither weitergeführt. Handel, Handwerk und Landwirtschaft können frei wirtschaften, es müssen jedoch bestimmte landwirtsch. Erzeugnisse (z.B. Reis, Weizen) zu Festpreisen angeboten werden. Die Landwirtschaft mit etwa zwei Drittel der Erwerbstätigen trägt nur zu weniger als einem Drittel des Bruttoinlandsproduktes und 20% zum Ausfuhrwert bei. Sie deckt, wenn der Monsunregen nicht ausfällt, den Hauptteil des Bedarfs an Nahrungsmitteln und Textilfasern. Über 50% der Landesfläche werden landwirtsch. genutzt, davon sind über 90% Ackerland, fast 7% Wiesen und Weiden und 2% Dauerkulturen; etwa ein Drittel der Ackerfläche wird bewässert. Hauptanbaupflanzen sind Reis (Gangesebene), Hirse (NW- und Zentral-I.), deren Anbau jedoch zurückgeht, Weizen (bes. im N), Zuckerrohr (Gangesebene), ferner Mais, Hülsenfrüchte, Erdnüsse. Wichtigste Ind.pflanze ist Baumwolle (Hochland Zentral- und Süd-I.s, Verarbeitungszentren Bombay, Ahmadabad), daneben Jute (Bengalen, Süd- und Ost-I., Verarbeitung bes. um Kalkutta). I. ist einer der wichtigsten Teeproduzenten der Welt (Anbau in Assam, Bengalen), weitere exportorientierte Plantagenprodukte sind Kaffee, Gewürze, Tabak und Kakao. Die Viehwirtschaft hat trotz des hohen Rinderbestands (rd. 200 Mio., 12% des Weltbestands) aus religiösen Gründen (»heilige Kühe« der Hindus) geringe Bedeutung. Wenig entwickelt ist die Fischwirtschaft. Die ehem. reichen Waldbestände sind durch Raubbau (v.a. im Himalajavorland) stark zurückgegangen (Reduzierung um 80%), wodurch Dürre- und Flutkatastrophen begünstigt werden. Heute sind noch etwa 19% der Landesfläche mit Wald, zum geringen Teil mit Primärwald, bedeckt. – I. ist reich an Bodenschätzen. Gefördert werden v.a. Steinkohle (Chota-Nagpur-Plateau, südlich der Gangesebene), Eisenerz (Goa, Chota-Nagpur-Plateau), Bauxit, Glimmer (rd. 60% der Weltproduktion), Mangan-, Kupfer-, Chromerz. Rd. 70% des eigenen Erdölbedarfs kann durch Eigenförderung in Assam, Gujarat und im Offshorebereich vor Bombay gedeckt werden. Zw. Krishna und Cauvery sowie nördlich des Narmada wird etwas Gold gefördert; außerdem Vorkommen von Smaragden, Saphiren, Diamanten. – Verursacht durch die stark schwankenden Wasserstände der Flüsse, haben Wasserkraftwerke eine geringe Kapazitätsausnutzung. I. verfügt über mehrere Kernkraftwerke. – Der Akzent des 2. und 3. Fünfjahresplans lag auf dem Auf- und Ausbau einer eigenen Grundstoff- und Schwerind. Seitdem entwickelten sich Maschinenbau, chem., bes. petrochem. und weiterverarbeitende Ind., sodass I. heute auf vielen Gebieten nicht mehr auf ausländ. Ind.produkte angewiesen ist. Große Eisen- und Stahlwerke befinden sich in Rourkela, Durgapur, Bhilai Nagar und Bokaro. Das Land verfügt außerdem über eine leistungsfähige Nuklear-,

Rüstungs- und Weltraumtechnologie. Ausgebaut wurden die Kfz-, Elektro- und Elektronikind., wobei in den letzten Jahren sich bes. Bangalore als Zentrum der Softwareherstellung entwickelt hat. Die Papierind. verarbeitet Bambus, Hartgras und Altpapier. Traditionell bedeutsam sind die Nahrungs- und Genussmittelind. sowie das Kunsthandwerk. Dem Tourismus bieten sich viele kulturelle, aber auch landschaftlich reizvolle Ziele. – Die Handelsbilanz ist in den letzten Jahren stark defizitär. Exportiert werden v. a. Schmuck, Edelsteine, Textilien, Bekleidung, Maschinen, chem. Produkte, Lederwaren und Gewürze. Wichtige Handelspartner sind die USA, Großbritannien, Schweiz, China, Dtl., die VAE und Japan. – Wichtigster Verkehrsträger ist die bis auf einige Schmalspurstrecken verstaatlichte Eisenbahn (vier Spurweiten). Das gut ausgebaute Streckennetz (62 915 km, davon sind 12 306 elektrifiziert) ist das längste in Asien und das viertlängste der Welt. Eine Rolle im Massengutverkehr spielen zudem die rd. 2 000 km Binnenwasserstraßen. Die wichtigsten Häfen für die See- und Küstenschifffahrt sind Bombay, Vishakhapatnam, Madras, Kandla, Kalkutta, Margao, Cochin u. a. Das Straßennetz ist mit rd. 2,9 Mio. km Länge eines der größten der Welt, allerdings ist nur etwa die Hälfte mit fester Decke versehen, sodass der Straßenzustand v. a. in der Regenzeit unzureichend ist. Indian Airlines betreiben den Inlands- und Air India den Auslandsflugverkehr. Internat. Flughäfen besitzen Delhi, Bombay, Kalkutta, Madras, Thiruvananthapuram u. a.

Geschichte:

Die vedische Periode: Bereits in der ↑Harappakultur gab es große Städte auf hohem Zivilisationsniveau (Mohenjo-Daro, Harappa). Wohl Mitte des 2. Jt. v. Chr. wanderten die Arier (Selbstbez. Arya, »Edle«) ein. Sie drangen mit Pferden und Streitwagen durch das Pandschab nach O vor und eroberten weite Teile Nord-I.s; sie gelangten zw. 900 und 600 v. Chr. in die Gangesebene. Ihre religiösen Vorstellungen sind in den Veden (↑Veda), einer Hauptquelle der frühen ind. Geschichte, enthalten. Nur langsam begannen die Arier sesshaft zu werden und Ackerbau zu treiben. Etwa um 1000 v. Chr. wird das Kastensystem erwähnt. Die ved. Periode endete mit dem Auftreten des Buddha (* um 560, † um 480; lebte nach neueren Datierungen möglicherweise 100 Jahre später). Buddhismus, Dschainismus und zahlr. weitere religiöse Systeme entstanden um die Mitte des 1. Jh. v. Chr. Bimbisara (* um 540, † um 490) begründete das Reich von Magadha im heutigen Bihar. Von Pataliputra (heute Patna) aus übte die Nanda-Dynastie (360–322 v. Chr.) ihre Macht weit über Magadha hinaus aus.

Das Reich der Maurya und die Fremdherrschaft: Von Magadha aus nahm auch das erste fast ganz I. umfassende Reich der Maurya-Dynastie seinen Ausgang, das Candragupta Maurya (↑Tschandragupta) zw. 322 und 300 v. Chr. begründete und das seine höchste Machtentfaltung unter Ashoka (↑Aschoka) erreichte, als es im NW über I. hinausgriff. Von NW her begannen seit etwa 100 v. Chr. die Skythen, I. zu erobern. Ihnen folgten die Kushana. Sie setzten den indogrch. Königreichen, die sich als Folge der Invasion Alexanders d. Gr. in Nordwest-I. gebildet hatten, ein Ende. Um 50 n. Chr. entstand das Großreich der Kushana, das sich unter König Kanishka von Zentralasien bis Benares erstreckte und entweder durch die Sassaniden im 3. oder die Guptas im 4. Jh. zerstört wurde.

Vom Guptareich bis zum Einbruch des Islams: Das Guptareich, das unter Samudragupta (etwa 335 bis 375) ganz Nord-I. umfasste, erlag um 500 dem Hunnensturm. Während der Guptaherrschaft kam es zu einer Hochblüte der Sanskritliteratur. Mit ihrem Ende zerfiel Nord-I. in eine Fülle kleiner, einander bekämpfender Königreiche; nur Harshavardhana, dem letzten großen Schirmherrn des Buddhismus (606 bis 647), gelang es noch einmal, den größten Teil von Nord-I. zu vereinen. Ende des 8. Jh. wurden die Rajputen Träger der polit. Macht. Dem Klan der Gurjara-Pratihara gelang es, von Kanauj aus ein Großreich zu errichten, das lange das Vordringen des Islam nach I. wirksam verhinderte. Nur die Provinz Sind wurde 712 islamisch. In ständige Kriege verwickelt, zerfiel das Gurjara-Pratihara-Reich und ging um 1000 endgültig unter.

Der Islam in Nordindien: Nach wiederholten Vorstößen (1001–27) des Mahmud von Ghazni kam es zu einer dauerhaften islam. Besetzung des Landes erst 1192 unter Mohammed von Ghor (1173–1206). Er

Indien unter der Vorherrschaft des Sultanats von Delhi

setzte in Delhi General Qutb-ud-din Aibak als Statthalter ein, der 1206 das Sultanat von Delhi gründete. Nach dem Ende der Khilji-Dynastie (1290–1320) begann der Zerfall des Sultanats, das nach dem Einfall Timurs (1398 Plünderung Delhis) endgültig zusammenbrach. Erst unter der Dynastie der Lodi (1451–1526) begann eine erneute Festigung der Herrschaft von Delhi aus über Nord-I. Der Timuride Babur (* 1483, † 1530) wurde 1526 durch seinen Sieg über das Heer des Sultans (Schlacht bei Panipat) zum Begründer des Mogulreiches. Das nur lose zusammengefasste Reich Baburs musste von seinem Sohn Humayun (* 1508, † 1556) erneut erobert werden. Unter Akbar (1556–1605) dehnte es sich über ganz Nord-I. aus. Durch Akbars tolerante Politik gegenüber den Hindus entstand eine hinduistisch-muslim. Mischkultur. Unter seinen Nachfolgern Jahangir (1605–27), Shah Jahan (1628–58) und Aurangseb (1658–1707) erweiterte sich das Reich im S um die Sultanate im Dekhan, verlor aber an innerer Stabilität und konnte nicht wirksam gegen die seit Mitte des 17. Jh. unabhängigen Marathen verteidigt werden. Das Mogulreich löste sich nach der Eroberung Delhis durch den Perser Nadir Schah 1739 in einen lockeren Staatenbund auf; 1858 setzten die Briten den letzten Mogul ab.

Südindien bis zur Kolonialzeit: Bis zum 6. Jh. n. Chr. ist die Geschichte des S nur in Umrissen bekannt. Die Tamilen beherrschten zeitweise Ceylon. Seit etwa 570 regierte von Badami aus die Calukya-Dynastie, die um 750 von Dantidurga Rashtrakuta (um 735–757) gestürzt wurde. Die nächsten 200 Jahre lang beherrschten die Rashtrakutas den Dekhan von Malkhed aus, bis noch einmal die Calukya-Dynastie von Kaljani aus vom 10. bis 12. Jh. die Oberhand gewann. Bereits die erste Calukya-Dynastie sah sich häufig in Kriege mit den Pallavas verwickelt. Nach einem Verfall ihrer Macht um 500 gewannen die Pallavas von Kanchi aus ihren alten Einfluss zurück und eroberten 642 Badami. Während der Pallavazeit griff die ind. Kultur nach SO-Asien über und drang tief in den Malaiischen Archipel ein. Im 11. Jh. dehnte das Colareich seine Macht bis nach Bengalen und Indonesien aus. Sein Erbe übernahm die Pandya-Dynastie von Madurai, die im 13. Jh. zur führenden Macht des S wurde. Die Invasion Malik Kafurs (1311) erschütterte alle Reiche im S. Im 14. Jh. wurde das hinduist. Großreich von Vijayanagar im südl. Dekhan gegr., das bis 1565 bestand.

Kolonialzeit: Mit der Entdeckung des Seeweges nach I. durch Vasco da Gama (1498) entstanden dort die portugies. Stützpunkte Daman, Diu und Goa. Die seit 1600 bestehende engl. Ostind. Kompanie gründete in Surat (1612), Madras (1639), Bombay (1661) und Kalkutta (1690) Niederlassungen; die 1664 entstandene frz. Ostind. Kompanie ließ sich 1674 in Pondicherry und 1688 in Chandernagore nieder. Seit etwa 1740 begannen zw. Franzosen und Briten in Süd-I. bewaffnete Auseinandersetzungen, als sich die Kompanien in Thronfolgestreitigkeiten lokaler Dynastien einmischten. Nach den Niederlagen im Siebenjährigen Krieg verlor Frankreich durch den Frieden von Paris 1763 seinen polit. Einfluss in Indien. Spannungen zw. den Briten und dem Nabob von Bengalen, Sirasch-ud-Daula, mündeten in einen Krieg, der die brit. Ostind. Kompanie zum Herrn Bengalens machte; 1765 übertrug ihr der Großmogul die Verwaltungshoheit über dieses Gebiet. Schwere Missstände innerhalb der Kompanie führten zu mehrfachem Eingreifen des brit. Parlaments und zu Reformen unter dem ersten Gen.-Gouv. von Ost-I., W. Hastings (1774–85), der die brit. Machtstellung in I. ausbaute. Im Verlauf des 18. und 19. Jh. kamen etwa drei Fünftel des Gebietes von I. unter die Herrschaft der brit. Ostind. Kompanie, während das restl. Territorium weiterhin von ind. Fürsten regiert wurde, die jedoch in Verträgen ihre Hoheitsrechte in der Außen- und Verteidigungspolitik an die Briten abgetreten hatten. Nach der Zerschlagung des Reichs des Tipu Sahib in Mysore (1799) und der endgültigen Unterwerfung der Marathenfürsten (1818) wurde 1843 Sind annektiert, 1849 das

Indien unter britischer Herrschaft

Indien seit der Teilung 1947

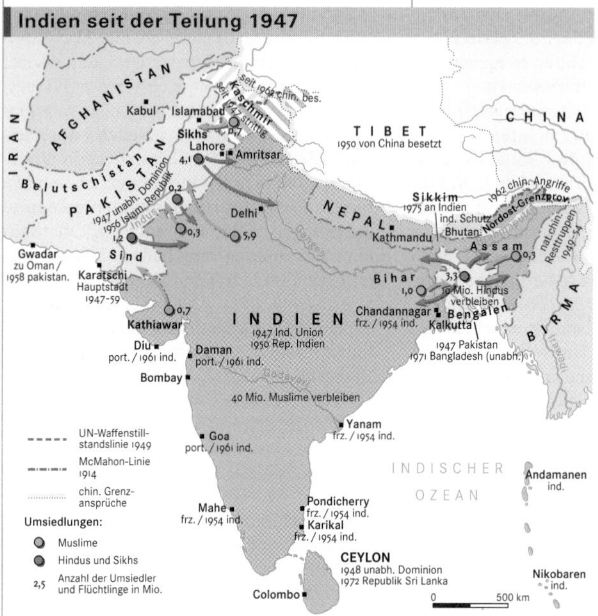

Reich der Sikh im Pandschab erobert, 1886 nach drei Kriegen Birma endgültig (bis 1935) Britisch-I. angegliedert. Gen.-Gouv. W. H. Cavendish-Bentinck (1833–35) führte Englisch als Verwaltungssprache ein. Die Furcht vor einer westl. Überfremdung des Landes war letztlich die Ursache des großen Aufstandes von 1857/58, in dessen Verlauf sich nach der Annexion des Fürstentums von Oudh 1856 verschiedene ind. Regimenter (↑Sepoys) in Nord-I. gegen die Briten erhoben. Mit der Niederwerfung des Aufstandes wurde zugleich das Mogulreich auch formal aufgehoben. Die brit. Ostind. Kompanie wurde 1858 aufgelöst und I. direkt der brit. Krone unterstellt, die durch den »Governor General in Council« (meist Vizekönig gen.) vertreten war. In London wurde ein I.-Ministerium geschaffen.Die ind. Unabhängigkeitsbewegung nahm ihren Anfang mit der Konstituierung des Indian National Congress (Kongresspartei, Abk. INC) 1885. Die unter G. N. Curzon (1898–1905) erfolgte Teilung Bengalens (1905) führte zu großen Unruhen. Daraufhin räumten die Morley-Minto-Reformen (1909) den Indern eine bescheidene Mitwirkung an der Reg. des Landes ein, betrachteten dabei aber unter dem Druck der 1906 gegr. Muslimliga die muslim. Bev. als eigenständige Wählerschaft, was neue Konflikte verursachte. Die Verf.reformen wurden in Anerkennung der von I. während des Ersten Weltkriegs getragenen Lasten durch die Montagu-Chelmsford-Reformen (Montford-Reformen) weitergeführt, die den Indern in den Provinzen teilweise Reg.verantwortung gewährten (Dyarchie). Nachdem in Amritsar eine Protestversammlung gegen die britisch-ind. Reg. blutig aufgelöst worden war, kam es 1920–22 zu einer vom Kongress und der Muslimliga gemeinsam getragenen Satyagraha-Kampagne des »zivilen Ungehorsams« gegen die brit. Behörden (nach gewaltsamen Übergriffen von Gandhi abgebrochen). Als die brit. Reg. die Forderung des Kongresses ablehnte, I. den Dominionstatus zuzuerkennen, löste Gandhi 1930 erneut eine Massenkampagne (»Salzmarsch«) aus, die zu den ergebnislosen Round-Table-Konferenzen von 1930–32 führte. Die Verf.reform von 1935 kam ohne eigentl. ind. Beteiligung zustande. – Die Muslimliga forderte unter M. A. Jinnah einen eigenen muslim. Staat. Nach dem Zweiten Weltkrieg sah sich daher der letzte Vizekönig, Mountbatten (1947), gezwungen, durch eine rasche Teilung des Landes in I. und Pakistan den seit Aug. 1946 andauernden bürgerkriegsähnl. Unruhen ein Ende zu setzen.

Die Indische Union: Nachdem Pakistan am 14. 8. 1947 und I. am 15. 8. 1947 die Unabhängigkeit erlangt hatten (bis 1956 bzw. 1950 als Dominions), übernahm J. Nehru, der bereits 1946 vom Vizekönig zum Premiermin. ernannt worden war, die Führung Indiens. Durch Grenzstreitigkeiten mit Pakistan und einer Massenumsiedlung von etwa 10–12 Mio. Menschen zw. beiden Staaten kam über 1 Mio. Menschen v. a. bei blutigen Ausschreitungen zw. Hindus und Moslems ums Leben. Der Anspruch sowohl I.s als auch Pakistans auf Kaschmir begründete einen polit. Dauerkonflikt zw. beiden Staaten. Während die meisten der mehr als 550 Fürstenstaaten dem neuen ind. Staat relativ freiwillig beigetreten waren, wurde der Nisam von Hyderabad 1948 von ind. Truppen mit Waffengewalt zum Verzicht auf seine Herrschaft gezwungen. Eine Verf. trat am 26. 1. 1950 in Kraft. Seit den ersten Wahlen 1951/52 regierte die Kongresspartei, 1952–64 unter J. Nehru, 1964–66 unter L. B. Shastri, 1966–77 unter I. Gandhi. Die ind. Innenpolitik war unter Nehru und in verstärktem Maße unter seiner Tochter I. Gandhi durch eine Hinwendung zum Sozialismus und zu einer säkularen Politik gekennzeichnet. Bed. Anstrengungen galten der Industrialisierung des Landes und der Verbesserung der Ernährungsgrundlage (»grüne Revolution«). Die Außenpolitik Nehrus machte I. zu einem führenden Mitgl. der blockfreien Staaten. Die Tibetfrage führte 1962 zus. mit Streitigkeiten über den Grenzverlauf zum indisch-chines. Krieg. Ein 1965 ausgebrochener Krieg mit Pakistan um Kaschmir wurde im Jan. 1966 unter sowjet. Vermittlung eingestellt. Am 9. 8. 1971 schloss I. mit der UdSSR einen Freundschaftsvertrag. Im Dez. 1971 kam es zu einem weiteren indisch-pakistan. Krieg, der mit der Gründung von ↑Bangladesh endete. Im Juni 1975 wurde über das ganze Land der Ausnahmezustand verhängt, was von Premiermin. I. Gandhi mit einer Verschwörung gegen ihre Politik begründet wurde (Verhaftung zahlr. Oppositionspolitiker). Als I. Gandhi 1977 den Ausnahmezustand lockerte und Parlamentswahlen anberaumte, siegte die neu gegr. Janata Party. Ihr Führer, M. Desai, wurde Premiermin. Er ließ den Ausnahmezustand vollends aufheben. Anhaltende wirtsch. und soziale Probleme brachten jedoch der Kongresspartei bei vorgezogenen Wahlen im Jan. 1980 wieder eine Zweidrittelmehrheit, I. Gandhi wurde erneut Premierministerin. Durch Auflösung und Neuwahlen der Parlamente in neun Bundesstaaten gelang es ihr bis Juni 1980, sich auch im Oberhaus eine Mehrheit zu verschaffen. Nach Rücktritt von Staatspräs. N. S. Reddy (1977–82) trat Zail Singh seine Nachfolge an (bis 1987). Militanter Separatismus und religiös-ethn. Spannungen führten auch in den 80er- und beginnenden 90er-Jahren zu einer instabilen innenpolit. Situation. V. a. in Punjab kam es wiederholt zu gewalttätigen Auseinandersetzungen mit den nach staatl. Autonomie strebenden Sikhs. Seinen Höhepunkt erreichte dieser Konflikt mit der Besetzung des Goldenen Tempels von Amritsar (Nationalheiligtum der Sikhs) im Juni 1984; kurz darauf wurde Premiermin. I. Gandhi von zwei ihrer Sikh-Leibwächter ermordet. Ihre Amtsnachfolge trat ihr Sohn R. Gandhi an, dessen Kongresspartei bei den Wahlen im Dez. 1984 eine Zweidrittelmehrheit im Unionsparlament erreichen konnte. Außenpolit. Versuche, das Verhältnis zu Pakistan zu verbessern, wurden v. a. durch das ungelöste Kaschmirproblem erschwert; 1987–90 unterhielt I. in Sri Lanka ein Truppenkontingent, um dort die blutigen Unruhen zw. Tamilen und Singhalesen einzudämmen. 1987 übernahm R. Venkataraman das Amt des Staatspräsidenten. Bei den Wahlen im Nov. 1989 verlor die Kongresspartei ihre absolute Mehrheit; nach dem Rücktritt R. Gandhis als Premiermin. bildete V. P. Singh (Vors. der Janata Dal Party, JD) eine Minderheitsregierung. Sein Versuch, den niedrigen Kasten größere soziale Rechte einzuräumen, sowie gewaltsame Ausschreitungen im religiösen Streit zw. Muslimen und Hindus um die Babri-Moschee in Ayodhya (angeblich über einem Hindu-Tempel erbaut) lösten 1990 eine Reg.krise aus (Rücktritt V. P. Singhs). Im Mai 1991 wurde R. Gandhi durch ein Bombenattentat getötet; sein Nachfolger als Vors.der Kongresspartei, P. V. Narasimha Rao, trat nach dem Sieg seiner Partei bei den Parlamentswahlen im Juni 1991 auch das Amt des Reg.chefs an. Angesichts der schweren Wirtschaftskrise des Landes leitete er ein marktwirtsch. Reformprogramm ein (Privatisierung von Staatsbetrieben, Zulassung von Mehrheitsbeteiligungen ausländ. Investoren u. a.). Mit der Zerstörung der Babri-Moschee (Dez. 1992) in Ayodhya und den Unruhen v. a. in Bombay (Frühjahr 1993) erreichten die blutigen Ausschreitungen fanat. Hindu-Fundamentalisten gegen Muslime einen Höhepunkt (etwa 2000 Tote). Vor dem Hintergrund von Korruptionsvorwürfen bes. gegenüber Ministern und Abg. der Kongresspartei (Anfang 1996) verlor diese bei den allgemeinen Wahlen (April bis Juni 1996) ihre parlamentar. Mehrheit an die Bharatiya Janata Party (BJP). Nach dem Rücktritt von Premiermin. Rao (Mai 1996) übernahm im Juni 1996 H. D. D. Gowda (JD), im April 1997 I. K. Gujral (JD) die Führung einer von der Kongresspartei parlamentarisch gestützten Minderheitsreg. der United Front (UF). Nachfolger des Staatspräs. S. D. Sharma (seit 1992) wurde im Juli 1997 K. R. Narayanan. Mit ihm wurde zum ersten Mal in der Geschichte der Ind. Union ein Kastenloser in das höchste Staatsamt gewählt. Bei den von blutigen Ausschreitungen begleiteten Wahlen im Febr./März 1998 wurde die nationalist. Hindu-Partei BJP stärkste Kraft; der BJP-Politiker A. B. Vajpayee (bereits 1996 kurzzeitig Reg.chef) übernahm das Amt des Premierministers. Unter der aus dem ind. Freiheitskampf bekannten Losung »Swadeshi« (Ziel, »dass Indien von den Indern aufgebaut wird«) leitete seine Reg. eine nationalistisch akzentuierte Wirtschafts- und Sicherheitspolitik ein. Nach dem Sturz der Reg. Vajpayee im April 1999 versuchte die seit 1998 an der Spitze der Kongresspartei stehende Sonia Gandhi (aus Italien stammende Witwe Rajiv Gandhis) erfolglos eine neue Reg. zu bilden. Aus den Neuwahlen im Sept./Okt. 1999 gingen die BJP und die mit ihr verbündeten Regionalparteien als Sieger hervor; die Kongresspartei erzielte das schlechteste Wahlergebnis seit der Unabhängigkeit I.s (nur 112 der 545 Parlamentssitze). Der im Amt bestätigte Premiermin. Vajpayee bildete unter Berücksichtigung seiner zahlr. Bündnispartner ein aus 70 Min. bestehendes Kabinett. Das bisher schwerste Erdbeben in I. am 26. 1. 2001 (mit einer Stärke von 7,9 auf der Richter-Skala) zerstörte zahlr. Ortschaften im NW des Landes (Gujarat) und forderte Tausende Tote. Im Febr./März 2002 kamen vor dem Hintergrund des Ayodhya-Konflikts bei neuen blutigen Auseinandersetzungen zw. Hindus und Muslimen in Gujarat Hunderte Menschen ums Leben; dies führte auch zu Spannungen innerhalb der Hindu-Bewegung (besonders zwischen dem fundamentalistischen »Welt-Hindu-Rat« und der Reg.partei BJP).

Außenpolitisch suchte I. die gespannten Beziehungen zu den USA (ind. Nuklearprogramm) und zu China (umstrittener Grenzverlauf) zu verbessern. Mit dem indisch-russ. Vertrag über Freundschaft und Zusammenarbeit (1993) knüpfte es an die früheren Beziehungen zur UdSSR an. Die nach 24 Jahren Pause im Mai 1998 überraschend von I. durchgeführten Atomwaffentests (Proklamation I.s zur Atommacht) stießen auf scharfe internat. Kritik (Verurteilung durch die Mitgl.staaten der Genfer Abrüstungskonferenz, Technologie- und Finanzboykott seitens der USA) und verschärften erneut die Spannung zum (ebenfalls Kernwaffentests durchführenden) Nachbarstaat Pakistan, mit dem 1999/2000 auch wieder die (von militär. Zwischenfällen begleiteten) Auseinandersetzungen um Kaschmir aufbrachen. Nachdem es bei einem indisch-pakistan. Gipfeltreffen in Agra vom 14. bis 16. 7. 2001 zu keiner entscheidenden Annäherung in der Kaschmirfrage gekommen war, eskalierte diese erneut, als Terroristen am 13. 12. 2001 einen Selbstmordanschlag auf das Unionsparlament in Neu-Delhi verübten und I. dafür von Pakistan aus agierende islamist. Organisationen verantwortlich machte (Truppenmassierung und neue Gefechte an der indisch-pakistan. Grenze). I., das sich nach den Terroranschlägen auf die USA im Sept. 2001 rasch der internat. Antiterrorkoalition angeschlossen hatte (daraufhin im selben Monat Aufhebung der amerikan. Sanktionen von 1998), forderte zur Beilegung des Konflikts, in dem bes. Großbritannien und die USA zu vermitteln suchten, von Pakistan eine Beendigung der Unterstützung der islamist. Untergrundbewegungen in Jammu und Kashmir sowie ein konsequentes Vorgehen gegen terrorist. Kräfte und deren grenzüberschreitendes Wirken. Nach einem weiteren blutigen Rebellenangriff auf eine ind. Militärstation in Kaschmir im Mai 2002 erreichte der Konflikt einen neuen (vom atomaren Gefährdungspotenzial I.s und Pakistans überschatteten) Höhepunkt. Im darauf folgenden Jahr signalisierten die beiden Staaten jedoch Bereitschaft zu einer Verbesserung ihrer Beziehungen (u. a. im Juli 2003 Wiederaufnahme der diplomat. Beziehungen). Im Nov. 2003 vereinbarten I. und Pakistan im Kaschmirkonflikt einen Waffenstillstand; Anfang 2004 verständigten sich beide Länder auf einen umfassenden Dialog und Friedensverhandlungen, die bereits im Februar in der pakistan. Hauptstadt Islamabad begannen.

Bei einer Kabinettsumbildung berief Reg.chef Vajpayee Anfang Juli 2002 den Innenmin. Lal Krishna Advani, einen fundamentalist. BJP-Politiker, in das neu geschaffene Amt des stellv. Premiermin. Ebenfalls im Juli 2002 wurde der muslim. Wissenschaftler A. P. J. Abdul Kalam, der Wegbereiter des ind. Raketen- und Nuklearwaffenprogramms, zum Staatspräs. gewählt. Bei den Parlamentswahlen im April/Mai 2004 siegte überraschend die von Sonia Gandhi geführte Kongresspartei. Die gebürtige Italienerin verzichtete jedoch auf das Amt des Premiermin.; stattdessen trat der frühere Finanzmin. M. Singh die Nachfolge von A. B. Vajpayee als Reg.chef eines Koalitionskabinetts an.

📖 *I. in den 90er Jahren, hg. v. W. Draguhn. Hamburg 1989. – I. Gesch. des Subkontinents von der Induskultur bis zum Beginn der engl. Herrschaft, hg. v. A. T. Embree u. F. Wilhelm. Frankfurt am Main 66.–67. Tsd. 1993. – Pulsfort, E.: Was ist los in der ind. Welt? Freiburg im Breisgau u. a. 1993. – Rothermund, D.: Staat u. Gesellschaft in I. Mannheim u. a. 1993. – I. Kultur, Gesch., Politik, Wirtschaft, Umwelt. Ein Hb., hg. v. D. Rothermund. München 1995. – Schweizer, G.: I. Ein Kontinent im Umbruch. Stuttgart 1995. – I. Größte Demokratie der Welt zw. Kastenwesen u. Armut, Beiträge v. D. Bronger u. a. Gotha 1996. – Schwerin, K. Gräfin von: I. München [2]1996. – Das alte I. Gesch. u. Kultur des ind. Subkontinents, hg. v. H. G. Franz. Sonderausg. München 1998. – Fritz, M. u. Kämpchen, M.: Krischna, Rikscha, Internet. I.s Weg in die Moderne. München 1998. – Rothermund, D.: Gesch. I.s. Vom MA. bis zur Gegenwart. München 2002.*

indifferent [lat.], **1)** *allg.:* gleichgültig, teilnahmslos, unentschieden, unbestimmt.
2) *Chemie:* keine Verbindungen mit anderen Stoffen eingehend.
3) *Philosophie:* weder gut noch böse, also sittlich neutral (↑Adiaphora).

Indigenat [lat. indigenus »eingeboren«] *das,* früher Untertanschaft, Staats-, auch Ortsangehörigkeit, Heimatrecht, Gemeinderecht. Die Verf. des Norddt. Bundes (1867) und die Reichsverf. von 1871 führten das **gemeinsame I.** ein, d. h. das Recht jedes Staatsangehörigen eines dt. Einzelstaats, in allen anderen dt. Einzelstaaten wie Inländer behandelt zu werden.

indigene Völker, von der UNO gebrauchte Bez. für Völker, die in ihrem angestammten Lebensraum heute eine (oft diskriminierte) Minderheit bilden.

Indigenismus *der,* kulturelle, z. T. auch polit. Strömung in Lateinamerika zugunsten der Erhaltung und Förderung indian. Tradition.

Indigirka *die,* Fluss in NO-Sibirien, Russland, 1 726 km, Deltamündung in die Ostsibir. See; auf 1 154 km schiffbar.

Indignation [lat.] *die,* Unwille, Entrüstung.

indigniert [lat.], peinlich berührt; entrüstet.

Indigo [span., aus grch.-lat. »indisch«] *der* oder *das,* der älteste bekannte pflanzl. Farbstoff **(I.-Blau),** $C_{16}H_{10}N_2O_2$, ein Küpenfarbstoff. I. kommt v. a. in Arten des I.-Strauches und im Färberwaid vor. Der farbbildende Stoff ist das wasserlösl. **Indican.** Die 1878 von A. von Baeyer gefundene Synthese des I., seit 1897 im Handel, verdrängte rasch den Naturfarbstoff, wurde aber nach dem Ersten Weltkrieg zunehmend von farbechteren Farbstoffen abgelöst. Der Modetrend zu weniger reibechten blauen Farbstoffen hat erneut zum Aufschwung der I.-Produktion geführt.

indigoide Farbstoffe, ↑Küpenfarbstoffe mit Indigo- oder indigoähnl. Struktur, z. B. Thioindigo. Zu den i. F. gehört auch der antike Purpur.

Indikation [lat.] *die* (Heilanzeige), zwingender Grund zur Anwendung einer bestimmten ärztl. Behandlung in einem Krankheitsfall; Ggs.: Gegenanzeige (Kontraindikation).

Indikativ [lat.] *der, Grammatik:* Wirklichkeitsform. (↑Verb, Übersicht)

Indikativ [lat.-frz.] *das,* Erkennungsmelodie; bestimmtes Musikstück, das wiederkehrende Radio- und Fernsehsendungen einleitet.

Indikator *der,* **1)** [spätlat.] *Biologie:* (Indikatorart, Bioindikator, Zeigerart), Bez. für Arten, deren Vorkommen oder Fehlen in einem Biotop auf physikal. und chem. Merkmale des Standorts schließen lässt (z. B. Feuchtigkeit, Stickstoffgehalt des Bodens); bes. wichtig für die Beurteilung der Umweltbelastungen.

2) *Chemie:* ↑Indikatorfarbstoffe.

3) *Technik:* Anordnung zur Messung schnell wechselnder Drücke, insbes. des Druckverlaufs in Zylindern von Kolbenmaschinen in Abhängigkeit vom Kolbenweg. Das **I.-Diagramm** ist ein Druck-Volumen-Diagramm, das den Druck im Arbeitszylinder in Abhängigkeit vom Kolbenhub darstellt.

Indikatorfarbstoffe, Stoffe, die Zustandsänderungen in chem. Systemen durch Farbwechsel anzeigen. Sie dienen v. a. zur Anzeige des Äquivalenzpunkts in der Maßanalyse. **Säure-Base-Indikatoren (pH-Indikatoren)** sind schwache organ. Säuren oder Basen, die bei Abgabe oder Aufnahme eines Protons die Farbe ändern, z. B. Lackmus. Zur besseren Erkennung des Farbumschlags durch Eingrenzung des Umschlagintervalls werden auch so genannte **Mischindikatoren** verwendet. **Metallindikatoren** bilden mit Metallionen gefärbte Komplexverbindungen. **Redoxindikatoren** zeigen bei einem bestimmten Redoxpotenzial einen Farbumschlag. **Adsorptionsindikatoren** markieren bei Fällungstitrationen den Endpunkt durch charakterist. Färbung des Niederschlags.

Indikatorpapier, mit Indikatorlösung getränktes Filterpapier, meist zur pH-Messung einer Reaktionslösung. Eine Weiterentwicklung des I. sind die **Indikatorstäbchen,** bei denen die Indikatoren auf Kunststofffolien gebunden sind. Mitgelieferte Farbenvergleichsfelder dienen zur halbquantitativen Bestimmung z. B. des pH-Wertes.

Indikatrix [lat.] *die,* **1)** *Kartographie:* (Verzerrungsellipse), Darstellung von Linien gleicher Verzerrungswerte bei Winkeln, Längen und Flächen der einzelnen Kartennetzentwürfe.

2) *Kristalloptik:* (Indexellipsoid), Darstellung der Doppelbrechung in Abhängigkeit von der Polarisationsrichtung und Wellennormalen-Ausbreitungsrichtung des Lichts in anisotropen Kristallen.

3) *Mathematik:* die Kurve, die die Art der Krümmung einer Fläche anzeigt.

Indio *der,* span. und portugies. Bez. für den Indianer Lateinamerikas. Anders als im europ. Sprachgebrauch ist I. in Lateinamerika keine rassisch, sondern eine kulturell und sozial bestimmte Bez. für Abkömmlinge der Ureinwohner, die ausschl. eine Indianersprache sprechen und die traditionelle Lebensweise beibehalten haben.

indirekte Investition, ↑Portfolioinvestition.

indirekte Rede, ↑Rede.

indirekte Steuern, Steuern, die den Steuerträger mittelbar, d. h. im Wege der Überwälzung, treffen. (↑Verbrauchsteuer)

Indiscernibilia [lat.], in ihren Eigenschaften ununterscheidbar gleiche Dinge. Nach G. W. Leibniz, der von der Individualität alles Wirklichen ausgeht, kann es solche Gegenstände in der Natur nicht geben, sind also I. immer identisch (↑Principium Identitatis Indiscernibilium). Im Ggs. hierzu geht die moderne Physik davon aus, dass es z. B. Elementarteilchen gibt, die in allen Eigenschaften übereinstimmen, sich aber an versch. Orten befinden.

indische Kunst, die auf dem ind. Subkontinent mit den heutigen Staaten Indien, Pakistan, Bangladesh und Sri Lanka sowie z. T. in den Randregionen Afghanistans und Nepals in mehr als vier Jahrtausenden entstandene Kunst. Der überwiegende Teil der i. K. ist religiös bestimmt. Als ihre herausragenden Leistungen gelten die Verbildlichung innigster Kontemplation sowie Bilder von Praktiken sinnl. Entrückung, die jeweils die versch. Stufen geistiger Versenkung auf dem Weg zur Erlösung vom Kreislauf des Entstehens und Vergehens darstellen. Mit der Ausbreitung von Buddhismus und Hinduismus beeinflusste die i. K. auch z. T. die Kunst Zentral-, O- und SO-Asiens.

Baukunst: Aus der Harappakultur sind Ziegel-, aber keine Monumentalbauten bekannt. Die ältesten in Stein errichteten Werke sind, abgesehen von vorgeschichtl. Dolmen, die Gesetzessäulen der Aschokazeit mit Glockenkapitellen und Tierdarstellungen. Die ersten Bauwerke des Buddhismus sind Stupas, große Kultmale, die sich meist halbkugelförmig über einem

indische Kunst: Großer Stupa in Sanchi (Kernbau um Mitte 3. Jh., Erweiterung im 1. Jh. v. Chr.)

Sockel erheben. Aus dem 3. Jh. v. Chr. sind die Stupaanlagen in Sanchi und Sarnath erhalten. Buddhist. Tempel (Caitya) und Klöster (Vihara) wurden als Höhlenbauten in Fels gehauen wie die Caityahalle zu Karla (bei Bombay), ein dreischiffiger, basilikaähnlicher, tonnengewölbter Raum mit Apsis (1. Jh. v. Chr.). In der Folgezeit entstanden die großen Höhlentempel in ↑Ajanta, ↑Ellora und ↑Elephanta. Frei aus dem Fels gemeißelt ist der Kailasanatha-Tempel in Ellora (8. Jh.). Die ältesten aufgemauerten Tempel, die aus der frühen Guptazeit stammen (4. bis Ende 5. Jh.), sind rechteckige, flach gedeckte Zellen mit offener Säulenvorhalle (so in Sanchi). Durch die Vervielfältigung der horizontalen, zu immer größeren Höhen übereinander geschichteten Bauteile entstanden mächtige Tempeltürme, meist von Bildwerken überzogen (Brahmanentempel in Bhubaneswar im Bundesstaat Orissa, 8. bis 13. Jh.; Dschainatempel zu Palitana u. a. im westl. Indien). Einen Höhepunkt der Gupta-Architektur und -Plastik bildet der Tempel von Deogarh (6. Jh.). In S-Indien entwickelte sich der Dravidatempelstil (dravida = südl. Stil); der Tempel dehnt sich innerhalb mehrerer rechteckiger Einschließungen aus, deren Tore von gewaltigen pyramidal gestuften Tortürmen (Gopurams) überragt werden (Küstentempel in Mahabalipuram, Tempel in Kanchipuram, 7./8. Jh., Thanjarur, um 1000, Madurai, 17. Jh.). Unter islam. Herrschaft diente das Bauernhaus Bengalens mit seinem gewölbten Dach als Vorbild für Paläste, Moscheen u. Ä. In Rajasthan, Zentralindien, dem Pandschab und im Himalaja, wo der islam. Bogen-, Gewölbe- und Kuppelbau übernommen wurde, entstanden ein aus dem Palastbau entwickelter Tempeltyp (Amritsar, Lahore, Mandi, Kangra, Jaipur, Jodhpur, Bikaner) und ein kuppelgekrönter, auf vier oder mehr Säulen ruhender Totenschrein (Chattri). Von der *Plastik* der Induskultur wurden außer Tonsiegeln, deren Menschen- und Tierdarstellungen vorderasiat. Beispielen ähneln, Terrakotta- und Bronzefiguren gefunden, die bereits stilist. Charakteristika i. K. zeigen. In der Aschokazeit entstanden unter pers. Einfluss Steinskulpturen von Tieren, so bes. das Löwenkapitell von Sarnath (heute das Staatswappen Indiens). Der Frühzeit der rein ind. Bildhauerkunst gehören die Reliefs an den Toren und Zäunen der Stupas an (bes. in Sanchi und Bharhut), die Szenen der Buddhalegende mit Motiven des ind. Lebens verbinden. Buddha selbst, anfangs durch Symbole ver-

indische Kunst: Frauenfigur, Ausschnitt aus einer Wandmalerei der Grotte Nr. 2 in Ajanta (6./7. Jh.)

sinnbildlicht, wurde seit dem 1. Jh. n. Chr. von der hellenistisch-ind. Gandhara-Kunst und in Mathura anthropomorph dargestellt, wo jahrhundertelang die größte Bildhauerwerkstatt Indiens bestand. Typisch für die Zeit der religionsgebundenen Bildhauerei (200 v. Chr. bis 300 n. Chr.) sind die Gedrungenheit der Figuren und das Fehlen von Perspektive. Am reichsten entfaltete sich die Plastik in den Höhlenskulpturen von Ellora, Badami, Mahabalipuram, Elephanta (dreigesichtiger Kopf des Shiva, um 700). In der Fülle der die äußeren und inneren Tempelwände bedeckenden Skulpturen, die in der Spätzeit immer formelhafter wurden, verlor sich schließlich das einzelne Kunstwerk. Die Bronzeplastik entwickelte sich zu hoher Blüte im südl. Indien (10.–13. Jh.), wo bes. Darstellungen des tanzenden Shiva entstanden.

Malerei: Die Hauptwerke der Frühzeit sind die seit dem 1. Jh. n. Chr. entstandenen Fresken der Felsentempel in Ajanta (Darstellungen aus der Buddhalegende). Ajanta war bis ins 7. Jh. der Mittelpunkt der klass. Malerei. Vergleichbare Wandmalereien sind in hinduist. und dschainist. Höhlenanlagen und Freibautempeln auf dem gesamten ind. Subkontinent und in Sri Lanka nachgewiesen. Die mittelalterl. Malerei ist kaum erhalten; bedeutend sind die bengal. Miniaturmalerei auf Palmblättern (11. Jh.) und die Illustrationen dschainist. Papierhandschriften (15. Jh.). Unter den Mogulkaisern blühte seit dem 16. Jh. die auf pers. Quellen zurückgehende Miniaturmalerei, in der sich bald heim. Züge durchsetzten und die im Laufe der Zeit in Wechselwirkung mit der ↑Rajputmalerei trat. Seit dem 17. Jh. entstanden an den Höfen kleinerer hinduist. Herrscher zahlr. Provinzwerkstätten versch. Malschulen der Rajputmalerei. Nachdem die ind. Malerei unter europ. Einfluss an Bedeutung verloren hatte, leitete der Maler Abanindranath Tagore (* 1871, † 1951) als Haupt der neuen bengal. Kunstschule eine an die ind. Überlieferung anknüpfende Erneuerungsbewegung ein; in gleichem Sinne wirkte Nandalal Bose (* 1883, † 1966). Die heutige ind. Malerei nimmt vielfach internat. Strömungen auf.

📖 *Franz, H. G.: Von Gandhara bis Pagan. Kultbauten des Buddhismus u. Hinduismus in Süd- u. Zentralasien. Graz 1979. – Gör-*

indische Kunst: Shiva Nataraja (»Herr der Tänzer«) tanzt in einem Feuerkreis, vergoldete Bronze (11. Jh.; Paris, Musée National des Arts Asiatiques Guimet)

indische Kunst: Shiva und Devi, Miniatur (18. Jh.; London, Victoria & Albert-Museum)

gens, M.: Kleine Geschichte der i. K. Köln 1986. – Delahoutre, M.: I. K. Ursprung u. Entwicklung. A. d. Frz. München 1996. – Ind. Kunstgeschichte. Eine bibliograph. Dokumentation…, hg. v. A. J. Gail u. a. Berlin 1997. – Das alte Indien. Geschichte u. Kultur des ind. Subkontinents, hg. v. H. G. Franz. Sonderausg. München 1998.

indische Literatur. Sie umfasst das literar. Schrifttum auf dem ind. Subkontinent von den Anfängen einer noch immer unentzifferten Schrift der Harappakultur (etwa 2000 v. Chr.) bis zur gegenwärtigen Literatur Bangladeshs, Indiens, Nepals, Pakistans und Sri Lankas. Seit etwa 1500 v. Chr. entwickelten sich die Hauptströmungen des Schrifttums organisch aus den Veden (↑Veda). An die ved. Brahmanas schlossen sich die Upanishaden an. Während Buddhisten und Dschainas (Jainas) zweckgebunden zunächst Volkssprachen bevorzugten (Pali, Prakrit), pflegte die Hindukaste der Brahmanen das Sanskrit (seit dem 5. Jh. v. Chr., Kunstsprache), schuf die bis heute verbindl. Grammatik (Panini, 5./4. Jh. v. Chr.) und, zus. mit dem Kriegeradel, die Nationalepen »Ramayana« und »Mahabharata«. Das Drama erreichte seinen Höhepunkt in Kalidasas »Shakuntala« (um 400). Als zweite große klass. Literaturgattung gilt das Kunstepos, das Episoden aus den ind. Götterlegenden behandelt (Epen von Kalidasa; Jayadeva: »Gitagovinda«). Die volkstüml. Erzählliteratur ist in großen Sammelwerken überliefert, die z. T. auch didakt. Zwecke verfolgen (»Pancatantra«). Ein Teil der Veden ist in Hymnenform gefasst; das kurze lyr. Gedicht in Sanskrit und Prakrit scheint auf eine südindisch-dravid. Tradition zurückzugehen. Der dravid. Süden ist auch reich an Spruchdichtung; die Anfänge der gefühlsbetonten religiösen Lyrik der Hingabe (Bhakti) sind im Tamil (seit dem 6. Jh.) zu suchen. – Die enzyklopäd. Sammelwerke der Hindureligion (Puranas und Agamas) liefern ein reiches Legendenmaterial. – Die Übersetzung der großen Epen in die neuindischen Sprachen begann mit der Mahabharata-Übersetzung ins Tamil (8. Jh.). Ein Meisterwerk schuf Tulsidas (* um 1532, † 1623) mit seiner Neuschöpfung der Ramalegende im Geiste der Bhakti-Frömmigkeit (»Ramcaritmanas«). Die Dschainas, die Kunstpoesie hauptsächlich in Prakrit verfassten, führten die gelehrte Dichtung auch in die neuind. Literatur ein.

Die Muslime Indiens besitzen eine eigene Literatur, die sich nur langsam von den auch in Indien lebendigen arab. und pers. Traditionen befreien konnte. Wali, Rafi Sauda, Mir Dard, Mir Taqi Mir und bes. Ghalib schufen im 18. und 19. Jh. bed. Dichtungen in klass. pers. Formen (Ghasel, Kasside und Mesnewi waren die beliebtesten Strophenformen).

Während die Entwicklung der islam. Literatur kaum Einfluss auf die Hindus nahm, brachte die brit. Herrschaft über Indien tief greifende Veränderungen mit sich. So entstand in Bengalen eine neue Epik, die europ. und ind. Vorbilder vereinigte. Angeregt von W. Scott schrieb Bankimchandra Chatterjee (* 1838, † 1894) die ersten beispielhaften ind. Romane. 1913 erhielt R. Tagore den Nobelpreis für seine myst. Dichtung »Gitanjali« (1910); seine symbol. Lyrik wurde zum Vorbild für Dichter in fast allen ind. Sprachen. – Im 20. Jh. meldeten sich auch realist. Erzähler zu Wort: Saratchandra Chatterjee (* 1876, † 1938) und Tarashankar Bannerjee (* 1894, † 1950; beide in Bengali), ferner Premcand (* 1880, † 1936; in Hindi), Nirad C. Chaudhuri (* 1897), M. R. Anand, S. Rushdie in Englisch u. a. Der Bengale Vibhutibhushan Bannerjee (* 1894, † 1950) und Upendranath Ashk (* 1910, † 1996) gestalteten individuelle Schicksale, Anita Desai (* 1937) und Ruth Prawer Jhabvala (* 1927) greifen die Thematik der spirituellen Suche als Ausdrucksform allgemeinmenschlicher Gegebenheiten auf; G. V. Desani (* 1909), Shashi Tharoor (* 1956) und Arundhati Roy (* 1960) verwenden modernist. Erzähltechniken; die moderne Lyrik in Bengalen vertritt u. a. Bishnu De (* 1909, † 1982).

Die Literatur von Sri Lanka steht von den Anfängen im 3. Jh. v. Chr. bis heute im Zeichen des Buddhismus. Seit dem 11. Jh. ist Singhalesisch Literatursprache.

📖 *Winternitz, M.: Geschichte der i. L.en, 3 Bde. Leipzig 1908–20, Nachdr. Stuttgart 1968. – Glasenapp, H. von: Die Literaturen Indiens. Stuttgart 1961. – A history of Indian literature, hg. v. J. Gonda, 10 Bde. in 30 Tlen. Wiesbaden 1973–87. – Garg, G. R.: International encyclopaedia of Indian literature, 9 Bde. Delhi 1987–95. – Mylius, K.: Geschichte der altind. Literatur. Neuausg. Bern u. a. 1988.*

indische Musik, die auf dem ind. Subkontinent verbreitete musikal. Hochkunst, Volks- und Stammesmusik, wobei Ähnlichkeiten von Hochkunst und Volksmusik auf die Benutzung gleicher Vorbilder oder Übernahmen zurückzuführen sind. Dagegen hat jeder Stamm sein eigenes Musikrepertoire. – Die Hochkunst – meist als i. M. i. e. S. aufgefasst – unterscheidet man nach Stilkriterien in die Hindustanimusik N-Indiens und Pakistans sowie die altind. Musik im S des Subkontinents. Sie geht zurück v. a. auf den »Rigveda« und den »Samaveda«, d. h. auf Samml. religiöskult. Dichtungen. Die Musiklehre im »Natyashastra« von Bharata aus den letzten vorchristl. Jahrhunderten kennt zwei siebenstufige Tonskalen im Oktavumfang. Jede dieser Skalen besteht aus Halbtönen und großen und kleinen Ganztönen, die sich wiederum aus 22 »Shruti« pro Skala zusammensetzen. Indem man auf jedem Ton der Skala eine siebenstufige Modalleiter errichtete, erhielt man sieben »Murcana«, aus denen schließlich 18 (sieben reine, elf gemischte) als »Jati« bezeichnete Melodietypen resultieren. Die Haupttöne verleihen der Melodie ihre besondere »Stimmung« oder »Farbe« (Raga). Später entstandene Melodien mit neuen Tonkombinationen wurden als eigenständige Ragas erfasst. Die rhythm. Gestaltung der meist gesungenen Melodie, die häufig improvisiert und von Tanz begleitet wird, wird vorwiegend von der Bordunlaute Tambura gestützt, von einem Streichinstrument (Sarangi) umspielt und von der Trommel (Tabla in N-, Mridanga in S-Indien) begleitet. Ferner sind gezupfte Lauteninstrumente wie Sitar und Sarod in N- und die Vina in S-Indien, die Oboen Shahnai in N- und Nagasvara in S-Indien sowie Flöten beliebt. Die Auftritte des Sitarspielers und Komponisten R. Shankar, u. a. bei Popkonzerten, machten diese Musik auch im Westen bekannt.

indische Philosophie und Religion. Das philosoph. Denken Indiens entwickelte sich und steht bis in die Gegenwart in engem Zusammenhang mit religiösen Vorstellungen (↑Hinduismus, ↑Buddhismus); es hat seine Grundlagen in den Veden (↑Veda), auf denen seit ca. 800 v. Chr. Lit. und Philosophie der ↑Brahmanas und der ↑Upanishaden aufbauen. Zentrales Thema ist das Problem der Erlösung aus dem auf Seelenwanderung und Reinkarnation beruhenden Kreislauf der Wiedergeburten (Samsara), d. h. das endgültige Aufgehen des Einzelnen in dem einen Ganzen; Ethik, Kosmologie, Metaphysik und rituelle (Opfer-)Vorschriften werden dieser Frage zugeordnet. Ist die ↑vedische Religion klass. Volksreligion mit einer Vielzahl von Göttern, geprägt durch zahlr. Opfer und Opfervorschriften, so interpretiert der ihr folgende ↑Brahmanismus die Veden im Sinne eines philosoph. Monismus. Der dualist. Konzeption der ved. Kosmologie von dem am Anfang stehenden Einen (Weltei), das sich in ein männl. und ein weibl. Prinzip spalte, aus dem die Welt in ihrer Vielheit hervorgehe, stellt das brahman. Denken das Modell des grundsätzl., durch nichts bedingten Einen (Brahman) als des Seins schlechthin entgegen. Dieses stehe jenseits der durch Vielfalt, Veränderlichkeit und Vergänglichkeit charakterisierten Welt der Erscheinungen (Maya). Das individuelle Selbst des Menschen wird als ↑Atman bezeichnet. In den auf der Grundlage der Upanishaden seit dem 1. Jh. n. Chr. entstandenen Schulen des Vedanta, deren Hauptvertreter Shankara (um 800) ist, erreichte das brahman. Denken seinen Höhepunkt: Brahman und Atman werden als völlig wesensgleich gedacht, und in dem Wissen um diese Identität liegt die Erlösung. – Neben dem Vedanta bildeten sich zw. 500 v.Chr. und 1000 n.Chr. noch fünf weitere religionsphilosoph. Systeme heraus, unterschieden nach den Methoden der Erkenntnis der Wirklichkeit: die auf der Exegese der ved. Opfertexte aufbauende ↑Mimamsa, das einer dualist. Sicht der Wirklichkeit folgende ↑Samkhya, das mit diesem eng verbundene philosophisch-religiöse Meditationssystem des ↑Yoga, das Nyaya als das Grundwerk der ind. Logik und das mit seiner Kategorienlehre darauf aufbauende Vaisheshika. In der neueren ind. Philosophie werden diese sechs Systeme als »orthodox« (die Autorität der Veden anerkennend) von den »nichtorthodoxen« Systemen des Buddhismus, Dschainismus und Materialismus unterschieden. Etwa ab 1000 n.Chr. beherrschte der Brahmanismus in seiner Spätform als Hinduismus das ind. Denken. Erlösung wird erlangt auf den Wegen der (z.B. mittels Yoga) selbst gewonnenen Erkenntnis (Jnana), des konsequenten Handelns gemäß den Kastenpflichten (Dharma) und der vollständigen Liebeshingabe an Gott (Bhakti). Das moderne ind. philosophisch-religiöse Denken setzte im 19.Jh. ein und ist maßgeblich geprägt worden von Ram Mohan Roy, Ramakrishna, Vivekananda, R. Tagore, S. Radhakrishnan, M. K. Gandhi und Sri Aurobindo. Dabei ist neben Versuchen der Synthese, z.B. in den Formen einer sich zu westl. Denkansätzen vergleichend in Beziehung setzenden Philosophie oder der Einbeziehung von dem traditionellen ind. Denken fremden Ansätzen wie demjenigen der Geschichtlichkeit, die religiös-philosoph. Tradition Indiens bis in die Gegenwart von tragender Bedeutung geblieben.

📖 *Frauwallner, E.: Geschichte der ind. Philosophie, 2Bde. Salzburg 1953–56. – Glasenapp, H. von: Die Philosophie der Inder. Stuttgart [4]1985. – Klaus, K.: Die altind. Kosmologie nach den Brahmanas dargestellt. Bonn 1986. – Zimmer, H. R.: Philosophie u. Religion Indiens. A. d. Engl. Frankfurt am Main [8]1994. – Lorenz, K.: Ind. Denker. München 1998.*

Indischer Nationalkongress, ↑Indian National Congress.

Indischer Ozean, der kleinste, geologisch jüngste der drei Ozeane der Erde, gelegen zw. Asien, Afrika, Australien und der Antarktis, mit Pers. Golf und Rotem Meer 74,12 Mio. km²; Wasservolumen 284,61 km³. Ein im Wesentlichen meridional verlaufendes System von Rücken (Zentralind. Rücken u.a.) teilt den I. O. in Tiefseebecken. Die mittlere Tiefe beträgt 3 840 m (mit Nebenmeeren), die größte (Planettiefe) 7 455 m im Sundagraben südlich von Java. Wichtigste Inseln und Inselgruppen sind: Madagaskar, Komoren, Seychellen, Ceylon, Sokotra, Andamanen, Malediven, Maskarenen, Kerguelen. Der I. O. liegt innerhalb der Tropen und Subtropen, nur im S gehört er der gemäßigten und subpolaren Zone an. Im nördl. Teil beherrscht der Wechsel von NO-Monsun zu SW-Monsun sowohl Klima wie Meeresströmungen. Während des passatartigen Wintermonsuns gleicht das äquatoriale Stromsystem dem des Atlant. und Pazif. Ozeans: Nord-, Südäquatorialstrom, Äquatorialer Gegenstrom. Bei Monsunwechsel bildet sich der starke Somalistrom im nördl. I. O. aus, im südl. I. O. besteht der westwärts setzende Südäquatorialstrom, der in den Agulhasstrom mündet, und die ostwärts setzende Westwinddrift. Aufgrund des unterschiedl. Klimas sind Salzgehalt und Temperatur des Wassers sehr verschieden. Der Bereich des Pers. Golfs ist durch seine Erdöllagerstätten von großer wirtsch. Bedeutung. Die Fischerei spielt im I. O. eine geringe Rolle (nur rd. 5% der im Weltmeer gefangenen Fische). – Die erste wiss. Erforschung begann 1874 durch das brit. Forschungsschiff »Challenger«. 1959 bis 1965 fand die Internat. I.-O.-Expedition statt, an der sich 40 Forschungsschiffe aus 20 Ländern beteiligten. 1979 wurde das internat. Großprojekt INDEX (engl. **Ind**ian Ocean **Ex**periment) zur Untersuchung der Wirkung des einsetzenden SW-Monsuns durchgeführt. Seit 1982 wird im Rahmen der Intergovernmental Oceanographic Commission (IOC) eine intensive Erforschung des westl. I. O. betrieben. In diesem Rahmen fand 1987 die Expedition des dt. Forschungsschiffs »Meteor«, MINDIK, statt. Seit 1988 besteht ein Komitee der zentralen und östl. Anrainerstaaten zur Erforschung der Ressourcen.

indischer Tanz, stark religiös geprägte

Kunstform, deren Inhalte den Sanskritepen und zahlr. Legenden entstammen. Zu den bedeutendsten, heute in Akademien gelehrten Tanzstilen gehören: das klass. **Bharata Natya,** früher der Tanz der Tempeltänzerinnen, mit typischer symbol. Gestensprache der Hände; das **Kathakali,** ein pantomim. Tanzdrama, in dem Stoffe der Sanskritepen tänzerisch dargestellt werden; der **Kathak-Tanz,** ein dreiteiliger nordind. Unterhaltungstanz; der ostind. **Manipuri-Tanz,** der Legenden um Krishna und Radha zum Inhalt hat.

📖 *Baldissera, F. u. Michaels, A.: Der i. T. Köln 1988.*

indische Schriften, mit Ausnahme der ältesten i. S., der noch nicht entzifferten Indusschrift, und der linksläufigen Kharoshthischrift (250 v. Chr. bis etwa 400 n. Chr.) gehen alle i. S. auf die in der ersten Hälfte des 1. Jt. v. Chr. entstandene rechtsläufige **Brahmischrift** zurück, die bei den Inschriften Aschokas Verwendung fand. Die aus der vielleicht unter phönik. Einfluss entstandenen Brahmischrift entwickelten Alphabete sind rechtsläufige Silbenschriften; jede Schrift kennt Zeichen für Vokale und Konsonanten sowie Zusatzzeichen, z. B. für Vokallosigkeit oder Nasalierung. Sie werden in eine nördl. und eine südl. Gruppe aufgeteilt: Erstere basiert auf dem Guptaalphabet; die wichtigste Schrift ist die **Devanagari** (seit etwa 700 n. Chr., bis ins 17. Jh. n. Chr. als Nagari bezeichnet), in der klass. Sanskrittexte sowie u. a. Hindi und Marathi geschrieben werden. Zu nennen sind ferner das Bengali- und Oriyaalphabet, die für das Pandschabi verwendete Gurmukhischrift und die Schrift des Gujarati. Zur südl. Gruppe, die von der Granthaschrift für das hl. Buch der Sikhs ausgeht, gehören Kannada- und die sehr ähnl. Teluguschrift, Malayalam-, Tamil- sowie die Palischrift, die die Schriftsysteme in Sri Lanka (singhales. Schrift), Birma und Thailand ebenso wie die altjavan. Kawischrift u. a. histor. indones. Schriften geprägt hat.

📖 *Hinüber, O. von: Der Beginn der Schrift u. frühe Schriftlichkeit in Indien. Stuttgart 1990.*

indische Sprachen, die Sprachen des ind. Subkontinents, die auf mehr als 1 500 Einzelsprachen geschätzt werden. Diese Vielzahl gliedert sich v. a. in 15 regional gebundene Hauptsprachen. Am weitesten verbreitet ist die Familie der **indoarischen Sprachen.** Nach dem Schrifttum der um die Mitte des 2. Jt. v. Chr. nach Indien eingewanderten Arier wird ihre Sprache Vedisch oder vedisches Sanskrit genannt. Daraus entwickelte sich das klass. Sanskrit und als Umgangssprache das in viele Dialekte gegliederte Mittelindisch, das Prakrit. Als Literatursprache der Buddhisten entstand das Pali. Spätmittelindisch ist das Apabhransha. Seine zahlreichen Dialekte stellen den Übergang zu den neuind. Sprachen dar. Dazu zählen die Amtssprache Hindi sowie die Regionalsprachen Assami, Bengali, Gujarati, Marathi, Oriya, Pandschabi, Sindhi, Urdu, das Amtsprache in Pakistan ist, und Singhalesisch. Die zweitgrößte Sprachgruppe bilden die **dravidischen Sprachen.** Die Völker mit dravid. Sprachen müssen schon vor den Indogermanen (etwa 3000 v. Chr.) in Indien eingewandert sein. Die bekannteste Sprache ist das Tamil, zu den süddravid. Sprachen gehören ferner Malayalam und Kannada sowie die Kleinsprachen Tulu, Kodagu, Kota und Toda. Als norddravid. Restsprachen sind Brahui, Oraon und Malto zu nennen, das Zentraldravidische umfasst die Regionalsprache Telugu sowie die Kleinsprachen Condi, Kui, Kuwi, Kolami, Naiki, Ollari, Gadba und Parji. Außerdem gibt es in Indien weit über 100 Idiome, die anderen Sprachgruppen zuzuordnen sind, so den ↑Mundasprachen (in Bihar, Orissa, Madhya Pradesh), den dard. Sprachen (neben der Regionalsprache Kaschmiri die Kafirsprachen, von den Nuristani gesprochen), den iran. Sprachen (mit Paschtu) und den tibetobirman. Sprachen (das Tibetische mit Lhoke und Kagate, die Himalajasprachen wie Nevari, Gurung, Sunwar, Lepcha, Limbu, die Assamsprachen mit den Bodo-, den Naga- und den Kuki-Chin-Sprachen; ↑sinotibetische Sprachen).

📖 *Zograph, G. A.: Die Sprachen Südasiens. A. d. Russ. Leipzig 1982.*

indisches Theater. Schon in der frühesten Form des i. T. haben sich Dichtung, Musik, Gesang und Tanz sowie Elemente aus Schattenspiel und Pantomime verbunden. Lehrbuch des klass. i. T. ist das in den ältesten Teilen wohl aus dem 1. Jh. n. Chr. stammende »Natyashastra« des Bharata; danach sind die Haupttypen des i. T., das keine Tragödien kennt, das Nataka

(»Tanzspiel«) mit Stoffen aus den Epen »Mahabharata« und »Ramayana« bzw. das Prakarana mit nichttraditionellen Stoffen, das Prahasana (»Komödie«) und das monolog. Bhana. Die ältesten erhaltenen Dramen sind die Fragmente des Buddhisten Ashvaghosha (1. Jh. n. Chr.). Einer der bed. Dramatiker in der Folgezeit war Kalidasa. Die klass. Periode endet mit den Dramen des Bhavabhuti im 7./8. Jh. Das traditionelle i. T., dessen Sprache Sanskrit und z. T. auch Prakrit ist, ist bis heute lebendig.

Indiskretion [lat.] *die,* Mangel an Verschwiegenheit; Vertrauensbruch; Taktlosigkeit.

indiskutabel, nicht der Erörterung wert.

indisponibel, nicht verfügbar; festgelegt; (selten) unveräußerlich.

indisponiert, unpässlich; nicht zu etwas aufgelegt; in schlechter Verfassung.

Indium [zu lat. indicum »Indigo«] *das,* chem. Symbol **In,** seltenes metall. Element aus der 3. Hauptgruppe des Periodensystems, Ordnungszahl 49, relative Atommasse 114,82, Dichte (bei 20 °C) 7,31 g/cm^3, Schmelzpunkt 156,6 °C, Siedepunkt 2072 °C. – Das silberweiße I. kommt spurenweise in allen Zinkblenden und in anderen oxid. und sulfid. Schwermetallmineralen vor. Es ist wachsweich, sehr dehnbar und wird für niedrig schmelzende Legierungen, metall. Klebmassen, Glasfarben, elektr. Kontakte u. a. verwendet. Verbindungen, wie I.-Antimonid, I.-Arsenid, I.-Phosphid, werden in der Halbleitertechnik eingesetzt, auch als Korrosionsschutz und Legierungszusatz.

Individualdistanz, spezif. Abstand, auf den sich Tiere einer Art untereinander annähern.

Individualisierung [lat.] *die, Soziologie:* der Prozess der Auflösung von für die ↑Industriegesellschaft typ. Lebensformen und deren Ablösung durch neue; bes. der Zerfall der wesentlich durch das Eingebundensein in sozial vorgegebene Gruppen- und Funktionszusammenhänge (z. B. Bildungsgänge, Partnerschaftsformen, Rollenmuster) geprägten industriegesellschaftl. »Normalbiografien«, an deren Stelle in der entstehenden ↑postindustriellen Gesellschaft zunehmend individuell ausdifferenzierte, perspektivisch oft auch »ungesicherte« Lebensentwürfe treten. (↑Risikogesellschaft; ↑Selbstverwirklichung)

Individualisierungsprinzip, Prinzip der Sozialhilfe (§ 3 Abs. 1 Bundessozialhilfe-Ges.), wonach diese von einer sozialen Diagnose des Einzelfalls auszugehen hat und daraus entsprechende Hilfeleistungen abzuleiten sind.

Individualismus [lat.] *der,* Auffassung, die die Interessen, Bedürfnisse und Rechte des einzelnen Menschen gegenüber seiner Gleichstellung mit anderen hervorhebt (Ggs.: Kollektivismus, ↑Universalismus). Der I. als sozialphilosoph. Lehre erklärt die Gesellschaft als bloße Summe der Beziehungen zw. Einzelnen. Die Geschichte werde im Wesentlichen von Einzelpersonen getragen und vorangetrieben. In der Ethik **(Individualethik)** meint I., dass die freie Entfaltung der Einzelpersönlichkeit den Sinn des Gemeinschaftslebens ausmache und daher die Norm für dessen Gestaltung zu bilden habe.

Individualität [lat.] *die,* die einzelne ↑Persönlichkeit.

Individualpsychologie, i. w. S. die sich mit dem Menschen als Einzelwesen befassende Psychologie, im Ggs. zur Sozialpsychologie. I. e. S. die von A. Adler begr. Richtung der Tiefenpsychologie, nach der die menschl. Grundantriebe das Streben nach Überlegenheit, Macht und Geltung sowie nach Entfaltung des Gemeinschaftsgefühls sind. Beeinträchtigungen (z. B. soziale Benachteiligung) können zu »Minderwertigkeitskomplexen« und zu Versuchen ihrer ↑Kompensation oder ↑Überkompensation führen.

Individuation [lat.] *die,* **1)** *Philosophie:* die Sonderung des Allgemeinen (Idee, Begriff) in Einzelnes, z. B. der Weltsubstanz in Einzeldinge. Als ihre Prinzipien, die ein Individuum konstituieren und von anderen unterscheiden (principium individuationis), kennt die Philosophie u. a. Raum, Zeit und Materie.

2) *Psychologie:* bei C. G. Jung die innerseel. Entwicklung, bei der die im kollektiven Unbewussten angelegten Anteile der Seele mit dem persönl. Unbewussten (verdrängte Triebe und Triebanteile) zur Übereinstimmung gelangen.

individuell, für den Einzelnen bestimmt, ihn betreffend, ihm eigentümlich.

individuelle Mythologie, auf der documenta 5 (1972) erstmals präsentierte Richtung der zeitgenöss. Kunst, in der Künstler ihre myth. Vorstellungen (aus Traum, Erinnerung, myth. Überlieferung usw.) in eine symbolisierende Zeichensprache umsetzen. Vertreter sind u. a. Anne und Patrick Poirier und Jochen Gerz.

Individuum [lat. »Unteilbares«, Lehnübersetzung von grch. átomon »Unteilbares«, »Atom«] *das,* **1)** *allg.:* das Einzelexemplar; das Einzelwesen, bes. der einzelne Mensch im Ggs. zur Gesellschaft, der einzelne Mensch in seiner Besonderheit.

2) *Biologie:* eine Pflanze oder ein Tier als Einzelexemplar.

3) *Logik:* dasjenige, worauf sich ein Prädikat bezieht oder ein Attribut zutrifft, das aber selbst kein Prädikat (Attribut) ist.

Indiz [lat. indicium »Anzeichen«] *das, Recht:* im Prozess eine erwiesene Tatsache, aus der in Schlussfolgerung der Beweis für eine andere, nicht unmittelbar beweisbare Tatsache abgeleitet wird (Indizienbeweis).

indizieren, 1) anzeigen, auf etwas hinweisen. 2) etwas als angezeigt erscheinen lassen (z. B. in der Medizin).

indoarische Sprachen, ↑indische Sprachen, ↑indogermanische Sprachen.

Indochina (Französisch-Indochina), die 1887 von Frankreich errichtete Union zw. Annam, Kambodscha, Cochinchina und Tongking (seit 1893 auch Laos). Nach der Unterdrückung bürgerlich-nationalist. Kräfte (Aufstand in Tongking 1930) gewann die von ↑Ho Chi Minh 1930 gegr. KP I.s, bes. nach der Niederlage Frankreichs im Zweiten Weltkrieg, an Boden. Seit 1940 in Tongking, besetzten die Japaner Anfang 1945 ganz I. Nach dem militär. Zusammenbruch Japans (Aug. 1945) rief Ho Chi Minh an der Spitze der ↑Vietminh die Rep. ↑Vietnam aus, geriet jedoch in Konflikt mit den nach I. zurückgekehrten Franzosen. Seit Ende 1946 führten die Vietminh einen Guerillakrieg gegen die frz. Kolonialtruppen **(I.-Krieg).** 1949 löste die frz. Reg. die Union von I. auf und gewährte Kambodscha, Laos und Vietnam (Annam, Cochinchina, Tongking) im Rahmen der Frz. Union die Unabhängigkeit. Nach der Niederlage von ↑Dien Bien Phu zog sich Frankreich 1954 (↑Genfer Konferenzen) aus I. zurück.

indoeuropäische Sprachen, ↑indogermanische Sprachen.

Indogermanen (Indoeuropäer), 1823 geprägte Gesamtbez. für die Völker mit indogerman. Sprachen; i. e. S. die Bevölkerungsgruppe, die als Träger der sprachwiss. erschlossenen indogerman. Grund- oder Ursprache angesetzt wird. Aus dem gemeinsamen Wortschatz der Einzelvölker hat die indogerman. Altertumskunde eine Grundkultur erschlossen, deren Wirtschaftsbasis neben dem Ackerbau v. a. die Viehzucht bildete. Die Gesellschaftsordnung beruhte auf der vaterrechtlich organisierten Großfamilie, die in der Siedlungsgemeinschaft (»teuta«) ihre polit. Einheit fand. Indogermanistik, Vorgeschichte und Anthropologie haben sich mit der Frage nach »Urheimat« und »Rasse« der I. beschäftigt. Lange Zeit betrachtete man Zentralasien als Herkunftsgebiet; später wurden O-Europa sowie Mittel- und N-Europa als Kernbereiche angesehen. Die an bestimmte jungsteinzeitl. Kulturgruppen (Bandkeramik, Megalithkultur, Schnurkeramik) anknüpfenden Hypothesen, die I. seien Träger der Grundkultur gewesen, sind inzwischen überholt, weil die ihnen zugrunde liegende Volks- und Stammesauffassung eine untrennbare Einheit von Sprache, Rasse und Kultur zur Voraussetzung hatte. Neuere Theorien sehen Ost- und Mitteleuropa als Entstehungsgebiet an; daneben besteht die Ansicht einer »doppelten Urheimat«: Von einem östlich gelegenen Zentrum aus hätten sich die noch ungeteilten I. nach Westen vorgeschoben und von hier aus verteilt. Archäologisch betrachtet, konzentriert sich die Expansionsphase auf die Streitaxtkulturen, deren Träger überwiegend zum europiden Rassenkreis gehören.

📖 *Kilian, L.: Zum Ursprung der I. Bonn [2]1988. – Meid, W.: Archäologie u. Sprachwissenschaft. Innsbruck 1989.*

indogermanische Sprachen (indoeuropäische Sprachen), Sprachfamilie, die schon zu Beginn der geschichtl. Überlieferung über ganz Europa und große Teile Vorderasiens und Vorderindiens verbreitet war. In der Neuzeit dehnte sie ihr Gebiet über die anderen Erdteile aus. Die i. S. zeigen in Laut- und Formenstruktur, in Syntax und Wortschatz so viele Übereinstimmungen, dass sie sich alle als genetisch verwandt und als Fortsetzer einer gemeinsamen, rekonstruierten Grundsprache (»Indogermanisch«) erweisen. Allerdings steht der Ansicht von einer einheitl. Grundsprache heute die Auffassung des Indogermanischen als einer Verschmelzung zweier Komponenten gegenüber (Mischsprachentheorie). Im Einzelnen umfasst die Familie folgende Sprachgruppen: 1) die indoar. Sprachen; 2) die iran. Sprachen; 3) die Kafirsprachen; diese drei Gruppen werden zusammen häufig als indoiran. oder arische Sprachen bezeichnet; 4) die armen. Sprache; 5) die tochar. Sprache; 6) die hethitisch-luw. Sprachen; 7) das Phrygische; 8) das Thrakische und das Dakische; 9) die grch. Sprache; 10) die alban. Sprache; 11) das Illyrische; 12) die ital. Sprachen; 13) die kelt. Sprachen; 14) die german. Sprachen; 15) die slaw. Sprachen; 16) die balt. Sprachen.

Die Gemeinsamkeiten von möglichst vielen historisch bezeugten Einzelsprachen und die Erkenntnis von regelmäßigen Lautentsprechungen (Lautgesetzen) ermöglichen zugleich die teilweise Rekonstruktion von Wörtern einer zugrunde liegenden gemeinsamen indogermanischen Grundsprache (Stammbaumtheorie). Diese ältere Ansicht wird ergänzt durch die Erkenntnis eines ständigen wechselseitigen Austauschs mit wellenförmiger Ausbreitung der sprachl. Neuerungen (Wellentheorie) und bei wachsender Entfernung zunehmenden Dialektunterschieden (Theorie der schiefen Ebene). Diese Grundsprache ist flektierend (und demzufolge sind alle i. S. primär flektierend) und zeigt als auffälliges Charakteristikum das System des Ablauts. Viele Einzelsprachen sind nur aus schriftl. Aufzeichnungen bzw. durch indirekten Nachweis aus Lehnwörtern rekonstruiert worden. Für die Gliederung des gesamten indogerman. Sprachgebiets spielte in der Forschung die Trennung der i. S. in Kentumsprachen und Satemsprachen eine Rolle (entsprechend der jeweiligen Wiedergabe des palatalen k der erschlossenen indogerman. Grundsprache als Verschlusslaut - in den Kentumsprachen - oder als Zischlaut - in den Salemsprachen); sie verliert jedoch immer mehr an Bedeutung gegenüber der Gliederung in westindogerman. (Keltisch, Italisch, Germanisch) und ostindogerman. Sprachen (Indoiranisch, Baltisch, Slawisch, Griechisch, Armenisch).

📖 *Lockwood, W. B.: Überblick über die i. S. A. d. Engl. Tübingen 1979.*

Indogermanistik, Zweig der histor. Sprachwiss., der sich mit der vergleichenden Erforschung der ↑indogermanischen Sprachen befasst.

Indoktrination [lat.] *die,* gezielte Beeinflussung von Individuen oder Gruppen im Sinn einer bestimmten polit. oder weltanschaul. Doktrin.

Indol *das* (Benzopyrrol), bizykl. heterozykl. Verbindung, die in Steinkohlenteer, Jasmin- und Orangenblütenöl sowie in Fäkalien vorkommt.

indolent [lat.], 1) geistig träge und gleichgültig; ohne erkennbare Gemütsbewegung; 2) schmerzunempfindlich; schmerzfrei; keine Schmerzen verursachend.

Indologie *die,* Wiss. von Sprachen, Literaturen, Religionen, Philosophie, Archäologie, Kunst, Kultur und Geschichte Indiens. Die wiss. I. begann mit der Gründung der Asiatic Society (1784) durch W. Jones in Kalkutta.

Indonesien	
Fläche	1 922 570 km²
Einwohner	(2003) 219,88 Mio.
Hauptstadt	Jakarta
Verwaltungsgliederung	27 Prov., davon 2 mit Sonderstatus und 3 ohne eigene Regierung und Verwaltung
Amtssprache	Bahasa Indonesia
Nationalfeiertag	17. 8.
Währung	1 Rupiah (Rp.) = 100 Sen (s)
Zeitzone	(von W nach O) MEZ + 6 (Jakarta), +7 bzw. +8 Std.

Indonesien (amtlich Bahasa Indonesia Republik Indonesia; dt. Republik Indonesien), Inselstaat in SO-Asien, beiderseits des Äquators, umfasst den Hauptteil des Malaiischen Archipels (Borneo nur zum Teil) mit insgesamt 13 677 Inseln, davon 6 044 bewohnt; Territorialgewässer: 3 272 160 km². Landgrenzen bestehen auf Borneo zu Malaysia, auf Neuguinea zu Papua-Neuguinea und auf Timor zu Osttimor.

Indonesien: Reisfelder auf Bali

Staat und Recht: Nach der Verf. von 1945 (mehrfach, zuletzt 2002, modifiziert) ist I. eine Rep. mit Präsidialregime. Staatsoberhaupt, Reg.chef und Oberbefehlshaber der Streitkräfte ist der mit weitgehenden Befugnissen ausgestattete Präs. (5-jährige Amtszeit, seit 2004 Direktwahl, vorher von Beratender Volksversammlung gewählt). Formell höchstes Verf.organ ist die Beratende Volksversammlung (700 Mitgl.), die sich aus Abg. des Parlaments sowie Vertretern der Berufsstände (funktionelle Gruppen), der Streitkräfte und der Prov. zusammensetzt. In ihre Kompetenz fallen u. a. die Festlegung der Grundlinien der Politik und Verf.änderungen. Die Legislative liegt beim Präs. und beim Repräsentantenhaus (462 auf 5 Jahre gewählte Abg. und 38 vom Präs. ernannte Vertreter der Streitkräfte; ab 2004 keine Reservierung von Mandaten für Streitkräfte mehr). Einflussreichste Parteien: Demokrat. Partei Indonesiens – Kampf (PDI–P), Golkar (Funktionelle Gruppen), Vereinigte Entwicklungspartei (PPP), Partei des nat. Erwachens (PKB) und Nat. Mandatspartei (PAN).

Landesnatur: I. umfasst den größten Teil des ↑Malaiischen Archipels mit den Großen Sundainseln Java, Sumatra, Borneo (Kalimantan; außer dem NW), Celebes (Sulawesi), den Kleinen Sundainseln (Bali, Lombok, Sumbawa, Flores, Sumba, Alorinseln, Roti, Timor [W-Teil]), den Molukken (Morotai, Halmahera, Ternate, Tidore, Bacaninseln, Buru, Ambon, Ceram, Kai-, Tanimbar-, Aruinseln) sowie Papua (das frühere Irian Jaya), den W-Teil Neuguineas. Die Inseln sind aus steil aufragenden Faltengebirgen aufgebaut; über 200 Vulkane, rd. 70 tätig (u. a. Krakatau). Die höchste Erhebung wird im vergletscherten Zentralgebirge Neuguineas (in Papua), im Gunung Jaya mit 5033 m ü. M. erreicht. Weite Schwemmlandebenen finden sich in O-Sumatra, S-Borneo und N-Java. Auf Sumatra, W-Java, Borneo, Celebes, den Molukken und in Papua herrscht trop.-immerfeuchtes Klima (Jahresniederschläge 3000 bis 4000 mm, in den Gebirgen z. T. über 6000 mm), auf dem übrigen Java, den Kleinen Sundainseln und bis zu den Aruinseln trop.-monsunales Klima (2000–3000 mm). Trop. Regenwald bedeckte urspr. über 60 % der Landesfläche. Infolge ungehemmten Holzeinschlages in den letzten zwei Jahrzehnten sowie z. T. durch verheerende Waldbrände sind diese regional schon ganz verdrängt (auf Java) und kaum zu nutzenden Alang-Alang-Grasfluren gewichen. In höheren Lagen gehen die Regenwälder in Nebelwälder über. In den Tiefebenen O-Sumatras, Borneos und Papuas sind ausgedehnte Moor- und Sumpfwälder (mit Sagopalmen) verbreitet, an den Küsten oft Mangroven. Die Flüsse werden z. T. zur Stromerzeugung und Bewässerung genutzt. Größter Binnensee ist der Tobasee auf N-Sumatra.

Bevölkerung: Die Bev. besteht überwiegend aus Indonesiern, ferner Papua (in Papua), Chinesen; insgesamt rd. 360 Ethnien; mehr als 250 Regionalsprachen. Etwa 60 % der Bev. leben auf Java und Madura auf nur 7 % der Staatsfläche. Die Überbev. (jährl. Bev.wachstum 1,7 %) v. a. auf Java, Madura und Bali hat seit 1950 zu staatlich gelenkter Umsiedlung (Transmigrasi) auf benachbarte Inseln (v. a. nach Sumatra) geführt (allein zw. 1979 und 1986 etwa 4,5 Mio. Menschen). In den Zielgebieten der Transmigration entstehen dadurch z. T. innerethn. Konflikte. Die städt. Bev. (41 %) hat durch Landflucht stark zugenommen. I. hat sieben Millionenstädte: Jakarta, Surabaya, Bandung, Medan, Palembang, Semarang und Ujung Pandang. – Die dominierende Religion ist der Islam, zu dem sich über 80 % der Bev. bekennen. Die größte religiöse Minderheit bilden die Christen (mehrheitlich Protestanten), deren Anteil an der Bev. sich auf der Grundlage kirchl. Zahlenangaben mit etwa 15 % angeben lässt. Etwa 1,8 % der Bev. sind Hindus (auf Bali rd. 90 %), rd. 1 % Buddhisten (Chinesen). Traditionelle Stammesreligionen haben sich v. a. unter den Batak erhalten. – Es besteht eine neunjährige allgemeine Schulpflicht ab dem 7. Lebensjahr und ein für alle Kinder ab dem 5. Lebensjahr offenes Vorschulangebot (nicht obligatorisch). Das Schulsystem gliedert sich in folgende Stufen: die sechsjährige Primarschule (Grundschule) und einen zweistufigen Sekundarschulbereich, die dreijährige Sekundarschule I (Mittelschule) und die auf den Hochschulbesuch vorbereitende dreijährige Sekundarschule II (Oberschule). Die Analphabetenquote beträgt 13 %. Das Hochschulwesen umfasst über 1 400 Hochschulen und rd. 90 staatl. Universitäten.

Indonesien: Haus der Toraja im zentralen Gebirgsland von Celebes

Wirtschaft und Verkehr: I. gehört zu den an Bodenschätzen reichsten Ländern der Erde. Nach wie vor kommt aber dem Agrarsektor, in dem über 40 % der Erwerbstätigen arbeiten, eine wesentl. Bedeutung zu. Hauptanbauprodukt ist Reis. Von den Bergvölkern wird Brandrodungswanderfeldbau betrieben. In den Plantagen werden v. a. Ölpalmprodukte, Kopra, Kautschuk, Tee, Kaffee, Zuckerrohr und Chinarinde erzeugt. Für die einheim. Versorgung sind neben Reis auch Maniok, Mais und Gemüse bes. wichtig. Die Viehzucht ist im Ggs. zur Fischerei unbedeutend. Seit 1985 besteht ein Exportverbot für unbearbeitetes Holz, um den extensiven Kahlschlag von Edelhölzern einzudämmen. – Hauptfördergebiete von Erdöl und Erdgas sind Sumatra, Borneo und Papua. Das geförderte Erdgas wird größtenteils in Flüssiggas (weltweit einer der größten Exporteure) umgewandelt. Steinkohlenbergbau auf Sumatra, in Papua und auf Timor Abbau von Kupfererzen, auf Bangka und Belitung von Zinnerzen (weltweit an 2. Stelle), auf Bintan und Borneo von Bauxit sowie auf Celebes von Nickel. Die sich in den letzten Jahren verstärkt entwickelnde verarbeitende Ind. (fast 20 % der Erwerbstätigen) ist exportorientiert und umfasst neben Maschinenbau, Elektronik, Erdölraffinerien, Papierfabriken, Textil-, Gummi- und chem. Werken auch Tabakverarbeitung, Kautschukaufbereitung sowie landwirtsch. Produkte verarbeitende Betriebe. Große Bedeutung kommt der sich entwickelnden Zoll- und Industriefreizone auf der Insel Batam zu. Daneben besteht ein umfangreiches traditionelles Kleingewerbe (Weberei, Färberei, Flechterei, Gold- und Silberschmiedearbeiten u.a. Kunsthandwerk). Hauptziele des Tourismus sind Java und Bali. Hauptausfuhrgüter: Erdgas und Erdöl (20%), Textilien, Holzprodukte, Bergbauerzeugnisse, Kautschuk, Palmöl, Kaffee, Tee. Haupthandelspartner: Japan, die USA, Singapur, die EG-Länder, Australien. – Das Eisenbahnnetz umfasst 6360 km (Java, Madura, Sumatra), das Straßennetz 393000 km, davon sind 46% asphaltiert. Für die Verbindung der weit verstreuten Inseln sind Küstenschifffahrt und Luftverkehr von großer Bedeutung. Hauptseehäfen: Tanjung Priok (Sumatra), Surabaya, Semarang, Belawan Panjang, Palembang und Ujung Pandang. 10 internat. Flughäfen, v.a. Jakarta, Medan (Sumatra), Denpasar (Bali).

Geschichte: Älteste Zeugnisse menschl. Lebens in I. sind die Skelettfunde von Trinil, Sangiran und Mjokerto auf O-Java, die der Art Homo erectus zugeordnet werden und die der Entdecker E. Dubois 1890/91 als »Pithecanthropus« bezeichnete. Altsteinzeitl. Funde auf Sumatra, Borneo und Celebes lassen Zusammenhänge mit Hinterindien vermuten. Im 3./2. Jt. v.Chr. wanderten wohl aus Hinterindien palämongolide Völker auf den Archipel ein. Nachweisbar ist die hoch stehende Dongsonkultur, mit der im 1. Jt. v. Chr. die Technik der Bronze- und Eisenbearbeitung nach I. kam.

In den ersten Jahrhunderten n.Chr. entstanden auf Sumatra, Java und Borneo kleine Königreiche unter dem Einfluss der ind. Kultur. Das im 7. Jh. in O-Sumatra gegründete Großreich Srivijaya mit dem Zentrum Palembang dehnte seine Macht über den gesamten Archipel und einen Teil der Malaiischen Halbinsel aus und kontrollierte die Handelswege zw. Indien und China (bes. die Straße von Malakka). Unter der seit dem 8. Jh. auf Zentraljava herrschenden Dynastie der Shailendra, die Anhänger des Mahayana-Buddhismus war, entstanden zahlr. Kultbauten (u.a. Tempel von Borobudur). 1377 wurde Srivijaya von dem auf Java gebildeten mächtigen Reich Majapahit (1293 bis um 1520) erobert, dessen Einfluss sich schließlich über den größten Teil des heutigen I. erstreckte. Seinen Untergang verursachten v.a. der rasche Aufstieg Malakkas zum führenden Handelszentrum SO-Asiens (seit etwa 1400) und die Gründung islam. Sultanate: Demak (1518), Bantam (1552) und Mataram (1586). Die Portugiesen eroberten 1511 Malakka und errichteten Handelsniederlassungen auf N-Sumatra, Timor und den Molukken, wurden jedoch im 17. Jh. weitgehend von den Niederländern verdrängt (mit Ausnahme von Osttimor). Die 1602 gegründete niederländ. Vereinigte Ostind. Kompanie schuf die Grundlage für das niederländ. Kolonialreich in Indonesien. Nach Auflösung der Kompanie (1799) übernahm die niederländ. Reg. ihre Besitzungen. Im 19. Jh. festigte sich die niederländ. Herrschaft (Niederländisch-Indien), doch kam es immer wieder zu Aufständen einheim. Fürsten und zu langen Kriegen. Seit Beginn des 20. Jh. entwickelte sich eine indones. Nationalbewegung; die ersten polit. Parteien entstanden (1911: Sarekat Islam Indonesia, 1920: Kommunist. Partei I.s, Abk. PKI). 1927 gründete A. Sukarno die Nationalpartei I.s, die 1931 in der Indones. Partei aufging. 1942–45 war Niederländisch-Indien von japan. Truppen besetzt. Während sich die nationalist. Kräfte um Sukarno und M. Hatta für eine Zusammenarbeit mit den Japanern entschieden, gingen die Kommunisten in den Untergrund. Am 17. 8. 1945 riefen Sukarno und Hatta die unabhängige Rep. I. aus. Die nach dem Krieg 1945 zurückgekehrten Niederländer versuchten, ihre Herrschaft wieder aufzurichten (zwei militär. Aktionen im Juli 1947 und Dez. 1948); auf der Konferenz von Den Haag (Aug. bis Nov. 1949) traten sie jedoch mit Wirkung vom 27. 12. 1949 ihre Souveränität über alle Inseln Niederländisch-Indiens (mit Ausnahme West-Neuguineas) an die zu den »Vereinigten Staaten von I.« umgebildete Rep. ab. Sukarno, bereits seit 1945 provisor. Staatsoberhaupt, übernahm 1949 offiziell als Staatspräs. die Führung I.s, das noch bis 1954 in Personalunion mit der niederländ. Krone verbunden blieb. Ein stark ausgeprägter Regionalismus und wirtsch. Aufbauprobleme, die sich nach der Enteignung niederländ. Unternehmen (1958) noch verstärkten, stellten die Einheit des Landes infrage und führten 1957/58 zu mehreren Aufständen (u.a. auf Celebes, Sumatra). 1959 setzte Sukarno die Verf. von 1945 wieder in Kraft und ging zu der

von ihm bereits 1957 verkündeten Politik der »gelenkten Demokratie« über. 1960 löste er das Parlament auf, bildete eine neue, seinen antiwestl. Kurs unterstützende Versammlung (unter Einschluss der Kommunisten) und verbot die Oppositionsparteien.
Außenpolitisch entwickelte sich I. (seit 1950 Mitgl. der UN, 1965/66 zeitweiliger Austritt) auf der Grundlage der Blockfreiheit zu einem führenden Staat der Dritten Welt (↑Bandungkonferenz). Seit Ende der 50er-Jahre lehnte es sich stärker an China an. 1963 übertrugen die Niederlande ihre Hoheit über West-Neuguinea (heute Irian Jaya) auf Indonesien. Der 1963 gegründeten Föderation Malaysia begegnete I. bis 1966 mit einer Politik der »Konfrontation« (einschl. militär. Aktionen). Der am 30. 9. 1965 unternommene Putschversuch einer Gruppe von Offizieren, die in Verbindung mit Führern der PKI standen, wurde bis zum 1. 10. 1965 von Truppen unter General Suharto niedergeschlagen; bei der unter Beteiligung fanatisierter Muslime folgenden blutigen Verfolgung der Kommunisten (1966 Verbot der PKI) und der chines. Minderheit verloren etwa 700 000 Menschen ihr Leben. Sukarno musste allmählich seine Machtbefugnisse an Suharto abtreten, den die Volksversammlung 1968 zum Präs. der Rep. wählte. 1967 gehörte I. zu den Gründungsmitgl. der ASEAN. 1975 besetzten indones. Truppen den ehem. portugies. Teil von ↑Timor (Osttimor), der gegen den Widerstand der dortigen Guerillabewegung (v.a. FRETILIN) 1976 I. angegliedert wurde; die Militäraktion und ihre Folgen forderten nach Schätzungen etwa 200 000 Tote. Die (international nicht anerkannte) Annexion führte immer wieder zu schweren Unruhen unter der Bev. von Osttimor und zu blutigen Auseinandersetzungen mit dem indones. Militär (u.a. 1991 in Dili). Innenpolit. Konfliktstoff entstand seit den 80er-Jahren durch das Wirken islamisch-fundamentalist. Gruppen. Präs. Suharto schränkte daraufhin die Tätigkeit der polit. Opposition ein; gestützt auf das Militär, das sich zu einem entscheidenden Machtfaktor entwickelt hatte, errichtete er seine persönl. Diktatur. Seine mit ausländ. Finanzhilfe betriebene Wirtschaftspolitik erbrachte zwar zunächst ökonom. Erfolge, war aber in erhebl. Maße von Korruption und Nepotismus geprägt. Seit den Parlamentswahlen von 1971 erlangte die Regierungspartei Golkar (zuletzt 1997) die deutl. Mehrheit der Mandate. In der »Erklärung vom 1. Juli« (1996) kritisierten Militärs, Politiker und Intellektuelle aller Religionen die Amtsführung Suhartos, der dennoch 1998 wieder gewählt wurde. Vor dem Hintergrund der wirtsch. Rezession in Asien traten die inneren Konflikte offen zutage; in z.T. gewalttätigen Demonstrationen protestierten seit 1996 viele Indonesier gegen zunehmende Armut, soziale Benachteiligung und polit. Entrechtung. Die sich 1998 v.a. unter der Beteiligung von Studenten verstärkenden Proteste, die von schweren Ausschreitungen begleitet waren, zwangen Präs. Suharto nach mehr als dreißigjähriger Herrschaft am 21. 5. 1998 zum Rücktritt. Nachfolger wurde sein Vertrauter und vorheriger Vizepräs. B. J. Habibie, der trotz anhaltender Unruhen eine vorsichtige Reformpolitik einleitete. Aus der Parlamentswahl vom 7. 6. 1999, der ersten freien Wahl seit 1955 in I., ging die oppositionelle »Demokrat. Partei Indonesiens – Kampf« unter der Tochter des Staatsgründers Sukarno, Megawati Sukarnoputri, als stärkste Kraft hervor; die bisher regierende Golkar wurde zweitstärkste Partei.
Für Osttimor vereinbarten I. und Portugal (als ehem. Kolonialmacht des Gebiets) nach langjährigen Verhandlungen im Mai 1999 die Durchführung eines Referendums unter der osttimor. Bev. über die Zukunft ihres Territoriums. Nach der unter Kontrolle der UNO durchgeführten Volksabstimmung vom 30. 8. 1999 mit einem deutl. Votum für die Unabhängigkeit Osttimors überzogen proindones. Milizen mit Unterstützung von Armee und Polizei die Inselhälfte mit einer Welle blutigen Terrors und der Zerstörung, was zum Eingreifen einer multinat. Friedenstruppe führte. Im Okt. 1999 annullierte die Beratende Volksversammlung I.s die Annexion Osttimors, das unter eine UN-Übergangsverwaltung kam und 2002 seine Unabhängigkeit erlangte. Portugal stellte die 1976 abgebrochenen diplomat. Beziehungen zu I. im Dez. 1999 wieder voll her.
Am 20. 10. 1999 wählte das Parlament den islam. Gelehrten Abdurrahman Wahid zum Staatspräs.; Vizepräsidentin wurde Megawati Sukarnoputri. Seit Febr. 2001 führten Versuche des Parlaments, gegen den inzwi-

schen unter Korruptionsvorwürfen stehenden Wahid ein Amtsenthebungsverfahren einzuleiten, zu massiven Protesten seiner Anhänger. Um seiner Absetzung zuvorzukommen, löste Wahid schließlich in der Nacht vom 22. zum 23. 7. 2001 das Parlament auf und rief den Notstand aus. Nachdem das Oberste Gericht diesen Schritt als verfassungswidrig bezeichnet hatte, enthob die Beratende Volksversammlung Wahid am 23. 7. 2001 seines Amtes und wählte seine bisherige Stellvertreterin Megawati Sukarnoputri zur neuen Staatspräsidentin. Anfang Aug. 2001 verfügte sie die Einsetzung eines Tribunals zur strafrechtl. Verfolgung von Gräueltaten der Sicherheitskräfte und Milizen in Osttimor. Nach Studentenunruhen beschloss die Beratende Volksversammlung im Aug. 2002 mehrere grundlegende Verf.änderungen mit Wirkung ab 2004. - Bei den Parlamentswahlen am 5. 4. 2004 wurde die Golkar stärkste Partei, während die PDI-P von Präs. Megawati Sukarnoputri erhebl. Stimmenverluste hinnehmen musste. In den ersten direkten Präsidentschaftswahlen konnte sich im zweiten Wahlgang der frühere General Susilo Bambang Vudhoyono mit 60,6% der abgegebenen Stimmen durchsetzen.

Ein blutiger, der radikalislam. Organisation Jamaa Islamiya angelasteter Bombenanschlag am 12. 10. 2002 auf der Ferieninsel Bali (Tod von etwa 200 Menschen, überwiegend Australier u.a. Ausländer) offenbarte das Wirken islamist., wohl mit dem »al-Qaida«-Netzwerk verbundener Extremistengruppen auch in Indonesien. Gefährdungen für die innere Stabilität I.s erwuchsen v.a. aus den sich verschärfenden ethnisch-religiösen Konflikten (bes. die blutigen Auseinandersetzungen zw. Christen und Muslimen auf den Molukken, die jahrelangen schweren Ausschreitungen auf Borneo zw. den ansässigen Dayak sowie den Zuwanderern aus Madura, die z.T. 2001 unter brutalen Umständen vertrieben wurden oder flohen, und die Kämpfe zw. den Papua und javan. Einwanderern in Irian Jaya); darüber hinaus verstärkten einzelne Regionen ihre Sezessionsbestrebungen (nach brutalen Übergriffen der Armee 1999 Wiederaufleben in Aceh, wo die indones. Reg. nach dem Scheitern von Friedensverhandlungen mit der Bewegung »Freies Aceh« 2003 das Kriegsrecht verhängte und eine neue Offensive gegen die Rebellen begann; 2000 einseitige Unabhängigkeitserklärung Irian Jayas, für das Anfang 2002 mit der Namensänderung in Papua ein Autonomiegesetz in Kraft trat).

📖 *Magnis-Suseno, F.: Neue Schwingen für Garuda. I. zw. Tradition u. Moderne. München 1989. – Ramage, D. E.: Politics in Indonesia. London 1995, Nachdr. ebd. 1996. – Kingsbury, D.: The politics of Indonesia. Melbourne u. a. 1998. – Siebert, R.: I. Inselreich in Turbulenzen. Unkel u. a. 1998. – Ufen, A.: Herrschaftsfiguration u. Demokratisierung in I.: (1965–2000). Hamburg 2002. – Lustermann, H.: I. auf dem Weg zum Bundesstaat? Aachen 2002.*

Indonesiler, 1) die Bev. der Rep. Indonesien.

2) (früher Malaien), die autochthone Bev. der Inselwelt SO-Asiens, deren Kulturen eine deutl. Prägung durch die indones. Grundkultur aufweisen. Diese entstand im 2. Jt. v. Chr. und dominierte schließlich die der Batak, Dayak, Toraja, Nias und Filipinos. Wesentl. Züge der lokal versch. indones. Grundkultur sind: Feldbau (mit Pflanzstock), Schweinehaltung, Jagd, Fischfang; Pfahlbauten in dichten Siedlungen; Bearbeitung von Holz, bes. Bambus, Fasern, Garnen, Ton, Stein und Metallen. Es gibt umfangreiche Ahnen- und Seelenverehrung, Kosmologie und Totenkult. Seit der Zeitenwende traten ind., chines. und persisch-arab. Einflüsse hinzu, und es bildete sich die durch Handel und höf. Leben geprägte Küstenkultur aus (Java, Bali, Malakka), die seit dem Ende des 13. Jh. starkem islam. Einfluss unterlag. Diese Kultur wurde auf Java bes. seit 1800 von den Europäern zerstört, lebt aber z. T. auf Bali fort.

indonesische Kunst. Die Kunst der ↑Indonesier bezeugt im Wesentlichen den Seelen-, Ahnen- und Totenkult (Holz-, Textil- und Metallarbeiten mit entsprechenden Motiven und Symbolen). Teile Indonesiens, bes. Java und Bali, Sumatra und Celebes, kamen bereits in den ersten Jahrhunderten n. Chr. mit Strömungen der ind. Kultur in Berührung. Früheste erhaltene künstler. Zeugnisse sind Bronzefiguren des Buddha aus dem 5./6. Jh. im Stil der Guptakunst.

Indojavanische Kunst: Die Kunst Javas etwa zw. dem 7. und 15. Jh. wird als indojavanisch oder hindubuddhistisch bezeichnet, weil sie inhaltlich von den ind. Religio-

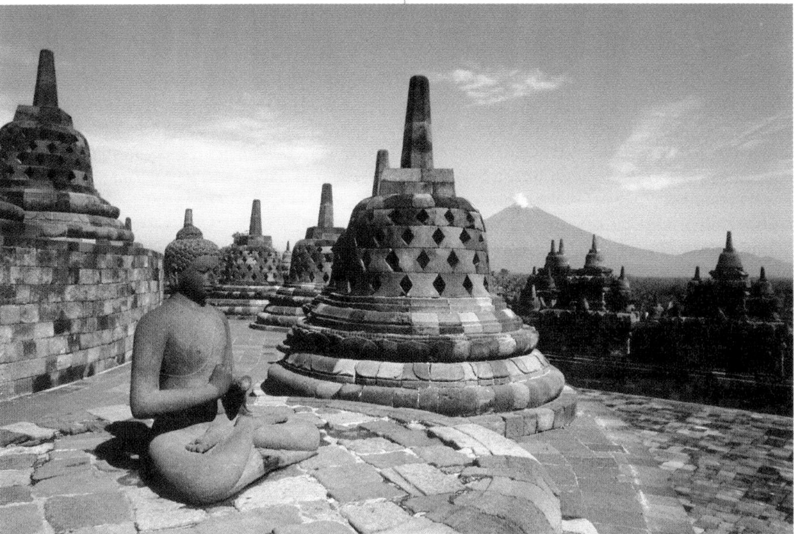

indonesische Kunst: Buddhastatue innerhalb der Tempelanlage von Borobudur (um 800)

100264

nen geprägt ist. Stilistisch zunächst von den ind. Kunstschulen der Gupta-, Pallava- und Palazeit beeinflusst, entwickelte sie seit dem 9. Jh. starke eigenständige Züge. Hauptwerke der zentral- oder mitteljavan. Periode (750 bis 900; ben. nach der Residenz der Herrscher im Zentrum der Insel) sind v. a. die shivaist. Tempel auf dem Diengplateau, die hinduist. Tempelanlage Prambanan (9./10. Jh.) und die buddhist. Tempelanlage ↑Borobudur (um 800). Es sind v. a. Bauten mit mehrfach terrassiertem Sockel, Cella und pyramidenförmigem Dach. Im 10. Jh. wurde der O Javas zum polit. und kulturellen Zentrum. Im 13. Jh. entstanden hier die Reiche Singhasari und Majapahit. Als bedeutendste Tempel der Singhasarizeit (1222–93) sind die von Kidal, Jago und Singhasari hervorzuheben. Der reiche Reliefschmuck lässt stilist. Nähe zu den Schattenspielfiguren des Wayang erkennen. Aus der Madjapahitzeit (1293 bis etwa 1520) sind wenige Tempel erhalten, da nun Ziegel und Holz die vorherrschenden Baumaterialien waren (in Panataran noch Reste steinerner Tempel; vollständig restauriert wurde der »Jahreszahlentempel« [1369]). Charakteristisch für die ostjavan. Periode ist die extrem enge Verbindung von Shivaismus und Buddhismus. Der Ahnenkult gewann größere Bedeutung, die königl. Vorfahren wurden in den Bildern der Götter verehrt. Eine eigene Ausdrucksform javan. Kunstschaffens sind die Schattenspielfiguren, Stabpuppen, Masken und Rollbilder des Wayang, in dem sich autochthon-altjavan. und hindubuddhist. Elemente verbinden. Die Kunst des Islams auf Java (ab 16. Jh.) beschränkt sich gemäß dem Bilderverbot auf die Architektur, v. a. Moscheen, die in der Anfangszeit noch von javan. Formen geprägt sind.

Balinesische Kunst: Bali wurde im Ggs. zu Java nicht islamisiert, daher bewahrte die balines. Kunst sowohl präindojavan. als auch balinesisch-hinduist. Traditionen und Formen bis heute. Die größten Heiligtümer sind Pura Besakih am Südhang des Gunung Agung, die in den Felsen gehauenen »Königl. Gräber« bei Tampaksiring und die Elefantenhöhle (Goa Gajah) bei Bedulu. – Die Malerei und das Kunsthandwerk stehen ausnahmslos im Dienste der balines. Ausprägung des Hinduismus, vermischt mit alten Toten-, Ahnen- und Fruchtbarkeitskulten.

📖 *Coomaraswamy, A. K.: Geschichte der ind. u. i. K.. Leipzig 1927, Nachdr. Stuttgart 1965. – Versunkene Königreiche Indonesiens, hg. v. A. u. E. Eggebrecht, Ausst.-Kat. Roemer- u. Pelizaeus-Museum, Hildesheim. Mainz 1995.*

indonesische Literatur. Sie umfasst i. e. S. die schriftlich fixierte Literatur der indones. Hochkulturen, i. w. S. die fast ausschl. mündlich überlieferte Volksliteratur. Den nach Indonesien (und der Halbinsel Malakka) einströmenden kulturschöpfer. Impulsen des Hinduismus und Buddhismus Indiens, des Islams und des Abendlandes entsprechen drei literar. Epochen:

Hinduistisch-javanische Literatur (8. bis 16. Jh.): Die eigentl. altjavan. Literatur erreichte ihre höchste Blüte zur Zeit der Königreiche von Kediri und Madjapahit mit ihren Nachschöpfungen der großen ind. Epen »Mahabharata« und »Ramayana«. In der Übergangsphase zur neujavan. Literatur entstand 1365 das »Nagara-Kertagama«, ein Lobgedicht auf König Hayam Wuruk.

Islamisch-malaiische Literatur (16. bis 19. Jh.): Durch den Islam fand die Märchen-, Sagen- und Fabelliteratur des arabisch-pers. Kulturkreises Eingang; zahlr. waren religiöse Schriften. Ihren Höhepunkt erreichte die malaiische Prosa mit der Historiographie und dem histor. Roman. Die Dichtung kannte die Versformen des Pantun und des Syair.

Moderne indones. Literatur: Sie begann mit der Proklamation des Malaiischen zur ↑Bahasa Indonesia (1928). Im sozialen Bereich forderten die Schriftsteller die Befreiung des Individuums aus den Bindungen überalterten Brauchtums. Einen ungebundenen revolutionären Stil vertrat die Literaturgruppe »Angkatan 45« (»Die Generation von 45«; Chairil Anwar), die von der »Angkatan 66« (»Die Generation von 66«; Taufig Ismail) mit ihrem Kampf für die von A. Sukarno unterdrückten Menschenrechte abgelöst wurde. Wichtige Schriftsteller der Moderne sind Rendra, Supardi Goko Damono, Putu Wijaya, Tuti Heraty, Pramoedya Ananta Toer.

📖 *Teeuw, A.: Modern Indonesian literature, 2 Bde. Den Haag ²1979. – Winstedt, R. O.: A history of classical Malay literature. Kuala Lumpur u. a. ²1996.*

indonesische Musik. Die i. M., verwandt mit der Musik Südostasiens und Indiens, ist hauptsächlich durch den Stil der Gamelanorchester beeinflusst (↑Gamelan), der auf Bali und Java eine besondere Ausprägung erfuhr. Verwendet werden zwei Tonskalen (Pelog, eine siebenstufige, und Slendro, eine fünfstufige Skala). Instrumente sind bes. Schlagspiele (Gongspiele, Metallophone, Xylophone), Einzelgongs, Flöten, Trommeln. Sumatra und die umliegenden Inseln sind vom Islam und von der persisch-arab. Musik beeinflusst; die hier gebräuchl. Instrumente sind Zupflaute (Gambus), Rahmentrommel (Rebana), Holzschalmei (Serunai) und Spießlaute (Lagiya).

indonesische Reistafel, Zusammenstellung indones. Speisen, meist Gemüsesuppe, pikante Fleisch- und Gemüsegerichte, Reis, Saucen, Kokosnussspäne, Krabbenbrot und Chutneys, Dessert.

indonesischer Tanz. Aus mag. und kult. Ursprüngen der Frühzeit indones. Völker hat sich unter der Einwirkung fremder Kulturen (Hinduismus und Islam) v. a. auf Java und Bali eine hohe Tanzkunst entwickelt, die in Verbindung mit dem Gamelanorchester (↑Gamelan) ihre Ausprägung als klass. instrumentales Theater erfuhr. Die in Tanzschulen (bereits Kindern) gelehrten vielgestaltigen Tanzformen zeichnen sich durch stilisierte Gestik von großer Eleganz und Ausdruckskraft aus, wobei z. B. jede Fingerhaltung und Beinstellung ihren festgelegten Sinngehalt hat.

indonesische Sprachen, nach früherer Klassifikation der westl. Zweig der austrones. Sprachen. Heute werden die in W-Indonesien, Malaysia, Kambodscha, Vietnam (Cham), auf den Philippinen und Madagaskar sowie mit Chamorro (Tjamorro) und Palau in W-Mikronesien gesprochenen Sprachen zu den westmalaiopolynes. Sprachen gezählt (↑malaiopolynesische Sprachen); die austrones. Sprache Taiwans wird den Formosasprachen zugeordnet.

Indoorsport [ˈɪndɔ:-, engl.], sportl. Disziplinen und Wettbewerbe, die nicht im Freien (↑Outdoorsport), sondern in Hallen ausgetragen werden.

Indore, Stadt in Madhya Pradesh, Indien, 1,09 Mio. Ew.; Univ.; Zement-, chem., Textilindustrie. – Hindutempel und Paläste. – Gegr. 1715, wurde I. Hauptstadt des gleichnamigen Marathenstaates, der 1818 unter brit. Oberherrschaft kam.

indoskythische Reiche, die auf ind. Boden seit dem Ende des 1. Jh. v. Chr. gegr. Staaten der fälschlich als »Skythen« bezeichneten zentralasiat. Nomadenvölker der ↑Saken (in Indien: Shaka); von den Kushana verdrängt.

Indossament [italien.] *das* (Giro), die Anweisung auf einem Orderpapier (z. B. Wechsel, Scheck), dass der Schuldner der verbrieften Forderung nicht an den bisherigen Gläubiger **(Indossant, Girant)**, sondern an einen Dritten **(Indossatar, Giratar)** leisten soll.

Indra: Darstellung des Indra auf dem Elefanten Airavata im Höhlentempel 32 in Elura

Indra, Hauptgott der ↑vedischen Religion; im Hinduismus der Gott des östl. Firmaments, Beherrscher des (Un-)Wetters (Blitz, Donner) und Spender des Regens; den hinduist. Hauptgöttern Brahma, Shiva und Vishnu untergeordnet.

Indre [ɛ̃dr], **1)** *die,* linker Nebenfluss der Loire, W-Frankreich, 265 km, nicht schiffbar, entspringt am N-Rand des Zentralmassivs, mündet 30 km unterhalb von Tours.

2) Dép. in Mittelfrankreich, 6791 km², 231 000 Ew.; Hptst.: Châteauroux.

Indre-et-Loire [ɛ̃dreˈlwa:r], Dép. in Mittelfrankreich, 6127 km², 554 000 Ew.; Hptst.: Tours.

Indris (Indriidae), Familie schlanker Halbaffen, v. a. in den Wäldern Madagaskars; u. a. der braune **Wollmaki (Avahi,** Avahi laniger), rundl. Kopf mit großen Augen und kleinen Ohren.

in dubio [lat.], im Zweifelsfall.

in dubio pro reo [lat., »im Zweifelsfall für den Angeklagten«], Grundsatz des Strafprozessrechts, dem zufolge von der Unschuld des Angeklagten auszugehen ist, solange seine Schuld nicht zur Überzeugung des Gerichts feststeht.

Induktanz [lat.] *die,* der ↑induktive Blindwiderstand.

Induktion [lat. »Hinführung«] *die,* **1)** *Logik:* der (nichtlogische) Schluss vom Besonderen auf das Allgemeine. Im Unterschied zur vollständigen I. in der Mathematik spricht man auch von **unvollständiger I.** Vom kritisch-rationalist. Standpunkt aus kommt den mit I. als Verfahrensweise aller Erfahrungswiss.en begründeten Aussagen (auch Wahrscheinlichkeitsaussagen) ein bestimmter Grad an Bewährung, aber nie Gewissheit zu. Der **Induktivismus** versucht, das I.-Verfahren zu präzisieren und zu begründen sowie eine induktive Logik zu entwickeln. Ggs.: Deduktion.

2) *Mathematik:* (vollständige I.), zweistufiges math. Beweisverfahren: Wenn (1) eine Aussage $A(n)$ für $n = 1$ richtig ist und (2) aus der Richtigkeit der Aussage für ein beliebiges $n = k$ stets folgt, dass sie auch für $n = k + 1$ richtig ist, dann ist die Aussage für alle n richtig.

3) *Physik:* 1) **elektromagnet. I.,** Erzeugung elektr. Felder durch zeitlich veränderl. Magnetfelder. Nach dem **(faradayschen) I.-Gesetz** wird eine elektr. Spannung U gemäß $U = -\mathrm{d}\Phi/\mathrm{d}t$ induziert, wenn sich der magnet. Fluss Φ, der einen elektr. Leiter oder eine Spule durchsetzt, ändert; bei geschlossenem Stromkreis fließt ein **I.-Strom.** Der magnet. Fluss ändert sich bei Änderung der magnet. Flussdichte $\boldsymbol{B}$, z. B. durch Einbringen eines Materials mit anderer relativer Permeabilität in das Magnetfeld, bei Bewegung des Leiters im Magnetfeld oder eines Magneten relativ zum Leiter und durch Formänderung des Leiters oder

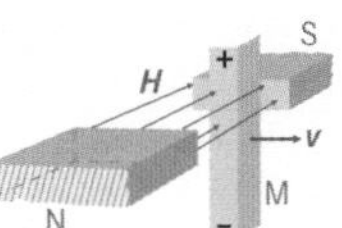

Induktion 3): Entstehung einer Induktionsspannung; N Nordpol und S Südpol eines Magneten; $\boldsymbol{H}$ magnetische Feldstärke; M Leiter, in dem die Spannung bei Bewegung in Richtung $\boldsymbol{v}$ induziert wird

des Magnetfeldes selbst. Ändert sich der in einer Spule fließende Strom, z. B. periodisch als Wechselstrom, so induziert das sich dadurch ändernde Magnetfeld eine Spannung in der Spule selbst **(Selbst-I.)**. Der I.-Strom ist so gerichtet, dass sein Magnetfeld der I.-Ursache entgegenwirkt **(lenzsche Regel)**. I.-Erscheinungen beherrschen die gesamte Elektrotechnik; Hauptanwendungen sind Generator, Transformator und Elektromotor. 2) **magnet. I.**, die ↑magnetische Flussdichte.

Induktionshärtung, ein Verfahren der Oberflächenhärtung (Randschichthärtung, ↑Härten) von Stählen durch Erwärmung des Metalls im elektromagnet. Wechselfeld einer Spule.

Induktionskonstante, ältere Bez. für die magnet. Feldkonstante (↑Permeabilität).

Induktionsmotor, ein Drehstrommotor (↑Elektromotor).

induktiv [lat.], *Logik:* vom Einzelnen zum Allgemeinen hinführend (↑Induktion). – Ggs.: deduktiv (↑Deduktion).

induktiver Blindwiderstand (induktiver Widerstand, Induktanz), Zeichen X_L, SI-Einheit: Ohm (Ω); Produkt aus Induktivität L und Kreisfrequenz $\omega = 2\pi f$ im Wechselstromkreis mit der Frequenz f. Der i. B. erzeugt keine joulesche Wärme, bewirkt aber ein Vorauseilen der Spannung gegenüber dem Strom um 90°.

Induktivität [lat.] *die* (Selbstinduktionskoeffizient), Formelzeichen L, SI-Einheit ist das Henry (H), der Proportionalitätsfaktor zw. magnet. Fluss Φ und erregendem Strom I; charakterisiert die Selbstinduktion einer Spule (↑Induktion).

Induktor [lat.] *der, Parapsychologie:* Gegenstand, der mit einer bestimmten Person in Beziehung steht und einem Medium als Hilfsmittel bei telepath. o. ä. Experimenten dient.

in dulci jubilo [lat. »in süßem Jubel«], Anfang eines mittelalterl. Weihnachtsliedes mit gemischtem lat. und dt. Text (dt.: Nun singet und seid froh!).

Indulgenz [lat. indulgentia] *die,* 1) Nachsicht; 2) Straferlass; 3) Ablass, Nachlass der zeitl. Sündenstrafen.

Induráin Larraya [-'rain la'rraja], Miguel, span. Straßenrennfahrer, *Olaz (Navarra) 16. 7. 1964; gewann fünfmal hintereinander die Tour de France (1991–95) und wurde Olympiasieger im Zeitfahren (1996).

Indus [lat.], das Sternbild ↑Indianer.

Indus *der,* längster Strom Vorderindiens, Hauptstrom Pakistans, 3 200 km, Einzugsgebiet rd. 1,16 Mio. km²; entspringt im Transhimalaja (Tibet; China) 5 182 m ü. M., durchbricht den Himalaja, tritt in das nördl. I.-Tiefland, den Pandschab (Fünfstromland), ein und bildet das Mündungsgebiet (Delta, 7 800 km²) unterhalb von Hyderabad. Die Wasserführung schwankt wegen des Monsunregens. Durch Stauwerke (↑Tarbeladamm) und Kanäle von insgesamt 60 000 km Länge versorgt er das größte landwirtsch. Bewässerungsgebiet der Erde. Im I.-Wasservertrag (I. Water Treaty) von 1960 wurde die Wasserversorgung zw. Indien und Pakistan geregelt.

Indusi *die,* Kurzwort für induktive Zugbeeinflussung, eine ↑Zugbeeinflussung.

Indusi|enkalk [lat.], Kalkbänke aus Röhren von Köcherfliegenlarven des Tertiärs.

Indusium [lat.] *das,* häutiger Auswuchs der Blattunterseite von Farnen, der die Sporangien überdeckt.

Induskultur, ↑Harappakultur.

Industrial Engineering [ɪn'dʌstrɪəl endʒɪ'nɪərɪŋ, engl.] *das,* auf ingenieurtechn. und arbeitswiss. Kriterien basierende Methode der Rationalisierung von Arbeitsprozessen in Ind.betrieben; befasst sich u. a. mit Arbeitsanalyse, Fertigungsplanung und -steuerung.

Industrialisierung [lat.] *die,* i. e. S. die Ausbreitung der Ind. in einer Volkswirtschaft im Verhältnis zu Handwerk, Dienstleistung und Landwirtschaft, i. w. S. die Ausbreitung industrieller hochproduktiver Methoden der Fertigung und Leistungserstellung in allen Wirtschaftsbereichen. I. ist ein Prozess, der v. a. durch folgende Faktoren gekennzeichnet ist: langfristiger Anstieg des Anteils des industriellen (gewerbl.) Sektors am Bruttoinlandsprodukt sowie des Anteils der im industriellen Sektor Beschäftigten, Zunahme des Pro-Kopf-Einkommens, der Investitionsquote und des Anteils der städt. Bevölkerung. Abhängig ist die I. von geeigneten Arbeitskräften, Rohstoffen, Kapital und Infrastruktur sowie von aufnahmebereiten Absatzmärkten. Der I.-Prozess setzte gegen Ende des 18. Jh. in Großbritannien ein und griff Anfang des 19. Jh. auf Dtl. über. Er war u. a. gekennzeichnet durch zunehmende Arbeitsteilung und Spezialisierung, neue kapitalintensive Techniken, Massenproduk-

minus 17 °C
Sonnenschein, Schnee
Nürnberg

Er schrieb Klassiker wie »Eine Weihnachtsgeschichte« und »Oliver Twist«.

Wer war's?

Die Merkel ist Kanzlerin

07:51 ☉ 17:22 | 17:18 ◯ 07:08

Wassermann ♒ Ava, Dick, Ricardo, Richard

7 Dienstag
Februar 2012

Wo	5	6	7	8	9
Mo		6	13	20	27
Di		7	14	21	28
Mi	1	8	15	22	29
Do	2	9	16	23	
Fr	3	10	17	24	
Sa	4	11	18	25	
So	5	12	19	26	

Charles Dickens

Kritik: Mit einer witzigen Skizze aus dem Londoner Leben (»Sketches«, 1836) erzielte Charles Dickens (1812–1870) einen ersten Achtungserfolg. Der literarische Durchbruch gelang ihm mit dem Fortsetzungsroman »Die Pickwickier« (1837). Der in ärmlichen Verhältnissen aufgewachsene Schriftsteller kritisierte die sozialen Missstände seiner Zeit, die er als Folgen der rasanten wirtschaftlichen Entwicklung sah. Präzise und einfühlsam beschreibt er das von Mühsal und Entbehrungen geprägte Leben der unteren Schichten und exzentrischer Charaktere im Zeitalter der Industrialisierung.

Klassiker: Dickens gilt mit seinen Werken als erster Vertreter des sozialen Romans in der englischen Literatur. Mit den Werken »Nicholas Nickleby« (1839), »Barnaby Rudge« (1841), »David Copperfield« (1850) und »Große Erwartungen« (1861) verfasste er viel gelesene Meisterwerke. Im 20. Jahrhundert wurden seine berühmtesten Bücher mehrfach verfilmt.

Am 7. Februar wurden geboren:

Dieter Bohlen (*1954), dt. Popmusiker und Produzent; **Doris Gercke** (*1937), dt. Schriftstellerin; **Juliette Gréco** (*1927), frz. Chansonsängerin und Schauspielerin; **Alfred Adler** (1870–1937), österreich. Arzt und Tiefenpsychologe; **Charles Dickens** (1812–1870), engl. Schriftsteller; **Thomas Morus** (1478–1535), engl. Staatsmann und Humanist tion, Rationalisierung (Mechanisierung, Automatisierung) und Anwendung neuer Energieträger (Kohle, Erdöl, Elektrizität) sowie durch neue Unternehmensformen (Kapitalgesellschaften) und -zusammenschlüsse (Kartelle, Konzentration). Dieser Prozess verlief unter sozialen Krisen und Umwälzungen (↑industrielle Revolution, ↑soziale Frage)

🕮 *Die I. europ. Montanregionen im 19. Jh., hg. v. T. Pierenkemper. Stuttgart 2002.*

Industrial Workers of the World [ɪnˈdʌstrɪəl ˈwəːkəz ɔf ðə ˈwəːld], Abk. **IWW**, gen. Wobblies, 1905 in Chicago (Ill.) gegründete Vereinigung von 43 militant antikapitalist. Gewerkschaften mit einem sozialist. und einem anarchosyndikalist. Flügel; war wegen zahlr. gewalttätiger Streiks und ihres Pazifismus im Ersten Weltkrieg umstritten, verlor in den 1920er-Jahren ihre Bedeutung.

Industrie [von lat. industria »Fleiß«] *die,* die gewerbl. Gewinnung von Rohstoffen, die Be- und Verarbeitung von Rohstoffen und Halbfabrikaten, die Veredelung von Sachgütern sowie Montage- und Reparaturarbeiten. Merkmale der I. sind Arbeitsteilung und Spezialisierung, Mechanisierung und Rationalisierung der Produktion. Die amtl. Statistik in Dtl. benutzt statt I. die Bez. **produzierendes Gewerbe,** das die Teilbereiche Bergbau und Gewinnung von Steinen und Erden, verarbeitendes Gewerbe (Grundstoff- und Produktionsgütergewerbe, Investitionsgüter produzierendes Gewerbe, Verbrauchsgüter produzierendes Gewerbe, Nahrungs- und Genussmittelgewerbe), Baugewerbe (Bauhauptgewerbe, Ausbaugewerbe), Energie- und Wasserversorgung umfasst. In Dtl. waren (2000) im verarbeitenden Gewerbe in 61 203 Unternehmen (mit mehr als 20 Beschäftigten) rd. 7,9 Mio. Personen tätig.

Industriearchäologie, interdisziplinärer Forschungsbereich, der sich mit der systemat. Erforschung und Dokumentation der dingl. Quellen jeglicher industriellen Vergangenheit befasst. Es werden der arbeitende Mensch, seine Werkzeuge, Maschinen, Konstruktionen, Gebäude, die Rohstoffe, die er bearbeitet, sowie seine unmittelbare Umwelt untersucht. Aufgabe der I. ist ferner die Erhaltung und Bewertung techn. Denkmäler. Träger der I.-Forschung sind neben den Denkmalämtern Universitäten, techn. Hochschulen, Museen und Archive.

Industriedesign [-dɪzaɪn] (Industrial Design), zunächst in Großbritannien verwendete Bez. (»British Council of Industrial Design«, gegr. 1944) für eine speziell den Erfordernissen der Massenproduktion angepasste Gestaltung von Gegenständen und Geräten aller Art. Am Beginn der modernen Formgebung standen in Großbritannien das ↑Arts and Crafts Movement, in Dtl. die Künstler des Jugendstils, der Deutsche ↑Werkbund und das ↑Bauhaus. – Bezeichnend für das zeitgenöss. I. sind schnell wechselnde Trends, die Neigung zur Miniaturisierung (v. a. auf dem Gebiet der Technik) und die Verwischung der Grenze zw. Kunst und Design. Neue Perspektiven eröffnete das ↑CAD, das die Umsetzung von Groß- in Kleinserien von individuellerem Charakter ermöglicht.

Industriegeographie, ein Zweig der Wirtschaftsgeographie zur Erforschung der Ind.standorte, -gebiete und -landschaften, der funktionalen Verflechtung im Wirtschaftsraum und der Bedeutung für die Länder der Erde.

Industriegesellschaft, eine technisch-wirtsch. hoch entwickelte Gesellschaft, die in ihrer Struktur und Dynamik weitgehend durch die ↑Industrialisierung geprägt ist. Im Mittelpunkt der I. steht die mit dem Fabriksystem verbundene betrieblich-industrielle Produktionsweise und damit die Dominanz des sekundären ↑Wirtschaftssektors gegenüber dem primären und tertiären. Die dadurch mögl. Massenproduktion prägt das gesellschaftl. Zusammenleben. Folgeerscheinungen sind Verstädterung durch Konzentration der Arbeitskräfte an großen Produktionszentren, eine stark differenzierte Berufsstruktur, ein an Leistungsvorstellungen orientiertes Wertsystem und Gesellschaftsmodell (↑Leistungsgesellschaft), Funktionsverluste der ↑Familie, Steigerung des Lebensstandards und der Konsumdynamik (↑Konsumgesellschaft), zugleich aber auch wirtsch. bedingte Umweltbelastungen, beschleunigter ↑sozialer Wandel und Ausdifferenzierung funktionsspezifischer gesellschaftl. Subsysteme oder Teilbereiche (Wirtschaft, Politik, Bildung u. a.). Die vorrangig auf quantitatives Wachstum und Ressourcenverbrauch angelegte »klass. I.« ist spätestens seit den 1980er-Jahren (u. a.

durch Umweltbelastungen) in eine Krise geraten (↑Risikogesellschaft). Seit Anfang der 1990er-Jahre befinden sich die westl. I. in einem grundlegenden Wandlungsprozess hin zu ↑postindustriellen Gesellschaften, die sich gesellschaftstheoretisch in Kombinationsmodellen von ↑Dienstleistungsgesellschaft, ↑Informationsgesellschaft, ↑Wissensgesellschaft und Freizeitgesellschaft (↑Freizeit) beschreiben lassen.

industrielle Metallberufe, ↑Mechaniker.

industrielle Revolution, von F. Engels und L. A. Blanqui geprägter, von A. Toynbee übernommener Begriff für die Phase beschleunigter technolog., ökonom. und sozialer Veränderungen, die seit etwa 1785 in Großbritannien, später in anderen westeurop. Ländern, Nordamerika und Japan einsetzte und den Übergang von der Agrar- zur Ind.gesellschaft markiert; Beginn des ↑industriellen Zeitalters (Industrialisierung, »Maschinenzeitalter«). – Wichtige Voraussetzungen der i. R. waren: techn. Erneuerung des Produktionsapparats (v. a. Dampfmaschine, im letzten Drittel des 19. Jh. die Elektrizität), gesteigerte Akkumulation liquiden Kapitals (Bildung von Aktiengesellschaften), steigendes Arbeitsangebot und steigendes Arbeitskräftepotenzial durch Bev.wachstum und Agrarreformen. Die i. R. begann in der Textilind., dehnte sich auf die Eisenbearbeitung und den Bergbau aus und verband sich seit der Mitte des 19. Jh. mit der Revolutionierung des Verkehrswesens (Eisenbahn, Dampfschiff). Die Siedlungsordnung (Großstädte) und die soziale Struktur der europ. Staaten (in denen u. a. die Bauern nicht mehr die Bev.mehrheit stellten) wurde grundlegend verändert. Während letztlich durch die i. R. der Anstoß zur Beseitigung der Massenarmut gegeben wurde und das reale Pro-Kopf-Einkommen stieg, entstanden andererseits neue soziale Gegensätze (↑Arbeiterbewegung). – Seit Mitte des 20. Jh. wurde im Zusammenhang mit der ↑Automatisierung oft von einer »zweiten«, mit Bezug auf Mikroprozessoren und Nanotechnologie auch von einer »dritten i. R.« gesprochen; gegen Ende des 20. Jh. haben Prozesse weitgehender Veränderungen begonnen, die als Übergang zur postindustriellen Gesellschaft (Informationsgesellschaft) gedeutet werden. (↑Protoindustrialisierung)

📖 *Landes, D. S.: Der entfesselte Prometheus. Technolog. Wandel u. industrielle Entwicklung in Westeuropa von 1750 bis zur Gegenwart. A. d. Engl. Neuausg. München 1983. – Europ. Wirtschaftsgeschichte, hg. v. C. M. Cipolla. 5 Bde. A. d. Engl., Neuausg. Stuttgart u. a. 1983–86. – Die Fabrik. Geschichte von Arbeit u. Industrialisierung in Deutschland, hg. v. W. Ruppert. München ²1993. – Kiesewetter, H.: I. R. in Dtl. 1815–1914. Frankfurt am Main ³1996.*

industrielles Zeitalter, Epoche der Weltgesch., die im 18./19. Jh. mit der ↑industriellen Revolution begann und durch die ↑Industriegesellschaft und ihre prägenden Einwirkungen gekennzeichnet ist. Beispielhaft seit Mitte des 20. Jh. ist die wachsende Bedeutung von Kernenergie (Atomzeitalter), Mikroelektronik und modernen Informations- und Kommunikationstechnologien (Informationszeitalter).

Industriemagnat, Eigentümer großer, in Industriebetrieben investierter Kapitalien.

Industriemuseum, nach Methoden und Erkenntnissen der Industriearchäologie errichtete oder restaurierte ganzheitl. Anlage (häufig stillgelegte Industriebauten), die der Dokumentation der Geschichte der Industrie sowie der Erhaltung der Denkmäler der techn. Architektur dient (z. B. Schiffshebewerk Henrichenburg in Waltrop [1898], Hammerwerk »Frohnauer Hammer« in Annaberg-Buchholz [1924]). Eine museale techn. Bildungseinrichtung bezeichnet man i. d. R. als ↑technisches Museum.

Industrieobligation (Industrieanleihe), Anleihe, die ein Industrie-, Handels- oder Verkehrsunternehmen zweifelsfreier Bonität zur Beschaffung von langfristigem Fremdkapital entweder selbst oder über ein Kreditinstitut oder Bankenkonsortium ausgibt. I. sind i. d. R. festverzinslich und werden an den Börsen meist amtlich gehandelt und notiert. Sonderformen sind ↑Gewinnobligation, ↑Optionsanleihe und ↑Wandelanleihe.

Industrieöfen, in der Ind. verwendete Öfen, in denen Roh- und Werkstoffe (Erze, Metalle, Glas, Keramik, Gummi, Kunststoffe u. a.) irgendeine Form der Wärmebehandlung durchlaufen. I. werden eingeteilt nach Ind.zweigen (z. B. metallurg. Öfen, keram. Öfen), nach der Art der durchzuführenden Behandlung (z. B. Schmelz-, Glüh-, Härte-, Trockenöfen), nach der Art der Beheizung (feste, flüssige, gasförmige Brennstoffe, ↑Elektroöfen) und nach der Bauform, u.a.: **Schachtöfen,** schachtförmige metallurg. I., bei denen sich Beschickung und Feuerung in einem Raum befinden, z. B. Hochöfen; **Herdöfen,** ausgebildet als flache Mulde, z. B. zum Schmelzen, oder als Flachherd zum Erwärmen oder Glühen von Metallen; **Muffelöfen,** indirekt beheizte, allseitig geschlossene Keramik- oder Stahlbehälter, wo das Gut (z. B. keram. Erzeugnisse) von Verbrennungsgasen und -staub nicht berührt wird; **Tunnelöfen,** bis 100 m lange, an den Seiten und oben beheizte I. zum Trocknen, Glühen, Brennen v. a. in der keram. Ind.; **Drehrohröfen** (↑Drehofen).

Industriepolitik, Gesamtheit der auf Erhaltung, Gestaltung, Anpassung und Förderung der Industrie gerichteten regional- und strukturpolit. Maßnahmen des Staates (Bund, Länder, Kommunen) bzw. supranat. Organisationen. Im neueren Sprachgebrauch auch Synonym für die gesamte sektorale ↑Strukturpolitik.

Industrieroboter, in mindestens drei Freiheitsgraden frei programmierbare, mit Greifern und Werkzeugen ausgerüstete automat. Handhabungseinrichtungen, die für den industriellen Einsatz konzipiert sind. Die wichtigsten Teilsysteme eines I. sind die Kinematik, das Steuerungssystem, das Antriebssystem, das Wegmesssystem und das Sensorsystem. Bei der Kinematik unterscheidet man rotator. und translator. Elemente. Die Steuerung des I. kann als Punktsteuerung (es sind nur einzelne Punkte im Raum anfahrbar) oder als Bahnsteuerung ausgeführt sein. Die Antriebssysteme sind Elektromotoren, Hydraulikmotoren oder -zylinder sowie vereinzelt auch positionierbare pneumat. Antriebssysteme. Als Wegmesssysteme werden lineare oder rotator., digitale oder analoge Weg- und Winkelmesssysteme eingesetzt. Die Sensoren können berührend (taktil) oder berührungslos (meist optisch) arbeiten und sind zur Erfassung des Umfeldes im Arbeitsraum eines I. eingesetzt. Die wichtigsten Anwendungsgebiete von I. sind Beschichten, Lackieren, Schweißen, Schleifen, Polieren, Entgraten, Be- und Entladen.

📖 *Weber, W.: I. Methoden der Steuerung u. Regelung. München u. a. 2002.*

Industriespionage [-ʒə], ↑Wirtschaftsspionage.

Industriestaat, Staat, dessen Wirtschaftskraft hauptsächlich auf der industriellen Produktion beruht; Ggs. ↑Agrarstaat.

Industrie- und Handelskammer, Abk. **IHK,** Vertretungskörperschaft der gewerbl. Wirtschaft ohne das Handwerk (↑Handwerkskammer) zur Wahrnehmung wirtsch. u. a. Interessen der Gewerbetreibenden, zur Förderung der gewerbl. Wirtschaft, zur Unterstützung und Beratung der Behörden, zur Mitwirkung an der Berufsausbildung. In Dtl. sind die IHK durch Ges. vom 18. 12. 1956 Körperschaften des öffentl. Rechts mit Pflichtmitgliedschaft aller im Kammerbezirk tätigen Gewerbetreibenden. 2002 bestanden in Dtl. 82 IHK (in Bremen und Hamburg nur Handelskammern), die auf Landesebene zusammengeschlossen sind. Der Zusammenschluss für das Bundesgebiet ist (seit 2001) der **Dt. Industrie- und Handelskammertag (DIHK),** Berlin (1949–2000: Dt. Industrie- und Handelstag, Abk. DIHT). Gemäß Einigungsvertrag gelten die Rechtsvorschriften auch für die neuen Bundesländer. – In *Österreich* besteht seit 1947 die Bundeskammer der gewerbl. Wirtschaft als öffentlich-rechtl. Körperschaft, in der *Schweiz* economiesuisse – Verband der Schweizer Unternehmen (gegr. 2000). – Für die überstaatl. Zusammenarbeit ist die Internationale Handelskammer (IHK, International Chamber of Commerce, ICC, gegr. 1919), Paris, zuständig.

induzieren [lat.], **1)** *allg.:* auslösen, bewirken.

2) *Elektrotechnik:* in elektr. Leitern durch bewegte Magnetfelder elektr. Spannung und Strom erzeugen.

3) *Philosophie:* vom besonderen Einzelfall auf das Allgemeine, Gesetzmäßige schließen.

induzierte Emission, *Physik:* ↑Emission, ↑Laser.

induzierter Widerstand, *Flugzeugbau:* derjenige Widerstandsanteil eines Tragflügels, der durch die aerodynam. Auftriebserzeugung verursacht wird. Am Flügel entsteht Auftrieb, wenn der Druck auf der Oberseite geringer ist als auf der Unterseite. An den Flügelenden stellt sich dann eine diesem Druckgefälle folgende Ausgleichsströmung ein, die sich mit der Parallelströmung in Flugrichtung überlagert und die von den Flügelspitzen abgehenden Randwirbel bildet. Die zur Überwindung des i. W. geleistete Arbeit stellt die zur laufenden Erzeugung dieser Randwirbel benötigte Energie dar.

Indy [ɛ̃'di], Vincent d', frz. Komponist, *Paris 27. 3. 1851, †ebd. 2. 12. 1931; Organist und Chordirektor, 1896 Mitbegründer der Schola Cantorum, die die alte frz. Musik in wiss.-theoret. wie in prakt. Arbeit wieder belebte. Schüler von C. Franck; u.a. Bühnenwerke, Sinfonien, Kammermusik, Vokalwerke.

Ineditum [lat.] *das,* noch nicht herausgegebene Schrift.

Ineffizienz *die,* Unwirksamkeit, Wirkungslosigkeit.

Inergen, umweltschonender Ersatzstoff für Halon-Feuerlöschmittel; ein Gemisch aus 50–52% Stickstoff, 8–10% Kohlendioxid und 40% Argon.

inert [lat.], untätig, träge, unbeteiligt; z.B. ist ein **inerter Stoff** ein reaktionsträger Stoff, der sich i. Allg. an bestimmten chem. Prozessen nicht beteiligt.

Inertgas (Schutzgas), reaktionsträges Gas, das sich an chem. Reaktionen nur unter extremen Bedingungen beteiligt. Es wird u.a. in der Sicherheits- und Lebensmitteltechnik sowie in der Metallgewinnung und -verarbeitung dazu benutzt, den Luftsauerstoff fern zu halten. Verwendet werden v.a. Argon, Stickstoff und Kohlendioxid.

Inertialnavigation, die ↑Trägheitsnavigation.

Inertialsystem, ein räumlich-zeitl. Bezugssystem, in dem die ↑newtonschen Axiome gelten, d.h., in dem insbesondere ein kräftefreier Massenpunkt in Ruhe bleibt oder sich geradlinig mit konstanter Geschwindigkeit bewegt.

Inertisierung *die, Umwelttechnik:* Verfahren der Immobilisierung von Schadstoffen in Abfällen zur Überführung der Abfälle in langfristig umweltverträglich ablagerbare Stoffe **(inerte Abfälle),** z.B. durch Pyrolyse.

Inês de Castro [i'neʃ də 'kaʃtru], *um 1320, †(ermordet) Coimbra 1355; Geliebte und heiml. Gemahlin (seit 1354) des Infanten Dom Pedro von Portugal. Sein Vater, Alfons IV., ließ ihre Ermordung zu. Nach dessen Tod rächte Pedro sich an den Mitschuldigen und ließ I. de C. als seine rechtmäßige Gemahlin in der königl. Gruft beisetzen. Literar. Behandlung u.a. im 3. Gesang von Camões' »Lusiaden« und in H. de Montherlants Drama »Die tote Königin« (1942).

inexistent [lat.], nicht vorhanden, nicht bestehend.

in extenso [lat.], in aller Ausführlichkeit; vollständig.

INF [engl. aɪen'ef; Abk. für **I**ntermediate-range **N**uclear **F**orces, »nukleare Mittelstreckenkräfte«], Kernwaffenkategorie, zu der alle nuklearfähigen Trägersysteme (Raketen, Cruise-Missiles, Bomber) mit Reichweiten von 150 bis 5 500 km zählen. 1987 wurde zw. den USA und der UdSSR ein Vertrag über den vollständigen Abbau von INF mit Reichweiten von 500 bis 5 500 km geschlossen (1991 erfüllt).

in facto [lat.], in der Tat, in Wirklichkeit, wirklich.

Infallibilität [lat.] *die, kath. Kirche:* die ↑Unfehlbarkeit.

infam [lat. »berüchtigt«, »verrufen«], bösartig und jemandem auf durchtriebene, schändl. Weise schadend.

Infant [von lat. infans »kleines Kind«] *der* (span. und portugies. Infante), weibl. Form **Infantin** *die* (span. und portugies. Infanta), Titel der königl. span. und portugies. Prinzen und Prinzessinnen.

Infanterie [von italien. infante in seiner älteren Bedeutung »Fußsoldat«, »(Edel)-knabe«, eigtl. »kleines Kind«] *die,* die Gesamtheit der Fußtruppen der Streitkräfte eines Landes, meist deren Hauptbestandteil. Die I. der Bundeswehr umfasst die mit Schützenpanzern ausgerüsteten Panzergrenadiere, die mit leicht gepanzerten Mannschaftstransportwagen und/oder Rad-Kfz beweglich gemachten Jäger, die Gebirgsjäger und Fallschirmjäger.

Infantilismus [lat.] *der,* Fortbestehen kindl. Merkmale beim Erwachsenen infolge einer körperl. und geistigen Entwicklungshemmung.

Infarkt [von lat. infarcire »hineinstopfen«] *der,* abgestorbener Gewebebezirk infolge plötzl. Unterbrechung der Blutzufuhr bei Verschluss des versorgenden Blutgefäßes durch Embolie, Thrombose u.a.; z.B. Herz-, Lungen-, Hirn- und Milzinfarkt.

infas – Institut für angewandte Sozialforschung GmbH, 1995–98 Infas Sozialforschung GmbH, sozialwiss. Institut mit

Sitz in Bonn, gegr. 1959; erarbeitet in erster Linie empir. Studien zur sozialen, wirtsch., regionalen und polit. Entwicklung in Dtl.

Infektion [lat.] *die* (Ansteckung), *Medizin:* das Eindringen von Krankheitserregern (Bakterien, Viren, Pilze, Parasiten) in einen Organismus mit der mögl. Folge einer ↑Infektionskrankheit.

Infektionsindex, der ↑Kontagionsindex.

Infektionskrankheiten (ansteckende Krankheiten), durch ↑Infektion hervorgerufene, akut oder chronisch verlaufende Krankheiten; treten sporadisch oder seuchenhaft auf, verlaufen als Allgemeinerkrankung in zwei typ. Stadien: Inkubation und Generalisation mit Ausbreitung über Blut- und/oder Lymphbahnen sowie Organmanifestation durch Festsetzen der Erreger in bestimmten Organen oder Geweben. Typ. Allgemeinerscheinungen sind Fieber, Abgeschlagenheit, Übelkeit, Kreislaufschwäche, Veränderungen der weißen Blutkörperchen und Blutproteine. I. hinterlassen meist Immunität.

📖 *Alexander, M. u. a.: I. Epidemiologie – Klinik – Immunprophylaxe. Stuttgart u. a. [5] 1998. – Braveny, I. u. a.: I. Diagnostik, Klinik, Therapie. München 2002.*

Infektionsschutzgesetz, Ges. zur Verhütung und Bekämpfung von Infektionskrankheiten beim Menschen vom 20. 7. 2000, in Kraft ab 1. 1. 2001. Vor dem Hintergrund einer Zunahme von Infektionskrankheiten (z. B. durch neue Krankheitserreger, zunehmende Mobilität) reformiert es die früher im Bundesseuchen-Ges., im Geschlechtskrankheiten-Ges. sowie in dazugehörigen VO (zum 1. 1. 2001 aufgehoben) geregelten Bestimmungen zum Schutz der Bev. vor übertragbaren Krankheiten. Das I. enthält Regelungen zur Früherkennung von Infektionen, zum Meldewesen, zur Verhütung und Bekämpfung von übertragbaren Krankheiten. Weitere Vorschriften betreffen gesundheitl. Anforderungen an Mitarbeiter in Gemeinschaftseinrichtungen und die Entschädigung (z. B. bei Impfschäden).

Infeld, Leopold, poln. Physiker, * Krakau 20. 8. 1898, † Warschau 15. 1. 1968; emigrierte 1933, wurde Prof. in Princeton und Toronto, ab 1950 in Warschau; Mitarbeiter von A. Einstein; arbeitete über die allgemeine Relativitätstheorie, Spinortheorie und zur nichtlinearen Elektrodynamik.

Inferenz [lat.] *die, Logik* und *Sprachwissenschaft:* Bez. für Vorgänge des Schlussfolgerns auf eine explizit nicht gegebene Information aus bestimmten gegebenen Informationen innerhalb von Texten. Dazu gehören u. a. Schlüsse nach den log. Regeln, wie z. B. »Alle Menschen haben zwei Beine. Max ist ein Mensch.«, woraus geschlussfolgert wird »Max hat zwei Beine.«.

Inferenztheorie [zu engl. inference »Folgerung«], *Statistik:* die Theorie des induktiven Schließens auf der Grundlage empir. Beobachtungen mit Methoden der math. Statistik. Klass. Gebiete sind Schätztheorie, Testtheorie und Konfidenzschätzungen.

inferiore Güter, geringerwertige (wirtschaftliche) Güter, die bei steigendem Einkommen eines Haushalts in geringerer Menge nachgefragt werden, weil sie durch höherwertige Güter **(superiore Güter)** ersetzt werden.

Inferno [italien.] *das,* Hölle, Unterwelt, übertragene Bez. für den Ort eines schreckl., viele Menschen betreffenden Geschehens; Titel des 1. Teils der »Göttlichen Komödie« von Dante Alighieri.

Infertilität [lat.] *die,* bei der Frau die Unfähigkeit, ein Kind bis zu seiner Lebensfähigkeit auszutragen; beim Mann gleichbedeutend mit Unfruchtbarkeit (Sterilität); Ggs.: Fertilität.

Infestation [lat. »Anfeindung«, »Beunruhigung«] *die,* Befall mit Parasiten (z. B. Bandwürmern), die sich im Wirt nicht vermehren.

Infibulation [zu lat. fibula »Klammer«] *die,* in der Antike und bei Naturvölkern die operative Verschließung von Vorhaut oder Schamlippen zur Verhinderung des Geschlechtsverkehrs.

Infight ['ınfaıt, engl.] *der, Boxen:* der Nahkampf.

Infiltrant [lat.-frz.] *der,* Person, die sich zum Zweck der ↑Infiltration in einem Land aufhält.

Infiltration [frz.] *die,* **1)** *allg.:* ideolog. Unterwanderung.

2) *Medizin:* Durchtränkung eines Gewebebezirks z. B. mit Blut, Entzündungs- oder Tumorzellen.

3) *Petrologie:* Eindringen von Lösungen oder Gasen in Spalten, Klüfte oder Poren von Gesteinen.

infinitesimal [lat.], beliebig (»unendlich«) klein; gegen null strebend.

Infinitesimalrechnung [lat.], zusammenfassende Bez. für Differenzial- und Integralrechnung; i. w. S. für Teilgebiete der Mathematik, die auf dem Grenzwertbegriff aufbauen.

Infinitiv [lat.] *der* (Nennform), eine Form des Verbs (↑Verb, Übersicht).

Infix [lat.] *das, Sprachwiss.:* Wortbildungselement, das in den Stamm eingefügt wird, z. B. »n« in lat. »vinco« (ich siege), im Unterschied zu lat. »vici« (ich habe gesiegt).

Inflammatio [lat.] *die,* die ↑Entzündung.

Inflation: Inflationsrate[1] ausgewählter Staaten (in %)

Staat	1970–80	1980–90	1995	2002
Deutschland[2]	5,1	2,6	1,7	1,3
Frankreich	9,6	6,3	1,8	1,9
Griechenland	14,3	19,0	8,9	3,9
Großbritannien	13,7	6,6	3,4	1,3
Italien	13,8	9,6	5,2	2,6
Japan	9,0	2,0	−0,1	−0,6
Niederlande	7,3	2,4	1,9	3,9
Österreich	6,3	3,5	2,2	1,7
Schweiz	5,0	3,4	1,8	0,6
USA	7,8	4,7	2,8	2,4

1) Veränderung der Verbraucherpreise gegenüber dem Vorjahr. – 2) Ab 1995 einschließlich neuer Bundesländer.

Inflation [lat. »Aufblähung«] *die,* anhaltender Prozess der Geldentwertung, der seinen Ausdruck in einem Anstieg des Preisniveaus findet (Ggs. Deflation). Die I. wird gemessen am Anstieg eines das allg. Preisniveau am besten widerspiegelnden ↑Preisindex (z. B. Preisindex für die Lebenshaltung). Der prozentuale Anstieg des Preisindex in einem bestimmten Zeitraum wird als **I.-Rate** bezeichnet. Für die EU und die Euro-Zone wird die I.-Rate z. B. an der Veränderung des ↑harmonisierten Verbraucherpreisindex gemessen. Die I.-Rate als Prozentzahl ist zu unterscheiden von der absoluten Veränderung des Preisindex: Steigt der Preisindex um zehn Indexpunkte von 200 auf 210, so errechnet sich eine I.-Rate von 5%. Nach dem Ausmaß des Anstiegs wird unterschieden zw. **schleichender I.** (etwa 5–10%), **trabender I.** (bis 20%), **galoppierender I.** und **Hyper-I.** (über 50%); die **zurückgestaute I.** entsteht i. d. R. durch staatl. Zwangsmaßnahmen (Lohn- und Preisstopp, Kapitalmarkt- und Devisenkontrolle), wobei Preissteigerungen zwar verhindert, die inflationären Ursachen jedoch nicht beseitigt werden. Nach den Ursachen werden u. a. unterschieden: **Nachfrage-I.** (Nachfrageüberhang gegenüber dem Angebot von Waren und Dienstleistungen), **Angebots-I.** (durch Verknappung des Angebots) und **Kosten-I.** (steigende Lohnkosten, die nicht durch Produktivitätssteigerung gedeckt sind). Von großer Bedeutung ist auch die **importierte I.,** die aufgrund internat. wirtsch. Verflechtung (durch direkten internat. Preiszusammenhang und internat. Kapitalbewegungen) zustande kommt. Bei flexiblen Wechselkursen kann die I.-Übertragung bis zu einem gewissen Grad durch Wechselkursbewegungen ausgeglichen werden. I. ist häufig mit schweren wirtschafts- und gesellschaftspolit. Störungen verbunden, da das Geld aufgrund des schwindenden Vertrauens seine Wertaufbewahrungsfunktion verlieren kann. Daneben ist die Einkommens- und Vermögensverteilung betroffen, da der Realwert des Geldvermögens sinkt, während der Wert des Sachvermögens erhalten bleibt.

Geschichte: Eine Silber-I. erlebte Spanien im 16. Jh. Die erste Papiergeld-I. entstand in Frankreich 1719/20 durch die von J. Law verursachte Notenausgabe und während der Frz. Revolution (↑Assignaten). In den USA gab es I. im Unabhängigkeits- und im Sezessionskrieg. Zu gewaltigen I. kam es in fast allen Krieg führenden Staaten in und nach beiden Weltkriegen. In Dtl. war bei der Stabilisierung der Währung (Nov. 1923) eine Billion Papiermark nur noch eine Goldmark wert. Im Zweiten Weltkrieg kam es zu einer zurückgestauten I., die dazu führte, dass das Geld nach dem Krieg seine Tauschmittelfunktion fast vollständig verlor. Nach der ↑Währungsreform erlebte die Bundesrep. Dtl. eine schleichende I., doch lagen die I.-Raten meist unter denen der anderen westl. Staaten (z. B. Großbritannien, Frankreich, Italien). Die durch die Erhöhung der Erdölpreise in den 1970er-Jahren ausgelöste I. konnte von zahlr. Ind.ländern durch eine restriktive Geldpolitik überwunden werden. Entsprechende Maßnahmen (z. B. Erhöhung der Leitzinsen) ergriff auch die Dt. Bundesbank 1991 sowie danach, um der I.-Gefahr aufgrund der dt. Vereinigung zu begegnen. Steigende I.-Raten sind gegenwär-

Inflation: Banknote über 1 Million Mark aus dem Jahr 1923

tig v. a. in versch. Entwicklungsländern und Reformstaaten Mittel- und Osteuropas als Ausdruck ungelöster wirtsch. und polit. Probleme zu verzeichnen.

📖 *Gaettens, R.: Geschichte der Inflationen. Vom Altertum bis zur Gegenwart. München 1982. – Berlemann, M.: Politökonom. Folgen der I. Marburg 1999. – Der Fluch der I. Geldentwertungen im Röm. Reich und im 20. Jahrhundert, hg. v. F. Hahlbohm u. a. Eichstätt 2000. – Carlberg, M.: Inflation in a monetary union. Berlin u. a. 2002.*

inflationär [lat.] (inflatorisch, inflationistisch), 1) auf eine Inflation (speziell eine Geldentwertung) bezogen; 2) in übermäßiger Weise auftretend; sich unmäßig ausweitend bzw. ausbreitend (z. B. das Weltall).

inflationäres Weltall, ein evolutionäres Weltmodell, bei dem das Weltall in seiner Frühphase kurzzeitig exponentiell (inflationär) expandierte. (↑Kosmologie)

Infloreszenz [lat.] *die,* der ↑Blütenstand.

in floribus [lat.], in Blüte; im Wohlstand.

Influenz [lat. »Einfluss«] *die, Elektrostatik:* die Ladungstrennung auf der Oberfläche eines urspr. neutralen elektr. Leiters unter dem Einfluss eines elektr. Feldes. Geht das Feld von einem geladenen Körper aus, so wird die dem Körper zugewandte Seite des Leiters (z. B. beim Elektroskop) ungleichnamig, die abgewandte Seite gleichnamig aufgeladen. Die I. beruht auf der freien Beweglichkeit der Elektronen im Leiter.

Influenza [italien.] *die,* die ↑Grippe.

Influenzaviren, RNA-Viren aus der Familie der Orthomyxoviren, Erreger der Grippe. Nach den Antigeneigenschaften unterscheidet man drei Typen (A, B, C) mit zahlr. Untergruppen (Subtypen). Virusinfektionen des A-Typs treten in der Bev. in regelmäßigen Abständen als Pandemie auf.

Influenzkonstante, die elektr. Feldkonstante (↑Dielektrizitätskonstante).

Influenzmaschine, Maschine zur Erzeugung hoher elektr. Spannung. (↑Elektrisiermaschine)

Info [Kurzform von Information] *das,* über ein aktuelles Problem informierendes (kurz gefasstes) Mitteilungsblatt.

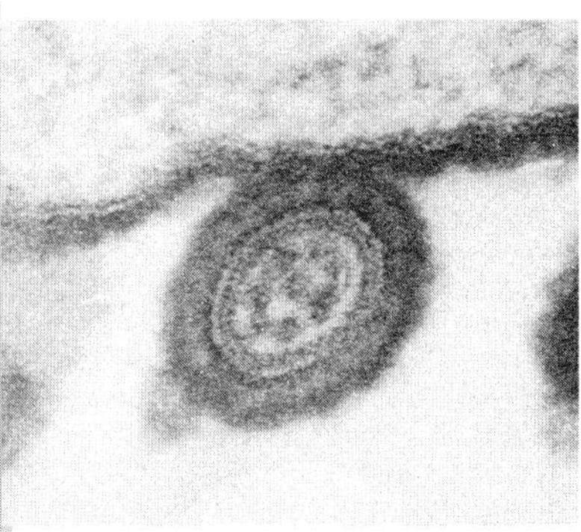

Influenzaviren: 220 000fache Vergrößerung

Infoline [-laɪn, engl.] *die,* telefon. Auskunftsdienst.

in folio [lat.], in Folioformat (d. h. in der Größe eines halben Bogens, gewöhnlich mehr als 35 cm).

Infomobil [Kw. aus **Info**rmation und Auto**mobil**] *das,* umgangssprachl. Bez. für ein als fahrbarer Informationsstand ausgerüstetes Fahrzeug (meist ein Omnibus).

Infopost, eine Sendungsart im Briefdienst, die an die Stelle der früheren Drucksache getreten ist. Als I. können schriftl. Mitteilungen oder Unterlagen und Datenträger (z. B. CDs, Disketten) versandt werden, wenn die festgelegten Mindestmengen eingeliefert werden und die Sendungen inhaltsgleich sind. Eine Sonderform der I. sind **Variomailings,** Sendungen desselben Absenders, deren Inhalt aus einem Kernschriftstück mit gleichem Inhalt und je Zielgruppe unterschiedl. Proben, Mustern oder Werbeartikeln besteht.

Informand [lat.] *der,* jemand, der zu informieren ist, der Hinweise, Informationen bekommt.

Informatik [lat.] *die* (engl. computer science), Wiss., die sich mit der systemat. Verarbeitung und Übermittlung von Information sowie dem Entwurf, Betrieb und Einsatz von Computern zur Informationsverarbeitung befasst. Die I. hat sich seit Mitte der 1960er-Jahre aus anderen Wiss.en (wie Kybernetik, Logik, Mathematik, Elektronik) als eigenständiges Grundlagengebiet und wichtige Querschnittsdisziplin entwickelt. Sie umfasst sowohl math., method. und technisch-theoret. Grundlagen von Datenverarbeitungssystemen und -prozessen, wie die Entwicklung von Software (Algorithmen, Datenstrukturen, Programmiersprachen) und Hardware, als auch die Grundlagen ihrer Anwendung. Gemäß den versch. Schwerpunkten unterscheidet man v. a. **theoret. I.** (u. a. Theorie der formalen Sprachen, der Berechenbarkeit, Semantik, Automaten-, Informations-, Codierungs- und Komplexitätstheorie), **prakt. I.** (u. a. Softwaretechnik, Betriebssysteme, Datenbanken, Simulation, künstl. Intelligenz), **techn. I.** (u. a. Rechnerarchitektur, -organisation, -netze, Prozessdatenverarbeitung) und **angewandte I.** (u. a. Wirtschafts-, Medizin-I.).

📖 *Lexikon I. u. Datenverarbeitung, hg. v. H.-J. Schneider. München [4]1997. – Taschenbuch der I., hg. v. U. Schneider u. D. Werner. München [4]2001. – Duden I. Ein Fachlexikon für Studium u. Praxis. Mannheim u. a. [3]2001. – Gumm, H.-P. u. Sommer, M.: Einführung in die I. Bonn u. a. [5]2002. – Der Brockhaus. Computer und Informationstechnologie. Mannheim u. a. 2003.*

Information [lat.] *die,* **1)** *allg.:* Auskunft, Nachricht, Belehrung, Mitteilung.

2) *Bibliothekswesen:* ↑Fachinformation.

3) *Informatik:* »in Form gebrachtes« Wissen, wie Mitteilungen, Nachrichten, die Gegenstand von Speicherung, Verarbeitung und Übertragung sind, meist dargestellt als eine Folge von Zeichen aus einem bestimmten Zeichenvorrat; in der Informationstheorie ein techn. Maß, das den Zeichen einer Nachricht zugeordnet wird. Der **I.-Gehalt** I eines Ereignisses x_i hängt von der Wahrscheinlichkeit p_i ab, mit der das Ereignis eintritt; es gilt: $I(x_i) = \mathrm{ld}\,1/p_i$, mit $(0 \leq p \leq 1)$. Verwendet wird der Logarithmus zu Basis 2, woraus sich als I.-Einheit das bit (↑Bit) ergibt. Für gleich wahrscheinl. Zeichen aus einem Alphabet vom Umfang N ist der I.-Gehalt $I = \mathrm{ld}\,N$ [in bit/Zeichen]. Seltene Ereignisse haben demnach einen hohen, häufige einen geringen I.-Gehalt.

informationelle Selbstbestimmung, das vom Bundesverfassungsgericht angesichts der Entwicklung der elektron. Datenverarbeitung als Ausfluss des allg. Persönlichkeitsrechts und der Menschenwürde anerkannte Recht des Einzelnen, grundsätzlich selbst über Preisgabe und Verwendung seiner persönl. Daten zu bestimmen. Eingriffe in dieses Recht durch staatl. Informationserhebung und -verwertung sind nur im überwiegenden Allgemeininteresse zulässig und bedürfen einer gesetzl. Grundlage. (↑Datenschutz)

Information-Highway [ɪnfəˈmeɪʃn ˈhaɪweɪ, engl.], ↑Datenautobahn.

Informationsdienst, ↑Newsletter.

Informationsfreiheit, das Grundrecht, sich aus allgemein zugängl. Quellen ungehindert zu unterrichten. Die I. ist Voraussetzung der ↑Meinungsfreiheit und des demokrat. Willensbildungsprozesses. Sie wurde in das GG (Art. 5 Abs. 1) und einige Länderverf. aufgenommen und findet ihre Schranken in den allgemeinen Gesetzen. – Ähnl. Rechte sind in Art. 13 *österr.* Staatsgrundgesetz und in Art. 16 *schweizer.* Bundesverf. verankert.

Informationsgesellschaft, Bez. für eine Wirtschafts- und Gesellschaftsform, in der die Gewinnung, Speicherung, Verarbeitung, Vermittlung und Nutzung von Information und Wissen zentrale Bedeutung erlangt haben, wirtsch. einen wesentl. und stetig wachsenden Anteil des Inlandsprodukts bilden und in ihren soziokulturellen Auswirkungen die Arbeits- und Lebensbedingungen der Menschen nachhaltig verändern; von den Sozialwiss.en als eine im Ergebnis umfassenden Wandels der ↑Industriegesellschaft entstandene Gesellschaftsform beschrieben, die einen Hauptaspekt des gegenwärtigen Übergangs zur ↑postindustriellen Gesellschaft verkörpert und potenziell deren Entwicklung zur ↑Wissensgesellschaft ermöglicht. Der Begriff I. wurde bereits 1971 in Japan geprägt und v. a. durch Arbeiten des Soziologen D. Bell bekannt.

Zur heutigen Verbreitung und Akzeptanz haben v. a. folgende Entwicklungen beigetragen: Vor dem Hintergrund zunehmender Verbreitung moderner Informations- und Kommunikationstechniken – Computer, Rechnernetze und interaktive Kommunikation (↑Internet) – spielen Informationsgewinnung und -verarbeitung in der Wirtschaft eine immer größere Rolle. In den Wirtschaftswiss.en wird »Information« zunehmend als weiterer Produktionsfaktor neben Kapital, Arbeit und Boden sowie als Rohstoff betrachtet. Die **Informationswirtschaft** wird mitunter als neuer »vierter Sektor« neben den drei klass. Wirtschaftssektoren (Landwirtschaft, Produktion, Dienstleistung) angesehen. Bislang getrennte Medienformen erhalten durch die Digitalisierung dieselbe techn. Grundlage, sodass Text-, Ton- und Bildinformationen einheitlich be- und weiterverarbeitet werden können (Multimedia). Datenübertragungstechniken und -netze im Bereich Telekommunikation, wie ISDN, Mobilfunk, Satellitenübertragung, Breitbandkommunikation, werden gezielt ausgebaut und schaffen die Basis für das Zusammenwachsen bisher eigenständiger Wirtschaftszweige (Medien- und Unterhaltungsindustrie, elektron. und Computerindustrie) und techn. Geräte (z. B. Fernseher und PC) und ermöglichen Interaktivität.

Die gesellschaftl. Chancen und Risiken der I. werden in Wiss. und Politik kontrovers diskutiert. Kritisch vermerkt wird zumeist, dass die Befürworter des Konzepts der I. lediglich mit technolog. und wirtsch. Begründungen operieren. Übereinstimmung besteht jedoch sowohl bei den Befürwortern wie den Kritikern darüber, dass der Wandel von der Industrie- zur Informationsgesellschaft die Gesellschaft insgesamt verändern und für den größten Teil der Menschen nachhaltige Auswirkungen auf ihre Lebens- und Arbeitsbedingungen haben wird, aber auch ihr kulturelles Anspruchs- und Rezeptionsverhalten verändern wird. Übereinstimmung besteht weiterhin, dass diese Prozesse spätestens Anfang der 1990er-Jahre in den (noch) stark industriegesellschaftlich geprägten Staaten Nordamerikas und Westeuropas sowie in Japan begonnen haben und deren weitere Entwicklung zunehmend und unumkehrbar bestimmen werden. Im Zentrum der Diskussion um die globalen Perspektiven der I. steht die Frage, ob die durch die modernen Informations- und Kommunikationstechniken möglich gewordene Entwicklung in ihrem Ergebnis zu einem »globalen Dorf« führt, in dem alle Bewohner Zugang zu den weltweit verfügbaren Informationsangeboten haben, oder ob vielmehr einem (großen) Teil der Weltbev. die Informationswelt sowohl finanziell als auch technologisch verschlossen bleiben wird.

📖 *Bell, D.: Die nachindustrielle Gesellschaft. A. d. Amerikan. Neuausg. Frankfurt am Main u. a. 1996. – Gates, B.: Der Weg nach vorn. Die Zukunft der I. A. d. Amerikan. Tb.-Ausg. München 1997. – Negroponte, N.: Total digital. Die Welt zwischen 0 u. 1 oder die Zukunft der Kommunikation. A. d. Amerikan. Tb.-Ausg. München 1997. – Hebecker, E.: Die Netzgeneration. Jugend in der I. Frankfurt am Main u. a. 2001. – Digitale Medien u. gesellschaftl. Entwicklung. Arbeit, Recht u. Gemeinschaft in der I., hg. v. R. Keil-Slawik. Münster u. a. 2001. – I. Dtl. Inovation u. Arbeitsplätze in der I. des 21. Jh.s, hg. vom Bundesministerium für Wirtschaft u. Technologie u. dem Bundesministerium für Bildung u. Forschung. Berlin 2002. – Inovation – Technik – Zukunft. Wissens- u. Informationsgesellschaft gestalten, hg. v. G. Alt. Opladen 2002. – Digitale Spaltung. I. im neuen Jahrtausend, hg. v. G. Roters u. a. Berlin 2003.*

Informationsrecht, allg. das Recht auf Unterrichtung und Vermittlung bestimmter Kenntnisse. In gesetzl. Regelungen sind zahlr. besondere I. formuliert, z. B. im Arbeitsrecht der Anspruch des Betriebsrates auf Unterrichtung durch den Arbeitgeber, im Prozessrecht das Recht der Parteien oder des Verteidigers auf Akteneinsicht. Im Staatsrecht die ↑Informationsfreiheit.

Informationssysteme, Systeme zur Speicherung, Verknüpfung, Verarbeitung, Wiedergewinnung (»information retrieval«) und Ausgabe von Informationen, die nach organisator. und techn. Prinzipien zusammengefasst sind. I. basieren im Wesentlichen auf der Technik von Datenbank- und Expertensystemen und sind (z. B. als Geo-I., Management-I.) u. a. in Wirtschaft und Verw. von zentraler Bedeutung.

Informationstechnologie, Abk. **IT** [von engl. information technology], die Entwicklung und Einführung neuer Erkenntnisse und Methoden der Informationsverarbeitung zur Steigerung der Verfügbarkeit von Information. Im Englischen spricht man auch von »information processing«, »information services«, »information systems«. I. basiert dabei sowohl auf Grundlagen und Spezialbereichen der Informatik als auch auf weiteren physikalisch-techn. Fachgebieten; zu diesen gehören u. a. Bereiche der Mess- und Regelungstechnik (Sensorik, Abtastung, Wandlung), der Nachrichten- und Übertragungstechnik, Telekommunikation, Elektrotechnik, Mikroelektronik und Mikrotechnik. Der Begriff I. impliziert dabei einen sehr innovativen Prozess der digitalen Datenverarbeitung. Zu den wichtigsten basistechnolog. Entwicklungen im IT-Bereich zählen höhere Speicherkapazitäten, schnellere Übertragung in flächendeckenden, breitbandigen Netzen, steigende Prozessorleistungen und intelligente Informationsverarbeitung.

Informationstheorie, von C. Shannon 1949 begründete math. Theorie, die sich mit der strukturellen und quantitativen Erfassung und mit den (statist.) Gesetzmäßigkeiten bei der Übermittlung, Verarbeitung und Speicherung von Nachrichten (Informationen) befasst. Das Grundmodell jeder Informationsübertragung ist die shannonsche Informationskette, die aus einer Nachrichtenquelle (Sender), einem Nachrichtenkanal und einer Nachrichtensenke (Empfänger) besteht. Die zu übermittelnde Information wird vom Sender codiert und vom Empfänger decodiert (↑Codierung).

Informations- und Kommunikationstechnik, Abk. **IuK,** aus dem Zusammenwachsen von ↑Informationstechnologie, ↑Telekommunikation und Unterhaltungselektronik entstandener Ind.bereich, der die zur techn. Umsetzung von Multimediaanwendungen (↑Multimedia) erforderl. Techniken, Verfahren und Geräte umfasst. – Zur IuK gehören alle Einrichtungen zur elektron. oder nachrichtentechn. Übermittlung, Speicherung und Verarbeitung von Sprache, Text, Stand- und Bewegtbildern und Daten, d. h. sowohl die Übertragungseinrichtungen und -netze als auch die für Empfang, Versand und Verarbeitung erforderl. Endgeräte. Elektron. IuK-Systeme sind interaktive Informationssysteme zum Abruf von Informationen, die auch die beidseitige Kommunikation zw. Nutzer und System ermöglichen.

Informationsverarbeitung, die Auswertung von Informationen, die durch Rezeptoren (Sensoren, Sinnesorgane) aufgenommen und an eine zentrale Verarbeitungseinrichtung (bei Lebewesen Gehirn) weitergeleitet werden; auf den Menschen bezogen spricht man von ↑Denken. – Wichtigste Form der techn. I. ist die ↑Datenverarbeitung.

Informationszeitalter, Bez. für die im letzten Drittel des 20. Jh. einsetzende Epoche des Übergangs von der Industrie- zur postindustriellen Ges., die vom fortschreitenden Einsatz der modernen Informations- und Kommunikationstechniken charakterisiert ist; wird als Übergang zu einer globalen ↑Informationsgesellschaft angesehen.

informativ [lat.-nlat.], Auskunft, Aufschlüsse gebend, Einblicke bietend.

informell [frz.], ohne (formalen) Auftrag, ohne Formalitäten, inoffiziell, zwanglos.

informelle Gruppen (informale Gruppen), soziale Gruppen, die im Ggs. zu formellen (formalen) Gruppen nicht durch zielorientiert-planmäßige Organisation geschaffen wurden, sondern sich innerhalb organisatorisch aufgebauter Sozialgebilde (z. B. Betriebe, Institutionen) ungeplant, eher spontan herausbilden.

informelle Kunst [von der auf M. Tapié zurückgehenden frz. Wortprägung signifiance de l'informel »Bedeutsamkeit des Formenlosen«] (frz. Informel, Art informel), Benennung einer Richtung der gegenstandsfreien Malerei und Grafik, die seit etwa 1945 im Ggs. zur geometr. Abstraktion abgegrenzte Formen und feste Kompositionsregeln ablehnte, um durch

SCHILLERKLAUSE
SCHILLERSTR./ECKE SCHLÜSSELFELDERSTR.
90408 NÜRNBERG
TELEFON 0911 / 35 12 46

K E I N E BEWIRTUNGSRECHNUNG 05.01.2010

TISCH 2 <00002>

---

2 x 2.70	
HEFEWEIZEN HELL	5.40
2 x 3.10	
RHEINPFALZ 0.2	6.20
1 x 1.40	
TAFELWASSER 0.2	1.40
1 x 3.90	
FRANKEN 0.2	3.90
2 x 2.30	
WHISKY	4.60
1 x 10.50	
SEEZUNGE GEBACK	10.50
1 x 5.90	
3 BRATWÜ.KRAUT	5.90
1 x 1.50	
KÜCHE DIVERS	1.50

B A R 39.40

Bediener: B

Vielen Dank für Ihren Besuch
Auf Wiedersehen

SCHILLER[illegible]

[illegible] SCHILLERSTR.

[illegible]

TELEFON 0911 / [illegible]

K E I N E BEWIRTUNGSRECHNUNG 05.01.2010

TISCH 2 <0002>

2 x [illegible]		
HEFEWEIZEN [illegible]		5.40
2 x [illegible]		
RHEINPFALZ 0.[illegible]		6.20
1 x	1.40	
TAFELWASSER 0.2		1.40
1 x	3.90	
[illegible]		3.90
2 x	2.30	
WHISKY		4.60
1 x	10.[illegible]	
SCH[illegible]		10.[illegible]
1 x	[illegible]	
6 BRATWU.[illegible]		5.80
1 x	1.50	
KUCHE DIVERS		1.50

B A R 39.40

Bediener: B

Vielen Dank fur Ihren Besuch

Auf Wiedersehen

frei erfundene Zeichen oder durch Rhythmus und Struktur ineinander greifender Flecken und Linien Geistiges unmittelbar auszudrücken. Die i. K. fußt auf dem ↑Automatismus. Die ↑École de Paris war als Entstehungszentrum für die i. K. von größter Bedeutung. Ihre Hauptvertreter sind J. Fautrier, K. F. Dahmen, H. Hartung, Wols, P. Soulages und G. Mathieu. Die Bezeichnung i. K. wird sowohl in Abgrenzung zum als auch in gleicher Bedeutung wie ↑Tachismus und ↑abstrakter Expressionismus verwendet.

📖 *Kunst des Informel. Malerei u. Skulptur nach 1952, hg. v. T. Belgin. Köln 1997.*

5160

informelle Kunst: Wols, »Ohne Titel« (Désirs de liberté), Aquarell, Tusche auf Papier (um 1942; Ludwigshafen, Wilhelm-Hack-Museum)

informeller Sektor, traditionelle und ungeschützte Wirtschaftsbereiche in Entwicklungsländern, gekennzeichnet durch arbeitsintensive Produktion, einfache Techniken, geringe berufl. Qualifikation, kleine Betriebsgrößen, Verarbeitung einheim. Rohstoffe, Fehlen von arbeits- und sozialrechtl. Schutz, schlechte Bezahlung und schlechte Arbeitsbedingungen. Der i. S. ist i. w. S. Teil der Schattenwirtschaft.

informieren [lat.], über etwas unterrichten, Auskunft geben, in Kenntnis setzen.

Inforuf, kostenpflichtiger Funkrufdienst zur Übermittlung von Nachrichten (Devisen-, Börsenkurse, Politik, Sport u. a.) in bestimmten Rufzonen durch Informationsanbieter. I. baut auf der Infrastruktur von Cityruf auf.

Infotainment [-ˈteɪnmənt; Kurzwort aus **Info**rmation und Enter**tainment**] *das,* Informationssendungen im Fernsehen, bei denen Moderatoren **(Infotainer)** aktuelle sachl. Meldungen in locker-unterhaltender Form präsentieren.

Infothek *die,* Informationsstand, an dem gespeicherte Informationen (z. B. zur Verkehrslage) abgerufen werden können.

infra... [lat.], unten, unterhalb.

Infrarot, Abk. **IR** (früher auch Ultrarot), unsichtbarer Teil des elektromagnet. Spektrums, der sich an den langwelligen Anteil (rot) des sichtbaren Lichtes anschließt und Wellenlängen λ zw. etwa 800 nm und 1 mm umfasst; er wird unterteilt in **nahes I.** (780 nm–3 µm), **mittleres I.** (3–25 µm) und **fernes I.** (25 µm–1 mm). Das I. äußert sich hauptsächlich als Wärmestrahlung und wird v. a. durch Thermoelemente, Bolometer sowie besondere Photozellen gemessen.

Infrarot|astronomie, Untersuchung der aus dem Weltraum kommenden Infrarotstrahlung, die am Erdboden aufgrund der atmosphär. Absorption nur sehr begrenzt empfangen werden kann, im nahen Infrarot bis etwa 1,2 µm, im mittleren nur in den Wellenlängenbereichen von etwa 8–13 µm und 16,5–30 µm; bei noch größeren Wellenlängen (bis etwa 700 µm) ist die Erdatmosphäre v. a. wegen der in ihr vorhandenen Wassermoleküle fast vollständig undurchsichtig. Infrarotteleskope stehen daher bevorzugt auf hohen Bergen mit trockenem Klima, wo die Wasserdampfabsorption gering ist (↑Mauna Kea) oder werden in Flugzeugen oder Satelliten installiert. Die I. liefert Informationen über kosm. Objekte, die im infraroten Spektralbereich stark strahlen, deren sichtbares Licht aber durch interstellare Dunkelwolken absorbiert wird, z. B. Gas- und Staubnebel, neu entstehende Sterne sowie der Zentralbereich des Milchstraßensystems. Von wesentl. Bedeutung für die I. waren die Satelliten ↑IRAS und ↑ISO; 2003 wurde das Weltraumobservatorium ↑Spitzer Space Telescope gestartet.

Infrarotfotografie, fotograf. Aufnahmetechnik, die sich der besonderen physikal. Eigenschaften infraroter Strahlung bedient

Infrarotfotografie: Luftbildaufnahme auf normalem (links) und Infrarotfarbfilm; Pflanzengrün, das ein hohes Reflexionsvermögen für Infrarot besitzt, wird rotviolett wiedergegeben

(z. B. die Fähigkeit, Dunst und atmosphär. Trübungen zu durchdringen; die Möglichkeit, erwärmte Körper mittels der Wärmestrahlung optisch abzubilden; das unterschiedl. Remissionsverhalten vieler Körper bei Infrarot und sichtbarem Licht), um Abbildungen von spezif. Informationsgehalt zu gewinnen. Die Aufnahmen werden auf zusätzlich für den Infrarotbereich sensibilisiertem Fotomaterial gemacht, wobei die Wirkung des sichtbaren Lichts durch Filter ausgeschaltet werden muss. Als Infrarotlichtquelle dient die Sonnenstrahlung, die Wärmestrahlung der Objekte oder künstl. Beleuchtung (Infrarotstrahler). Die I. wird u. a. in der Medizin, Kriminalistik, der Fernerkundung der Erde (auch zur militär. Aufklärung), im Umweltschutz und in der Meteorologie eingesetzt.

Infrarotheizung, die Infrarotstrahlung glühender Körper (Draht, Quarzrohr u. a.) ausnutzende Strahlungsheizung; wird zum Trocknen von Farben und Lacken, Metalloberflächen oder Lebensmitteln, zum Backen und Grillen eingesetzt.

Infrarotlenkung, Zielsteuerungsverfahren bei militär. Flugkörpern, deren Infrarotsensoren die Richtung maximaler Einfallsstärke von Infrarot- bzw. Wärmestrahlung (die z. B. vom Triebwerk von den zu treffenden Raketen oder Flugzeugen ausgehen) bestimmen und dadurch automatisch ins Ziel steuern.

Infrarotspektroskopie (IR-Spektroskopie), Spektroskopie im infraroten Spektralbereich (↑Infrarot) zur qualitativen und quantitativen chem. Analyse sowie zur Strukturaufklärung, bes. in der organ. Chemie und Festkörperphysik. Die IR-Spektren werden (meist in Absorption) mit Infrarotspektrometern (hauptsächlich Gitter- oder Fourier-Spektrometer) aufgenommen. Die Spektren sind auf die Schwingungen (Linien im nahen und mittleren Infrarot) und Rotationen (Linien im fernen Infrarot) der Moleküle zurückzuführen.

Infraschall, die unterhalb der Hörgrenze des Menschen (16 Hz) liegenden elast. Schwingungen in Erde, Wasser, Luft u. a. (↑Schall).

Infrastruktur, urspr. Begriff der militär. Fachsprache für den Streitkräften dienende ortsfeste Anlagen und Einrichtungen (z. B. Kasernen, Flugplätze, Brücken), seit den 1960er-Jahren in den Wirtschafts- und Sozialwiss.en Bez. für die Gesamtheit der Anlagen, Einrichtungen und Gegebenheiten, die den Wirtschaftseinheiten als Grundlage ihrer Aktivitäten vorgegeben sind. Hierzu zählen z. B. Einrichtungen des Verkehrs- und Kommunikationswesens, der Energieversorgung **(techn. I.)**; Kindergärten, Schulen, Sportanlagen, Krankenhäuser, Altenheime **(soziale I.)** als **materielle I.**; daneben unterscheidet man **institutionelle I.** (Normen, Verfahrensweisen einer Volkswirtschaft) und **personelle I.** (geistige, unternehmer., handwerkl. Fähigkeiten der am Wirtschaftsprozess Beteiligten).

Infụl [lat.] *die,* **1)** weiße Stirnbinde mit rotem Streifen, wurde urspr. von altröm. Priestern und Vestalinnen und auch von Opfertieren getragen.

2) *kath. Liturgie:* ↑Mitra.

Infusio̱n [lat. »Eingießung«] *die, Medizin:* das tropfenweise Einfließen **(Dauertropf-I., Dauer-I.)** größerer Flüssigkeitsmengen meist in das venöse Gefäßsystem, seltener unter die Haut oder in den Magen, Dünn- oder Mastdarm; dient der Besserung des Wasser-, Eiweiß- und Elektrolythaushalts, ggf. mit Zufuhr von Arzneimitteln.

Infuso̱ri|en [lat.] (Aufgusstierchen), Sammelbez. für kleine, meist einzellige, im Aufguss von pflanzl. Material sich entwickelnde Organismen (bes. Flagellaten, Wimpertierchen).

Infu̱sum [lat.] *das,* der ↑Aufguss.

Ing., Abk. für ↑**Ing**enieur.

Ịnga, Ort in der Demokrat. Rep. Kongo, an den I.-Fällen (früher Livingstone-Fälle) des unteren Kongo, wo auf einer Länge von 25 km das Gefälle über 100 m beträgt; zwei Großkraftwerke (insgesamt 1 800 MW).

Ingạrden, Roman, poln. Philosoph, *Krakau 5. 2. 1893, †ebd. 14. 6. 1970; Prof. in Krakau; verwarf in seiner Phänomenologie den transzendentalen Idealismus seines Lehrers E. Husserl zugunsten einer realist. Ontologie; entwickelte eine Ontologie der Kunst, bes. der Literatur. I. beeinflusste den linguist. Strukturalismus der Moskauer und Prager Schule.

Werke: Das literar. Kunstwerk (1931); Der Streit um die Existenz der Welt, 2 Bde. (1947–48).

Ingävo̱nen, die ↑Ingwäonen.

Inge [ɪndʒ], William Motter, amerikan. Schriftsteller, *Independence (Kans.) 3. 5. 1913, †Los Angeles (Calif.) 10. 6. 1973; schrieb erfolgreiche Dramen über die amerikan. Mittelklasse (»Komm wieder, kleine Sheba«, 1950; »Picnic«, 1953; »Das Dunkel am Ende der Treppe«, 1957) sowie Romane (»Viel Glück, Miss Wyckoff«, 1970).

Ịngeborg-Bạchmann-Preis, von der Stadt Klagenfurt (Geburtsstadt I. Bachmanns) und dem Österr. Rundfunk gestifteter Literaturpreis, der seit 1977 jährlich verliehen wird. Seit 2000 findet der Wettbewerb unter dem Namen »Tage der deutschsprachigen Literatur« statt; Preisträger waren u. a.: G. F. Jonke (1977), U. Plenzdorf (1978), S. Nadolny (1980), H. Burger (1985), W. Hilbig (1989), Birgit Vanderbeke (1990), Emine Sevgi Özdamar (1991), K. Drawert (1993), R. Hänny (1994), Franzobel (1995), Terézia Mora (1999), G. Klein (2000), Uwe Tellkamp (2004).

Ịngelheim am Rhe̱in, Kreisstadt des Landkreises Mainz-Bingen, Rheinl.-Pf., 24 500 Ew.; Fridtjof-Nansen-Akademie für polit. Bildung; chemisch-pharmazeut., elektrotechn. Ind.; Wein-, Obst- und Spargelanbau. – Ev. »Saalkirche« (im Kern romanisch, um 1100; mit späteren Veränderungen), spätgot. Burgkirche (15. Jh.). – Der ehem. fränk. Königshof Ingelheim wurde von Karl d. Gr. zur Kaiserpfalz (1689 zerstört; nur Reste erhalten) ausgebaut. Die heutige Stadt entstand 1939 durch Zusammenschluss von Ober- und Nieder-I. sowie Frei-Weinheim.

in gẹnere [lat.], im Allgemeinen, überhaupt.

Ingenhousz [ˈɪŋənhɔʊs] (Ingen-Housz), Jan, niederländ. Arzt und Naturforscher, *Breda 8. 12. 1730, †Bowood (Cty. Wiltshire) 7. 9. 1799; entdeckte die ↑Photosynthese und die Atmung bei Pflanzen.

Ingenieur [ɪnʒenˈjøːr, frz.], Abk. **Ing.**, geschützte Berufsbez. für Fachleute, die das Studium einer techn. oder naturwiss. Fachrichtung an einer inländischen wiss. Hochschule oder Fachhochschule oder einer Berufsakademie abgeschlossen haben oder kraft I.-Gesetzes zur Führung der Bez. berechtigt sind. **Diplom-I.** (Abk. Dipl.-Ing.) werden an techn. Univ. und Hochschulen ausgebildet; das stärker anwendungsorientierte Studium an einer Fachhochschule führt zu dem Titel Dipl.-Ing. (FH), die primär praxisorientierte Ausbildung an einer Berufsakademie zum Dipl.-Ing. (BA). Studienvoraussetzungen sind i.d.R. die allg. Hochschulreife oder die Fachhochschulreife und ein abgeschlossenes Praktikum. Tätigkeitsschwerpunkte sind Forschung, Entwicklung, Planung, Berechnung, Konstruktion, Versuchs- und Prüfwesen, Montage, Sicherheit, Patent- und Normenwesen.

Ingenieurbauten [ɪnʒenˈjøːr-], Bauwerke hauptsächlich technisch-konstruktiver Art (Brücken, Stauwerke, Tunnel u.a.).

Ingenieurgeologie [ɪnʒenˈjøːr-], Teilgebiet der angewandten Geologie in Bauwesen und Technik; befasst sich mit Boden- und Felsmechanik, Hydrologie, Umweltschutz.

Ingenieurschulen [ɪnʒenˈjør-], frühere techn. Lehranstalten; in Dtl. aufgegangen in den ↑Fachhochschulen.

Ingenieurwissenschaften [ɪnʒenˈjøːr-] (Technikwissenschaften), die aus der systemat. Bearbeitung techn. Probleme entstandenen wiss. Disziplinen, gelehrt an techn. Univ., Hochschulen und Fachhochschulen (als Hauptrichtungen: Bauingenieurwesen, Maschinenbau, Elektrotechnik, Bergbau- und Hüttenwesen sowie Verfahrenstechnik).

ingeniös [lat.-frz.], erfinderisch, schöpferisch; scharfsinnig, geistreich.

Inger (Schleimaale, Myxinidae), zu den Rundmäulern zählende Familie kieferloser Wirbeltiere mit aalförmigem, bis 75 cm langem Körper, rückgebildeten Augen und 4–6 Barteln am Kopf; meeresbewohnende Aas- und Kleintierfresser, die in weichem Bodengrund Gänge graben und mit Schleim auskleiden.

Ingermanland [schwed.], histor. Landschaft im NW Russlands, östlich der Narwa, südlich vom Finn. Meerbusen und Ladogasee; nach dem westfinn. Stamm der **Ingern** benannt; gehörte im MA. zu Nowgorod, kam 1478 zum Großfürstentum Moskau, 1617 an Schweden und 1721 an Russland.

Ingestion [lat.] *die,* die Nahrungsaufnahme.

ING Group N.V. [aɪenˈdʒiː ˈgruːp -], global (in mehr als 60 Ländern) tätiger niederländ. Versicherungs- und Finanzkonzern, entstanden 1991 durch Fusion von Nationale Nederlanden (gegr. 1963) und NMB Postbank Groep (gegr. 1986); Sitz: Amsterdam.

Inglin, Meinrad, schweizer. Schriftsteller, *Schwyz 28. 7. 1893, †ebd. 4. 12. 1971; schilderte Landschaft und Lebensformen der Schweiz in den Romanen »Grand Hotel Excelsior« (1928), »Die graue March« (1935), »Schweizerspiegel« (1938, Neufassung 1955), »Werner Amberg« (1949), »Urwang« (1954), »Der schwarze Tanner« (hg. 1985).

in globo [lat.], im Ganzen, insgesamt.

Ingoda *die,* linker Quellfluss der ↑Schilka.

In God We Trust [ɪn ˈgɔd wɪ ˈtrʌst; engl. »Wir vertrauen auf Gott«], Inschrift auf US-amerikan. Münzen (seit 1864) und Banknoten (seit 1955); durch Kongressbeschluss 1956 zum offiziellen nat. Motto der USA erhoben.

Ingold, 1) Sir (seit 1958) Christopher Kelk, brit. Chemiker, *Ilford (heute zu London) 28. 10. 1893, †London 8. 12. 1970; Mitbegründer der modernen physikalischen organ. Chemie durch zahlr. Arbeiten über Struktur, Bindung und Reaktionsmechanismen organ. Verbindungen.

2) Felix Philipp, schweizer. Schriftsteller, *Basel 25. 7. 1942; Literaturdozent und -kritiker, Übersetzer aus dem Russischen; seine Lyrik vermittelt durch scheinbar einfache Bilder und lakon. Duktus überraschende Einsichten in Möglichkeiten der Sprache (u.a. »Schwarz auf Schnee«, 1967; »Unzeit«, 1981; »Auf den Tag genaue Gedichte«, 2000; »Jeder Zeit«, 2002).

Ingolstadt, kreisfreie Stadt im RegBez. Oberbayern, beiderseits der Donau, 115 700 Ew.; FH, wirtschaftswiss. Fakultät der Univ. Eichstätt; Theater; Maschinen- und Fahrzeugbau (Audi AG), elektrotechn. und Textilind.; Erdölverarbeitungszentrum (eine Erdölraffinerie in I., zwei nahebei, Rohölpipeline vom Mittelmeer), Großkraftwerke; »museum mobile« (Automobil- und Zweiradmuseum). – Die Altstadt hat z.T. noch mittelalterl. Gepräge: Herzogskasten (13. Jh., ehem. Palas, heute Stadtbibliothek), Stadtumwallung (urspr. 13. Jh., erhaltene Teile 14./15. Jh.), Stadttore, Moritzkirche (13. und 14. Jh.), Liebfrauenmünster (1425 begonnen), Minoritenkirche (1275 begonnen mit »Anna Selbdritt« von H. Leinberger); ferner Barockkirche St. Maria Victoria (1732–36) mit Fresken von C. D. Asam und Barockhäuser, u.a. Alte Anatomie (1723–35; jetzt Dt. Medizinhistor. Museum). Im Neuen Schloss (15. Jh.) befindet sich das Bayer. Armeemuseum, in der ehem. Donauka-

Ingolstadt: Altstadt mit Liebfrauenmünster (1425 begonnen)

serne das Museum für konkrete Kunst (seit 1992). – Seit etwa 1250 Stadt, 1392 bis 1445/47 Residenz des Teilherzogtums **Bayern-I.** Die 1472 gegr. Univ. (zunächst Zentrum des Humanismus, dann der Gegenreformation) wurde 1802 nach Landshut, 1826 nach München verlegt.

Ingrainpapier [ɪnˈgreɪn-, zu engl. ingrain »in der Faser gefärbt«], Zeichenpapier von rauer Oberfläche mit farbigen oder schwarzen Wollfasern.

Ingrediens *das* (Ingredienz), Zutat, Bestandteil.

Ingres [ɛ̃:gr], Jean Auguste Dominique, frz. Maler, * Montauban 29. 8. 1780, † Paris 14. 1. 1867; trat 1797 in das Atelier von J.-L. David ein; lebte bis 1841 meist in Rom; seit 1834 dort Direktor der frz. Akademie. I. gelangte unter italien. Einfluss zu einem persönl. Stil, in dem er genaue Naturbeobachtung mit einer durch die Linie bestimmten Form verband. In der zeichnerisch klaren und reinen Form seiner weibl. Akte, mytholog. Bilder und Bildnisse vollendete sich die Überlieferung der frz. Klassik, die er im schärfsten Ggs. zu der maler. Romantik von E. Delacroix vertrat (»Die Badende von Valpinçon«, 1808; »Die große Odaliske«, 1814; »Die Apotheose Homers«, 1827; »Das türk. Bad«, 1859; alle Paris, Louvre; »Die Quelle«, 1856; Paris, Musée d'Orsay).

📖 *Vigne, G.: J.-A.-D. I. A. d. Frz. München 1995. – Fleckner, U.: J.-A.-D. I. 1780–1867. Köln 2002.*

Ingrespapier [ˈɛ̃:gr-; nach J. A. D. Ingres], farbiges Papier für Kohle- und Kreidezeichnungen.

Ingression [lat.] *die,* langsames Eindringen des Meeres in Becken, Täler oder Senkungsräume des Festlands.

Ingroup [ˈɪngru:p, engl.] *die* (Eigengruppe), soziologisch-sozialpsycholog. Begriff für eine soziale ↑Gruppe, deren Mitgl. sich dieser bewusst zugehörig fühlen und durch sie in ihren Wertorientierungen, Anspruchshaltungen, Einstellungen und Verhaltensweisen nachhaltig beeinflusst oder sogar geprägt werden. (↑Outgroup)

Ingulez [-ˈljɛts], *der,* rechter Nebenfluss des Dnjepr, im S der Ukraine, 549 km lang; durchfließt das Eisenerzgebiet von Kriwoi Rog; z. T. schiffbar; am Oberlauf Bewässerungssysteme.

Inguri *der* (Ingur), Fluss in Georgien, 213 km lang, entspringt im Großen Kaukasus, durchfließt die Kolchis, mündet ins Schwarze Meer; Wasserkraftwerke.

Inguschen (Eigenbez. Galgai), muslim. Volk mit kaukas. Sprache im zentralen Hochgebirgskaukasus; etwa 215 000 Menschen, v. a. in ↑Inguschien, z. T. in Tschetschenien und Nordossetien (nach Auseinandersetzungen mit den Osseten 1992–93 größtenteils von hier geflohen), etwa 20 000 in Kasachstan.

Inguschien (Inguschetien, amtl. Rep. der Inguschen), 1992 aus der Rep. der Tschetschenen und Inguschen hervorgegangene Teilrep. der Russ. Föderation im zentralen Nordkaukasus, 3 200 km², 460 800 Ew. (überwiegend Inguschen, daneben Russen und Tschetschenen [Anfang 2000 etwa 170 000 Flüchtlinge aus Nordossetien und Tschetschenien]); Hptst.: Magas (bis 1998 Nasran); umfasst Teile der N-Abdachung des Kaukasus (in I. bis 4451 m ü. M.) und der anschließenden Tschetschen. Ebene (Ackerbau); kaum Industrie.

Ingwäonen (Ingävonen), nach Plinius d. Ä. und Tacitus eine der drei großen Stammesgruppen der ↑Germanen, die an der Nordseeküste siedelten; wahrscheinlich ein aus zahlr. Stämmen (u. a. Chauken) gebildeter religiös-polit. Kultverband, der den german. Gott Ing verehrte.

Ingwer [Sanskrit-grch.-lat., eigtl. »der Hornförmige« (nach der Form der Wurzel)] (Ginger, Zingiber officinale), Art der Ingwergewächse, urspr. verbreitet in O-Asien, heute überall in den Tropen und Subtropen kultiviert; schilfartige, bis etwa 1,2 m hohe Staude mit knolligem, kriechendem Wurzelstock; Blüten grünlich gelb in bis 5 cm langen, eiförmigen Blütenähren. Der Wurzelstock wird als Gewürz verwendet.

Inhaberpapier, Wertpapier, bei dem die im Papier verbrieften Rechte von jedem Inhaber ohne Nachweis der Verfügungsberechtigung geltend gemacht werden können, im Ggs. zu Order- und Rektapapieren, in denen der Berechtigte namentlich angeführt wird. Das I. wird formlos übertragen. I. sind z. B. Inhaberschuldverschreibung, Inhaberscheck oder Inhaberaktie.

Inhaberschuldverschreibung, ein Wertpapier, in dem der Aussteller dem jeweiligen Inhaber eine Leistung verspricht (§ 793 BGB), z. B. Schuldverschreibungen des Bundes, Hypothekenpfandbriefe, Gewinnanteilscheine der AG, Investmentzertifikate. Der frühere staatl. Genehmigungsvorbehalt zur Ausstellung von I., in denen die Zahlung einer bestimmten Geldsumme versprochen wird, wurde 1990 aufgehoben.

Inhalation [lat.] *die,* das Einatmen **(Inhalieren)** von Heilmitteln in Form von Gasen, Dämpfen oder feinst zerstäubten flüssigen und festen Substanzen (Aerosole) bei Atemwegserkrankungen.

Inhalt, 1) *allg.:* das von einer Form Umschlossene, in etwas Enthaltene.

2) *Ästhetik:* im Kunstwerk (Bild, Gedicht, Roman) das Gegenständliche oder Handlungsmäßige im Unterschied zu Form, Stil und Sinngehalt. Letztlich ist I. im Kunstwerk nicht von der Einbindung in die Gestalt abtrennbar.

3) *Logik:* ↑Intension.

4) *Mathematik:* 1) der ↑Flächeninhalt; 2) der Rauminhalt (↑Volumen).

5) *Sprachwissenschaft:* die Bedeutung oder begriffl. Seite sprachl. Zeichen im Unterschied zur Lautgestalt.

Inhaltsanalyse, Methode der ↑empirischen Sozialforschung zur systemat., intersubjektiv nachvollziehbaren Beschreibung formaler und inhaltl. Merkmale von Mitteilungen, z. B. von Texten, Bildern, Filmen, Werbeanzeigen, Fernseh- und Radiosendungen.

Inhambane [iɲamˈbanə], Hafenstadt in S-Moçambique, am Ind. Ozean, 54 100 Ew.; kath. Bischofssitz; Zuckerfabrik, Fischerei. – 1534 als portugies. Niederlassung gegründet.

inhärent [lat.], einer Sache anhaftend, ihr innewohnend.

Inhibitoren [lat.], alle Substanzen, die im Unterschied zu den Katalysatoren chem. oder elektrochem. Vorgänge einschränken oder verhindern (z. B. Antienzyme und Antivitamine, Antioxidantien, Korrosions-I. und Alterungsschutzmittel).

in hoc signo vinces [lat. »in diesem Zeichen wirst du siegen«], unkorrekte lat. Übersetzung der Inschrift eines Kreuzes, das nach der Legende Konstantin d. Gr. vor der Schlacht gegen Maxentius (312) erschien. Korrekt heißt es: »in hoc vince«, dt. »in diesem [Zeichen] siege«.

inhomogen [lat.-grch.], ↑heterogen.

in honorem [lat.], zu Ehren.

initial... [zu lat. initialis »anfänglich«], Wortbildungselement mit der Bedeutung Anfang, beginnend; Auslöser.

Initiale [lat.] *die* (Initial), durch Verzierung und Farbe und Größe hervorgehobener Anfangsbuchstabe eines Kapitels oder Abschnittes (in alten Handschriften, Drucken). Besonders in ma. Kodizes finden sich reich verzierte und kolorierte I.: in merowing. Handschriften mit Fisch- und Vogelmotiven, in der irischen Buchkunst mit Flechtwerk, in der otton. und roman. Zeit mit Rankenornamentik, in der got. v. a. mit bildl., in die Buchstabengestalt eingefügten Darstellungen.

Initialsprengstoffe (Zündsprengstoffe), Sprengstoffe, die sich durch relativ schwachen Stoß oder durch Funken zur Explosion bringen lassen; werden in Sprengkapseln zur Detonation von Sekundärsprengstoffen verwendet.

Initialwort, ↑Akronym.

Initiation [lat. »Einweihung«] *die,* **1)** *Religionsgeschichte:* im Altertum die Zulassung zu den Mysterien (z. B. dem Mithraskult); auch die Aufnahme in einen Geheimbund.

2) *Völkerkunde:* (Reifefeier, Reifeweihe), bei Naturvölkern die im feierl. Rahmen vollzogene Aufnahme in den Kreis der vollberechtigten Stammesmitglieder: meist der Knaben in die Gesellschaft der Männer (z. T. verbunden mit der ↑Beschneidung); weniger stark ausgeprägt und nicht so weit verbreitet der Frauen in eine Lokal- oder Verwandtschaftsgruppe.

Initiative [lat.] *die,* **1)** *allg.:* 1) erster Schritt zu einer Handlung; 2) Entschlusskraft, Unternehmungsgeist.

2) (Initiativrecht), *Staatsrecht:* ↑Gesetzgebungsverfahren; in der Schweiz auch ↑Volksinitiative.

Initiative »Frieden und Menschenrechte«, Abk. **IFM,** erste (auch von der Kirche) unabhängige Oppositionsgruppe in der DDR, gegr. Sept. 1985/Jan. 1986 in Berlin (Ost); urspr. nur 20–25 Mitgl. Im Febr. 1990 ging die IFM als Teil der Bürgerbewegung im Bündnis 90 auf.

Initiator [lat.] *der, Chemie:* Stoff, der bereits in geringer Konzentration eine chem. Reaktion einleitet. Im Ggs. zu Katalysatoren werden I. dabei nicht regeneriert.

initiieren [lat.], 1) den Anstoß geben, in die Wege leiten; 2) einführen (in ein Amt), in eine Gemeinschaft aufnehmen; einweihen.

Injektion [lat.] *die,* **1)** *Bautechnik:* das Einpressen von Bindemitteln in den Baugrund zur Abdichtung, Verfestigung und Verbesserung der Tragfähigkeit des Untergrundes oder zur Betoninstandsetzung (z. B. Risssanierung).

2) *Halbleitertechnik:* das Einbringen von Ladungsträgern in ein Halbleitergebiet durch ↑Diffusion oder ↑Drift.

3) *Mathematik:* ↑Abbildung.

4) *Medizin:* das Einspritzen gelöster Arzneimittel mit I.-Spritze und I.-Kanüle in den Körper. I. werden v. a. unter die Haut **(subkutane I.),** in einen Muskel **(intramuskuläre I.)** oder in eine meist in der Ellenbogenbeuge gelegene Vene **(intravenöse I.)** gegeben. Bei einer I. gelangen Arzneimittel unter Umgehung des Magen-Darm-Kanals schneller und sicherer in den Blutkreislauf.

5) *Petrologie:* das Eindringen von magmat. Schmelzen oder Lösungen in Gesteinsfugen; dies kann zu Gesteinsumwandlung führen **(I.-Metamorphose).**

Injektor [lat.] *der,* **1)** (Vorbeschleuniger), *Physik:* Teil einer Beschleunigeranlage, mit dem die zu beschleunigenden Teilchen auf die erforderl. hohen Energien gebracht und anschließend in den Teilchenbeschleuniger eingeschossen werden.

2) *Technik:* eine meist zur Speisewasserförderung bei Dampferzeugern verwendete ↑Dampfstrahlpumpe.

100264

Initiale: Initiale R mit der Darstellung der drei Frauen (Maria, Maria Magdalena, Salome) am leeren Grab Jesu

Injurie [lat.] *die,* Beleidigung durch Worte (Verbal-I.) oder Tätlichkeiten (Real-I.).

Inka, südamerikan. Indianer der Ketschua-Sprachgruppe, die in vorkolumb. Zeit ein großes Reich geschaffen hatten; urspr. Titel des Herrschers oder seiner Sippe, später auch Bez. für alle Angehörigen des I.-Reichs im Hochland von Peru, die Ketschua sprachen. Das Reich erreichte im 16. Jh. seine größte Ausdehnung (zw. N-Ecuador und Mittelchile). Kerngebiet war die Umgebung der vermutlich um

1200 gegr. Hauptstadt Cuzco. Der Herrscher Pachacutec Yupanqui (1438–71) begann mit Eroberungen, die von seinen Nachfolgern fortgesetzt wurden. Huayna Capac (1493–1525) teilte das Reich unter seine Söhne Huascar und Atahualpa auf,

Inka: Ruinen von Machu Picchu, Peru 100264

wodurch 1532 die span. Eroberung unter Pizarro erleichtert wurde. Der letzte Herrscher, Tupac Amaru I., wurde 1572 gefangen genommen und hingerichtet. – Der zentralistisch regierte Staat der I. (Tahuantinsuyu) war streng hierarchisch gegliedert und straff organisiert. Der Sonnenkult war Staatsreligion (der Sonnengott Inti verdrängte den ursprüngl. Schöpfergott Viracocha); das Volk verehrte v.a. die Fruchtbarkeitsgöttin Pachamama. Hoch entwickelt waren Ackerbau (bewässerte Terrassen; Mais, Kartoffeln, Gemüse), der Straßen- und Festungsbau sowie das Nachrichtenwesen (durch Läufer), Wagen waren unbekannt; daneben Viehhaltung (Lamas, Alpakas) und Fischerei. Ein Teil der Erträge musste an die Verw. abgeliefert werden. Die öffentl. Bauten wurden aus gut behauenen Steinblöcken ohne Mörtel errichtet (Reste v.a. in Cuzco, Sacsayhuamán, Pisac, Machu Picchu). In der Keramik herrschten kleinformatige, geometr. Muster vor (»Reichsstil«); typ. Form ist eine spitzbodige, bauchige Amphore mit langem Hals und zwei Henkeln. Gerätschaften bestanden z.T. aus Bronze, die Textiltechnik war hoch entwickelt. Die I. kannten keine Schrift; zur Erfassung aller Abgaben und statist. Angaben dienten Knotenschnüre (↑Quipu). (↑andine Hochkulturen)

📖 *Westphal, W.: Unter den Schwingen des Kondor. Das Reich der I. gestern u. heute. Neuausg. Frankfurt am Main u. a. 1989. – Stingl, M.: Die I.s. Ahnen der »Sonnensöhne«. A. d. Tschech. Neuausg. Eltville am Rhein 1990. – I., Peru. 3000 Jahre indian. Hochkulturen, hg. v. E. Bujok, Ausst.-Kat. Haus der Kulturen der Welt, Berlin. Tübingen 1992. – Baudin, L.: Das Leben der I. Die Andenregion am Vorabend der span. Eroberung. A. d. Frz. Zürich ²1993.*

Inkantation [lat.] *die, Volkskunde:* Bezauberung, ↑Beschwörung (durch Zauberformeln o.Ä.).

Inkardination [mlat.] *die, kath. Kirchenrecht:* die Eingliederung eines Klerikers in einen Klerikerverband, seinen »geistl. Heimatverband« (Diözese; Orden).

Inkarnat [italien.] *das, Malerei:* der Farbton der Haut.

Inkarnation [lat. »Fleischwerdung«] *die,* **1)** *allg.:* Verkörperung.

2) *christliche Theologie:* die Menschwerdung (»Fleischwerdung«) des göttl. ↑Logos in Jesus Christus (Joh. 1, 14).

3) *Religionswiss.:* in versch. Religionen die ird. Gestaltwerdung (als Mensch oder Tier) göttl. Wesen.

Inkarzeration [lat.] *die,* Einklemmung von Eingeweideteilen in einem Bruchsack.

Inkasso [italien.] *das,* Einziehung von Außenständen (Rechnungen, Wechsel, Schecks). Das **I.-Geschäft** wird von selbstständigen Unternehmen **(I.-Büros)** und von den Banken betrieben.

Inkatha *die,* polit. Organisation der Schwarzen (vorwiegend der Zulu) in der Rep. Südafrika, die in gemäßigter Opposition zur weißen Reg. stand; geführt von G. Buthelezi; war häufig in blutige Auseinandersetzungen mit dem African National Congress (ANC) verwickelt; urspr. Einheitspartei des Homelands KwaZulu, organisierte sie sich 1990 als »Inkatha

Freedom Party« (IFP) in der ganzen Rep. Südafrika.

Inkerman [tatar. »Höhlenfestung«], Ort auf der Halbinsel Krim, Ukraine, 10 km südöstlich von Sewastopol, mit etwa 300 in Stockwerken angeordneten Höhlenwohnungen, ferner Reste einer genues. Befestigung.

Inklination [lat.] *die,* **1)** *Astronomie:* (Neigung), Winkel zw. der Ebene einer Planetenbahn und der Ebene der Erdbahn.

2) *Geophysik:* der Winkel zw. dem erdmagnet. Feld und der Erdoberfläche (↑Erdmagnetismus).

Inklusen [lat.], **1)** *Geologie:* fossilienhaltige Einschlüsse im Bernstein.

2) *Kirchengeschichte:* (Reklusen), Männer oder Frauen, die sich für eine gewisse Zeit oder lebenslänglich (oft in der Nähe eines Klosters) zu Askese und Gebet einschließen oder einmauern ließen; strengste Form der christl. Askese, bis ins 17. Jh. belegt.

Inklusion [lat.] *die, Mathematik:* Zeichen $\subset$, die Relation des Enthaltenseins (Teilmengenrelation), v. a. in der ↑Mengenlehre gebräuchlich.

inklusive [mlat.], einschließlich, inbegriffen.

inkognito [italien., von lat. incognitus »unerkannt«], unter fremdem Namen (auftretend, lebend).

inkohärent [lat.], unzusammenhängend, Inkohärenz zeigend; Ggs.: kohärent.

Inkohärenz [lat.-nlat.] *die,* **1)** *Physik:* das Fehlen fester Phasenbeziehungen bei Schwingungen und Wellen; Ggs.: ↑Kohärenz.

2) *Psychologie:* Bez. für Gedankenverwirrung, verbunden mit Verlust der Konzentrationsfähigkeit und sprunghaftem Wechsel der Aufmerksamkeit.

Inkohlung, diagenet. Umbildung pflanzl. Substanz (bes. Cellulose, Lignin) über die Stadien Torf, Braunkohle, Steinkohle zu Anthrazit im Verlauf lang dauernder geolog. Prozesse.

inkommensurabel [lat.], **1)** *allg.:* nicht vergleichbar, nicht mit gleichen Maßen messbar.

2) *Mathematik:* Bez. für Größen, die zueinander in einem irrationalen Verhältnis stehen, z. B. die Seite und die Diagonale eines Quadrats.

3) *Quantentheorie:* Bez. für Größen (Observable), die nicht gleichzeitig gemessen werden können. (↑kommensurable Observable)

4) *Wissenschaftstheorie:* von T. S. Kuhn eingeführter Terminus, der wiss. Theorien bezeichnet, die sich auf denselben Gegenstandsbereich beziehen, aufgrund unterschiedl. Grundauffassungen (↑Paradigma) jedoch keinen gemeinsamen Vergleichsmaßstab besitzen.

inkommodieren [lat.-frz.], jemandem Umstände machen, Ungelegenheiten bereiten.

inkompatibel [lat.], unvereinbar, unverträglich; Ggs.: kompatibel.

Inkompatibilität [lat.] *die,* **1)** *Informatik:* nicht mögliche Austauschbarkeit oder Verknüpfbarkeit von Geräten, Programmen u. a. untereinander; Ggs.: ↑Kompatibilität.

2) *Medizin, Pharmazie:* Unverträglichkeit von Blutgruppen bzw. Blutbestandteilen bei Transfusionen, von Transplantaten infolge Abstoßungsreaktion beim Empfänger, aber auch von Arzneimitteln, die aufgrund unerwünschter physikal. oder chem. Reaktionen oder Nebenwirkungen nur getrennt gegeben werden dürfen.

3) *Staatsrecht:* die Unzulässigkeit der gleichzeitigen Bekleidung mehrerer Ämter durch eine Person, bes. solcher Ämter, die versch. Staatsgewalten zugehören. Die I. sichert in erster Linie die ↑Gewaltenteilung gegen eine personelle Gewalten- und Funktionenhäufung (z. B. Art. 55 GG, Art. 94 Abs. 1 GG). Kraft Gesetzes ruhen die Rechte und Pflichten aus einem öffentl. Dienstverhältnis für die Dauer der Parlamentsmitgliedschaft. – **Wirtsch. I.** ist die Unvereinbarkeit bestimmter staatl. Ämter und wirtsch. Stellungen (z. B. durch Art. 66 GG für die Mitgl. der Bundesregierung). – In *Österreich* und in der *Schweiz* gilt Ähnliches, wobei in der Schweiz die I. auf Bundesebene stärker ausgeprägt ist als in den Kantonen.

inkompetent [lat.], 1) nicht zuständig, nicht befugt; 2) nicht maßgebend, nicht urteilsfähig; Ggs.: kompetent.

inkompressibel [lat.], *Physik:* bei Einwirkung von äußerem Druck nicht zusammendrückbar, von nahezu konstanter Dichte. In guter Näherung kann man feste und flüssige Körper als i. ansehen.

inkongruent [lat.], nicht übereinstimmend, sich nicht deckend; Ggs.: kongruent.

inkonsistent [lat.], **1)** *allg.:* keinen Bestand habend, ohne Dauer.

2) *Philosophie:* widersprüchlich; Ggs.: konsistent.

Inkontinenz [lat.] *die, Medizin:* Unvermögen, Stuhl oder Harn willkürlich zurückzuhalten; Ursache ist eine Funktionsstörung der Schließmuskeln von Harnblase oder Mastdarm.

100264

Inkrustation 1) an der Fassade der Kirche Santa Maria Novella in Florenz (13.–15. Jh.)

Inkorporation [lat.], die Einverleibung, z. B. eines polit. Gemeinwesens in ein anderes (z. B. Eingemeindung), die Angliederung eines Staates oder Staatsteils an einen anderen Staat.

inkorporierende Sprachen, ↑Sprache.

In-Kraft-Setzen *das* (In-Kraft-Treten), der zeitl. Beginn der normativen Verbindlichkeit eines Rechtssatzes, bes. eines Gesetzes.

Inkreis, Kreis, der alle Seiten eines konvexen Vielecks von innen berührt.

Inkrement [lat.] *das,* 1) *Informatik:* (Inkrementieren), Erhöhung des Inhalts eines Registers oder Speicherplatzes um den Wert 1.

2) *Physik, Technik:* kleiner Zuwachs einer Größe; Ggs.: Dekrement.

Inkrementalcompiler [-kɔmpaɪlər], *Informatik:* ein ↑Compiler, der einzelne Befehle oder kleine Änderungen eines Quellprogramms separat übersetzen und in das Zielprogramm einfügen kann.

Inkretion *die,* die ↑innere Sekretion.

Inkrustation [lat.] *die,* 1) *Baukunst:* die Verkleidung von Mauern und Fußböden mit verschiedenfarbigen Steinplatten meist aus Marmor und Porphyr, die, in Stein, Blei oder Gips zu Mustern zusammengefügt, die Fläche dekorativ beleben. Die schon in der antiken (Pantheon in Rom) und byzantin. Kunst (Hagia Sophia in Istanbul) angewendete Technik war vom frühen MA. bis zum Barock bes. in Italien verbreitet.

2) *Kunsthandwerk:* in die Oberfläche eines Gegenstandes eingelegte Verzierung, bei der härtere Materialien (Stein, Glas, Metall u. a.) in eine weichere, aushärtende Masse eingebettet werden; bereits im 16. Jh. in Italien bei der Herstellung von Möbeln beliebte Technik.

3) *Petrologie:* mineral. Überzug um Gesteine, Fossilien u. a.; entstanden durch chem. Ausscheidungen.

Inkubation [lat.] *die,* 1) *Biologie:* Bebrütung, entwicklungsfördernde Erwärmung, z. B. von Bakterienkulturen oder Vogeleiern.

2) *Medizin:* die ↑Inkubationszeit.

3) *Religionsgeschichte:* in der Antike der Tempelschlaf, der im Traum göttl. Offenbarungen und bes. Heilung von Krankheiten bringen sollte.

Inkubationszeit (Inkubation), bei Infektionskrankheiten die Zeit zw. Ansteckung und ersten Krankheitserscheinungen.

Inkubator *der* (Brutkasten), Einrichtung zur medizin. Versorgung und Betreuung Frühgeborener oder entsprechend pflegebedürftiger Neugeborener. Der I. besteht aus einer geschlossenen, durchsichtigen Kammer mit regulierbarer und automatisch konstant gehaltener Wärme, Luftfeuchtigkeit, Luft- und Sauerstoffzufuhr (einschl. Kontroll- und Warneinrichtungen). Die Versorgung und Behandlung des Kindes ist ohne Öffnung des I. über selbsttätig dichtende Durchgriffsöffnungen möglich.

Inkubus [lat. »der Aufliegende«] *der,* in röm. Zeit Name des den Albdruck (↑Alb) verursachenden Dämons. Der mittelalterl. Dämonenglaube verstand unter einem I. vornehmlich den Buhlteufel einer Hexe; diese Vorstellung gewann in den Hexenprozessen vorrangige Bedeutung (Geschlechtsverkehr mit dem Teufel). (↑Sukkubus)

Inkulturation [lat.] *die,* in der *christl. Mis-*

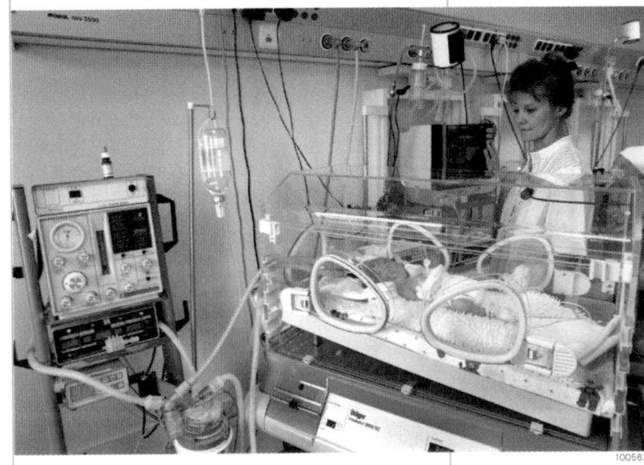

Inkubator: Versorgung eines Frühgeborenen in einem Inkubator

100562

sion Bez. für die Berücksichtigung der jeweiligen Eigenart der Kultur, in die das Christentum vermittelt wird. Begriff und Bewusstsein von der Notwendigkeit der I. haben erst in neuerer Zeit allg. Eingang in die Theologie gefunden. Ausschlaggebend waren dabei bes. die zunehmende theolog. Emanzipation der ↑jungen Kirchen von ihren europ. und nordamerikan. Mutterkirchen auf der einen und die Einsicht von der Kulturbedingtheit religiöser Vorstellungen und Ausdrucksformen seitens der (abendländisch geprägten) ehem. Missionskirchen auf der anderen Seite. - Zur Gesch. der I. ↑Ritenstreit.

📖 *Die »Identität« des Glaubens in den Kulturen. Das Inkulturationsparadigma auf dem Prüfstand, hg. v. C. Lienkamp. Würzburg 1997.*

Inkunabeln [lat.], ↑Wiegendrucke.

Inland, *Staatsrecht:* das Staatsgebiet innerhalb der Staatsgrenzen. Im *Steuerrecht* gelten besondere Festlegungen zum Begriff des Inlands.

Inlandeis (Binneneis), große geschlossene Eisdecken in den Polarländern, bes. in Grönland und der Antarktis, bis über 4000 m mächtig; an den Rändern, oft von Einzelbergen (Nunatak) durchragt, vielfach in Gletscherzungen aufgelöst, von denen durch Abbrechen (Kalben) die Eisberge entstehen. (↑Gletscher)

Inlandsprodukt, zusammengefasster Wert aller Waren und Dienstleistungen, die innerhalb einer abgeschlossenen Periode (z. B. Jahr, Quartal) in einer Volkswirtschaft produziert wurden. Dabei wird das sog. Inlandskonzept zugrunde gelegt, d. h., erfasst wird die im Inland erbrachte Wirtschaftsleistung, unabhängig davon, ob die Leistungserstellung durch Inländer oder Ausländer erfolgte. Das I. gibt gleichzeitig die inländ. Einkommen wieder, die im Zuge der Produktion entstanden sind. Die Berechnung des I. erfolgt in der ↑volkswirtschaftlichen Gesamtrechnung. I. d. R. wird das I. als **Brutto-I.** zu Marktpreisen ausgewiesen. Zieht man vom Brutto-I. die gesamtwirtsch. Abschreibungen ab, erhält man das **Nettoinlandsprodukt.**

Ein dem I. eng verwandtes Konzept ist das Nationaleinkommen, das bis zur Einführung des ↑Europäischen Systems Volkswirtschaftlicher Gesamtrechnungen (ESVG) als Sozialprodukt bezeichnet wurde. Im Ggs. zum I. basiert das **Nationaleinkommen** auf dem Inländerkonzept, erfasst wird also die Wirtschaftsleistung der Inländer, unabhängig davon, ob die Leistungserstellung im Inland oder im Ausland erfolgte. Als Inländer gelten generell alle Institutionen und Personen, die ihren Sitz bzw. Wohnsitz im Inland haben; die Staatsbürgerschaft spielt dabei keine Rolle. Man kann das **Bruttonationaleinkommen** aus dem Brutto-I. ermitteln, indem man zum Brutto-I. die ↑Primäreinkommen aus der übrigen Welt hinzuzählt und die Primäreinkommen an die übrige Welt abzieht. Werden vom Bruttonationaleinkommen die Abschreibungen subtrahiert, ergibt sich das **Nettonationaleinkommen.** Zieht man vom Nettonationaleinkommen zu Marktpreisen die

Inlandsprodukt: Entstehung, Verwendung und Verteilung in Deutschland 2002

	in jeweiligen Preisen (in Mrd. €)	in Preisen von 1995 (in Mrd. €)
I. Entstehung des Inlandsprodukts		
Land- und Forstwirtschaft, Fischerei	22,0	24,2
produzierendes Gewerbe ohne Baugewerbe	476,9	445,5
Baugewerbe	87,3	90,2
Handel, Gastgewerbe und Verkehr	366,1	367,6
Finanzierung, Vermietung und Unternehmensdienstleister	589,7	593,8
öffentliche und private Dienstleister	424,1	396,0
Bruttowertschöpfung (unbereinigt)	1 966,0	1 917,3
– unterstellte Bankgebühr	65,0	109,5
Bruttowertschöpfung (bereinigt)	1 901,0	1 807,8
+ Nettogütersteuern (Gütersteuern abzüglich -subventionen)	211,4	176,4
Bruttoinlandsprodukt	2 112,4	1 984,2
II. Verwendung des Inlandsprodukts		
Konsumausgaben	1 646,3	1 514,7
private Konsumausgaben (Privathaushalte und private Organisationen ohne Erwerbszweck)	1 243,6	1 126,2
Konsumausgaben des Staates	402,7	388,5
Bruttoanlageinvestitionen	390,3	392,8
Ausrüstungen	153,6	151,5
Bauten	212,6	214,2
sonstige Anlagen	24,1	27,1
Vorratsänderungen und Nettozugang an Wertsachen	– 8,0	– 14,3
letzte inländische Verwendung von Gütern	2 028,7	1 893,2
Außenbeitrag (Exporte – Importe)	83,8	91,0
Exporte	748,6	715,7
Importe	664,8	624,7
Bruttoinlandsprodukt	2 112,4	1 984,2
III. Nationaleinkommen und Verteilung des Volkseinkommens		
Bruttoinlandsprodukt	2 112,4	
+ Saldo der Primäreinkommen aus der übrigen Welt	– 12,7	
Bruttonationaleinkommen	2 099,7	
– Abschreibungen	319,5	
Nettonationaleinkommen (Primäreinkommen)	1 780,2	
– Produktions- und Importabgaben (abzüglich Subventionen)	220,7	
Volkseinkommen	1 559,5	
Arbeitnehmerentgelt	1 131,5	
Unternehmens- und Vermögenseinkommen	428,1	
IV. Pro-Kopf-Angaben (in €)		
Bruttoinlandsprodukt je Einwohner	25 600	
Bruttoinlandsprodukt je Erwerbstätigen in jeweiligen Preisen (Wirtschaftsleistung)	54 600	
Bruttoinlandsprodukt je Erwerbstätigen in Preisen von 1995 (Produktivität)		51 300

Produktions- und Importabgaben ab und zählt die Subventionen hinzu, erhält man das **Volkseinkommen** (Nettonationaleinkommen zu Faktorkosten). Nach den Regeln des ESVG würde das Volkseinkommen in der amtl. Statistik nicht ausgewiesen. Das Statist. Bundesamt publiziert dennoch Angaben zum Volkseinkommen, weil es sich um eine in Dtl. traditionell stark beachtete Größe handelt.

Das I. dient als Indikator der wirtsch. Entwicklung eines Landes und spielt eine zentrale Rolle in der Konjunktur- und Wachstumsforschung sowie in der Wirtschaftspolitik. Es kann prinzipiell über die Entstehungs-, Verwendungs- und Verteilungsseite berechnet werden. Die Entstehungsrechnung zeigt die Beiträge der einzelnen Wirtschaftsbereiche (Unternehmen, Staat, private Organisationen ohne Erwerbszweck, private Haushalte) zum Inlandsprodukt. Bei der Verwendungsrechnung wird die letzte Verwendung der produzierten Waren und Dienstleistungen gezeigt. Es wird dabei zw. dem Konsum privater Haushalte, privater Organisationen ohne Erwerbszweck und des Staates, privaten und staatl. Investitionen sowie dem Außenbeitrag (Saldo aus Güterexport und -import) unterschieden. Bei der Verteilungsrechnung wird theoretisch das Volkseinkommen aus den Arbeitnehmerentgelten sowie den Unternehmens- und Vermögenseinkommen ermittelt. Über Addition bzw. Subtraktion der weiter oben genannten Positionen ließe sich dann aus dem Volkseinkommen das I. ableiten. Allerdings führt das Statist. Bundesamt keine Berechnung des I. über die Verteilungsseite durch, weil v. a. im Bereich der Unternehmens- und Vermögenseinkommen die notwendigen Daten nicht verfügbar sind. Neben der Berechnung zu laufenden (jeweiligen) Preisen erfolgt eine Berechnung des I. auch zu konstanten Preisen. Im ersten Fall spricht man vom **nominalen I.**, im zweiten vom **realen I.** Beim realen I. sind preisbedingte Erhöhungen des I. ausgeschaltet. Dividiert man das nominale I. durch die Zahl der Erwerbstätigen, erhält man ein Maß für die Wirtschaftsleistung. Das reale I. je Erwerbstätigen gibt die (Arbeits-)Produktivität eines Landes wieder. Das reale I. je Ew. wird als Wohlstandsindikator verwendet. Aufgrund vielfältiger Erfassungs-, Abgrenzungs- und Bewertungsprobleme ist das I. für die gen. Zwecke allerdings nur bedingt tauglich. So werden etwa die im Bereich ↑Schattenwirtschaft erzeugten Waren und Dienstleistungen nicht erfasst. Ferner geht aus dem I. nicht hervor, ob eine Zunahme auf einer zusätzl., den materiellen Wohlstand erhöhenden Erzeugung von Gütern basiert oder auf einer Produktion, die lediglich Wohlstandsrückgänge kompensiert, weil im I. z. B. auch Reparaturen, Krankenhausaufenthalte oder Ausgaben für die Beseitigung von Umweltschäden berücksichtigt werden. Ein Ansatz, der die bislang nicht bezifferten Umweltbelastungen berücksichtigt, ist die ↑umweltökonomische Gesamtrechnung, die dazu dienen soll, ein **Öko-I.** zu berechnen, das Abschreibungen auf die als Kapitalstock verstandene Natur verbucht. Um die Unzulänglichkeiten des I. als Indikator für qualitatives Wachstum zu überwinden, wurden versch. Sozialindikatorenmodelle entwickelt, die bisher allerdings erhebliche method. Probleme aufweisen.

Inlaut, *Sprachwiss.:* Laut im Wortinnern, im Unterschied zu An- und Auslaut.

Inlay [ˈɪnleɪ, engl.] *das,* ↑Gussfüllung.

Inlesee, See im östl. Birma, im Shanplateau, etwa 1 000 m ü. M., 145 km²; wird nach S zum Salween entwässert.

Inlett *das,* daunen- oder federdichtes, echtfarbiges Baumwollgewebe, meist in Köperbindung; auch die daraus hergestellte Hülle zur Aufnahme von Federn und Daunen für Betten und Kissen.

Inline-Bildröhre [ˈɪnlaɪn-, engl.], Fernsehfarbbildröhre, bei der die den drei Grundfarben Rot, Grün und Blau zugeordneten Bildpunkte in nebeneinander liegenden, senkrechten Streifen angebracht sind.

Inlineskating [ˈɪnlaɪnskeɪtɪŋ; engl. von in line »in einer Reihe« und (roller-)skating »Rollschuhlaufen«] (Inlineskaten), das Gleiten auf Inlineskates (»Inliner«, »Rollerblades«), deren vier (bei Rennskates fünf) Rollen im Ggs. zu traditionellen Rollschuhen nicht paarweise unter beiden Enden der Schuhsohle, sondern in einer Reihe angebracht sind. Ein mit Inlineskates betriebenes Mannschaftsspiel ist das eishockeyähnliche Rollerhockey (»Inline-«, »Skaterhockey«). Über den sportl. Bereich hinaus werden Inlineskates v. a. von Jugendlichen z. T. ausschl. als Fortbewegungsmittel benutzt. – Abb. S. 74

Inlineskating: Ausrüstung (ohne Ellbogenschutz)

100001

in medias res [lat., »mitten in die Dinge hinein«], unmittelbar zur Sache (kommen, gehen).

in memoriam [lat.], zum Gedenken, zur Erinnerung.

Inn *der* (bündnerroman. En), bed. rechter Nebenfluss der oberen Donau, 510 km lang, entspringt in Graubünden im Bergsee Lago dal Lunghin, 2480 m ü. M., durchströmt das Engadin, Nordtirol und das Alpenvorland, mündet bei Passau in die Donau. Von der Mündung der Salzach an bildet er die Grenze zw. Bayern und Oberösterreich. Das Engadin ist v. a. Fremdenverkehrsgebiet, das österr. Inntal, ein alter Kultur- und Verkehrsraum, bildet mit Landeck, Innsbruck, Hall in Tirol, Schwaz und Kufstein die Kernlandschaft Nordtirols, das sich zu einem bed. Ind.gebiet entwickelt hat.

in natura [lat.], 1) in Wirklichkeit, persönlich; 2) in Form von Naturalien.

Innenarchitektur, die Gestaltung von Innenräumen; umfasst die Materialwahl, die Gliederung von Wand-, Decken- und Fußbodenflächen, die Farbgebung, die natürl. und künstl. Beleuchtung, die Möblierung und den Einbau besonderer Einrichtungen; häufig ausgeführt durch **Innenarchitekten.**

Innenboden, ↑Doppelboden.

Innenpolitik, das polit. Handeln innerhalb eines Staats, insoweit im Wesentlichen nur dessen Angehörige daran beteiligt oder davon betroffen sind. Neben den klass. Ministerien Inneres, Justiz und Finanzen umfasst die I. heute eine Reihe weiterer Ressorts (Verkehrspolitik, Soziales, Arbeit, Umweltschutz u. a.), die den umfangreichen Regelungsbedarf im modernen Ind.staat belegen.

Innenreim, der Binnenreim, ↑Reim.

Innenwiderstand, elektr. Widerstand einer Strom- bzw. Spannungsquelle (z. B. Batterie) oder eines Betriebsmittels (z. B. Messgerät).

Innenwinkel, der von zwei benachbarten Seiten im Innern eines konvexen Vielecks gebildete Winkel; der I. ist der Nebenwinkel des zugehörigen ↑Außenwinkels.

Innerasilen, ↑Zentralasien.

innerdeutsche Grenze, von 1949/52 bis 1989/90 bestehende befestigte Grenzlinie zw. der DDR und der Bundesrep. Dtl., DDR-offiziell »Staatsgrenze West«, umgangssprachlich **Mauer** gen., hervorgegangen aus der 1945 festgelegten – noch unbefestigten – Grenze zw. der SBZ und den westl. Besatzungszonen Dtl.s (↑Zonengrenzen); Symbol der Spaltung Dtl.s. – Im Sommer 1952 wurde in der DDR mit der Errichtung einer 5-km-Sperrzone (später erweitert) begonnen; die dortige Bev. wurde zwangsausgesiedelt und die Bewachung der Grenze verstärkt (erster Schießbefehl). Am 13. 8. 1961 begann der Bau der ↑Berliner Mauer; danach wurde ein verschärftes Grenzregime entlang der ehem. Demarkationslinie eingerichtet mit erneutem Schießbefehl (bis 3. 4. 1989), Minenfeldern und Selbstschussanlagen (Sept. 1983 bis Nov. 1984 z. T. abgebaut). Mit der Öffnung der i. G. am 9./10. 11. 1989 durch die DDR-Reg. begann die schnelle Entwicklung zur Wiedererlangung der staatl. Einheit Dtl.s, die auch zum systemat. Abbau der Grenzsicherungsanlagen führte. Nach neueren recherchierten Angaben (2003) haben die Grenzsicherungsmaßnahmen seitens der SBZ/DDR 1946–89 bei etwa 233 000 Fluchtversuchen insgesamt 1 008 Todesopfer gefordert; vor der Errichtung des verschärften Grenzregimes

1961 starben 363 Menschen, danach 645 (davon – seit 1949 – 254 an der Berliner Mauer, seit 1961: 178).

📖 *Koop, V.: »Den Gegner vernichten«. Die Grenzsicherung der DDR. Bonn 1996. – Ritter, J. u. Lapp, P. J.: Die Grenze. Ein dt. Bauwerk. Berlin [4]2001. – Grafe, R.: Grenze durch Dtl. Eine Chronik von 1945 bis 1990. Berlin 2002.*

Innere Ebenen (Interior Plains), die Flachländer und Plateaus im Inneren Nordamerikas, zw. den Rocky Mountains (im W), dem Kanad. Schild (im NO), den Appalachen (im O) und der Golfküstenebene (im S).

innere Einheit, Schlagwort für die sich seit der Erlangung der staatl. Einheit Dtl.s (1990) in einem komplizierten Bedingungsgefüge vollziehenden Prozesse zur Überwindung der unterschiedl. Lebenseinstellungen, Mentalitäten, Erwartungen, Wertevorstellungen und polit. Orientierungen der dt. Bev. in Ost und West. (↑deutsche Einheit)

innere Emigration, von F. Thieß 1933 geprägter Begriff für die politisch-geistige Haltung derjenigen Schriftsteller, die während des Dritten Reiches in Dtl. blieben und mit den ihnen verbliebenen literar. Möglichkeiten gegen den Nationalsozialismus Widerstand leisteten. (↑Exilliteratur)

innere Energie, Formelzeichen U, die gesamte in einem thermodynam. System enthaltene Energie, die nur vom inneren Zustand des Systems abhängt. Messbar ist nur die Änderung der i. E. ΔU, die sich additiv aus der zu- oder abgeführten Wärme ΔQ und der zu- oder abgeführten Arbeit ΔW zusammensetzt: $\Delta U = \Delta Q + \Delta W$ (1. Hauptsatz der Thermodynamik).

Innere Führung, Prinzip der Menschen- und Truppenführung in der Bundeswehr mit Normen und Verhaltensregeln für Vorgesetzte und Untergebene. Diese sollen einerseits die Einsatzbereitschaft der Streitkräfte, andererseits die Rechte der Soldaten sichern. Der einzelne Soldat und die Streitkräfte als Ganzes bleiben in die demokratisch-parlamentar. Staatsordnung eingegliedert (»Staatsbürger in Uniform«).

innere Kolonisation, 1) (Binnenkolonisation), Gewinnung von bisher ungenutztem Land in bereits besiedeltem Gebiet durch Rodung und Urbarmachung (»Landesausbau«); bes. während des frühen MA. (bis zur Mitte des 14. Jahrhunderts). **2)** die bäuerl. Siedlung in ↑Posen und Westpreußen, durch das preuß. Ansiedlungs-Ges. vom 26. 4. 1886 eingeleitet.

innere Medizin, Fachgebiet der Medizin, das sich mit der Erkennung, Behandlung und Verhütung der Krankheiten innerer Organe und Organsysteme befasst. Teilgebiete sind z. B. Kardiologie, Hämatologie, Angiologie, Pneumologie und Gastroenterologie.

Innere Mission, seit dem 19. Jh. Bez. der in freien Vereinen und Anstalten organisierten evang. Sozialarbeit (»christl. Liebesdienst«); 1849 durch J. H. Wichern im »Centralausschuß für I. M. der dt. evang. Kirche« organisatorisch geeinigt und koordiniert; 1957 im ↑Diakonischen Werk – Innere Mission und Hilfswerk der Evangelischen Kirche in Deutschland e. V. aufgegangen.

Innere Mongolei (Nei-meng-ku, chines. Nei Monggol Zizhiqu), autonomes Gebiet (seit 1947) im NO von China, an der Grenze zur Mongolei, 1,183 Mio. km², 23,76 Mio. Ew. (davon etwa 10% Mongolen), Hptst.: Hohhot. Die I. M. umfasst einen Teil des mongol. Plateaus (durchschnittlich 800–1 000 m ü. M.), das vom Hwangho umflossene Wüstengebiet des Ordosplateaus und im NO den Großen Chingan. Neben Viehzucht (Schafe, Ziegen) von chines. Zuwanderern betriebener Ackerbau (mit Bewässerung v. a. Weizen, Hafer, Zuckerrüben, Ölsaaten, sonst Hirse) und moderne Ind. (Stahlwerk bei Baotou, Maschinenbau, Leder- und Wollindustrie); Abbau von Steinkohle und Eisenerzen, Salzgewinnung. Ein Großteil der mongol. Nomaden ist heute sesshaft, noch etwa 200 000 leben als wandernde Viehzüchter in den nördl. Grenzgebieten.

innere Quantenzahlen, charakterist. Quantenzahlen von Elementarteilchen, die in **additive (ladungsartige)** und **nicht additive (multiplikative) Quantenzahlen** unterteilt werden. Additive i. Q. lassen sich bei Systemen, die aus mehreren Teilchen bestehen, additiv zusammenfassen und wechseln beim Übergang von einem Teilchen zu dessen Antiteilchen das Vorzeichen. Es sind: elektr. Ladung Q (↑Ladung), Baryonenzahl B (↑Baryonen), Leptonenzahl L, Charmquantenzahl C (↑Charm), Flavourquantenzahl f (↑Flavour), Farbladungszahl c (↑Farbladung), Hyperladung Y, Strangeness S und die dritte Komponente des Isospins I_3; zu den nicht additiven i. Q. gehören Isospin *I* und Parität *P*.

innerer Monolog, Erzähltechnik bes. des modernen Romans, durch die eine Romanfigur im stummen, rein gedankl. Gespräch mit sich selbst vorgeführt wird. Der i. M. verwendet Ichform und (meist) Präsens. Er gibt die spontanen, sprunghaft-assoziativen Gedanken und Gefühle der Romanfigur in ihrer ganzen Unmittelbarkeit wieder und versucht so, Dimensionen, Schichten und Bewegungen menschl. Bewusstseins (Unbewusstes, Tabuisiertes) darzustellen. Der i. M. ist wesentl. Bestandteil der Technik des Bewusstseinsstroms (↑Stream of Consciousness). Er findet sich u. a. schon bei A. S. Puschkin, dann bei W. M. Garschin, H. James, H. Conradi, A. Schnitzler, v. a. als Bestandteil oder Gesamtstruktur der großen Romane u. a. bei J. Joyce, W. Faulkner, Virginia Woolf, M. Proust, T. Mann, H. Broch, A. Döblin.

innere Sekretion (Inkretion), die Abscheidung von Drüsensekreten direkt in die Körperflüssigkeiten (Blut, Hämolymphe) oder in Gewebelücken. (↑Drüsen, ↑Hormone)

innere Sicherheit, ↑Sicherheitspolitik.

innere Spannung, *Physik:* ↑Spannung.

inneres Produkt, das ↑Skalarprodukt.

innere Uhr, ↑Zeitsinn.

Innerösterreich, (seit dem 16. Jh.) Bez. für die ehem. österr. Herzogtümer Steiermark, Kärnten, Krain und die Grafschaft Görz (im Unterschied zu Vorderösterreich), Residenz: Graz; heute in Tirol und Vorarlberg Bez. für das übrige Österreich.

Innerrhoden, schweizer. Kanton, ↑Appenzell Innerrhoden.

Innerspaceforschung [-speɪs-, engl.; dt.] *die, Ozeanologie:* ↑Outerspaceforschung.

Innerste *die,* rechter Nebenfluss der Leine, Ndsachs., entspringt bei Clausthal-Zellerfeld (**I.-Talsperre** mit 20 Mio. m^3 Wasser), mündet bei Sarstedt, 99 km lang.

innertropische Konvergenzzone (innertropische Konvergenz, engl. Intertropical Convergence [Zone], Abk. ITC oder ITCZ), Zone der äquatorialen Tiefdruckrinne zw. den Passatgürteln der Nord- und Südhalbkugel der Erde; hier steigt die konvergierende Luft der Passate auf, Folge sind Wolkenbildung, Regen, z. T. auch Wirbelstürme. Sie fällt nicht mit dem geograph. Äquator zusammen, sondern wandert, dem Sonnenhöchststand folgend, auf den Festländern weit nach Norden und Süden.

Innes [ˈɪnɪs], Ralph Hammond, engl. Schriftsteller, *Horstham (Cty. West Sussex) 15. 7. 1913, †Kersey (Cty. Suffolk) 10. 6. 1998; schrieb (häufig verfilmte) Abenteuerromane (»Es begann in Tanger«, 1954; »Tod auf Leukas«, 1971; »Die Fährte der Elefanten«, 1977; »Die Yokon-Affäre«, 1987; »Isvik«, 1991).

Innitzer, Theodor, österr. katholischer Theologe, *Weipert (heute Vejprty, bei Komotau) 25. 12. 1875, †Wien 9. 10. 1955; 1929/30 Bundesmin. für soziale Verwaltung; seit 1932 Erzbischof von Wien; seit 1933 Kardinal; befürwortete zunächst den »Anschluss« Österreichs an Dtl., wandte sich später gegen den Nationalsozialismus.

📖 *Liebmann, M.: Theodor I. u. der Anschluß. Österreichs Kirche 1938. Graz u. a. 1988.*

Innovation [lat.-engl. »Erneuerung«] *die,* allg. die planvolle, zielgerichtete Erneuerung und auch Neugestaltung von Teilbereichen, Funktionselementen oder Verhaltensweisen im Rahmen eines bereits bestehenden Funktionszusammenhangs (soziale oder wirtsch. Organisation) mit dem Ziel, bereits bestehende Verfahrensweisen zu optimieren oder neu auftretenden oder veränderten Funktionsanforderungen besser zu entsprechen. Speziell in der *Wirtschaft* sind zu nennen: Entwicklung, Erzeugung und Durchsetzung neuer Produkte und Produktqualitäten **(Produkt-I.),** neuer Technologien im Produktions- und Vertriebsbereich **(Prozess-I., Verfahrens-I.),** neuer Methoden im Bereich der Organisation und des Managements **(organisator. I.** und **personale I.),** die Erschließung neuer Beschaffungs- und Absatzmärkte **(marktmäßige I.)** sowie die Einführung von Planungs-, Informations- und Kontrollsystemen in den Bereichen Finanzierung und Rechnungswesen **(finanzwirtsch. I.).** Nach dem Grad der Neuerung lassen sich **Basis-I.** oder **Schlüssel-I.** und **Verbesserungs-I.** unterscheiden. I. im güterwirtsch. Bereich werden als **Real-I.,** I. im monetären Bereich als **Finanz-I.** bezeichnet. – Für ein Unternehmen besteht trotz Kosten- und Absatzrisiko Anreiz für I., weil die vorübergehende Monopolstellung Extragewinne verspricht. Gesamtwirtschaftlich führen I. zu einer Steigerung der Effizienz und Produktivität der Volkswirtschaft.

✜ siehe ZEIT Aspekte

📖 *I.-Standort Dtl., hg. v. H. Legler u. a. Landsberg/Lech 2000. – I. als Schlüsselfaktor eines erfolgreichen Wirtschaftsstandortes, hg. v. U. Staroske. Münster u. a. 2000. – Hotz-Hart, B.: I.: Wirtschaft u. Politik im globalen Wettbewerb. Bern u. a. 2001. – Peters, T. I.: Der I.-Kreis. Düsseldorf u. a. ⁴2002.*

Innozenz, Päpste:

1) I. I. (402–417), †Rom 12. 3. 417; baute den kirchl. Primat Roms aus; beanspruchte die oberste Lehrentscheidung in der Gesamtkirche; Heiliger, Tag: 12. 3.

2) I. III. (1198–1216), eigtl. Lothar Graf von Segni, *Anagni (Prov. Frosinone) 1160 oder 1161, †Perugia 16. 7. 1216; führte das mittelalterl. Papsttum auf den Gipfel seiner weltl. Macht. Er erreichte die Unabhängigkeit der päpstl. Hauptstadt Rom und des unter ihm erweiterten Kirchenstaates sowie die Oberhoheit über Sizilien, führte 1202–04 den 4. Kreuzzug und krönte 1209 Otto IV. zum Kaiser. Innerkirchlich förderte und bestätigte er neue Orden (Franziskaner u. a.) und reformierte die Kurie. Die Grundlegung des kanon. Inquisitionsprozesses durch I. führte zu der von ihm gewollten Verschärfung der ↑Inquisition.

📖 *Laufs, M.: Politik u. Recht bei I. III. Köln u. a. 1980.*

3) I. IV. (1243–54), eigtl. Sinibald Fieschi, *Genua um 1195, †Neapel 7. 12. 1254; berief das 1. Konzil von Lyon (1245) ein, das Kaiser Friedrich II. absetzte.

4) I. X. (1644–55), eigtl. Giambattista Pamfili, *Rom 6. 5. 1574, †ebd. 7. 1. 1655; protestierte 1648 gegen die die kirchl. Rechte verletzenden Bestimmungen des Westfäl. Friedens.

5) I. XI. (1676–89), eigtl. Benedetto Odescalchi, *Como 19. 5. 1611, †Rom 12. 8. 1689; missbilligte die Hugenottenverfolgung durch Ludwig XIV.; vermittelte das Bündnis zw. Polen und Österreich zur Abwehr der Türkengefahr und initiierte die Hl. Liga von 1684 (↑Türkenkriege). – Seliger; Tag: 12. 8.

Innsbruck, Hptst. von Tirol, Österreich, 111 000 Ew., im Tal des Inn, der hier die Sill aufnimmt; im N von den Kalkwänden des Karwendelgebirges (Nordkette mit Brandjoch, 2 599 m ü. M., und Hafelekar, 2 334 m ü. M., Seilbahn) überragt; im S erheben sich Patscherkofel (2 246 m ü. M.) und Saile (2 403 m ü. M.); Sitz der Landesreg. und eines kath. Bischofs, Univ. (seit 1669), Landesmuseum Ferdinandeum, Alpenvereinsmuseum, Tiroler Volkskundemuseum, Landesarchiv, -theater, Kongresshaus, botan. Garten, Alpenzoo. Als Handels- und Verkehrszentrum von Tirol ist I. zugleich Messestadt sowie einer der wichtigsten Fremdenverkehrs- und Kongressorte Österreichs; Wintersportzentrum (1964 und 1976 Olymp. Winterspiele); Textil- und Bekleidungsind., Metall- und Holzverarbeitung, Nahrungs- und Genussmittelerzeugung. I. liegt an der West- und der Brennerbahn, ist Ausgangspunkt der Karwendel-, der Stubaital- und der Mittelgebirgsbahn, wird von der Inntal- und der Brennerautobahn berührt und hat einen Flughafen.

Stadtbild: In der Altstadt (mit Lauben und hohen Erkerhäusern) liegen u. a. die »Ottoburg«, ein Wohnturm von 1494/95, der Neuhof mit dem »Goldenen Dachl«, einem spätgot. Prunkerker von 1494–96, das Alte Rathaus (1358, 1543 und 1691 umgestaltet) mit Stadtturm (15./16. Jh.), der Dom zu St. Jakob (1717–24 auf roman. und got. Vorgängerbauten, mit Ausstattung von E. Q. und C. D. Asam), die 1754–70 erneuerte Hofburg mit der Hofkirche (1553–63; Renaissancegrabmal Maximilians I.), das alte Universitätsgebäude mit der Jesuitenkirche (1627–40), südlich davon die barocke Spitalkirche (1701–05) und das Landhaus (1725–28), in der Maria-Theresien-Straße die Annasäule (1706), die Triumphpforte (1765), in Wilten am Fuß des Bergisel die Prämonstratenserstiftskirche (1651–65 barockisiert) und die Pfarrkirche (1751–55); im Vorort Amras Schloss ↑Ambras.

Geschichte: I. wird um 1180 erstmals erwähnt und erhielt um 1200 Stadtrecht; es kam 1363 mit Tirol an Habsburg und war 1420–90 und 1564–1665 Residenz der Tiroler Linie der Habsburger. 1806–14 gehörte I. zu Bayern (1809 Hauptquartier A. Hofers); seit 1815 wieder Landeshauptstadt.

📖 *Hye, F.-H.: I. – Gesch. u. Stadtbild... Innsbruck 1980. – Ders.: Die Städte Tirols. Wien 1980–2001.*

Inntaltunnel, zweigleisiger Eisenbahntunnel zur südl. Umfahrung von Innsbruck, mit 12756m Länge längster Eisenbahntunnel Österreichs; 1994 in Betrieb genommen.

in nuce [-ts-, lat., eigtl. »in der Nuss«], im Kern, in knapper Form, in Kürze.

Innungen, nach der Handwerksordnung i.d.F.v. 24.9. 1998 (§§ 52ff.) als öffentlichrechtl. Körperschaften bestehende freiwillige Vereinigungen selbstständiger Handwerker gleichen oder ähnl. Handwerks. Sie fördern die gewerbl. Interessen ihrer Mitgl., überwachen die Berufsausbildung, nehmen die Gesellenprüfungen ab, können Gutachten erstellen, Tarifverträge abschließen und I.-Krankenkassen bilden. Innerhalb eines Bezirks kann für jedes Handwerk nur eine I. gebildet werden. Diese untersteht der Rechtsaufsicht der Handwerkskammer des gleichen Bezirks. Organe sind: I.-Versammlung, Vorstand (an der Spitze der Obermeister), verschiedene Ausschüsse. Fachlich sind die I. zu Landes- und Bundesinnungsverbänden (↑Handwerk) zusammengeschlossen. – In *Österreich* sind die I. als Landessektionen bzw. Bundes-I. und Fachverbände der Wirtschaftskammer zugeordnet. In der *Schweiz* bestehen I. und Zünfte als Vereinigungen mit Vorrechten oder Monopolen seit 1798 nicht mehr. Ihre Aufgaben wurden z.T. vom Staat übernommen.

Innungskrankenkasse, Krankenkasse für die einer oder mehreren Innungen angehörenden Betriebe zur Durchführung der gesetzl. Krankenversicherung; (2003) 21 I. mit 3,1 Mio. Mitgliedern.

Innviertel, oberösterr. Landschaft zw. Inn und Salzach im W und dem Hausruck im SO; gehörte seit dem frühen MA. zu Bayern und kam 1779 durch den Frieden von Teschen an Österreich; 1809–15 nochmals bayerisch.

Ino, *grch. Mythos:* Tochter des Kadmos und der Harmonia, als zweite Gemahlin des böot. Königs Athamas Stiefmutter von Phrixos und Helle, die vor ihren Nachstellungen auf einem fliegenden Widder flohen (↑Goldenes Vlies). I. wurde später von Poseidon in die Meeresgöttin Leukothea verwandelt.

İnönü, İsmet (bis 1934 Mustafa İsmet Pascha), türk. Politiker, *Smyrna (heute İzmir) 24.9. 1884, †Ankara 25.12. 1973; ab 1920 enger Mitkämpfer Kemal Atatürks, siegte als Generalstabschef im grch.-türk. Krieg (1920–22) bei İnönü (1921); war MinPräs. (1923/24, 1925–37, 1961–65), Staatspräs. (1938–50) und Vors. der Republikan. Volkspartei (1946–72).

Inoue, Yasushi, japan. Schriftsteller, *Asahikawa (auf Hokkaidō) 6.5. 1907, †Tokio 30.1. 1991; Hauptthemen seiner Werke sind die Einsamkeit und die Problematik zwischenmenschlicher Beziehungen (»Der Stierkampf«, R., 1949; »Die Eiswand«, R., 1959; »Das Jagdgewehr«, Erz., 1949). Er verfasste auch (z.T. in Zentralasien spielende) histor. Romane sowie Prosagedichte und Essays und gilt als einer der bedeutendsten japan. Autoren der zweiten Hälfte des 20. Jahrhunderts.

Inowrocław [inɔ'vrɔtsu̯af] (dt. Hohensalza), Krst. in der Wwschaft Kujawien-Pommern, Polen, 79400 Ew.; jod- und bromhaltiges Solbad; Sodawerke, Glashütte, Maschinenbau. – Hohensalza wurde 1185 erstmalig erwähnt und erhielt 1250 Stadtrecht.

in pectore [lat. »in der Brust« (d.h. unter Geheimhaltung)], *katholisches Kirchenrecht:* Rechtsterminus, ausdrückend, dass der Papst bei Ernennungen (z.B. von Kardinälen) aus bestimmten (polit.) Gründen die Namen der Ernannten zunächst nicht bekannt gibt.

in perpetuum [lat.], auf immer, für ewige Zeiten.

in persona [lat.], persönlich, in (eigener) Person, selbst.

in petto [italien.], geplant, beabsichtigt; in der Wendung »in petto haben«: etwas (Überraschendes) im Sinn, bereit haben.

in puncto [lat.], in Bezug auf, hinsichtlich.

Input [engl.] *der,* auch *das,* **1)** *Informatik:* die Eingabe von Daten in einen Computer (↑Datenerfassung); Ggs.: Output.

2) *Wirtschaft:* der mengenmäßige Einsatz von ↑Produktionsfaktoren im Produktionsprozess; Ggs.: Output.

Input-Output-Analyse [-'aʊtpʊt-, engl.], auf W. Leontief zurückgehende Methode zur Untersuchung der interindustriellen Verflechtung in einer Volkswirtschaft. Sie versucht über die Beziehungen zw. dem Einsatz von Leistungen (Input) und dem Produktionsergebnis (Output) Aussagen darüber zu machen, wie sich die Änderungen der Endnachfrage auf die Produktion der einzelnen Wirtschaftszweige und andere volkswirtsch. Größen auswirken. Ausgangspunkt ist die **Input-Output-Ta-**

100264

Inquisition: Autodafé unter Vorsitz von König Karl II. in Madrid. Die Ketzer (in roter Kleidung) wurden öffentlich verurteilt und gegebenenfalls hingerichtet (Gemälde von Francisco Rizi; 17. Jh., Madrid, Prado)

belle, in der die Verflechtung aller Sektoren einer Volkswirtschaft dargestellt ist. Sie ist so aufgebaut, dass die Zeilen- (Lieferungen) und Spaltensummen (Empfänger) übereinstimmen. Der Teilbereich der Liefer-/Empfangsbeziehungen zw. den produzierenden Sektoren beschreibt die industrielle Marktverflechtung, die für die I.-O.-A. besondere Bedeutung besitzt. Spezielle produktionstheoret. Annahmen über die Beziehungen in diesem Teilbereich liefert die Matrix der Input-Output-Koeffizienten.

inquirieren [lat.], nachforschen, gerichtlich untersuchen, verhören.

Inquisition [lat. »(gerichtl.) Untersuchung«] *die,* kirchl. Untersuchung der ↑Häresie und Aufspürung und Verfolgung der Häretiker; seit Theodosius I. (Edikt von 380/81) mit staatl. Unterstützung durchgeführt und als Institution im Bereich der lat. Kirche bis ins 19. Jh. bestehend (in Spanien bis 1834, in Italien bis 1859). Als eigene kirchl. Untersuchungsbehörde bildete sich die I. im MA heraus, zur Abwehr der vermeintl. Gefährdung der Kirche durch so genannte Ketzer (bes. Katharer und Waldenser). Die kirchenrechtl. Grundlage für das Wirken von bischöfl. **I.-Gerichten** wurde 1199 von Papst Innozenz III. geschaffen. Papst Gregor IX. zentralisierte die I. 1232 in einer päpstl. Behörde und übertrug deren Leitung dem Dominikanerorden. Papst Paul III. errichtete 1542 die »Congregatio Romanae et universalis inquisitionis« (Kongregation für röm. und weltweite I.), das **Hl. Offizium,** als oberste Aufsichtsbehörde für alle Glaubensgerichte; 1965 in die ↑Glaubenskongregation umgewandelt. – Ihren Höhepunkt erreichte die I. in Spanien. 1478 wurde hier (1536 auch in Portugal) die staatl. Einrichtung des **Großinquisitors** geschaffen. Erster span. Großinquisitor und bedeutendster Organisator der I. in Spanien, wo ihr zw. 1481 und 1808 in ↑Autodafés rd. 31 000 Menschen zum Opfer fielen, war T. de ↑Torquemada. – Das **I.-Verfahren** gestattete die Anwendung des ↑Gottesurteils und (seit 1252) der Folter. Der Feuertod galt im theolog. Verständnis der I. (u. a. unter Berufung auf 1. Kor. 5, 5) als Akt der Rettung der sonst zur ewigen Verdammnis verurteilten Seele des Ketzers.

Seit dem 2. Vatikan. Konzil herrscht auch in der kath. Kirche eine krit. Sicht der I. vor. Ausdruck fand diese in der formellen Rehabilitierung G. Galileis (1992), in der Öffnung des Archivs der I. für die wiss. Forschung (1998) und bes. in dem am 12. 3.

2000 in Rom aus Anlass des Hl. Jahres von Papst Johannes Paul II. vorgetragenen Schuldbekenntnis und der Vergebungsbitte für die Verfehlungen und Irrtümer in der Geschichte der Kirche.

📖 *Hroch, M. u. Skýbová, A.: Die I. im Zeitalter der Gegenreformation. A. d. Tschech. Stuttgart 1985. – Teufelsglaube u. Hexenprozesse, hg. v. G. Schwaiger. München ²1988. – Otto, W.: Conquista, Kultur u. Ketzerwahn. Göttingen 1992. – Lemm, R.: Die span. I. Gesch. u. Legende. A. d. Niederländ. München 1996. – Godman, P.: Die geheime I. Aus den verbotenen Archiven des Vatikans. A. d. Engl. München 2001.*

Inquisitionsmaxime, ↑Untersuchungsgrundsatz.

Inquisitionsprozess, seit dem MA. Form des Strafverfahrens, bei der der Richter ohne öffentl. oder private Klage von Amts wegen die Spuren und Beweise eines Verbrechens ermittelt. In Dtl. im 19. Jh. durch den ↑Anklageprozess ersetzt. Allerdings gilt im dt. Strafprozessrecht für die Hauptverhandlung das Inquisitionsprinzip (Untersuchungsgrundsatz, Ermittlungsgrundsatz), d. h., die Ermittlung des Sachverhalts und die Erforschung der Wahrheit ist unabhängig von den Anträgen Beteiligter Aufgabe des Gerichts.

I. N. R. I., Abk. für **I**esus **N**azarenus **R**ex **I**udaeorum [lat. »Jesus von Nazareth, König der Juden«], nach Joh. 19, 19 von Pilatus verfasste und am Kreuz Jesu angebrachte Inschrift.

Inrō *das,* in Japan mehrteiliger Behälter für Stempel und Medizin aus einem Miniatursatz ovaler Dosen, die genau aufeinander passen und von einer Seidenschnur, die durch die Enden der Ovale läuft, zusammengehalten werden. Das von Männern getragene I., seit dem 16. Jh. gebräuchlich, wird mit einem ↑Netsuke am Gürtel befestigt. I. fanden ihre kunstvollste Bearbeitung im 18. Jh.; sie bestehen meist aus lackiertem Holz oder Elfenbein mit verschiedenen Einlegearbeiten.

In Salah (Ain Salah), Oasenstadt in der zentralen Sahara, Algerien, an der Transsaharastraße Algier – Tamanrasset – Agadès, 18 800 Ew.; bewässerte Palmengärten; Dattelexport.

Inschallah [arab. »wenn Allah will!«], auf Zukünftiges bezogene muslim. Redensart, die Ergebung in den Willen Gottes ausdrückend.

Inschrift, 1) *Münzkunde:* die auf einer Münze stehende Schrift (Legende).

2) *Paläographie:* schriftl. Aufzeichnung auf Stein, Metall oder Holz u. a., z. B. an Gebäuden, Denkmälern, Grab- und Wegsteinen, auf Waffen und Geräten. Häufig sind I. ergiebige und vielfach einzige Quellen für die Kenntnis des Lebens der alten Völker; wichtig auch für die Sprachforschung.

Inschriftenkunde (Epigraphik), Wissenschaftszweig, der sich der Sammlung, Erforschung und Edition von Inschriften widmet; zählt mit der Paläographie zu den histor. Hilfswiss.en, eine wiss. I. entstand erst im 19. Jh. (zunächst Erforschung der antiken, dann auch der mittelalterl. Inschriften).

INSEAD, Abk. für frz. **Ins**titut **E**uropéen d'**Ad**ministration des Affaires (Europäisches Institut für Unternehmensführung), 1959 gegr. Fortbildungseinrichtung für Managementnachwuchs; Sitz: Fontainebleau.

Insekten [lat.] (Kerbtiere, Kerfe, Insecta, Hexapoda), seit dem Devon bekannte, heute mit rd. 950 000 beschriebenen Arten in allen Biotopen verbreitete Klasse 0,02–33 cm langer Gliederfüßer; Körper mit starrem, aus Chitin bestehendem, segmentiertem Außenskelett (muss bei wachsenden Tieren öfter durch Häutung gewechselt werden). Der Körper gliedert sich in drei Abschnitte: Kopf, Brust (Thorax; mit den Segmenten Pro-, Meso- und Metathorax) und Hinterleib (Abdomen; aus bis zu elf Segmenten). Meist sind zwei Flügelpaare, je eines am Meso- und Metathorax, ausgebildet. Jedes der drei Brustsegmente trägt ein Beinpaar, die Beine sind gegliedert in Hüfte (Coxa), Schenkelring (Trochanter), Schenkel (Femur), Schiene (Tibia) und Fuß (Tarus). – Am Kopf liegen die oft sehr großen Facettenaugen. Daneben können noch auf der Stirn bzw. auf dem Scheitel Nebenaugen (Punktaugen, Ozellen) vorkommen. Außerdem trägt der Kopf als umgebildete Gliedmaßen ein Paar Fühler (Antennen) und drei Paar Mundgliedmaßen: ein Paar Oberkiefer (Mandibeln), ein Paar Unterkiefer (1. Maxillen) und die durch Verwachsung der 2. Maxillen unpaare Unterlippe (Labium). Oberseitig wird die Mundöffnung von der ebenfalls unpaaren Oberlippe (Labrum) begrenzt. Die Atmung erfolgt über Tracheen. Der

Darm gliedert sich in Vorder-, Mittel- und Enddarm. Als Exkretionsorgane fungieren die Malpighi-Gefäße. Unter dem Darm liegt als Bauchmark ein Strickleiternervensystem, das Zentralnervensystem liegt im Kopf als Oberschlundganglion (Gehirn) und Unterschlundganglion. Die Entwicklung verläuft über eine Metamorphose. Sie beginnt mit dem abgelegten Ei und vollzieht sich über mehrere Häutungen (Abstreifen der Chitinhülle) als **unvollkommene Verwandlung** (dem Vollkerf ähnl. Larvenstadien wachsen zur Imago heran) oder als **vollkommene Verwandlung** (dem Vollkerf unähnl. Larvenstadien werden in der Puppe zur Imago). Die Sinnesleistungen der I. sind hoch entwickelt; Farbensehen ist u. a. für Libellen, Fliegen, Schmetterlinge und die Honigbiene nachgewiesen. Auch der Geruchsinn ist gut entwickelt (so vermögen die Männchen mancher Schmetterlinge mithilfe der Antennen ihre Weibchen aus kilometerweiter Entfernung geruchlich aufzuspüren). – Sehr mannigfaltig ist das Anpassungsvermögen vieler I. an die Umwelt (↑Mimikry, ↑Mimese). – Man unterteilt die I. in 35 Ordnungen, u. a. Urinsekten, Libellen, Schaben, Käfer, Termiten, Heuschrecken, Wanzen, Gleichflügler, Hautflügler, Schmetterlinge und Zweiflügler.

✣ **siehe ZEIT Aspekte**

📖 *Chinery, M.: Pareys Buch der I. Ein Feldführer der europ. I. A. d. Engl. Hamburg u. a. [2]1993. – Alien empire. Das Reich der I., bearb. v. C. O'Toole. A. d. Engl. München 1996. – Biologie u. Ökologie der I. Ein Taschenlexikon, begr. v. W. Jacobs, fortgef. v. M. Renner. Stuttgart u. a. [3]1998.*

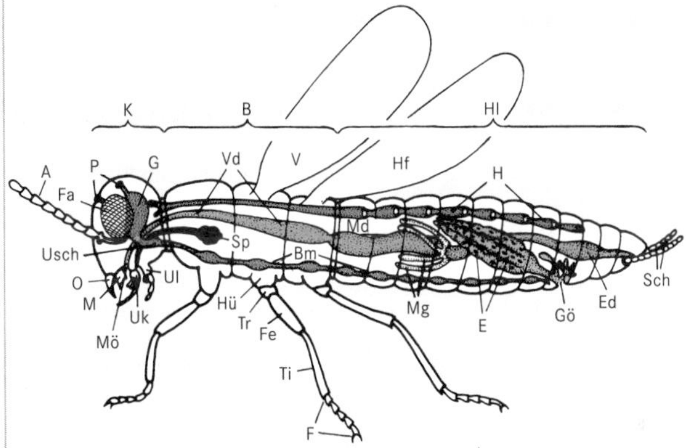

Insekten: Körperbauschema eines Insekts; A Fühler (Antennen), B Brust, Bm Bauchmark, E Eierschläuche, Ed Enddarm, F Fuß, Fa Facettenauge, Fe Schenkel (Femur), G Gehirn, Gö Geschlechtsöffnung, H Herz, Hf Hinterflügel, Hl Hinterleib, Hü Hüfte, K Kopf, M Oberkiefer (Mandibeln), Md Mitteldarm, Mg Malpighi-Gefäße, Mö Mundöffnung, O Oberlippe, P Punktaugen, Sch Schwanzborsten, Sp Speicheldrüse, Ti Schiene (Tibia), Tr Schenkelring (Trochanter), Uk Unterkiefer, Ul Unterlippe, Usch Unterschlundganglion, V Vorderflügel, Vd Vorderdarm

Insẹktenbekämpfungsmittel, ↑Insektizide.

Insẹktenfresser (Insektivoren, Insectivora), weltweit verbreitete Ordnung etwa 3,5–45 cm langer Säugetiere, die sich v. a. von Insekten u. a. Wirbellosen ernähren (u. a. Igel, Spitzmäuse, Maulwürfe).

Insẹktenkunde (Entomologie), die Wiss. von den Insekten.

Insẹktenstiche, Stiche, bes. von weibl. Insekten (v. a. Bienen, Wespen, Hornissen, Stechmücken), die infolge des Einwirkens von Giftstoffen örtl. (z. B. Rötung und Schwellung) oder seltener auch allgemeine krankhafte Veränderungen (z. B. Kollaps, Schocksymptome) verursachen. Zu bedrohl. Komplikationen kann es durch Stiche in die Mundhöhle infolge eines hierdurch ausgelösten Kehlkopfödems mit Erstickungsgefahr kommen und bei Personen mit einer **Insektengiftallergie,** bei denen Allgemeinreaktionen wie ↑Quincke-Ödem,

↑Nesselsucht, Luftnot oder ein anaphylakt. Schock auftreten. Die Insektengiftallergie kann durch Hyposensibilisierung erfolgreich behandelt werden.

Insektizide: ein Hobbywinzer bei der Schädlingsbekämpfung auf seinem Weinberg

Insektizide [lat.] (Insektenbekämpfungsmittel), meist synthetisch hergestellte Stoffe, die im Pflanzen-, Vorrats-, Materialschutz und in der Hygiene zur Vernichtung von Schadinsekten eingesetzt werden. I. können Atem-, Kontakt- oder Fraßgifte sein, häufig ist die Wirkung jedoch kombiniert. Wenn sie durch die Pflanzenwurzel aufgenommen und mit dem Saftstrom verteilt werden, nennt man sie **systemische I.** Chemisch lassen sich I. einteilen in **anorgan. I.,** Arsenate, Fluorverbindungen, Kupfersalze, Blausäure, und **organ. I.,** Mineral- und Teeröle, Chlorkohlenstoffe (z. B. DDT, HCH), Thiophosphorsäureester (z. B. Parathion, Malathion) und Carbamate. Als **natürl. I.** sind u. a. bekannt: Derris, Pyrethrum, Quassia, Nikotin, Sabadilla, Ryanodin. Synthet. Analoga des Pyrethrum sind die ↑Pyrethroide. – Wegen ihrer schlechten biolog. Abbaubarkeit und Anreicherung im tier. Fettgewebe sind Chlorkohlenwasserstoff-I. in Dtl. weitgehend verboten. Neue Entwicklungen streben größere Selektivität und Umweltfreundlichkeit an. Dazu gehören insektenpathogene Mikroorganismen sowie chem. Substanzen

Insel: die größten Inseln der Erde (in km²)

Insel	km²
Grönland	2 166 086
Neuguinea	771 900
Borneo	743 385
Madagaskar	587 041*)
Baffin Island	507 451
Sumatra	425 000
Honshū	231 090*)
Großbritannien	229 957
Victoriainsel	217 290
Ellesmere Island	196 236
Celebes	189 216*)
Neuseeland, Südinsel	151 757
Java	118 000
Neuseeland, Nordinsel	114 597
Neufundland	108 860
Kuba	105 007
Luzon	104 688
Island	103 000*)
Mindanao	94 630
Irland	84 403*)
Hokkaidō	78 523*)
Sachalin	76 400
Hispaniola	76 192
Banks Island	70 028
Ceylon	65 610*)
Tasmanien	64 880
Devon Island	55 247
Nowaja Semlja, Nordinsel	48 904
Marajó	48 000
Feuerland, Hauptinsel	47 000
Alexander-I.-Insel	43 200
Axel Heiberg Island	43 178
Kyūshū	42 163*)
Melville Island (Kanadisch-Arkt. Archipel)	42 149
Southampton Island	41 214
Spitzbergen, Hauptinsel	37 673
New Britain	36 500*)
Taiwan	36 006*)
Hainan	34 000
Timor	33 600
Prince of Wales Island	33 338
Nowaja Semlja, Südinsel	33 275
Vancouver Island	31 284
Sizilien	25 426
Somerset Island	24 786
Sardinien	23 813
Halmahera	17 800

*) mit Nebeninseln

mit Hormonwirkung, die die Entwicklung von Insekten hemmen, oder auch artspezif. Duftstoffe (Pheromone), die das Anlocken von Insekten zum Zwecke der Vernichtung ermöglichen.

Insel [aus lat. insula, eigtl. »die im (Salz-)Meer Gelegene«], rings von Wasser umgebenes Land, nicht jedoch die Erdteile. In Flüssen oder Seen liegende I. heißen oft **Wört** (Wörth, Werth) oder **Werder,** die aus Marschland aufgebauten I. der dt. Nordseeküste werden **Halligen,** die Felsbuckel-I. der skandinav. Küsten **Schären** genannt. I. treten oft in Gruppen **(Archipel)** oder in Reihen **(I.-Kette)** auf. Nach ihrer Lage unterscheidet man **kontinentale I. (Schelf-I.),** die meist durch tekton. Bewegung abgetrennte Festlandsteile oder durch Anschwemmung gebildete Aufschüttungen sind, und **ozean. I. (Tiefsee-I.),** die Korallenbauten (↑Atoll) oder vulkan. Ursprungs sind.

Inselberg, i. w. S. jeder inselartig über kaum gegliederte Flächen aufragende Einzelberg (auch Berggruppe); i. e. S. durch Verwitterung entstandene Bergform in den wechselfeuchten Tropen mit steilen Flanken.

Inseln über dem Winde, 1) Teil der Kleinen ↑Antillen, umfasst den 800 km langen Inselbogen von den Jungferninseln bis Trinidad.

2) Inselgruppe der ↑Gesellschaftsinseln im Pazif. Ozean.

Inseln unter dem Winde, 1) Teil der Kleinen ↑Antillen, vor der Küste Venezuelas.

2) Inselgruppe der ↑Gesellschaftsinseln im Pazif. Ozean.

Inselsberg, ↑Großer Inselsberg.

Insel Verlag, 1991 aus der Zusammenführung des Insel Verlags Frankfurt am Main und des Insel Verlags Anton Kippenberg Leipzig gebildeter Verlag, Sitze: Frankfurt am Main und Leipzig; gegr. 1902 in Leipzig als Insel-Verlag für die Zeitschrift »Die Insel« (hg. seit 1899), 1905–50 von A. Kippenberg geleitet. 1945 siedelte ein Teil des Verlages nach Wiesbaden, 1963 nach Frankfurt am Main über, 1963 wurde der I. V. vom Suhrkamp Verlag übernommen. Der Leipziger Verlag wurde rückübertragen. Zum Verlagsprofil des I. V. gehören klass. und zeitgenöss. Literatur; wichtige Buchreihen sind die »Insel-Bücherei« (seit 1912) und die »insel taschenbücher« (seit 1972).

Inseln über dem Winde 1)

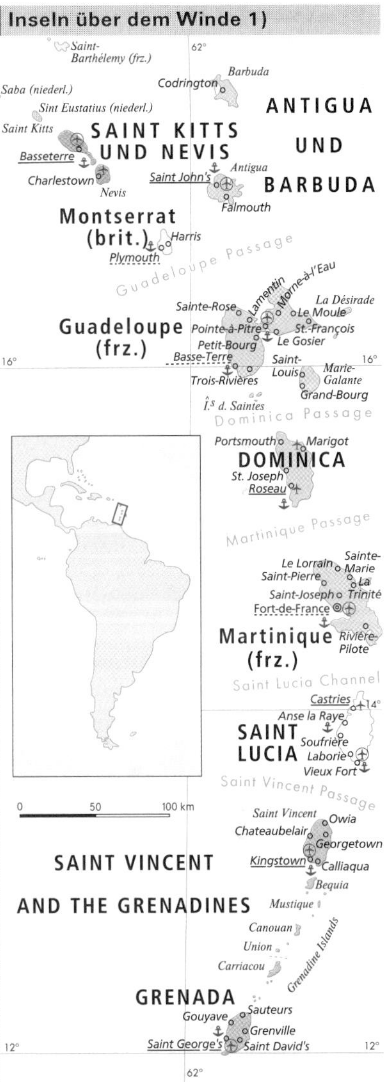

Insemination [lat.] *die, Medizin:* das künstl. Einbringen von Sperma in die Gebärmutter (Samenübertragung); unterschieden wird zw. **homologer I.** mit Verwendung des Samens des Ehemannes und **heterologer I.,** bei der der Samen eines bekannten oder anonymen Spenders verwendet wird. Häufigste Indikation für die homologe I. ist die eingeschränkte Zeugungsfähigkeit des Mannes. Im Unterschied zur homologen I. gilt die heterologe I. als ethisch problematisch und rechtlich regelungsbedürftig (Persönlichkeitsrechte des Kindes). Über extrakorporale I. ↑In-vitro-Fertilisation. – In der Tierzucht ↑künstliche Besamung.

Inserat [lat.] *das,* ↑Anzeige.

Insert [engl.] *das,* **1)** *Fernsehtechnik:* graf. Darstellung, Schautafel für den Zuschauer, die als Einschub (zw. zwei Programmbestandteile) eingeblendet wird.

2) *Film:* in Filmszenen eingeschnittene Einstellungen von Detail- bzw. Großaufnahmen, z. B. von Gegenständen oder Schriftstücken.

3) *Publizistik:* Inserat, bes. in einer Zeitschrift, in Verbindung mit einer beigehefteten Karte zum Anfordern weiterer Informationen oder zum Bestellen angebotener Ware.

4) *Technik:* in Kunststoffformteile (z. B. Gewindebuchsen) eingebettetes Metallteil.

Insertion [lat.] *die,* **1)** *Anatomie:* 1) Ansatz eines Muskels am Knochen durch Bindegewebe; 2) Nabelschnuransatz an der Plazenta.

2) *Genetik:* Form der Genmutation, bei der zusätzl. Nucleotide in die genspezif. Basensequenz eingefügt sind; kann zur Verschiebung des Leserasters bei der Translation (↑Proteinbiosynthese) führen.

3) *Publizistik:* die Schaltung von Anzeigen oder Werbespots; die Aufgabe eines Inserats.

4) *Sprachwissenschaft:* Einfügen sprachl. Elemente in einen Satz (z. B. »er kam, er sah, und er siegte« statt »er kam, sah und siegte«).

Insertionssequenzen, *Molekulargenetik:* die ↑IS-Elemente.

Insichgeschäft, Rechtsgeschäft, das ein Stellvertreter im Namen des Vertretenen mit sich selbst im eigenen Namen oder mit sich als Vertreter eines Dritten vornimmt. Beispiel: Der Vormund vermietet eine dem Mündel gehörende Wohnung an sich selbst. Wegen der Gefahr der Interessenkollision sind I. nur sehr eingeschränkt zulässig (§ 181 BGB).

Insider ['ɪnsaɪdə; engl., zu inside »innen«] *der,* jemand, der bestimmte Dinge, Verhältnisse (z. B. in einer Gruppe) als Eingeweihter genau kennt.

Insidergeschäfte ['ɪnsaɪdə-], Wertpapiergeschäfte, die geeignet sind, Insidern wirtsch. Vorteile aus der Nutzung ihres Insiderwissens zu verschaffen; in Dtl. seit 1994 strafbar (§§ 12–20 Wertpapierhandels-Ges.). Als **Insider** gelten Personen, die am Kapital eines Unternehmens beteiligt sind oder aufgrund ihrer Tätigkeit (z. B. Vorstands- bzw. Aufsichtsratsmitgl.) oder ihres Berufs (z. B. Wirtschaftsprüfer, Steuerberater) Kenntnis von nicht allg. bekannten, aber erheblich kursrelevanten Tatsachen über das Unternehmen erlangen und aufgrund dieses Wissensvorsprungs an der Börse gehandelte Wertpapiere kaufen, verkaufen oder einem anderen dies empfehlen oder diese Tatsachen unbefugt weitergeben (Primärinsider).

Insiderpapiere ['ɪnsaɪdə-], Wertpapiere, die innerhalb der EU und im Gebiet des Europ. Wirtschaftsraums zum amtl. Handel oder geregelten Markt zugelassen bzw. in den Freiverkehr einbezogen sind, ferner Derivate, Terminkontrakte u. a. in § 12 Wertpapierhandels-Ges. genannte Werte. Geschäfte mit I. werden von der Bundesanstalt für Finanzdienstleistungsaufsicht überwacht.

Insignilen [lat. insigne, eigtl. »Abzeichen«, »Kennzeichen«], die Kennzeichen staatl. oder ständ. Macht und Würde, z. B. im Hl. Röm. Reich die Reichs-I. (↑Reichskleinodien) als **Herrschaftszeichen.** Die I. geistl. Würdenträger nennt man ↑Pontifikalien.

insinuieren [lat.], 1) unterstellen; 2) einflüstern, zutragen.

insistieren [lat.], auf etwas beharren, hartnäckig bestehen.

in situ [lat.], in natürl. Lage, an ursprüngl. Stelle, an Ort und Stelle.

Insolation [lat.] *die,* die direkte Einstrahlung der Sonne, z. B. auf Gesteine; bewirkt bes. in ariden Gebieten im Wechsel mit der nächtl. Abkühlung (großer Temperaturunterschied) die **I.-Verwitterung.**

Insolvenz [zu lat. solvere »abtragen«] *die,* Zahlungsunfähigkeit (↑Insolvenzverfahren).

Insolvenzgeld (früher Konkursausfallgeld), von den Arbeitsämtern auf Antrag zu zahlender Betrag an die Arbeitnehmer, die bei Eröffnung des Insolvenzverfahrens über das Vermögen ihres Arbeitgebers oder bei Abweisung der Eröffnung mangels Masse noch Ansprüche auf Arbeitsentgelt für die vorhergehenden drei Monate haben (§§ 183 ff. SGB III).

Insolvenzordnung, am 1. 1. 1999 in

Kraft getretene Rechtsvorschrift vom 5. 10. 1994, die der Reform des bisherigen Konkurs- und Vergleichsrechts dient und die Konkurs- sowie die Vergleichsordnung bzw. in den neuen Ländern die Gesamtvollstreckungsordnung ersetzt. Sie erleichtert die Eröffnung des nunmehr in Dtl. einheitl. Insolvenzverfahrens durch Ergänzung der Eröffnungsgründe und Erschwerung der Eröffnungsablehnung mangels Masse, Zuständigkeitskonzentration auf ein bestimmtes Amtsgericht und Erweiterung der Insolvenzfähigkeit auf nicht rechtsfähige Gesellschaften. Die umfangreichen Neuerungen im eröffneten Verfahren betreffen v. a. die Erweiterung der Insolvenzmasse durch Einbeziehung des Neuerwerbs des Schuldners, die Möglichkeit der Sanierung des Unternehmens, die Verschärfung der Anfechtung massekürzender Rechtshandlungen. Bei Insolvenz natürl. Personen führt die I. zur Beseitigung der bisherigen Weiterhaftung eine Option auf Restschuldbefreiung ein. Für Kleinverbraucher ist ein besonderes Verbraucherinsolvenzverfahren vorgesehen. Art. 102 Einführungs-Ges. zur I. und §§ 335 ff. I. enthalten Regelungen zum internat. Insolvenzrecht.

Insolvenzplan, im Insolvenzverfahren Plan, in dem die Gläubigerbefriedigung, die Verwertung und Verteilung der Masse, die Haftung des Schuldners nach Verfahrensende abweichend vom gesetzl. Regelverfahren gestaltet und auch eine Sanierung des Schuldners vorgesehen werden kann (§§ 217 ff. Insolvenzordnung). Der I. muss von den Gläubigern nach Abstimmung mit bestimmten Mehrheiten angenommen und nach Zustimmung des Schuldners vom Insolvenzgericht bestätigt werden.

Insolvenzsicherung, die Absicherung von Leistungen und gesetzlich unverfallbaren Anwartschaften der ↑betrieblichen Altersversorgung gegen eine Insolvenz des Arbeitgebers. Der Insolvenzschutz wird durch eine Zwangsversicherung hergestellt, der sämtl. Arbeitgeber angeschlossen sind, die eine betriebl. Altersversorgung in einer insolvenzsicherungspflichtigen Form (Direktzusage, Unterstützungskasse, Pensionsfonds) durchführen. Der I. unterliegen u. a. nicht Pensionskassen und grundsätzlich auch nicht Direktversicherungen (durch die Aufsicht der Bundesanstalt für Finanzdienstleistungsaufsicht und die Anlagevorschriften des Versicherungsaufsichts-Ges. wird eine hinreichende Sicherheit im Hinblick auf die Erfüllbarkeit der Versorgungsverpflichtungen erreicht) sowie Arbeitgeber, bei denen die Insolvenz nicht zulässig ist (Bund, Länder, Gemeinden und Körperschaften, Stiftungen und Anstalten des öffentlichen Rechts). Träger der I. ist der Pensionssicherungsverein (PSVaG).

Insolvenzstraftaten (früher Konkursstraftaten), im Interesse einer ordnungsgemäßen Durchführung des Insolvenzverfahrens unter Strafe gestellte Taten (§§ 283–283 d StGB): 1) ↑Bankrott; 2) Verletzung der Buchführungspflicht; 3) die Gewährung einer Sicherheit oder Befriedigung an einen Gläubiger, die diesem nicht oder so nicht zusteht, in Kenntnis der eigenen Zahlungsunfähigkeit **(Gläubigerbegünstigung);** 4) das Beiseiteschaffen oder Verheimlichen von Vermögensteilen, die zur Insolvenzmasse gehören würden, im Interesse des Schuldners bei Kenntnis drohender Zahlungsunfähigkeit, nach Zahlungseinstellung oder Eröffnung des Insolvenzverfahrens **(Schuldnerbegünstigung).**

Insolvenzverfahren, nach der ↑Insolvenzordnung das Verfahren zur gemeinschaftl. Befriedigung der Gläubiger eines Schuldners, entweder durch Verwertung des Vermögens des Schuldners und Verteilung des Erlöses oder durch Festlegung einer abweichenden Regelung – bes. zum Erhalt eines Unternehmens – in einem ↑Insolvenzplan. Diese Gesamtvollstreckung tritt an die Stelle der Einzelzwangsvollstreckung. Die Einleitung des I. setzt einen **Eröffnungsgrund** voraus, nämlich Zahlungsunfähigkeit, bei jurist. Personen auch Überschuldung. Reicht die verwertbare Insolvenzmasse nicht einmal aus, um die Verfahrenskosten zu decken, erfolgt die Abweisung des **Eröffnungsantrages,** der durch die Gläubiger und den Schuldner gestellt werden kann, mangels Masse. Während der Prüfung der Eröffnungsvoraussetzungen durch das Insolvenzgericht (Amtsgericht) sind Sicherungsmaßnahmen möglich, bes. die Einsetzung eines vorläufigen Insolvenzverwalters, die Anordnung eines allgemeinen Verfügungsverbotes gegen den Schuldner und eines Vollstreckungsverbotes. Die Eröffnung des I. erfolgt durch Beschluss und führt zur Beschlagnahme der **Insolvenzmasse,** die in dem gesamten Vermögen besteht, das dem Schuldner z. Z. der Eröffnung des Verfahrens gehört und das er während des Verfahrens erlangt. Der im Eröffnungsbeschluss zu ernennende **Insolvenzverwalter** hat das Vermögen des Schuldners in Besitz und Verw. zu nehmen und es zu verwerten, die zu befriedigenden Forderungen festzustellen und später den Erlös zu verteilen. Bei Unternehmen ist aber auch eine **Sanierung** möglich, bei der das Schuldnervermögen wieder ertragsfähig gemacht oder auf einen anderen Rechtsträger übertragen wird. Daneben sieht die Insolvenzordnung auch die Möglichkeit einer **Restschuldbefreiung** für den Schuldner (soweit dieser eine natürl. Person ist) vor, um das an sich unbeschränkte Nachforderungsrecht der Gläubiger nach Beendigung des I. zu beschränken und dem Schuldner einen Neuanfang zu ermöglichen. Für natürl. Personen, die keine oder nur eine geringfügige selbstständige wirtsch. Tätigkeit ausüben, regelt die Insolvenzordnung ein vereinfachtes ↑Verbraucherinsolvenzverfahren.

Gegenstände, die der Schuldner veräußert hat, können unter bestimmten Voraussetzungen zur Masse zurückgeholt werden, wenn sie aus dem Schuldnervermögen in zeitl. Nähe zur Verfahrenseröffnung und unter anfechtbaren Umständen ausgeschieden sind. Andererseits können Dritte Aussonderung solcher Gegenstände aus der Insolvenzmasse verlangen, die nicht zum Schuldnervermögen gehören; wegen bestehender Sicherungsrechte an einem Vermögensgegenstand des Schuldners kann der Verwertung nicht widersprochen, aber ↑abgesonderte Befriedigung vor allen anderen Gläubigern begehrt werden. Das I. endet im Regelfall nach Schlussverteilung des Erlöses mit der durch Beschluss anzuordnenden Aufhebung des Verfahrens. In bestimmten Fällen kommt aber auch eine Beendigung durch Einstellung des Verfahrens in Betracht.

In *Österreich* (Konkursordnung von 1914) und in der *Schweiz* (Bundes-Ges. über die Schuldbetreibung und den Konkurs von 1889, zum 1. 1. 1997 revidiert) gelten ähnl. Grundsätze wie im dt. Recht.

Insomnie [lat.] *die,* die ↑Schlafstörungen.

in spe [lat.], zukünftig, baldig, bevorstehend.

Inspekteur [-ˈtøːr, frz.] *der,* in der Bundeswehr die Dienststellung der Leiter der Führungsstäbe des Heeres, der Luftwaffe, der Marine, der Streitkräftebasis sowie des Leiters des Sanitäts- und Gesundheitswesens. (↑Generalinspekteur der Bundeswehr)

Inspektor Amtsbez. für einen Beamten im gehobenen Dienst.

Inspiration [lat. inspirare »einhauchen«] *die,* **1)** *allg.:* Einfall, Idee, Eingebung.

2) *Medizin:* Einatmung, Teil der ↑Atmung.

3) *Religionswiss.* und *Theologie:* Bez. für die Inbesitznahme des Menschen durch Gott, Götter bzw. als göttlich angesehene Mächte; in der christl. Theologie durch den ↑Heiligen Geist. – In versch. Religionen gelten auch die hl. Schriften als göttlich bzw. von Gott inspiriert (Veda; Koran). Die christl. Theologie versteht I. in diesem Zusammenhang in dem Sinn, dass Gott die Verfasser der bibl. Schriften zur Abfassung veranlasst habe, wobei theologiegeschichtlich zw. ↑Verbalinspiration (göttl. Eingebung Wort für Wort), Real-I. (göttl. Eingebung des Inhalts) und der Personal-I. (göttl. »Anregung« des Autors) unterschieden wird.

inspirieren [lat.], zu etwas anregen, animieren, Impulse verleihen.

Inspizient [zu lat. inspicere, eigtl. »hineinsehen«] *der,* Ablaufverantwortlicher bei Theater, Film, Hörfunk und Fernsehen.

Instabilität [lat.] *die, Physik:* 1) Zustand eines Systems, bei dem bereits geringe Fluktuationen zum Übergang des Systems in einen anderen, stabilen Zustand führen oder es immer weiter vom ursprüngl. Zustand entfernen; 2) zur I. von Atomkernen ↑Radioaktivität.

Installation [lat.] *die,* **1)** *Haustechnik:* Verlegung, Instandhaltung und Instandsetzung von Leitungen (Rohre, Kabel) sowie Verbrauchseinrichtungen und Armaturen für Gas, Wasser, Abwasser (Sanitär-I.), für Heizung, Lüftung und Kühlung (Heizungs-I.) sowie die Stromversorgung (elektr. I.) in einem Haus.

2) *kath. Kirchenrecht:* die feierl. Amtseinführung eines ↑Kanonikers oder Abtes.

3) *Kunst:* die Anordnung von Objekten oder Materialien oder die Ausgestaltung eines ganzen Raumes nach dem Konzept eines Künstlers. Die Begriffe I., Raum-I. oder Video-I. haben heute den Begriff Environment weitgehend abgelöst.

Instandsetzungstruppe, im Heer der Bundeswehr Teil der Logistiktruppen mit den Aufgaben der Instandsetzung und Wartung des von der Truppe benötigten und benutzten Geräts, der Bergung von Schadmaterial sowie der Vernichtung nicht mehr verwendbarer Munition.

instant [engl. ˈɪnstənt, lat.-engl.], sofort, ohne Vorbereitung zur Verfügung.

Instantisieren [zu engl. instant »sofortig«], *Lebensmitteltechnik:* Herstellung (v. a. durch Gefriertrocknung) eines pulverförmigen Lebensmittelprodukts, das durch Hinzufügen von Wasser rasch seine alte Konsistenz wieder annimmt; z. B. Instantgetränke.

Instanz [lat.] *die,* **1)** *allg.:* für eine Entscheidung zuständige Stelle in einer Behörde u. a.

2) *Gerichtswesen:* der Verfahrensabschnitt eines Rechtsstreits vor einem bestimmten Gericht. Ist gegen eine gerichtl. Entscheidung ein Rechtsmittel zulässig, entscheidet darüber eine höhere I. Dieser **Instanzenzug** ist in den Verfahrensgesetzen festgelegt.

Inster *die* (russ. Instrutsch), Fluss im Gebiet Kaliningrad (Königsberg), Russland, 75 km lang, entspringt bei Dobrowolsk, vereinigt sich mit der Angerapp zum Pregel.

Insterburg, Stadt im russ. Gebiet Kaliningrad (Königsberg), ↑Tschernjachowsk.

Instillation [lat.] *die,* Einträufeln, Einbringen von Arzneimittellösungen, -emulsionen oder -suspensionen in Hohlorgane, Körperhöhlen, Augen, Ohren oder Nase.

Instinkt [lat. »Anreizung«] *der, Verhaltensforschung:* veralteter Begriff bzw. Theorie, die das Verhalten der Tiere als starr, angeboren und ausschl. arterhaltend (z. B. Fortpflanzungsinstinkt) betrachtete, im Ggs. zum überwiegend plastischen, erlernten und Vernunftgesetzen gehorchenden Verhalten des Menschen. (↑Motivation)

Institut [lat.] *das,* **1)** Forschungsstätte an einer Hochschule (zugleich Lehrstätte) oder als selbstständiges I. des Bundes oder der Länder, von wiss. Gesellschaften und Vereinen, wirtsch. Verbänden oder anderen Trägern.

2) *Recht:* ↑Institution.

Institut de France [ɛ̃stiˈty də ˈfrɑ̃s], seit 1795 die höchste Körperschaft für Wiss. und Kunst in Frankreich, Sitz: Paris, umfasst fünf Akademien: 1) **Académie française,** gegr. 1635, hat die Aufgabe, das Schrifttum zu beobachten, die Sprachnorm festzulegen und zu erläutern. Sie gibt ein maßgebl. Wörterbuch der frz. Sprache (»Dictionnaire de l'Académie française«) heraus. Ihre 40 Mitgl. heißen »Die Unsterblichen«. 2) **Académie des inscriptions et belles-lettres,** 1663 gegr., editiert Quellen und Inschriften und inventarisiert Kunstdenkmäler. 3) **Académie des sciences,** gegr. 1666, fördert die Naturwiss.en. 4) **Académie des beaux-arts,** gegr. 1816, fördert die schönen Künste; umfasst die Sektionen Malerei, Grafik, Plastik, Architektur, Musik und die »freie Sektion« für Kunstschriftsteller und -kritiker u. a. 5) **Académie des sciences morales et politiques,** 1795 als Klasse des I. d. F. entstanden, mit den Sektionen Philosophie, polit. Wiss.en, Rechts- und Wirtschaftswiss.en, Geschichte, Geographie.

Institut der deutschen Wirtschaft e. V., Abk. **IW,** von Wirtschaftsverbänden und Unternehmen getragenes Inst. mit der Aufgabe breit gefächerter volkswirtsch. Aufklärung über Leistungen, Grundsätze und Probleme der freien Unternehmerwirtschaft; Sitz: Köln; gegr. 1951 als **Dt. Industrieinstitut,** jetziger Name seit 1973.

Institut für angewandte Ökologie e. V., ↑Öko-Institut e. V.

Institut für Angewandte Trainingswissenschaft e. V. [- ˈtrɛːnɪŋ-], Abk. **IAT,** 1992 gegr. Forschungseinrichtung als wesentl. Bestandteil des Verbundsystems sportwiss. Institutionen in Dtl., Sitz: Leipzig. Vorläufer war das Forschungsinstitut für Körperkultur und Sport (FKS). Das IAT arbeitet zus. mit dem ↑FES unter dem Trägerverein IAT/FES e. V. für 16 DSB-Spitzenverbände in über 60 Disziplinen.

Institut für Auslandsbeziehungen, Abk. **ifa,** Anstalt des öffentl. Rechts zur Förderung des internat. Kultur- und Informationsaustauschs mit Sitz in Stuttgart; gegr. 1917 als **Dt. Auslands-Institut,** 1950 umbenannt in ifa. Das ifa besitzt eine umfangreiche Spezialbibliothek und eine Fotothek/Diathek zur Auslandskunde. Es veranstaltet u. a. deutschlandkundl. Seminare für Ausländer und berät Auslandstätige.

Institut für Demoskopie Allensbach (eigtl. I. F. D. A. Gesellschaft zum Studium der öffentlichen Meinung mbH), Abk. **IfD,** 1947 von E. Noelle-Neumann und Erich Peter Neumann (* 1912, † 1973) gegr. Markt- und Meinungsforschungsinstitut; Träger ist seit 1996 die Stiftung Demoskopie Allensbach. Das IfD führt repräsentative Befragungen zu polit., wirtsch. und sozialen Problemen sowie im Dienste der Rechtspraxis durch und erstellt v. a. polit., psycholog. sowie soziolog. Studien.

Institut für deutsche Sprache, Abk. **IDS,** 1964 gegr. zentrale sprachwiss. Forschungsstelle für die Untersuchung der dt. Sprache, v. a. in ihrem gegenwärtigen Gebrauch; Sitz: Mannheim; Träger sind der Bund und das Land Baden-Württemberg.

Institut für Film und Bild in Wissenschaft und Unterricht, Abk. **FWU,** Medieninstitut der 16 dt. Länder in der Rechtsform einer gemeinnützigen GmbH, Sitz: Grünwald (bei München). Das FWU produziert audiovisuelle Medien einschl. Lernsoftware und Multimediaprogrammen, entwickelt medienpädagog. Konzepte und führt wiss. begleitete Modellversuche im Bildungsbereich durch. Geschichtlich geht es auf die 1919 gegründete Bildstelle beim (Berliner) Zentralinstitut für Erziehung und Unterricht zurück.

Institut für Österreichische Geschichtsforschung, österr. Zentralinst. für Geschichtswiss., gegr. 1854; Sitz: Wien; Forschungs- und Ausbildungsstätte. Wiss. Organ seit 1948 »Mitteilungen des I. f. Ö. G.«, Abk. MIÖG, erschien 1880–1941/42 als »Mitteilungen des Österreichischen Instituts für Geschichtsforschung«, Abk. MÖIG.

Institut für Radioastronomie im Millimeterbereich, Abk. **IRAM,** 1979 von der Max-Planck-Ges. und dem frz. Centre National de la Recherche Scientifique gegr. Institut der Radioastronomie, seit 1990 unter Beteiligung des span. Instituto Geografico Nacional; Sitz: Grenoble. Wichtige Einrichtungen des IRAM sind das 30-m-Radioteleskop auf dem Pico de Veleta bei Granada (Spanien) und das auf dem Plateau de Bure südlich von Grenoble (Frankreich) befindl. Radiointerferometer.

Institut für Weltwirtschaft, Abk. **IfW,** eigtl. Institut für Weltwirtschaft an der Universität Kiel, wirtschaftswiss. Forschungsinstitut, gegründet 1914 von Bernhard Harms (* 1876, † 1939), Sitz: Kiel. Forschungsschwerpunkte: Konjunktur, Wachstum und Strukturpolitik, internat. Arbeitsteilung, Umwelt- und Ressourcenökonomie, Raumwirtschaft, Entwicklungsökonomie und weltwirtsch. Integration. Das IfW besitzt eine der bedeutendsten wirtschaftswiss. Spezialbibliotheken der Welt. Es gibt seit 1913 die Zeitschrift »Weltwirtsch. Archiv« heraus.

Institut für Wirtschaftsforschung Halle, Abk. **IWH,** wirtschaftswiss. Forschungsinstitut; gegr. 1992, Sitz: Halle (Saale). Forschungsschwerpunkte: Kon-

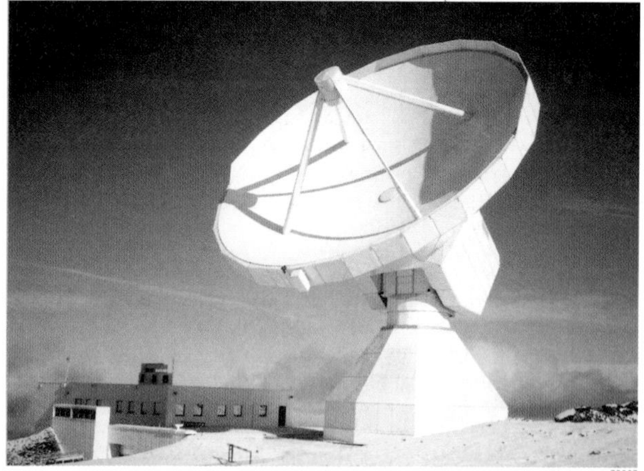

Institut für Radioastronomie im Millimeterbereich: das 30-m-Radioteleskop auf dem Pico de Veleta (Spanien)

70067

junktur und Wachstum, Arbeitsmarkt, Regional- und Kommunalforschung, Strukturwandel, Mittel- und Osteuropa.

Institut für Zeitgeschichte, Abk. **IfZ,** gegr. 1950 als Dt. Institut für Geschichte der nat.-soz. Zeit, seit 1952 heutiger Name; Forschungseinrichtung zur Ermittlung und Sammlung von Quellen zur Zeitgeschichte; Sitz: München. Es gibt u. a. die »Vierteljahrshefte für Zeitgesch.« heraus (1953 ff.) und ediert »Quellen und Darstellungen zur Zeitgesch.« (1957 ff.), »Texte und Materialien« (1977 ff.) sowie »Biograph. Quellen zur Zeitgesch.« (1996 ff.; 1984–94 u. d. T. »Biograph. Quellen zur dt. Geschichte nach 1945«).

Institution [lat.] *die,* **1)** *allg.:* einem bestimmten Aufgabenfeld zugeordnete öffentl. (staatl. oder kirchl.) Einrichtung.

2) *Recht:* eine rechtlich geformte Einrichtung. Im Sprachgebrauch unterscheidet man die durch überwiegend privatrechtl. Rechtsnormen gestalteten Einrichtungen, z. B. die Ehe, das Eigentum, als **Institut** (Rechtsinstitut) und die öffentlich-rechtlich geordnete gemeindl. Selbstverwaltung oder das Berufsbeamtentum als Institution. Mit dem Begriff der I. verbunden ist die **institutionelle Garantie,** d. h. die verfassungsrechtl. Gewährleistung der vorbezeichneten I. und Institute (auch **Institutsgarantie**) als solchen, ohne dass dabei die Ausformung oder Gestaltung im Einzelnen vorgezeichnet wird.

3) *Soziologie:* soziale Gebilde, Organisationen und Prinzipien, die als Träger gesellschaftl. Ordnung öffentlich anerkannt und garantiert sind; Hauptmerkmale sind relative zeitl. Konstanz, das einem kulturellen Muster folgende Zusammenwirken ihrer Glieder und normative Richtlinien, die mit Sanktionen und sozialer Kontrolle durchgesetzt werden.

institutionalisieren [lat.], zu einer Institution machen, in eine (von der Gesellschaft anerkannte) feste Form bringen.

Institutionalismus [lat.] *der,* um 1900 von T. Veblen begründete Richtung der Volkswirtschaftslehre, die den Einfluss histor., rechtl., soziolog. und psycholog. Phänomene auf Wirtschaftsordnung und wirtsch. Verhalten betont und versucht, Wirtschaftstheorien mit anderen Sozialwiss.en zu verbinden. Dominierende Bedeutung für den Wirtschaftsablauf wird nicht dem Markt, sondern den das Marktgeschehen bestimmenden Institutionen zugeschrieben.

Institutionenökonomik (Neue Institutionenökonomik), neuere Forschungsrichtung der Volkswirtschaftslehre, die eine Reihe unterschiedl. Erklärungsansätze zur Entstehung, Funktionsweise, Wirkung und Wandlung von Institutionen (Gesamtgesellschaft, Unternehmen, Verbände, Märkte, aber auch rechtl. Normen, Gesetze oder Verträge) umfasst und im Ggs. zum Institutionalismus auf das analyt. Instrumentarium der Neoklassik zurückgreift. Zum Kern gehören drei Konzeptionen: die Theorie der ↑Transaktionskosten, die Theorie der ↑Eigentumsrechte und die ↑Principal-Agent-Theorie.

Institut Laue-Langevin [-lãʒ'vɛ̃], Abk. **ILL,** europäisches Kernforschungsinstitut, Sitz: Grenoble; betreibt den weltweit stärksten Neutronenhochflussreaktor für die Grundlagenforschung.

Institut Pasteur [ɛ̃sti'ty pas'tœ:r], von L. Pasteur in Paris gegr. Bakteriologie- und Hygieneinstitut; widmete sich zunächst der Tollwuterforschung und -bekämpfung; das mit zahlr. Filialen im In- und Ausland vertretene I. P. widmet sich inzwischen der Grundlagenforschung in den Bereichen Mikrobiologie, Genetik, Immunologie u. a.

Instleute [mnd., eigtl. »Eingesessener«], in Ost-Dtl. bis ins 19. Jh. in der Gutswirtschaft gebräuchl. Bez. für landwirtsch. Arbeiter, die sich auf dem Dorf oder dem Gut einmieteten, gegen Tagelohn auf dem Gut arbeiteten, daneben aber noch auf Pachtland beschränkt Eigenwirtschaft betrieben.

instruieren [lat.], von etwas in Kenntnis setzen, über etwas unterrichten; Anweisungen geben.

Instruktion [lat.] *die,* Anleitung (zum Beispiel Gebrauchshinweise), Vorschrift, (Dienst-)Anweisung.

instruktiv [lat.-frz.], lehrreich, aufschlussreich.

Instrument [lat.] *das,* **1)** *Musik:* ↑Musikinstrumente.

2) *Technik:* Gerät, Werkzeug, das für Messungen oder Beobachtungen gebraucht wird.

instrumental [lat.-nlat.], durch Musikinstrumente ausgeführt, Musikinstrumente betreffend; Ggs. ↑vokal.

instrumentales Theater, Darbietung

von Instrumentalisten oder elektron. Musik in Verbindung mit schauspieler. Aktionen auf Bühne oder Podium. Vertreter des i. T.: u.a. M. Kagel, D. Schnebel, S. Bussotti, F. Donatoni, F. Evangelisti, L. Berio, K. Stockhausen.

Instrumentalis [lat.] *der, Grammatik:* Kasus, der das Werkzeug oder Mittel angibt, mit dem eine Tätigkeit verrichtet wird; in den slaw. Sprachen (außer Bulgarisch) noch erhalten; im Deutschen meist durch die Präposition *mit* ausgedrückt.

Instrumentalismus [lat.] *der, Philosophie:* ↑Pragmatismus.

Instrumentalist *der,* jemand, der (berufsmäßig) bes. in einem Ensemble ein Instrument spielt; Ggs. Vokalist.

Instrumentalmusik, die nur mit Instrumenten ausgeführte Musik im Unterschied zur ↑Vokalmusik, der sie bis zum 16. Jh. untergeordnet war.

Instrumentalsolist *der,* jemand, der innerhalb eines Orchesters, Ensembles o.Ä. ein Instrument als Solist spielt.

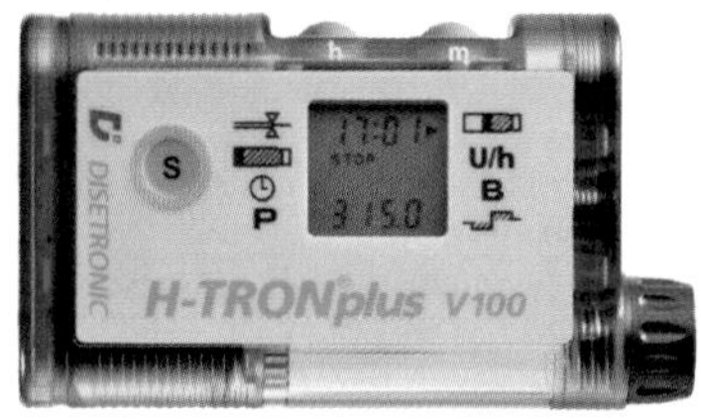

100589

Insulin: Insulinpumpe

Instrumentarium [mlat.] *das,* **1)** *allg.:* die Gesamtheit der für eine bestimmte Aufgabe oder Tätigkeit oder für die Erreichung eines bestimmten Ziels zur Verfügung stehenden Mittel.

2) *Musik:* 1) Instrumentensammlung; 2) Gesamtzahl der in einem Klangkörper für eine bestimmte musikal. Aufführung vorgesehenen Musikinstrumente.

Instrumentation [lat.] *die* (Instrumentierung), die Kunst, in Werken der Instrumentalmusik, besonders der Orchestermusik (Orchestration, Orchestrierung), die versch. Instrumente sinnvoll einzusetzen, um dadurch bestimmte innere Klangvorstellungen zu verwirklichen. Die **I.-Lehre** vermittelt die Kenntnisse von Tonumfang, Spielart, Klangfarbe, Ausdrucksmöglichkeiten, Notierungsweise der einzelnen Instrumente und lehrt deren wirkungsvolles Zusammenspiel. Die I. war bis ins 17. Jh. Aufgabe des Interpreten; Anfänge der modernen I. gehen in die 2. Hälfte des 18. Jh., bes. auf das Opernorchester C. W. Glucks, zurück.

Instrumentenflug, die Führung eines Luftfahrzeugs nach den I.-Regeln (engl. **i**nstrument **f**light **r**ules, Abk. IFR). Das Luftfahrzeug wird vollständig oder teilweise nach Instrumenten gesteuert, d.h. unter Überwachung durch eine Flugsicherungsstelle und nach Auswertung der Messdaten bestimmter, von Bodensicht unabhängiger Flugüberwachungs- und Navigationsinstrumente. Der Flugzeugführer muss eine IFR-Lizenz besitzen. Der I. ist aus Sicherheitsgründen bei nahezu allen Flügen der kommerziellen Luftfahrt üblich.

Instrumentenlandesystem, Abk. **ILS,** ↑Landeführungssysteme.

instrumentieren [lat.], 1) eine Komposition (nach Klavierskizze) für die einzelnen Orchesterinstrumente ausarbeiten und dabei bestimmte Klangvorstellungen realisieren; 2) eine Komposition für Orchesterbesetzung umschreiben, eine Orchesterfassung herstellen.

Instrutsch, russ. Name der ↑Inster.

Insubrien [nach den kelt. Insubrern], histor. Landschaft im Gebiet der Lombard. Seen, S-Schweiz und N-Italien.

Insuffizienz [lat.] *die,* Unzulänglichkeit, Unvermögen, Schwäche, z.B. eines Organs.

Insula [lat. »Insel«] *die,* bei den Römern das für mehrere Wohnparteien eingerichtete mehrstöckige Mietshaus. Das Herrenhaus bzw. Haus für eine Familie hieß Domus, am Stadtrand der Landsitz oder Gutshof ↑Villa.

Insularität [lat.-nlat.] *die,* Insellage, geograph. Abgeschlossenheit.

Insulin [lat.] *das,* in den B-Zellen der Langerhans-Inseln der Bauchspeicheldrüse gebildetes Peptidhormon. Die wichtigste physiolog. Wirkung ist die Senkung des Blutzuckergehalts, sobald der Normalwert überschritten wird. I. ist ein »Speicherhormon«, das die Bildung von Glykogen-, Fett- und Proteindepots in Leber, Fettgewebe und Muskeln fördert. I.-Mangel durch gestörte Synthese oder verstärkten Abbau bzw. Inaktivierung führt zu der

Stoffwechselerkrankung ↑Diabetes mellitus. I. ist Gegenspieler des ↑Glucagons. – Früher wurde I. aus den Bauchspeicheldrüsen von Schlachttieren gewonnen. Inzwischen verwendet man Human-I., das entweder gentechnologisch aus Kolibakterien oder durch Austausch einer Aminosäure (Alanin gegen Threonin) aus hoch gereinigtem Schweine-I. gewonnen wird.

Insulinde *die,* der ↑Malaiische Archipel.

Insulinom *das* (Inselzelladenom, Inselzelltumor), von den B-Zellen der Langerhans-Inseln ausgehende, endokrin aktive, d.h. Insulin produzierende Gewebeneubildung; in 10–15% der Fälle sind I. bösartig.

Insulinpen *der,* Gerät zur sicheren und wenig Schmerz verursachenden Injektion von ↑Insulin.

Insult [lat.] *der, Medizin:* Anfall; Schädigung, z.B. **apoplektischer I.,** der ↑Schlaganfall.

in summa [lat.], im Ganzen, insgesamt.

Insurgent [lat.] *der,* Aufständischer.

Insurrektion *die,* Aufstand; Volkserhebung.

Inszenierung [frz.] *die, darstellende Kunst:* 1) das künstler. Bearbeiten, Vorbereiten, Einstudieren eines Stücks (bei Theater, Fernsehen) oder das Umsetzen eines Drehbuchs für einen Film; ↑Regie führen; 2) die Aufführung (eines Theaterstücks) als Ergebnis dieser Vorgänge.

Intaglio [inˈtaʎo, italien.] *das,* die ↑Gemme.

intakt [lat.], unversehrt, unbeschädigt; ohne Störungen funktionierend.

Intarsien [italien.], in Holz eingelegte Verzierungen aus andersfarbigem Holz oder aus Bein, Schildpatt, Perlmutter, Metall oder Stein. Die figürl. oder ornamentalen Einlagen werden entweder in eine aus dem Grundholz mit dem Schnitzmesser ausgehobene Vertiefung eingelassen oder die farbigen Hölzer werden auf die Grundfläche aufgeleimt **(Parqueterie).** Seit der Erfindung der Laubsäge (2. Hälfte des 16. Jh. in Augsburg) setzte man Furniere zu einem Muster gefügt zusammen und leimte sie auf das Kernholz **(Marqueterie).**

I. kannte man bereits im Altertum (Ägypten, 1600 v. Chr.); beliebt waren sie auch in Ostasien und der islam. Kunst. Vollendung erlangten die I. in der italien. Frührenaissance, vielfach mit perspektiv. Darstellungen. In den mittel- und nordeurop. Ländern schmückte man Möbel im 16. und 17. Jh. mit I. in Elfenbein und Ebenholz, bes. in den Niederlanden. In Frankreich kamen Schildpatt, Messing, Zinn und Perlmutter hinzu. A. C. ↑Boulles Bandornamentik wurde in der Möbelkunst des 18. Jh. durch die I. mit maler. Wirkung, v.a. Blumen-I., abgelöst (F. Oeben, J. H. Riesener, D. Roentgen).

Integral [zu lat. integrare »wiederherstellen«, »ergänzen«] *das, Mathematik:* 1) Grundbegriff der ↑Integralrechnung;

100264

Intarsien: dreiteiliger Schrank mit dekorativen Einlegearbeiten, katalanische Arbeit von Gaspar Homar y Mesquida u.a. (1904)

2) Bez. für die Lösung einer Differenzialgleichung.

INTEGRAL [Abk. für engl. **Inte**rnational **G**amma-**R**ay **A**strophysics **L**aboratory, »Internat. Gammastrahlen-Astrophysiklaboratorium«], das bislang leistungsfähigste Gammastrahlenobservatorium der ESA (unter Beteiligung der USA, Russlands, Polens und der Tschech. Rep.), das im Oktober 2002 gestartet wurde. Der 4 t schwere Satellit bewegt sich auf einer hochexzentr. Umlaufbahn mit hoher Bahnneigung (Umlaufperiode 72 h). Die Umlaufbahn erlaubt lange Beobachtungsperioden außerhalb der Van-Allen-Strahlungsgürtel (oberhalb 40 000 km). Mithilfe spezieller Instrumente (Gammaspektrometer, CCD-Kamera, Röntgenteleskop) soll INTEGRAL insbesondere die Quellen der energiereichen Gammastrahlung untersuchen, wie Neutronensterne und Schwarze Löcher, und Gammastrahlenausbrüche (u. a. in Novae und Supernovae) erforschen. Hochauflösende Linienspektroskopie (im Energiebereich zw. 15 keV und 10 MeV) soll die direkte Untersuchung radioaktiver Erzeugungs- und Zerfallsprozesse erlauben.

Integralgleichung, Gleichung, in der die gesuchte Funktion im Integranden eines Integrals auftritt. Eine **lineare I.** hat die Form

$$p(x) \cdot y(x) + \lambda \int_a^b K(x,t)\, y(t)\, \mathrm{d}t = f(x),$$

wobei $p(x)$, $f(x)$ und der Kern $K(x,t)$ gegebene Funktionen, λ ein Parameter und $y(x)$ die gesuchte Funktion ist. Im Allg. ist die Gleichung nicht für alle Werte des Parameters λ lösbar. Diejenigen, für die sich die I. lösen lässt, werden **Eigenwerte** der I. gen., ihre zugehörigen Lösungen **Eigenfunktionen**. I. spielen in der math. Physik eine große Rolle, sie ermöglichen z. B. die explizite Einbeziehung von Randbedingungen.

Integralismus *der,* Bez. für eine Strömung im Katholizismus, die bes. dessen »röm.« Charakter betont, gegen in ihrem Verständnis »modernist.« Tendenzen in der Kirche auftritt und das gesamte (auch gesellschaftspolit.) Handeln der Katholiken von kirchl. Grundsätzen bestimmt sehen will. Der I. war unter Papst Pius X. eine einflussreiche Strömung in der kath. Kirche, wurde später stark zurückgedrängt, erfuhr jedoch in den 1970er-Jahren eine Neubelebung (↑Internationale Priesterbruderschaft des Hl. Pius X.).

Integralprinzipien, *Physik:* ↑Extremalprinzipien.

Integralrechnung, Teilgebiet der Analysis, das sich mit der als **Integration** bezeichneten Rechenoperation befasst, die einer vorgegebenen Funktion $f(x)$ entweder einen festen Zahlenwert (ihr bestimmtes Integral) oder eine andere Funktion (ihr unbestimmtes Integral) zuordnet. –

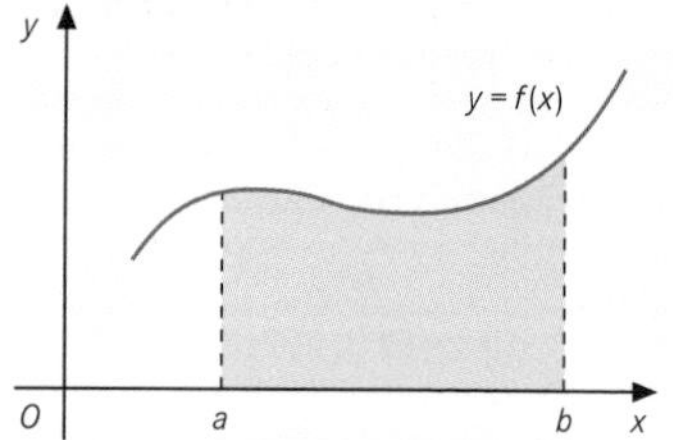

Integralrechnung: Das Integral gibt den Flächeninhalt an, den der Graph einer Funktion $y = f(x)$ mit der x-Achse zwischen den zwei Stellen a und b einschließt.

Der Begriff des **bestimmten (riemannschen) Integrals** entstand u. a. aus dem Problem, auch einem krummlinig begrenzten Gebiet eine reelle Zahl als Flächeninhalt zuzuordnen (für geradlinig begrenzte Figuren, z. B. Rechteck, Dreieck, existieren bekanntlich einfache Berechnungsformeln). In der I. einer Veränderlichen gibt

das bestimmte Integral, $\int_a^b f(x)\,\mathrm{d}x$,

den Inhalt der Fläche an, die von der x-Achse, den beiden Ordinaten $x = a$ und $x = b$ und der Kurve $y = f(x)$ eingeschlossen wird; $f(x)$ bezeichnet man als den **Integranden** des Integrals, das Intervall $[a, b]$ als **Integrationsbereich** und die Variable x als **Integrationsvariable.** – Wählt man bei festem a eine variable obere Grenze **(unbestimmte Integration),** dann wird durch

$$F(x) := \int_a^x f(t)\,\mathrm{d}t = \int f(x)\,\mathrm{d}x$$

eine Funktion von x, das **unbestimmte Integral** definiert. Ist f stetig im Intervall, so gilt der **Hauptsatz der Differenzial- und Integralrechnung:** $F'(x) = f(x)$; eine Funktion $F(x)$ mit dieser Eigenschaft heißt **Stammfunktion** von $f(x)$. Kennt man eine Stammfunktion von $f(x)$, so lässt sich das bestimmte Integral im Intervall $[a,b]$ nach

$$\int_a^b f(x)\,\mathrm{d}x = F(b) - F(a)$$

berechnen. Alle Stammfunktionen einer Funktion unterscheiden sich nur durch eine Konstante C. Der Hauptsatz macht deutlich, dass die Integration als Umkehroperation der Differenziation aufgefasst werden kann. Mit ihm findet man leicht einige **Integrationsregeln:**

$$\int x^n\,\mathrm{d}x = \frac{x^{n+1}}{n+1} + C,\ n \neq -1;$$

$$\int x^{-1}\,\mathrm{d}x = \ln|x| + C;$$

$$\int \sin x\,\mathrm{d}x = -\cos x + C;$$

$$\int \cos x\,\mathrm{d}x = \sin x + C.$$

Die Berechnung von Integralen ist nicht immer durch direkte Integration möglich. Näherungswerte gewinnt man mithilfe numer. oder graf. Verfahren oder unter Verwendung von ↑Integriergeräten.
Für Funktionen zweier und mehrerer Variablen definiert man die Integrale analog; statt von der Kurve $y = f(x)$ in der Ebene geht man z. B. bei zwei Variablen von einer die Funktion $f(x,y)$ veranschaulichenden Fläche im Raum aus **(Gebietsintegrale).**
Geschichte: Der systemat. Ausbau der I. begann im 17. Jh., bes. durch G. W. Leibniz und I. Newton. Weitere Fortschritte fasste L. Euler in den »Institutiones calculi integralis« (1768–70) zusammen. Die strengere Grundlegung der Mathematik im 19. Jh. führte zu einer Verallgemeinerung des klass. Integralbegriffs (H. L. Lebesgue, T. J. Stieltjes).

Integraltank, Kraftstoffbehälter in Flugzeugen, der durch Abdichtung von ohnehin vorhandenen Hohlräumen der Flugzeugzelle (vorzugsweise von Flügelabschnitten) gebildet wird.

Integration [lat. »Wiederherstellung eines Ganzen«] *die,* **1)** *allg.:* Herstellung einer Einheit, Eingliederung in ein größeres Ganzes.
2) *Biologie:* die Herstellung einer im Ganzen wirksamen Organisation (in der Molekularbiologie z. B. die Einfügung eines Bakteriophagengenoms oder eines Plasmids in ein Bakterienchromosom).
3) *Mathematik:* die Berechnung eines Integrals (↑Integralrechnung).
4) *Psychologie:* nach P. Janet, E. R. Jaensch u. a. der die normale Persönlichkeit kennzeichnende Zusammenhang von seel. und phys. Einzelfunktionen, der sich bei seel. Erkrankungen bis zur Desintegration auflösen kann.
5) *Soziologie:* Bez. 1) für einen gesellschaftl. Prozess, der durch einen hohen Grad harmon., konfliktfreier Zueinanderordnung der versch. Elemente (Rollen, Gruppen, Organisationen) gekennzeichnet ist, sowie 2) für Prozesse der bewusstseinsmäßigen oder erzieher. Eingliederung von Personen und Gruppen in oder ihre Anpassung an allgemein verbindl. Wert- und Handlungsmuster.
6) *Wirtschaft:* die Verschmelzung wirtsch. Einheiten; in den internat. Wirtschaftsbeziehungen bedeutet I. den wirtsch. Zusammenschluss mehrerer Länder durch Abbau zwischenstaatl. Beschränkungen im Waren-, Dienstleistungs- und Kapitalverkehr. Je nach I.-Grad werden z. B. ↑Präferenzsystem, ↑Freihandelszone, ↑Zollunion, ↑gemeinsamer Markt, ↑Währungsunion unterschieden.

Integrationsgrad, *Elektronik:* ein Maß für die Anzahl elektron. Bauelemente oder Funktionseinheiten auf einem Chip. Nach der Zahl der Transistorfunktionen (Grundfunktionen) bzw. Funktionselemente pro Chip unterteilt man integrierte Schaltungen in versch. Gruppen, die zugleich Entwicklungsstadien entsprechen. Für die Abgrenzung der I. gibt es keine verbindl. Regelungen.

integrative Psychotherapie, Versuch der Überwindung traditioneller Abgrenzungen unterschiedl. Therapierichtungen (bes. zwischen Gruppen-, Gesprächs-, Verhaltenstherapie und Psychoanalyse) und der Ausarbeitung gemeinsamer Strategien und Methoden zur Behandlung.

integrieren [lat.], **1)** *allg.:* in ein übergeordnetes Ganzes aufnehmen, sich in ein übergeordnetes Ganzes einfügen.
2) *Mathematik:* ein Integral berechnen.

Integriergerät (Integrator), math. Gerät zur Bestimmung von Stammkurven, Flächeninhalten und Lösungen von Differenzialgleichungen. Der **Integraph** zeichnet die Integralkurve, wenn man mit seinem Fahrstift einer zu integrierenden Kurve nachfährt. Eine Sonderform des ↑Planimeters, das **Integrimeter,** liefert das unbestimmte Integral der nachgefahrenen Kurve numerisch. **Elektron. I.** sind Schaltungsanordnungen in Rechnern.

integrierte Injektionslogik, Abk. **IIL** oder **I²L,** Schaltkreisfamilie der Digitaltechnik auf der Grundlage der Bipolartechnik, die ohne ohmsche Widerstände auskommt und daher durch hohe Packungsdichten, kleine Schaltzeiten und kleine Verlustleistungen charakterisiert ist, aber auch durch geringe Störsicherheit.

integrierte Klassen für Haupt- und Realschüler, Schulart, die statt Haupt- und Realschule (Sachsen, Sa.-Anh.) oder neben diesen beiden Schularten eingerichtet ist und differenzierte Unterrichtsangebote bereitstellt. Die neue Schulart trägt die Bez. Mittelschule (Sachsen), integrierte Regelschule (Thüringen), Sekundarschule (Saarland, Sa.-Anh. und – als Versuch – Ndsachs.), regionale Schule (Rheinl.-Pf.), verbundene Haupt- und Realschule (Meckl.-Vorpommern).

integrierte Optik, Gebiet der Optik, das sich mit der Realisierung integrierter opt. Festkörperschaltkreise beschäftigt, die entsprechend den integrierten Schaltkreisen der Elektronik durch Miniaturisierung opt. Bauelemente wie Linsen, Prismen, Filter, Spiegel hergestellt werden. Die integrierten opt. Bausteine (z. B. Halbleiterlaser, Modulatoren, opt. Wellenleiter, Ablenkelemente) ermöglichen in Kombination mit ↑Lichtleitern eine direkte Übertragung der Lichtimpulse, die v. a. in der Nachrichtenübertragung und opt. Informationsverarbeitung Anwendung findet (↑Photonik).

integrierter Pflanzenschutz, in der Land- und Forstwirtschaft betriebene Schädlingsbekämpfung durch kombinierten Einsatz biolog. Bekämpfungsmethoden und möglichst sparsame Anwendung von Pestiziden unter Berücksichtigung des Nutzen-Schaden-Verhältnisses.

integrierter Schaltkreis, Abk. **IC** [zu engl. **i**ntegrated **c**ircuit] (integrierte Schaltung), elektron. Schaltung, bei der die einzelnen, aktiven und passiven Bauelemente (z. B. Dioden, Transistoren, Widerstände) einschl. der notwendigen Verbindungslei-

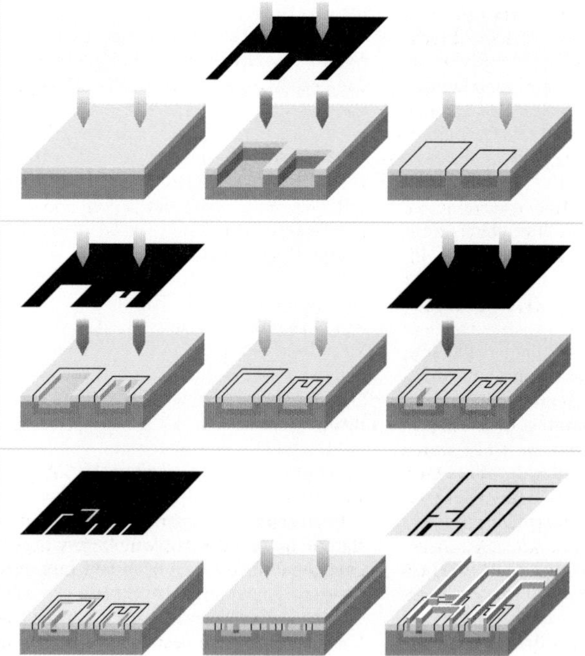

integrierter Schaltkreis: Integrierte Schaltkreise werden durch wiederholtes Abdecken, Beleuchten und Freiätzen auf einem Siliciumsubstrat erzeugt; dabei werden die Schaltungsmuster jeweils von einer Maske auf das Bauteil kopiert.

tungen (Leitungspfade) in miniaturisierter Form auf einem ↑Chip als untrennbare Einheit aufgebracht sind.
Die Herstellung findet meist nach einheitl. Verfahren statt und untergliedert sich in: Herstellen des Grundmaterials (Substrat oder Halbleiterscheibe, als **Wafer** bezeichnet), Herstellen der integrierten Bauelemente nach Verfahren der **Schichttechnik** (↑Dickschichttechnik, ↑Dünnschichttechnik) oder der ↑Halbleiterblocktechnik, elektron. Funktionstests, Zerteilen der Wafer in einzelne Chips, die auf eine weitere Unterlage aufgeklebt, kontaktiert (↑Bonden) und in einem Gehäuse (z. B. Dual-in-line-Gehäuse) verkappt werden. Bei der Schichttechnik dient das Substrat als Träger leitender, dielektr. oder halbleitender Schichten, bei der Halbleiterblocktechnik hingegen hat es auch elektr. Funktion. Auf Komponenten beider Techniken beruht die **Hybridtechnik,** die die Vorteile dieser Techniken zur Herstellung komplexer ICs vereint. – Wichtige Voraussetzung für die Ausführung von ICs ist die ↑Lithographie. ICs, bei denen die Bauelemente nach einheitl. Herstellungsprozess aus einem Halbleitermaterial gefertigt werden, bezeichnet man als **monolithisch (monolithisch i. S.).** Sie werden in Halbleiterblocktechnik hergestellt. Nach der Struktur im Halbleitermaterial und dem verwendeten Herstellungsverfahren unterscheidet man integrierte Bipolarschaltkreise (↑Bipolartechnik) und integrierte Unipolarschaltkreise (↑Unipolartechnik). Heute werden fast ausschl. monolith. ICs verwendet, die auf einem einzigen Chip Mio. von Funktionselementen auf wenigen Quadratmillimetern vereinigen.
ICs werden u. a. als Operationsverstärker, Halbleiterspeicher, Mikroprozessoren und anwendungsspezif. Schaltungen (ASICs) eingesetzt. - Herausragendes Entwicklungsziel von ICs ist die Unterbringung immer komplexerer Schaltungen auf immer kleinerer Fläche auf einem Chip durch fortschreitende ↑Miniaturisierung. Derzeit (2003) werden ICs mit lateralen Strukturen von 130 nm in Serie gefertigt.
📖 *Orlowski, P. F.: Angewandte Digitaltechnik. Marburg [4]1996. – Lipp, H. M.: Grundlagen der Digitaltechnik. München u. a. [4]2002.*

Integrität [lat.] *die,* **1)** *allg.:* Makellosigkeit, Unbescholtenheit, Unbestechlichkeit.
2) *Recht:* (territoriale Integrität), die auf Territorialhoheit beruhende Unverletzlichkeit der Grenzen eines ↑Staatsgebiets.

Integument [lat.] *das,* **1)** *Anatomie:* die ↑Haut.
2) *Botanik:* die Hülle der pflanzl. Samenanlage, die zur Samenschale wird.

381
integrierter Schaltkreis: ein Speicherchip (rund 6 × 10 mm groß) von hohem Integrationsgrad beim Funktionstest, wobei feinste Nadeln die Signalpunkte kontaktieren

Intel Corp. [- kɔ:pəˈreɪʃn], amerikan. Elektronikkonzern, führender Hersteller von Prozessoren und Netzwerkprodukten; gegr. 1968 von Andrew Grove, Gordon Moore und Robert Noyce; Sitz: Santa Clara (Calif.). I. Corp. brachte 1971 den weltweit ersten Mikroprozessor und 1993 den ersten Pentium-Prozessor auf den Markt.

100562
Intel Corp.: Pentium-II-Chip

Intellekt [lat.] *der,* Verstand, Fähigkeit zum Denken.

Intellektualismus *der,* **1)** *allg.:* einseitige Betonung des Verstandesmäßigen gegenüber dem Willen, dem Handeln und allen Gemüts- und Charakterwerten.
2) *Philosophie:* die Theorie, wonach die Vernunft das Gute bestimmt **(eth. I.),** als Weltgrund gedacht wird **(metaphys. I.)**

oder alles Seiende erkennen und begreifen kann **(erkenntnistheoret. Intellektualismus).**

Intellektuelle [lat.], Bez. für eine Gruppe von Menschen, die – bei unterschiedlich akzentuierter Definition im Einzelnen – wegen ihrer Ausbildung und ihrer geistigen Tätigkeit eine herausgehobene Stellung in der Gesellschaft innehat; soweit v.a. auf die Ausbildung bezogen, synonym mit Akademiker gebraucht; als polit. Schlagwort während der Dreyfusaffäre entstanden. ✣ siehe ZEIT Aspekte

intelligenter Agent, *Informatik:* i.w.S. ein Dienst, der für seinen Nutzer Aufgaben, für die ein spezielles Fachwissen notwendig ist, oder die aus vielen zeitaufwendigen Einzelschritten bestehen, größtenteils selbstständig erledigt. Dabei unterscheidet man **Hardware-** (z.B. Roboter) und **Softwareagenten,** wobei Letztere meist als i.A. i.e.S. bezeichnet werden. Ein Softwareagent ist ein Programm, das für einen Benutzer bestimmte Aufgaben erledigen kann und dabei einen Grad an Intelligenz besitzt, der es befähigt, seine Aufgaben in Teilen autonom durchzuführen und mit seiner Umwelt auf sinnvolle Art und Weise zu interagieren. Je nach Zielsetzung lassen sich dabei **Informationsagenten** (Unterstützung bei der Suche nach Informationen in Netzen, z.B. Suchmaschinen), **Kooperationsagenten** (Lösen komplexer Problemstellung durch Kommunikation und Kooperation mit anderen Agenten, z.B. bei Groupwareanwendungen) und **Transaktionsagenten** (Ausführung und Überwachung von Transaktionen, z.B. beim Electronic Commerce) unterscheiden.

Intelligenz [lat.] *die,* **1)** im allg. Verständnis die übergeordnete Fähigkeit (bzw. eine Gruppe von Fähigkeiten), die sich in der Erfassung und Herstellung anschaul. und abstrakter Beziehungen äußert, dadurch die Bewältigung neuartiger Situationen durch problemlösendes Verhalten ermöglicht und somit Versuch-und-Irrtum-Verhalten und Lernen an Zufallserfolgen entbehrlich macht. Ein in der Psychologie häufig verwendetes I.-Modell umfasst folgende (als Primärfähigkeiten bezeichnete) **I.-Faktoren:** sprachl. Verständnis, Assoziationsflüssigkeit, Rechengewandtheit, räuml. Denken, Gedächtnis, Auffassungsgeschwindigkeit und schlussfolgerndes Denken. Neuere Ansätze berücksichtigen Aspekte wie prakt., soziale und emotionale I. – Die I.-Entwicklung wird durch eine Wechselwirkung von Erbanlagen und Umweltbedingungen bestimmt; beim Menschen handelt es sich dabei um soziale und kulturelle Einflüsse, die durch erzieher. Anregungen, systemat. Schulung und Bildung u.a. vermittelt werden. Solche sind nach neueren Untersuchungen v.a. in der frühesten Kindheit von Bedeutung. Die I.-Unterschiede zw. Individuen sind dementsprechend bis zu einem gewissen Grade auf sozioökonomisch bedingte Chancenungleichheiten zurückzuführen. – Fasst man die I. als Funktion des Lebensalters auf, lässt sich über die Bestimmung des ↑Intelligenzquotienten durch I.-Tests folgender Verlauf der I.-Entwicklung feststellen: Nach einer Periode starker positiver Beschleunigung in der frühen und mittleren Kindheit verlangsamt sich die I.-Entwicklung ab dem 10. Lebensjahr bis zum Erreichen des Erwachsenenalters. Als unhaltbar hat sich die Behauptung erwiesen, dass die I. ihren Höhepunkt im frühen Erwachsenenalter habe und dann absinke.

Bei Tieren ist I. im Sinn von einsichtigem Verhalten zu verstehen, z.B. verhalten sich Schimpansen intelligent, wenn sie Gegenstände (Kisten, Stöcke) einsetzen, um außerhalb ihrer Reichweite liegendes Futter zu erlangen.

📖 *Wilson, R. A.: Der neue Prometheus. Die Evolution unserer I. A.d. Engl. Tb.-Ausg. Reinbek 26.–28. Tsd. 1996. – Gould, S. J.: Der falsch vermessene Mensch. A.d. Engl. Tb.-Ausg. Frankfurt am Main ³1999.*

2) *Informatik:* ↑künstliche Intelligenz.

Intelligenzblätter, ursprünglich wöchentl. Zusammenstellungen von Anzeigen, seit etwa 1720 von Obrigkeit und Verwaltung als amtl. Organe für Bekanntmachungen benutzt, enthielten auch unterhaltende und belehrende Beiträge; nach 1848 durch Amtsblätter ersetzt.

Intelligenzija (Intelligencija), um 1860 in Russland aufgekommene Bez. für die soziale Gruppe der nicht zur Geistlichkeit gehörenden Gebildeten, später nur für die engagierten, oft radikalen, revolutionären Intellektuellen; nach 1945 in den Ostblockländern Bez. der Hoch- und Fachschulabsolventen als sozialer Schicht; im Westen Bez. für die systemkrit. Intellektuellen in diesen Staaten.

Intelligenzquotient

IQ	Bezeichnung	Prozentanteil der Bevölkerung
über 130	extrem hohe Intelligenz	2,2 %
120–129	sehr hohe Intelligenz	6,7 %
110–119	hohe Intelligenz	16,1 %
90–109	durchschnittliche Intelligenz	50,0 %
80–89	niedrige Intelligenz	16,1 %
70–79	sehr niedrige Intelligenz	6,7 %
unter 70	extrem niedrige Intelligenz	2,2 %

Intelligenzquoti|ent, Abk. **IQ,** Maß für die allg. intellektuelle Leistungsfähigkeit, das sich aus dem Verhältnis von Intelligenzalter (IA; ermittelt anhand der durchschnittl. Intelligenz der versch. Altersstufen) zum Lebensalter (LA) nach der Formel IQ = (IA/LA) · 100 ergibt. Hierbei bedeutet ein Ergebnis von rund 100 durchschnittl. Intelligenz (Intelligenznorm).

Intelligenztests, psychologische ↑Tests.

intelligibel [lat.], *Philosophie:* nur durch den Intellekt, nicht durch die sinnl. Wahrnehmung erkennbar, erfassbar.

intelligo, ut credam [lat. »ich gebrauche den Verstand, um zum Glauben zu kommen«], zusammenfassende Formel für die Lehren P. Abälards. Dagegen Anselm von Canterbury: ↑credo, ut intelligam.

INTELSAT [ɪntlˈsæt, engl.], 1964 unter dem Namen **In**ternational **Tel**ecommunications **Sat**ellite Consortium gegr. internat. Organisation zur Schaffung eines globalen Kommunikationssatellitennetzes; Sitz: Washington (D. C.). Das Satellitensystem von INTELSAT umfasst neben mehr als 20 operativen Satelliten rd. 2 700 Bodenstationen mit Nutzern in über 200 Ländern (2002). – Seit 1965 wurden die Satelliten der Reihen INTELSAT I bis IX sowie der spezielle INTELSAT K (Übertragung von 32 Fernsehprogrammen für Europa, Nord- und Südamerika) vollständig oder z. T. in Betrieb genommen.

Intendant [lat.-frz.] *der,* **1)** oberster Leiter eines Theaters, eines Rundfunk- oder Fernsehsenders.

2) in Frankreich seit dem 16. Jh. bis 1789 der oberste Verwaltungsbeamte einer Provinz.

Intension [lat.] *die,* **1)** *allg.:* Anspannung, Eifer, Kraft.

2) *Logik:* der Inhalt eines Begriffes, also all das, was der Benutzer mit diesem verbindet.

Intensität [von lat. intendere »anstrengen«] *die,* **1)** *allg.:* Stärke, Wirksamkeit, Eindringlichkeit.

2) *Physik:* (Energieflussdichte), SI-Einheit ist W/m^2; die je Zeiteinheit durch eine Einheitsfläche hindurchtretende Energie einer Strahlung (z. B. Licht, Schall, Teilchenstrahlung).

3) *Wirtschaft:* durchschnittl. Verhältnis der Einsatzmengen zweier Produktionsfaktoren bei gegebener Produktionsmenge (z. B. Arbeitsintensität, Kapitalintensität).

intensiv [lat.], **1)** *allg.:* gründlich und auf die betreffende Sache konzentriert.

2) *Landwirtschaft:* auf kleinen Flächen, aber mit relativ großem Aufwand betrieben; Ggs.: extensiv.

intensive Größen, Zustandsgrößen eines physikal. Systems, die sich bei Zerlegung des Systems nicht ändern (z. B. Temperatur, Druck), im Ggs. zu stoffmengenbezogenen **extensiven Größen,** die sich aus den Beiträgen einzelner Teilsysteme zusammensetzen (Energie, Ladung, Masse u. a.).

Intensivhaltung, Formen der Nutztierhaltung, bei denen die Tiere ohne Auslauf in einem Stall oder in Käfigen gehalten werden; z. B. die ↑Batteriehaltung von Hühnern; ist tierschutzrechtlich problematisch.

Intensivmedizin, bestmögl. diagnost., therapeut. und pfleger. Maßnahmen in hoch spezialisierten Stationen **(Intensivstationen)** zur Behandlung von Menschen mit lebensbedrohl. Erkrankungen oder Verletzungen (Herzinfarkt, Schock u. a.). Die I. konzentriert sich auf das Aufrechterhalten der lebenswichtigen Funktionen (Atmung, Kreislauf, Temperaturregulation, Stoffwechsel).

Intensivum [lat.] *das, Sprachwiss.:* Verb, das eine in ihrer Stärke oder Dauer gesteigerte Handlung ausdrückt, z. B. von biegen: *bücken.*

Intention [lat.] *die,* **1)** *allg.:* Absicht, Bestreben, Vorhaben.

2) *Philosophie:* Richtung des Denkens oder Wollens, der Antriebe und des Fühlens auf etwas.

Intentionalismus [lat.] *der, Ethik:* die

Lehre, dass jede Handlung nach ihrer Absicht, ihrer Gesinnung, nicht nach ihrer Wirkung zu beurteilen sei.

Intentionalität [lat.] *die,* in der Phänomenologie E. Husserls das Gerichtetsein des Bewusstseins auf seine Gegenstände (»Bewusstsein von etwas«): Bewusstseinsakte sind immer auf Sachverhalte (das Wahrgenommene, das Vorgestellte, das Gewünschte) gerichtet, die aber keineswegs reale Gegenstände sein müssen.

Intentionstremor [lat.], ↑Tremor.

inter... [lat.], zwischen...

Interaktion [lat.], **1)** *allg.:* Kommunizieren, aufeinander bezogenes Handeln zw. zwei oder mehreren Personen.

2) *Informatik:* (Dialog), die wechselseitige Beeinflussung von Mensch und Maschine (↑Mensch-Maschine-Kommunikation), d. h. die Fähigkeit eines Anwendungsprogramms, einer Benutzeroberfläche u. a., Aufgaben im Dialog mit dem Anwender zu lösen.

3) *Medizin:* gegenseitige Beeinflussung versch. Arzneimittel oder von Arznei-, Lebens- oder Genussmitteln.

4) *Soziologie:* die Wechselbeziehung zw. den Individuen und einer gesellschaftl. Gruppe oder der Gesellschaft insgesamt, in Gruppen und größeren sozialen Systemen bes. die wechselseitige Orientierung des Handelns an den Erwartungen der anderen.

Interaktionsanalyse, von R. F. Bales erstelltes sozialpsycholog. Kategorien- und Bezugssystem, das zur Beobachtung unter kontrollierten Bedingungen (Laboratoriumsbeobachtung) v. a. des Gruppenverhaltens bei Beschlussfassungs- und Problemlösungsprozessen eingesetzt wird.

Interaktionsgrammatik, Forschungsrichtung der modernen Linguistik, die Sprechhandlungen im Hinblick auf ihren dialog. und interaktiven Charakter untersucht und darstellt.

interaktiver Betrieb, *Informatik:* der ↑Dialogbetrieb.

interaktives Fernsehen, Abk. **ITV** [zu engl. **i**nteractive **t**ele**v**ision], dialoggesteuertes Fernsehen, bei dem der Zuschauer über einen Rückkanal Informationen mit dem Sender austauschen und Kommunikations-, Unterhaltungs- und Informationsdienste über das Fernsehgerät nutzen kann. Voraussetzungen des noch in der Entwicklung befindl. i. F. sind die Übertragung und Kompression von digitalen Daten, für deren techn. Aufbereitung der Zuschauer i. Allg. ein Zusatzgerät benötigt (↑Set-Top-Box). I. F. ermöglicht dem Zuschauer u. a. ↑Pay-TV, ↑Video-on-Demand, interaktive Spiele und Teleshopping sowie die Nutzung der vom Sender bereitgestellten elektron. Programmführer (↑EPG). Weitere Angebote sind Spielfilme, bei denen der Zuschauer Einfluss auf den Fortgang der Handlung nehmen kann, sowie die Möglichkeit, zw. versch. Kameraperspektiven (z. B. bei Sportübertragungen) zu wählen.

📖 *Clement, M.: I. F. Analyse und Prognose seiner Nutzung. Wiesbaden 2000.*

Interamerikanische Entwicklungsbank (engl. Inter-American Development Bank, Abk. IDB), 1959 gegr. Entwicklungsbank für Lateinamerika und die Karibik, Sitz: Washington (D. C.); gewährt projektgebundene Kredite zu Marktbedingungen und leistet techn. Hilfe. Hauptziele: Förderung der weniger entwickelten Mitgl.länder sowie der wirtsch. Integration innerhalb der Region, Unterstützung von Umstrukturierungs- und Schuldenreduzierungsprogrammen, Armutsbekämpfung, Umweltschutz. Der IDB gehören (2002) 46 Länder an.

Interamerikanische Investitionsgesellschaft (engl. Inter-American Investment Corporation, Abk. IIC), 1986 gegründete, rechtlich und organisatorisch selbstständige Schwesterinstitution der Interamerikan. Entwicklungsbank, Sitz: Washington (D. C.); (2002) 36 Mitgl.-Staaten. Aufgabe: Förderung kleiner und mittlerer privater Unternehmen in Lateinamerika und der Karibik durch Kredite und Kapitalbeteiligungen.

Interbankrate, Zinssatz, zu dem Geldgeschäfte zw. Banken am Geldmarkt getätigt werden (↑EURIBOR).

Interbrigaden *Pl.,* ↑Internationale Brigaden.

Interbrigadist *der,* Angehöriger der Interbrigaden (↑Internationale Brigaden), neben vielen Kommunisten auch Intellektuelle aus aller Welt (u. a. E. Hemingway, G. Orwell, A. Malraux).

Intercityzüge [-ˈsɪtɪ-], InterCity® (↑IC®), InterCity-Express® (↑ICE®).

Intercontinental Ballistic Missile [ɪntəkɔntɪˈnentl bəˈlɪstɪk ˈmɪsaɪl, engl.], Abk. **ICBM,** Interkontinentalrakete; zu den strateg. Nuklearwaffen gehörende landgestützte Trägerrakete mit einer Reichweite bis zu 20000 km.

Interdependẹnz [lat.] *die,* auf Wechselwirkung beruhende gegenseitige Abhängigkeit.

Interdịkt [lat.] *das,* **1)** *Kirchenrecht:* über Personen (Personal-I.) oder Gebiete und Orte (Lokal-I.) verhängte Kirchenstrafe (v. a. im MA.), die den mit I. Belegten die Teilnahme an und den Vollzug von gottesdienstl. Feiern und Handlungen untersagt; im heutigen kath. Kirchenrecht eine Beugestrafe (↑Kirchenzucht).

2) *röm. Recht:* eine der heutigen einstweiligen Verfügung ähnl. Anordnung des Prätors zur Aufrechterhaltung des Rechtsfriedens.

interdisziplinạ̈r, mehrere Fächer, Wissenschaftszweige (Disziplinen) umfassend, ihre Zusammenarbeit betreffend.

Interẹsse [lat.] *das,* **1)** *allg.:* geistige Anteilnahme, Neigung; erhöhte Aufmerksamkeit; Nutzen.

2) *Recht:* im Privatrecht der in Geld schätzbare Wert eines Rechtsguts für den Berechtigten (der subjektive Wert). Im Vertragsrecht unterscheidet man im Schadensfall das zu ersetzende **positive I.,** bei dem der Geschädigte so gestellt werden muss, als ob der Vertrag erfüllt wäre, und das **negative I.,** bei dem der Geschädigte so zu stellen ist, als ob das den Schaden auslösende Geschäft nie getätigt worden wäre. – Im öffentl. Recht meint das **öffentl. I.** das allgemeine Wohl (im Einzelfall anpassungsbedürftig); im Verfahrensrecht beschreibt das **rechtl. I.** das schützenswerte Bedürfnis des Einzelnen nach Rechtsschutz.

Interẹssenausgleich, schriftl. Vertrag zw. Arbeitgeber und Betriebsrat über eine künftige Betriebsänderung (§§ 112, 113 Betriebsverfassungs-Ges., z. B. eine Betriebsstilllegung). Im I. wird geregelt, ob und ggf. wann und in welchem Umfang die Betriebsänderung durchgeführt wird. Der Ausgleich der Nachteile, die den Arbeitnehmern entstehen, ist Gegenstand des Sozialplans.

Interẹssengemeinschaft, Abk. **I. G.,** i. w. S. vertragl. Zusammenschluss mehrerer Personen oder Unternehmen zur Wahrung gleichartiger, meist wirtsch. Interessen; i. e. S. Gewinngemeinschaft: Verbindung von Unternehmen, die rechtlich selbstständig bleiben, deren wirtsch. Selbstständigkeit aber vertraglich gemindert ist; häufig Vorstufe der Verschmelzung (Fusion). Die I. G. ist regelmäßig eine Gesellschaft bürgerl. Rechts (ohne Rechtspersönlichkeit).

Interẹssenjurisprudenz, um 1900 aufgekommene jurist. Methodenlehre, nach der bei der Entscheidung des Einzelfalles sowohl den Absichten des Gesetzgebers und seinen in den Rechtssätzen niedergelegten Wertungen als auch der besonderen Interessenlage der Beteiligten Rechnung zu tragen ist (bed. Vertreter: R. von Jhering, P. Heck). Stand im Ggs. zur ↑Begriffsjurisprudenz.

Interẹssensphäre, ↑Einflussgebiet.

Interẹssenverbände, freiwillige Zusammenschlüsse von Personen, Körperschaften, jurist. Personen, um die (gleich gerichteten oder ähnl.) Belange ihrer Mitgl. zu regeln und zu vertreten. Zu den I. gehören bes. die Gewerkschaften und Arbeitgeberverbände, ferner in Dtl. z. B. Vertriebenen- und Kriegsopferverbände. Sofern die I. auf die Gesetzgebung u. a. polit. Akte Einfluss zu nehmen suchen, nennt man sie auch ↑Pressuregroups.

interessewahrend, Zusatz bei einem Kauf- oder Verkaufsauftrag für Wertpapiere, mit dem es der Kunde seiner Bank freistellt, ob sie den Auftrag mit einem einzigen Abschluss oder verteilt auf mehrere kleinere Abschlüsse, an einem Börsentag oder während mehrerer Tage ausführt.

Interface [ˈɪntəfeɪs, engl.] *das, Informatik:* ↑Schnittstelle.

Ịnterfax, unabhängige russ. Nachrichtenagentur, gegr. 1989, Sitz: Moskau.

Interferẹnz [lat.] *die,* **1)** *Physik:* die Überlagerung von zwei oder mehr Wellenzügen ausreichender ↑Kohärenz am gleichen Raumpunkt, die zu einer von den Amplituden und Phasendifferenzen abhängigen Intensitätsverteilung führt. Diese kann als Verstärkung **(I.-Maximum),** Schwächung oder Auslöschung **(I.-Minimum)** der Wellen beobachtet werden. Die I. beruht auf dem **Superpositionsprinzip,** nach dem die resultierende Amplitude jeweils gleich der Summe der Amplituden der ursprüngl. Wellen ist; es findet keine Wechselwirkung der Einzelwellen statt. I.-Erscheinungen ermöglichen den Nachweis der Wellennatur einer Strahlung. Sie treten prinzipiell bei allen Wellen auf, bei Oberflächenwellen

(Wasser), elast. und elektromagnet. Wellen (Schall, Licht), Materiewellen (z. B. bei der Elektronen- oder Neutronenbeugung).

I. des Lichts: Natürl. Licht therm. Strahler entsteht durch spontane Emission untereinander unabhängiger, angeregter Atome, die nicht zusammenhängende Wellenzüge von etwa 10^{-8} s Dauer mit statistisch wechselnden Phasenbeziehungen aussenden. Die I.-Erscheinung ist deshalb nicht stationär, sondern ändert in Intervallen von etwa 10^{-8} s ihr Aussehen. Zur Erzeugung interferenzfähiger (kohärenter) Wellen muss deren opt. Wegdifferenz kleiner als die Kohärenzlänge sein. Das ist beim ↑Laser der Fall, dessen stimulierte Emission räumlich und zeitlich kohärent ist. Verwendet man andere Lichtquellen, muss man das Licht in Teilbündel aufspalten und sie zur I. bringen (↑fresnelscher Spiegelversuch). Die I.-Bilder sind meist in Form von regelmäßig angeordneten Figuren **(I.-Streifen, I.-Ringe)** zu beobachten, die bei Verwendung von weißem Licht oft ausgeprägte **I.-Farben** (newtonsche Ringe) aufweisen. Solche Farben treten auch an dünnen Luft- und Flüssigkeitsschichten (z. B. Seifenblasen, Ölschicht) auf, bei denen das auffallende Licht durch Reflexion an der Vorder- und Hinterseite der Schicht interferiert. I.-Erscheinungen werden z. B. in Interferometern, Gittern sowie in der Holographie ausgenutzt.

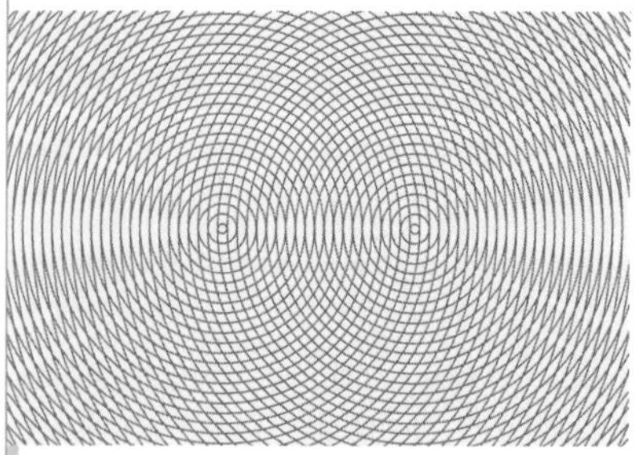

Interferenz 1): Modelldarstellung der Überlagerung zweier punktförmiger Quellen durch zwei Glasplatten mit je einer konzentrischen Kreisschar

2) *Sprachwissenschaft:* 1) Einwirkung eines sprachl. Systems auf ein anderes, die durch die Ähnlichkeit von Strukturen verschiedener Sprachen oder durch die Vertrautheit mit verschiedenen Sprachen entsteht; 2) falsche Analogie beim Erlernen einer Sprache von einem Element der Fremdsprache auf ein anderes (z. B. die Verwechslung ähnlich klingender Wörter); 3) Verwechslung von ähnlich klingenden (und semantisch verwandten) Wörtern innerhalb der eigenen Sprache.

Interferenzfilter, ↑Lichtfilter.

interferieren, sich überlagern, überschneiden.

Interferometer [lat.-grch.] *das,* opt. Gerät, das unter Ausnutzung von Interferenzerscheinungen des Lichts für Präzisionsmessungen eingesetzt wird. In **Zweistrahl-I.** werden zwei Lichtbündel, u. a. über halb durchlässige Platten oder Spiegel, zur Interferenz gebracht (z. B. **Michelson-I., Mach-Zehnder-I.**). In **Vielstrahl-I.,** wie dem **Fabry-Perot-I.,** nutzt man die Mehrfachreflexion an planparallelen Platten; sie werden zur hochauflösenden Interferenzspektroskopie verwendet, da die Schärfe der Interferenzstreifen mit der Zahl der interferierenden Teilbündel wächst. – I. erlauben Messungen von Längenunterschieden (↑Komparator), Brechzahlen (↑Refraktometer) oder Wellenlängen und dienen u. a. zur Prüfung der Ebenheit von Flächen oder als schmalbandige Lichtfilter.
In der *Astronomie* dienen I. zur Messung kleiner Winkel, z. B. des Durchmessers von Sternen. Die interferierenden Strahlenbündel eines astronom. Phasen-I. kommen dabei von z. T. gegeneinander verschiebbaren Teleskopen. In der Radioastronomie werden zur Steigerung des Auflösungsvermögens spezielle I.-Systeme eingesetzt (↑Radioteleskop).

Interferone [lat.], Abk. **IFN**, säure- und hitzeresistente artspezif. Glykoproteine, die von Zellen vieler Wirbeltiere und des Menschen bei Virusinfektionen gebildet werden und nicht infizierte Zellen vor demselben Virus (wie auch vor anderen Viren) schützen. Weiterhin zeigen I. einen wachstumshemmenden Effekt auf Tumorzellen. – Die therapeut. Verwendung wird durch schwere Nebenwirkungen selbst der Reinstpräparate eingeschränkt.

Interferrikum [lat.-nlat.] *das, Elektromagnetismus:* Luftspalt zw. den Polen eines Elektromagneten mit Eisenkern.

Interflug, ehem. staatl. Luftverkehrsges. der DDR, bestand 1958–91; Sitz: Berlin-Schönefeld.

intergalaktisch, zw. den Galaxien befindlich.

intergalaktische Materie, die im Raum zw. den Sternsystemen (Galaxien) diffus verteilte Materie äußerst geringer Dichte. I. M. tritt u. a. in Form von Wolken neutralen Wasserstoffs auf sowie als heißes Gas innerhalb großer Galaxienhaufen, das sich durch Strahlung im Röntgenbereich bemerkbar macht.

Interglazial [lat. glacialis »eisig«] *das* (Interglazialzeit, Warmzeit, Zwischeneiszeit), wärmere Klimaperiode zw. zwei Glazialen (Kaltzeiten), mit einem Rückgang der Vergletscherung verbunden.

Interhalogenverbindungen, sehr reaktionsfähige chem. Verbindungen aus zwei versch. Halogenen; bei ihnen ist jeweils das schwerere Halogen der elektropositive, das leichtere der elektronegative Partner. I. werden z. B. von Fluor mit Chlor, Brom und Jod gebildet.

Interieur [ɛ̃teri'øːr, frz.] *das,* **1)** *allg.:* das Innere, die Innenausstattung eines Hauses.

2) *Kunst:* in der Malerei die Darstellung eines Innenraumes. Die Kunst des MA. löste sich spät vom Goldgrund, in Italien tritt der Kastenraum auf (Giotto), von den Niederlanden ausgehend füllt sich das I. seit dem 14. Jh. mit Details der Wohnkultur und seit dem 15. Jh. verliert sich die abgrenzende Rahmung völlig. Das Innenbild erfasst das ganze Bild, die Räumlichkeit wird mit den Mitteln der Zentralperspektive dargestellt. Zu einer besonderen Gattung wurde das I. durch die Niederländer des 17. Jh. (u. a. J. Vermeer, P. de Hooch).

Interim [lat.] *das,* **1)** *allg.:* einstweilige Regelung für eine Übergangszeit.

2) *Kirchengeschichte:* in der Frühzeit der Reformation die vorläufige Regelung einer strittigen Religionsangelegenheit durch Anordnung des Kaisers oder eine Vereinbarung des Reichstags bis zur Entscheidung durch ein allg. Konzil; z. B. gewährte das Augsburger I. (1548) der prot. Seite die Priesterehe und den Laienkelch, das Leipziger I. (1548) der kath. Seite die Beibehaltung der lat. Messe, der Marienfeste und des Fronleichnamsfestes.

Interimsprache, *Sprachwissenschaft:* beim Erlernen einer Fremdsprache erreichter Entwicklungsstand zw. Unkenntnis und Beherrschung der zu erlernenden Sprache.

Interieur 2): Jan van Eyck, »Madonna des Kanzlers Nicholas Rolin« (um 1437; Paris, Louvre)

100264

Interimsvertrag (Interimsabkommen), geschlossen 1995, ↑Palästina, Geschichte.
Interior Plains [ɪnˈtɪərɪə ˈpleɪnz], die Flachländer und Plateaus im Inneren Nordamerikas, ↑Innere Ebenen.
Interjektion [lat.] *die,* Wort zum Ausdruck von Empfindungen, einer Aufforderung, eines Hinweises, nicht flektierbar, z. B. »oh«, »au«.
Interkolumnie [lat.] *die* (Interkolumnium), in der Baukunst der lichte Abstand zw. zwei Säulen eines antiken Tempels.
Interkommunion, zwischen konfessionsversch. Kirchen vereinbarte gegenseitige Zulassung ihrer Mitgl. zum Abendmahl. (↑Abendmahlsgemeinschaft)
Interkontinentalrakete, ↑Intercontinental Ballistic Missile.
interkostal [lat.], *Anatomie:* zw. den Rippen liegend.
interkulturell, die Beziehungen zw. den verschiedenen Kulturen betreffend.
Interlaken, Bez.hauptort im Kt. Bern, Schweiz, 5 100 Ew., Kurort auf dem Bödeli zw. Thuner und Brienzer See, an der Aare, 563 m ü. M.; Fremdenverkehrszentrum. I. bildet mit den Nachbarorten Unterseen und Matten eine Siedlungseinheit mit 13 500 Einwohnern.
Interleukine [grch.], Abk. **IL**, zu den Zytokinen gehörende Substanzen, die zur Beeinflussung der Aktivität des Immunsystems, insbesondere der Lymphozytenfunktion, dienen; es sind 18 I. bekannt. I. werden als Arzneimittel eingesetzt.
Interlinearversion, zw. die Zeilen eines fremdsprachigen Textes geschriebene Wort-für-Wort-Übersetzung ohne Berücksichtigung grammat. oder idiomat. Unterschiede zw. dem Grundtext und der Übersetzung. In althochdt. Zeit (8.–10. Jh.) ist die I. die erste und älteste Stufe der Übersetzung und Aneignung lat. Texte in der Volkssprache.
Interlingua, eine ↑Welthilfssprache.
Interlinguistik [lat.], *Sprachwissenschaft:* 1) Zweig der Linguistik, der die ↑Welthilfssprachen und deren prakt. Verwendbarkeit (z. B. als Verkehrs- oder Wissenschaftssprachen) analysiert; 2) linguist. Teildisziplin, die wesentl. Unterschiede natürl. Sprachen untersucht mit dem Ziel, die jeweilige spezif. Sprachform zu ermitteln; im Rahmen des fremdsprachl. Unterrichts und der Übersetzungstätigkeit kommt ihr besondere Bedeutung zu.
Interlockgestrick, laufmaschenfreies, feines weiches Gestrick; Bindung: rechts/rechts/gekreuzt; für Unterwäsche und Oberbekleidung.
interlokales Recht, die Rechtsnormen, die für den Fall zur Anwendung gelangen, dass Teilgebiete des Rechts, z. B. in den Gliedstaaten eines Bundesstaates, unterschiedlich geregelt sind. Es steht insoweit im Ggs. zum ↑internationalen Privatrecht, nach dessen Grundsätzen jedoch die jeweils anwendbare Rechtsnorm bei Kollisionsfällen im privatrechtl. Bereich zu ermitteln und anzuwenden ist. Wenn das am Tatort geltende Strafrecht und das für das urteilende Gericht geltende Recht nicht übereinstimmen, ist grundsätzlich das Recht des Tatortes maßgebend. Dies gilt nach dem Beitritt der DDR zur Bundesrep. Dtl. auch zw. den alten und den neuen Bundesländern. Der Einigungsvertrag brachte jedoch keine umfassende Regelung der strafrechtl. Problematik.
Interlude [ˈɪntəljuːt] *das,* kurze dramat. Form des engl. Theaters im 15. und 16. Jh., oft von burlesker Komik und mit Musik.
Interludium [lat.] *das, Musik:* Zwischenspiel.
Interlunium [lat.] *das,* die Zeit des Neumondes (↑Mond).
intermediär [lat.], **1)** *allg.:* in der Mitte liegend, dazwischen befindlich, ein Zwischenglied bildend.
2) *Genetik:* Merkmalsausbildung, die mit den Elternformen nicht übereinstimmt, z. B. rote und weiße Blütenfarbe ergibt bei bestimmten Pflanzen eine rosa blühende Filial-(Tochter-)Generation.
intermediäre Bosonen, *Physik:* ↑Eichbosonen.
intermetallische Verbindungen (intermediäre Phasen), chem. Verbindungen zweier oder mehrerer Metalle, die in einem von den Kristallgittern der sie bildenden Elemente wesentlich verschiedenen Gitter kristallisieren (im Ggs. zu den ↑Mischkristallen). Die chem. Bindungen ihrer Atome enthalten neben metall. Bindungsanteilen (verbunden mit metall. Eigenschaften) auch starke Atom- bzw. Ionenbindungsanteile (verbunden mit Halbleitereigenschaften).
Intermezzo [lat.] *das,* **1)** *allg.:* kleine Begebenheit, Zwischenfall.
2) *Musik:* musikal. Einlage, Zwischenaktmusik; auch Charakterstück für Klavier.

3) *Theater:* Zwischenspiel des ital. Renaissanceschauspiels, zuerst v. a. Musik, dann auch Tänze, später allegor. Szenen und Possen.

intermittierend [zu lat. intermittere »aussetzen«], zeitweilig aussetzend, mit Unterbrechungen verlaufend.

intermittierendes Hinken (Claudicatio intermittens), bei arterieller Durchblutungsstörung der Beine nach kurzer Wegstrecke auftretende Wadenschmerzen, die zu vorübergehendem Hinken zwingen.

intern [lat.], im Innern befindlich, innerhalb; nur den inneren, engsten Kreis einer Gruppe betreffend, nicht öffentlich.

Internalisierung [lat.] *die,* **1)** *Psychologie:* (Verinnerlichung), die Übernahme bzw. das Sich-zu-Eigen-Machen von Werten, Normen, Auffassungen anderer Personen, um sich an gegebene Verhältnisse anzupassen; tritt v. a. in der kindl. Sozialisation auf.

2) *Umweltökonomik:* die Einbeziehung externer Effekte in die Erlös- bzw. Kostenrechnung einer Wirtschaftseinheit.

Internat [lat.] *das,* einer meist höheren Schule angegliedertes Wohnheim für Schüler.

International Accounting Standards [ɪntəˈnæʃnl ɛˈkauntɪŋ ˈstændədz, engl.], Abk. **IAS,** vom International Accounting Standards Committee (IASC; Zusammenschluss von Berufsorganisationen der Wirtschaftsprüfer, Finanzanalysten und Jahresabschlusserstellern versch. Länder) aufgestellte Rechnungslegungsrichtlinien ohne rechtsverbindl. Charakter. Ziel: Harmonisierung der Bilanzierungsbestimmungen für Aktiengesellschaften versch. Länder durch internat. gültige Standards. Abgrenzungsmerkmale gegenüber den dem Gläubigerschutz verpflichteten Regelungen des dt. HGB: stärkere Berücksichtigung der Aktionärsinteressen, marktgerechtere Bewertung von Unternehmen, fehlende Möglichkeit der Bildung stiller Rücklagen. Seit 1998 können in Dtl. Konzernabschlüsse nach IAS vorgenommen werden.

International banking facilities [ɪntəˈnæʃnl ˈbæŋkɪŋ fəˈsɪlɪtɪz, engl.], Abk. **IBF,** Bankenfreizonen in den USA; rechtlich unselbstständige, vom sonstigen Bankbetrieb (Inlandsgeschäft) zu trennende Einrichtungen in- und ausländ., in den USA tätiger Banken, die bei ihren Transaktionen von Mindestreservepflicht und Einlagenversicherung befreit, steuerlich begünstigt sind und nicht der Bankenaufsicht unterliegen. (↑Offshorezentren)

International Commercial Terms [ɪntəˈnæʃnl kəˈməːʃl ˈtəːmz, engl.], Abk. Incoterms, ↑Handelsklauseln.

International Council for Science [ɪntəˈnæʃnl ˈkaʊnsl fɔː ˈsaɪəns, engl.; bis 1998 International Council of Scientific Unions, Abk. ICSU], internat. Zentrum für den Informationsaustausch im Bereich der exakten Wissenschaften mit den Zielen, diese zu koordinieren und zu fördern, Sitz: Paris; gegr. 1931. Mitgl. sind wissenschaftl. Akademien u. a. nat. oder internat. wissenschaftl. Vereinigungen (in Dtl. die Dt. Forschungsgemeinschaft e. V.).

International Council of Christian Churches [ɪntəˈnæʃnl ˈkaʊnsl ɔf ˈkrɪstjən ˈtʃəːtʃɪz, engl.], Abk. **ICCC** (Internationaler Rat christlicher Kirchen), internat. Sammlungsbewegung protestantisch-fundamentalistisch geprägter (im eigenen Verständnis bibeltreuer) Kirchen und Gruppen; gegr. 1948 als Gegenorganisation zum Ökumen. Rat der Kirchen; nach Eigenangaben heute über 700 (zahlenmäßig meist sehr kleine) Mitgliedskirchen und -gruppen in rd. 100 Ländern. Sitz: Garderen (Gem. Barneveld, Niederlande).

Internationale [lat.] *die,* internat. Vereinigung, bes. die der sozialist. Parteien. 1864 wurde in London die **Internat. Arbeiterassoziation** gegründet (**Erste I.,** unter dem Einfluss von K. Marx), die 1872 durch den Gegensatz zw. Marx und Bakunin scheiterte. 1889 entstand auf Anregung der dt. Sozialdemokraten in Paris die **Zweite I.,** die im Ersten Weltkrieg auseinander brach und 1923 wiederhergestellt wurde; sie bestand bis 1940. Die **Wiener I.** bestand von 1921 bis 1923 und vereinigte sozialist. Parteien Europas und der USA. 1946 entstand in London ein **Internat. Sozialist. Büro** als Vorläufer einer neuen sozialist. Internationale. Auf dem 8. Internat. Sozialist. Kongress in Frankfurt am Main (1951) wurde sie von 34 Parteien als **Sozialist. I.** (SI) wieder gegr.; sie umfasst heute über 90 Vollmitgl.; seit 1989/90 werden die Parteien der wieder erstandenen sozialdemokrat. Bewegung in Mittel- und Osteuropa integriert; Präs. der SI: 1976–92 W. Brandt, 1992–99 P. Mauroy (Frankreich), seit 1999 A. M. Guterres

(Portugal). – Nach dem Sieg der Bolschewiki in Russland kam es 1919 in Moskau zur Gründung der **Dritten I. (Kommunist. I.,** ↑Komintern); sie wurde 1943 aufgelöst, 1947 als ↑Kominform neu gegründet, 1956 aufgelöst. Danach waren die kommunist. Parteien unter straffer Führung der KPdSU bestrebt, auf internat. kommunist. Konferenzen eine gemeinsame polit. Linie zu finden. – Trotzki gründete in Paris 1938 die **Vierte I.,** die ohne Bedeutung blieb. – Auch andere Parteien und Gewerkschaften haben internat. Zusammenschlüsse.

Internationale, Die, Kampflied der internationalen sozialist. Arbeiterbewegung (»Wacht auf, Verdammte dieser Erde ...«), frz. Text von E. Pottier (1871), Melodie von P. C. Degeyter (1888); bis 1943 Hymne der Sowjetunion.

Internationale Arbeitsorganisation (Logo)

Internationale Arbeitsorganisation, Abk. **IAO** (engl. International Labour Organization, Abk. ILO), gegr. am 11. 4. 1919 auf gewerkschaftl. Initiative durch den Versailler Friedensvertrag mit engem Bezug zum Völkerbund, seit 1946 Sonderorganisation der UN; Sitz: Genf. Tätigkeitsfelder: Arbeitsschutz und -bedingungen, Arbeitsrecht, soziale und Beschäftigungssicherheit, Bekämpfung von berufl. (Frauen-)Diskriminierung und Kinderarbeit. Organe: Internat. Arbeitskonferenz (IAK; jährl. Vollversammlung der Mitgl.länder), Verwaltungsrat und das **Internat. Arbeitsamt** (IAA; fungiert als ständiges Sekretariat und Exekutivorgan der Organisation). In den IAO-Gremien sind Regierungs-, Arbeitgeber- und Arbeitnehmervertreter gleichberechtigt vertreten (Tripartismus). Der IAO gehören (2001) 175 Mitgl.-Staaten an; 1969 erhielt die IAO für ihre Bemühungen um die Verbesserung der wirtsch. und sozialen Verhältnisse den Friedensnobelpreis.

Internationale Ärzte zur Verhinderung des Atomkriegs (engl. International Physicians for the Prevention of Nuclear War, Abk. IPPNW), Zusammenschluss von etwa 145 000 Ärzten aus 51 Ländern, die jede Form der medizin. Vorbereitung auf die Folgen eines Atomkriegs mit ihrer Standesethik für unvereinbar halten; gegr. 1980. Die IPPNW, die sich für (atomare) Abrüstung und das Verbot von Kernwaffen einsetzen, wurden 1985 mit dem Friedensnobelpreis ausgezeichnet.

Internationale Atomenergie-Organisation, Abk. **IAEO** (Internationale Atomenergie-Behörde, engl. International Atomic Energy Agency, Abk. IAEA), 1957 gegründete selbstständige Organisation innerhalb der UN zur Förderung der friedl. Nutzung der Kernenergie mit (2002) 134 Mitgl.staaten (Bundesrep. Dtl. seit 1957); Sitz: Wien. Zu den Aufgaben gehören der internat. Informationsaustausch auf dem Gebiet der Kernenergie sowie Sicherheitskontrollen (Überwachung internat. Verträge, z. B. des Kernwaffensperrvertrages).

Internationale Atomzeit (engl. International Atomic Time, Abk. IAT), ↑Zeit.

Internationale Bank für Wiederaufbau und Entwicklung, ↑Weltbank.

internationale Bank|identifikation (engl. Bank Identifier Code, Abk. BIC), nach internat. SWIFT-Standard festgelegter Code zur eindeutigen Identifikation eines Finanzinstituts; dient der Rationalisierung des grenzüberschreitenden Zahlungsverkehrs zw. europ. Ländern (↑internationale Kontonummer).

Internationale Brigaden (Interbrigaden), militär. Freiwilligenverbände im Span. Bürgerkrieg (1936–39), die sich aus Ausländern rekrutierten und 1936–38 auf republikan. Seite gegen die Aufständischen unter General F. Franco Bahamonde kämpften (insgesamt rd. 35 000 Mann aus 54 Nationen, darunter 5 000 Deutsche).

Internationale Einheiten, 1) Abk. **I. E.** (engl. International Units, Abk. I. U.), internat., von der WHO u. a. Organisationen festgelegte Maßeinheiten für biochemisch wirksame Substanzen: 1) bei Hormonen, Vitaminen, Antibiotika u. a. eine Wirkstoffmenge, die auf Referenzpräparate bezogen ist (deren biolog. Wirkung ist z. B. in Tierversuchen standardisiert); 2) bei Enzymen diejenige Substanzmenge, die unter genau definierten Bedingungen (Zeit, Temperatur u. a.) eine bestimmte Stoffmenge umsetzt (katalysiert).

2) Einheiten des Internat. Einheitensystems, die ↑SI-Einheiten.

Internationale Energieagentur (engl. International Energy Agency, Abk. IEA), Sitz: Paris, 1974 im Rahmen der OECD gegr. Organisation zur Realisierung des internat. Energieprogramms, mit dem mögl. Problemen in der Ölversorgung begegnet werden soll. Energiepolit. Ziele der IEA sind u.a.: Energiesparen, Substitution v.a. von Erdöl und angemessene Energiepreisgestaltung; ferner Nutzung der Kernenergie und Ausbau der erneuerbaren Energien sowie stärkere Berücksichtigung von Umweltschutz (u.a. wegen des Treibhauseffektes); Förderung entsprechender Forschung und Entwicklung.

Internationale Entwicklungsorganisation (engl. International Development Association, Abk. IDA), Sonderorganisation der UN; selbstständige Schwesterorganisation der Weltbank; gegr. 1959 (tätig seit 1960), Sitz: Washington (D. C.); 163 Mitgl.länder (2002). Die IDA finanziert Entwicklungsprojekte, v.a. Infrastrukturprojekte in den ärmsten Entwicklungsländern, zu günstigeren Konditionen als die Weltbank (Laufzeit der zinslosen Kredite i.d.R. 40 Jahre, Rückzahlung in eigener Währung möglich). Die Mittel stammen aus Beiträgen der Mitgl.staaten und Gewinnen der Weltbank.

Internationale Fernmelde-Union, ↑ITU.

Internationale Finanz-Corporation (engl. International Finance Corporation, Abk. IFC), Sonderorganisation der UN; rechtlich und finanziell selbstständige Organisation der Weltbankgruppe; gegr. 1956, Sitz: Washington (D. C.); 175 Mitgl.länder (2002). Voraussetzung für die Aufnahme ist die Mitgliedschaft in der Weltbank. Die IFC fördert das privatwirtsch. Engagement in Entwicklungsländern durch Finanzierung von Projekten des privaten Sektors, Hilfe für Unternehmen in Entwicklungsländern bei der Beschaffung von Finanzmitteln auf internat. Finanzmärkten sowie Beratung und techn. Hilfe für Firmen und Regierungen.

Internationale Frauenliga für Frieden und Freiheit, Abk. **IFFF** (engl. Women's International League for Peace and Freedom, Abk. WILPF), polit. Frauenorganisation, gegr. 1915 in Den Haag; Sitz: Genf; Mitarbeit bei UNO und UNESCO.

internationale Gerichte, die durch zwischenstaatl. Verträge für ständig oder für eine bestimmte Zeit oder Aufgabe errichteten Gerichtshöfe, so der ↑Internationale Gerichtshof, der ↑Europäische Gerichtshof, der ↑Europäische Gerichtshof für Menschenrechte oder der ↑Internationale Strafgerichtshof. Die Kriegsverbrechertribunale in Den Haag (für das ehem. Jugoslawien) und in Arusha, Tansania (für Kriegsverbrechen in Ruanda), wurden von den UN eingerichtet; i.w.S. sind i.G. auch zwischenstaatl. Schiedsgerichte wie der Ständige Schiedsgerichtshof (↑Schiedsgerichtsbarkeit).

Internationale Handelskammer, Abk. **IHK** (engl. International Chamber of Commerce, Abk. ICC), ↑Industrie- und Handelskammer.

Internationale Kampagne zur Ächtung von Landminen [- kam'panjə -], 1992 gegr. Dachverband aller Organisationen, die sich für die Ächtung von Antipersonenminen und die Betreuung der Opfer dieser Waffen einsetzen; zus. mit seiner Sprecherin Jody Williams (* 1950) erhielt er den Friedensnobelpreis 1997.

internationale Kontonummer, engl. **International Bank Account Number** [ɪntə'næʃnl bæŋk ə'kaʊnt 'nʌmbə], Abk. **IBAN,** nach internat. ISO-Standard normierte Kontonummer, die die automat. Abwicklung des grenzüberschreitenden Zahlungsverkehrs zw. europ. Ländern rationalisiert und erleichtert. Die IBAN hat eine maximale Länge von 34 alphanumer. Zeichen, wobei jedes Land im Rahmen der vorgegebenen Norm eine bestimmte Form und Länge (Dtl.: 22 Stellen) festlegt. Sie setzt sich aus dem Länderkennzeichen (z.B. DE für Dtl.), einer zweistelligen Prüfziffer (für Dtl. z.B. 89), der Bankleitzahl und der nat. Kontonummer zusammen. Durch den einheitl. IBAN-Standard sowie die ↑internationale Bankidentifikation können Bank und Konto des Begünstigten trotz unterschiedl. nat. Zahlungsverkehrssysteme eindeutig identifiziert und Zahlungen ohne manuelle Eingriffe bis zum Begünstigten geleitet werden.

internationale Organisationen, aufgrund völkerrechtl. Verträge zw. Staaten **(internat. staatl. Organisationen)** oder privatrechtl. Vereinbarungen zw. Personen oder gesellschaftl. Vereinigungen **(internat. nichtstaatl. Organisationen)** er-

Internationaler Gerichtshof: der Friedenspalast, Sitz des Internationalen Gerichtshofs (1907–13 im historisierenden Stil erbaut)

100264

richtete ständige Einrichtungen mit eigenen Organen zur Wahrung bestimmter gemeinsamer Aufgaben. Die Befugnisse i. O. bestimmen sich allein nach dem Willen ihrer Mitgl., der bes. in ihrem Statut (Satzung) zum Ausdruck kommt. Von den i. O. sind supranat. Organisationen zu unterscheiden, die die Befugnis haben, unmittelbar für die Staatsangehörigen der Mitgl.staaten Vorschriften zu erlassen (so bes. die EG).

Internationale Priesterbruderschaft des Hl. Pius X., von M. ↑Lefebvre 1970 mit dem Ziel gegründete traditionalist. Bruderschaft (Sitz seit 1979: Rickenbach [Kt. Solothurn, Schweiz]), den vom 2. Vatikan. Konzil in die kath. Kirche eingebrachten »modernist., liberalist. und prot.« Ideen entgegenzuwirken und eine vorkonziliare Liturgie und Theologie zu bewahren. Die seit 1975 bestehenden Konflikte mit dem Papst führten 1988 zum Schisma. – Die Bemühungen Roms, traditionalist. Priester kirchenrechtlich in die kath. Kirche einzubinden, führten nach dem Schisma im deutschsprachigen Raum zur Gründung der **Priesterbruderschaft St. Petrus,** die jenen Anhängern Lefebvres eine kirchl. Heimat bieten will, die anders als er an der Gehorsamsverpflichtung gegenüber dem Papst festhalten. Ihnen ist gestattet, die Messe in der vorkonziliaren (tridentin.) Form zu feiern.

Internationale Raumstation, *Raumfahrt:* ↑ISS.

Internationaler Bund Freier Gewerkschaften, Abk. **IBFG** (engl. International Confederation of Free Trade Unions, Abk. ICTU), internat. Zusammenschluss von nat. Gewerkschaftsdachverbänden; gegr. 1949 in London von sozialistisch und sozialdemokratisch orientierten Gewerkschaftsbünden, die sich aus dem kommunistisch gesteuerten Weltgewerkschaftsbund zurückgezogen hatten; Sitz: Brüssel.

Internationaler Frauenbund (engl. International Alliance of Women, Abk. IAW), 1902 in Washington (D. C.) gegr. Frauenorganisation; Sitz: Athen; Mitarbeit u. a. bei UNO und UNESCO.

Internationaler Frauenrat, Abk. **IFR** (engl. International Council of Women, Abk. ICW), internat. Dachorganisation von Frauenverbänden, gegr. 1888; Sitz: Paris.

Internationaler Frauentag (Frauentag, Weltfrauentag), Ehrentag für Frauen am 8. 3.; erstmals 1910 von C. Zetkin vorgeschlagen und ab 1911 jährlich, zunächst v. a. in der Arbeiterbewegung, begangen.

Internationaler Gerichtshof, Abk. **IGH** (frz. Cour Internationale de Justice, Abk. C. I. J., engl. International Court of Justice, Abk. I. C. J.), das durch UN-Satzung als Nachfolger des ↑Ständigen Internationalen Gerichtshofs 1946 errichtete Gericht in Den Haag (Statut vom 26. 6. 1945) mit 15 von der UN-Generalversammlung und dem UN-Sicherheitsrat auf neun Jahre gewählten Richtern. Alle UN-Mitgl.staaten nehmen mit der Mitgliedschaft das Statut des IGH an. Dieser entscheidet in Streitverfahren zw. souveränen Staaten und in Gutachterverfahren auf Antrag der UNO oder ihrer Sonderorganisationen.

Internationaler Kant-Preis (eigentlich I. K.-P. der Zeit-Stiftung Ebelin und Gerd Bucerius), ein seit dem Jahr 2000 von der Zeit-Stiftung in unregelmäßiger Folge und an wechselndem Ort verliehener Wissenschaftspreis; ausgezeichnet werden Wissenschaftler, die sich besonders um Leben und Werk I. Kants sowie um die Kant-Philologie verdient gemacht haben. Der Preis ist mit 20 000 € dotiert. Preisträger: Sir P. F. Strawson (2000) und D. Henrich (2004).

Internationaler Militärgerichtshof, Abk. **IMG,** ↑Nürnberger Prozesse.

Internationaler Rat christlicher Kirchen, der ↑International Council of Christian Churches.

Internationaler Schiedsgerichtshof, der Ständige Schiedsgerichtshof in Den Haag (↑Schiedsgerichtsbarkeit).

Internationaler Seegerichtshof, internat. Gericht, das auf der Grundlage der Seerechtskonvention von 1982 (in Kraft seit 1994) mit Sitz in Hamburg errichtet wurde. Seine 21 Richter werden von den Vertragsstaaten gewählt (erstmals 1996). Der I. S. steht den Vertragsstaaten der Seerechtskonvention offen.

internationaler Stil, 1) *Architektur:* Richtung der modernen Architektur bes. des 2. Viertels des 20. Jh. Den Begriff prägten H.-R. Hitchcock und P. C. Johnson in ihrem Ausstellungskatalog »The international style, architecture since 1922« (1932, 1966). Zu den wesentl. Faktoren des i. S. gehören: stereometr. Grundformen in asymmetrischer Anordnung, typenmäßige Grundriss- und Raumgestaltung, rationale Funktionsfähigkeit, Ornamentlosigkeit, Anordnung der Fenster in horizontalen Streifenzonen, weißer Oberflächenputz, serienmäßig hergestellte Bauelemente. Er wurde vorbereitet durch Bauten von F. L. Wright, T. Garnier und A. Loos. In den 30er- und 40er-Jahren verbreitete sich der i. S. in den USA, Südamerika, Skandinavien, Großbritannien und Japan. Zu seinen wichtigsten Vertretern gehören W. Gropius, L. Mies van der Rohe, J. J. P. Oud, Le Corbusier, R. Neutra und P. C. Johnson. **2)** *bildende Kunst:* der ↑schöne Stil.

Internationaler Strafgerichtshof, Abk. **IStGH** (Weltstrafgerichtshof), ständiger internat. Gerichtshof zur Verfolgung von Völkermord, Verbrechen gegen die Menschlichkeit, Kriegsverbrechen sowie des Verbrechens des Angriffskrieges. Der IStGH wird entweder aufgrund einer Staatenbeschwerde, einer Initiative des UN-Sicherheitsrates oder einer eigenen Initiative des Anklägers strafverfolgend tätig, wenn Staaten die Straftat nicht ernsthaft verfolgen wollen oder können. Der IStGH kann seine Tätigkeit jedoch nur dann ausüben, wenn von dem Staat, auf dessen Staatsgebiet sich das Verbrechen ereignet hat oder dessen Staatsangehörigkeit der Angeklagte besitzt, die Gerichtsbarkeit des IStGH anerkannt worden ist.

Am 17. 7. 1998 wurde in Rom das Gründungsstatut des IStGH verabschiedet, das am 1. 7. 2002 in Kraft trat, nachdem am 11. 4. 2002 die 60. Ratifikationsurkunde in New York hinterlegt worden war. Mit der Vereidigung der 18 Richter am 11. 3. 2003 nahm der IStGH (Sitz: Den Haag) offiziell

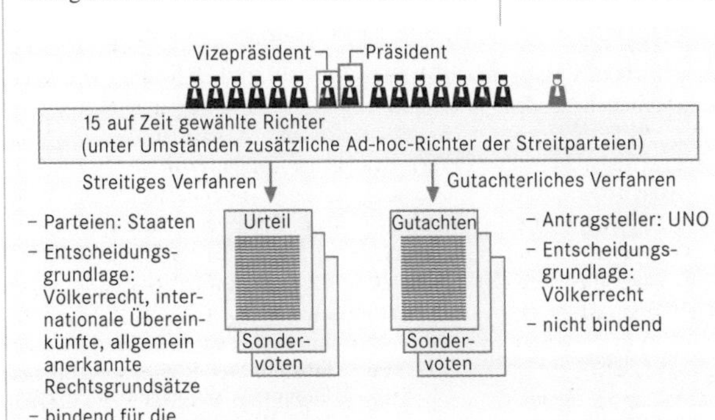

Internationaler Gerichtshof: Zusammensetzung des Gerichts und Darstellung der Verfahrensvarianten

seine Arbeit auf. Zum Chefankläger wurde im April 2003 der Argentinier Luis Moreno Ocampo gewählt. Von einigen Staaten, darunter China und Russland, wurde das Statut des IStGH bislang (Frühjahr 2003) noch nicht ratifiziert; die USA zogen im Mai 2002 ihre Unterschrift unter das Statut zurück und erkennen somit den IStGH nicht an.

Internationaler Währungsfonds [-fɔ̃], Abk. **IWF** (engl. International Monetary Fund, Abk. IMF; Weltwährungsfonds), 1945 aufgrund des Abkommens von Bretton Woods errichtete Sonderorganisation der UN zur Überwachung des internat. Währungssystems (2002: 184 Mitgl.); Sitz: Washington (D. C.). Ziele: Förderung der internat. Zusammenarbeit in der Währungspolitik, eines ausgewogenen Wirtschaftswachstums sowie eines hohen Beschäftigungsgrades, Sicherung geordneter Währungsbeziehungen, Schaffung eines multilateralen Zahlungssystems und Beseitigung von Beschränkungen im Devisenverkehr, zeitlich befristete Kreditgewährung zum Zahlungsbilanzausgleich. – Organe: Oberstes Gremium ist der Gouverneursrat (Board of Governors; je Mitgl.land ein Vertreter), aus dem der Interimsausschuss gebildet wird. Die laufenden Geschäfte führt das Exekutivdirektorium (Board of Executive Directors; 24 Mitgl.). Jedem IWF-Mitgl. ist eine Quote zugewiesen, nach der sich sein Anteil am Fonds (Subskription), sein Stimmrecht, die Höhe seiner ständigen Bareinlagen, seine Verpflichtung zur Kreditgewährung an andere Mitgl. und die Grenze seiner Inanspruchnahme des Fonds (Ziehungsrechte) bemessen. Den höchsten Stimmenanteil und damit eine Sperrminorität haben die USA. Um die internat. Währungsordnung flexibler zu gestalten, die Mittel des IWF zu vergrößern und nach und nach eine stärkere Unabhängigkeit des Währungssystems vom Gold und vom Dollar zu erreichen, wurde 1969 mit den ↑Sonderziehungsrechten (SZR) ein neues Reservemedium geschaffen, das als Zahlungsmittel zw. den Währungsbehörden dient. Die SZR können dazu benutzt werden, über die normalen Ziehungsrechte hinaus fremde Währungen zu erwerben oder Verbindlichkeiten bei anderen Zentralbanken zu begleichen. Seit 1978 ist den Mitgl. des IWF die Wahl ihres Wechselkurssystems freigestellt. Die IWF-Finanzmittel erbringen die Mitgl. über Beiträge. (↑Allgemeine Kreditvereinbarungen)

internationaler Warenkauf, ↑CISG.

Internationales Afrika-Institut, gegr. 1926, Informationszentrum mit dem Ziel, die Forschung über die afrikan. Völker, ihre Sprachen und Kulturen zu fördern. Sitz: London.

Internationales Arbeitsamt, ↑Internationale Arbeitsorganisation.

Internationales Einheitensystem (frz. Système International d'Unités, Abk. SI), weltweit angewandtes, vielfach gesetzlich vorgeschriebenes Einheitensystem (in Dtl. durch das Gesetz über Einheiten im Mess-

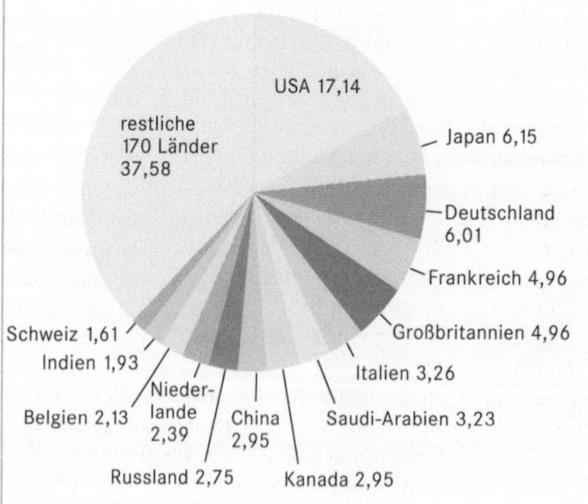

Internationaler Währungsfonds: Stimmrechtsanteile im Internationalen Währungsfonds (Stand Juni 2004, in %)

wesen in der Bekanntmachung vom 22. 2. 1985). Es wurde 1948 auf der 9. Generalkonferenz für Maß und Gewicht vorgeschlagen und 1960 auf der 11. Generalkonferenz angenommen. Das I. E. wird durch sieben Basiseinheiten (↑SI-Einheiten) gebildet.

Internationales Geophysikalisches Jahr, Abk. **I. G. J.,** gemeinsames Forschungsunternehmen von 67 Ländern auf dem Gebiet der Geophysik, 1. 7. 1957 bis 31. 12. 1958; verlängert bis 31. 12. 1959. Die Forschungsaufgaben umfassten Meteorologie, kosm. Strahlung, Polarlicht und Luftleuchten, Ionosphärenforschung, Erdmagnetismus, Ozeanographie, Glaziologie bes. der Polargebiete. Das I. G. J. fand in einer Periode bes. hoher Sonnenaktivität statt. Um den Einfluss der Sonnenaktivität zu studieren, richtete man in der folgenden Periode eines Sonnenfleckenminimums (1964/65) die **Internat. Jahre der ruhigen Sonne** ein.

Internationales Militärtribunal, Abk. **IMT,** durch alliiertes Statut vom 8. 8. 1945 für die ↑Nürnberger Prozesse eingerichtetes Militärgericht.

Internationales Olympisches Komitee, Abk. **IOK** (engl. International Olympic Committee, Abk. IOC, frz. Comité International Olympique, Abk. CIO), die höchste Instanz für alle olymp. Fragen, gegr. 1894, Sitz: Lausanne. – 1999 wurden im IOK einige Korruptionsfälle im Zusammenhang mit der Vergabe der Olymp. Spiele aufgedeckt, was zum Ausschluss der betreffenden IOK-Mitgl. führte.

internationales Privatrecht, Abk. **IPR,** Rechtsnormen, die bei privatrechtl. Tatbeständen mit Auslandsberührung (z. B. Vertragsabschluss eines Deutschen mit einem Inder in London) darüber bestimmen, ob inländ. oder ausländ. Privatrecht anzuwenden ist (Kollisionsnormen). Hauptquellen des dt. IPR: Art. 3–38 und (für die neuen Länder) Art. 236 EGBGB, Staatsverträge (↑Haager Konventionen) und Gewohnheitsrecht. Das IPR versucht, diejenige Rechtsnorm anzuwenden, die mit dem Sachverhalt die engste Beziehung aufweist und deren Anwendung am gerechtesten erscheint. Die für solche Beziehungen maßgebenden Gesichtspunkte nennt man »Anknüpfungspunkte« einer Kollisionsnorm (z. B. Staatsangehörigkeit, Wohnsitz, gewöhnl. Aufenthalt, Firmensitz, Handlungsort, Parteiwille). Ungeachtet seiner Bez. ist IPR nat. Recht; nicht angewendet werden dürfen ausländ. Rechtsregeln, wenn ihre Anwendung mit wesentl. Grundsätzen dt. Rechts (bes. den Grundrechten) offensichtlich unvereinbar ist (»ordre public«, Art. 6 EGBGB).
In *Österreich* regelt das Bundes-Ges. vom 15. 6. 1978 das IPR, welches den Grundsatz der »stärksten Beziehung« normiert.
In der *Schweiz* gilt seit 1. 1. 1989 das neu gefasste Bundes-Ges. vom 18. 12. 1987.

internationales Recht, die Gesamtheit der Rechtsregeln, die grenzüberschreitende Sachverhalte betreffen, d. h. Sachverhalte, deren einzelne Elemente in mehr als einem Staat oder in einem internationalen Gemeinschaftsraum (hohe See, Weltraum) liegen. Der allgemeine Unterscheidung zwischen Privatrecht und öffentl. Recht folgend, wird auch im i. R. zwischen internat. öffentl. Recht und ↑internationalem Privatrecht unterschieden. Internat. öffentl. Recht ist das Völkerrecht. Als i. R. wird auch das supranat. Recht (z. B. EG-Recht) verstanden.

Internationales Übereinkommen über den Eisenbahnfrachtverkehr, in Bern geschlossenes Abkommen zur Regelung der grenzüberschreitenden Beförderung von Gütern mit der Eisenbahn, 1985 durch das neue (am 9. 5. 1980 geschlossene) Übereinkommen über den internat. Eisenbahnverkehr ersetzt.

Internationale Union für Naturschutz (engl. International Union for Conservation of Nature and Natural Resources, Abk. I. U. C. N.), gegr. 1948, Sitz: Gland (Kt. Waadt), Schweiz; Hauptziel: Schutz der Natur und der biolog. Vielfalt und damit der genet. Ressourcen auf internat. Basis.

Internationale Weltkarte 1 : 1 000 000, Abk. **IWK,** ein 1891 von dem Geographen A. Penck angeregtes, kleinmaßstäbiges Kartenwerk der Erde, das zu Übersichtszwecken sowie als Grundlage vielseitiger themat. Darstellungen dienen soll. Die Landflächen der Erde sind mit etwa 750 Blättern weitgehend erfasst.

Internationalisierung *die,* die durch völkerrechtl. Vertrag bewirkte Beschränkung der Gebietshoheit eines Staats über Teile seines Staatsgebietes, bes. von Flüssen, Kanälen und Meerengen.

International Organization for Standardization [ɪntəˈnæʃnl ɔ:gənaɪˈzeɪʃn fɔ: stændədaɪˈzeɪʃn, engl.], Abk. **ISO,** 1946 beschlossene, am 23. 2. 1947 in Kraft getretene internat. Vereinigung von nat. Normenausschüssen (z. B. DIN Deutsches Institut für Normung e. V.) und Standardisierungsorganen zur Ausarbeitung internat. Normen; Sitz: Genf.

International Union of Pure and Applied Chemistry [ɪntəˈnæʃnl ˈju:njən əv ˈpjʊə ənd əˈplaɪd ˈkemɪstrɪ, engl.], Abk. **IUPAC,** 1919 gegr. internat. Verband chem. Gesellschaften aus 44 Ländern, Sitz: Oxford; er befasst sich mit chem. Nomenklatur und Terminologie, der Festlegung von Atommassen, chem. Symbolen und Konstanten, Vereinheitlichung von Analysenmethoden u. a.

International Union of Pure and Applied Physics [ɪntəˈnæʃnl ˈju:njən əv ˈpjʊə ənd əˈplaɪd ˈfɪzɪks, engl.], Abk. **IUPAP** (Internationale Union für reine und angewandte Physik), 1922 gegründete internat. Dachorganisation nationaler physikal. Gesellschaften bzw. wiss. Akademien aus 46 Ländern (2002).

Inter Nationes e. V. [lat. »zwischen den Völkern«], gemeinnütziger Verein zur Förderung zwischenstaatl. Beziehungen, Betreuung ausländ. Besucher und Information im Ausland über die polit., wirtsch. und kulturellen Verhältnisse in Dtl.; gegr. 1952; Sitz: Bonn-Bad Godesberg; 2001 mit dem ↑Goethe-Institut fusioniert.

Internet [zu engl. net »Netz«] *das,* weltweites dezentrales Netz von miteinander verbundenen Computernetzen für den Austausch digitaler Daten.

Techn. Voraussetzungen: Die Basis der Datenübertragung im I. bildet das Kommunikationsprotokoll **TCP/IP** (engl. **t**ransmission **c**ontrol **p**rotocol/**i**nternet **p**rotocol), das aus einer Vielzahl von Prozeduren besteht, die die Kommunikationsabläufe zw. zwei Computern vorschreiben. Die Datenübermittlung erfolgt paketweise, d. h. Dokumente werden in Datenpakete zerteilt, die mit einer Ausgangs- und einer Eingangsadresse sowie einer Sequenznummer versehen werden. Die einzelnen Pakete können unterschiedl. Wege nehmen und am Bestimmungsort wieder zusammengesetzt werden (↑Paketvermittlung). TCP/IP kann von unterschiedl. Hardware genutzt werden, ohne dass Applikationen umgestellt werden müssen. Der Zugang einzelner Teilnehmer (engl. **User**) zum I. erfolgt entweder über einen Computer, der bereits an ein verbundenes Netz angeschlossen ist, oder durch Vermittler (engl. **Provider**), die speziell für diesen Zweck eigene Netze betreiben (↑Onlinedienste). Eine in der Diskussion befindl. Möglichkeit ist der Zugang über das Stromnetz

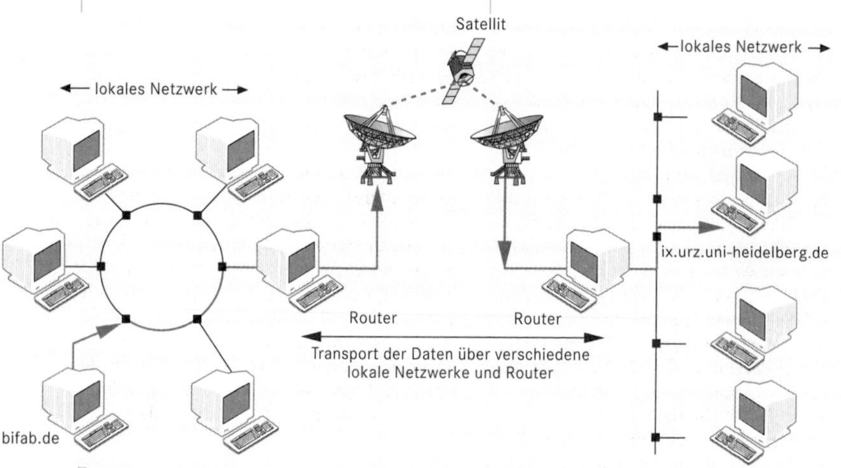

Internet: Der Datentransport erfolgt im Internet über lokale Netzwerke und Router vom einen Rechner zum anderen; innerhalb der lokalen Netzwerke besitzt jeder Rechner eine eindeutige Adresse.

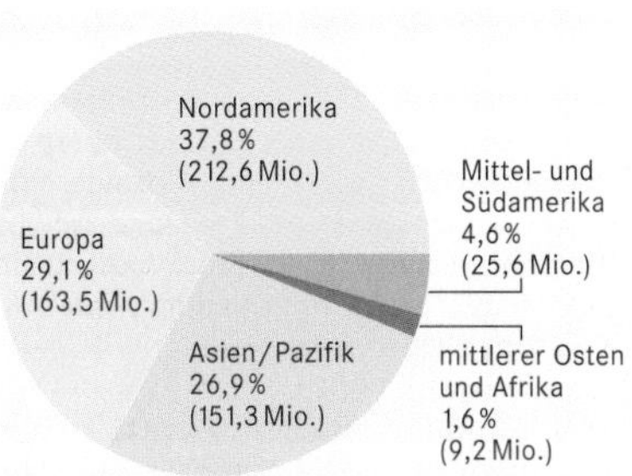

Internet: Internetnutzer ab 2 Jahren nach Regionen in Prozent und Millionen, bezogen auf die Gesamtzahl der Internetnutzer (Stand: Juni 2002); weltweit nutzten rund 562 Millionen Menschen in diesem Zeitraum das Internet.

(↑Powerline-Kommunikation). Jeder Rechner besitzt im I. eine eindeutige Adresse, die **IP-Adresse** (engl. **i**nternet **p**rotocol address). Die IP-Adressen werden in jedem Land von einer autorisierten Stelle vergeben; in Dtl. ist dies das Rechenzentrum der Universität Karlsruhe. Diese teilt speziellen Rechnern im Netz, den sog. Name-Servern, jede neu vergebene IP-Adresse mit dem zugehörigen **Domain-Namen** (↑Domain) mit.

Geschichte und Nutzer: Das I. hat seinen Ursprung in dem 1969 vom amerikan. Verteidigungsministerium eingerichteten **ARPAnet** (ARPA engl. für **a**dvanced **r**esearch **p**rojects **a**gency), das Computer in den Bereichen Wiss. und Militärtechnik vernetzte. Zunächst entwickelte sich das I. als reines Wissenschaftsnetz, das interne Computernetze von Univ. und Forschungseinrichtungen miteinander verband. 1989 wurde das World Wide Web (WWW) am CERN in Genf entwickelt; die I.-Nutzung nahm seit Ende der 1980er-Jahre weltweit zu. Seit Beginn der 1990er-Jahre haben zunehmend unternehmensinterne Netze sowie Computernetze, die sich aus der Verbindung privater PCs per Modem und Telefonanschluss entwickelt haben, Anschluss an das I. gefunden. Seither ist die Anzahl der I.-Nutzer stark gestiegen: 2001 gab es rd. 498 Mio. und 2002 rd. 562 Mio. Nutzer, für 2003 werden etwa 665 Mio. prognostiziert. – Aktuelle Daten zum I. können unter der Adresse http://www.denic.de abgerufen werden.

Dienste: Das I. bietet eine Vielzahl von Diensten und Informationen. Zu den wichtigsten Diensten gehören: **Telnet** (engl. **te**letype **net**work), erlaubt den interaktiven Zugriff auf einen entfernten Rechner, wozu üblicherweise eine Authentifizierung mit Useridentifikation und Passwort erforderlich ist; **FTP** (**f**ile **t**ransfer **p**rotocol), ermöglicht den Abruf und die Übertragung von Dateien; auch hier ist i. Allg. eine Authentifizierung mit Benutzeridentifikation und Passwort erforderlich, es gibt jedoch auch Rechner, die den anonymen Zugriff zum Abholen von kostenloser Software u. a. erlauben; **Electronic Mail** (↑E-Mail), erlaubt den schnellen asynchronen Austausch von Nachrichten und Dokumenten; ↑Newsgroups, ein automat. Verteilwesen von Diskussionsbeiträgen, Meldungen u. Ä.; **World Wide Web** (↑WWW) steht für die Integration aller bisher genannten Dienste in eine Oberfläche und ist mit seinen Hypermedia-Fähigkeiten der bisher komfortabelste und leistungsfähigste Dienst.Zu diesen (historisch ältesten) Diensten im I. sind in den letzten Jahren zahlr. neue hinzugekommen, insbesondere: **WAIS** (**w**ide **a**rea **i**nformation **s**erver), Such- und Abrufsystem für Dokumente im I., ermöglicht die Volltextsuche in Datenbanken; **CSCW** (**c**omputer **s**upported **c**ooperative **w**ork), kooperatives Arbeiten, die Nutzung von Rechnernetzen, damit sich mehrere Personen bei einer gemeinsamen Arbeit verständigen können (Konferenzsysteme); **IRC** (**i**nternet **r**elay **c**hat), im I. angebotenes Medium, mit dem man sich online mit anderen über ein

Schweden	67,9 % (6,0 Mio.)
Dänemark	63,1 % (3,4 Mio.)
USA[2]	60,1 % (167,2 Mio.)
Norwegen	54,7 % (2,5 Mio.)
Großbritannien	48,6 % (29,0 Mio.)
Japan[2]	47,7 % (60,4 Mio.)
Finnland	40,1 % (2,1 Mio.)
Deutschland	39,3 % (32,6 Mio.)
Italien[1]	32,4 % (18,7 Mio.)
Spanien	26,7 % (10,7 Mio.)
Frankreich	24,5 % (14,6 Mio.)

Internet: Internetnutzer in ausgewählten Ländern in Prozent der Bevölkerung und in Millionen Nutzern; Skandinavien und die USA haben international die höchste Nutzerdichte (Stand: Juni 2002, [1]Juli 2002, [2]Mai 2002).

Thema unterhalten kann **(Chat),** hierzu muss man sich bei einem Rechner, der das IRC verwaltet, für einen Bereich anmelden; **Homebanking,** die Abwicklung von Bankgeschäften von der Wohnung bzw. vom Arbeitsplatz des Kunden aus; **E-Commerce** (↑Electronic Commerce), der Handel mit Waren und Dienstleistungen über elektronisch vermittelte Kommunikation.

Programmiersprachen: Kern des Dienstes WWW ist die Seitenmarkierungssprache ↑HTML. Ende der 1990er-Jahre wurde das rein stat. HTML durch zusätzl. Befehle zum **DHTML** (Dynamic HTML) erweitert sowie durch die externen Zusätze ↑Java und ↑Javascript ergänzt. Sie ermöglichen dynam. Konzepte, wie Pull-down-Menüs oder verschiebbare Grafiken.

Suche im I.: Das I. ist v.a. ein dynam. Netz. Täglich werden weltweit Webseiten geändert, gehen neue Webserver ans Netz oder ziehen an einen anderen Standort um. Da es kein Patentrezept für eine erfolgreiche Suche nach Informationen gibt, haben ↑Suchsysteme eine herausragende Bedeutung erlangt.

Datensicherheit: Den vielfältigen Möglichkeiten des I. stehen zahlr. Gefahren gegenüber. Durch fehlerhafte und Fehler verursachende Software (Computerviren), die den Nutzer über das I. erreicht, können Fehlfunktionen bis zur Zerstörung ganzer Festplatteninhalte hervorgerufen werden. Damit stellt sich die verstärkte Forderung nach zuverlässigen Sicherheitsmechanismen (z.B. spezielle Codierungsverfahren, Virenschutzprogramme usw.). So werden u.a. Verfahren der ↑Kryptologie in unterschiedl. sicherheitsrelevanten Bereichen eingesetzt. Im Bereich der Identifikation und Authentifikation (Zugangskontrolle) setzt man Verschlüsselungsverfahren ein, um Passworte verschlüsselt zu speichern. Spezielle kryptograph. Mechanismen (↑elektronische Signatur) werden auch zur Gewährleistung der Datenintegrität verwendet, die z.B. beim ↑elektronischen Geschäftsverkehr oder bei der Nutzung von Dienstleistungen über das I. eine große Rolle spielen.

Recht: Mit der steigenden Zahl der I.-Nutzer werden zunehmend Fragen des Urheberrechts, der Informationsauswahl und (damit verbunden) der staatl. Regulierung diskutiert. Einerseits wird jeder staatl. Eingriff in das auf unbeschränkte Meinungsfreiheit ausgelegte I. als Versuch der Zensur angesehen; andererseits werden mit Blick auf die Verbreitung von extremist. Propaganda, Pornographie u.a. im I. freiwillige oder staatl. Beschränkungen gefordert. Grundsätzl. Bestimmungen für individuell ausgestaltete und nutzbare Informations- und Kommunikationsangebote, wie sie auch das I. bietet, enthält das ↑Teledienstegesetz. ✣ **siehe ZEIT Aspekte**

📖 *Klau, P.: Das I. Bonn u.a. ³1998. – Köhler, M. u. Arndt, H.-W.: Recht des I. Heidelberg ³2001. – Stoll, C.: Die Wüste I. Geisterfahrten auf der Datenautobahn. A.d. Amerikan. Frankfurt am Main 2002. – Lackerbauer, I.: I. Leicht, klar, sofort. München 2002. – Vernetztes Recht. Das I. als Herausforderung an eine moderne Rechtsordnung, hg. v. M. Hohl. Stuttgart u.a. 2002.*

Internetbuchhandel (Onlinebuchhandel), Vertrieb von Büchern auf elektron. Wege mithilfe des Internets, welches dabei als Medium der Recherche, der Bestellung und der Bezahlung der Bücher genutzt wird. Neben den **Internetbuchhändlern,** die eigene Warenlager besitzen oder mit Zwischenbuchhändlern kooperieren, betreiben auch klass. Versandbuchhandlungen mit Katalog sowie Sortimentsbuchhandlungen zusätzlich Internetbuchhandel.

Internetcafé [-kaˈfe], Café, in dem den Gästen Terminals zur Verfügung stehen, mit denen sie das Internet benutzen können.

Internetradio, über das ↑Internet verbreiteter Hörfunk, dessen Empfang einen Computer mit Soundkarte und Boxen oder Kopfhörer sowie spezielle Softwareprogramme zum Abspielen der Audiodaten und einen Internetzugang voraussetzt. Die Mehrzahl der privaten und öffentlich-rechtl. Rundfunkanbieter in Dtl. ist mit ihren Hörfunkprogrammen, z.T. ergänzt durch Videobilder, im Internet vertreten.

Interneuron *das* (Schaltneuron, Zwischenneuron), Nervenzelle, die nicht unmittelbar mit einem Rezeptor oder Effektor in Verbindung steht, sondern Verbindungen zw. versch. zentralnervösen Gebieten herstellt. I. dienen damit der Erregungssteuerung und der Informationsverarbeitung.

Internierung [lat.] *die, Völkerrecht:* 1) im Rahmen des Neutralitätsrechts das Festhalten von Angehörigen der bewaffneten Macht einer Krieg führenden Partei auf dem Gebiet eines neutralen Staates bis zum Ende des Konflikts oder bis zum Abschluss einer Vereinbarung mit den Parteien; 2) im Rahmen des Kriegsrechts die Inhaftierung und Lagerunterbringung von Zivilpersonen durch eine Besatzungsmacht, rechtlich zulässig nur für Einzelpersonen aus für notwendig erachteten zwingenden Sicherheitsgründen (4. Genfer Rotkreuzkonvention von 1949).

Internierungslager, vorübergehender militärisch bewachter Unterbringungsort für feindl. (während des Krieges) oder missliebige Zivilpersonen (↑Internierung), z. B. in Frankreich ab 1939 (Le Vernet u. a.), in Chile 1973, in Algerien Anfang 1992, in Bosnien und Herzegowina ab 1992. Als I. werden auch die in der SBZ 1945–50 vom NKWD eingerichteten ↑Speziallager bezeichnet.

📖 *Sowjet. Speziallager in Dtl. 1945 bis 1950, hg. v. S. Mironenko u. a., auf 3 Bde. ber. Berlin 1998 ff.*

Internist [lat.] *der,* Arzt für innere Krankheiten.

Internodium [lat.] *das, Botanik:* durch Knoten (Nodien) voneinander gesonderte Sprossabschnitte (z. B. bei Gräsern).

Interoperabilität *die, Militärwesen:* Bez. für die Fähigkeit von Streitkräften bzw. Truppenteilen, zur Erfüllung eines militär. Auftrages gemeinsam im Einsatz nat. und internat. zusammenzuwirken.

Interpellation [lat. »Unterbrechung«, »Einrede«] *die, Staatsrecht:* die ↑Anfrage im Parlament.

interpersonales Recht, Inbegriff der geltenden Rechtsnormen, die das anzuwendende Recht bestimmen, wenn das Privatrecht eines Staates nach der Zugehörigkeit zu einer bestimmten Personengruppe differenziert.

interplanetar [lat.], zw. den Planeten, im Raum des Sonnensystems.

interplanetare Materie, die im Sonnensystem zw. den Planeten befindl. Materie aus Gas, Plasma und Staub. Das **interplanetare Gas** besteht hauptsächlich aus Protonen (Wasserstoffkerne), Elektronen und Heliumkernen. Es ist im Wesentlichen identisch mit dem Plasma des Sonnenwindes. Der **interplanetare Staub** stammt v. a. von Kometen, die ihn in Sonnennähe emittieren. Die i. M. bildet eine das Planetensystem einhüllende abgeflachte Wolke, die das ↑Zodiakallicht hervorruft.

Interpol [Kurzwort für **Inter**nationale Kriminal**pol**izeiliche Organisation] *die,* Abk. **IKPO,** Zusammenschluss nat. Polizeibehörden zur Bekämpfung von Verbrechen, die den nat. Rahmen übersteigen, 1923 in Wien gegr., 1946 neu gegr., Sitz: Lyon (seit 1989). Es gelten die Statuten von 1956; Amtssprachen sind Englisch, Französisch, Spanisch, Arabisch; polit. und militär. Straftaten sind von der Verfolgung ausgeschlossen. I. hat keine Hoheitsbefugnisse, die Tätigkeit der Polizeibehörden richtet sich nach innerstaatl. Recht. Büro der I. in Dtl.: Bundeskriminalamt (BKA) in Wiesbaden, in *Österreich* die Generaldirektion für öffentl. Sicherheit beim Innenmin., in der *Schweiz* Bundesamt für Polizei, Sektion zentrale Dienste der Bundeskriminalpolizei.

Interpolation [lat. »Einschaltung«] *die,* **1)** *Textkritik:* Einschaltung von – nicht vom Autor stammenden – Wörtern oder Sätzen in den urspr. Wortlaut einer Schrift.
2) *Mathematik:* die näherungsweise Bestimmung eines Funktionswertes $f(x)$ an der Stelle x, wenn die Funktionswerte $f(x_1)$, $f(x_2), \ldots, f(x_n)$ für $x_1, x_2, \ldots, x_n$ bekannt sind. Kennt man z. B. von der Funktion $f(x)$ die Werte an den Stellen x_1 und x_2 (Stützstellen) und möchte $f(x^*)$ für eine Zwischenstelle $x_1 < x^* < x_2$ näherungsweise bestimmen, so denkt man sich die Punkte $[x_1, f(x_1)]$ und $[x_2, f(x_2)]$ durch eine Strecke verbunden und die Kurve zw. x_1 und x_2 durch diese Strecke ersetzt **(lineare I.).** Die **allgemeine I.** wird mithilfe von Polynomen durchgeführt, die für $x_1, x_2, \ldots, x_n$ die Funktionswerte $f(x_1)$, $f(x_2), \ldots, f(x_n)$ annehmen müssen und daher eine Näherung der Funktion darstellen. Liegt die I.-Stelle x zw. x_1 und x_n, so spricht man von I., liegt sie außerhalb, von ↑Extrapolation.

Interpret [lat.] *der,* Künstler, der Lieder oder andere Musikkompositionen einem Publikum vermittelt (z. B. Musiker, Sänger).

Interpretation [lat.] *die,* Auslegung, Erklärung (von literar. und Werken der bildenden Kunst); Auffassung und Deutung von Äußerungen, Verhalten, Situationen, Sachlagen; künstler. Wiedergabe von Musik, klangl. Realisierung.

Interpreter [ɪnˈtəːprɪtə; engl. »Übersetzer«] *der, Informatik:* Programm, das eingegebene Befehle einer höheren Programmiersprache in die Maschinensprache übersetzt. Im Ggs. zu einem ↑Compiler analysiert der I. nacheinander jede Anweisung des Quellprogramms und führt diese unmittelbar aus. Somit ist eine leichtere und bequemere Programmentwicklung möglich; nachteilig sind die langen Programmlaufzeiten.

interpretieren, 1) (einen Text) auslegen, erklären, deuten; 2) Musik künstlerisch wiedergeben.

Interpunktion [lat.] *die,* Zeichensetzung (↑Satzzeichen, Übersicht).

Interregio® *der,* Abk. **IR,** neben dem Intercity® eine Zuggattung der Dt. Bahn AG, die seit 1988 die D-Züge abgelöst hat. IR verkehren liniengebunden mindestens im Zweistundentakt. Zum Fahrplanwechsel 2002 wurden mehrere unrentable Linien gestrichen, etwa zehn Verbindungen im Fernverkehr wurden (z. T. mit anderer Linienführung) zu IC®- oder ICE®-Linien aufgewertet.

Interregnum [lat. »Zwischenherrschaft«] *das,* in Wahlmonarchien die Zeit von dem Tod, der Absetzung oder Abdankung eines Herrschers bis zur Wahl eines neuen; in der *dt. Geschichte* die Zeit vom Tod Konrads IV. (1254) bis zur Wahl Rudolfs I. von Habsburg (1273).

Interrogativadverb [lat.], Adverb, das einen Frage- oder Relativsatz einleitet, z. B. *wo, wie, warum.*

Interrogativpronomen [lat.], ↑Pronomen.

Interrupt [ɪntəˈrʌpt, engl.] *das, Informatik:* Befehl zur Unterbrechung des Programmablaufs durch eine Anweisung (Software-I.) oder durch ein Systemteil (Hardware-I.; z. B. Ein- oder Ausgabegerät).

Interruptio [lat.] *die,* Unterbrechung, i. e. S. die I. graviditatis (↑Schwangerschaftsabbruch).

Intersertalgefüge [zu lat. interserere »dazwischenschieben«], Gefügetyp basischer magmat. Gesteine; leistenförmige Feldspatkristalle sind in eine glasige oder feinkörnige Grundmasse eingebettet.

Intersexualität, das Vorhandensein von Merkmalen beider Geschlechter. Vom echten Zwittertum unterscheidet sich I. durch die meist funktionsunfähigen Geschlechtsorgane oder die Bildung von Gameten nur eines Geschlechts.

Intershop [-ʃɔp, engl.], in der DDR 1962–90 bestehende Einrichtung der Forum-Handelsgesellschaft mbH (Bereich der Außenhandelsorganisation Kommerzielle Koordinierung) zum Verkauf von Erzeugnissen aus dem westl. Ausland gegen konvertierbare Währungen.

Interstadial [zu Stadium] *das,* kurze Wärmephase innerhalb einer Eiszeit (↑Eiszeitalter).

interstellar [lat.], zw. den Sternen; auch im Sinne von außerhalb des Sonnensystems gebraucht (im Ggs. zu interplanetar).

interstellare Materie, staub- und gasförmige kosm. Materie, die diffus verteilt im Milchstraßensystem u. a. Sternsystemen vorkommt. Der staubförmige Anteil **(interstellarer Staub)** besteht vermutlich vorwiegend aus Silikaten und Graphit mit Teilchengrößen zw. etwa 0,01 und 1 µm. Die staubförmige i. M. bewirkt eine **interstellare Absorption,** wenn Sternlicht beim Durchgang großer Staubansammlungen (Dunkelwolken) geschwächt wird. Wird eine Dunkelwolke von hellen Sternen beleuchtet, kann sie im reflektierten Sternlicht als heller, diffuser ↑Nebel sichtbar werden (Reflexionsnebel). Häufiger ist die vorwiegend aus Wasserstoff (rd. 90 %) und Helium (etwa 1–2 %) bestehende gasförmige i. M. **(interstellares Gas).** Am deutlichsten tritt sie in der Nähe von heißen Sternen in hellen Nebeln (Emissionsnebeln) in Erscheinung, in denen u. a. der Wasserstoff ionisiert ist (H-II-Gebiet). Außerhalb der Emissionsnebel gibt es ausgedehnte Bereiche mit neutralem Wasserstoffgas (↑H-I-Gebiet). Neutrale Wasserstoffatome senden eine Linienstrahlung im Radiofrequenzbereich aus, angeregt durch Stöße infolge der therm. Bewegung der Atome (↑Einundzwanzig-Zentimeter-Linie). Darüber hinaus liegen große Mengen i. M. in Form von Molekülen (v. a. Wasserstoff) vor **(interstellare Moleküle),** die bes. dichte und kalte Materieansammlungen bilden **(Molekülwolken).** Die i. M. hat eine stark zur Milchstraßenebene konzentrierte ungleichmäßige Verteilung mit einer Dichte von wenigen Atomen je cm^3.

interstitielle Verbindungen, die ↑Einlagerungsverbindungen.

Interstitium [lat.-nlat.] *das,* Zwischenraum (zw. den organspezif. Gewebekomplexen gelegener Raum), der neben Blutge-

interstellare Materie: Im Innern des Triffid-Nebels ionisiert intensive Ultraviolettstrahlung von heißen Sternen den Wasserstoff und ruft das vorzugsweise rote Leuchten des Nebels hervor.

100001

fäßen, Nerven und Bindegewebe die interstitielle Flüssigkeit enthält, deren Zusammensetzung dem Blutplasma (Ausnahme: Proteinbestandteile) entspricht.

Intersubjektivität, *Wissenschaftstheorie:* Bez. für die Forderung, eine jede wiss. Behauptung erst dann als »objektiv« gültig oder wahr anzusehen, wenn sie prinzipiell von jedem nachgeprüft werden kann.

intertemporales Recht, Inbegriff der Rechtsnormen, die bei Rechtsänderungen in einem Staat angeben, ob das alte oder das neue Recht gelten soll.

Intertrigo [lat.] *die,* das ↑Wundsein der Haut.

Intertype® [-taɪp, engl.] *die* (Intertype-Fotosetter), Lichtsetzmaschine mit auswechselbaren Linsensystemen, durch die die Schrifttype in versch. Größen projiziert werden kann. (↑Setzmaschine)

Intervall [lat.] *das,* **1)** *allg.:* zeitl. Zwischenraum, Zeitspanne, Frist, Pause.

2) *Mathematik:* alle reellen Zahlen zw. zwei Zahlen a und b. Je nachdem, ob die Randpunkte a und b zum I. gehören, heißt das I. für alle $x \in \mathbb{R}$: **abgeschlossen,** symbolisch $[a,b]$, wenn $a \leq x \leq b$ gilt, **offen,** symbolisch $]a,b[$ oder (a,b) für $a < x < b$ und **halboffen** $]a,b]$ oder $(a,b]$ bei $a < x \leq b$ sowie $[a,b[$ oder $[a,b)$ bei $a \leq x < b$.

3) *Musik:* der Abstand zweier Töne, wird nach den auf den Grundton bezogenen Stufen der diaton. Tonleiter durch lat. Ordnungszahlen bezeichnet. Die Prime ist der Einklang, der nächstfolgende Ton die Sekunde, der 3. die Terz, der 4. die Quarte, der 5. die Quinte, der 6. die Sexte, der 7. die Septime, der 8. die Oktave, der 9. die None, der 10. die Dezime usw. Bei der Sekunde, Terz, Sexte und Septime werden je zwei um einen Halbton versch. Formen unterschieden: kleine und große Sekunde usw. Oktave (Prime), Quinte und Quarte haben nur eine Grundform, die »rein« genannt wird. Alle I. können chromatisch zu übermäßigen erhöht und zu verminderten erniedrigt werden. – In der Akustik werden die musikal. I. mathematisch durch das Verhältnis der Schwingungszahlen der einzelnen Töne bestimmt. Zum Beispiel ist beim konsonanten I. das Verhältnis Oktave 1:2; Quinte 2:3; Quarte 3:4; große Terz 4:5; kleine Terz 5:6; große Sexte 3:5; kleine Sexte 5:8.

Intervallschätzung, *Statistik:* die ↑Konfidenzschätzung.

intervenieren [lat.], ermittelnd eingreifen, sich (als Mittler) einschalten; Protest gegen etwas anmelden; sich aktiv in die Angelegenheiten eines anderen Staates einmischen.

Intervention [lat.] *die,* **1)** *allg.:* Vermittlung, Einmischung, (steuernder) Eingriff.

2) *Psychologie:* psycholog. oder psychotherapeut. Eingreifen, um das Entstehen oder Andauern psych. Störungen zu verhindern und diese letztlich abzubauen.

3) *Recht:* 1) im Staatsrecht die ↑Bundesintervention. In der Schweiz Maßnahme des Bundes zur Wiederherstellung von gestörter Ordnung in einem Kanton, wenn der betroffene Kanton die Ordnung nicht selber oder mit Hilfe anderer Kantone schützen kann (Art. 52 Bundes-Verf.). 2) im Völkerrecht die Einmischung eines souveränen Staates oder einer internat. Organisation in die inneren Angelegenheiten eines anderen souveränen Staates ohne Rechtfertigungsgrund (letzterer kann bes. auf Vertrag oder Hilfeersuchen der legalen Reg. beruhen). Das Völkerrecht bekennt sich zum I.-Verbot (↑Gewaltverzicht). Nicht gegen das I.-Verbot verstößt die Wahrnehmung von Menschenrechten zugunsten eigener oder, bes. als Schutzmacht, fremder Staatsangehöriger. Unter dem Gesichtspunkt der **humanitären I.** wird in der Völkerrechtslehre zunehmend diskutiert, die Beachtung der Menschenrechte auch gegenüber eigenen Staatsbürgern eines Staates nicht mehr als seine innere Angelegenheit zu betrachten, sondern bei ihrer Verletzung ein I.recht der Staatengemeinschaft anzunehmen. 3) im Zivilprozessrecht die Beteiligung Dritter, die nicht Partei sind, am Rechtsstreit. **Haupt-I.:** eine Klage, mit der jemand einen Gegenstand für sich in Anspruch nimmt, über den zwei Parteien bereits prozessieren. **Neben-I.:** Streithilfe für eine Partei, wenn jemand an ihrem Obsiegen ein rechtl. Interesse hat.

4) *Wirtschaft:* staatl. Eingriff in das Wirtschaftsgeschehen (↑Interventionismus); i.e.S. das Eingreifen der Zentralbanken zur Regulierung von Wechselkursen.

Interventionismus *der,* System wirtschaftspolit. Maßnahmen zur Beeinflussung volkswirtsch. Globalgrößen (z.B. Beschäftigung, Einkommensverteilung, soziale Sicherung, Marktanteile, Strukturwandel). Anders als beim ↑Dirigismus greift der Staat nur punktuell in den Wirtschaftsablauf ein. Instrumente des I. sind v.a. Maßnahmen der Ordnungs-, Wettbewerbs-, Finanz-, Währungs-, Konjunktur- und Strukturpolitik. Außenwirtsch. Interventionen erfolgen z.B. durch Zölle u.a. Handelshemmnisse.

Interventionsklage, *Recht:* die ↑Drittwiderspruchsklage.

Interventionspreis, ↑Agrarmarktordnungen der EG.

Interventionspunkte, in einem System fester Wechselkurse von den Währungsbehörden festgesetzte Höchst- und Tiefstkurse einer Währung gegenüber anderen Währungen, bei deren Erreichen durch Devisenkäufe oder -verkäufe kursregulierend eingegriffen werden muss.

Interview [-vju:; engl., von frz. entrevue »verabredete Zusammenkunft«] *das,* Befragung von Personen durch einen **Interviewer** zu bestimmten Themen oder Angelegenheiten und/oder zur eigenen Person. Im Rahmen medienpublizist. Zwecke ist das I. bes. auf Persönlichkeiten des öffentl. Lebens gerichtet, bei statist. und wiss. Zielsetzungen werden beliebige oder ausgewählte Personengruppen gezielt und methodisch (Versuchspersonen, Patienten) befragt. Als Forschungsmethode stellt das I. eine entscheidende Technik der empir. Sozialwissenschaft, der Meinungs- und Marktforschung sowie der psycholog., psychiatr. und medizin. Diagnostik und der Psychotherapie dar.

Intervision, 1960–91 Zusammenschluss der Fernsehgesellschaften v.a. des Ostblocks zum Austausch von Fernsehprogrammen; Sitz: Prag.

Interzellularräume (lat. Interzellularen, Zwischenzellräume), Lücken zw. den Zellen der pflanzl. Dauergewebe (Durchlüftungsgewebe), die ein reich verästeltes Interzellularsystem bilden, das mit den Schließzellen des Oberhautgewebes in Verbindung steht und Gasaustausch ermöglicht. In tier. Geweben sind I. von Flüssigkeiten oder von festigenden Stoffen für das Stützgewebe erfüllt.

Interzellularsubstanz [lat.], ↑Bindegewebe.

Interzeption [lat.] *die,* die Rückhaltung von Niederschlägen an Blättern und Zweigen der Pflanzen (insbesondere im Kronenraum von Wäldern) und der damit zusammenhängende Verdunstungsverlust; dieser Teil des fallenden Niederschlags erreicht nicht den Erdboden.

Interzession [lat.] *die,* das Eintreten für eine fremde Schuld durch Eingehen einer Verbindlichkeit, z.B. Übernahme einer Bürgschaft.

Interzonenturnier, *Schach:* Turnier der Sieger und Bestplatzierten aus den einzelnen Zonenturnieren zur Ermittlung der Teilnehmer am ↑Kandidatenturnier.

Intestat|erbfolge, gesetzl. Erbfolge.

Intestinum [lat. »innen liegend«] *das,* der ↑Darm.

Inthronisation [lat.] *die,* Thronerhebung eines Herrschers; im kath. Kirchenrecht die feierl. Besteigung des bischöfl. oder päpstl. Stuhles (Cathedra) nach der Bischofsweihe bzw. Papstkrönung als Symbol der Besitzergreifung der bischöfl. bzw. päpstl. Gewalt.

Intifada [arab. »sich erheben«] *die,* Aufstand der palästinens. Araber im Gazastreifen und im Westjordanland gegen die israel. Besatzungsmacht, begann im Dez. 1987; von der PLO unterstützt und v.a. von jugendl. Palästinensern getragen (mehr als 2000 Tote); führte u.a. zur Gründung von ↑Hamas; ab 1994 eingeschränkt. Mit dem Ausbruch der **zweiten** bzw. – nach dem Ausgangsort – **Al-Aksa-I.** (ab Herbst 2000; indirekt ausgelöst von A. Scharon) und blutigen Selbstmordattentaten palästinens. Terroristen in Israel endete eine Phase zäher Verhandlungen (»[Osloer] Nahostfriedensprozess«).

intim [lat.], 1) innig, sehr vertraut, eng verbunden; 2) verborgen, geheim; 3) gemütlich; 4) (verhüllend) sexuell, den Bereich der Geschlechtsorgane betreffend.

Intimsphäre [lat.-grch.], privater Bereich des Menschen, der für die Umwelt tabuisiert ist. Die I. ist gegen Eingriffe des Staates und von Privatpersonen rechtlich geschützt.

Intimus [lat.] *der,* Vertrauter, enger Freund.

Intoleranz [lat.] *die,* Unduldsamkeit gegenüber weltanschaul. und moral. Überzeugungen sowie fremden Verhaltensweisen (Meinung, Haltung, Weltanschauung usw.); Ggs.: Toleranz.

Intonation [lat.] *die,* **1)** *Musik:* das richtige Treffen eines bestimmten Tones und Halten einer bestimmten Tonhöhe; im Instrumentenbau der Ausgleich der Töne und ihrer Klangfarben.

2) *Sprachwissenschaft:* Bez. für die Veränderung der Tonhöhe beim Sprechen, u.a. zur Unterscheidung versch. Satztypen (z.B. Frage- und Aussagesatz). In Tonsprachen dient die I. der Unterscheidung von lexikal. und grammatikal. Bedeutungen.

intonieren [lat.], 1) anstimmen, etwas zu singen oder zu spielen beginnen; 2) den Ton angeben; 3) Töne mit der Stimme oder auf einem Instrument in einer bestimmten Tongebung hervorbringen.

in toto [lat.], im Ganzen; insgesamt; vollständig.

Intoxikation [grch.-lat.] *die,* die ↑Vergiftung.

intra... [lat.], binnen..., innerhalb.

Intracoastal Waterway [ɪntrəˈkəʊstl ˈwɔːtəweɪ], Schifffahrtsweg im O und S der USA, zieht sich (4800 km) an der Küste des Atlantiks und des Golfs von Mexiko entlang; benutzt Buchten, Lagunen, Flüsse und Kanäle und ist vielfach mit anderen Binnenwasserstraßen verbunden. Der **Atlantic I. W.** führt von Boston bis Key West (Florida), der **Golf I. W. (Golfküstenkanal)** von Brownsville (Texas) bis zur Apalachee Bay (N-Florida).

Intrade [lat.] *die* (italien. Entrata), *Musik:* Einleitung, Vorspiel, im 16./17. Jh. Musikstück zur Eröffnung einer Festlichkeit.

Intrahandel, in der Außenhandelsstatistik Bez. für den innergemeinschaftl. Handel zw. den EU-Staaten.

intrakutan [lat.], in der Haut gelegen oder in die Haut gegeben (z.B. Injektion).

intramolekular [lat.], sich innerhalb der Moleküle vollziehend.

intramuskulär [lat.], Abk. **i.m.,** innerhalb eines Muskels gelegen oder in einen Muskel hinein erfolgend (z.B. Injektion).

Intranet [zu engl. net, »Netz«] *das,* unternehmensinternes Informations- und Kommunikationsnetz, das auf der Basis des Internet-Protokolls TCP/IP arbeitet. I. können mit dem globalen ↑Internet verknüpft werden und somit externe Dienste nutzen. I. werden durch Sicherungssysteme (Firewalls) vor dem Zugriff nicht befugter Nutzer abgeschirmt.

intransitiv [lat.], nicht zielend; Bez. für Verben, die kein Akkusativobjekt nach sich ziehen und kein persönl. Passiv bilden (z.B. »gehen«, »weinen«); Ggs.: transitiv.

intra|okularer Druck, der ↑Augendruck.

intratellurisch [lat.], dem Erdinnern angehörend oder von dort stammend.

intra|uterin [lat.], innerhalb der Gebärmutter gelegen.

Intra|uterinpessar, ↑Empfängnisverhütung.

intravenös [lat.], Abk. **i.v.,** innerhalb einer Vene gelegen, in sie hinein erfolgend (z.B. Injektion).

intrazellulär [lat.], im Zellinnern gelegen.

Intrige [frz., zu lat. intricare »in Verlegenheit bringen«] *die,* **1)** *allg.:* hinterlistiger Plan, Ränkespiel.

2) *Literatur:* bes. im Drama das eine Handlung begründende Komplott.
Intrinsic Factor [-'fæktə, engl.] *der* (Castle-Ferment), von den Fundusdrüsen des Magens und im oberen Abschnitt des Zwölffingerdarms produziertes Glykoprotein, das mit dem Vitamin B_{12} (Cobalamin, »Extrinsic Factor«) aus der Nahrung eine Komplexbindung eingeht, wodurch die Resorption des Vitamins ermöglicht wird. Fehlen des I. F. führt zur ↑perniziösen Anämie.
intrinsisch, 1) *allg.:* von innen her, aus eigenem Antrieb erfolgend.
2) *Physik:* (engl. intrinsic), eigenleitend, die Eigenschaften reiner Halbleiter (Eigenhalbleiter) betreffend.
3) *Psychologie:* in der Motivationspsychologie von Verhaltensweisen gesagt, die aus reiner Funktionslust erfolgen, z. B. das Üben körperl. Funktionen durch häufig wiederholte Bewegungsabläufe bei Kleinkindern; Ggs.: extrinsisch.
intro... [lat.], ein..., hinein...
Introduktion [lat. »Einführung«] *die,* in der Instrumentalmusik eine dem Hauptsatz einer Sonate, Sinfonie, eines Konzerts u. a. vorangehende Einleitung in langsamem Zeitmaß; in der Oper das der Ouvertüre folgende, die Handlung eröffnende Gesangsstück.
Introition [-oi-, lat.] *die,* in der neusumer. Kunst des Alten Orients voll ausgebildetes Bildmotiv auf Stelen, Rollsiegeln oder in der Malerei, das die Einführung einer Person (des Königs) bei einer hohen Gottheit darstellt.
Introitus [lat. »Eingang«] *der,* **1)** *Anatomie:* Eingang, z. B. I. vaginae (Scheideneingang).
2) *Liturgie:* der Eröffnungsgesang der kath. Messe; liturg. Eingangsstück des evang. Gottesdienstes.
Introjektion [lat.] *die, Psychologie:* Übernahme fremder Anschauungen und Verhaltensweisen in die eigene Person; Ggs.: Projektion.
Intron [Kw.] *das,* ↑Mosaikgene.
Introspektion [lat.] *die* (Selbstbeobachtung), die nach innen, d. h. auf das eigene Bewusstseinsgeschehen, gerichtete Beobachtung.
Introversion [lat. »Innenwendung«] *die,* in C. G. Jungs Charakterologie eine Einstellung des Bewusstseins, bei der die psych. Energie auf die eigene Innenwelt gerichtet ist; Ggs.: Extraversion.
Intruder [lat.-engl.] *der,* militär. Schutz- und Aufklärungsflugzeug, speziell im Schnellwarndienst zur Unterstützung von Flugzeugträgern.
Intrusion [lat.] *die,* das Eindringen von Magma in einen Gesteinsverband. Es entstehen Plutone (Batholithe, Lakkolithe). **Intrusivgesteine** sind Tiefen- oder subvulkan. Gesteine.
Intubation [lat.] *die,* das Einführen eines Spezialrohres (Tubus) durch Mund oder Nase in die Luftröhre zu deren Freihaltung und Beatmung; Anwendung bei Erstickungsgefahr und zur I.-Narkose.
Intuition [lat. »Schau«] *die,* plötzl. Eingebung, vollständiges und umgreifendes Erfassen eines Gegenstandes ohne Reflexion. **Intuitives Denken** steht im Ggs. zum schlussfolgernden, diskursiven Denken.
Intuitionismus [lat.] *der,* als math. Grundlagenforschung die von L. Kronecker, H. Poincaré, H. L. Lebesgue u. a. vertretene Lehre, dass die Gesamtheit der natürl. Zahlen intuitiv und unableitbar gegeben sei und dass sich die Gesamtheit der reellen Zahlen (↑Kontinuum) arithmetisch nicht bilden lasse. Einen intuitionist. Neuaufbau der Mathematik versuchten seit 1907 L. E. J. Brouwer, H. Weyl, A. Heyting u. a. mit der Forderung der effektiven Konstruktion zur Definition math. Objekte und unter Einschränkung des ↑Tertium non datur auf endl. Mengen.
intuitiv [lat.], auf Intuition beruhend.
intus [lat.], innen, inwendig.
Inuit [»Menschen«] *Pl.,* Selbstbez. der ↑Eskimo.
Inula, die Pflanzengattung ↑Alant.
Inulin [lat.] *das,* ein bes. in Dahlienknollen und Artischockenwurzeln vorkommendes stärkeähnl. Polysaccharid; dient zur Gewinnung von Fructose.
Inundation [lat.] *die,* **1)** *Geographie:* Überschwemmung; **Inundationsgebiet,** das den Überschwemmungen ausgesetzte Gebiet längs der Gewässer.
2) *Geologie:* die ↑Immersion.
in usum Delphini, ↑ad usum.
Inuvik, Siedlung in den Northwest Territories, Kanada, im Delta des ins Nordpolarmeer mündenden Mackenzie, 3 200 Ew.; Handels- und Versorgungszentrum der **Inuvik Region** (8 500 Einwohner).
inv., Abk. für ↑**invenit.**
Invagination [lat.] *die,* Einstülpung eines

Darmabschnitts in einen anderen oder des Keimblattes bei der Gastrulation.

invalid [lat.], auf Dauer arbeits-, dienst- oder erwerbsunfähig oder in dieser Hinsicht erheblich beeinträchtigt (infolge eines Unfalls, einer Verwundung oder einer Krankheit).

Invar® [von engl. invariable] *das,* Eisen-Nickel-Legierung, die bes. in Messinstrumenten und physikal. Geräten verwendet wird.

invariabel [lat.-nlat.], unveränderlich.

Invariante [lat. »Unveränderliche«], *Mathematik, Physik:* eine für eine gegebene Klasse math. (Zahl, Funktion, Vektor, Gruppe) oder physikal. Objekte definierte Größe oder Eigenschaft, die sich bei Abbildungen, Symmetrieoperationen oder Transformationen nicht ändert; so sind z. B. die Längen und Winkel I. in Bezug auf die Kongruenzabbildungen. Die Eigenschaft der Unveränderlichkeit von Größen **(Invarianz)** ist v. a. in der Physik von Bedeutung, da aus bestimmten Symmetrien auf Erhaltungssätze oder -größen (z. B. Energie, Drehimpuls) geschlossen werden kann.

Invasion [lat.] *die,* **1)** *Medizin:* das Eindringen von Krankheitserregern in den Körper oder die Blutbahn.

2) *Militärwesen:* das feindl. Einrücken von Truppen eines Staates oder Militärbündnisses in fremdes oder vom Gegner besetztes Gebiet.

Invektive [lat.] *die,* Schmährede oder -schrift; beleidigende Äußerung, Schmähung.

invenit [lat. »hat erfunden«], Abk. **inv.,** bezeichnet auf graf. Blättern den Künstler der Vorlage; hat dieser auch die Wiedergabe geschaffen, ist die Bez. **invenit et fecit** (»hat erfunden und gemacht«), Abk. **inv. et fec.,** üblich.

Inventar [lat.] *das,* **1)** *bürgerl. Recht:* a) Sachen, die zum Wirtschaftsbetrieb eines gewerbl. Unternehmens oder Landgutes bestimmt sind. Tiere und Geräte **(lebendes** und **totes I.)** gelten als Zubehör des Grundstücks (§§ 97, 98 BGB). b) Verzeichnis von Gegenständen eines Sondervermögens, z. B. Nachlass.

2) *Handelsrecht:* vom Kaufmann zu Beginn seines Handelsgewerbes und am Schluss eines Geschäftsjahres aufzustellendes wertmäßiges Verzeichnis der Vermögensgegenstände und Schulden.

Inventarisation [lat.] *die,* **1)** *allg.:* Bestandsaufnahme.

2) *Kunstwissenschaft:* topograph., wiss. Erfassung von Bau- und Kunstdenkmälern als Grundlage für Denkmalschutz und Denkmalpflege.

Invention [lat.] *die,* Einfall, Erfindung. – I. nannte J. S. Bach die kleinen zwei- und dreistimmigen Klavierstücke in kontrapunktisch-imitierender Satzweise; seither musikal. Gattungsbegriff.

Inventur [lat.] *die,* Bestandsaufnahme aller Vermögensgegenstände und Schulden eines Unternehmens zu einem gegebenen Zeitpunkt. Die **permanente I.** ist die Ermittlung der Bestände durch laufende Fortschreibung der Zu- und Abgänge. **Stichtags-I.** wird einmal im Jahr am Bilanzstichtag vorgenommen. Das Ergebnis der I., das wertmäßige Verzeichnis der Vermögensgegenstände und Schulden, heißt **Inventar.** Die I. muss den Grundsätzen ordnungsmäßiger Buchführung entsprechen und ist Grundlage für den Jahresabschluss.

Invercargill [ɪnvəˈkɑːgɪl], Hafenstadt an der S-Küste der Südinsel Neuseelands, 53 200 Ew.; Verarbeitungsind.; Flughafen, Hafen.

Inverclyde [ɪnvəˈklaɪd], Local Authority in W-Schottland, südl. des inneren Firth of Clyde, 160 km², 84 200 Ew., Zentrum Greenock an der Küste.

Inverness [ɪnvəˈnes], Hptst. der Local Authority Highland, Schottland, an der Mündung des Ness in den Moray Firth, 41 200 Ew.; Werft, Maschinenbau, Erdöl-, Wollindustrie, Whiskybrennereien; Hafen, Handelszentrum; Fremdenverkehr. – **I. Castle,** ein Bau des 19. Jh. – I. war eine der Hauptfestungen der Pikten.

invers [lat.], umgekehrt.

inverse Funktion, die ↑Umkehrfunktion.

inverses Element. Ist a ein Element einer algebraischen Struktur A (z. B. einer ↑Gruppe) mit der Verknüpfung $\circ$ und dem Einselement e, dann heißt ein Element $a_r^{-1} \in A$ das **rechtsinverse Element** von a, wenn $a \circ a_r^{-1} = e$ gilt; ein Element $a_l^{-1} \in A$ heißt **linksinverses Element** von a, wenn $a_l^{-1} \circ a = e$ gilt. Gibt es zu a die Elemente a_r^{-1} und a_l^{-1} und ist $a_r^{-1} = a_l^{-1}$, so nennt man $a^{-1} = a_r^{-1} = a_l^{-1}$ das i. E. zu a. Speziell für die Menge der rationalen Zahlen ist $-a$ das i. E. von a bezüglich der Addition und $1/a$ das i. E. von $a \neq 0$ bezüglich der Multiplikation.

Inversion [lat.] *die,* **1)** *allg.:* Umkehrung, Umstellung.
2) *Chemie:* die Umwandlung des Drehsinns einer optisch aktiven Verbindung; z. B. wird durch I. aus rechtsdrehendem Rohrzucker linksdrehender ↑Invertzucker.
3) *Kristallographie:* Raumspiegelung an einem Punkt, dem Symmetrie- oder I.-Zentrum.
4) *Mathematik:* (I. am Kreis), ↑Spiegelung.
5) *Meteorologie:* Zunahme der Lufttemperatur mit der Höhe über dem Boden (normalerweise nimmt sie ab), bes. im Winter in Gebirgstälern; sie verhindert den vertikalen Luftaustausch, sodass bei I.-Wetterlage die Luftverschmutzung stark ansteigen kann.
6) *Musik:* Umkehrung der Notenfolge der Intervalle.
7) *Psychologie:* das Umspringen bestimmter Bilder; bei versch. Betrachtung werden zwei unterschiedl. Bilder gesehen (↑Figur-Grund-Verhältnis, ↑Umspringbilder).
8) *Syntax:* Umstellung der gewöhnl. Wortfolge (z. B. »willst du« gegenüber »du willst«).
Invertase [lat.] *die,* Rohrzucker spaltendes Enzym.
Invertebrata [lat.], die ↑Wirbellosen.
Inverter [engl.] *der,* elektron. Schaltung oder Bauelement zur Vorzeichenumkehr oder definierten Versetzung von Signalen; in der Digitaltechnik eine log. Schaltung zur Ausführung der NICHT-Funktion (Negation). In einfacher Ausführung besteht der I. aus einem Transistor in Emitterschaltung.
Invertzucker, Gemisch von gleichen Anteilen Glucose und Fructose, das aus Rohrzucker durch Inversion mit verdünnten Säuren entsteht; Verwendung v. a. in der Süßwarenindustrie.
investieren [lat.], 1) als Investition anlegen; 2) für jemanden etwas aufwenden oder einsetzen; 3) feierlich in ein (geistl.) Amt einführen.
investigativer Journalismus [- ʒʊr-], Enthüllungsjournalismus, der beansprucht, durch seine Recherchen Missstände in Staat und Gesellschaft (z. B. Watergate-Affäre) aufzudecken.
Investition *die,* langfristige Anlage von Kapital in Sachgütern; in der *Volkswirtschaftslehre* der Einsatz von Produktionsfaktoren zur Erhaltung, Erweiterung oder Verbesserung des Bestandes an langlebigen Produktionsmitteln; Ggs. zum Konsum (Verwendung von Produktionsfaktoren zur Produktion von Gütern für Zwecke des privaten Haushalts). I. können damit als Veränderung des Kapitalstocks bzw. des volkswirtsch. Produktionspotenzials aufgefasst werden. In der *Betriebswirtschaftslehre* bezeichnet I. eine Handlung, die die Liquidität verändert, indem die Verwirklichung eines I.-Projekts zunächst zu Auszahlungen führt, denen in den folgenden Perioden Einzahlungen (z. B. bis zum Ende der wirtsch. Nutzungsdauer des I.-Objekts), eventuell auch weitere Auszahlungen (z. B. Reparaturkosten) folgen (zahlungsorientierter I.-Begriff). I. meint aber auch die langfristige Festlegung vorhandener oder zu beschaffender Finanzmittel in Vermögenswerte (v. a. Anlagevermögen).

Investition: Investitionsquote[1] ausgewählter Staaten

Staat	1980	1990	2000	2001
Deutschland[2]	22,6	22,3	21,6	21,3
Frankreich	23,0	22,6	19,7	20,6
Griechenland	30,0	23,1	23,0	23,0
Großbritannien	18,0	20,5	17,5	18,5
Italien	24,3	21,5	19,6	20,8
Japan	31,6	32,2	26,3	27,0
Niederlande	21,4	22,5	22,7	21,9
Österreich	25,7	23,7	23,7	23,0
Schweiz	23,8	27,1	21,1	21,6
USA	20,2	17,4	21,8	21,8

1) Bruttoanlageinvestitionen in Prozent des Bruttoinlandsprodukts. – 2) Ab 1999 einschließlich neuer Bundesländer.

Die Gesamtheit der I. in einer Periode wird **Brutto-I.** genannt. Der Teil der Brutto-I., der zum Erhalt oder Ersatz der verbrauchten Teile des Produktionsapparates dient, wird als **Erhaltungs-, Ersatz-** oder **Re-I.** bezeichnet. Wenn sie den Wert der Abschreibungen erreicht, bleibt der Wert des Produktionsmittelbestandes volkswirtschaftlich konstant. **Erweiterungs-** oder **Netto-I.** bewirken einen Zuwachs der Produktionskapazitäten. I. in dauerhafte, reproduzierbare Produktionsmittel (Ausrüstungen, Bauten und sonstige Anlagen) sind **Anlage-I.,** I. in Bestände **Lager-** oder **Vorrats-I.** Neben diesen **Real-I.** oder **Sach-I.** gibt es die **Finanz-I.** (in Wertpapiere). Grenzüberschreitende I. werden als ↑Direktinvestitionen bezeichnet. – Wenn Ersatz- oder Netto-I. **Rationalisierungs-I.** sind, kann mit gleichem Aufwand mehr erzeugt oder mit weniger Aufwand ein gleiches Ergebnis erzielt werden. Dadurch können Arbeitsplätze vernichtet werden. Arbeitslosigkeit braucht nicht aufzutreten, wenn durch Erweiterungs-I. genügend neue Arbeitsplätze geschaffen werden. Der Anteil der Brutto-I. am Bruttoinlandsprodukt wird als **I.-Quote** bezeichnet; sie zeigt, welcher Teil der in einer Periode produzierten Güter einer Volkswirtschaft investiert, also nicht dem Konsum und nicht dem Export zugeführt wurde. Die **I.-Rate** ist das Verhältnis der I. einer Periode zum bestehenden Kapitalstock. Je nachdem, ob Unternehmen oder staatl. Stellen investieren, spricht man von privaten oder öffentl. Investitionen.

Die I. sind von grundlegender Bedeutung für die Konjunkturschwankungen und für das wirtsch. Wachstum. Die Nachfrage nach I.-Gütern schwankt stärker als die nach Konsumgütern, und diese Schwankungen übertragen sich auf das Inlandsprodukt. Konjunkturpolitisch ist der Einkommens- oder Multiplikatoreffekt der I. wichtig: Durch zusätzl. I. entsteht zusätzl. Einkommen, das zusätzl. Konsumnachfrage hervorruft, die wiederum zu zusätzl. Einkommen führt, sofern die notwendigen Produktionskapazitäten vorhanden sind. Für das Wachstum ist der Kapazitätseffekt der I. maßgebend: I. erhöhen i.d.R. die volkswirtsch. Produktionskapazität und damit das potenzielle Güterangebot.

In der Wirtschaftspolitik wird zw. I.-Lenkung und I.-Förderung unterschieden. Bei der **I.-Lenkung** wird die I.-Entscheidung je nach Art der Lenkung (indirekte bzw. direkte oder imperative I.-Lenkung) mehr oder weniger vom Staat bestimmt, und es wird in die unternehmer. Entscheidungsfreiheit eingegriffen. Begründet wird sie mit der Vermeidung von Fehl- und Über-I. Demgegenüber wird bei **I.-Förderung** deren höhere Flexibilität und Effektivität sowie deren Übereinstimmung mit der marktwirtsch. Selbststeuerung unterstrichen, weil sie die privatwirtsch. I.-Entscheidungen der Unternehmer auf marktexterne Weise zu beeinflussen sucht. Wichtig für die I.-Bereitschaft der Unternehmer ist v.a. die Schaffung eines günstigen **I.-Klimas** (z.B. Konstanz der Wirtschaftspolitik, Überprüfung sozial-, umwelt-, arbeitsmarktpolit. sowie baurechtl. Vorschriften im Sinne eines Abbaus »bürokrat. Hemmnisse«, Stabilisierung von Preisniveau und Wechselkurs). Instrumente staatl. I.-Förderung sind I.-Auflagen (z.B. Umwelt- und Sicherheitsvorschriften) sowie finanzpolit. Maßnahmen (Darlehen, nicht rückzahlbare Finanzhilfen und steuerl. I.-Hilfen). Die steuerfreien I.-Zulagen und die steuerpflichtigen I.-Zuschüsse sind echte I.-Prämien. Die I.-Förderung kann primär konjunktur- und wachstumspolit. Ziele oder strukturpolit. Absichten (regionale und/oder sektorale Wirkungen) verfolgen.

📖 *Olfert, K.: I. Ludwigshafen [8]2001. – Kruschwitz, L.: Finanzierung u. I. München u.a. [3]2002. – Günther, P.: I. u. Finanzierung. Stuttgart 2003.*

Investitionsgüter, Güter, die für einen möglichst dauerhaften Einsatz im Produktionsprozess bestimmt sind und für die Erhaltung, Erweiterung oder Rationalisierung des betriebl. Anlagevermögens eingesetzt werden.

Investitionsrechnung, Methode zur Prüfung der Vorteilhaftigkeit investitionspolit. Maßnahmen und zur rechner. Bestimmung des für die Zielsetzung des Unternehmens optimalen Investitionsprogramms. Das Ergebnis der I. ist Grundlage für die Investitionsentscheidung. Herkömml. Methoden der I. basieren auf der Beurteilung des Gewinnbeitrags eines Investitionsprojekts; zunehmend spielen bei privaten und öffentl. Investitionen auch nichtmonetäre Aspekte (z.B. in der Kosten-Nutzen-Analyse oder Nutzwertanalyse) eine Rolle. In der betriebswirtschaftl. I. sind die (einfacher zu handhabenden) stat. Verfahren (Gewinn-, Kosten- und Rentabilitätsvergleichsrechnung) von den die Zeit berücksichtigenden dynam. Verfahren zu unterscheiden (Kapitalwert-, Annuitäten- und interne Zinsfußmethode).

Investitur [mlat. »Einsetzung in ein Amt«, eigtl. »Einkleidung«] *die,* in karoling. und otton. Zeit die Übertragung eines Kirchenamtes; seit dem 13. Jh. im Kirchenrecht der lat. (kath.) Kirche Bez. für die ihr folgende (feierl.) Amtseinweisung; heute die Amtseinführung eines Pfarrers (bei Bischöfen **Inthronisation;** bei Kanonikern **Installation**).

Investiturstreit, Konflikt zw. Reformpapsttum und engl., frz. und dt. Königtum in der 2. Hälfte des 11. Jh. um die Einsetzung der Bischöfe und Äbte in ihre Ämter; er wurde zur grundsätzl. Auseinandersetzung um das Verhältnis von weltl. und geistl. Gewalt. Bes. im Hl. Röm. Reich hatten sich die Könige mit dem ↑Reichskirchensystem ein Herrschafts- und Verw.instrument als Gegengewicht zu den Stammesgewalten geschaffen. In der kirchl. Reformbewegung gewann eine Richtung die Führung, die jede Investitur durch Laien als ↑Simonie ablehnte. Gregor VII. verbot die Laieninvestitur 1075 wohl nur dem dt. König. Der nun ausbrechende offene Machtkampf zw. Papsttum und dt. Königtum (Canossa 1077; ↑deutsche Geschichte, ↑Heinrich IV.) konnte durch einen Kompromiss beigelegt werden. Der König verzichtete auf die Investitur mit Ring und Stab, belehnte den Gewählten aber mit dem Kirchenbesitz. Diese Übereinkunft wurde 1104 vom frz., 1107 vom engl. König akzeptiert und bildete auch die Grundlage des ↑Wormser Konkordats (1122).

🕮 *Laudage, J.: Gregorian. Reform u. I. Darmstadt 1993. – Hartmann, W.: Der I. München* [2]*1996.*

Investivlohn, Teil des Arbeitsentgelts, der nicht bar ausgezahlt, sondern für eine bestimmte Zeit im Unternehmen investiert oder in einem Fonds festgelegt wird. Über die festgelegten Einkommensteile werden Zertifikate ausgestellt, die einen Anteil am Unternehmen oder am Fonds repräsentieren.

Investmentbanking [-bæŋkıŋ, engl.] *das,* Bankgeschäfte, die sich auf Emission, Übernahme, Platzierung und den Handel von Wertpapieren oder wertpapierähnl. Finanzinnovationen beziehen. **Investmentbanks (Investmentbanken)** sind Kreditinstitute, die sich auf Finanzinnovationen, Devisenhandel und Beratungsdienstleistungen spezialisiert haben.

Investmentcenter [-sentə, engl.], Geschäftsbereich in einem divisional organisierten Unternehmen, der für seinen Gewinn unter Berücksichtigung des Kapitaleinsatzes eigenverantwortlich ist. I. gehen insofern über Cost- und Profitcenter – bei denen der Entscheidungsspielraum auf die Kosten bzw. den Gewinn beschränkt ist – hinaus, als Einflussnahme auf langfristige Investitionsentscheidungen gegeben ist.

Investmentclub, Zusammenschluss von Sparern – meist in einer Gesellschaft des bürgerl. Rechts – mit dem Ziel, für gemeinsame Rechnung Börsengeschäfte durchzuführen. Durch die Zusammenfassung vieler kleinerer Sparbeträge kann der I. größere Börsengeschäfte tätigen und das Risiko breiter streuen.

Investmentfonds [-fɔ̃:] (in der Schweiz: Anlagefonds), von einer Kapitalanlagegesellschaft (Abk. KAG, auch **Investmentgesellschaft,** Investmenttrust) verwaltetes Sondervermögen, das aus dem gegen Ausgabe von Anteilscheinen (Investmentzertifikate) eingelegten Geld der Anleger gebildet wird und für gemeinschaftl. Rechnung der Einleger von der Investmentgesellschaft im eigenen Namen nach dem Grundsatz der Risikomischung in handelbaren und vertretbaren Werten (Wertpapiere, Immobilien u. a. Vermögensgegenstände) angelegt wird.

I. werden unterteilt in **Publikumsfonds,** deren Anteile von jedermann erworben werden können, und **Spezialfonds,** die für institutionelle Anleger (z. B. Versicherungsgesellschaften, Pensionskassen) aufgelegt werden und deren Anteile nicht öffentlich angeboten werden. Nach Anlagespektrum werden unterschieden: 1) **Wertpapierfonds,** die nur in Wertpapieren anlegen. Hierzu gehören: **Aktienfonds,** die ihr Vermögen je nach Anlageschwerpunkt in nat. oder internat. Aktien investieren; **Rentenfonds,** die v. a. festverzinsl. Wertpapiere in- und/oder ausländ. Aussteller enthalten; **Mischfonds oder gemischte Fonds** (sowohl Aktien als auch festverzinsl. Wertpapiere); **Geldmarktfonds,** die in kurzfristigen Geldmarktpapieren anlegen; 2) **Beteiligungs-Sondervermögen,** die Wertpapiere (Aktien und Schuldverschreibungen) und stille Beteiligungen an Unternehmen erwerben; 3) **offene Immobilienfonds (Grundstücksfonds)** investieren v. a. in gewerblich genutzte Liegenschaften, z. T. in Mietwohngrundstücke und eigene Bauvorhaben. **Geschlossene Immobilienfonds** werden dagegen zur Finanzierung bestimmter Bauvorhaben errichtet; ihr Kapital ist auf die hierfür erforderl. Mittel begrenzt. Auch Wertpapierfonds können als **geschlossene Fonds** (Closed-End-Fund) konstruiert sein, sind aber i. d. R. **offene Fonds** (Open-End-Fund) mit laufender

Ausgabe und Rücknahme von Anteilen und variablem Fondsvermögen. In den letzten Jahren hat sich die Angebotsvielfalt der I. stark erweitert. Bei Aktienfonds entstanden z. B. Fonds mit Risikobegrenzung, bei denen das Fondsvermögen für Kurssicherungsgeschäfte genutzt wird, und spezielle Fonds für bestimmte Wirtschaftszweige **(Branchenfonds),** Regionen und Länder **(Länderfonds).** Zu den Neuerungen zählen auch ↑Altersvorsorge-Sondervermögen, ↑Dachfonds und ↑Indexfonds. Wird das gesamte Fondsvermögen durch die Anzahl der ausgegebenen und im Umlauf befindl. Anteile geteilt, erhält man den Preis eines Anteils (Anteilwert). Er ist Grundlage für die Berechnung des Ausgabe- und Rücknahmepreises. Der Ausgabepreis ist der um den Ausgabeaufschlag (zur Deckung der Ausgabekosten) erhöhte Anteilwert. Die Investmentgesellschaften nehmen jederzeit Anteile zum Rücknahmepreis, der i. d. R. mit dem Anteilwert identisch ist, zurück. Veränderungen der Anteilpreise (börsentägliche Veröffentlichung) ergeben sich aus den Wertveränderungen der Vermögensgegenstände des Fonds sowie den zufließenden Erträgen. Ausgeschüttet werden die im Geschäftsjahr dem Fonds zugeflossenen (außer)ordentl. Erträge i. d. R. einmal jährlich gegen Vorlage des jeweiligen Ertragscheins. Bei den thesaurierenden Fonds werden die erwirtschafteten Beträge einbehalten und wieder angelegt. Wesentl. Bestimmungen für I. enthält das Ges. über Kapitalanlagegesellschaften (KAGG) i. d. F. v. 9. 9. 1998. – Erste I. entstanden um 1860 in England und verbreiteten sich v. a. in den USA. Nach gescheiterten Versuchen in den 20er-Jahren wurden I. erst 1950 in der Bundesrep. Dtl. wieder aufgelegt.

Investmentgesellschaft, ↑Investmentfonds.

Investmentzertifikat (Investmentanteil), Wertpapier, das Anteile an einem ↑Investmentfonds verbrieft.

Investor [lat.-engl.] *der,* jemand, der Investitionen vornimmt, Kapitalanleger.

Investor-Relations [ɪnˈvestə rɪˈleɪʃnz; engl.], die Pflege der Beziehungen einer AG zu ihren Kapitalgebern (Aktionären), um deren Vertrauen und Loyalität zum Unternehmen zu sichern; umfasst neben einer aktionärsfreundl. Dividenden- und Emissionspolitik (Shareholder-Value) u. a. eine informative Berichterstattung (z. B. durch Geschäfts- und Zwischenberichte).

in vino veritas [lat.], im Wein (ist, liegt) Wahrheit.

in vitro [lat. vitrum »Glas«], im Reagenzglas ablaufend oder durchgeführt (z. B. biolog. Vorgänge, wiss. Experimente); Ggs.: in vivo.

In-vitro-Fertilisation, Abk. **IVF** (extrakorporale Befruchtung), *Humanmedizin:* die außerhalb des Körpers in einer Nährlösung (in vitro) stattfindende Befruchtung der menschl. Eizelle. Zur IVF werden reife Eizellen aus einem der (hormonell stimulierten) Eierstöcke durch Punktion oder einen laparoskop. Eingriff gewonnen, das Sperma durch Punktion oder Masturbation. Etwa 48–72 Stunden nach der Befruchtung werden 3–4 Embryonen (4- bis 8-Zellen-Stadium) in die Gebärmutterhöhle eingebracht und die Einnistung durch Hormongaben unterstützt. Die IVF wird bei Frauen angewendet, bei denen z. B. der natürl. Weg zw. Gebärmutter und Eierstock gestört oder nicht mehr vorhanden ist. – In der Tierzucht ↑künstliche Besamung.

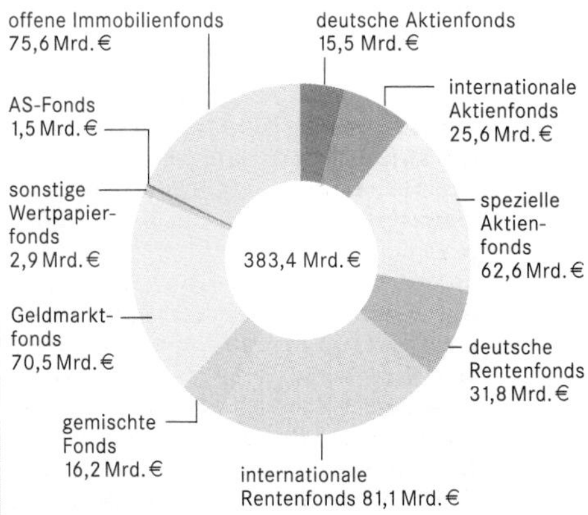

Investmentfonds: Vermögen deutscher Publikumsfonds nach Arten (April 2004)

in vivo [lat. vivus »lebendig«], am lebenden Objekt ablaufend oder durchgeführt (biolog. Vorgänge, wiss. Experimente); Ggs.: in vitro.

Invocavit [lat. »er hat (mich) angerufen«; nach dem Anfangswort des Introitus Ps. 91, 15], der 6. Sonntag vor Ostern; in der kath. Kirche der 1. Sonntag der Fastenzeit; in den evang. Kirchen der 1. Sonntag der Passionszeit.

Invocavitpredigten, *Reformationsgeschichte:* gegen die radikalen Kirchenreformen Karlstadts gehaltene Predigten ↑M. Luthers.

Involution [lat.] *die,* **1)** *Medizin:* funktions- oder altersbedingte Zurückbildung eines Organs (z. B. der Gebärmutter nach der Entbindung, des Thymus nach der Pubertät), auch des Organismus im Rahmen des Alterns.

2) *Psychologie:* die Veränderung der psych. Funktionen und der Gesamtpersönlichkeit im Alter.

involvieren [lat.], einschließen; in etwas verwickeln.

Inyangaberge, höchster Teil des ↑Nyanga-Gebirges, der Randstufenregion in Simbabwe (im Inyangani 2 592 m ü. M.).

Inzell, Gemeinde im Landkr. Traunstein, Oberbayern, 4 200 Ew.; Wintersportzentrum, Kunsteisstadion (Bundesleistungszentrum); Gletschergarten.

Inzest [lat.] *der* (früher Blutschande), sexuelle Beziehungen zw. engen Verwandten (z. B. Eltern–Kinder, Geschwister untereinander). Das strenge Verbot des I. **(Inzesttabu)** ist weltweit und bei fast allen Kulturen verbreitet, oft ausgedehnt auf größere Verwandtschaftsgruppen. Der Geschlechtsverkehr zw. Verwandten auf- und absteigender Linie sowie zw. Geschwistern ist nach § 173 StGB mit Strafe bedroht. – Zur Psychoanalyse ↑Ödipuskomplex.

Inzidenz [lat.-mlat.] *Finanzwissenschaft:* i. w. S. die Gesamtheit der Wirkungen finanzpolit. Maßnahmen, i. e. S. die Verteilungswirkung öffentl. Ausgaben und Einnahmen **(Budget-I.).**

Inzision [lat.] *die,* chirurg. operativer Einschnitt in das Gewebe.

Inzucht, Paarung von Individuen, die näher verwandt sind, als dies im Durchschnitt bei einem zufallsmäßig aus einer Population entnommenen Individuenpaar der Fall wäre. I. beschleunigt aufgrund der Zunahme der Reinerbigkeit die Bildung erbreiner Stämme und spielt daher bei der Zucht von Nutztieren und Kulturpflanzen eine Rolle. Sie birgt jedoch die Gefahr von I.-Schäden in sich, d. h., dass unerwünschte, erblich rezessive Anlagen erbrein werden und in Erscheinung treten.

Io, 1) [i:o], *Astronomie:* ein Mond des Planeten ↑Jupiter.

2) [io:], *grch. Mythos:* die Tochter des Flussgottes Inachos, Geliebte des Zeus. Um sie vor dem Misstrauen Heras zu schützen, verwandelte er sie in eine Kuh, die Hera jedoch von ↑Argus bewachen ließ. Nach dessen Tod schickte Hera eine Bremse, die I. jagte, bis sie schließlich am Nil erlöst wurde. Einer ihrer Nachkommen war Herakles.

Ioannina (Jan(n)ina), Hauptstadt des grch. Bezirks I., in Epirus, 56 700 Ew.; Univ. – Als mittelalterl. Festung entstanden, seit 1740 Sitz des Paschas von Epirus; 1913 an Griechenland.

IOC [engl.], ↑Internationales Olympisches Komitee.

Iocaste, ein Mond des Planeten Jupiter.

Iod *das,* fachsprachlich für ↑Jod.

IOK, Abk. für ↑**I**nternationales **O**lympisches **K**omitee.

Iokaste (Jokaste), *grch. Mythos:* Gemahlin des Königs Laios von Theben, Mutter und später Gattin des ↑Ödipus.

Ion, myth. Stammvater der Ionier, Sohn des Apoll und der Kreusa, der Tochter des athen. Königs Erechtheus.

Iona [aɪˈəʊna], Insel der Inneren Hebriden, Schottland, vor der SW-Küste der Insel Mull, 5 km lang, bis 2 km breit, 100 Ew. – Auf I., früher auch gäl. **Hy,** Kloster des hl. Columban d. Ä. (gegr. 563 als Missionszentrum für Schottland und N-England, bis Ende des 7. Jh. Mittelpunkt der kelt. Kirche; 8./9. Jh. zerstört; 1958/59 ausgegraben). 1203 Gründung einer Benediktinerabtei, 1507 vorübergehend zum Bischofssitz erhoben; zerfiel nach der Säkularisation. 1899 wurden die Ruinen der Kirchenverw. von Schottland übergeben und bis 1912 in der heutigen Form als Geviert mit südl. Kirche (Saint Mary), einem kreuzförmigen Saalbau in frühgot. Formen mit Vierungsturm, wieder aufgebaut.

Ionen [engl., von grch. ión »Gehendes«], elektrisch positiv oder negativ geladene Atome oder Moleküle mit weniger oder mehr Elektronen, als zur Neutralisierung der Kernladung notwendig wären. Je nach der Zahl der überschüssigen oder fehlenden Elektronen spricht man von einfach, zweifach usw. geladenen I. und kennzeichnet ihren Ladungszustand durch Anfügen von +, 2+ bzw. –, 2– usw. als rechten oberen Index an die chem. Symbole. In der

Chemie spricht man von einwertigen (z. B. H^+, OH^-), zweiwertigen (z. B. Mg^{2+}, SO_4^{2-}), dreiwertigen (z. B. Al^{3+}) Ionen. Positive I. bewegen sich im elektr. Feld zur Kathode **(Kationen),** negative zur Anode **(Anionen).**
In Gasen entstehen I., wenn Atome oder Moleküle ein oder mehrere negativ geladene Elektronen aufnehmen (negative I.) oder aus ihrem Elektronenbestand abgeben (positive I.). Die Abspaltung von Elektronen **(Ionisation, Ionisierung)** erfordert die Zuführung von Energie **(Ionisations-, Ionisierungsenergie)** zur Überwindung der Bindungskräfte, z. B. durch Einstrahlung von Licht oder Röntgenstrahlen (**Photoionisation;** ↑Photoeffekt), durch Beschuss mit energiereichen geladenen Teilchen wie Elektronen, Mesonen und I. **(Stoßionisation)** oder durch hohe Temperaturen **(therm. Ionisation).** In Elektrolyten entstehen I. durch ↑Dissoziation von Molekülen in zwei entgegengesetzt geladene Bestandteile, indem sich Lösungsmittelmoleküle an die I. anlagern, oder durch Schmelzen von I.-Kristallen. – I. tragen zur elektr. Leitfähigkeit z. B. von Gasen, Elektrolyten oder Halbleitern durch I.-Leitung bei. Moderne Verfahren der Halbleitertechnologie und Oberflächenbehandlung nutzen ↑Ionenstrahlen, die in I.-Quellen erzeugt werden. Hochgeladene (schwere) I. lassen sich in Teilchenbeschleunigern erzeugen (↑Schwerionenforschung).

Ionenantrieb, *Raumfahrt:* einer der elektr. Antriebe (↑Raketentriebwerk), bei dem der Treibstoff ionisiert und die massetragenden Ionen aus dem Triebwerk als gerichteter Strahl austreten. Je nach Ionisator unterscheidet man versch. Ionentriebwerkstypen. Der **solarelektr. Antrieb** ist eine neue Treibstoff sparende Technologie, die z. B. bei der Smart-1-Mission (↑Smart-1) zur Anwendung gelangt. Hierbei handelt es sich um eine auf sog. Ionentriebwerken beruhende Antriebstechnik. Ein Ionentriebwerk stößt auf seiner Rückseite einen steten Strom positiv geladener Teilchenionen aus, wodurch nach dem Rückstoßprinzip ein Schub nach vorn erzeugt wird. Der von diesen Triebwerken benötigte elektr. Strom wird von Solarpaneelen (↑Paneel) erzeugt. Ionentriebwerke ermöglichen es künftig, sehr weite Strecken in kürzerer Zeit zurückzulegen.

Ionenaustauscher, anorgan. oder organ. Feststoffe, die bewegl. Ionen enthalten und die Fähigkeit haben, diese gegen andere Ionen mit gleichem Ladungsvorzeichen auszutauschen. Es wird zw. **Kationen-** und **Anionenaustauschern** unterschieden. Als anorgan. Kationenaustauscher wirken u. a. Alumosilikate (z. B. Zeolithe in Waschmitteln zur Verhinderung von Kalkabscheidungen oder Tonminerale zur Aufnahme von Pflanzennährstoffen aus dem Boden); v. a. für die Wasseraufbereitung sind organ. Polymere wichtig. – Da der Ionenaustausch eine Gleichgewichtsreaktion ist, kann der mit Ca- und Mg-Ionen beladene I. mit konzentrierter Natriumchloridlösung regeneriert werden. Für die Vollentsalzung von Wasser werden ein Kationenaustauscher in der H^+-Form (sauer) und ein Anionenaustauscher in der OH^--Form (basisch) hintereinander geschaltet, für die Wasserenthärtung werden stark saure Kationenaustauscher und für die Entcarbonisierung schwach saure Kationenaustauscher verwendet.

Ionenfalle, *Physik:* ↑Teilchenfalle.

Ionengitter, ein Kristallgitter, dessen Bausteine aus entgegengesetzt geladenen Ionen bestehen, die durch ion. Bindung zusammengehalten werden. In I. kristallisieren die meisten Salze.

Ionenimplantation, *Halbleitertechnik:* das Einbringen von Fremdatomen in Halbleiterkristalle mit dem Strahl eines Ionenbeschleunigers (↑Dotierung).

Ionenkanäle, die Zellmembran durchspannende Proteine oder Proteinkomplexe, die die Wanderung von Ionen durch Membranen ermöglichen. I. bilden eine ringförmige Struktur mit hydrophiler Pore. Durch diese Pore können Ionen, meist nach einem bestimmten Signal, die für sie undurchlässige Lipiddoppelschicht passieren. I. spielen eine wichtige Rolle bei zahlreichen physiolog. Prozessen wie der Erregungsweiterleitung im Nervengewebe. Man unterscheidet ligandengesteuerte I. und spannungsgesteuerte I. Erstere öffnen sich nach Bindung von Signalstoffen wie Neurotransmittern, Letztere sind nach Spannungsänderungen über der Membran zum Öffnen befähigt.

Ionenkristall, aus positiven und negativen Ionen aufgebauter Kristall. Die Ionen werden durch überwiegend heteropolare chem. Bindung (Ionenbindung) zusammengehalten und bilden ein Ionengitter.

Ein Beispiel ist Kochsalz (NaCl), dessen Ionengitterstruktur, das Natriumchloridgitter, ein sehr häufig auftretender Gittertyp ist.

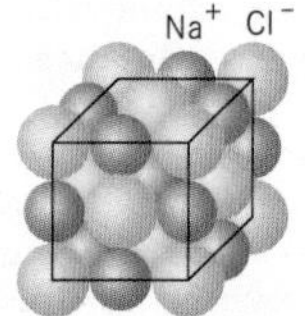

Ionenkristall: Natriumchloridgitter; jedes Natriumion ist von 6 Chloridionen umgeben

Ionenleiter, Stoffe, deren elektr. Leitfähigkeit nicht wie in Metallen oder Halbleitern auf der Bewegung von Elektronen, sondern im Wesentlichen auf der Wanderung von Ionen **(Ionenleitung)** basiert. I., die fest, flüssig oder gasförmig sein können, sind z. B. Elektrolyte, Salzschmelzen, Ionenkristalle und Gläser. (↑Superionenleiter)

Ionenoptik, ein der ↑Elektronenoptik entsprechendes Teilgebiet der Physik, das die Führung von Ionenstrahlen nach den Prinzipien der geometr. Optik behandelt; wird z. B. bei der Massenspektroskopie angewandt.

Ionenprodukt, das Produkt aller Konzentrationen der bei der Dissoziation von Molekülen entstehenden Ionen; stark temperaturabhängig.

Ionenpumpe, 1) *Physiologie:* Enzymkomplex, der unter Energieverbrauch Ionen gegen einen Konzentrationsgradienten durch eine plasmat. Membran transportiert. Für die Aufrechterhaltung der Ionenverteilung ist bes. die **Natrium-Kalium-Pumpe** verantwortlich.

2) *Vakuumtechnik:* Vakuumpumpe zur Erzeugung eines Hochvakuums mit Drücken bis unter 10^{-8} Pa. Die in einem evakuierten Gefäß befindl. Restgase werden ionisiert und die Ionen durch elektr. oder magnet. Felder zur Gefäßwand hin beschleunigt, wo sie durch Vorvakuumpumpen »abgesaugt« oder in **Getter-I.** mithilfe von ↑Gettern gebunden werden.

Ionenquelle, Vorrichtung zur Erzeugung von freien Ionen oder Ionenstrahlen. Aus Festkörpern oder Gasen gewonnene Ionen werden im Vakuum in elektromagnet. Feldern zu einem gerichteten Ionenstrahl gebündelt und beschleunigt; Verwendung z. B. in Teilchenbeschleunigern, zur Massenspektroskopie und Isotopentrennung.

Ionenröhre (Gasentladungsröhre), Sammelbez. für gasgefüllte Elektronenröhren, bei denen die aus der Kathode austretenden Elektronen die in der Röhre befindl. Gasmoleküle ionisieren können, z. B. Ignitron, Glimm- und Blitzröhre. Die Aufgaben von I. als elektron. Schalter werden heute (bis auf wenige Spezialfälle) von Halbleiterbauelementen ausgeführt.

Ionenstrahlen, aus sehr schnell in einer Richtung bewegten Ionen bestehende Teilchenstrahlen. I. sind z. B. die aus Atomkernen gebildeten Protonen-, Deuteronen- und Alphastrahlen oder die in ↑Ionenquellen erzeugten Strahlen.

Ionesco [jɔnɛsˈko], Eugène, frz. Dramatiker rumän. Herkunft, *Slatina (Kr. Olt) 26. 11. 1909, †Paris 28. 3. 1994; lebte 1914–25 und wieder seit 1938 in Frankreich; schrieb in frz. Sprache. I. ist einer der Hauptvertreter des ↑absurden Theaters. In seinen frühen Stücken stellte er mittels sprachl. Stereotype die Banalität des Alltäglichen bloß. Sinnleere der menschl. Existenz verdeutlicht er durch Infragestellung der Realität (»Die kahle Sängerin«, UA 1950; »Die Unterrichtsstunde«, 1953; »Die Stühle«, 1954). Die späteren Dramen thematisieren existenzielle menschl. Probleme, u. a. »Die Nashörner« (1959), »Der König stirbt« (1963), »Hunger und Durst« (1964), »Das große Massakerspiel« (1970). I. schrieb außerdem den Roman »Der Einzelgänger« (1973), Erzählungen, Essays und autobiograf. Werke (»La quête intermittente«, 1988).

📖 *Modernes frz. Theater. Adamov – Beckett – I., hg. v. K. A. Blüher. Darmstadt 1982. – Hubert, M.-C.: E. I. Paris 1990. – Bondy, F.: E. I. Mit Selbstzeugnissen u. Bilddokumenten. Reinbek [3]2002.*

Ionier (grch. Iones), einer der altgrch. Hauptstämme, der im 2. Jt. v. Chr. Attika, Euböa, Achaia, das Grenzgebiet zw. Lakonien und der Argolis und vielleicht die W-Küste Messeniens bewohnte. Nach der dor. Wanderung (↑Dorer), die ihnen nur Attika und Euböa ließ, besiedelten die I. die Kykladen und die mittlere W-Küste Kleinasiens. Als I. im engsten Sinn betrachteten sich urspr. wohl die Bewohner der kleinasiat. Städte Erythrai, Klazomenai, Kolophon, Teos, Lebedos, Ephesos, Milet, Myos, Priene und Phokaia sowie der Inseln Chios und Samos; Smyrna wurde erst später aufgenommen (Ionischer Bund). Der kulturellen Blüte machte erst der ↑Ionische Aufstand gegen die pers. Herrschaft ein Ende. 477 wurden die I. Bundesgenossen der Athener, nach dem Peloponnes. Krieg zeitweilig von den Spartanern, 386 v. Chr. wieder von den Persern abhängig. Später gehörten die I. zum Reich Alexanders d. Gr. und behielten auch unter den Römern eine gewisse Autonomie.

Ionisation [grch.] *die* (Ionisierung), ↑Ionen.

Ionisationskammer, Gerät (Detektor) zum Messen der Intensität ionisierender Strahlung (v. a. Alpha-, Beta-, Gamma- und Röntgenstrahlung). I. bestehen im einfachsten Fall aus einem gasgefüllten Gefäß mit zwei Elektroden. Zw. beiden liegt eine Spannung (etwa 100 bis einige 1 000 V), die ein elektr. Feld im Medium aufbaut. Ionisiert ein geladenes Teilchen bei seinem Durchgang die Atome des Mediums, wandern die freien Elektronen zur positiv, die positiven Ionen zur negativ geladenen Elektrode. Die durch die Strahlung erzeugten Ionen rufen in Gleichstromkammern einen Strom-, in Impulskammern (↑Zählrohr) einen Spannungsstoß hervor, der elektronisch verstärkt und registriert wird.

Ionische Inseln, die Inseln vor der W-Küste Griechenlands im Ion. Meer; sie bilden eine Region Griechenlands (2 307 km², 193 700 Ew.). Hauptinseln sind Korfu, Paxos, Leukas, Ithaka, Kephallenia, Zakynthos. – Im 8. Jh. v. Chr. von dor. Kolonisten aus Korinth besiedelt; ab 9. Jh. n. Chr. ein VerwBez. des Byzantin. Reiches; 1204 fiel Korfu, 1483 auch die südl. Inseln an Venedig; 1797 von Franzosen, 1799 von Russen besetzt; 1815 als **Vereinigter Staat der Sieben I. I.** Selbstständigkeit unter brit. Protektorat; 1864 an Griechenland.

ionische Naturphilosophie, eine Richtung in der ↑griechischen Philosophie.

Ionischer Aufstand, Erhebung der Ionier Kleinasiens 500–494 v. Chr., die gegen die pers. Herrschaft, v. a. aber gegen die Behinderung des grch. Handels seitens der Perser im Ägäisraum gerichtet war (Zentrum des Aufstandes war Milet); endete erfolglos. Die Unterstützung durch Athen und Eretria diente Persien als Vorwand für den Beginn der Perserkriege.

ionischer Baustil, ↑griechische Kunst, ↑Säulenordnung.

ionischer Kirchenton, auf dem Grundton c stehende ↑Kirchentonart.

ionischer Vers (Ionicus), *grch. Metrik:* ein viersilbiger Versfuß von der Form ◡◡– – (Ionicus a minore) oder – –◡◡ (Ionicus a maiore).

Ionisches Meer, Teil des Mittelmeeres zw. der W-Küste Griechenlands und der O-Küste Siziliens und Kalabriens.

ionisierende Strahlung, Bez. für alle Arten von Korpuskular- und elektromagnet. Strahlung, deren Energie ausreicht, um beim Durchgang durch Materie Atome oder Moleküle zu ionisieren. **Direkt i. S.** besteht aus elektrisch geladenen Teilchen, wie Elektronen, Protonen und Alphateilchen; **indirekt i. S.** (Neutronen, Röntgen- und Gammastrahlen) überträgt Energie auf elektrisch geladene Teilchen, die ihrerseits die Ionisation (↑Ionen) auslösen. Quellen i. S. sind Beschleuniger (z. B. Synchrotron), Kernreaktionen sowie die kosm. Strahlung. Ihre Messung erfolgt durch spezielle ↑Teilchendetektoren.
Die *biolog. Strahlenwirkung* i. S. ist von der lokalen Dichteverteilung der Ionisationen im Gewebe abhängig. Die durch die Ionisation gebildeten chemisch wirksamen Radikale stören bei lebendem Gewebe den Funktions- oder Zellteilungsstoffwechsel. Die Ionisation leitet eine Zellschädigung bzw. Zellvernichtung ein, die in exakt dosierter Form bei der Strahlenbehandlung bösartiger Geschwülste ausgenutzt wird.

Ionisierungsenergie (Ionisationsenergie), die zur Ionisation eines Atoms oder Moleküls notwendige Energie (↑Ionen).

Ionogramm, graf. Darstellung der Konzentration von Kat- und Anionen einer Elektrolytlösung, z. B. des Blutplasmas.

Ionomere, Polymere mit ion. Gruppen, die einen besseren Zusammenhalt der Molekülketten bewirken. I. haben hohe Transparenz, gute mechan. Eigenschaften; geeignet für Verpackungsfolien.

Ionosonde, Gerät für die Ionosphärenbeobachtung mithilfe von Rundfunkwellen, das die Impulslaufzeit von der Erde zur Reflexionsschicht in der ↑Ionosphäre und zurück in Abhängigkeit von der Frequenz misst.

Ionosphäre [grch.], der Teil der hohen Atmosphäre, in dem Moleküle und Atome teilweise durch extraterrestr. Strahlung, bes. die Ultraviolett- und Röntgenstrahlung der Sonne, ionisiert sind. In ihm wird durch die Existenz freier Elektronen und Ionen die Ausbreitung von Radiowellen merklich beeinflusst. Die I. der Erde reicht von etwa 60 km bis in etwa 1 000 km Höhe. Von 90 km Höhe aufwärts wird der molekulare Sauerstoff (O_2) und in geringerem Maße auch der molekulare Stickstoff (N_2) zunehmend ionisiert (Bildung von O_2^+, N_2^+) und gespalten (Bildung von O^+, N^+). Von dieser Höhe ab beginnen die einzelnen Gase auch, sich zu entmischen, sodass der relative Anteil an leichteren Gasen (Heliumionen, He^+ und Wasserstoffionen, H^+) immer größer wird. Für jede Gaskomponente ergibt sich eine Schicht maximaler Ionisation, da die Strahlungsintensität infolge zunehmender Absorption von oben nach unten abfällt, die Zahl der ionisierbaren Atome und Moleküle aber zunimmt. Die Ionendichte ergibt sich als Gleichgewichtswert zwischen Erzeugung und Rekombination. In jeder Höhe gibt es eine der Ionendichte gleiche Elektronendichte n_e. – Es ist üblich, die Gesamtheit der ionisierten Schichten ihrem unterschiedl. räumlich-zeitl. Verhalten entsprechend in die Schichten D, E, F_1 und F_2 zu unterteilen.

Die **D-Schicht** reflektiert bei Tag und Nacht Lang- und Längstwellen und dämpft tagsüber Mittelwellen und Kurzwellen. Die **E-Schicht** reflektiert nachts die Mittelwellen und tags die längeren Kurzwellen. Zeitweise tritt die **E_s-Schicht** auf, die gelegentlich Kurzwellen bis zu 10 m Wellenlänge reflektiert. Die **F-Schicht** ist für die Kurzwellenausbreitung am wichtigsten. Alle Schichten zeigen als Folge der kurzwelligen Sonnenstrahlung regelmäßige Veränderungen mit der Tages- und Jahreszeit, der geograph. Position und dem elfjährigen Zyklus der Sonnenaktivität. – Die I. hat große Bedeutung für den Funkverkehr, da durch Reflexion der sich geradlinig ausbreitenden Radiowellen an der I. auf der annähernd kugelförmigen Erde Verbindungen über große Entfernungen möglich sind.

Störungen der I. entstehen z. T. durch Zunahme der kurzwelligen solaren Strahlung bei Sonneneruptionen, wie der **Mögel-Dellinger-Effekt,** der wenige Minuten bis eine Stunde dauert. Die Elektronendichte nimmt dabei in der D- und E-Schicht durch verstärkte UV- und Röntgenstrahlung (und damit die Absorption der Kurzwellen) erheblich zu. Bei den **Protonenstürmen** dringen schnelle solare Protonen in die Polarkappen, in seltenen Fällen auch in mittleren Breiten bis zu Höhen von 30 km ein und erhöhen die Elektronendichte und Absorption der Kurzwellen. Bei **I.-Stürmen** dringen langsame solare Partikel in die Polarlichtzonen ein und bewirken bei Nacht sichtbares Polarlicht, starke fluktuierende elektr. Ströme, die erdmagnet. Störungen zur Folge haben. Ferner erhöhen sie lokal die Elektronendichte der E-Schicht (»Nordlicht-E«) und treiben die Elektronen der F-Schicht in die Höhe, verbunden mit Störungen des Funkverkehrs. – Die I. der Erde wurde 1924 von E. V. Appleton entdeckt. Er bestimmte die Höhe der reflektierenden Schicht auf 100 km und fand später eine weitere Schicht in 200–300 km.

Iontophorese [grch.] *die,* das Einbringen von Arzneimitteln oder Wirkstoffen durch die Haut mithilfe des galvan. Stromes. Die I. wird wegen unzuverlässiger Dosierbarkeit wenig genutzt.

Iorga, Nicolae, rumän. Historiker, Schriftsteller und Politiker, *Botoşani 17. 6. 1871, †(ermordet) bei Ploieşti 27./28. 11. 1940; 1910 Mitgründer der Nationaldemokrat. Partei (seitdem auch ihr Vors.); 1931/32 Min.Präs.; einer der bedeutendsten europ. Historiker; schrieb u. a. »Gesch. des Osman. Reiches« (5 Bde., 1908–13).

Iosseliani, Otar D., georg. Filmregisseur, *Tiflis 2. 2. 1934; lebt in Paris; seine Filme sind poetisch und realistisch zugleich. **Filme:** Die Weinernte (1967), Ein Sommer auf dem Dorf (1976), Die Günstlinge des Mondes (1984), Jagd auf Schmetterlinge (1992), Briganten (1997), Adieu, plancher des vaches (1999).

Iota *das* (Jota), I, ι, der 9. Buchstabe des grch. Alphabets, der den Vokal i bezeichnet (↑i, I).

Iowa [ˈaɪəwə], Abk. **Ia., IA,** Bundesstaat im Mittleren Westen der USA, im oberen Mississippibecken; 145 754 km², (2001) 2,92 Mio. Ew.; Hptst.: Des Moines. I. liegt im Zentralen Tiefland der USA; das Klima ist kontinental, mit extremen Sommer- und Wintertemperaturen. Rd. 97 % der Bev. sind Weiße. Größte Städte sind Des Moines, Cedar Rapids und Davenport. I. ist einer der landwirtsch. ertragreichsten Staaten der USA: Anbau von Mais, Sojabohnen und Hafer; Viehzucht (v.a. Schweine); Fleisch- und Getreideverarbeitung; außerdem Gipsvorkommen. – Das Gebiet kam 1763 an Spanien, 1803 an die USA; 1832 wurde ein Krieg (Black Hawk War) gegen die Indianer geführt; seit 1846 ist I. 29. Staat der Union.

Ipel' ['ipɛlj], slowak. Name der ↑Eipel.

Iphigenie, urspr. kleinasiat., der Artemis verwandte Göttin, im grch. Mythos Tochter des Agamemnon und der Klytämnestra. Sie sollte zur Ermöglichung der Abfahrt der grch. Flotte nach Troja der Artemis geopfert werden, wurde aber von der Göttin nach Tauris entrückt. Als Priesterin in deren Heiligtum rettete sie später ihren Bruder Orest, der als Landesfremder geopfert werden sollte, und floh mit ihm nach Attika. – Dichtungen u.a. von Euripides, Racine, Goethe und G. Hauptmann, zwei Opern von C. W. Gluck.

Ipin, Stadt in China, ↑Yibin.

Ipiutakkultur, nach dem Fundplatz bei Point Hope (NW-Alaska, USA) benannte prähistor. Eskimokultur (100 v.Chr.–500 n.Chr., in Ausläufern bis ins 12.Jh.). Der Fundort Ipiutak besteht aus einer großen Siedlung mit über 600 Hausgrundrissen und großem Gräberfeld, in dem (als Grabbeilagen) die meisten Artefakte gefunden wurden; herausragende Funde sind die zahlr. Elfenbeinschnitzereien.

Ipoh, Hptst. des Bundesstaates Perak, Malaysia, im W der Malaiischen Halbinsel, 382900 Ew. (überwiegend Chinesen); Polytechnikum, geolog. Landesamt Malaysias; Zentrum des Zinnerzbergbaus; Ind.park; Flugplatz.

Ipoly ['ipoj], ungar. Name der ↑Eipel.

Ipomoea [-'møa], Pflanzengattung der Windengewächse, windende, meist trop. Kräuter und Sträucher; Gartenzierpflanze ist z.B. die einjährige **Prunk-** oder **Trichterwinde** (Ipomoea purpurea) in zahlr. Formen.

Ipoustéguy [ipuste'gi], Jean Robert, frz. Bildhauer und Maler, * Dun-sur-Meuse (Dép. Meuse) 6. 1. 1920; deutet in seinem Werk auf expressive Weise das Erleben von Zerstörung, Krieg und Tod, zu dem der Mensch als Sieger, Betroffener oder schöpferisch Gestaltender in spannungsvoller Beziehung steht.

Ippolitow-Iwanow, Michail Michailowitsch, eigtl. M. M. Iwanow, russ. Komponist, * Gattschina 19. 11. 1859, † Moskau 28. 1. 1935; schrieb, von P. I. Tschaikowsky und N. A. Rimski-Korsakow beeinflusst, Opern, Orchester- und Vokalmusik.

Iphigenie: Giovanni Battista Tiepolo, »Die Opferung der Iphigenie« (1728/30)

Ippon [japan. »Punkt«] *der, Judo:* kampfentscheidender Wertungspunkt.

Ipsation [lat.-nlat.] *die,* die ↑Masturbation.

ipse fecit [lat. »hat (es) selbst gemacht«], Abk. **i.f.,** eigenhändig geschaffen von... (auf Kunstwerken vor oder hinter der Signatur des Künstlers).

Ipomoea: Prunkwinde (Höhe 3–4 m)

Ipswich ['ɪpswɪtʃ], **1)** Stadt in der engl. Cty. Suffolk, am Mündungstrichter des Orwell; 130200 Ew.; anglikan. Bischofssitz; Maschinenbau, chem., elektrotechn. u.a. Ind.; Hafen. – In der Altstadt Häuser des 15./16.Jh. Zu den modernen Bauten gehört das Verwaltungsgebäude der Versicherungsges. Willis, Faber & Dumas von Lord N. Foster (1975).

2) Stadt in Queensland, Australien, südwestlich von Brisbane, 73 700 Ew.; Steinkohlenbergbau, Nahrungsmittel-, Holz- und Textilindustrie.

IQ, Abk. für ↑Intelligenzquotient.

Iqaluit (früher Frobisher Bay), Hauptort von Baffin Island, Kanada, Verw.sitz des Nunavut Territory, 2 500 Einwohner.

Iqbal [ikˈbaːl], Sir (seit 1922) Muhammad, muslimisch-ind. Dichter und Philosoph, * Sialkot zw. 1873 und 1877, † Lahore 21. 4. 1938; studierte Jura und Philosophie in Großbritannien und Dtl. (1905–08); strebte nach Verbindung der koran. Offenbarung mit westl. Wiss.; äußerte 1930 erstmals den Gedanken eines von Indien getrennten muslim. Staats, was die spätere Entstehung von Pakistan (1947) beeinflusst hat, wird deshalb als »geistiger Vater« Pakistans verehrt. I. schrieb Gedichte in Urdu und Persisch.

Iquique [iˈkike], Hptst. der Region Tarapacá, Chile, im Großen Norden, 159 800 Ew.; Bischofssitz; Fischfang und -verarbeitung, Werft; ehem. wichtigster Ausfuhrhafen für Salpeter; seit 1976 Freihandelszentrum.

Iquitos [iˈkitɔs], Hptst. des Dep. Loreto, Peru, 334 000 Ew.; Kautschukhandel, Erdölraffinerie; Hafen, internat. Flughafen, Endpunkt der Überseeschifffahrt auf dem Amazonas.

Ir, chem. Symbol für ↑Iridium.

IR, Abk. für ↑Infrarot.

IRA, Abk. für **I**rish **R**epublican **A**rmy (dt. Irisch-Republikanische Armee), radikalnationalist. illegale Organisation in Irland und Nordirland, gegr. 1919, kämpfte 1919–21 für die Unabhängigkeit Irlands von Großbritannien, ging 1921 z. T. in der Armee des ir. Freistaates auf, z. T. ging sie in den Untergrund; ihr militanter Flügel trat seit 1969 als Terrororganisation der radikalen Katholiken in Nordirland hervor und verübte auch Anschläge in Großbritannien. Nachdem die brit. und die irische Reg. im Dez. 1993 die Aufnahme von Gesprächen mit allen nordirischen Parteien zur friedl. Lösung des Nordirlandkonflikts von einem Gewaltverzicht der republikan. und der unionist. Terrororganisationen abhängig gemacht hatten, verkündete die IRA Ende August 1994 einen unbefristeten Waffenstillstand ab 1. 9. 1994. Die Auslieferung ihrer Waffen lehnte die IRA jedoch ab und kündigte – auch angesichts der nur zögerlich in Gang gekommenen Verständigung – am 9. 2. 1996 ihren Waffenstillstand wieder auf (Rückkehr zu Terrorakten); daraufhin wurde der Partei Sinn Féin (polit. Vertreterin der IRA und der kath.-republikan. Kräfte) die Teilnahme an den im Juni 1996 begonnenen Verhandlungen verwehrt. Das Ausrufen eines neuen Waffenstillstandes durch die IRA (In-Kraft-Treten am 20. 7. 1997) ermöglichte die Weiterführung der nordirischen Friedensbemühungen unter Einschluss von Sinn Féin (am 10. 4. 1998 Abkommen von Stormont). Der Streit um die Entwaffnung der IRA, der von Febr. bis Mai 2000 sogar zur zeitweisen Suspendierung der neuen nordir. Regionalreg. geführt hatte, mündete in einen Kompromiss (Zustimmung der IRA zur Kontrolle ihrer Waffenlager durch unabhängige Inspekteure, erstmals durchgeführt Ende Juni 2000). Nach einer erneuten monatelangen Krise des Friedensprozesses kündigte die IRA im Gefolge einer entsprechenden Aufforderung von Sinn Féin am 23. 10. 2001 den Beginn ihrer Entwaffnung und der Zerstörung ihres Waffenarsenals an, brach aber im Okt. 2002 die Kontakte zur Abrüstungskommission wieder ab; im April 2003 signalisierte die IRA erneut ihre Bereitschaft zur Weiterführung des Entwaffnungsprozesses. (↑Nordirland, Geschichte)

Irade [arab.-türk.] *der* oder *das,* Erlass des Sultans.

Irak (amtlich arabisch Al-Djumhurijja al-Irakijja; dt. Rep. I.), Staat in Vorderasien, grenzt im N an die Türkei, im O an Iran, im SO an Kuwait, im S an Saudi-Arabien, im W an Jordanien und im NW an Syrien.

Staat und Recht: Seit der Besetzung I.s durch amerikanisch-brit. Truppen im Frühjahr 2003 liegt die Macht in den Händen einer zivilen Übergangsverw. der Militärallianz (von der UNO sanktioniert). Der im Juli 2003 von den USA eingesetzte Reg.rat (25 Mitgl.) hat beschränkte exekutive Vollmachten (Vetorecht des amerikan. Zivilverwalters). An der Spitze des Reg.rates steht ein aus seinen Reihen gewähltes Präsidium, dessen 9 Mitgl. jeweils für einen Monat den Vorsitz übernehmen werden. Im Sept. 2003 wurde eine Übergangsreg. (25 Mitgl.) gebildet, an deren Spitze kein MinPräs., sondern der jeweils amtierende Vors. des Reg.rates steht. Die am 8. 3. 2004 vom Reg.rat unterzeichnete In-

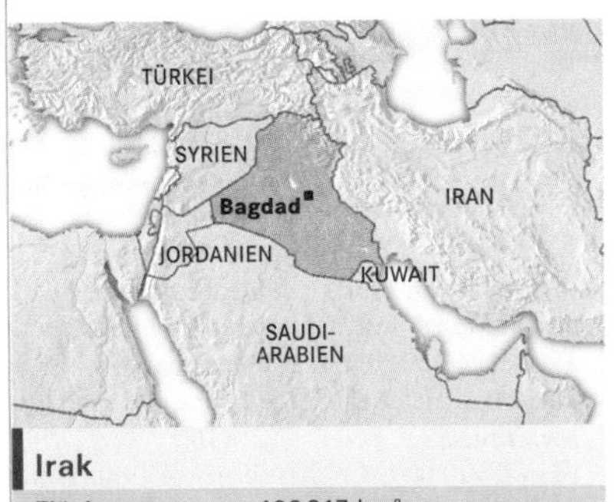

Irak	
Fläche	438 317 km²
Einwohner	(2003) 25,18 Mio.
Hauptstadt	Bagdad
Verwaltungsgliederung	(bis 2003) 18 Prov., davon 3 zur autonomen Region der Kurden gehörend
Amtssprache	Arabisch (in der kurd. Region auch Kurdisch)
Nationalfeiertag	14. 7.
Währung	1 Irak-Dinar (ID) = 1 000 Fils
Zeitzone	MEZ + 2 Std.

terimsverf. (soll 2005 durch die endgültige Verf. abgelöst werden) enthält einen Grundrechtekatalog (Rede-, Presse- und Versammlungsfreiheit). Sie sieht einen föderalist. Staat mit Autonomie für die kurd. Provinzen vor und bezeichnet den Islam als Staatsreligion sowie als eine Quelle der künftigen irakischen Rechtsprechung, bei gleichzeitiger Garantie der Religionsfreiheit; als offizielle Amtssprachen sind Arabisch und Kurdisch vorgesehen. Als Staatsoberhaupt wird ein Präs. mit 2 Stellv. fungieren, als Exekutive die Reg. unter Vorsitz des MinPräs. Ende Juni 2004 soll eine neue provisor. Regierung die Macht im Land übernehmen und bis Anfang 2005 Parlamentswahlen vorbereiten. Vorrangige Aufgabe dieses frei gewählten Parlaments und der von ihm bestimmten Reg. ist die Ausarbeitung der endgültigen (durch Referendum anzunehmenden) Verf., auf deren Grundlage Ende 2005 erneut Parlamentswahlen stattfinden werden.

Landesnatur: I. erstreckt sich vom Taurus und Zagrosgebirge bis zum Pers. Golf. Drei Landschaftsräume prägen das Land: das im NO gelegene Gebirgsland mit landwirtsch. genutzten Tälern, das von Euphrat und Tigris durchflossene »Zweistromland« (Mesopotamien), das Hauptanbaugebiet des Landes, und die westlich der Flussniederung des Euphrat gelegene Syrische Wüste. In der Schwemmlandebene Unter-I.s befinden sich neben vegetationslosen Salztonebenen ausgedehnte Schilf- und Seengebiete, die aber in den 80er- und verstärkt in den 90er- Jahren z. T. großflächig trockengelegt wurden (erhebl. ökolog. und soziale Probleme). 2003 erfolgten erste Flutungen zur Wiederbele-

100264

Irak: Denkmal der Revolution in Bagdad

bung der Sümpfe. Zw. mittlerem Euphrat und Tigris (Djesire) herrschen eintönige Kieswüsten und Wüstensteppen vor. Das Klima ist kontinental mit heißen trockenen Sommern (bis 52 °C) und milden bis kalten Wintern. Die winterl. Niederschläge nehmen von NO (bis 1 200 mm) nach SW (unter 100 mm) stark ab. Euphrat und Tigris haben durch Winterregen und Schneeschmelze Hochwasser im Frühjahr. Der niedrigste Wasserstand ist im Herbst, zur Zeit des größten Wasserbedarfs.

100264

Irak: Muslimin in ländlicher Umgebung

Bevölkerung: Die Bevölkerung ist in sprachl., religiöser und sozialer Hinsicht sehr uneinheitlich. Sie besteht zu knapp 80 % aus Arabern, die v. a. das unterirak. Bewässerungstiefland sowie die Steppen des mittleren und nördl. I. besiedeln. In den bergigen nordöstl. Grenzgebieten leben ↑Kurden (über 15 %; autonome Region), ferner Minderheiten von Türken, Turkmenen, Armeniern, Iranern u. a. Etwa 2 Mio. Iraker leben noch im Exil. Das jährl. Bev.-Wachstum beträgt durchschnittlich 2,9 %. Rd. drei Viertel der Bev. leben in Städten. Größte Städte sind Bagdad (mit den nördl. Nachbarstädten Kadhimain und Adhamiya), Basra, Mosul, Erbil, Kirkuk, Sulaimaniya, Nedjef, Kerbela und Hilla. – Rd. 96 % der Bev. sind Muslime, deren Mehrheit (über 60 % der Bev.) die v. a. in Süd-I. lebenden Schiiten bilden, während Nord-I. das Hauptsiedlungsgebiet der sunnit. Muslime (etwa je zur Hälfte Araber und Kurden) bildet. Mit Kerbela und Nedjef befinden sich die bedeutendsten schiit. Wallfahrtsorte in I. Rd. 3 % der Bev. sind Christen (v. a. Chaldäer; ↑syrische Kirchen); weitere religiöse Minderheiten sind Jesiden, Mandäer und Bahai; die einst große jüd. Gemeinde (1949 rd. 137 000) zählt heute (Juni 2003) nur noch 35 Juden in Bagdad. – Es besteht eine sechsjährige Grundschulpflicht. Die Analphabetenquote beträgt 42 %. Univ. gibt es in Bagdad (Sitz von vier Univ.), Basra, Dohuk, Erbil, Mosul, Sulaimaniya und Tikrit.

Wirtschaft und Verkehr: Wirtsch. Grundlagen I.s sind die großen Erdöllagerstätten im N, v. a. um Kirkuk (am Gebirgsrand; etwa 500 Ölquellen), und S des Landes (westlich von Basra; etwa 1 000 Erdölquellen) sowie das Bewässerungspotenzial von Euphrat und Tigris. In den 1990er-Jahren wurde die Wirtschaft durch die Invasion in Kuwait (1990), den dadurch ausgelösten 2. Golfkrieg und das von den UN verhängte, mehrfach verlängerte Wirtschaftsembargo schwer beeinträchtigt. Das schon durch den Krieg mit Iran (1980–88; 1. Golfkrieg) geschwächte Land fiel dabei in seiner gesamten Entwicklung weit zurück (bei stark fallendem Bruttonationaleinkommen ungefähr auf den Stand von vor 1970). Durch den 3. Golfkrieg erlitt die Wirtschaft des ökonomisch weitgehend isolierten Landes weiterhin erhebl. Schäden. Eine Wiederaufbauhilfe soll nunmehr erfolgen. – I. verfügt nach Saudi-Arabien über die weltweit größten bekannten Erdölreserven, hinzu kommen beträchtl. Erdgasvorkommen. Die während des Embargos gedrosselte Erdölförderung wurde Mitte 2003 langsam wieder gesteigert und erste Rohölexportverträge mit ausländ. Ölkonzernen abgeschlossen. Für den Wiederaufbau und eine Modernisierung bestehender Felder und Anlagen sind aber über Jahre hohe Investitionen nötig. Weitere riesige Erdölfelder im W und S des Landes sollen erschlossen werden. Gewonnen werden außerdem Phosphat, Salze, Gips und Schwefel. Die wichtigsten Ind.zweige sind neben der Petrochemie die Verarbeitung landwirtsch. Erzeugnisse, die Eisen- und

Stahlind. sowie die Baustoff-, Textil- und Konsumgüterind.; Ind.gebiete sind die Großräume von Bagdad und Basra. Da die meisten Großbetriebe durch die Kriegseinwirkungen stark beschädigt bzw. zerstört wurden, haben Handwerks- und Kleinbetriebe wieder an Bedeutung gewonnen. Die Landwirtschaft wurde zugunsten von Bergbau und Ind. stark vernachlässigt. Kriegszerstörte Bewässerungsanlagen und mangelnde Produktionsmittel (Düngemittel, Pestizide, Maschinenersatzteile, Saatgut) sowie die fortschreitende Versalzung des Bodens führten zur Verringerung von Anbauflächen und Erträgen. Auch die seit 1958 durchgeführte Bodenreform mit Enteignung des Großgrundbesitzes hat trotz starker Mechanisierung nicht zur Produktionssteigerung geführt. Weizen und Gerste sind die wichtigsten Anbaupflanzen; daneben Tomaten, Datteln, Kartoffeln, Zitrusfrüchte und Reis. Der Fischfang, der in den vergangenen Jahren aufgrund der Kriege im Pers. Golf nicht möglich war, spielt in den Binnengewässern eine große Rolle. - Der Außenhandel, der sich während des Embargos zeitweise auf illegale Erdölexporte beschränkt hatte, wurde wieder belebt. Hauptexportgut ist Erdöl (95%). - Die Infrastruktur hat beträchtl. Schäden erlitten, z.T. liegt die Strom- und Wasserversorgung unter Vorkriegsniveau. Mittelpunkt des Verkehrsnetzes ist Bagdad, hier kreuzen sich internat. Straßen und Eisenbahnlinien. Das Straßennetz ist 47400 km lang, davon sind 40760 km asphaltiert. Wichtigste Strecke des 2 125 km langen Eisenbahnnetzes ist der Endabschnitt der Bagdadbahn von der syr. Grenze über Basra nach Umm Kasr. Für den Öltransport wurden die Tiefseehäfen Khor al-Amaija und Mina al-Bakr angelegt. Umm Kasr ist wichtigster Seehafen, v.a. für den Import; internat. Flughäfen bei Bagdad und Basra.

Geschichte: Zur Vorgeschichte ↑Vorderasien. Im Altertum gab es in Mesopotamien, dessen Hauptteil das Gebiet des heutigen I. bildet, versch. altoriental. Hochkulturen und Reiche (↑Akkad, ↑Assyrien, ↑Babylonien, ↑Sumerer). 539 v.Chr. eroberte der Perserkönig Kyros II. das Land, das ab 331 v.Chr. zum Reich Alexanders d. Gr. gehörte. Nach der Herrschaft der Seleukiden und Parther wurde es unter den Sassaniden im 3.Jh. n.Chr. Kernland des Perserreiches (Hptst. Ktesiphon). Nach der Eroberung durch die muslim. Araber (seit 635) war das Gebiet unter den Omaijaden (661–749/750) neben Ägypten wichtigste Prov. des Kalifats und unter den Abbasiden (749/750–1258) Kernraum des islam. Weltreichs (762 Gründung der Kalifenresidenz Bagdad); 838–883 herrschten die Kalifen in Samarra. 1258 wurde I. von den Mongolen erobert und war Teil des Reichs der Ilkhane; im 16.Jh. war es Streitobjekt zw. den pers. Safawiden und dem Osman. Reich, zu dem es 1638–1918 gehörte. Nach dem Zusammenbruch des Osman. Reiches erhielt Großbritannien im Vertrag von Sèvres 1920 I. (Mesopotamien) als Völkerbundsmandat und setzte 1921 Feisal I. aus der Dynastie der Haschimiten als König ein. 1925 nahm das Mandatsgebiet eine Verf. an; im selben Jahr sprach der Völkerbund I. das Gebiet von Mosul zu (1926 Mosulvertrag mit der Türkei). Mit dem Vertrag von Bagdad (1930; wirksam mit dem Erlöschen des brit. Mandats 1932) erhielt I. seine Unabhängigkeit; die brit. Militärpräsenz blieb jedoch bestehen. Nuri as-Said (seit 1930 mehrmals Min.-Präs.) betrieb eine gemäßigt nationalist., probrit. Politik. Während des Zweiten Weltkrieges versuchten nationalist. Offiziere mit MinPräs. Raschid al-Gailani im April 1941, die Bindungen an Großbritannien durch einen Staatsstreich abzuschütteln, den brit. Truppen jedoch vereitelten. 1945 wurde I. Gründungsmitgl. der Arab. Liga. Die im Febr. 1958 mit Jordanien gegr. Arab. Föderation wurde nach dem blutigen Staatsstreich vom 14. 7. 1958 aufgelöst, bei dem auch die Monarchie gestürzt (Ermordung König Feisals II.) und die Rep. ausgerufen wurde. 1959 verließ I. den 1955 geschlossenen Bagdadpakt; die brit. Truppen räumten ihre letzten Basen. Um von innenpolit. und wirtsch. Problemen abzulenken, provozierte der Vors. des Revolutionsrates, General A. K. Kassem, Spannungen am Pers. Golf, indem er 1961 Ansprüche auf Kuwait erhob. 1961 brach ein Aufstand der Kurden aus, der (mit Unterbrechungen) bis 1970 andauerte und auch danach wiederholt aufflammte. 1963 wurde Kassem durch panarabisch-nationalist. Kräfte um General A. S. M. Aref gestürzt. Als Folge des verlorenen Sechstagekrieges (1967) übernahm die nationalist. Baath-Partei im Zuge eines Militärputsches im Juli 1968 die Macht. Präs. A. H. al-Bakr brach die Kooperation mit Syrien und Ägypten ab und betrieb eine Politik enger Anlehnung an die UdSSR. Mit Massenverhaftungen und öffentl. Exekutionen setzte sich das Regime 1969 nach innen durch. 1972 wurde ein irakisch-sowjet. Freundschaftsvertrag unterzeichnet. Mit der Nationalisierung (1972) der Iraq Petroleum Company (IPC) expandierte die Wirtschaft. 1977 wurden Baath-Partei und Reg. durch die Ernennung der Mitgl. der obersten Parteiführung zu Min. und zu Mitgl. des Revolutionären Kommandorates verzahnt. Im Nahostkonflikt blieb I. bei seiner betont antiisrael. Haltung, bes. seit Abschluss des ägyptisch-israel. Rahmenabkommens von Camp David (1978). Im Juli 1979 trat A. H. al-Bakr zurück. Nachfolger wurde Saddam Husain.

Ab 1979 nahmen die Spannungen zu Iran zu, nachdem dort eine Islam. Rep. ausgerufen worden war. Im Sept. 1980 kündigte I. den 1975 mit Iran geschlossenen Grenzvertrag bezüglich des Schatt el-Arab und löste mit dem Einmarsch seiner Truppen in die iran. Prov. Khusistan den 1. Golfkrieg aus, der hohe Verluste unter der Zivilbev. forderte (rd. 250 000 Tote auf irak. Seite) und zur Zerstörung der Erdölanlagen beider Staaten im Schatt el-Arab führte. Erst 1988 kam es durch Vermittlung von UN-Generalsekretär Pérez de Cuéllar zu einer Waffenruhe. Seit Ausbruch des irakisch-iran. Krieges modernisierte und verstärkte Saddam Husain seine Armee (mit rd. 1 Mio. Mann eine der größten im arab. Raum) sowohl mit westl. als auch mit östl. Hilfe. So suchte die amerikan. Regierung mittels einer v.a. militärischen Unterstützung I.s ein Gegengewicht zum iran. Mullahregime zu schaffen. Nach Beendigung des 1. Golfkrieges setzten irak. Truppen bei einer Großoffensive gegen die Kurden im N des Landes auch chem. Waffen ein (am 16. 3. 1988 etwa 5 000 Tote in Halabja durch Giftgas). Im Anschluss an irakisch-kuwait. Auseinandersetzungen um die Erdölförderung im gemeinsamen Grenzgebiet besetzte I. am 2. 8. 1990 Kuwait und erklärte das Emirat zur 19. irak. Provinz. Weder internat. Sanktionen (Wirtschaftsembargo, Seeblockade) noch die ultimative Resolution des UN-Sicherheitsrates vom Nov. 1990 erreichten den irak. Rückzug. Saddam Husains strikte Weigerung, sich der Forderung des UN-Sicherheitsrates nach Abzug seiner Truppen zu beugen, löste am 17. 1. 1991 den 2. Golfkrieg aus, in dem alliierte Streitkräfte unter Führung der USA dem I. eine schwere Niederlage beibrachten (Einstellung der Kampfhandlungen am 28. 2. 1991). I., das beträchtl. Kriegsschäden erlitt, musste sich verpflichten, alle UN-Resolutionen zu erfüllen (u.a. Räumung Kuwaits und Anerkennung seiner Unabhängigkeit, Schadensersatzpflicht gegenüber den durch den Golfkrieg geschädigten Staaten, Einrichtung einer entmilitarisierten Zone zw. I. und Kuwait unter UN-Aufsicht). Im März 1991 ausgebrochene Aufstände der Schiiten im S und der Kurden im N des Landes ließ Präs. Saddam Husain durch Reg.truppen (»Republikan. Garde«) blutig niederschlagen. Vor den danach einsetzenden Repressalien flüchteten viele Kurden ins türk. Grenzgebiet und nach Iran. Daraufhin wurde in Nord-I. eine Schutzzone nördlich des 36. Breitengrads unter Aufsicht der Alliierten und der UN errichtet (im Okt. 1992 dort Proklamation eines konföderierten »Kurdistans« innerhalb I.s durch ein kurd. Regionalparlament, bald darauf jedoch Ausbruch kurd. Rivalitätskämpfe); wiederholt kam es in diesem Territorium zu türk. Militäroperationen gegen die kurd. PKK und zur Stationierung von türk. Soldaten. Zum Schutz der Schiiten im S verhängten die Kriegsgegner I.s im Aug. 1992 ein Flugverbot für die irak. Luftwaffe südlich des 32. Breitengrades (im Sept. 1996 bis zum 33. Breitengrad ausgedehnt).

Präs. Saddam Husain konnte nach der Unterdrückung der kurd. und schiit. Aufstände und der Niederschlagung mehrerer Offiziersrevolten sein diktator. Herrschaftssystem wieder festigen. Im Okt. 1995 ließ er sich in einem Referendum für weitere sieben Jahre als Staatspräs. bestätigen (erneut im Okt. 2002); neben ihm gewannen seine Söhne Kusay und Uday Husain zunehmend an Einfluss. Ein Zentrum des Widerstands blieb der schiit. S (1999 erneut schwere Unruhen in mehreren Städten, u.a. in Basra). Die (stark zersplitterte) irak. Exilopposition erfuhr v.a. von den USA Unterstützung.

Angesichts fortgesetzter irak. Behinderungen der in der UN-Waffenstillstandsresolution festgelegten Zerstörung aller irak.

Massenvernichtungswaffen beschloss der Weltsicherheitsrat, die irak. Rüstungsind. einer ständigen Kontrolle zu unterziehen. Vor dem Hintergrund der I. auferlegten Reparationszahlungen, der steigenden Zahl von Menschenrechtsverletzungen, der konventionellen Aufrüstung und wegen des irak. Besitzes von biolog. und chem. Waffen bzw. entsprechender Produktionsanlagen wurde – bes. auf Initiative der USA – das UN-Embargo mehrfach verlängert. Die damit verbundene wirtsch. Isolierung führte zu einem ökonom. Niedergang I.s und rief eine schwere Versorgungskrise im Land hervor (Lebensmittel- und Medikamentenknappheit, hohe Kindersterblichkeit als Folge). Bes. das Rüstungskontrollprogramm führte immer wieder zu starken Spannungen zw. der UNO und ihren Waffeninspektoren einerseits sowie der irak. Reg. andererseits; irak. Boykottmaßnahmen gegen Inspektionen und deren schließl. Unterbindung 1998, aber auch Zwischenfälle in den Flugverbots- bzw. Schutzzonen nahmen die USA (mit militär. Unterstützung durch Großbritannien) zum Anlass für zahlr. Luftangriffe auf irak. Ziele. Als I. als einziger Staat die verheerenden Terroranschläge auf New York und das Pentagon am 11. 9. 2001 nicht verurteilte und sie als Folge der amerikan. Außenpolitik wertete, erhöhten sich die Spannungen mit den USA drastisch; diese lasteten dem irak. Regime (nach amerikan. Lesart Mitgl. einer »Achse des Bösen«) eine Unterstützung des »al-Qaida«-Terrornetzwerks sowie v. a. das weitere Streben nach Massenvernichtungsmitteln an und erwogen ein militär. Vorgehen (amerikan. Planungen für einen »Präventivschlag« gegen I.). Eine bes. auf Veranlassung der USA und Großbritanniens am 8. 11. 2002 vom UN-Sicherheitsrat verabschiedete härtere Resolution zur Waffenkontrolle (UN-Resolution 1441) akzeptierte die irak. Reg. am 13. 11. 2002 (Neubeginn der Waffeninspektionen am 27. 11. 2002, Verpflichtung zur vollständigen Bestandsoffenlegung von Massenvernichtungswaffen durch I., das am 7. 12. 2002 Dokumente zur Prüfung übergab). Parallel zur Tätigkeit der Inspekteure der Internat. Atomenergie-Behörde und der von H. Blix geleiteten UN-Abrüstungskontrollmission für Irak (UNMOVIC), die am 27. 1. 2003 einen ersten Bericht ihrer Untersuchungen vorlegten und längerfristige Inspektionen forderten, erhöhten die USA ihren Druck auf I. (Forcierung des Aufmarschs amerikan. und brit. Truppen in der Golfregion, Errichtung eines Zentralkommandos in Katar). Angesichts der unter dem massiven äußeren Zwang gewachsenen Bereitschaft I.s zur Kooperation in Abrüstungsfragen befürworteten zahlr. Staaten (darunter Dtl. und die ständigen Sicherheitsratsmitgl. Frankreich, Russland und China) eine Weiterführung der Kontrollen und eine friedl. Lösung der I.-Krise; v. a. die amerikan. und die brit. Reg. konstatierten aber eine Nichterfüllung der UN-Resolution 1441 seitens des irak. Regimes. Als ein von den USA, Großbritannien und Spanien eingebrachter Entwurf für eine zweite Resolution zur Legitimierung einer Militäraktion in I. im UN-Sicherheitsrat nicht verabschiedet werden konnte, entschlossen sich die USA und ihre Verbündeten zu einem Vorgehen ohne UN-Mandat. Die am 20. 3. 2003 begonnene amerikan.-brit. Militärintervention in I. (3. ↑Golfkrieg) führte zur Besetzung des Landes und zum Sturz Saddam Husains (Verbleib zunächst unbekannt) bzw. des Regimes der Baath-Partei (Einnahme Bagdads am 9. 4. 2003). Durch den Zusammenbruch der öffentl. Ordnung kam es zu vielen Plünderungen (darunter im Nationalmuseum der Hptst.). Mit der Leitung einer Übergangsverw. beauftragte die US-Reg. zunächst den amerikan. Ex-General Jay M. Garner, ab Mai 2003 den ehem. US-Diplomaten L. Paul Bremer. Nach dem offiziellen Ende der Hauptkampfhandlungen am 1. 5. 2003 wurde eine Kontrolle des in mehrere Militärzonen (darunter ein amerikan., ein brit. und ein poln. Sektor) unterteilten Landes angestrebt. Am 10. 5. 2003 kehrte der Schiitenführer Mohammed Bakr al-Hakim aus dem iran. Exil nach I. zurück. Am 11. 5. 2003 erklärten die Koalitionstruppen die Baath-Partei für aufgelöst. Mit der Verabschiedung der UN-Resolution 1483 am 22. 5. 2003 wurden die langjährigen Handelssanktionen gegen I. weitgehend aufgehoben, die USA und Großbritannien als Besatzungsmächte sowie deren Verfügungsgewalt über die irak. Ölförderung anerkannt und der UNO eine wichtige Rolle beim Wiederaufbau des Landes zugestanden (Ernennung eines Sonderbeauftragten für I.). Angesichts der anhaltend krit. Versorgungs- und Sicherheitslage im Land verbreitete sich in der Bev. zunehmend Unmut gegen die Besatzungsmächte (lokale Proteste und Demonstrationen); die wachsenden (auch finanziellen) Schwierigkeiten veranlassten die USA schließlich, die UNO um eine Verstärkung ihres Engagements im I. zu ersuchen. Zahlr. guerillaartige Angriffe v. a. auf amerikan. Soldaten, die im Nachkriegseinsatz höhere Verluste als während der eigtl. Kampfhandlungen erlitten, eine starke Kriminalität wie auch die wachsende Zahl opferreicher Terroranschläge (u. a. im Aug. 2003 gegen die jordan. Botschaft und den UN-Sitz in Bagdad, im selben Monat Ermordung von Ajatollah Hakim in Nedjef) offenbarten die instabile Situation. Dieser suchten die Besatzungsbehörden durch die Fahndung nach ehem. hohen Regimefunktionären (u. a. Tötung der Söhne Saddam Husains bei einem Feuergefecht mit amerikan. Soldaten am 22. 7. 2003) sowie durch den allmähl. Aufbau irak. Sicherheitskräfte und Verw.organe zu begegnen. Im Juli 2003 erfolgte die Konstituierung eines irak. Reg.rates (Vertreter versch. Volks- und Religionsgruppen sowie Exiliraker), der Anfang Sept. 2003 eine irak. Übergangsreg. ernannte (25 nach ethnisch-religiösem Proporz bestimmte Min. mit geplanter Amtszeit bis 2004). Die von den USA entworfene, vom Weltsicherheitsrat schließlich am 16. 10. 2003 angenommene neue I.-Resolution 1511 stellte unter Beibehaltung der amerikan. Führung die Besatzungstruppen unter UN-Mandat; sie forderte zudem andere Staaten auf, Militär für multinat. Truppen ins Land zu entsenden und sich am Wiederaufbau zu beteiligen. Eine am 23./24. 10. 2003 in Madrid durchgeführte internat. »I.-Geberkonferenz« erbrachte finanzielle Hilfszusagen von 33 Mrd. US-$ (mit 20,3 Mrd. US-$ Hauptanteil durch die USA). Am 3. 11. 2003 bewilligte der amerikan. Senat 87,5 Mrd. US-$ für die Militäreinsätze und den Wiederaufbau in I. und auch Afghanistan. Die anhaltend hohe, auch unter der einheim. Bev. viele Opfer fordernde Zahl von Anschlägen in I. signalisierte die weiterhin prekäre Sicherheitslage im Land; neben den sich aus Anhängern des früheren Regimes rekrutierenden Mitgl. des Widerstands spielten dabei zunehmend islamist. Terroristen eine Rolle. Im Dez. 2003 wurde die Einsetzung eines Sondertribunals zur Ahndung von Verbrechen unter der Herrschaft Saddam Husains beschlossen. Nach monatelanger Fahndung gelang amerikan. Spezialeinheiten am 13. 12. 2003 die Ergreifung des sich zuletzt in einem Versteck bei Tikrit aufhaltenden Exdiktators; Forderungen nach seiner Aburteilung in einem Prozess in I. wurden auch von den USA und Großbritannien unterstützt. Im März 2004 verabschiedete der Reg.rat eine Übergangsverfassung.

Seit April 2004 sahen sich die Koalitionstruppen mit massiven Aufstandsbewegungen sowohl in Falluja, dem Zentrum des sunnit. Widerstands, als auch im schiit. Süden um Kerbela und Nedjef konfrontiert. Dort hatte die von dem radikalen Prediger Muktada as-Sadr geführte Mahdi-Miliz zunächst ihre Entwaffnung verweigert und schließlich zum Kampf gegen die Besatzung aufgerufen. Ebenfalls im April berief die neu gewählte span. Reg. ihre Truppen aus I. zurück. Seit Ende April bekannt gewordene Misshandlungen irak. Häftlinge, v. a. in amerikanisch verwalteten Gefängnissen, erschütterten das Ansehen der Besatzungstruppen und riefen heftige internat. Kritik hervor. Bei einem Anschlag am 17. 5. wurde der Vors. des irak. Reg.rats getötet. Trotz des Attentats kündigten die USA für Ende Juni 2004 die Übergabe der Souveränität an die bereits am 1. 6. neu konstituierte irak. Übergangsreg. an. Gleichzeitig nominierte der sich auflösende Reg.rat den sunnit. Stammesführer Ghasi el Jawer für das Amt des Interimspräs.; zum Reg.chef wurde der Schiit Ijad Allawi ernannt. Die Übergangsreg. definierte die Vorbereitung von direkten Wahlen zu einer verfassunggebenden Versammlung bis spätestens Januar 2005 als ihr vorrangiges Ziel. Umstritten blieb v. a., welche Kompetenzen der Übergangsreg. im Hinblick auf die weiterhin dem amerikan. Kommando unterstellte multinat. Truppe eingeräumt werden sollten. Am 8. 6. 2004 verabschiedete der Weltsicherheitsrat eine neue I.-Resolution, die die Einrichtung eines Nat. Sonderkomitees zur künftigen Abstimmung zw. der Führung der Koalitionstruppen und der Übergangsreg. vorsah; zudem wurde der Verbleib der multinat. Truppe im Land auf spätestens Ende Jan. 2006 begrenzt. Angesichts der Lage in den sunnit. und schiit. Widerstandszentren sowie der andauernden Gefahr durch die Aktivitäten von Terroristen beschloss die amerikan. Reg. die vorläufige Beibehaltung einer Truppenstärke von 138 000 Soldaten in I. Im Vorfeld der am 28. 6. offiziell vollzogenen Machtübergabe (Auflösung der zivilen Übergangsverw. der Militärallianz unter P. Bremer) an die irak. Reg. kam es zu einer Serie von blutigen Anschlägen mit über 100 Todesopfern. Am 30. 6. 2004 wurde Saddam Husain der irak. Justiz überstellt; gegen den Exdiktator und weitere führende Repräsentanten seines gestürzten Regimes wurden Verfahren vor dem Sondertribunal eingeleitet; gleichzeitig beschloss die Übergangsreg. die Wiedereinführung der Todesstrafe. Mitte Aug. 2004 trat in Bagdad eine Nationalkonferenz zusammen, deren etwa 1 000 Mitgl. als Vertreter aller Landes- und Bev.teile ein Interimsparlament, den irak. Nationalrat, wählten. Das Übergangsparlament, das alle ethn., religiösen und polit. Gruppen I.s repräsentieren soll und zu einem Viertel aus Frauen besteht, war v. a. als beratendes Gremium für die Reg. vorgesehen. Unter Vermittlung von Ayatollah S. A. al-Sistani, einem der führenden religiösen Autoritäten der irak. Schiiten, konnten Ende August 2004 die Mahdi-Milizen zu einer Waffenruhe und zum Verlassen der - zuletzt heftig umkämpften - heiligen Stätten von Nedjef veranlasst werden, nachdem ihrem Führer as-Sadr Straffreiheit zugesichert worden war.

📖 *Sluglett, P. u. Farouk-Sluglett, M.: Der I. seit 1958. Von der Revolution zur Diktatur. A. d. Engl. Frankfurt am Main 1991. – Texts and studies on the historical geography and topography of Iraq. Collected and reprinted, hg. v. F. Sezgin. Frankfurt am Main 1993. – Trautner, B. J.: Der erste u. der zweite Golfkrieg. Münster u. a. 1994. – Simons, G.: Iraq. From Sumer to Saddam. Basingstoke u. a. ²1996. – Strunz, H.: I. Wirtschaft zw. Embargo u. Zukunft. Frankfurt am Main u. a. 1998. – Coughlin, C.: Saddam Hussein. Porträt eines Diktators. A. d. Engl. München 2002. – Heine, P.: Schauplatz I. Hintergründe eines Weltkonflikts. Freiburg im Breisgau u. a. 2002. – Brandherd I. US-Hegemonieanspruch, die UNO u. die Rolle Europas, hg. v. B. W. Kubbig. Frankfurt am Main u. a. 2003. – Fürtig, H.: Kleine Geschichte des Irak. München 2003.*

Iran

Fläche	1 629 807 km²
Einwohner	(2003) 68,92 Mio.
Hauptstadt	Teheran
Verwaltungsgliederung	28 Provinzen (Ostan)
Amtssprache	Persisch (Farsi)
Nationalfeiertage	11. 2. und 1. 4.
Währung	1 Rial (Rl.) = 100 Dinar (D.)
Zeitzone	MEZ + 2,5 Std.

Iran (amtlich pers. Jomhori-e Islami-e I.; dt. Islam. Republik I.), Staat in Vorderasien, grenzt im N an Armenien, Aserbaidschan, das Kasp. Meer und Turkmenistan, im O an Afghanistan und Pakistan, im S an den Golf von Oman und an den Pers. Golf, im W an Irak, im NW an die Türkei.

Staat und Recht: Nach der Verf. von 1979 (1989 wesentlich geändert) ist I. eine islam. Republik, basierend auf den Prinzipien des Islam schiit. Richtung. Nominell höchste Instanz ist der von einem religiösen Sachverständigenrat gewählte »Geistl. Führer« der islam. Revolution und Stellvertreter des Imam. Staatsoberhaupt und Reg.chef ist der Präs. (direkt auf 4 Jahre gewählt). Er ernennt den Vizepräs. und schlägt die Mitgl. des Kabinetts vor, die des Vertrauens des Parlaments bedürfen. Dem Präs. untersteht auch der Nat. Sicherheitsrat mit weit reichenden Kompetenzen. Die Legislative liegt beim Einkammerparlament (Majlis; 290 Abg., für 4 Jahre gewählt); Gesetze und Verordnungen bedürfen der Zustimmung des Wächterrates (6 vom Geistl. Führer ernannte islam. Rechtsgelehrte und 6 vom Parlament gewählte Juristen), der ihre Vereinbarkeit mit den Prinzipien des Islam zu prüfen hat. Parteien spielen bei polit. Willensbildung oder Wahlen eine untergeordnete Rolle.

Iran: Teheran am Südabfall des Elburs

100264

Landesnatur: I. erstreckt sich vom Ararathochland und dem Ostrand Mesopotamiens zw. Kasp. Meer und Pers. Golf über den größten Teil des Iran. Hochlands, hat somit Anteil am alpid. Gebirgssystem. Im N erreicht das Elbursgebirge 5 671 m ü. M., im S die vom Ararathochland nach SO zum Pers. Golf ziehenden Randgebirge im Zagrosgebirge über 4 500 m ü. M. Dazwischen erstrecken sich von Gebirgszügen gekammerte, abflusslose Hochbecken, z. T. von Salzwüsten (Kawir, Lut) und Salzseen erfüllt. Die Basaltgebiete und Vulkankegel im N und W des Landes sowie immer wieder auftretende Erdbeben sind Zeichen einer noch nicht abgeschlossenen Gebirgsbildung (an der Grenze der Iran. Platte gegen die Euras. Platte im N und gegen die Arab. Platte im S). Im zentralen Hochland beschränken sich Landwirtschaft und städt. Siedlung auf wenige Oasenstandorte. Tiefland besitzt I. nur als schmalen Saum am Kasp. Meer und am N-Saum des Pers. Golfs. Das Klima ist vorherrschend trocken, im Sommer heiß, im Winter kalt mit Schnee und Regen in den nördl. Randgebirgen und den Hochländern des NW. Der SW erhält Winterregen, das iran. Kaspitiefland und die N-Flanke des Elbursgebirges haben Niederschläge zu allen Jahreszeiten. Die Pflanzenwelt im Innern ist meist dürftig; die Gebirge sind kahl oder mit Busch bedeckt, nur am Kasp. Meer mit Laubwald bestanden.

Bevölkerung: Knapp über die Hälfte (51 %) der Bev. sind Perser. Zu den Minderheiten zählen Kurden (8 %; im NW), Turktataren (Aserbaidschaner [20 %] im N, Turkmenen [2 %] im NO), Luren und Bachtiaren (10 %), Araber (2 %), Armenier u. a. Ein besonderes Problem sind als Folge des Afghanistankrieges die noch über 2 Mio. Flüchtlinge aus diesem Land. Die Bev. konzentriert sich bes. im NW und in städt. Ballungsräumen, große Gebiete im Innern und SO sind menschenleer oder nur dünn von Nomaden (1 % der Bev.) bewohnt; durchschnittl. jährl. Bevölkerungswachstum: 2,4 %. In Städten leben 62 % der Einwohner. Es gibt fast 30 Großstädte, von denen die Hptst. Teheran mit Abstand die größte ist. – Rd. 98 % der Bev. bekennen sich zum Islam: rd. 90 % sind Schiiten, rd. 8 % Sunniten (die Mehrheit der Kurden und Belutschen). Die größte religiöse Minderheit bilden die über 400 000 Bahai, weitere Minderheiten sind Christen, Juden, Parsen und Mandäer. Der zwölferschiit. Islam (Imamiten) ist Staatsreligion. Christen, Juden und Parsen sind als religiöse Minderheiten gesetzlich anerkannt, nicht aber die dem Islam als »Abtrünnige« geltenden Bahai. – Es besteht eine achtjährige allgemeine Schulpflicht. Die Analphabetenquote beträgt 24 %. Es gibt 36 Univ., davon 15 in Teheran.

Wirtschaft und Verkehr: Grundlage der iran. Wirtschaft sind Erdöl und Erdgas.

Trotz der Dominanz des Erdölsektors ist I. überwiegend noch ein Agrarland. In der Landwirtschaft war bis etwa 1960 die agrarsoziale Situation durch das Vorherrschen von Großgrundbesitz gekennzeichnet. Nach den Agrarreformen (1962–72) wurde der Agrarfeudalismus fast völlig beseitigt; diese Reformen (»Weiße Revolution«) werden von der islam. Reg. nicht weiterverfolgt. Der Bau von Bewässerungsanlagen (40% der Ackerfläche werden bewässert), Verkehrserschließung und die Verbesserung der Infrastruktur trugen wesentlich zur Entwicklung der Landwirtschaft bei. Rd. 15% der Landesfläche sind Gehölze, Waldflächen oder Gebirgsweiden. Weizen und Gerste werden in fast allen Landesteilen als Grundnahrungsmittel angebaut, im agrarisch begünstigten südkasp. Küstentiefland v.a. Reis, Tee, Zitrusfrüchte, Tabak (Anbau ist Staatsmonopol) und Baumwolle, im Hochland Zuckerrüben, Frischobst (Weintrauben, Äpfel, Melonen), Pistazien und Mandeln, im südl. Tiefland Zuckerrohr, Zitrusfrüchte und Dattelpalmen (17% der Weltproduktion). Die Viehhaltung (bes. Schafe, Ziegen, ferner Rinder) wird noch zum großen Teil von Nomaden oder Halbnomaden betrieben. Der Fischfang liegt in der Hand staatl. Ges.; im Kasp. Meer (Kaviargewinnung) ist er durch zunehmende Wasserverschmutzung beeinträchtigt. – Die versch. Erzlagerstätten sind noch nicht vollständig erschlossen. Sehr ergiebige Eisen- und Kupfererzlager werden im Umkreis von Yazd, Bafg, im Hinterland von Bender Abbas und bei Kerman abgebaut, Steinkohle bei Kerman und Semnan, außerdem nachgewiesene Vorkommen von Blei, Wolfram, Mangan- und Zinkerzen, Nickel, Chrom, Kobalt, Bauxit, Uran und Phosphaten. Größte wirtsch. Bedeutung haben die Erdölvorkommen, die auf 10% der Weltreserven geschätzt werden. Nach dem Krieg mit Irak (1980–88) wurde I. wieder das viertwichtigste Förderland der Erde. Alle Erdöl- und Erdgasfelder sind heute in staatl. Besitz. Die meisten Erdölfelder liegen am SW-Fuß des Zagrosgebirges und an der Küste des Pers. Golfs. Das Rohöl wird zum größten Teil mittels Rohrleitungen auf die Insel Charg im Pers. Golf bzw. auf die weiter südlich gelegenen Ladeplätze Sirri und Larate gepumpt und von dort exportiert, ein kleinerer Teil wird in den Raffinerien des Landes verarbeitet. Mit 16% der Weltvorräte verfügt I. über die nach Russland zweitgrößten Erdgasvorkommen der Welt. Während des 1. Golfkrieges wurden zahlr. petrochem. Anlagen (Erdölraffinerie in Abadan, Erdölexporthafen Charg) stark zerstört. Nach ihrem Wiederaufbau gibt es jetzt wieder 9 Raffinerien. – Zentren der Eisen- und Stahlind. sind Ahwas und Isfahan. Ein wichtiger Wirtschaftsfaktor ist die Textilindustrie. Die größte Ind.ansiedlung befindet sich im Großraum Teheran, wo 65% aller Ind.erzeugnisse produziert werden. Traditionelles Handwerk (Teppichknüpferei) und Kleingewerbe beschäftigen aber mehr Arbeitskräfte als die Industrie. – Neben Erdöl, Erdölprodukten (zus. über 80% des Exportwertes) und Erdgas werden Teppiche, Baumwolle, Häute, Felle, Trockenfrüchte (Datteln, Rosinen) und Erze exportiert; Haupthandelspartner sind Japan, Dtl., Süd-Korea, die VAE, Italien, China, Frankreich und die Niederlande. –

100264

Iran: Landschaft im Zagrosgebirge

Mittelpunkt des Verkehrsnetzes ist Teheran. Von hier führen Eisenbahnlinien zum Kasp. Meer und Pers. Golf (Transiran. Bahn), über Meschhed nach Turkmenistan, über Isfahan–Kerman nach Pakistan und über Täbris nach Aserbaidschan und in die Türkei. Das Eisenbahnnetz umfasst über 7000 km, das Straßennetz über

165 700 km, davon die Hälfte asphaltiert. Fast alle größeren Städte sind auf Allwetterstraßen erreichbar. Die Seeschifffahrt ist für I. von großer Bedeutung, da die gesamte Erdölausfuhr sowie der größte Teil des übrigen Außenhandels auf dem Seeweg abgewickelt werden. Wichtige Häfen sind Bender Ansali (Erweiterung) und Bender Nowschahr am Kasp. Meer. Bedeutender sind aber die Häfen am Pers. Golf und am Golf von Oman: Bender Abbas, Khorramshar, Abadan, Buschehr und Bender Khomeini. Wichtigste internat. Flughäfen sind Teheran und Bender Abbas, weitere sind in Isfahan und auf den Freihandelsinseln Keschm und Kisch; daneben gibt es ein dichtes Netz von Inlandsverbindungen.

Geschichte: Über die Vorgeschichte ↑Vorderasien. – I., erstmals 243 v. Chr. in Königsinschriften als **Eran** bezeugt, bedeutet »Land der Arier«. Der Gegensatz zu I. war (seit dem 3. Jh.) **Aneran** (Nicht-I.), das später mit **Turan** gleichgesetzt wurde, dem von Türken besiedelten Gebiet jenseits des Oxus (Amudarja). **Persien** i. e. S. umschreibt das Siedlungsgebiet der Perser in Süd-I., im Altertum begrenzt im O von Karmanien (Südstreifen der heutigen Prov. Kerman und Fars), im N von Choresmien und Parthien, im NW von Medien, im W von Elam, im S vom Pers. Golf. Die Geschichte I.s beginnt mit ↑Elam und ↑Medien. Kyaxares II. gründete um 625 v. Chr. ein med. Großreich (Hauptstadt Ekbatana, heute Hamadan), das er durch Vernichtung des Assyrerreiches (612) erweiterte. Zu weltgeschichtl. Bedeutung stieg I. auf, als Kyros II., d. Gr. (559–530), aus dem Persergeschlecht der Achaimeniden, die Mederherrschaft stürzte. Sein Sohn Kambyses (530–522) unterwarf Ägypten, Dareios I., d. Gr. (522–486), Thrakien. Er und sein Sohn Xerxes I. (486–465) führten die ↑Perserkriege. Allmählich verfiel das Reich und erlag unter dem letzten Achaimeniden Dareios III. (336–330) dem Ansturm Alexanders des Großen von Makedonien. 323–240 v. Chr. wurde I. von den Seleukiden, dann bis 224 n. Chr. von den Parthern beherrscht. Mit dem Zerfall des Partherreiches erhob sich I. von neuem (224) unter Ardaschir I., der die Herrschaft der Sassaniden und das zweite große iran. Reich begründete, das erfolgreich im Kampf gegen Rom, später gegen die Araber, Inder, Hunnen und Türken bis 642 bestand.

Infolge der Eroberung durch die Araber im 7. Jh. wurde I. islamisiert. Die Omaijaden (661–749/750) unterstellten das Land arab. Statthaltern (harte Besteuerung aller Nichtmuslime); unter dem Abbasidenkalifat (749/50–1258) entstanden versch. einheim. Lokaldynastien, die z. T. die pers. Tradition und Kultur wieder belebten: u. a. die Saffariden (867–um 900) und die Samaniden (873–999/1005). Die von West-I. ausgehende Dynastie der Bujiden (932 bis 1055) errang 945 sogar die Herrschaft in Bagdad; in Ost-I. und Afghanistan bestand das Reich der Ghasnawiden (seit 977). In der 2. Hälfte des 11. Jh. übernahmen die Seldschuken die Herrschaft über Persien. 1220 begann der Einfall der Mongolen unter Dschingis Khan; 1256/58 eroberte Hülägü das Land und errichtete das Ilkhanat (bis um 1335); zeitweise beherrschte Timur Iran. Ismail I. († 1524) begründete die Dynastie der Safawiden (1502–1722), fasste I. zu einem einheitl. Staat zusammen (Angliederung von Aserbaidschan, Armenien) und etablierte den Glauben der Zwölferschiiten. Unter Schah Abbas I., d. Gr. (1587/88–1629), erlebte I. eine Blütezeit (Residenz seit 1598 Isfahan). 1722 stürzten Afghanen die Safawiden, wurden jedoch von dem Turkmenen Nadir Schah (1736–47) vertrieben. Nach dessen Ermordung schuf Ahmed Schah Durrani ein unabhängiges Afghanistan. Eine neue Einigung des ganzen Landes, mit der Hptst. Teheran, gelang 1794 den Kadjaren unter dem Turkmenen Agha Mohammed. Sein Neffe Fath Ali (1797–1834) verlor Armenien und die nördl. Hälfte Aserbaidschans an Russland, das nun mit Großbritannien um den Einfluss in I. stritt, bis ein Vertrag beider Mächte (1907) das Land in eine russ. (im NW), eine brit. (im SO) und eine neutrale Zone teilte. Im Ersten Weltkrieg war I. neutral, aber von russ., brit. und türk. Truppen besetzt. Nach einem Staatsstreich (1921) übernahm der pers. Kosakenkommandeur Resa Khan in Teheran die Macht (1923–25 MinPräs.), setzte 1925 die Dynastie der Kadjaren ab und bestieg als Resa Schah den Thron (Dynastie Pahlewi). Er führte zahlr., am europ. Vorbild orientierte Reformen durch. 1935 wurde »Iran« amtl. Bezeichnung des Landes. Im Zweiten Weltkrieg war es von sowjet., brit. und amerikan. Truppen besetzt. 1941 musste der mit den Achsenmächten sympathisierende Resa Schah zugunsten seines Sohnes Mohammed Resa Pahlewi zurücktreten. Nach dem Zweiten Weltkrieg räumten die Briten und Amerikaner 1945 das Land, die Sowjetunion erst im Mai 1946. Die von ihr unterstützten, v.a. von der kommunist. Tudeh-Partei geführten Unabhängigkeitsbestrebungen des iran. Teils von Aserbaidschan wurden 1946 unterbunden. Unter MinPräs. M. Mossadegh (1951–53) kam es wegen der Verstaatlichung der Anglo-Iranian Oil Company zu einem Konflikt mit Großbritannien, der nach Mossadeghs Sturz (1953) beigelegt wurde. Anfang der 1960er-Jahre leitete der Schah Reformen (die so genannte »Weiße Revolution«) ein, u. a. die Bekämpfung des Analphabetentums und eine Bodenreform (fast völlige Beseitigung des Agrarfeudalismus). Mit den Einnahmen aus dem Erdölexport suchte Mohammed Resa Wirtschaft und Armee zu modernisieren. In der Außenpolitik vertrat er eine prowestl. Linie (Mitgl. des CENTO-Pakts), bemühte sich aber auch um gute Beziehungen zur UdSSR. 1975 schloss I. mit Irak ein neues Grenzabkommen über die Grenze am Schatt el-Arab. Die in den 70er-Jahren anwachsende Opposition gegen das Schahregime wurde insbesondere von der staatl. Geheimpolizei »SAVAK« unterdrückt. Unter dem maßgebl. Einfluss des im frz. Exil lebenden Ayatollah Khomeini lösten fundamentalistisch-islam. und sozialrevolutionäre Gruppen Massendemonstrationen (1978/79) aus, die zum Sturz der Monarchie führten. Im Jan. 1979 ging der Schah mit seiner Familie außer Landes. Der Anfang Febr. 1979 nach Teheran zurückgekehrte Khomeini proklamierte (nach einer Volksabstimmung am 30. 3.) am 1. 4. 1979 die »Islam. Republik I.«. »Islam. Revolutionsgerichte« verurteilten viele Repräsentanten und Anhänger der Monarchie zum Tode. Im Dez. 1979 billigte die Bev. eine Verf.; erster Staatspräs. war A. Bani Sadr (1980/81; durch Khomeini abgesetzt), seine Nachfolger waren M. A. Radjai (1981; nach kurzer Amtszeit ermordet) und A. Khamenei (1981–89). Im Rahmen der radikalen Umgestaltung der Gesellschaft im Sinn eines fundamentalist. Islam ging die polit. Führung des Landes mit Härte gegen religiöse und ethn. Minderheiten sowie oppositionelle Strömungen vor. Mit der »Geiselaffäre« (Besetzung der amerikan. Botschaft in Teheran und Geiselnahme des Personals vom 4. 11. 1979 bis 20. 1. 1981) erreichten die Beziehungen zu den USA ihren Tiefpunkt. Im Nahostkonflikt trat I. als einer der kompromisslosen Gegner des Staates Israel hervor. Der Einmarsch irak. Truppen in die iran. Prov. Khusistan (Sept. 1980) löste den 1. Golfkrieg aus, der nach für beide Seiten verlustreichen Kämpfen im Aug. 1988 durch einen Waffenstillstand (unter UN-Vermittlung) beendet wurde. Im Febr. 1989 führte der Mordaufruf von Ayatollah Khomeini gegen den Schriftsteller S. Rushdie wegen »Blasphemie« zu wochenlangen Spannungen mit den EG-Ländern und zum Abbruch der diplomat. Beziehungen mit Großbritannien (Wiederaufnahme erst im Sept. 1990). – Nach dem Tod Khomeinis (3. 6. 1989) ernannte der islam. Wächterrat den bisherigen Staatspräs. Khamenei zum obersten Geistl. Führer (»Revolutionsführer«) Irans. Sein Nachfolger als Staatsoberhaupt (zugleich Reg.chef) wurde im Sommer 1989 A. A. H. Rafsandjani (1993 im Amt bestätigt). Dieser leitete eine vorsichtige wirtsch. Liberalisierung und Öffnung ein (Aufhebung der Begrenzung von Auslandsinvestitionen), um die Handelsbeziehungen mit den westl. Ind.staaten und das Verhältnis zu den internat. Kreditinstituten zu verbessern, hielt aber an der repressiven Politik gegenüber der polit. und religiösen Opposition fest.

Nach der irak. Niederlage im 2. Golfkrieg (1991) bemühte sich I. um Neutralität und Vermittlung. Zugleich strebte es nach einer Vormachtrolle im Gebiet des Pers. Golfs, verstärkte seine Rüstung und begann in Konkurrenz mit der Türkei um Einfluss in den 1991 unabhängig gewordenen zentralasiat. Republiken der ehem. Sowjetunion zu ringen. Gegenüber dem Friedensprozess im Nahen Osten nahm I. eine vehement ablehnende Haltung ein. Unter der Beschuldigung, I. strebe nach Atomwaffen und unterstütze den internat. Terrorismus, verhängten 1995 die USA gegen I. ein Handelsembargo (2000 gelockert). 1997 wählte die Bev. den als gemäßigt geltenden Mullah M. Khatami zum neuen Staatspräs., dessen Versuch einer allmähl. innenpolit. Liberalisierung und Annäherung an den Westen auf heftigen Widerstand, insbesondere der fundamentalist. Geistlichkeit, traf. Innenpolit. Konfliktstoff erwuchs aus der (später Agenten des iran. Geheimdienstes angelasteten) Ermordung mehrerer systemkrit. Intellektueller (Nov./Dez. 1998) und einer repressiven Pressepolitik (Verbot versch. liberaler Zeitungen). Im Juli 1999 wurden die von innenpolit. Unruhen begleiteten Demonstrationen reformorientierter Studenten in Teheran unterdrückt (danach etwa 1 400 Verhaftungen). Bei Parlamentswahlen im Febr. 2000 gewannen die Reformkräfte, als deren Hochburg sich v. a. Teheran erwies, eine klare Zweidrittelmehrheit im Majlis (durch zweiten Wahlgang im Mai 2000 bestätigt); diese sahen sich aber angesichts der nur begrenzten Macht von Präs. Khatami und der sich verschärfenden repressiven Maßnahmen der konservativen Kräfte zunehmend in ihrer Wirksamkeit eingeschränkt. Im Juni 2001 wurde Khatami bei Präsidentschaftswahlen mit einer deutl. Mehrheit von rd. 77 % der Stimmen im Amt bestätigt. Im Juni 2003 kam es von Teheran ausgehend erneut zu Studentenprotesten gegen das Mullahregime. Im Vorfeld der Parlamentswahlen 2004 (20. 2.) entwickelte sich eine polit. Krise in I., als der konservative Wächterrat mehr als zweitausend reformorientierte Bewerber von der Kandidatur ausschloss und ein daraufhin vom Parlament modifiziertes Wahlgesetz ablehnte. Aus Protest riefen führende Vertreter der Reformbewegung zum Wahlboykott auf, wohingegen sich Präs. Khatami für eine Teilnahme aussprach. Bei den von internationaler Kritik begleiteten Wahlen erreichten die konservativen Kräfte die absolute Mehrheit; die Wahlbeteiligung war mit rd. 51 % die niedrigste in der Geschichte der Islam. Republik.

Außenpolitisch kam es 1998 nach der Ermordung mehrerer iran. Diplomaten zu einem schweren Konflikt mit den Taliban in Afghanistan. Ein Ende 1997 von Khatami unterbreitetes Dialogangebot griffen die USA 1998 (zunächst noch zurückhaltend) auf. Daneben verstärkte I. seine diplomat. Kontakte zu den arab. Staaten (u. a. 1999 erster Präsidentenbesuch in Saudi-Arabien seit 1979). Es konnte auch seine v. a. wegen des Urteils im ↑Mykonosprozess (1997) belasteten Beziehungen zur EU und insbes. zu Dtl. wieder verbessern. Die Terroranschläge in den USA am 11. 9. 2001 verurteilte die Führung I.s, wandte sich aber auch gegen die amerikan. Militäraktion in Afghanistan. Der US-amerikan. Vorwurf an I., ein Hauptförderer des Terrorismus zu sein, und seine Zuordnung zu einer »Achse des Bösen« lösten neben Protesten im Land auch das vom »Revolutionsführer« Khamenei verhängte Verbot für jegl. Kontakte mit der amerikan. Reg. aus. Als im März 2003 die amerikan.-brit. Militärintervention in Irak begann, verkündete I. eine Sperrung seines Luftraums sowohl für die irak. als auch für die alliierten Streitkräfte, sah sich aber kurz darauf erneutem Druck der USA ausgesetzt, die I. u. a. Einflussnahme auf die schiit. Bev. in S-Irak und die Duldung von Mitgliedern des Terrornetzwerkes »al-Qaida« im Land anlastete. Daraufhin verkündeten iran. Regierungsbehörden im Mai 2003 die Festnahme mehrerer Mitgl. der Terrororganisation. Bereits im Febr. 2003 gab die Führung des Landes die Ausweitung des Atomprogramms bekannt, woraufhin die USA dem I. vorwarfen, an einem Nuklearwaffenprogramm zu arbeiten. Der Aufforderung der Internat. Atomenergie-Organisation (IAEA), das Zusatzprotokoll zum Atomwaffensperrvertrag zu unterzeichnen (Recht der IAEA, verdächtige Atomanlagen unangemeldet und eingehend zu prüfen), kam I. im Dezember 2003 in Wien nach; eine Billigung durch die Reg. und die Ratifizierung durch Parlament sowie Wächterrat standen aber noch aus. Anfang 2004 musste I. nach Inspektionen der IAEA vorher verschwiegene Details seines Atomprogramms zugeben und geriet daraufhin erneut unter internationalen Druck. – Ein Erdbeben im SO des Landes zerstörte am 26. 12. 2003 die Stadt Bam (Prov. Kerman) und forderte etwa 35 000 Tote. ✣ **siehe ZEIT Aspekte**

📖 *Schweizer, G.: I., Drehscheibe zw. O u. W. Stuttgart ³1996. – Gatter, P.: Khomeinis Erben. Machtpolitik u. Wirtschaftsreformen im I. Hamburg 1998. – Wiesehöfer, J.: Das antike Persien. Von 550 v. Chr. bis 650 n. Chr. Neuausg. Düsseldorf u. a. 1998. – Stodte, C.: I. Bremen 2001.*

Iran-Contra-Affäre (Irangate), polit. Skandal in den USA während der Amtszeit von Präs. R. W. Reagan; ausgelöst durch eine unter Beteiligung von Mitarbeitern der Administration durchgeführte und 1986 der Öffentlichkeit bekannt gewordene illegale Aktion, bei der das durch geheime Waffenlieferungen an Iran erhaltene und für den Freikauf amerikan. Geiseln im Libanon vorgesehene Geld zum großen Teil an die rechtsgerichteten Contras zur Unterstützung ihres Kampfes gegen die sandinist. Reg. in Nicaragua weitergeleitet wurde (Verstoß gegen einen Kongressbeschluss). Die Rolle Reagans in der I.-C.-A. konnte trotz Einsetzung einer Untersuchungskommission nicht geklärt werden.

Irani|er (Iraner), Völkergruppe in Iran, Turkestan und Afghanistan, die eine der ↑iranischen Sprachen spricht. Sprachlich begründet ist die Gliederung in **Nord-I.** (Saken, Sarmaten, Alanen, Osseten und Charismier), **Ost-I.** (Parther, Baktrer, Sogdier, Arachosier) und **West-I.** (Meder, Perser).

iranische Kunst. Das Kunstschaffen Irans, z. T. die heutigen Grenzen übergreifend, findet seine frühesten Äußerungen in bemalter Keramik, die im 6.–4. Jt. v. Chr. auftrat und z. T. bis über die Mitte des 2. Jt. v. Chr. hinweg hergestellt wurde. Außerdem haben sich einige frühe Wandmalereien und weibl. Tonfigürchen erhalten. Im 2./1. Jt. v. Chr. entstanden die Bronzen in Luristan (W-Iran). Eine besondere Entwicklung nahm in SW-Iran die Kunst von Elam, wo im 2. Jt. v. Chr. erste Monumentalbauten errichtet wurden (Akropolis von Susa auf einer Zitadelle, vor 3000 v. Chr.; Zikkurat von Tschoga Zanbil, 1250 v. Chr.). In der Achaimenidenzeit (etwa 700–330 v. Chr.) entfaltete sich eine auf den Hof ausgerichtete Kunst, in der Einflüsse versch. Kulturen zu einer neuen Einheit verschmolzen. Von großer Prachtentfaltung, bes. im Palastbau, zeugen die Säulenhallen von Pasargadai, Persepolis und

100264

iranische Kunst: Ausschnitt aus einem Relief der Treppenanlage zur großen Audienzhalle in Persepolis (6./5. Jh. v. Chr.)

Susa mit Wandreliefs, aber auch Felsgräber und -reliefs u. a. in Behistan und Naksch-e Rostam. In skyth. Gräbern in S-Russland fanden sich achaimenid. Goldschmiedearbeiten, in Turkestan Tafelgerät aus Edelmetall (Oxusschatz), in Sibirien Teppiche (Kurgane im Pasyryk).

Nach der makedon. Eroberung und starker Hellenisierung brachte die Sassanidenzeit

100264

iranische Kunst: Treppe zur großen Audienzhalle in Persepolis (6./5. Jh. v. Chr.)

eine neue Blüte (224–651) bes. in Architektur und Kunsthandwerk. Es entstanden Paläste und Feuertempel mit großen Trompenkuppeln und tonnengewölbten Iwanhallen (Firusabad, Ktesiphon), seit dem 6. Jh. mit reichem Stuckdekor, des Weiteren Wandgemälde (Pendschikent), Felsreliefs, Seidenweberei und Treibarbeiten (Tafelgeschirr). Mit der Islamisierung wurde zunächst vieles von der sassanid. Kunst übernommen, wie Skulpturen und Fußbodenmalereien der Omaijadenschlösser zeigen (um 700 n. Chr.). Unter den späteren Dynastien entwickelte sich eine Kunst innerhalb des islam. Bereiches, die bes. in Keramik, Textilkunst, Teppichknüpferei, Miniaturmalerei und Baukunst eigene Wege beschritt. (↑islamische Kunst)

📖 *Lukonin, W.: Kunst des alten Iran. A. d. Russ. Leipzig 1986. – Handwerk u. Kunst in Persien 9.–19. Jh., bearb. v. T. Dexel, Ausst.-Kat. Städt. Museum Braunschweig 1991. – Finster, B.: Frühe iran. Moscheen. Berlin 1994. – Rashad, M.: Iran. Gesch., Kultur u. lebendige Traditionen – antike Stätten u. islam. Kunst in Persien. Köln ³2002.*

iranische Literatur, umfassende Bez. für altpers., mittelpers. und neupers. Literatur (↑persische Literatur).

iranische Sprachen, Gruppe indogerman. Sprachen, die in Iran und Nachbarländern gesprochen wurden, z. T. noch heute gesprochen werden. Sie bilden zusammen mit den eng verwandten indoarischen Sprachen und den Nuristansprachen den arischen (auch indoiran.) Zweig dieser Sprachfamilie. – Die **altiran. Periode** (bis ins 4./3. Jh.) ist nur in zwei mundartlich versch. Formen belegt: das südwestiran. Altpersische und das wohl ostiran. Awestische. Nur indirekt bezeugbar sind das Medische und das Skythische. Vom 4./3. Jh. v. Chr. bis ins 8./9. Jh. reicht die **mitteliran. Periode.** Das Mittelpersische (Pehlewi) war urspr. der Dialekt von Fars (Farsi wurde der Name für das Neupersische), der dann die Amtssprache der Sassaniden wurde; sie ist u. a. auf Inschriften und Papyri reich bezeugt. Daneben steht das nordwestiran. Parthische. Zur nordostiran. Gruppe gehören das Sogdische, das Chwaresmische (bis ins 14. Jh. östlich des Aralsees gesprochen) und das Sarmatische. Südostiranisch sind das Sakische (Khotanische, Khotansakische) und das Baktrische. Die **neuiran. Periode** (seit etwa 8./9. Jh.) ist äußerlich erkennbar an der Verwendung der arab. Schrift. Überliefert sind aus älterer Zeit das Neupersische (Farsi) und seit dem 17. Jh. n. Chr. das Kurdische und das ostiran. Paschtu. Das Neupersische wird seit dem 9. Jh. als Lit.sprache verwendet. Es ist heute im gesamten Iran und in leicht abweichenden Formen in Teilen Afghanistans, Mittelasiens und Pakistans verbreitet, als Dari ist es eine der beiden Amtssprachen in Afghanistan, das Tadschikische zeigt starke türk. Einflüsse (bes. in der Grammatik). An Mundarten stehen Farsi am nächsten die Dialekte des südl. Fars, die der Luren (Luri, Bachtiyari) im W und das Tatische in Teilen von Aserbaidschan und in Dagestan. Daneben bestehen eine Gruppe kleinerer zentraliran. Dialekte und verschiedene nordwestl. und kaspische Mundarten. Neben dem Paschtu (Paschto), der Sprache der Paschtunen in O- und S-Afghanistan (und der Pathanen in Pakistan), sind kleinere ostiran. Sprachen erhalten. Das Jaghnobische und die übrigen Pamirdialekte haben in ihrer isolierten Lage teilweise Archaismen und sonst nicht erhaltenes Sprachgut bewahrt. Das Ossetische im Kaukasus ist die archaischste der iran. Sprachen.

Iranistik *die,* Wiss. von den Sprachen, der Gesch., Lit., Religion und Kultur Irans.

IRAS [ˈaɪrəs; Abk. für engl. **I**nfra**r**ed **A**stronomical **S**atellite, »Infrarot-Astronomiesatellit«], erster Satellit für Infrarotastronomie. Er lieferte 1983 erstmals umfassende Himmelsdurchmusterungen (rd. 97 %) in mehreren Spektralbändern des infraroten Wellenlängenbereiches (12, 25, 60, 100 µm). 1984 wurde ein Verzeichnis mit 245 000 Infrarotpunktquellen herausgegeben.

Irawadi [-dɪ] *der* (Irrawaddy), größter Strom in Birma, entspringt mit zwei Quellflüssen im Assamhimalaja und mündet mit einem Delta in den Golf von Martaban; rd. 2 000 km lang; schiffbar auf 1 730 km. Das Delta (rd. 40 000 km²) ist ein wichtiges Reisanbaugebiet; um den Mittellauf das I.-Becken, der histor. Kernraum Birmas.

Irbis [mongol.] *der,* der ↑Schneeleopard.

IRCAM, Abk. für französisch **I**nstitut de **R**echerche et de **C**oordination **A**coustique/**M**usique, Zentrum für akust., speziell elektroakust. Grundlagenforschung in Verbindung mit neuer kompositor. Praxis, gehört zum Centre Georges Pompidou in Paris; 1977 eröffnet.

Ireland ['aɪələnd], englisch für ↑Irland.

Ireland ['aɪələnd], John, brit. Komponist, *Bowdon (Cty. Cheshire) 13. 8. 1879, †Washington (Cty. West Sussex) 12. 6. 1962; schrieb Orchester- und Kammermusik, Klavierwerke, Chöre, Lieder.

Iren (irisch Gaoidhil, daher Gälen), auf der Insel Irland beheimatetes kelt. Volk, rd. 5 Mio. I., davon 3,5 Mio. in der Rep. Irland, der kleinere Teil in Nordirland. Etwa 13 Mio. Menschen irischer Abstammung leben in den USA und 1 Mio. in Kanada.

Irenäus von Lyon [-li'ɔ̃], griechisch schreibender Kirchenvater, *Kleinasien um 140 (?), †Gallien nach 200; Schüler Polykarps von Smyrna, wurde 177/178 Bischof von Lyon; verteidigte den Glauben der frühchristl. Großkirche gegen gnost. Glaubensinterpretation (↑Gnosis); Heiliger, Tag: 28. 6.

Irene, byzantin. Kaiserin (797–802), *Athen 752, †Lesbos 9. 8. 803; Gemahlin des Kaisers Leon IV. (775–780), seit 780 Regentin für ihren Sohn Konstantin VI., den sie 797 blenden ließ und stürzte. Sie war Anhängerin der ↑Bilderverehrung (2. Konzil von Nicäa, 787). 802 wurde sie gestürzt und verbannt.

Irgun Zwai Leumi [hebr. »Militärische Nat. Organisation«], rechtsradikale zionist. Untergrundorganisation in Palästina (1931 gegr., 1931–43 geleitet von W. Jabotinsky, 1943–48 von M. Begin), führte terrorist. Aktionen bes. gegen die brit. Mandatsmacht durch; 1948 aufgelöst; polit. Nachfolgerin wurde die Cherut.

Irian, indones. Name für ↑Neuguinea.

Irian Jaya [-dʒ-] (Westirian, 1963–72 Irian Barat), Prov. Indonesiens, seit 2002 in ↑Papua umbenannt.

Iriarte, Tomás de, span. Dichter, *La Orotava (Teneriffa) 18. 9. 1750, †Madrid 17. 9. 1791; schrieb bes. Fabeln in Versen (»Literar. Fabeln«, 1782), in denen er die ästhet. Anschauungen des Klassizismus darlegt.

Iridektomie [grch.-nlat.] *die,* operatives Entfernen (eines Teils) der Regenbogenhaut des Auges zur Verbesserung des Sehvermögens, z. B. bei zentralen Hornhaut- oder Linsentrübungen.

Iridium [grch.-lat. »Regenbogen«, wegen der versch. Farben seiner Oxide] *das,* chem. Symbol **Ir,** metall. Element aus der 8. Gruppe des Periodensystems, Ordnungszahl 77, relative Atommasse 192,22, Dichte (bei 25°C) 22,5 g/cm³, Schmelzpunkt 2446°C, Siedepunkt 4428°C. Das silberweiße Platinmetall I. ist hart, spröde, sehr korrosionsbeständig und chemisch widerstandsfähig; es findet sich in platinhaltigen Erzen und wird in korrosionsbeständigen, harten Legierungen verwendet. Platin wird durch Zusatz von I. gehärtet.

Irigaray, Luce, frz. Philosophin und Psychoanalytikerin, *Blaton (Belgien) 1939 (?); wies nach, dass der herrschende Diskurs in Psychoanalyse und Philosophie ausschließlich männl. bestimmt ist. Sie plädiert für die Entwicklung einer weibl. Ökonomie, Religion, Sprache; verfasste auch Studien zur Ethik.

Iringa, Stadt in Tansania, im I.-Hochland, 1620 m ü. M., 57200 Ew.; Verarbeitung von landwirtsch. Produkten (bes. Tee) und Holz.

Iris, *grch. Mythos:* die Verkörperung des Regenbogens, Botin und Dienerin der Götter.

Iris [grch. »Regenbogen«] *die,* **1)** *Anatomie:* die Regenbogenhaut des Auges.

2) *Botanik:* die Pflanzengattung ↑Schwertlilie.

irische Kunst, die Kunst der kelt. Bevölkerung Irlands von ihrer Christianisierung im 5. Jh. bis zur anglonormann. Eroberung (1171). Anknüpfungspunkt für eine weitgehend eigenständige künstler. Entwicklung (↑keltische Kunst) war die La-Tène-Kultur. Infolge der Missionstätigkeit ir. Mönche gelangten u. a. auch armen., syr. und kopt. Anregungen nach Irland. – Bei den frühen Beispielen ir. Architektur handelt es sich zunächst um einfache, fensterlose Bauten mit hohem Steindach (Saint Kevin, Glendalough, um 850). Seit dem 9. Jh. wurden bis zu 40 m hohe Rundtürme errichtet, die als Glockentürme und Refugium dienten. Zu den wichtigsten Zeugnissen ir. Baukunst gehört die Cormac's Chapel in Cashel (1127–34). Als bedeutendste Leistung der ir. Plastik gelten die ab etwa 900 entstandenen ↑Steinkreuze. Die Buchmalerei, die nur Initialornamentik in kelt. Formgebung (v. a. Fischblasen- und Spiralmuster) gekannt hatte, nahm in der 2. Hälfte des 7. Jh. german. Flechtband- und Tierornamentik sowie figürl. Darstellungen auf, so im »Book of Durrow« (um 680; Dublin) und im »Book of Kells« (Anfang des 9. Jh.; ebd.). Unter den erhaltenen Goldschmiedearbeiten ragen v. a. die »Fibel von Tara« (Ende des 7. Jh.; Dublin) und der silberne »Kelch von Ardagh« (Anfang des 8. Jh.; ebd.) hervor. Nach dem Einfall der Wikinger im 9. und 11. Jh. wurden neue Techniken (z. B. Niello) und skandinav. Stilarten (Ringerikestil, Urnesstil) nach Irland vermittelt. Im 11. und 12. Jh. erlebte die i. K. ihre letzte eigenständige Blüte, wobei die keltisch-german. Spiral- und Tierornamentik fortgesetzt wurde (Long Cross, 1123; Dublin). Unter engl. Herrschaft nahm die i. K. bes. an der Entwicklung der engl. Kunst teil.

📖 *Streit, J.: Sonne u. Kreuz. Irland zw. Megalithkultur u. frühem Christentum. Stuttgart [4]2001.*

irische Literatur. Aus der archaischen Epoche (400–600) gibt es nur etwa 360 Inschriften in Oghamschrift, die nur aus wenigen Wörtern, meist Namen, bestehen. – Hauptwerke der *frühen Epoche* (600–1200) sind die in Zyklen eingeteilten Heldensagen, die die Form von Prosaepen mit eingeschobenen lyr. Gedichten haben und eine vom Christentum noch gänzlich unberührte heidn. Welt spiegeln: 1. der Ulsterzyklus um den jugendl. Helden Cúchulainn und die tragisch liebende Deirdre; 2. der mytholog. Zyklus, der den Kampf eines Geschlechts übernatürl. Wesen und ihres Königs Dagdá mit einem Dämonengeschlecht, den Fomoriern, schildert; 3. der Königszyklus (auch histor. Zyklus), in dem Sagen und Erzählungen um je einen histor. oder prähistor. König gruppiert sind. Die nur in Bruchstücken erhaltene Lyrik wurde von den »filid« (professionellen Dichtern) verfasst. – Die Literatur der *mittleren Epoche* (1200–1650) umfasst die Barden- und die Prosadichtung, die größtenteils dem Finn-Zyklus, dem vierten großen ir. Sagenzyklus, angehört; er behandelt märchenhafte, abenteuerl. Themen und gilt in seiner Verschmelzung von Prosa und Ballade als Beginn der volkstüml. ir. Literatur. – Die *späte Epoche* (1650–1850) prägt eine v. a. von Bauern und Handwerkern getragene Volksdichtung; sie entfaltete sich bes. in der Provinz Munster (S-Irland), daher auch »Munster-Dichtung« genannt. – Die *moderne Epoche* (seit Ende des 19. Jh.) brachte mit der Gründung der Gaelic League (1893) durch D. Hyde eine Erneuerung der ir. Sprache und Literatur (kelt. Renaissance). 1904 wurde das Abbey Theatre in Dublin als ir. Nationaltheater (offiziell seit 1924) etabliert, für das u. a. W. B. Yeats und J. M. Synge schrieben. Zur bevorzugten Gattung wurde die Kurzgeschichte, zu deren bedeutendsten Vertretern P. O'Leary und P. H. Pearse gehören; wichtig für den Roman wurde L. O'Flaherty, für das Drama M. M. Liammóir. Bed. ist der Beitrag der ir. Schriftsteller zur ↑englischen Literatur.

📖 *Meid, W.: Dichter u. Dichtkunst im alten Irland. Innsbruck 1971. – Hyde, D.: A literary history of Ireland from earliest times to the present day. Neuausg. New York 1980. – Dillon, M.: Early Irish literature. Neuausg. Dublin u. a. 1994.*

irische Musik. Von der Blüte der Musik im frühen MA. ist nichts erhalten. Die altüberlieferte Volksmusik zeigt eigentüml. Rhythmik – sie ist von der ir. akzentuierenden Assonanzendichtung bestimmt – und Vortragsweise. Die wichtigsten Instrumente waren und sind Harfe und Dudelsack, daneben Fiedel und Flöte. Das musikal. Erbe wird seit dem 18. Jh. bewusst gepflegt. Bedeutendster Komponist des 19. Jh. war C. V. Stanford. Im 20. Jh. sind u. a. hervorgetreten: Hamilton Harty (* 1880, † 1941), Aloys Georg Fleischmann (* 1910, † 1992), Brian Patrick Boydell (* 1917), Archie James Potter (* 1918), Gerard Victory (* 1921, † 1995), der serielle Techniken verwendete, und James Wilson (* 1922).

Irische See (engl. Irish Sea), Randmeer des Atlant. Ozeans zw. Irland und Großbritannien, 103 000 km², bis 175 m tief.

Irisches Moos, ↑Karrageen.

irische Sprache, zu den ↑keltischen Sprachen gehörende Sprache, gegliedert in versch. Entwicklungsperioden: Ogham- bzw. Ogom-Irisch ab 400, archaisches Irisch 6. Jh., Frühaltirisch 7. Jh., klass. Altirisch 8./9. Jh., Mittelirisch 900–1200, Neuirisch ab 1200. Im Unterschied zu den britann. Sprachen hat die i. S. wie die übrigen inselkelt. Sprachen alte Züge aus indogerman. Zeit bewahrt und typolog. Merkmale entwickelt (u. a. konjugierte Präpositionen; Anordnung der Satzglieder: Verb, Subjekt, Objekt; Umschreibung von »ja« und »nein«). Von den heutigen Dialekten hat keiner weniger als 60 Phoneme; das Irische wird mit 18 Buchstaben sowie Längenzeichen für die Vokale wiedergegeben.

Rockel, M.: Grundzüge einer Geschichte der i. S. Wien 1989.

Irisch-Republikanische Armee, irische Untergrundorganisation, ↑IRA.

Irisdiagnose, die ↑Augendiagnose.

Irishcoffee ['aɪərɪʃ'kɔfɪ, engl.] *der,* Kaffee mit einem Schuss Whisky und Schlagsahne.

Irish Republican Army ['aɪərɪʃ rɪ'pʌblɪkən 'ɑ:mi, engl.], irische Untergrundorganisation, ↑IRA.

Irishstew ['aɪərɪʃ'stju:] *das,* Eintopfgericht aus Weißkraut mit Hammelfleisch u.a.

irisieren [zu Iris], in den Regenbogenfarben schillern.

irisierende Wolken, in Perlmutterfarben leuchtende Wolkenteile, wobei Grün und Rot vorherrschen. Die Erscheinung tritt v.a. an den Rändern von dünnen, in Sonnennähe befindl. Altocumulus- oder Cirruswolken auf. Sie entsteht durch Beugung der Lichtstrahlen an Wassertröpfchen oder Eiskristallen.

Irisöl (Veilchenwurzelöl), gelbliches äther. Öl mit starkem veilchenähnl. Duft, das aus den Wurzelstöcken von drei Arten der Schwertlilie (Iris) durch Wasserdampfdestillation gewonnen wird.

IRI S.p.A., Abk. für **I**stituto per la **R**icostruzione **I**ndustriale **S**ocietà **p**er **A**zione, 1933 gegr. Holdingges. zur Verwaltung der vom italien. Staat kontrollierten Unternehmen; Sitz: Rom. In den 90er-Jahren kam es zur schrittweisen Privatisierung der rd. 600 Industriebeteiligungen. Am 28. 6. 2000 wurde die Auflösung der Staatsholding und die Übertragung der restl. Beteiligungen, z.B. RAI (Medien), Fincantieri (Schiffbau), Cofiri (Finanzdienstleistungen), auf das italien. Schatzamt beschlossen.

Irkutsk, Hptst. des Gebietes I. in Ostsibirien, Russland, an der Angara, westlich vom Baikalsee, 592400 Ew.; Univ., Hochschulen, Inst. der Russ. Akademie der Wiss.en, ethnograph. Freilandmuseum, Theater; Schwermaschinen-, Flugzeugbau, Uranglimmer-, Holzverarbeitung, Nahrungsmittel-, Bekleidungsind.; Verkehrsknotenpunkt, internat. Flughafen; im Gebiet I. Stein- und Braunkohlenbergbau (Irkutsker Kohlenbecken). – Spasski- (1706–10), Gotteserscheinungskirche (1718–31). – Gegr. 1652, seit 1686 Stadt, seit 1764 Gouv.-Hptst.; 1803–22 Sitz des Gen.-Gouv. von Sibirien, 1822–1917 von Ostsibirien.

Irland (irisch Éire, engl. Ireland), die westl. der beiden großen Brit. Inseln, von Großbritannien durch die Ir. See, den Nord- und St.-Georgs-Kanal getrennt, sonst vom Atlant. Ozean umschlossen, umfasst 83500 km², mit Nebeninseln 84403 km²; 5,3 Mio. Ew.; politisch gegliedert in ↑Nordirland und die Rep. ↑Irland.

Irland	
Fläche	70273 km²
Einwohner	(2003) 3,956 Mio. Ew.
Hauptstadt	Dublin
Verwaltungsgliederung	34 Counties und County Boroughs
Amtssprachen	Irisch, Englisch
Nationalfeiertag	17. 3.
Währung	1 Euro (EUR, €) = 100 Cent
Zeitzone	WEZ

Irland (irisch Éire, engl. Ireland, amtlich irisch Poblacht na hÉireann, engl. Republic of Ireland; dt. Republik I.), Staat in NW-Europa, nimmt den größten Teil der Insel I. ein.

Staat und Recht: Nach der Verf. von 1937 (mehrfach revidiert) ist I. eine parlamentarisch-demokrat. Republik. Staatsoberhaupt ist der auf 7 Jahre direkt gewählte Präsident. Die Legislative liegt beim Zweikammerparlament, bestehend aus Repräsentantenhaus (166 Abg., für 5 Jahre gewählt) und Senat (11 vom Premiermin. ernannte und 49 von den Univ. und Standesvertretungen delegierte Mitgl.). Exekutivorgan ist das Kabinett unter Vorsitz des Premiermin., das dem Repräsentantenhaus verantwortlich ist. – Einflussreichste Parteien: Fianna Fáil (FF), Fine Gael (FG), Labour Party (LP), Progressive Democrats (PD), Green Party (GP), Sinn Féin (SF).

Landesnatur: Ein ausgedehntes, flachwel-

Irland: Landschaft in der Grafschaft Kerry

liges, von Hochmooren durchsetztes zentrales Tiefland mit zahlr. Seen wird von einem glazial überformten Altgebirgsrahmen umgeben. Nur an der O-Küste bei Dublin reicht das zentrale Tiefland bis an die Ir. See heran. Im Innern wird es von einzelnen, isoliert aufragenden Bergzügen durchsetzt. Der Carrauntoohil im SW erreicht 1 041 m ü. M. Im W treten Karbonkalke zutage und sind stark verkarstet (The Burren). Die Küste ist im SW, W und NW sehr buchtenreich. Den SW kennzeichnet eine ausgeprägte Riaküste mit tief in den Atlantik vorstoßenden Halbinseln und weit ins Landesinnere reichenden Buchten. Nur rd. 6% der Fläche sind mit Wald bedeckt. Längster Fluss ist der Shannon, der einen großen Teil der zentralir. Ebene entwässert. Unter den Seen ist der Lough Neagh (396 km²) der größte der Brit. Inseln. – Das Klima ist ozeanisch (kühle Sommer, milde Winter) und bei von W nach O abnehmenden Niederschlägen sehr feucht; ihm verdankt I. seine immergrüne Vegetation (»Grüne Insel«).

Bevölkerung: Die Iren sind überwiegend kelt. Abstammung. Obwohl Irisch erste Amtssprache ist, sprechen es nur rd. 2% der Bev. als Muttersprache, 33% gelten jedoch als Irisch sprechend. Seit der Mitte des 19. Jh. (1841 etwa 6,5 Mio.) ist die Ew.zahl durch anhaltende Emigration infolge schlechter Lebensbedingungen bis 1961 (2,82 Mio.) ständig zurückgegangen. Ausgelöst durch die staatlich geförderte Industrialisierung, kam es 1971–79 zu einem vorübergehenden Rückgang der Abwanderung; verbunden mit starkem natürl. Bev.wachstum erhöhte sich die Ew.zahl 1971–81 um 15,3%. Seitdem aber führten die Verschlechterung der wirtsch. Verhältnisse und die hohe Arbeitslosenquote erneut zu starker Auswanderung bis etwa 1991. Mit Verbesserung der wirtsch. Situation seit 1991 geht die Emigration wieder zurück. Die Bev.dichte ist im O (Leinster mit Dublin) am höchsten und fällt nach W (Connacht) deutlich ab. 26% der Gesamtbev. leben in der städt. Agglomeration Dublin. – Über 87% der Bev. gehören der kath. Kirche an, die bis 1972 eine in der Verf. verankerte Sonderstellung besaß, rd. 2,4% der anglikan. Church of Ireland, knapp ein Prozent traditionellen prot. Kirchen (Presbyterianer, Methodisten, Baptisten). – Es besteht eine neunjährige allgemeine Schulpflicht ab dem 6. Lebensjahr (Eintritt in die Grundschule aber auch schon ab dem 4. Lebensjahr möglich). Das Schulsystem gliedert sich in folgende Stufen: die sechsjährige (bei Schuleintritt mit 4 Jahren achtjährige) Primarschule und einen zweistufigen Sekundarschulbereich, die dreijährige Sekundarschule I und die auf den Hochschulbesuch vorbereitende dreijährige Sekundarschule II. Es gibt vier

Irland

Univ. und drei Colleges mit Univ.-Status; älteste Univ. ist die University of Dublin, Trinity College (gegr. 1592).

Wirtschaft und Verkehr: I. gehört zu den ärmeren Ländern der EU. Die Ind. hat einen Anteil von 36% (2000) am Bruttoinlandsprodukt, die Landwirtschaft von 4%, der Dienstleistungssektor von 60%. Etwa 85% der Gesamtfläche werden landwirtsch. genutzt (zu 17% Ackerland, 83% Wiesen und Weiden). An erster Stelle steht die Rinderhaltung (Fleisch- und Milchwirtschaft), gefolgt von der Schafzucht. Daneben werden Schweine, Ziegen und Geflügel gehalten sowie Pferde (v.a. Reitpferde) gezüchtet. Angebaut werden Futter-, Brauerei- und Brotgetreide, Hackfrüchte u.a. An Bodenschätzen werden Zink- und Bleierze sowie Silber und v.a. Torf abgebaut. Weiter existieren Vorräte an Lithium, Gold, Wolfram, Schwerspat, Kohle und Uran. Seit 1978 wird Erdgas vor der S-Küste (Gasfeld Kinsale Head) gefördert. Der Energiebedarf wird durch Erdöl (51%), Erdgas (18%), Torf (11%), Wasserkraft (1,5%) und Importkohle (18%) gedeckt. Die traditionelle Ind. beruht vorwiegend auf Verarbeitung landwirtsch. Produkte (Molkereien, Mühlen, Brauereien); verarbeitende Betriebe (Fleisch, Fisch, Zucker, Whiskey, Tabakwaren), daneben Schuh- und Textilind. (Stickerei, Tweedherstellung). Die Reg. fördert seit den 60er-Jahren die Ansiedlung ausländ. Ind.betriebe. Diese (v. a. Maschinen- und Fahrzeugbau, Elektro-, Elektronik-, chem. und pharmazeut. Ind., Metallverarbeitung) sind vorwiegend exportorientiert. In den letzten Jahren hat sich I. zu einem Zentrum der Computerindustrie mit zahlr. Europazentralen amerikan. und japan. Hersteller entwickelt. Bed. Fremdenverkehr (2001: 6,1 Mio. ausländ. Besucher). – Haupthandelspartner sind die EG-Länder (v. a. Großbritannien), die USA, Schweden und Kanada. I. führt vor allem Fleisch und Fleischprodukte, Molkereiprodukte, Garne, Gewebe und Textilien, nicht elektr. und elektr. Maschinen und Geräte, feinmechan. und opt. Erzeugnisse, Bleierze und -konzentrate aus. – I. verfügt über 92 500 km Straßen (1999) und 1 915 km Schienenwege (2000). Schiffbare Binnenwasserstraßen sind Shannon (208 km) und Grand Canal (249 km). Der internat. Luftverkehr wird von den Fluggesellschaften »Aer Lingus« und »Ryan Air« durchgeführt. Wichtigster Flughafen ist Dublin; weitere internat. Flughäfen sind Shannon Airport und Cork. Wichtigste Handelshäfen sind Dublin, Waterford, Galway und Cork, Fährhäfen Rosslare, Dun Loaghaire und Cork.

Geschichte: Seit etwa 500 v. Chr. wanderten Kelten in das schon lange zuvor besiedelte I. ein, das weder unter röm. noch german. Einfluss geriet. Es war urspr. in fünf Stammeskönigreiche gegliedert: Ulaid (Ulster), Laigin (Leinster), Mumu (Munster), Connachta (Connacht), Mide (Meath). Für das 4./5. Jh. sind häufige Übergriffe der Iren auf die W-Küste Britanniens bezeugt, die in Cornwall und Wales, v. a. aber in Schottland zu dauerhaften Siedlungen führten. Im 5. Jh. begann die Christianisierung, v. a. durch den hl. Patrick seit 432. Ir. Mönche wirkten seit dem 6. Jh. in England und auf dem europ. Festland (iroschott. Mission). Noch in karoling. Zeit spielten ir. Gelehrte eine führende Rolle. Vom 9. bis 11. Jh. legten Wikinger Militär- und Handelsniederlassungen auf der Insel an (z. B. Dublin und Cork).

Die engl. Herrschaft über I. begann 1171/72 mit dem Eroberungszug Heinrichs II., war aber bis ins 16. Jh. meist auf die O-Küste beschränkt. Die eigentl. Unterwerfung begann 1534, als Heinrich VIII. den Grafen von Kildare als Stellvertreter absetzte und sich 1541 vom ir. Parlament den Titel eines Königs von I. übertragen ließ. Während in England die Reformation eingeführt wurde, blieben die Iren katholisch. Mehrere große Aufstände der Iren wurden blutig niedergeworfen, so 1595–1603 durch Elisabeth I., 1649–51 durch O. Cromwell und 1690 durch Wilhelm III. von Oranien; die Engländer eigneten sich nach und nach drei Viertel des Grundbesitzes an und legten die ir. Wirtschaft lahm. Die Ausdehnung der engl. Strafgesetze gegen die Katholiken auf die Iren bedeutete ihre polit. Entrechtung. Pitt d. J. führte 1801 die Vereinigung des ir. mit dem engl. Parlament herbei; I. ging damit verfassungsrechtlich ganz im »Vereinigten Königreich von Großbritannien und I.« auf.

Aber schon Ende des 18. Jh. war eine ir. Nationalbewegung erwacht. D. O'Connell erreichte 1829, dass die polit. Entrechtung der Katholiken aufgehoben wurde. 1845 bis 1849 kam es zur »Großen Hungersnot« (engl. »Great Famine«), die zu einer starken Auswanderung und einem ungewöhnl. Rückgang der Bev. führte. Im Ggs. zur revolutionären Richtung der ir. Nationalisten, so dem Geheimbund der Fenier (seit 1858), entstand 1877 die von C. S. Parnell geleitete Ir. Nationalpartei im brit. Unterhaus, die eine parlamentar. Selbstreg. (↑Homerule) erstrebte. Diese suchte der liberale engl. Staatsmann W. Gladstone 1886 und 1893 vergeblich durchzusetzen. Erst 1912 nahm das brit. Unterhaus das Homerule-Gesetz an, das aber während des Ersten Weltkriegs ausgesetzt wurde. Die Ir. Nationalpartei wurde durch die radikalere Partei ↑Sinn Féin unter Führung E. de Valeras verdrängt, der auf die völlige Unabhängigkeit I.s hinarbeitete. Die Niederschlagung des Osteraufstandes in Dublin 1916 (Ausrufung der Republik, R. ↑Casement) verstärkte die antibrit. Haltung. Im Jan. 1919 bildeten ir. Abg. der Sinn Féin ein nat. Parlament (Dáil Éireann) und eine provisor. Regierung unter de Valera, die von Großbritannien nicht anerkannt wurde. Es kam zu blutigen britisch-ir. Auseinandersetzungen, die sich zu einem Kleinkrieg in ganz I. entwickelten. Ende 1920 nahm das brit. Unterhaus ein neues Homerule-Gesetz an, trennte aber gleichzeitig die sechs nördl., vorwiegend prot. Grafschaften (Ulster) als Nordirland ab. Diese Lösung wurde vom südl. I. abgelehnt. Am 11. 7. 1921 wurde ein Waffenstillstand herbeigeführt, dem am 6. 12. ein »Angloir. Vertrag« folgte. Da dem radikalen Flügel von Sinn Féin unter de Valera der I. bewilligte Stand eines Freistaates (Saorstát Éireann) als Dominium nicht genügte, spaltete er sich ab. Die Majorität des 1921 neu gewählten Dáil Éireann nahm den Vertrag jedoch am 7. 1. 1922 an. Am 6. 12. 1922 konnte daraufhin die Verf. des **Ir. Freistaates** in Kraft treten. 1922/23 flammte der Bürgerkrieg noch einmal auf. In den Auseinandersetzungen um den Angloir. Vertrag bildeten sich die führenden Parteien, die Fine Gael und die Fianna Fáil, heraus. Nach ihrem Wahlsieg 1932 stellte die Fianna Fáil mit de Valera 1932–48 den Premiermin. Seine Reg. schaffte 1933 den Treueid gegenüber der brit. Krone ab; die Verf. von 1937 schuf das Amt des Staatspräs. (1938–45 D. Hyde). Im Zweiten Weltkrieg blieb I. neutral.

1949 löste I. die letzten staatsrechtl. Bindungen an das Commonwealth. Mit dem »Republic of Ireland Act« trat am 18. 4. 1949 seine volle Unabhängigkeit in Kraft. Seitdem lösten sich Fianna Fáil (FF) und Fine Gael (FG) in der Reg. ab, die Labour Party (LP) gewann wachsende polit. Bedeutung als Koalitionspartner. 1973 wurde I. Mitgl. der EG. Bei einem Referendum im Juni 1992 stimmten rd. 69 % für die Annahme der Maastrichter Verträge zur Herstellung der Europ. Union, bei einem weiteren im Mai 1998 votierten 61,7 % für die Bestätigung des Amsterdamer Vertrags zur Weiterführung der europ. Integration.

1990 wurde die parteilose Mary Robinson als erste Frau in das Präsidentenamt gewählt; ihr folgte im Nov. 1997 M. P. McAleese als Staatspräsidentin.

In der Innenpolitik wurden immer wieder Versuche unternommen, den Einfluss der kath. Kirche auf die Gesetzgebung des Staates stärker zurückzudrängen. Während die Bev. 1986 in einem Referendum noch die Streichung des Scheidungsverbots aus der Verf. ablehnte, stimmte sie bei einem weiteren Referendum im Juli 1996 mit knapper Mehrheit (50,3 %) der Einführung der zivilrechtl. Ehescheidung zu. Bei einer Volksabstimmung am 25. 11. 1992 zur Abtreibungsfrage votierte die Mehrheit der Bev. für das Recht, in Ausnahmefällen Schwangerschaftsabbrüche in anderen EG-Staaten vornehmen zu lassen, eine Änderung des in der Verf. festgeschriebenen generellen Abtreibungsverbots wurde jedoch abgelehnt (allerdings auch eine weitere Verschärfung des bestehenden Rechts mit einer sehr knappen Entscheidung in einem neuen Referendum am 6. 3. 2002).

Die Beziehungen zw. Großbritannien und der Republik I. wurden (abgesehen von den konfessionellen Unterschieden und der histor. Belastung des Verhältnisses) v. a. vom ungelösten Nordirlandproblem geprägt. I. verzichtete bis Ende der 1990er-Jahre nicht auf die Eingliederung Nordirlands, wenngleich dieser Anspruch an Brisanz zw. den Reg. beider Staaten verlor. Schon 1965 hatte die Reg. Lemass Konsultationen mit der Regionalreg. in Nordirland eröffnet. Extremist. Gruppen, v. a. die ↑IRA, suchten im Kontrast zu den Bemühungen auf Reg.ebene vom Territorium der Republik aus mit terrorist. Mitteln die Vereinigung des brit. Nordirland mit der Republik I. zu erzwingen. Daraufhin rief die ir. Reg. unter L. T. Cosgrave (FG, Premiermin. 1973–77) 1976 den nat. Notstand aus und verabschiedete ein Antiterrorismus-Gesetz. Beginnend mit dem von G. FitzGerald (FG, Premiermin. 1979–81 und 1982–87) unterzeichneten angloir. Abkommen von Hillsborough (15. 11. 1985), das I. ein gewisses Mitspracherecht in der Verw. Nordirlands einräumte, verstärkten die ir. Reg. im Zusammenwirken mit Großbritannien ihr Engagement zur polit. Lösung der seit 1968/69 bürgerkriegsähnl. Auseinandersetzungen in Nordirland. Im Dez. 1993 verabschiedeten die ir. und die brit. Reg. eine gemeinsame Erklärung zur Nordirlandfrage, in der sie nach einem Gewaltverzicht der republikan. und unionist. Terrororganisationen und der Einhaltung eines dreimonatigen Waffenstillstands allen nordir. Parteien (einschl. Sinn Féin) Friedensgespräche anboten. Am 22. 2. 1995 legte Premiermin. J. Bruton (FG, im Amt 1994–97) mit seinem brit. Amtskollegen J. Major als Grundlage für die Allparteienverhandlungen über Nordirland einen

Rahmenplan vor (Kernpunkte: Wahl eines neuen Belfaster Parlaments durch die nordir. Bev., Errichtung einer gesamtir. Behörde und Abhängigkeit jegl. Statusänderung der brit. Prov. von der Zustimmung der Mehrheit der nordir. Bev.). Nachdem die IRA im Febr. 1996 die Beendigung ihres 1994 verkündeten Waffenstillstands erklärt hatte und zum Terror zurückkehrte, brach die ir. Reg. vorübergehend ihre Kontakte zu Sinn Féin, der polit. Vertreterin der IRA, ab, kritisierte aber auch die u. a. durch die zeitweise unbewegl. brit. Haltung nur schleppend vorangekommene Verständigung zur Nordirlandfrage und bemühte sich um eine neue Gewaltverzichtserklärung der IRA (1997 von dieser abgegeben). Am 10. 4. 1998 unterzeichneten Vertreter der ir. und brit. Reg. sowie der nordir. Katholiken und Protestanten aus acht Parteien (darunter Sinn Féin) ein von starken Kompromissen geprägtes, durch ein Referendum der gesamtir. Bev. am 22. 5. 1998 bestätigtes Friedensabkommen. In der Republik I. votierten 94% für eine Verf.änderung, mit der der Anspruch auf eine Wiedereingliederung Nordirlands aufgegeben wurde. Kurz nach Amtsaufnahme einer nordir. Regionalreg. tagte im Dez. 1999 erstmals ein gesamtir. »Nord-Süd-Ministerrat«. Als von Febr. bis Mai 2000 die nordir. Autonomie suspendiert und zeitweilig die brit. Direktherrschaft über Nordirland wiederhergestellt wurde, zog das vorübergehende britisch-ir. Spannungen nach sich; zugleich bemühte sich aber die ir. Reg. unter B. Ahern (Premiermin. seit 1997) um eine rasche Weiterführung des allerdings immer wieder ins Stocken geratenden nordir. Friedensprozesses. Bei den Parlamentswahlen im Mai 2002 wurde das von Fianna Fáil und Progressive Democrats gebildete Koalitionskabinett unter Ahern deutlich im Amt bestätigt (und damit erstmals eine Reg. seit 1969).

1999 wurde I. Mitgl. der Euro-Zone und trat der »Partnerschaft für den Frieden« der NATO bei. Am 7. 6. 2001 lehnten die Iren in einem Referendum (bei einer Beteiligung von nur 33,7% der Wahlberechtigten) mit 54% der Stimmen den von den EU-Staaten im Dez. 2000 verabschiedeten ↑Vertrag von Nizza ab; bei einem neuen Referendum am 19. 10. 2002 stimmte die irische Bev. aber mit 63% der Stimmen dem Vertragswerk zu und machte damit den Weg für die EU-Erweiterung frei.

📖 *Lee, J. J.: Ireland, 1912–1985. Politics and society. Cambridge [3]1991. – Keogh, D.: Twentieth-century Ireland. Nation and state. Dublin 1994. – Elvert, J.: Geschichte I.s. München [2]1996. – Beckett, J. C.: Geschichte I.s. A. d. Engl. Stuttgart [4]1997. – Thomas, C., u. Thomas, A.: Historical dictionary of Ireland. Lanham, Md., 1997. – Maurer, M.: Kleine Geschichte I.s. Stuttgart 1998. – The Oxford companion to Irish history, hg. v. S. J. Connolly. Oxford u. a. 1998. – Kossow, A.: I. Dormagen [5]2002.*

Irländisches Moos, ↑Karrageen.

Irmin (Irmino, Ermin), sagenhafter german. Ahnherr der Herminonen. (↑Germanen)

Irminsul (Irminsäule), sächs. Heiligtum, eine Holzsäule (vermutlich als Abbild der Weltsäule, die den Himmel stützt, verstanden); von Karl d. Gr. 772 nach Einnahme der Grenzfeste Eresburg zerstört.

Irokesen (frz. und engl. Iroquois), Gruppe von sprachverwandten Indianerstämmen Nordamerikas der irokes. Sprachfamilie, die urspr. östlich der Großen Seen lebten. Um 1575 schlossen sich die Mohawk, Oneida, Onondaga, Cayuga und Seneca zur **Irokes. Liga** (»Bund der

LIBRARY OF CONGRESS
Iroquois warrior (story page 4) drawn in 1787 by J. Grasset de St Sauveur.

Irokesen: Irokesenkrieger, Stich nach einer Zeichnung von J. Grasset de SA. Sauveur 1787

fünf Nationen«) zusammen, nach Anschluss der Tuscarora 1722 auch »Bund der sechs Nationen« genannt. Gegenwärtig leben rd. 49 000 I. in den USA und 45 000 in Kanada, meist in Reservationen. Die I. trieben bei Ankunft der Europäer v.a. Ackerbau und wohnten in Langhäusern; wichtig wurde dann auch der Handel. 1799 begründete der Seneca-Prophet Handsome Lake eine synkretist. Religion (mit christl. Vorstellungen). Die I. wurden schon früh in engl.-frz. Streitigkeiten verwickelt (sie kämpften aufseiten der Engländer). Heute leben sie überwiegend als Kleinbauern, viele Mohawk als Facharbeiter in Städten.

📖 *Jahn, S.: Die I. Wyk auf Föhr [4]1996.*

Ironbridge ['aɪənbrɪdʒ], Brücke über den ↑Severn.

Ironie [grch.] *die,* Redeweise, bei der das Gegenteil des Geäußerten gemeint ist. I. als rhetor. Mittel kann sich von iron. Anspielung, spieler. Spott über Polemik bis zum Sarkasmus steigern; literarisch konstituiert sie damit die Gattungen Parodie, Satire, Travestie. – **Selbst-I.** ist eine krit., spielerisch-überlegene Haltung sich selbst gegenüber. – Unter **sokratischer I.** versteht man ein von Sokrates angewandtes *rhetor.* Mittel der didakt. Kommunikation. Dabei sollen Reflexion und Erkenntnis dadurch gefördert werden, dass demonstrativ Fehlschlüsse gezogen werden. – Die **romantische I.** als typisches *poet.* Mittel der Romantik bezeichnet das Gefühl vom unauflösl. Widerstreit des Unbedingten und Bedingten, des Unendlichen und Endlichen und gleichzeitig den Schlüssel zur Überwindung der Beschränkungen und Annäherung an das Absolute und den »ursprünglichen« Sinn.

📖 *I. als literar. Phänomen, hg. v. H.-E. Hass u. G.-A. Mohrlüder. Köln 1973. – Behler, E.: Klass. I., romant. I., trag. I. Zum Ursprung dieser Begriffe. Darmstadt [2]1981. – Japp, U.: Theorie der I. Frankfurt am Main 1983.*

Ironman ['aɪənmæn, engl.] *der, Sport:* ↑Triathlon.

Irons ['aɪəns], Jeremy, brit. Filmschauspieler, *Isle of Wight 19. 9. 1948; versierter Charakterdarsteller, u.a. in »Die Geliebte des französischen Leutnants« (1981), »Kafka« (1992), »Das Geisterhaus« (1993), »Stirb langsam – Jetzt erst recht« (1995), »Gefühl und Verführung« (1996), »Lolita« (1997), »Der Mann in der eisernen Maske« (1998).

Ironsides ['aɪənsaɪdz, engl.], ↑Eisenseiten.

Iroquois [irɔ'kwa, frz.; 'ɪrəkwɔɪ, engl.], ↑Irokesen.

iroschottische Kirche, *Kirchengeschichte:* Bez. für die keltisch geprägte (Mönchs-)Kirche Irlands; bis zum 7. Jh. in Ritus und Kirchenrecht weitgehend eigenständig und von Rom unabhängig.

iroschottische Mission, *Kirchengeschichte:* Bez. für die von Rom unabhängige Missionstätigkeit ir. Mönche zw. dem 6. und 8. Jh.. Die Missionstätigkeit orientierte sich an dem frühmönch. Ideal der asket. Heimatlosigkeit (»peregrinatio propter Christum«, Pilgerschaft um Christi willen) und erstreckte sich von Island bis nach Oberitalien.

📖 *Meyer-Sickendiek, I.: Gottes gelehrte Vaganten. Die Iren im frühen Europa. Neuausg. Düsseldorf 1996.*

irrational [lat.], **1)** *allg.:* nicht rational; dem Verstand nicht fassbar, dem log. Denken nicht zugänglich; Ggs.: rational.

2) *Mathematik:* eine reelle Zahl, die nicht rational, d.h. nicht der Bruch zweier ganzer Zahlen ist (z.B. $\sqrt{2}$).

Irrationalismus [lat.] *der, Philosophie:* 1) in der Erkenntnistheorie die Auffassung, die sich nicht auf den Verstand als Erkenntnisquelle stützt, sondern auf emotionale und intuitive Gewissheitserlebnisse; 2) in der Metaphysik eine Grundposition, die Wesen und Ursprung des Seienden oder der Welt als nicht mit dem Verstand erfassbar behauptet, z.B. als »Wille« bei A. Schopenhauer, als »élan vital« bei H. Bergson. – Gegenströmung gegen den ↑Rationalismus.

Irrawaddy *der,* Fluss in Birma, ↑Irawadi.

irreal [lat.], unwirklich, nicht der Wirklichkeit angehörend; Ggs.: real.

Irrealis *der, Sprache:* Modus des Verbs zum Ausdruck einer nicht wirkl., sondern nur vorgestellten Handlung: Er *wäre* heute hier, wenn er Urlaub bekommen *hätte.*

Irredenta [italien. »unerlöst«] *die,* 1866 nach der Einigung Italiens entstandene Bewegung in den z.T. italienischsprachigen Gebieten Österreich-Ungarns (Trentino, Triest, Istrien, Dalmatien), die den Anschluss an Italien erstrebte; noch vor 1914 war das Ziel der I. die Brennergrenze. Die I. trübte die Beziehungen zw. Österreich und Italien, das unter ihrem Druck 1915 in den Krieg eintrat. Dieser brachte Italien 1919 die Brennergrenze (auch die dt.-sprachigen Teile Südtirols wurden italienisch). – Der Begriff **Irredentismus** wird auf ähnl. Ziele in anderen Ländern angewandt.

irreduzibel [lat.], nicht zurückführbar, nicht ableitbar; ein math. Gegenstand heißt i., wenn er bezüglich einer bestimmten Eigenschaft und innerhalb einer betrachteten Menge unzerlegbar ist.

irregulär [lat.], nicht regelgemäß, nicht der Regel entsprechend; nicht dem Gesetz entsprechend. – In der *Astronomie* z. B. Bez. für Sternsysteme, die keine offensichtl. Struktur haben, für Satelliten eines Planeten, die sich auf stark exzentr. Bahnen bewegen, oder für Veränderliche mit nichtperiod. Schwankungen von Radius, Temperatur und Dichte.

irreversibel [lat.], **1)** *allg.:* nicht umkehrbar, nicht rückgängig zu machen; Ggs.: reversibel.

2) *Naturwissenschaften:* Bez. für eine Zustandsänderung eines Systems, die ohne zusätzl. Veränderung von dessen Umgebung nicht rückgängig gemacht werden kann; i. verlaufen z. B. alle makroskop. Naturvorgänge. (↑Entropie)

Irrgarten, ↑Labyrinth.

irritieren [lat.], unsicher machen, verwirren, beunruhigen; auch: stören, lästig sein.

Irrlehre, *Christentum:* Bez. für eine von der kirchl. Lehrauffassung abweichende Lehre. (↑Häresie)

Irrlicht (Irrwisch), unstete Lichterscheinung über Mooren oder Sümpfen, beruht zumeist auf Sumpfgas (Methan); im Volksglauben galten I. als Zeugen von Geistern oder als unerlöste Seelen.

Irrtum, 1) *allg.:* die falsche Bewertung eines Sachverhaltes, das fälschl. Fürwahrhalten einer Aussage; gründet in der subjektiven Überzeugung der Wahrheit von objektiv Falschem. Der I. bildet eine Grunderfahrung menschl. Existenz; er wird immer erst nachträglich erkannt.

2) Im *Zivilrecht* (§ 119 BGB) werden unterschieden: a) der **Erklärungs-I.,** bei dem der Erklärende die Erklärung schon ihrer äußeren Gestalt nach nicht abgeben will (er verschreibt sich z. B.); b) der **Inhalts-I.** (Geschäfts-I.), d. h. der I. über die Bedeutung der abgegebenen Erklärung; c) I. über verkehrswesentl. Eigenschaften **(Eigenschafts-I.)** der Person (z. B. Alter) oder der Sache (z. B. Echtheit eines Kunstwerks). In allen Fällen kann der I. ein Anfechtungsrecht (↑Anfechtung) des Erklärenden begründen. Kein rechtlich durchgreifender I. ist der Motiv-I., d. h. der I. über den inneren Beweggrund, ein Geschäft vorzunehmen. – In *Österreich* und in der *Schweiz* gilt im Wesentlichen Ähnliches, wobei das Schweizer Recht auch den (Geschäfts-)Grundlagen-I. anerkennt. – Im *Strafrecht* (§§ 16 f. StGB) unterscheidet man v. a. den I. in Bezug auf den Tatbestand **(Tatbestands-I.)** und den I. in Bezug auf die Rechtswidrigkeit eines Tuns im Sinne mangelnder Einsicht, Unrecht zu tun **(Verbots-I.).** Beim Tatbestands-I. entfällt der Vorsatz, die Strafbarkeit wegen Fahrlässigkeit bleibt aber bestehen. Ferner ist vom Tatbestands-I. der I. über das Handlungsobjekt zu trennen; dieser ist bei Gleichwertigkeit des verletzten Objekts unbeachtlich. Konnte der Täter den Verbots-I. nicht vermeiden, so entfällt die Strafe, war er vermeidbar, kann die Strafe gemildert werden. – Ähnlich in *Österreich* und der *Schweiz.*

Irtysch *der* (kasach. Ertis, chines. und uigur. Ertix), linker Nebenfluss des Ob, 4 248 km lang (davon 3 784 km schiffbar), entspringt im Mongol. Altai (China) als Schwarzer I. (Kara-I.), erreicht nach 672 km den Saissansee (Kasachstan; heute Teil des Buchtarmastausees), mündet bei Chanty-Mansisk. In seinem Lauf gibt es mehrere Stauseen mit Wasserkraftwerken. Ein Kanal verbindet den I. mit Karaganda (458 km lang).

Irún (bask. Uranzu), Industriestadt im span. Baskenland, am linken Ufer der Bidasoa, Grenzübergang nach Frankreich, 54 900 Ew. – Die im Grenzfluss (frz. Bidassoa) gelegene Fasaneninsel (Isla de los Faisanes) war Stätte wichtiger Konferenzen (u. a. zum ↑Pyrenäenfrieden).

Iruñea [-ɲ-], Stadt in Spanien, ↑Pamplona.

Irvine [ˈəːvɪn], Stadt an der W-Küste Schottlands, am Firth of Clyde, Verw.sitz von North Ayrshire, 33 000 Ew.; Schwerpunkt der wirtschaftl. Entwicklung (Industrieparks) mit Maschinenbau, chem., elektrotechn. u. a. Industrie.

Irving [ˈəːvɪŋ], **1)** Sir (seit 1895) Henry, eigtl. John Henry Brodribb, brit. Schauspieler und Theaterleiter, * Keinton-Mandeville (Cty. Somerset) 6. 2. 1838, † Bradford 13. 10. 1905; gilt als der bedeutendste Theaterfachmann der Viktorian. Epoche, bes. wegen seiner Shakespeare-Inszenierungen; ab 1878 Leiter des Lyceum Theatre in London.

2) John Winslow, amerikan. Schriftsteller, * Exeter (N. H.) 2. 3. 1942; seine komisch-grotesken Romane geben ein Bild der amerikan. Gesellschaft, deren harmon. Interaktion in Familie und Beruf durch Sexualität, Gewalt und exzentr. Verhalten gefährdet ist.

Werke: Garp und wie er die Welt sah (1978); Das Hotel New Hampshire (1981); Gottes Werk und Teufels Beitrag (1985); Das Zirkuskind (1996); Witwe für ein Jahr (1998); Die vierte Hand (2001).

3) Washington, Pseud. Diedrich Knickerbocker und Geoffrey Crayon, amerikan. Schriftsteller, * New York 3. 4. 1783, † Sunnyside (N. Y.) 28. 11. 1859; 1842–45 Gesandter in Spanien; wurde berühmt durch »Die Handschrift Diedrich Knickerbockers des Jüngeren« (2 Bde., 1809), eine parodist. Chronik New Yorks während der niederländ. Kolonialherrschaft. Sein erfolgreichstes Werk ist »Gottfried Crayon's Skizzenbuch« (7 Bde., 1819/20), W. Scott gewidmet, das u. a. ins amerikan. Milieu übertragene dt. Sagenstoffe enthält; von ihnen gelten »Rip van Winkle« und »Die Sage von der schläfrigen Schlucht« als frühe Muster der Kurzgeschichte. I. schrieb auch Biografien und Essays.

Irwin ['ə:wɪn], Robert, amerikan. Künstler, * Long Beach (Calif.) 12. 9. 1928; begann mit Bildern im Stil des abstrakten Expressionismus, denen Arbeiten aus Aluminium, Plexiglas u. a. Materialien folgten. Seit den 70er-Jahren versucht er in Installationen v. a. die Durchdringung von Innen- und Außenraum überzeugend erfahrbar zu machen.

Isa [arab.], die von den Muslimen verwendete Namensform für Jesus.

Isaac, Heinrich, fläm. Komponist, * in den Niederlanden um 1450, † Florenz 26. 3. 1517; um 1480 Organist und Musiklehrer am Hof von Lorenzo I. de' Medici, 1497 bis 1514 Hofkomponist Kaiser Maximilians I.; einer der bedeutendsten Komponisten seiner Zeit, beherrschte die Polyphonie in seinen Messen, Motetten und Instrumentalsätzen ebenso wie schlichte, tief empfundene Liedsätze (»Innsbruck, ich muß dich lassen«).

Isaak [hebr. »(Gott) möge lachen«], bibl. Gestalt; Sohn Abrahams und Saras, Erzvater Israels, Vater Jakobs und Esaus; zweiter der Stammväter (Patriarchen) Israels.

Isaak, byzantin. Kaiser: **1) Isaak I. Komnenos** (1057–59), † Konstantinopel 1061; erster Kaiser der Komnenen nach Aussterben der makedon. Dynastie, seit 1059 Mönch.

2) Isaak II. Angelos (1185–95 und 1203/04), † Konstantinopel 28. 1. 1204; 1195 von seinem Bruder Alexios III. entthront und geblendet; 1203 wieder eingesetzt. Sein Sohn Alexios IV. wurde Mitkaiser. I. bekämpfte Ämterkauf und Steuermissbrauch, geriet aber in Abhängigkeit von den Kreuzfahrern, wurde deshalb zus. mit seinem Sohn durch einen Aufstand gestürzt.

Isabella, Königinnen von Spanien:

1) Isabella I., die Katholische, (1474 bis 1504), * Madrigal de las Altas Torres (Prov. Ávila) 22. 4. 1451, † Medina del Campo 26. 11. 1504; heiratete 1469 den Thronerben (seit 1479 König) von Aragonien, Ferdinand II., den Katholischen, und konnte bis 1479 ihre Interessen als kastil. Thronerbin gegen die Tochter ihres Stiefbruders Heinrich IV. durchsetzen. Die Doppelreg. schuf die Grundlage für ein gesamtspan. Königreich. I. baute in Kastilien ein neuzeitl. Staatswesen auf. 1492 eroberten Ferdinand und I. – denen der Papst 1496 den Titel »Kath. Könige« verlieh – das letzte Maurenreich im Feldzug gegen Granada und beendeten damit die »Reconquista«. I. unterstützte die Entdeckungsfahrten von Kolumbus.

📖 *Leicht, H.: I. von Kastilien (1451–1504). Regensburg 1994.*

2) Isabella II. (1833–70), * Madrid 10. 10. 1830, † Paris 9. 4. 1904; Tochter Ferdinands VII. und seiner 4. Gemahlin Maria Christina; bis 1843 unter Regentschaft ihrer Mutter und General B. Esparteros; verteidigte ihre Thronansprüche gegen ihren Onkel Don Carlos (↑Karlisten). Seit 1846 ⚭ mit ihrem Vetter Franz von Assisi (* 1822, † 1902). Heftige Parteikämpfe füllten ihre Reg. aus, bis sie im Sept. 1868 gestürzt wurde. 1870 verzichtete I. zugunsten ihres Sohnes ↑Alfons XII. auf den Thron.

isabellinischer Stil, nach Isabella I. benannter span. Baustil (Ende 15. bis Anfang 16. Jh.) der Spätgotik, der sich aus der span. Sonderform des Flamboyantstils

(Floridostil) entwickelte und fantasievoll die verschiedensten Einflüsse der Gotik aus Frankreich, Dtl. und Italien mit traditionellen maur. Elementen verband.

Isabey [iza'bɛ], **1)** Eugène, frz. Maler und Lithograph, *Paris 22. 7. 1803, †Lagny (bei Paris) 25. 4. 1886; Sohn und Schüler von 2); romantisch-stimmungsvolle Genre-, Architektur- und bes. Seestücke sowie histor. Szenen; bed. Lithographien. **2)** Jean-Baptiste, frz. Miniaturmaler und Lithograph, *Nancy 11. 4. 1767, †Paris 18. 4. 1855; Vater von 1); Schüler von J.-L. David, vertrat einen elegant-gefälligen Klassizismus, bedeutendster Miniaturmaler seiner Zeit, Hofmaler Napoleons I.; schuf zahlr. Porträts, auch Gemälde auf Porzellan (Sèvres) und Elfenbein.

ISAF [Abk. für engl. **I**nternational **S**ecurity **A**ssistance **F**orce »Internat. Sicherheitstruppe«], internat. Friedenstruppe in Afghanistan, um deren Einsatz bei den am 5. 12. 2001 beendeten Afghanistangesprächen auf dem Petersberg bei Bonn die daran beteiligten afghan. Vertreter den UN-Sicherheitsrat ersucht hatten, um das auf der Konferenz beschlossene Abkommen militärisch abzusichern. Der UN-Sicherheitsrat billigte daraufhin am 20. 12. 2001 (Resolution 1386) die Aufstellung entsprechender militär. Einheiten. Der zunächst bis zum 20. 6. 2002 begrenzte, jedoch inzwischen mehrfach verlängerte und zunächst unter brit., ab 20. 6. 2002 unter türk., ab 10. 2. 2003 unter dt. und niederländ. sowie ab 12. 8. 2003 unter NATO-Oberkommando stehende Einsatz hat v. a. die Aufgabe, der provisorischen afghan. Reg. zu helfen, die Sicherheit in Kabul und Umgebung zu gewährleisten, damit die Reg. selbst, das UN-Personal sowie Hilfsorganisationen unter sicheren Bedingungen arbeiten können. Außerdem soll ISAF mit afghan. Gruppen beim Abzug aller afghan. Militäreinheiten aus Kabul zusammenarbeiten. Die ISAF-Mitgl.staaten werden in der Resolution aufgefordert, die Bildung und den Einsatz neuer afghan. Sicherheits- und Verteidigungskräfte zu unterstützen. Zur Durchsetzung des UN-Auftrages sind die ISAF-Soldaten ermächtigt, alle entsprechenden Maßnahmen, einschl. der Anwendung militär. Gewalt, zu ergreifen; sie sind außerdem befugt, das Recht auf bewaffnete individuelle und kollektive Selbstverteidigung sowie bewaffnete Nothilfe wahrzunehmen. Anfang Jan. 2002 traf in Kabul ein Vorauskommando der Sicherheitstruppe ein, dessen Gesamtstärke kontinuierlich auf ca. 5 000 Soldaten, die von etwa 30 Nationen gestellt werden, anwuchs.

Am 13. 10. 2003 billigte der UN-Sicherheitsrat (Resolution 1510) die Ausweitung des ISAF-Mandates auf ganz Afghanistan. Nach einem entsprechenden Beschluss des Dt. Bundestages vom 22. 12. 2001 beteiligte sich die Bundeswehr an ISAF mit anfangs bis zu 1 200 Soldaten, die mit Truppen aus den Niederlanden, aus Österreich und Dänemark ein gemeinsames Einsatzkontingent stellen. Der zunächst auf sechs Monate befristete dt. Einsatz wurde am 14. 6. 2002 vom Bundestag für sechs Monate (Erhöhung des Kontingents auf bis zu 1 400 Mann) sowie am 20. 12. 2002 um weitere zwölf Monate verlängert. Von dt. Seite werden für den Einsatz Infanterie-, Hubschrauber-, Unterstützungs- und Lufttransportkräfte bereitgestellt, außerdem Kräfte als Verbindungsorgane zu nat. Regierungs- und Nichtregierungsorganisationen sowie zu internat. Organisationen.

Am 19. 3. 2002 übernahm die Bundeswehr die takt. Führung der ISAF. Mit der Übernahme des Oberkommandos von ISAF Mitte Febr. 2003 (zus. mit den Niederlanden) erhöhte sich die dt. Truppenstärke auf bis zu 2 500 Mann; nach der Kommandoübernahme durch die NATO reduzierte sich diese auf etwa 1 600 Soldaten.

Am 16. 4. 2003 beschloss die NATO, ab Aug. 2003 die führende Rolle von ISAF zu übernehmen. Die Truppenkontingente werden jedoch weiterhin von den einzelnen Staaten gestellt. Auch wird das Oberkommando einzelnen Staaten übertragen (zumeist für die Dauer von sechs Monaten); so übernahm u. a. im August 2004 das Eurokorps die ISAF-Führung, um die afghan. Reg. und die Parlamentswahlen im Okt. 2004 zu schützen.

Isai|i, A. T.: ↑Jesse.

Isar *die*, rechter Nebenfluss der Donau in Bayern, entspringt in einem Hochtal des Karwendelgebirges (Österreich), 295 km lang (davon 263 km in Dtl.), mündet bei Plattling unterhalb von Deggendorf. Nördlich von Mittenwald wird ein großer Teil des Wassers über einen Druckstollen dem Walchensee (Kraftwerk) zugeleitet und über die Loisach wieder zugeführt. Nörd-

100264

Ischia: Blick auf die Insel

lich von München zweigt der 50 km lange **Mittlere I.-Kanal** ab (zur Versorgung mehrerer Speicherseen im Erdinger Moos), mündet bei Landshut wieder in die Isar.

Isatin [grch.-lat.-nlat.] *das* (2,3-Indoldion), gelbrote, kristalline Substanz. I. und seine Derivate sind wichtige Ausgangsverbindungen für indigoide Farbstoffe.

Isatis, die Pflanzengattung ↑Waid.

Isauri|en, Landschaft im antiken Kleinasien, im Taurusgebirge um den Suglasee. Die **Isaurier,** räuber. Wanderhirten, wurden 78/77 v. Chr. von den Römern unterworfen.

Isba [russ.] *die,* russ. Bez. für Holzhaus, Blockhütte (bes. der Bauern).

Gruppennummer Titelnummer

ISBN 3-7653-1209-6

Verlagsnummer Prüfnummer

ISBN: Aufschlüsselung der Kennzahl

ISBN, Abk. für **I**nternationale **S**tandard-**B**uch**n**ummer, 10-stellige Kennzahl, die jedes neu erscheinende Buch erhält. Sie besteht aus vier Zahlengruppen: Landes- bzw. Gruppennummer (kennzeichnet den Sprachraum), Verlagsnummer, Titelnummer und Prüfziffer.

Ischämie [isç-, grch.] *die,* ↑Blutleere.

Ischarioth, einer der zwölf Jünger Jesu, ↑Judas Ischarioth.

Ischewsk (Ischkar, 1984–87 Ustinow), Hptst. von Udmurtien, Russ. Föderation, am Isch, 654 900 Ew.; Univ., medizin. Akademie u. a. Hochschulen; Stahlwerk, Maschinen-, Fahrzeugbau, Rüstungs-, elektron. Industrie.

Ischgl, Gem. im Bez. Landeck, Tirol, Österreich, 1 376 m ü. M., 1 600 Ew.; Wintersportzentrum im Paznaun.

Ischia ['iskia], italien. Insel vulkan. Ursprungs am Eingang zum Golf von Neapel, 46,4 km², im Monte Epomeo 788 m ü. M., 53 500 Ew. (sechs Gemeinden); mildes Klima, Thermalquellen, Fremdenverkehr; Obst- und Weinbau, Fischfang. Hauptort: Ischia (17 500 Ew.); Bischofssitz, mit Kastell (hauptsächlich 15. Jh.). – I. wurde im 8. Jh. v. Chr. von Griechen aus Euböa, um 470 v. Chr. von Syrakusanern besiedelt.

Ischias [grch., zu ischíon »Hüftgelenk«] *der,* auch *das,* fachsprachl. *die* (Ischialgie, Ischiassyndrom), ein- oder beiderseitige, teilweise sehr schmerzhafte Reizung des I.-Nervs infolge Entzündung, Wirbelsäulenveränderung (bes. bei Bandscheibenschäden), Verletzung u. a.; entsprechend der Lokalisation dieses Nervs werden Schmerzen im Gesäß, an der Hinterseite des Oberschenkels, in der Kniekehle und am Unterschenkel empfunden. – Die *Behandlung* umfasst Ruhigstellung, medikamentöse Schmerzlinderung, Wärmeanwendung, Massage, Krankengymnastik oder Rückenschule und Elektrotherapie, bei Bandscheibenvorfall und organ. Ursachen auch operative Maßnahmen.

Ischiasnerv (Ischiadikus, Hüftnerv), stärkster und längster Nerv des menschl. Körpers; entsteht aus dem Kreuzbeinnervengeflecht, verläuft zw. den Gesäßmuskeln nahe dem Hüftgelenk zur Hinterseite des Beines, innerviert Haut und Muskeln bis zum Fuß.

Ischim *der* (kasach. Esil), linker Nebenfluss des Irtysch, 2450 km lang, vom N der Kasach. Schwelle (Kasachstan) durch die an Salz-, Süßwasserseen und Sumpfgebieten reiche **I.-Steppe** im südl. Westsibir. Tiefland (Russland).

Ischimbai, Stadt in der Rep. Baschkirien, Russ. Föderation, am W-Fuß des Südl. Ural an der Belaja, 71300 Ew.; Erdölförderung; petrochem. Ind., Erdölanlagenbau.

Ischkar, (Ižkar), Hptst. von Udmurtien, ↑Ischewsk.

Ischl, Bad, ↑Bad Ischl.

Ischtar, babylon. Göttin des Kampfes und der Liebe.

Ischtartor, Doppeltor (kleineres nördl. Außentor, größeres südl. Innentor) im NO der Stadt Babylon, durch das die Prozessionsstraße verlief; von Nebukadnezar II. (605–562 v.Chr.) in drei Bauphasen errichtet. Das Vortor mit Türmen maß insgesamt 27,20 m Breite (Türweite 4,50 m), das Haupttor 26,60 m Breite (Türhöhe über 9 m); es besaß Türme und Torkammern. Die N- oder Innenfassade war mit in der jüngsten Baustufe farbig glasierten Ziegelreliefs (schreitender Stier und der Drache Muschchusch) auf hell- und dunkelblauem Grund geschmückt. Die N-Front des I. (Rekonstruktion auch in Babylon), ein Teil der Prozessionsstraße sowie der Fassade der S-Burg von Babylon stehen in rekonstruiertem und z.T. ergänztem Zustand im Pergamon-Museum, Berlin.

Ischurie [isç-, grch.] *die,* ↑Harnverhaltung.

ISDN [engl. aiesdi:'en, Abk. für **i**ntegrated **s**ervices **d**igital **n**etwork, »Dienste integrierendes digitales Netz«], öffentl. Telekommunikationsnetz, in dem digitale Vermittlungs- und Übertragungstechnik vereinigt sind und unterschiedl. Dienste aller Kommunikationsarten (Sprache, Text, Daten, Bild) gemeinsam übertragen werden können.

Vorteile des ISDN sind neben der Abwicklung einer Vielfalt von Diensten über einen Teilnehmeranschluss die Verbesserung der herkömml. Dienste (z.B. bessere Qualität beim Telefonieren, schnellerer Verbindungsaufbau, Beschleunigung der Datenübermittlung, Verkürzung der Übertragungszeiten bei der Faxübermittlung) sowie das erweiterte Angebot an Diensten (z.B. Festbild, Bewegtbild) und Dienstmerkmalen (u.a. automat. Rückruf bei Besetztzeichen, Anrufweiterleitung, Rufnummer- und Gebührenanzeige, Anklopfen, Makeln, Dreierkonferenz).

Das 1988 eingeführte **Schmalband-ISDN** nutzt das vorhandene Telekommunikationsnetz und fasste das bis dahin getrennte analoge Telefonnetz und das integrierte Text- und Datennetz (IDN) zusammen. Die Übertragung der Daten erfolgt über die Nutz- oder Basiskanäle **(B-Kanäle)** mit 64 Kbit/s (↑Basisanschluss). – Für Anwendungen mit höherem Bandbreitenbedarf (z.B. Videokonferenz, Multimedia, Abruf von Videofilmen usw.) wurde das **Breitband-ISDN** entwickelt, bei dem die Datenübertragung mit konstanten und wechselnden Bitraten von mindestens 140 Mbit/s erfolgt. Als Übermittlungsverfahren dient **ATM** (engl. **a**synchronous **t**ransfer **m**ode), bei dem die Bandbreite entsprechend den Anwendungsanforderungen variabel genutzt werden kann. – 1993 einigten sich 26 Netzbetreiber aus 20 europ. Staaten auf den Standard **EDSS 1** (engl. european digital subscriber signalling system 1)

In Dtl. steht ISDN seit 1995 flächendeckend zur Verfügung; Breitband-ISDN wird von der Dt. Telekom AG unter der Bez. **T-Net ATM** angeboten und vorwiegend von Geschäftskunden in Ballungsräumen genutzt.

📖 *Kanbach, A. u. Körber, A.: ISDN. Die Technik. Heidelberg ³1999. – Frey, H.: ISDN selbst anschließen und einrichten. Leicht verständlich mit vielen prakt. Installationshinweisen. Poing 2002. – Lindhorst, A.: ISDN & DSL. Bonn 2002.*

Ise (bis 1955 Ujiyamada), Stadt auf Honshū, Japan, 106000 Ew.; bed. Wallfahrtsort und höchstes shintoist. Heiligtum Japans mit zwei der wichtigsten Schreinanlagen (3.–5. Jh.; der »Innere Schrein« ist der Ahnenschrein der kaiserl. Familie, der »Äußere Schrein« ist der Reisgottheit gewidmet); die Holzbauten werden seit 685 alle 20 Jahre abgetragen und im gleichen Stil neu errichtet. Der Neubau soll der Erhaltung der Schönheit der Bauten und der Wiederbelebung der Gottheit dienen.

Isegrim [ahd., männl. Vorname Isangrīm, eigtl. »Eisenhelm«], altdt. Heldenname, der zum Eigennamen des Wolfs in der Tierfabel wurde; auch ironische Bez. für einen finsteren, bärbeißigen Menschen.

Isel, Berg in Innsbruck, ↑Bergisel.

IS-Elemente (Insertionselemente, Insertionssequenzen), *Molekulargenetik:* relativ kurze DNA-Sequenzen (800–1 400 Basenpaare), die ihren Integrationsort im Bakterienchromosom verändern (Transposition, ↑transponierbare Elemente) und dadurch Mutationen hervorrufen. Einige IS-E. enthalten Start- oder Stoppsignale für die ↑Transkription.

Iseli, Rolf, schweizer. Grafiker und Maler, * Bern 22. 1. 1934; setzte sich zunächst mit der informellen Malerei auseinander, wandte sich ab 1964 bes. der Lithographie zu; seit 1975 auch Kaltnadelradierungen, parallel dazu entstehen Materialbilder.

Iselin, Isaak, schweizer. philosophischer Schriftsteller und Historiker, * Basel 17. 3. 1728, † ebd. 15. 6. 1782; Denker der Aufklärung, Freund und Förderer J. H. Pestalozzis; war Mitbegründer der ↑Helvetischen Gesellschaft (1761) und gründete eine »Gesellschaft zur Beförderung des Guten und Gemeinnützigen«.

Isenbrant (Ysenbrant), Adriaen, niederländ. Maler, † Brügge Juli 1551; ab 1510 ebd. nachweisbar, an die Tradition der altniederländ. Malerei, bes. an G. David anknüpfend; schuf zahlr. Madonnenbilder und Porträts; das einzige datierte Werk, der »Dreikönigsaltar« für die Marienkirche in Lübeck, wurde durch Brand zerstört.

Isenburg (Ysenburg), rheinisch-hess. Fürsten- und Grafengeschlecht, ben. nach der Stammburg I. (heute Ruine) bei Neuwied, seit 1442 Reichsgrafen. Seit 1684 bestehen nur noch die beiden Hauptlinien **I.-Birstein** (1744 in den Reichsfürstenstand erhoben) und **I.-Büdingen** (1865 in den hess. Fürstenstand erhoben).

Isenheimer Altar, Wandelaltar aus dem Antoniterkloster in Isenheim im Elsass, entstanden zw. 1512 und 1516, Meisterwerk von M. ↑Grünewald; die Schreinfiguren (um 1490) werden N. Hagenauer zugeschrieben; heute im Musée d'Unterlinden in Colmar.

isentrop [grch.-nlat.] (isentropisch),

Isenheimer Altar: »Kreuzigung Christi«, Mittelbild der Werktagsseite des Isenheimer Altars (zwischen 1512 und 1516; Colmar, Musée d'Unterlinden)

100297

Thermodynamik: bei gleich bleibender Entropie verlaufend.

Iseosee (italien. Lago d'Iseo, Sebino), Alpenrandsee in der Lombardei, Italien, 185 m ü. M., 65 km², 25 km lang, bis 251 m tief, mit der bis 599 m ansteigenden Felseninsel Monte Isola, an seinen Ufern Wein- und Obstanbau; Fremdenverkehr.

Iser *die* (tschech. Jizera), rechter Nebenfluss der Elbe in der Tschech. Rep., 170 km lang, entspringt im Isergebirge, mündet nordöstlich von Prag.

Isère [iˈzɛːr], **1)** *die,* linker Nebenfluss der Rhone in den frz. Alpen, 290 km lang, entspringt an der italien. Grenze am Col de l'Iseran; mündet oberhalb von Valence; im Oberlauf mehrere Stauwerke.

2) Dép. in SO-Frankreich, 7 431 km², 1,094 Mio. Ew.; Hptst.: Grenoble.

100264

Isis: Bild der Göttin aus dem Tal der Könige in Theben (Neues Reich, XVIII. Dynastie; Kairo, Ägyptisches Museum)

Isergebirge (tschech. Jizerské hory, poln. Izerskie Góry), Teil der Sudeten, der sich im NW an das Riesengebirge anschließt, hauptsächlich aus Granit; der **Hohe Iserkamm** ist im Hinterberg (Polen) bis 1 127 m, in der Tafelfichte (Tschech. Rep.) bis 1 124 m hoch; auf Hochflächen Moore.

Iserlohn, Stadt im Märk. Kr., NRW, im westl. Sauerland, 99 500 Ew.; FH, Evang. Akademie; Nadelmuseum, Maschinenbau; Metallverarbeitung, Textil-, Kunststoff- u. a. Industrie. – Spätgot. Marienkirche mit Schnitzaltar (um 1400). – Entstand nach 1220 (Loon), 1278 Stadt, seit dem 18. Jh. I. genannt.

Isernia, 1) Prov. in der italien. Region Molise, 1 529 km², 91 400 Einwohner.

2) Hptst. von 1), am Fuß der Abruzzen, 21 200 Ew.; Bischofssitz; Nahrungsmittel-, Baustoff- u. a. Ind.; Kunsthandwerk (Spitzen).

Isfahan [nach der gleichnamigen Stadt] *der* (Ispahan), feiner, handgeknüpfter Teppich mit Blüten-, Ranken- oder Arabeskenmusterung auf meist beigefarbenem Grund.

Isfahan (Esfahan, früher Ispahan), Prov.-Hptst. in Iran, in einer Oase auf einer wüstenhaften Hochebene, 1,27 Mio. Ew.; Univ., Museen; Textilind., Kunstgewerbe, Nahrungsmittelind., Erdölraffinerie, 40 km südwestlich Stahlwerk; Flughafen. – I. wurde unter Schah Abbas d. Gr. (1587/1588–1629) prachtvoll ausgebaut: Anlage des Festplatzes Meidan-e Schah (UNESCO-Weltkulturerbe), an den im O die Lotfollah- (1602–16), im S die Schahmoschee (1612–38) und im W der Palast Ali Kapu (1598) angrenzen; u. a. Moscheen und Paläste (Tschehel Soton); bed. auch die 33-Bogen-Brücke über den Sajende Rud; die Freitagsmoschee (11./12. Jh.) wurde oft verändert und restauriert. – Das antike **Aspadana** wurde im 7. Jh. von den Arabern erobert, 1386 von Timur zerstört; unter den Safawiden 1598 Hauptstadt Irans (bis Mitte 18. Jahrhundert).

Isherwood [ˈɪʃəwʊd], Christopher, eigtl. C. William Bradshaw-I., engl. Schriftsteller, * Disley (Cty. Cheshire) 26. 8. 1904, † Santa Monica (Calif.) 4. 1. 1986; Journalist; gab in seinen Romanen, im Stil sachlich registrierender und ironisch untertreibender Reportagen, Ausschnitte aus dem Zeitgeschehen. Seine Deutschlanderfahrung (1929–33) ging u. a. in seinen Roman »Leb' wohl, Berlin« (1939) ein.

Ishiguro [ɪʃi-], Kazuo, engl. Schriftsteller japan. Herkunft, * Nagasaki 8. 11. 1954; lebt seit 1960 in England. Seine ersten Romane (»Damals in Nagasaki«, 1982; »Der Maler der fließenden Welt«, 1986) setzen sich prägnant, evokativ und ironisch mit der Begegnung der japan. Nachkriegsgesellschaft mit westl. Kultur auseinander;

Islam: muslimische Pilger bei der Umkreisung der Kaaba zum Abschluss der großen Wallfahrt nach Mekka

der Roman »Was vom Tage übrigblieb« (1989; verfilmt) offenbart im Protokoll eines Butlers Mechanismen der Verdrängung von Emotionen und Erinnerungen; auch Kurzprosa und Filmskripte.

Weiteres Werk: Die Ungetrösteten (R., 1996).

Isidor von Sevilla [-seˈβiʎa], Bischof und Kirchenlehrer, *Cartagena (?) um 560, †Sevilla 4. 4. 636; seit 600 Erzbischof ebd.; seine »Etymologiae« (auch »Origines« genannt) enthalten enzyklopädisch das gesamte Wissen seiner Zeit und waren im MA. eine Hauptquelle der Kenntnis über Antike und christl. Altertum. Heiliger, Tag: 4. 4.

ISIN, Abk. für engl. **I**nternational **S**ecurities **I**dentification **N**umber, ↑Wertpapierkennnummer.

Isis (ägypt. Ese), altägypt. Göttin, Schwester und Gemahlin des Osiris, Mutter des Horus. Ihr Kult verbreitete sich auch in Griechenland und Rom; zum Teil als Mysterienkult. Dargestellt wurde sie meist als Frau mit Kuhhörnern, zwischen denen sich die Sonne befindet, oft mit dem Horusknaben an der Brust; das bekannteste Heiligtum ist das auf der Nilinsel Philae. Das Motiv der I., die auf ihrem Schoß den Horusknaben trägt, wurde zum Vorbild der Darstellung Marias mit dem Kinde.

Iskander, Fasil Abdulowitsch, russ. Schriftsteller abchas. Abstammung, *Suchumi 6. 3. 1929; Lyrik, heitere satir. Prosa (»Das Sternbild des Ziegentur«, 1966; »Onkel Sandro aus Tschegem«, 1973, vollständige Ausg. in der Sowjetunion, 3 Bde., 1989; »Tschik. Geschichten aus dem Kaukasus«, 1981).

İskenderun, Hafenstadt in der Prov. Hatay, Türkei, am östl. Mittelmeer, am Fuß des Amanos, 153 900 Ew.; Ausfuhr von Baumwolle, Häuten, Chromerz; Superphosphat-, Zementwerk; nördlich von İskenderun Eisen- und Stahlwerk; Erdölverladehafen Dörtyol; Marinehafen, Eisenbahnendpunkt. – Gegr. als **Alexandreia** auf Befehl Alexanders d. Gr., später **Alexandrette** genannt, 1920–39 zum frz. Mandatsgebiet Syrien, gehört seit 1939 zur Türkei.

Isker *der* (bulgar. Iskar), rechter Nebenfluss der Donau in Bulgarien, 368 km lang, entspringt im Rilagebirge; im Oberlauf der **I.-Stausee** (30 km²).

Isla *die,* span. Bez. für Insel.

Islam [arab. »Ergebung«] *der,* von Mohammed zw. 622 und 632 in Medina (erste Gemeindeordnung) gestiftete monotheist. Weltreligion. Der Begriff »I.« meint die unbedingte Ergebung in den Willen des einen Gottes (↑Allah). Die Anhänger des I. bezeichnen sich selbst als ↑Muslime. Seinem Wesen nach ist der I. eine Offenbarungsreligion und fordert von den Gläubigen die unbedingte Ergebung in den Willen Gottes und Erfüllung seiner Gebote, wie sie im Koran, dem hl. Buch des I., niedergelegt sind. Als Urkunde der Offenbarung

Islam

Zahl der Muslime weltweit (Mitte 2001)
- rd. 1 207 Mio.

Hauptverbreitungsgebiete
- Vorder- und Mittelasien
- Nord- und Westafrika

überwiegend islamisch geprägte Länder außerhalb dieser Gebiete (Auswahl)
- Bangladesh
- Pakistan
- Indonesien
- Somalia
- Sudan

Hauptrichtungen
- Sunniten
- Schiiten

Sondergemeinschaften
- Ahmadija
- Charidjiten (Ibaditen)
- Nusairier (Alawiten; Aleviten)

Hauptfeste[*)]
- Beginn des Fastenmonats Ramadan (2004: 15. Oktober)
- Offenbarung des Korans an Mohammed (2004: 10. November)
- Fest des Fastenbrechens (»Kleiner Bairam«; 2004: 14. November)
- Opferfest (»Großer Bairam«; 2005: 21. Januar)
- Neujahr (Tag der Hidjra; 2005: 10. Februar)
- Aschura-Tag (Gedenken an den Märtyrertod Husains; höchster Feiertag der Schiiten; 2005: 19. Februar)
- Geburtstag Mohammeds (2005 : 21. April)
- Himmelfahrt Mohammeds (2005: 1. September)
- Beginn des Fastenmonats Ramadan (2005: 5. Oktober)

Hauptwallfahrtsorte, wichtige heilige Stätten (Auswahl)
- Mekka (gesamtislamisch)
- Medina (gesamtislamisch)
- Jerusalem (gesamtislamisch)
- Nedjef (bes. schiitisch)
- Kerbela (schiitisch)
- Kum (schiitisch)
- Meschhed (schiitisch)
- Touba, Senegal (schwarzafrikanischer sunnitischer Islam)

*) Die Jahreszählung des islamischen Kalenders beginnt mit der Hidjra und folgt einem Mondkalender. Die zwölf Monate sind jeweils 29 oder 30 Tage lang. Tage werden vom Sonnenuntergang an gerechnet.

Gottes und damit Quelle des Glaubens und Norm des Handelns in der islam. Gemeinde (↑Umma) kommt dem Koran höchste und absolute Autorität zu. Er bildet die Grundlage des islam. Rechts, der ↑Scharia, und ist in der Außenbetrachtung (der I. selbst macht diese Unterscheidung nicht) religiöses und weltl. Gesetzbuch zugleich. Jedem Muslim vorgeschrieben sind die fünf **Hauptpflichten (»Pfeiler«) des I.:** das Glaubensbekenntnis zu dem einen Gott (↑Schahada); das fünfmal täglich zu verrichtende Ritualgebet (↑Salat); die Almosengabe (↑Zakat); das Fasten während des Fastenmonats Ramadan und die Wallfahrt nach Mekka (↑Hadjdj). Eine große Bedeutung wird dem Gebot der kult. ↑Reinheit beigemessen, in diesem Zusammenhang auch Speiseverboten (Verzicht auf den Genuss von Schweinefleisch und Wein). Verboten sind auch Glücksspiel und Unzucht. Wichtige gebotene eth. Normen sind Gerechtigkeit, Freigebigkeit, Gehorsam, Dankbarkeit, Geduld, Beharrlichkeit, Solidarität und Aufrichtigkeit.

Weltweit bekennen sich heute (Mitte 2001) rd. 1,21 Mrd. Menschen zum I., der durch zwei Hauptrichtungen repräsentiert wird: die Sunniten (rd. 90% aller Muslime) und die Schiiten (rd. 10%). Die **Sunniten** verstehen sich als die islam. Orthodoxie; ihre unterschiedl. Auslegungstraditionen führten zur Herausbildung von vier Rechtsschulen (Madhhabs: ↑Hanbaliten; ↑Hanefiten; ↑Malikiten; ↑Schafiiten); die **Schiiten** (zu Shia »Partei Alis«) sehen allein in Ali, dem Schwiegersohn Mohammeds, und seinen Nachkommen die rechtmäßigen Nachfolger des Propheten und Leiter der islam. Gesamtgemeinde (↑Kalif). Geistiges Zentrum des sunnit. I. ist die ↑Ashar-Moschee (Ashar-Univ.) in Kairo, geistiges Zentrum des schiit. I. die theolog. Hochschule in Kum. Die älteste islam. Sondergemeinschaft entstand bereits im 7. Jh. mit den ↑Charidjiten.

Der I. verbreitete sich noch im 7. Jh. über Arabien und N-Afrika; im 8. Jh. eroberten die Mauren Spanien, im 10. Jh. erfolgte die Islamisierung der Türken Zentralasiens;

Islam – Verbreitung

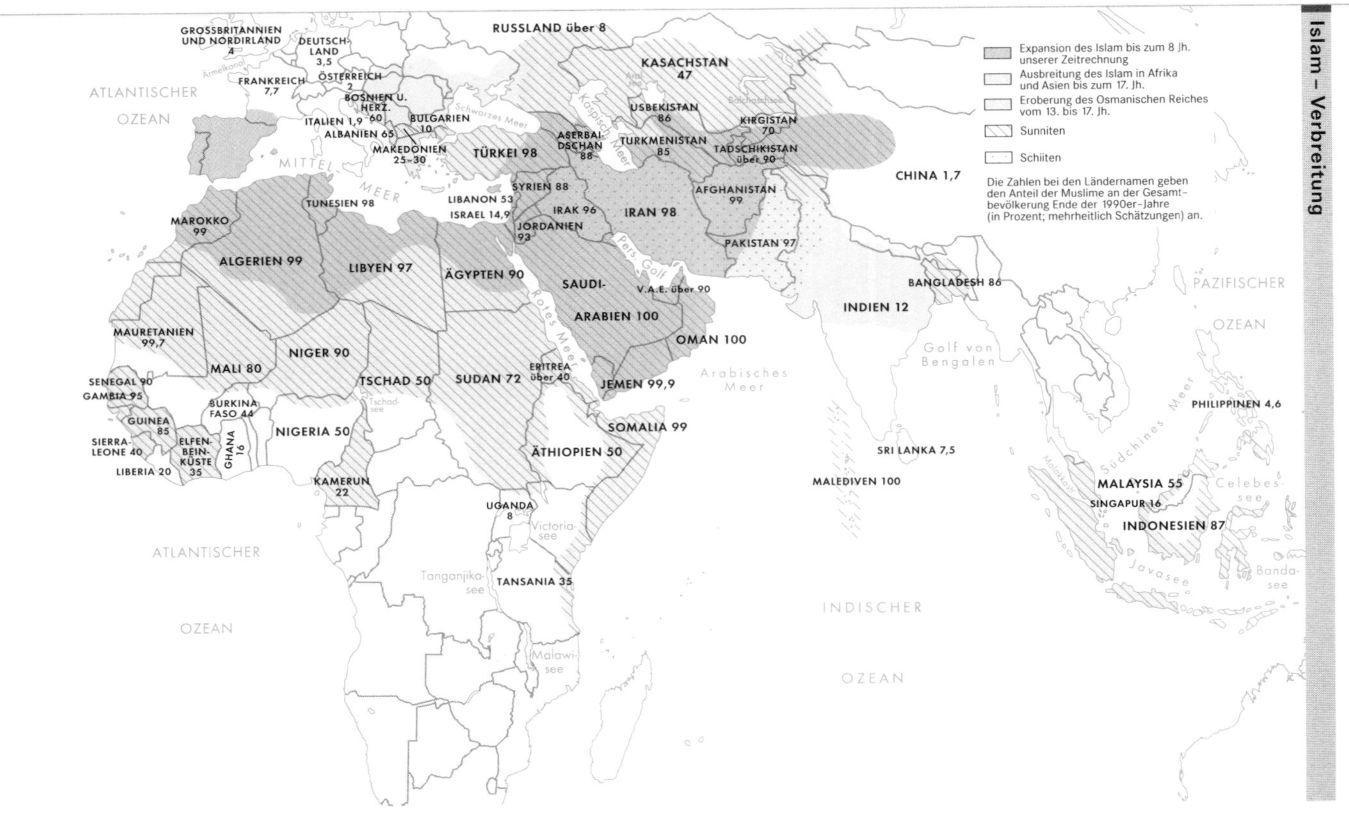
Expansion des Islam bis zum 8. Jh. unserer Zeitrechnung
Ausbreitung des Islam in Afrika und Asien bis zum 17. Jh.
Eroberung des Osmanischen Reiches vom 13. bis 17. Jh.
Sunniten
Schiiten
Die Zahlen bei den Ländernamen geben den Anteil der Muslime an der Gesamtbevölkerung Ende der 1990er-Jahre (in Prozent; mehrheitlich Schätzungen) an.
GROSSBRITANNIEN UND NORDIRLAND 4
DEUTSCHLAND 3,5
FRANKREICH 7,7
ÖSTERREICH 2
BOSNIEN U. HERZ. 60
ITALIEN 1,9
ALBANIEN 65
BULGARIEN 10
MAKEDONIEN 25–30
RUSSLAND über 8
KASACHSTAN 47
USBEKISTAN 86
KIRGISTAN 70
TADSCHIKISTAN über 90
TURKMENISTAN 85
ASERBAIDSCHAN 88
TÜRKEI 98
SYRIEN 88
LIBANON 53
ISRAEL 14,9
IRAK 96
JORDANIEN 93
IRAN 98
AFGHANISTAN 99
PAKISTAN 97
CHINA 1,7
BANGLADESH 86
INDIEN 12
SRI LANKA 7,5
MALEDIVEN 100
PHILIPPINEN 4,6
MALAYSIA 55
SINGAPUR 16
INDONESIEN 87
MAROKKO 99
ALGERIEN 99
TUNESIEN 98
LIBYEN 97
ÄGYPTEN 90
SAUDI-ARABIEN 100
V.A.E. über 90
OMAN 100
JEMEN 99,9
ERITREA über 40
SOMALIA 99
ÄTHIOPIEN 50
SUDAN 72
TSCHAD 50
NIGER 90
MALI 80
MAURETANIEN 99,7
SENEGAL 90
GAMBIA 95
GUINEA 85
SIERRA-LEONE 40
LIBERIA 20
ELFENBEINKÜSTE 35
GHANA 16
BURKINA FASO 44
NIGERIA 50
KAMERUN 22
UGANDA 8
TANSANIA 35
Ärmelkanal
Schwarzes Meer
Kaspisch. Meer
Aralsee
Balchaschsee
MITTEL-MEER
Rotes Meer
Pers. Golf
Arabisches Meer
Golf von Bengalen
Südchines. Meer
Malakkastr.
Celebessee
Bandasee
Javasee
Tschadsee
Victoriasee
Tanganjikasee
Malawisee
ATLANTISCHER OZEAN
ATLANTISCHER OZEAN
INDISCHER OZEAN
PAZIFISCHER OZEAN

im 11. Jh. errichtete der I. die muslim. Herrschaft in Indien; das Osman. Reich trug den I. weit nach Europa (Balkanhalbinsel, Ungarn, 1683 Belagerung Wiens); in der Gegenwart gewinnt der I. bes. in Afrika an Einfluss; in den mittelasiat. GUS-Staaten hat er – Anfang der 1990er-Jahre beginnend – heute seine in diesen Gebieten traditionelle Stellung zurückgewonnen.

Mit dem Zusammenbruch des Osman. Reiches und der Gründung des modernen türk. Nationalstaates nach dem Ersten Weltkrieg und der Abschaffung des Kalifats (1924) geriet der I. in eine Krise; seine Renaissance setzte nach dem Zweiten Weltkrieg im Zusammenhang mit verstärkten panislam. und panarab. Bestrebungen ein (↑Panislamismus; ↑panarabische Bewegung). Seit den 60er-Jahren traten in versch. Ländern der islam. Welt immer wieder fundamentalist. Bestrebungen an den Tag (↑Fundamentalismus) und fanden in Teilen der Bev. (bes. in unterprivilegierten Bev.schichten) Widerhall; zuletzt in Indonesien nach dem Rücktritt von Präs. Suharto (1998). Ziel der fundamentalist. wie auch von radikalislam. Gruppierungen und Bewegungen (z. B. der Taliban 1996 bis 2001 in Afghanistan) ist es, die Einheit von Politik und Religion auf dem Fundament der Scharia herzustellen. Als Vorbild galt dabei bis in die jüngste Zeit die 1979 von Ayatollah Khomeini ausgerufene Islam. Republik Iran. In den arab. Ländern wird die Forderung nach einer an Koran und ↑Hadith orientierten islam. Staats- und Gesellschaftsordnung bes. von der ↑Muslimbruderschaft vertreten. In Konkurrenz zum islam. Fundamentalismus stehen heute Vertreter eines aufgeklärten, in erster Linie ethisch orientierten I., die den Säkularisierungsprozess bejahen und eine vor der Vernunft verantwortete Synthese von islam. Tradition und moderner Intellektualität westl. Prägung erstreben. Der stark mystisch orientierte ↑Volksislam steht der Intoleranz und dem Rigorismus der islam. Fundamentalisten weitgehend ablehnend gegenüber.

Das Land mit der zahlenmäßig größten muslim. Bev. (etwa 170 Mio.) ist Indonesien, gefolgt von Pakistan (rd. 143 Mio.), Indien (rd. 110 Mio.) und Bangladesh (rd. 108 Mio.). Die größte islam. Gemeinschaft in Europa besteht in Russland (rd. 12 Mio.). Die europ. Länder mit den größten muslim. Bev.anteilen sind Albanien (über 60 %), Bosnien und Herzegowina (rd. 44 %) und Makedonien (25–30 %). In W-Europa bestehen große islam. Gemeinschaften in Frankreich und Großbritannien. In Dtl. leben gegenwärtig rd. 3,2 Mio. Muslime.

🕮 *Hartmann, R.: Die Religion des I. Neuausg. Darmstadt 1992. – Lexikon der islam. Welt, hg. v. K. Kreiser u. R. Wielandt. Neuausg. Stuttgart u. a. 1992. – Khoury, R. G.: Der I. Mannheim u. a. 1993. – Schimmel, A.: Der I. Stuttgart 1995. – Der I. in der Gegenwart, hg. v. W. Ende u. U. Steinbach. München [4]1996. – Endreß, G.: Der I. München [3]1997. – Islam. Welt. Eine illustrierte Gesch., hg. v. F. Robinson. A. d. Engl. Frankfurt am Main u. a. 1997. – Tibi, B.: Der wahre Imam. Der I. von Mohammed bis zur Gegenwart. Erw. Tb.-Ausg. München u. a. 1998. – Kettermann, G.: Atlas zur Gesch. des I. Mit einer Einl. v. A. T. Khoury. Darmstadt 2001. – Khoury, A. T.: Der I. Freiburg im Breisgau u. a. [6]2001. – Preißler, H.: Stimmen des I. Zw. Toleranz u. Fundamentalismus. Leipzig 2002. – Spuler-Stegemann, U.: Muslime in Deutschland. Freiburg im Breisgau u. a. Neuausg. 2002. – Weiss, W. M.: I. Köln [3]2003.*

Islamabad, Hptst. Pakistans, auf einer Hochebene bei Rawalpindi, rd. 500 m ü. M., 524 000 Ew. (im Hptst.-Bezirk, 907 km², 799 000 Ew.); drei Univ., Akademien für Wiss.en und Literatur, Forschungsinstitute, Nationalbibliothek. – Faisal-Moschee (1976–84), eine der größten der Erde. – I., ab 1959 geplant, entstand ab 1961 nach einem Entwurf des grch. Stadtplaners C. Doxiades und des japan. Landschaftsarchitekten Kondō Kimio.

Islamische Heilsfront, polit. Partei in Algerien, ↑FIS.

Islamische Konferenz, ↑Organisation Islamische Konferenz.

islamische Kunst, die Kunst derjenigen Völker, deren Mehrheit oder herrschende Minderheit dem ihre Kultur bestimmenden und ihre Einheit stiftenden Islam anhängen. Durch das Vordringen des Islam seit dem 7. Jh. erstreckte sich das Gebiet der i. K. über Syrien in westl. Ausdehnung bis nach N-Afrika und Spanien und in östlicher über Irak und Iran einerseits bis nach N-Indien und andererseits nach Anatolien. Die beherrschenden Gattungen sind Architektur und Kunsthandwerk, die gegen Ende des 7. Jh. in der Begegnung mit der byzantinisch-spätantiken Kunst des alten Syrien ihren Anfang nahmen. Als sakrale Bauwerke entwickelten sich die Moschee (Cami), Klosterfestungen (Ribat), das Mausoleum, islam. Hochschulen (Medrese), zu den profanen Bauformen gehören Palast (mit Moschee), Bad (Hammam), Sternwarte, Festung (Stadtburg), Stadtmauern, Stadttor, Brücke, Staudamm, Aquädukt, Zisterne, Markt (Basar), Hospital, Wohnhaus, Handelshaus, Karawanserei (Chan). Ein Charakteristikum der islam. Architektur ist der flächendeckende Dekor, der die Struktur der Bauwerke meist völlig überspielt. Zur Ausstattung der Moscheen entstanden holzgeschnitzte Predigtstühle (Minbar) und Koranständer, später mit Einlegearbeit, Glasampeln mit Email- und Goldmalerei, geknüpfte Teppiche, die man auch im Wohnhaus ausbreitete. Kissen und kleine bewegliche Möbelstücke ergänzten den Wohnkomfort. Bronze-, Silber- und Goldgefäße, seit dem 12. Jh. abgelöst durch tauschierte Metallgefäße, Bergkristalle, geblasene Gläser, Keramikteller und -gefäße dienten als Gebrauchs- und Ziergerät. Holz- und Elfenbeinschnitzerei, Buchkunst und Miniaturmalerei erlebten eine Blütezeit. Mit Seide applizierte Stoffe, Seidenstoffe und Brokate waren auch in Europa begehrt. Das in den Aussprüchen des Propheten (Hadith) begründete Verbot, lebende Wesen darzustellen, ist zwar nur in der religiösen Kunst strikt befolgt worden (und selbst hier gibt es einige Ausnahmen), führte aber doch zu einer breiten Entfaltung nicht figuraler Darstellungsformen wie Schriftkunst (Kalligraphie), Ornamentik (Stern- und Flechtmuster, Arabeske) sowohl in der sakralen wie in der profanen Kunst. Im höf. und bürgerl. Bereich wurde das Bilderverbot jedoch mit wechselnder Intensität durchbrochen, im Osten mehr als im Westen (ausgenommen die Hofkunst der Omaijaden). Stilprägende Dynastien und führende ethn. Gruppen haben den Epochen der i. K. ihren Namen gegeben:

Omaijadenstil (661–749/750): Erste einfache Moscheen nahmen den Bautypus des arab. Wohnhofes auf. Nach der Verlegung der Kalifenresidenz nach Damaskus entstanden Prachtbauten in Auseinandersetzung mit den vorgefundenen nicht christl. und christl. Kultbauten (↑Felsendom in Jerusalem, 669–92; Große Moschee in Damaskus, 705–715). Der in Damaskus entwickelte Typ der Hofmoschee mit mehrschiffigem Betsaal und Arkadenhof (syr. Basilikatradition) wurde verbindlich für alle späteren omaijad. Moscheen (Basra und Kufa in Mesopotamien, Fustat [heute Kairo] in Ägypten, Tunis und Kairouan in N-Afrika). Höhepunkt ist die 785 begonnene Moschee von Córdoba. Mosaiken und Inkrustationen nahmen hellenist. Stilformen auf. Erst in den Wüstenschlössern von Mschatta und Kusair Amra (Mitte 8. Jh.) entwickelte sich ein eigener Ornamentstil. In der westl. Welt lebte die Kunst

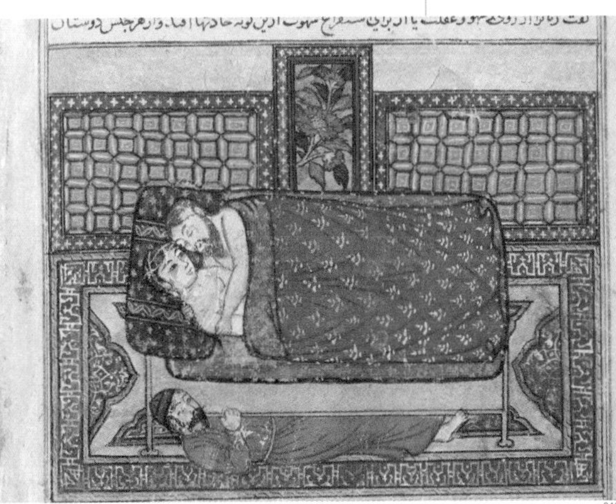

islamische Kunst: »Kalila und Dimna«, Miniatur aus einer arabischen Handschrift (um 1343; Kairo, Nationalbibliothek)

2400

islamische Kunst: »Blaue Moschee« in Istanbul (1609–16)

der Omaijadenzeit im maur. Stil in N- und NW-Afrika sowie Spanien weiter (11. bis 15. Jh.).

Abbasidenstil (749/750–1258): Die Übersiedlung der Kalifen nach Bagdad (762) brachte die Aufnahme von mesopotam. Ziegelbauweise mit Stuckdekoration (Große Moschee von Samarra, 847–861; Ibn-Tulun-Moschee im heutigen Kairo, 876/877–879); Palastbauten erhielten die offene sassanid. Halle (Iwan); es entstanden erste Mausoleen; ferner entwickelten sich Lüsterglasur, Seidenweberei und Metalltauschierung.

Fatimidenstil (909–1171): 969 Eroberung von Ägypten, Gründung von Kairo (Ashar- und Al-Akmar-Moschee). Fatimid. Bergkristalle, Gläser, Stoffe, Lüsterkeramik und Bronzen machten Kairo und Alexandria zu zentralen Handelsplätzen. Elfenbeinkästen, reliefierte Hörner und Kästen aus Sizilien und Unteritalien vermittelten als sarazen. Arbeiten den fatimid. Stil nach Europa.

Seldschukenstil (11.–13. Jh.): Mit den Seldschuken drangen seit der Jahrtausendwende zentralasiat. Elemente in die i. K. Irans (1037), Iraks (1055), Anatoliens (1071) und Syriens (1094) ein. Neue Bautypen wie der monumentale Grabbau, Medrese, Vier-Iwan-Anlage (Isfahan, Freitagsmoschee) sowie neue Formen der Kleinkunst (Miniaturen, Knüpfteppiche u. a.) wurden entwickelt.

Persisch-mongol. Stil (13.–15. Jh.) in Iran und Transoxanien (Buchara): Die Ilkhane (1256 bis um 1335) in Persien bzw. die Timuriden (seit 1370) in Samarkand führten die urspr. seldschuk. Vier-Iwan-Moschee weiter; reich der Stuckdekor (die wohl in samanid. Zeit, Ende des 10. Jh., zurückreichenden Stalaktiten; z. B. der Mihrab in der Freitagsmoschee in Isfahan, 1310) und der Fayencedekor (Gur-Emir-Mausoleum in Samarkand, 1404/05; Blaue Moschee in Täbris, 1465); Miniaturmalerei (Herat), Teppichkunst.

Mameluckenstil (1250–1517) in Ägypten und Syrien: Die (seldschuk.) Vier-Iwan-Höfe wurden aufgegriffen, nicht aber der Fliesenschmuck. Es entstanden strenge Steinbauten, u. a. in Kairo Sultan-Hasan-Moschee (1356–62); Schmuck erhielten v. a. die Minarette, Kuppeln und Portale; Prachthandschriften, Emailgläser.

Maur. Stil (11.–15. Jh.) in Spanien und N-Afrika: Hier wurde die alte Hofmoschee, ergänzt durch reiche Minarette über quadrat. Grundriss, beibehalten (Fes, Marrakesch, Sevilla, Rabat). Die ↑Alhambra von Granada ist der bedeutendste erhaltene Profanbau in einem höchst verfeinerten Dekorationsstil (13./14. Jh.).

Safawidenstil (1501–1722) in Persien: Der Palastbau löste sich in Pavillonsysteme auf; Moscheen mit vollständigen Mosaikverkleidungen (Lotfollah-Moschee, Isfahan, 1602–16). In Isfahan entstand auch eine bed. Miniaturistenschule.
Mogulstil (16.–18. Jh.) in Indien: Die Verbindung von ind. und islam. Formen im Grabbau (Taj Mahal in Agra, etwa 1648 vollendet) und im Palastbau führte zu reich dekorierten luftigen Kuppelbauten (Fatehpur Sikri, 16. Jh.).
Osman. Stil (14.–19. Jh.) in der Türkei: Die Moschee mit Zentralkuppel über quadrat. Grundriss wurde durch den Baumeister Sinan immer neu variiert (Prinzenmoschee, 1544–48; Süleiman-Moschee, 1550 bis 1556, beide Istanbul; die Moschee Selims II. in Edirne, 1568–74). Meisterhafte Stalaktiten. Farbige Fliesen und Teppiche dominierten im Kunstgewerbe.

Enderlein, V.: I. K. Dresden 1990. – Kleine Geschichte der i. K., hg. v. H.-T. Gosciniak. Köln 1991. – Irwin, R.: I. K. A. d. Engl. Köln 1998.

islamische Philosophie, der Versuch, die Grundgedanken des Korans mit allg. philosoph. Fragestellungen zu verbinden, bei Aufnahme hellenist., pers. und ind. Gedankengutes. Im 9. Jh. stand neben al-Kindi der Geheimbund der »Getreuen von Basra« mit einer Emanationslehre. Im 10. Jh. wirkten u. a. der pers. Arzt und Philosoph ar-Razi (Rhazes, * 865, † 925) mit der Lehre vom Hervorgehen der Welt aus fünf Urprinzipien sowie al-Farabi. Ibn Sina (lat. Avicenna) schuf im 11. Jh. die für die Folgezeit maßgebende Form der aristotelisch-neuplaton. Metaphysik. Sein Gegner war al-Ghasali, der größte Theologe des Islam, der eine Einheit zw. der religiösen Pflichtenlehre, der spekulativen Theologie und der Mystik zu stiften suchte. In Spanien entfaltete sich die i. P. seit 900 in enger Verbindung mit der jüd. Philosophie. Ibn Badjdja (Avempace) war der erste Aristoteliker des islam. Spanien. V. a. Ibn Ruschd (Averroes) beeinflusste von hier aus die scholast. Philosophie des christl. Abendlandes. (↑arabische Wissenschaft)
islamisches Recht, ↑Scharia.
Islamismus *der*, im westl. Sprachgebrauch Bez. für die dem islam. ↑Fundamentalismus zugrunde liegende Ideologie.
Island [isländ. »Eisland«] (amtlich isländ. Lýdveldid Ísland; dt. Republik I.), Staat im Europ. Nordmeer, umfasst außer der Hauptinsel I. einige kleine vorgelagerte Inseln (v. a. Westmännerinseln, Surtsey, Grímsey).
Staat und Recht: Nach der Verf. von 1944 (mehrfach modifiziert) ist I. eine parlamentarisch-demokrat. Rep. Staatsoberhaupt und oberster Inhaber der Exekutive ist der Präs. (auf 4 Jahre direkt gewählt); er ernennt und entlässt die Mitgl. des Kabinetts unter Vorsitz des Min.-Präs. und verfügt über ein beschränktes Vetorecht. Die Legislative liegt beim Althing (63 Abg., auf 4 Jahre gewählt). Einflussreichste Parteien: Unabhängigkeitspartei (SF), Fortschrittspartei (FF), Allianz (AL), Linksgrüne Partei (VG).

Island	
Fläche	103 000 km²
Einwohner	(2003) 290 000
Hauptstadt	Reykjavík
Verwaltungsgliederung	8 Regionen
Amtssprache	Isländisch
Nationalfeiertag	17. 6.
Währung	1 Isländische Krone (ikr) = 100 Aurar (aur.)
Zeitzone	WEZ

Landesnatur: I. liegt auf dem untermeer. Mittelatlant. Rücken südlich des Polarkreises (nur die Insel Grímsey liegt auf ihm), 330 km von Grönland und 800 km von Skandinavien entfernt. Die Insel ist vulkan. Usprungs, aufgebaut aus tertiären und quartären Basaltdecken, die von einer 100–200 km breiten jungvulkan. Zone in SW-NO-Richtung gequert werden: Hier herrschen pleistozäne Basalte, Rhyolithe und Hyaloklastite vor. Hinzu treten nacheiszeitl. Laven, Tuffe und postvulkan. Er-

Island

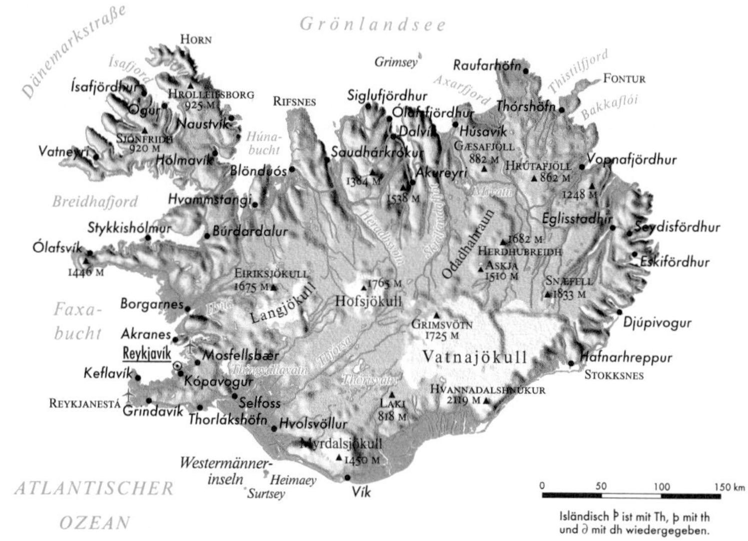

scheinungen (Solfataren, heiße Quellen, ↑Geysire). Die oft von Erdbeben begleitete vulkan. Tätigkeit dauert an (v. a. Heimaey, Surtsey, Hekla, Askja). Jüngere Ausbrüche waren die von Bárdarbunga unter dem Vatnajökull im Sept. 1996 und von Hekla im Febr. 2000. Über der Küstenregion mit Tiefländern, bes. im S und dem Hauptsiedlungsgebiet im SW, erhebt sich von 300 bis 800 m ü. M. eine unbewohnte Hochfläche, in Stufen gegliedert, über die die Flüsse in großen Wasserfällen (Dettifoss, Gullfoss) herabstürzen. Darüber ragen zahlr. Gebirgsstöcke und Einzelberge (im Hvannadalshnúkur 2 119 m ü. M.) sowie als Reste des pleistozänen, einst ganz I. verhüllenden Inlandeises mehrere Eiskappen auf (rd. 12 300 km², davon Vatnajökull 8 410 km²). An einigen Eiskappen treten von Zeit zu Zeit durch subglaziale Eruptionen riesige Schmelzwasserströme (Jökulhlaup) auf; dadurch im S breite Aufschüttungsebenen (Sanderflächen). Im W, N und O Fjärd- und Fjordküste. Das kühle und feuchte Klima wird durch Ausläufer des Golfstroms (Irmingerstrom) bestimmt (kühle Sommer und milde Winter), Stürme, Nebel und Regen sind häufig.

Bevölkerung: Die Bewohner I. sind fast ausschl. Isländer skandinav. Abstammung. Mit einer Bev.dichte von 2,8 Ew. je km² ist I. das am dünnsten besiedelte Land Europas; etwa $^4/_5$ der Inselfläche sind heute unbewohnt. Über die Hälfte der Bev. lebt im Raum Reykjavík. – Rd. 89 % gehören der evang.-luth. »Isländ. Nationalkirche« an, die Staatskirche ist, rd. 4 % luth. Freikirchen und anderen prot. Gemeinschaften (Pfingstler, Adventisten). Die kath. Kirche zählt rd. 4 000 Mitglieder. – Es besteht eine achtjährige allgemeine Schulpflicht ab dem 7. Lebensjahr. Das Schulsystem gliedert sich in folgende Stufen: die sechsjährige Primarschule und einen zweistufigen Sekundarschulbereich, die zweijährige Sekundarschule I und die auf den Hochschulbesuch vorbereitende vierjährige Sekundarschule II. Univ. gibt es in Reykjavík (gegr. 1911) und Akureyri (gegr. 1987).

Wirtschaft und Verkehr: Lebenswichtige wirtsch. Grundlage sind Fischfang (Kabeljau, Dorsch, Rotbarsch, Schellfisch) und -verarbeitung (Gefrier-, Salz-, Stockfisch, Fischkonserven, -mehl, -öl); sie erbringen 73 % des Exportwerts; die Fischereigrenze wurde mehrfach, zuletzt 1975 auf 200 Seemeilen ausgedehnt. Die Landwirtschaft kann nur etwa 22 % der Gesamtfläche nutzen, es überwiegt Weidewirtschaft. I. ist

Island: der Mückensee (Mývatn) in N-Island

Selbstversorger bei Fleisch, Milch, Geflügel und Eiern. Angebaut werden auf 2% der Gesamtfläche Kartoffeln und Futtermittel. Große Bedeutung hat die Nutzung der heim. Energiequellen Wasserkraft und geotherm. Energie; Ind.zweige sind: Aluminiumerzeugung, Metallverarbeitung, Nahrungsmittel-, Leder-, Textil-, Möbel- und Wollindustrie. Auch der Fremdenverkehr hat als Devisenquelle große Bedeutung. – Ausgeführt werden neben Fischereierzeugnissen v. a. Aluminium, Metallwaren, Fleisch, Häute, Wolle, Käse; eingeführt Erdöl und Erdölprodukte, Fahrzeuge, Maschinen, Geräte, Kunststoffe, Getreide. Haupthandelspartner: Großbritannien, die USA, Dtl., skandinav. Länder, GUS-Staaten. – I. besitzt keine Eisenbahn. Neben ausgedehnter Küstenschifffahrt und dem Straßenverkehr, v. a. im SW (12 700 km Straßen), spielt der inländ. Luftverkehr eine große Rolle; internat. Flughäfen sind Keflavík und Reykjavík; die nat. Fluggesellschaft Icelandair bedient In- und Auslandsverkehr; wichtigster Hafen: Reykjavík.

Island: geothermisches Kraftwerk bei Grindavik, südöstlich von Reykjavik. Der bei der Nutzung der Erdwärme entstandene See wird als Badesee genutzt (»Blaue Lagune«).

Geschichte: Die ersten Siedler waren vermutlich im 8. Jh. iroschott. Mönche. Seit 870/874 kamen norweg. Wikinger auf die Insel. 930 trat erstmals das Althing als zentrale Institution der Rechtsprechung und Gesetzgebung zusammen; es beschloss im Jahr 1000 die landesweite Einführung des Christentums. Die großbäuerl. Häuptlinge (Goden) bildeten die einflussreichste Schicht im isländ. Freistaat (960–1262), einer bauernaristokrat. Republik ohne Exekutivgewalt. Ab Ende des 10. Jh. unternahmen Isländer ausgedehnte Seefahrten, gründeten 986 in S-Grönland unter Führung Erichs des Roten Siedlungen und gelangten von hier aus mit ihren Schiffen bis nach Nordamerika (um 1000). 1117/18 begann die schriftl. Aufzeichnung des isländ. Rechts. Nach inneren Machtkämpfen unterstellte sich I. 1262 der Oberhoheit des norweg. Königs. Mit Norwegen kam I. 1380 an Dänemark, das 1550 die luth. Reformation gewaltsam durchsetzte; der ausgedehnte Kirchenbesitz wurde konfisziert. Dänen ersetzten die meisten isländ. Amtsträger. Zur Abwehr des dt. und engl. Direkthandels mit I. griff die dän. Krone zu immer restriktiveren handelspolit. Maßnahmen und führte schließlich 1602 ein dän. Monopol für den Handel mit I. ein. Darauf folgte ein wirtsch., demograph. und kultureller Niedergang, der durch eine Pockenepidemie (Anfang des 18. Jh.) und den Vulkanausbruch der Laki-Spalte (1783/84) verstärkt wurde.

Unter J. Sigurðsson erwachte im 19. Jh. eine Unabhängigkeitsbewegung: 1843 wurde das (1800 suspendierte) Althing als beratende Versammlung wieder eingesetzt, 1854 das dän. Handelsmonopol aufgehoben und 1874 eine Verf. gewährt. Am 1. 12. 1918 wurde I. ein selbstständiger Staat, blieb aber mit Dänemark durch Personalunion verbunden. Im Zweiten Weltkrieg war I. 1940/41 von brit., danach von amerikan. Truppen besetzt (Errichtung des Militärstützpunktes Keflavík). Am 24. 5. 1944 bestätigte die Bev. in einer Abstimmung die Auflösung der Union mit Dänemark. – Nach Ausrufung der Rep. (17. 6. 1944) wurde S. Björnsson Staatspräs. (1944–52); Nachfolger: A. Asgeirsson (1952–68), K. Eldjárn (1968–80), V. Finnbogadóttir (1980–96), O. R. Grimsson (seit 1996). I. trat 1946 den UN, 1949 der NATO bei; 1951 schloss es ein Schutzabkommen mit den USA. Die einseitige Erweiterung der Fischereigrenze durch I. (auf zuletzt 200 Seemeilen, 1975) führte seit 1958 wiederholt zu Fischereikonflikten (»Kabeljaukrieg«), bes. 1975/76 mit der Bundesrep. Dtl. und 1976 mit Großbritannien. Im Jan. 1993 stimmte das Parlament für den Beitritt I.s zum Europ. Wirtschaftsraum (EWR). Im Jan. 1994 schloss die EU mit I. ein Abkommen über Fischerei und Umweltschutz. Im Mai 1995 wurde es Mitgl. des Ostseerates. Im März 2001 trat das Schengener Abkommen in I. in Kraft.

In dem von häufig wechselnden Koalitionskabinetten regierten I. wurde 1991 Davíð Oddsson MinPräs. (1995, 1999 und 2003 im Amt bestätigt), der bis 1995 an der Spitze einer Koalition aus Unabhängigkeitspartei und Sozialdemokrat. Partei stand, an deren Stelle dann eine aus Unabhängigkeitspartei und Fortschrittspartei gebildete Reg. trat. Im Sept. 2004 löste ihn vereinbarungsgemäß Halldór Ásgrímsson (*1947) ab, Oddson übernahm das Amt des Außenministers.

📖 *Schutzbach, W.: I. Feuerinsel am Polarkreis. Bonn ³1985. – Schröder, P.: I. München 1994. – Guðmundur Hálfdanarson: Historical dictionary of Iceland. Lanham, Md., u. a. 1997. – Seehase, H. u. Kaczorek, T.: Krieger aus Feuer u. Eis. I.s Gesch. von der Entdeckung bis zur Reformation. Greiz 2002.*

isländische Literatur. Nach der Blütezeit der altisländ. Lit. (↑altnordische Literatur) lebten manche ihrer Stoffe und Formen durch Kompilationen und Sammelhandschriften noch weiter. Seit dem 14. Jh. wurden zahlr. Stoffe, insbesondere Sagas, unter Verwendung von Kunstmitteln der Skaldendichtung in erzählende Lieder (Rímur) umgedichtet. Höhepunkte geistl. Dichtung sind das Mariengedicht »Lilja« (»Lilie«) sowie die Werke des kath. Bischofs Jón Arason (* 1484, † 1550). Nach der Reformation entwickelte sich eine reiche theolog. Gebrauchslit.; bed. die vollständige Bibelübersetzung von Guðbrandur Thorláksson (1584). Nach der Auffindung des »Codex regius« und der Lieder-Edda (1643) begann eine systemat. Sammeltätigkeit, v. a. durch Árni Magnússon (* 1663, † 1730). Seit der 2. Hälfte des 18. Jh. setzte eine starke Übersetzertätigkeit ein; Hauptvertreter der Aufklärung war Magnús Stephensen (* 1762, † 1833). In der Romantik (ab 1835), mit dem Erstarken des Nationalbewusstseins bes. verbunden, entstand die grundlegende Samml. isländ. Volkssagen und Märchen. Im 19. und 20. Jh. begannen viele Autoren als Realisten, wurden jedoch später von Neuromantik und Nationalromantik beeinflusst, u. a. Gunnar Gunnarsson und Guðmundur Kamban. Nach dem Ersten Weltkrieg wurde einerseits weiterhin in einer neuromant., nat.-konservativen und dem Traditionalismus verpflichteten Haltung geschrieben, andererseits eine bewusste Abkehr davon und eine Zuwendung zu sozialist. Vorstellungen vollzogen; internat. Bekanntheit erlangte Halldór Kiljan Laxness. Einer der wichtigsten Autoren der Zwischenkriegszeit war Ólafur J. Sigurðsson (* 1918). Die sozialkrit. Tendenz setzte sich auch nach dem Zweiten Weltkrieg fort: Charakteristisch sind zunehmendes Interesse an histor. Themen, stärkere Berücksichtigung der Form, Anwendung von freien Rhythmen oder einer komplizierten Metaphorik, wie z. B. durch die »atomskáld« (»Atomdichter«); Prosaautoren der 1950er-Jahre sind Indriði Þorsteinsson (* 1926), Thor Vilhjálmsson (* 1925). Zur Neubelebung des Romans seit den 1960er-Jahren trugen Guðbergur Bergsson (* 1932) und die Autorinnen Jakobína Sigurðardóttir (* 1918), Steinuum Sigurðardóttir (* 1950) und Svava Jakobsdóttir (* 1930) bei.

📖 *Friese, W.: Nord. Literaturen im 20. Jh. Stuttgart 1971. – Nord. Literaturgeschichte, hg. v. M. Brønstedt u. a., 2 Bde. A. d. Dän. München 1982–84. – Grundzüge der neueren skandinav. Literaturen, hg. v. F. Paul. Darmstadt [2]1991.*

Isländisches Moos (Isländisch Moos, Brockenmoos, Cetraria islandica), Art der Flechten, verbreitet von der arkt. Tundra bis Mitteleuropa auf Sand- und Waldböden; wertvolles Winterfutter; getrocknet als Schleimdroge und Hustenmittel verwendet.

isländische Sprache. Zus. mit Färöisch und den westnorweg. Mundarten bildet Isländisch die Gruppe der westnord. Sprachen (↑altnordische Sprache). Sie geht auf die Sprache der Siedler (etwa 870–930), v. a. aus dem westl. Norwegen, zurück und hat bis heute mittelalterl. Strukturen bewahrt. Charakteristisch ist der Reichtum an Flexionsformen, dem eine relative Freiheit im Satzbau entspricht. Die isländ. Schrift kennt folgende von der dt. abweichende Zeichen: ð Đ, Þ þ (stimmhaftes bzw. stimmloses engl. th); æ Æ (wie dt. ai).

Islandspat (Isländischer Doppelspat), Kristalle des ↑Kalkspats.

Islandtief, im Seegebiet um Island sehr häufiges Tiefdruckgebiet; Teil der subpolaren Tiefdruckrinne. Das I. ist neben dem Azorenhoch als eines der Aktionszentren der Atmosphäre für die Witterung und das Klima Europas von großer Bedeutung.

Isla y Rojo [- iˈrrɔxo], José Francisco de, span. Aufklärer und Schriftsteller, Pseud. F. Lobón de Salazar, * Vidanes (Prov. León) 25. 4. 1703, † Bologna 2. 11. 1781; Jesuit, wurde mit dem Orden 1767 nach Italien ausgewiesen; verspottete die Sitten seiner Zeit und die Scholastik span. Prediger. Hauptwerk ist der Roman »Gesch. des berühmten Predigers Bruder Gerundio von Campazas, sonst Gerundio Zotes« (4 Bde., 1758–70).

Isle [i:l] *die,* rechter Nebenfluss der Dordogne, Frankreich, entspringt im Limousin, mündet bei Libourne, 250 km lang.

Íslendingabók [»Buch von den Isländern«], knapper Abriss der isländ. Geschichte von der Besiedlung der Insel um 870 bis ins Jahr 1118, um 1125 von dem isländ. Geschichtsschreiber Ari Thorgilsson in altisländ. Sprache verfasst; zugleich der älteste erzählende Prosatext in einer skandinav. Sprache überhaupt.

Isle of Wight [aɪl əv ˈwaɪt], Insel und Unitary Authority (bis 1997 Cty.) in England, ↑Wight.

Ismael [hebr. »Gott möge hören«], Sohn der ägypt. Sklavin Hagar und Abrahams (1. Mos. 16, 11), der beide verstieß (1. Mos. 21, 9 ff.); legendärer Ahnherr arab. Stämme (der Ismaeliten). – Nach dem Koran empfing I. Offenbarungen (Sure 2, 136), gebot nach Sure 19, 54 f. seinem Volk als ein Gesandter und Prophet Gottes das Gebet (Salat) und die Almosengabe (Zakat) und gründete zus. mit seinem Vater Abraham das Heiligtum der Kaaba (Sure 2, 124 ff.), vor der er und seine Mutter Hagar nach der Legende begraben wurden.

Ismail, Hafenstadt in Bessarabien, Ukraine, im Donaudelta am Mündungsarm Kilia, 84 000 Ew.; Nahrungsmittelind.; bei I. Weinbau. – Ehem. türk. Festung (16. Jh.).

Ismailia (Ismailija), Gouvernorats-Hptst. am W-Ufer des Sueskanals, Ägypten, 255 000 Ew.; Sitz der Sueskanalbehörde; Elektroind., Aluminiumwerk; Verkehrsknotenpunkt. – 1863 von F. de Lesseps als Basislager für den Kanalbau gegründet.

Ismailiten (»Siebenerschiiten«), *Islam:* Untergruppe der ↑Schiiten.

Ismail Pascha, Vizekönig (Khedive) von Ägypten (1863–79), *Kairo 31. 12. 1830, †Konstantinopel 2. 3. 1895; dehnte die ägypt. Herrschaft bis an die Grenzen Äthiopiens aus, förderte den europ. Kultureinfluss. 1869 eröffnete er den Sueskanal; 1879 abgesetzt.

Ismail Samani, Pik (bis 1962 Pik Stalin, 1962–98 Pik Kommunismus), Berg im Pamir, Tadschikistan, 7 495 m ü. M.; höchster Berg des Landes und der ehem. Sowjetunion; vergletschert; Erstbesteigung 1933.

Ismay [ˈɪzmeɪ], Hastings Lionel, 1. Baron (seit 1947) Ismay of Wormington, brit. Offizier und Politiker, *Naini Tal (Uttar Pradesh, Indien) 21. 6. 1887, †Broadway (Cty. Hereford and Worcester) 17. 12. 1965; beriet als Stabschef im Kriegsministerium und stellv. Militär-Sekr. beim Kriegskabinett (1940–46) Premiermin. W. Churchill; 1951–52 Minister für Commonwealth-Beziehungen und 1952–57 Gen.-Sekr. der NATO.

Isna (Esna, Esneh; in der Antike Lato polis), Stadt in Oberägypten, südlich von Luxor, 57 600 Ew.; Textilindustrie, Töpferei. – Von dem altägypt. Chnumtempel ist die Vorhalle mit 24 Säulen erhalten; in der Umgebung kopt. Klöster.

Isny im Allgäu, Stadt und Kurort im Landkr. Ravensburg, Bad.-Württ., 704 m ü. M., 14 200 Ew.; naturwiss.-techn. Akademie, Caravanmuseum; Herstellung von Wohnwagen und Jagdwaffen. – Klosterkirche (17./18. Jh.) der ehem. Benediktinerabtei; evang. Nikolaikirche (13. Jh., Chor 1455–1508), Rathaus (Ende 17. Jh.), mehrere Patrizierhäuser, gut erhaltene Stadtmauern. – Um 1171 gegr.; erhielt 1281 Lindauer Stadtrecht; 1365–1803 Reichsstadt; kam 1806 an Württemberg.

ISO [engl. aɪesˈəʊ], **1)** für **I**nfrared **S**pace **O**bservatory, Infrarot-Weltraumobservatorium der ESA. Es bewegte sich auf einer stark ellipt. Umlaufbahn (erdnächster Punkt rd. 1 000 km, erdfernster Punkt 70 000 km über der Erdoberfläche), die in 24 Stunden durchlaufen wurde. Mit dem 1995–98 aktiven Satelliten war es erstmals möglich, die Infrarotstrahlung sehr kühler kosm. Objekte (u. a. Kometen, interplanetare und interstellare Staub- und Gaswolken, kühle Sternatmosphären, aktive Galaxien) zu untersuchen (Wellenlängenbereich 2,5 bis etwa 240 μm). ISO arbeitete mit einem auf −271 °C gekühlten 60-cm-Spiegel.

2) Abk. für ↑**I**nternational **O**rganization for **S**tandardization.

iso... [grch.], gleich...

Iso..., *Chemie:* Vorsatz, mit dem ein Isomer einer Stammverbindung gekennzeichnet wird, z. B. Isobutan, Isonikotinsäure.

isobar [zu grch. báros »Schwere«, »Gewicht«], **1)** *Kernphysik:* gleiche Massen aufweisend.

2) *Meteorologie, Thermodynamik:* bei gleichem Druck verlaufend, gleichen Druck aufweisend.

Isobare (isobare Kerne), Bez. für Atomkerne mit gleicher Massenzahl, aber versch. Ordnungszahlen, z. B. $^{16}_{7}N$, $^{16}_{8}O$ und $^{16}_{9}F$. Da die Kernkräfte unabhängig von der Ladungszahl sind, zeigen die I. kernphysikalisch eine größere Ähnlichkeit als die Isotope.

Isobaren, 1) *Meteorologie:* die ↑Isolinien gleichen Luftdrucks.

2) *Thermodynamik:* die Kurven in einem thermodynam. Zustandsdiagramm, auf denen der Druck konstant ist.

isochemisch, ↑Metamorphose.

isochor [zu grch. chṓra »Platz«, »Stelle«], konstantes Volumen besitzend; bei konstantem Volumen verlaufend. **Isochoren** sind ↑Isolinien gleichen Volumens.

Isochromasie [grch. »Gleichfarbigkeit«] *die,* gleichmäßige Lichtempfindlichkeit fotograf. Materials für alle Wellenlängen des sichtbaren Spektralbereichs.

isochron [grch.], von gleicher Zeitdauer, zu gleichen Zeitpunkten erfolgend.

Isochronismus [grch.-nlat.] *der,* Eigenschaft von Schwingsystemen bei Uhren, die bewirkt, dass die Schwingungsdauer von Störungen unabhängig ist.

Isocyanate, Salze und Ester der Isocyansäure, sehr reaktionsfähige organ. Verbindungen mit der funktionellen Gruppe −N=C=O. Nach der Anzahl der NCO-Gruppen im Molekül unterscheidet man Mono-, Di-I. usw. Verwendung v. a. zur Herstellung von Polyurethanen.

Isocyanide (früher Isonitrile), organ.

Verbindungen mit der funktionellen Gruppe –C≡N; meist widerlich riechende, giftige Flüssigkeiten; dienen zum Nachweis primärer Amine **(Isonitrilreaktion).**

iso|elektrisch [grch.], zugleich positiv und negativ geladen, sodass die Summe der Ladung null ist und Moleküle ungeladen erscheinen; z. B. Moleküle von Aminosäuren, in denen bas. und saure Gruppen einander abgesättigt haben.

Iso|enzyme [grch.] (Isozyme), in einem Organismus vorkommende Enzyme mit gleicher Wirkung, aber genetisch unterschiedlich festgelegter Proteinstruktur, meist aus versch. Organen stammend.

Isoglossen [grch.-nlat.], Linien in einem Sprachatlas, die das geograph. Verbreitungsgebiet bestimmter sprachl. Erscheinungen angeben.

Isogon [grch.] *das,* ein regelmäßiges (»gleichwinkliges«) Vieleck.

Isogonen, die ↑Isolinien der erdmagnet. Deklination.

Isohypsen, ↑Höhenlinien.

Isokephalie [grch.] *die,* Kompositionsweise in der bildenden Kunst, bei der die Köpfe aller dargestellten Personen in einer Höhe erscheinen, meist verbunden mit dem Prinzip der Reihung.

Isoklinen, die ↑Isolinien der erdmagnet. Inklination.

Isokrates, athen. Redner, *Athen 436 v. Chr., †ebd. 338; gründete um 390 in Athen eine Rhetorikschule, die über die Grenzen Griechenlands hinaus berühmt war; rief in seinen Reden die Griechen zur Einheit und zum Krieg gegen Persien auf.

Isola Bella (Isola Madre), ↑Borromäische Inseln.

Isolani, Johann Ludwig Graf (seit 1634, nach seinem Abfall von Wallenstein) von, kaiserl. Reitergeneral vermutl. zypriot. Herkunft, *Görz 1586, †Wien März 1640; im Dreißigjährigen Krieg führte er (ab 1632) die gefürchteten kroat. Reiter.

Isolation [frz.] *die,* ↑Isolierung.

Isolationismus *der,* das Bestreben eines Staates, seine außenpolit. Aktivität auf bestimmte Gebiete der Welt zu beschränken und Bündnisverpflichtungen fernzubleiben. Eine entscheidende Rolle spielte der I. in der Außenpolitik der USA seit der Monroedoktrin (1823), die eine Politik der Nichteinmischung in Angelegenheiten nicht amerikan. Staaten begründete.

Isolationswiderstand, *Elektrotechnik:* elektr. Durchgangswiderstand einer Isolierung; wichtige Kenngröße für die Betriebssicherheit elektr. Geräte. Ein zu niedriger I. **(Isolationsfehler),** insbes. zw. Leiter und Erde, kann zur Zerstörung der Isolation, zu Betriebsunterbrechungen, zu elektr. Schlägen bis hin zu Bränden und Explosionen führen.

Isolator *der, Physik, Technik:* allg. ein elektrisch nicht leitender Stoff, der beim Anlegen einer elektr. Spannung praktisch keinen Strom leitet; spezif. elektrischer Widerstand größer als etwa 10^6 Ωm. Ein I. in einem elektr. Feld wird auch ↑Dielektrikum oder Nichtleiter genannt. – In der Elektrotechnik ein Isolierkörper aus elektrisch nicht leitendem Stoff (↑Isolierstoffe), in der Hochspannungstechnik elektrisch nicht leitendes Konstruktionselement zur Befestigung oder Durchführung spannungsführender Leiter, z. B. Stütz-, Hänge-, Durchführungsisolatoren.

Isolde, in der Tristansage Geliebte ↑Tristans.

Isoleucin, Abk. **Ile,** neben Leucin in zahlr. Proteinen enthaltene essenzielle Aminosäure (chemisch die 2-Amino-3-methylpentansäure), die u. a. aus Hefeeiweiß gewonnen werden kann.

isolierende Sprachen, ↑Sprache.

Isolierstoffe, 1) *allg.:* Sammelbez. für Materialien zur Isolation gegen Feuchtigkeit, zur Wärmedämmung, zur Schalldämmung oder -dämpfung sowie i. e. S. gegen elektr. Strom.

2) *Elektrotechnik:* elektrisch nicht leitende Werkstoffe. Sie besitzen keine freien Ladungsträger und somit einen sehr hohen ↑spezifischen Widerstand. I. sind je nach Einsatz neben elektr. auch mechan., therm. und chem. Beanspruchungen ausgesetzt. Wichtigste Kenngrößen der I. sind ↑Isolationswiderstand und elektr. ↑Durchschlagfestigkeit sowie mechan. Festigkeit, Temperatur- und Alterungsbeständigkeit. I. können fest, flüssig oder gasförmig sein. Eine ausreichende Isolation ist meist nur durch gleichzeitigen Einsatz unterschiedl. I. zu erreichen. Unterschieden werden anorgan. und organ. Isolierstoffe. Häufigste I. sind Glas, Keramik, Kunststoffe auf Phenolharz-, Polyamid-, Silicon- und Epoxidharzbasis, Glimmer, Papier, Hartpapier, Öl, Isolierlack, Luft, Wasserstoff, Stickstoff, Schwefelhexafluorid (SF_6);

auch in Verbindung mit Trägermaterial wie Papier, Leinen, Glasseide, z. B. als Ölpapier, Isolierband. – In der Hochspannungstechnik werden Hartporzellan und Steatit, in der Hochfrequenztechnik Hochfrequenzkeramiken sowie in der Elektrowärmetechnik poröse Sonderwerkstoffe (z. B. lithiumhaltige Keramik) eingesetzt.

Isolierung (Isolation) *die,* **1)** *allg.:* Absonderung, Getrennthaltung; Vereinzelung, Vereinsamung, Abgeschnittensein.

2) *Bautechnik:* der Schutz von Räumen u. a. gegen Wärme, Kälte, Feuchtigkeit oder Lärm durch Einsatz von Sperr-, Dichtungs- oder Dämmstoffen.

3) *Biologie:* Aussonderung, z. B. bestimmter Bakterien aus dem Erdboden als Reinkultur **(Isolat).** Die natürl. **geograph. I.** verhindert durch räuml. Trennung den Austausch von Erbfaktoren und kann zur Bildung neuer Rassen oder Arten beitragen.

4) *Elektrotechnik:* Trennung spannungsführender elektr. Leiter durch ↑Isolierstoffe.

5) *Medizin:* (räuml.) Absonderung von Kranken, die vermutlich oder nachweislich an einer gefährl. Infektionskrankheit leiden, zum Schutz ihrer Umgebung vor Ansteckung. (↑Quarantäne)

6) *Psychoanalyse:* ein Abwehrmechanismus, bei dem ein nicht zu befriedigendes oder verbotenes Motiv (z. B. Mordimpuls) dadurch abgewehrt wird, dass es von der übrigen Existenz des Subjekts abgetrennt wird.

Isolinilen (Isarithmen), Linien, die v. a. auf Karten benachbarte Punkte gleicher Merkmale oder Werte einer bestimmten Größe (z. B. Luftdruck, Wassertiefe) miteinander verbinden. Sie werden bes. in der Geographie, Geophysik und Meteorologie, aber auch in der Sprachwissenschaft verwendet.

Isomerie [grch.] *die,* **1)** *Chemie:* das Auftreten von zwei oder mehreren Verbindungen **(isomere Verbindungen, Isomere)** mit derselben Bruttoformel, jedoch mit unterschiedl. Anordnung der Atome innerhalb der Moleküle (unterschiedl. Strukturformeln) und damit unterschiedl. physikal. und (mit Ausnahme der opt. I.) chem. Eigenschaften. I. tritt v. a. in der organ. Chemie auf, in der anorgan. Chemie bes. bei Koordinationsverbindungen. – Man unterscheidet zwei I.-Arten: 1) **Konstitutions-I. (Struktur-I.),** bei der die Atome in unterschiedl. Reihenfolge im Molekül angeordnet sind. Konstitutionsisomer zueinander sind u. a. Alkohole und Äther, Aldehyde und Ketone. Eine Art der Konstitutions-I. ist die **Skelett-** oder **Ketten-I.,** bei der ein unterschiedl. Aufbau des Kohlenstoffskeletts vorliegt (z. B. n-Butan und Isobutan). Bei der **Stellungs-** oder **Substitutions-I.** ist eine funktionelle Gruppe an versch. C-Atome des gleichen Skeletts gebunden (z. B. 1,2-, 1,3- und 1,4-Dihydroxybenzol). **Doppelbindungs-I.** entsteht durch unterschiedl. Lage der Doppelbindung im Molekül (z. B. 1-Buten und 2-Buten). Spezielle Möglichkeiten der Struktur-I. gibt es bei Komplexverbindungen. Können sich strukturisomere Moleküle bis zu einem Gleichgewicht schnell ineinander umlagern, so spricht man von ↑Tautomerie. 2) **Stereo-I. (räuml. I.)** entsteht durch unterschiedl. räuml. Anordnung der in gleicher Anzahl vorhandenen Atome im Molekül. Hierzu gehören die **cis-trans-I.** und die **opt. I. (Spiegelbild-I., Enantiomerie),** bei der sich die opt. Isomeren (oder opt. Antipoden) wie ein nicht deckungsgleiches Bild und Spiegelbild verhalten. Voraussetzung dafür ist meist ein asymmetrisches Kohlenstoffatom (↑Asymmetrie).

2) *Kernphysik:* ↑Kernisomerie.

Isomerisierung *die,* Umlagerung chem. Verbindungen in Isomere (↑Isomerie). Von techn. Bedeutung sind u. a. die I. von Maleinsäure zu Fumarsäure und von n-Paraffinen zu klopffesteren Isoparaffinen beim Reformieren.

isometrisch [grch.], die gleiche Längenausdehnung beibehaltend (z. B. bei der Kavalierprojektion).

Isomorphie [grch.] *die,* Strukturgleichheit oder -ähnlichkeit von Kristallen versch. chem. Zusammensetzung; sie beruht auf dem fast gleichen Raumbedarf der entsprechenden Atome und ähnl. Bindungsverhältnissen. Isomorphe chem. Verbindungen können sich beim Kristallaufbau gegenseitig ersetzen (Bildung von Mischkristallen).

Isomorphismus [grch.] *der* (isomorphe Abbildung), Grundbegriff der Algebra; Bez. für einen umkehrbar eindeutigen ↑Homomorphismus einer algebraischen Struktur auf eine andere.

Isonoe, ein Mond des Planeten Jupiter.

Isonzo *der* (slowen. Soča), Zufluss zum Adriat. Meer, 138 km lang, entspringt in den Jul. Alpen, Slowenien, mündet in den Golf von Triest, Italien. – Um den I. fanden im Ersten Weltkrieg von Juni 1915 bis Sept. 1917 zwölf Schlachten **(Isonzoschlachten)** zw. Österreich-Ungarn und Italien statt.

Isophoten, Linien gleicher Strahlungsintensität.

isopisch [grch.-nlat.], *Geologie:* in der gleichen ↑Fazies vorkommend; Ggs.: heterotopisch.

Isopren [grch.] *das* (2-Methyl-1,3-butadien), farblose, leicht flüchtige Flüssigkeit; in vielen Naturstoffen (z. B. Terpene, Naturkautschuk) enthalten; wird v. a. aus Produkten des Steamcrackens isoliert; Ausgangsstoff für Synthesekautschuk.

Isopropyl|alkohol (Isopropanol), ↑Propanole.

isorhythmisch [grch.], *Musik:* 1) (in Kompositionen des ausgehenden MA.) die mehrmalige Wiederholung eines rhythm. Grundgerüstes, unabhängig von Tonhöhe und Text; 2) (in kontrapunkt. Sätzen) in allen Stimmen eines Satzes rhythmisch gleich bleibend.

Isospin [grch.-engl.] *der* (Isobarenspin), innere Quantenzahl zur Beschreibung des elektr. Ladungszustands von Elementarteilchen, die der starken Wechselwirkung unterliegen; sie wurde zur Unterscheidung der versch. Zustände **(I.-Multipletts)** sonst gleichartiger, fast gleich schwerer (isobarer) Hadronen eingeführt. Wie der Spin ist der I. gequantelt und kann nur wenige halb- und ganzzahlige Werte annehmen: $I = 0, {}^1/_2, 1, {}^3/_2 ...$ Zu jedem Wert von I gibt es $2I + 1$ Eigenzustände, die durch die Quantenzahl I_3 unterscheidbar sind. $I_3 = I, I - 1, ..., -I$. So gehören zu den Nukleonen mit $I = {}^1/_2$ das Proton ($I_3 = +{}^1/_2$) und das Neutron ($I_3 = -{}^1/_2$).

Isostasie [grch.] *die,* der Vorgang des Einspielens auf einen Gleichgewichtszustand zw. der Schwere und der Dichte einzelner Schollen der Erdkruste und des darunter befindl. schwereren, zähflüssigen Untergrunds (Erdmantel); äußert sich in Hebungen und Senkungen. Bei der **Glazial-I.** wird durch Abschmelzen des Eises der Untergrund entlastet, er steigt langsam auf.

Isosterie [grch.] *die,* Gleichheit der Elektronenkonfiguration bei Molekülen oder Ionen gleicher Atom- und Gesamtelektronenzahl. Isoster sind z. B. das Stickstoff- |N≡N| und das Kohlenmonoxidmolekül |C≡O|. Isostere Verbindungen haben oft ähnl. physikal. Eigenschaften.

Isosthenurie [grch.] *die* (Harnstarre), Unfähigkeit der Niere, den Harn zu konzentrieren oder zu verdünnen; Kennzeichen einer schweren Nierenschädigung.

isotaktisch [grch.], *Chemie:* regelmäßig, periodisch, wiederholt; gesagt in Bezug auf die räuml. Anordnung der Seitengruppen in makromolekularen Stoffen (z. B. in Polypropylen).

isotherm [grch.], eine konstante Temperatur aufweisend, bei konstanter Temperatur verlaufend.

Isothermen [grch.], **1)** *Meteorologie:* ↑Isolinien der Temperatur.

2) *Thermodynamik:* Linien, die die Abhängigkeit des Drucks vom Volumen eines Gases bei unveränderter Temperatur angeben.

Isothermschmieden, Schmiedeverfahren, bei dem Werkstück und Werkzeug während des Bearbeitungszeitraums dieselbe Temperatur aufweisen. Die Fließfähigkeit des Werkstoffs kann während der gesamten Umformung aufrechterhalten und dadurch die aufzuwendende Presskraft deutlich reduziert werden. Da beim I. keine Wärme vom Werkstück an das Werkzeug abgegeben wird, können bei niedrigen Fließspannungen sehr homogene Umformteile hergestellt werden.

Isotone [grch.], Atomkerne mit gleicher Neutronen-, aber unterschiedl. Protonenzahl.

isotonische Lösungen [grch.], i. w. S. Bez. für Lösungen mit gleichem osmot. Druck; i. e. S. Lösungen, die den gleichen osmot. Druck wie das menschl. Blut haben (z. B. ↑Ringer-Lösung).

Isotope [grch.], Atomkerne (Nuklide) mit gleicher Protonenzahl (Kernladungszahl, Ordnungszahl), aber unterschiedl. Neutronenzahl und damit unterschiedl. Nukleonenzahl (Massenzahl). Das chem. Verhalten der I. eines Elements ist weitgehend identisch, lediglich bei den leichten Elementen gibt es messbare Unterschiede. Physikalisch unterscheiden sich I. außer in ihrer Masse auch durch Spin, magnet. Moment und Volumen. Häufig werden nicht nur die versch. Atomkernarten eines Elements, sondern auch die zugehörigen

Atome als I. bezeichnet. I. werden durch die Angabe der Massenzahl am chem. Symbol gekennzeichnet, z. B. ^{35}Cl.
Mit Ausnahme weniger ↑Reinelemente treten alle Elemente als natürl. I.-Gemisch auf, die relative Häufigkeit der I. ist i. d. R. jeweils konstant. Neben den in der Natur vorkommenden **stabilen I.** kennt man **instabile I.,** die ebenfalls natürlich auftreten können, meist aber durch Kernreaktionen künstlich hergestellt werden (**radioaktive I.,** ↑Radioisotope). Die Elemente mit Ordnungszahlen über 83 weisen nur noch radioaktive I. auf. Bekannt sind heute etwa 300 stabile und über 2400 instabile I.; die meisten stabilen I. hat Zinn (10), die meisten I. überhaupt Xenon (über 30). – Die stabilen I. dienen, v. a. in der chem., medizin. und biolog. Forschung, als **I.-Indikatoren** (bzw. Leit-I.) zur Herstellung ↑markierter Verbindungen, die zur Verfolgung von Reaktionsabläufen und zur Aufklärung komplizierter Stoffstrukturen eingesetzt werden.

Isotopenbatterie (Radionuklidbatterie), Gerät zur Umwandlung der Energie radioaktiver Strahlung bestimmter Radionuklide in elektr. Energie. In **direkten I.** wird die Energie der radioaktiven Strahlung unmittelbar, in **indirekten I.** zunächst in chem., therm. oder Lichtenergie und in einem zweiten Schritt in elektr. Energie umgewandelt. Am häufigsten werden die Radionuklide Strontium 90 und Kobalt 60 verwendet. Vorteile der I. sind lange Lebensdauer und Wartungsfreiheit (Einsatz u. a. in Satelliten und Herzschrittmachern).

Isotopendiagnostik, ↑Nuklearmedizin.

Isotopenmarkierung, ↑markierte Verbindungen.

Isotopentherapie, ↑Nuklearmedizin.

Isotopentrennung, die vollständige Trennung versch. Isotope eines Elements oder die Anreicherung einzelner Isotope im Isotopengemisch mithilfe physikalisch-chem. Verfahren. Hierzu gehören: 1) Diffusionsverfahren (↑Gasdiffusionsverfahren), 2) das Schleuderverfahren mithilfe der ↑Gaszentrifuge, 3) das auf dem Prinzip der Thermodiffusion beruhende Trennrohrverfahren (↑Clusius-Dickel-Trennrohr), 4) die Gegenstrom- und fraktionierte Destillation (↑Destillation), 5) die Elektrolyse des Wassers, 6) chem. Austauschreaktionen, 7) ↑Massenspektrometrie, 8) die Laser-I.; dabei wird durch das monochromat. Laserlicht infolge der isotopieabhängigen Verschiebung der Spektrallinien nur ein bestimmtes Isotop angeregt, während alle anderen Isotope im Grundzustand verbleiben. – Der Trenn- bzw. Anreicherungseffekt der einzelnen Methoden ist sehr unterschiedlich, weshalb die einzelnen Stufen der I. häufig kaskadenartig wiederholt werden.

isotrop [grch.], in allen Richtungen gleiche Eigenschaften (bes. optische) aufweisend.

Isotropie [grch.], *Physik:* die Richtungsunabhängigkeit physikal. und chem. Eigenschaften von Körpern und des physikal. Raumes. I. zeigen amorphe Stoffe, z. B. Glas; Ggs.: Anisotropie.

Isotypie [grch.] *die,* das Auftreten kristallgeometr. Ähnlichkeiten. **Isotype Kristalle** gehören bei unterschiedlicher chem. Zusammensetzung zum gleichen Strukturtyp und haben dieselbe Raumgruppe, bilden aber keine Mischkristalle.

Isozaki [-zaki] (Isosaki), Arata, japan. Architekt, *Ōita 23. 7. 1931; 1954–63 Mitarbeiter von Kenzō Tange, schloss sich 1964 der Gruppe der Metabolisten an. In seinen Entwürfen der 60er-Jahre werden traditionelle Motive wie Stützen, Balken, Dach u. a. durch Überdimensionierung und Abstraktion zu formbildenden Elementen. Seit den 70er-Jahren entwickelte er Bauten aus versch. stereometr. Grundformen, zeigte Interesse an minimalist. Strukturen (u. a. Gunma-Kunstmuseum in Takasaki, 1971 bis 1974) und beschäftigte sich mit histor. architekton. Lösungen. Mit dem Center Building in Tsukuba (1983) schuf er ein Hauptwerk der japan. Postmoderne. Sein Werk zeigt insgesamt den Versuch einer Vereinigung von internat. Technologie, klass.-europ. Bauformen und japan. Erbe. **Weitere Werke:** Gesundheitszentrum und Präfekturbibliothek in Ōita (1959–72 bzw. 1962–66); Museum of Contemporary Art in Los Angeles (1981–86); Disney-Hauptverwaltung in Orlando, Fla. (1987–90); Internat. Konferenzzentrum in Kitakyūshū (1987–90); Zentrum für japan. Kunst und Technologie in Krakau (1994); »Domus«, Museum der Wissenschaften, Kultur u. Künste in La Coruña (1995 eröffnet); Büro- und Geschäftshäuser in Berlin (1994–97); Wissenschaftszentrum in Columbus, Oh. (1999 eröffnet).

Isozyme [grch.], die ↑Isoenzyme.
Isparta, Prov.-Hptst. in der S-Türkei, 1035 m ü. M., 121 700 Ew.; Textil-, chem. Ind., Rosenölgewinnung, Teppichherstellung.
ISPR, Abk. für **I**nternationale **Sp**ort**r**echteverwertungsgesellschaft, 1991 von der KirchGruppe und dem Springer-Konzern gegründete größte europ. Agentur für Sportsenderechte, Sitz: München.
Ispra, Ort in der Lombardei, Prov. Varese, am Ostufer des Lago Maggiore, Italien, 4700 Ew.; Standort eines EURATOM-Forschungszentrums.
Israel (hebr. Jisrael) [»er streitet mit Gott«], dem Stammvater ↑Jakob von Gott verliehener Name (1. Mose 32, 29; 35, 10), der auf das Volk I. als seine Nachkommenschaft übergeht, die in 5. Mose 4, 44 als »Kinder I.s« bezeichnet wird; die älteste außerbibl. Erwähnung findet sich auf der Siegesstele des Pharaos Merenptah (letztes Drittel des 12. Jh. v. Chr.); nach dem Tod Salomos und der ihm folgenden Reichsteilung (926 v. Chr.) Bez. für das N-Reich im Unterschied zum S-Reich ↑Juda. Die israelit. Stämme sind in mehreren Wellen vom 14. bis 13. Jh. v. Chr. von S und O allmählich in das von den Kanaanäern besiedelte Kulturland Palästina vorgedrungen und dort ansässig geworden. Nach der Überlieferung schuf ↑Moses die religiöse Einheit im Glauben an den einen Gott ↑Jahwe.
Die Anfänge einer polit. Einheit des Volks zeigten sich in einem religiös-polit. Schutzverband der 12 Stämme (↑Richter). Die erste Staatenbildung erfolgte unter ↑Saul, der die israelit. Stämme Galiläas, Mittelpalästinas und des Ostjordanlands im Kampf gegen ihre westl. und östl. Nachbarn (Philister und Ammoniter) vereinigte und von ihnen um 1020 v. Chr. zum ersten König I.s erhoben wurde. Sein Nachfolger, König David (etwa 1004/03–965/64 v. Chr.), gründete dann von dem im S wohnenden Stamm Juda aus das Großreich I. und machte Jerusalem zum polit. Mittelpunkt. Unter seinem Sohn Salomo (965–926 v. Chr.) erlebte das Reich seine Glanzzeit (Tempelbau in Jerusalem). Nach seinem Tod kam es zur Teilung des Reichs (926 v. Chr.) in das S-Reich Juda mit Jerusalem als Hptst. und das N-Reich I. mit der Hptst. Samaria. Nach dauernder Feindschaft dieser beiden Reiche und Reibungen mit den umliegenden Staaten vernichtete das erstarkte Assyrerreich 722 v. Chr. das N-Reich I. und machte es zur assyr. Prov.; die Bevölkerung wurde deportiert bzw. ging in neu angesiedelten Völkerschaften auf.

📖 *Noth, M.: Geschichte I.s. Göttingen [10]1986. – Dietrich, W.: David, Saul u. die Propheten. Stuttgart [2]1992. – Lemche, N. P.: Die Vorgeschichte I.s von den Anfängen bis zum Ausgang des 13. Jh. v. Chr. Stuttgart 1996. – Miranda, J. P.: Kleine Einf. in die Gesch. I. Stuttgart 2002.*

Israel	
Fläche	22 145 km²
Einwohner	(2003) 6,43 Mio.
Hauptstadt	Jerusalem
Verwaltungsgliederung	6 Distrikte
Amtssprachen	Hebräisch und Arabisch
Nationalfeiertag	5. Ijjär (zw. Mitte April und Mitte Mai)
Währung	1 Neuer Schekel (NIS) = 100 Agorot
Zeitzone	MEZ + 1 Std.

Israel (amtlich hebr. Medinat Jisrael; dt. Staat I.), Staat in Vorderasien, grenzt im W an das Mittelmeer, im N an Libanon, im äußersten NO an Syrien, im O an Jordanien und im SW an Ägypten; die Südspitze reicht bis an den Golf von Akaba des Roten Meeres. I. hält Teile des ↑Westjordanlands und der ↑Golanhöhen besetzt.
Staat und Recht: I. ist eine parlamentar. Rep.; es besitzt keine geschriebene Verf., sondern nur einzelne Grundgesetze als verfassungsrechtl. Basis. Staatsoberhaupt ist der vom Parlament auf 5 Jahre gewählte Präs., der im Wesentlichen repräsentative Funktionen erfüllt. Die Legislative liegt beim Einkammerparlament (Knesset; 120 für 4 Jahre gewählte Abg.). Exekutivorgan

Israel: Blick vom Karmel auf Haifa

100264

ist die dem Parlament verantwortl. Reg. unter Vorsitz des Premiermin. (die 1996 eingeführte Direktwahl des Premiermin. wurde 2001 wieder aufgehoben). Ein von der Knesset für 5 Jahre gewählter Ombudsmann kontrolliert die Arbeit der Reg. u. a. Behörden. Einflussreichste Parteien und Bündnisse: Likud-Block, Israel. Arbeitspartei (auch Avoda), Schinui-Partei, Schas, Meretz, Nat. Union, Vereinte Tora-Partei, Nationalreligiöse Partei, Hadasch (Kommunisten), Eine Union, Nationaldemokrat. Allianz, Israel Ba-Alija (Partei der Einwanderer aus der GUS), Vereinigte Arab. Liste.

Landesnatur: Das Land erstreckt sich von N nach S über 400 km; der S wird von der Wüste Negev eingenommen. Der N gliedert sich in drei Zonen: die Küstenebene mit Dünenrand zum Mittelmeer, das judäische, samaritan. und galiläische Bergland (im Hare Meron 1 208 m ü. M.) und den Jordangraben. 75 % der Bev. leben in der Küstenebene, die im Bewässerungsfeldbau genutzt wird. I. liegt im Übergangsgebiet von Mittelmeer- (Winterregen) zu Wüstenklima; der Sommer ist warm und trocken, der Winter ist im Bergland kühl bis kalt, in den Niederungen mild. Niederschlagsmengen: im N 500–700 mm, im S (Aravasenke) 50 mm jährlich. Die Vegetation reicht von mediterranen Pflanzengemeinschaften zu Wüstenflora; natürl. Wald steht nur auf dem Karmel; durch Aufforstungen wurden 116 000 ha bepflanzt.

Bevölkerung: Staatstragendes Volk sind die Juden, die sich in **Vatiqim** (vor der Staatsgründung eingewandert), **Olim** (nach der Staatsgründung eingewandert) und **Sabra** (im Lande Geborene) gliedern. Etwa 18 % der Bev. sind Araber (v. a. »Palästinenser«); von den 40 000 Beduinen sind nur noch wenige reine Nomaden. Die jüd. Einwanderer (seit 1882) kamen zunächst v. a. aus Mittel- und O-Europa (Aschkenasim), später aus islam. Ländern von N-Afrika bis Irak (Sephardim), gegen Ende der 1950er-Jahre aus O-Europa; seit 1970 bes. hoher Einwandereranteil aus der UdSSR, der sich seit 1989/90 noch sprunghaft verstärkt hat. Bis zum Ersten Weltkrieg kamen etwa 50 000–70 000 Juden, 1919–48 weitere 500 000, 1949 240 000. Zw. 1990 und 1995 wanderten jährlich etwa 117 000 Personen ein. Für die Neueinwanderer wurden Entwicklungsstädte gegründet. Der Anteil der Stadt-Bev. beträgt 91 %. Großstädte: Jerusalem, Tel Aviv-Jaffa, Haifa, Rishon Lezhiyyon, Beerscheba, Ashdod, Holon, Petah Tiqwa u. a. Das jährl. Bev.-Wachstum beträgt 2,4 %. – Rd. 80 % der Bev. sind Juden, deren Mehrheit in der jüd. Religion und im jüd. Charakter des Staates I. wichtige Elemente der eigenen Identität sieht. Die größte religiöse Minderheit bilden mit knapp 15% die Muslime. Rd. 3,2% der Bev. sind Christen (bes. Griechisch-Orthodoxe und Katholiken), rd. 1,7% Drusen. In I. befinden sich das internat. Zentrum (Haifa) und die wichtigsten Heiligtümer (Haifa, Akko) der Bahai-Religion. – Es besteht eine neunjährige allgemeine Schulpflicht ab dem 6. Lebensjahr und ein für alle Kinder ab dem 2. Lebensjahr offenes Vorschulangebot (nicht obligatorisch). Das Schulsystem gliedert sich in folgende Stufen: die sechsjährige Primarschule und einen zweistufigen Sekundarschulbereich, die dreijährige Sekundarschule I und die auf den Hochschulbesuch vorbereitende dreijährige Sekundarschule II. Hinsichtlich der Schultypen umfasst es neben den staatl. Regelschulen (Hauptunterrichtssprache: Hebräisch) staatlich-religiöse Schulen (Hauptunterrichtssprache: Hebräisch; Schwerpunkte: jüd. Kultur und Tradition), arab. und drus. Schulen (Hauptunterrichtssprache: Arabisch; Schwerpunkte: arab. und drus. Gesch., Kultur und Religion) sowie Privatschulen in unterschiedl. Trägerschaft. Die Analphabetenquote beträgt 5%. Es gibt acht Univ., darunter die Fernuniversität Tel Aviv (Open University of I., gegr. 1974); die ältesten Univ. sind das Technion (Israel. Inst. für Technologie, gegr. 1924) in Haifa und die Hebr. Univ. Jerusalem (gegr. 1925).

Wirtschaft und Verkehr: I. hat unter ungünstigen Bedingungen (Wüsten, Wassermangel, Rohstoffknappheit, Kriege) einen modernen Ind.staat mit leistungsfähiger Landwirtschaft aufgebaut. Gemessen am durchschnittl. jährl. Bruttosozialprodukt (BSP) je Ew. liegt seine Wirtschaftskraft weit über derjenigen seiner nicht Erdöl exportierenden arab. Nachbarländer. Gemessen an seinen Auslandsschulden hat I. die weltweit höchste Pro-Kopf-Verschuldung, erhält aber auch die höchste öffentl. Entwicklungshilfe. Ein nicht unerhebl. Teil des Staatshaushalts wird für militär. Zwecke verwendet. – Die Landwirtschaft ist hochintensiv, marktorientiert und stark mechanisiert. Der Anbau ist v.a. auf die schmale, klimabegünstigte Küstenebene und auf die feuchteren nördl. Landesteile konzentriert. Auch im N der Wüste Negev wurden weite Teile durch Bewässerung für die Landwirtschaft nutzbar gemacht. Als Ackerland und für Dauerkulturen können etwa 25% der Gesamtfläche genutzt werden, davon wird fast die Hälfte bewässert (die Landwirtschaft verbraucht bis zu 85% des verfügbaren Wassers). Hauptwasserlieferant ist der See Genezareth. 40% der Fläche sind Naturweiden. Die ertragreichsten Zweige sind Milchwirtschaft und Geflügelzucht. Wichtigste Exportprodukte sind Frühgemüse, Obst und Blumen. Die bedeutendsten Erzeugnisse des Ackerbaus sind Weizen und Baumwolle, der Obstplantagen Zitrusfrüchte. Der von den jüd. Landwirten bewirtschaftete Boden ist zu rd. 90% Staatsbesitz, er wird an die Siedler in Erbpacht abgegeben. 90% der jüd. Landwirte sind entweder in Kollektivsiedlungen (Kibbuzim) oder »kooperativen« Dörfern (Moshavim) organisiert.

100264

Israel: Tiberias am See Genezareth

An Bodenschätzen werden v.a. Phosphate (im nördl. Negev; Region Arad), Kupfererze, Gips und Mineralsalze des Toten Meeres (Brom-, Magnesium-, Kalisalze) ausgebeutet. – Die verarbeitende Ind. erzeugt aus heim. sowie importierten Rohstoffen ($^2/_3$ der Importe) und Halbfabrikaten fast alle Güter des Inlandverbrauchs sowie Ausfuhrgüter. Bed. Zweige sind neben der Baustoff- und chem. Ind. die Metallverarbeitung (importierter Stahl), die feinmechan., Elektro- und Elektronikindustrie. Herausragende Bedeutung haben die rd. 650 Diamantenschleifereien, in denen 52% aller Rohdiamanten der Welt geschliffen werden; Diamantenbörse in Ramat Gan. Ziele des Fremdenverkehrs sind antike Kulturdenkmäler, Stätten der Bibel, Kreuzfahrerburgen und Badeorte. – Wichtigste Handelspartner sind die USA, die EG-Länder, die Schweiz, Japan u.a. – Auf Straßen (16 520 km) entfällt der größte Teil der Warentransporte und des Personenverkehrs. Die Eisenbahn (684 km) befördert v.a. Massengüter. Bed. Häfen sind Haifa und Ashdod am Mittelmeer, Elat am Roten Meer. Internat. Flughafen »Ben Gurion« südöstlich von Tel Aviv-Jaffa.

Geschichte: Am 15. 5. 1948 erlosch das brit. Mandat über ↑Palästina. Am 14. 5. 1948 (5. Ijjar) rief der Jüd. Nationalrat den unabhängigen Staat I. aus, der 77% Palästinas umfasste (↑Jom Haazmaut); O-Palästina wurde am 24. 4. 1950 Jordanien angegliedert (»Westjordanland«). Es kam am 15. 5. 1948 zum 1. Israelisch-Arab. Krieg (»Palästinakrieg«; ↑Nahostkonflikt), in dem sich I. behauptete (Waffenstillstandsabkommen 1949). Durch die Flucht bzw. Vertreibung von 600000 bis 850000 Arabern (Palästinensern) aus I. 1947/48 entstanden in den arab. Nachbarstaaten große Flüchtlingslager. – Nach den ersten Wahlen (1949) wurde die sozialdemokrat. Mapai (Israel. Arbeitspartei) führende Reg.partei (MinPräs. bis 1977: D. Ben Gurion, M. Scharrett, L. Eschkol, G. Meir, I. Rabin) und stellte bis 2000 alle Staatspräs.: C. Weizmann, I. Ben Zwi, S. Schasar, I. Navon, E. Katzir, C. Herzog, E. Weizman.

Das Spannungsverhältnis zu den arab. Staaten, die I.s staatl. Existenz infrage stellen, und das Palästinenserproblem steigerten sich mit starken internat. Aspekten zum Nahostkonflikt, der sich zunächst im Sueskrieg (1956), dann im Sechstagekrieg (1967) militärisch entlud. 1967 besetzte I. das Westjordanland, die Sinaihalbinsel, den Gazastreifen und die syr. Golanhöhen. Im Okt. 1973 brachte der ägyptisch-syr. Angriff (»Jom-Kippur-Krieg«) I. in Bedrängnis. Unter Vermittlung des amerikan. Außenmin. H. A. Kissinger gab I. 1974 in einem Vertrag mit Ägypten einen Streifen am Sueskanal, in einem Abkommen mit Syrien das Gebiet um Kuneitra auf den Golanhöhen zurück. Guerillaaktionen der palästinens. Araber (↑Palästinensische Befreiungsorganisation) suchte I. durch militär. Kommandounternehmen gegen palästinens. Basen (bes. im Libanon) entgegenzuwirken. Nach den Wahlen 1977 übernahm der Likud-Block die Reg. (MinPräs. bis 1983 M. Begin, dann Y. Schamir); er setzte eine intensive Siedlungspolitik in den besetzten Gebieten in Gang. Mit seiner Reise nach Jerusalem leitete der ägypt. Präs. A. as-Sadat 1977 eine Friedensinitiative gegenüber I. ein; sie führte über die Verträge von Camp David zum ägyptisch-israel. Friedensvertrag von 1979. Beide Staaten leiteten Verhandlungen über die Autonomie der palästinens. Araber ein (Abbruch April 1980). Ende Juli 1980 erklärte die Knesset ganz Jerusalem zur Hauptstadt Israels. Bis April 1982 gab I. die Sinaihalbinsel an Ägypten zurück (Taba erst Febr. 1989). Mit dem Einmarsch seiner Truppen in den S-Libanon (Juni 1982) suchte I. den Libanon als palästinens. Angriffsbasis auszuschalten (Abzug der PLO).

Die vorgezogenen Parlamentswahlen am 23. 7. 1984 führten zur großen Koalition von Likud-Block und Israel. Arbeitspartei; nach dem Rotationsprinzip amtierte zunächst S. Peres (Sept. 1984 bis Okt. 1986), danach Y. Schamir als MinPräs. Die nach den Wahlen am 1. 11. 1988 fortgesetzte Koalition zerbrach im März 1990 an der Frage der Beteiligung der PLO an Friedensgesprächen. Die im Juni 1990 v.a. vom Likud-Block gebildete Reg. unter Schamir lehnte Verhandlungen mit der PLO ebenso strikt ab wie eine Anerkennung des von dieser 1988 proklamierten Staates Palästina. Der im Dez. 1987 ausgebrochene Palästinenseraufstand (»Intifada«) wurde im Jan. 1991 durch den 2. ↑Golfkrieg überdeckt. Im Okt. 1991 begannen die ersten israelisch-arab. Frie-

densverhandlungen (Madrider Nahostfriedenskonferenz). Unter dem Leitwort »Land für Frieden« beförderte die Reg. unter I. Rabin (Avoda; ab Juli 1992) – bzw. nach seiner Ermordung (4. 11. 1995) unter S. Peres – den Friedensprozess: u. a. Gaza-Jericho-Abkommen zw. I. und der PLO (Sept. 1993; nach Geheimverhandlungen in Oslo).
Bei der ersten Direktwahl eines MinPräs. am 19. 5. 1996 siegte B. Netanjahu. An der Spitze einer Koalition des Likud mit religiösen und rechtsgerichteten Parteien brachte er den Friedensprozess auf einen Tiefpunkt, der erst 1997 (Hebron-Abkommen) und 1998 (1. ↑Wye-Abkommen) überwunden werden konnte. Nach den (vorgezogenen) Wahlen vom 17. 5. 1999 übernahm E. Barak (Israel. Arbeitspartei, im Wahlbündnis »Ein Israel«) die Reg.; er konnte den Durchbruch zum endgültigen Friedensvertrag nicht erreichen. Lediglich der vollständige Abzug der israel. Truppen aus Südlibanon gelang (Mai 2000; ehem. Sicherheitszone). Zum Nachfolger von Staatspräsident E. Weizman (1993–2000; Rücktritt) war am 31. 7. 2000 M. Katsav (Likud) gewählt worden. A. Scharons demonstrativer Besuch des Tempelberges am 28. 9. 2000 löste neue palästinens. Unruhen aus (»zweite Intifada«): Erstmals seit 1993 kam es wieder zur blutigen Konfrontation und mit dem Eskalieren der Gewalt (opferreiche palästinens. Selbstmordattentate in I.) zum Aussetzen des »Osloer« Nahostfriedensprozesses. Die deutl. Niederlage Baraks bei den Wahlen am 6. 2. 2001 führte zur Bildung einer »großen Koalition« des Likud mit der Avoda unter Scharon. Wegen seines Unvermögens oder mangelnden Willens, den Terror einzudämmen, wurde Arafat von dieser bald für »nicht mehr relevant« erklärt und zeitweise isoliert. Selbst die US-amerikan. Bemühungen, nach den Terroranschlägen vom 11. 9. 2001 eine internat. Allianz gegen den Terror unter Beteiligung Arafats aufzubauen und sich wieder stärker im Nahostkonflikt zu engagieren, verminderten nicht das Gewaltniveau. Scharon nutzte dies zur Führung eines eigenen »Antiterrorkrieges« gegen Arafat und die Palästinenser (zahlr. israel. Militäraktionen, zeitweilige Besetzung fast aller großen Städte in den Autonomiegebieten, Zerstörung der Autonomiestrukturen). Ende Oktober 2002 zerbrach die Reg. der nat. Einheit (Auszug der Arbeitspartei); die Neuwahlen am 28. 1. 2003 stärkten die Positionen des Likud und Scharons. Die am 27. 2. 2003 gebildete Mitte-rechts-Koalition mit der bürgerl. Shinui-Partei sowie der Nationalreligiösen Partei der Siedlerbewegung und der rechtsorientierten Nat. Union ist nicht mehr von den ultraorth. Parteien abhängig; ihr vorrangiges Ziel sind innenpolit. Reformen, um den wirtsch. Niedergang I.s zu stoppen. Wird sie die Siedlungspolitik in den besetzten Gebieten fortsetzen, bleibt der nötige Ausgleich mit den Palästinensern weiterhin fraglich. – Die seit 2002 unvermindert eskalierende Gewalt demonstrierte das Unvermögen beider Seiten, substanzielle Fortschritte im Lösen der vertagten und bis zum Schluss ausgeklammerten Kernprobleme zu erreichen: Frage der palästinens. Staatlichkeit, einschl. der Grenzfestlegung, des Rückkehrrechts der Flüchtlinge sowie der Zukunft der in etwa 200 Siedlungen lebenden mehr als 200 000 israel. Siedler im Gazastreifen und Westjordanland. – 2004 versuchte die Reg. u. a., der Selbstmordattentate durch die gezielte Liquidierung von Führern terrorist. Organisationen Herr zu werden. Bereits im Jan. 2004 hatte MinPräs. Scharon einen – in der Regierung umstrittenen – Plan zur Räumung der Siedlungen im Gazastreifen vorgelegt. Um die Räumung nicht – wie der Abzug aus dem Südlibanon in der arab. Öffentlichkeit dominant wahrgenommen wurde – als Sieg terrorist. Kräfte erscheinen zu lassen und um die Gefahr von Selbstmordanschlägen zu bannen, geht die Reg. hart gegen palästinens. Städte und Flüchtlingslager im Gazastreifen vor, die als Hochburgen der Terroristen gelten. Mit den Stimmen der Opposition fand der Gaza-Abzugsplan am 26. 10. 2004 in der Knesset eine Mehrheit. – Den im Bau befindlichen Sicherheitszaun erklärte der Internationale Gerichtshof in einem Gutachten vom 9. 7. 2004 für völkerrechtswidrig.

📖 *Gunneweg, A. H. J.: Geschichte I.s von den Anfängen bis Bar Kochba u. von Theodor Herzl bis zur Gegenwart. Stuttgart u. a. [6]1989. – Glasneck, J. u. Timm, A.: I. Die Geschichte des Staates seit seiner Gründung. Bonn [2]1994. – Karmon, Y.: I. Eine geograph. Landeskunde. Darmstadt [2]1994. – Wolffsohn, M. u. Bokovoy, D.: I. Ge-*

schichte, Politik, Gesellschaft, Wirtschaft (1882–1996). Opladen [5]1996. – Wolffsohn, M.: Die ungeliebten Juden. I. – Legenden u. Gesch. München 1998. – Bernstein, R.: Der verborgene Frieden. Politik u. Religion im Nahen Osten. Berlin 2000. – Meyer, B.: Aus der Traum? Das Scheitern des Nahost-Friedensprozesses u. seine innenpolit. Hintergründe. Frankfurt am Main 2001. – Watzal, L.: Feinde des Friedens. Der endlose Konflikt zw. I. u. den Palästinensern. Berlin 2001.

Israelisch-Arabischer Konflikt (Israelisch-Arabischer Krieg), ↑Nahostkonflikt.

Israelische Arbeitspartei (Israelische Arbeiterpartei, hebr. Mifleget Haavoda Hajisreelit, seit 1992 Avoda [Awoda]), 1968 hervorgegangen aus den sozialist. Parteien ↑Mapai (gegr. 1930), Achdut Haavoda (dt. »Einheit der Arbeit«, gegr. 1944) und Rafi (Kw. für Reschimat Poalei Israel, dt. »Arbeiterliste Israel«, gegr. 1965). An der Spitze der Partei steht ein Gen.-Sekr. bzw. Vors.: 1968–69 L. Eschkol, 1969–77 Golda Meir, 1977–92, 1995–97 sowie interimistisch ab Mitte Juni 2003 S. Peres, 1992–95 I. Rabin, 1997–2001 E. Barak, 2001–02 Benjamin Ben-Eliezer (* 1950), 2002–03 Amram Mitzna (* 1945). Partei mit sozialdemokrat. Linie, außenpolitisch Befürworterin von Verhandlungen zur Regelung des Nahostkonflikts; stellte den MinPräs. 1968–77, 1984–86, 1992–96 sowie 1999–2001.

Israëls, 1) Isaac, niederländ. Maler und Grafiker, * Amsterdam 3. 2. 1865, † Den Haag 7. 10. 1934, Sohn von 2); verband Anregungen des frz. Impressionismus mit dem Realismus niederländ. Tradition. Nach 1904 setzte er sich mit der Malerei der ↑Nabis auseinander.

2) Jozef, niederländ. Maler und Radierer, * Groningen 27. 1. 1824, † Den Haag 12. 8. 1911, Vater von 1); zunächst romant. Historienbilder; Kontakte mit Malern der Schule von ↑Barbizon führten ihn zur Freilichtmalerei; beeinflusste das Werk M. Liebermanns.

ISS [engl. 'aɪəsəs, Abk. für **I**nternational **S**pace **S**tation, »Internationale Raumstation«], *Raumfahrt:* Projekt einer permanent bemannten internat. Raumstation unter Beteiligung der USA, Russlands, der ESA, Japans und Kanadas (urspr. **ISSA,** Abk. für **I**nternational **S**pace **S**tation **A**lpha, gen.). Es ist das größte Technologieprojekt aller Zeiten. Mit dem Aufbau der in der Endphase rd. 107 m × 80 m großen modularen Station (mit sechs Labors, zwei Wohneinheiten, drei Verbindungselementen und vier Versorgungsmodulen) von rd. 500 t Masse und einem Laborvolumen von etwa 1 100 m³ wurde Ende 1998 begonnen (Start des ersten Moduls am 20. 11.). Die Solarflächen (4 500 m²) der Station werden dann etwa 110 kW Elektroenergie erzeugen. Am 11. 12. 1998 wurde die Station erstmals betreten. Weitere Module wurden 1999 und 2000 (seitdem betriebsbereit) angebracht. Am 31. 10. 2000 startete die ständige Mannschaft (USA, Russland) mit einer Sojus TM von Baikonur aus zur ISS. Im Okt. 2001 flog die Französin Claudie Haigneré als erste Europäerin zur ISS. Nach Fertigstellung wird die Station dauerhafte Forschungsprojekte im All erlauben. Mit den genannten Kapazitäten wäre sie dreimal so groß wie die frühere russ. Station Mir. Das »fliegende Labor« wird dann ständig mit internat. Crews von Wissenschaftlern bemannt sein, die im Weltraum Langzeitexperimente durchführen sollen. – Wegen der »Columbia«-Katastrophe vom 1. 2. 2003, bei der alle 7 Astronauten ums Leben kamen, wird sich die geplante Fertigstellung (2005) der ISS erheblich verzögern, da die Starts der anderen Shuttles bis auf weiteres eingestellt sind. Die erste bemannte Mission (zwei Astronauten) nach dem Unglück startete am 26. 4. 2003 von Baikonur aus mit Sojus TMA-2 zur ISS, um deren Betrieb vorläufig aufrechtzuerhalten.

Issa (Isa), Stamm der Somal in Djibouti.

Issing, Otmar, Volkswirtschaftler, * Würzburg 27. 3. 1936; 1967–73 Prof. in Nürnberg-Erlangen, 1973–90 in Würzburg; 1988–90 Mitgl. des Sachverständigenrates zur Begutachtung der gesamtwirtsch. Entwicklung, seit 1990 Mitgl. des Direktoriums der Dt. Bundesbank, seit 1998 der Europ. Zentralbank; Forschungen v. a. zur Geld- und Währungstheorie.

Issoire [i'swa:r], Stadt im Dép. Puy-de-Dôme, Frankreich, im Zentralmassiv, 13 500 Ew.; Stahl-, Flugzeug-, Aluminium- u. a. Industrie. – Die Kirche Saint-Austremoine (ehem. Abteikirche der Benediktiner, um 1130–50) ist eine der größten roman. Kirchen der Auvergne.

Issos (lat. Issus), alte Seestadt in Kilikien (Kleinasien) am Golf von İskenderun, be-

ISS: Modell

kannt durch den Sieg Alexanders d. Gr. über den Perserkönig Dareios III. (333 v. Chr.).

Issykkul [kirgis. »heißer See«] *der,* abflussloser Hochgebirgssee (1608 m ü. M.) im Tienschan, Kirgistan, 6236 km², 178 km lang, bis 60 km breit und 702 m tief, eisfrei (Zufluss heißer Quellen), schwach salzhaltig, fischreich, Naturschutz- und Erholungsgebiet. Durch Verschmutzung seines Zuflusses Barskaun mit giftigen Natriumverbindungen seit Ende des 20. Jh. ökologisch stark gefährdet.

ISTAF, Abk. für **I**nternationales **Sta**dion**f**est, *Leichtathletik:* jährlich im Berliner Olympiastadion (außer 2002) ausgetragenes internat. Leichtathletikmeeting, 1937 erstmals durchgeführt. Veranstaltung der ↑Golden League.

Istanbul (türk. İstanbul, 330–1930 Konstantinopel, vorher Byzanz), mit 7,747 Mio. Ew. die größte Stadt der Türkei, bis 1923 Hptst. des Osman. Reiches, seitdem Prov.-Hptst. I. liegt auf Hügeln beiderseits des Südausganges des Bosporus und am Marmarameer, am Schnittpunkt des Seeweges durch die Meerengen vom Schwarzen Meer zum Mittelmeer mit dem Landweg von der Balkanhalbinsel nach Kleinasien. Zum Stadtgebiet zählen auch die der asiat. Küste vorgelagerten Prinzeninseln im Marmarameer. Seine Lage sowie der Naturhafen des Goldenen Horns, eines 7 km langen, bis 1 km breiten und 40 m tiefen Seitenarms des Bosporus, machen I. zum größten Markt- und Umschlagplatz des Landes. Infolge der allgemeinen Landflucht (v. a. aus Kurdistan) und Zuwanderung in den Ballungsraum I. leben weit über 50 % der Bev. in ↑Gecekondusiedlungen. I. ist Sitz des ökumen. Patriarchen und zahlr. anderer hoher Geistlicher der Ostkirchen; 6 Univ., TU, mehrere FH, Forschungs- und Kulturinstitute (u. a. Goethe-Inst., Abteilung des Dt. Archäolog. Inst.), Bibliotheken, Archive, Museen (v. a. Archäolog. Museum); mehrere Theater. Im Wirtschaftsleben der Stadt herrschen Dienstleistungen vor; Hauptsitz von Großhandel, Verkehrs-, Bank-, Agentur- und Verlagswesen; Wertpapierbörse. Bed. sind noch Kleingewerbe und Handel in mehreren Basaren. Neben der Leichtind. (Holz-, Textil-, Leder-, Tabak-, Lebensmittelind.) Fahrzeug-, Maschinenbau, elektrotechn., chem., Glas-, Zementindustrie. Der Hafen von I. ist der wichtigste der Türkei; neue Hafenanlagen am Bosporus und am Marmarameer; Freihandelszone. Die Galata- (1992 fertig gestellt, ersetzt die 1912 errichtete) und die Atatürkbrücke über das Goldene Horn verbinden das alte I. mit den jüngeren Stadtteilen Galata (türk. Karaköy) und Beyoğlu; zwei Hängebrücken (Spannweiten 1074 m [seit 1973], 1090 m [seit 1988]) führen über den Bosporus zum asiat. Teil I.s (Üsküdar). Eine dritte Bosporusbrücke ist südlich neben der ersten geplant. Internat. Flughafen: Yeşilköy. Schwere Zerstörungen durch Erdbeben 1999.

Stadtbild: Kern der Stadt ist Alt-I. auf ei-

Istrien: Piran

ner vom Goldenen Horn und dem Marmarameer umschlossenen Halbinsel; auf der Landseite, im W, wird dieser Stadtteil von der antiken Landmauer (zum größten Teil unter Theodosius II. [* 401, † 450] etwa zw. 412 und 422 erneuert) begrenzt. Hier sind zahlr. Baudenkmäler, v. a. aus der Zeit nach der osman. Eroberung 1453, aber auch Zeugen byzantin. Architektur (meist in Moscheen verwandelte Kirchen) erhalten, bedeutendstes Bauwerk die ↑Hagia Sophia; ihr Einfluss auf die osman. Baukunst (Moschee Bajasids II.), bes. in den Schöpfungen ↑Sinans, ist unübersehbar. Sinan errichtete im 16. Jh. die prächtigsten Moscheen der Stadt, darunter die Şehzade-Moschee, die Moscheen Süleimans d. Gr., Rüstem Paschas und der Prinzessin Mihrimah; seine Schüler erbauten die Yeni-Valide-Moschee und die Sultan-Ahmed-Moschee (»Blaue Moschee«) mit sechs Minaretten. Im O, auf der Spitze der Halbinsel, liegt der Sultanspalast (Topkapı-Serail), etwa 1465 unter Sultan Mehmed II. angelegt, unter Süleiman d. Gr. und seinen Nachfolgern zu einer Palaststadt ausgebaut, heute Museum. Im Stadtteil Eyüp befindet sich die Eyüpmoschee (Neubau 1800, Wallfahrtsziel). Die histor. Bereiche von I. gehören zum UNESCO-Weltkulturerbe.

Geschichte: ↑Byzanz, ↑Konstantinopel.

📖 *Hotz, W.: Byzanz, Konstantinopel, I. Handbuch der Kunstdenkmäler. Sonderausg. München 1989. – Odenthal, J.: I. Köln ²1992.*

isthmische Spiele, ↑Isthmus.

Isthmus [grch.] *der,* **1)** *Anatomie:* schmale Stelle von Organen, z. B. I. aortae (Aortenenge).

2) *Geographie:* Landenge, z. B. der I. von Korinth, wo seit dem 6. Jh. v. Chr. beim Heiligtum des Poseidon alle zwei Jahre die **Isthm. Spiele (Isthmien)** mit sportl. und mus. Wettkämpfen gefeiert wurden.

Istranca Dağları [isˈtrandʒa da:laˈri] (bulgar. Strandscha), Gebirge im N des türk. Thrakien und im SO Bulgariens, bis 1 031 m hoch.

Istrati, Panait, rumän. Schriftsteller, * Baldovineşti (bei Brăila) 11. 8. 1884, † Bukarest 16. 4. 1935; schrieb in frz. Sprache realist. Romane mit teils grch.-oriental., teils rumän. Milieuschilderungen, u. a. »Kyra Kyralina« (1924), »Die Haiduken« (1925), »Die Disteln des Baragan« (1928).

Istrilen (serbokroat. und slowen. Istra, italien. Istria), Halbinsel an der Küste der Adria, zu Kroatien, im nördl. Teil zu Slowenien gehörig, zw. dem Golf von Triest und der Bucht des Kvarner, 3 199 km², rd. 300 000 Ew. I. besteht großenteils aus verkarsteten Kalkgebieten (Učka, 1 396 m ü. M.); Ackerbau (Getreide, Wein, Oliven) und Viehhaltung. An der buchtenreichen niederen Felsküste bed. Fremdenverkehr (Pula, Rovinj, Poreč); Hafenstädte sind Koper und Pula. – I. wurde zw. 229 und 50 v. Chr. von den Römern unterworfen. Es kam 539/544 unter byzantin., 789 unter fränk. Herrschaft, wurde 952 dem Herzogtum Bayern, 976 dem Herzogtum Kärnten angegliedert. 1040 wurde I. eine eigene Markgrafschaft und fiel Ende des 13. Jh. größtenteils an Venedig, der NO an die Grafschaft Görz. Das venezian. I. wurde 1797 österr., ganz I. 1805–14 frz., 1814 wieder österr., 1919/20 italien., 1947 (ein kleiner Rest, Zone B, 1954) jugoslawisch (außer Triest).

📖 *Zürcher, R.: Friaul u. I. München [2]1989.*

Istwäonen (Istävonen), nach Tacitus einer der drei großen Stammesverbände der ↑Germanen. Die I. siedelten im Gebiet zw. Rhein, Main und Weser; zu ihnen zählten u. a. die Bataver, Brukterer, Chatten, Sugambrer.

Iswestija [russ. »Nachrichten«], einflussreiche russ. Tageszeitung; gegr. 1917; war Regierungsorgan in der UdSSR.

IT [aɪˈtiː, Abk. für engl. information technology], ↑Informationstechnologie.

Itabira (1944–48 Presidente Vargas), Stadt im Bundesstaat Minas Gerais, Brasilien, nördlich von Belo Horizonte; rd. 40 000 Ew.; Bischofssitz; Zentrum des brasilian. Eisenerzbergbaus, Manganerzabbau; Export der Erze über Tubarão.

Itacolumit [nach dem Berg Pico Itacolomi in Minas Gerais, Brasilien] *der,* bindemittelarmer (durch Auslaugung), glimmerreicher Sandstein mit gelenkartig ineinander verzahnten Quarzkörnern.

Itai-Itai-Krankheit [japan. itai »schmerzhaft«], chron. Cadmiumvergiftung mit häufig tödl. Ausgang; infolge Einbaus von Cadmium in die Knochensubstanz kommt es zu Knochenerweichung; erstmals 1955 in Form einer Massenvergiftung durch Bergwerkabwässer in Japan (Honshū) beobachtet.

Itaipu [brasilian.] (span. Itaipú), Wasserkraftwerk am I.-Staudamm (6,4 km lang, bis 195 m hoch; errichtet zw. 1975 und 1982) im Paraná, oberhalb der brasilian. Stadt Foz do Iguaçu und Ciudad del Este (früher Puerto Presidente Stroessner, Paraguay), gemeinsames Projekt von Brasilien und Paraguay; 1991 formell eingeweiht; mit 12 600 MW eines der größten Wasserkraftwerke der Erde. Im Stausee versanken die Guaírafälle (span. Salto das Sete Quedas).

Itala [spätlat., zu Italus »aus Italien«] *die,* ein Haupttyp der ältesten, der ↑Vulgata vorausgehenden lat. Bibelübersetzungen auf der Grundlage der Septuaginta. (↑Vetus Latina)

Italien

Fläche	301 316 km²
Einwohner	(2003) 57,423 Mio.
Hauptstadt	Rom
Verwaltungsgliederung	20 Regionen, 103 Prov.
Amtssprachen	Italienisch, im Aostatal auch Französisch, in der Prov. Bozen auch Deutsch
Nationalfeiertag	1. Sonntag im Juni
Währung	1 Euro (EUR, €) = 100 Cent
Zeitzone	MEZ

Itali|en (amtlich Repubblica Italiana; dt. Italien. Rep.), Staat in S-Europa; Nord-I. grenzt im W an Frankreich, im N an die Schweiz und Österreich, im O an Slowenien, im S umgibt das Mittelmeer das übrige Staatsgebiet. Innerhalb des italien. Staatsgebietes liegen ↑San Marino und ↑Vatikanstadt.

Staat und Recht: Nach der Verf. vom 1. 1. 1948 ist I. eine parlamentarisch-demokrat. Republik. Staatsoberhaupt ist der auf 7 Jahre indirekt (vom Parlament sowie je drei Vertretern der Regionen) gewählte Präs. Er ernennt den MinPräs. und hat das Recht, das Parlament aufzulösen; durch aufschiebendes Veto kann er Einfluss auf die Gesetzgebung nehmen. Exekutivorgan ist die dem Parlament verantwortl. Reg. unter Vorsitz des MinPräs., der die Richtlinien der Politik bestimmt. Die Legislative

Italien: Verwaltungsgliederung (Stand Dezember 2000)

Region (Hauptstadt), Provinz	Fläche in km²	Ew. in 1 000	Ew. je km²
Piemont (Turin)	25 399	4 289,7	169
Alessandria	3 560	429,8	121
Asti	1 511	210,5	139
Biella	913	189,2	207
Cuneo	6 903	558,9	81
Novara	1 339	345,0	258
Turin	6 830	2 214,9	324
Verbano-Cusio-Ossola	2 255	160,7	71
Vercelli	2 088	180,7	87
Aostatal[1] (Aosta)	3 263	120,6	37
Ligurien (Genua)	5 421	1 621,0	299
Genua	1 838	903,3	491
Imperia	1 156	216,4	187
La Spezia	882	221,6	251
Savona	1 545	279,7	181
Lombardei (Mailand)	23 861	9 121,7	382
Bergamo	2 723	974,4	358
Brescia	4 784	1 112,6	233
Como	1 288	542,6	421
Cremona	1 771	335,7	190
Lecco	816	311,7	382
Lodi	782	197,3	252
Mantua	2 339	376,2	161
Mailand	1 982	3 773,9	1 904
Pavia	2 965	499,2	168
Sondrio	3 212	177,6	55
Varese	1 199	820,5	684
Trentino-Südtirol[1] (Trient)	13 607	943,1	69
Bozen	7 400	465,3	63
Trient	6 207	477,8	77
Venetien (Venedig)	18 390	4 540,9	247
Belluno	3 678	211,1	57
Padua	2 141	853,4	399
Rovigo	1 788	243,3	136
Treviso	2 477	793,6	320
Venedig	2 463	815,2	331
Verona	3 121	829,5	266
Vicenza	2 722	794,8	292
Friaul-Julisch Venetien[1] (Triest)	7 855	1 188,6	151
Görz	466	138,8	298
Pordenone	2 273	282,8	124
Triest	212	246,5	1 163
Udine	4 904	520,5	106
Emilia-Romagna (Bologna)	22 124	4 008,7	181
Bologna	3 702	921,9	249
Ferrara	2 632	347,6	132
Forlì-Cesena	2 377	356,7	150
Modena	2 689	632,6	235
Parma	3 449	400,0	116
Piacenza	2 589	267,0	103
Ravenna	1 859	352,2	189
Reggio nell'Emilia	2 293	456,0	199
Rimini	534	274,7	514
Toskana (Florenz)	22 997	3 547,6	154
Arezzo	3 232	323,6	100
Florenz	3 514	956,5	272
Grosseto	4 504	215,6	48
Livorno	1 218	334,0	274
Lucca	1 773	375,7	212
Massa-Carrara	1 157	199,4	172
Pisa	2 448	387,7	158
Pistoia	965	270,6	280
Prato	365	230,4	631
Siena	3 821	254,1	67
Umbrien (Perugia)	8 456	840,5	99
Perugia	6 334	617,4	97
Terni	2 122	223,1	105
Marken (Ancona)	9 694	1 469,2	152
Ancona	1 940	446,5	230
Ascoli Piceno	2 087	370,9	178
Macerata	2 774	304,4	110
Pesaro e Urbino	2 893	347,4	120
Latium (Rom)	17 207	5 302,3	308
Frosinone	3 244	494,3	152
Latina	2 250	513,5	228
Rieti	2 749	151,2	55
Rom	5 352	3 849,5	719
Viterbo	3 612	293,8	81
Abruzzen (L'Aquila)	10 798	1 281,3	119
Chieti	2 588	390,5	151
L'Aquila	5 035	303,5	60
Pescara	1 225	295,2	241
Teramo	1 950	292,1	150
Molise (Campobasso)	4 438	327,2	74
Campobasso	2 909	235,8	81
Isernia	1 529	91,4	60

Italien: Verwaltungsgliederung (Stand Dezember 2000; Fortsetzung)

Region (Hauptstadt), Provinz	Fläche in km²	Ew. in 1 000	Ew. je km²
Kampanien (Neapel)	13595	5782,2	425
Avellino	2792	440,2	158
Benevent	2071	292,8	141
Caserta	2639	856,9	325
Neapel	1171	3099,9	2647
Salerno	4922	1092,4	222
Apulien (Bari)	19362	4086,6	211
Bari	5138	1580,5	308
Brindisi	1839	411,0	223
Foggia	7189	692,4	96
Lecce	2759	815,7	296
Tarent	2437	587,0	241
Basilicata (Potenza)	9992	604,8	61
Matera	3447	205,9	60
Potenza	6545	398,9	61
Kalabrien (Catanzaro)	15080	2043,3	135
Catanzaro	2391	381,7	160
Cosenza	6650	742,8	112
Crotone	1717	173,2	101
Reggio di Calabria	3183	570,1	179
Vibo Valentia	1139	175,5	154
Sizilien*) (Palermo)	25708	5076,7	197
Agrigent	3042	466,6	153
Caltanissetta	2128	282,5	133
Catania	3552	1101,9	310
Enna	2562	180,2	70
Messina	3248	674,1	208
Palermo	4992	1233,8	247
Ragusa	1614	302,9	188
Syrakus	2109	401,8	191
Trapani	2461	432,9	176
Sardinien*) (Cagliari)	24090	1648,0	68
Cagliari	6895	764,3	111
Nùoro	7044	268,0	38
Oristano	2631	156,6	60
Sassari	7520	459,1	61
Italien	301337	57844,0	192

*) autonome Region

liegt beim Zweikammerparlament, bestehend aus Abg.kammer (630 Abg., für 5 Jahre gewählt) und Senat (315 für 5 Jahre gewählte und 10 auf Lebenszeit ernannte Senatoren). Aufgrund der Wahlrechtsreform von 1993 werden die Senatoren in 232, die Abg. der Kammer in 475 Wahlkreisen (relative Mehrheit genügt) gewählt. Die restl. Sitze der Kammer werden in 27 Wahlregionen im Verhältniswahlsystem nach Parteilisten vergeben, wobei eine Sperrklausel von 4% gilt. Der Senat gilt als Vertretungsorgan der Regionen; jede Region, mit Ausnahme des Aostatals (1 Sitz), darf mindestens sieben Senatoren entsenden: Im Übrigen verfügen die Regionen über eigene legislative und exekutive Körperschaften. Das aktive Wahlalter beginnt für die Abg.kammer mit dem 18., für den Senat mit dem 25. Lebensjahr, das passive mit dem 25. bzw. dem 40. Lebensjahr. Beide Häuser haben gleiches Initiativ- und Beschlussrecht.
Seit Anfang der 90er-Jahre ist das italien. Parteiensystem durch Aufsplittungen, Neugründungen und Umprofilierungen geprägt. Dem Mitte-links-Bündnis »Ölbaum« (»L'Ulivo«) gehören v. a. die Linksdemokraten (DS), die Italien. Volkspartei (PPI), die Grünen, die Liste Dini-Italien. Erneuerung (RI), die Partei der Kommunisten I.s (PdCI), die Demokrat. Sozialisten I.s (SDI), die Union der Demokraten für Europa (UDEUR) und die Südtiroler Volkspartei an. Zum Mitte-rechts-Block »Haus der Freiheiten« (»Casa delle Libertà«) zählen u. a. die Forza Italia (FI), die Nationale Allianz (AN), die Nachfolgepartei der Christdemokraten Christlich-Demokrat. Zentrum – Christlich-Demokrat. Union (CCD – CDU), die Sozialist. Partei (PSI), die Republikan. Partei (PRI) und die Lega Nord (LN).
Landesnatur: I. umfasst den südl. Teil des Alpenbogens, die Poebene, die Apenninhalbinsel, die großen Inseln Sardinien und Sizilien sowie mehrere kleinere Inseln. Seine Landgrenze verläuft, abgesehen von der gegen San Marino, meist auf den wasserscheidenden Kämmen der Alpen; nur die Schweiz reicht mit dem Tessingebiet bis dicht an die Poebene heran. Am Alpenrand liegt ein Moränenhügelland, das die von eiszeitl. Gletschern geschaffenen Alpen-

randseen von S abschließt. Die Poebene (etwa 50 000 km²) und die anschließende Ebene Venetiens sind die einzigen bed. Flachlandgebiete Italiens. Am Rand gegen Alpen und Apennin ziehen sich durchlässige quartäre Schotter hin, als »Fontanilizone« Quellgebiet zahlreicher Flüsse. Festland-I. und Inseln sind vorwiegend gebirgig. Hauptgebirge ist der Apennin, der die Halbinsel der Länge nach durchzieht und im mittleren Teil (Abruzzen) im Gran Sasso d'Italia 2914 m ü. M. erreicht. Der Apennin trennt die breite, reich gegliederte W-Seite der Halbinsel von der hafenarmen und schmalen O-Seite. I. besitzt mehrere, z. T. noch tätige Vulkane (Vesuv, Ätna, Stromboli); Erdbeben sind relativ häufig. Unter den Flüssen sind Po, Etsch, Arno und Tiber die bedeutendsten. Außer den landschaftlich reizvollen Alpenrandseen (Lago Maggiore, Comer See, Gardasee) hat I. einige vulkan. Seen und als größten See den Trasimen. See. In Nord-I. vollzieht sich der Übergang vom sommerfeuchten Klima Mitteleuropas zum sommertrockenen Mediterranklima des Südens. Bei milden Wintern und heißen Sommern ist es gekennzeichnet durch Herbst- und Frühjahrsregen, die südlich von Rom in Winterregen übergehen; in Sizilien 4–6 aride Monate. Bes. geschützt gegen N-Winde sind die oberitalien. Seen und einige Täler der S-Alpen sowie die Riviera. Die Pflanzenwelt ist im N und in den Gebirgen, abgesehen von den oberitalien. Seen, noch vorwiegend mitteleuropäisch mit Laub- und Nadelwäldern, die aber sehr stark durch Weide- und Buschland verdrängt sind. An der Küste und im S herrschen immergrüne Gewächse und Macchie vor.

Bevölkerung: Der Hauptteil der Bev. besteht aus Italienisch sprechenden Italienern; in ↑Südtirol (und im übrigen Alpenraum) leben mehrheitlich Deutsch sprechende Ew. (etwa 300 000) und Ladiner (insgesamt 30 000), im Aostatal und in Piemont eine Französisch sprechende Minderheit (rd. 200 000), in Friaul-Julisch-Venetien Slowenisch (53 000) und Serbokroatisch sprechende Volksgruppen (3 000), im südl. I. und auf Sizilien kleine Gruppen von Albanern (90 000) und Griechen (15 000), auf Sardinien außer den Sardisch Sprechenden (1,66 Mio.) auch Katalanen (15 000). Die Küstengebiete und die Ebenen sind sehr dicht besiedelt, das innere Gebirgsland und Sardinien dagegen nur dünn. Armut, Arbeitslosigkeit und hohe Geburtenüberschüsse im unterentwickelten S sind die Ursache für eine bis Mitte der 1970er-Jahre starke Auswanderung (seit 1870 über 10 Mio. Auswanderer); ferner besteht Binnenwanderung von S nach N, aus den Gebirgen in die Ebene und vom Land in die Stadt. 67 % der Bev. leben in Städten; Millionenstädte sind Rom, Mailand, Neapel; daneben zahlreiche Großstädte. – Über 80 % der Bev. gehören der

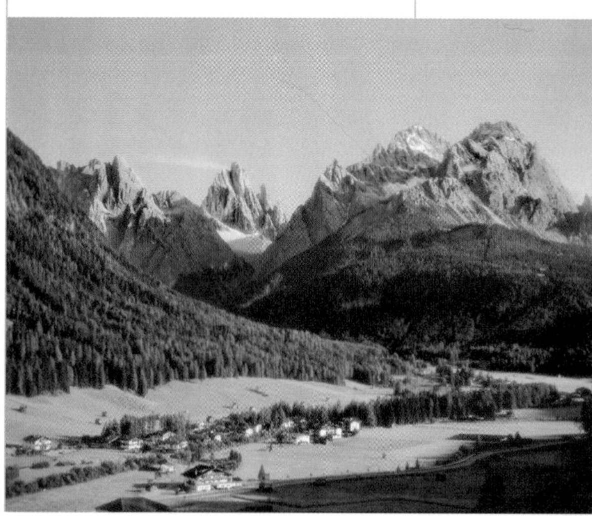

Italien: Sexten im Sextental, in den Dolomiten, Südtirol

100264

Wie oft am Tag ruft der Muezzin die gläubigen Muslime zum Pflichtgebet?

a) dreimal b) fünfmal c) siebenmal

♒ Wassermann 5. Woche 08:08 ☉ 17:02 08:16 ● 17:17

26 Montag Januar **2009**

–1 = 3° +
Hochnebel

b) fünfmal

Pflichtgebet: Die sog. Salat gehört wie das islamische Glaubensbekenntnis (Shahada), das Almosengeben (Zakat), das Fasten (Saum) und die Pilgerfahrt nach Mekka (Hadsch) zu den fünf Säulen (Arkan) oder Grundpflichten jedes Muslims. Es wird morgens (Sonnenaufgang), mittags, nachmittags, abends (Sonnenuntergang) und zur Nacht vollzogen. Der Gebetsrufer (Muezzin) zeigt die Zeit an. Die einzelnen Gebetsteile werden in bestimmten Körperhaltungen gesprochen und stets in Richtung der heiligen Stadt Mekka in Saudi-Arabien ausgerichtet. Der Muslim soll die Gebete dort verrichten, wo er sich gerade befindet. Von besonderer Bedeutung ist das mittägliche Freitagsgebet, zu dem die Gläubigen in der Moschee zusammenkommen.

Himmelsreise: Der Überlieferung nach legte der Prophet Mohammed (um 570–632) die fünf Gebetszeiten nach seiner nächtlichen Himmelsreise fest, zu der er von Jerusalem aus in den Himmel auffuhr. Dort traf er den Propheten Moses, der ihm riet, die ursprünglichen 50 Gebete am Tag auf nur fünf zu reduzieren. Im Koran heißt es mehrfach, dass »Gott es den Menschen leicht machen will und nicht schwer«.

---

n 26. Januar wurden geboren:

cqueline du Pré (1945–1987), brit. Violoncellistin; **Eartha Kitt** (*1928), US-amerikan. Sängerin und nauspielerin; **Roger Vadim** (1928–2000), frz. Filmregisseur; **Paul Newman** (*1925), US-amerikan. nauspieler; **Bernhard Minetti** (1905–1998), dt. Schauspieler; **Louis Favre** (1826–1879), schweizer. Innieur (Mont-Cenis- u. Sankt-Gotthard-Tunnel); **Achim von Arnim** (1781–1831), dt. Dichter der Romantik

Italien: Blick von Gargnano über den Gardasee zum Monte Baldo

kath. Kirche an (1929–84 Staatsreligion), darunter die rd. 62000 alban. Katholiken der italoalban. Kirche des byzantin. Ritus in Süd-I. Die prot. Kirchen und Gemeinschaften (Pfingstler, Waldenser, Methodisten u.a.) zählen zus. über 300000 Mitgl. Nichtchristl. religiöse Minderheiten bilden Muslime (geschätzt über 1 Mio.) und Juden (rd. 32000). – Es besteht eine achtjährige allgemeine Schulpflicht ab dem 6. Lebensjahr und ein für alle Kinder ab dem 3. Lebensjahr offenes Vorschulangebot (nicht obligatorisch). Das Schulsystem gliedert sich in folgende Stufen: die fünfjährige Primarschule (Grundschule) und eine dreijährige Sekundarschule (Mittelschule), an die sich versch. weiterführende Schulen anschließen, darunter das auf den Hochschulbesuch vorbereitende fünfjährige Gymnasium und zwei- bis vierjährige Berufsfachschulen. Die Einführung des 2000 beschlossenen neuen Schulsystems mit siebenjähriger Primarschule, fünfjähriger Sekundarschule und zweijähriger weiterer Ausbildungspflicht steht (2003) noch aus. Die Analphabetenquote beträgt 1,6%. Es gibt über 80 Univ. und Hochschulen, darunter das ↑Europäische Hochschulinstitut in Fiesole bei Florenz. Den geschichtl. Anfangspunkt des italien. Hochschulwesens bilden die im 11. Jh. gegründeten Univ. von Parma und Bologna, die zugleich die ältesten Univ. Europas sind.

Wirtschaft und Verkehr: I. hat einen grundlegenden Strukturwandel vom Agrar- zum Ind.staat durchgemacht. Trotz der Fortschritte durch staatl. Förderungsmaßnahmen und private Investitionen sind die Unterschiede zw. dem hoch industrialisierten nördl. I. und dem vergleichsweise zurückgebliebenen S (↑Mezzogiorno) nicht wesentlich verringert worden. In der Landwirtschaft (rd. 7%) geht der Anteil der Beschäftigten zurück.

Landwirtsch. genutzt werden rd. 56% der Fläche, davon entfallen 53% auf Ackerland, der Rest auf Dauerkulturen (Rebfläche und Olivenhaine) und Grünland. Wälder (z.T. Macchie) nehmen 22% ein. Hauptanbauprodukt ist Weizen (auf fast 40% des Ackerlands, beste Erträge in der Poebene), ferner Mais, Reis, Gerste, Zuckerrüben, Gemüse (v.a. Tomaten), Kernobst (Südtirol), Tabak, Oliven u.a.; Weinbau ist in fast ganz I. verbreitet (I. ist der größte Weinerzeuger in Europa). Mit der Mechanisierung der Landwirtschaft geht die Abnahme der Huftier-, der Schaf- und Ziegenhaltung einher. Intensive Rinder- und Schweinezucht gibt es in Norditalien. Die Fleischerzeugung reicht jedoch für den Bedarf nicht aus. Die Betriebsstruktur in der Landwirtschaft wird weiterhin von der Realerbteilung, den Kleinbetrieben

Italien

und von den Kleinpachtsystemen bestimmt. Die Forstwirtschaft deckt etwa 13% des Nutzholzbedarfs. Um Aufforstungsprogramme nicht zu gefährden, bleibt der Holzeinschlag gering. Der Fischfang deckt nicht den Eigenbedarf.

Wichtige Bodenschätze sind die Erdölvorkommen SO-Siziliens, bei Pescara und in der Poebene, die Vorkommen von Erdgas in der Poebene, am O-Rand des Apennins, auf Sizilien und in der Basilicata sowie untermeerisch in der nördl. Adria und im

Ion. Meer. Dazu kommen Quecksilber und Antimonerz vom Monte Amiata, Blei- und Zinkerze im SW Sardiniens (Iglesiente). Kalisalz wird in ehem. Schwefelbergbaugebieten Innersiziliens gefördert. Die Marmorgewinnung von Carrara hat noch steigende Tendenz. Mangel herrscht v. a. an Eisenerz und Kohle.

Kennzeichnend für die Ind. ist die starke Beteiligung des Staates. Die wachsende Finanznot führte jedoch zur Reprivatisierung ehem. verstaatlichter Betriebe. Großunternehmen sind v. a. in Nord-I. und in Latium konzentriert. Daneben herrschen Kleinbetriebe in der mechan., Bekleidungs-, Holz-, Textil-, Nahrungsmittel-, Schuh- und Möbelind. vor. Zur Überwindung dieses strukturellen Dualismus wurden zahlreiche staatl. Maßnahmen getroffen. Im Mezzogiorno (Süd-I.) sind industrielle »Entwicklungspole« mit großer staatl. Hilfe gegründet worden, überwiegend hoch automatisierte Teilfertigungsbetriebe, z. B. das große Stahlwerk in Tarent, die Großunternehmen der Petrochemie von Augusta-Syrakus, Cagliari und Sassari. Von großer Bedeutung sind Eisen und Metall verarbeitende Ind., Elektrotechnik, die chem. Industrie sowie der Kfz-Bau. Die Nahrungsmittelind. beliefert vorwiegend den inländ. Markt. Die Textil-, Schuh- und Bekleidungsind. haben ihre internat. Stellung bewahren können. Alte Tradition hat die Seidenind. um Como (inländ. Seidenraupenzucht in Venetien und in der Lombardei). Berühmt ist das italien. Kunsthandwerk, bes. in Florenz und Venedig. Ausgeführt werden Maschinen, Kfz, chem. Erzeugnisse, Eisen und Stahl, Textilien und Bekleidung, Schuhe, Obst und Gemüse, Wein, Liköre, Teig- und Süßwaren u. a., eingeführt Rohöl, Maschinen, Kfz, Kohle, Schnittholz, Nahrungsmittel u. a. Wichtigste Handelspartner sind Dtl., Frankreich und die USA. Der Fremdenverkehr ist die wichtigste Devisenquelle (jährlich etwa 55 Mio. ausländ. Touristen). Am meisten besucht werden die Badeorte an der oberen Adria mit Venedig sowie Rom und Südtirol. – Die Energieversorgung basiert im Wesentlichen auf importierter Steinkohle sowie importiertem Rohöl und Erdgas. Die installierte Leistung der Kraftwerke beträgt (2000) 65 513 MW. Davon entfallen rd. 79 % auf Wärmekraftwerke und 20 % auf Wasserkraftwerke, ein geringer Anteil auf Erdwärme. Die ehem. vier Kernkraftwerke sind abgeschaltet worden. – Von den 19 394 km Eisenbahnstrecke sind 10 202 km elektrifiziert. Das Straßennetz umfasst knapp 655 000 km, davon 1 % Autobahnen und 7 % Nationalstraßen. Seit 1976 gibt es neben der Autostrada del Sole (Mailand–Neapel–Reggio di Calabria) eine zweite durchgehende Autobahnverbindung vom Brenner entlang der Adriaküste. Vorgesehen ist darüber hinaus eine etwa 3,3 km lange Brücke über die Meeresenge von Messina, mit der Sizilien an die italien. Halbinsel angebunden werden soll und deren Bau bis 2011 abgeschlossen sein könnte. Wichtigste Handelshäfen sind die Ölimporthäfen Genua und Triest, gefolgt von Augusta, Tarent, Porto Foxi, Venedig, Ravenna, Livorno, Neapel, Savona, Syrakus, La Spezia. Der größte Passagierhafen ist Neapel. Von Triest und Genua führen Rohölpipelines (TAL bzw. CEL) nach Ingolstadt. Staatl. Luftfahrtgesellschaft im internat. Verkehr ist Alitalia. Die wichtigsten der 24 internat. Flughäfen: Rom-Fiumicino, Mailand-Linate und Mailand-Malpensa, Neapel-Capodichino, Turin-Caselle, Venedig-Marco Polo, Rimini, Catania-Fontanarossa.

Geschichte: Vorgeschichte ↑Mittelmeerraum; Geschichte I.s im Altertum ↑römische Geschichte.

Italien im frühen Mittelalter (476–951): Seit dem Sturz des letzten weström. Kaisers Romulus Augustulus durch Odoaker (476 n. Chr.) war I. jahrhundertelang ein Kampfplatz auswärtiger Mächte (Ostgoten unter Theoderich, Byzanz, Langobarden). Die Päpste riefen gegen die langobard. Bedrohung die Franken zu Hilfe. Unter deren Schutzherrschaft sicherte die Pippinsche Schenkung (754) dem Papsttum außer Rom den Besitz des byzantin. Ravenna u. a. Gebiete zu; sie wurde zur Grundlage des ↑Kirchenstaats. Karl d. Gr. eroberte 774 das langobard. Königreich und machte das Herzogtum Spoleto zur fränk. Mark. Nach dem Tod (875) Ludwigs II., des letzten karoling. Königs in I., kämpften in- und ausländ. Fürsten um die Kaiserwürde und die Krone von Ober- und Mittel-I. (seit dem 8. Jh. »Reichs-I.« gen.). Unter-I. wurde von den Sarazenen bedroht, die 810 Sardinien und Korsika, von 827 an Sizilien erobert hatten (Palermo 831, zuletzt Syrakus 878).

Italien unter den römisch-deutschen Kaisern (951–1254): 951 griff Otto I. ein und zwang König Berengar II. zur Lehnsnahme. Nach dessen Zwist mit dem Papst krönte Johannes XII. Otto 962 zum Kaiser. Damit blieb das Langobardenreich unter kaiserl. Herrschaft.Unter-I. und Sizilien wurden im Laufe des 11. Jh. von den Normannen erobert, die 1059 das Land vom Papst zu Lehen nahmen. Als 1075 der ↑Investiturstreit ausbrach, traten die Normannen und die aufstrebenden lombard. Städte auf die Seite des Papstes. Venedig, Genua und Pisa gewannen, bes. seit dem 1. Kreuzzug, die Vorherrschaft im Mittelmeer. Der Versuch Friedrichs I. Barbarossas, die kaiserl. Herrschaft in Ober- und Mittel-I. durchzusetzen, misslang. 1183 wurde in Piacenza und Konstanz Frieden geschlossen. Nachdem Heinrich VI. 1186 durch Heirat mit der normann. Erbtochter Konstanze das unteritalien. Königreich gewonnen hatte, war der Kirchenstaat von der kaiserl. Macht umklammert. Die Kraftprobe erreichte ihren Höhepunkt unter Kaiser Friedrich II., der auf Sizilien ein gut organisiertes Reich begründet hatte, aber bei dem Versuch, die kaiserl. Gewalt in ganz I. durchzusetzen, scheiterte. Mit dem Tod des Kaisers (1250) und seines Sohnes Konrad IV. (1254) gewannen die Päpste die Oberhand. Reste der stauf. Reichsverwaltung blieben lange nach deren Untergang wirksam.

Mittel- und Kleinstaaten (1254–1494): Der von Papst Klemens IV. herbeigerufene Karl von Anjou besiegte den Staufer Manfred bei Benevent (1266) und gewann nach der Hinrichtung Konradins (1268) das süditalien. Königreich, verlor aber 1282 durch eine Volkserhebung (Sizilian. Vesper) Sizilien an das Haus Aragonien, das Königreich Neapel blieb beim Haus Anjou. Die Machtpolitik Papst Bonifatius' VIII. scheiterte am Widerstand des frz. Königtums (Philipp der Schöne); das Papsttum geriet durch die Übersiedlung nach Avignon (1309–76) ganz unter frz. Einfluss. Die Parteikämpfe zw. ↑Guelfen und Ghibellinen verhinderten in Reichs-I. den Aufbau einer übergreifenden Ordnung. Die Stadtherren erhielten größere Macht, erst im Laufe des 14. Jh. verringerte sich die Zahl der Stadtstaaten mit der Ausweitung der Territorialfürstentümer, die die Stadtrepubliken ablösten. In Genua und Venedig bestanden Adelsrepubliken, in Piemont regierten die Herzöge von Savoyen. In Mittel-I. stellte Kardinal Albornoz nach 1354 durch eine Verf. den Kirchenstaat wieder her. In Unter-I. konnten die aragones. Herrscher 1442 Sizilien wieder mit Neapel vereinigen. Trotz seiner polit. Zerrissenheit war I. im 15. Jh. Mittelpunkt des Humanismus und der Renaissance und in Kunst und Wiss. führend in Europa. Seine Vormacht in Handel und Geldverkehr ging erst zurück, als sich im 16. Jh. der Handel vom Mittelmeer zum Atlant. Ozean verlagerte.

Von 1494 bis zur Einigung: Ende des 15. Jh. wurde I. erneut Schauplatz der Eroberungspolitik fremder Mächte. Der frz. König Karl VIII. eröffnete durch seinen Zug gegen Neapel 1494 den Kampf um die Vorherrschaft in I. zwischen Frankreich und Habsburg, bis Frankreich (nach der Schlacht von Pavia 1525) im »Damenfrieden von Cambrai« (1529) und im Frieden von Cateau-Cambrésis (1559) verzichten musste. Mailand, Sardinien und Neapel-Sizilien kamen nach der Teilung der habsburg. Lande an Spanien, das so die Vorherrschaft auf der Halbinsel erlangte. Im Mantuanischen Erbfolgekrieg (1628–31) und durch den Pyrenäenfrieden (1659) gewann Frankreich in Ober-I. Einfluss. Die führende kulturelle Stellung in Europa verlor I. im Zeitalter des Barock und der Aufklärung an Frankreich. Venedig konnte seine Besitzungen in der Levante (Zypern, Kreta, Morea) nicht gegen die Türken behaupten. Das Aussterben der einheim. Dynastien führte zur Neuordnung der Machtverhältnisse und zur Vorherrschaft Österreichs. Nur Savoyen-Piemont konnte durch Gewinn der sizilian. Krone 1713 (1720 gegen das österr. Sardinien eingetauscht) seine Stellung ausbauen. Während der Friedensperiode im 18. Jh. wurden die Lombardei und die Toskana durch Reformen auf allen Gebieten zu Musterländern im Sinne des aufgeklärten Absolutismus und zu Trägern eines neuen Nationalbewusstseins.

In den ↑Französischen Revolutionskriegen vertrieb 1796 Napoléon Bonaparte die Österreicher aus der Lombardei; sie wurden im Frieden von Campoformio (1797) mit dem Gebiet der zusammengebrochenen Republik Venedig abgefunden. Die Franzosen errichteten in I. eine Reihe abhängi-

Italien um 1500

ger Freistaaten (u. a. Italien. Republik, seit 1805 Königreich I., als dessen König sich Napoleon krönen ließ). 1806 wurden die Bourbonen aus dem Königreich Neapel vertrieben, das an Napoleons Bruder Joseph, 1808 an seinen Schwager J. Murat kam. Nur auf den Inseln Sizilien und Sardinien behaupteten sich unter dem Schutz der brit. Flotte die früheren Herrscher. 1814/15 brach die napoleon. Herrschaft in I. zusammen. Der Wiener Kongress stellte den Kirchenstaat wieder her, vergrößerte das Königreich Sardinien (Piemont) durch Genua und machte Österreich durch den Besitz Venetiens und der Lombardei zur vorherrschenden Macht.

Nach 1815 wuchs im gebildeten Bürgertum und beim fortschrittl. Adel der Wunsch nach grundsätzl. Reformen, deren Ziel die nat. Einheit und die Rückgewinnung der führenden Stellung I.s in Europa war (»Risorgimento«). Neu gegründete Geheimgesellschaften (u. a. die »Carbonari«, G. Mazzinis »Junges Italien«) und offene Unruhen (1820/21 Neapel, Piemont, 1830/31 Modena, Romagna) zeigten den Widerstand gegen die Restauration unter österr. Hegemonie. Mazzini, der eine demokrat. Republik anstrebte, organisierte in den 1830er-/40er-Jahren mehrere Aufstände, die jedoch fehlschlugen. 1848 schloss sich I. der Revolution in Europa an: Die Österreicher wurden aus Mailand und Venedig vertrieben; König Karl Albert von Sardinien stellte sich an die Spitze der nat. Bewegung. Doch wurde er bei Custoza (25. 7. 1848) und Novara (23. 3. 1849) geschlagen. Rom, wo Mazzini und Garibaldi die Rep. ausgerufen hatten, wurde von einem frz. Hilfskorps des Papstes erobert. Zuletzt fiel Venedig (24. 8.). Fast überall zog die Reaktion ein, nur Piemont-Sardinien unter König Viktor Emanuel II. (1849–78) und C. Benso Graf Cavour als MinPräs. (1852–61) behielt Parlament und Verf.; damit übernahm es die Führung im Kampf um die italien. Einheit. Cavour gelang es, auch die meisten Republikaner auf seine Seite zu bringen, zudem schloss er 1858 ein Bündnis mit Napoleon III. gegen Österreich; Frankreich erhielt dafür Nizza und Savoyen. 1859 brach der Sardin.-Frz.-Österreichische Krieg aus, der zu den Niederlagen der Österreicher bei Magenta (4. 6.) und Solferino (24. 6.) führte. Durch den Waffenstillstand von Villafranca (11. 7.) und den Frieden von Zürich (10. 11.) erhielt Piemont die Lombardei, Venetien blieb bei Österreich. Inzwischen waren die Herrscher von Toskana, Parma und Modena aus ihren Ländern vertrieben worden; die kirchenstaatl. Romagna schüttelte die päpstl. Herrschaft ab. Die Bourbonenherrschaft in Neapel-Sizilien wurde dann durch die kühne Unternehmung G. Garibaldis vom Sommer 1860 (»Zug der Tausend«) gestürzt. In allen diesen Gebieten führte Cavour Volksabstimmungen durch, die sich für die Angliederung an Piemont aussprachen. Savoyen und Nizza wurden gemäß dem Bündnisvertrag an Frankreich abgetreten. Nach ersten Parlamentswahlen wurde am 17. 3. 1861 das Königreich I. unter Viktor Emanuel II. proklamiert. Frz. Truppen hielten Rom besetzt; die Hptst. I.s wurde daher 1865 Florenz. Im Bunde mit Preußen gewann I. 1866 Venetien. Der Abzug der frz. Truppen aus Rom nach Ausbruch des Dt.-Frz. Krieges ermöglichte die Besetzung Roms (20. 9. 1870), das mit dem Rest des Kirchenstaats I. eingegliedert und zur Hauptstadt erhoben wurde. Der Konflikt zw. Papst und italien. Staat wurde erst 1929 durch die ↑Lateranverträge gelöst. Die frz. Vorbild folgende Verf. Sardiniens wurde auf ganz I. übertragen. Die neue Ordnung wurde v. a. in Süd-I. nicht überall akzeptiert (u. a. die Wehrpflicht); dies und das Ausbleiben einer Landreform führten dort zu einem politisch motivierten Brigantenwesen.

Der liberale Einheitsstaat (1870–1918): Die seit Cavour regierende Rechte wurde 1876 durch die liberale Linke abgelöst. Protektionistische Außenhandelspolitik brachte Gegensätze zu Frankreich, die durch die frz. Kolonialpolitik (Besetzung von Tunis 1881) verstärkt wurden. Der Anschluss I. an das Bündnis Dtl.s mit Österreich-Ungarn 1882 (↑Dreibund) gegen den Widerstand der ↑Irredenta sollte v. a. eine aktive italien. Kolonialpolitik stützen, die mit der Besetzung von Eritrea und der Somaliküste begann (seit 1881). Die Reg. Crispi (1887–91, 1893–96) versuchte erfolglos die Eroberung Äthiopiens (Niederlage bei Adua 1896). Im Inneren wurden die Anfänge der sozialist. (1892 Gründung der Sozialist. Partei) und kath. Arbeiterbewegung durch Einschränkung der Presse- und Versammlungsfreiheit unterdrückt; soziale Unruhen, Generalstreiks (Mailand 1898, Genua 1900) und die Ermordung König Umbertos I. führten schließlich 1903 zum Machtantritt G. Giolittis (mit Unterbrechungen bis 1914, erneut 1920/1921). Seine Reformpolitik bemühte sich u. a. um Abbau des Antiklerikalismus, Sozialgesetzgebung, Änderung des Wahlrechts. Parallel dazu entwickelte sich die Wirtschaft günstig. Gegner der Politik Giolittis war eine starke nationalist. Bewegung, die von Irredenta und Großmachtstreben bestimmt war. Auf ihr Drängen wurde 1911 Libyen (Tripolitanien und die Cyrenaica) annektiert, 1912 der Dodekanes. Im Inneren wurden die extremen rechten und linken Gruppierungen gestärkt.Als der Erste Weltkrieg ausbrach, erklärte die Reg. A. Salandra die Neutralität Italiens. Die Nationalisten verlangten den Anschluss an die Gegner des bisherigen Dreibundes; unter ihnen trat der einstige Sozialist B. Mussolini in den Vordergrund. MinPräs. Salandra ließ sich im Londoner Geheimvertrag (26. 4. 1915) alle gegen Österreich gerichteten irredentist. Wünsche bewilligen und erklärte am 23. 5. 1915 Österreich-Ungarn, erst am 28. 8.

1916 dem Dt. Reich den Krieg. (↑Weltkrieg)

Von 1919 bis zum Ende des Faschismus 1945: Im Friedensvertrag von Saint-Germain (10. 9. 1919) erhielt I. nur einen Teil seiner Forderungen: das Trentino und Südtirol bis zum Brenner, Görz, Triest, Istrien und Zara (Zadar). Die Enttäuschung verschärfte die inneren Gegensätze, die I. an den Rand des Bürgerkriegs brachten. Die Umsturzbestrebungen der Sozialisten und bes. der Kommunisten trafen auf eine scharfe Reaktion der von B. Mussolini 1919 in Mailand gegründeten faschist. Bewegung; mit dem »Marsch auf Rom« (28. 10. 1922) zwang Mussolini den König, ihn an die Spitze der Reg. zu berufen (31. 10.). Durch rücksichtslosen Machtgebrauch und Terror gelang es der faschist. Minderheit, die Staatsgewalt vollständig zu übernehmen und den Staat allmählich totalitär umzuformen (↑Faschismus). Nach der Angliederung Fiumes (Rijeka, 1924) war Mussolini, der als Reg.chef und Führer der faschist. Partei (Duce) als Diktator herrschte, zunächst auf eine friedl. Außenpolitik bedacht (Völkerbund, Locarno-Pakt, Kellogg-Pakt), doch suchte er die italien. Vormachtstellung im Mittelmeerraum zu sichern (Besetzung Korfus 1923). Mit der kath. Kirche verständigte er sich durch die Lateranverträge vom 11. 2. 1929. In der Adriafrage verschärfte sich der alte Gegensatz zu Jugoslawien, als I. seit 1926/27 starken Einfluss in Albanien gewann. Mit Ungarn und Österreich kam durch die Röm. Protokolle (17. 3. 1934) eine engere Verbindung zustande, eine Annäherung an Frankreich im Kolonialabkommen vom 7. 1. 1935. Dem nat.-soz. Dt. Reich stand I. wegen machtpolit. Rivalitäten anfänglich ablehnend gegenüber. Im Okt. 1935 begann der Krieg gegen Äthiopien, das eroberte Land wurde 1936 mit den Kolonien Eritrea und Somaliland zu Italien.-Ostafrika vereinigt. Die durch die Teilnahme I.s am Span. Bürgerkrieg aufseiten Francos begonnene Annäherung an Dtl. wurde durch die ↑Achse Berlin–Rom (25. 10. 1936), den Beitritt zum Antikomintern-Pakt und den Austritt aus dem Völkerbund (11. 12. 1937) gefestigt. I. war am ↑Münchener Abkommen beteiligt und schloss nach der Besetzung Albaniens (7.–13. 4. 1939) ein Militärbündnis mit Dtl. (»Stahlpakt«, 22. 5. 1939). In den Zweiten ↑Weltkrieg griff I. erst am 10. 6. 1940 auf dt. Seite ein. Am 27. 9. 1940 schloss es mit Dtl. und Japan den Dreimächtepakt ab. Die infolge der Niederlagen zunehmende antifaschist. Stimmung in der Bev. verschärfte sich (Streiks in Ober-I., März 1943); am 24. 7. 1943 erklärte sich auch der faschist. Großrat gegen Mussolini, der vom König gefangen gesetzt wurde; mit der Reg.bildung wurde P. Badoglio beauftragt, die faschist. Partei wurde aufgelöst; das faschist. Regime brach zusammen, ohne Widerstand zu leisten. Am 3. 9. schloss Badoglio nach Geheimverhandlungen einen Waffenstillstand mit den Alliierten (verkündet 8. 9. 1943). Die italien. Truppen in den von Dtl. besetzten Gebieten wurden daraufhin entwaffnet oder gefangen genommen; der König und Badoglio flohen zu den in Sizilien gelandeten Alliierten. Der am 12. 9. von den Deutschen befreite Mussolini trat an die Spitze der auf das dt. Besatzungsgebiet beschränkten »Rep. von Salò« (offiziell Repubblica Sociale Italiana). In Mittel- und Ober-I. unterstützten Partisanen die Alliierten hinter der dt. Front. Seit 1942 waren im Untergrund die Parteien neu gegr. worden (u. a. Kommunist. Partei [PCI], Sozialist. Partei [PSIUP], Christlich-Demokrat. Partei [DC]). Sie bildeten im Sept. 1943 ein Nat. Befreiungskomitee. Nach der Besetzung Roms durch die Alliierten (4. 6. 1944) trat Badoglio zurück; der Kronprinz trat als Umberto II. an die Spitze des Staates, das Nat. Befreiungskomitee bildete eine Übergangsregierung. Am 28. 4. 1945 wurde Mussolini von Partisanen erschossen. Mit der Kapitulation der dt. Streitkräfte (29. 4./2. 5. 1945) endete die Rep. von Salò.

Die Republik Italien: Nach einer Volksabstimmung (2. 6. 1946) zugunsten der Republik (proklamiert am 18. 6. 1946) verließ Umberto II. das Land. Die am 2. 6. 1946 gewählte Verfassunggebende Nat.versammlung bestimmte E. De Nicola zum Staatspräs. und verabschiedete eine Verf., die am 1. 1. 1948 in Kraft trat. Seit den Wahlen von 1946 wurde die DC für die nächsten Jahrzehnte zur stärksten Partei. Mithilfe des Marshallplanes leitete die Reg. A. De Gasperi (1945–53) den Wiederaufbau ein, auch eine Sozial- und Agrarreform, die jedoch das Problem jeder Reg. blieb (bes. im S des Landes).

Nach dem Verlust der absoluten Mehrheit (1953) bildete die DC zunächst Koalitionsreg. mit den Mitte-rechts-Parteien, ab 1962 auch mit linken Parteien. Nach einer Zeit innenpolit. Stabilität unter der 1. Reg. A. Moro (1963–68) führten Inflation, Stagnation, Arbeitslosigkeit Anfang der 70er-Jahre zu polit. Polarisierung, die in rechts- und linksterrorist. Anschlägen gipfelte (Ermordung A. Moros durch die »Roten Brigaden« 1978), und schnell wechselnden Regierungen. 1976 schloss die DC unter MinPräs. G. Andreotti ein Bündnis mit fünf Parteien, u. a. den Kommunisten, deren gemeinsames Programm der wirtsch. und sozialen Sanierung dienen sollte. Nach dem Bruch dieses Bündnisses (1979) und Neuwahlen musste die DC 1981 erstmals das Amt des MinPräs. einer anderen Partei überlassen (G. Spadolini, PRI, 1981/82; B. Craxi, PSI, 1983–87). Seit Beginn der 90er-Jahre zeichneten sich innenpolit. Umbrüche ab: Die Kommunist. Partei, seit 1946 die zweitstärkste Partei, änderte 1991 ihren Namen in »Demokrat. Partei der Linken« (PDS) und beschloss ein neues Programm. Staatspräs. F. Cossiga trat 1992 vorzeitig zurück; ihm folgte O. L. Scalfaro (im Amt bis Mai 1999). Durch die hohe Staatsverschuldung, das unveränderte Nord-Süd-Gefälle verloren die etablierten polit. Kräfte ihre Glaubwürdigkeit. Die Parlamentswahlen 1992 brachten für die DC nur 29,7% der Stimmen; dagegen gewannen Regionalparteien (v. a. die Lega Nord) mit ihren z. T. separatist. Programmen viele Anhänger. Die von G. Amato (PSI) geführte Koalitionsregierung (DC, PSI, PSDI und PLI) bemühte sich zwar, das Vertrauen in den Staat wiederherzustellen, doch mündeten Korruptionsskandale führender Politiker, Morde der Mafia an hohen Justizbeamten, der Verdacht der Verstrickung von Politik und Mafia im Frühjahr 1993 in eine Staatskrise. Es kam zu staatsanwaltl. Ermittlungen gegen Spitzenmanager versch. Staatskonzerne wegen Bestechung und unerlaubter Parteienfinanzierung, ebenso gegen führende Politiker, u. a. gegen G. Andreotti (DC) und B. Craxi (PSI). In einem Referendum (April 1993) sprach sich die Bev. mit großer Mehrheit für umfassende polit. Reformen aus. Nach dem Rücktritt der Reg. Amato (Jan. 1994) und Neuwahlen (März 1994) war das polit. Kräftefeld stark verändert. Bereits im Jan. 1994 hatte sich die DC angesichts ihres großen Ansehensverlustes selbst aufgelöst. Die Wahlen im Mai 1994 gewann S. Berlusconi mit seinem rechten Bündnis »Pol der Freiheit« (wichtigste Parteien Forza Italia, Nat. Allianz, Lega Nord), seine Reg. scheiterte aber bereits im Dez. 1994. Nach einer Übergangsreg. unter L. Dini siegte bei vorgezogenen Neuwahlen im April 1996 das Mitte-links-Bündnis »L'Ulivo« (Ölbaum; PDS, PPI, Liste Dini, Grüne) und stellte mit R. Prodi (parteilos) den MinPräs., im Okt. 1998 übernahm M. D'Alema (DS) das Amt. Zum Staatspräs. wurde im Mai 1999 der Parteilose C. A. Ciampi gewählt. Nach der Niederlage des »Ulivo« bei Regionalwahlen trat D'Alema im April 2000 zurück; MinPräs. wurde – gleichfalls für »L'Ulivo« – der Parteilose G. Amato. Bei den Parlamentswahlen im Mai 2001 erhielt das unter dem Namen »Casa delle Libertà« erneuerte Mitte-rechts-Bündnis in beiden Kammern die Mehrheit. Berlusconi, wiederum Führer des Bündnisses, bildete im Juni 2001 als MinPräs. die 59. Nachkriegsreg. Italiens. Mit ihrer Mehrheit im Parlament verabschiedete die Koalitionsreg. eine Reihe umstrittener Gesetze v. a. zur Strafverfolgung (z. B. Immunitätsgesetz, das die Inhaber der fünf höchsten Staatsämter vor Strafverfolgung schützt). MinPräs. Berlusconi wurde daraufhin vorgeworfen, damit gegen ihn laufende Verfahren unterbinden zu wollen. Das Immunitätsgesetz wurde im Januar 2004 vom italienischen Verfassungsgericht für verfassungswidrig erklärt. Durch den Pariser Friedensvertrag (10. 2. 1947) verlor I. den Dodekanes an Griechenland, Istrien an Jugoslawien; Triest wurde Freistaat. I. musste auf alle Kolonien verzichten, erhielt jedoch 1950 die Treuhandschaft über Italien.-Somaliland. Die Triestfrage (↑Triest), die das Verhältnis zu Jugoslawien belastete, wurde 1954 in einem De-facto-Abkommen (Teilung des umstrittenen Gebietes) entschieden. I. schloss sich früh dem westl. Bündnissystem an (u. a. Gründungsmitglied der NATO und der WEU). Seit 1949 gehört es dem Europarat, seit 1955 der UNO und ihren Sonderorganisationen an. Mit dem Beitritt zur Europ. Gemeinschaft für Kohle und Stahl (1952), zur EWG und EURATOM (1958) förderte es aktiv den europ. Integrationsprozess und die Erweiterung der EG in den folgenden Jahrzehnten. 1992 stimmten beide Häuser des Parlaments dem Vertrag von Maastricht zu. Seit dem 1. 1. 1999 gehört I. zur Euro-Zone; seit dem 1. 1. 2002 ist der Euro gesetzl. Zahlungsmittel. Der Konflikt zw. I. und Österreich um ↑Südtirol wurde 1992 auch offiziell beendet.

📖 *Goez, W.: Geschichte I.s in MA. u. Renaissance. Darmstadt [3]1988. – Lill, R.: Geschichte I.s in der Neuzeit. Nachdr. Darmstadt 1994. – Seidlmayer, M.: Geschichte I.s vom Zusammenbruch des Röm. Reiches bis zum ersten Weltkrieg. Mit einem Beitrag v. T. Schieder: I. vom ersten zum zweiten Weltkrieg. Stuttgart [2]1989. – Hausmann, F.: Kleine Geschichte I.s seit 1943. Neuausg. Berlin 1994. – I., Beiträge v. C. Chiellino u. a. A. d. Italien. München [3]1995. – Petersen, J.: Quo vadis, Italia? München 1995. – Brockhaus – die Bibliothek. Länder u. Städte: I. – Rom, bearb. v. E. Retzlaff. Leipzig u. a. 1997. – Große, E. U. u. Trautmann, G.: I. verstehen. Darmstadt 1997. – I.-Lexikon, hg. v. R. Brütting. Neuausg. Berlin 1997. – Schaub, V.: Nachbar I. Schlaglichter auf ein Land ewiger Widersprüche. Frankfurt am Main [2]1997. – Reinhardt, V.: Geschichte I.s Von der Spätantike bis zur Gegenwart. München 2003.*

Italiener (italien. Italiani), roman. Volk, das Staatsvolk Italiens; I. leben u. a. auch in den USA, in Südamerika und in der Schweiz. – Die ursprüngl. Bev. wurde in Mittelitalien am Ende der Jungsteinzeit von den Italikern, in Oberitalien von Ligurern und Kelten, gegen Ende des 9. Jh. v. Chr. von Etruskern und wenig später in S-Italien von grch. Kolonisten überlagert; die Vormachtstellung Roms brachte Angehörige der versch. Völkerschaften auf die Halbinsel. In der Völkerwanderungszeit drangen Germanen ein, Goten und v. a. Langobarden, im 9. Jh. Araber (Sizilien), im 11. Jh. Normannen.

italienische Kunst. Die auf der italien. Halbinsel entstandene Kunst nach dem Niedergang des röm. Imperiums ist einerseits gekennzeichnet durch die individuelle Ausbildung lokaler Schulen, zeigt andererseits seit ihren Anfängen übergreifende Gemeinsamkeiten in der Bewahrung mittelmeer. Traditionen. Sie wirkte für Jahrhunderte impulsgebend auf die abendländ. Kunst.

Architektur: Der Beitrag der i. K. zur Ausbildung der *Romanik* war geringer als der Dtl.s und Frankreichs. Die aus der frühchristl. Kunst hervorgegangene Baukunst entwickelte sich seit dem 11. Jh. in landschaftlich stark voneinander abweichenden Stilvarianten. Dt. und burgund. Bauten verwandt sind die lombard. Kirchen Oberitaliens: Sant'Abbondio in Como, Sant'Ambrogio in Mailand, San Zeno in Verona, Dome von Modena, Parma, Ferrara. Der antiken Überlieferung verbunden blieben die toskan. Kirchenbauten, deren Fassaden bes. in Florenz durch farbige Marmorinkrustationen (Baptisterium; San Miniato), in Pisa

100264

italienische Kunst: Filippo Brunelleschi, Pazzi-Kapelle der Kirche Santa Croce in Florenz (1429 ff.)

italienische Kunst: Michelangelo, »Pietà« (1498–1500; Rom, Peterskirche)

(Dom) und Lucca durch Säulenarkaden gegliedert sind. In Unteritalien und auf Sizilien verbanden sich byzantin., lombard., normann. und sarazen. Einflüsse (Dome in Bari, Brindisi, Tarent und Cefalù; Martorana und Cappella Palatina in Palermo; Dom von Monreale). Rein byzantinisch ist der Zentralkuppelbau der Markuskirche in Venedig (1063 begonnen).

Die ersten Bauten der *Gotik* waren nach burgund. Art errichtete Zisterzienserkirchen (Chiaravalle bei Ancona, 1126ff.). Doch setzte sich im 13. Jh. bes. in den Kirchen der Bettelorden bald italien. Formwille durch, dem die Auflösung der Mauerflächen widerstrebte (San Francesco in Assisi, Santa Maria Novella und Santa Croce in Florenz). In italienisch abgewandelter Gotik wurden die Dome von Florenz, Siena, Orvieto und Mailand erbaut. Der Profanbau wurde seit dem 13. Jh. bedeutend: Palazzo della Ragione, Mailand; Bargello, Florenz u.a. Gegenüber der nord. Gotik blieben auch im Wohnbau die Wandflächen sehr viel geschlossener. Typisch sind die offenen, großbogigen Hallen; Loggien in Florenz, Bologna (Ende 14. Jh.). Eine dem architektonisch Fantastischen zuneigende Abwandlung der Gotik entstand in Venedig: Dogenpalast, Casa d'Oro (1421–40).

Die *Frührenaissance* setzte mit dem 15. Jh. ein. Führend war Florenz, wo Brunelleschi, der Vollender der noch gotisch bestimmten Kuppel des Doms, den an die Antike anknüpfenden neuen Stil und mit ihm die Baukunst der Neuzeit begründete (San Lorenzo, Pazzikapelle; Santo Spirito). L. B. Alberti, der nächst ihm bedeutendste Baumeister der Zeit, ging auch als Theoretiker von der Antike aus. Michelozzo baute in Florenz den Palazzo Medici, der maßgebend für den Palastbau wurde. In Urbino schuf L. Laurana den Herzogspalast. In der Lombardei entstanden Ende des Jh. die noch der Frührenaissance angehörenden Bauten Bramantes.

Die *Hochrenaissance* des 16. Jh. sammelte alle künstler. Kräfte in Rom. 1506 erhielt Bramante den Auftrag für den Neubau der ↑Peterskirche. Sein Entwurf eines ganz in sich ruhenden, alle Teile harmonisch zusammenschließenden Zentralbaus war der vollkommenste Ausdruck des Ideals der Renaissance, wurde aber in veränderter Form ausgeführt. Unter den ihm in der Bauleitung folgenden Architekten (Raf-

italienische Kunst: Leonardo da Vinci, »Anna selbdritt« (um 1508–11; Paris, Louvre)

italienische Kunst: Canaletto, »Die Rückkehr des Bucintoros zur Mole am Himmelfahrtstag« (1727/29; Moskau, Puschkin-Museum)

fael, G. da Sangallo, B. Peruzzi, A. da Sangallo d. J.) bestand im Widerstreit mit neu aufkommenden Langhausplänen lange Ungewissheit über die Fortführung des Baus. Michelangelo, der in Florenz die Grabkapelle der Medici und die Biblioteca Laurenziana geschaffen hatte, wurde 1547 Bauleiter der Peterskirche. Von den röm. Palastbauten ist der großartigste der Palazzo Farnese (von A. da Sangallo d. J. und Michelangelo). Der führende Baumeister Venedigs war J. Sansovino. A. Palladio begründete mit seinen in Vicenza und Venedig geschaffenen Bauten die klassizist. Richtung der Spätrenaissance, die vorbildlich für ganz Europa wurde.

Die Baukunst des *Barock* begann in Rom mit G. da Vignolas Jesuitenkirche »Il Gesù« (Fassade von Giacomo Della Porta) Ende des 16. Jh. Der Versuch, dynamische Bewegtheit in der Architektur zum Ausdruck zu bringen, setzte sich fort bei G. L. Bernini (Sant' Andrea al Quirinale, Gestaltung des Petersplatzes, Rom) und steigert sich bei F. Borromini (San Carlo alle Quattro Fontane, Rom). Neben ihnen wirkten C. Rainaldi und P. da Cortona. Über Borromini hinaus führte G. Guarini mit seinen Hauptwerken in Turin. Der Palastbau spielte eine bed. Rolle, u. a. Palazzo Barberini (Entwurf von C. Maderna), die Paläste Montecitorio und Propaganda Fide (Borromini), alle in Rom.

Im *18. Jahrhundert* schuf F. Iuvara in Turin und Piemont eindrucksvolle Kirchen. In Rom entstanden die Span. Treppe von F. de Sanctis und die Fontana di Trevi von N. Salvi. Vertreter des Klassizismus im letzten Drittel des 18. Jh. und im frühen *19. Jahrhundert* sind G. Piermarini in der Lombardei und G. Valadier in Rom. Allg. herrschte ein Eklektizismus vor.

Zu den Wegbereitern der Architektur des *20. Jahrhunderts* gehörten L. Figini, G. Terragni und A. Sant'Elia. Der Neoklassizismus der faschist. Zeit hemmte vorerst die weitere Entwicklung. Nach dem Zweiten Weltkrieg ergaben sich neue und interessante Lösungen (F. Albini, INA-Gebäude Parma, 1951; P. L. Nervi, Sportpaläste und Stadion in Rom, 1956–60; G. Ponti, Pirelliturm, Mailand, 1955–59; G. Michelucci, Autobahnkirche bei Florenz, 1961 bis 1968). Vertreter der in den 60er-Jahren begründeten Richtung der ↑rationalen Architektur sind A. Rossi, C. Aymonino u. a. Die Architektur der 1980er- und 90er-Jahre ist v. a. von einem maßvollen Rückgriff auf traditionelle italien. Bauformen gekennzeichnet (Viertel »Campo di Mare« auf der Insel Giudecca in Venedig, 1985; Avelino-Theater in Rom, 1987; Piazza Kennedy in Matera, 1988–91). Portoghesi baute 1976–78 das Islam. Zentrum und eine Moschee am Stadtrand von Rom. Die behutsame moderne Umgestaltung von Vorhandenem zeigt sich im Werk von R. Piano (u.a. Fußballstadion »Santa Nicola« in Bari 1987–90; Opernhaus in Parma, 2001 eröffnet; Umbau des Turiner Lingotto in ein Kulturzentrum 1983–2002), der ebenso mit dem Neubau des Konzertsaalkomplexes Auditorium »Cittá della musica« in Rom (2002 eröffnet), einem der weltweit größten Konzerthäuser, seine Rolle als Stararchitekt behauptete.

Bildhauerkunst: *Romanik:* Die Plastik des 11. Jh. war schilderungsfreudig (Bronzetüren San Zeno, Verona), aber den Sinn für Körperlichkeit und Monumentalität weckte erst um 1100 Meister Wiligelmus von Modena (Portalskulpturen des Domes). Nach ihm wirkte sein Schüler Niccolò, dessen Gewändefiguren (Hauptportal des Doms von Ferrara, 1135) in die Gotik weisen. In den Werken B. Antelamis begann die Auseinandersetzung mit der frz. Plastik. Die Bronzetüren des Barisanus von Trani stehen unter byzantin. Einfluss. Ihn überwand erst jene die Antike erneuernde Plastik, die Friedrich II. um 1230 ins Leben rief (Tor in Capua, ↑staufische Kunst).

Mit G. Pisano setzte sich gegen Ende des 13. Jh. die *Gotik* durch, die mit seinen Werken auch ihren Höhepunkt erreichte (Brunnen in Perugia, 1278, Kanzeln in Pistoia, 1301, und Pisa, 1312). Begrenzter in ihren Möglichkeiten waren A. Pisano und sein Schüler A. Orcagna. An der Antike geschult sind N. Pisano und Arnolfo di Cambio.

Ein neuer Wirklichkeitssinn bestimmte die *Frührenaissance* des 15. Jh. Got. Erbe wirkte in den Werken L. Ghibertis und auch noch in der Kunst Donatellos fort, dessen Aktstatue des David (nach 1427, Florenz), sein Reiterdenkmal des Gattamelata (1447–53, Padua) ebenso wie sein maler. Reliefstil Neuschöpfungen in antikem Geiste sind. Unter den in Florenz tätigen Bildhauern ragen als Meister farbig glasierter Tonbildwerke L. und A. della Robbia hervor, als Marmorbildhauer die Brüder A. und B. Rossellino und Desiderio da Settignano, als Bronzeplastiker A. del Pollaiuolo und A. del Verrocchio (Reiterdenkmal des Colleoni in Venedig). Iacopo della Quercia war in Siena tätig.

Die Plastik der *Hochrenaissance* kann sich an Fülle der Begabungen mit der des 15. Jh. nicht messen. In Florenz und Rom arbeitete A. Sansovino. Alle übertraf Michelangelo, der über die Renaissance und ihr klass. Maß weit hinausreichende Bildwerke schuf, seine gewaltigen Pläne (Medici-Gräber, Florenz; Grabmal Papst Julius' II., Rom) aber nur z. T. verwirklichen konnte. Das unvollendete Werk bei Leonardo und Michelangelo war charakteristisch für die Suche nach der vollkommenen Form, die im *Manierismus* infrage gestellt wurde (B. Cellini, Giambologna).

Im *Barock* des 17. Jh. wurde der die gesamte europ. Bildhauerkunst bestimmende neue Stil von G. L. Bernini in Rom geschaffen (Ausstattung in St. Peter; Brunnen: Vier-Ströme, Il Moro, Fontana Tritone). An Bernini orientierten sich auch die Bildhauer des 18. Jh. Gegen Ende des Jh. setzte sich mit der Kunst A. Canovas der *Klassizismus* durch. Überragende Persönlichkeit Ende des 19. Jh. war M. Rosso.

In der *Moderne* erreichte die italien. Bildhauerkunst internat. Bedeutung durch Arbeiten von A. Martini, M. Marini, G. Manzù und A. Pomodoro. L. Fontana beeinflusste u. a. die seit Mitte der 1960er-Jahre entstandene ↑Arte povera (M. Merz, G. Paolini, G. Penone). Heute ist die Bildhauerei fast vollständig in der Objekt- und Installationskunst aufgegangen.

Malerei: In der *Romanik* herrschte byzantin. Einfluss vor. Ihn suchte gegen Ende des 13. Jh. Cimabue in Florenz zu überwinden. Eine neue Epoche begann in der *Gotik* mit Giottos Werken; mit seinen im Monumentalstil geschaffenen Fresken der Arena-Kapelle in Padua (zw. 1304 und 1313) eröffnete er der Malerei neue Wege. Zu seinen unmittelbaren Nachfolgern in Florenz gehören T. und A. Gaddi. Gleichzeitig wirkte, der Vergangenheit enger verbunden, Duccio in Siena, wo nach ihm Simone Martini, P. und A. Lorenzetti tätig waren. In Pisa entstanden die großen Freskenfolgen des ↑Camposanto.

Die wirklichkeitsnahe Malerei der *Frührenaissance* kam mit den Fresken Masaccios in Florenz zum Durchbruch (Brancacci-

Kapelle, wohl ab 1426). Während P. Uccello und A. del Castagno die plastisch-räuml. Erscheinung mithilfe der Perspektive realistisch erfassten, lebte in den zarten Bildern Fra Angelicos noch die Gotik fort. Spätgot. Elemente verbanden sich mit dem neuen Wirklichkeitssinn in der Kunst Fra Filippo Lippis und seines Schülers S. Botticelli, neben dem in der 2. Hälfte des 15. Jh. D. Ghirlandaio und Filippino Lippi wirkten. Die bedeutendsten Maler außerhalb von Florenz waren in Mittelitalien Piero della Francesca, Melozzo da Forì, L. Signorelli, P. Perugino und Pinturiccho, in Padua A. Mantegna, in Venedig die Brüder Bellini und V. Carpaccio.

Die frühesten Werke der *Hochrenaissance* sind die mit zarter Verschmelzung von Licht und Schatten gemalten Werke Leonardo da Vincis. Raffael verwirklichte in seinen Fresken (Stanzen des Vatikans) und Tafelbildern (↑Sixtinische Madonna) am reinsten das Ideal der Hochrenaissance, das sich in den Fresken Michelangelos (Sixtin. Kapelle) bereits zu barocken Gestaltungen wandelte. Die Malerei der venezian. Hochrenaissance ging von Giorgione aus und gipfelte in den Werken Tizians, neben dem Palma Vecchio zu nennen ist. In Parma wurde A. Correggio durch illusionist. Kuppelfresken ein Wegbereiter des Barock.

Schon in den 20er-Jahren des 16. Jh. setzte der Wandel zum Stil des *Manierismus* ein, so v. a. in Florenz bei I. da Pontormo und A. Bronzino, in Parma bei Parmigianino. Das überragende Werk Tintorettos drückte die religiöse Ergriffenheit jener Zeit (Gegenreformation) am stärksten aus, während P. Veronese davon unberührt blieb.

Die Malerei des *Barock* entstand an der Wende zum 17. Jh. in Rom; Caravaggio entwickelte die in ganz Europa fortwirkende Helldunkelmalerei (Matthäus-Bilder in San Luigi dei Francesi in Rom, 1602). Die akadem. Richtung der europ. Barockmalerei ging v. a. von A. Carracci und seinen Fresken im Palazzo Farnese in Rom aus (1597–1604). Unter den zahlr. v. a. in Rom tätigen Malern ragen Domenichino, Guercino, G. Reni, G. Lanfranco und P. da Cortona, die Meister illusionist. Deckenfresken, hervor, in Neapel der Spanier J. de Ribera und S. Rosa. Im *18. Jahrhundert* war in der Malerei Venedig führend, wo S. Ricci, G. Piazzetta und G. B. Tiepolo wirkten. Venezian. Stadtansichten schufen die beiden Canaletto und F. Guardi; nachhaltige Wirkung übte G. Piranesi mit seinen Kupferstichfolgen (»Carceri«) aus. G. M. Crespi malte in Bologna, A. Magnasco in Genua. Im *19. Jahrhundert* war die Malerei in Italien von geringer Bedeutung; das Werk von G. Segantini ist eher der schweizer. Kunst zuzuordnen.

Zu Anfang des *20. Jahrhunderts* suchte der Futurismus einen neuen Beginn (U. Boccioni). G. De Chirico und C. Carrà gaben mit ihrer ↑Pittura metafisica das Vorbild neuer Bildgesetzlichkeiten, deren weitreichende Folgen u. a. bei der Entstehung der surrealist. Malerei sichtbar sind. Der Rückgriff auf die Sachlichkeit frühitalien. Meister bestimmte nachdrücklich auch die lyr. Schöpfungen G. Morandis. In den Bereich der École de Paris gehört A. Modigliani. Der italien. Beitrag zur gegenstandslosen Malerei ist bedeutend: Afro, S. Santomaso, A. Corpora, E. Vedova. Den sozialist. Realismus repräsentiert R. Guttuso. Der experimentellen Kunst wandte sich L. Fontana zu. Die Grenzen zw. Malerei und Plastik sind wie überall in der zeitgenöss. Kunst aufgehoben. Die Objekte von M. Merz, G. Penone und J. Kounellis gehören zur Arte povera. Seit Ende der 1970er-Jahre entwickelten sich avantgardist. Richtungen wie z. B. Arte cifra mit den Künstlern M. Paladino, S. Chia, E. Cucchi und W. de Maria. Im Anschluss an diese Strömungen bildete sich eine Kunstrichtung heraus, die im Zuge der postmodernen Diskussion spielerisch bestehende Formen kombiniert.

📖 *Chastel, A.: Die Kunst Italiens. Neuausg. München 1987. – I. K. Eine neue Sicht auf ihre Geschichte, Beiträge v. L. Bellosi u. a., 2 Bde. A. d. Italien. Neuausg. München 1991. – Keller, H.: Die Kunstlandschaften Italiens, 2 Bde. Neuausg. Frankfurt am Main 1994. – Die Kunst der italien. Renaissance, hg. v. R. Toman. Köln 1994. – Della Croce, M. L.: Meisterwerke italien. Kunst, hg. v. V. Manferto. A. d. Italien. Erlangen 1998. – Wenzel, M.: Italianità oder was ist i. K.? Frankfurt am Main 2001.*

italienische Literatur. Obwohl die Eigenständigkeit des Italienischen gegenüber dem Lateinischen zumindest seit dem 10. Jh. anzusetzen ist, bildeten sich die Anfänge einer selbstständigen i. L. erst mit

großer Verspätung im Vergleich zu anderen roman. Literaturen heraus.
Zum einen existierte ein umfangreiches mittellat. Schrifttum bes. in den Klöstern Bobbio und Montecassino, zum anderen verhinderten jahrhundertelang Invasionen die Entwicklung einer zentralist. Sozialstruktur; dadurch wurde zwar die Herausbildung der italien. Stadtstaaten begünstigt und das mehrsprachige Schrifttum gefördert, eine besondere Herausbildung der nat. Literatur zunächst jedoch erheblich behindert. Erste schriftlich überlieferte Zeugnisse der literar. Verwendung italien. Dialekte sind in dem »Ritmo laurenziano«, dem Bittgedicht eines Spielmanns an den Bischof von Pisa, aus dem 12. Jh. und bei dem provenzal. Troubadour Raimbaut de Vaqueiras nachweisbar; durch ihn wurde in der 1. Hälfte des 13. Jh. das Provenzalische zur Literatursprache in Italien, seine Vorherrschaft endete durch die Sizilian. Dichterschule und die umbr. Laudendichtung (Franz von Assisi). Neben dieser Dichtung entwickelte sich zw. 1250 und 1260 der ↑Dolce stil nuovo.
Trecento (14. Jh.): Den noch unsicheren Versuchen der Gestaltung einer Literatur in italien. Sprache folgte Dante Alighieri, dessen »Göttl. Komödie« (»Divina Commedia«, vollendet 1321, gedruckt 1472) eine umfassende literar. Deutung des Verhältnisses von Individuum und Gesellschaft, privater Passion und öffentl. Engagement im geistigen Kosmos des MA. gibt; sie gehört zu den wichtigsten Werken der Weltliteratur. Sein Traktat »Über die Volkssprache« (entstanden nach 1305), ein Lehrbuch der Poetik, handelt vom Ursprung und Wesen der Sprache, von Stil und Metrik einer literar. Hochsprache, deren Würde und Kraft auch das Toskanische erreichen könne. Obwohl damit auch theoretisch eine sichere Basis für die Verwendung der Volkssprache in der Literatur gegeben war, schätzte F. Petrarca sein umfangreiches Werk in lat. Sprache selbst stets höher ein als seine in italien. Sprache geschriebenen Gedichte an die Geliebte Laura. G. Boccaccio gehörte mit seiner Dantebiografie, seinem Dantekommentar und seinen mythologisch-histor. Schriften zu den italien. Frühhumanisten. Sein Hauptwerk, das »Decamerone« (entstanden 1348–53, gedruckt 1470), bereitete den Weg der Kurzerzählung nicht nur in Italien, sondern in allen westeurop. Literaturen, denen es zugleich ein unerschöpfl. Stoffreservoir wurde.
Quattrocento und **Cinquecento** (15. und 16. Jh.): Die (zunächst philolog.) Wiederentdeckung der Antike prägte die geistesgeschichtl. Entwicklung des 15. Jh. Der neuen Hochschätzung des klass. Lateins durch die Humanisten folgte die Ablehnung der mittelalterl. Latinität sowie die Infragestellung der literar. Eignung der Volkssprache. Durch L. B. Alberti, der als Begründer eines volkssprachl. Humanismus gilt, gewann die Volkssprache, das Italienische, in der 2. Hälfte des 15. Jh. ihr früheres Ansehen zurück. Seit dem 15. Jh. entwickelten sich die italien. Städte zu kulturellen Zentren der Renaissance; die italien. Kultur wurde führend in Europa, damit erhielt auch die Literatur Vorbildfunktion. Dies gilt für die literaturtheoret. Diskussionen um die »Poetik« des Aristoteles ebenso wie für die historisch-staatspolit. Schriften N. Machiavellis und F. Guicciardinis, v. a. aber für die Epen von T. Tasso, L. Ariosto, L. Pulci und M. M. Boiardo. Auch die Erneuerung der arkad. Traditionen durch I. Sannazaro, die Commedia dell'Arte und die skurrile ↑makkaronische Dichtung wirkten auf andere europ. Länder. Die Normierung der Literatursprache begann mit der Gründung der Accademia della Crusca (1582).
Seicento (17. Jh.): Mit den polit. Umbrüchen in Italien in der 2. Hälfte des 16. Jh. verlor die i. L. ihre europ. Vorbildhaftigkeit. Nur die metaphernüberladenen Dichtungen des G. Marino, die dem Zeitgeschmack des Barock entsprachen, wurden häufig nachgeahmt (Marinismus). Wiss. Prosa verfassten G. Galilei, G. Bruno und T. Campanella. Sehr umfangreich war die Mundartdichtung (G. Basile).
Settecento (18. Jh.): Um die Wende zum 18. Jh. brachte die 1690 in Rom gegr. Accademia dell'Arcadia eine Abmilderung und Wendung der barocken Formen ins Spielerische, zur Rokokolyrik, z. B. bei C. I. Frugoni und dem Dramatiker P. Metastasio. Neben den publikumswirksamen Dichtungen wie den Komödien C. Goldonis, den Märchenspielen C. Gozzis, den klass. Tragödien V. Alfieris und den satirisch-didakt. Gedichten G. Parinis stand in diesem Jh. v. a. die wiss. Literatur, die in Philosophie

und Geschichtswiss. die Ideale der Aufklärung vertrat.

Ottocento (19. Jh.): Die Romantik in Italien war eng mit polit. Zielen verbunden (Kampf gegen die österr. Besetzung, nat. Einigung Italiens) und von ihnen inspiriert. Vorläufer war U. Foscolo, den eigentl. Beginn markierte ein Artikel Madame de Staëls 1816, der den Italienern nahe legt, fremde Literaturen durch Übersetzungen kennen zu lernen und pedant. Gelehrsamkeit, Mythologie und Rhetorik aus der Dichtung zu verbannen. Bedeutendstes Werk der italien. Romantik und wesentlich für die Weiterentwicklung der Gattung ist A. Manzonis histor. Roman »Die Verlobten« (1827); seinem Vorbild folgten u. a. T. Grossi und M. d'Azeglio. Der Lyriker G. Leopardi schuf von Weltschmerz beherrschte Dichtungen in klass. Formen. Eine 2. Generation romant. Dichter versuchte nach 1848 die Intentionen der ersten zu intensivieren, v. a. die Mailänder Gruppe Scapigliatura, die dazu Anregungen C. Baudelaires und der Dekadenzdichtung verarbeitete. G. Carducci, einflussreichster Lyriker am Ende des 19. Jh., ließ in seinen vollendeten antiken Formen die polit. Ideale des Risorgimento wieder aufleben. Die Entwicklungen in der frz. Literatur, v. a. die positivist. Tendenzen, prägen die Gegenwartsromane G. Vergas, der aus Elementen des frz. Realismus und Naturalismus die italien. Variante des Naturalismus, den Verismus, schuf.

Novecento (20. Jh.): Gabriele D'Annunzio setzte der harten Sozialkritik des Verismus eine von F. Nietzsches Übermenschenideal geprägte ästhetizistisch-dekadente Literatur entgegen. Ideologisch geriet er dabei in die Nähe des Faschismus, ebenso wie F.-T. Marinetti, der mit dem ↑Futurismus eine den industriellen und sozialen Veränderungen des 20. Jh. adäquate Literatur schaffen wollte. Der Positivismus wurde in Philosophie und Literaturkritik durch B. Croce überwunden, der seine bed. Position im öffentl. Leben nutzte, um sich dem faschist. Staat entgegenzustellen. Die Lyrik reagierte auf den gesellschaftl. Umbruch mit dem Hermetismus, dessen Werke bewusst Vieldeutigkeit anstreben (G. Ungaretti, E. Montale, U. Saba, S. Quasimodo). In den Romanen des Triesters I. Svevo tauchten – wie gleichzeitig bei M. Proust und J. Joyce – Elemente der Psychoanalyse auf. An den Verismus anknüpfend, verarbeitete L. Pirandello in seinem dramat. und erzähler. Werk individuelle Erfahrungen mit psych. Grenzsituationen und deren psychoanalyt. und existenzielle Durchdringung. Mit seinen Zeitschriften und Kritiken beherrschte G. Papini das italien. Geistesleben in der 1. Hälfte des 20. Jahrhunderts.Hatte schon vor dem Zweiten Weltkrieg A. Moravia mit sozialkrit. Romanen, v. a. »Die Gleichgültigen« (1929), den Auftakt zum Neorealismus gegeben, so setzte sich diese Richtung nach Kriegsende v. a. mit der Gestaltung des antifaschist. Widerstandes und sozialer Probleme durch (wichtige Vertreter: E. Vittorini, C. Pavese, V. Pratolini, C. Levi, P. P. Pasolini und I. Silone, psychologisch thematisiert bei C. E. Gadda). Auch gegenläufige Tendenzen werden deutlich, so Introversion und Melancholie bei G. Piovene, Experiment, Allegorie und Zerstörung vertrauter Romanstrukturen bei D. Buzzati, I. Calvino, A. Palazzeschi. Lyrik und Drama bewegen sich seither gleichfalls zw. diesen Polen. Einflussreich für die Erzählliteratur war der »Gruppo 63«, der frz. theoret. und prakt. Anregungen rezipierte. Er forderte von der Kunst, sich unabhängig von Normen zu entfalten, z. B. mit dem bewusst vollzogenen Abbau strukturierten Erzählens (E. Sanguineti). Die philosoph. Basis boten T. W. Adorno, W. Benjamin, G. W. Hegel, K. Marx und Vertreter des Nouveau Roman. Weitere Vertreter einer sozialkrit. Literatur der Nachkriegszeit sind N. Balestrini, C. Bernari, P. Volponi, die besonderen Probleme Siziliens gestaltete L. Sciascia; daneben trat die Auseinandersetzung mit der faschist. Vergangenheit (G. Bassani, P. Levi, C. Malaparte). Die Tradition des historischen Romans, weitergeführt u. a. von R. Bacchelli und G. Tomasi di Lampedusa, nahm U. Eco in den 80er-Jahren wieder auf und verschaffte mit virtuos gehandhabten semiot. Techniken und universaler Gelehrsamkeit der i. L. erneut Weltgeltung. Weitere wichtige Erzähler der Gegenwart sind u. a. A. Tabucchi, L. Malerba, F. Camon und G. Manganelli. Daneben hat sich in herausragender Weise die Literatur von Frauen entwickelt, deren Vertreterinnen (in der älteren Generation Natalia Ginzburg und Elsa Morante, später Dacia Maraini, Susanna Tamaro, Paola Capriolo, Lara Cardella, Mariateresa Di

Lascia u. a.) Formen emanzipator. Selbstverwirklichung vor histor., zeitgenöss. oder überzeitlich-ortlosem Hintergrund gestalten. Die in Venedig spielenden Kriminalromane der (amerikan.) Autorin Donna Leon führten seit den 90er-Jahren zu stärkerer Beachtung und steigender Popularität italien. Krimi-Autoren (A. Camilleri, N. Filastò, C. Lucarelli). Gegenüber dieser facettenreichen Erzählliteratur spielen Lyrik (vertreten u. a. durch G. Conte, M. De Angelis, A. Zanzotto, A. Cenni) und Drama (N. Balestrini, E. Sanguineti) eine geringere Rolle in der Literatur des zeitgenöss. Italien. Innovative Impulse für die Dramatik gehen vom Dialekttheater aus, v. a. von den satirisch-burlesken Stücken D. Fos.

📖 *Friedrich, H.: Epochen der italien. Lyrik. Frankfurt am Main 1964. – Elwert, W.-T.: Die i. L. des Mittelalters. München 1980. – Wittschier, H. W.: Die i. L. Einführung u. Studienführer – von den Anfängen bis zur Gegenwart. Tübingen [3]1985. – Petronio, G.: Geschichte der i. L., 3 Bde. A. d. Italien. Tübingen u. a. 1992–93. – Italien. Literaturgeschichte, hg. v. V. Kapp. Stuttgart u. a. [2]1994. – Lentzen, M.: Italien. Lyrik des 20. Jh. Frankfurt am Main 1994. – Hösle, J.: Kleine Geschichte der i. L. München 1995. – Hösle, J.: Die i. L. der Gegenwart. München 1999. – Hardt, M.: Geschichte der i. L. von den Anfängen bis zur Gegenwart. Frankfurt am Main 2003.*

italienische Musik. Während von der alten italien. Volksmusik nur wenig überliefert ist, gibt es dagegen umfangreiche Zeugnisse liturg. Musik der röm. Kirche. Der für die Entstehung des abendländ. Musikschaffens bedeutsame gregorian. Gesang ging von Italien aus. Im 11. Jh. entstand aus der Neumenschrift die abendländ. Notenschrift (↑Guido von Arezzo). Im Trecento (etwa 1330 bis Anfang des 15. Jh.) entstanden die Gattungen Madrigal, Ballata (↑Ballade) und Caccia, mehrstimmige, weltl. Liedmusik. Im 15. Jh. und in der 1. Hälfte des 16. Jh. waren auch in der i. M. die »Niederländer« (Frankoflamen) bestimmend, z. B. G. Dufay, H. Isaac, A. Willaert, C. de Rore, Josquin Desprez, später O. di Lasso. Aus der päpstl. Kapelle in Rom, der fast alle diese Musiker angehört hatten, entstand im 16. Jh. eine röm. Schule. Im selben Jh. führte G. da Palestrina die mehrstimmige A-cappella-Musik zu ihrem klass. Höhepunkt. Unabhängig von der röm. Schule schufen in Oberitalien mit dem Zentrum Venedig u. a. A. Willaert, C. de Rore und ihre italien. Schüler wie A. und G. Gabrieli eine Musik, deren besondere Merkmale die Mehrchörigkeit, die Farbigkeit im Klang und die Verwendung von Instrumenten waren. Auch die Gattungen selbstständiger Instrumentalmusik wie Ricercare und Fantasia (↑Fantasie) entstanden in der venezian. Schule. In Venedig wirkte auch der bed. Theoretiker G. Zarlino. Das Madrigal, das die mehr volkstüml. Formen u. a. der Frottola und der Villanella abgelöst hatte, wurde bes. gepflegt und erlebte seine höchste Blüte in den Werken L. Marenzios, Don C. Gesualdos und des frühen C. Monteverdi. Ende des 16. Jh. entstand in Florenz, aus dem Bestreben, die antike Tragödie zu erneuern, die Oper mit einem neuen Gesangsstil, der Monodie, dem aus der Sprache abgeleiteten Sologesang mit harmon. Akkordbegleitung. Die ersten Vertreter sind J. Peri (»Dafne«, 1598) und G. Caccini. Monteverdi brachte die von Peri und Caccini begonnene Entwicklung der Oper zur Vollendung mit seiner vom Affektausdruck des Wortes getragenen theatral. Musik. Chorsätze und Liedformen drangen in die Oper ein; gegenüber dem Sprechgesang (Rezitativ) entstand die in sich geschlossene reine Gesangsform der generalbassbegleiteten Arie. Die Nachfolger Monteverdis waren F. Cavalli und M. A. Cesti. Allmählich eroberte die Oper ganz Italien und Europa. Neben der Oper entstanden das geistl. Oratorium (E. de' Cavalieri, G. Carissimi) und das Concerto (zuerst vokal, dann instrumental). In der Instrumentalmusik wurde v. a. die Toccata entwickelt. G. Frescobaldi wurde zu einem Vorbild der Organisten in Europa. Das 18. Jh. brachte eine Weiterentwicklung der bestehenden musikal. Formen, so auch der neapolitan. Oper, deren Hauptmeister A. Scarlatti, F. Durante, N. Jomelli, N. Piccinni, G. B. Pergolesi, G. Paisiello, B. Galuppi, D. Cimarosa waren. Die durch P. Metastasio geprägte Opera seria rief eine Reaktion in Gestalt der Opera buffa hervor, die aus der Commedia dell'Arte und den in die Opera seria eingeschobenen kom. Intermezzi entstand. Eigentl. Schöpfer der Opera buffa war G. B. Pergolesi. Es folgten Meister wie Piccinni, Galuppi, Paisiello, Cimarosa. In der

Instrumentalmusik wurden bes. Concerto grosso, Kirchen- und Kammersonate, Violinsonate und Violinkonzert gepflegt (A. Corelli, A. Vivaldi, G. Tartini). Hauptmeister der Klaviersonate war D. Scarlatti. Außerhalb Italiens wirkte bes. A. Salieri (Wien).

Die italien. Oper behielt bis ins 19. Jh. hinein ihre bed. Stellung: G. Rossini, V. Bellini, G. Donizetti, G. Spontini. Die überragende Erscheinung in der 2. Hälfte des 19. Jh. war G. Verdi, der größte Dramatiker unter den italien. Opernkomponisten. Den musikal. Naturalismus (»Verismo«) vertraten P. Mascagni, R. Leoncavallo, G. Puccini.

Die Wandlungen der Musik seit dem Ende des 19. Jh. griffen auch auf die i. M. über und ließen die reine Instrumentalmusik wieder an Bedeutung gewinnen. O. Respighis Werke weisen impressionist. Züge und eine besondere Bildhaftigkeit auf. Eine Synthese zw. der Moderne und der i. M. der Vergangenheit erstrebten I. Pizzetti, F. Malipiero, A. Casella. An Bach und Liszt anknüpfend, suchte F. Busoni mit neuen Mitteln sein ästhet. Ideal der »Klassizität« zu verwirklichen. Um 1940 wandte sich L. Dallapiccola der Zwölftonmusik zu. Mit seriellen und elektron. Kompositionstechniken befasste sich in den 50er-Jahren B. Maderna. Internat. Anerkennung fanden v. a. L. Nono, L. Berio, S. Bussotti, F. Evangelisti, F. Donatoni, G. Manzoni und N. Castiglioni. Von der jüngeren Generation traten bes. die Komponisten H. Stuppner, L. Lombardi, L. Ferrero und M. Cardi hervor.

📖 *Fischer, K. von: Studien zur i. M. des Trecento u. frühen Quattrocento. Bern 1956. – Zwischen Opera buffa u. Melodrama. Italien. Oper im 18. u. 19. Jh., hg. v. J. Maehder u. J. Stenzl. Frankfurt am Main u. a. 1994. – Stenzl, J.: Von Giacomo Pucchini zu Luigi Nono. I. M. 1922–1952. Faschismus – Resistenza – Republik. Nachdr. Laaber 1998.*

italienische Sprache, eine der romanischen Sprachen. Sie ist in viele stark voneinander abweichende Mundarten gegliedert und hat in Italien rd. 55 Mio. Sprecher. Die italien. Schriftsprache hat sich im Wesentlichen aus der toskan. Mundart entwickelt. Außerhalb der Grenzen Italiens ist die i. S. eine der Amtssprachen der Schweiz; Amtssprache ist sie auch in San Marino und im Vatikanstaat. Italien. Mundarten werden im schweizer. Kanton Tessin und in den südl. Talschaften Graubündens gesprochen sowie auf Korsika, in Teilen Istriens, in Dalmatien, im Gebiet um Nizza und in Monaco. Die italien. Mundarten lassen sich in drei Großgruppen einteilen: 1. Die norditalien. Dialekte in Piemont, der Lombardei, in der Emilia-Romagna, in Ligurien (dem Französischen nahe stehende sog. galloitalien. Mundarten) und in Venetien; 2. die mittelitalien. Dialekte südlich einer Linie La Spezia–Rimini: das Toskanische (mit den kors. Dialekten) und das Umbrische; 3. die Mundarten S-Italiens südlich einer Linie Ancona–Rom.

Italienisch-Ostafrika (italien. Africa Orientale Italiana), das 1936–41 bestehende italien. Kolonialterritorium; umfasste ↑Äthiopien, ↑Eritrea und Italien.-Somaliland (↑Somalia).

Italien-Rundfahrt, *Straßenradsport:* der ↑Giro d'Italia.

Italiker, Gruppe indogerman. Völker, die gegen Ende des 2. Jt. v. Chr. wahrscheinlich aus Mitteleuropa in Italien einwanderte. Die I. waren zunächst Bauern und Hirten, hatten tempellose Heiligtümer und verehrten Totemtiere (Wolf, Stier).

italische Sprachen, eine Gruppe der indogermanischen Sprachen, die im Altertum auf dem Apennin beheimatet war: 1) das Latinofaliskische mit den Dialekten von Latium; die lateinische Sprache, die Sprache Latiums, verdrängte mit der Ausbreitung der Herrschaft Roms alle anderen ital. Sprachen; 2) das Sabellische (auch oskisch-umbr. Gruppe gen.) mit den Mundarten der Samniten, der Osker, der Umbrer sowie kleinerer Stämme im mittleren Apennin, u. a. der Volsker. Das Oskische ist durch zahlr. kleinere Inschriften, u. a. aus Pompeji, bekannt, das Umbrische durch die ↑Iguvinischen Tafeln; 3) das »Ausonosikulische« im südl. Apenningebiet und in O-Sizilien; 4) das Venetische in der östl. Poebene; andere Forscher sehen in ihm einen selbstständigen Zweig des Indogermanischen. Für die Grundsprache sind enge Beziehungen zum Keltischen anzunehmen.

Italowestern, von Action und Komik geprägtes Subgenre des ↑Western der 1960er-Jahre von v. a. italien. Regisseuren (u. a. S. Leone).

Itami, Stadt auf Honshū, Japan, nordwestlich von Ōsaka, 188 400 Ew.; elektrotechn. u. a. Ind.; internat. Flughafen von Ōsaka.

ITAR-TASS [ITAR, Abk. für Informations-Telegrafenagentur Russlands], russ. Nachrichtenagentur, Sitz: Moskau, gegr. 1904, ab 1925 als TASS internat. Agentur. 1991 wurden TASS, die »Russ. Informationsagentur« (RIA, gegr. 1990) sowie der Wirtschaftsdienst von »Nowosti« (gegr. 1961) unter jetzigem Namen zusammengeschlossen.

Itazismus *der, Sprache:* ↑Etazismus.

Itelmen, Volk mit paläoasiat. Sprache auf der Halbinsel Kamtschatka und in NO-Sibirien, Russland, etwa 2 400 Menschen; Fischfang, Jagd; Schamanismus, Bärenkult. Die durch Heirat in das russ. Volk integrierten I. heißen Kamtschadalen.

item [lat.], Abk. **it.,** *veraltet:* ebenso, desgleichen, ferner.

Item ['aɪtəm, engl.] *das,* Einzelangabe, Element; einzelne Aufgabe innerhalb eines Tests.

ITER [Abk. für engl. International Thermonuclear Experimental Reactor, »internat. thermonuklearer Versuchsreaktor«], als europäisch-amerikanisch-japanisch-russ. Gemeinschaftsprojekt geplanter Fusionsreaktor vom Typ »Tokamak«. Ziel der für dieses Vorhaben 1988 begonnenen Zusammenarbeit auf dem Gebiet der kontrollierten ↑Kernfusion ist die Umsetzung der bislang nur im »Labor« gewonnenen Ergebnisse der Fusionsforschung und damit der Nachweis, dass die wiss. und technolog. Voraussetzungen für die Energiegewinnung durch Kernfusion erfüllt werden können. ITER soll erstmals ein thermonuklear gezündetes und für längere Zeit Energie lieferndes Plasma erzeugen. – Ein Standort für ITER steht noch nicht fest. Zur Diskussion stehen Japan, Kanada, Frankreich und Spanien. An einer Projektbeteiligung sind inzwischen wieder die USA sowie auch China und Süd-Korea interessiert (2003).

Iteration [lat. »Wiederholung«] *die,*
1) *Mathematik:* wiederholte Anwendung desselben Rechenverfahrens auf dabei gewonnene Zwischenwerte, um sich von einer Näherungslösung der exakten Lösung einer Gleichung anzunähern.
2) *Sprache:* Verdopplung einer Silbe oder eines Wortes oder einer Wortgruppe im Satz. (↑Epanalepse)

Ith *der,* Höhenzug im nördl. Weserbergland, Ndsachs., im Lauensteiner Kopf 439 m ü. M.

Ithaka (ngrch. Ithaki), eine der Ion. Inseln vor der W-Küste Griechenlands, 96 km², 3 100 Ew.; mit bis 806 m hohem Kalkgebirge, z. T. mit Macchie bewachsen; Hauptort ist I., mit Naturhafen. – Allg. wird I. als die Heimat des Odysseus betrachtet; dagegen sah W. Dörpfeld die Insel Leukas als Homers I. an.

Itinerar [lat.] *das* (Itinerarium), ein nach Straßen geordnetes Reisebuch der röm. Zeit mit Angaben über Routen, Raststationen und Ortsentfernungen in röm. Meilen (1 röm. Meile = 1 480 m) sowie Schifffahrtslinien; eine der bekanntesten röm. I.-Karten der antiken Topographie ist die »Peutingersche Tafel«.

Itio in Partes [lat. »Trennung nach Gruppen«] *die,* Trennung einer Versammlung in Gruppen, deren Einzelbeschlüsse übereinstimmen müssen, damit ein Gesamtbeschluss gültig wird. Von Bedeutung war die konfessionsbedingte I. i. P. im Reichstag des Hl. Röm. Reiches nach 1648 (Teilung in ein ↑Corpus Evangelicorum und ein Corpus Catholicorum).

Itō, Hirobumi, Fürst (seit 1907), japan. Staatsmann, * Chōshū (heute in der Präfektur Yamaguchi) 2. 9. 1841, † (ermordet) Harbin 26. 10. 1909; begründete das moderne japan. Staatswesen (Schöpfer der Verfassung von 1889); als MinPräs. (1885–88, 1892–96, 1898, 1900/01) und Präs. des Geheimen Staatsrats (wiederholt seit 1888) maßgeblich am Aufstieg Japans zur asiat. Großmacht beteiligt; 1906–09 Generalgouv. von Korea.

Itochu Corp., weltweit (in über 80 Ländern) tätiger japan. Mischkonzern (u. a. Handel, Energie, Elektronik, Maschinenbau), gegr. 1858, Sitz: Ōsaka.

i. Tr., Abk. für in der Trockenmasse; dient v. a. zur Kennzeichnung des Fettgehalts bei Käse.

Itschang, Stadt in China, ↑Yichang.

Itschan-Kala (Ditchan-Kala), Altstadt der usbek. Stadt ↑Chiwa.

Itschikawa, Stadt auf Honshū, Japan, ↑Ichikawa.

Itschinomija, Stadt auf Honshū, Japan, ↑Ichinomiya.

Itschkeria, ↑Tschetschenien.

Itsukushima [-ʃi-], japan. Insel, ↑Miyajima.

Itten, Johannes, schweizer. Maler, Pädagoge, *Schwarzenegg (bei Thun) 11. 11. 1888, †Zürich 25. 3. 1967; lehrte 1919–23 am Bauhaus, wurde v. a. als Lehrer und Farbtheoretiker bekannt. Sein maler. Werk durchläuft die Stufen des Kubismus, Orphismus, Futurismus und der geometr. Abstraktion. Als Theoretiker entwickelte I. strukturelle Prinzipien der künstler. Gestaltung unter systemat. Einbeziehung der Farbe in ihrer spezifisch wahrnehmungspsycholog. Wertigkeit. Die Zwölftonmusik regte ihn zum Entwurf eines zwölfteiligen Ton- und Farbenkreises an.

ITU [aɪti:ˈju:, engl.], Abk. für **I**nternational **T**elecommunication **U**nion (frz. Union Internationale des Télécommunications, Abk. UIT, dt. Internat. Fernmelde-Union, Abk. IFU), Sonderorganisation der UNO zur Regelung und Planung der weltweiten Telekommunikation einschl. des weltweiten Funkverkehrs, zur Festlegung internat. Standards für Systeme und Einrichtungen sowie zur Förderung der Infrastruktur (Entwicklungszusammenarbeit) und der Zusammenarbeit im Bereich Telekommunikation. Gegründet 1865 als **Internat. Telegraphenunion;** 1932 nach Zusammenschluss mit der Internat. Funkkonferenz (gegr. 1906) umbenannt in ITU; Hauptsitz: Genf). – Die ITU hat sich in den letzten Jahren verstärkt mit den Themen Mobilfunktechnik und -dienste, Satellitenübertragung, hochauflösendes Fernsehen, Multimediatechnik sowie Datenkompression befasst. 1992/93 wurde eine neue Organisationsstruktur eingeführt, die aus drei Sektoren besteht: Radiocommunication Sector (ITU-R), Telecommunication Standardization (ITU-T) und Telecommunication Development (ITU-D).

Itụrbide [-ðe], Agustín de, Kaiser von Mexiko, *Valladolid (heute Morelia) 27. 9. 1783, †Padilla (Tamaulipas) 19. 7. 1824, ließ sich 1822, gestützt auf Armee und Kirche, als Augustín I. zum Kaiser ausrufen; ein Aufstand unter der Führung von A. López de Santa Anna zwang I. 1823 zur Abdankung; bei der Rückkehr aus dem Exil erschossen.

Itụri *der,* Fluss in Afrika, Oberlauf des †Aruwimi. Im Gebiet des I.-Regenwalds befindet sich das Okapi-Tierschutzgebiet (13 726 km²; UNESCO-Welterbe) v. a. zum Schutz von Okapis, Affen- und Vogelarten.

Iturụp, größte Insel der †Kurilen.

Itzehoe [-ˈho:], Kreisstadt des Kr. Steinburg, Schlesw.-Holst., an der Stör, 34 200 Ew.; Fraunhofer-Inst. für Siliziumtechnologie; Verlage, Druckereien, Metall- u. a. Ind.; Hafen. – Barocke Laurentiuskirche, Prinzesshof (16.–18. Jh.). – Entstand vor einer um 1180 angelegten Burg, seit 1238 Stadtrecht.

IUCN [aɪju:si:ˈen, engl.], Abk. für **I**nternational **U**nion for **C**onservation of **N**ature and Natural Resources, †Internationale Union für Naturschutz.

IUE [aɪju:ˈi:; Abk. für engl. **I**nternational **U**ltraviolet **E**xplorer, »internat. Forschungssatellit für Ultraviolettstrahlung«], gemeinsames Forschungsprogramm von NASA, ESA und Großbritannien. Untersucht wurden während der Betriebsdauer (1978–96) Spektren von Planeten, Kometen, Supernovaüberresten, interstellaren Gaswolken, aktiven Galaxien u. a. im Ultraviolettbereich von 115 bis 320 nm.

Iụno, röm. Göttin, †Juno.

IỤPAC, Abk. für engl. †**I**nternational **U**nion of **P**ure and **A**pplied **C**hemistry.

IỤPAP, Abk. für engl. †**I**nternational **U**nion of **P**ure and **A**pplied **P**hysics.

Iụppiter, röm. Gott, †Jupiter.

Iụra nọvit cụria [lat. »das Gericht kennt das (anzuwendende) Recht«], Prozessgrundsatz, dem zufolge der Richter in der Rechtsanwendung frei und an die Anschauungen der Parteien nicht gebunden ist; die Parteien brauchen nur Tatsachen vorzutragen.

Iụs [lat. »Recht«] *das* (Jus), der römischrechtl. Ausdruck für †Recht, von der lat. Gelehrtensprache in vielen Zusammensetzungen in das dt. und kirchl. Recht übernommen: **Ius aequum,** billiges, auf Treu und Glauben beruhendes Recht; **Ius canonicum,** das Kirchenrecht; **Ius civile,** Zivilrecht; **Ius cogens,** zwingendes Recht, das eine abweichende Regelung durch Vereinbarung der Beteiligten nicht zulässt; **Ius dispositivum,** nachgiebiges Recht; **Ius divinum,** das göttl. Recht; **Ius Gentium,** Völkerrecht; **Ius honorarium,** Amtsrecht; **Ius naturale,** Naturrecht; **Ius privatum,** Privatrecht; **Ius publicum,** öffentl. Recht.

Iụs prịmae Nọctis [lat.] *das,* †Jus primae Noctis.

Iustịtia (Justitia), altröm. Göttin und Personifikation der Gerechtigkeit. Kennzeichen: Ölzweig, Zepter, Waage und Füllhorn; in neueren Darstellungen Waage und Schwert, oft auch verbundene Augen.

Iuvara (Juvarra), Filippo, italien. Baumeister, *Messina 27. 3. 1678, †Madrid 31. 1. 1736; schulte sich zunächst bei spätbarocken Baumeistern in Rom, 1714 königl. Architekt in Turin; weite Reisen, u. a. nach Madrid und Lissabon. Planungen von additiven, leicht überschaubaren Grundrissen, wobei mehrfach ein Zentralbau mit hoher Kuppel den Kern bildet; großzügige Innenräume, Betonung der Schauseiten und perspektiv. Achsen.

3046

Iustitia als klassisches Symbol für Gerechtigkeit

Iuventas (Juventas), altröm. Göttin der Jugend, später mit der grch. Göttin Hebe gleichgesetzt.

Iveco N. V. [Kurzbez. für engl. **I**ndustrial **Ve**hicles **Co**rporation], Produzent von Nutzfahrzeugen mit Produktionsstätten und Tochterges. in versch. Ländern (u. a. Iveco Magirus AG, Ulm); Sitz: Amsterdam; entstanden 1975 durch Zusammenschluss der Nutzfahrzeugbereiche der Fiat S. p. A. und der Klöckner-Humboldt-Deutz AG **(Magirus-Deutz AG)**; Tochtergesellschaft der Fiat S. p. A.

Ives [aɪvz], Charles Edward, amerikan. Komponist, *Danbury (Conn.) 20. 10. 1874, †New York 19. 5. 1954. Seine Werke (4 Sinfonien, Violin- und Klaviersonaten, Chöre, Lieder u. a.) sind in ihrer Mischung aus Modernem (Atonalität, Polyrhythmik, Polymetrie) und Konventionellem von großer Originalität.

Ivo [ˈivu], Ismael, brasilian. Tänzer und Choreograph, *São Paulo 17. 1. 1955; studierte in São Paulo und 1983 in New York bei A. Ailey; 1984 wurde er künstler. Leiter der »Internat. Tanzwochen Wien«. 1985 ging I. nach Berlin, wo er eng mit J. Kresnik zusammenarbeitete. Am Stuttgarter Theaterhaus gründete er 1995 die Company Ismael Ivo, 1996–2000 war er Leiter des Tanztheaters am Dt. Nationaltheater Weimar.

Ivory [ˈaɪvərɪ], James, amerikan. Filmregisseur, *Berkeley (Calif.) 7. 6. 1928; arbeitete ab 1963 in Indien, seit 1970 wieder in den USA; wurde mit aufwendig gestalteten Literaturverfilmungen bekannt, drehte u. a. »Zimmer mit Aussicht« (1986), »Maurice« (1987), »Wiedersehen in Howards End« (1992), »Was vom Tage übrigblieb« (1993), »Jefferson in Paris« (1994), »Mein Mann Picasso« (1996), »Die Zeit der Jugend« (1998), »The Golden Bowl« (2000).

Ivrea, Stadt in Piemont, Prov. Turin, Italien, an der Dora Baltea, 24 200 Ew.; Bischofssitz; Büromaschinenindustrie, Silberschmieden, Wachsfabrikation. – Reste eines Amphitheaters und der röm. Stadtmauer; das Castello (14. Jh.) ist eine die Stadtsilhouette bestimmende Höhenburg. Der Dom, urspr. ein frühchristl. Bau, wurde im 11. Jh. neu errichtet, Umbau im 18. Jh., Fassade 1854. – I., das röm. **Eporedia,** wurde Hauptort eines langobard. Herzogtums, dann einer karoling. Markgrafschaft; 1313 kam es an Savoyen.

Ivry-sur-Seine [ivrisyrˈsɛːn], Stadt im Dép. Val-de-Marne, Frankreich, Vorstadt von Paris, 53 600 Ew.; Elektrizitäts- und Wasserwerke für Paris; Metallverarbeitung, Fahrzeug-, pharmazeut. Ind., Fernseh- und Hörfunkgerätebau; Flusshafen.

IVW, Abk. für **I**nformationsgemeinschaft zur Feststellung der **V**erbreitung von **W**erbeträgern e. V., Sitz: Bonn; gegr. 1949 beim Zentralausschuss der dt. Werbewirtschaft (ZAW) als freiwilliger Zusammenschluss publizist. Unternehmen zur Erhebung und Veröffentlichung notariell geprüfter Auflagenzahlen von Presseerzeugnissen (Zeitungen, Zeitschriften, Kalender, Handbücher, Adressbücher,

Branchentelefonbücher); veröffentlicht seit 1950 vierteljährlich »Auflagenlisten«.

Iwaki, Hiroyuki, japan. Dirigent, *Tokio 6. 9. 1932; wurde 1969 ständiger Dirigent des Sinfonieorchesters des Japan. Rundfunks; übernahm daneben 1974 die Leitung des Melbourne Symphony Orchestra sowie 1988 die Musikdirektion des neu gegr. Orchestra Ensemble Kanazawa.

Iwan [pers.-arab.] *der* (veraltet: Liwan), oriental. Bauform: ein tonnengewölbter, an einer Schmalseite offener Langraum, der sich zu einem Hof oder einer größeren Halle öffnet, aber auch als Portaltor oder Umrahmung eines Eingangs dienen kann. Der I. kommt an Bauten der Parther und Sassaniden vor (↑Ktesiphon) und wurde von der islam. Baukunst übernommen.

Iwan, russ. Herrscher:

1) Iwan I. Danilowitsch, gen. Kalita (»Geldbeutel«), Fürst von Moskau (seit 1325) und Großfürst von Wladimir (seit 1328), *1304 (?), †Moskau 31. 3. 1340; setzte im Kampf gegen Twer die Vorherrschaft Moskaus in NO-Russland durch; gliederte, z.T. durch Kauf, mehrere Teilfürstentümer seinem Herrschaftsbereich an (»Sammeln der russ. Erde«); verlegte den Sitz des Metropoliten »von ganz Russland« von Wladimir nach Moskau.

2) Iwan III. Wassiljewitsch, gen. I. der Große, Großfürst von Moskau (seit 1462), *Moskau 22. 1. 1440, †ebd. 27. 10. 1505; vollendete die Vereinigung der großruss. Gebiete unter Führung Moskaus und erreichte 1480 die formelle Beendigung der tatar. Oberherrschaft; ließ 1497 ein Gesetzbuch ausarbeiten.

3) Iwan IV. Wassiljewitsch, gen. I. der Schreckliche (russ. Grosny, eigtl. »der Gestrenge«), Großfürst (seit 1533) und erster russischer Zar (1547–84), *Kolomenskoje (heute zu Moskau) 25. 8. 1530, †Moskau 18. 3. 1584; stärkte durch Reformen (Verwaltung, Recht, Armee) die Zentralgewalt. Mit der »Opritschnina«, einer 1565 von ihm geschaffenen militär. Truppe, bekämpfte er den russ. Hochadel (Bojaren); gleichzeitig förderte er den Kleinadel (Dworjane), den er zur staatstragenden Schicht machte. I. eroberte die Khanate Kasan (1552) und Astrachan (1556), leitete die russ. Expansionspolitik in Sibirien ein und führte 1558–82/83 einen erfolglosen Krieg um Livland. Er neigte zu Grausamkeit (brutale Strafgerichte) und maßlosem Jähzorn (erschlug 1581 seinen ältesten Sohn), war aber einer der gebildetsten Russen seiner Zeit.

📖 *Neumann-Hoditz, R.: I. der Schreckliche. Reinbek 1990. – Skrynnikov, R. G.: I. der Schreckliche u. seine Zeit. A. d. Russ. München 1992.*

Iwanenko, Dmitri Dmitrijewitsch, russ. Physiker, *Poltawa 29. 7. 1904, †Moskau 31. 12. 1994; entwickelte unabhängig von W. Heisenberg die Vorstellung eines aus Protonen und Neutronen aufgebauten Atomkerns.

Iwankowo-Stausee (Moskauer Meer), ↑Wolga.

Iwano-Frankowsk (ukrainisch Iwano-Frankiwsk, bis 1962 Stanislaw), Hauptstadt des Gebiets I.-F., Ukraine, im nördl. Vorland der Waldkarpaten, 218 000 Ew.; medizin. Hochschule, Hochschule für Erdöl und Erdgas; Maschinenbau, chem., Konsumgüterindustrie. – Gegr. 1662, gehörte bis 1939 zu Polen.

Iwanow, 1) Alexander Andrejewitsch, russ. Maler, *Sankt Petersburg 28. 7. 1806, †ebd. 15. 7. 1858; lebte seit 1831 in Rom, wo er mit den Nazarenern in Verbindung stand; klassizistisch orientierte Darstellungen bibl. Sujets (Hauptwerk: Christus erscheint dem Volke, 1837–57, Moskau, Tretjakow-Galerie).

2) Igor Sergejewitsch, russ. Politiker, *Moskau 23. 9. 1945; arbeitete 1983–91 im Apparat des sowjet. Außenministeriums; war 1991–94 russ. Botschafter in Spanien, 1994–98 Erster Stellv. des Außenmin. und 1998–2004 Außenmin.; wurde 2004 Sekr. des Nat. Sicherheitsrates.

3) Wjatscheslaw Iwanowitsch, russ. Dichter und Altphilologe, *Moskau 28. 2. 1866, †Rom 16. 7. 1949; Theoretiker und Dichter der zweiten Generation der russ. Symbolisten; Gedichte, Essays und Tragödien mit mythologisch-symbol. und myst. Gehalt in neuklassizist. Form; literar. und kunstgeschichtl. Abhandlungen.

Iwanowo, 1) (1871–1932 Iwanowo-Wossnessensk), Hptst. des Gebiets I., Russland, nordöstlich von Moskau, 463 400 Ew.; zwei Univ.en und fünf Hochschulen; Zentrum der russ. Baumwollverarbeitung; chem. Ind., Maschinenbau, Holz-, Nahrungsmittelind.; Flughafen.

2) Dorf im Gebiet Russe, N-Bulgarien, 20 km südlich von Russe. Felsenklösterkomplex: Die Höhlenkirche Johannes' des

Täufers (gen. Zarkwata »die Kirche«) ist im frühen 13. Jh. zum ersten Mal urkundlich erwähnt. Die Wandmalereien (13. und 14. Jh.) im byzantin. Stil sind bed. Werke der höfischen bulgar. Monumentalmalerei. Die Felskirchen von I. wurden zum UNESCO-Weltkulturerbe erklärt.

Iwaszkiewicz [ivaʃ'kjɛvitʃ], Jarosław, poln. Schriftsteller, * Kalnik (Ukraine) 20. 2. 1894, † Stawiska (bei Warschau) 2. 3. 1980; Mitbegründer der Dichtergruppe »Skamander« (1920); 1945/46 und ab 1959 Präs. des Poln. Schriftstellerverbandes; schrieb bes. histor. und zeitgeschichtl. Romane: »Die roten Schilde« (1934), »Ruhm und Ehre« (Trilogie, 1956–62) und Erzählungen (»Mutter Johanna von den Engeln«, 1946).

Iwein, Ritter aus der Tafelrunde des Königs ↑Artus.

IWF, Abk. für ↑Internationaler **W**ährungs**f**onds.

Iwo, Stadt in S-Nigeria, 353 000 Ew.; Yorubastadt; Webereien, Goldschmieden u. a. Handwerksbetriebe; in der Umgebung Kakaoanbau.

Iwojima (Iwo Jima, Iō-jima), die größte der ↑Vulkaninseln, Japan, etwa 20 km²; kam 1891 in japan. Besitz. – Auf I. fand während des Zweiten Weltkriegs eine der blutigsten Schlachten im pazif. Raum statt; die Eroberung der von den Japanern hartnäckig verteidigten Insel durch amerikan. Truppen (19. 2.–16. 3. 1945) kostete etwa 21 000 Japaner und rd. 7 000 Amerikaner das Leben.

Iwrit [hebr.] *das* (Iwrith), ↑hebräische Sprache.

IWW, Abk. für ↑**I**ndustrial **W**orkers of the **W**orld.

iX, Abk. für engl. International Exchange (↑Deutsche Börse AG).

Ixelles [ik'sɛl] (niederländ. Elsene), belg. Stadt in der Region Brüssel, 72 500 Ew. – Got. Kirche (14. Jh.) einer 1201 gegr. Zisterzienserabtei.

Ixion, *grch. Mythos:* König der Lapithen, begehrte Hera; zur Strafe auf ein sich drehendes glühendes Rad gefesselt.

Ixtaccíhuatl [istak'siu̯atl], Vulkan in Mexiko, ↑Iztaccíhuatl.

Izetbegović [-'bɛgɔvitɕ], Alija, bosnisch-herzegowin. Politiker, * Bosanski Samać 8. 8. 1925, † Sarajevo 19. 10. 2003; Rechtsanwalt, 1990 Gründer und Vors. (bis 2001) der muslim. »Partei der Demokrat. Aktion« (SDA), wurde Dez. 1990 Präs., war 1992–98 Staatspräs. von Bosnien und Herzegowina, 1998–2000 Mitgl. des dreiköpfigen kollektiven Staatspräsidiums.

İzmir ['iz-] (früher Smyrna), Prov.-Hptst. in W-Anatolien, am Golf von İzmir (Ägäisches Meer), drittgrößte Stadt der Türkei, 2,02 Mio. Ew. (40 % in Gecekondusiedlungen); Sitz eines kath. Erzbischofs, des NATO-Kommandos Landstreitkräfte Südosteuropa; zwei Univ., archäolog. Forschungsinstitut und Museum u. a. Museen; wichtigster türk. Hafen am Ägäischen Meer; internat. Messe; Stahlwerk, Fahrzeugmontage, chem., Teppich-, Textil-, Papier-, Tabakind., Erdölraffinerie. Freihandelszone (Ägäis-Freizone) in Nähe des internat. Flughafens. – Reste der hellenistisch-röm. Agora. – Das grch. **Smyrna** (um 1000 v. Chr. als äol. Kolonie gegr.) war auch unter röm. und byzantin. Herrschaft ein bed. Handelsplatz; um 1425 endgültig osmanisch; im grch.-türk. Krieg 1920–22 grch. besetzt (schon seit 1919) und größtenteils zerstört.

İzmit ['iz-] (Kocaeli), Hptst. der türk. Prov. Kocaeli, am Golf von İ., am Marmarameer, 275 800 Ew.; Erdölraffinerie, chem., Seiden- und Papierind., Schiffbau; Hafen, seit 2000 Freihandelszone. – İ. ist das antike **Nikomedia** in Bithynien.

İznik ['iz-], Stadt in NW-Anatolien, Türkei, am İ.-See, 16 000 Ew.; archäolog. Museum; Herstellung von Kacheln und Fliesen. – Gut erhaltene Stadtmauer aus hellenist. und röm. Zeit; Reste frühchristl. und byzantin. Kirchen; Moscheen (14. Jh.). – İ. ist das antike ↑Nikaia.

Iztaccíhuatl [istak'siu̯atl; aztek. »weiße Frau«] (Ixtaccíhuatl), Vulkan im zentralen Hochland von Mexiko, 5 286 m ü. M.; letzter Ausbruch 1868; drei kleine Gletscher.

Wo steht das Paleis Noordeinde, der Amtssitz der niederländischen Königin?

allgemeine Unzufriedenheit mit der Regierung

a) Amsterdam b) Den Haag c) Rotterdam d) Utrecht

grosse Koalition CDU/CSU/SPD

Merkel CDU-Kanzlerin

♈ Widder | 13. Woche | 06:11 ☉ 18:45 | 05:43 ● 18:58

26 Donnerstag März **2009**

Schneeregen

Wirtschaftskrise, Grösste seit 1929

b) Den Haag

Palast: Noordeinde, »het oude Hof« (niederländ. der alte Hof), wurde im 16. Jahrhundert als Bauerngut errichtet. 1595 kauften ihn die Generalstaaten der Niederlande als Alterssitz für Louise de Coligny (1555–1620), die Witwe des 1584 ermordeten ersten Generalstatthalters Wilhelm I. von Oranien (»der Schweiger«, 1533–1584). Louises Sohn Friedrich Heinrich (1584–1647), Prinz von Oranien und Statthalter ab 1625, nahm 1640 den entscheidenden Umbau zur Residenz vor. Nachdem das Haus zeitweise an Preußen kam, ist es seit 1754 und endgültig seit Errichtung der Monarchie 1815 wieder im Besitz des Hauses Oranien. 1880 wurde Königin Wilhelmina (reg. 1890–1948) hier geboren. Die ursprüngliche Residenz brannte 1948 ab, wurde ab 1976 restauriert und ist seit 1984 das »Arbeitspalais« der Königin.

Königinnen: Seit 1890 stehen Frauen an der Spitze des niederländischen Staates. Auf Königin Wilhelmina folgte 1948 die Tochter Juliana (1909–2004), die 1980 zugunsten ihrer Tochter Beatrix (* 1938) auf den Thron verzichtete. Erst mit Beatrix' ältestem Sohn Willem-Alexander (* 1967) wird voraussichtlich wieder ein Mann, als Wilhelm IV., auf den niederländischen Thron gelangen.

---

n 26. März wurden geboren:

ira Knightley (*1985), brit. Schauspielerin; **Patrick Süskind** (*1949), dt. Schriftsteller; **Erica Jong** 1942), US-amerikan. Schriftstellerin; **Anthony J. Leggett** (*1938), brit.-US-amerikan. Physiker, Physikbelpreisträger 2003; **Tennessee Williams** (1911–1983), US-amerikan. Dramatiker; **Elsa Brändström**, n. **der Engel von Sibirien** (1888–1948), schwed. Philanthropin; **Louise Otto-Pet**[illegible] uenrechtlerin und Journalistin

j, J [jɔt, in Österreich je], **1)** Konsonant, der den stimmhaften, palatalen Reibelaut [j] bezeichnet (↑Laut); der 10. Buchstabe des dt. Alphabets; im Französischen, Portugiesischen, Rumänischen und Türkischen hat j den Lautwert [ʒ], im Englischen meist [dʒ], im Spanischen [x].

2) *Chemie:* **J,** Symbol für ↑Jod (chemisch fachsprachlich heute I).

3) *Einheitenzeichen:* **J,** für ↑Joule.

4) *Formelzeichen:* j in der Elektrotechnik für die imaginäre Einheit (↑i), *J* für die ↑Stromdichte.

5) *Münzwesen:* **J,** Kennbuchstabe auf dt. Münzen für die Münzstätte Hamburg (seit 1873).

Jäätteenmäki [ˈjæ:ttɛ:n-], Anneli, finn. Politikerin, * Lapua (Region Süd-Österbotten) 11. 2. 1955; Juristin; seit 1987 Abgeordnete des Reichstages. 1994 wurde J. Justizministerin und erlangte mit der Befürwortung eines finnischen EU-Beitritts öffentliche Aufmerksamkeit, musste aber mit der Zentrumspartei nach der verlorenen Parlamentswahl 1995 in die Opposition wechseln. Während der einjährigen Abwesenheit des Parteivorsitzenden E. Aho zwischen 2000 und 2001 übernahm J. den Interimsvorsitz, bevor sie 2002 endgültig zur Vorsitzenden der Zentrumspartei gewählt wurde. Nach dem Wahlerfolg im März 2003 löste J. den Sozialdemokraten P. T. Lipponen im darauf folgenden Monat als Ministerpräsidenten ab und bildete eine Koalitionsregierung aus Zentrumspartei, Sozialdemokraten und Schwedischer Volkspartei. Mit ihr gelangte erstmals in Finnland eine Frau ins Amt des Regierungschefs; wegen einer Politaffäre (während des Wahlkampfes Nutzung von Geheimdokumenten über die finnische Haltung im Irak-Konflikt) trat sie bereits im Juni 2003 wieder zurück und gab auch ihren Parteivorsitz ab.

Jab [dʒæb, engl.], *Boxen:* ↑Haken.

Jabal [dʒ-], arabisch für Berg, Gebirge; ↑Djebel.

j, J 1): Druckschriftvarianten

Jabalpur ['dʒʌbalpʊə] (engl. Jubbulpore), Stadt im Bundesstaat Madhya Pradesh, Indien, im nördl. Dekhan, 742 000 Ew.; kath. Bischofssitz; zwei Univ., vielseitige Ind.; Garnisonsstadt.

Jablonec nad Nisou ['jablɔnɛts 'nad njisɔu], Stadt in der Tschech. Rep., ↑Gablonz an der Neiße.

Jackfruchtbaum: am Baumstamm wachsende Jackfrüchte

Jablonowygebirge, bewaldeter Gebirgszug in Transbaikalien, Russland, bis 1 678 m ü. M.; von der Transsibir. Eisenbahn gequert.

Jablunkapass (tschech. Jablunkovský průsmyk), Pass in den Westbeskiden, 550 m ü. M.; der von Straße und Eisenbahn überquerte J. verbindet das Waag- (Slowakei) mit dem Odertal (Tschech. Rep.).

Jabo ['xa-, span.], span. Volkstanz im langsamen $^3/_8$- oder $^3/_4$-Takt.

Jabot [ʒa'bo; frz., eigtl. »Kropf der Vögel«] *das*, ein- oder beidseitig um den vorderen Hemdschlitz genähte, diesen verdeckende Rüsche aus Leinen oder Spitze in der Männermode des 18. und frühen 19. Jh.; gegen Ende des Jahrhunderts als »separater Wasserfall« (Volant) für Kleider und Blusen übernommen.

Jabotinski, Wladimir, zionist. Politiker russ. Herkunft, *Odessa 17. 10. 1880, †Camp Betar (N. Y.) 3. 8. 1940; Journalist, forderte einen jüd. Staat in den Grenzen des bibl. Palästina (↑Zionismus); war 1920 Mitbegründer der Haganah, 1925–36 Präs. der Weltunion der Zionisten-Revisionisten, seit 1931 Führer der Irgun Zwai Leumi. – J. verfasste auch Lieder sowie Romane; auch Übersetzer.

Jacara [xa-, span.], altes span. Tanzlied im Dreiertakt; Ballade, Romanze.

Jacaranda [ʒa-, engl. aus Tupí] *die*, Gattung der Bignoniengewächse in den amerikan. Tropen. Der 15–20 m hohe **Palisanderbaum** (Jacaranda mimosifolia) mit doppelt gefiederten Blättern und blauen, glockenförmigen Blüten ist in Brasilien beheimatet und wird heute in den Tropen weltweit als Zierbaum gepflanzt.

Jaccottet [ʒakɔ'tɛ], Philippe, schweizer. Schriftsteller frz. Sprache, *Moudon 30. 6. 1925; schreibt melancholisch getönte Lyrik und Prosa über das Leben und Sterben und die Faszination der Natur (»Elemente eines Traumes«, 1961; »Fliegende Saat. Aufzeichnungen 1954–1979«, 1984; »Nach so vielen Jahren«, 1994).

J'accuse [ʒa'ky:z; frz. »ich klage an«], Zitat aus dem offenen Brief, den É. Zola zugunsten von Hauptmann Alfred Dreyfus in der ↑Dreyfusaffäre an den Präs. der Republik richtete (Pariser Zeitung »L'Aurore«, 13. 1. 1898).

Jacht [niederländ.] *die* (Yacht), urspr. schneller Handelssegler, heute Sport- und Freizeitschiff mit Deck und Kajüte. Man unterscheidet Hochsee- und Binnen-J., nach Antrieb Motor-, Dampf- und Segel-J.; Letztere sind Segelboote mit Flossenkiel und Kajüte (in den internat. Wettsegelbestimmungen gelten alle Segelboote einschl. der Segelbretter als Segel-J.). Nach der Bauart des Unterwasserteils unterscheidet man die relativ breite **Schwert-J.** (mit einer oder mehreren klapp- oder steckbaren Holz- oder Metallplatten, so genannten Schwertern) und **Kiel-J.** (**Hochsee-J.,** mit einem nach unten ragenden, mit Ballast versehenen Flossenkiel). **Kielschwert-J.** nehmen eine Mittelstellung zw. Kiel- und Schwert-J. ein (Flossenkiel mit geringerem Tiefgang, Ballast und Schwert).

Jáchymov ['ja:ximɔf] (dt. Sankt Joachimsthal), Stadt im Westböhm. Gebiet,

Tschech. Rep., 635–750 m ü. M., im Erzgebirge, nahe der Grenze zu Dtl. (Grenzübergang Oberwiesenthal), rd. 3000 Ew.; Heilbad mit radioaktiven Quellen; Heimatmuseum; Seilbahn auf den Keilberg (1244 m ü. M.). Das Gebiet um J. wurde nach 1945 zum Mittelpunkt des tschech. Uranerzbergbaus (jetzt aufgegeben). – Der Ort wurde 1516 gegründet und 1520 Bergstadt; im 16. Jh. Zentrum des böhm. Silberbergbaus. Die in großer Zahl hier geprägten silbernen Guldengroschen (↑Joachimstaler) waren für den Taler namengebend.

Jacke [von altfrz. jacque »Waffenrock«], im 15. Jh. als Bez. für Wams und für Schecke belegt; das Wort bürgerte sich allmählich für den vorn geknöpften Überrock des Bürgers ein; ab der 2. Hälfte des 19. Jh. als Teil des Anzugs für **Jackett** oder **Sakko.**

Jacketkrone [ˈdʒækɪt-, engl.], ↑Zahnkronenersatz.

Jackett [ʒaˈkɛt, frz.] *das,* Teil des Herrenanzugs; ↑Jacke.

Jackfruchtbaum (Artocarpus heterophyllus), aus Vorderindien stammendes Maulbeerbaumgewächs; bis 25 m hoher, Milchsaft führender Baum mit stärkereichen Fruchtständen **(Jackfrüchte).** Diese werden bis zu 40 kg schwer und liefern Stärke für die menschl. Ernährung.

Jackpot [ˈdʒæk-, engl.] *der,* **1)** *Poker:* Einsatz, der in eine gemeinsame Kasse kommt.

2) *Toto, Lotto:* bes. hohe Gewinnsumme nach Spielen ohne Gewinner in einer Gewinnklasse, v. a. im ersten Rang.

Jackson [ˈdʒæksn], Hptst. des Bundesstaates Mississippi, USA, 192900 Ew.; Colleges, Museen; wichtigstes Ind.-, Handels- und Verkehrszentrum in Mississippi; bed. Baumwollmarkt; in der Umgebung Erdgas- und Erdölfelder; petrochem., Textil-, Holz-, Glasindustrie. – J. wurde 1822 als Hptst. gegründet.

Jackson [ˈdʒæksn], **1)** Andrew, 7. Präs. der USA (1829–37), *Waxhaw Settlement (S. C.) 15. 3. 1767, †The Hermitage (bei Nashville, Tenn.) 8. 6. 1845. In Kämpfen gegen die Indianer (1814) und durch seinen Sieg über die Briten bei New Orleans (1815) erlangte J. nat. Ruhm (Beiname »Old Hickory«), der durch kühne Unternehmungen gegen das span. Florida (Unterwerfung der Seminolen, Besetzung von Pensacola 1817/18) noch gesteigert wurde. Als Präs. betrieb J. eine gemäßigt liberale und antimonopolist. Politik; partikularist. Bestrebungen der Südstaaten (↑Nullifikation) trat er 1832 entschieden entgegen. Weder sein Regierungsstil (Einführung des ↑Spoils-Systems) noch die von ihm betriebene harte Indianerpolitik schadeten seinem Ansehen als demokrat. Führer.

2) Glenda, brit. Schauspielerin, *Birkenhead 9. 5. 1936; am Theater (u. a. in der Royal Shakespeare Company); seit 1966 auch mit Filmen und Fernsehreihen (»Elizabeth, Queen of England«, 1972, 6 Tle.) internat. bekannt, z. B. »Liebende Frauen« (1969), »Sunday, Bloody Sunday« (1971), »Mann, bist du Klasse!« (1972), »Regenbogen« (1989).

3) Janet, amerikan. Popsängerin, *Gary (Ind.) 16. 5. 1966, Schwester von 5); bed. Popstar in den USA; auch Schauspielerin in Fernsehserien.

4) Mahalia, amerikan. Sängerin, *New Orleans (La.) 26. 10. 1911, †Chicago (Ill.) 27. 1. 1972; trat bes. mit Negrospirituals und Gospelsongs hervor.

5) Michael, amerikan. Popsänger, *Gary (Ind.) 29. 8. 1958, Bruder von 3); unternahm als singender und tanzender Kinderstar zus. mit seinen Geschwistern (»The Jackson Five«) Tourneen durch die USA. Als Solist erzielte er mit LPs Umsatzrekorde; 1989 entstand der Film »Moonwalker«, der seine Karriere dokumentiert.

6) Milt (Milton), amerikan. Jazzmusiker (Vibraphonist), *Detroit (Mich.) 1. 1. 1923, †New York 9. 10. 1999; gehörte seit 1953 dem »Modern Jazz Quartet« an; galt als der führende Vertreter seines Instruments im Modern Jazz.

7) Peter, neuseeländ. Filmregisseur, *Pukerua Bay (Region Wellington) 31. 10. 1961; dreht seit den 1980er-Jahren Spielfilme, zunächst Horrorfilme (»Bad Taste«, 1987), dann auch Tragödien (»Heavenly Creatures«, 1994) und mit einem Rekordbudget die Filmversion von J. R. R. Tolkiens Fantasyroman »Der Herr der Ringe«: »Die Gefährten« (2001), »Die zwei Türme« (2002) und »Die Rückkehr des Königs« (2003).

8) Robert Houghwout, amerikan. Bundesrichter, *Spring Creek (Pa.) 13. 2. 1892, †Washington (D. C.) 9. 10. 1954; 1940/41 Justizmin. und seit 1941 Richter am Supreme Court; 1945/46 Hauptankläger der USA in den Nürnberger Prozessen.

9) Thomas Jonathan, gen. Stonewall, ame-

Jacksonville: Blick auf das Stadtzentrum

100402

rikan. General, *Clarksburg (Va.) 21. 1. 1824, †Guiney's Station (Va.) 10. 5. 1863; im Sezessionskrieg (1861–65) nach R. E. Lee der bedeutendste General der Südstaaten.

Jacksonville ['dʒæksnvɪl], Hafenstadt am Saint John's River in NO-Florida, USA, 676 700 Ew.; Univ., Kunstmuseen, -galerie; Holzind., Schiffbau, Konservenherstellung; Fremdenverkehr; Marinestützpunkt.

Jackstag ['dʒæk-, engl.; niederdt.] *das,* Gleitschiene, die die Reiter der Segel beim Auf- und Niederholen am Mast führt.

Jacob [ʒa'kɔb], **1)** François, frz. Genetiker, *Nancy 17. 6. 1920; erhielt 1965 mit A. Lwoff und J. Monod für die Entdeckung von Regulatorgenen bei der Enzym- und Virussynthese den Nobelpreis für Physiologie oder Medizin.

2) Max, frz. Dichter und Maler, *Quimper 11. 7. 1876, †KZ Drancy (bei Paris) 5. 3. 1944; trat 1915 vom jüd. zum kath. Glauben über und lebte ab 1921 im Kloster Saint-Benoît-sur-Loire; er gehörte mit G. Apollinaire, B. Cendrars u.a. zur Gruppe jener Dichter, die die Verschmelzung von Vers und Prosa anstrebten und das Bild zum wichtigsten poet. Element erklärten. J. war Wegbereiter des Surrealismus (»Le cornet à dés«, Prosaged., 1917, 2 Tle. hg. 1955, dt. Ausw. u. d. T. »Der Würfelbecher«).

Jacobi, 1) Carl Gustav Jacob, Mathematiker, *Potsdam 10. 12. 1804, †Berlin 18. 2. 1851, Bruder von 5); entwickelte die Theorie der ellipt. Funktionen, arbeitete über Differenzialgleichungen, Variationsrechnung, analyt. Mechanik und Himmelsmechanik; wichtige Beiträge zur Zahlentheorie.

2) Friedrich Heinrich, Schriftsteller und Philosoph, *Düsseldorf 25. 1. 1743, †München 10. 3. 1819, Bruder von 3); 1807–12 Präs. der Bayer. Akademie der Wiss.; schrieb, in Auseinandersetzung mit dem Geniekult des jungen Goethe, die Briefromane »Aus Eduard Allwills Papieren« (1775/76, vollständig 1781) und »Woldemar« (1779); vertrat als Philosoph eine der Aufklärung entgegenwirkende Gefühls- und Glaubensphilosophie.

3) Johann Georg, Dichter, *Düsseldorf 2. 9. 1740, †Freiburg im Breisgau 4. 1. 1814, Bruder von 2); gab 1774–76 die Ztschr. »Iris« heraus; schrieb anmutig-spieler. Lyrik unter dem Einfluss engl. und frz. Vorbilder im Stil der Anakreontik.

4) Lotte, eigtl. Johanna Alexandra J., amerikan. Fotografin dt. Herkunft, *Thorn 17. 8. 1896, †Havenwood (N. H.) 6. 5. 1990; arbeitete nach ihrer Ausbildung in München (1925–27) in Berlin; emigrierte 1935 in die USA, wo sie ein Atelier in New York eröffnete; schuf Porträtaufnahmen bedeutender Persönlichkeiten des öffentl. Lebens, auch Landschaftsaufnahmen und Photogramme.

5) Moritz Hermann von (seit 1842), Physiker, *Potsdam 21. 9. 1801, †Sankt Petersburg 10. 3. 1874, Bruder von 1); entwickelte die Galvanoplastik, benutzte ab 1834 Elektromotoren zum Antrieb von Fahrzeugen; förderte die Einführung des metr. Einheitensystems.

Jacobsen, 1) Arne, dän. Architekt und

Designer, *Kopenhagen 11. 2. 1902, †ebd. 24. 3. 1971; gelangte, beeinflusst von Le Corbusier, L. Mies van der Rohe und G. Asplund, zum Funktionalismus; schuf Bauten von klarer Form, ausgewogener Gliederung und sorgfältiger Innenraumgestaltung; entwarf auch Möbel, Textilien und Bestecke.

2) Jens Peter, dän. Dichter, *Thisted 7. 4. 1847, †ebd. 30. 4. 1885; studierte Botanik und war ein Anhänger Darwins; bereiste 1873 Italien, wo er unheilbar an Tuberkulose erkrankte. J. entwickelte seit seiner Novelle »Mogens« (1872) einen feinfühligen Impressionismus, so in den Romanen »Frau Marie Grubbe« (1876) und »Niels Lyhne« (1880); schrieb auch Gedichte und Novellen. J. beeinflusste u.a. R. M. Rilke und T. Mann.

Jacobsohn, Siegfried, Publizist, *Berlin 28. 1. 1881, †ebd. 3. 12. 1926; gründete 1905 die Theaterztschr. »Die Schaubühne« (seit 1918 »Die Weltbühne«).

Jacobs Suchard AG [- sy'ʃa:r -], schweizer. Nahrungs- und Genussmittelkonzern, Sitz: Zürich; gegr. 1826; 1990 von der Philip Morris Companies, Inc. übernommen, 1993 mit deren Tochtergesellschaft Kraft General Foods Europe zur ↑Kraft Jacobs Suchard AG zusammengeschlossen.

Jacobus de Benedictis, ↑Iacopone da Todi.

Jacobus de Voragine [- vo'ra:dʒine; nach dem Geburtsort], mlat. Schriftsteller, *Viraggio (heute Varazze, bei Savona) 1228 oder 1229, †Genua 13. oder 14. 7. 1298; seit 1292 Erzbischof von Genua; Verfasser der ↑Legenda aurea.

Jacoby, Günther, Philosoph, *Königsberg (Pr) 21. 4. 1881, †Greifswald 4. 1. 1969; begründete neben N. Hartmann eine die Relativitätstheorie A. Einsteins einbeziehende Ontologie (»Allg. Ontologie der Wirklichkeit«, 2 Bde., 1925–55) in Gegenbewegung zum Neukantianismus.

Jaconet ['ʒakɔnɛt] (Jaconnet) *der,* weicher baumwollener Futterstoff.

Jacotot [ʒakɔ'to], Jean Joseph, frz. Pädagoge, *Dijon 4. 3. 1770, †Paris 30. 7. 1840; entwickelte eine international beachtete Lehrmethode für den Sprachunterricht, die er auch auf andere Fächer ausdehnte. Ausgehend von einer gründl. Aneignung eines Textes bzw. Lernstoffs schloss er durch assoziative Verknüpfung neue Unterrichtsgegenstände an.

Jacq [ʒak], Christian, frz. Schriftsteller, *Paris 28. 4. 1949; Ägyptologe, Gründer des Institut Ramsès in Paris; schreibt erfolgreiche unterhaltende Sachbücher und Romane über das alte Ägypten, u.a. die Romanzyklen »Ramses« (1995–97, 5 Bde.) und »Stein des Lichts« (2000, 4 Bde.).

Jacquardgewebe [ʒa'ka:r-, frz.], Sammelbez. für figürlich gemusterte Webware in großen Rapporten (z.B. Bett- und Tischwäsche, Brokate, Damaste), die auf der von dem frz. Seidenweber J.-M. Jacquard (*1752, †1834) 1805 erfundenen **Jacquardmaschine** (eine Fachbildevorrichtung an der Webmaschine) hergestellt werden.

Jacquemart de Hesdin [ʒak'ma:r də e'dɛ̃], frz. Miniaturmaler, ↑Hesdin, Jacquemart de.

Jacquerie [ʒakə'ri; nach dem frz. Spottnamen für den Bauern, Jacques Bonhomme, dt. »einfältiger Jakob«] *die,* Bauernaufstand in N-Frankreich 1358, verursacht v.a. durch die Not im Hundertjährigen Krieg. Die gescheiterte Erhebung, die sich v.a. gegen die adligen Grundherren richtete, stand in Verbindung mit dem Pariser Bürgeraufstand unter Étienne Marcel.

Jacques [ʒak], Norbert, Schriftsteller, *Luxemburg 6. 6. 1880, †Koblenz 15. 5. 1954; schrieb Reisebücher und Abenteuerromane (u.a. »Dr. Mabuse, der Spieler«, 1921; 1922 verfilmt von F. Lang).

Jacupirangit [ʒaku-; nach Jacupiranga, Brasilien] *der,* vorwiegend (80%) aus Pyroxen (Titanaugit), daneben aus Magnetit und Ilmenit bestehendes Tiefengestein.

Jade: chinesische Jadeschnitzerei in Form eines Anhängers, der einen Hausdiener darstellt (11. bis 8. Jh.v. Chr.)

Jade [frz. von span. (piedra de la) ijada »Kolikstein«] *der,* auch *die,* zusammenfassende Bez. für die fein verfilzten, dichten Aggregate der zu den Pyroxenen zählen-

Jaffa: Die Kirche des Franziskanerklosters Sankt Peter wurde auf den Grundmauern einer Kreuzfahrerburg errichtet.

den Minerale Jadeit, Chloromelanit (dem Jadeit ähnlich, dunkelgrün) und ↑Nephrit, Schmucksteine von grünl. Farbe. J. wurde wegen seiner Härte, seiner verhaltenen Farben und seines reinen Klanges in China schon im 2. Jt. v. Chr. sehr geschätzt, zu dekorativen und rituellen Gegenständen verarbeitet, später zunehmend zu profanem Gerät (Kleiderschmuck, Gefäße u. a.). Auch in den mesoamerikan. Kulturen galt J. seit frühester Zeit (La-Venta-Kultur) als bes. kostbares Material zur Herstellung von Kultgegenständen. In der europ. Jungsteinzeit wurden Nephrit und Jadeit zu Beilen verarbeitet.

Jade *die,* Küstenfluss in Ndsachs., 22 km lang, Abfluss des Vareler Hochmoors, mündet in den 190 km² großen **Jadebusen,** eine durch Meereseinbrüche während starker Sturmfluten im MA. entstandene Bucht der Nordsee.

Jadeit *der,* zu den ↑Pyroxenen gehörendes weißl. bis grünes, undurchsichtiges monoklines Mineral der chem. Zusammensetzung $NaAl[Si_2O_6]$.

Jadida [dʒ-] (El-J., Al-Djadida), Provinz-Hptst. an der W-Küste Marokkos, 119 100 Ew.; Seebad; Fischverarbeitung, Fischereihafen; Flughafen. 15 km südlich liegt der neue Hafen ↑Jorf Lasfar. – Ummauerte und von vier mächtigen Eckbastionen geschützte Altstadt. – 1502 als portugies. Fort angelegt; seit 1506 Festungsstadt **Mazagão;** wurde 1580 spanisch **(Mazagan).**

Jadotville [ʒadoˈvil], bis 1966 Name der Stadt ↑Likasi.

Jaeger [ˈjɛ:-], **1)** Henry, eigtl. Karl-Heinz J., Schriftsteller, *Frankfurt am Main 29. 6. 1927, †Ascona 4. 2. 2000; Anführer einer Gangsterbande, wurde 1956 zu 12 Jahren Zuchthaus verurteilt, 1963 begnadigt; war erfolgreich mit gesellschaftskrit., autobiografisch geprägten Zeitromanen: »Die Festung« (1962), »Jakob auf der Leiter« (1973), »Ein Mann für eine Stunde« (1979), »Amoklauf« (1982), »Kein Erbarmen mit den Männern« (1986).

2) Werner, klass. Philologe, *Lobberich (heute zu Nettetal) 30. 7. 1888, †Boston (Mass.) 19. 10. 1961; seit 1939 Prof. an der Harvard University; edierte Textausgaben und forschte über grch. Philosophie, Patristik und Geistesgeschichte (»Paideia«, 3 Bde., 1934–47; »Die Theologie der frühen grch. Denker«, engl. 1947; dt. 1953).

Jaeggi [ˈjɛgi], Urs, schweizer. Soziologe, Schriftsteller und bildender Künstler, *Solothurn 23. 6. 1931; 1966–72 Prof. in Bochum, danach in Berlin; Arbeiten über Strukturprobleme der Ind.gesellschaft (Hg. »Sozialstruktur und polit. Systeme«, 1976); setzte sich in seinen Romanen »Brandeis« (1978) und »Grundrisse« (1981) mit der 68er-Bewegung auseinander; hier wie in dem Roman »Soulthorn« (1990) verarbeitete er dokumentar. Material. Seitdem arbeitet J. als bildender Künstler (u.a. Installationen, Objektkunst).

Jaén [xa'en], **1)** Provinz in Andalusien, Spanien, 13 496 km², 643 800 Einwohner. **2)** Hptst. von 1), südlich des Guadalquivir, 104 800 Ew.; Univ.kolleg, Museen; keram., Aluminium-, Nahrungs- und Genussmittelind., Metallverarbeitung. - Die unterhalb einer mächtigen maur. Burganlage liegende Stadt hat einen maur. Grundriss. Die Kathedrale gehört zu den bedeutendsten Renaissancebauten Spaniens (16., 18./19. Jh.); zahlr. Kirchen im Mudéjarstil, maur. Bäder. - J. war bis 1246 Hptst. einer arab. Herrschaft.

Jaffa (grch. Joppe, hebr. Yafo), seit 1949 Teil der israel. Doppelstadt ↑Tel Aviv-Jaffa, am Mittelmeer. - Die ältesten Siedlungsreste stammen aus dem 5. Jt. v. Chr. Nach dem A. T. (Jos. 19, 46) im Grenzgebiet des Stammes Dan gelegen, gehörte J. den Philistern und Kanaanäern; 144 v. Chr. kam es an die Juden und 63 v. Chr. unter röm. Oberhoheit. Der (im Altertum bed.) Hafen ist einer der ältesten der Welt.

Jaffa|apfelsine [nach Jaffa, Teil der israel. Stadt Tel Aviv-Jaffa], im Vorderen Orient angebaute Apfelsine mit heller Schale.

Jaffna ['dʒæf-], Stadt auf der gleichnamigen Halbinsel im N Ceylons, Sri Lanka, 129 000 Ew.; Hauptort der tamil. Bev.; Univ., zahlr. Hindutempel; bewässerte Gartenbaukulturen.

Jagati [dʒ-, Sanskrit], terrassenartige Plattform ind. Tempel, die den Bau ideell über das Irdische erhebt. Ihre Seitenflächen sind meist von reliefierten Friesbändern bedeckt.

Jagd (Weidwerk), Aufsuchen, Nachstellen, Erlegen, Fangen jagdbarer Tiere durch Jagdausübungsberechtigte. Heute gelten i. Allg. die Regeln des ↑Jagdrechts und des J.-Gebrauchs (Weidgerechtigkeit, fachsprachlich oft Waidgerechtigkeit). Wesentl. Teil des J.-Rechts ist die Hege. Nach altem Herkommen werden hohe und niedere J. unterschieden. Zum Hochwild gehören Schalenwild (außer Rehwild), Auerwild, Stein- und Seeadler; alle anderen Wildarten sind Niederwild. Jagdbar sind die im J.-Gesetz so bezeichneten frei lebenden Tiere. - J.-Arten sind die »Suche« (auf Hasen, Federwild und Kaninchen), das »Pirschen« (auf Schalenwild), der »Ansitz« und der »Anstand«, die »Treib-J.« (Kessel-J., Drück- und Riegel-J.), die »Fang-J.« (von Raubwild), das »Graben« (von Dachs und Fuchs), das »Frettieren« (von Kaninchen), die »Beize« (mit Falken, Adlern, Habichten und Sperbern) und die »Hütten-J.«. - Die J.-Ausübung unterliegt aus Gründen des Wildschutzes und der Weidgerechtigkeit vielfachen Beschränkungen. So ist die Verwendung bestimmter automat. Waffen, künstl. Lichtquellen, von Schlingen, Giften, die Veranstaltung von Hetz-J. u. a. untersagt. Die J. darf nur während der J.-Zeiten ausgeübt werden, die durch VO vom 2. 4. 1977 generell, durch Bestimmungen der Länder in Einzelfällen festgelegt sind.

Geschichte: Das Jagen von Wildtieren bildete zus. mit dem Sammeln von Samen, Früchten, Wurzeln u. a. Pflanzenteilen sowie von Larven und Insekten während der frühen Menschheitsperioden die Grundlage der menschl. Ernährung. Anfangs benutzten die Menschen zur J. hölzerne, knöcherne oder steinerne Gegenstände, die von Natur aus scharf oder spitz waren, später stellten sie speziell für die J. geeignete Waffen und Werkzeuge selbst her. Sie erlegten sogar Großwild, wobei sie Holzlanzen oder -speere, später Speerschleudern und seit Ende der Altsteinzeit Bogenwaffen verwendeten. Durch die Ausbildung von Ackerbau und Viehhaltung verlor die J. ihre lebenserhaltende Bedeutung.

Kunst: Steinzeitl. Darstellungen von J.-Szenen finden sich bes. in Höhlen und an durch Überhänge geschützten Felswänden (↑Felsbilder). In der Kunst des Alten Orients war die J. ein wesentl. Thema, bes. die J. auf Großkatzen galt offenbar als angemessene Unterhaltung und Vorrecht der Herrscher; schon aus der Zeit um 3000 v. Chr. sind Darstellungen erhalten. Bes. großartige Gestaltungen der J.-Tiere finden sich dann auf Reliefs und Rollsiegeln der assyr. Kunst. In der grch. Vasenmalerei war die J. mytholog. Gestalten wie Artemis oder Herakles beliebt. Auch von den Etruskern sind J.-Szenen überliefert (Vogel-J. aus dem 6. Jh. v. Chr.). J.-Reliefs auf röm. Sarkophagen zeigen häufig die Löwen-J. als Lebenssymbol. Vom MA. an finden sich viele Darstellungen der Treib-, Hetz- und Beiz-J. Gegenüber den realitätsbezogenen J.-Bildern des 16. Jh. (R. Savery, P. Bruegel d. Ä.) können Darstellungen des 17. Jh., bes. des P. P. Rubens, reine Fantasieschöpfungen sein. P. Wouwerman malte die J.-Gesellschaft. F. Snyders, J. Fyt, J. Weenix pflegten bes. J.-Stücke mit dekorativ drapiertem Wildbret. Unter den Deutschen ragte J. E. Ridinger mit Stichen hervor. Für das 19. Jh. sind L. F. von Rayski, G. Courbet, W. Leibl zu nennen. In seinen J.-Stücken nahm E. Delacroix die Thematik der Raubtier-J. von Rubens wieder auf. – In Persien wurde die J. auf Miniaturen und Teppichen höf. Manufakturen dargestellt. 📖 *Quellen u. Studien zur Geschichte der J., hg. v. K. Lindner, 11 Bde. Berlin 1954–67. – Frevert, W.: Das jagdl. Brauchtum, bearb. v. D. Stahl. Stuttgart 2001.*

Jagdbezirk, dasjenige Gebiet, in dem die Jagd ausgeübt werden darf (↑Jagdrecht).

Jagdbomber, Abk. **Jabo** (engl. Strike Fighter), Flugzeug, das durch entsprechende Bewaffnung (Bomben, Luft-Boden-Raketen) zur Luftunterstützung des Feldheeres als Bomber dient und z. T. nach deren Abwurf zur Bekämpfung gegner. Flugzeuge als Jagdflugzeug einsetzbar ist.

Jagdfasan: Männchen

Jagdfasan (Edelfasan, Phasianus colchicus), urspr. in Asien beheimatete Fasanenart, bis 97 cm lang, Gefieder beim Männchen metallisch schillernd, beim Weibchen rebhuhnbraun.

Jagdflugzeug (Jäger, Fighter), schnelles, wendiges, ein- bis zweisitziges, allwettertaugl. Kampfflugzeug zur Bekämpfung gegner. Flugzeuge mit Maschinenwaffen und Luft-Luft-Raketen.

Jagdgenossenschaft, ↑Jagdrecht.

Jagdgewehr, zum Erlegen jagdbarer Tiere bestimmte Handfeuerwaffe; für Kleinwild mit Schrotschuss aus **Flinten** mit glattem Lauf (einläufigen, meist aber zweiläufigen oder Doppelflinten). Für die Jagd auf Schalenwild verwendet man **Kugelgewehre** (**Büchsen;** Gewehre mit gezogenem Lauf) und unterscheidet einläufige Pirsch- (Birsch–)Büchsen und zweiläufige oder Doppelbüchsen bzw. Bockdoppelbüchsen; kurze Büchsen heißen **Stutzen.** Es gibt auch kombinierte J. (Büchsflinte, Bockbüchsflinte, Drilling, Vierling).

Jagdhorn (italien. Corno da Caccia), das zur Jagd geblasene, mehrfach kreisförmig gewundene Horn aus Metall; gehört zu den Signalinstrumenten. Gebräuchlich sind heute v. a. das lederumwickelte kleine Pleßhorn in B (nach Herzog Hans Heinrich XI. von Pleß) sowie das großwindige, eng mensurierte Parforcehorn.

Jagdhunde, 1) *Astronomie:* (lat. Canes Venatici), Sternbild des nördl. Himmels, u. a. mit Spiralnebel.

2) *Zoologie:* Gruppe der ↑Hunde.

Jagdrecht, die Gesamtheit der sich auf die Jagd beziehenden Rechtsvorschriften, v. a. Bundesjagd-Ges. (BJagdG) i. d. F. v. 29. 9. 1976 und die Jagd-Ges. der Länder. Nach dem BJagdG ist der Grundstückseigentümer Inhaber des J., der die Jagd nur in **Jagdbezirken** ausüben kann. Hierbei wird zw. Eigenjagdbezirken (zusammenhängende Grundflächen einer Person oder Personengemeinschaft von mindestens 75 ha) und gemeinschaftl. Jagdbezirken (mindestens 150 ha) unterschieden. In letzterem Fall sind die versch. Grundeigentümer zu einer **Jagdgenossenschaft** als Körperschaft des öffentl. Rechts zusammengeschlossen. Die Geschäfte der Genossenschaft führt der gewählte Jagdvorstand. I. d. R. wird die Ausübung des J. durch schriftl., der Behörde anzeigepflichtigen Pachtvertrag an Dritte übertragen, die nicht Jagdgenossen sein müssen. Die Jagdgenossenschaft trifft eine verschuldensunabhängige Haftung für bestimmte Wildschäden. – An der Spitze der Jagdbehörden stehen die Landesmin. für Landwirtschaft und Forsten, untere Jagdbehörde sind die Landratsämter und Kreise. – In *Österreich* gelten im Grundsatz ähnl. Regeln. In der

Schweiz ist das J. im Bundes-Ges. vom 20. 6. 1986 und kantonal geregelt.

Jagdreiten, aus der ↑Parforcejagd hervorgegangene reitsportl. Veranstaltungen von Reitklubs im Herbst, geritten als **Fuchsjagd,** wobei das Wild durch einen Reiter dargestellt wird, der einen Fuchsschwanz an der Schulter trägt, oder als **Schleppjagd** hinter der Meute. In beiden Fällen folgen die Jagdteilnehmer in eingeteilten Gruppen (Feldern), jeweils geführt von einem Master (Huntsman) und zwei Pikören (Whippers).

Jagdrennen, 1) *nord. Skisport:* (Verfolgungsrennen), eine Laufkombination von je 5 km in klass. und in freier Technik (Frauen) bzw. je 10 km in klass. und in freier Technik (Männer), ausgetragen an einem Tag. Der Wettbewerb in freier Technik wird nach der ↑Gundersen-Methode gestartet. Ein J. gibt es auch im ↑Biathlon. **2)** *Pferdesport:* ↑Hindernisrennen.

Jagdschein, zeitlich befristeter, behördl. Ausweis über die Erlaubnis zur Ausübung der Jagd; setzt eine erfolgreich abgelegte Jägerprüfung voraus. – Ähnlich in *Österreich* als **Jagdkarte** und in der *Schweiz* als **Jagdberechtigung** bezeichnet.

Jagdsignale, auf dem Jagdhorn geblasene Signale und Fanfaren, mit denen die Treibjagd geleitet und erlegtes Wild »verblasen« wird, sowie räumlich getrennte Jäger sich verständigen.

Jagdspinnen (Eusparassidae), Familie großer Spinnen, die ihre Beute ohne Netz im Lauf oder Sprung ergreifen. Einzige Art in Mitteleuropa ist die 8–15 mm große **Grüne Huschspinne** (Micromata virescens).

Jagdstück (Jagdstillleben), Kunst: Darstellung von Jagdbeute, -hunden, -waffen u. Ä.; v. a. in der niederländ. Malerei des 17. Jh.

Jagdwaffen, Sammelbez. für alle bei der Jagd verwendeten Waffen zum Erlegen, Abfangen, Aufbrechen und Zerlegen von Wild; man unterscheidet zw. Jagdgewehren und **blanken Waffen** (Hieb- und Stichwaffen wie z. B. Hirschfänger).

Jagdzauber, bei fast allen Naturvölkern verbreitete Bräuche, die den Jagderfolg begünstigen sollen, v. a. durch bildl. Darstellung von Tieren oder Jagdszenen, Zaubersprüche oder Talismane. In Jagdtänzen, z. T. mit Tiermasken, soll das Wild durch tänzer. Nachahmen beschworen werden.

Jagellonen, die ↑Jagiellonen.

Jagemann, Karoline, Schauspielerin und Sängerin, * Weimar 25. 1. 1777, † Dresden 10. 7. 1848; spielte seit 1797 in Weimar; Geliebte des Herzogs Karl August. Ihre Intrigen waren v. a. die Ursache für Goethes Rücktritt vom Theater (1817).

Jagen *das,* regelmäßige Forstabteilung der Ebene, durch gerade, unbeholzte Geländestriche (Gestelle, Schneisen) begrenzt.

Jager, *seemännisch* für 1) das vorderste Klüversegel auf großen Segelschiffen; 2) ein Tau des Vorgeschirrs des Schleppnetzes.

Jäger, jemand, der die ↑Jagd rechtmäßig und weidgerecht ausübt.

Jäger 90, ↑Eurofighter 2000.

Jägerlatein, scherzhaft für übertreibende oder erfundene Erzählungen der Jäger von ihren Jagderlebnissen.

Jägerndorf, Stadt in der Tschech. Rep., ↑Krnov.

Jägersprache (Weidmannssprache), Fachsprache (Standessprache) der Jäger, umfasst etwa 6 000 oft alttradierte Begriffe zur Beschreibung von Jagdtieren, Jagdvorgängen und Jagdbetrieb.

Jägertruppe, in der Bundeswehr Truppengattung der Infanterie, bes. geeignet für den Orts- und Häuserkampf sowie den Einsatz in unübersichtl. Gelände (z. B. in Wäldern); ausgestattet mit Radfahrzeugen und/oder Transportpanzern sowie mit Infanteriewaffen aller Art.

Jäger und Sammler (Wildbeuter [nach ihrer Wirtschaftsweise]), Bez. für Naturvölker mit aneignender Wirtschaftsform. Sie leben vom Jagen (mit Pfeil und Bogen, Speer, Blasrohr) und Fangen wild lebender Tiere (i. d. R. von den Männern betrieben) und vom Sammeln von Kleinsttieren und Wurzeln (mit dem ↑Grabstock), Früchten und Beeren durch die Frauen; Vorratswirtschaft wird nicht betrieben. Als J. u. S. leben heute noch einige Gruppen der Eskimo, Buschleute, Pygmäen und Australier (Aborigines).

Jagger [ˈdʒægə], Mick, eigtl. Michael Philip J., brit. Rockmusiker, * Dartford (Cty. Kent) 26. 7. 1943; Mitbegründer (1962) und Leadsänger der Gruppe »The Rolling Stones«; spielte auch in Filmen mit (u. a. »Performance«, 1970); versuchte Mitte der 80er-Jahre eine Solokarriere, seit 1989 wieder bei den »Rolling Stones«.

Jagić [-tç], Vatroslav, kroat. Slawist, * Varaždin 6. 7. 1838, † Wien 5. 8. 1923; Prof. in Odessa, Berlin, Sankt Petersburg, Wien; Begründer der modernen Slawistik, 1876–1918 Hg. des »Archivs für Slaw. Philologie«.

Jagiełło [ja'gjɛu̯u̯ɔ, poln.] (litauisch Jogaila), Großfürst von Litauen (seit 1377), als **Wladislaw II.**, König von Polen (1386–1434), * um 1351, † Gródek (Wwschaft Białystok) 1. 6. 1434; schloss 1385 mit Polen die Union von Krewo und bestieg nach seinem Übertritt zum Christentum und seiner Vermählung mit der poln. Königin Hedwig (1386) den poln. Thron. Die Großfürstenwürde von Litauen überließ er 1401 seinem Vetter Witold (Vytautas). 1410 siegte er in der Schlacht von Tannenberg über den Dt. Orden.

Jagiellonen (Jagellonen), litauisch-poln. Dynastie, ben. nach ↑Jagiełło; herrschte 1377/86 bis 1572 in Polen und Litauen, 1471–1526 in Böhmen, 1440–44 und 1490–1526 in Ungarn.

Jagniątków [jag'njɔntkuf] (dt. Agnetendorf), Luftkurort in der Wwschaft Niederschlesien, Polen, am N-Fuß des Riesengebirges, seit 1976 zur Stadt Piechowice (dt. Petersdorf) gehörend; ehem. Haus Wiesenstein (Wohn- und Sterbehaus von G. Hauptmann), heute Kinderheim. – Der Ort wurde 1654 von böhm. Protestanten gegründet.

Jagoda, 1) [-'go:-], Bernhard, Politiker (CDU), * Kirchwalde (heute Chudoba, bei Olesno) 29. 7. 1940; 1980–87 und seit 1990 MdB, 1987–90 Staatssekretär im Bundesministerium für Arbeit und Sozialordnung; wurde am 28. 1. 1993 Präs. der Bundesagentur für Arbeit, gab sein Amt in Konsequenz einer Affäre um Beschönigung der ausgewiesenen Stellenvermittlungen für Arbeitslose in seinem Amt auf (Ende März 2002 Versetzung in den einstweiligen Ruhestand).

2) ['ja-], Genrich Georgijewitsch, sowjet. Politiker, * Lodz 1891, † (hingerichtet) Moskau 15. 3. 1938; wurde 1924 stellv. Vors. der GPU, leitete 1934–36 als Volkskommissar des Innern die erste Phase der »Großen Säuberung« (↑Tschistka). 1937 verhaftet und 1938 zum Tode verurteilt.

Jagst *die,* rechter Nebenfluss des Neckars, 203 km lang, entspringt am östl. Albrand in den Ellwanger Bergen, mündet bei Bad Friedrichshall.

Jagsthausen, Gemeinde im Landkreis Heilbronn, Bad.-Württ., an der Jagst, 1 500 Ew. – In der Götzenburg, einem ehemaligen Wasserschloss, wurde 1480 Götz von Berlichingen geboren (Schlossmuseum); Burgfestspiele. Die ev. Pfarrkirche (14. Jh.) diente zeitweise als Grablege der Berlichingen.

Jaguar [indian. (Tupí) jagwár(a) »Fleisch fressendes Tier«] *der* (Onza, Unze, Panthera onca), vom südlichsten Teil der USA bis Südamerika verbreitete Großkatze; Kopf-Rumpf-Länge bis zu 1,8 m; Fell rötlich gelb mit großen schwarzen Ringelflecken, gelegentlich auch ganz schwarz; lebt v. a. in Waldgebieten; er klettert und schwimmt gut und jagt überwiegend am Boden. Wegen seines begehrten Fells sind

Jaguar

seine Bestände in den meisten Gebieten bedroht.

Jagudin, Alexei, russ. Eiskunstläufer, *Leningrad 18. 3. 1980; u.a. Olympiasieger 2002, Weltmeister 1998, 1999, 2000 und 2002 sowie Europameister 1998, 1999 und 2002.

Jahangir [dʒ-], ind. Großmogul (1605 bis 1627), *Fatehpur-Sikri 1569, †auf dem Weg von Kaschmir nach Lahore 28. 10. 1627; Sohn und Nachfolger Akbars. Als kluger und tatkräftiger Herrscher übte er religiöse Toleranz.

Jahn, 1) Friedrich Ludwig (Turnvater J.), *Lanz (bei Wittenberge) 11. 8. 1778, †Freyburg (Unstrut) 15. 10. 1852; Gymnasiallehrer in Berlin, Vorkämpfer einer nat. Erziehung, bes. des Turnens (1811 Errichtung eines Turnplatzes in der Berliner Hasenheide); später als »Demagoge« verfolgt, 1848 in die Frankfurter Nationalversammlung gewählt. J. schrieb »Die dt. Turnkunst« (1816, mit E. Eiselen).

2) Helmut, amerikan. Architekt dt. Herkunft, *Zirndorf 1. 1. 1940; trat 1967 in das Architekturbüro C. F. Murphy Associates in Chicago ein, das er seit 1981 unter dem Firmennamen Murphy/Jahn leitet; profilierte sich v.a. beim Hochhausbau, u.a. Eingangshalle City und Messehalle 1 auf dem Messegelände in Frankfurt am Main (vollendet 1989) sowie Bürohochhaus Messeturm, ebd. (1991 vollendet), Sony Center am Potsdamer Platz in Berlin (1995–2000).

Jähn, Sigmund, Fliegeroffizier und Kosmonaut, *Rautenkranz (heute zu Morgenröthe-Rautenkranz, Vogtlandkreis) 13. 2. 1937; nahm 1978 mit der russ. Mission Sojus 31/Saljut 6/Sojus 29 als erster Deutscher an einem Weltraumflug teil.

Jahnn, Hans Henny, Schriftsteller und Orgelbauer, *Stellingen (heute zu Hamburg) 17. 12. 1894, †Hamburg 29. 11. 1959; 1915–18 als Pazifist im Exil in Norwegen; baute rd. 100 Orgeln und verfasste mehrere musikwiss. Abhandlungen; auch Musikverleger (seit 1921). Sein schriftsteller. Werk, z.T. schwer deutbar und heftig umstritten, wird durch Psychoanalyse, Expressionismus, Naturalismus sowie eine verzweifelte Suche nach Sinn in einer von J. als durch Verlogenheit und Schmerz bestimmt gesehenen Welt geprägt (»Perrudja«, R., 2 Bde., 1929; »Fluß ohne Ufer«, R., 3 Tle., 1949–61; »Die Nacht aus Blei«, R., 1956). Aus Protest gegen Zivilisation, Konvention, mechanist. Denken propagierte J. einen heidn. Vitalismus und entwarf die Utopie eines neuheidn. Reiches. Sein bedeutendstes Drama ist »Armut, Reichtum, Mensch und Tier« (1948).

✣ **siehe ZEIT Aspekte**

📖 *Niehoff, R.: H. H. J. Die Kunst der Überschreitung. München 2001.*

Jahr [lat. annus, Abk. A und a], Einheitenzeichen **a,** die Zeitdauer eines Umlaufs der Erde um die Sonne, dessen Länge von der Wahl des Bezugspunktes abhängt: Dem **bürgerl. J.** des jetzigen Kalenders (365 Tage) liegt das trop. J. zugrunde. Der restl. Tagesbruchteil wird durch Einschalten des Schalttages (Schaltjahr mit 366 Tagen) ausgeglichen (↑Kalender). Das **trop. J. (Sonnen-, Äquinoktial-J.)** ist die Zeit zw. zwei aufeinander folgenden Durchgängen der Erde durch den Frühlingspunkt (365,2422 mittlere Sonnentage). Die ↑Nutation hat eine geringe Schwankung der Länge des trop. J. zur Folge. Sieht man von ihr ab, so spricht man vom **mittleren trop. Jahr.** Das **sider. J. (Stern-J.)** ist die wahre Umlaufperiode der Erde um die Sonne, d.h. die Zeit zw. zwei aufeinander folgenden gleichen Stellungen der Sonne (bezogen auf einen Stern) auf ihrer scheinbaren Bahn an der Himmelskugel. Es dauert 365,2564 mittlere Sonnentage. Das **anomalist. J.** ist die Zeit zw. zwei Periheldurchgängen der Erde (365,2596 mittlere Sonnentage). Das **Mond-J.,** entstanden durch Zusammenfassung von 12 Mondumläufen, ist mit 354 Tagen etwa 11 Tage kürzer als das Sonnenjahr. Als **julian. J.** (365,25 Tage) und **gregorian. J.** (365,2425 Tage) bezeichnet man die durchschnittl. Länge der J. in den beiden Kalendern. – Der Jahresanfang ist v.a. für die Jahreszählung bedeutend; zum Brauchtum: ↑Neujahr. (↑Kirchenjahr)

Jahrbücher, 1) *Astronomie:* (astronomische J.), Tabellenbücher mit wichtigen Angaben zum Kalender, über die Bewegungen der Sonne, des Mondes, der Planeten, die Sternörter des Fundamentalkatalogs, Finsternisse u.a. Die Örter der Himmelskörper sind i. Allg. in den J. für die Sonne und die Planeten für jeden Tag, für den Mond für jede Stunde angegeben.

2) *Geschichte:* (historische J.), ↑Annalen.

Jahresabschluss, von einem Unternehmen nach handelsrechtl. Vorschriften zum Ende des Geschäftsjahres aufzustellender

Abschluss der Buchführung, bestehend aus ↑Bilanz sowie ↑Gewinn-und-Verlust-Rechnung.

Jahresanfang (Jahresbeginn), der Beginn des Jahres, d. h. der Zeitpunkt, ab dem die Erhöhung der Jahreszahl um eine Einheit wirksam wird (↑Jahreszählung, ↑Neujahr).

Der J., der im gregorian. Kalender mit dem 1. 1. zusammenfällt (↑Zirkumzisionsstil), lag noch bis in die Neuzeit in Europa an sehr versch. Daten. Im Röm. Reich fiel er zunächst auf den 1. 3. (daher z. B. die Bez. des Sept. als »siebter« Monat), seit 153/146 v. Chr. war es der 1. 1.; im MA. wurde er u. a. auch auf den 25. 3. (Annuntiationsstil; England bis 1752), den 1. 9. (u. a. Bereich der byzantin. Kultur) oder den 25. 12. gelegt (↑Nativitätsstil); trotz der offiziellen Handhabung in den Kanzleien war wohl aber auch im MA. im Alltag der 1. 1., schon damals **Neujahrstag** gen., als (bürgerl.) J. üblich. In Russland wurde der vorher unsichere J. von Zar Peter I., d. Gr., auf den 1. 1. festgelegt (seit 1. 1. 1700). In Kulturkreisen mit Mondkalender (Judentum, Islam, SO-Asien) ist der J. variabel.

Jahresarbeitsverdienst, im Kalenderjahr bezogenes Entgelt eines Arbeitnehmers; bes. steuer- und sozialversicherungsrechtlich bedeutsam, da häufig Bemessungsgrundlage für Beiträge und Leistungen.

Jahreskreis, *kath. Kirche:* seit der Liturgiereform des 2. Vatikan. Konzils Bez. für die zw. den Zeiten des Weihnachts- und des Osterfestkreises liegende »allgemeine Kirchenjahreszeit« (»Zeit im J.«), deren (33 oder 34) Sonntage als **Sonntage im J.** fortlaufend gezählt werden.

Jahresregent, *Astrologie:* der das jeweilige Jahr beherrschende Planet. Ein Siebenerzyklus der J. liegt den astrolog. Witterungsvoraussagen des ↑hundertjährigen Kalenders zugrunde.

Jahresringe (Jahrringe), konzentrische Wachstumsringe eines Baumstamms. (↑Holz, ↑Dendrochronologie)

Jahresschichtung, *Geologie:* dem jährl. Klimarhythmus entsprechende Wechsellagerung von Sedimenten, die sich aus einem Gewässer absetzten. Eine bes. deutl. J. zeigen die in eiszeitl. Stauseen abgelagerten Bändertone.

Jahresüberschuss, Begriff der handelsrechtl. Gewinn-und-Verlust-Rechnung (§ 275 HGB) sowie der Bilanz (§ 266 HGB) von Kapital-Ges.; ergibt sich als positive Differenz zw. den Erträgen und Aufwendungen des betreffenden Geschäftsjahres. Unterschreiten die Erträge die Aufwendungen, spricht man von **Jahresfehlbetrag.** Bei der Ermittlung des J. werden Gewinn-und-Verlust-Vortrag, Entnahmen und Einstellungen aus bzw. in offene Rücklagen nicht berücksichtigt.

Jahreswirtschaftsbericht, nach dem Stabilitäts-Ges. jährlich im Januar dem Bundestag und -rat von der Bundesreg. vorzulegender Bericht, der die Stellungnahme zum Jahresgutachten des Sachverständigenrats zur Begutachtung der gesamtwirtsch. Entwicklung sowie die **Jahresprojektion** (Darlegung der von der Bundesreg. für das laufende Jahr angestrebten wirtschafts- und finanzpolit. Ziele) beinhaltet.

Jahreszählung, die Ein- und Zuordnung der Zeiteinheit Jahr in eine allg. verwendete Zeitskala, Grundlage aller Datierung (Chronologie); im abendländ. Kulturkreis erfolgt die exakte Zeit- und J. nach dem Dezimalsystem, d. h., das 3. Jt. n. Chr. bzw. das 21. Jh. beginnt am 1. 1. 2001 (↑Jahresanfang).

Im Abendland setzte sich die von Dionysius Exiguus im 6. Jh. eingeführte christl. Jahrrechnung (»n. Chr.«; ↑Ära) durch. Es ist aber zu beachten, dass es auch bezüglich der J. bis zum 15. Jh. üblich war, nicht die arab., sondern röm. ↑Ziffern zu verwenden. Beliebt war es im MA. in den Kanzleien des Weiteren, in der J. nur die Zehner- und Einerzahlen anzugeben. Im Alltag und im Bewusstsein der Menschen, aber auch offiziell, blieb außerdem die J. noch bis ins Spät-MA. an eigene bed. Ereignisse oder an die christl. Festtage gebunden, am häufigsten jedoch an den jeweiligen Regenten. – Zeiterleben und -auffassung war bis in die Neuzeit i. Allg. v. a. vom Rhythmus der Jahreszeiten und der schnellen Abfolge der Generationen bestimmt. Die Periodisierung nach größeren Zeitabschnitten (↑Jahrhundert, ↑Jahrtausend) fand ebenfalls erst im 16./17. Jh. allg. Verbreitung.

📖 *Grotefend, H.: Zeitrechnung des dt. MA. u. der Neuzeit. 2 Bde., 1891–98. – Bodmann, G.: Jahreszahlen u. Weltalter. Zur Grundlegung der mittelalterl. Chronistik. Frankfurt am Main/New York 1992. –*

Rhythmus u. Saisonalität , hg. v. P. Dilg u. G. Keil, Sigmaringen 1998. – Brendecke, A.: Die Jahrhundertwenden. Eine Gesch. ihrer Wahrnehmung u. Wirkung. Frankfurt am Main 1999. – Gould, S. Jay: Der Jahrtausend-Zahlenzauber. Durch die Scheinwelt numer. Ordnungen. Frankfurt am Main 1999.

Jahreszeiten, die Einteilung des (trop.) Jahres in vier durch die scheinbare Sonnenbahn an der Sphäre gegebene Zeitabschnitte: Frühling, Sommer, Herbst, Winter; sie werden durch die Äquinoktien und die Solstitien festgelegt. Die unterschiedl. Länge der J. ist bedingt durch die unterschiedlich schnelle Bewegung der Erde in ihrer Bahn um die Sonne; Frühling und Sommer haben auf der Nordhalbkugel der Erde eine Länge von zus. 186 Tagen und 10 Stunden, Herbst und Winter hingegen eine Länge von zus. 178 Tagen und 20 Stunden. Die Dauer der einzelnen J. ist infolge der Apsidendrehung und der Präzession leicht veränderlich. Die **meteorolog. J.** sind nach Witterungsablauf gegliedert. Die **astronom. J.** begrenzt man (bis auf geringe Verschiebungen durch die Anpassung an das astronom. Jahr) folgendermaßen:
Die klimat. Unterschiede der J. beruhen auf der Neigung der Erdbahnebene gegen den Äquator (Schiefe der Ekliptik); die Sonne erreicht nämlich in ihren Solstitialpunkten eine Deklination von +23° 27′ (zur Sommersonnenwende der Nordhemisphäre) bzw. von −23° 27′ (zur Wintersonnenwende der Nordhemisphäre). Da die Lage des Himmelsäquators über dem Horizont von der geograph. Breite des Beobachtungsortes abhängig und für ein und denselben Ort immer gleich ist, erreicht die Sonne zu versch. J. unterschiedl. Höhen über dem Horizont (und steht damit auch unterschiedlich lange über ihm). Dieser Unterschied der Höhe ergibt einen unterschiedlich schrägen Einfall der Sonnenstrahlen auf der Erde sowie die unterschiedl. Länge der Tage (und damit der Dauer der Sonneneinstrahlung), woraus sich die klimat. Unterschiede der J. ergeben. – In den Tropen, also zw. den Wendekreisen (der Sonne), wo die genannten Unterschiede unerheblich sind, werden J. durch die Niederschläge geschaffen: Hier wechseln eine Regenzeit (zentrale Tropen) oder zwei (Randtropen) mit einer oder zwei Trockenzeiten.

Kunst: Die J. wurden bereits in der Antike dargestellt als weibl. Halbfiguren oder Genien, oft auch mit unterscheidenden Attributen. Die frühchristl. Kunst übernahm die Personifikationen der J. als Sinnbilder des menschl. Lebens. Zu den frühesten erhaltenen Darstellungen des MA. gehören die des 11. Jh. an der Bronzetür des Augsburger Doms und den Kapitellen von Cluny. Aus späterer Zeit stammen z. B. der »Frühling« von S. Botticelli, der »Herbst« von F. Cossa, Grotesken von G. Arcimboldo, Gemälde von P. Bruegel d. Ä. und N. Poussin, Statuetten von A. Vittoria, W. Jamnitzer, B. Permoser.

Jahreszeiten

Nordhalbkugel	Zeit	Südhalbkugel
Frühling	20./21. 3.–21./22. 6.	Herbst
Sommer	21./22. 6.–22./23. 9.	Winter
Herbst	22./23. 9.–21./22. 12.	Frühling
Winter	21./22. 12.–20./21. 3.	Sommer

Jahrhundert (lat. Säkulum, Saeculum), künstl. Zeiteinheit (Zeitraum von hundert Jahren). Nach der Zeit- und ↑Jahreszählung des abendländ. Kulturkreises beginnt z. B. das 20. J. am 1. 1. 1901 und endet am 31. 12. 2000. Gebräuchlich, wenn auch nicht wiss. exakt, wurde 1900 der Ansatz des neuen J. mit dem Wechsel der J.-Zahl. **J.-Wechsel** erfreuen sich (ebenso wie Jubiläumsfeiern) erst seit um 1800 besonderer Beachtung; öffentl. Feiern des bewusst wahrgenommenen Endes des alten und des Beginns eines neuen J. (**J.-Feiern** bzw. **Säkularfeiern**) sind erst seither belegt. (↑Kalender)

📖 *Brendecke, A.: Die J.wenden. Eine Gesch. ihrer Wahrnehmung u. Wirkung. Frankfurt am Main 1999. – Das Jahrtausend im Spiegel der J.wenden, hg. v. L. Gall. Berlin 1999. – J.wenden. Endzeit u. Zukunftsvorstellungen vom 15. bis zum 20. J., hg. v. M. Jakubowski-Tiessen u. a. Göttingen 1999.*

Jahrhundertvertrag, 1977 zw. den dt. Bergbauunternehmen und der Elektrizitätswirtschaft geschlossene Vereinbarung über den Bezug und die Lieferung von einheim. Steinkohle zur Strom- und Wärmeerzeugung, 1980 durch Zusatzvereinbarung verlängert, Ende 1995 ausgelaufen. Bis dahin galt die 1989 festgelegte Abnahmemenge von jährlich 40,9 Mio. t inländ. Steinkohle für die Verstromung. (↑Kohlepfennig)

Jahrmarkt (Kirmes, Messe, Kirbe, Kerb, Kerwe, schweizer. Kilbi), volkstüml. Vergnügungsveranstaltung mit Verkaufs- und Schaubuden, Karussells, Volksbelustigungen u. Ä. (↑Kirchweih).

393

Jailagebirge: Blick auf die Schwarzmeerküste bei Alutscha, am Fuß des Jailagebirges

Jahrrechnung, ↑Ära.

Jahrtausend (lat. Millennium), künstl. Zeiteinheit (Zeitraum von tausend Jahren). Nach der Zeit- und ↑Jahreszählung des abendländ. Kulturkreises, die in Christi Geburt ihren Fixpunkt hat (↑Zeitwende), beginnt das dritte J. am 1. 1. 2001. Gebräuchlich, wenn auch nicht wiss. exakt, ist der Ansatz des neuen J. mit dem Wechsel der J.zahl. Weltweit gefeiert wurde der Anbruch des dritten J. in Vernachlässigung mathematisch-kalendar. Exaktheit vielfach zum 1. 1. 2000 **(J.-Feier, Millenniumsfeier).**

📖 *Das J. im Spiegel der Jh.-Wenden, hg. v. L. Gall. Berlin 1999. – Gould, S. J.: Der J.-Zahlenzauber. Durch die Scheinwelt numer. Ordnungen. Frankfurt am Main 1999. – Eco, U. u. a.: Das Ende der Zeiten. A. d. Frz., Köln 1999. – Visonen 2000. Einhundert persönl. Zukunftsentwürfe, hg. v. der Brockhaus-Redaktion. Leipzig u. a. 1999.*

Jahr und Tag, Maximalfrist des alten dt. Rechts, die ein Jahr, sechs Wochen und drei Tage umfasste. »Tag« bedeutet Gerichtstag (Ding), der im Abstand von sechs Wochen (Dingfrist) stattfand und drei Tage dauerte.

Jahrwoche, im A. T. (3. Mos. 25, 4–7) ein Zyklus von sieben Jahren, von denen das letzte als ↑Sabbatjahr gefeiert wurde.

Jahwe (Jahve), hebr. Eigenname des Gottes Israels; Herkunft und Bedeutung sind umstritten. Die Selbstoffenbarung des Gottesnamens in 2. Mose 3, 14 wird (meist) übersetzt: »Ich werde sein, der ich sein werde«; unzutreffend wurde J. nach der Vokalisation des hebr. Bibeltextes **Jehova** gelesen; seit (spätestens) dem 1. Jh. v. Chr. vermeiden die Juden das Aussprechen des Gottesnamens und lesen für J. **Adonai** (hebr. »mein Herr«). – Septuaginta und Vulgata übersetzen J. mit »Kyrios« und »Dominus«, die meisten dt. Bibeln mit »Herr«. Als lat. Umschrift der hebr. Schreibweise ist JHWH gebräuchlich (↑Tetragramm).

Jahwist *der* (Jahvist), Quellenschrift im ↑Pentateuch; benannt nach dem in ihr häufig gebrauchten Gottesnamen Jahwe und entstanden wohl zw. 950 und 900 v. Chr., sicher aber vor 721 v. Chr.; enthält die älteste zusammenhängende Geschichtserzählung Israels und endet nach Auffassung der meisten Bibelwissenschaftler mit Ri. 1.

Jailagebirge [türk. »Sommerweide«], Hauptkette des Krimgebirges, Ukraine, im S der Halbinsel Krim, im Roman-Kosch 1 545 m ü. M.; fällt nach S steil zum Schwarzen Meer ab.

Jaina [dʒ-], Angehörige der ind. Religion des ↑Dschainismus.

Jaipur [dʒ-], Hptst. des Bundesstaates Rajasthan, NW-Indien, am Arawalligebirge, 2,32 Mio. Ew.; Univ., Kunstschule; chem., Textil-, Nahrungsmittel-, Metall verarbeitende Ind., Edelsteinschleiferei und Goldschmuckherstellung; Fremdenverkehr; internat. Flughafen. – J. wurde planmäßig angelegt mit rechtwinkligem Straßennetz; bekannteste Bauwerke sind die Sternwarte (1713–38) und der fünfgeschossige »Palast der Winde« (1751–68). – J. wurde 1728 gegr. als Hauptsitz des Staates Rajputana, der 1949 in Rajasthan aufging.

Jajce [ˈjaːjtsɛ], Stadt in Bosnien und Herzegowina, 341 m ü. M., an der Pliva, die hier in einem 30 m hohen Wasserfall in den Vrbas stürzt, 13 000 Ew.; Carbidfabrik. – Orientalisch anmutendes Stadtbild mit Moscheen, bosn. Erkerhäusern, Wohntürmen; Ruine der bosn. Königsburg

(15. Jh.). – 1396 erstmals erwähnt. – Am 29. 11. 1943 wurde in J. die provisor. Reg. unter Tito (AVNOJ) gebildet.

Jak, ↑Yak.

Ják [ja:k], Dorf im Bez. Vas, W-Ungarn. – Die Abteikirche St. Georg des um 1210 gegr. Benediktinerklosters ist einer der bedeutendsten roman. Bauten Ungarns. Ebenfalls romanisch ist die Pfarrkirche St. Jakob (um 1250).

Jakaranda [indian.-portugies.] *die,* Zierpflanze aus der Gattung ↑Jacaranda, mit blauen oder violetten Blüten.

Jakarta [dʒ-] (Djakarta, bis 1950 Batavia), Hptst. von Indonesien, an der westl. N-Küste Javas, bildet eine eigene Provinz mit 590 km² und 9,16 Mio. Ew.; kath. Erzbischofssitz, Univ. u. a. Hochschulen, Goethe-Inst., Nationalarchiv, Bibliotheken, Museen, Theater; Ind.zentrum des Landes u. a. mit Düngemittelind., Kraftfahrzeugmontage und Schiffbau; wichtigster Handelsplatz im Malaiischen Archipel; Hafen Tanjung Priok mit Containerterminal, internat. Flughafen. – Von Kolonialbauten geprägtes Stadtbild. – 1619 entstanden ein niederländ. Fort und die Siedlung Batavia als asiat. Hauptstützpunkt der niederländ. Ostind. Kompanie.

Jako [frz.] *der,* der ↑Graupapagei.

Jakob, A. T.: zweiter Sohn Isaaks und dritter der Stammväter (Patriarchen) Israels; erkaufte sich von seinem Bruder Esau das Erstgeburtsrecht (1. Mose 25, ff.) und erschlich sich den väterl. Erstgeburtssegen (1. Mose 27); erhielt nach dem nächtl. Kampf am Jabbok (1. Mose 32, 23–31) den Namen **Israel;** seine Söhne gelten als die Ahnherren der zwölf Stämme Israels: Ruben, Simeon, Levi, Juda, Dan, Naphtali, Gad, Aser, Issakar, Zabulon, Joseph und Benjamin.

Jakob (engl. James, span. Jaime, katalan. Jaume), Herrscher:

Aragonien: **1) J. I., der Eroberer,** König (1213–76), *Montpellier 22. 2. 1208, †Valencia 27. 7. 1276; eroberte von den Mauren 1229–35 die Balearen und 1232–38 das Königreich Valencia. Seine Autobiografie ist die erste bed. Chronik in katalan. Sprache. J. ließ das Seerecht kodifzieren.

England: **2) J. I.,** König (1603–25), als **J. VI.** König von Schottland (seit 1567), *Edinburgh 19. 6. 1566, †Theobalds Park (bei Cheshunt, Cty. Hertfordshire) 27. 3. 1625; Sohn Maria Stuarts und Lord Darnleys; gelangte nach dem Tod Elisabeths I. als erster Stuart auf den engl. Thron; war entschiedener Vertreter eines absoluten Königtums und stützte sich bes. auf die anglikan. Staatskirche. Die Aussöhnung mit den Katholiken wurde durch die ↑Pulververschwörung vereitelt.

3) J. II., König (1685–88), als **J. VII.** König von Schottland, *London 14. 10. 1633, †Saint-Germain-en-Laye 16. 9. 1701; Sohn Karls I.; wurde 1672 Katholik. Da er die Rekatholisierung Englands betrieb, rief das Parlament 1688 Wilhelm von Oranien, den Schwiegersohn J.s, ins Land; J. floh nach Frankreich und wurde vom Parlament für abgesetzt erklärt (so genannte »Glorreiche Revolution«). Der Versuch, mit frz. Hilfe von Irland aus seinen Thron zurückzuerobern, endete 1690 mit der Niederlage am Boyne. Sein Sohn aus 2. Ehe, **J. Eduard (J. III.;** *London 1688, †Rom 1766), scheiterte 1708 und 1715/16 bei Unternehmungen zur Gewinnung des Throns.

Schottland: **4) J. IV.,** König (1488 bis 1513), *17. 3. 1473, ⚔Flodden Field (bei Branxton, Cty. Northumberland) 9. 9. 1513; erreichte die endgültige Einigung Schottlands; schloss 1512 ein Bündnis mit Frankreich gegen Heinrich VIII. von England; erlitt beim Einfall in N-England eine vernichtende Niederlage bei Flodden Field.

Jaipur: der von Maharadscha Mahdo Singh I. erbaute »Palast der Winde« (1751–68)

Jakob-Creutzfeldt-Krankheit, die ↑Creutzfeldt-Jakob-Krankheit.

Jakobiner (frz. Jacobins), die Mitgl. des wichtigsten polit. Klubs (gegr. Mai 1789) der Frz. Revolution, ben. nach ihrem Tagungsort, dem ehem. Dominikanerkloster

Saint-Jacques in Paris. Seit Mitte 1791 war der Klub Sammelpunkt der radikalen Republikaner, beherrscht zunächst von den Girondisten, später von den Mitgl. der Bergpartei. Präs. von April 1793 bis zu seiner Ermordung im Juli war J. P. Marat, dann M. Robespierre. Unter seiner Führung organisierten sie die Schreckensherrschaft 1793/94. Nach Robespierres Sturz wurde der Klub am 11. 11. 1794 geschlossen.

📖 *Reinalter, H.: Die Frz. Revolution u. Mitteleuropa. Erscheinungsformen u. Wirkungen des Jakobinismus. Frankfurt am Main 1988.*

Jakobinermütze, der ↑phrygischen Mütze nachgebildete rote Mütze **(Bonnet rouge)** mit überhängendem Zipfel, von den Jakobinern getragen, Symbol der Frz. Revolution von 1789.

Jakobiten, 1) in der europ. Kirchengeschichtsschreibung Bez. für die im 6. Jh. durch den syr. Mönch Baradäus († 578; grch. Name Jakob Zanzalos) kirchlich reorganisierten und traditionell als »monophysitisch« angesehenen (sachgemäß besser mit »prächalzedonisch« beschriebenen) Syrer; heute z. T. noch anzutreffen als Bez. für die syrisch-orth. Christen (die Mitgl. der westsyr. Kirche; ↑syrische Kirchen).

📖 *Heinz, A.: Feste u. Feiern im Kirchenjahr nach dem Ritus der Syrisch-Orth. Kirche von Antiochien. Trier 1998.*

2) die Anhänger des 1688 aus England vertriebenen Stuartkönigs Jakob II. und seiner Nachkommen, bes. in Schottland.

Jakobs, Karl-Heinz, Schriftsteller, * Kiauken (Ostpreußen) 20. 4. 1929; brachte mit seinem Roman »Beschreibung eines Sommers« (1961) erstmals Alltagskonflikte in die Literatur der DDR; 1981 Ausreise in die Bundesrep.; spätere Werke verarbeiten häufig dokumentar. Material (»Das endlose Jahr. Begegnungen mit Mäd«, 1983); in dem Roman »Leben und Sterben der Rubina« (1999) schildert er das Schicksal einer dt. Kommunistin in Stalins Lagern. Auch zahlr. Arbeiten für Rundfunk, Fernsehen und Printmedien.

Jakobshavn [-haʊn], grönländ. Stadt, ↑Ilulissat.

Jakobsit [nach dem schwed. Ort Jakobsberg] *der,* schwarzes, stark magnet., kub. Mineral der chem. Zusammensetzung $MnFe_2O_4$; wird in Schweden als Manganerz abgebaut.

Jakobsleiter, 1) *A. T.:* die Himmelsleiter, die ↑Jakob im Traum sah (1. Mos. 28, 12): Engel stiegen auf einer Leiter zum Himmel auf und nieder.

2) *Botanik:* die Pflanzengattung ↑Himmelsleiter.

3) *Seefahrt:* (Seefallreep), ein ↑Fallreep.

Jakobsmuschel, eine ↑Kammmuschel.

Jakobson, Roman Ossipowitsch, amerikan. Sprach- und Literaturwissenschaftler russ. Herkunft, * Moskau 11. 10. 1896, † Boston (Mass.) 18. 7. 1982; gehörte zur russ. literarkrit. Schule des ↑Formalismus, Mitbegründer der ↑Prager Schule, seit 1943 in den USA; bed. Strukturalist und Slawist.

Jakobsstab, 1) *allg.:* der Pilgerstab der Wallfahrer zum Grab des hl. Jakobus des Älteren in Santiago de Compostela.

2) *Astronomie:* 1) Name für die drei in gerader Linie stehenden Sterne δ, ε und ζ im Sternbild Orion. 2) **Gradstock, Kreuzstab,** mittelalterl. Winkelmessgerät zur Höhenbestimmung der Gestirne, bestehend aus einem mit einer Skala versehenen Längsstab, auf dem ein kürzerer, senkrecht dazu gerichteter Querstab verschoben werden kann; vor der Erfindung des Sextanten wichtigstes naut. Instrument zur Schiffsortbestimmung.

Jakobsweg, ↑Pilgerstraßen.

Jakobus, N. T.: **1)** einer der Brüder Jesu (Mk. 6, 3); führend in der Jerusalemer ↑Urgemeinde und auf dem ↑Apostelkonzil; 62 gesteinigt; Heiliger, Tag: 11. 5.; in der orth. Kirche: 23. 10.

2) J. der Ältere (später Jakob von Compostela), Apostel, Sohn des Zebedäus, Bruder des Apostels Johannes (Mk. 1, 19; 3, 17); 44 unter Herodes Agrippa I. hingerichtet (Apg. 12, 2). Nach einer Überlieferung wurden seine Gebeine nach Spanien gebracht (nach anderer Version gelangten sie auf wunderbare Weise dorthin) und dort beigesetzt. Um sein angebl. Grab entstand die Stadt Santiago de Compostela; Heiliger, Patron Spaniens und der Pilger, Tag: 25. 7.

3) J. der Jüngere, Apostel, Sohn des Alphäus; außer seinem Namen (Mk. 3, 18; Apg. 1, 13) ist nichts überliefert; Heiliger, Tag: 3. 5.; in der orth. Kirche: 9. 10.

Jakobusbrief, Abk. **Jak.,** einer der ↑Katholischen Briefe des N. T.; enthält v. a. eth. Ermahnungen und eine theologisch bedeutsame Auseinandersetzung mit der paulin. Auffassung von der ↑Rechtfertigung (Jak. 2, 14 ff.). Stil und Inhalt lassen einen jüd. Verfasser vermuten.

Jakobusevangelium, apokryphe neutestamentl. Schrift; verfasst nach 150 n. Chr. außerhalb Palästinas; schildert die Kindheit Jesu, v. a. aber das Leben Marias.

Jakowlew, Alexander Sergejewitsch, russ. Flugzeugingenieur, * Moskau 1. 4. 1906, † ebenda 22. 8. 1989; konstruierte Jagdflugzeuge (Jak-15, Jak-17), Kampfflugzeuge (Jak-28, Jak-36), Hubschrauber (Jak-24) und Verkehrsflugzeuge (Jak-40, Jak-42).

Jaktation [lat.] *die,* unruhiges Hin- und Herwälzen des Körpers oder des Kopfes bei schweren Erkrankungen, z. B. im Delirium, oder bei kindl. Fehlentwicklung.

Jakuten (Eigenbez. Sacha), Turkvolk in NO-Sibirien, Russland, bes. in Jakutien, etwa 380 000 Menschen; betreiben im S Rinder- und Pferdezucht sowie Fischerei und Ackerbau (seit dem 19. Jh.), im N Rentierzucht und Pelztierjagd. Sie haben ein hoch entwickeltes Eisen- und Silberschmiedehandwerk. Die J. sind weitgehend christianisiert, behielten aber Reste von Schamanismus, Bärenkult und Geisterglaube bei.

Jakutilen (Republik Jakutien, jakut. Sacha), Teilrep. der Russ. Föderation, im NO Sibiriens, 3 103 200 km², 973 800 Ew. (33 % Jakuten, 50 % Russen); Hptst. ist Jakutsk. J. erstreckt sich beiderseits der Lena, umfasst im N Tiefland, im W das Mittelsibir. Bergland, im SO das Aldanbergland, im mittleren Teil das Werchojansker Gebirge und im NO das Jukagirenplateau. Das Klima ist extrem kontinental, der Dauerfrostboden reicht bis in Tiefen von 1 500 m; Nadelwald (Lärchentaiga) bedeckt rd. 40 % der Fläche. Die Wirtschaft basiert auf dem Bergbau, v. a. der Gewinnung von Diamanten (aus J. stammen rd. 95 % der russ. Diamantenförderung; eine Bearbeitungsind. ist im Aufbau), Kohle, Gold, Eisen-, Nichteisenmetallerzen sowie Erdöl, -gas. Weitere wichtige Wirtschaftszweige sind Holzeinschlag, -verarbeitung und Pelztierzucht. Von der Transsibir. Eisenbahn und der Baikal-Amur-Magistrale führen Stichbahnen in die Bergbaugebiete.

Geschichte: Die Jakuten, die im Zuge ihrer Landnahme der Gebiete an der Lena eine Oberhoheit über die dort siedelnden Völker der Ewenken und Jukagiren errichteten, wurden in den 30er-Jahren des 17. Jh. von Russland unterworfen (1632 Gründung von Jakutsk durch russ. Kosaken). 1805 wurde das Gebiet J. geschaffen. Seit dem 19. Jh. schickten die zarist. Behörden viele Strafgefangene und polit. Häftlinge in die Verbannung nach J. Nach der Errichtung der Sowjetmacht (1918, erneut 1920) wurde am 27. 4. 1922 die Jakut. ASSR gebildet. Die Kollektivierung der Landwirtschaft stieß auf starken Widerstand; in den 1920er- und 30er-Jahren wurden die nat. Traditionen und Institutionen der Jakuten unterdrückt. Seit den 30er-Jahren war J., bes. der NO, Standort zahlr. Zwangslager des ↑GULAG. Nach einer Souveränitätserklärung (Sept. 1990) stellte ein »Gesetz über den Status der Rep.« (Febr. 1991) J. zunächst anderen Unionsrepubliken der UdSSR gleich; nach dem Zerfall der Sowjetunion unterzeichnete die Reg. im März 1992 den Föderationsvertrag mit der Russ. Föderation, betonte aber auch eigenständige Interessen.

Jakutsk, Hptst. von Jakutien, Russland, an der Lena, 196 500 Ew.; Univ., Forschungsinst. für Dauerfrostboden; Diamantenverarbeitung, Holz-, Leder-, Nahrungsmittelind.; Pelzhandelsplatz; Hafen, internat. Flughafen. – Gegr. 1632 als militär. Vorposten.

Jalalabad [dʒ-], Provinz-Hptst. im O von Afghanistan, am Kabul, 58 000 Ew.; medizin. Fakultät der Univ. Kabul; Handelszentrum einer Bewässerungsoase. – Südöstlich von J. wurde beim Dorf **Hadda** eine buddhist. Klosterstadt ausgegraben.

Jalandhar [ˈdʒa-] (ehem. Jullundur), Stadt im Bundesstaat Punjab, im NW von Indien, zw. Sutlej und Beas im Pandschab, 520 000 Ew.; Zuckerraffinerien, Konserven-, Textil-, Metallind., traditionelle Elfenbeinschnitzerei.

Jalapa Enríquez [xaˈlapa enˈrrikes], Hptst. des Bundesstaates Veracruz, Mexiko, im zentralen Hochland, 325 000 Ew.; kath. Erzbischofssitz; Univ.; archäolog. Museum; Anbau und Verarbeitung von Kaffee, Tabak, Zitrusfrüchten; Textilind., Zuckerraffinerie. – Stadtbild mit kolonialzeitl. Gepräge.

Jaleada [xa-, span.] (Seguidilla J.) *die,* span. Volkstanz; sehr schnell getanzte ↑Seguidilla.

Jaleo [xa-, span.] *der,* lebhafter span. Tanz im $^3/_8$-Takt.

Jalisco [xa'lisko], Bundesstaat Mexikos, 78 389 km², 6,32 Mio. Ew.; Hptst. ist Guadalajara; erstreckt sich vom Pazifik weit ins Landesinnere.

Jalousie [ʒalu'zi; frz., eigtl. »Eifersucht«] *die,* bewegl. Sonnenschutz- und Verdunklungseinrichtung, bes. vor Fenstern, aus Holzlamellen bzw. (dann auch als **Jalousette** bezeichnet) aus Kunststoff- oder Leichtmetalllamellen. (↑Markise, ↑Rollladen)

Jalousieschweller [ʒalu-, französisch], ↑Schwellwerk.

Jalta, Hafenstadt und Kurort an der Südküste der Krim, Ukraine, 90 000 Ew.; Forschungsinst. für Weinbau und -bereitung, botan. Garten; Nahrungs- und Genussmittelind.; Fischfang und -verarbeitung, Reparaturwerft. – War im 14./15. Jh. genues. Kolonie. Tagungsort der Jaltakonferenz (4.–11. 2. 1945).

Jaltakonferenz, vom 4. bis 11. 2. 1945 zw. Roosevelt, Stalin und Churchill abgehaltene Gipfelkonferenz in Jalta auf der Schwarzmeerhalbinsel Krim, über die militär. Besetzung Dtl.s und dessen Einteilung in vier Besatzungszonen, über die poln. Ostgrenze, die Bildung von demokrat. Regierungen für Polen und Jugoslawien, die Organisation der Vereinten Nationen (bes. das Vetorecht), über militär. Maßnahmen zur Beendigung des Kriegs, die Bestrafung von Kriegsverbrechern und andere Nachkriegsfragen. In einem Geheimabkommen verpflichtete sich die UdSSR gegen territoriale und polit. Zugeständnisse zum baldigen Eintritt in den Krieg gegen Japan und zu einem Bündnis mit China.

Jalu, Grenzfluss zw. Korea und China, ↑Yalu.

Jaluit ['dʒælʊɪt], größtes Atoll der Marshallinseln im Pazif. Ozean, über 80 kleine Inseln um eine tiefe Lagune, 17 km² Landfläche, 1 700 Ew.; Ausfuhr von Kopra; Fischfang und -verarbeitung; Hauptort ist Jabor.

Jam [dʒæm] *das,* engl. Marmelade (außer Orangenkonfitüre).

Jamagata, Stadt in Japan, ↑Yamagata.

Jamagutschi, Stadt in Japan, ↑Yamaguchi.

Jamaika (amtlich engl. Jamaica), Staat im Karib. Meer, umfasst außer der Hauptinsel Jamaika, die drittgrößte Insel der Großen Antillen, einige kleine vorgelagerte Inseln.

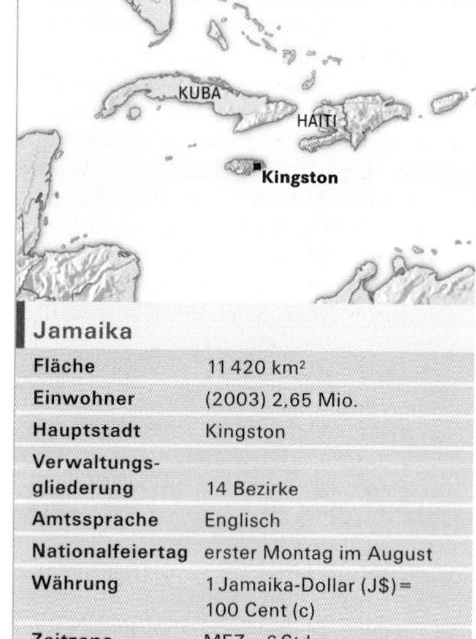

Jamaika	
Fläche	11 420 km²
Einwohner	(2003) 2,65 Mio.
Hauptstadt	Kingston
Verwaltungsgliederung	14 Bezirke
Amtssprache	Englisch
Nationalfeiertag	erster Montag im August
Währung	1 Jamaika-Dollar (J$) = 100 Cent (c)
Zeitzone	MEZ – 6 Std.

Staat und Recht: Nach der Verf. von 1962 ist J. eine parlamentar. Monarchie im Commonwealth. Staatsoberhaupt ist der brit. Monarch, vertreten durch den Generalgouverneur. Die Legislative liegt beim Zweikammerparlament, bestehend aus Senat (21 ernannte Mitgl.) und Repräsentantenhaus (60 Abg., für 5 Jahre gewählt). Oberstes Exekutivorgan ist die Reg. unter Vorsitz des Premiermin. Wichtigste Parteien sind die Nat. Volkspartei (PNP) und die Arbeiterpartei (JLP).

Landesnatur: Abgesehen von teilweise versumpften Küstenebenen bestehen etwa zwei Drittel der Insel aus bis zu 900 m hohen Kalksteinplateaus, die stark verkarstet sind. In Karsthohlformen konnte sich Bauxit bilden. Im O liegen in den Blue Mountains die höchsten Erhebungen des Landes (Blue Mountain Peak, 2 292 m ü. M.), die wie die Central Range (950 m ü. M.) in der Inselmitte zum amerikan. Kordillerensystem gehören. Die Insel ist erdbebengefährdet. Das Klima ist tropisch mit hohen Niederschlägen (im Jahresmittel 800–3 000 mm), bes. an der N-Küste; es treten häufig Wirbelstürme auf. Abgesehen von den mit Regen-, Berg- und Nebelwald bedeckten Blue Mountains wurde die ursprüngl. Vegetation weitgehend vernichtet. An den Küsten bestimmen Mangroven und Kokospalmen das Bild.

Shell STATION

Joachim Schmidt GmbH
Erlenstegenstrasse 39
90491 Nürnberg
bj.-Nr.: 0000007457 Tel. 0911 / 592690
Fax. 0911 / 599115

Station : 241/129/80977
Gesellschaft: DE [illegible]1127597
3368/002/00001 23.08.2011 [illegible]:19

000004 Super		76,34 EUR A*
50,26 l	1,519 EUR/l	

Gesamtbetrag 76,34 EUR

Gegeben	100,00 EUR
Rückgeld	23,66 EUR

Typ	Netto	Mwst	Brutto
A:19.00%	64,15	12,19	76,34

Vielen Dank für Ihren Einkauf
und GUTE FAHRT !

....

CLUBSMART-Karte Bonus-Beleg

Dieser Einkauf hätte Ihnen 50 Bonus-
punkte gebracht!

Verkauf von Kraftstoffen sowie der # gekennzeichnete Waren und Dienstleistungen erfolgt im Namen und fü Rechnung der Shell Deutschland Oil GmbH,
22284 Hamburg
Steuer-Nr.: DE811127597

Im Verkaufspreis für Kraftstoffe ist der gesetzliche Bevorratungsbeitrag enthalten.

Daten aus geeichten Anlageteilen sind zur besonderen Kennzeichnung durch Sterne *eingeschlossen*.

Informationen über den effizienten Einsatz von Kraftstoffen und über Anbieter von Maßnahmen zu Energieeffizienzverbesserungen und Energieeinsparungen finden Sie unter www.bfee-online.de sowie unter www.shell.de/energieeffizienzmaßnahmen.

Bevölkerung: Die Bev. besteht aus Schwarzen (rd. 75%), Mulatten (rd. 15%) sowie Indern, Europäern und Chinesen. Landflucht, Arbeitslosigkeit und Übervölkerung führten zu starker Auswanderung (in den letzten Jahren v.a. nach Nordamerika); durchschnittl. jährl. Bev.-Wachstum: 1,1%. 56% der Einwohner leben in Städten. – Über 80% der Bev. sind Christen (mehrheitlich Protestanten) und gehören über 100 Kirchen und christl. Gemeinschaften an (darunter zahlr. eigenständige afrokarib. Kirchen), etwa 5% bekennen sich zur politisch-religiösen Bewegung der ↑Rastafaris. Daneben gibt es Anhänger des mag. Zaubers (Obeah) und des stark ekstatisch geprägten afroamerikan. Convince-Kults. – Es besteht eine allg. achtjährige Schulpflicht ab dem 7. Lebensjahr. Die Analphabetenquote beträgt 13%. Kingston ist Hauptsitz der University of the West Indies.

Wirtschaft und Verkehr: Fremdenverkehr, Bauxitabbau und Landwirtschaft sind die Hauptzweige. J. ist nach Australien und Guinea drittgrößter Bauxitexporteur der Erde. Die 1942 entdeckten Vorkommen (Reserven rd. 1 Mrd. t) werden seit 1952 durch multinat. Unternehmen im Tagebau abgebaut, das Bauxit wird zu Tonerde verarbeitet. In der Ind. arbeiten 20% der Beschäftigten, in der Landwirtschaft 23%. Hauptnahrungsmittel sind Jams, Bataten, Reis und Gemüse, doch müssen weitere Nahrungsmittel eingeführt werden. Für den Export werden in wenigen Großplantagen Zuckerrohr, Bananen, Kakao und Zitrusfrüchte angebaut. Die Zucker- und Melasseherstellung dominiert in der Nahrungsmittelind. Im Raum Kingston und in Montego Bay bestehen freie Produktionszonen, hier siedelten sich ein Stahlwerk, eine Erdölraffinerie sowie Textil-, Düngemittel- und Kunststoffind. an. Wichtigster Devisenbringer ist der Fremdenverkehr. – Ausgeführt werden v.a. Bauxit und Tonerde (50%), Zucker, Bananen, Rum und Gewürze. Die wichtigsten Handelspartner sind die USA, die EU-Länder, Kanada und die Staaten der Karib. Gemeinschaft. – Das Eisenbahnnetz ist 339 km lang, davon sind 207 km Privatbahnen, die nur noch z.T. für den Bauxittransport genutzt werden. Es besteht ein Straßennetz von rd. 19 000 km Länge (davon 13 400 km asphaltiert). Kingston, Montego Bay, Ocho Rios und Port Antonio sind die wichtigsten Seehäfen. J. verfügt über je einen internat. Flughafen bei Kingston und bei Montego Bay.

Geschichte: J. wurde 1494 von Kolumbus entdeckt. Die eingeborenen Indianer gingen unter der span. Herrschaft zugrunde. Die Insel wurde später von wenigen reichen Familien, die afrikan. Sklaven einführten, aufgekauft, aber 1655 von den Engländern erobert. Gegen Ende des 17. Jh. war J. einer der größten Umschlagplätze des Sklavenhandels. Die Ausbeutung der Schwarzen änderte sich auch nach der Aufhebung der Sklaverei um 1836 nicht wesentlich. Nach einem Aufstand 1865 wurde J. 1866 Kronkolonie, ab 1944 mit innerer Selbstverw., 1958–61 war es

100044

Jamaika: das ehemals britische »House of Assembly« (18. Jh.) in Spanish Town, heutiger Sitz der Stadtverwaltung

Mitgl. der Westind. Föderation. Nach einem Referendum erhielt J. 1962 die volle Unabhängigkeit. 1972–80 verfolgte die Reg. unter M. Manley (PNP) einen sozialist. Kurs mit Anlehnung an Kuba. Die folgende Regierung unter E. Seaga (JLP, 1980–89) orientierte sich an der Marktwirtschaft. Als Manley 1989 erneut gewählt wurde, setzte er diesen Kurs fort, obwohl die hohe Inflationsrate zu Unruhen führte. Er trat im März 1992 zurück; die vorzeitigen Neuwahlen 1993 gewann die PNP unter P. J. Patterson, der in den Parlamentswahlen 1997 bestätigt wurde.

📖 *Stone, C.: Democracy and clientelism in Jamaica. New Brunswick, N. J., 1980. – Stephens, E. H.: Democratic socialism in Jamaica. Princeton, N. J., 1986. – Boyd, D.: Economic management, income distribution and poverty in Jamaica. New York 1988.*

Jamais-vu-Erlebnis [ʒamɛ 'vy; frz. »nie gesehen«], Entfremdungserlebnis gegenüber der vertrauten Umgebung, bes. als Anfallssymptom bei partieller Epilepsie.

Jamal [samojed. »Ende der Welt«] (früher Samojedenhalbinsel), Halbinsel im NW Sibiriens, zw. Obbusen und Karasee, gehört zum Autonomen Kreis der Jamal-Nenzen, Gebiet Tjumen, Russland, 122 000 km²; seenreiches Tiefland, von Tundra bedeckt; Rentierzucht; die Erdgas- (Urengoi) und Erdölgewinnung ist von wachsender Bedeutung, ihr Zentrum ist Nowy Urengoi; Erdgasleitung nach Mittel- und Westeuropa (mehr als 5 000 km lang).

Jamal-Nenzen, Autonomer Kreis der, autonomer Kreis im Gebiet Tjumen der Russ. Föderation, im N des Westsibir. Tieflands mit den Halbinseln Jamal, Tas und Gydan; 750 300 km², 496 700 Ew. (Russen, Ukrainer, Tataren, Nenzen u. a.); Hptst. ist Salechard. Die Erdgas- und Erdölgewinnung ist von größter Bedeutung, verursacht aber erhebl. ökolog. Probleme; ferner Fischfang und -verarbeitung, Rentierzucht, Pelztierjagd. – Das Gebiet wurde zum 30. 12. 1930 eingerichtet.

Jamantau *der,* höchster Berg des Südl. Urals, Russland, bis 1 640 m ü. M.; an seinen Hängen Mischwald.

Jamato, Landschaft in Japan, ↑Yamato.

Jambi Prov. in Mittelsumatra, Indonesien, 44 800 km², (1999) 2,59 Mio. Ew., Hauptstadt Jambi.

Jambol, Stadt (Verw.zentrum des Gebiets J.) im O von Bulgarien, an der Tundscha, 82 900 Ew.; histor. Museum; Herstellung von Chemiefasern, Maschinenbau, Textil-, Nahrungsmittelind.; Handelszentrum eines Agrargebietes; Weinkellereien.

Jamboree [dʒæmbə'ri:, engl.] *das,* internat. Pfadfindertreffen.

Jamburg, Ort im Autonomen Kreis der Jamal-Nenzen, Russland, auf der Halbinsel Tas, an der Nordsibir. Eisenbahn, etwa 6 000 Arbeiter (keine ständigen Ew.); Schwerpunktgebiet der russ. Erdgasgewinnung (Fernleitungen über Uschgorod nach Mittel- und Westeuropa).

Jambus [grch.-lat.] *der* (Iambus, grch. Iambos), grch. Metrum der Form ◡–◡–. Außer der an 3. Stelle stehenden Kürze kann jeder Teil jeweils durch Doppelkürzen ersetzt werden. Bei mehrmaliger Wiederholung entstehen jamb. Dimeter, Trimeter usw. Die hellenist. Theorie verstand unter J. schon die Gruppe ◡–; sie liegt den Nachbildungen des jamb. Versmaßes in der neueren Dichtung zugrunde, so beim nicht gereimten fünffüßigen J. oder ↑Blankvers. (↑Metrik, Übersicht)

Jambuse *die* (Rosenapfel), bis 4 cm große grünl. oder weißl., wohlschmeckende Obstfrucht des ind. Myrtengewächses Syzygium jambos.

James [dʒeɪmz], **1)** Harry, amerikan. Jazztrompeter, *Albany (Ga.) 15. 3. 1916, †Las Vegas (Nev.) 5. 7. 1983; gehörte zu den technisch brillantesten Trompetern der Swingzeit.

2) Henry, amerikan. Schriftsteller, *New York 15. 4. 1843, †London 28. 2. 1916, Bruder von 5); lebte 1875/76 in Paris (Kontakte zu G. Flaubert, I. Turgenjew, É. Zola und anderen); Meister der psychologisch-realist. Erzählkunst, in der die Handlung zugunsten von Dialog und Monolog (↑innerer Monolog, ↑Stream of Consciousness) zurücktritt. J. entwickelte später eine Erzähltechnik, die den Leser das Geschehen aus der Perspektive (»point of view«) der Hauptgestalt erfassen lässt (»Der Amerikaner«, R., 1877; »Bildnis einer Dame«, R., 1881; »Die Damen aus Boston«, R., 3 Bde., 1886; »Die Gesandten«, R., 1903; »Der Wunderbrunnen«, R., 1901; »Tagebuch eines Schriftstellers«, hg. 1947). J. gilt heute als Klassiker der englischsprachigen Prosa.

📖 *Kaplan, F.: H. J., the imagination of genius. A biography. London 1992. – Botta, G.: H. J.' Heldinnen. Würzburg 1993.*

3) Jesse Woodson, amerikan. Bandit, *bei Centerville (heute Kearney, Mo.) 5. 9. 1847, †Saint Joseph (Mo.) 3. 4. 1882; schloss sich zus. mit seinem Bruder Frank (*1843, †1915) während des Sezessionskrieges (1861–65) einer mit den Südstaaten sympathisierenden Guerillatruppe an. Danach bildeten beide den Kern einer Bande, die in den folgenden Jahren viele spektakuläre Bank-, Postkutschen- und Zugüberfälle verübte. J. wurde wegen des auf ihn ausgesetzten Kopfgeldes von einem Banden-Mitgl. hinterrücks erschossen; ihn und seine Taten verklären zahlr. Westernromane und -filme.

4) P. D. (Phyllis Dorothy) Baroness (seit 1991), eigentlich Phyllis Dorothy J. White, brit. Schriftstellerin, *Oxford 3. 8. 1920; schreibt wirklichkeitsnahe Kriminalromane (u. a. »Tod im weißen Häubchen«, 1971; »Beigeschmack des Todes«, 1986; »Wer sein Haus auf Sünden baut«, 1994; »Was gut und böse ist«, 1997; »Tod an heiliger Stätte«, 2001); gilt heute als die engl. »queen of crime«.

5) William, amerikan. Philosoph und Psychologe, *New York 11. 1. 1842, †Chocorua (N. H.) 26. 8. 1910, Bruder von 2); Prof. an der Harvard University; Mitbegründer des ↑Pragmatismus und Verfechter eines »radikalen Empirismus«, entwickelte die Grundlagen der amerikan. Psychologie, eine Lehre von den seel. Vorgängen als kontinuierl. »Strom von Bewusstheitszuständen« sowie eine Religionspsychologie (Allbeseelungslehre).

Werke: Prinzipien der Psychologie, 2 Bde. (1890); Die religiöse Erfahrung in ihrer Mannigfaltigkeit (1902); Der Pragmatismus (1907).

James Bay ['dʒeɪmz 'beɪ], Bucht im S der Hudsonbai, Kanada, 400 km lang, bis 220 km breit, bis 12 m tief. Die Nutzung der Energiereserven einiger einmündender Flüsse ist im J.-B.-Projekt geplant. Am Flusssystem von La Grande Rivière in Quebec entstand ein Kraftwerkskomplex mit einer Gesamtleistung von 15 700 MW.

James Bond [dʒeɪmz -], Geheimagent (»007«) in Romanen von I. Fleming; die J.-B.-Filme wurden zu Klassikern des Agentenfilms.

James Grieve ['dʒeɪmz 'gri:v; engl., nach dem Namen des Züchters] *der,* mittelgroßer, saftiger Tafelapfel mit hellgelb grundierter, hellrot geflammter Schale.

Jamesonit [dʒeɪmsɔ'nɪt; nach dem schott. Mineralogen Robert Jameson, *1774, †1854] *der,* bleigraues, manchmal bunt anlaufendes, monoklines Mineral der chem. Zusammensetzung $Pb_4FeSb_6S_{14}$; in hydrothermalen Blei-Zink-Erzlagerstätten.

Jameson Raid ['dʒeɪmsn 'reɪd], der bewaffnete Einfall des Briten Leander Jameson (*1853, †1917) mit Freischärlern am 29. 12. 1895 in Transvaal zum Sturz des Buren-Präs. P. Krüger; scheiterte bereits am 2. 1. 1896. Der J. R. war Anlass der ↑Krügerdepesche und führte zum Burenkrieg.

James River ['dʒeɪmz 'rɪvə] *der,* **1)** linker Nebenfluss des Missouri in den USA, entspringt in North Dakota, mündet bei Yankton, South Dakota, 1 143 km lang.

2) Fluss in Virginia, USA, 547 km lang, entspringt im Alleghenygebirge, mündet in die Chesapeakebai (Hampton Roads).

Jamestown ['dʒeɪmztaʊn], nat. histor. Gedenkstätte in Virginia, USA, auf J. Island im Ästuar des James River; bildet seit 1936 zus. mit Williamsburg und Yorktown den Colonial National Historical Park. – J. wurde im Mai 1607 durch eine von der Virginia Company entsandte Expedition als erste englische Dauersiedlung in Nordamerika gegründet und nach König Jakob (James I.) benannt. Es war die erste Hauptstadt der Kolonie Virginia. Die zunächst friedl. Beziehungen der Kolonisten zu den ansässigen Indianern (Algonkin-Bund unter Häuptling Powhatan) schlugen später in krieger. Auseinandersetzungen um (1622, 1644). Nach der Verlegung des Reg.-Sitzes nach Williamsburg 1699 verfiel der Ort.

Jammeh, Yayah, gamb. Offizier und Politiker, *1965; militär. Ausbildung; erklärte sich nach einem Militärputsch 1994 zum Staatspräs.; 1996 Austritt aus der Armee, im selben Jahr (sowie 2001) bei den Wahlen im Amt bestätigt.

Jammes [ʒam(s)], Francis, frz. Schriftsteller, *Tournay (Dép. Hautes-Pyrénées) 2. 12. 1868, †Hasparren (Dép. Pyrénées-Atlantiques) 1. 11. 1938. Sinnenfrohe Weltbejahung und franziskan. Frömmigkeit bestimmen seine Gedichte (»Gebete der Demut«, 3 Bde., 1911/12) und Romane (»Der Roman der drei Mädchen«, 3 Tle., 1899–1904; »Der Hasenroman«, 1903).

Jammu ['dʒæmu:], Winterhauptstadt des Bundesstaates J. and Kashmir, NW-Indien, am Himalajarand, nahe der Grenze zu Pakistan, 206 100 Ew.; Univ.; pharmazeut. und Metall verarbeitende Ind., Kunsthandwerk.

Jammu and Kashmir ['dʒæmu: ənd kæʃ-'mɪə], Bundesstaat in Indien, ↑Kaschmir.

Jamnagar ['dʒɑ:mnəgə], Stadt im Bundesstaat Gujarat, W-Indien, im W der Halbinsel Kathiawar, 342 000 Ew.; Univ. (gegr. 1966); Industrie; Garnisonsstadt.

Jamnitzer, Wenzel, Goldschmied, *Wien 1508, †Nürnberg 19. 12. 1585 oder 1588; bedeutendster Goldschmied des Manierismus in Dtl., führte neue Goldschmiedetechniken ein, z. B. Naturabgüsse von Tieren und Pflanzen; diese bilden neben an der Antike geschulten Zierformen den wesentl. Dekor seiner Werke. J. arbeitete mit seinem Bruder Albrecht J. († 1555), später seinen Söhnen und Schwiegersöhnen zusammen. Sein Enkel Christoph J. (* 1563, † 1618) führte mit der Entwicklung des Rollwerks und der Grotesken bereits zum Barock; 1610 erschien sein Stichwerk »Neuw Grottesken Buch« (Nachdruck 1966).

Jamsession ['dʒæmseʃn, engl.] *die,* urspr. eine zwanglose Zusammenkunft von Jazzmusikern zum gemeinsamen Improvisieren; später auch organisiert und Programmteil von Jazzkonzerten.

Jamshedpur ['dʒɑmʃedpʊə], Stadt im Bundesstaat Bihar, im NW von Indien, im O des Chota-Nagpur-Plateaus, westlich von Kalkutta, 461 100 Ew.; kath. Bischofssitz; 1909 zus. mit einem Stahlwerk gegründet, auch Lokomotiv-, Waggon- und Lastkraftwagenbau.

Jamswurzel [afrikan.-portugies.] (Yamswurzel, Dioscorea), Gattung der Jamswurzelgewächse in den Tropen und den wärmeren Bereichen der gemäßigten Zone; z. T. wichtige trop. Nutzpflanzen, z. B. die **Brotwurzel** (Dioscorea batatas), deren bis 20 kg schwere, stärkereiche Knollen **(Jams, Yams)** gekocht wie Bataten und Kartoffeln verwendet werden.

Jämthund (Großer Schwedischer Elchhund), robuste skandinav. Hunderasse, Schulterhöhe 53–63 cm; geeignet für die Elchjagd und als Schlittenhund.

Jämtland, Landschaft und Provinz (Län) in N-Schweden, 49 443 km², 130 700 Ew.; wald- und seenreiches Gebirgsland; Landwirtschaft, von Lappen betriebene Rentierzucht, Fremdenverkehr; Provinz-Hptst. ist Östersund.

Jana *die,* Fluss in NO-Sibirien, in Jakutien, Russ. Föderation, 872 km lang, z. T. schiffbar; entspringt im Werchojansker Gebirge, durchfließt die z. T. versumpfte **J.-Indigirka-Tiefebene,** mündet mit einem Delta in die Laptewsee.

Janáček ['jana:tʃɛk], Leoš, tschech. Komponist, * Hukvaldy (bei Příbor, Nordmähr. Gebiet) 3. 7. 1854, † Mährisch-Ostrau (heute zu Ostrau) 12. 8. 1928; verarbeitete mähr. Volksmusikgut mit Anregungen der Neuen Musik; entwickelte einen spezif., von Tonfall und Rhythmus der tschech. Sprache ausgehenden musikal. Stil. J. schrieb Opern (»Jenufa«, UA 1904; »Katja Kabanowa«, UA 1921; »Das schlaue Füchslein«, UA 1924; »Aus einem Totenhaus«, UA 1930), Orchesterwerke, Kammermusik, Chorwerke (»Glagolit. Messe«, 1927) und Lieder.

Janbo (Yenbo, Yanbu al-Bahr), Hafenstadt in Saudi-Arabien, am Roten Meer; 100 000 Ew.; Erdölraffinerie, petrochem. Ind.; Pipelines von den Erdölfeldern am Pers. Golf; drittwichtigster Hafen des Landes. Seit 1975 wird J. zu einem Ind.zentrum ausgebaut.

Janda, Krystyna, poln. Schauspielerin, * Starachowice 18. 12. 1952; arbeitete für Fernsehen und Theater, kam 1976 zum Film (»Der Mann aus Marmor«).

Weitere Filme: Der Mann aus Eisen (1980); Verhör einer Frau (entstanden 1982, uraufgeführt 1989); Der große Bellheim (Fernsehfilm, 1993); Befreit vom Leben (1992); Pestka (1995); Un air si pur (1997).

Jandl, Ernst, österr. Schriftsteller, * Wien 1. 8. 1925, † ebd. 9. 6. 2000; schrieb mit akust. und visuellen Möglichkeiten experimentierende Gedichte mit viel Sprachwitz (u. a. »Laut und Luise«, 1966; »Der gelbe Hund«, 1980; »stanzen«, 1992; »peter und die kuh. gedichte«, 1996; »Letzte Gedichte«, hg. 2001) und Hörspiele. J. gilt als einer der führenden Vertreter der experimentellen Lit. Österreichs im Umfeld der ↑Wiener Gruppe; 1985 erschien »Das Öffnen und Schließen des Mundes. Frankfurter Poetik-Vorlesungen«. J. erhielt 1984 den Georg-Büchner-Preis, 1993 den Kleist-Preis.

Janequin [ʒan'kɛ̃] (Jannequin), Clément, frz. Komponist, * wahrscheinlich Châtellerault um 1485, † Paris Jan. 1558 (?); Meister des weltl. frz. Chansons (etwa 250 erhalten) im 16. Jh.; schrieb außerdem Messen, Motetten und Psalmen.

Janet [ʒaˈnɛ], Pierre, frz. Psychologe, * Paris 29. 5. 1859, † ebd. 24. 2. 1947; veröffentlichte grundlegende Beiträge zur Intelligenz-, Gedächtnis- und Persönlichkeitsforschung.

Jangtsekiang *der* (Yangzi Jiang, oft nur Chang Jiang, »Langer Strom«, gen.), mit rd. 6 300 km längster und wasserreichster Strom Chinas und Asiens, entspringt im Kunlun Shan im NO Tibets, durchbricht im Oberlauf (**Jinsha Jiang,** »Goldsand-Strom«) das osttibet. Randgebirge, fließt durch Sichuan und das mittelchines. Bergland (**Jangtseschluchten),** mündet als breiter Tieflandstrom im NO von Schanghai in das Ostchines. Meer. Das Stromsystem des J. ist auf rd. 2 800 km schiffbar für Dampfer (regelmäßiger Passagierverkehr Chongqing–Schanghai; 2 495 km). Über den ↑Kaiserkanal besteht eine Verbindung mit dem NO und dem S Chinas. Mit seinem Wasser bietet der J. eine ausbaufähige Energiequelle und die größte Ernährungsbasis des Landes. Die Überschwemmungsgefahr versucht man durch Wasserbauten (Überlaufbecken, Deiche, Kanäle) zu bannen. Seit 1994 ist der umstrittene ↑Drei-Schluchten-Staudamm zur Energiegewinnung im Bau. Im J.-Delta liegt der Hochseehafen von Schanghai.

Janiculum (lat. Ianiculus mons), Hügel in Rom, rechts des Tiber, im heutigen Stadtteil Trastevere, nach einem Heiligtum des Gottes Janus benannt.

Janitscharen [türk. »neue Truppe«], türk. Fußtruppe, im 14. Jh. aus christl., zum Islam übergetretenen Kriegsgefangenen und ausgehobenen christl. Jugendlichen (v. a. vom Balkan), die zu Muslimen erzogen wurden, gebildet; in der Blütezeit des Osman. Reichs die Kerntruppe des Heeres; 1826 aufgelöst.

Janitscharenmusik, alttürk. Militärmusik der Janitscharen, deren charakterist. Schlaginstrumentarium (große und kleine Trommel, Pauke, Becken, Tamburin, Triangel, Schellenbaum) durch die Türkenkriege bekannt wurde. Die J. fand im 18. Jh. Eingang in die europ. Militärmusik, dann auch in die Kunstmusik (z. B. in W. A. Mozarts Oper »Die Entführung aus dem Serail«).

Janker *der,* südd. und österr. Bez. für eine Trachtenjacke mit Besatz und Horn- oder Metallknöpfen.

Jan Mayen, zu Norwegen gehörende Insel im Nordatlantik, 380 km², aus jungen vulkan. Gesteinen aufgebaut, im Beerenberg (letzter Ausbruch 1970) bis 2 277 m ü. M.; meteorolog. und Radarstation, Landeplatz. 1607 von H. Hudson entdeckt, seit 1929 zu Norwegen.

100880

Janitscharen: Sultan Mahmud II. befehligte im Juni 1826 die Niederschlagung des Aufstandes der Janitscharen. Die zeitgenössische Lithographie zeigt die Inbrandsetzung der Istanbuler Kasernen.

Jänner *der,* oberdt., bes. österr. Bez. für Januar.

Jannings, Emil, Schauspieler, * Rorschach (Schweiz) 23. 7. 1884, † Strobl (am Sankt-Wolfgang-See) 2. 1. 1950; bed. Charakterdarsteller, bes. bekannt durch die Filme »Der letzte Mann« (1924), »Tartuffe« (1925), »Faust« (1926), »Der blaue Engel« (1930), »Traumulus« (1936), »Der zerbrochene Krug« (1937), »Robert Koch« (1939), »Die Entlassung« (1942).

Janosch, eigtl. Horst Eckert, Schriftsteller und Maler, * Hindenburg O. S. (heute Zabrze) 11. 3. 1931; bekannt v. a. durch

Janosch: Oh, wie schön ist Panama (Titelbild, 1978)

seine zahlr. selbst illustrierten Kinder- und Jugendbücher (u.a. »Oh, wie schön ist Panama«, 1978; »Die Maus hat rote Strümpfe an«, 1978; »Die Tigerente und der Frosch«, 1988); schrieb auch Märchen, Kurzgeschichten, Romane (»Sacharin im Salat«, 1975) und zeichnete Trickfilme.

Janus 1): Darstellung des Gottes auf einer römischen Münze (zwischen 222 und 205 v. Chr.)

Jánošik ['ja:nɔʃɪk], Juraj, slowak. Räuberhauptmann und Volksheld, *Terchová (bei Žilina) 1688, †(hingerichtet) 1713; agierte seit 1711 mit einer kleinen Schar in der mittleren Slowakei bzw. in der Tatra und wurde in der slowak., z.T. auch poln. Volksdichtung als Helfer der Armen und als Freiheitsrebell bald zum Symbol sozialer Gerechtigkeit. Die in der *Folklore* begründete **J.-Tradition (J.-Mythos)** beeinflusste im 19./20. Jh. auch die slowak. sowie poln. Literatur und Kunst.

📖 *Geschichtl. Mythen in den Literaturen und Kulturen Ostmittel- u. SO-Europas, hg. v. E. Behring u. a. Stuttgart 1998.*

Janowitz, Gundula, Sängerin (Sopran), *Berlin 2. 8. 1937; war 1962–90 Mitgl. der Wiener Staatsoper; trat v.a. als Mozart-, Strauss- und Wagnerinterpretin sowie als Liedsängerin hervor.

Janowski, Marek, Dirigent poln. Herkunft, *Warschau 18. 2. 1939; übernahm 1983 die Leitung des Royal Liverpool Philharmonic Orchestra (bis 1987) und war 1986–90 Musikdirektor des Gürzenichorchesters in Köln; wurde 1984 Chefdirigent, 1988 musikal. Direktor des Orchestre Philharmonique de Radio France in Paris (bis 1994); im Sommer 2000 übernahm er die Leitung des Orchestre Philharmonique de Monte Carlo, 2001 wurde er Chefdirigent und künstler. Leiter der Dresdner Philharmonie, 2002 auch des Radio-Sinfonieorchesters Berlin.

Jänschwalde, Gem. im Landkreis Spree-Neiße, Brandenburg, 2200 Ew.; Braunkohlentagebau und -kohlekraftwerk (sechs Blöcke à 500 MW) im Niederlausitzer Braunkohlengebiet.

Jansenismus *der*, eine von Cornelius Jansen (Jansenius) (*1585, †1638) ausgehende kath. Reformbewegung im 17./18. Jh., die v.a. in Frankreich Theologie und Spiritualität stark geprägt hat. Theolog. Kernstück des J. ist die auf einer strengen Augustinusauslegung basierende, in Auseinandersetzung mit der scholast. und jesuit. Theologie (mit ihrer Abschwächung der Bedeutung der Erbsünde) entstandene Gnadenlehre, die jegl. ↑Synergismus ablehnt und neben der Vertiefung der Frömmigkeit einen theolog. und moral. Rigorismus zur Folge hat. Wegen der Überbetonung der Gnade wurde der J. 1653, 1705 und 1713 päpstlich verurteilt. Da der J. Gewissensfreiheit über jegl. Machtwillkür setzte, stand ihm auch der frz. Absolutismus misstrauisch gegenüber. Das Kloster ↑Port-Royal des Champs, Sammelpunkt des frz. J., wurde 1709 aufgehoben. In der Aufklärung spielte der J. als Gegenbewegung zu den Jesuiten eine wichtige Rolle. Nach deren Vertreibung aus Frankreich 1761 verlor er an Bedeutung. In den Niederlanden fand der J. ebenfalls Verbreitung (↑Utrechter Kirche); in Dtl. konnte er nicht Fuß fassen.

Jansky [-ki; nach dem amerikan. Entdecker der kosm. Strahlung K. G. Jansky, * 1905, † 1950] *das,* Einheitenzeichen **Jy,** in der Radioastronomie gebräuchl. Einheit der spektralen Energieflussdichte elektromagnet. Strahlung: 1 Jy = 10^{-26} Ws/m².

Jansons, Mariss, lett. Dirigent, * Riga 14. 1. 1943; studierte am Leningrader Konservatorium, in Wien (bei H. Swarowsky) sowie in Salzburg (bei H. von Karajan); 1979–2000 leitete er das Osloer Philharmon. Orchester, seit 1997 ist er Musikdirektor des Pittsburgh Symphony Orchestra; ab Herbst 2003 Chefdirigent des Symphonieorchesters des Bayer. Rundfunks, auch Gastdirigent führender Orchester Europas und der USA.

Janssen, Horst, Zeichner und Grafiker, * Hamburg 14. 11. 1929, † ebd. 31. 8. 1995; suchte in sarkast. figürl. Darstellungen und Porträts psych. Deformationen sichtbar zu machen; schuf auch Illustrationen zu literar. Vorlagen und eigenen Texten.

Jantarny (dt. Palmnicken), Fischerdorf an der Samlandküste, im Gebiet Kaliningrad (Königsberg), Russland, etwa 5 200 Ew.; Bernsteinmuseum; weltgrößte Bernsteinvorkommen (Abbau im Tagebau).

Jantzen, Hans, Kunsthistoriker, * Hamburg 24. 4. 1881, † Freiburg im Breisgau 15. 2. 1967; wurde 1916 Prof. in Freiburg im Breisgau, 1931 in Frankfurt am Main und 1935 in München. Der Themenkreis seiner Arbeiten umfasste Architektur, Plastik und Malerei v. a. des MA., ferner Grundsatzfragen zur Farbgebung und Raumgestaltung.

Januar [nach dem röm. Gott Janus] (oberdt. Jänner; veraltet: Eismond, Hartung) *der,* der erste Monat des Jahres, mit 31 Tagen.

Januar|aufstand, poln. Aufstand 1863, ↑Polen (Geschichte).

Januarius (italien. Gennaro), Bischof von Benevent oder Neapel (?) und Märtyrer, † Pozzuoli 305; bekannt durch das seit 1389 belegte **Blutwunder des J.** (Verflüssigung seines Reliquienblutes an bestimmten Tagen); Heiliger, Stadtpatron von Neapel, Tag: 19. 9.

Janus, 1) *altröm. Mythos:* (Ianus), altröm. Gott des Torbogens, Schützer des Ein- und Ausgangs sowie Gott des Anfangs; nach der Sage erster König von Latium; dargestellt mit Doppelantlitz **(Januskopf).**

2) *Astronomie:* ein Mond des Planeten ↑Saturn.

Jao, Bantuvolk in Ostafrika, ↑Yao.

Jap (Yap), Hauptinsel der ↑Yap Islands.

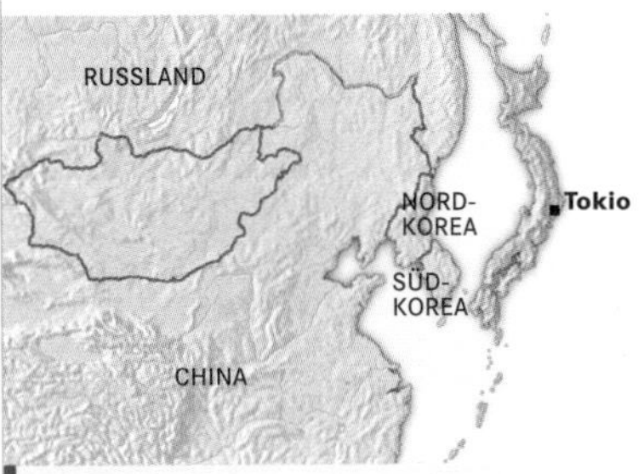

Japan

Fläche	377 880 km²
Einwohner	(2003) 127,654 Mio.
Hauptstadt	Tokio
Verwaltungsgliederung	47 Präfekturen (darunter 3 Stadtpräfekturen)
Amtssprache	Japanisch
Nationalfeiertag	23. 12.
Währung	1 Yen (Y, ¥) = 100 Sen
Zeitzone	MEZ + 8 Std.

Japan (Nippon, amtlich japan. Nihon Koku), Inselstaat in Ostasien, umfasst die zw. Ochotsk. und Ostchines. Meer vor der asiat. Festlandküste gelegene Inselkette mit den Hauptinseln Honshū, Hokkaidō, Kyūshū und Shikoku. Nächste Nachbarn sind Russland (mit der Insel Sachalin und den von J. beanspruchten Kurilen) und Korea, nach SW erstreckt sich das Staatsgebiet mit den Ryūkyūinseln bis nach Taiwan.

Staat und Recht: Nach der 1947 in Kraft getretenen Verf. (letzte Änderung 1994) ist J. eine parlamentarisch-demokrat. Monarchie. Staatsoberhaupt mit überwiegend repräsentativen Aufgaben ist der Kaiser (Tenno). Oberstes Legislativorgan ist das

Japan: Verwaltungsgliederung (2000)

Insel / *Region* / Präfektur (Ken)	Fläche in km²	Ew. in 1000	Ew. je km²	Hauptstadt
Hokkaidō				
Hokkaidō	83408	5683	68	Sapporo
Honshū/*Tohoku*				
Aomori	9232	1476	160	Aomori
Iwate	14816	1416	96	Morioka
Miyagi	6860	2365	345	Sendai
Akita	10726	1189	111	Akita
Yamagata	7394	1244	168	Yamagata
Fukushima	13781	2127	154	Fukushima
Kanto				
Ibaraki	6093	2985	490	Mito
Tochigi	6408	2005	313	Utsunomiya
Gumma	6056	2025	334	Maebashi
Saitama	3779	6938	1836	Urawa
Chiba	5081	5926	1166	Chiba
Tokio[1)]	2059	12059	5857	Tokio
Kanagawa	2391	8490	3551	Yokohama
Chubu				
Niigata	10938	2476	226	Niigata
Toyama	2800	1121	400	Toyama
Ishikawa	4185	1181	282	Kanazawa
Fukui	4188	829	198	Fukui
Yamanashi	4201	888	211	Kōfu
Nagano	13316	2214	166	Nagano
Gifu	10165	2108	207	Gifu
Shizuoka	7328	3767	514	Shizuoka
Aichi	5020	7043	1403	Nagoya
Kinki				
Mie	5672	1857	327	Tsu
Shiga	3855	1343	348	Otsu
Kyōto[2)]	4612	2644	573	Kyōto
Ōsaka[2)]	1882	8805	4679	Ōsaka
Hyōgo	8381	5551	662	Kōbe
Nara	3690	1443	391	Nara
Wakayama	4722	1070	227	Wakayama
Chugoku				
Tottori	3498	613	175	Tottori
Shimane	6626	761	115	Matsue
Okayama	7008	1951	278	Okayama
Hiroshima	8473	2879	340	Hiroshima
Yamaguchi	6109	1528	250	Yamaguchi
Shikoku				
Tokushima	4143	824	199	Tokushima
Kagawa	1861	1023	550	Takamatsu
Ehime	5673	1493	263	Matsuyama
Kōchi	7104	814	115	Kōchi

Zweikammerparlament, bestehend aus Oberhaus (247 auf 6 Jahre gewählte Mitgl.) und Unterhaus (480 Abg., für 4 Jahre gewählt). Ges.vorlagen bedürfen der Zustimmung beider Kammern, jedoch kann das Unterhaus Einwendungen des Oberhauses zurückweisen. Die Exekutive liegt bei der Reg. unter Vorsitz des von beiden Kammern gewählten MinPräs. An der Spitze der Präfekturen stehen direkt gewählte Gouverneure. Einflussreichste Parteien: Liberaldemokrat. Partei (LDP), Demokrat. Partei (DPJ, gegr. 1996), Kōmeitō (1998 aus Zusammenschluss von Neuer Friedenspartei und Kōmei entstanden), Liberale Partei (LP; gegr. 1998), Japan. Kommunist. Partei (JKP) und Sozialdemokrat. Partei J.s (SDPJ).

Landesnatur: J. besteht aus 3922 Inseln. Der japan. Hauptinselbogen, der sich nach S in den Ryūkyūinseln, nach N in den Kurilen fortsetzt, ist die Gipfelreihe eines kompliziert gebauten Gebirgssystems, das aus über 12000 m Tiefe vom Meeresboden aufsteigt. Die Inseln sind im Innern sehr gebirgig und in Südwest-J. durch Meeresbuchten reich gegliedert. Höchster Berg ist der Vulkankegel Fuji (3776 m ü. M.). Von den mehr als 240 Vulkanen sind 36 tätig; es gibt etwa 12000 heiße Quellen. J. ist eines der erdbebenreichsten Länder der Erde (durchschnittlich 1450 leichte Erdbeben pro Jahr, auch häufige Seebeben). 80% der Landfläche sind gebirgig, mehr als 380 Gipfel liegen über 2000 m ü. M. Tiefländer treten nur im Bereich der Küste auf, das größte ist die Kantōebene an der Tokiobucht. Die Flüsse sind kurz und sehr wasserreich, meist infolge starken Gefälles nicht schiffbar, jedoch für die Bewässerung der Reisfelder, die Flößerei und Energieerzeugung wichtig. Die Seen sind mit Ausnahme des Biwasees (675 km²) meist klein. – Breitenlage und der Wechsel der Monsunwinde (im Sommer S- oder SO-Monsun, im Winter N- oder NW-Monsun) bestimmen das Klima; die Monsunwinde bringen den ihnen zugewandten Gebirgen reiche Niederschläge, im Winter z.T. Schnee. Der S ist subtropisch heiß, der N warm bis kühl gemäßigt, im N von Hokkaidō herrscht subpolares Klima. Im Spätsommer treten an der SO-Küste häufig verheerende Taifune auf. – Die Pflanzenwelt ist sehr artenreich. Wälder bedecken rd. 70% der Fläche; auf die borealen Nadelwälder im N folgen sommergrüne Laubwälder, in denen nach S zunehmend Lorbeergehölze vertreten sind. Im südl. J. sind immergrüne Laubwälder verbreitet mit z.T. hohem Anteil an Bambus. Auf den Ryūkyūinseln wächst immergrüner Regenwald, an den Küsten Mangroven.

Bevölkerung: Die Bev. besteht fast ausschließlich aus Japanern. Der Anteil der Ureinwohner (↑Ainu) ist gering. Eine noch heute unterprivilegierte und diskriminierte Bev.gruppe sind die vielfach in eigenen Siedlungen lebenden, seit 1869 so bezeichneten Burakumin (über 3 Mio.), Nachkommen der Hinin (ehem. Ausgestoßene: Bettler, Prostituierte, Schausteller) und Eta (Angehörige »unreiner Berufe«: Schlachter, Gerber, Totengräber, Henker). Stärkste ausländ. Gruppe sind die Koreaner. Der Bev.zuwachs ist sehr gering (0,2%). Das größte Bev.-Problem J.s ist die Überalterung, die rascher fortschreitet als in anderen Staaten. Zw. 1980 und 2000 stieg der Anteil der über 65-Jährigen von 9% auf 17,3%. Der Alterungsprozess wird in J. dadurch verstärkt, dass praktisch keine Zuwanderung erfolgt. Die Bev.verteilung ist sehr unterschiedlich; am dünnsten besiedelt ist Hokkaidō, dagegen leben in den Ballungsgebieten an der SO-Küste von Honshū bis zu 4000 Ew./km². Es gibt zwölf Millionenstädte (Tokio, Yokohama, Ōsaka, Nagoya, Sapporo, Kōbe, Kyōto, Fukuoka, Kawasaki, Hiroshima, Kitakyūshū, Sendai) und über 140 Großstädte. Der Anteil der Stadt-Bev. beträgt 79%. – Über 90% der Bev. sind Shintoisten (↑Shintō), gleichzeitig bekennen sich rd. 70% zum Buddhismus (die Mehrheit der Japaner fühlt sich beiden Religionsgemeinschaften zugehörig) oder zu einer der auf ihn zurückgeführten neuen Religionen, etwa 10% werden anderen der zahlr. japan. neureligiösen Gemeinschaften und Gruppen zugerechnet; rd. 1,5% der Bev. sind Christen (mehrheitlich Protestanten). – Es besteht eine neunjährige allgemeine Schulpflicht ab dem 6. Lebensjahr und mit dem Kindergarten ein für alle Kinder ab dem 3. Lebensjahr offenes Vorschulangebot (nicht obligatorisch). Das heutige Einheitsschulsystem (bildungspolit. Vorbild: USA) mit sechsjähriger Grund-, dreijähriger Mittel- und dreijähriger Oberschule wurde 1947 eingeführt. Bezüglich der Lernziele, Lerninhalte und des Zeitbudgets (Fächerkanon und Stundentafel) gibt das Erziehungsministerium zentrale Richtlinien vor, deren Umsetzung durch die Schulbehörden vor Ort (Präfekturen, Kommunen) verantwortet wird. Das Hochschulwesen umfasst über 600 Univ. und Hochschulen und über 500 Fachhochschulen (»Juniorcolleges«).

Japan: Verwaltungsgliederung (2000; Fortsetzung)

Insel / *Region* / Präfektur (Ken)	Fläche in km²	Ew. in 1 000	Ew. je km²	Hauptstadt
Kyūshū				
Fukuoka	4833	5016	1038	Fukuoka
Saga	2439	877	360	Saga
Nagasaki	4089	1517	371	Nagasaki
Kumamoto	6905	1859	269	Kumamoto
Ōita	5802	1221	210	Ōita
Miyazaki	6683	1170	175	Miyazaki
Kagoshima	9128	1786	196	Kagoshima
Ryūkyūinseln				
Okinawa	2264	1318	582	Naha
Japan	365677[3)]	126918	347	

1) Sonderstatus als Hauptstadtpräfektur (To). – 2) Sonderstatus als Stadtpräfektur (Fu). – 3) Ohne Gewässer.

100264

Japan: das »Schloss des weißen Reihers« in Himeji auf der Insel Honshu, die größte Burganlage des Landes (14. Jh., im 16. Jh. erweitert, UNESCO-Weltkulturerbe)

Wirtschaft und Verkehr: Obwohl ein rohstoffarmes Land, gehört J. zu den führenden Ind.staaten der Erde und hatte seit dem Zweiten Weltkrieg einen raschen Aufstieg zu einer der wichtigsten Wirtschaftsmächte der Welt vollzogen. Gleichzeitig entwickelte sich J. auch zum Zentrum des in der Weltwirtschaft neu entstandenen pazif. Wirtschaftsraumes. Die rasche ökonom. Entwicklung und der tief greifende Strukturwandel nach dem Zweiten Weltkrieg erlebten aber seit den 1980er-Jahren eine Stagnation. Ende der 80er-, Anfang der 90er-Jahre verlangsamte sich das Wirtschaftswachstum merklich; 1990/91 kam die sog. »Wirtschaftsblase« (»bubble economy«), d.h. risikoreiche Kreditgeschäfte zw. japan. Banken und Unternehmen, zum Platzen. Zusammen mit der verstärkt Mitte der 90er-Jahre einsetzenden Finanz- und Wirtschaftskrise Asiens führte dies zu einer Rezessionsphase in J., die man durch eine umfassende wirtsch. Strukturreform (Infragestellung des Systems der lebenslangen Anstellung in Großunternehmen, Beginn der Übernahme westl. Effizienzmodelle, Beteiligung ausländ. Konzerne an japan. Unternehmen, Bankenreformen u.a.) überwinden will. – In den 90er-Jahren setzte ein Strukturwandel von der Industrie- zur Dienstleistungsgesellschaft ein, der sich auch im wachsenden Anteil des Dienstleistungssektors an der Beschäftigtenzahl sowie am Sozialprodukt äußert. Diese Entwicklung spiegelt zum einen die anhaltende Wirtschaftsschwäche im Inland wider, noch mehr ist sie allerdings Folge der Verlagerung von Produktionskapazitäten ins Ausland. Ein beträchtl. Teil dieser ausländ. Produktion fließt indes zurück, insbes. im Bereich der Unterhaltungselektronik. Die Industrieauslagerung hat auch spürbare Auswirkungen auf den japan. Arbeitsmarkt (im letzten Jahrzehnt Abbau von einem Sechstel der Arbeitsplätze in der verarbeitenden Ind.). Die ver-

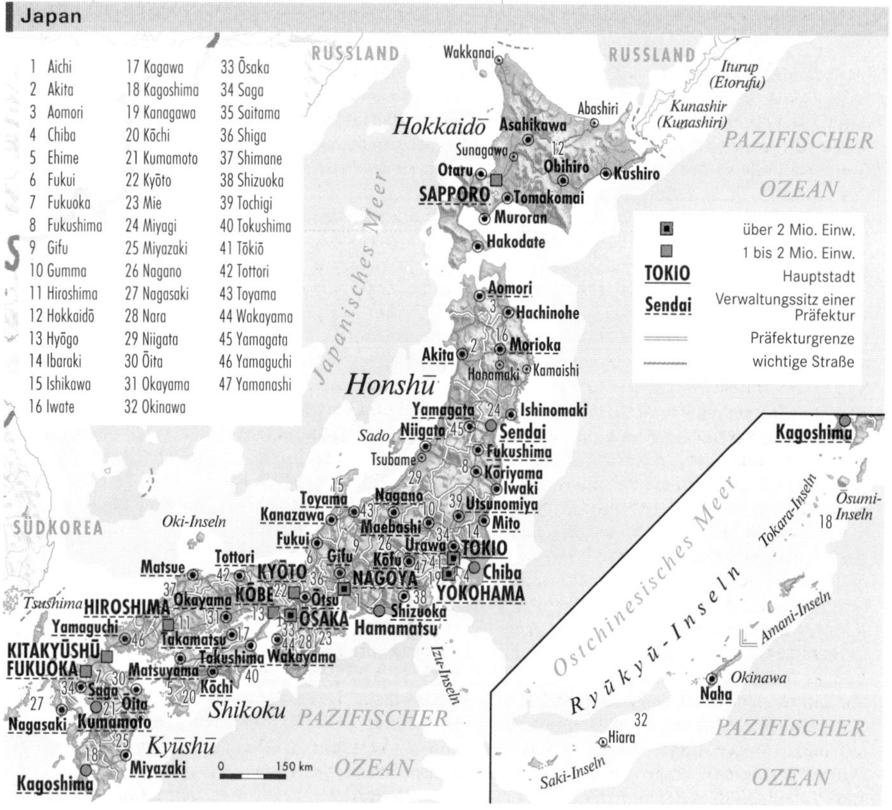

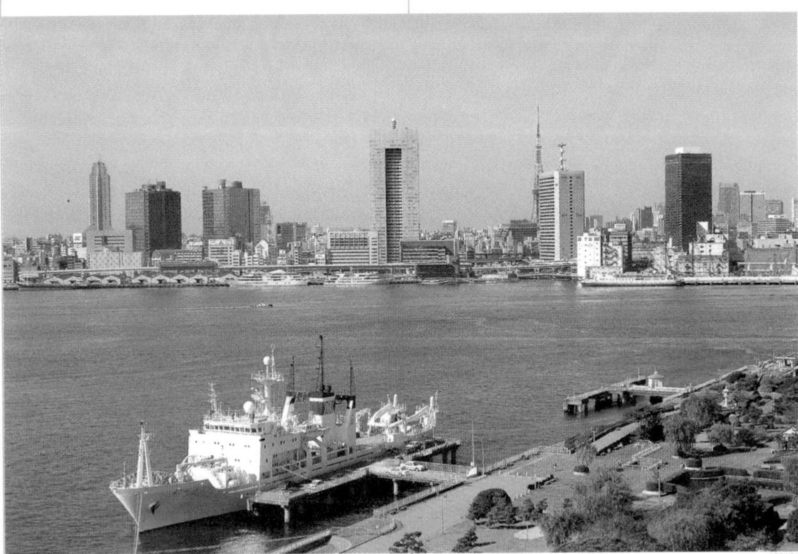

Japan: Bucht von Tokio

bleibende Ind. konzentriert sich auf technologisch sehr hochwertige Güter sowie auf Forschung und Entwicklung. Die Ind. konzentriert sich zu etwa 80% im pazif. Ind.gürtel, v. a. in den Ind.gebieten Keihin (um Tokio), Chūkyō (um Nagoya), Hanshin (um Ōsaka und Kōbe) und Kitakyūshū (im N von Kyūshū). Bestimmend sind die Zweige der Metallverarbeitung, darunter die elektrotechn. und elektron. Ind., v. a. die ↑Informations- und Kommunikationstechnik und der Bau von Ind.robotern, der Werkzeugmaschinen-, Fahrzeug- und Schiffbau. Im Schiff- und Automobilbau ist J. mitführend in der Welt. In der Produktion von synthet. Fasern und synthet. Kautschuk nimmt es ebenso wie in der Erzeugung von Eisen und Stahl einen vorderen Platz ein. In der Flugzeugind. liegt das Schwergewicht auf Passagier- und Leichtflugzeugen. Die Leichtind. verliert immer mehr an Bedeutung. – J. ist arm an Bodenschätzen. Kaum noch abgebaut werden Kohle, Blei- und Zinkerze, Kupfer- und Eisenerze sowie Eisensande. Die Erdöl- und Erdgasvorkommen sind gering. Die Elektrizitätserzeugung ist stark von Erdölimporten (zu 80% aus dem Mittleren Osten) abhängig. 51 Kernkraftreaktoren sind in Betrieb und können bereits etwa 14% des Energiebedarfs decken. Einige Kraftwerke nutzen die reichen Reserven an geotherm. Energie. – Aufgrund der gebirgigen Landesnatur sind nur 14% der Gesamtfläche landwirtschaftlich nutzbar. Der Boden wird deshalb intensiv bewirtschaftet (z. T. Terrassenanbau). Die vorherrschenden Kleinbetriebe (87% unter 2 ha) betreiben die Landwirtschaft meist nur als Nebenerwerb, doch ist trotz erhebl. Subventionen und einer stark protektionist. Agrarpolitik die Erzeugung rückläufig. Die Änderung der Ernährungsgewohnheiten und erhöhte Nahrungsmitteleinfuhr bedingen eine Veränderung des Anbaus. Es werden mehr Obst und Gemüse, mehr Weizen und Sojabohnen und weniger Reis angebaut. Da die Viehzucht unbedeutend ist, muss die Fischerei das nötige Eiweiß liefern. J. gehört zu den führenden Fischfangnationen der Erde und ist zugleich auch der größte Fischimporteur der Welt. Trotz sinkender Nachfrage gehört der Fischverbrauch pro Kopf der Bev. immer noch zu den höchsten der Erde. Im Küstenbereich haben Seetanggewinnung und Perlmuschelzucht Bedeutung; die Produktivität ist jedoch rückläufig, v. a. wegen Verschmutzung der Küstengewässer. J.s Fischerei ist immer wieder in internationale Streitigkeiten insbes. wegen der Versuche, das Verbot des kommerziellen Walfangs wieder aufheben zu lassen, verwickelt. J. gehört zu den Ländern mit der geringsten Waldfläche je Ew.; der hohe Holzbedarf (Holzkohle, traditioneller Hausbau, Papierherstellung) kann daher von der eigenen Forstwirtschaft nicht gedeckt werden. – Hauptantriebskraft des wirtsch. Aufschwungs war bisher der Export. Aufgrund des Wirtschaftsgefälles gegenüber den anderen asiat. Ländern waren ergiebige Märkte mit geringen Transportbelastungen vorhanden; aber auch der Handel mit den USA und den europ. Ind.ländern wuchs ständig. In den letzten Jahren war die japan. Handelsbilanz positiv. Die Exporte bestanden v. a. aus Fertigerzeugnissen, die Importe hingegen aus Nahrungsmitteln und Rohstoffen. In den 90er-Jahren stieg der Anteil von Fertigerzeugnissen an den Importen allerdings auf über 50% (Rückflüsse von Tochterges. japan. Unternehmen). Wichtigste Handelspartner sind die USA, die VR China, Süd-Korea, Taiwan, die EU-Länder, Indonesien, Australien, Malaysia und Singapur. – Das Straßennetz hat eine Länge von 1,162 Mio. km (Schnellstraßensystem: 6455 km). 1997 wurde die »Tokio Bay Aqualine« als Verbindung des weltweit größten untermeerischen Straßentunnels (9,4 km unter der Tokiobucht) und einer Brücke (4,4 km) fertig gestellt. Das Eisenbahnnetz ist 27454 km lang. Die Eisenbahntechnologie ist hoch entwickelt. Superexpresszüge (↑Shinkansen) verkehren mit Höchstgeschwindigkeiten von bis zu 300 km/h. In den großen städt. Ballungsräumen sind Untergrundbahnen vorhanden oder im Ausbau. Die Handelsflotte J.s hat sich in den letzten Jahren stetig verkleinert. Die wichtigsten Seehäfen sind Tokio, Yokohama, Nagoya, Ōsaka und Kōbe. Größte internat. Flughäfen befinden sich bei Tokio, seit 1978 Großflughafen Narita (bei Tokio), Ōsaka (Kansai in der Bucht von Ōsaka [1994] ist der weltweit erste Offshoreflughafen), Nagoya und Fukuoka.

Geschichte:

Vor- und Frühgeschichte: Der Beginn der Einwanderung und die ethn. Herkunft der ersten Siedler auf den japan. Inseln sind unbekannt; neuere archäolog. Funde bezeugen altsteinzeitl. Leben bereits für die Zeit vor 20000 Jahren, als es möglicherweise noch eine Landverbindung zum Festland gab. Um 7500 v. Chr. bildete sich die nach dem Schnurmuster ihrer Keramik als Jōmon-Kultur bezeichnete Wildbeuterkultur heraus; ihr folgten die Yayoi-Kultur (etwa 300 v. Chr. bis 300 n. Chr.), die u. a. den Metallgebrauch und den Nassfeldreisanbau kannte, und die Kofun-(Grabhügel-)Periode (etwa 3.–7. Jh.). Die Entstehung eines japan. Staatswesens bringt man in Zusammenhang mit dem vermuteten Eindringen eines innerasiat. Reitervolkes über S-Korea. Im Gefolge von Eroberungszügen wurden die japan. Teilstaaten bis um 400 n. Chr. zum Staat Yamato vereint, dessen gesellschaftl. Struktur (Geschlechterverband, Zusammenschluss von Elitefamilien) trotz des Einflusses der chines. Kultur (etwa seit 100 v. Chr.) in den folgenden Jh. unverändert blieb. Im 6. Jh. kam der Buddhismus über Korea nach J.; der Ggs. zur einheim. Religion Shintō führte zw. den Adelsparteien zu heftigen Auseinandersetzungen, aus denen die probuddhist. Soga als stärkste Macht hervorgingen.

Das Zeitalter des Absolutismus: Kronprinz Shōtoku (* 574, † 622), der 593 Regent wurde, setzte den Buddhismus als Staatsreligion ein, übernahm chines. Verwaltungseinrichtungen und verkündete 604 einen Kodex von 17 Reg.artikeln, mit denen er die theoret. Begründung eines »Kaisers« und »Himmelssohnes« als absolutes, göttlich legitimiertes Staatsoberhaupt gab (als legendärer erster Kaiser gilt Jimmu, der am 11. 2. 660 v. Chr. den Thron bestiegen haben soll). Ein Staatsstreich des späteren Kaisers Tenji (* 626, † 672) im Bunde mit Nakatomi no Kamatari (* 614, † 669; Ahnherr des Hauses Fujiwara) beendete die Herrschaft der Soga 645 (Rücktritt der Kaiserin Kōgyoku; 35. Tenno ab 642). Mit der danach einsetzenden Taika-Reform (Edikt vom 22. 1. 646) wurde der Kaiser alleiniger Eigentümer des gesamten Bodens; an die Stelle des lose gefügten Geschlechterverbandes trat ein straff organisierter kaiserl. Beamtenstaat. Kaiser Mommu (* 683, † 707, 42. Tenno 697–707) vollendete 701 die Reformen mit dem Taihō-Kodex. Durch die am chines. Recht orientierten Taihō-Gesetze war die Regierungsstruktur auf zentraler wie lokaler Ebene bis ins Detail festgelegt. Dem Großkanzleramt waren acht Ministerien nachgeordnet, das Reich in 66 Prov. mit 592 Distrikten eingeteilt.710 wurde Heijō-kyō (Nara) die erste ständige Hauptstadt. Der polit. Einfluss buddhist. Priester nahm

Japan – die historischen Regionen

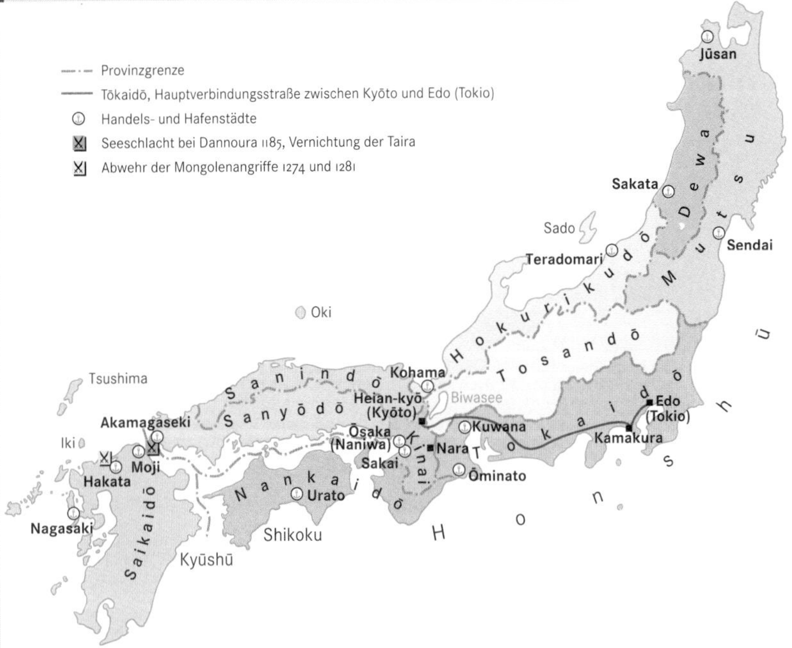

- Provinzgrenze
- Tōkaidō, Hauptverbindungsstraße zwischen Kyōto und Edo (Tokio)
- Handels- und Hafenstädte
- Seeschlacht bei Dannoura 1185, Vernichtung der Taira
- Abwehr der Mongolenangriffe 1274 und 1281

während dieser Epoche ständig zu. Kaiser Kammu (* 737, † 806, 50. Tenno 781–806) regierte unabhängiger von der buddhist. Geistlichkeit und verlegte 784 die Hauptstadt zunächst nach Nagaoka, 794 nach Heian-kyō (heute Kyōto). Er reorganisierte das Heerwesen, führte erfolgreiche Feldzüge v.a. gegen die Emishi (Ainu) im N der Hauptinsel und sicherte eine strenge Kontrolle der Lokalverwaltungen. Bald jedoch wurde die kaiserl. Macht durch den Aufstieg des Hofadels (Kuge) in den Hintergrund gedrängt. Als mächtigste Familie übernahmen die Fujiwara seit Mitte des 9. Jh. die Vormundschaftsregierung für den Tenno. Bedeutendster Regent war Fujiwara no Michinaga (* 966, † 1028), der die Reg.geschäfte durch seine Hauskanzlei leitete. Der Vormundschaft versuchten sich die Kaiser durch Abdankung zu entziehen und als Exkaiser den Staat zu lenken. Da der Hof jedoch kein stehendes Heer unterhielt, blieben Kaiser, Exkaiser und Regenten bei militär. Unternehmungen auf die Hilfe der Kriegergeschlechter (Bushi) angewiesen; diese gewannen an Macht und Ansehen, bis Mitte des 12. Jh. die Familie Taira die Vorherrschaft ausübte. In den nachfolgenden Kämpfen zw. den Schwertadelsfamilien Taira und Minamoto (Gempeikrieg, 1180–85) setzten sich die Minamoto durch; ihr Führer Minamoto no Yoritomo trug seit 1192 den Titel Shōgun (Kronfeldherr).

Die Herrschaft der Shōgune: Die wichtige Rolle, die die Militäraristokratie aus den Provinzen in den Staatsgeschäften zu spielen begann, und das Entstehen einer zentralen Militärbehörde mit weiten Machtbefugnissen im zivilen Bereich (Shōgunat) brachten gegen Ende des 12. Jh. grundlegende Veränderungen der Gesellschaft und Reg.form. Zur Umgehung des Hofes errichteten die Shōgune in Kamakura ein neues Militärhauptquartier. Die Zeit der ersten Shōgunate war gekennzeichnet durch innere Auseinandersetzungen und äußere Gefahren (Abwehr der Mongolen 1274, 1281). Erst das Interregnum der Heerführer Oda Nobunaga (* 1534, † 1582) und Toyotomi Hideyoshi (* 1536, † 1598) schuf die Basis, auf der Tokugawa Ieyasu (* 1542, † 1616) das Tokugawa- oder Edoshōgunat (1603–1867) er-

Japan – Geschichte

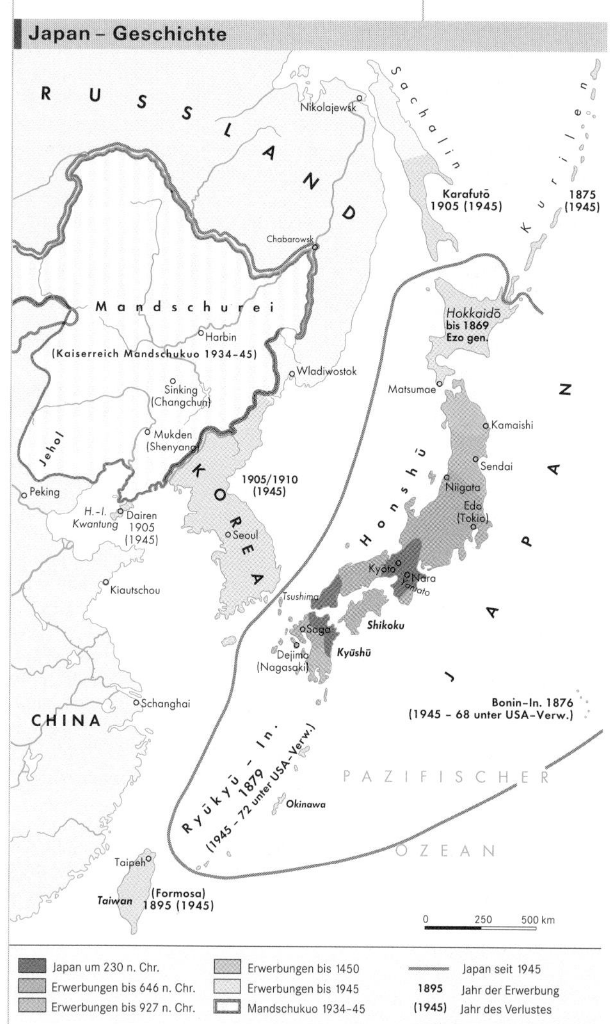

richtete. Damit begann eine Friedensperiode, in der Verw. und Lehenswesen neu geordnet wurden; Residenz war Edo (heute Tokio). 1542/43 waren Portugiesen als erste Europäer in J. gelandet. Das Christentum (Missionierungsbeginn 1549 durch den span. Jesuiten Franz Xaver) breitete sich zunächst aus, wurde aber bald unterdrückt; der Christenaufstand von Shimabara 1637/38 löste eine Christenverfolgung aus und diente als Begründung für die Landesabschließung (Sakoku). Fortan durften neben Chinesen nur die Niederländer in J. landen, deren Handelstätigkeit 1641–1854 auf Nagasaki beschränkt blieb. Der wirtsch. Aufstieg J.s seit der Mitte des 17. Jh. ließ eine städtisch-bürgerl. Kultur entstehen. Die Bev. war in vier Stände gegliedert: 1) die schwerttragenden und einem Lehensstand angehörenden Samurai (Staats- und Kriegsdienst, Priester, Gelehrte, Ärzte, Künstler), 2) Bauern, die ihr Land pachteten und beträchtl. Abgaben zu entrichten hatten, 3) Handwerker, 4) Kaufleute. Den Versuchen auswärtiger Mächte, Zutritt in das Land zu erhalten, widersetzte sich J. lange Zeit. Erst als 1853 ein amerikan. Geschwader in der Bucht von Tokio erschien, war die japan. Reg. zu Verhandlungen bereit. Dem erzwungenen Freundschafts- und Handelsvertrag von Kanagawa (1854) folgten ähnl. Verträge mit europ. Großmächten; einige Häfen wurden zum Handel mit Ausländern freigegeben. Der letzte Shōgun trat 1867 zurück.

Das moderne Japan: Kaiser Mutsuhito (* 1852, † 1912, 122. Tenno 1867/68–1912) bildete eine provisor. Reg. und verlegte die Hauptstadt nach Edo (in Tokio umbenannt). Er gab seiner Reg.zeit den Namen »Meiji« (aufgeklärte Reg.) und führte eine Reihe umfassender Reformen durch. Mit Auflösung der Territorialherrschaften entstand anstelle des Feudalstaates die absolute Monarchie. Heerwesen, Justiz und Verw. wurden nach europ. Muster umgestaltet, Technik und kapitalist. Organisationsformen in kurzer Zeit übernommen. Schlussstein dieser Meijireform war die Einführung einer neuen, von Itō Hirobumi nach preuß. Vorbild ausgearbeiteten Verfassung (11. 2. 1889), die J. zur konstitutionellen Monarchie (jedoch noch mit einem sehr beschränkten Zensuswahlrecht) machte. 1890 wurde das erste Parlament einberufen, die parlamentar. Reg.form setzte sich jedoch nicht durch. – Außenpolitisch verschärften sich die Spannungen mit China bis zum Chinesisch-Japan. Krieg (1894/95), den J. gewann. China musste im Frieden von Shimonoseki (17. 4. 1895) die Unabhängigkeit Koreas anerkennen, Taiwan und die Pescadoresinseln abtreten und eine Kriegsentschädigung zahlen. 1899 wurden die letzten Exterritorialrechte aufgehoben und J. von den Großmächten als gleichberechtigter Partner akzeptiert. Nach seinem Sieg im Russisch-Japan. Krieg (1904/05) konnte J. seine Position in O-Asien ausbauen und festigen (1910 Annexion Koreas, Einflusszone in der Mandschurei).Im Ersten Weltkrieg erweiterte J. als Verbündeter Großbritanniens seine Außenmärkte, wurde danach Mitgl. des Völkerbunds und übernahm ehem. dt. Besitzungen. Eine Intervention in Sibirien (1918–22) scheiterte (im Okt. 1922 Abzug der japan. Truppen aus Wladiwostok). Ein verheerendes Erdbeben 1923 zerstörte große Teile Tokios.

Ausschlaggebend für polit. Entscheidungen in J. waren der Geheime Staatsrat und der 1903 als Beratungsgremium für den Kaiser gegr. Militärsenat, über den der extreme Nationalismus der Militärs und Geheimgesellschaften auf die Reg. einwirkte; gegen Opponenten richteten sich Repressivmaßnahmen. 1926 trat Kaiser Hirohito (* 1901, † 1989) die Reg. an (Thronbesteigung 1928) und stellte seine Reg.zeit unter die Devise »Shōwa« (Leuchtender Friede). Nach dem Zwischenfall bei Mukden (1931) kam es auf Betreiben der Militärs zum Mandschureikonflikt, in dessen Verlauf Mukden (heute Shenyang), Jilin und Heilong Jiang von J. besetzt wurden. Da die Konstituierung des von J. abhängigen Staates Mandschukuo (1932; ab 1934 Kaiserreich unter Pu Yi) nicht anerkannt wurde, trat J. 1933 aus dem Völkerbund aus. Ende 1934 kündigte es das Washingtoner Flottenabkommen zum 31. 12. 1936, erklärte seinen Austritt aus der Londoner Abrüstungskonferenz (15. 1. 1936) und unterzeichnete am 25. 11. 1936 den Antikominternpakt mit Deutschland. Extremist. Offiziere nutzten eine Schießerei zw. chines. und japan. Truppen bei Peking (1937), um China den Krieg zu erklären. 1938/39 kam es zu Zusammenstößen zw. japan. und sowjet. Truppen im mandschurisch-mongol. Grenzgebiet (1939 beigelegt; 1941 Abschluss eines Neutralitätsvertrages mit der UdSSR).

Mit dem Angriff auf Pearl Harbor (7. 12. 1941) und der Kriegserklärung an die USA und Großbritannien trat J. in den Zweiten Weltkrieg ein, in dem es zeitweilig große Gebiete in SO-Asien (u. a. Indochina) besetzte. Die japan. Großoffensive wurde jedoch im April 1942 gestoppt, als die amerikan. Luftwaffe erstmals die japan. Hauptinseln angriff, und kam in der Seeschlacht von Midway (4.–7. 6. 1942) und bei den Kämpfen auf Guadalcanal (bis Febr. 1943) völlig zum Erliegen. Nach Landungen der Alliierten auf Iwo Jima und Okinawa (Febr. bis Juni 1945) war der Krieg für J. verloren. Nach den Atombombenabwürfen auf Hiroshima und Nagasaki (6. bzw. 9. 8. 1945) sowie der sowjet. Kriegserklärung (8. 8. 1945) kapitulierte J. am 15. 8. 1945 bedingungslos (am 2. 9. 1945 Unterzeichnung der Kapitulationsurkunde) und unterstand bis 1951 einer Militärreg. unter dem amerikan. General D. MacArthur.

Die von den USA geforderten Reformen begannen mit einer Rede Kaiser Hirohitos (1. 1. 1946), in der dieser die altjapan. Auffassung von der Göttlichkeit des Kaisers verneinte. Der Großgrundbesitz wurde an Kleinbauern aufgeteilt, die Großkapitalgesellschaften wurden entflochten. Am 3. 5. 1947 trat eine neue Verfassung in Kraft (nach ihr ist der Kaiser nur noch Symbol des Staates); die auf amerikan. Druck durchgeführte Demokratisierung wurde durch die Einführung einer parlamentar. Reg.form vollendet. Vor einem internat. Militärtribunal in Tokio mussten sich führende Politiker und Militärs der Kriegsjahre verantworten (u. a. 1948 Todesurteil gegen den ehem. MinPräs. Tōjō). Am 8. 9. 1951 schlossen 48 Nationen (nicht die UdSSR) in San Francisco einen Friedensvertrag mit J., durch den das Land seine Souveränität wiedererlangte. 1956 wurde nach langwierigen Verhandlungen eine japanisch-sowjet. Erklärung unterzeichnet, die den Kriegszustand zw. beiden Ländern beendete. Im selben Jahr wurde J. Mitgl. der UN. Der am 19. 1. 1960 durch Premiermin. Kishi Nobusuke (1957–60) in Washington unterzeichnete japanisch-amerikan. Sicherheitspakt (am 23. 6. 1970 verlängert) ersetzte den Vertrag von 1951 und räumte den USA erneut ein Recht auf Stützpunkte ein, weshalb es zum Generalstreik und zu antiamerikan. Massendemonstrationen kam. 1971 bekräftigte Min.-Präs. Satō Eisaku den Willen seines Landes, niemals Kernwaffen herzustellen, zu besitzen oder einzuführen; 1972 erreichte er von den USA die Rückgabe Okinawas. Satōs Reg.zeit (1964–72) war von hohem Wirtschaftswachstum geprägt. Es folgte eine Periode häufiger Reg.krisen (Lockheed-Bestechungsskandal 1976/77) und Reg.wechsel innerhalb der seit Mitte der 50er-Jahre regierenden LDP. Unter Min.-Präs. Nakasone Yasuhiro (1982–87) errang die LDP 1986 einen überwältigenden Wahlsieg. Die von der Reg. Nakasone begonnene Erziehungsreform wurde unter MinPräs. Takeshita (1987–89) fortgesetzt. Nach dem Tode Kaiser Hirohitos (1989) trat sein Sohn Akihito die Nachfolge an. Er stellte seine Amtszeit unter das Leitwort »Heisei« (Frieden und Eintracht). Die MinPräs. Kaifu Toshiki (1989-91) und Miyazawa Kiichi (1991–92) suchten angesichts des stark verkrusteten polit. Systems in J. Reformen durchzusetzen. Nach einem erfolgreichen Misstrauensantrag gegen die Reg. Miyazawa (Vorwurf der Korruption) im Juni 1993 und der Auflösung des Parlaments verlor die LDP bei Neuwahlen (Juli 1993) erstmals in ihrer Geschichte die absolute Mehrheit im Parlament. Die Koalitionsreg. unter MinPräs. Hosokawa Morihiro (Neue Japan-Partei) setzte eine Wahlrechtsreform und Maßnahmen gegen die Korruption durch. Nachdem sich Hosokawa selbst mit Vorwürfen der Korruption konfrontiert sah, trat er im April 1994 als MinPräs. zurück. In der Zeit der Reg. des Sozialdemokraten Murayama Tomiichi, der neben der SDJP u. a. auch wieder die LDP angehörte, stand anlässlich des 50. Jahrestags des Kriegsendes im Pazifik die japan. Besatzungspolitik im Zweiten Weltkrieg im Zentrum der Diskussion. Über J. hinaus bewegten 1995 die verheerenden Auswirkungen eines Erdbebens in Kōbe (17. 1.) und der Giftgasanschlag der Aum-Sekte in der Tokioter U-Bahn (20. 3.) die Weltöffentlichkeit (↑Terrorismus). Im Jan. 1996 übernahm wieder die LDP unter Hashimoto Ryūtaro die Führung der Reg. Gegen starken Widerstand in der Bev. wurde Ende März 1996 der Pachtvertrag für die Stationierung amerikan. Streitkräfte auf Okinawa verlängert. Auf Hashimoto folgte im Juli 1998 Obuchi Keizō als MinPräs.; die von diesem im Jan. 1999 gebildete Koalitionsreg. aus LDP und LP wurde im Okt. 1999 durch eine Beteiligung der ↑Kōmeitō erweitert. Das Kabinett Obuchi unternahm verstärkte Anstrengungen zur Überwindung der durch die asiat. Finanz- und Wirtschaftskrise 1997 ausgelösten schwersten Rezession in J. seit den 1970er-Jahren. Die Erhebung von Sonnenbanner und Kaiserhymne (beide wegen ihrer histor. Belastung umstritten) zu offiziellen Staatssymbolen durch das Parlament (Juli 1999), aber auch die Festigung der Militärkooperation mit den USA (Verabschiedung entsprechender Verteidigungsrichtlinien 1998) sowie die J. (u. a. von der VR China) unterstellten Tendenzen einer Aufrüstung stießen auf innen- und außenpolit. Kritik. Diese richtete sich auch wiederholt gegen die Atompolitik des Landes: Am 30. 9. 1999 ereignete sich der in J. bislang schwerste Nuklearunfall in der nordöstlich von Tokio gelegenen Uranbrennstoffaufbereitungsanlage von Tokaimura. Anfang

April 2000 verließ die LP die Reg.koalition, an der sich nunmehr die von ihr abgespaltene Neue Konservative Partei beteiligte; im selben Monat wurde der schwer erkrankte Obuchi († 14. 5. 2000) von Mori Yoshiro als LDP-Vors. und MinPräs. abgelöst. Die Parlamentswahlen am 25. 6. 2000 bestätigten die regierende Dreiparteienkoalition. Gegen den im Juli 2000 wieder gewählten MinPräs. Mori richtete sich bald innen- und wirtschaftspolitisch motivierte Kritik (u. a. im Nov. 2000 und März 2001 Misstrauensanträge, die allerdings scheiterten). Bei der vorgezogenen Wahl des LDP-Vors. setzte sich am 24. 4. 2001 der frühere Gesundheitsmin. Koizumi Junichirō durch, der mit dem Slogan »Ändern wir die LDP und J.« angetreten war. Am 26. 4. 2001 wählte ihn das Parlament zum MinPräs. In sein Kabinett holte er Reformer und Wirtschaftsexperten, beließ aber auch sieben Min. der vorherigen Reg. im Amt. Mit Tanaka Makiko wurde erstmals eine Frau Außenmin. von J. Angesichts des allg. polit. Vertrauensschwunds in der Bev. und konfroniert mit einer seit mehr als zehn Jahren anhaltenden Wirtschaftskrise kündigte Koizumi u. a. ökonom. Strukturreformen, eine zügige Sanierung des kriselnden Bankensektors, eine Drosselung der staatl. Neuverschuldung und einen allmähl. polit. Wandel an. Aus Wahlen zum Oberhaus am 29. 7. 2001 ging die LDP deutlich gestärkt hervor, die Opposition (bes. die DPJ und die JKP) musste eine weitere Schwächung hinnehmen. Die anhaltenden wirtsch. Probleme (u. a. wachsende Arbeitslosigkeit, Deflation), Querelen in der Regierungspartei LDP (Rivalität zw. den Fraktionen, Ende Jan. 2002 Entlassung von Tanaka Makiko als Außenministerin, der Anfang Febr. Kawaguchi Yoriko im Amt folgte) und Schwierigkeiten bei der Ingangsetzung durchgreifender Reformen prägten danach die Politik des Kabinetts Koizumi. Nach jahrzehntelanger innenpolit. Diskussion verabschiedete das Parlament im Juni 2003 ein Notstandsgesetz, das für den Fall eines militär. Angriffs auf J. v. a. die Kompetenzen des MinPräs. und der Selbstverteidigungsstreitkräfte erweiterte.

Außenpolitisch verbesserte J. seine Beziehungen zu den ost- und südostasiat. Nachbarstaaten (u. a. Friedens- und Freundschaftsvertrag mit China, 1978). Wegen seiner expansiven Export- und als restriktiv empfundenen Importpolitik ergaben sich wiederholt Spannungen mit den USA und mit der EG/EU. Der langjährige japanisch-sowjet. Streit um die ↑Kurilen konnte auch nach der Auflösung der UdSSR (1991) mit dem nunmehrigen Verhandlungspartner Russland nicht beigelegt werden; jedoch ergab sich eine gewisse Entspannung in den zwischenstaatl. Beziehungen (1998 Beginn von Verhandlungen über einen seit Jahrzehnten ausstehenden Friedensvertrag). Mit dem – von konservativ-nationalist. Kräften immer wieder angefochtenen, zögerl. – Bekenntnis J.s zu seiner Kriegsschuld und den in seinem Namen begangenen Verbrechen im Zweiten Weltkrieg (erstmals unter MinPräs. Hosokawa 1993) machte die Aussöhnungspolitik mit den Nachbarstaaten seit den 1990er-Jahren Fortschritte. Nach den Terroranschlägen vom 11. 9. 2001 auf New York und das Pentagon sicherte J. den USA seine Unterstützung zu; mit der Verabschiedung eines Antiterrorgesetzes im Okt. 2001 nahm man eine grundlegende Modifizierung der Sicherheitspolitik des Landes vor: den japan. Selbstverteidigungsstreitkräften wurde die logist. Hilfe für unter amerikan. Führung stehende Truppen im internat. Kampf gegen den Terrorismus ermöglicht (unter Ausschluss eines Einsatzes in Kampfgebieten). Im Dez. 2001 hob man zudem die Beschränkung auf nichtmilitär. Aufgaben im 1992 verabschiedeten Ges. über die Teilnahme an friedenserhaltenden Aktionen der UNO auf. Im Sept. 2002 besuchte Koizumi als erster japan. MinPräs. trotz fehlender diplomat. Beziehungen Nord-Korea (japan. Entschuldigung für die Kolonialherrschaft bis 1945 und Zusage von Wirtschaftshilfe, nordkorean. Eingeständnis der früheren Entführung von mehreren japan. Bürgern). Im Aug. 2003 beteiligte sich J. an den multilateralen Verhandlungen zur Beilegung des amerikanisch-nordkorean. Atomkonflikts. Bei den ASEAN-Staaten warb J. für eine umfassende Wirtschaftspartnerschaft (im Nov. 2002 Übereinkunft über die Schaffung eines Rahmens für eine Freihandelszone).

📖 *J.-Hb., hg. v. H. Hammitzsch. Stuttgart [3]1990. – Dettmer, H. A.: Grundzüge der Geschichte J.s. Darmstadt [5]1992. – Kevenhörster, P.: Politik u. Gesellschaft in J. Mann-*

heim u. a. 1993. – Nora, D.: Das Yen-Kartell. J.s globale Wirtschaftsstrategien. A. d. Frz. Hamburg 1993. – Wächter, S. u. Rambatz, G.: J.s internat. Beziehungen u. seine Rolle in der neuen Weltordnung. Hamburg 1993. – Hall, J. W.: Das japan. Kaiserreich. A. d. Amerikan. Frankfurt am Main 1994. – Pascha, W.: Die japan. Wirtschaft. Mannheim u. a. 1994. – Foltjany-Jost, G.: Ökonomie u. Ökologie in J. Opladen 1995. – Inoue, K.: Gesch. J.s A. d. Japan. Frankfurt am Main [2]1995. – Pohl, M.: Kleines J.-Lexikon. München 1996. – Singer, K.: Spiegel, Schwert u. Edelstein. Strukturen des japan. Lebens. A. d. Engl. Sonderausg. Frankfurt am Main 1996. – Allison, G. D.: J.'s postwar history. Ithaca, N. Y., 1997. – Donath, D.: Zur Kultur u. Geschichte J.s. Münster 1998. – Die Wirtschaft J.s, hg. vom Dt. Inst. für Japanstudien. Berlin 1998. – Morris, I.: Samurai oder von der Würde des Scheiterns. Tragische Helden in der Geschichte J.s. A. d. Amerikan. Frankfurt am Main 1999. – Beasley, W. G.: The rise of modern J. Political, economic and social change since 1850. London [3]2000. – Dtl. u. J. im 20. Jh. Wechselbeziehungen zweier Kulturnationen, hg. v. K. A. Sprengard u. a. Wiesbaden 2000. – Martin, B.: Dtl. u. J. im Zweiten Weltkrieg 1940–1945. Vom Angriff auf Pearl Harbor bis zur dt. Kapitulation. Hamburg 2001. – Pohl, M.: Gesch. J.s. München 2002. – Seagrave, P. u. S.: Herrscher im Reich der aufgehenden Sonne. Die geheime Gesch. des japan. Kaiserhauses. Reinbek bei Hamburg 2002.

Japan Air Lines Co., Ltd. [dʒəˈpæn ˈeəlaɪnz ˈkʌmpənɪ ˈlɪmɪtɪd, engl.], Abk. **JAL,** japan. Luftverkehrsgesellschaft, Sitz: Tokio; 1951 mit einer Staatsbeteiligung von 50% gegr.; Ende 1987 privatisiert. (↑Luftverkehrsgesellschaften, Übersicht)

Japaner, das Staatsvolk Japans, knapp 130 Mio., v. a. in Japan, außerhalb davon bes. in den USA (Hawaii, Kalifornien), in Kanada und Brasilien lebend. Der Zeitpunkt der Erstbesiedlung der japan. Inseln ist unbekannt, jedoch scheint das japan. Volk schon früh aus tungiden, siniden, paläomongoliden Komponenten zu einer ethn. Einheit verschmolzen zu sein. – Altüberliefertes *Brauchtum* ordnet den Jahresablauf. Die wichtigsten Feste (Sekku) sind das Puppenfest (Hinamatsuri) am 3. 3., das Knabenfest (Tango no sekku) am 5. 5., das Sternenfest (Tanabata) am 7. 7. und das Herbstfest (Jūyō) am 9. 9., daneben das Totenfest (Urabon) am 15. 7. mit seinen Tänzen zum Beruhigen der Seelen der Abgeschiedenen (Bon-odori) sowie das Neujahrsfest. Shintoist., buddhist., z. T. auch daoist. Elemente bestimmen Ablauf und Gestaltung dieser Feste.

Japanische Alpen, vulkanreiches Gebirge auf der japan. Insel Honshū, im Shirane 3 192 m ü. M.

Japanische Blütenkirschen, Bez. für eine Gruppe von überwiegend in Japan gezüchteten Zierkirschen, die in der Sammelart **Prunus serrulata** zusammengefasst werden; reich blühende Gehölze mit weißen bis tiefrosafarbenen, oft gefüllten Blüten.

Japanische Inlandsee, das innerhalb der drei südwestl. Hauptinseln Japans gelegene Binnenmeer, rd. 500 km lang, 10–60 km breit, bis 241 m tief, von Inselschwärmen durchsetzt. Seit 1934 sind die Inseln und große Teile der Küsten Nationalpark (659 km^2).

japanische Kunst. Trotz enger Anlehnung an die korean. und die meist über Korea vermittelte chines. Kunst erhielt die j. K. durch eigene künstler. Konzeptionen und neue Techniken eine selbstständige Ausprägung. Als früheste Äußerungen japan. Kultur gelten grob geformte Tongefäße (Jōmon-Keramik, 8. Jt. bis 3. Jh. v. Chr.) mit markantem Dekor (Schnur- und Mattenabdrücke) und Tonidole der gleichen Epoche. In der ab dem 3. Jh. v. Chr. auftretenden feineren Keramik (Yayoi) sind festländ. Einflüsse unverkennbar. Der neben der Töpferscheibe als Errungenschaft chines. Kultur nach Japan gelangte Bronzeguss zeigt dagegen in den Bronzeglocken (Dōtaku) eine eigenständige Entwicklung. Die Grabhügelperiode (Kofun, 3.–6. Jh.) schuf die nur das Wesentliche herausmodellierenden Grabfiguren (Haniwa).

Einführung des Buddhismus: Erst mit diesem Schritt vollzog sich der eigentl. Anschluss an die überlegene chines. Kunst, doch verrät die in Japan entstandene buddhist. Plastik des 6.–9. Jh. in Bronze oder Ton (und Trockenlack) bereits großes handwerkl. Können und hohen künstler. Rang. Die seit dem 8. Jh. entwickelte Holzplastik wurde bes. von Jōchō († 1057) durch neue Methoden der Zusammensetzung versch. Holzblöcke vervollkommnet

(Amida-Buddha, in Byōdōin) und von Unkei (* 1148, † 1223) und seiner Schule zu hoher Blüte geführt; die ikonograph. Typen wurden bis ins 17./18. Jh. tradiert. Die in Japan erhaltenen Beispiele buddhist. Malerei zählen zu den bedeutendsten Zeugnissen der in ihrem Ursprungsland größtenteils untergegangenen chines. Figurenmalerei der Han-Zeit (Tamamushi-Schrein des ↑Hōryūji) oder des Stils der Tang-Zeit (Wandmalereien in der Goldenen Halle des Hōryūji, 1949 zerstört). Es entstanden indes auch japan. Sonderformen wie die Kultbilder volkstüml. Schutzgottheiten (Fudō) oder die aus dem Amida-Kult hervorgegangenen Totenbilder (Raigō).

Die Malerei seit der Heian-Zeit: Die höf. Kultur der Heian-Zeit (794–1185) legte den Grund zur Ausbildung des nat. japan. Stils (Yamato-e), mit einem Hang zum Verfeinerten, Ästhetischen und im besten Sinne Dekorativen. Neben der profanen Illustration der erzählenden Bilderrollen (Makimono) entwickelte sich in dieser Zeit auch eine realist. Porträtkunst, in der die japan. Vorliebe für die Betonung des Charakteristischen zum Ausdruck kommt. Während das von der Tosa-Schule verwaltete Erbe des Yamato-e eine der Hauptströmungen der j. K. blieb, setzte sich unter dem Einfluss des Zen eine neue Richtung durch, die sich an der chines. Tuschmalerei der Song- und Yuan-Zeit orientierte. Die japan. Tuschmalerei (Suiboku oder Sumi-e), die in Sesshū (1420–1506) ihren größten Meister fand, bestimmte den akadem. Stil der Kanō-Schule bis ins 19. Jh. Mit der Ausschmückung von Schlössern und Tempeln kristallisierte sich im 16. Jh. aus der Verschmelzung von Suiboku-Technik und der Farbenmalerei des Yamato-e der große »dekorative Stil« heraus, der unter Ogata Kōrin (* 1658, † 1716) seinen Höhepunkt erreichte (Stellschirme). Durch den Aufstieg des wohlhabenden Kaufmannsstandes der Tokugawa-Zeit (1603–1867/68) nahm sich die j. K. des neuen Bürgertums und seiner Vergnügungen an. Die »Bilder der flüchtigen Welt« (Ukiyo-e) gelangten im japan. Farbholzschnitt mit seinen Meistern Utamaro, Hiroshige, Hokusai zu weltweiter Berühmtheit. Seit der Öffnung Japans nach dem Westen in der Meiji-Ära (1868–1912) zeigt die Malerei auch eine Verbindung von westl. Stil und einer vom kalligraph. Duktus bestimmten Malerei.

Kunsthandwerk: Auf diesem Gebiet beschritt die j. K. überwiegend eigene Wege. Unübertroffen sind die zahlr. Lackmeister mit ihren äußerst raffinierten Techniken. Die bed. japan. Teekeramik bevorzugt das Ursprüngliche, Naturgewachsene in Form und Material. Japan. Porzellane aus den Öfen von Arita und Kutani wurden in alle Länder exportiert, und der Emailfarbendekor des großen Porzellanmalers Sakaida Kakiemon (* 1596, † 1666) beeinflusste den Stil des europ. Porzellans. Unter den Metallarbeiten erlangten bes. die kunstvoll verzierten Schwertstichblätter (↑Tsuba) große Berühmtheit. Für das Nō-Spiel wurden kostbare Brokate und Seidenstickereien angefertigt sowie expressive Masken geschnitzt.

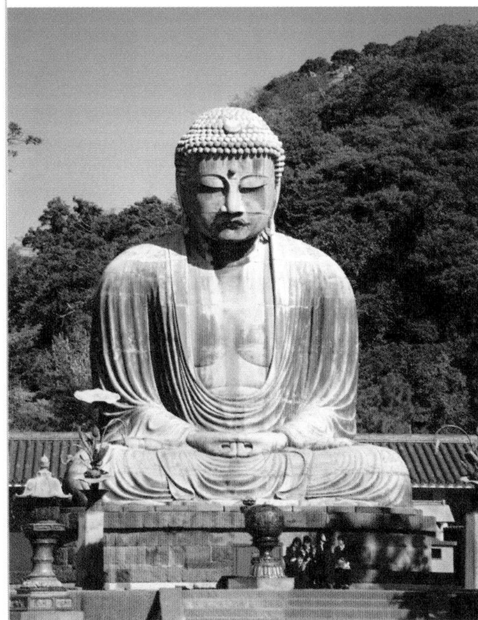

100001

japanische Kunst: »Großer Buddha« im Kotokuin-Tempel von Kamakura (1252)

Baukunst: Die Grundprinzipien, Harmonie der Proportionen und Reinheit der Materialwirkung, die sich schon in den Holzständerbauten der ältesten Zeit andeuten (Shintō-Schreine auf rechteckigem Grundriss mit umlaufender Veranda und weit

100495

japanische Kunst: Pagode des Kiyomizudera in Kyoto (1633 nach dem Original aus dem 9. Jh. rekonstruiert)

überstehendem Dach), äußern sich auch bei der Übernahme des buddhist. Tempelbaus in weitgehendem Verzicht auf Schnitzwerk und Bemalung (Nara, 8. Jh.; Pagode des Hōryūji, Haupthalle des Tōshōdaiji) und werden in den von Zen-Buddhismus und Teezeremonie inspirierten, in kunstvolle Gartenanlagen eingebetteten Pavillonbauten des 14. Jh. (Goldener Pavillon, Kyōto) sowie dem »Studiostil« des japan. Hauses (Villa Katsura, bei Kyōto) in vollkommener Weise verwirklicht. Im 20. Jh. haben japan. Architekten versucht, japan. Elemente in die westl. moderne Bauweise einzubringen und erlangten damit weltweit Beachtung. Maekawa Kunio und die durch ihre städteplanerischen Entwürfe hervorgetretene Gruppe der Metabolisten (Isozaki Arata, Kurokawa Kishō, Maki Fumihiko, Tange Kenzō u. a.) gehören heute zur internat. Architektenelite. Werke von Hara Hiroshi (Yamato International, Tokio, 1987), Hasegawa Itsuko (Kulturzentrum, Fujisawa, 1989), Andō Tadao (Vitra Konferenzzentrum, Weil am Rhein, 1993), Ito Toyo (Turm der Winde, Yokohama, 1986; Mediathek, Sendai, 2001) sowie Shinohara Kazuo (Tanikawa House, 1974) zeigen die zukunftweisenden Tendenzen moderner japan. Architektur.

📖 *Goepper, R.: Meisterwerke des japan. Farbenholzschnitts. Köln 1973. – Violet, R.: Einführung in die Kunst Japans. Leipzig ²1987. – J. K. der achtziger Jahre, hg. v. F. Nanjo u. P. Weiermair, Ausst.-Kat. Frankfurter Kunstverein 1990. – Akiyama Terukazu: Die japan. Malerei. A. d. Frz. Genf 1990. – Die neue japan. Architektur, hg. v. B. Bognar. A. d. Amerikan. Stuttgart 1991. – Immoos, T. u. Halpern, E.: Japan. Tempel, Gärten u. Paläste. Köln ¹⁰1992. – Japanisches Design seit 1950, bearb. v. K. B. Hiesinger u. F. Fischer, Ausst.-Kat. Kunst-*

4601

japanische Kunst: Hokusai, »Große Woge vor der Küste von Kanagawa«, Farbholzschnitt aus der Serie »36 Ansichten des Fuji« (1823–31)

halle Düsseldorf 1995. – Pörtner, P.: Japan. Von Buddhas Lächeln zum Design. Eine Reise durch 2500 Jahre j. K. u. Kultur. Köln ²2002.

japanische Kunst: Heian-Schrein in Kyoto (1895)

japanische Literatur. Mythen, Ritualgebete, Lieder, Genealogien u. a. wurden von berufsmäßigen Erzählern überliefert. Erst nach Verbreitung der chines. Schrift (bekannt etwa seit dem 5. Jh. n. Chr.) sind ab dem 8. Jh. in dieser (Kambun-)Schrift Chroniken (Kōjiki), Topographien (Fudoki) und Gedichtsammlungen, deren früheste das »Manyōshu« war, erhalten. Aus der chines. Schrift entstandene Silbenschriften (Hiragana, Katakana) ermöglichten ab dem 10. Jh. die Fixierung der eigenen Sprache in Märchen (Taketori-monogatari), Erzählungen (Ise-monogatari), Tagebüchern (Tosa-nikki), volkstüml. Geschichten (Konjaku-monogatari) oder Gedichten (Waka) in offiziell zusammengestellten Anthologien; die meisten Gedichte sind Kurzgedichte, so genannte »Tanka«. Im 11. Jh. traten erste realist. Erzählungen auf, die ihre Vollendung in dem höf. Roman »Genji-monogatari« (zw. 1004 und 1011) der Dichterin Murasaki Shikibu erfuhren, dessen Sprache und Stil bestimmend für die weitere Entwicklung des Japanischen wurde. Parallel dazu waren die Tagebuch- (Nikki) und Aphorismenliteratur (Zuihitsu) weitere Höhepunkte der bes. vom Adel und den Hofdamen geprägten klass. japan. Dichtung. Die polit. Umwälzungen des 12. Jh. fanden ihren literar. Niederschlag in den romant. Kriegsepen (»Gunkimono«), kennzeichnend steht dafür die Urfassung des »Heike-monogatari« aus dem 13. Jh., in denen höf. Ästhetizismus durch Spannung abgelöst wurde. Buddhist. Weltentsagung und konfuzian. Ideen durchdrangen die Literatur des MA., die zunehmend von lehrhaftem Schrifttum, z. B. dem »Jikkinshō« (1252), beherrscht wurde. In der Poesie war vom späten 12. bis zum 16. Jh. das Kettengedicht (Renga) weit verbreitet. Gleichzeitig entwickelte sich im 14. und 15. Jh. aus rituellen Tänzen und Pantomimen das lyr. Nō-Spiel (↑Nō). In der Poesie wurde das epigrammat. ↑Haiku, das den Übergang von der aristokrat. zur bürgerl. Dichtung kennzeichnet, zur höchsten Vollendung geführt. Als berühmtester Romancier der ausgehenden Tokugawazeit gilt Takisawa Bakin aus Edo (heute Tokio). Dramat. Texte wurden für die Theaterformen Kabuki, Jōruri und Bunraku verfasst (↑japanisches Theater). Die moderne j. L. entfaltete sich v. a. seit Mitte des 19. Jh. in der Begegnung mit der Dichtung des Westens; zunächst beherrschten v. a. Übersetzungen und polit. Romane den literar. Markt, bis Tsubouchi Shōyō mit seinem Werk über das »Wesen des Romans« (»Shōsetsu shinzui«, 1885/86) neue Wertmaßstäbe setzte, die von Futabatei Shimei, Mori Ōgai, Natsume Sōseki und Akutagawa Ryūnosuke verwirklicht wurden. Vielfältige internat. Einflüsse (dt. Romantik, frz. Naturalismus, ein Humanismus tolstoischer Prägung) führten zur »proletar. Literatur« der 1920er-Jahre und zur Gegenwartsdichtung, deren Vertreter Kawabata Yasunari (Nobelpreis für Literatur 1968), Tanizaki Junichirō, Ōoka Shōhei, Mishima Yukio, Endō Shūsaku, Ōe Kenzaburō (Nobelpreis für Literatur 1994), Inoue Yasushi und Abe Kōbō weltweit bekannt wurden. Ihre Stoffe reichen von typ. japan. Themen bis zu allg. Problemen, wie Vereinsamung der Menschen in Massengesellschaften. In der

Poesie überwiegen noch Tanka und Haiku, jedoch sucht man auch neuere Wege in ungebundener Metrik. In der japan. Gegenwartsliteratur ist auch eine stetig zunehmende Zahl von Schriftstellerinnen zu beobachten, die sich mit den unterschiedlichsten Themen (Krieg, Umweltverschmutzung, Rolle der Frau usw.) auseinander setzen (Kōno Taeko, Ōba Minako, Tsushima Yūuko u. a.). Charakteristisch für junge Romanautoren wie Murakami Haruki und Yoshimoto Banana ist ihre starke Prägung durch populäre Genres wie Comic und Film.

🕮 *Keene, D.: J. L. Eine Einführung für westl. Leser. A. d. Engl. Zürich 1962. – Kato, S.: Gesch. der j. L. München 1990. – J. L. der Gegenwart, hg. v. S. Schaarschmidt u. M. Mae. München u. a. 1990. – Hijiya-Kirschnereit, I.: Was heißt j. L. verstehen? Zur modernen j. L. u. Literaturkritik. Frankfurt am Main 1990. – Karatani, K.: Ursprünge der modernen j. L. A. d. Japan. Basel 1996.*

100563

japanische Musik: Gagaku-Musiker

japanische Musik. Archäolog. Funde (u. a. steinerne Kugelflöten, Bronzeglocken) sowie Schriftdokumente aus dem frühen 8. Jh., die Bambusflöten und einen größeren Liedschatz belegen, bezeugen eine bereits hoch entwickelte Musikkultur. Die altjapan. Musik war (wie noch heute die japan. Volksmusik) auf einer halbtonlosen Fünftonreihe (Pentatonik) aufgebaut. In der Kunstmusik wandelte sich die Pentatonik allmählich zu einer sieben, dann zwölf Stufen umfassenden Halbtönigkeit. Kulttänze und Gesänge (Kagura) werden mit Schlaghölzern (Shakubyōshi), Flöte (Kagurabue) und auch Wölbbrettzither (Koto) begleitet. Mit dem Buddhismus wurden die ↑chinesische Musik und ihre Instrumente eingeführt, für die Hofmusik (Gagaku) auch südasiat. Instrumente. Außerhalb der höf. Musik entstand seit dem 14./15. Jh. das Nō-Spiel, dessen Musik stark von buddhist. Hymnik beeinflusst ist. Weitere Theaterformen mit Musik entwickelten sich im 16./17. Jh. mit dem Kabukitheater und dem Puppentheater Bunraku, die meist von der dreisaitigen Langhalslaute Shamisen und von Schlaginstrumenten begleitet werden. Die Konzertmusik besteht aus Gesangsnummern, begleitet von Wölbbrettzither, Shamisen, der leicht gebogenen Längsflöte Shakuhachi und Trommeln; auch rein instrumentale Gruppenaufführungen kommen vor. Seit Ende des 19. Jh. geriet die j. M. unter den Einfluss europ. Musikkulturen. Die moderne j. M. greift jedoch häufig auf japanisch-asiat. Formen zurück, die wiederum z. T. die moderne westl. Musik beeinflussen. Einige Gruppen spezialisierten sich auf traditionelle chinesisch-japan. Instrumente für neue Kompositionen. Vertreter einer westlich instrumentierten modernen j. M. sind u. a. Toshirō Mayuzumi und Toru Takemitsu. Mit experimenteller Musik beschäftigen sich auch Toshi Ichiyanagi und Yūji Takahashi. An der asiat. Musikkultur orientiert sich Akira Nishimura, der als Vertreter einer asiat. Avantgarde gilt.

🕮 *Giesen, W.: Zur Geschichte des buddhist. Ritualgesangs in Japan. Kassel 1977. – Matsuyama, Y.: Studien zur Nō-Musik. Hamburg 1980. – Neue Musik in Japan, hg. v. S. Guignard. München 1996.*

japanische Philosophie, das von Gedanken des Konfuzius, vom Buddhismus, vom Shintō sowie abendländ. Gedankengut bestimmte Denken in Japan. Das konfuzian. Gedankengut – im 4. Jh. vom Festland übernommen – hat das moral. und polit. Leben Japans bis weit über die Meijizeit bestimmt. Der von Zenmönchen in der Muromachizeit (1338–1573) eingeführte Neokonfuzianismus (Shushigaku) wurde bes. für das Japan der Tokugawazeit (1603–1867) in eth. und staatspolit. Hinsicht bedeutsam. Hauptvertreter: Fujiwara Seika (* 1561, † 1619), Hayashi Razan (* 1583, † 1657), Kinoshita Jun'an (* 1621, † 1698). Ihrer Lehre liegen die Gedanken des chines. Songphilosophen Zhu Xi (japan. Shushi; 12. Jh.) zugrunde. Sie lehnten den Buddhismus ab und bevorzugten einen Synkretismus von Shintō und Konfuzianismus. Neben dem zur orth. Staatslehre gewordenen Shushigaku standen andere Schulen (Yōmeigaku, Kogaku, Shingaku). Die buddhist. Philosophie hatte ihre japan. Anfänge in der Narazeit (710–784). Eine bed. Rolle in der japan. Geistesgeschichte spielte die Philosophie des ↑Zen, die auch heuteund in der westl. Welt von Einfluss ist. Die »Nat. Schule« (Kokugaku), als wiss. Schule in der Tokugawazeit entstanden, war eine Gegenbewegung zu den konfuzian. und buddhist. Schulen; sie betonte das eigenständig Japanische und forderte die »Rückkehr zum Alten«, dem ↑Shintō. – Die europ. Philosophie wurde Japan von den Niederländern vermittelt. Der eigentl. Begründer der modernen j. P. ist Nishi Amane. Die Überbetonung westl. Denkens in der ersten Hälfte der Meijizeit (1868–1912) führte zu heftigen Reaktionen, die sich bes. in der Ethik abzeichneten (Nishimura Shigeki, Inoue Tetsujirō). Kantianismus und Neukantianismus, daneben die japan. Sozialisten, bestimmten die j. P. der ersten Hälfte des 20. Jh. Eine eigene Stellung nimmt Nishida Kitarō (Kyōto-Schule) ein, der die j. P. in die Weltphilosophie eingliederte. Die bestimmenden philosoph. Richtungen nach 1945 sind Existenzialismus, Marxismus, Pragmatismus, Sozialphilosophie sowie die analyt. Philosophie. Der Einfluss der nordamerikan. Philosophie hat gegenüber der europ. zugenommen.

📖 *Brüll, L.: Die j. P. Eine Einführung. Darmstadt [2]1993. – Hamada, J.: J. P. nach 1868. Leiden u. a. 1994. – Pörtner, P. u. Heise, J.: Die Philosophie Japans von den Anfängen bis zur Gegenwart. Stuttgart 1995.*

japanische Schrift, eine Mischschrift aus chines. Wortzeichen und japan. Silbenzeichen. Wahrscheinlich um 400 n. Chr. wurde die bereits voll entwickelte chines. Schrift in Japan eingeführt und im Laufe der Zeit um etwa 250 gleichartige Ideogramme (Kanji) erweitert. Da das Japanische nicht angemessen mit chines. Wortzeichen dargestellt werden konnte, behalf man sich, indem man die Kanji ungeachtet ihrer Bedeutung nur zur Wiedergabe japan. Lautwerte phonetisch »entlehnt« gebrauchte (Kana). Die häufige Benutzung von Zeichengruppen für bestimmte japan. Silben führte im 9. Jh. zur Herausbildung von z. T. stark kursiv verkürzten Formen (Hiragana, »glatte, vollständige Kana«). Ebenfalls im 9. Jh. wurde die zweite Form des Kana entwickelt, die als »Teilstück entlehnten Zeichen«, das Katakana. – Die

	ワ わ wa	ラ ら ra	ヤ や ya	マ ま ma	ハ は ha	ナ な na	タ た ta	サ さ sa	カ か ka	ア あ a
	ヰ ゐ (w)i	リ り ri		ミ み mi	ヒ ひ hi	ニ に ni	チ ち chi	シ し shi	キ き ki	イ い i
		ル る ru	ユ ゆ yu	ム む mu	フ ふ fu	ヌ ぬ nu	ツ つ tsu	ス す su	ク く ku	ウ う u
	ヱ ゑ (w)e	レ れ re		メ め me	ヘ へ he	ネ ね ne	テ て te	セ せ se	ケ け ke	エ え e
ン ん n	ヲ を (w)o	ロ ろ ro	ヨ よ yo	モ も mo	ホ ほ ho	ノ の no	ト と to	ソ そ so	コ こ ko	オ お o

japanische Schrift: Katakana (oben), Hiragana (Mitte) und die Lateinumschrift (Rōmaji, unten) in der Anordnung der »50-Laute-Tafel« (Gojūonzu); die freien Felder, für die es keine eigenen Zeichen gibt, werden häufig mit dem Zeichen in der jeweils rechten Außenspalte aufgefüllt

Anzahl der gegenwärtig gebräuchlichsten Kanji beträgt rd. 1945. Bei der heute übl. Mischschreibweise werden gewöhnlich die Begriffswörter mit Kanji und die morphologisch-syntakt. Elemente (Suffixe, Postpositionen usw.) mit Kanagana geschrieben. Katakana wird für Fremdwörter und fremde Namen benutzt. Die Lateinschrift (Rōmaji, »römische Schrift«) konnte sich in Japan nicht durchsetzen; sie wird nur für Transkriptionszwecke benutzt. Die 47 Silbenzeichen, zu denen noch das Silben schließende Zeichen für »n« tritt, werden generell in Form einer 50-Laute-Tafel (Gojūonzu) in zehn senkrechten Reihen von rechts nach links von je fünf Zeichengruppen von oben nach unten angeordnet. Geschrieben wird traditionell von oben nach unten (die Zeilen reihen sich von rechts nach links), moderne Texte auch waagerecht von links nach rechts.

📖 *Grein, M.: Einführung in die Entwicklungsgeschichte der j. S. Mainz 1994.*

Japanisches Meer (Ostmeer), Randmeer des Pazif. Ozeans vor der O-Küste Asiens, bis 3742 m tief, im O vom japan. Inselbogen, im W vom asiat. Festland begrenzt, im S durch die Koreastraße mit dem Ostchines. Meer, im N durch den Tatarensund mit dem Ochotsk. Meer verbunden.

japanische Sprache, isolierte Sprache, die direkten verwandtschaftl. Bezug nur zu der Sprache der Ryūkyūinseln hat, die auch als Dialekt des Japanischen gilt. Die j. S. ist wohl aus einer Mischung austrones., austroasiat. und altaischer Komponenten entstanden. Die ältesten schriftl. Aufzeichnungen stammen aus dem 8. Jh. Die j. S. gehört zum Typ der agglutinierenden Sprachen. Tempus, Aspekt, Genus Verbi und Modus werden durch Verbalsuffixe gekennzeichnet. Die Nomina sind ohne Genus, Numerus und Kasusflexion. Interpersonale Bezüge werden durch spezif. Prädikatsformen ausgedrückt. Lautlich ist die j. S. eine Abfolge offener Silben (Konsonant plus Vokal). Der Grundwortschatz ist zwei- oder dreisilbig, Zusammensetzungen sind zahlreich. Neben die sinojapan. Lehnwörter sind Wörter angloamerikan. Herkunft getreten. Es gibt viele regionale und soziale Dialekte. Zur heutigen standardisierten Verkehrssprache entwickelte sich die Stadtsprache von Tokio. (↑japanische Schrift)

📖 *Miller, Roy A.: Die j. S. Geschichte u. Struktur. A. d. Engl. München 1993. – Lewin, B.: Einführung in die japan. Sprache. Wiesbaden [4]1990.*

japanisches Theater. Aus kult. Tänzen, in Annalen des 8. Jh. erwähnt, gehen unter kontinentalem Einfluss höf. Zeremonialtänze hervor; parallel dazu kommen auf dem Lande Erntetänze und ab 12. Jh. akrobat. Tanzschwänke zur Belustigung bei Festen auf, die sich zu Tanzspielen weiterentwickeln. Aus der Zusammenfassung dieser Vorformen entsteht im 14. und 15. Jh. das lyr. Nō-Spiel (↑Nō). Aus Musik, Schauspiel und Tanz entwickelt sich Anfang des 17. Jh. das dramat. **Kabuki-Theater,** das anfänglich z. T. recht drastisch und in übersteigertem Stil seine Themen dem Samurai- und Großstadtleben entnahm und von dem Dramatiker Chikamatsu Monzaemon (* 1653, † 1725) zu literarisch anspruchsvoller Schaukunst geführt wurde. Daneben erreicht das **Bunraku-Puppenspiel** große Popularität. – Lösung von der Formelhaftigkeit und Ästhetik des späten Kabuki führt in der Meijizeit zum Shimpa-Theater (»Neue Richtung«) sowie unter westl. Einfluss 1906 zur Gründung des Shingeki (»Neues Theater«), in denen neben europ. Klassikern zeitgenöss. Autoren aufgeführt werden. Seit 1945 finden auch avantgardist. Experimentaltheater Beachtung.

📖 *Barth, J.: Japans Schaukunst im Wandel der Zeiten. Wiesbaden 1972. – Kabuki. Das klass. japan. Volkstheater, hg. v. T. Leims u. a. Weinheim u. a. [2]1987. – Banu, G.: Der Schauspieler kehrt nicht wieder. J. T. heute. A. d. Frz. Berlin 1990.*

Japankäfer (Popillia japonica), aus Japan stammender etwa 1,2 cm langer Blatthornkäfer; seit 1916 in Nordamerika als Schädling an Blättern, Knospen, Früchten vieler Kultur- und Wildpflanzen.

Japanologie *die,* Wiss. von der japan. Sprache und Literatur.

Japanpapier, das ↑chinesische Papier.

Japanseide (Japon), feinfädige Seidengewebe ohne Noppen urspr. japan. Herkunft (im Ggs. zu den noppigen Chinaseiden); Verwendung v. a. für Kleider, Blusen und Lampenschirme.

Japetus (Iapetus), ein Mond des Planeten ↑Saturn.

Japhet, bibl. Gestalt; Sohn Noahs (1. Mos. 5,32); nach der ↑Völkertafel

(1. Mose 10,2) legendärer Stammvater indogerman. (bes. kleinasiat.) Völker.

Japhetitologie *die,* wiss. Anschauung des russ. Sprachwissenschaftlers Nikolai Marr (*1865, †1934) von einer vorindogerman. (japhetit.) Sprachfamilie; Bez. nach der bibl. Gestalt Japhet (Bruder von Sem und Ham).

Japonismus [zu frz. Japon »Japan«] *der,* das stark ausgeprägte Interesse an japan. Kultur und deren Einflussnahme auf Kunst und Kunstgewerbe in Europa in der 2. Hälfte des 19. und zu Beginn des 20. Jh.; gefördert durch die Weltausstellungen in Paris (1855, 1867, 1878) und London (1862).

Japurá, Rio [rriu ʒa-] *der,* linker Nebenfluss des Amazonas, 2500 km lang, entspringt als Río Caquetá in Kolumbien; in Brasilien schiffbar.

Jaques-Dalcroze [ʒakdalˈkroːz], Émile, eigtl. Jakob Dalkes, schweizer. Musikpädagoge, *Wien 6. 7. 1865, †Genf 1. 7. 1950; entwickelte die »Rhythmiklehre«, nach der durch Körperrhythmik Gestalt und Wesen der Musik erlebt und dadurch gleichzeitig alle seelisch-schöpfer. Kräfte gelöst und gesteigert werden können; war 1911–14 künstler. Leiter der »Bildungsanstalt J.-D.« in Hellerau (heute zu Dresden), arbeitete nach 1914 in Genf.

Jarden, hebr. Name für den ↑Jordan.

Jargon [ʒarˈgɔ̃, frz.] *der,* Sondersprache bestimmter sozialer Gruppen, die im Wortschatz, nicht aber in der Grammatik von der Hochsprache abweicht.

Jari, Rio [rriu ʒ-] *der,* linker Nebenfluss des Amazonas, Brasilien, rd. 600 km lang; nahe seiner Mündung, gegenüber der Insel Gurupá, wurde auf 16000 km² ein großes land- und forstwirtsch. Projekt **(Jarilandia;** Aufforstung mit schnell wachsenden Baumarten zur Versorgung einer im J. verankerten schwimmenden Cellulosefabrik) in Angriff genommen (1982 an ein brasilian. Konsortium verkauft).

Jarkend, Stadt in China, ↑Yarkand.

Jarl [altnord., engl. »Earl«] *der,* in Skandinavien urspr. ein freier Mann von hoher Geburt, in Norwegen (bis 1308) und Schweden (bis 1266) höchster Kronbeamter.

Jarmo, frühneolith. Fundstätte in NO-Irak (7. Jt. v. Chr.), älteste bisher bekannte Siedlung sesshafter Bauern, die Lehmhäuser bauten und Getreideanbau und Viehhaltung (Ziege, Schaf, Schwein) betrieben; Keramikfunde in den obersten drei Siedlungsschichten.

Jarmuk *der* (Yarmouk), wichtigster (linker) Nebenfluss des Jordan, 80 km lang, entspringt im S Syriens, bildet die Grenze zw. Syrien und Jordanien; 10 km oberhalb der Einmündung in den Jordan wird sein Wasser durch einen Tunnel in den Ost-Ghor-Kanal zur Bewässerung des östl. Jordangrabens abgeleitet.

Jarmulke [poln.-jidd.] *die,* traditionelle Kopfbedeckung jüd. Männer (↑Kippah).

Jarmusch [ˈʒɑːmʊʃ], Jim, amerikan. Filmregisseur, *Akron (Ohio) 1953; dreht konzentrierte, z. T. episodenhaft untergliederte Filme, u. a. »Stranger than Paradise« (1982), »Down by Law« (1986), »Night on Earth« (1991), »Blue in the Face« (Darsteller, 1995), »Dead Man« (1996), »Ghost Dog – Der Weg des Samurai« (1999).

Jarnach, Philipp, Komponist spanisch-fläm. Herkunft, *Noisy-le-Sec (Dép. Seine-Saint-Denis) 26. 7. 1892, †Bornsen (heute zu Bienenbüttel, Kr. Uelzen) 17. 12. 1982; war 1949–59 Direktor der Musikhochschule in Hamburg, schuf zw. F. Busoni und der Moderne stehende Klavier-, Kammermusik- und Orchesterwerke.

Jaroff (Jarow), Serge (Sergei Alexejewitsch), russ. Chordirigent, *im Gouv. Kostroma 1. 4. 1896, †Lakewood (N. J.) 5. 10. 1985; gründete 1921 den Donkosakenchor, mit dem er 1939 in die USA emigrierte.

Jarosit *der* (Gelbeisenerz), ockergelbes bis schwarzbraunes, meist in derben Krusten vorkommendes glasglänzendes, trigonales Mineral der chem. Zusammensetzung $KFe_3[(OH)_6|(SO_4)_2]$, spröde mit Glasglanz; verbreitet in der Oxidationszone pyritreicher Erzlager.

Jarosław [jaˈrɔsu̯af], Krst. in der Wwschaft Vorkarpaten, SO-Polen, am San, 41800 Ew.; Textil-, Glasind., Papierfabrik. – Klöster aus dem 17. Jh., Bürgerhäuser aus der Zeit der Spätrenaissance und des Frühbarock. – Von Jaroslaw dem Weisen im 11. Jh. gegr., erhielt 1375 Magdeburger Stadtrecht, nach Brand 1625 wieder aufgebaut.

Jaroslaw der Weise (Jaroslaw Mudry), Großfürst von Kiew (1016–18 und seit 1019), *978, †Wyschgorod (bei Kiew) 20. 2. 1054; herrschte bis 1036 zus. mit seinem Bruder Mstislaw; veranlasste die erste Aufzeichnung russ. Rechts (»Russkaja

Prawda«); teilte das Reich unter seine fünf Söhne und verursachte damit trotz des einigenden Senioratsprinzips die Aufsplitterung des Reichs.

Jasper National Park: Maligne Lake in den Rocky Mountains

Jaroslawl, Gebietshptst. in Russland, an der Wolga, 642200 Ew.; Univ., medizin. Akademie, Hochschulen, Planetarium und ältestes russ. Theater (1750), Museen; Maschinen-, Motoren-, Kranbau, Erdölraffinerie, Reifenherstellung, Holzverarbeitung, chem., Nahrungsmittel-, Textilind., Druckereien; Flughafen, Hafen. – Zahlr. Kirchen und Klöster mit wertvoller Innenausstattung aus dem 16.–18. Jh. Im Vorort Korowniki die Fünfzehnkuppelkirche Johannes des Täufers (1671–87). – Gegr. um 1010 von Jaroslaw dem Weisen.

Jarowisation [von russ. jarowoje »Sommergetreide«] *die,* die ↑Vernalisation.

Jarrah [dʒ-] *das,* dunkelrotbraunes Holz der Eukalyptusart Eucalyptus marginata aus W-Australien; schweres Konstruktionsholz.

Jarre [ʒaːr], Maurice, frz. Komponist, *Lyon 13. 9. 1924; lebt seit 1963 in den USA; schrieb Orchesterwerke, Ballette (u. a. »Armida«, 1953; »Notre-Dame de Paris«, 1965), Bühnen- und v. a. Filmmusik (u. a. zu »Lawrence von Arabien«, 1962; »Doktor Schiwago«, 1965; »Reise nach Indien«, 1984).

Jarreau [dʒəˈrəʊ], Al, amerikan. Jazzmusiker (Sänger), *Milwaukee (Wis.) 12. 3. 1940; seit Mitte der 70er-Jahre mit seinen auf Wortfetzen und Vokalisen basierenden, rhythmisch prägnant akzentuierten Gesangsimprovisationen einer der bedeutendsten Vertreter des Scatgesangs; nahm in den 80er-Jahren verstärkt Rock- und Funkelemente in seine Musik auf.

Jarrett [ˈdʒærɪt], Keith, amerikan. Jazzpianist und Komponist, *Allentown (Pa.) 8. 5. 1945; spielt in Gruppen, tritt aber auch als Solist auf; bed. Vertreter des Free Jazz.

Jarry [ʒaˈri], Alfred, frz. Schriftsteller, *Laval 8. 9. 1873, †Paris 1. 11. 1907. Sein Stück »König Ubu« (1896), ein Skandalerfolg wegen der außergewöhnlich derben Sprache und der satirisch beißenden Gesellschaftskritik, gilt als erstes Beispiel des »absurden Theaters«. Die Romane, u. a. »Der Supermann« (1902), »Heldentaten und Ansichten des Dr. Faustroll, Pataphysiker« (hg. 1911), tragen surrealist. Züge.

Jaruzelski [-z-], Wojciech, poln. General (seit 1956) und Politiker, *Kurów (Wwschaft Lublin) 6. 7. 1923; war 1968–83 Verteidigungsmin., 1981–85 Min.Präs. und 1981–89 Erster Sekr. des ZK der Poln. Vereinigten Arbeiterpartei, 1981–83 Vors. des »Militärrates der Nat. Rettung«. Im Dez. 1981 verhängte er das Kriegsrecht in Polen (bis 1983) und verbot die Gewerkschaft Solidarność (bis 1989). Erfolglos versuchte er, durch vorsichtige Reformen die innenpolit. Lage zu entspannen. 1985–89 war er Vors. des Staatsrats und 1989–90 Staatspräs. Ein 1996 gegen ihn und weitere Angeklagte angestrengter Gerichtsprozess (v. a. wegen ihrer Mitverantwortung für die blutige Niederschlagung der Arbeiterproteste in Danzig, Gdingen und Stettin 1970) wurde nach zeitweiliger Einstellung auf Beschluss des poln. Obersten Gerichtshofs im Okt. 2001 wieder aufgenommen.

Järvi, Neeme, estn. Dirigent, *Tallinn 6. 6. 1937; war 1963–76 Chefdirigent an der Staatsoper von Tallinn, übernahm 1981 die Leitung der Göteborger Symphoniker und wurde 1984 Chefdirigent des Scottish National Orchestra (bis 1988), 1990 des Detroit Symphony Orchestra; daneben Gastdirigent führender Orchester in Europa und den USA.

Jaschmak [türk.] *der,* (nur noch selten getragener) Schleier wohlhabender Türkinnen.

Jasenovac [-vats], Gem. in W-Slawonien, Kroatien, unweit der Mündung der Una in die Save, 1 100 Ew. - Hier befand sich das größte KZ und Vernichtungslager des Ustascha-Staats (1941-45), ein Zentrum der Massenexekutionen von Ustascha-Gegnern. Die Zahl der Opfer (1945 auf bis zu 700 000 geschätzt, vermutlich um 800 000; v. a. Serben, Juden, Zigeuner, auch Kroaten und Angehörige anderer Volksgruppen) war seitdem v. a. zw. Kroaten und Serben umstritten und wurde, bes. im Sezessionskrieg (1992-95), politisch missbraucht.

Jasione, die Pflanzengattung ↑Sandglöckchen.

Jasło ['jasuɔ], Krst. in der Wwschaft Vorkarpaten, Polen, am N-Rand der Beskiden, 38 900 Ew.; Erdölraffinerie, Glashütte, Holzind.; bei J. Erdöl- und Erdgasgewinnung.

Jasmin [pers.-arab.-span.] *der,* **1)** (Jasminum) Gattung der Ölbaumgewächse, meist in trop. und subtrop. Gebieten; Sträucher mit langröhrigen weißen, rosa oder gelben Blüten, z. T. stark duftend. Mehrere Arten werden als Zierpflanzen kultiviert, z. B. der aus Persien und dem Himalajagebiet stammende **Echte J.** (Jasminium officinale), ein nicht ganz winterharter Strauch mit duftenden weißen Blüten, und der winterharte, gelb blühende **Winterjasmin** (Jasminum nudiflorum) aus N-China, ein ab Januar blühender, bis 3 m hoher Strauch.

2) (Falscher J.), eine Art der Gattung ↑Pfeifenstrauch.

Jasmin|öl, äther. Blütenöl versch. Jasminarten für die Feinparfümerie und Seifenherstellung.

Jasmon *das,* zykl. Ketonverbindung im Jasmin- und Orangenblütenöl, auch synthetisch hergestellt.

Jasmund, Teil der Halbinselkette im NO der Insel ↑Rügen; seit 1990 Nationalpark (30 km²).

Jasnaja Poljana, Ort in Ostpreußen, ↑Trakehnen.

Jason, *grch. Mythos:* ↑Iason.

Jaspégarn [jaspé frz. »marmoriert«] *das, Spinnerei:* aus zwei oder drei verschiedenfarbigen ↑Vorgarnen gesponnenes Garn.

Jasper National Park ['dʒæspə 'næʃnl 'pɑ:k], kanad. Nationalpark, am O-Hang der Rocky Mountains, Prov. Alberta, etwa 11 000 km², Zentrum des Tourismus ist Jasper; Gletscher, heiße Mineralquellen, Wildschutzgebiet; 1907 eingerichtet; zus. mit dem Banff National Park, Kootenay National Park und Yoho National Park UNESCO-Weltnaturerbe.

Jaspers, Karl, Philosoph und Psychiater, * Oldenburg (Oldenburg) 23. 2. 1883, † Basel 26. 2. 1969; wurde 1916 Prof. der Psychologie in Heidelberg, 1922 Prof. für Philosophie ebd., 1933–45 Lehrverbot, 1948–61 Prof. für Philosophie in Basel; erhielt 1958 den Friedenspreis des Dt. Buchhandels. J. schuf eine hermeneutisch-geisteswiss. orientierte Psychopathologie (»Allg. Psychopathologie«, 3 Bde., 1913). Mit seiner »Psychologie der Weltanschauungen« (1919) wandte J. sich gegen den Neukantianismus und entwarf, v. a. von S. Kierkegaard beeinflusst, in »Philosophie« (3 Bde., 1932) seine Philosophie der Existenz (↑Existenzphilosophie). Diese zielt v. a. auf »Existenzerhellung«, die in Grenzsituationen des Lebens wie Schuld, Kampf, Leid und Tod möglich werde. Angesichts dieser Situationen leuchte der Sinn unseres Daseins auf: Gelassenheit, Verantwortung, Liebe und Glück. - Der eth. Anspruch seiner Philosophie hat J. zur polit. Kritik geführt; so wandte er sich nach seinem Einspruch gegen die totalitären Systeme auch gegen die freiheitsgefährdende Atompolitik der Weltmächte (»Die Atombombe und die Zukunft des Menschen«, 1958) und die restaurativen Tendenzen der dt. Nachkriegszeit (»Die Schuldfrage«, 1946; »Wohin treibt die Bundesrepublik?«, 1966).

100563

Karl Jaspers

Weitere Werke: Die geistige Situation der Zeit (1931); Nietzsche (1936); Existenzphilosophie (1938); Von der Wahrheit (1947); Der philosoph. Glaube (1948); Vom Ursprung u. Ziel der Geschichte

(1949); Einführung in die Philosophie (1950); Hoffnung u. Sorge (1965); Antwort (1967); Chiffren der Transzendenz (hg. 1970); Notizen zu Martin Heidegger (hg. 1978).

K. J. Philosoph, Arzt, polit. Denker, hg. v. J. Hersch u. a. München u. a. 1986. – Saner, H.: K. J. mit Selbstzeugnissen u. Bilddokumenten. Reinbek 40.–42. Tsd. 1996. – Kadereit, R.: K. J. u. die Bundesrep. Dtl. Paderborn u. a. 1999.

Jasperware ['dʒæspə-, engl., zu jasper »Jaspis«] *die,* feines, unglasiertes, lichtdurchlässiges Steinzeug, das 1775 von J. Wedgwood entwickelt wurde. Es wurde weiß hergestellt oder durch Metalloxide in der Masse durch und durch gefärbt. Am bekanntesten ist die zartblaue J. mit aufgelegten klassizist. weißen Reliefs.

Jaspis [grch. aus assyr.] *der,* trüber, durch Fremdbeimengungen gefärbter ↑Chalcedon.

Jass, urspr. aus Polen stammendes, heute v. a. in der Schweiz, aber auch in den westl. Teilen Österreichs verbreitetes Kartenspiel für 2–4 Teilnehmer; wird mit 36 Karten in zahlr. Varianten gespielt; jährlich finden Europameisterschaften im Jassen statt.

Jassen (ungar. Jászok), euras. Reitervolk, gemeinsam mit den ↑Kumanen im 13. Jh. in der ungar. Tiefebene angesiedelt. (↑Jazygien)

Jassy, Stadt in Rumänien, ↑Iași.

Jastik [türk. »Polster«] *der* (Yastik), kleiner oriental. Gebrauchsteppich, der meist als Vorleger oder Sitzbelag verwendet wird.

Jastorfkultur (Jastorfgruppe), nach einem Urnenfriedhof in Jastorf (heute zu Bad Bevensen) ben. Kulturgruppe der vorröm. Eisenzeit (etwa 6./5. Jh. v. Chr. bis Christi Geburt), verbreitet von S-Jütland über Mecklenburg, Brandenburg bis nach N-Böhmen. Die J. wird mit den frühen Germanen in Verbindung gebracht. Große Urnengräberfelder.

Jászberény ['ja:sbɛre:nj], Stadt im Bezirk Jász-Nagykun-Szolnok, Ungarn, an der Zagyva, 28 100 Ew.; Maschinenbau, Herstellung von Kühlschränken.

Jat [dʒ-] (Dschat), ar. Stammeskaste in NW-Indien (30 Mio., meist Bauern; Sikh oder Hindu) und Pakistan (6,3 Mio., Kamelhirten, auch Händler; Muslime), sprechen indoar. Sprachen.

Jatagan [türk.] *der,* ostind., später bes. türk. Hiebwaffe mit s-förmig gekrümmter Klinge.

Jataka [dʒ-] *das,* buddhist. Sammlung von Legenden, die von früheren Existenzen des Buddha handeln; Zeugnis altbuddhist. Literatur und älteste Quelle vieler ind. Fabeln.

Játiva ['xatiβa], Stadt in Spanien, ↑Xàtiva.

Jauche, Harn der Tiere, mit Kot, Einstreuteilchen und Spülwasser vermischt; organ. Dünger.

Jauer, Stadt in Polen, ↑Jawor.

Jaufen *der* (italien. Passo del Giovo), Pass in Südtirol, Italien, zw. Sarntaler und Stubaier Alpen, 2 094 m ü. M.; die Straße über den J. verbindet Sterzing (Eisacktal) mit dem Passeiertal.

Jaunde, Hptst. der Rep. Kamerun, ↑Yaoundé.

Jauntal, 1) südöstl. Teil des Klagenfurter Beckens, Kärnten, Österreich; um Klopeiner und Turner See Fremdenverkehr, im **Jaunfeld** Landwirtschaft.

2) (frz. Vallée de la Jogne), Tal in den Greyerzer Alpen, Schweiz, vom **Jaunbach** durchflossen. Die Straße über den **Jaunpass** (1 509 m ü. M.) verbindet das Greyerzer Land mit dem Simmental.

Jaurès [ʒɔ'rɛs], Jean, frz. Sozialist, * Castres (Dép. Tarn) 3. 9. 1859, † (ermordet) Paris 31. 7. 1914; wurde 1883 Prof. der Philosophie in Toulouse, 1885 Abg. der radikalen Linken, gewann als glänzender Redner großes Ansehen (engagierte sich in der ↑Dreyfusaffäre). Als Pazifist trat er für eine dt.-frz. Verständigung ein; gründete 1904 die Zeitung »L'Humanité«. Schrieb u. a. »Sozialist. Studien« (1901).

Java ['dʒɑ:və, engl.; umgangssprachl. Bez. für »Kaffee«], von der amerikan. Firma Sun Microsystems entwickelte objektorientierte Programmiersprache, die vom verwendeten Betriebssystem unabhängig ist. J. wird v. a. zum Programmieren von Anwendungen für das WWW eingesetzt.

Java (Jawa, Djawa), kleinste, aber bedeutendste der Großen Sundainseln, Indonesien, im Malaiischen Archipel, 118 000 km², mit Madura 132 187 km², 114,7 Mio. Ew.; Hptst. ist Jakarta. J. ist polit. und wirtsch. Kernraum Indonesiens. Die Javaner sind Muslime (↑Indonesier).

Die Insel ist überwiegend gebirgig; 17 tätige und zahlr. erloschene Vulkane sowie Vulkangruppen bilden die Längsachse der

Insel. Im O ragen sie als Einzelkegel auf: Merapi, Semeru (mit 3 676 m ü. M. höchste Erhebung), Bromo. Die S-Küste weist die turmartigen Formen des trop. Kegelkarstes auf; die Küstenebene im N ist teilweise versumpft. Das Klima ist tropisch. Im W herrscht immergrüner Regenwald vor; im O überwiegt der Laub abwerfende Monsunwald mit wirtsch. bed. Teakholzbeständen (größtenteils Pflanzungen). Nur noch 23 % der Fläche sind waldbedeckt. Große Städte sind neben Jakarta: Surabaya, Surakarta, Semarang, Bandung und Yogyakarta. Angebaut werden Reis, Kokospalmen, Mais, Maniok, Erdnüsse, Sojabohnen, Zuckerrohr, Tee, Kaffee, Tabak, Chinarinde, Kautschuk, Kakao. Im NO wird Erdöl gefördert, im Zentrum und im O Phosphat abgebaut, im SW Gold gewonnen. Ind. findet sich v. a. in den Hafenstädten; stark ausgeweitet wurde die Textilindustrie. Aus holländ. Zeit besteht noch ein gut ausgebautes Straßen- und Schienennetz.

Die *Kunst* auf J. entwickelte sich im Dienst des Brahmanismus und Buddhismus als Zweig der ind. Kunst, die auch in den sich allmählich herausbildenden Stilen javan. Gepräges fortwirkte. Ihr Hauptwerk ist der Tempel ↑Borobudur (um 800) mit der Überfülle seiner Bildwerke, bes. Reliefs aus der Buddhalegende. Unter dem Islam erlosch die monumentale Kunst. Das Kunsthandwerk, das neue Verfahren im Färben und Mustern von Stoffen hervorbrachte (Batik), ist bis in die Gegenwart lebendig. Hoch entwickelt sind auch das Orchesterspiel (↑Gamelan), der Tanz, das Theater und bes. die Schattenspielkunst (Wayang).

Zur *Geschichte* ↑Indonesien.

📖 *Das Sparschwein unter dem Reisfeld. J. zw. Gestern u. Heute, hg. v. A. Sibeth. Frankfurt am Main 1987. – Rolf, A.: J., Bali. München u. a. 1991.*

Javanerlaffe (Macaca irus), bes. anpassungsfähige Art der Altweltaffen aus der Verwandtschaft der Makaken; gute Schwimmer und Taucher. Vorkommen in den Küstenregionen Hinterindiens und der sich anschließenden Inselwelt.

javanische Sprache, westmalaiopolynes. (indones.) Sprache der austrones. Sprachfamilie, wird in versch. Dialekten in Zentral- und O-Java, einem Teil von W-Java und einigen Regionen von Sumatra, Borneo und Celebes gesprochen. Als Standardsprache des Neujavanischen gilt die von Surakarta und Yogyakarta. Kennzeichnend für die j. S. sind bes. die vier Rangsprachen, deren Anwendung vom sozialen Status, vom Verwandtschaftsgrad und vom Alter der Gesprächspartner abhängt. Altjavanisch (Kawi) war die höf. Lit.sprache in O-Java (9.–15. Jh.). Die **javan. Schrift** wurde von südind. Alphabeten abgeleitet.

Javari *der* (Rio J.), rechter Nebenfluss des Amazonas, etwa 1 600 km lang, bildet den nördl. Teil der Grenze zw. Peru und Brasilien.

Javascript [engl. ˈdʒɑ:və-] (JavaScript), *Informatik:* objektorientierte Programmiersprache, die sich wie Java an C++ anlehnt und ebenfalls betriebssystem- und plattformunabhängig ist; von der Firma »Netscape« entwickelt. Im Ggs. zu Java ist J. eine reine Interpretersprache. Weitere Unterschiede betreffen v. a. Einschränkungen, wie verminderte Zugriffsmöglichkeiten auf die Festplatte des Computers, auch können mit J. keine Grafiken erstellt werden.

Javasee, Teil des Australasiat. Mittelmeeres zw. Java, Sumatra, Borneo und Celebes; Schelfmeer mit bed. Fischerei vor der Küste.

Javorníkgebirge [-nji:k-] (tschech. und slowak. Javorníky), Bergland der Westkarpaten, im Grenzbereich zw. Tschech. und Slowak. Rep., im Javorník 1 071 m ü. M.

Jawa, Insel in Indonesien, ↑Java.

Jawata (Yahata), Teil von ↑Kitakyūshū.

Jawlensky, Alexei von, russ. Maler, *Torschok (Gouv. Twer) 26. 3. 1864, †Wiesbaden 15. 3. 1941; zunächst Offizierslaufbahn in Sankt Petersburg; zog 1896 mit Marianne von Werefkin nach München, wo er den Künstlern des ↑Blauen Reiters (bes. Kandinsky) nahe stand; Bildnisse, Stillleben und Landschaften in intensiver, den Eigenwert der Farbe betonender Leuchtkraft; seit den 1920er-Jahren konstruktivist. Bildaufbau, stark abstrahierende Darstellungen des menschlichen Antlitzes, die J. seit 1934 »Meditationen« nennt. – Abb. S. 258

Jawor (dt. Jauer), Krst. in der Wwschaft Niederschlesien, Polen, an der Jauerschen (Wütenden) Neiße, 25 600 Ew.; Metall-, Holz-, Textil-, chemische, Nahrungsmittelindustrie. – Pfarrkirche (14. Jh.), Kirche

Alexei von Jawlensky: Murnau (1907; Privatsammlung)

des ehemaligen Bernhardinerklosters (1486 bis 1492), Friedenskirche (1654/55; UNESCO-Weltkulturerbe); Reste der Stadtmauer (14. Jh.), am Marktplatz barocke Laubenganghäuser. - Vor 1242 gegr., 1275 urkundlich erwähnt; wurde 1278 Hptst. des Fürstentums Jauer, das 1392 an Böhmen, 1474 an Ungarn, 1526 an die Habsburger und 1742 an Preußen fiel; kam 1945 zu Polen.

Jaworzno [ja'vɔʒnɔ], Stadtkreis in der Wwschaft Schlesien, Polen, 97400 Ew.; Steinkohlenbergbau, chem. und Glasind., Großkraftwerke.

Jay [dʒeɪ], John, amerikan. Politiker, *New York 12. 12. 1745, †Bedford (N. Y.) 17. 5. 1829; Rechtsanwalt, Mitgl. beider Kontinentalkongresse (1778/79 Präs.), 1784 bis 1790 Außen-Minister, 1789–95 erster Oberster Bundesrichter der USA; schloss 1794 den nach ihm benannten Vertrag mit Großbritannien, der u.a. zur definitiven Räumung des Nordwestterritoriums durch die Engländer führte. 1795–1801 Gouv. von New York.

Jayapura [dʒ-] (Djajapura, urspr. indones. Kotabaru, niederländ. bis 1963 Hollandia, bis 1969 Sukarnapura), Hptst. von Irian Jaya, Indonesien, Hafen an der N-Küste von Neuguinea, 150000 Ew.; Univ., kath. Bischofssitz; Fischerei; Flugplatz.

Jazygen (Iazygen), Stammesteil der iran. Sarmaten, der im 5. Jh. v. Chr. am unteren Don siedelte, im 2. Jh. v. Chr. den Dnjepr erreichte und sich 40–45 n. Chr. zw. Donau und Theiß (↑Jazygien) niederließ.

Jazygilen (ungar. Jászság), ehem. Siedlungsgebiet der Jazygen und Jassen mit Hauptort Jászberény, nördlich von Szolnok zw. Donau und Theiß, bis 1867 in Selbstverw. stehend.

Jazz [jats, engl. dʒæz; engl.-amerikan., Herkunft ungeklärt] *der,* Ende des 19. Jh. von den Nachfahren der als Sklaven in die Südstaaten der USA gebrachten Afrikaner entwickelte Musik. Der J. bildete sich in einem Verschmelzungsprozess aus Elementen der afroamerikan. Volksmusik (Blues, Worksong, Spiritual) und der europ.-amerikan. Marsch-, Tanz- und Populärmusik. - Der urspr. volkstümliche J. entwickelte sich in drei sich oft überkreuzenden Grundlinien als Musik zu Unterhaltung und Tanz, als Kunstmusik und als Ausdruck sozialen Protests. - Charakteristisch ist die **Improvisation,** eine Kombination von spontaner Erfindung und Reproduktion erlernter Formeln. Die Musiker haben die Möglichkeit, innerhalb einer vorgegebenen Form, die sie an Tonart, Grundrhythmus und Harmonienablauf bindet, gemeinsam oder solistisch Melodie und Rhythmus frei zu gestalten. Die innere Spannung des J.-Rhythmus entsteht durch die Überlagerung versch. improvisierter

Rhythmen über einem festliegenden Grundrhythmus. Die J.-Melodik ist durch die Verwendung von kleinen Terzen, verminderten Quinten und kleinen Septimen **(Bluenotes)** und vorzugsweise der Durtonarten charakterisiert. J. wird in kleinen Ensembles (Combos) oder in Orchestern (Bands) gespielt. Innerhalb der **J.-Band** werden die Melodiegruppe und die Rhythmusgruppe unterschieden. In der Intonation besitzt der J.-Musiker weitgehende Freiheit. Daher setzten sich im J. solche Instrumente durch, die eine persönl. Phrasierungsweise zulassen: Trompete, Posaune, Klarinette, Vibraphon, Saxophon in der Melodiegruppe; Kontrabass, Klavier, Gitarre, Tuba, Banjo und Schlagzeug in der Rhythmusgruppe.
Der erste ausgeprägte J.-Stil war der **New-Orleans-J.,** in den bereits der gesungene Blues einging. Nach der 1917 verfügten Schließung des Vergnügungsviertels (»Storyville«) in New Orleans wurde Chicago das Zentrum des J., der hier zur vollen Entwicklung kam **(Chicago-Stil).** Die 1920er-Jahre brachten den Höhepunkt des **Vocal Blues,** zugleich entwickelten weiße Musiker den **Dixieland-J.,** in den 1930er-Jahren kam der **Swing** auf. Es folgte in den 1940er-Jahren der **Modern J.** oder **Bebop** mit schnelleren, aggressiveren Improvisationen der J.-Themen und in den 1950er-Jahren der **Cool-J.** Ein Seitenzweig des Modern J. war der sich mit anderen modernen Musikrichtungen verbindende **Progressive J.** Aus dem **Hardbop,** einer stilist. Rückkehr zum Bebop, entstand in den 1960er-Jahren der frei experimentierende **Free J.** In den 1970er-Jahren entwickelte sich der **Electric J.,** der viele Elemente der Rockmusik aufnahm. Ende der 1970er-Jahre setzte, ausgehend von den USA, eine Wiederbelebung des J. der 1950er-Jahre ein, das Bebop-Revival. In den 1980er- und 1990er-Jahren herrscht ein weitgehender stilist. Pluralismus (mit neoklassizist. und klassizist. Tendenzen), verbunden mit einer verstärkten Kommerzialisierung.

🕮 *Jacobs, M.: All that J. Die Gesch. einer Musik. Stuttgart 1996. – Lange, H. H.: J. in Deutschland. Die dt. J.-Chronik bis 1960. Hildesheim ²1996.*

Jazz-Age [dʒæzeɪdʒ; engl. »Jazzzeitalter«] (Jazzage) *das,* in den USA Bez. für die Zeit zw. dem Ende des Ersten Weltkriegs und dem Ende der 1920er-Jahre, die eine Hochblüte des traditionellen Jazz brachte; vielfach als Synonym für Golden Twenties gebraucht; die Bez. wurde u.a. durch die Kurzgeschichten »Tales of the jazz age« (1922) von F. S. K. Fitzgerald populär.

Jazzband [ˈdʒæzbænd] *die,* ↑Jazz.

Jazzdance [ˈdʒæzˈdɑ:ns] *der,* in den USA entstandene Form des zeitgenöss. Kunsttanzes afroamerikan. Ursprungs (Hauptquelle: Tanzstile aus Angola und dem Kongogebiet). Beim J. werden die einzelnen Körperteile isoliert voneinander bewegt; als musikal. Grundlage wird Jazzmusik verwendet. Bereits in den 1920er-Jahren wurde der J. von einigen weißen Tänzern übernommen, Ende der 1940er-Jahre kamen Elemente des Modern Dance und des klass. Balletts hinzu. Seit etwa 1960 verbreitete sich der J. in Europa.

Jazzrock [ˈdʒæzrɔk, engl.], musikal. Strömung der 1970er-Jahre, bei der versucht wurde, Elemente des Modern Jazz in die Rockmusik einzubeziehen. Bekannte Gruppen des J. waren »Chicago« und »Blood, Sweat & Tears«.

Jazz: Im von Afroamerikanern entwickelten Jazz spielen Blasinstrumente eine wesentliche Rolle.

Jean [ʒɑ̃], Großherzog von Luxemburg (1964–2000), *Schloss Berg (bei Mersch) 5. 1. 1921; aus dem Hause Nassau, heiratete 1953 die belg. Prinzessin Josephine Charlotte; dankte am 7. 10. 2000 zugunsten seines Sohnes Henri (*1955) ab.

Jean [ʒã], Raymond, frz. Schriftsteller, * Marseille 21. 11. 1925; Prof. für moderne Lit. in Aix-en-Provence. Sein umfangreiches erzähler. Werk untersucht die psycholog. Triebkräfte individuellen wie kollektiven Verhaltens (»Linie 12«, R., 1973; »Die Vorleserin«, R., 1986; »Mademoiselle Bovary«, Erz., 1991).

Jeanne d'Arc [ʒanˈdark] (heilige Johanna, Jungfrau von Orléans), nannte sich selbst Jeanne la Pucelle, frz. Nationalheldin, * Domrémy-la-Pucelle zw. 1410 und 1412, † Rouen 30. 5. 1431; Bauernmädchen, fühlte sich durch »Stimmen« berufen, das seit Herbst 1428 von den Engländern belagerte Orléans zu befreien und den Dauphin (Karl VII.) in Reims krönen zu lassen. Am 25. 2. 1429 wurde sie von Karl empfangen, überzeugte ihn von ihrer Sendung und begleitete bewaffnet in Männerkleidung das frz. Heer. Die Befreiung von Orléans führte zur entscheidenden Wende im ↑Hundertjährigen Krieg. Nach der Krönung Karls (17. 7. 1429) stieß sie auf wachsenden Widerstand bei Hofe. Am 23. 5. 1430 geriet sie bei Compiègne in die Gefangenschaft der Burgunder, die sie gegen eine hohe Summe den Engländern auslieferten. Der frz. Hof unternahm nichts, um sie zu retten. Sie wurde nach Rouen gebracht, vom geistl. Gericht als Zauberin und Ketzerin verurteilt und verbrannt. Schon die Zeitgenossen verherrlichten sie, ihre Verurteilung wurde 1456 kirchlich aufgehoben. 1909 wurde sie selig, 1920 heilig gesprochen (Tag: 30. 5.) und zur 2. Patronin Frankreichs erklärt.

📖 *Duby, G. u. A.: Die Prozesse der J. d'A. A. d. Frz. Berlin 1985. – Krumeich, G.: J. d'A. in der Geschichte. Sigmaringen 1989. – J. d'A. oder wie Geschichte eine Figur konstruiert, hg. v. H. Röckelein u. a. Freiburg im Breisgau 1996.*

Jean Paul [ʒã -], eigtl. Johann Paul Friedrich Richter, Schriftsteller, * Wunsiedel 21. 3. 1763, † Bayreuth 14. 11. 1825; Pfarrerssohn, studierte Theologie, war dann Hauslehrer. In Weimar (1796; 1798–1800) schloss er Freundschaft mit Herder; 1801 Heirat mit Caroline Mayer (* 1777, † 1860); seit 1804 ständiger Wohnsitz in Bayreuth. Seine dichter. Weltauffassung ist ebenso geprägt von dem durch Rousseau geweckten schwärmer. Gefühl wie von der Erfahrung der zeitgenöss. sozialen Verhältnisse und der Enttäuschung über den Verlauf der Frz. Revolution. Die in der Gestaltungsweise an L. Sterne und H. Fielding anknüpfenden Werke sind bestimmt vom Widerstreit zw. Idealität und Banalität, Ewigkeit und Vergänglichkeit (»Die unsichtbare Loge«, R., 1793, 2 Bde.; »Hesperus«, R., 1795, 3 Bde.). Eine Lösung bringt der Humor, der die Gebrechen der Welt ohne Bitterkeit annimmt (»Blumen- Frucht- und Dornenstücke oder Ehestand, Tod und Hochzeit des Armenadvokaten F. S. Siebenkäs im Reichsmarktflecken Kuhschnappel«, 1796, 3 Bde.; »Titan«, 1800 bis 1803, 4 Bde.; »Flegeljahre. Eine Biographie«, 1804/05, 2 Bde.). Das Gewicht der Darstellung liegt auf den seel. Vorgängen; in den meist fragmentar. Romanen wird der Fortgang der Handlung durchbrochen von Abschweifungen, Reflexionen, Kommentaren; Gegenständliches wird Chiffre für Seelisches. Außerordentlich ist der Reichtum der bildhaften Sprache (»Leben des Quintus Fixlein, aus fünfzehn Zettelkästen gezogen«, erschienen 1795; »J. P.s biograph. Belustigungen unter der Gehirnschale einer Riesin«, erschienen 1796). Theoret. Schriften geben Einblicke in den Vorgang poet. Produktion (»Vorschule der Ästhetik ...«, 1804, 3 Bde.).

📖 *Bruyn, G. de: Das Leben des J. P. Friedrich Richter. Eine Biographie. Tb-Ausg. Frankfurt am Main 6.–7. Tsd. 1993. – Ueding, G.: J. P. München 1993. – J. P.s Persönlichkeit in Berichten seiner Zeitgenossen, hg. v. E. Berend. Weimar 2001.*

Jean Potage [ʒãpɔˈtaːʒ; frz. »Hans Suppe«], frz. Hanswurst-Figur.

Jeans [dʒiːnz; amerikan., von jean »geköperter Baumwollstoff«; wohl von Genua, wichtiger Umschlaghafen für Baumwolle], aus festem Segeltuch (Köper, Serge u. a. aus der frz. Stadt Nîmes, daher »Denim«) gefertigte Arbeitshose mit Kappnähten, Sattel und Taschen, urspr. blau (Bluejeans, Blue Jeans). Um 1850 von dem gebürtigen Deutschen L. Strauss (* 1829, † 1902) in Kalifornien für Goldgräber hergestellt, fanden J. noch vor dem Zweiten Weltkrieg in Nordamerika, seit 1945 in Europa Eingang in die Jugend-, Freizeit- und Tageskleidung beider Geschlechter.

Jeans [dʒiːnz], Sir (seit 1928) James Hopwood, brit. Mathematiker, Physiker und Astronom, * Ormskirk (Cty. Lancashire) 11. 9. 1877, † Dorking (Cty. Surrey) 16. 9.

1946; leistete wichtige Beiträge zur Theorie des schwarzen Strahlers (Strahlungsgesetze), Stellardynamik und Kosmogonie; verfasste naturphilosoph. und populärastronom. Schriften.

Jebel [dʒ-] *der,* ↑Djebel.

Jebel Ali [dʒ-], Ind.stadt und Tiefseehafen im Scheichtum Dubai, ↑Vereinigte Arabische Emirate.

Jebus, vorisraelit. Name von Jerusalem (Ri. 19,10f.; 1. Chron. 11,4f.); **Jebusiter,** Bez. für die kanaanäische Bev. der Stadt.

Jedda [dʒ-], Stadt in Saudi-Arabien, ↑Djidda.

Jedermann, das Spiel vom reichen Mann, an den plötzlich der Tod herantritt. Freunde und Reichtum verlassen ihn, nur der Glaube und die guten Werke begleiten ihn vor Gottes Richterstuhl. Die beiden ältesten dramatisierten Fassungen stammen vom Ende des 15. Jh.: der niederländ. »Elckerlijk« (gedruckt 1495) und das engl. Moralitätenspiel »Everyman« (gedruckt 1509). Seither ist der Stoff oft bearbeitet worden; in Dtl. u.a. von H. Sachs (»Comedi von dem reichen sterbenden Menschen«, 1560); moderne Bearbeitungen von W. von Guérard (»Wir alle«, 1905), H. von Hofmannsthal (»J.«, 1911) und F. Hochwälder (»Donnerstag«, 1959).

Jedwabne, Stadt in der Wwschaft Podlachien, Polen, etwa 20 km nordöstlich von Łomża, rd. 2000 Ew. – J. kam 1939, mit dem Hitler-Stalin-Pakt, unter sowjet. Herrschaft. Während der Besetzung durch dt. Truppen (1941–44) wurden bei einem Pogrom am 10. 7. 1941 mindestens 300 jüd. Bewohner J.s von einheim. Polen ermordet. Art und Umfang der Beteiligung eines vor Ort befindl. SS-Sonderkommandos, das derartige Aktionen in der Region initiierte und organisierte, blieben auch nach staatsanwaltl. Ermittlungen in Polen ungeklärt.

Jeep® [dʒiːp; amerikan., nach den (engl. ausgesprochenen) Anfangsbuchstaben G. P. für General Purpose Vehicle »Mehrzweckfahrzeug«] *der,* Handelsname der **Jeep Corporation,** USA; urspr. für den in den 30er-Jahren entwickelten Vielzweckkraftwagen der US-Armee verwendet.

Jeetzel *die* (Jeetze), linker Nebenfluss der unteren Elbe, in Sa.-Anh. und Ndsachs., 80 km lang, entspringt in der Altmark, durchfließt Salzwedel und Lüchow, mündet in Hitzacker.

Jeffers [ˈdʒefəz], John Robinson, amerikan. Lyriker und Dramatiker, * Pittsburgh (Pa.) 10. 1. 1887, † Carmel (Calif.) 20. 1. 1962; von Nietzsche und Freud beeinflusst, Kritiker moderner Zivilisation; entwickelte in allegor. Verserzählungen ein düsteres Weltbild. Dramen nach Euripides, u.a. »Medea« (1946).

Jefferson [ˈdʒefəsn], Thomas, 3. Präs. der USA (1801–09), * Shadwell (Va.) 13. 4. 1743, † Monticello (Va.) 4. 7. 1826; verfasste die Unabhängigkeitserklärung vom 4. 7. 1776, war 1779–81 Gouv. von Virginia, 1785–89 Gesandter in Paris und 1790–93 Außenmin. unter G. Washington. Als polit. Gegenspieler der von A. ↑Hamilton geführten Föderalisten begründete er die Partei der Demokrat. Republikaner (Vorläufer der Demokrat. Partei). 1797–1801 Vizepräs. unter J. Adams. Während seiner Präsidentschaft Erwerb Louisianas durch Kauf von Frankreich (1803) und Förderung der Ausdehnung der USA nach W (↑Lewis-and-Clark-Expedition 1804–06). Als polit. Ratgeber hatte der umfassend gebildete Aufklärer noch lange Einfluss auf das gesellschaftl. Leben seines Landes; trat auch als Architekt hervor.

Jefferson City [ˈdʒefəsn ˈsɪtɪ], Hptst. des Bundesstaates Missouri, USA, am Missouri; 36100 Ew.; Univ.; Druckereien und Verlage, Bekleidungsindustrie. – 1822 als zukünftige Hptst. gegründet.

Jehol [dʒ-] (Dschehol), **1)** ehem. Prov. Chinas, 1955 auf die Prov. Hebei und Liaoning sowie das autonome Gebiet Innere Mongolei verteilt.

2) früherer Name der Stadt ↑Chengde.

Jehoschua, Abraham Bar, hebr. Schriftsteller, * Haifa 19. 12. 1936; verfasste mythologisch geprägte, an F. Kafka und S. J. Agnon erinnernde Erzählungen (»Angesichts der Wälder«, 1968); seine Romane (»Der Liebhaber«, 1977; »Späte Scheidung«, 1982; »Die fünf Jahreszeiten des Molcho«, 1987; »Die Rückkehr aus Indien«, 1994) und Essays spiegeln in krit. Distanz die komplizierte polit. Realität der israel. Gesellschaft.

Jehova [hebr.], um 1100 im Anschluss an den Bibeltext der Masoreten (↑Masora) aufgekommene Lesart des Gottesnamens ↑Jahwe.

Jeisk [jejsk], Hafenstadt in der Region Krasnodar, Russland, am Asowschen Meer, 94000 Ew.; Kur- und Badeort; Nahrungsmittel- und Leichtind., Druckmaschinenbau.

Jejunum (Leerdarm), ↑Darm.

Jekaterinburg (1924–91 Swerdlowsk), Hptst. des Gebiets Swerdlowsk, Russland, wichtigste Stadt des Mittleren Ural, am Isset, 1,26 Mio. Ew.; zwei Univ., zahlr. Hochschulen, Zweigstelle der Russ. Akademie der Wiss., Museen, Gemäldegalerie, Zoo; wichtigstes Industriezentrum des Ural: Hüttenwerke, Schwermaschinenbau (»Uralmasch«), Rüstungs-, elektrotechn., chem. und pharmazeut. Ind., vielseitige Leichtind.; Verkehrsknotenpunkt (neben Tscheljabinsk Ausgangsstation der Transsibir. Eisenbahn, internat. Flughafen). – 1723 mit dem Bau einer Eisenhütte gegr. und als eine der ersten russ. Fabrikstädte planmäßig angelegt. In der Nacht zum 17. 7. 1918 wurde hier der letzte russ. Zar, Nikolaus II., mit seiner Familie von den Bolschewiki erschossen (Gedächtniskirche seit 2000 im Bau).

Jekaterinodar, bis 1920 Name von ↑Krasnodar.

Jekaterinoslaw, bis 1926 Name von ↑Dnjepropetrowsk.

Jelängerjelieber, Art der Pflanzengattung ↑Geißblatt.

Jelenia Góra [jɛˈlɛnja ˈgura] (dt. Hirschberg, bis 1945 Hirschberg i. Rsgb.), Stadtkreis und Krst. in der Wwschaft Niederschlesien, Polen, am Zusammenfluss von Bober und Zacken im Hirschberger Kessel, 93 000 Ew.; Chemiefaser-, Maschinenbau-, pharmazeut., Bekleidungs-, Papier-, Glas-, opt. Industrie. – Spätgot. Pfarrkirche St. Erasmus und Pankratius (im 14./15. Jh. erbaute Basilika), evang. Gnadenkirche (1709–18), Rathaus (1747–49), Bürgerhäuser (17. und 18. Jh.), im 1976 zugemeindeten Riesengebirgskurort **Cieplice Śląskie Zdrój** (dt. **Bad Warmbrunn;** schwefelhaltige Thermalquelle) Schaffgotsch-Palast (1784–89) und Kirche Johannes der Täufer (1712–14). – Das 1288 gegr. und dt. besiedelte J. G. erhielt 1299 Stadtrecht. Bad Warmbrunn war seit 1381 im Besitz der Reichsgrafen Schaffgotsch.

Jelgava (früher dt. Mitau), Stadt in Lettland, südwestlich von Riga, an der Kurländ. Aa (Lielupe), 63 300 Ew.; Landwirtschaftsakademie; Kleinbus-, Landmaschinenwerk, Maschinenbau, Lebensmittelind.; Flughafen. – Schloss J. (1738–40 und 1763–72), Schloss Valdekas (Ende 19. Jh.), barock-klassizist. Academia Petrina (1773 bis 1775; heute Kunst- und Geschichtsmuseum), evang. Annenkirche (1619–41). – Entstand neben der vom Schwertbrüderorden 1265 erbauten Burg Mitawa und erhielt um 1580 Stadtrecht; 1561–1795 Residenz der Herzöge von Kurland, kam 1795 an Russland; 1918–40 Hptst. der lett. Provinz Kurzeme (Kurland).

100562

Elfriede Jelinek

Jelinek, 1) Elfriede, österr. Schriftstellerin, * Mürzzuschlag 20. 10. 1946; im Zentrum ihrer zahlr., von provokativer, (sexual)tabubrechender Schärfe lebenden Romane und Theaterstücke stehen von den Zwängen eines patriarchal. Herrschaftssystems gezeichnete Figuren, die in experimenteller Form, v. a. mittels satirisch bloßgelegter Sprach- und Sprechschablonen charakterisiert werden; schreibt auch Hörspiele und Drehbücher; erhielt 1998 den Georg-Büchner-Preis und 2004 den Literaturnobelpreis. ✣ **siehe ZEIT Aspekte**

Werke: Romane: Die Liebhaberinnen (1975); Die Ausgesperrten (1980); Die Klavierspielerin (1983); Oh Wildnis, oh Schutz vor ihr (1986); Lust (1989); Die Kinder der Toten (1995); Gier (2000). – Dramen: Burgtheater (1985); Wolken. Heim (1988); Totenauberg (1991); Raststätte oder sie machens alle (1994); Stecken, Stab und Stangl (1996); In den Alpen (2002).

2) Hanns, österr. Komponist, * Wien 5. 12. 1901, † ebd. 27. 1. 1969; arbeitete auf der Basis der Zwölftontechnik; komponierte u. a. »Das Zwölftonwerk« (1947–52, für versch. Instrumente), die Operette »Bubi Caligula« (1947–53) sowie Filmmusiken; schrieb »Anleitung zur Zwölftonkomposition …« (2 Bde., 1952–58).

Jelisawetgrad, bis 1924 Name von ↑Kirowograd.

Jelisawetowskaja Staniza, russ. Dorf bei Rostow am Don; hier befindet sich eine vorgeschichtl. Befestigungsanlage, in der man früher das alte Tanais vermutete; in der nahe gelegenen Nekropole wurde ein skyth. Königsgrab mit reichen Goldfunden ausgegraben.

Jellicoe ['dʒelɪkəʊ], John Rushworth, 1. Earl (seit 1925), Viscount (seit 1918) J. of Scapa, brit. Admiral, * Southampton 5. 12. 1859, † London 20. 11. 1935; im Ersten Weltkrieg 1914–16 Oberbefehlshaber der Großen Flotte (Grand Fleet), die er auch in der Schlacht vor dem Skagerrak (31. 5./1. 6. 1916) führte. 1916/17 Erster Seelord, 1920–24 Generalgouv. von Neuseeland.

Jellinek, 1) Georg, Staatsrechtslehrer, * Leipzig 16. 6. 1851, † Heidelberg 12. 1. 1911, Vater von 2); vereinigte philosoph., histor. und jurist. Denken, maß zugleich den sozialen und polit. Gegebenheiten eine rechtswandelnde Wirkung bei (»normative Kraft des Faktischen«). Von bleibendem Einfluss sind seine Statuslehre (Status, in denen der Bürger dem Staat begegnet), die Dreielementelehre der Staatsqualität (Volk, Gebiet, Staatsgewalt) und die staatl. Selbstbindung durch Einräumung von subjektiven Rechten des Einzelnen gegenüber dem Staat. Schrieb u. a. »Allg. Staatslehre« (1900).

2) Walter, Staatsrechtslehrer, * Wien 12. 7. 1885, † Heidelberg 9. 6. 1955, Sohn von 1); 1935 in den Ruhestand gezwungen, hatte er nach 1945 maßgebenden Einfluss auf die Gestaltung der Verw.gerichtsbarkeit; schrieb u. a. »Der fehlerhafte Staatsakt und seine Wirkungen« (1908), »Verwaltungsrecht« (1928).

Jelling ['jɛleŋ], Gemeinde bei Vejle in Ostjütland, Dänemark, 5 600 Ew. – Bekannt durch die von der UNESCO zum Weltkulturerbe erklärte imposanteste dän. Königsgrablege des 10. Jh. (nahe dem Königshof J.): zwei riesige Grabhügel von 60 bzw. 77 m Durchmesser (samt schiffsförmiger Steinsetzung), dazwischen eine Kirche und zwei Runensteine. In dem nördl. Hügel wurde der noch heidn. König Gorm der Alte († um 940) mit seiner Gemahlin Tyra (Thyra) Danebod bestattet, für die Gorm den kleinen Runenstein setzte. Um 960 bettete ihr Sohn, der bereits christl. König Harald Blåtand (»Blauzahn«), seine Eltern in eine neu errichtete Holzkirche um (an der Stelle der heutigen, 1874 errichteten Steinkirche), stellte für sie den größeren Runenstein auf (mit der ältesten Christusdarstellung N-Europas) und ließ den S-Hügel als reinen Memorialbau ausführen. Die charakterist. Ornamentik der Grabbeigaben (u. a. Silberbecher) wurde namengebend für den wikingerzeitl. **Jellingstil.**

Jelzin, Boris Nikolajewitsch, russ. Politiker, * Butka (Gebiet Swerdlowsk) 1. 2. 1931; Bauingenieur; 1961–90 Mitgl. der KPdSU, 1985–87 Erster Sekr. der Moskauer Stadtparteiorganisation, 1990–91 Vors. des russ. Obersten Sowjets, wurde im Juni 1991 zum Präs. Russlands gewählt. 1991–92 war er auch MinPräs. Als Radikalreformer geriet er zunehmend in Gegensatz zu M. S. Gorbatschow und dessen Politik. Er organisierte im Aug. 1991 den Widerstand gegen den Putsch orthodoxkommunist. Kräfte und entmachtete nach dessen Scheitern die KPdSU. Im Dez. 1991 beteiligte er sich führend an der Gründung der ↑GUS. Im Okt. 1993 ließ er durch die Armee einen Aufstand altkommunist. und nationalist. Kräfte niederschlagen. Die von der Bev. im Dez. 1993 akzeptierte neue Verf. stärkte seine Stellung. J. veranlasste zwei opferreiche Militärinterventionen in dem nach Unabhängigkeit strebenden ↑Tschetschenien (1994 bis 1996, 1999/2000). Die schon 1996 von ihm unterstützte Bildung einer aus Russland und Weißrussland bestehenden »Gemeinschaft Souveräner Republiken« bekräftigte er 1997 und 1999 (Unionsverträge).

100562

Boris Jelzin

1996 erst nach Stichwahlen als Staatspräs. bestätigt, suchte J. in seiner Außenpolitik Russlands Anspruch auf die Rolle einer Weltmacht zur Geltung zu bringen. Er wandte sich gegen die Osterweiterung der

NATO, schloss aber mit ihr 1997 ein Sicherheitsabkommen (Grundlagenakte). Durch schwere Krankheit zunehmend in der Ausübung seines Amtes beeinträchtigt, sah sich J. aufgrund der inneren, v.a. wirtsch. Krise Russlands mit einer starken Opposition (bes. repräsentiert in der Staatsduma) konfrontiert. Am 31. 12. 1999 trat er vorzeitig als Staatspräs. zurück und übergab die Amtsgeschäfte W. W. Putin.

✤ siehe ZEIT Aspekte

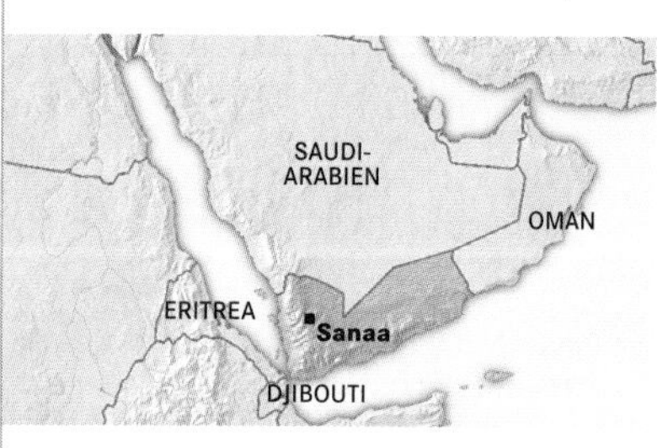

Jemen	
Fläche	527 968 km²
Einwohner	(2003) 20,01 Mio.
Hauptstadt	Sanaa
Verwaltungsgliederung	17 Provinzen
Amtssprache	Arabisch
Nationalfeiertag	22. 5.
Währung	1 Jemen-Rial (Y. Rl) = 100 Fils
Zeitzone	MEZ + 2 Std.

Jemen (Yemen, amtlich arab. Al-Djumhurijja al-Jamanijja; dt. Rep. J.), Staat in Vorderasien, im S der Arab. Halbinsel; grenzt im W an das Rote Meer, im N an Saudi-Arabien, im O an Oman und im S an den Golf von Aden. Zum Staatsgebiet gehören die Koralleninseln Kamaran im Roten Meer, die vulkan. Insel Perim in der Meerenge Bab el-Mandeb sowie die Inselgruppe Sokotra vor dem Osthorn Afrikas.

Staat und Recht: Nach der Verf. vom 28. 9. 1994 (2001 revidiert) ist J. eine islam. Republik mit Präsidialregime. An der Spitze von Staat und Exekutive steht der auf 7 Jahre direkt gewählte (einmalige Wiederwahl möglich) und mit weitgehenden Kompetenzen versehene Staatspräs. Er ist Oberbefehlshaber der Streitkräfte und ernennt den MinPräs. sowie das Kabinett. Die Gesetzgebung liegt beim Parlament, dessen 301 für 6 Jahre gewählte Mitgl. (aktives und passives Wahlrecht auch für Frauen) auf das islam. Recht verpflichtet sind. Wichtigste der über 40 Parteien sind der Allg. Volkskongress, die Jemenit. Vereinigung für Reform (Islah), die Nasserist. Unionistische Volkspartei und die Arab. Sozialist. Baath-Partei.

Landesnatur: J. nimmt den südwestlichen Hochgebirgskern der Arab. Halbinsel ein. Am Roten Meer liegt die schwülheiße Tihama (eines der heißesten und schwülsten Gebiete der Erde), eine 40–70 km breite, halbwüstenhafte Küstenebene. Ihr folgt mit einem regenreicheren Steilanstieg das größtenteils aus vulkan. Trappdecken aufgebaute Hochland von J. (2 000–2 500 m ü. M.), an dessen W-Rand der Nabi Schuaib, mit 3 760 m ü. M. die höchste Erhebung der Arab. Halbinsel, aufragt. Eine intensive Landnutzung und relativ dichte Besiedlung machen es zum Kernraum des Landes. Weiter nach O senkt sich das Hochland allmählich zur vollariden Sandwüste Rub al-Chali. An der ebenfalls schwülheißen Küste des Golfes von Aden breiten sich, soweit sie nicht Steilküste ist, z. T. Lavafelder mit aufgesetzten Vulkankegeln aus: Stadt und Hafen Aden liegen in einem aus Schlacken bestehenden Doppelkrater. Mit einer markanten Bruchstufe erhebt sich aus dieser Küstenebene die Arab. Tafel, die im N vom Djol, einem überwiegend aus tertiärem Kalkstein aufgebauten Hochplateau (bis 2 185 m ü. M.) gebildet wird. Dieses ist von tiefen (über 300 m), steilwandigen Wadis (größtes ist das Wadi Hadramaut) zerschnitten und senkt sich nach N zur Rub al-Chali.

Bevölkerung: Den Hauptteil der Bev. bilden Araber, die in der Küstenebene Tihama wie auch in den Oasen des südl. J. einen stark negriden Einschlag zeigen, der auf die alten Beziehungen zu Ostafrika hinweist. Im Wadi Hadramaut wiederum ist der malaiische Einschlag unverkennbar; Inder und Somal haben sich an der Küste zum Golf von Aden niedergelassen. In der Tihama und am Gebirgsfuß lebt die Landbev. in geschlossenen Dörfern, im westl. Randgebirge wohnen die Bergbauern in mehrstöckigen Wohntürmen. In den städt. Siedlungen sind die bis zu acht Stockwerke hohen, aus Lehmziegeln erbauten Häuser oft ornamental weiß verziert (z. B. in Sanaa und Schibam; UNESCO-Weltkultur-

Jemen: Hadjira im nördlichen Bergland

erbe). Weniger als 10% der Bev. sind Nomaden; hohes Bev.-Wachstum: 3,6%. 25% der Einwohner leben in Städten. Größte Städte sind Sanaa, Aden, Taiz, Hodeida und Makalla. - Der Islam ist Staatsreligion und bildet mit 99,9% das Bekenntnis nahezu der gesamten Bev.; über 61% sind Sunniten (v. a. in der Tihama und im S), rd. 38% Schiiten (Saiditen; v. a. im Hochland). Die verschwindende christl. Minderheit ist auf die v. a. im S lebenden Ausländer, die kleine hinduist. Gemeinde auf die ebenfalls dort niedergelassenen Inder beschränkt. - Es besteht eine neunjährige allgemeine Schulpflicht ab dem 6. Lebensjahr. Die Analphabetenquote beträgt 54%. Univ. gibt es in Sanaa (gegr. 1970) und Aden (gegr. 1975).

Wirtschaft und Verkehr: Die Rep. J. ist, gemessen an ihrem Sozialprodukt, wesentlich geringer entwickelt als ihre arab. Nachbarländer. Ein wesentl. Wirtschaftszweig ist die traditionelle Landwirtschaft, in der ein Großteil der Erwerbstätigen in meist kleinbäuerl., 3-5 ha großen Betrieben tätig ist. In Subsistenzwirtschaft werden v. a. Hirse, daneben Weizen, Gerste, Sesam, Mais, Hülsenfrüchte, Weintrauben, Gemüse, Tabak angebaut; der Nahrungsmittelbedarf kann damit nicht gedeckt werden. Baumwolle wird auf entsalzten Böden der Tihamaebene angebaut; der Kaffeeanbau ging wegen des vermehrten Anbaus von Kathsträuchern zurück (hoher Kathgenuss v. a. der männl. Bev.). Bedeutung hat die Weidewirtschaft der Beduinen (Ziegen, Schafe, Rinder, Kamele und Esel). Im Roten Meer und im Golf von Aden werden Fischfang und Perlenfischerei betrieben. Der Bergbau hat in den letzten Jahren eine führende Rolle übernommen. Durch die Erdölförderung (kontinuierl. Ausbau) werden der Großteil der Exporterlöse und der Staatseinnahmen bestritten. Seit 1984 wird im NO bei Marib, seit 1993 in Masila/Hadramaut und seit

Jemen: Tal von Al Rashid im Wadi Doan im Hadramaut

1997 im S bei Schabwah und Jannah Erdöl gefördert. Bedeutend sind große Erdgasvorkommen. Größte Ind.betriebe sind die Erdölraffinerie in Aden und die Textilfabriken in Sanaa. Es dominiert das traditionelle Handwerk (Schmieden, Gerbereien, Lederverarbeitung). – Das Straßennetz (Gesamtlänge der befestigten Straßen: 9 960 km) konzentriert sich auf die Küstenregionen. Al-Ahmadi bei Hodeida am Roten Meer und Aden im S sind die wichtigsten Überseehäfen des Landes. Internat. Flughäfen haben Sanaa, Taiz, Makalla, Sayun, Hodeida und Aden.

Geschichte: Im Altertum wegen seiner fruchtbaren Täler Arabia felix (»glückl. Arabien«) gen.; die im 5. Jh. v. Chr. entstandenen Reiche von Saba, Main und Kataban vereinigten sich im 3. Jh. n. Chr. unter der Führung von Saba. Im 6. Jh. n. Chr. zw. Äthiopien und Persien umkämpft, kam das Gebiet 632 zum Kalifat, aus dessen Herrschaftsbereich sich J. seit Ende des 9. Jh. zu lösen begann. 901 gründeten die Saiditen (↑Schiiten) das Imamat. 1174–98 stand J. unter aijubid., 1517 und 1538–1635 (Aden, Lahedj) sowie 1849–1918 unter osman. Herrschaft (Sanaa, ab 1517 autonomes Sultanat, nur 1872–90). Danach verstärkt getrennte Entwicklung von N- und S-Jemen.

Nordjemen: 1911 Anerkennung des Imam Jahja (seit 1904; ermordet 1968) als Herrscher durch die Türken, 1918 Umwandlung des Imamats in ein Königreich. Mit dem Vertrag von Taif erkannte Saudi-Arabien im Mai 1934 die Unabhängigkeit an. 1945 Gründungs-Mitgl. der Arab. Liga. 1958 bis 1961 föderatives Mitgl. der Vereinigten Arab. Republik; 1962 Sturz des Imam Ahmed (seit 1948) durch einen Militärputsch und Ausrufung der **Arab. Republik J.** durch A. as-Sallal (* 1917, † 1994; Präs. bis 1967). Der darauf folgende Bürgerkrieg zw. Republikanern (unterstützt von Ägypten) und Anhängern der Monarchie (bis 1967 unterstützt von Saudi-Arabien) um Imam M. al-Badre (* 1920) endete erst 1969/70 mit dem endgültigen Sieg der Republikaner. 1974 kam es zu einem unblutigen Militärputsch, Präs. wurde Oberst I. al-Hamidi (ermordet Sept. 1977), danach H. al-Ghasmi (ermordet Juni 1978); im Juli 1978 übernahm A. Abdullah Saleh (* 1942) dieses Amt.

Südjemen: Aden gehörte 1839–1937 als Protektorat zu Britisch-Indien, 1947 wurde es brit. Kronkolonie; 1959 föderativer Zusammenschluss der Emirate im ehem. brit. Protektorat, 1963 Beitritt als Staat »Aden« zur »Südarab. Föderation«. Dem Umsturz im Sept. 1967 in zahlr. Emiraten folgte die Unabhängigkeitserklärung im Nov. 1967 und der Abzug der brit. Truppen; Umwandlung in einen kommunist. Einheitsstaat (VR Süd-J., seit 1970 **Demokrat. Volksrepublik J.**), seit 1978 unter der Einparteienherrschaft der Jemenit. Sozialist. Partei; Präs. wurde im April 1980 A. Nassir Muhammed (* 1944); Jan. 1986 Bürgerkrieg und Flucht des Präs. nach Nord-J., im Febr. 1986 wurde H. Abu Bakr al-Attas (* 1939) neuer Staatschef.

Das vereinigte Jemen: Nach offenen Feindseligkeiten (1970/71) kam es zu Vereinigungsverhandlungen 1972 (Grundsatzvertrag, erneuert 1979), 1977, 1981 (Koordinierungs- und Kooperationsabkommen) und 1989 (Bildung eines Vereinigten polit. Organisationskomitees), die am 22. 5. 1990 zum Zusammenschluss beider J. führten, wodurch erstmals ein einheitl. Nationalstaat J., die **Islam. Republik J.,** entstand; erster Präs. wurde Saleh. Im Mai 1991 billigte die Bev. eine Übergangsverf. Die polit. Unterstützung des Irak im 2. Golfkrieg sowie der Einstrom somal. Flüchtlinge 1991/92 brachte das Land in große wirtschaftl. (hohe Arbeitslosigkeit und Inflation) und polit. Schwierigkeiten (u. a. blutige Kämpfe im Nov. 1992). Die nach den ersten Parlamentswahlen seit der Vereinigung (27. 4. 1993) gebildete Koalitionsreg. bemühte sich um eine Stabilisierung des Landes. Versch. Konfliktpotenziale zw. Nord- und Süd-J. (die Furcht im Süden vor einer Dominanz des streng konservativ islam. Nordens; Rivalitäten zw. den noch nicht zusammengeführten Armeen des Nordens und Südens) führten vom 27. 4.–5. 5. 1994 zum Aufstand im Süd-J., um die Demokrat. Rep. J. wiederherzustellen; der Aufstand wurde aber von Reg.truppen niedergeschlagen. Im Sept. 1994 beschloss das jemenit. Parlament die Einführung der Scharia als einzige Grundlage der Gesetzgebung und bestätigte im Okt. 1994 Saleh als Präs. (erneut Okt. 1999). Grenzstreitigkeiten mit Eritrea (Hanisch-Inseln) wurden 1998 beigelegt; mit Saudi-Arabien (v. a. um Asir) bestehen sie noch.

🕮 *J. Landschaft – Menschen – Kulturgeschichte, bearb. v. P. Weikenmeier u. a. Stuttgart u. a. 1994. – Ferchl, D.: J. u. Oman. München 1995. – Liberalisierung u.*

Demokratisierung in der Republik J. 1990–1994, bearb. v. I. Glosemeyer. Hamburg 1995.

Jena, kreisfreie Stadt im O von Thür., an der Saale, im breiten Taleinschnitt zw. den Hängen einer Muschelkalkhochfläche, 101 200 Ew.; Sitz des Thüringer Oberlandesgerichts, Friedrich-Schiller-Univ. (gegr. 1548), FH, drei M.-Planck-Inst., Fraunhofer-Inst. für angewandte Optik und Feinmechanik u. a. Forschungsinstitute, Phylet. und Opt. Museum, Goethe-, Schiller-, Romantikergedenkstätte, Ernst-Haeckel-Haus, Sternwarte, Planetarium; Theaterhaus; Technologiekonzern Jenoptik AG mit der Herstellung von feinwerktechnisch-optisch-elektron. Maschinen, Geräten und Apparaturen; Carl Zeiss Jena GmbH, Glaswerk, Arzneimittelherstellung. – Nach Zerstörungen im Zweiten Weltkrieg Wiederaufbau der spätgot. Pfarrkirche Sankt Michael (um 1390 bis 1556) und des spätgot. Rathauses (Veränderungen 17.–19. Jh., Umbauten und teilweise Neugestaltung im 20. Jh.); Reste der Stadtbefestigung; Hauptgebäude der Univ. (1905–08); Ernst-Abbe-Denkmal von H. van de Velde (1909–11); zylindr. Universitätshochhaus (1969–72). – Um 830/50 erstmals erwähnt, um 1230 Stadtrecht; kam 1331 an die Wettiner (1332 Gothaer Stadtrecht), 1485 an die Ernestiner; 1672–90 Residenz von **Sachsen-J.**, 1691 an Sachsen-Eisenach, 1741 an Sachsen-Weimar(-Eisenach). – In der Doppelschlacht von J. und ↑Auerstedt (14. 10. 1806) unterlag die preuß. Armee frz. Truppen unter Napoleon I.

📖 *Kallies, R. F. : J. Ein histor. Führer. Sigmaringendorf 1991. – Evolution des Geistes. J. um 1800, hg. v. F. Strack. Stuttgart 1994. – Scheer, U.: Vision u. Wirklichkeit. Die Opposition in J. in den siebziger u. achtziger Jahren. Berlin 1999.*

Jenaer Glas®, Handelsname für gegenüber Temperaturwechsel und Chemikalien bes. widerstandsfähiges Glas, zuerst von O. Schott in Jena hergestellt.

Jenaer Glaswerk Schott & Gen., ↑Schott Glas.

Jenaer Liederhandschrift, mhd. Liederhandschriften, prachtvoll ausgestattete Sammlung mhd. Lyrik, v. a. Spruchdichtung (von 29 Autoren), aus dem 14. Jahrhundert.

Jenakijewo (ukrain. Jenakijewe, 1937–43 Ordschonikidse), Stadt im Donezbecken, Ukraine, 121 000 Ew.; Steinkohlenbergbau, Eisenhütten-, Chemiewerk.

Jenatsch, Georg (Jürg), Graubündner Freiheitsheld, * im Engadin 1596, † (ermordet) Chur 24. 1. 1639; ref. Pfarrer im Veltlin, kämpfte im Mantuan. Erbfolgekrieg (1628–31) für die Unabhängigkeit Graubündens; um die Rückgabe des Veltlins zu erreichen, trat er 1635 zum Katholizismus über und erzwang durch einen Aufstand 1637 den Abzug der Franzosen unter Henri, Herzog von Rohan.

Jenbach, Marktgemeinde in Tirol, Österreich, am Inn, 6 500 Ew.; Lokomotiv-, Eisenbahnwaggon-, Motorenbau, Textil-, Holz- und Kunststoffindustrie, Achensee-Kraftwerk; Fremdenverkehr. – Auf einer Höhe bei J. Schloss Tratzberg (1500; heute Museum).

Jendouba [ʒen-] (arab. Djunduba, bis 1967 Souk el-Arba), Stadt in NW-Tunesien, am Medjerda, in der Dakhla-Ebene, 23 200 Ew.; Landwirtschafts- und Gewerbezentrum, bedeutender Getreidemarkt (Weizen); Straßenknotenpunkt.

Jengi *der* (Abessinischer Fuchs, Canis simensis), hochbeinige Wildhundeart mit fuchsähnl. Kopf; etwa 1 m lang, mit rotbraunem Fell; Vorkommen in den Gebirgsregionen Äthiopiens. Der J. ist im Bestand bedroht und gesetzlich geschützt.

Jenische, den Roma in der Lebensweise nahe stehende, im Familienverband umherziehende Gruppen, die ihren Lebensunterhalt u. a. als Wanderhandwerker und -händler, Schrottsammler und Schausteller verdienen; deshalb im dt. Sprachraum auch Bez. für Heimatlose und Fahrende, die keine Zigeuner sind. – Sesshaft gewordene J. gehören meist zu den sozialen Randgruppen der Städte. – Die Zahl der J. wird im deutschsprachigen Raum auf 30 000–40 000 Menschen geschätzt, davon etwa 20 000–30 000 in Dtl. Sie gliedern sich in viele lokale Gruppen, die mit einer Vielzahl von Namen belegt werden. Die J. sprechen eine Art Geheimsprache, das **Jenisch,** ein Idiom der Sprache und Mundart des jeweiligen Gebietes, in dem die Gruppe lebt, mit charakterist. Eigenheiten und Bezug zum Rotwelsch.

Jenissei *der,* Strom in Sibirien, Russland, mit Großem J. 4 092 km lang; entsteht aus den Quellflüssen Großer und Kleiner J. in Tuwinien, mündet in die Karasee, Einzugsgebiet 2,58 Mio. km^2; wichtigste Zuflüsse sind Abakan, Angara, Steinige und Untere Tunguska; bis in das Minussinsker Becken schiffbar, bis Igarka für Seeschiffe zugänglich, v.a. ab Krasnojarsk wichtige Verkehrsader (etwa fünf Monate eisfrei). Stauseen mit Wasserkraftwerken bei Krasnojarsk (6000 MW) und Schuschenskoje (6400 MW).

Jenkins ['dʒeŋkɪnz], Roy Harris, Lord (seit 1987) J. of Hillhead, Baron (seit 1987) of Pontypool in the County of Gwent, brit. Politiker, *Abersychan (Wales) 11. 11. 1920, †East Hendred (Oxfordshire) 5. 1. 2003; 1948–77 Unterhausabg. für die Labour Party, 1965–67 und 1974–76 Innenmin., 1967–70 Schatzkanzler, 1977–81 Präs. der EG-Kommission; 1981 Mitbegründer und 1982/83 Vors. der Social Democratic Party (SDP), 1982–87 als deren Abg. im Unterhaus; war nach der Fusion der SDP mit den Liberalen zu den Social and Liberal Democrats (später Liberal Democrats) 1988–97 deren Sprecher im Oberhaus. J. verfasste zahlr. Bücher, u.a. »Gladstone« (1995) und »Churchill« (2001) sowie eine Autobiografie (»A Life at the Centre«, 1991). 1972 erhielt er den Internat. Karlspreis der Stadt Aachen.

Jenner ['dʒenə], Edward, brit. Arzt, *Berkeley (Cty. Gloucestershire) 17. 5. 1749, †ebd. 26. 1. 1823; führte 1796 die erste Pockenschutzimpfung mit Kuhpockenlymphe erfolgreich durch.

Jennersdorf, Bezirkshptst. im Burgenland, Österreich, im Tal der Raab, 4300 Ew.; Handelszentrum, Textil- und Bauindustrie.

Jenney ['dʒenɪ], William Le Baron, amerikan. Architekt, *Fairhaven (Mass.) 25. 9. 1832, †Los Angeles (Calif.) 15. 6. 1907; baute u. a. das Home Insurance Building in Chicago (1883–85), das richtungweisend für die Verwendung von Stahlskeletten beim Bau von Hochhäusern war.

Jenny, Zoë, schweizer. Schriftstellerin, *Basel 16. 3. 1974; errang mit ihrem Debütroman »Das Blütenstaubzimmer« (1997), der die Erfahrungen ihrer Generation mit der der Eltern spiegelt, einen großen Publikumserfolg; weitere Romane: »Der Ruf des Muschelhorns« (2000), »Ein schnelles Leben« (2002).

Jenny-Clark [ʒeni'klark], Jean-François, frz. Jazzmusiker (Kontrabassist), *Toulouse 12. 7. 1944, †Paris 6. 10. 1998; gehörte zu den bedeutendsten Bassisten des europ. Jazz seiner Zeit.

Jens, Walter, Schriftsteller, Kritiker, Literaturwissenschaftler, *Hamburg 8. 3. 1923; seit 1956 Prof. für klass. Philologie, 1963–88 auch für Rhetorik in Tübingen; gehörte zur »Gruppe 47«; veröffentlichte zw. 1947 und 1955 Schriften gegen restaurative Tendenzen in der Bundesrep. Dtl.; griff in seinen belletrist. Werken oft auf antike Stoffe zurück (»Das Testament des Odysseus«, Erz., 1957; »Der Untergang. Nach den Troerinnen des Euripides«, 1982; »Die Friedensfrau. Nach der Lysistrate des Aristophanes«, 1986); seine literar. Essays (»Von dt. Rede«, 1969; »Zur Antike«, 1978; »Republikan. Reden«, 1976; »Einspruch«, 1992; »Macht der Erinnerung. Betrachtungen eines dt. Europäers«, 1997) sind von aufklärer. Duktus getragen; in der Biografie »Frau Thomas Mann« (2003) zeichnete er, zus. mit seiner Frau Inge J., ein lebendiges Bild der Persönlichkeit Katia Manns. J. leistete Bedeutendes als Übersetzer, v. a. aus dem Griechischen (u. a. Texte des N. T.: »Die vier Evangelien«, 1998; »Der Römerbrief«, 2000). 1976–82 war er Präs. des P.E.N.-Zentrums der Bundesrep. Dtl.; 1989–97 Präs. der Berliner Akademie der Künste.

Walter Jens

100545

Jenseits, in der religiösen Vorstellung Bez. für jenen Bereich, der die sichtbare Welt und ihre Erfahrung übersteigt; i. d. R. beschrieben als dem ird. »Diesseits« gegenüberstehender »Bereich« bzw. über ihn hinausweisende (transzendente) Dimension«. (↑Himmel, ↑Hölle)

Jenseitsführer (Unterweltbücher), illustrierte Texte des ägypt. Neuen Reichs (1552–1070 v. Chr.), an den Wänden der Gräber im Tal der Könige erhalten, später auch auf Särgen und Papyri; Thema ist v. a.

a) Carl Friedrich Gauß

Carl Friedrich Gauß (1777–1855): Der Mathematiker, Astronom und Physiker erhielt schon zu Lebzeiten vom König von Hannover eine Gedenkmünze zugesprochen, auf der er als »Fürst der Mathematik« gewürdigt wurde. Viele seiner mathematischen Lehrsätze wurden erst posthum durch Briefe und Tagebücher bekannt. 1818–26 leitete Gauß die Landvermessung des Königreichs Hannover. Sein Porträt zierte 1989 bis zur Euro-Einführung am 1. Januar 2002 den 10-DM-Schein.

Annette von Droste-Hülshoff (1797–1848): Die westfälische Dichterin wurde mit ihrer Novelle »Die Judenbuche« (1842) und Naturgedichten wie den »Heidebildern« (1844) bekannt. Auf der letzten Serie des 20-DM-Scheins ist sie abgebildet.

Clara Schumann (1819–1896): Die geniale Pianistin war die Ehefrau des Komponisten Robert Schumann (1810–1856), dessen Nachlass sie später herausgab. Clara Schumann war bis Ende 2001 auf dem 100-DM-Schein zu sehen.

Am 20. Dezember wurden geboren:

Alan Parsons (*1948), brit. Rockmusiker; **Jean-Claude Trichet** (*1942), frz. Bankmanager un Finanzpolitiker, Präsident der Europäischen Zentralbank ab 2003; **Otto Graf Lambsdorff** (*192(dt. FDP-Politiker; **Friederike Mayröcker** (*1924), österreich. Schriftstellerin; **Charlotte Bühl** (1893–1974), dt. Psychologin; **Pieter de Hooch** (1629–1684), niederländ. Maler

Schnee, Schneeregen
um 0 °C

Wer war auf dem alten 10-DM-Schein der Bundesrepublik Deutschland abgebildet?

a) Carl Friedrich Gauß

b) Annette von Droste-Hülshoff

c) Clara Schumann

08:23 ☉ 16:15 | 03:05 ☾ 12:56

Schütze ♐ Eiko, Edzard, Ekkehard, Holger, Regine

20 Dienstag
Dezember 2011

Wo	48	49	50	51	52
Mo		5	12	19	26
Di		6	13	20	27
Mi		7	14	21	28
Do	1	8	15	22	29
Fr	2	9	16	23	30
Sa	3	10	17	24	31
So	4	11	18	25	

die nächtl. Fahrt der Sonne von W nach O durch die Unterwelt mit dem verstorbenen König.

Jensen, 1) Adolf Ellegard, Völkerkundler, *Kiel 1. 1. 1899, †Frankfurt am Main 20. 5. 1965; seit 1945 Direktor des Völkerkundemuseums in Frankfurt am Main; Forschungsreisen v. a. nach Indonesien und Äthiopien. – »Mythos und Kult bei Naturvölkern« (1951) u. a.

2) Hans Daniel, Kernphysiker, *Hamburg 25. 6. 1907, †Heidelberg 11. 2. 1973; Prof. in Hannover, Hamburg, Heidelberg, entwickelte mit O. Haxel das Schalenmodell der Atomkerne; erhielt 1963 zus. mit M. Goeppert-Mayer und E. P. Wigner den Nobelpreis für Physik.

3) Johannes Vilhelm, dän. Schriftsteller, *Farsø (Nordjütland) 20. 1. 1873, †Kopenhagen 25. 11. 1950; an Volkstum und Heimat gebundener Stil, der für die moderne dän. Literatur großen Einfluss gewann. Darwinist. Auffassungen kennzeichnen die 6-teilige Romanfolge »Die lange Reise« (1908–22); auch Novellen und Gedichte; 1944 Nobelpreis für Literatur.

Jensen-Klint [-'klend], Peder Vilhelm, dän. Architekt, *Holsteinborg (bei Skælskør, Seeland) 21. 6. 1853, †Kopenhagen 1. 12. 1930. Sein Meisterwerk ist die Grundtvigkirche in Kopenhagen (1919 ff., 1940 vollendet durch seinen Sohn Kaare, *1888, †1954) in einem gotisierenden expressionist. Stil.

Jentzsch, Bernd, Schriftsteller, *Plauen 27. 1. 1940; war in Berlin (Ost) Herausgeber des wichtigen Lyrik-Almanachs »Poesiealbum«; verließ 1976 die DDR; 1992–99 (Gründungs-)Direktor des »Dt. Literaturinstituts Leipzig«, der Nachfolgeeinrichtung des »Inst. für Literatur J. R. Becher«. J. schreibt assoziationsreiche Gedichte (»Alphabet des Morgens«, 1961), des weiteren poetisch-märchenhafte Erzählungen (»Jungfer im Grünen«, 1973) und Essays (»Schreiben als strafbare Handlung«, 1985; »Flöze. Schriften und Archive 1954–1992«, 1993).

Jephtha [-f-], einer der großen Richter Israels, ↑Jiftach.

Jepsen, Maria, evang. Theologin, *Bad Segeberg 19. 1. 1945; seit 1986 in der Kirchenleitung der Nordelb. Evang.-Luth. Kirche, seit 1992 Bischöfin des Sprengels Hamburg (erste luth. Bischöfin der Welt).

Jequitinhonha [ʒekiti'ɲoɲa] *der,* Fluss in den brasilian. Bundesstaaten Minas Gerais und Bahia, rd. 1 100 km lang, entspringt in der Serra do Espinhaço, mündet bei Belmonte in den Atlantik.

Jérada [ʒera'da], Bergbaustadt in NO-Marokko, 65 km südlich von Oujda, 1 080 m ü. M., am El-Aouinat-Plateau, 59 300 Ew.; Zentrum des Anthrazit-Bergbaugebiets von **Hassiblal.**

Jeremia (Vulgata: Jeremias), einer der großen Propheten des A. T.; *um 650 v. Chr. in Anatot (bei Jerusalem); entstammte einer Priesterfamilie; wurde 627 zum Propheten berufen und wirkte etwa 40 Jahre lang als solcher; stand mit seiner Botschaft im scharfen Gegensatz zur Politik der Könige und der Meinung des Volkes; wurde angefeindet, verfolgt und während der Belagerung Jerusalems 587 als Hochverräter gefangen genommen und nach Ägypten verschleppt, wo er starb. Seine Botschaft ist im Wesentlichen Unheilsankündigung; er prophezeite den Untergang des S-Reiches Juda als gerechte Strafe Gottes für das untreue Gottesvolk und rief es zur Umkehr. – Das Buch **J.** (Abk. **Jer.**) ist eine Sammlung unterschiedl., nicht ausschließlich von J. bzw. seinem Schüler und Sekretär Baruch verfasster Texte. Die fünf **Klagelieder Jeremias** stammen nicht von J.; sie entstanden nach 587, werden aber in der jüd. Tradition J. zugeschrieben.

Jeremiade [nach dem bibl. Propheten ↑Jeremia] *die,* Klagelied, Jammerrede.

Jerewan (armen. Erewan, bis 1936 russ. Eriwan), Hptst. der Rep. Armenien, am N-Rand der vom Ararat überragten Araksebene, 850–1 300 m ü. M., am Rasdan (Zufluss des Araks), 1,283 Mio. Ew.; Armen. Akademie der Wiss., Univ. und zahlreiche andere Hochschulen, Staatsbibliothek, Handschriftensammlung »Matenadaran«, mehrere Museen und Theater, Gemäldegalerie, Philharmonie; Planetarium, zoolog. Garten; Maschinen- und Kfz-Bau, elektrotechn., chem., pharmazeut., Textil-, Schuh-, Nahrungsmittel-, keram. Ind., Wein- und Sektkellereien, Weinbrandherstellung. Bei J. Kernkraftwerk Metsamor. – In den Ruinen der Burgen Arinberd und Kamir-Blur wurden bei Ausgrabungen bed. Funde gemacht. Von den Sakralbauten sind u. a. die Kreuzkuppelkirchen Katogike (13. Jh.) und Zorawar (17. Jh.) sowie die Moschee von 1776 erhalten. Das Stadt-

Jerewan: Blick auf die Oper (1926–39)

bild wurde stark verändert durch den Städtebauplan von 1924. – 782 v. Chr. entstand hier die urartäische Festung Erebuni; zu Beginn des 7. Jh. n. Chr. schriftl. Ersterwähnung von J.; 1554 von den Türken erobert, 1604 von den Persern zerstört; 1735–1827 Hptst. des pers. Khanats J., 1827 von Russland besetzt und 1828 offiziell von Persien abgetreten; wurde 1850 Gouv.zentrum, seit 1920 Landeshauptstadt.

Jerez ['çe:rɛs, x-], ↑Sherry.

Jerez de la Frontera [xɛ'rɛð ðe -], Stadt in Andalusien, Spanien, am W-Rand der Bet. Kordillere, über der fruchtbaren Vega des Guadalete, 182 300 Ew.; J. liegt inmitten von Weinbergen und ist bekannt durch seine Jerezweine (Sherry), Weinbrände und Liköre sowie durch seine Reitpferdezucht; Verkehrsknotenpunkt, Flugplatz; Fremdenverkehr. – Bed. Kirchen in der maur. geprägten Altstadt, zahlr. Adelspaläste. – 711 Sieg der Araber unter Tarik über die Westgoten.

Jerezwein, der ↑Sherry.

Jericho (arab. Eriha, Ariha), Oasenstadt im Westjordanland, 250 m u. M. im Jordangraben (tiefstgelegene Stadt der Erde), rd. 7 000 Ew.; Flüchtlingslager; Bewässerungsfeldbau. – Das heutige J. geht mindestens auf die Kreuzfahrerzeit zurück. Die ältesten Überreste finden sich nahe der Quelle En es-Sultan, der Elisaquelle (2. Kön. 2,19–22), auf dem Tell es-Sultan, dessen Siedlungsgesch. bis ins 9. Jt. zurückreicht. Ausgrabungen (seit 1907) brachten eine der ältesten Stadtkulturen, das vorkeram. J., mit einer starken Festungsanlage (6 m hohe Mauer) zutage; datiert wird sie um 7000 v. Chr. Bis ca. 1580 v. Chr. dauernd besiedelt, war die Stadt zur Zeit der Einwanderung der israelit. Stämme (seit etwa 1250 v. Chr.) bereits zerstört. Der Bericht über die Eroberung und Zerstörung J.s in Jos. 6 ist legendär. Eine feste Siedlung bestand erst wieder zw. 1100 und 600 v. Chr. (1. Kön. 16, 34). Auf dem Hügel Tulul Abu l-Alajik sind Teile einer durch Titus zerstörten Palastanlage Herodes' d. Gr. (Winterpalast mit Hippodrom und Schwimmbecken) erhalten. – Zur neueren Entwicklung ↑Nahostkonflikt.

Bieberstein, K.: Josua – Jordan – J. Archäologie, Gesch. u. Theologie der Landnahmeerzählungen Josua 1–6. Fribourg 1995.

Jerichorose (Rose von Jericho), Bez. für einjährige Pflanzen des östl. Mittelmeergebiets, die beim Vertrocknen ihre kurzen Äste kugelig einbiegen und vom Wind entwurzelt und davongerollt werden; in Wasser oder feuchter Luft breiten sie sich wieder aus; z. B. **Anastatica hierochuntica,** ein 10–20 cm hoher Kreuzblütler.

Jerichow [-ço], Stadt im Landkreis Jerichower Land, Sa.-Anh., an einem Altarm der Elbe, 2 100 Ew. – Die Kirche des ehem. Prämonstratenserstifts (zum großen Teil 2. Hälfte des 12. Jh.) ist einer der bedeutendsten roman. Backsteinbauten in Dtl.; Klausurgebäude (12./13. Jh.; heute z. T. Museum) und Kreuzgang (13. Jh.) weitgehend erhalten.

Jerichower Land [-ço-], Landkreis im

RegBez. Magdeburg, Sa.-Anh., 1337 km², 100 000 Ew.; Krst. ist Burg.

Jermak Timofejewitsch, Kosakenführer, †(ertrunken im Irtysch) 16. 8. 1585 (oder 1584); stand im Dienste der ↑Stroganows und leitete durch seinen Sieg über den Tatarenkhan des westsibir. Reiches (1582 Einnahme der Hptst. Isker) die russ. Eroberung Sibiriens ein.

Jerne, Nils Kaj, dän. Immunologe, *London 23. 12. 1911, †Castillon-du-Gard (Dep. Gard) 7. 10. 1994; erhielt 1984 für seine Arbeiten über Aufbau und Steuerung des Immunsystems und für die Entdeckung des Prinzips der Produktion von monoklonalen Antikörpern (mit C. Milstein und G. Köhler) den Nobelpreis für Physiologie oder Medizin.

Jerobeam (Vulgata: Jeroboam), Könige von Israel: **1) J. I.** (926–907 v. Chr.); erster König des N-Reichs Israel; unter Salomo hoher Beamter, dann dessen Widersacher, nach seinem Tod Urheber der Reichsspaltung; gründete (gegen Jerusalem) eigene Reichsheiligtümer in Dan und Bethel (1. Kön. 12 f.).

2) J. II. (787–747 v. Chr.). Unter seiner Reg. erreichte Israel den Gipfel seiner polit. und wirtsch. Macht; in seiner Reg.zeit wirkten die Propheten ↑Amos und ↑Hosea.

Jerofejew, Wiktor, russ. Schriftsteller und Literaturkritiker, *Moskau 19. 9. 1947; als Mithg. des Almanachs »Metropol« (1979) Ausschluss aus dem Schriftstellerverband und Publikationsverbot; bekannt wurde sein Roman »Die Moskauer Schönheit« (1990), ferner die Erzählung »Leben mit einem Idioten« (1991; Oper zus. mit A. Schnittke, 1992).

Weitere Werke: Romane: Das jüngste Gericht (1996); FLUSS (zus. mit Gabriele Riedle, 1998).

Jérôme Bonaparte [ʒeˈroːm -], König von Westfalen (1807–13), *Ajaccio 15. 11. 1784, †Schloss Villegenis (bei Paris) 24. 6. 1860; jüngster Bruder Napoleons I., zunächst Marineoffizier; in 2. Ehe mit der württemberg. Prinzessin Katharina verheiratet. Als König von Westfalen residierte er in Wilhelmshöhe bei Kassel (»König Lustig«). Nach dem Sturz Napoleons lebte er als Fürst von Montfort in Österreich, Italien und der Schweiz.

Jersey [ˈdʒəːzɪ], südlichste und größte der zu Großbritannien gehörenden ↑Kanalinseln, 116 km², 89 700 Ew., Hptst.: Saint Hélier; Amtssprache ist Englisch. Fremdenverkehr; daneben Milchviehzucht, Anbau von Frühkartoffeln, Tomaten, in Gewächshäusern Blumen- und Gemüsezucht; nach 1960 Entwicklung zu einem internat. Finanzzentrum.

Jersey [ˈdʒœː(r)zɪ; nach der engl. Kanalinsel], **1)** *das, Bekleidung:* das ↑Trikot.

2) *der, Textiltechnik:* urspr. Strickware von einer Rundwirkmaschine, jetzt allg. Bez. für Gewebe mit maschenwarenähnl. Aussehen.

Jersey City [ˈdʒəːzɪ ˈsɪtɪ], zur Metropolitan Area von New York gehörende Stadt in New Jersey, USA, am Hudson River gegenüber Manhattan, 228 500 Ew.; Colleges; Teil des Hafens von New York, umfangreiche Industrie.

100746

Jerichow: Innenraum der Kirche des ehemaligen Prämonstratenserstifts (im Wesentlichen 2. Hälfte 12. Jh.)

Jerusalem (hebr. Jeruschalajim, arab. El-Kuds), seit 1950 Hauptstadt des Staates Israel, im Bergland von Judäa, 700–850 m ü. M., 717 000 Ew. (einschließlich Ost-J.); Reg.-, Kultur- und religiöses Zentrum des Landes. J. ist Sitz der israel. Akademie der Wiss. und der Hebr. Univ. J., hat Kunst- und Musikhochschule, Bibliotheken, Archive und Museen.

Als geistl. Zentrum und Sitz wichtiger religiöser Institutionen hat J. für die Juden, Muslime und Christen in Israel und im Westjordanland große Bedeutung. Es ist Sitz der beiden jüd. Oberrabbiner, dreier christl. Patriarchen und mehrerer Bischöfe, eines luth. Propstes und des Imams

Jerusalem: Blick vom Ölberg auf die Stadt

2400

der ↑Al-Aksa-Moschee (des in seiner Bedeutung drittwichtigsten islam. Heiligtums), der zugleich die Funktion des geistl. Oberhaupts der Muslime Jerusalems und des Westjordanlands wahrnimmt. Darüber hinaus hat J. weltweit einmalige Bedeutung als **Heilige Stadt** der Juden, Christen und Muslime und ist einer der bedeutendsten Wallfahrtsorte der Erde.

Stadtbild: Die Altstadt, von der UNESCO zum Weltkulturerbe erklärt, hat größtenteils mittelalterlich-oriental. Charakter; sie ist von einer gewaltigen Mauer mit 34 Türmen und acht Toren umgeben (16. Jh.). Die Stadt ist seit dem MA. in vier Quartiere aufgeteilt: das Viertel der Muslime im O, das der Christen im NW, das Armenierviertel im SW und das Judenviertel im Süden. Der Haupteingang zur Altstadt führt im N durch das Damaskustor. Im NO, am St. Stephanstor, in dessen Nähe die St.-Anna-Kirche (12. Jh.) liegt, beginnt die Marientorgasse, fortgesetzt von der Via Dolorosa; dieser über mehrere Stationen führende Kreuzweg endet im Christenviertel an der Grabeskirche (↑Heiliges Grab); in ihrer Nähe die 1898 geweihte evang. Erlöserkirche. Im armen. Viertel liegen die Zitadelle und die St.-Jakobs-Kirche (urspr. 11. Jh.). Fast der gesamte Ostteil der Altstadt wird vom Tempelberg eingenommen, der unter islam. Verwaltung steht; hier befinden sich zwei bedeutende islam. hl. Stätten: ↑Felsendom und Al-Aksa-Moschee. Unter den zahlr. christl. Stätten sind die ↑Grabeskirche und die »Via Dolorosa« die bedeutendsten. Die Juden verehren in J. ihre wichtigste heilige Stätte: die über 400 m lange ↑Klagemauer. In der Altstadt leben heute nur etwa 3% der Bev. von Jerusalem. Außerhalb der Altstadt liegen im O, durch das Kidrontal getrennt, der Ölberg und der Garten Gethsemane, im S der Berg Zion und der Berg Ophel. Die Neustadt legt sich im N, W und S als breiter Bogen um die Altstadt: Im N schließen sich die modernen arab. Geschäfts- und Wohnviertel an, während sich die jüd. Wohnviertel hauptsächlich nach W und NW erstrecken. Im W befinden sich das weiträumige Reg.viertel mit Parlament (Knesset), Ministerien, einem Teil der Univ., dem Komplex des Israel-Museums mit Skulpturengarten Billy Rose sowie das Kreuzkloster (grch. Gründung des 6. Jh.). Weiter im W der Hügel des Gedenkens (Har Hazikaron) mit der Gedenkstätte »Yad Vashem«, das Erinnerungsmal für die Ermordeten des Holocaust. Bei En Kerem die Synagoge des Medizin. Zentrums Hadassah mit zwölf Glasfenstern von M. Chagall (1959–61).

Geschichte: J., schon im 19. Jh. v. Chr. erwähnt, war als **Jebus** die Hptst. der Jebusiter, wurde um 1000 von David erobert und zu seinem Königssitz gemacht und von Salomo prächtig ausgeschmückt. 587 v. Chr.

zerstörte Nebukadnezar II. die Stadt (nach der ↑Babylonischen Gefangenschaft wieder aufgebaut). 63 v. Chr. begann die röm. Oberherrschaft. Herodes d. Gr. entfaltete eine rege Bautätigkeit. 70 n. Chr. wurde J. von Titus völlig zerstört, 130 von Hadrian wiederhergestellt (Aelia Capitolina). Seit der Zeit Konstantins d. Gr. wurde J. eine christl. Stadt und blieb es, mit kurzer Unterbrechung, 300 Jahre. 637 wurde es von den Arabern, 1099 von den Kreuzfahrern erobert, seit 1100 Hptst. des Königreichs J. (Kreuzfahrerstadt), 1187 Eroberung durch den ägypt. Sultan Saladin, 1229 von Kaiser Friedrich II. kurzzeitig zurückerobert, ab 1244 islamisch, zunächst im Mameluckenreich, 1517–1917 osman. Provinzhptst.; 1920–48 Sitz der brit. Mandatsreg. für Palästina. Im 1. Israelisch-Arab. Krieg (1948 bis 1949; ↑Nahostkonflikt) fiel der O-Teil der Stadt (bes. die Altstadt) an Jordanien, der W-Teil an Israel. Nach der Eroberung des jordan. Teils durch Israel im 3. Israelisch-Arab. Krieg und der Bildung einer Gesamt-Jerusalemer Stadtreg. (1967) erklärte Israel, bes. gegen arab. Widerstand, 1980 Gesamt-J. zu seiner Hauptstadt. Der Status von J. (Anspruch beider Seiten auf J. als Hauptstadt) gilt als eine der (bisher ungelösten) Kernfragen des Nahostkonflikts; erfolglose Verhandlungen in Camp David (2000).

📖 *Otto, E.: J., die Gesch. der Hl. Stadt. Stuttgart u. a. 1980. – Nayhauss, H.-C. Graf von: Hl. Stätten: Pilgerziel J. Pforzheim 1988. – Durst, S.: J. als ökumen. Problem im 20. Jh. Pfaffenweiler 1993. – Die Architektur J.s. 3 000 Jahre Hl. Stadt, bearb. v. D. Kroyanker. A. d. Amerikan. Stuttgart u. a. 1994. – Kollek, T.: J. u. ich. Memoiren. A. d. Hebr. Frankfurt am Main 1995. – Armstrong, K.: J. – die hl. Stadt. A. d. Engl. München 1996. – Niemann. I.: J. im Spannungsfeld des israelisch-arab. Konflikts. Neuried 1996. – Lobrichon, G.: Die Eroberung J.s im Jahre 1099. A. d. Frz. Sigmaringen 1998.Faszination J., hg. v. H. Kaiser u. B. Wellmann, in: Welt u. Umwelt der Bibel, Jg. 5, Stuttgart 2000. – Wasserstein, B.: J. Der Kampf um die hl. Stadt. A. d. Engl. München 2002.*

Jerusalem – Plan der Altstadt

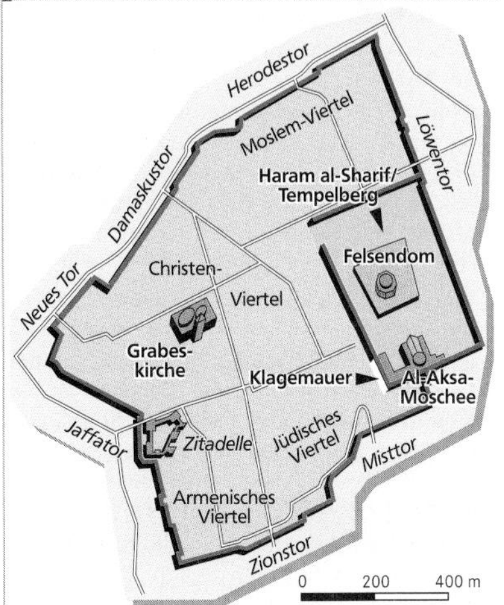

Jerusalem, Siegfried, Sänger (Tenor), *Oberhausen 17. 4. 1940; wurde 1978 Mitgl. der Dt. Oper Berlin; wirkte mit bei Festspielen (Bayreuth) und gastiert an den bedeutenden europ. Opernhäusern sowie an der Metropolitan Opera in New York (v. a. Opernpartien von R. Wagner).

Jerusalempreis, internat. Literaturpreis, 1963 von der Stadtverw. Jerusalem gestiftet und alle zwei Jahre während der internat. israel. Buchmesse an Schriftsteller für Verdienste um die Freiheit des Individuums in der Gesellschaft verliehen. Preisträger seit 1991: Z. Herbert (1991), S. Heym (1993), M. Vargas Llosa (1995), J. Semprún (1997), D. DeLillo (1999), Susan Sontag (2001), A. Miller (2003).

Jervis Bay [ˈdʒəːvis beɪ], Bucht an der O-Küste Australiens, Enklave in New South Wales, 73 km², 800 Ew.; Naturhafen, Marinebasis. – Das direkt der Bundesreg. unterstehende Territorium war bis 1988 dem Australian Capital Territory angegliedert.

Jesaja (Vulgata: Isaias), einer der großen Propheten des A. T.; *wohl in Jerusalem um 770 v. Chr., soll nach dem babylon. Talmud unter König Menasse von Juda (696–642) den Märtyrertod erlitten haben; wirkte zw. 736 und 701 – einer Zeit wachsender äußerer Bedrohung Judas und Israels – als Prophet in Jerusalem; klagte gesellschaftl. Missstände an, rief König Ahas zum Glauben und kündigte den Untergang des N-Reiches Israel an. Eines der zentralen Themen der Botschaft des J. ist das Bekenntnis zur »Zionstradition« (↑Zion). – Das Buch **J.** (Abk. **Jes.**) gliedert sich in mehrere Teile: Kap. 1–39 gehen überwie-

Jesaja: Marc Chagall, »Der Prophet Jesaja« (1968; Privatbesitz)

4601

gend auf J. selbst zurück, (bes. eindrucksvoll sind die Berufungsvision [Kap. 6], die Zionsvision [Kap. 2] und die Verheißung des ↑Immanuel [7, 14]). Kap. 40–55 **(Deutero-J.)** entstanden um 550 v. Chr. im babylon. Exil, Kap. 56–66 **(Trito-J.)** als Sammlung prophet. Einzelstücke nach dem Exil.

📖 *Berges, U.: Das Buch J. Komposition u. Endgestalt. Freiburg im Breisgau u. a. 1998.*

Jeschiwa [hebr. »Sitz«] *die, Judentum:* höhere Talmudschule (»Talmudakademie«) zur Gelehrten- und Rabbinerausbildung.

Jeschken *der* (tschech. Ještěd), Bergrücken in N-Böhmen, Tschech. Rep., am SW-Rand des Lausitzer Gebirges, bis 1 012 m ü. M., Seilschwebebahn von Liberec (Reichenberg).

Jeschow, Nikolai Iwanowitsch, sowjet. Politiker * 1895, † (hingerichtet) 1940; seit 1917 Bolschewik, ab 1934 Mitgl. des ZK der KPdSU, gewann das Vertrauen Stalins und leitete als Chef des NKWD (1936–38) die Große Säuberung (↑Tschistka). 1938 wurde er seines Amtes enthoben.

Jesd, Stadt in Iran, ↑Yazd.

Jesi (Iesi), Stadt in den Marken, Prov. Ancona, Italien, 39 200 Ew.; Bischofssitz; Lebensmittel- u. a. Industrie. – Die Altstadt ist von einer mittelalterl. Mauer umgeben; got. Kirche San Marco (13. Jh.), Renaissancerathaus (1486–98), Dom (18. Jh.). – J., das röm. Aesis, fiel 756 an den Papst.

Jesiden (Jezidis, gebräuchl. Schreibweise auch Yezidi), die Angehörigen einer unter den Kurden verbreiteten Religionsgemeinschaft, die Elemente altoriental. Religionen, des Zoroastrismus, der Gnosis, des Islam (Sufismus) und des oriental. Christentums vereint und in ihrer heutigen Gestalt auf den Scheich Adi Ibn Musafir († 1162) zurückgeht. Im Zentrum ihres (vor der Außenwelt geheim gehaltenen und mündlich weitergegebenen) Glaubens steht der Engel Pfau (Malak Tawus) als Symbol für die Macht und die Gnade Gottes. Die meisten der etwa 300 000 J. leben im N-Irak, kleinere Gruppen in NO-Syrien, Armenien, in der SO-Türkei und in der Diaspora. Sie selbst betrachten sich sowohl als Religionsgemeinschaft wie auch als eigenes (Nicht-J. verschlossenes) Volk.

Jesreel|ebene, Ebene in N-Israel, eine tekton. Senke zw. den Bergländern von Galiläa und Samaria; bei künstl. Bewässerung Anbau von Gemüse, Obst und Baumwolle, im Regenfeldbau Anbau von Getreide; Milchvieh- und Geflügelwirtschaft.

Jesse (in der Vulgata Isai), *A. T.:* nach 1. Sam. 16, 10–13 Vater Davids. In der Kunst ist die Wurzel J. eine bildl. Darstellung des Stammbaums Christi (Mt. 1, 5; Lk. 3, 32), der in dem ruhenden J. wurzelt. (↑Wurzel Jesse)

Jesselton ['dʒesltən], Stadt in Malaysia, ↑Kota Kinabalu.

Jessen (Elster), Stadt im Landkreis Wittenberg, Sa.-Anh., an der Schwarzen Elster, 11 800 Ew.; Metall-, Baustoff-, Lebensmittelind.; Obstbau. - Wurde 1217 erstmals urkundlich erwähnt und erhielt vor 1350 Stadtrecht; war 1952–94 Kreisstadt.

Jessenin, Sergei Alexandrowitsch, russ. Lyriker, *Konstantinowo (heute Jessenino, Gouv. Rjasan) 4. 10. 1895, †(Selbstmord) Leningrad 28. 12. 1925; schöpfte in Thematik und farbiger Bildlichkeit aus russischer bäuerl. Tradition und Volksfrömmigkeit. Schloss sich 1918/19 den Imaginisten an; von der Revolution, die er als myst. Ereignis begrüßt hatte, war er bald enttäuscht; späte Gedichte zeigen seine Schwermut und die Neigung zur Provokation. 1922–23 ⚭ mit der Tänzerin Isadora ↑Duncan.

Jeßner, Leopold, Regisseur, *Königsberg (Pr) 3. 3. 1878, †Los Angeles 13. 12. 1945; ab 1919 Intendant, 1928–30 Generalintendant der Staatl. Schauspiele Berlin; ab 1933 in Palästina, dann in den USA; Vertreter des expressionist. Theaters.

Ještěd [ˈjɛʃtjɛt], tschech. für den ↑Jeschken.

Jesuaten, um 1360 in Siena als Laienbruderschaft gegründete, stark asketisch ausgerichtete Ordensgemeinschaft zur Förderung von Werken der Nächstenliebe; waren in Italien und Frankreich verbreitet; 1668 aufgehoben. - Der um 1367 gegründete weibl. Zweig bestand bis 1872.

Jesuiten (Gesellschaft Jesu, lat. Societas Jesu, Abk. SJ), kath. Regularklerikerorden (↑Regulare); hervorgegangen aus einer 1534 von ↑Ignatius von Loyola gegründeten religiösen Gemeinschaft (1540 Bestätigung der ersten Regel durch Papst Paul III.). Hauptziel des Ordens ist die Ausbreitung, Festigung und Verteidigung des kath. Glaubens durch Mission, Predigt, Seelsorge, Unterricht, wiss. Arbeit und geistl. Übungen (Exerzitien). Der Orden ist in einzelne Ordensprovinzen aufgeteilt und zentralistisch organisiert. Seine Leitung liegt bei dem auf Lebenszeit gewählten Generaloberen mit Sitz in Rom, der von der Generalkongregation gewählt und beraten wird. Seine Verf. beruht auf den »Konstitutionen« von 1558, den Beschlüssen der Generalversammlungen, den »Geistl. Übungen« (1548) des Ignatius von Loyola, den Weisungen der Generaloberen und päpstl. Erlassen. Die Mitgliedschaft unterscheidet zw. vier versch. Stufen: Novizen, Scholastiker (noch in der [wiss.] Ausbildung stehende Mitgl.), Koadjutoren (Ausbildungszeit zehn Jahre, unterschieden in geistl. und weltl. Koadjutoren) und Professen (Ausbildungszeit 17 Jahre). Geistl. Koadjutoren und Professen sind zudem Priester. Die Professen bilden den eigentl. Kern des Ordens und legen neben den Gelübden Keuschheit, Armut und (Ordens-)Gehorsam das Gehorsamsgelübde gegenüber dem Papst ab. Die J. leben in offenen Häusern und Kollegien und tragen keine Ordenskleidung.

Im 16./17. Jh. breitete sich der Orden über ganz Europa aus. Er wurde zum wichtigsten Träger der ↑katholischen Reform und der Mission in Asien, Afrika und Amerika. Im 17./18. Jh. führte sein großer Einfluss verstärkt zu Konflikten. Nach Verboten in Portugal (1759), Frankreich (1762) und Spanien (1767) wurde er 1773 aufgehoben. Seine Wiederherstellung erfolgte 1814 durch Papst Pius VII. In Dtl. war der Orden als Folge des ↑Kulturkampfes zw. 1872 und 1917 verboten. Heute (2003) hat der Orden rd. 21 000 Mitgl. in über 120 Ländern (1990 Aufhebung der Verbote des Ordens in Rumänien, Ungarn und der Tschechoslowakei; 1992 Wiedererrichtung der russ. Ordensprovinz).

📖 *Barthel, M.: Die J. Neuausg. Frankfurt am Main 1984. – Fischer, H. J.: Der heilige Kampf. Gesch. u. Gegenwart der J. München ²1988. – O'Malley, J. W.: Die ersten J. A. d. Engl. Würzburg 1995. – Hartmann, P. C.: Die J. München 2001.*

Jesuitenbaukunst, Bez. für die vom Jesuitenorden errichteten Kirchen- und Kollegiengebäude, v. a. die des ausgehenden 16. und des 17. Jh. Der im 19. Jh. geprägte, heute umstrittene Begriff **Jesuitenstil** bezieht sich auf eine einheitl., v. a. die Raumkonzeption betreffende architekton. Lösung nach dem Vorbild der röm. Mutterkirche des Jesuitenordens Il Gesù (begonnen 1568). Vielfach vereint die J. eine nüchterne Fassade mit einem überaus prunkvollen Inneren. Verbreitet war die J. v. a. in S-Dtl., im Rheinland, in Belgien, Böhmen und Polen. Die barocke Raumform der J. fand Eingang in die lateinamerikan. Kunst. - Abb. S. 276

Jesuitendrama, das lat. Drama der Jesuiten, Blütezeit etwa 1550–1650. Zunächst Anlehnung an das Humanistendrama; danach prunkvoll ausgestaltete sog. Bekehrungsstücke als Mittel der Gegenreformation. Hauptvertreter waren J. Pontanus, J. Gretser, J. Bidermann, N. Avancini, A. Fabricius und G. Agricola.

100880
Jesuitenbaukunst: Jesuitenkirche in München

Jesuitenmissionen der Chiquitos und der Guaraní, zum UNESCO-Weltkulturerbe gehörende ehem. ↑Reduktionen der Jesuiten in Bolivien (↑Chiquitos), Argentinien und Brasilien (↑Guaraní).

Jesuitenstaat, im 17. und 18. Jh. Missionsterritorien am Paraná mit jesuitischer Selbstverwaltung (↑Paraguay, Geschichte).

Jesus Christus, zentrale Gestalt des ↑Christentums, Mittelpunkt der Verkündigung im N. T. und in der christl. Predigt, zweite Person der ↑Trinität in der christl. Glaubenslehre, *(wohl) Nazareth um 4 (6?) v. Chr. (Bethlehem ist messian. Interpretation von Mi. 5, 1), †(gekreuzigt) Golgatha (heute zu Jerusalem) um 30 n. Chr. Der Name setzt sich zusammen aus der grch. Form des jüd. Eigennamens Jeschua (hebr. »Jahwe ist Heil«) und dem Beinamen ↑Christus.

Historisch ist J. C. (auch Jesus von Nazareth gen.) nahezu ausschließlich über die zw. 70 und 150 verfassten Evangelien des N. T. (Mt., Mk., Lk., Joh.) zu erschließen, die jedoch nicht vorrangig histor. Lebensbeschreibungen Jesu, sondern Glaubenszeugnisse der »Guten Botschaft« (↑Evangelium) von Leben, Tod und Auferstehung Jesu Christi sind. Die wenigen außerbibl. Quellen (Josephus Flavius [?], Plinius d. J., Sueton, Tacitus) bestätigen die Existenz Jesu als histor. Persönlichkeit; nach Tacitus (»Annalen« 15, 44) wurde er »unter dem Prokurator Pontius Pilatus« (26–36 n. Chr.) hingerichtet. Sein öffentl. Auftreten begann um 28/29 n. Chr. und dauerte etwa zwei Jahre; als Wanderprediger wirkte er v. a. in Galiläa.

Seine *Verkündigung* ist geprägt von einer radikalen und endgültigen Auslegung (exemplarisch in der Ethik der ↑Bergpredigt) des jüd. Gesetzes, das »zu erfüllen er gekommen ist« (Mt. 5, 17), und der Predigt des Reiches Gottes, das »nahe herbeigekommen ist« (Mk. 1, 15). – Die im N. T. bezeugten Wunder Jesu sollen nur seine Botschaft verdeutlichen und seine Bevollmächtigung ausweisen und haben keinen eigenständigen, davon losgelösten mirakulösen Charakter. Sich selbst bezeichnet Jesus in seiner Verkündigung (indirekt in der dritten Person) als »Menschensohn«; als »Messias« wurde er nach neutestamentl. Überlieferung von vielen seiner Zuhörer angesehen. Mit seinem Wirken z. T. verbundene (antiröm.) nationaljüdisch-polit. Messiaserwartungen lehnte er ab, das von ihm verkündete »Reich Gottes« ist »nicht

4601
Jesus Christus: »Das heilige Antlitz Jesu Christi«, russische Ikone (spätes 14. Jh.; Moskau, Tretjakow-Galerie)

FLAIR- & KURHOTEL
am Thermalbad

Kurring 2
6476 Bad Rodach
T 09564 92300 Fax 09546 9230400
euer ID 21216653804

e c h n u n g 7369 31.08.2011
kal 10 19:53:29

1 Bad Brambacher	2.60	2.60	1
1 Sherry dry	3.50	3.50	1
1 Cynar	3.90	3.90	1
1 Kapuziner hell	2.70	2.70	1
1 Sommeracher	3.90	3.90	1

echnungsbetrag Euro 16.60

MWST	NETTO	STEUER	BRUTTO
1 = 19.0 %	13,95	2,65	16,60

s bediente Sie K-5

Vielen Dank für Ihren Besuch.

von dieser Welt« (Joh. 18,36). Vom jüd. Hohen Rat (↑Synedrion) der Gotteslästerung beschuldigt (Mk. 14, 61-64), wurde er der röm. Behörde übergeben und von ihr als »König der Juden« (Mt. 27,37) hingerichtet (aus röm. Sicht die Hinrichtung eines Hochverräters und polit. Unruhestifters).

Die im N.T. bezeugte *Auferstehung* Jesu (Osterereignis) offenbarte für seine Anhänger wie für die Christen überhaupt den Heilswillen Gottes und J. C. als endgültigen Heilsmittler. Sie ist Zentrum und grundlegendes heilsgeschichtl. Faktum des christl. Glaubens. – In den christl. Hauptfesten Weihnachten, Karfreitag und Ostern erfolgt die feierl. Vergegenwärtigung von Geburt, Kreuzestod und Auferstehung Jesu Christi im Glauben.

Heutige *jüd. Theologen* heben die jüd. Herkunft Jesu und den jüd. Hintergrund seines Wirkens hervor und sehen in Jesus einen jüd. Apokalyptiker (von vielen), aber auch einen der Thora fest verbundenen Gesetzeslehrer (Rabbi). Der *Islam* zählt Jesus (arab. **Isa**) zu den Menschen, die Allah als seine Propheten auserwählt hat (Sure 2,87; 3,45 f.). Er ist der letzte von Allah erwählte Prophet vor Mohammed. Der Koran bestreitet allerdings seinen Kreuzestod (Sure 4,157). Mit dem islam. wie dem jüd. Glauben unvereinbar ist die christl. Glaubensaussage über Jesus als Sohn Gottes. Zahlr. *hinduist. Denker* (z.B. Ram Mohan Roy) sehen in Jesus einen großen Lehrer und spirituellen Führer (Guru) in der Geschichte der Menschheit. Innerhalb des *Buddhismus* wird Jesus als ein Mensch, der die Liebe zu seinen Mitmenschen über sein eigenes Leben stellte, als Bodhisattwa verehrt. – Weiteres zur *christl. Glaubenslehre* ↑Christologie, ↑Ephesos, ↑Gottebenbildlichkeit. – Zur *bildenden Kunst* ↑Christusbild.

📖 *Bultmann, R.: Jesus. Tb.-Ausg. Tübingen 1988. – Braun, H.: Jesus – der Mann aus Nazareth u. seine Zeit. Neuausg. Gütersloh 1988. – Berger, K.: Wer war Jesus wirklich? Stuttgart 1995. – Theissen, G.: Der histor. Jesus. Ein Lehrbuch. Göttingen 1996. – Cohn, C.: Der Prozeß u. Tod Jesu aus jüd. Sicht. A. d. Engl. Frankfurt am Main 1997. – Bauschke, M.: Jesus – Stein des Anstoßes. Die Christologie des Korans u. die deutschsprachige Theologie. Köln u. a. 2000.*

Jesus Freaks ['dʒi:zəs fri:ks, engl.], evangelikal-charismat. Gruppe; ↑Jesus People Movement.

Jẹsusgebet (Herzensgebet), ein in den Ostkirchen, v.a. im Mönchtum übl., gesprochenes oder auch stilles Gebet, das in seiner Grundform »Jesus, erbarme dich meiner, des Sünders« lautet; nimmt eine zentrale Stellung innerhalb des ↑Hesychasmus ein.

Jesus People Movement ['dʒi:zəs 'pi:pl 'mu:vmənt], Ende der 1960er-Jahre in den USA auf dem Boden der Hippiekultur und freikirchl. Frömmigkeit entstandene religiöse Bewegung v.a. unter Jugendlichen; kennzeichnend sind fundamentalist. Bibelverständnis, stark emotionale, z.T. ekstat. Jesusfrömmigkeit, spontane Gebetspraxis und moral. Rigorismus. In Dtl., wo die Bewegung in den 1970er-Jahren durch zahlr. Gruppen repräsentiert wurde, knüpfte Anfang der 1990er-Jahre die in Hamburg gegründete evangelikal-charismat. Gruppe der **Jesus Freaks** (seit 1994 offiziell »Jesus-Freaks e.V.«) an das Vorbild der J. P. M. an und erreicht seither mit ihren unkonventionellen gottesdienstl. Formen in größerer Zahl junge Menschen.

Jẹsus Sịrach, A.T.: ↑Sirach.

Jet [dʒet, engl.] *der, Petrologie:* der ↑Gagat.

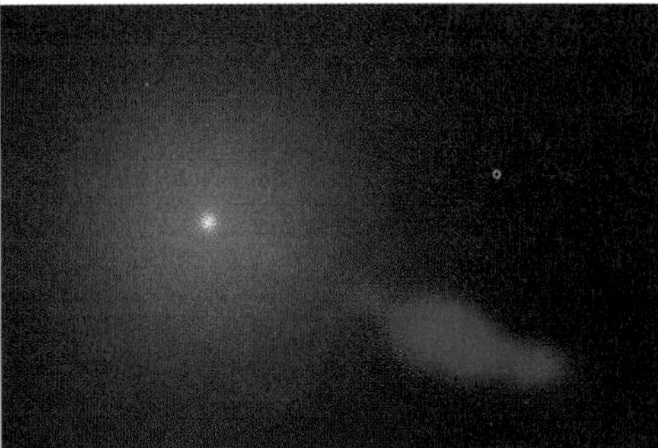

1205

Jet 1): stark gebündelter energiereicher Jet, der aus dem Schwarzen Loch im Zentrum der elliptischen Galaxie M 87 ausgestoßen wird (VLT-Aufnahme)

Jet [dʒet; engl. »Düse«, »Strahl«] *der,* **1)** *Astronomie:* (Materiestrahl), ein von manchen kosm. Objekten (z.B. bestimmten Quasaren und Galaxien) ausgehender, scharf gebündelter Materieauswurf, der von einem hochionisierten Gas (Plasma)

gebildet wird. J. treten i. Allg. paarweise mit entgegengesetzten Bewegungsrichtungen auf.
2) *Luftfahrt:* Flugzeug, das durch ein ↑Strahltriebwerk angetrieben wird.
3) *Physik:* (Hadron-J.), Teilchenbündel (Hadronen), das in Elementarteilchenreaktionen auftritt. Es entsteht durch die (unmessbar schnelle) Umwandlung eines aus seiner normalen Bindung gelösten energiereichen Quarks, Antiquarks oder Gluons in (langlebigere) Hadronen.

JET [dʒet; Abk. für engl. Joint European Torus, »gemeinsames europ. Torusprojekt«], Vorhaben der Europ. Atomgemeinschaft zur Erforschung der physikal. und techn. Grundlagen der kontrollierten ↑Kernfusion. Standort der Forschungsanlage ist Culham (bei Oxford), Zentrum des Projekts ein seit 1983 nach dem Tokamak-Prinzip arbeitender Fusionsreaktor.

Jetboot [ˈdʒet-], **Jetski®**, **Wassermotorrad**, kleines, sehr wendiges Wasserfahrzeug mit Strahltriebwerk, das das Wasser unter dem Boot ansaugt und anschließend unter Druck am Heck wieder ausstößt. Durch den abgeschirmten Motor können J. auch kurzfristig tauchen. Sie werden unterteilt in »Steher« (im Knien oder Stehen gefahren) und »Sitzer« (mit Sitzbank für bis zu vier Personen).

Jetelová [-va:], Magdalena, Bildhauerin tschech. Herkunft, *Semily (Ostböhm. Gebiet) 4. 6. 1946; wurde bekannt mit wuchtigen Skulpturen aus roh behauenem Holz, später hölzerne Konstruktionen, die häufig auf die sie umgebende Architektur bezogen sind und auch mit Laserlicht kombiniert sein können.

Jethose [ˈdʒet-] *die,* in den 1970er-Jahren aufgekommene wadenlange, leicht gefütterte Skihose aus elast. Material, mit körpernahem (windschlüpfigem) Schnitt, Kniepolstern, angeschnittenem Bund und Trägern.

Jethro Tull [ˈdʒeθrəʊ ˈtʊl; nach einem Agrarwissenschaftler des 18. Jh.], brit. Rockmusikgruppe, gegr. 1967 vom Komponisten, Texter, Sänger und Flötisten Ian Anderson (* 1947). Sie verbindet Elemente der Rockmusik, Folkmusik und der klass. Musik (LP »Aqualung«, 1971); Vorliebe für histor. Aufmachungen und Clownerien.

Jetlag [ˈdʒetlɛk, engl.] *der,* Störung des biolog. Rhythmus von Körperfunktionen (v. a. des Schlaf-wach-Rhythmus) aufgrund der mit weiten Flugreisen verbundenen Zeitunterschiede. Außerdem können bei Reisenden auf Langstreckenflügen infolge der viele Stunden andauernden beengten Sitzhaltung tiefe Beinvenenthrombosen auftreten (↑Economy-class-Syndrom).

Jeton [ʒəˈtɔ̃, frz.] *der,* Rechen- oder Zahlpfennig, Spielmarke, Medaille; Münz-

Jetstream über Ägypten und dem Roten Meer, durch Wolken markiert

ersatz u. a. zum Betätigen eines Automaten, eines Telefons, einer Parkhausschranke.

Jetset [ˈdʒet-, engl.] *der,* Gesellschaftsschicht, die über genügend Geld verfügt, um sich unter Benutzung eines (Privat-)Jets an exklusiven internat. Orten zu treffen.

Jetski® [ˈdʒet-], ↑Jetboot.

Jetstream [ˈdʒetstriːm, engl.] *der* (Strahlstrom), äußerst intensiver, bandfömiger, nicht beständiger, von W nach O gerichteter Luftstrom mit Geschwindigkeiten zw. 150 km/h und bis zu mehr als 600 km/h in der oberen Troposphäre im Übergangsgebiet zw. polaren Kaltluft- und subtrop. Warmluftmassen (Frontalzone), der mit starken horizontalen Temperatur- und Druckgradienten verbunden ist. Im J. herrscht, meist bei Wolkenlosigkeit, starke Turbulenz.

Jettatore [dʒɛta-, lat.-ital.] *der,* ital. Bez. für Mensch mit dem bösen Blick.

Jettmar, Rudolf, österr. Maler und Radierer, *Zawodzie (bei Krakau) 10. 9. 1869, †Wien 21. 4. 1939; ab 1898 Mitgl. der Wiener Sezession, ab 1910 Prof. an der Wiener Akademie; wichtiger Vertreter des europ. Symbolismus, v. a. Radierungen.

Jetway® [ˈdʒetweɪ, engl.] *der,* Markenname der ABEX Corporation, USA; Bez. für eine teleskopartig ausfahrbare, schwenkbare und überdachte Fluggastbrücke auf Flughäfen.

Jeu [ʒøː, frz.] *das,* v. a. in Spielbanken verwendete Bez. für Glücksspiel, Kartenspiel.

Jeu de Paume [ʒøː də ˈpoːm; frz. »Handflächenspiel«] *das,* altfrz. Rückschlagspiel, Vorform des modernen Tennisspiels; 1908 olymp., 1928 Demonstrationswettbewerb.

Jeune France [ʒœn ˈfrãs], 1936 in Paris gebildete Gruppe frz. Komponisten (Y. Baudrier, A. Jolivet, Daniel-Lesur und O. Messiaen), die sich gegen den damals in Paris herrschenden Neoklassizismus wandte.

Jeunesse dorée [ʒœˈnɛs dɔˈre; frz. »goldene Jugend«] *die,* urspr. die großbürgerliche frz. Jugend, die nach dem Sturz der Jakobiner 1794 in Paris den Ton angab; später allg. vergnügungssüchtige reiche Großstadtjugend.

Jeunesses Musicales [ʒœˈnɛs myziˈkal, frz.], ↑Fédération Internationale des Jeunesses Musicales.

Jeunet [ʒœˈne], Jean-Pierre, frz. Filmregisseur, *Roanne 3. 9. 1955; drehte in den 1980er-Jahren Werbe-, Kurz- und Animationsfilme; seit den 1990er-Jahren Spielfilme, meist bestimmt von bizarren Figuren in makaber-amüsanten Szenerien (»Delicatessen«, 1991); internat. bekannt seit seinem Film »Die fabelhafte Welt der Amélie« (2001).

Jeux floraux [ʒøflɔˈro, frz., »Blumenspiele«], jährl. in Toulouse (Frankreich) veranstaltete Dichterwettbewerbe (seit 1323).

100562

Jever: Neubau des Friesischen Brauhauses nach dem Entwurf von G. Seele (1980/81)

Jever [-f-], Kreisstadt des Landkreises Friesland, Ndsachs., zw. Marsch und Geest, 13 600 Ew.; Großbrauerei. – Schloss (16. Jh., heute Museum). – 1039 erstererwähnt, 1536 Stadtrechte. – Um 1370 bildete sich unter fries. Häuptlingen die selbstständige **Herrschaft J.**; diese kam 1575 an Oldenburg, 1667 an Anhalt-Zerbst, 1793 (durch Katharina II., d. Gr.) an Russland, 1818 wieder an Oldenburg.

Jevons [ˈdʒevənz], William Stanley, brit. Volkswirtschaftler und Philosoph, *Liverpool 1. 9. 1835, †(ertrunken) bei Bexhill (Cty. East Sussex) 13. 8. 1882; Mitbegründer der Grenznutzenschule, führte math. Methoden in die Volkswirtschaftslehre ein. Ausgehend vom wirtsch. Begriff des Nutzens, entwickelte J. eine neue Werttheorie, die die Arbeit als Quelle des Wertes negiert.

Jewish Agency for Palestine [ˈdʒuːɪʃ ˈeɪdʒənsɪ fɔː ˈpælɪstaɪn], offiziell 1922–48 die Vertretung der »World Zionist Organization« (Abk. WZO; ↑Zionismus) in Palästina; im Mandatsvertrag (1922) anerkannt, beriet 1929–48 die brit. Mandatsreg. und das jüd. Nationalkomitee im Interesse der jüd. Bev. und vertrat diese vor dem Völkerbund sowie (ab 1947) vor den UN; Vors. u. a. D. Ben Gurion (1935–48). Seit 1948 ist sie als **Jewish Agency for Israel** bes. für die jüd. Einwanderung nach Israel tätig; Büros u. a. in Jerusalem, New York, London, Paris.

Jewpatọrija (früher Eupatoria), Hafenstadt an der W-Küste der Krim, Ukraine, 115 000 Ew.; Meereskurort; Weinkellerei, Fischfabrik.

Jewtuschẹnko, Jewgeni Alexandrowitsch, russ. Dichter, *Sima (Gebiet Irkutsk) 18. 7. 1933; errang als Verfechter einer politisch engagierten Poesie bes. bei der Jugend große Popularität. Die stalinist. Vergangenheit ist ein Hauptthema seiner Dichtungen (»Stalins Erben«, 1963); mit »Babi Jar« (1961) wandte er sich gegen den russ. Antisemitismus. J. schrieb auch formal bes. von B. Pasternak beeinflusste Liebes- und Naturlyrik; ferner Prosa (»Beerenreiche Gegenden«, R., 1981; »Fuku!«, Poem, 1985; »Stirb nicht vor deiner Zeit«, R., 1993; »Der Wolfspass«, R., 1999); Regisseur der Filme »Kindergarten« (1984) und »Stalins Beerdigung« (1991).

JGG, Abk. für **J**ugend**g**erichts**g**esetz.

Jhạnsi [dʒ-], Stadt im Bundesstaat Uttar Pradesh, Indien, am N-Rand des Dekhan, 301 000 Ew.; Univ.; Eisenbahnwerkstätten; Eisenbahnknotenpunkt. – Als Marathenfestung 1613 gegründet.

Jharkhand [ˈdʒaːr-], Bundesstaat in Indien, im Bergland von Chota Nagpur, Hptst.: Ranchi. – J. entstand am 15. 11. 2000 aus dem S-Teil von Bihar.

Jhelum [ˈdʒeɪlʊm] *der,* westlichster der fünf größeren Flüsse des Pandschab, in Indien und Pakistan, 724 km lang, entspringt in Kaschmir und mündet in den Chenab; wichtig für die Bewässerung; Manglastaudamm (116 m hoch, 3,8 km lang).

Jhering [ˈjeːrɪŋ], **1)** Herbert, ↑Ihering.

2) Rudolf von, Jurist, *Aurich 22. 8. 1818, †Göttingen 17. 9. 1892; erster Vertreter eines jurist. Naturalismus, der das Recht kausalgesetzlich aus der Wirklichkeit der Gesellschaft erklärt und als durch die Zwecke des Einzelnen und der Gesetze begründet ansieht; Wegbereiter der ↑Interessenjurisprudenz.

Werke: Geist des röm. Rechts auf den versch. Stufen seiner Entwicklung, 4 Bde. (1852–65); Der Kampf ums Recht (1872).

JHWH, lat. Umschrift der hebr. Schreibweise des Gottesnamens ↑Jahwe (Tetragramm).

Jiamusi [dʒja-] (Chiamussu, Kiamusze), Stadt in der Mandschurei, China, am unteren Songhua Jiang, 493 300 Ew.; Landmaschinenbau, chem., Papierind.; Flusshafen.

Jiangchai [dʒjaŋtʃaɪ] (Chiang ch'ai), Dorf in der Prov. Shaanxi, China. Neuere Ausgrabungen haben zur Entdeckung eines Dorfes der jungsteinzeitl. Yangshaokultur geführt. Rund- und Rechteckbauten waren in nahezu konzentr. Kreisen um einen Zentralplatz angeordnet. Wie das Yangshaodorf Ban Bo Zun bei Xi'an war auch J. von einem Graben umgeben.

Jiang Jingguo [dʒjaŋ dʒ-], chines. Politiker, ↑Chiang Ching-kuo.

Jiang Qing [dʒjaŋtʃiŋ] (Chiang Ch'ing), eigtl. Luan Shu Meng, chines. Politikerin, *Zhucheng (Prov. Shandong) März 1914, †(Selbstmord) Peking 14. 5. 1991; urspr. Schauspielerin, ab 1939 ⚭ mit Mao Zedong, war eine der treibenden Kräfte der Kulturrevolution (1966–76). 1969 wurde sie Mitgl. des Politbüros der KPCh. Ihr Versuch, nach dem Tod Mao Zedongs die Parteiführung zu übernehmen, scheiterte. 1976 wurde sie als Haupt der »Viererbande« verhaftet, 1981 wegen versch. Verbrechen zur Zeit der Kulturrevolution zum Tode verurteilt; 1983 zu lebenslanger Freiheitsstrafe begnadigt, 1984 aus der Haft entlassen.

Jiangsu [dʒjaŋ-] (Kiangsu), Provinz im O von China, 102 600 km², 74,38 Mio. Ew.; Hptst. Nanking; erstreckt sich in dem von Flüssen, Kanälen und Seen durchsetzten Tieflandgebiet an den Unterläufen von Jangtsekiang und Huai He; Anbau von Nassreis, Weizen, Kauliang, Hirse, Baumwolle; bed. Seidenraupenzucht. J. ist rohstoffarm, aber industriell hoch entwickelt (Elektronik, Maschinenbau, chem., Textilindustrie).

Jiangxi [dʒjaŋci] (Kiangsi), Provinz im SO von China, südlich des Jangtsekiang, 167 000 km², 41,4 Mio. Ew.; Hptst. Nanchang. Waldreiches Bergland im O, S und W sowie der Jangtsekiang im N umschließen die fruchtbaren Ebenen des Gan Jiang und des Poyangsees; Anbau von Reis, Tee, Gerste, Weizen, Sesam, Zitrusfrüchten, Zuckerrohr; Abbau von Kohle (für das Stahlwerk Wuhan), Wolframerz und Kaolin (Porzellanherstellung in Jingdezhen).

Jiang Zemin [dʒjaŋ-], chines. Politiker, * Yangzhou (Prov. Jiangsu) 17. 8. 1926; Ingenieur, 1982–2002 Mitgl. des ZK der KPCh, 1983–85 Min. für Elektronikind., 1985–88 Oberbürgermeister und 1987–89 Parteisekretär von Shanghai. Für wirtsch. Reformen und eine vorsichtige Öffnung nach außen, aber gegen eine innenpolit. Liberalisierung eintretend, wurde er nach der Niederschlagung der Demokratiebewegung 1989 Gen.-Sekr. des ZK und Mitgl. des Ständigen Ausschusses des Politbüros der KPCh (beides bis 2002); 1993–2003 war er auch Staatspräs., 1989–2004 zudem Vors. der Zentralen Militärkommission beim ZK der KPCH sowie 1990–2004 Vors. der staatl. Zentralen Militärkommission (Oberbefehlshaber der Streitkräfte).

Jiangzi [dʒjaŋçi], Handelsplatz in Tibet, ↑Gyangzê.

Jiaozhou [dʒjaʊdʒɔʊ], chines. Name für ↑Kiautschou.

Jiayi [dʒ-] (Chiayi), Stadt in Taiwan, 262 300 Ew.; Holzbearbeitung, Zuckerraffinerie.

Jičín [ˈjitʃi:n] (dt. Jitschin, früher auch Gitschin), Stadt im Ostböhm. Gebiet, Tschech. Rep., an der Cidlina, 16 700 Ew.; Glasind., Landmaschinenbau. – Am Ringplatz barocke Dekanatskirche und Wallensteins Schloss (1624–34, heute Museum). – Seit 1438 königl. Stadt, ab 1620 Residenz Wallensteins als Hptst. des Herzogtums Friedland.

Jidda [dʒ-], Stadt in Saudi-Arabien, ↑Djidda.

jiddische Literatur, die Literatur in jidd. Sprache, in hebr. Schrift aufgezeichnet.

Ältere j. L.: Umfangreichere Texte sind erst in der Cambridger Handschrift von 1382/83 überliefert; schon hier zeigt sich die Bearbeitung sowohl spezifisch jüd. als auch dt. Erzählstoffe: dem »Josef ha-zadik« (»Der glaubensfeste Josef«) oder »Avroham ovinu« (»Unser Vater Abraham«) folgten später »Schmuelbuch« (Gesch. Davids), »Melochimbuch« (Salomo und Nachfolger) sowie mehrere »Esther«-Epen, während an das dem dt. »Kudrun«-Epos nahe stehende »Dukus Horant« Heldenepen wie »Hildebrandt« oder »Sigenot« anknüpften. Zur Artusepik gehört »Widuwilt«, dessen Tradition im 16. Jh. die Ritterromane von E. Levita fortsetzten. Ein Wormser und ein Regensburger Zyklus (»Maassebuch«, 1602) enthalten histor. und legendar. Kleinepik. Seit dem 16. Jh. entstanden Bearbeitungen dt. Volksbücher und – unter Anlehnung an dt. Fastnachtsspiele – die Purimspiele. Um die Wende vom 17. zum 18. Jh. bezeugen die privaten Memoiren der Glückel von Hameln Einflüsse der älteren jidd. Literatur.

Moderne j. L.: Im Zuge der jüd. Aufklärung (Haskala) entstand im 19. Jh. eine sprachlich und inhaltlich zeitnahe Lit., in der die Konflikte zw. ostjüd. Traditionalismus und gesellschaftl. Umbruch verarbeitet wurden. Mit sozialpädagog. Intention bekämpften die Aufklärer bes. die mystisch gefärbte Volksfrömmigkeit (Chassidismus). Der Verbindung traditioneller Elemente mit rationalist. Lehrhaftigkeit verdanken A. Goldfadens (* 1840, † 1908) Volksstücke nachhaltigen Erfolg. V. a. mit seinen Romanen erreichte Mendele Mojcher Sforim eine realist. Darstellung des ostjüd. Alltags. Scholem Alejchem steigerte die Breitenwirkung mit der 1888 gegr. Reihe »Jidische Folksbibliotek«, in der u. a. Jizchak Lejb Perez erstmals jiddisch publizierte und zahlr. jüngere Autoren beeinflusste. Nach dem Ersten Weltkrieg gewann die j. L. an Vielgestalt und Verbreitung. Ein Grundzug der jüngeren j. L. ist die Neigung zur Retrospektive. Verfolgung und Ausrottung durch den Nationalsozialismus spiegeln sich in der teils kämpfer., teils eleg. Gettoliteratur. Zu den bed. neueren Autoren der j. L. gehören S. Asch, D. Bergelson, J. Opatoschu, I. B. Singer (Nobelpreis für Literatur 1978), I. Manger. Seit 1949 wurde Israel zunehmend zum Sammelbecken der neueren j. L.; im inhaltl. Zentrum zeitgenössischer j. L., vertreten von meist russisch-jidd. Autoren, steht v. a. in der Lyrik immer stärker das Individuum in seiner psycholog. Vielschichtigkeit.

📖 *Pines, M.: Die Geschichte der jüdisch-deutschen Literatur. Aus dem Frz. [2]1922. – Dinse, H. u. Liptzin, S.: Einführung in die j. L. Stuttgart 1978. – Best, O. F.: Mameloschen. Jiddisch. Eine Sprache u. ihre Lit. Frankfurt am Main [2]1988.*

jiddische Sprache, Sprache der nicht assimilierten aschkenas. Juden, früher auch als »Jüdisch« oder »Hebräisch-Deutsch« und im Jiddischen selbst oft als »Mameloschn« (Muttersprache) bezeichnet; auch mit den Bez. »Jargon«, »Mauscheln« oder »Kauderwelsch« in jüd. Kontext ist meist die j. S. gemeint. Trotz der Vernichtung eines großen Teils (etwa 5 Mio. Sprecher) der jidd. Sprachgemeinschaft im Holocaust blieb Jiddisch bis heute die am weitesten verbreitete jüd. Sprache mit schätzungsweise noch 5–6 Mio. Sprechern (v. a. in Nordamerika und Israel, O- und W-Europa), denen Jiddisch zumindest als Zweitsprache geläufig ist.

Die Geschichte der j. S. begann im 10. Jh. mit der Einwanderung von Juden aus Gebieten mit roman. Sprache in rhein. und donauländ. Regionen. Die wenigen Überlieferungen lassen erkennen, dass das **Altjiddische** (bis etwa 1500) an den sprachl. Veränderungen des mittelalterl. Deutsch im Wesentlichen teilnahm; trotzdem bewirkte die soziokulturelle Desintegration der Juden sprachl. Besonderheiten, bes. den ausschließl. Gebrauch des hebr. Alphabets. Die jüd. Flucht und Vertreibung seit den Kreuzzügen und der Pestzeit Mitte des 14. Jh. führte zur Verbreitung der j. S. nach S (Oberitalien) und O (Böhmen, Mähren, Polen). Im **Mitteljiddischen** (16.–18. Jh.) trat neben dem Deutschen die hebräisch-aramäische Komponente stärker hervor, die Aufnahme slaw. Sprachelemente und der gelockerte Kontakt zum dt. Sprachgebiet sonderten allmählich den östl. vom westl. Sprachzweig. Wachsender Assimilationsdruck reduzierte Letzteren auf lokal- und fachsprachl. Reste, sodass das **Neujiddische** (seit dem 19. Jh.) weitgehend mit dem Ostjiddischen identisch ist. Seine Verbreitung nahm nach der Auswanderungsbewegung nach Übersee seit den Pogromen 1881 zu; materielle und kulturelle Entwurzelung der Sprecher drängte den Gebrauch der j. S. zurück. Die seit Ende der 30er-Jahre, bes. ab 1949 in der UdSSR bestehenden Restriktionen und v. a. die weitgehende Vernichtung jüd. Kultur O-Europas im Zweiten Weltkrieg lassen den Fortbestand und die -entwicklung der j. S. problematisch erscheinen.

📖 *Simon, B.: Jidd. Sprachgeschichte. Neuausg. Frankfurt am Main 1993. – Landmann, S.: Jiddisch. Frankfurt am Main u. a. [5]1994. – Rosten, L.: Jiddisch. Eine kleine Enzyklopädie. München 2002.*

Jiddistik *die,* Wiss. von der jidd. Sprache und Literatur.

Jiftach [hebr. »(Gott) möge öffnen, retten«] (Jephtha), einer der großen ↑Richter Israels (Ri. 10, 17–12, 7), verteidigte als israelit. Heerführer das ostjordan. Gilead gegen die Ammoniter. Aufgrund eines Gelübdes (Ri. 11, 30 f.) musste er nach dem Sieg Jahwe seine Tochter opfern.

Jig [dʒɪg] *die,* in England, Schottland und Irland seit dem 16. Jh. verbreiteter Volkstanz; Vorläufer der ↑Gigue. Als J. wurde auch i. e. S. eine Posse mit Gesang und Tanz bezeichnet.

Jihlava [ˈjixlava], **1)** Stadt in der Tschech. Rep., ↑Iglau.

2) Fluss in der Tschech. Rep., ↑Iglawa.

Jilin [dʒ-] (Kirin), **1)** Prov. im NO Chinas, an der Grenze zu Nord-Korea, 187 400 km², 27,3 Mio. Ew.; Hptst.: Changchun. J. umfasst im SO waldreiches Bergland (bis 2 744 m ü. M.) mit Holzwirtschaft und Pelztierjagd, im NW einen Teil der fruchtbaren Nordostchines. Ebene mit bed. Landwirtschaft. Eisenerz-, Kohle-, Ölschiefer- und Molybdänabbau; Maschinen-, Fahrzeugbau, Metall-, chem., Papierindustrie.

2) Stadt in der Provinz J., China, am Songhua Jiang, 1,04 Mio. Ew.; Endpunkt der Schifffahrt auf dem Songhua Jiang; Papier-, chem., Metallind., Turbinen- und Landmaschinenbau.

Jilong [dʒi-] (Chilung, Keelung), Hafenstadt an der N-Küste von Taiwan, 371 400 Ew.; Fachhochschule für Meerestechnologie, Fischereiforschungsinst.; chem. Ind., Schiff- und Maschinenbau; Fischerei- und zweitwichtigster Handelshafen Taiwans.

Jima [dʒ-] (Djimma), Stadt in SW-Äthiopien, im Kaffabergland, 1 750 m ü. M., 88 900 Ew.; Kaffeehandel; Flugplatz.

Jim Crow [ˈdʒɪm ˈkrəʊ], in den USA seit 1828 (nach der Titelfigur eines Minstrelstücks von T. D. Rice) abwertende Bez. für den Schwarzen, auch für Rassentrennung und -diskriminierung. – **J. C. laws,** Rassentrennungsgesetze im Bildungs- und öffentl. Sektor, die trotz des vom Obersten Gerichtshof der USA geforderten Gleichheitsgrundsatzes bis zu ihrer Aufhebung (ab 1954) zu einer krassen Benachteiligung der schwarzen Bev. führten.

Jiménez [xiˈmenɛθ], Juan Ramón, span. Lyriker, * Moguer (Prov. Huelva) 24. 12. 1881, † San Juan (Puerto Rico) 29. 5. 1958;

lebte während des Span. Bürgerkriegs in Kuba und in den USA, ab 1951 in Puerto Rico; war zunächst Vertreter des Modernismus; als Lyriker und Ztschr.-Hg. von großem Einfluss auf die neuere span. und lateinamerikan. Dichtung (»Herz, stirb oder singe«, Ged., span. und dt. Ausw. 1958); Meister einer schwermütigen, stimmungsvollen Kunst, später im Sinne der »Poésie pure« dichtend; Prosa u. a. »Platero und ich« (1914, vollständig 1917). 1956 erhielt er den Nobelpreis für Literatur.

Jiménez de Cisneros [xiˈmenɛð ðe θizˈnerɔs], Francisco, span. Franziskaner, *Torrelaguna (Prov. Madrid) 1436, †Roa (Prov. Burgos) 8. 11. 1517; Beichtvater und Berater der Königin Isabella von Kastilien, wurde 1507 Kardinal und Großinquisitor, war 1506 und 1516–17 Regent von Kastilien; gründete die Univ. von Alcalá de Henares (dem ehem. röm. Complutum); gab eine der ersten mehrsprachigen Bibel-Ausg., die »Complutenser Polyglotte«, heraus.

Jimmu Tẹnno [ˈdʒɪmmu-], legendärer Gründer des japan. Kaiserhauses; soll 711-585 v. Chr. gelebt und 660 v. Chr. den Thron bestiegen haben.

Jin [dʒin] (Chin, Tsin), **1)** chines. Lehnsstaat im südl. Shanxi seit etwa 1000 v. Chr., zur Zeit der Zhoudynastie; das Fürstenhaus wurde 376 v. Chr. abgesetzt und der Staat aufgeteilt.

2) chines. Dynastie (265–420). Unter den **Westl. J.** (265–316) wurde China – nach der Epoche der Drei Reiche – für kurze Zeit geeint, bis 316 ganz N-China an die Xiongnu verloren ging. Verwandte des letzten Herrschers erneuerten 317 die Dynastie im SO (**Östl. J.;** Hptst. beim heutigen Nanking).

3) (Spätere J.), von sinisierten Türken gegr. Teildynastie in N-China (936–946), eine der »Fünf Dynastien«.

4) chines. Name der von dem tungus. Stammesverband der Dschurdschen in der Mandschurei begründeten Dynastie (1115–1234), die seit 1126 über ganz N-China herrschte und deren Reich ab 1211 von den Mongolen erobert wurde.

Jinan [dʒ-] (Tsinan), Hptst. der Prov. Shandong, China, nahe dem unteren Hwangho, 1,48 Mio. Ew.; Fachhochschulen; Textil-, Nahrungsmittel-, chem., Eisen- und Stahlind., Maschinen-, Kraftfahrzeugbau; Binnenhafen; Flughafen. – Im S der Stadt der Tausend-Buddha-Hügel; im alten Tempelbezirk einige kunstvoll gefasste Quellen. 40 km südl. befindet sich das Kloster Shentong aus dem frühen 4. Jh. mit zahlr. Pagoden. – Seit der Mingzeit (1368–1644) Hptst. der Prov. Shandong.

Jingdezhen [dʒɪŋdedʒən] (Chingtechen, Kingtehchen, früher Fouliang), Stadt in SO-China, am Zhan Jiang, Prov. Jiangxi, 581 000 Ew.; Zentrum der Porzellanherstellung (seit 557 n. Chr.).

Jingle [dʒɪŋl; engl., eigtl. »Geklingel«] *der,* gesungener oder musikalisch untermalter Werbespruch oder Slogan, musikal. Programmkennung im Rundfunk.

Jingo [ˈdʒɪŋgəʊ, engl.] *der,* engl. Bez. für Chauvinist, Nationalist.

Jining [dʒ-] (Chining, Tsining), Stadt in der Prov. Shandong, China, am Kaiserkanal, 220 000 Ew.; Nahrungsmittelind., Landmaschinenbau; Endpunkt der Transmongol. Eisenbahn von Ulan-Ude (Russland).

Jinịsmus [dʒ-] *der,* ind. Religion, ↑Dschainismus.

Jinja [ˈdʒɪndʒɑː], zweitgrößte Stadt in Uganda, am N-Ufer des Victoriasees, 61 000 Ew.; kath. Bischofssitz; Ind.zentrum; Kraftwerk an den Owenfällen; Verkehrsknotenpunkt, Hafen, Flugplatz.

Jịnnah [dʒ-] (Dschinnah), Mohammed Ali, gen. Qaid-e Azam (»der große Führer«), Führer der indisch-muslim. Nationalbewegung, *Karatschi 25. 12. 1876, †ebd. 11. 9. 1948; Rechtsanwalt; seit 1913 Mitgl. und 1916, 1920 sowie seit 1934 Präs. der ↑Muslimliga; setzte die Teilung Indiens und die Errichtung des unabhängigen Staates Pakistan (1947) durch; 1947–48 Gen.-Gouv. von Pakistan.

Jinsha Jiang [dʒɪnʃa dʒ-], Oberlauf des ↑Jangtsekiang.

Jintschuan [dʒ-], Stadt in China, ↑Yinchuan.

Jinzhou [dʒɪndʒɔʊ] (Chinchow, Tschintschou), Stadt in der Prov. Liaoning, NO-China, älteste Stadt der Mandschurei, 569 500 Ew.; chem. Ind., Papier-, Porzellanherstellung; Braunkohlenabbau.

Jịrgl, Reinhard, Schriftsteller, *Berlin (Ost) 16. 1. 1953; zuerst Elektromechaniker, dann Elektronikingenieur; seit 1995 freischaffender Schriftsteller. J. gehörte nach 1980 zum Kreis jüngerer ostdeutscher Autoren, deren experimentierfreudige Prosa kaum Verleger fand. Sein in eigenwillig-sperriger Sprache geschriebenes Erzählwerk verarbeitet die alltägl. Zwangsvorstellungen, die psych. Zerstörungen im realen Sozialismus (»MutterVaterRoman«, 1990), die ihre düsteren Schatten auf die dt. Gegenwart werfen (»Abschied von den Feinden«, 1995; »Hundsnächte«, 1997; »Die atlant. Mauer«, 2000); erhielt u.a. 1993 den Döblin-Preis, 1999 den Joseph-Breitbach-Preis.

Jitschin, Stadt in der Tschech. Rep., ↑Jičín.

Jitterbug ['dʒɪtəbʌg, engl.] *der,* um 1940 in den USA, nach 1945 in Europa populär gewordener nordamerikan. Gesellschaftstanz; im Rhythmus des Boogie-Woogie mit akrobat. Tanzbewegungen; im Tanzsport unter dem Namen Jive gepflegt.

Jiujiang [dʒjudʒiaŋ] (Chiuchiang, Kiukiang), Stadt am unteren Jangtsekiang, Prov. Jiangxi, China, 390 000 Ew.; Umschlagplatz für die Prov.hauptstadt Nanchang sowie für Porzellan aus Jingdezhen; Flusshafen.

Jiu-Jitsu ['dʒi:u'dʒitsu] *das,* ↑Jujutsu.

Jiuquan [dʒjutʃyan] (Chiuchüan, Kiutschüan), Oasenstadt in der Prov. Gansu, China, an der alten Seidenstraße und der Eisenbahn zu den Erdölfeldern Yumen und Karamai, 1 540 m ü. M., 280 000 Ew.; Ausbau zum Industriezentrum.

Jiuzhaigou-Naturpark ['dʒi:udʒaɪgəʊ-], Schutzgebiet (UNESCO-Weltnaturerbe) im N der Prov. Sichuan, China, 720 km²; über drei ineinander übergehende, dicht bewaldete Hochtäler verteilen sich Kalksinterterrassen mit Wasserfällen (größter 78 m tief) und durch Algen von gelb über grün bis blau gefärbte Seen; Auftreten von Riesenpanda und Goldhaaraffe.

Jívaro ['xiβaro] (Aents), Sammelbez. für die 72 800 indian. Waldbauern und Kleinviehhalter im Gebiet der O-Abdachung der Anden; bekannt sind ihre Kopftrophäen (↑Tsantsa).

Jive ['dʒaɪv] *der,* ↑Jitterbug.

Jizera ['jizɛra], Nebenfluss der Elbe, ↑Iser.

Jizerské hory ['jizɛrskɛ: 'hɔri], Gebirge in der Tschech. Rep., ↑Isergebirge.

Jnana [dʒ-, Sanskrit] *das, ind. Philosophie und Religion:* die Erkenntnis der letzten Wirklichkeit, nach der das individuelle Selbst des Menschen (Atman) und das geistige Absolute (Brahman) eine Einheit bilden.

Joab [hebr. »Jahwe ist Vater«], Neffe und Heerführer Davids; stellte sich gegen Salomo und wurde ermordet (1. Kön. 2,5 f.; 28–34).

Joachim [auch 'jo-], nach dem apokryphen ↑Jakobusevangelium Vater Marias; Mann der ↑Anna; Heiliger, Tag: 26. 7.; in der orth. Kirche: 9. 9. (jeweils zus. mit Anna).

Joachim [auch 'jo-], Kurfürsten von Brandenburg:

1) **J. I. Nestor** (1499–1535), * 21. 2. 1484, † Cölln (heute zu Berlin) 11. 7. 1535, Vater von 2); gründete 1506 die Univ. Frankfurt (Oder), 1516 das Kammergericht; Gegner der Reformation.

2) **J. II. Hektor** (1535–71), * 9. 1. 1505, † Köpenick (heute zu Berlin) 3. 1. 1571, Sohn von 1), Großvater von 3); trat 1539 zur Reformation über, unterstützte aber im Schmalkald. Krieg Kaiser Karl V. (1546/47). Durch Erbverbrüderung mit den Herzögen von Liegnitz, Brieg und Wohlau (1537) sowie Aufhebung der Bistümer Brandenburg, Havelberg und Lebus (1539) gehört J. zu den Vätern des brandenburg.-preuß. Staats; 1569 wurde er Herzog von Preußen (Mitbelehnung).

3) **J. Friedrich** (1598–1608), * 27. 1. 1546, † (auf der Fahrt von Storkow nach Rüdersdorf) 28. 7. 1608, Enkel von 2); setzte 1599 den **Geraer Hausvertrag** über die Unteilbarkeit des hohenzollernschen Besitzes mit Ausnahme der fränk. Lande durch.

Joachim [auch 'jo-], Joseph, Violinist und Komponist, * Kittsee (Burgenland) 28. 6. 1831, † Berlin 15. 8. 1907; gefeierter Virtuose und Leiter eines berühmten Streichquartetts, u.a. ab 1868 Direktor der neu gegr. Berliner Hochschule für Musik. R. Schumann und J. Brahms, seine Freunde und Förderer, widmeten ihm Violinkonzerte. Er komponierte u.a. Orchesterwerke (Ouvertüren) und Violinkonzerte.

Joachimstaler [auch 'jo-], böhm. Silbermünze,von den Grafen von Schlick 1520–28 geprägter Guldengroschen aus dem Silber von Sankt Joachimsthal (Jáchymov) in Böhmen; namengebend für ↑Taler und ↑Dollar.

Joachimsthal [auch 'jo-], Stadt im Landkreis Barnim, Brandenburg, am NO-Rand der Schorfheide, zw. Grimnitz- und Werbellinsee, 3 500 Ew. – Bei J. »Europ. Jugenderholungs- und Begegnungsstätte Werbellinsee«.

Joachim von Floris [auch 'jo-] (Joachim

von Fiore), italien. Theologe, *Celico (bei Cosenza) um 1130, †San Giovanni in Fiore (bei Cosenza) 20. 3. 1202; zunächst Zisterzienser, gründete er um 1190 einen eigenen Orden (Florenser, Floriazenser; im 16. Jh. wieder mit den Zisterziensern vereint). Seine Lehre von den drei Zeitaltern (↑Chiliasmus) wurde nach seinem Tod verurteilt, dennoch hatte sie weite Auswirkungen. (↑Drittes Reich)

João Belo [ʒu̯ˈãum ˈbɛlu] (Vila de J. B.), Stadt in Moçambique, ↑Xai-Xai.

João Pessoa [ˈʒuãum peˈsoa], Hptst. des Bundesstaates Paraíba, Brasilien, am Rio Paraíba do Norte, 549 400 Ew.; Erzbischofssitz; Univ.; Buntmetallerzverhüttung; Ausgangspunkt der Transamazônica, Flughafen. – Die Kirche São Francisco (18. Jh.) gilt als Meisterwerk des lusitan. Rokoko.

Job [dʒɔb, engl.] *der,* **1)** Stellung; Gelegenheit zum Geldverdienen.

2) *Informatik:* eine in sich abgeschlossene Aufgabenstellung und ihre Abarbeitung durch einen Computer.

Jobber [ˈdʒɔbə, engl.] *der,* Wertpapierhändler an brit. und amerikan. Börsen, der im Ggs. zum Broker nur für eigene Rechnung kaufen und verkaufen darf.

Jobcenter, ↑Arbeitsmarktreform.

Jobeljahr [von hebr. yôvel »Widderhorn«, das zu Beginn eines solchen Jahres geblasen wurde], *Judentum:* das ↑Jubeljahr.

Job-Enlargement [ˈdʒɔbɪnlɑːdʒmənt, engl. »Arbeitsfeldvergrößerung«] *das,* Arbeitsgestaltungsmaßnahme, die durch eine horizontale Erweiterung der Arbeit zu einer Erhöhung der Vielfältigkeit der Arbeitsaufgaben und -inhalte sowie zu einer Verringerung der Arbeitsteilung führt.

Joachimstaler: (Vorderseite)

Job-Enrichment [ˈdʒɔbɪnrɪtʃmənt, engl. »Arbeitsbereicherung«] *das,* Arbeitsgestaltungsmaßnahme, die durch eine vertikale Erweiterung der Arbeit (d. h., bisher getrennte Arbeitsinhalte werden zu einem neuen Arbeitsbereich zusammengestellt) zur Erhöhung des Verantwortungs- und Entscheidungsspielraums führt.

Jobhopping [ˈdʒɔb-, engl.] *das,* häufiger, in kürzeren Abständen vorgenommener Stellungs- oder Firmenwechsel, um sich in höhere Positionen zu bringen.

Jobrotation [ˈdʒɔbrəʊteɪʃn, engl.] *die,* vorübergehender oder regelmäßiger Arbeitsplatzwechsel, verbunden mit räuml. Wechsel; auch Methode der Schulung oder Einarbeitung für Führungskräfte.

Jobsharing [ˈdʒɔbʃeərɪŋ, engl.] *das,* Form der Teilzeitarbeit; zwei oder mehrere Beschäftigte teilen sich einen Arbeitsplatz mit vereinbarten Anwesenheitszeiten (§ 13 Teilzeit- und Befristungs-Ges.).

Jobticket [ˈdʒɔb-, engl.], besondere Dauerkarte für Arbeitnehmer für den öffentl. Personennahverkehr; setzt eine entsprechende Vereinbarung zw. dem Arbeitgeber und dem Verkehrsunternehmen voraus.

Joch, 1) *Bautechnik:* waagerechtes Querholz zur Lastaufnahme bei Stützgerüsten.

2) *Elektrotechnik:* der unbewickelte Teil des magnet. Kreises bei elektr. Maschinen und Transformatoren.

3) *Geographie:* Einsattelung im Gebirge, ↑Pass.

4) *Kirchenbau:* durch vier Eckstützen bezeichnete, meist überwölbte Raumeinheit rechteckigen oder quadrat. Grundrisses.

5) *Landwirtschaft:* Zuggeschirr für Ochsen, auf der Stirn und über dem Nacken getragen.

6) *Messwesen:* (Jauchert, Juch, Juchard), frühere süddt. Flächeneinheit: so viel Land, wie ein Gespann (Joch) Ochsen an einem Tag umpflügen kann (zw. 3 000 und 6 500 m²).

Jochalgen (Conjugales, Conjugatae), Grünalgenordnung (mit über 2 000 Arten) ohne begeißelte Fortpflanzungszellen. Bei der geschlechtl. Vermehrung vereinigen sich gleich gestaltete Gameten. J. leben fast ausnahmslos im Süßwasser, u. a. die **Zieralgen** (Desmidiaceae).

Jochbein (Wangenbein, Os zygomaticum), paariger Gesichtsknochen, der die obere Begrenzung der Wange und mit dem **Jochfortsatz** des Schläfenbeins den **Jochbogen** bildet.

Jochenstein, Staustufe und Kraftwerk an der Donau, unterhalb von Passau; erbaut 1952–56 als dt.-österr. Gemeinschaftsleistung.

Jọchims, Raimer, Maler, Zeichner und Kunstpädagoge, *Kiel 22. 9. 1935; hatte mit seinen chromat. Bildern in den 1960er-Jahren wesentl. Anteil an der Wiederbelebung der konkreten Kunst in Deutschland.

Jọchum, Eugen, Dirigent, *Babenhausen (Landkreis Unterallgäu) 1. 11. 1902, †München 26. 3. 1987; wirkte u. a. in Berlin, Hamburg, München und Amsterdam; bed. Brahms- und Bruckner-Interpret.

100562

Eugen Jochum

Jockey ['dʒɔkɪ, engl. zu schott. Jock »Jakob«, ältere Bez. für einen Stalljungen] *der, Pferdesport:* Berufsreiter bei Galopprennen, der 50 Rennen gewonnen hat; vorher ist er **Rennreiter.**

Jọd [zu grch. iṓdēs »veilchenfarbig«, nach der Farbe seines Dampfes] *das,* chem. Symbol **I** (internat. Bez. Iod), nichtmetall. Element der 7. Hauptgruppe des Periodensystems. Ordnungszahl 53, relative Atommasse 126,9045, mehr als 30 künstl. Isotope (^{109}I–^{142}I) mit Halbwertszeiten von 0,65 Sekunden bis $1{,}7 \cdot 10^7$ Jahren; Dichte 4,93 g/cm^3, Schmelzpunkt 113,7 °C, Siedepunkt 184,4 °C. – Die glänzenden grauschwarzen Kristalle sublimieren bei Raumtemperatur; der aus I_2-Molekülen bestehende giftige violette Dampf riecht charakteristisch und ist stark schleimhautreizend. J. ist chem. reaktionsträger als die anderen ↑Halogene, ist in Wasser nur sehr wenig löslich, gut löslich in Kaliumjodidlösung, Chloroform, Alkohol, Äther, Schwefelkohlenstoff, Benzol. Verbindungen des J. finden sich in geringen Mengen überall in der Natur, bes. in Meerwasser, Meeresalgen, Salzquellen, Mineralwasser. Das technisch wichtigste Vorkommen ist der Chilesalpeter. Gewonnen wird J. v. a. aus den Mutterlaugen des Chilesalpeters und jodhaltigen Solen von Erdölquellen. Rd. 70 % der J.-Produktion werden für medizin. Zwecke (z. B. als Tracer für die Schilddrüsendiagnostik), rd. 20 % als Spurenelementzusatz für Tierfutter, der Rest für Chemikalien verwendet. J. ist Nachweismittel für Stärke, die durch J. blau gefärbt wird. – In seinen Verbindungen ist J. überwiegend einwertig, z. B. in den **Jodiden,** den Salzen der J.-Wasserstoffsäure. Silberjodid, AgI, wird in der Fotografie verwendet. Fünfwertige J.-Verbindungen sind die **Jodate,** die Salze der J.-Säure. – Bekannte organ. J.-Verbindungen sind ↑Jodoform und **Alkyljodide** für Synthesen.

J. ist ein unentbehrl. Bestandteil des tier. und menschl. Organismus. Es wird mit der Nahrung aufgenommen. Am reichlichsten kommt es beim Menschen in der Schilddrüse vor (2–3,5 mg je 1 g trockener Drüse), und zwar in den Hormonen Thyroxin und Trijodthyronin und als Dijodtyrosin; der tägl. Bedarf an J. beträgt etwa 0,15 mg. – Jodmangel des Trinkwassers und der Nahrung spielen höchstwahrscheinlich eine Rolle beim Auftreten des ↑Kropfs in manchen Gebirgsgegenden; zur Vorbeugung wird **Jodsalz,** d. h. mit Natrium- oder Kaliumjodat jodiertes Speisesalz, empfohlen.

Jö̱de, Fritz, Musikerzieher, *Hamburg 2. 8. 1887, †ebd. 19. 10. 1970; leitete u. a. 1952–63 das Internat. Inst. für Jugend- und Volksmusik in Trossingen; einer der bedeutendsten Pädagogen der ↑Jugendmusikbewegung.

Jodelet [ʒɔ'dlɛ], eigtl. Julien Bedeau, frz. Schauspieler, *Ende des 16. Jh., †Paris 16. 3. 1660; einer der bekanntesten Komiker seiner Zeit; mit der von ihm geschaffenen kom. Dienerfigur als Hauptperson verfassten einige zeitgenöss. Dramatiker erfolgreiche Komödien.

Jodelle [ʒɔ'dɛl], Étienne, frz. Dichter, *Paris 1532, †ebd. Juli 1573; Mitgl. der ↑Pléiade; schrieb die erste frz. Renaissancetragödie.

Jodeln, das volkstüml. textlose Singen auf Lautsilben mit ständigem Wechsel zw. Brust- und Kopfstimme; v. a. im Alpengebiet verbreitet.

Jodhpur ['dʒɔdpʊə], Stadt im Bundesstaat Rajasthan, Indien, am O-Rand der wüstenhaften Thar, 648 600 Ew.; Univ., Luftwaffenakademie; Metall-, Textilindustrie. – Die Altstadt umgibt eine 10 km lange, starke Mauer (18. Jh.). Hinter sieben Stadttoren liegt auf einem Sandsteinfelsen die gewaltige Festungsanlage Meherangarh mit bis zu 36 m ansteigenden Mauern. – J. wurde 1459 gegründet.

Jodhpurhose [nach der ind. Stadt], oben weite, von den Knien an enge Reithose, zur J. werden knöchelhohe Stiefel (Jodhpurstiefel) getragen.

Jodid *das,* ↑Jod.

Jodl, Alfred, Generaloberst (1944), *Würzburg 10. 5. 1890, †(hingerichtet) Nürnberg 16. 10. 1946; als Chef des Wehrmachtführungsamts bzw. -stabs (1939–45) Berater Hitlers in allen strateg. und operativen Fragen, unterzeichnete am 7. 5. 1945 in Reims die bedingunglose Kapitulation der Wehrmacht. Am 1. 10. 1946 wurde er vom Internat. Militärtribunal in Nürnberg zum Tode verurteilt.

Jodoform *das* (Trijodmethan), CHI_3, die dem Chloroform entsprechende Jodverbindung, durchdringend riechende, gelbe kristalline Substanz; wirkt desinfizierend.

Jodometrie [grch.] *die,* ↑Oxidimetrie.

Jodquellen (Jodwässer), Heilquellen mit einem Mindestgehalt von 1 mg Jodid je Liter Wasser.

Jodrell Bank ['dʒɔdrəl bæŋk], Hügellandschaft 40 km südlich von Manchester (England), in der die Univ. Manchester ein radioastronom. Observatorium mit einem der größten steuerbaren Radioteleskope (Durchmesser 76,2 m) betreibt.

Jod-Stärke-Reaktion, sehr empfindl. Nachweis von elementarem Jod durch Stärkelösung; dabei bildet sich eine blauschwarze Verbindung.

Jodwasserstoff, HI, farbloses, stechend riechendes, giftiges Gas, dessen wässrige Lösung als Jodwasserstoffsäure bezeichnet wird.

Jodzahl, Abk. **JZ,** Maßzahl für den Gehalt an ungesättigten Fettsäuren in Fetten; sie gibt an, wie viel Gramm Halogen (berechnet auf Jod) von 100 g Fett unter Entfärbung gebunden werden.

Joel [hebr. »Jahwe ist Gott«], Prophet der nachexil. Gemeinde in Jerusalem. Das **Buch J.** gehört zu den ↑Kleinen Propheten; es hat apokalypt. Charakter; entstand wohl im 4. Jh. v. Chr.

Joensuu ['jɔɛnsu:], Prov.hauptstadt in N-Karelien, Finnland, 51 000 Ew.; Univ. (seit 1969); Holzflößerei, Holz verarbeitende Ind., Fremdenverkehr, Karelienhaus (Museum); Stadthaus von E. Saarinen. J. liegt am Fluss Pielisjoki.

Joest van Kalkar ['jo:st -], Jan, niederrheinisch-niederländ. Maler, ↑Kalkar, Jan Joest van.

Jœuf [ʒœf], Industriegemeinde im Dép. Meurthe-et-Moselle, in Lothringen, Frankreich, 7 900 Ew.; Eisenerzabbau mit Verhüttung; Stahl-, Röhren- und Walzwerke.

Joffe (Joffé), Abram Fjodorowitsch, russ. Physiker, *Romny (Gouv. Poltawa) 29. 10. 1880, †Leningrad 14. 10. 1960; Schüler von W. C. Röntgen, ab 1918 Prof. in Leningrad, später Direktor des Inst. für Halbleiterphysik; arbeitete bes. über Kristallphysik, Dielektrika und Halbleiter-Thermoelemente, mitbeteiligt an der Entwicklung der ersten sowjet. Wasserstoffbombe. Unter dem **J.-Effekt** (1924) versteht man die Steigerung der Plastizität und Reißfestigkeit von Ionenkristallen bei Einwirkung eines Lösungsmittels.

Joffé ['dʒɔfɪ], Roland, brit. Filmregisseur, *London 17. 11. 1945; drehte Fernsehfilme und ab 1984 internat. erfolgreiche Spielfilme, u. a. »The Killing Fields – Schreiendes Land« (1984), »Mission« (1986), »Stadt der Freude« (1992), »Der scharlachrote Buchstabe« (1995), »Goodbye, Lover« (1999).

Joffre [ʒɔfr], Joseph Jacques Césaire, frz. Marschall (seit 1916), *Rivesaltes (Dép. Pyrénées-Orientales) 12. 1. 1852, †Paris 3. 1. 1931; 1914 Oberbefehlshaber an der N- und NO-Front, 1915/16 Oberkommandierender aller frz. Armeen; versuchte, den Einfluss der Reg. auf militär. Maßnahmen auszuschalten.

Joga, das ↑Yoga.

Jogging ['dʒɔ-; engl. to jog »traben«] *das, Sport:* entspannter Dauerlauf in relativ mäßigem Tempo. – Abb. S. 288

Jogginganzug ['dʒɔ-, engl.], in den 1970er-Jahren aktuell gewordener, weit geschnittener zweiteiliger Sport- und Freizeitanzug.

Joghurt [türk.] *der* und *das* (Jogurt), ein durch Einwirkung von Bakterienkulturen aus Milch hergestelltes, sauermilchartiges Erzeugnis. Neben dem Natur-J. ohne Zusätze sind zahlr. J.-Produkte mit Früchten, Fruchtsaft, Müsli u. a. auf dem Markt. J. ist ein wichtiges diätet. Nahrungsmittel mit etwa 1–1,5 % Milchsäuregehalt. Seit alten Zeiten bei den Völkern des Balkans, seit Anfang des 20. Jh. in Mitteleuropa bekannt.

Jogjakarta [dʒɔgdʒaˈkarta], veraltete Schreibung der indones. Stadt ↑Yogyakarta.

Joglland (Jakelland), Bez. für den nördl. Teil der O-Steiermark, Österreich; waldreiches Mittelgebirgsland; Agrargebiet.

Jogging

Johann, Herrscher:

Böhmen: **1) J. der Blinde** (J. von Luxemburg), König (1310–46), * 10. 8. 1296, ⚔ Crécy-en-Ponthieu 26. 8. 1346; Sohn Kaiser Heinrichs VII., Erbe der böhm. Przemysliden, mit Anspruch auf die poln. Krone; erwarb 1335 das Herzogtum Breslau sowie die Lehnshoheit über andere schles. Fürstentümer; 1340 erblindet; erreichte 1346 die Wahl seines Sohnes Karl (IV.) zum Röm. König.

Brandenburg: **2) J. Sigismund,** Kurfürst (1608–20), * Halle (Saale) 8. 11. 1572, † Berlin 2. 1. 1620; trat 1613 vom Luthertum zum Kalvinismus über; erwarb 1614 Kleve, Mark und Ravensberg. 1618 wurde er Herzog von Preußen.

Burgund: **3) J. ohne Furcht** (frz. Jean sans Peur), Herzog (1404–19), * Dijon 28. 5. 1371, † (ermordet) Montereau (Dép. Seine-et-Marne) 10. 9. 1419; Sohn Philipps des Kühnen; ließ im Streit um die Herrschaft am Hof des geisteskranken Königs Karl VI. von Frankreich Herzog Ludwig von Orléans 1407 ermorden; wurde in den Machtkämpfen des ↑Hundertjährigen Krieges von Anhängern des Dauphins (Karl VII.) ermordet.

Dänemark: **4) J. I.,** König (1481–1513), * Ålborg 5. 6. 1455, † ebd. 20. 2. 1513; auch König von Norwegen (1483–1513) und Schweden (1497–1501; als **J. II.**); konnte sich in Schweden nur zeitweilig gegen den Reichsverweser Sten Sture d. Ä. durchsetzen.

England: **5) J. ohne Land** (engl. John Lackland), König (1199–1216), * Oxford 24. 12. 1167, † Schloss Newark (bei Nottingham) 18./19. 10. 1216, Sohn Heinrichs II.; folgte seinem Bruder Richard Löwenherz, verlor 1203–06 fast alle engl. Festlandsbesitzungen an König Philipp August von Frankreich. Die aufständ. engl. Barone erzwangen 1215 von ihm die ↑Magna Charta (Libertatum).

Frankreich: **6) J. II., der Gute** (frz. Jean le Bon), König (1350–64), * Schloss Gué de Maulny (bei Le Mans) 16. 4. 1319, † London 8. 4. 1364; geriet in der Schlacht bei Maupertuis 1356 in engl. Gefangenschaft und musste 1360 im Frieden von Brétigny das ganze südwestl. Frankreich abtreten.

Österreich: **7) J.,** Erzherzog, * Florenz 20. 1. 1782, † Graz 10. 5. 1859; sechster Sohn Kaiser Leopolds II., unterstützte den Tiroler Aufstand 1809; stiftete 1811 das steir. Landesmuseum (Joanneum) in Graz und gewann durch gemeinnützige, kulturelle und wirtsch. Unternehmungen sowie seine bürgerl. Lebensführung (seit 1827 ⚭ mit Anna Plochl, Postmeisterstochter aus Aussee, später Gräfin von Meran) in den Alpenländern große Volkstümlichkeit. 1848/49 war er, gewählt von der Frankfurter Nationalversammlung, dt. Reichsverweser.

Polen: **8) J. II. Kasimir** (poln. Jan II. Kazimierz), König (1648–68), * Krakau 21. 3. 1609, † Nevers 16. 12. 1672; verlor im Kampf gegen die Dnjepr-Kosaken unter B. ↑Chmelnizki und gegen Russland (1654 bis 1667) die Ukraine links des Dnjepr mit Kiew und Smolensk sowie im 1. Nord. Krieg (1655–60) Livland an Schweden und das Herzogtum Preußen an Brandenburg.

9) J. III. Sobieski (poln. Jan III. Sobieski), König (1674–96), * Olesko (Gebiet Lemberg, heute Lwiw, Ukraine) 17. 8. 1629, † Wilanów (bei Warschau) 17. 6. 1696; seit 1668 Krongroßhetman. Nach dem Tod König Michaels und dem Sieg bei Chocim über die Türken (1673) wurde er 1674 zum König gewählt. In der Schlacht am Kahlenberg (12. 9. 1683) befreite er Wien von der türk. Belagerung.

Portugal: **10) J. I.** (portugies. João I.), König (1385–1433), * Lissabon 11. 4. 1357, † ebd. 14. 8. 1433; begründete die Dynastie Avis (1385–1580). Dank der Initiative seines Sohnes, Heinrichs des Seefahrers, eroberte er 1415 Ceuta, leitete damit die portugies. Ausdehnung in Afrika ein.

11) J. II. (portugies. João II.), König (1481–95), *Lissabon 5. 5. 1455, †Alvor (bei Portimão, Distr. Faro) 25. 10. 1495; ließ die portugies. Entdeckungsfahrten fortsetzen, schloss 1494 mit Kastilien den Vertrag von Tordesillas, der die span. und portugies. Besitzungen in Übersee voneinander abgrenzte.

12) J. IV. (portugies. João IV.), König (1640–56), *Vila Viçosa (Distr. Évora) 19. 3. 1604, †Lissabon 6. 11. 1656; Begründer der Dynastie Bragança, befreite Portugal von der span. Herrschaft, vertrieb 1654 die Niederländer aus Brasilien.

Sachsen: **13) J. der Beständige,** Herzog, Kurfürst (1525–32), *Meißen 30. 6. 1468, †Schweinitz (heute zu Jessen, Elster) 16. 8. 1532, Vater von 14); regierte 1486–1525 mit seinem Bruder Friedrich III., dem Weisen; setzte seit 1526 die luth. Kirchenordnung in seinem Land durch. 1531 Initiator des Schmalkald. Bunds; Förderer von Wiss. und Kunst.

14) J. Friedrich I., der Großmütige, Herzog (1532–47), *Torgau 30. 6. 1503, †Weimar 3. 3. 1554, Sohn von 13); neben Philipp I. von Hessen Führer der dt. Protestanten, im Schmalkald. Krieg bei Mühlberg 1547 besiegt und gefangen genommen (bis 1552). Durch die Wittenberger Kapitulation (19. 5. 1547) verlor er die Kurwürde und die Hälfte seiner Gebiete an die Albertiner; veranlasste 1548 die Gründung der Univ. Jena sowie den Ausbau Gothas.

15) J. Georg I., Kurfürst (1611–56), *Dresden 15. 3. 1585, †ebd. 18. 10. 1656, Großvater von 16); schloss sich im Dreißigjährigen Krieg 1620 dem Kaiser an, 1631/32 (unter Zwang) Gustav II. Adolf von Schweden; im Prager Frieden 1635 erhielt er die böhm. Lausitz (endgültig 1648).

16) J. Georg III., Kurfürst (1680–91), *20. 6. 1647, †Tübingen 22. 9. 1691, Enkel von 15); unterstützte seit 1683 Kaiser Leopold I. im Kampf gegen Türken und Franzosen. Sein zweiter Sohn war August II., der Starke.

17) J., König (1854–73), *Dresden 12. 12. 1801, †Pillnitz (heute zu Dresden) 29. 10. 1873; Förderer der Wiss., widmete sich unter dem Decknamen **Philalethes** der Danteforschung (Übers. der »Göttl. Komödie«); vertrat im Dt. Bund eine mittelstaatl. Politik, im Dt. Krieg 1866 kämpfte er auf österr. Seite.

Johanna, Päpstin (Frau Jutte), nach einer erst im 13. Jh. belegten Sage eine Frau aus Mainz, die als Mann verkleidet in Athen studiert haben, wegen ihrer großen Gelehrsamkeit 855 zum Papst gewählt worden und während einer Prozession niedergekommen und gestorben sein soll.

Johanna, Herrscherinnen:

England: **1) J. Seymour** (engl. Jane Seymour), *um 1509, †Schloss Hampton Court 24. 10. 1537; dritte Gemahlin (1536/37) König Heinrichs VIII.; starb nach der Geburt des Thronerben Eduard (VI.).

Kastilien und León: **2) J. die Wahnsinnige** (span. Juana la Loca), Königin (1504–55), *Toledo 6. 11. 1479, †Tordesillas 12. 4. 1555; Erbtochter Ferdinands des Katholischen von Aragonien und Isabellas von Kastilien; heiratete 1496 Philipp den Schönen, den Sohn Kaiser Maximilians I. Der frühe Tod ihres Gemahls (1506) löste eine Geisteskrankheit aus. J. ist die Mutter der Kaiser Karl V. und Ferdinand I.

Navarra: **3) J. von Albret** (frz. Jeanne d'Albret), *Pau 1528, †Paris 9. 6. 1572; seit 1548 ⚭ mit Anton von Bourbon (↑Anton); bewahrte umsichtig die Unabhängigkeit Navarras gegenüber der frz. Krone und führte (seit 1567) den Kalvinismus ein; ihr Sohn war Heinrich IV., König von Frankreich.

Neapel: **4) J. I. von Anjou,** Königin (1343 bis 1382), *um 1326, †(erdrosselt) Muro Lucano (Prov. Potenza) 22. 5. 1382; folgte ihrem Großvater Robert dem Weisen auf dem Thron, ließ 1345 ihren ersten Gatten, Andreas von Ungarn, ermorden und heiratete noch dreimal. Sie verkaufte Avignon dem Papst.

Johanna, heilige, ↑Jeanne d'Arc.

Johannes, Apostel, Sohn des Zebedäus, Bruder von Jakobus d. Ä.; meist mit dem »Lieblingsjünger« (Joh. 13,23) gleichgesetzt; leitete nach Jesu Tod zus. mit Petrus und Jakobus (dem »Herrenbruder«) die Jerusalemer Urgemeinde (Gal. 2,9); wahrscheinlich hingerichtet. (↑Johannes der Evangelist)

Johannes, byzantin. Kaiser: **1) J. I. Tzimiskes** (969–976), *Armenien um 924, †Konstantinopel 10. 1. 976; stürzte und ermordete Nikephoros II. Phokas, vertrieb den Kiewer Großfürsten Swjatoslaw Igorjewitsch aus Bulgarien (Sieg bei Silistra

971), eroberte Syrien und Palästina und suchte Verständigung mit dem Westen.
2) J. **III. Dukas Vatatzes** (1222–54), * Didymoteichon (Thrakien) 1193, † Nymphaion (bei Smyrna) 3. 11. 1254; bedeutendster Staatsmann der Dynastie von Nikaia, verdrängte 1225 die Lateiner fast völlig aus Kleinasien. Innenpolitisch bedeutsam waren seine wirtsch. und sozialen Maßnahmen. Als **der Barmherzige** in der grch.-orth. Kirche kanonisiert; Tag: 4. 11.

Johannes, Päpste: **1) J. XXII.** (1316 bis 1334), eigtl. Jacques Duèse, * Cahors um 1245, † Avignon 4. 12. 1334; residierte in Avignon; festigte das Papsttum organisatorisch; wirkte politisch im Interesse Frankreichs, verurteilte Meister Eckhart.
2) J. XXIII. (1958–63), eigtl. Angelo Giuseppe Roncalli, * Sotto il Monte (bei Bergamo) 25. 11. 1881, † Rom 3. 6. 1963; ab 1944 Nuntius in Paris, ab 1953 Patriarch von Venedig, berief das 2. Vatikan. Konzil ein. Er stärkte die Rolle der Bischöfe und entwickelte ökumen. Beziehungen zu den anderen Kirchen. Sein Anliegen war die Öffnung der kath. Kirche für den Dialog mit der Welt (»Aggiornamento«). Weltweite Beachtung fanden seine Enzykliken ↑ Mater et Magistra und ↑ Pacem in terris. – Am 3. 9. 2000 wurde J. selig gesprochen.
📖 *Ich bin Josef, euer Bruder. Papst J. XXIII. Anekdoten u. Erinnerungen, hg. v. R. Rothmann. Leipzig 2000.*

Papst Johannes XXIII.

Johannes|apokalypse, die ↑ Apokalypse des Johannes.

Johannesbriefe, Abk. **Joh.,** drei der ↑ Katholischen Briefe des N. T.; von der altkirchl. Tradition dem Apostel Johannes zugeschrieben. Der 1. und 2. Joh. sind bes. der Abwehr von Irrlehren gewidmet, der 3. Joh. mahnt zur Gastfreundschaft gegenüber reisenden christl. Predigern.

Johannesburg, größte Stadt in der Rep. Südafrika, Hptst. der Prov. Gauteng, auf dem südl. ↑ Witwatersrand, 1 750 m ü. M., 5,014 Mio. Ew. (städt. Agglomeration); anglikan. und kath. Bischofssitz; zwei Univ.; Forschungsinstitute, Observatorium, Planetarium; Kunstgalerie, Africana-Museum u. a. Museen, Zoo; Handels- und Ind.zentrum (Diamantschleifereien, Maschinenbau, Textil-, Nahrungsmittel-, Leder-, chem. u. a. Ind.); Börsen- und Messestandort; Zentrum des Bergbaugebiets Witwatersrand; Verkehrsknotenpunkt, im NO der internat. Flughafen, der größte des südl. Afrika. – Die 1886 als Goldgräbersiedlung entstandene Stadt hat schachbrettartigen Grundriss. Die Abraumhalden der Goldminen im S werden aufgearbeitet und begrünt; im SW liegt ↑ Soweto, die Wohnstadt für Schwarze.

Johannes Chrysostomos, grch. Kirchenlehrer, ↑ Chrysostomos.

Johannes der Evangelist, nach altkirchl. Tradition der Verfasser des Johannesevangeliums, der Offenbarung des Johannes und der Johannesbriefe; wirkte (vermutlich nach 70) in Ephesos; von der kirchl. Tradition mit dem Apostel ↑ Johannes identifiziert. Zur späteren legendar. Ausgestaltung seines Lebens gehört, dass er auf wunderbare Weise dem Martyrium (durch Verbrennen in einem Kessel siedenden Öls) entgangen sei (er entstieg dem Kessel unversehrt) und dass er einen Becher Gift (nach dessen Segnung) unbeschadet ausgetrunken habe. Heiliger, Tag: 27. 12.; in der orth. Kirche: 26. 9. – Symbol: Adler.

Johannes der Priesterkönig, legendärer christl. König; war nach einem im 12. Jh. in Palästina verbreiteten Bericht ein nestorian. Christ und Priesterkönig (»Presbyter Johannes«) eines mächtigen christl. Königreichs im Innern Asiens, der die Perser und Meder besiegt hatte und Jerusalem zu Hilfe kommen wollte. Ein in Europa kursierender angebl. Brief des J. an die europ. Fürsten veranlasste Papst Alexander III. 1177 zu einem Antwortschreiben.

Johannes der Täufer, prophet. Bußprediger, nach Lk. 1, 5 ff. Sohn des Priesters Zacharias; trat um 28 n. Chr. auf, rief das Volk angesichts des bevorstehenden Reiches Gottes zur »Umkehr« (Buße) auf und taufte als Zeichen der Sündenvergebung; wird im N. T. als Vorläufer Jesu dargestellt,

Johannesburg: Blick auf die Stadt

den er taufte. Nach Mk. 6,14ff. wurde er auf Wunsch von Herodes Antipas' Frau Herodias und deren Tochter Salome enthauptet. Heiliger, Tag: 24. 6. Die orth. Kirche gedenkt des J. an mehreren Tagen: 24. 6. (Geburt), 29. 8. (Enthauptung), 23. 9. (Empfängnis).

📖 *Stegemann, H.: Die Essener, Qumran, J. d. T. u. Jesus. Freiburg im Breisgau u. a. [4]1994. – Müller, U. B.: J. d. T. Jüd. Prophet u. Wegbereiter Jesu. Leipzig 2002.*

Johannes Duns Scotus, ↑Duns Scotus.

Johannes|evangelium, Abk. **Joh.,** das vierte und jüngste Evangelium im N. T., Verf., Ort und Zeit der Abfassung sind nicht sicher geklärt, wahrscheinlich zw. dem Ende des 1. Jh. und 150 in Syrien (?) oder Kleinasien (?) entstanden. In Terminologie und Gedankenführung vom grch. Denken beeinflusst, erscheint hier Jesus Christus als der Fleisch gewordene ↑Logos, der die Herrlichkeit Gottes offenbart und zur Glaubensentscheidung herausfordert. Typisch sind die apodikt. Offenbarungsreden Jesu mit ihren »Ich-bin«-Worten (Joh. 8, 12; 14, 6; 15, 1).

Johannes Fidanza, italien. Theologe, Philosoph und Kirchenlehrer, ↑Bonaventura.

Johannes Gerson [- ʒɛrˈsɔ̃], frz. Theologe, ↑Gerson.

Johannes Paul, Päpste: **1) J. P. I.** (26. 8. bis 28. 9. 1978), eigtl. Albino Luciani, *Canale d'Agordo (Prov. Belluno) 17. 10. 1912, †Rom 28. 9. 1978; seit 1969 Patriarch von Venedig, seit 1973 Kardinal. Schwerpunkte seines kurzen Pontifikats (eines der kürzesten der Kirchengeschichte) waren, wie schon in Venedig, die Seelsorge und die soziale Arbeit der Kirche. – 2003 Eröffnung des Seligsprechungsverfahrens für J. P.

2) J. P. II. (seit 1978), eigtl. Karol Wojtyła, *Wadowice (Wwschaft Kleinpolen) 18. 5. 1920; wurde 1953 Prof. an der kath. Univ. Lublin, 1964 Erzbischof von Krakau, 1967 Kardinal; als Papst am 13. 5. 1981 bei einem Attentat in Rom schwer verletzt. J. P. II. ist der erste poln. und seit 1522/23 der erste nicht italien. Papst. Sein Pontifikat prägen bes. pastoral bestimmte Reisen, die ihn auf

Papst Johannes Paul II.

alle Kontinente führten (bislang 104 Auslandsreisen; zuletzt im August 2004 nach Frankreich [Lourdes]). Eine bedeutende Pastoralreise bildete der Besuch Ägyptens im Februar 2000, wo J. P. II. als einfacher Pilger das orth. ↑Katharinenkloster betrat (erstmalig in der Papstgeschichte). Das Pontifikat J. P.s II. ist das längste Pontifikat im 20. Jh. Als seine Höhepunkte gelten die feierl. Einleitung des dritten Jahrtausends der Kirchengeschichte durch das Hl. Jahr 2000 (↑Jubeljahr), das am 12. 3. 2000 in der Peterskirche vorgetragene Schuldbekenntnis und die Vergebungsbitte für Verfehlungen und Irrtümer in der Geschichte der Kirche, die Papstreise in das Hl. Land (Jordanien, Israel, Westjordanland) vom 20.–26. 3. 2000 zum Besuch der hl. Stätten des Christentums und die Gebete für den Frieden und für Verständigung 1986 und 2002 in Assisi, an denen auf Einladung J. P.s II. Vertreter zahlr. Religionen teilnahmen. 2004 wurde J. P. II. mit dem erstmals vergebenen außerordentl. Karlspreis ausgezeichnet. – Wie seine Vorgänger hält auch J. P. II. prinzipiell an den Positionen des 2. Vatikan. Konzils fest, betont jedoch in Fragen der Leitung der Weltkirche die Bedeutung des Papstamtes als universelle kath. Größe mit höchster Leitungs- und Lehrautorität. Bislang veröffentlichte er vierzehn Enzykliken; darunter drei Sozialenzykliken und zuletzt die Enzykliken ↑Evangelium vitae (1995), ↑Ut unum sint (1995), ↑Fides et Ratio (1998) und ↑Ecclesia de Eucharistia (2003).

📖 *Szulc, T.: Papst J. P. II. Die Biographie. A. d. Amerikan. Stuttgart 1996. – Maliński, M.: Wer ist Karol Wojtyla? Auskünfte eines Freundes über J. P. II. A. d. Poln. München 1998. – Accattoli, L.: J. P. II. Die Biografie. A. d. Italien. Graz u. a. 2000. – Hülsebusch, B.: Ein Fels mit Charme. J. P. II. Anekdoten u. Erinnerungen. Leipzig [3]2002.*

Johannes Scotus (Johannes Eriugena, Johannes Erigena), scholast. Theologe und Philosoph, *in Irland 1. Viertel des 9. Jh., †um 877; leitete die Hofschule in Paris. In seinem 1210 und 1225 kirchlich verurteilten Hauptwerk »Über die Einteilung der Natur« stellt er im Anschluss an die neuplaton. Denktradition die Welt als Selbstmanifestation Gottes dar.

Johannes vom Kreuz (Juan de la Cruz), span. Mystiker, Kirchenlehrer und Dichter, *Fontiveros (Prov. Ávila) 24. 6. 1542, †Kloster Úbeda (Prov. Jaén) 14. 12. 1591; Karmeliter, Reformator des Ordens der ↑Karmeliter; beeinflusst von Theresia von Ávila. Seine Mystik stellt das bedeutendste System myst. Theologie der Neuzeit dar; Heiliger, Tag: 14. 12.

Johannes von Damaskus, grch. Theologe und Kirchenlehrer, *Damaskus zw. 650 und 670, †im Kloster Mar Saba (bei Jerusalem) vor 754. Sein Hauptwerk, die »Quelle der Erkenntnis«, ist eine grundlegende Darlegung der Glaubenslehre der orth. Kirche. Heiliger, Tag: 4. 12.

Johannes von Nepomuk, Landespatron von Böhmen, *Nepomuk (bei Pilsen) um 1350, †Prag 20. 3. 1393; seit 1389 Generalvikar des Erzbistums Prag; 1393 von König Wenzel gefangen genommen und nach Folterung in der Moldau ertränkt. Bekannt ist sein 1693 auf der Prager Karlsbrücke errichtetes Standbild, dessen Nachbildungen auf unzähligen Brücken ihn zum wichtigsten Brückenheiligen machten. Heiliger, Tag: 16. 5.

Johannes von Neumarkt, Kanzler (1353–74) Kaiser Karls IV., *um 1310, †24. 12. 1380; zunächst Pfarrer in Neumarkt bei Breslau, seit 1352 Bischof von Naumburg, Leitomischl, Olmütz, Breslau, reformierte die lat. und dt. Kanzleisprache; ein Wegbereiter des dt. Frühhumanismus.

Johannisbeere: Fruchtzweig der Schwarzen Johannisbeere

Johannes von Rila, bulgar. Mönch und Einsiedler, Nationalheiliger, *Skrino (Region Sofia) 876, †im Rilagebirge 18. 8. 946; wurde als im Rilagebirge lebender Einsiedler von zahlr. Pilgern aufgesucht, die seinen Rat als geistl. Führer (Starez) suchten; die mit ihm im Rilagebirge lebenden Schüler errichteten bei seiner Einsiedelei eine Kapelle, die zum Grundstein des ↑Rilaklosters wurde.

Johannes von Salisbury [-'sɔ:lzbrɪ] (latinisiert Johannes Saresberiensis), engl. Philosoph und Theologe, * Old Sarum (bei Salisbury) um 1115/20, † Chartres 25. 10. 1180; war Sekretär der Erzbischöfe von Canterbury Theobald († 1161) und T. Becket und ab 1176 Bischof von Chartres; entwarf in einem seiner Hauptwerke (»Policraticus«, 1159) die erste große Staatslehre des Mittelalters.

Johannes von Tepl (auch Johannes von Saaz), böhm. Frühhumanist, * um 1342 oder 1350 in Westböhmen, † Prag 1414; Notar und Stadtschreiber in Saaz, lebte ab 1411 in der Prager Neustadt; verfasste mit dem Streitgespräch »Der Ackermann aus Böhmen« (Erstdruck um 1460) die bedeutendste deutschsprachige Prosadichtung des späten MA., in der ein Bauer nach dem Ableben seiner jungen Frau dem Tod als Mörder den Prozess machen will.

Johanngeorgenstadt, Stadt im Landkreis Aue-Schwarzenberg, Sachsen, im oberen Westerzgebirge, 700–900 m ü. M., an der Grenze zur Tschech. Rep., 6 800 Ew.; Erholungsort und Wintersportplatz; Schaubergwerk; Maschinen-, Werkzeug-, Möbelbau, Metallwarenherstellung. – 1654 als Niederlassung böhm. Exulanten gegr., im 17./18. Jh. Silber-, 1946–57 Uranerzbergbau.

Johannisbeere (Ribes), Gattung der Stachelbeergewächse mit gelappten Blättern und goldgelben oder grünl. Blüten, z. B. **Rote J.** (Ribes rubrum), 1–2 m hoher Strauch mit roten Beeren, durch Kultur sind zahlr. Formen (z. B. mit gelbl. Beeren) entstanden, und die **Schwarze J. (Aalbeere, Ahlbeere,** Ribes nigrum), bis 2 m hoher Strauch mit schwarzen Beeren. Die essbaren Früchte sind reich an Vitamin C.

Johannisberg, Weinbauort im Rheingau, gehört zur Gemeinde ↑Geisenheim.

Johannisbrotbaum (Karobenbaum, Karrube, Ceratonia), Gattung der Caesalpiniengewächse im Mittelmeergebiet mit der einzigen Art **Ceratonia siliqua;** immergrüner Baum mit lederartigen Fiederblättern und winzigen Blüten in Trauben; zuckerhaltige, essbare, geschlossen bleibende, bis zu 20 cm lange Hülsenfrucht **(Johannisbrot),** in subtrop. Ländern eine wichtige Futterpflanze.

Johannisburg, Stadt in Polen, ↑Pisz.

Johanniskraut (Höhe bis 1 m)

Johannisfest (Johannistag, Johannisnacht), das um den Mittsommertag, am 24. 6., gefeierte Geburtsfest Johannes' des Täufers, ein kirchl. Fest, verbunden mit vielen Volksbräuchen aus den alten Sonnwendfeiern (Scheibenschlagen, Feuerrad, **Johannisfeuer**, -tänze). Dem Volksglauben nach wirken in der dem J. vorausgehenden **Johannisnacht** segensreiche wie auch gefährliche Kräfte. Die in dieser Nacht gesammelten Kräuter (»Johanniskräuter«) sollten vor Krankheit u. Ä. schützen und auch für magische Praktiken nützlich sein (Johanniskränze und -kronen).

Johanniskäfer, die männl. ↑Leuchtkäfer in Mitteleuropa.

Johanniskraut (Hartheu, Hypericum), Gattung der Hartheugewächse mit etwa 370 Arten in gemäßigten und subtrop. Gebieten. In lichten Gehölzen, auf trockenen Wiesen, an Felsen wächst die bis 1 m hohe Art J. oder **Tüpfelhartheu** (Hypericum perforatum) mit ellipt., durchscheinenden, Öldrüsen enthaltenden Blättern und goldgelben, schwarz punktierten und gestrichelten Blüten; Heilpflanze.

Johannisnacht, Johannistag, ↑Johannisfest.

Johannistag, andere Bezeichnung für

das ↑Johannisfest, dem mit vielen Volksbräuchen verbundenen kirchl. Fest ↑Johannes' des Täufers.

Johannistrieb, zweites Austreiben mancher Holzgewächse (um den 24. 6., »Johannisfest«).

Johanniswürmchen, ↑Leuchtkäfer.

100880
Johanniterorden: Die Buchmalerei zeigt, wie sich die Johanniter auf die Verteidigung der Insel Rhodos vorbereiten (16. Jahrhundert; Paris, Bibliothèque Nationale).

Johanniterorden (Johanniter, Hospitaliter), ältester geistl. Ritterorden; hervorgegangen aus der Hospitalbruderschaft eines 1048 von Kaufleuten aus Amalfi gegründeten Hospitals in Jerusalem zur Betreuung der Pilger und Pflege der Kranken, der sich zahlr. Kreuzfahrer anschlossen; als eigentl. Gründungsjahr gilt das Jahr 1099 (Eroberung Jerusalems durch die Kreuzfahrer); 1113 Erlangung eines päpstl. Schutzprivilegs, 1152/53 Bestätigung der ersten Regel durch Papst Eugen III.; in der Folge zahlr. Tochtergründungen und rasche Ausbreitung im europ. Mittelmeerraum; im 12. Jh. neben der Krankenpflege Übernahme des bewaffneten Schutzes der Pilger und des Grenzschutzes in Palästina; damit Entwicklung zum geistl. ↑Ritterorden im eigentl. Sinn; nach dem Fall Jerusalems (1187) und Akkos (1291) Begründung eines souveränen Ritterstaates auf Rhodos. Als Rhodos an das Osman. Reich fiel (1522/23), Verlegung des J. nach Malta, das ihm 1530 von Kaiser Karl V. zum Lehen übergeben wurde (daher »Malteser«, »Malteserritter«); nach der Reformation Ordensspaltung. Der evang. Zweig bestand unter dem Namen J. weiter, der katholische als **Malteserorden** (seit 1834 Sitz: Rom; in seiner Rechtsgestalt heute kirchl. Orden und Völkerrechtssubjekt mit diplomat. Beziehungen zu rd. 100 Staaten; rd. 11 000 Mitgl. [Ritter]). In Brandenburg wurde die Ordensprovinz (Ballei) 1811 aufgelöst; in der Nachfolge 1852 Gründung des evang. Preuß. J. zur Krankenpflege. Heute rd. 3 300 Mitgl. (Ritter); Sitz: Berlin. – Dem J. angeschlossen sind die **Johanniter-Schwesternschaft e. V.,** die **Johanniter-Unfallhilfe e. V.** und die **Johanniter-Hilfsgemeinschaften.** Zeichen ist das achtspitzige Malteserkreuz.

📖 *Bradford, E.: Kreuz u. Schwert. Der Johanniter/Malteser-Ritterorden. A. d. Engl. Frankfurt am Main u. a. ²1995.*

Johannson, Lennart, schwed. Fußballfunktionär, *Solna 5. 11. 1929; seit 1990 Präs. der UEFA und Vizepräs. der FIFA.

Johann von Kronstadt, eigtl. Joan Jljitsch Sergijew, russisch-orth. Theologe, *Sura (bei Archangelsk) 31. 10. 1829, †Kronstadt 2. 1. 1909; Seelsorger, Prediger und asket. Schriftsteller, gründete soziale Einrichtungen, v. a. in Kronstadt. Heiliger der russisch-orth. Kirche; Tag: 20. 12.

Johann von Österreich, ↑Juan 1).

Johansen, Hanna, geb. Meyer, dt.-schweizer. Schriftstellerin, *Bremen 17. 6. 1939; ⚭ mit A. Muschg, lebt seit 1970 in der Schweiz. Analysiert in Erzählungen (»Kurnovelle«, 1994; »Halbe Tage, ganze Jahre«, 1998) und Romanen (»Lena«, 2002) in präziser Sprache unsentimental menschl. Beziehungen. Unter ihrem Namen **H. Muschg** veröffentlicht J. Kinderbücher.

John [dʒɔn], Elton, eigtl. Sir (seit 1998) Reginald Kenneth Dwight, engl. Rockmusiker (Sänger, Pianist, Komponist), *Pinner (heute zu London) 25. 3. 1947; seit der Zusammenarbeit mit dem Texter Bernie Taupin (1967) ein Superstar der Rockmusik. Seine Darbietungen reichen von lyr. Songs bis zu exzentr. Bühnenshows.

John Birch Society [dʒɔn bəːtʃ səˈsaɪətɪ], ultrakonservative Organisation in den USA mit Zentrale in Belmont (Mass.), gegr. 1958; ben. nach dem baptist. Missionar und Offizier des amerikan. Armeegeheimdienstes John Birch, der 1945 von chines. Kommunisten getötet wurde. Die gegen polit. linke, aber auch Bürgerrechts- und Umweltbewegungen auftretende J. B. S., die Verbindungen zu rechtsextremen Organisationen einging, hatte Ende der 60er-/Anfang der 70er-Jahre bis zu 100 000 Mitgl.; seit Ende der 80er-Jahre Rückgang der Anhängerschaft.

John Bull [ˈdʒɔn -], Spitzname des typ. Engländers oder des engl. Volkes, nach dem satir. Roman »The History of J. B.« (1712) von J. Arbuthnot urspr. die Verkörperung der Nation; in der napoleon. Ära Symbol brit. Selbstbehauptungswillens gegenüber frz. Hegemonialstreben.

Johns [dʒɔnz], Jasper, amerikan. Maler, Grafiker, Bildhauer, *Allendale (S. C.) 15. 5. 1930; einer der Begründer der Pop-Art in den USA; schuf in den 1980er-Jahren symbolträchtige Bilder, die auf eigene bzw. fremde Werke Bezug nehmen.

Johnson, 1) [ˈdʒɔnsn], Allen, amerikan. Leichtathlet (110-m-Hürdenläufer), *Washington (D. C.) 1. 3. 1971; Olympiasieger (1996), Weltmeister (1995, 1997, 2001, 2003) und (über 60 m) Hallenweltmeister (1995).

2) [ˈdʒɔnsn], Andrew, 17. Präs. der USA (1865–69), *Raleigh (N. C.) 29. 12. 1808, †Carter Station (Tenn.) 31. 7. 1875; stand 1861 als einziger Senator der Südstaaten zur Union. 1864 zum Vizepräs. gewählt, übernahm er nach A. Lincolns Ermordung (1865) die Präsidentschaft; wurde 1868 des Verfassungsbruchs angeklagt (Impeachment), jedoch vom Senat freigesprochen.

3) [ˈdʒɔnsn], Earvin (»Magic«), amerikan. Basketballspieler, *Lansing (Ia.) 14. 8. 1959; legendärer Spieler der »Los Angeles Lakers« in den 1980er-Jahren; gab 1991 seine Aidserkrankung bekannt; Comeback 1992 (Olympiasieger).

4) [ˈjunsɔn], Eyvind, schwed. Schriftsteller, *Svartbjörnsbyn (Norrbotten) 29. 7. 1900, †Stockholm 25. 8. 1976; schloss sich der sozialist. Bewegung an, Erzähler mit sozialen Interessen und histor. Perspektiven. Romane: »Hier hast du dein Leben«, 4 Bde. (1934–37), »Wolken über Metapont« (1957), auch Novellen und Essays. 1974 erhielt J. zus. mit H. Martinson den Nobelpreis für Literatur.

5) [ˈdʒɔnsn], James Price, amerikan. Jazzmusiker (Pianist), *New Brunswick (N. J.) 1. 2. 1891, †New York 17. 11. 1955; gehörte zu den bed. Harlempianisten im Stridestil.

6) [ˈdʒɔnsn], James Weldon, amerikan. Schriftsteller, *Jacksonville (Fla.) 17. 6. 1871, †Darkharber (Me.) 26. 6. 1938; Diplomat; ab 1916 führend in der schwarzen Bürgerrechtsbewegung tätig; führte die Bilderfülle und die rhythm. Rhetorik der afroamerikan. Prediger in die Kunstlyrik ein.

7) [ˈdʒɔnsn], Jay Jay, eigtl. James Louis J., amerikan. Jazzposaunist, *Indianapolis (Ind.) 22. 1. 1924, †(Selbstmord) ebd. 4. 2. 2001; spielte u. a. bei B. Carter und C. Basie, später in Gruppen des Bebop und Hardbop. Sein Stil wurde zum Vorbild für die Posaunisten des Modern Jazz.

8) [ˈdʒɔnsn], Lyndon Baines, 36. Präs. der USA (1963–69), *bei Stonewall (Tex.) 27. 8. 1908, †San Antonio (Tex.) 22. 1. 1973; 1949–61 Senator von Texas, ab 1953 Fraktionsvorsitzender der Demokraten im Senat, wurde 1961 Vizepräs. und nach der Ermordung J. F. Kennedys 1963 Präsident. Unter dem Schlagwort »Great Society« strebte er zunächst soziale Reformen (u. a. Wohnungsbau, Bundeshilfe im Bildungs- und Krankenwesen) an, die infolge der Verstrickung der USA in den ↑Vietnamkrieg mit ihren Folgen (Inflation, weltweite Studentenunruhen, soziale Benachteiligungen) infrage gestellt wurden.

9) [ˈdʒɔnsn], Michael, amerikan. Leichtathlet (Sprinter), *Dallas (Tex.) 13. 9. 1967; u. a. Olympiasieger 1996 (200 und 400 m) und 2000 (400 m), Weltmeister 1991 (200 m), 1993 (400 m), 1995 (200 und 400 m) sowie 1997 (400 m).

10) [ˈdʒɔnsn], Philip Cortelyou, amerikan. Architekt, *Cleveland (Oh.) 8. 7. 1906; studierte 1940–43 bei W. Gropius und M. Breuer. 1932 veröffentlichte er mit H.-R. Hitchcock die Schrift »The international style, architecture since 1922«, durch die der Begriff ↑internationaler Stil geprägt wurde. Bis 1956 waren seine Bauten stark von L. Mies van der Rohe beeinflusst. Seit Ende der 70er-Jahre bedient er sich auch der Formensprache postmoderner Architektur (u. a. AT& T-Building, heute Sony-Tower, in New York, 1980–84; Büro- und Geschäftshaus am ehem.

Checkpoint Charlie in Berlin, 1994–97). 1979 erhielt er den Pritzker-Preis.

11) ['dʒɔnsn], Samuel, engl. Schriftsteller, *Lichfield 18. 9. 1709, †London 13. 12. 1784; war seit der Mitte des 18. Jh. der führende engl. Kritiker, verfasste die Wochenschriften »The Rambler« und »The Idler«. J. beurteilte die Literatur nach den klassizist. Grundsätzen des Lehrhaften, Moralischen und Logischen, bekämpfte die erwachende romant. Bewegung. 1747–55 schuf er sein berühmtes »Dictionary of the English language«.

12) ['jo:n-], Uwe, Schriftsteller, *Cammin in Pommern (heute Kamień Pomorski) 20. 7. 1934, †Sheerness-on-Sea (Cty. Kent) 23. 2. 1984 (am 12. 3. tot aufgefunden); ging 1959 nach Berlin (West), lebte später in den USA, zuletzt in England; schrieb 1953–56 den posthum (1985) veröffentlichten Roman »Ingrid Babendererde. Reifeprüfung 1953«; eine für die dt. Literatur dieser Zeit neuartige Erzählstruktur und Sprache weisen die »Mutmaßungen über Jakob« (R., 1959) und »Das dritte Buch über Achim« (R., 1961) auf. J. fand das zentrale Thema seines Schaffens im Verhältnis von Individuum und totalitärer Macht, exemplarisch dargestellt an der dt. Zweistaatlichkeit auch in seinem Hauptwerk »Jahrestage – Aus dem Leben der Gesine Cresspahl« (R., 4 Bde., 1970–83).

Werke: Karsch und andere Prosa (1964); Begleitumstände. Frankfurter Vorlesungen (1980); Heute neunzig Jahr (aus dem Nachlass hg. 1996).

100562

Uwe Johnson

Johnston-Organ ['dʒɔnstən-; nach dem amerikan. Arzt Christopher Johnston, *1822, †1891], bei Insekten ein im zweiten Fühlerglied befindl. Sinnesorgan, das u. a. der Wahrnehmung von Erschütterungen und Luftströmungen, als Gehör- sowie als Gleichgewichtsorgan dient.

Johnstown ['dʒɔnstaʊn], Stadt im SW von Pennsylvania, USA, 28 100 Ew.; Steinkohlenbergbau, Stahlerzeugung, chem., Textil- u. a. Industrie.

Johor ['dʒohɔ:] (früher Johore), Bundesstaat in Malaysia, 18 987 km², 2,74 Mio. Ew.; Hauptstadt ist Johor Baharu.

Johor Baharu ['dʒohɔr 'baru], Hptst. des Bundesstaates Johor, Westmalaysia, 384 600 Ew.; Lehrerseminar; Industrieparks; neuer Hafen Pasir Gudang; durch einen Damm (Eisenbahn, Straße) über die Johore Strait mit Singapur verbunden.

Jöhr, Walter Adolf, schweizer. Volkswirtschaftler, *Zürich 8. 2. 1910, †St. Gallen 1. 6. 1987; beschäftigte sich v. a. mit Konjunktur- und Wissenschaftstheorie; bekannt durch seine Begründung der Konjunkturbewegungen.

Johst, Hanns, Schriftsteller, *Seerhausen (bei Riesa) 8. 7. 1890, †Ruhpolding 23. 11. 1978; vertrat nach expressionist. Anfängen nat.-soz. Positionen (»Schlageter«, Dr. 1933); war 1933–45 Präs. der Reichsschrifttumskammer und der Dt. Akademie der Dichtung. 1949 im Entnazifizierungsverfahren als Hauptschuldiger eingestuft.

Joides Resolution ['dʒɔɪdz rezə'lu:ʃn], amerikan. Bohrschiff (Länge: 143 m, Wasserverdrängung: 18 600 ts) zur Erforschung der Ozeanböden durch Tiefseebohrungen (bei Wassertiefen bis 6 000 m bis 750 m Bohrtiefe), Inbetriebnahme 1985; v. a. im Rahmen des ↑Ocean Drilling Program eingesetzt.

Joint [dʒɔɪnt; engl., Kurzform für American Joint Distribution Committee], (seit 1945) internat. Zentralorganisation aller jüd. Wohlfahrtsverbände, gegr. 1914 in den USA als jüd. Hilfsorganisation.

Joint [dʒɔɪnt, engl.] *der,* selbst gedrehte Zigarette, deren Tabak Haschisch beigemengt ist.

Joint Implementation ['dʒɔɪnt ɪmplɪmen'teɪʃn, engl.], die gemeinsame Umsetzung der sich aus der ↑Klimarahmenkonvention ergebenden Vertragsverpflichtungen. Dabei wird angenommen, dass gemeinsam ergriffene Maßnahmen des Klimaschutzes kostengünstiger sein können als einzelstaatliche.

Joint Venture [dʒɔɪnt'ventʃə, engl.] *das,* i. w. S. grenzüberschreitende vorübergehende Kooperation von selbstständigen Unternehmen **(Joint Venturing);** i. e. S. die Bildung internationaler Gemeinschaftsunternehmen **(Joint-Ownership-Ventures).** J. V. können für Produktion, Vertrieb oder Forschung projektbezogen vereinbart werden; oft werden aber mit J. V. langfristige strateg. Unternehmensziele verfolgt (↑Direktinvestitionen).

Joinvile [ʒuɛ̃ˈvili] (früher Joinville), Stadt im NO des Bundesstaates Santa Catarina, Brasilien, 389 500 Ew. (mit Vororten); deutsch-brasilian. Kultureinrichtungen; Gießereien, Maschinen- und Gerätebau, chem. Industrie. – 1851 vom Hamburger Kolonisationsverein gegründet.

Joinville [ʒwɛ̃ˈvil], Jean Sire de, frz. Geschichtsschreiber, *1225, †24. 12. 1317; begleitete König Ludwig IX. beim Kreuzzug nach Ägypten (1248–54). Seine »Gesch. des hl. Ludwig« (1309) ist die erste Biografie in frz. Sprache.

Jojakim (Vulgata: Joakim), König von Juda (608–598 v. Chr.), †598 v. Chr.; 608 durch Pharao Necho II. eingesetzt und ihm tributpflichtig (2. Kön. 23, 33 ff.); seit 605 babylon. Vasall; beteiligte sich zum Schaden Judas an einer Koalition gegen Nebukadnezar II.

Jo-Jo [amerikan.] *das,* Geschicklichkeitsspiel, bei dem durch federndes Auf- und Abbewegen der Hand eine an einer Schnur hängende Spule auf- und abrollt.

Jojoba [mexikan.] *die* (Simmondsia chinensis), Art der Buchsbaumgewächse, in der Sonorawüste heim. immergrüner, zweihäusiger Strauch von 0,6–3 m Höhe mit ledrigen Blättern. Weibl. Pflanzen bilden pflaumengroße Kapseln mit 1–3 Samen, die 43–56 % flüssiges Wachs enthalten, das zu kosmet. und industriellen Zwecken verarbeitet wird.

Jókai [ˈjo:kɔi], Mór, ungar. Schriftsteller, *Komárom 18. 2. 1825, †Budapest 5. 5. 1904; war 1848 mit Petőfi Führer der revolutionären Jugend; Romane aus der ungar. Geschichte.

Jokaste, *grch. Mythos:* ↑Iokaste.

Joker [ˈdʒəʊkə; engl. »Spaßmacher«] *der,* **1)** in manchen *Kartenspielen* (Poker, Rommé, Canasta) gebrauchte zusätzliche 53., 54. (und 55.) Karte mit dem Bild eines Narren; kann jede beliebige Karte vertreten.

2) *Torspiele:* Bez. für einen meist als Einwechselspieler nominierten Spieler, der bei seinen (Kurz-)Einsätzen wiederholt spielentscheidende Tore erzielte.

Jokohama, Stadt in Japan, ↑Yokohama.

Joliot-Curie [ʒɔlˈjokyˈri], **1)** Irène, frz. Physikerin, *Paris 12. 9. 1897, †ebd. 17. 3. 1956; Tochter von Marie und P. Curie, ⚭ (seit 1926) mit 2); ab 1918 am Institut du radium in Paris tätig, 1946–56 dessen Direktorin; seit 1937 Prof. an der Sorbonne. J.-C. entdeckte 1934 mit ihrem Mann die künstl. Radioaktivität, hierfür erhielten beide 1935 den Nobelpreis für Chemie. Sie stellte Radioisotope versch. Elemente her; nach 1945 Mitarbeit am ersten frz. Kernreaktor, 1951 als Kommunistin entlassen.

2) Jean Frédéric, eigtl. J. F. Joliot, frz. Physiker, *Paris 19. 3. 1900, †ebd. 14. 8. 1959; ⚭ (seit 1926) mit 1); Mitarbeiter von M. Curie am Institut du radium in Paris (als Nachfolger seiner Frau 1956–58 dessen Direktor), nach 1945 Vors. der frz. Atomenergiebehörde, 1950 als Kommunist entlassen; entdeckte gemeinsam mit seiner Frau die künstl. Radioaktivität und erhielt mit ihr 1935 den Nobelpreis für Chemie. Nach Entdeckung der Kernspaltung durch O. Hahn und F. Straßmann sagte J.-C. die Möglichkeit von Kernkettenreaktionen voraus. – J.-C. war namhaftes Mitgl. der Résistance.

Jolivet [ʒɔliˈvɛ], André, frz. Komponist, *Paris 8. 8. 1905, †ebd. 19. 12. 1974; erhielt wesentl. kompositor. Anregungen von E. Varèse und wirkte seit 1966 als Prof. am Conservatoire in Paris; komponierte Orchesterwerke, Konzerte (»Konzert für Ondes Martenot und Orchester«, 1947; Klavierkonzert, 1950), Ballette u. a.; war 1945–59 Musikdirektor der Comédie Française.

Jolle [niederdt.] *die,* 1) offenes, breit und flach gebautes, auf Schiffen als Bei- oder Arbeitsboot verwendetes Ruderboot mit Spiegelheck; 2) offenes, kleines, teilweise gedecktes, einmastiges Sportsegelboot mit Schwert, ballastlos und daher kenterbar; meist auf Binnengewässern. Nach Segelfläche und Bauart unterscheidet man versch. Klassen, z. B. ↑Finn-Dingi und ↑Vierhundertsiebziger.

Jollenkreuzer, *Segeln:* eine größere Jolle mit Kajüte und größerer Segelfläche (bei nat. Klassen 15 und 20 m²; Segelzeichen: schwarzes P bzw. R); für Regatten, Wanderfahrten meist auf Binnengewässern.

Jolliet [ʒɔlˈjɛt], Louis, frz. Forschungsreisender und Pelzhändler, *bei Quebec 21. (?) 9. 1645, †im Mündungsgebiet des Sankt-Lorenz-Stromes zw. Mai und Okt.

1700; unternahm 1673 zus. mit dem Jesuitenmissionar Jacques Marquette (* 1637, † 1675) eine Expedition, bei der erstmals von Weißen der Mississippi vom Wisconsin River bis zur Mündung des Arkansas River erkundet und dabei auch die Mündung des Missouri entdeckt wurde.

Jolo ['xolo], kulturell und politisch wichtigste Insel der Suluinseln der Philippinen, 893 km²; von den muslim. Tausug bewohnt.

Jolof, Sudanvolk in Westafrika, ↑Wolof.

Jom Haazmaut [hebr. »Unabhängigkeitstag«] *der,* der Nationalfeiertag Israels; wird am 5. Ijar (8. Monat im jüd. Kalender [April/Mai]) in Erinnerung an die Verlesung der israel. Unabhängigkeitserklärung am 14. 5. 1948 (5. Ijar 5708 jüd. Zeitrechnung) in Israel und in jüd. Gemeinden außerhalb Israels begangen.

Jom ha-Schoah [hebr.] *der,* in Israel jährl. Gedenktag für die Opfer des Holocaust (27. Nissan, April; außerhalb Israels der 19. 4., gleichzeitig zur Erinnerung an den Warschauer [Getto-]Aufstand 1943).

Jom Kippur [hebr.] *der,* jüd. Feiertag, ↑Versöhnungstag.

Jom-Kippur-Krieg, ↑Nahostkonflikt, ↑Israel.

Jommelli (Jomelli), Niccolò, italien. Komponist, * Aversa (Prov. Neapel) 10. 9. 1714, † Neapel 25. 8. 1774; wirkte seit 1753 als Hofkapellmeister in Stuttgart, gehört zu den bedeutendsten Vertretern der neapolitan. Opera seria (»Fetonte«, 1768); schrieb Oratorien, Kantaten und Kammermusik.

Jōmon-Kultur, vorgeschichtl. Kultur in ↑Japan.

Jona (Jonas) [hebr. »Taube«], israelit. Prophet unter Jerobeam II. Das **Buch J.** gehört zu den ↑Kleinen Propheten; es enthält eine Erzählung über den Propheten J., der sich durch Flucht dem Befehl Gottes, die Stadt Ninive zur Buße zu rufen, entziehen will (J. und der Fisch); verfasst zw. 400 und 200 v. Chr.

Jona, Stadt im Kanton St. Gallen, Schweiz, am Obersee des Zürichsees, 440 m ü. M., 15 900 Ew.; Armaturen- und Apparatebau, Elektrotechnikind.; Weinbau.

Jonagold *der,* großer, süßfruchtiger Tafelapfel (Kreuzung aus Golden Delicious und Jonathan) mit grünlich gelber bis gelber, sonnenseits orangefarbener Schale.

Jonas, 1) Bruno, Kabarettist, * Passau 3. 12. 1952; ab 1979/80 Solokabarettist; 1981–84 Mitgl. der Münchner »Lach- und Schießgesellschaft«, danach wieder Soloprogramme, Gastauftritte in der Sendung »Scheibenwischer« u. a.

2) Franz, österr. Politiker, * Wien 4. 10. 1899, † ebd. 24. 4. 1974; Mitgl. der SPÖ, 1951–65 Bürgermeister und Landeshauptmann von Wien, war 1965–74 österr. Bundespräsident.

3) Friedrich, Soziologe und Sozialphilosoph, * Berlin 20. 6. 1926, † Jugenheim in Rheinhessen (Kr. Mainz-Bingen) 7. 12.

Jona: dem Strand zurückgegeben; Illustration der Luther-Bibel (Frankfurt 1704)

100264

Inigo Jones: Queen's House in Greenwich (heute Teil des National Maritime Museum)

1968; ab 1965 Prof. in Mainz; entwickelte im Anschluss an Hegel, M. Weber, A. Gehlen und H. Schelsky eine Sozialphilosophie der industriellen Arbeitswelt.
4) Hans, dt.-amerikan. Philosoph und Religionswissenschaftler, * Mönchengladbach 10. 5. 1903, † New York 5. 2. 1993; emigrierte 1933 nach Großbritannien, 1935 nach Palästina, lehrte in Israel, Kanada und den USA; Friedenspreis des Dt. Buchhandels 1987. Beherrschendes Thema seiner Arbeiten sind der Dualismus von Mensch und Natur, den das spätantike Denken der Gnosis (»Gnosis und spätantiker Geist«, 1934–54) mit der neuzeitl. Existenzphilosophie, der modernen Naturwiss. und der technisierten Welt gemeinsam hat. Auf die Aufhebung des Dualismus zielt J.' Entwurf einer Ethik der technisierten Gesellschaft (»Das Prinzip Verantwortung«, 1979).
5) Justus, eigtl. Jodokus Koch, evang. Jurist und Theologe, * Nordhausen 5. 6. 1493, † Eisfeld (Landkreis Hildburghausen) 9. 10. 1555; seit 1521 Prof. in Wittenberg; Freund und Mitarbeiter Luthers; führte die Reformation in Halle (Saale) ein. Verf. mehrerer Kirchenordnungen
Jonathan [wohl nach dem amerikan. Juristen Jonathan Hasebrouk] *der,* mittelgroßer, süßsäuerl., roter, gut lagerfähiger Winterapfel.
Jones [dʒəʊnz], **1)** Allen, engl. Maler, Grafiker, Objektkünstler, * Southampton 1. 9. 1937; Vertreter der engl. Pop-Art; seine figürl. Kompositionen stellen oft triviale Sexsymbole in den Vordergrund; kombinierte figurative Versatzstücke mit spontaner, verwischender Malweise; in den 1980er-Jahren Aquarelle, Zeichnungen, Skulpturen zum Thema »Tanz«.
2) Elvin Ray, amerikan. Jazzmusiker (Schlagzeuger), * Pontiac (Mich.) 9. 9. 1927, † Englewood (N. J.) 18. 5. 2004; seine Spielweise (Auflösung des durchlaufenden Rhythmus) war wegweisend für das Schlagzeugspiel des Free Jazz.
3) Dame (seit 1986) Gwyneth, brit. Sängerin (Sopran), * Pontnewynydd (Wales) 7. 11. 1936; trat bes. als Wagner-, Verdi-, Puccini- und Strauss-Interpretin hervor.
4) Inigo, engl. Baumeister, Maler und Bühnengestalter, * London 15. 7. 1573, † ebd. 21. 6. 1652; nach Studien in Italien Generalbauinspektor am engl. Hof, baute in den klassizist. Formen Palladios, die für die engl. Architektur der Folgezeit maßgebend wurden (Queen's House im Londoner Stadtteil Greenwich, 1616–19 und 1629–37; Bankettsaal von Schloss Whitehall in London, 1619–22; Marktplatz von Covent Garden, ebd., 1631–38); gilt als Begründer der von Szene zu Szene wechselnden Bühnendekoration.
5) James, amerikan. Schriftsteller, * Robinson (Ill.) 6. 11. 1921, † Southampton (N. Y.) 10. 5. 1977; diente 1939–44 in der Armee; schrieb den naturalist. Roman über das Leben amerikan. Soldaten auf Hawaii kurz vor dem japan. Angriff »Verdammt in alle Ewigkeit« (1951), ferner

»Die Entwurzelten« (1957), »Viet Journal« (Reisebericht, 1974).

6) Jo (Jonathan), amerikan. Jazzmusiker (Schlagzeuger), * Chicago (Ill.) 10. 7. 1911, † New York 3. 9. 1985; spielte 1935–48 im Orchester von C. Basie, bildete dort mit dem Bassisten W. Page und dem Gitarristen F. Green eine der berühmtesten Rhythmusgruppen der Jazzgeschichte.

7) LeRoi, änderte 1966 seinen Namen in Imamu Amiri Baraka, amerikan. Schriftsteller, * Newark (N. J.) 7. 10. 1934; einer der produktivsten und aktivsten Vertreter der schwarzen Protestbewegung. Schrieb u. a. Bühnenstücke, Essays, Gedichte; gründete einen Verlag für schwarze Literatur.

8) Marion, amerikan. Leichtathletin (Sprinterin, auch Weitspringerin), * Los Angeles (Calif.) 12. 10. 1975; unter anderem Olympiasiegerin 2000 (100 m, 200 m, 4 × 400 m), Weltmeisterin 1997 (100 m, 4 × 100 m), 1999 (100 m) und 2001 (200 m, 4 × 100 m).

9) Philly Joe, eigtl. Joseph Rudolph J., amerikan. Jazzmusiker (Schlagzeuger), * Philadelphia (Pa.) 15. 7. 1923, † ebd. 30. 8. 1985; zählte zu den bedeutendsten Jazzschlagzeugern der 1950er-Jahre.

10) Quincy Delight, jr., amerikan. Jazzmusiker (Trompeter, Orchesterleiter, Komponist), * Chicago (Ill.) 14. 3. 1933; 1951–53 Trompeter im Orchester von L. Hampton; leitete um 1960 eine eigene Bigband, mit der er Europa bereiste; danach v. a. Arrangeur und Komponist von Filmmusiken. Seit den 1980er-Jahren u. a. Produzent, z. B. für Michael Jackson.

11) Tom, eigtl. Thomas Jones Woodward, brit. Schlagersänger, * Pontypridd (Wales) 7. 6. 1940; gehörte bis Mitte der 70er-Jahre zu den internat. Spitzenstars des Showbusiness; 1987 Comeback.

Jong [jɔŋ, dʒɔŋ], Erica, amerikan. Schriftstellerin, * New York 26. 3. 1942; wurde 1973 populär mit dem Roman »Angst vorm Fliegen«, der sexuelle und psycholog. Themen aus weibl. Perspektive darstellt. Der Roman »Fanny« (1980) ist eine Parodie auf den pikaresken Roman; veröffentlichte außerdem mehrere Gedichtbände.

Weitere Werke: Romane: Fallschirme und Küsse (1984); Serenissima (1987); Keine Angst vor fünfzig (1994); Inventing memory (1997).

Jọngkind, Johan Barthold, niederländ. Landschaftsmaler und Radierer, * Lattrop (Prov. Overijssel) 3. 6. 1819, † Côte-Saint-André (Dép. Isère) 27. 2. 1891; in der Wiedergabe von Atmosphäre und Licht Vorläufer des Impressionismus, behielt jedoch den tradierten Kompositionsaufbau der holländ. Landschaftsmalerei bei.

Jọngleikanal, Kanalprojekt in S-Sudan, 350 km (Baubeginn 1978, Arbeiten Nov. 1983 wegen polit. Wirren eingestellt); soll den Lauf des Weißen Nil verkürzen und östlich am Sumpfgebiet des ↑Sudd vorbeiführen und das Nilwasserangebot für Ägypten und Sudan verbessern.

Jongleur [ʒɔ̃ˈglœːr; frz., zu lat. ioculator »Spaßmacher«] *der,* Artist, Geschicklichkeitskünstler im spieler. Werfen und Auffangen von Gegenständen.

Johan Barthold Jongkind: Schlittschuhläufer, Radierung (1862)

Jonke, Gert Friedrich, österr. Schriftsteller, *Klagenfurt 8. 2. 1946; schreibt erzählende und essayist. Prosa, auch Theaterstücke, die sämtlich die tiefe Skepsis des Autors an den Möglichkeiten der Sprache spiegeln (u. a. »Geometr. Heimatroman«, 1979; »Sanftwut oder Der Ohrenmaschinist. Eine Theatersonate«, 1990, Stück; »Stoffgewitter«, 1996, Prosa; »Insektarium«, 2001, Prosaskizzen und Dialogszenen).

Jönköping [ˈjœntçø:piŋ], **1)** VerwBez. (Län) in S-Schweden, 9944 km², 327300 Ew.

2) Hptst. von 1), am S-Ufer des Vättersees, 116300 Ew.; eine der ältesten Städte Schwedens (Stadtrecht seit 1284); Hochschule für Lehrerausbildung und Kommunikation, Internat. Handelshochschule, Ingenieurhochschule; Zündholz-, Freilichtmuseum; Zündholz-, Papier-, chem., Metall verarbeitende Ind., Maschinenbau. - In der Altstadt zahlr. Gebäude aus dem 17. Jahrhundert (z. B. das Alte Rathaus und die Kristinakirche).

Jonone, Gruppe isomerer Terpenketone mit veilchenähnl. Duft, die in der Riechstoffind. verwendet werden. J. sind als Bausteine des Vitamins A und der Carotine von Bedeutung.

Jonsdorf, Kurort, Gem. im Landkreis Löbau-Zittau, Sachsen, 450–540 m ü. M., im Zittauer Gebirge, an der dt.-tschech. Grenze, 2000 Ew.; Erholungsort; Waldbühne; histor. Mühlsteinbrüche; Schmalspurbahn von Zittau; Fußgänger-Grenzübergang.

Jonson [ˈdʒɔnsn], Ben(jamin), engl. Dramatiker, *London 11. 6. 1572, †ebd. 6. 8. 1637; einer der bedeutendsten Dramatiker seiner Zeit, schrieb höf. Maskenspiele in der Tradition lat. Autoren (»Catiline«, 1611) und realist. Lustspiele, die die Missstände der Zeit geißeln und menschl. Torheiten lächerlich machen (»Ein Schurke über den anderen oder die Fuchsprelle«, 1606).

Joop, Wolfgang, Designer und Modeschöpfer, *Potsdam 18. 11. 1944; arbeitete in den 70er-Jahren für internat. Modeunternehmen als Modezeichner und Designer, stellte 1978 erstmals unter eigenem Namen eine Pelzkollektion und seit 1981 eigene Prêt-à-porter-Kollektionen unter dem Markennamen »JOOP!« vor. 1985 erste Herrenkollektion und eine der ersten Designerjeans. Nach einer betonten Oversizemode in den 1980er-Jahren wandte er sich einer femininen, figurbetonten Mode zu. Parfüm- und Kosmetikserie sowie Accessoires.

Jooss, Kurt, Tänzer, Choreograph und Ballettdirektor, *Wasseralfingen 12. 1. 1901, †Heilbronn 22. 5. 1979; Schüler von R. von Laban; 1927–33 und 1949–68 Leiter der Tanzabteilung der Folkwangschule in Essen; schuf u. a. das Ballett »Der grüne Tisch« (1932).

Joplin [ˈdʒɔplɪn], Janis, amerikan. Rock- und Bluessängerin, *Port Arthur (Tex.) 19. 1. 1943, †Los Angeles (Calif.) 4. 10. 1970; galt als eine der ausdrucksvollsten weißen Interpretinnen des Blues.

Joppe, grch. Name für ↑Jaffa.

Jörd, nord. Erdgöttin aus dem Geschlecht der ↑Asen.

Jordaens [-da:ns], Jakob, fläm. Maler, *Antwerpen 19. 5. 1593, †ebd. 18. 10. 1678; ab 1615 Meister; über Rubens von der Malerei Caravaggios beeinflusst; großformatige sittenbildl., religiöse und mytholog. Darstellungen sowie Porträts; zahlr. Handzeichnungen und Teppichentwürfe für Brüsseler Manufakturen.

Jordan *der* (hebr. Jarden, arab. Al-Urdunn), längster und wasserreichster Fluss Jordaniens und Israels sowie tiefstgelegener Fluss der Erde, durchfließt den Jordangraben; 252 km lang; entsteht aus mehreren Karstquellen, durchfließt das Huletal und den See Genezareth und fließt dann zum Toten Meer; wegen seiner vielen Windungen nicht schiffbar. Das Gefälle wird in Kraftwerken genutzt; an den Ufern subtrop. Galeriewälder. V. a. Israel leitet Wasser aus dem J. zur Bewässerung ab (bis in die Wüste Negev).

Jordan, 1) [ʒɔrˈdã] Camille, frz. Mathematiker, *Lyon 5. 1. 1838, †Paris 21. 1. 1922; Prof. in Paris; grundlegende Arbeiten zur Gruppentheorie, Topologie (u. a. jordanscher Kurvensatz) und Analysis; befasste sich intensiv mit Kristallographie.

2) Ernst Pascual, Physiker, *Hannover 18. 10. 1902, †Hamburg 31. 7. 1980; 1957–61 MdB; war maßgebend an der Entwicklung der Quantenmechanik beteiligt und wandte sie auch auf biophysikal. Fragen an, arbeitete über Quantenelektrodynamik, allg. Relativitätstheorie, Astrophysik und Kosmologie.

3) [dʒɔ:dn], Michael (»Air«), amerikan. Basketballspieler, *Brooklyn 17. 2. 1963; amerikan. Basketball-»Legende«; mit den

USA 1988 und 1992 (im »Dreamteam«) Olympiasieger, spielte u. a. bei den Chicago Bulls (1984–93, 1995–98; 1991–93 und 1996–98 NBA-Meister) und den Washington Wizards (2002/03), zweimal Rücktritt (1993, 1999); 14-mal im »All-Star-Team«, Abschiedsvorstellung im Februar 2003.

Michael Jordan

4) [dʒɔ:dn], Neil, irischer Schriftsteller und Filmregisseur, *Sligo 25. 2. 1950; Autor meisterhafter Romane (»Nocturno«, 1994) und Kurzgeschichten (»The dream of a beast«, 1983), schreibt außerdem Drehbücher; drehte u. a. die Filme: »Angel – Straße ohne Ende« (1982), »Mona Lisa« (1986), »The Crying Game« (1992), »Interview mit einem Vampir« (1994), »Michael Collins« (1996), »The Butcher Boy« (1998), »Das Ende einer Affäre« (1999).
5) Wilhelm, Schriftsteller und Politiker, *Insterburg (heute Tschernjachowsk) 8. 2. 1819, †Frankfurt am Main 25. 6. 1904; war Mitgl. der Frankfurter Nationalversammlung; markanter Vortragskünstler eigener Dichtungen, u. a. des Doppelepos in Stabreimen »Die Nibelunge« (4 Tle., 1867–74).

Jordanes, got. Geschichtsschreiber des 6. Jh.; verfasste 551 eine auf Cassiodor fußende Gotengeschichte »De origine actibusque Getarum«.

Jordangraben, in N-S-Richtung verlaufender Grabenbruch in Vorderasien, Teil des Ostafrikan. Grabensystems, am Grund des Toten Meeres bis 829 m u. M. (tiefste Depression der Erde). Wichtigste Teile sind die Beka zw. Libanon und Antilibanon, das Jordantal mit Hulaebene, Ghor, der See von ↑Genezareth sowie das Tote Meer und Wadi al-Araba.

Jordani|en (arab. Al-Urdunn, amtlich Al-Mamlaka al-Urdunnijja al-Haschimijja; dt. Haschimitisches Königreich Jordanien), Staat in Vorderasien, grenzt im W an Israel, im N an Syrien, im äußersten NO an Irak, im O und S an Saudi-Arabien. Die SW-Spitze grenzt an den Golf von Akaba (Rotes Meer).

Staat und Recht: Nach der Verf. von 1952 ist J. eine konstitutionelle Erbmonarchie (Dynastie der Haschimiten). Staatsoberhaupt und Oberbefehlshaber der Streitkräfte ist der König, der weit reichende legislative und exekutive Befugnisse besitzt. Er ernennt den MinPräs. und auf dessen Vorschlag die übrigen Mitgl. des Kabinetts sowie die Richter. Die Legislative liegt beim Zweikammerparlament, bestehend aus Senat (42 für 4 Jahre vom König ernannte Mitgl.; bis Ende 2003 wird die Zahl der Senatoren auf 55 erhöht) und Abg.haus (110 Abg., für 4 Jahre gewählt; 12 Mandate sind den christl. und tscherkess. Minderheiten vorbehalten, 6 Mandate für Frauen reserviert). Das 1957 verhängte Parteienverbot wurde offiziell erst 1992 durch das Parteienges. aufgehoben, seitdem entstand eine Vielzahl von Parteien.

Landesnatur: Etwa neun Zehntel des Landes sind Wüste oder Wüstensteppe. J. hat Anteil an der O-Flanke des Jordangrabens; östlich davon erhebt sich mit einem Steilanstieg das Ostjordan. Bergland bis zu einer Höhe von 1 745 m ü. M. (Djebel Ram). Im N überwiegen leicht gefaltete Kalk- und Dolomittafeln, im S bizarr geschnittene Sandsteinplateaus. Nach O geht das Bergland in die eintönigen Tafelländer der Syr. Wüste über, deren Oberflächenformen im N durch junge Basaltergüsse gestaltet werden. Nur der Randsaum im nördl. Abschnitt des Ostjordan. Berglandes empfängt so viel Niederschlag, dass Feldbau ohne Bewässerung möglich ist. Die Sommer sind in ganz J. tro-

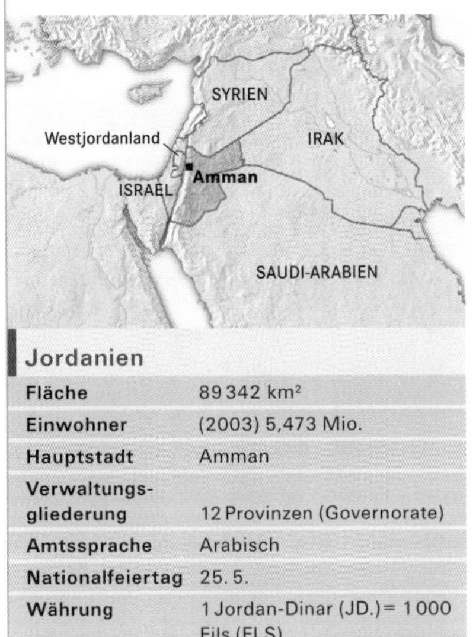

Jordanien

Fläche	89342 km²
Einwohner	(2003) 5,473 Mio.
Hauptstadt	Amman
Verwaltungs-gliederung	12 Provinzen (Governorate)
Amtssprache	Arabisch
Nationalfeiertag	25. 5.
Währung	1 Jordan-Dinar (JD.) = 1 000 Fils (FLS)
Zeitzone	OEZ

cken und heiß, die Winter mild; in den höheren Lagen des Berglandes sind Schneefälle und Frost möglich. Die verkarsteten, wasserarmen Kalkplateaus der Bergländer sind magere Weidetriften oder tragen Gehölz- und Gestrüppformationen. Nur die Beckenlandschaften und Täler werden nachhaltig genutzt.

Bevölkerung: Die Bev. besteht überwiegend aus Arabern (98 %), daneben gibt es tscherkess., armen., kurd. und turkmen. Minderheiten. Als traditionsverbundener staatstragender Schicht kommt den Beduinen in J. noch heute große Bedeutung zu. Die meisten Stämme sind allerdings sesshaft oder halbsesshaft geworden, rd. 5 % sind noch Nomaden. 2001 lebten in J. 1,6 Mio. Palästinaflüchtlinge. Die Geburtenziffer gehört trotz leichter Rückläufigkeit zu den höchsten der Erde (2,9 %). 74 % der Ew. leben in Städten. Großstädte sind Amman, Zerka und Irbid. – Der Islam ist als die Religion des Königshauses die offizielle Religion J.s. Rd. 96 % der Bev. sind Muslime (v. a. Sunniten; schiit. Minderheit [Tscherkessen]), über 4 % sind Christen (v. a. Orthodoxe). – Es besteht eine neunjährige allgemeine Schulpflicht ab dem 6. Lebensjahr. Die Analphabetenquote beträgt 10 %. Es gibt über 20 Hochschulen, darunter fünf Universitäten.

Wirtschaft und Verkehr: Gemessen am Bruttosozialprodukt zählt J. zu den Entwicklungsländern mit mittleren Einkommen. Die Wirtschaft hatte infolge der israel. Besetzung der Landesteile westlich des Jordan 1967 bes. gelitten, denn diese waren landwirtsch. intensiv genutzt, dicht besiedelt und wirtsch. viel höher entwickelt als das Ostjordanland. 1988 verzichtete J. offiziell auf die Ansprüche seines Landes auf das Westjordanland zugunsten der PLO. Heute hat sich die Wirtschaft weitgehend erholt. Landwirtschaft ist meist nur mittels künstl. Bewässerung möglich. Angebaut werden im Jordangraben Gemüse, Weizen, Melonen, Bananen, Zitrusfrüchte, im mittleren Teil des Ostjordan. Berglandes mit ausreichenden Niederschlägen v. a. Getreide, Linsen, Wicken, Tabak, Oliven, Feigen, Granatäpfel u. a. Lebensgrundlage der Halb- und Vollnomaden ist die Viehhaltung (Schafe, Ziegen, Rinder, Esel und Maultiere, Kamele, Pferde, Geflügel), doch deckt sie nicht den Fleischbedarf des Landes. Fischerei wird im Golf von Akaba betrieben, ist aber unbedeutend. Wichtigster Wirtschaftszweig ist der Phosphatabbau nordöstlich und südlich von Amman. Weltweit liegt J. bei

Jordanien: König-Abdallah-Moschee in Amman (1982–89)

Jordanien: Wadi Rim

der Phosphatproduktion an vorderer Stelle. Wirtschaftlich bedeutend sind außerdem die Salzvorkommen im Toten Meer (u.a. für die Gewinnung von Pottasche); Ölschiefer- und neu entdeckte Erdölvorkommen im S des Landes. Wichtigste Ind.betriebe sind die Düngemittelfabrik bei Akaba und eine Erdölraffinerie in Zerka, daneben überwiegen kleinere und mittlere Betriebe der pharmazeut., Nahrungsmittel-, Bekleidungs- und Schuhindustrie. Der Fremdenverkehr ist zweitgrößter Devisenträger. Touristenziele sind u.a. die histor. Stätten von Petra und Gerasa, Amman sowie die zum Touristenzentrum ausgebaute Hafenstadt Akaba. – Haupthandelspartner sind Irak, Indien, Saudi-Arabien, die USA, die EU-Länder, Israel und China. Ausgeführt werden u.a. Naturphosphat, Pottasche, Obst und Gemüse, Chemikalien, eingeführt Maschinen und Transportausrüstungen, Nahrungsmittel, Erdöl, Eisen und Stahl, Kfz u.a. – Das Eisenbahnnetz (nur noch für den Phosphattransport zur Hafenstadt Akaba von Bedeutung) ist 618 km lang, das v.a. im NW gut ausgebaute Straßennetz 7245 km. Akaba ist der einzige Hafen; internat. Flughäfen sind in Amman und Akaba.

Geschichte: Das Gebiet östlich des Jordans war schon in der Frühzeit eng mit der Geschichte Israels (Palästina) verbunden; in röm. Zeit (seit 64/63 v.Chr.) bildete es die Prov. **Arabia Petraea** und wurde unter byzantin. Oberhoheit von den arab. (christl.) Ghassaniden beherrscht; nach der Eroberung durch die muslim. Araber im 7.Jh. teilte es das Schicksal Syriens, 1516–1918 unter den osman. Sultanen gehörte es zur Prov. Damaskus. Mit Palästina wurde das Gebiet 1920 unter brit. Mandat gestellt (bis 1948). 1921 setzte Großbritannien den Haschimiten Abd Allah Ibn al-Husain als Emir von Trans-J. (Ostjordanland) ein, das 1923 formell von Palästina getrennt wurde und 1925 im Abkommen mit Saudi-Arabien durch Akaba Zugang zum Meer erhielt; im Febr. 1928 wurde ein brit. Hochkommissar (u.a. für Außenpolitik) eingesetzt, zuständig für den Aufbau der Armee (Arab. Legion) war J. B. Glubb (Glubb Pascha). Am 22. 3. 1946 erhielt das Land die nominelle Unabhängigkeit, der Emir nahm den Königstitel an (25. 5.). Im 1.Israelisch-Arab. Krieg (1948/49) Besetzung der östl. arab. Teile Palästinas (so genanntes **West-J.** oder **Westjordanland**, auch Cis-J.) und der Altstadt von Jerusalem (O-Jerusalem). Der Ausrufung des **Haschimit. Königreichs J.** am 12.12.1949 folgte 1950 die offizielle Eingliederung West-J. (zunehmende Gegnerschaft der Bev. zur Monarchie). König Abd Allah Ibn al-Husain fiel 1951 einem Attentat zum Opfer, Nachfolger wurde sein Sohn Talal (1952 zugunsten seines Sohnes Husain II. zurückgetreten). Wachsende antibrit. Opposition erzwang die Entlassung Glubbs (März 1956) und die Aufkündigung des Bündnisses mit Großbritannien (März 1957). Febr.–Juli 1958 bestand die »Arab. Föderation« mit Irak. Die Armee wurde im Mai 1967 ägypt. Oberbefehl unterstellt. Im 3.Israelisch-

Arab. Krieg (Juni 1967) kamen West-J. und O-Jerusalem an Israel (in der Folge starke Einwanderung palästinens. Flüchtlinge). 1970/71 (Höhepunkt: »Schwarzer Sept.« 1970) Zerschlagung und Vertreibung der palästinens. Organisationen. aus J. Auf der arab. Gipfelkonferenz in Rabat (Okt. 1974) Verzicht auf West-J. zugunsten der Palästinenser (endgültig Aug. 1988 an die PLO abgegeben). Im April 1978 wurde ein Nat. Konsultativrat zur Beratung des Königs gebildet, nachdem 1974 das Parlament aufgelöst worden war. In der 2. Hälfte der 1980er-Jahre leitete König Husain II. einen Demokratisierungs- und Liberalisierungsprozess ein. Nach der Aufhebung des seit 1967 geltenden Kriegsrechtes und der Verabschiedung einer »Nat. Charta« 1991 fanden 1993 erstmals seit 1956 Wahlen statt, bei denen mehrere konkurrierende Parteien zugelassen waren. Nach dem Tod von König Husain II. im Febr. 1999 übernahm sein Sohn Abdullah II. die Amtsgeschäfte; er verbot – wie sein Vater 1994 – Palästinenseraktivisten jegl. polit. Betätigung in J. (v. a. der Hamas).

Im 1. Golfkrieg (1980–88) stand J. bedingt auf der Seite Iraks. Nach dem Einmarsch irak. Truppen in Kuwait (1990), bei dem die Bev., bes. die in J. lebenden Palästinenser, starke Sympathien für die irak. Seite zeigte, bemühte sich König Husain II. trotz einer (unter dem Eindruck dieser Stimmung) bedingt proirak. Haltung noch kurz vor Ausbruch des 2. Golfkrieges (1991) um Vermittlung. Im Herbst 1991 nahm eine gemeinsame jordanisch-palästinens. Delegation an der Madrider Nahostkonferenz teil. Nach dem Abschluss des Gaza-Jericho-Abkommens (Sept. 1993) schloss J. mit Israel am 26. 10. 1994 einen Friedensvertrag. König Husain II. war zuletzt immer wieder als Vermittler im Nahostkonflikt aufgetreten. Sein Sohn Abdullah II. unterstützte im Jan. 2001 die unnachgiebige Haltung J. Arafats in der Frage des Rückkehrrechts der palästinens. Flüchtlinge. – 1999 wurde J. Mitgl. der WTO.

📖 *Bender, F.: Geologie von J. Berlin u. a. 1968. – J. Auf den Spuren alter Kulturen, hg. v. F. Dexinger u. a. Innsbruck 1985. – Scheck, F. R.: J. Völker u. Kulturen zw. Jordan u. Rotem Meer. Köln ²1987. – Der Königsweg. 9000 Jahre Kunst u. Kultur in J. Mainz 1987. – Czichowski, F.: J. Internat. Migration, wirtsch. Entwicklung u. soziale Stabilität. Hamburg 1990. – Ṣalībī, K. S.: The modern history of Jordan. London 1993. – Lavergne, M.: La Jordanie. Paris 1996. – Winckler, O.: Population growth and migration in Jordan. 1950–1994. Brighton 1997. – Piro, T. J.: The political economy of market reform in Jordan. Lanham 1998. – The prehistoric archaeology of Jordan, hg. v. D. O. Henry. Oxford 1998. – Dieterich, R.: Transformation oder Stagnation? Die jordan. Demokratisierungspolitik seit 1989. Hamburg 1999.*

Jordansmühler Kultur, jungsteinzeitl. Kulturgruppe (4. Jt. v. Chr.), benannt nach dem Gräberfeld von Jordansmühl, heute Jordanów Śląski in der Wwschaft Niederschlesien, Polen. Bekanntester Fund ist die mit Schnurabdrücken verzierte Tonplastik eines Widders.

Jores, Arthur, Internist, *Bonn 10. 2. 1901, †Hamburg 11. 9. 1982; arbeitete bes. auf den Gebieten Psychosomatik, Endokrinologie und biolog. Rhythmusforschung.

Jorf Lasfar, El- [dʒ-], Ind.hafen an der Atlantikküste Marokkos, 15 km südlich von El-Jadida, 1982 fertig gestellt. Phosphatexport; Düngemittelfabrik.

Jorge [ˈʒɔrʒə], Lídia, portugies. Schriftstellerin, *Boliqueime (Distr. Faro) 18. 6. 1946; behandelt in ihren Romanen (u. a. »Der Tag der Wunder«, 1978; »Die Küste des Raunens«, 1988; »Die Decke des Soldaten«, 1999) die Auflösung traditioneller Lebensformen, Spannungen zw. den Geschlechtern, fantast. und reale Wirklichkeit.

Jørgensen [ˈjœrnsən], **1)** Anker, dän. Politiker, *Kopenhagen 13. 7. 1922; war 1973–87 Vors. der Sozialdemokrat. Partei, 1972–73 und 1975–82 Ministerpräsident.

2) Johannes, eigtl. Jens J., dän. Schriftsteller, *Svendborg 6. 11. 1866, †ebd. 29. 5. 1956; wirkte bes. durch seine träumer. Naturdichtung stark auf die junge Generation. 1896 trat er zum Katholizismus über; lebte meist im Ausland (1913/14 Prof. für Ästhetik in Löwen). Gedichtsammlungen, Reiseschilderungen, Heiligenbiografien (»Der heilige Franz von Assisi«, 1907).

Jorn, Asger Oluf, eigtl. Jørgensen, dän. Maler, Grafiker und Keramiker, *Vejrum (bei Struer, Amt Ringkøbing) 3. 3. 1914, †Århus 1. 5. 1973; führendes Mitgl. der Künstlergruppe ↑Cobra; farbintensive, visionäre Bilder mit figürl. Motiven, z. T. aus der nord. Volkskunst. – Abb. S. 306

Joruba, Volk in Nigeria, ↑Yoruba.

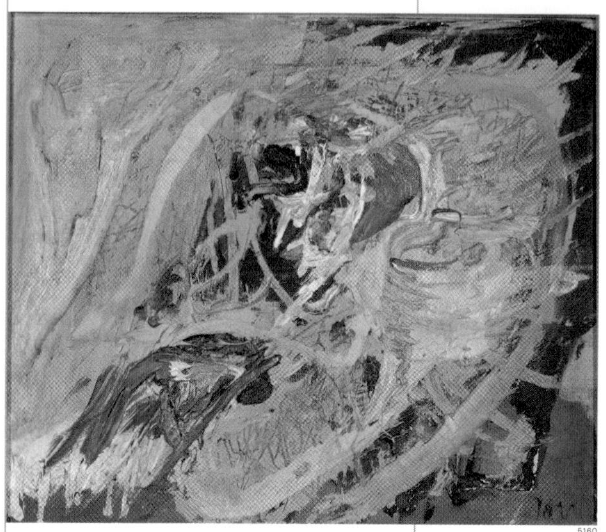

Asger Oluf Jorn: Tête solaire (um 1951/52; Ludwigshafen, Wilhelm-Hack-Museum)

5160

Jos [dʒɔ:s], Hptst. des Bundesstaates Plateau in Nigeria, 1 200 m ü. M. (auf dem **Josplateau** bis 1 781 m ü. M.), 510 300 Ew.; kath. Bischofssitz; Univ., Museen; Erholungsort. Zentrum des Zinnerz- und Columbitbergbaus mit Zinnhütte, Stahlwalzwerk u. a. Industrie; Flughafen.

Joschkar-Ola (bis 1919 Zarjowokokschaisk, 1919–27 Krasnokokschaisk), Hptst. der Rep. Mari El in der Russ. Föderation, 249 800 Ew.; Univ., TH, Mari-Forschungsinstitut; Maschinen-, Gerätebau, Kunstleder-, Nahrungsmittel-, Textilindustrie. – 1584 als Festung und Verw.zentrum gegründet.

Joseph, 1) A. T.: Sohn von Jakob und Rahel (1. Mos. 30, 24), Vater von Ephraim und Manasse; Patriarch; Hauptgestalt der bibl. **Josephsgeschichte** (1. Mos. 37–50), nach der er von seinen Brüdern nach Ägypten verkauft wurde und dort zum höchsten Beamten des Pharao aufstieg.

2) N. T.: der Mann Marias, der Mutter Jesu, Zimmermann aus Nazareth (Mt. 13, 55); Heiliger, Tag: 19. 3.; als Patron der Arbeiter auch am 1. 5. verehrt.

Joseph, Herrscher:

Hl. Röm. Reich: **1) J. I.,** Kaiser (1705–11), *Wien 26. 7. 1678, †ebd. 17. 4. 1711; ältester Sohn Kaiser Leopolds I., setzte den Span. Erbfolgekrieg siegreich fort und restaurierte die kaiserl. Macht (1706 Reichsacht gegen die Kurfürsten von Köln und Bayern; militär. Erfolge in Italien).

2) J. II., Kaiser (1765–90), *Wien 13. 3. 1741, †ebd. 20. 2. 1790; ältester Sohn Kaiser Franz' I. und Maria Theresias, 1765–80 Mitregent seiner Mutter in den habsburg. Erblanden. Gegen ihren Willen setzte er 1772 die Teilnahme Österreichs an der 1. Teilung Polens durch (Gewinn von Galizien); die Türkei zwang er 1775 zur Abtretung der Bukowina. Sein Plan einer Erwerbung Bayerns scheiterte ebenso an Friedrich d. Gr. (Bayer. Erbfolgekrieg 1778/79) wie 1785 der Plan eines Austausches Bayerns gegen die Österr. Niederlande. So kam es zum Bündnis mit Russland. – J. war einer der Hauptvertreter des aufgeklärten Absolutismus. Sein großes Ziel war ein zentralistisch verwaltetes Reich mit dt. Staatssprache; in Galizien und der Bukowina, in Ungarn und Siebenbürgen gründete er zahlr. dt. Ansiedlungen. Trotz erhebl. Förderung des Schul-, Bildungs- und Gesundheitswesens, der Rechtspflege (Josephin. Gesetzbuch mit Abschaffung der Folter) und Fortsetzung der Bauernbefreiung rief seine antiständ. und antiföderalist. Reformpolitik (↑Josephinismus) wachsenden Widerstand hervor, der zu einer Rücknahme der meisten Reformen nach seinem Tod führte.

📖 *Fejtő, F.: J. II. Porträt eines aufgeklärten Despoten. A. d. Frz. München 1987. – Fink, H.: J. II. Kaiser, König u. Reformer. Sonderausg. Düsseldorf u. a. 1993.*

Spanien: **3) Joseph Bonaparte,** König

von Neapel (1806–08) und Spanien (1808 bis 1813), *Corte (Korsika) 7. 1. 1768, †Florenz 28. 7. 1844; ältester Bruder Napoleons I. Als Napoleon ihn zum König von Spanien einsetzte, wurde ein Volksaufstand ausgelöst (↑Napoleonische Kriege); J. musste nach der Niederlage bei Vitoria (1813) Spanien verlassen.

Joseph-Breitbach-Preis, nach dem Schriftsteller und Mäzen Joseph Breitbach benannter höchstdotierter dt. Literaturpreis. Der J.-B.-P. gilt für alle Literaturgattungen und wird jährlich an verdiente dt.sprachige Autoren verliehen. Das Preisgeld betrug bis 2003 insgesamt 120000€, 2004 50000€; finanziert wird es von der Joseph-Breitbach-Stiftung. – Preisträger (1998) Brigitte Kronauer, Hans Boesch, Friedhelm Kemp; (1999) Reinhard Jirgl, Rainer Malkowski, Wolf Lepenies; (2000) Ilse Aichinger, W. G. Sebald, Markus Werner; (2001) Thomas Hürlimann, Ingo Schulze, Dieter Wellershoff; (2002) Robert Menasse, Erika Burkart, Elazar Benyoetz; (2003) Herta Müller, Harald Weinrich, Christoph Meckel; (2004) Raoul Schrott.

Joséphine [ʒozeˈfin], Kaiserin der Franzosen, *Les Trois-Îlets (Martinique) 23. 6. 1763, †Schloss Malmaison 29. 5. 1814; erste Gemahlin Napoleons I., geb. Tascher de la Pagerie; heiratete 1779 den Vicomte A. de Beauharnais, der 1794 hingerichtet wurde; aus dieser Ehe stammten Eugen ↑Beauharnais und ↑Hortense. 1796 schloss sie die Ehe mit Napoléon Bonaparte, der sie 1804 zur Kaiserin krönte. Die kinderlos gebliebene Ehe wurde am 16. 12. 1809 geschieden.

Josephinebank [ˈdʒəʊzɪfiːn-], Bank vor der Straße von Gibraltar von etwa 150 m geringster Tiefe, 1869 durch das schwed. Forschungsschiff »Josephine« gefunden, 1937 durch »Meteor« abgelotet und 1967 von der zweiten »Meteor« systematisch untersucht.

Josephinismus *der,* i. e. S. die Kirchenpolitik Kaiser Josephs II., die vom Geist der Aufklärung bestimmt war, die kath. Kirche in Österreich vollständig der Staatshoheit unterstellte und Nichtkatholiken private Religionsausübung zugestand (Toleranzpatent 1781). I. w. S. ist der J. eine von den Reformideen des aufgeklärten Absolutismus und der kath. Aufklärung bestimmte geistige Haltung, die bes. das österr. Beamtentum bis weit ins 19. Jh. formte.

Josephsehe (Engelsehe), *kath. Theologie:* Ehe, bei der die Ehegatten aus religiösen Motiven auf die geschlechtl. Vereinigung verzichten.

Josephson, 1) [ˈdʒəʊzɪfsn], Brian David, brit. Physiker, *Cardiff 4. 1. 1940; erhielt 1973 für Untersuchungen auf dem Gebiet der Supraleitung (↑Josephson-Effekte) mit L. Esaki und I. Giaever den Nobelpreis für Physik.

2) [ˈjusɛfsɔn], Ernst Abraham, schwed. Maler und Zeichner, *Stockholm 16. 4. 1851, †ebd. 22. 11. 1906; lebte 1879–88 in Paris, wo er, beeinflusst von É. Manet, meisterhafte Porträts malte; seine religiös, historisch und literarisch inspirierten Werke gaben dem schwed. Expressionismus wichtige Impulse.

Josephson-Effekte [ˈdʒəʊzɪfsn-], 1962 von B. D. Josephson theoretisch vorausgesagte und wenig später experimentell nachgewiesene quantenmechan. Festkörpereffekte. Sie beruhen auf dem Durchgang (↑Tunneleffekt) von Cooper-Paaren durch eine Kontaktstelle zw. zwei Supraleitern, die durch eine sehr dünne Isolierschicht oder durch eine sehr enge supraleitende Verbindung (Größenordnung einige Nanometer) voneinander getrennt sind **(Josephson-Kontakt).** Zw. den Supraleitern fließt ein spannungsloser Suprastrom; diesen Vorgang nennt man **Gleichstrom-J.-E.,** er erlaubt sehr empfindl. Magnetfeldmessungen. Beim Anlegen einer Gleichspannung an den Tunnelkontakt fließt ein hochfrequenter Wechselstrom **(Wechselstrom-J.-E.).** – Wichtige techn. Anwendungen der J.-E. sind Mikrowellengeneratoren und -detektoren, parametr. Verstärker sowie log. Schalt- und Speicherelemente **(Josephson-Elemente)** mit äußerst kurzen Schaltzeiten für die Informatik. – Abb. S. 308

Josephus Flavius, eigtl. Joseph ben Mathitjahu, jüd. Geschichtsschreiber, *Jerusalem 37 oder 38 n. Chr., †Rom um 100; führend am jüd. Aufstand (66–70 n. Chr.) beteiligt, ging zu den Römern über; schrieb in Rom in grch. Sprache die »Gesch. des jüd. Krieges«.

Joseph von Arimathaia, Mitgl. des jüd. Hohen Rates z. Z. Jesu; hatte dem Todesbeschluss nicht zugestimmt; bestattete Jesus in einem Felsengrab (Mk. 15, 42 ff.); Heiliger, Tag: 17. 3.

Joseph von Wolokolamsk (Jossif Wolozki), eigtl. Ioann Sanin, russisch-orth.

600

Josephson-Effekte: Tunnelkontakte in 137facher Vergrößerung

Theologe, * bei Moskau 14. 11. 1439, † Wolokolamsk (Gebiet Moskau) 8. 9. 1515; Gründer und Abt des Klosters von Wolokolamsk, befürwortete die Einflussnahme der Kirche auf Staat und Gesellschaft und wurde damit ein Wegbereiter des russ. Staatskirchentums. Heiliger der russisch-orth. Kirche, Tag: 18. 10.

Josia (Josias), König von Juda (639–609 v. Chr.), stellte nach dem Niedergang des assyr. Reiches die polit. Selbstständigkeit Judas wieder her; reinigte den Jahwekult von Fremdeinflüssen und zentralisierte ihn im Jerusalemer Tempel.

Jospin [ʒɔsˈpɛ̃], Lionel, frz. Politiker, * Meudon 12. 7. 1937; Prof. für Wirtschaftswiss.en in Paris, 1981–88 Erster Sekr. der Sozialist. Partei und Abg. der Nationalversammlung, 1988–92 Staatsmin. u. a. für Erziehung, Forschung, Jugend und Sport; unterlag bei den Präsidentschaftswahlen 1995 als Kandidat der Linken dem Gaullisten J. Chirac. 1995–97 wieder Erster Sekr. der Sozialist. Partei, wurde J. nach dem Wahlsieg der Sozialisten 1997 Premiermin.; trat nach der erneuten deutl. Niederlage bei den Präsidentschaftswahlen 2002 als Reg.chef zurück.

Josquin Desprez [ʒɔsˈkɛ̃ deˈpre] (Josquin des Prés), frankofläm. Komponist, * vielleicht Beaurevoir (bei Saint-Quentin) um 1440, † Condé-sur-l'Escaut (bei Valenciennes) 27. 8. 1521; wirkte 1459–74 als Sänger in Mailand, 1486–99 in der päpstl. Kapelle in Rom, danach in Mailand und (bis 1505) in Ferrara; berühmtester Meister der Zeit um 1500; sein Werk umfasst Messen, Motetten und weltl. Kompositionen (meist Chansons); wandte sich von virtuoser Kontrapunktik einer mehr ausdrucksserfüllten Polyphonie zu.

Josselin [ʒɔsˈlɛ̃], Gem. im frz. Dép. Morbihan, Bretagne, 2 300 Ew. – Festungsähnl. Schloss (14.–16. Jh.), ein bedeutendes Werk im Flamboyantstil; Notre-Dame-du-Roncier (heutige Kirche 12.–14. Jh.).

Jostabeere, Kreuzung zw. Schwarzer **Jo**hannisbeere und **Sta**chelbeere; mit stachellosen Trieben und stachelbeergroßen schwarzen Früchten.

Jostabeere: Zweig mit Früchten

Jostedalsbre [ˈju-], Plateaugletscher in S-Norwegen, zw. Sogne- und Nordfjord, höchster Punkt 2 083 m ü. M., etwa 100 km lang, 10–15 km breit, mit 486 km² größter Gletscher des europ. Festlandes. Seit Beginn des 20. Jh. geht er stark zurück.

Josu, Stadt in Süd-Korea, ↑ Yosu.

Cornelias
Geburtstag

Restaurant BABY
B... euther Str. 36
90498 Nürnberg
Tel.: 0911 536127 FAX 5817772
Zwischenrechnung
Separieren von Tisch 20

h #20

TZATZIKI à 2,90	2,90
SAGANAKI à 3,80	3,80
29,00 ...TELLER FÜR ? PERSONEN	29,00
CALAMARI GEFÜLLT à 13,60	13,60
9,80 ZUNGENFILET GEBACKEN	9,80
LAMMMKOTELETT à 8,90	8,90
SANTA LAURA 0,25 à 3,00	9,00
TAFELWASSER 0,4L à 2,50	5,00
SOFTDRINK 0,4L à 2,50	5,00
WEIZEN 0,4L à 2,40	4,80
ANIS LIQUERE à 2,00	6,00

ldo 107,80
:54 28.1.2006 Bediener 5 27
Vielen Dank!
Auf Wiedersehen

Josua (Vulgata: Iosua), nach 5. Mos. 31, 14 und 23 Nachfolger Moses' und Anführer der israelit. Stämme bei der Landnahme in Palästina. – Das **Buch J.** (entstanden Mitte des 6. Jh. v. Chr.) beschreibt diese (unhistorisch) als Abfolge krieger. Eroberungen.

Jota, eingedeutschte Schreibung für ↑Iota.

Jota ['xota] *die,* rascher span. Volkstanz aus Aragonien im $^3/_8$- oder $^3/_4$-Takt, meist von Kastagnetten, Gitarren und Bandurrias, selten von Trommeln und Pfeifen begleitet.

Jötun, *nord. Mythos:* Riesen mit mehreren Armen und Häuptern, Feinde der ↑Asen; ihr Reich ist **Jötunheim** (Utgard).

Jotunheim, Gebirgsmassiv in S-Norwegen, in den Verw.gebieten Sogn og Fjordane und Oppland; aus Gabbro aufgebaut, stark glazial überformt, mit etwa 200 meist alpin zugeschärften Gipfeln über 2000 m und den beiden höchsten Bergen N-Europas, **Glittertind** (einschl. seines Firnfeldes 2472 m ü. M., ohne Firnfeld 2451 m) und **Galdhøpigg** (2469 m ü. M.); zahlr. Gletscher; Fremdenverkehrsgebiet, durch die Straße Sogndal–Lom erschlossen.

Jotuni, Maria, eigtl. M. Tarkiainen, finn. Schriftstellerin, * Kuopio 9. 4. 1880, † Helsinki 30. 9. 1943; schilderte in Erzählprosa und Schauspielen mit psycholog. Scharfsinn und verstecktem Humor die wortkargen Menschen ihrer Heimat.

Joubert [ʒu:'bɛr], Joseph, frz. Moralist, * Montignac (Dép. Dordogne) 7. 5. 1754, † Villeneuve-sur-Yonne (Dép. Yonne) 4. 5. 1824; Freund von F. R. de Chateaubriand. Seine »Gedanken, Versuche und Maximen« (in Ausw. hg. 1838, erweitert 1842) sind stilistisch meisterhaft formulierte Gedanken über das Wesen der Dichtung und des Menschen.

Jouhandeau [ʒuã'do], Marcel, frz. Schriftsteller, * Guéret (Dép. Creuse) 26. 7. 1888, † Rueil-Malmaison 7. 4. 1979; schrieb vom »Renouveau catholique« beeinflusste, meist autobiograf., teils realist., teils traumhafte Schilderungen frz. Provinzlebens. Romane: u. a. »Herr Godeau« (1926), »Herr Godeau heiratet« (1933); »Chaminadour« (Erzn., 3 Bde., 1934–41), »Journaliers« (Erinnerungen, 28 Bde., 1961–82).

Jouhaux [ʒu'o], Léon, frz. Gewerkschaftsführer, * Paris 1. 7. 1879, † ebd. 29. 4. 1954; Arbeiter, seit 1909 Gen.-Sekr. des Gewerkschaftsbundes CGT, setzte 1914 eine Zusammenarbeit mit der Regierung durch, rief gegen das Münchener Abkommen (1938) zum Generalstreik auf. Im Zweiten Weltkrieg war er in Dtl. interniert. Angesichts der kommunist. Mehrheit im CGT-Präsidium gründete er 1947 die CGT – Force Ouvrière. 1951 Friedensnobelpreis.

Joule [dʒu:l; nach J. P. Joule] *das,* Einheitenzeichen **J,** SI-Einheit der Arbeit, Energie, Wärmemenge. Die Arbeit 1 J wird verrichtet, wenn eine Kraft von 1 N über eine Weglänge von 1 m wirkt: 1 J = 1 Ws = 1 Nm = 1 kg m^2/s^2 = 0,2388 cal.

Joule [dʒu:l], James Prescott, brit. Physiker, * Salford (bei Manchester) 24. 12. 1818, † Sale (Cty. Cheshire) 11. 10. 1889; fand 1841 das ↑Joule-Gesetz und war einer der Entdecker des Energiesatzes; er bestimmte die Menge der durch mechan. Arbeit erzeugten Wärme (mechan. Wärmeäquivalent), untersuchte die innere Energie der Gase und entdeckte mit W. Thomson bei Gasdrosselversuchen den Abkühlungseffekt (↑Joule-Thomson-Effekt).

Jotunheim: Landschaft im Jotunheim Nationalpark

Joule-Effekt [dʒu:l-], ↑Magnetostriktion.

Joule-Gesetz [dʒu:l -], von J. P. Joule entdeckte Aussage über die Erwärmung eines elektr. Leiters infolge Stromdurchgangs. Für die erzeugte Wärmemenge Q **(Joule-Wärme)** gilt: $Q = R \cdot I^2 \cdot \Delta t = U \cdot I \cdot \Delta t$; R ist der elektr. Widerstand des Leiters, Δt die Zeit des Stromflusses, I die Stromstärke und U die Spannung.

joulesche Expansion [dʒul-; nach J. P. Joule], Volumenzunahme, die zu einer Abkühlung führt, ausgenutzt im ↑Joule-Thomson-Effekt. Der Energiegehalt eines realen Gases ändert sich (im Ggs. zum idealen Gas) bei Volumenzunahme **(Entspannung).** Die relevanten Wechselwirkungen werden in der Van-der-Waals-Zustandsgleichung ausgedrückt.

Joule-Thomson-Effekt [dʒu:l ˈtɔmsn -; nach J. P. Joule und W. Thomson], die Temperaturänderung eines realen Gases durch Ausdehnung beim Durchströmen eines Drosselventils (z. B. eine poröse Keramik) ohne äußere Arbeitsleistung und Wärmeaustausch **(adiabat. Entspannung).** Bei hohen Temperaturen tritt Erwärmung **(negativer J.-T.-E.)** auf, unterhalb der für jedes Gas charakteristischen Inversionstemperatur dagegen Abkühlung **(positiver J.-T.-E.).** Auf der Abkühlung beruhen wichtige Verfahren der ↑Gasverflüssigung.

Journal [ʒʊrˈna:l, frz.] *das,* **1)** *allg.:* Zeitschrift; Zeitung.

2) *Wirtschaft:* Tagebuch, Grundbuch in der Buchführung.

Journalismus [ʒʊr-, frz.] *der,* die publizist. Arbeit in Presse, audiovisuellen Medien, Nachrichtenagenturen, Werbung und Öffentlichkeitsarbeit, die neben dem Recherchieren, Bearbeiten und Präsentieren der Meldungen auch deren Interpretation und Analyse umfasst. Von grundlegender Bedeutung für den J. eines Landes ist das politisch-gesellschaftl. System, v. a. durch die Festlegung der rechtl. Grundlagen (z. B. Freiheit der Informationsbeschaffung, Meinungsfreiheit) für die journalist. Tätigkeit. ✣ **siehe ZEIT Aspekte**

📖 *Weischenberg, S.: Journalistik. Theorie u. Praxis aktueller Medienkommunikation, 3 Bde. Opladen u. a. 1-21995–98. – Prakt. J. in Zeitung, Radio u. Fernsehen, hg. v. H. Pürer. Konstanz 21996.*

Journalist [ʒʊr-, frz.] *der,* Publizist, der für Zeitungen, Zeitschriften, Nachrichten- und Pressedienste, bei Film, Funk und Fernsehen tätig und durch die Verbreitung von Informationen von großem Einfluss auf die öffentl. Meinung ist.

Jouve [ʒu:v], Pierre-Jean, frz. Schriftsteller, *Arras 11. 10. 1887, †Paris 8. 1. 1976; schrieb Gedichte, Essays (u. a. über C. Baudelaire und W. A. Mozart) und Romane (u. a. »Paulina 1880«, 1925), die vom Katholizismus und der Beschäftigung mit der Psychoanalyse geprägt sind.

Jouvet [ʒuˈvɛ], Louis, frz. Schauspieler, Regisseur und Bühnenleiter, *Crozon (Dép. Finistère) 24. 12. 1887, †Paris 16. 8. 1951; Mitarbeiter an J. Copeaus revolutionärem »Théâtre du Vieux-Colombier«, leitete die »Comédie des Champs-Elysées« (1924–33) und das »Théâtre de L'Athénée« (1934–51); inszenierte bevorzugt J. Giraudoux; wirkte in vielen Filmen mit (u. a. »Nachtasyl«, 1936; »Spiel der Erinnerung«, 1937).

Joux, Vallée de [vaˈle dəˈʒu:] *die,* Hochtal im Schweizer Jura, Kt. Waadt, von der Orbe durchflossen, die auch den **Lac de J.** (1 004 m ü. M., 9 km²) speist. Hauptort ist Le Sentier (1 024 m ü. M.); Uhren- und feinmechan. Industrie.

Jovine, Francesco, italien. Schriftsteller, *Guardialfiera (Prov. Campobasso) 9. 10. 1902, †Rom 30. 4. 1950; setzte sich in seinen neorealist. Romanen (u. a. »Die Äcker des Herrn«, 1950) und Erzählungen bes. für die sozial Entrechteten ein.

Jowkow, Jordan Stefanow, bulgar. Schriftsteller, *Scherawna (bei Sliwen) 9. 11. 1880, †Plowdiw 15. 10. 1937; von der Volksliteratur beeinflusste Erzählungen (»Balkanlegenden«, 1927) aus dem Leben der Dobrudschabauern.

Joya de Cerén [ˈxoja ðe θeˈrren], Mayastätte im SW von El Salvador, nordwestlich von San Salvador. – Die Mayasiedlung (Blütezeit 5.–6. Jh.) wurde um 600 infolge des Ausbruchs des Vulkans Loma Caldera völlig verschüttet. Die Fundgegenstände der 1976 entdeckten Ruinenstätte (UNESCO-Weltkulturerbe) vermitteln einen Einblick in das Leben der ländl. Bevölkerung der Mayazeit.

Joyce [dʒɔɪs], James, engl. Schriftsteller irischer Herkunft, *Dublin 2. 2. 1882, †Zürich 13. 1. 1941; Ausbildung an Jesuitenschulen und am University College in Dublin; wandte sich frühzeitig von der kath. Kirche ab, ging 1902 nach Paris, lebte seit 1904 im selbst gewählten Exil (u. a. Triest, Zürich, Paris). J. begann mit Lyrik, den Kurzgeschichten »Dubliner« (1914), dem autobiograf. Jugendroman »Ein Porträt des Künstlers als junger Mann« (1916) und dem ebenfalls autobiograf. Drama »Verbannte« (1918). In dem großen Romanwerk »Ulysses« (1922) werden die Erlebnisse und Gedanken der Hauptfigur (Bloom) an einem Tag zu bestimmten Abschnitten der Odyssee in Verbindung gesetzt: Der Held wird zum Jedermann, Dublin zur Welt, der Alltag zur Menschheitsgeschichte; mittels der von J.

weiterentwickelten Technik der Versprachlichung des Bewusstseins (↑Stream of Consciousness) der Hauptgestalten, bes. ihrer vor- und unbewussten psych. Prozesse, erschloss er neue Wirklichkeitsbereiche für das Erzählen. In »Finnegans Wake« (entstanden 1922–39) schuf er eine eigene, mit vielen Anspielungen arbeitende, schwer verständl. Sprachform; auch hier wird alles Geschehen mit mythisch-symbol. Bedeutung erfüllt. J. hat die moderne Literatur stark beeinflusst.

📖 *Gilbert, S.: Das Rätsel Ulysses. A. d. Engl., Neuausgabe 1983. – Haefner, G.: Klassiker des engl. Romans im 20. Jh. Joseph Conrad, D. H. Lawrence, J. J., Virginia Woolf, Samuel Beckett. Heidelberg 1990. – J. J.s »Ulysses«. Neuere dt. Aufsätze, hg. v. T. Fischer-Seidel. Frankfurt am Main ⁴1991. – Ellmann, R.: J. J. Aus dem Engl. Neuausg. Frankfurt am Main 1996.*

100264

James Joyce

Joyeuse Entrée [ʒwaˈjøːz ãˈtre; frz. »fröhl. Einzug«] *die* (fläm. Blijde Incomst), Urkunde über die Unteilbarkeit des Landes und über Vorrechte der brabant. Stände, die die Herzöge von Brabant und Limburg (zuerst 1356, zuletzt 1792) vor ihrem Einzug in die Hauptstadt Brüssel beschwören mussten.

Joystick [ˈdʒɔɪstɪk; engl. »Steuerknüppel«] *der,* bewegl. Steuerhebel, der v. a. bei Computerspielen zur Bewegung von Objekten auf dem Bildschirm verwendet wird.

József [ˈjoːʒɛf], Attila, ungar. Lyriker, * Budapest 11. 4. 1905, † (Selbstmord) Balatonszárszó (Bez. Somogy) 3. 12. 1937; sozialrevolutionärer Dichter der Großstadt; Bitterkeit und Liebe, Rebellion und Resignation beherrschen seine Gedichte.

JP, in der *DDR* Abk. für **J**unge **P**ioniere, die ↑Pionierorganisation »Ernst Thälmann«.

J. P. Morgan Chase & Co., ↑Chase Manhattan Corp.

jr., Abk. für **junior,** der Jüngere.

J-Teilchen, *Physik:* das ↑Psiteilchen.

JU, Abk. für ↑Junge Union.

Juan [ˈxuan], **1) Johann von Österreich** (Don Juan de Austria), span. Feldherr, * Regensburg 24. 2. 1547, † Bouge (bei Namur) 1. 10. 1578; nichtehel. Sohn Kaiser Karls V. und Barbara Blombergs, unterdrückte im Auftrag Philipps II. von Spanien 1569/70 den Aufstand der Morisken in Granada, erfocht 1571 den Seesieg bei Lepanto über die Türken, wurde 1576 Statthalter in den Niederlanden, ohne die aufständ. Provinzen zu befrieden.

2) J. Carlos I., König von Spanien, * Rom 5. 1. 1938; Enkel Alfons' XIII., ⚭ (seit 14. 5. 1962) mit Sophia von Griechenland, bestieg nach dem Tod von Franco Bahamonde als dessen designierter Nachfolger 1975 den Thron, förderte maßgeblich den Aufbau eines demokrat. Staates; erhielt 1982 den Karlspreis der Stadt Aachen.

Juana Inés de la Cruz [ˈxuana iˈnez ðe la ˈkrus], Sor, mexikan. Dichterin, * San Miguel de Nepantla 12. 11. 1651, † Mexiko 17. 4. 1695; ging 1667 ins Kloster. Themen ihrer Dichtung sind weltl. und myst. Liebe, aber auch Zeitkritik und Moralvorstellungen; Hauptwerk ist das philosoph. Lehrgedicht »Die Welt im Traum« (1692).

Juan-Fernández-Inseln [ˈxuan fɛrˈnandes-], chilen. (seit 1817) Inselgruppe im Pazif. Ozean, 700 km westlich der Küste Südamerikas. Hauptinseln: **Isla Róbinson Crusoe** (bis 1966 Isla Más a Tierra), **Isla Alejandro Selkirk** (Alexander Selkirk, bis 1966 Isla Más Afuera), insges. 187 km², rd. 600 Ew.; Nationalpark. 1574 (?) durch den Spanier Juan Fernández entdeckt; 1704–09 lebte hier der schott. Seemann A. Selkirk, D. Defoes Vorbild für »Robinson Crusoe«.

Juan-les-Pins [ʒɥãleˈpɛ̃], Kurort an der frz. Riviera, zu ↑Antibes gehörig.

Juárez García [ˈxuarɛs garˈsia], Benito, mexikan. Staatsmann, * San Pablo Guelatao (bei Oaxaca) 21. 3. 1806, † Mexiko 18. 7. 1872; indian. Abstammung, Anhänger der Liberalen, seit 1858 Vizepräs., 1861–72 Präs., erließ 1859 Reformgesetze u. a. über die Trennung von Kirche und Staat. Die Einstellung der Zinszahlungen gab den Anlass zu einer frz.-engl.-span. Intervention, in deren Folge der österr. Erzherzog Maximilian 1864 als Kaiser eingesetzt wurde. J. G. gewann jedoch die Oberhand und ließ Maximilian 1867 erschießen.

Juba [dʒ-] (arab. Djuba), **1)** *der* (Somali: Webe Ganaane, früher italien. Giuba), Fluss in Ostafrika, 1 650 km lang, entsteht aus zwei Quellflüssen in SO-Äthiopien, durchquert S-Somalia, mündet in den Ind. Ozean; längs des Flusses Bewässerungsfeldbau.
2) Stadt im S der Rep. Sudan, am Weißen Nil, 115 000 Ew.; kath. Erzbischofssitz, Univ.; Zigarettenfabrik; Endpunkt der Nilschifffahrt, Straßenknotenpunkt (Nilbrücke).

Jubail [dʒ-] (Al-Jubayl, Al-Djubail), neue Hafenstadt in Saudi-Arabien, am Pers. Golf nördlich von Dammam, 90 000 Ew.; Stahlwerk, Erdölraffinerie, petrochem. Ind.; Kraftwerke und Meerwasserentsalzungsanlagen.

Jubbulpore [ˈdʒʌbəlpʊə], Stadt in Indien, ↑Jabalpur.

Jubeljahr, 1) *Judentum:* (Jobeljahr, Halljahr, Erlassjahr), nach 3. Mose 25, 8 ff. jedes 50. Jahr, mit Sklavenbefreiung, Schuldenerlass und Rückgabe von verkauftem Boden; hl. Jahr der Juden.
2) *kath. Kirche:* (Heiliges Jahr, Jubiläumsjahr, Anno Santo) ein Jahr, das der inneren Erneuerung der Gläubigen dienen soll; erstmals 1300, seit 1475 alle 25 Jahre begangen. Eine Ausnahme bildete das anlässlich der 1950-Jahr-Feier der Erlösungstat Jesu Christi ausgerufene außerordentl. J. 1983. Ein Hl. Jahr wird in der Nacht vom 24. auf den 25. Dezember durch den Papst mit dem Öffnen der **Hl. Pforte** in der Peterskirche eingeleitet und durch ihre Vermauerung wieder beschlossen. Erstmals in der Kirchengeschichte von dem seit dem Jahr 1500 geübten Brauch abweichend, eröffnete Papst Johannes Paul II. das Hl. Jahr 2000 (endend am 6. Januar 2001) mit einer symbolischen Öffnung der Türflügel der Hl. Pforte mit beiden Händen anstelle der traditionellen drei Hammerschläge an sie.

📖 *O'Grady, D.: Alle Jubeljahre. Die »hl. Jahre« in Rom von 1300 bis 2000. A. d. Engl. Freiburg im Breisgau u. a. 1999. – Serrano, A.: Die Hl. Jahre 1300–2000. A. d. Italien. Dachau 1999.*

Jubiläen, Buch der (Kleine Genesis), im 1. Jh. v. Chr. wohl in essen. Kreisen (↑Qumran) entstandene, fragmentar., im hebräischen Original erhaltene Bearbeitung von 1. Mose 1 (Genesis) und 2. Mose 1–12; vollständig in äthiop. Übersetzung erhalten. Die behandelte Zeit wird nach Jubiläen, Zeiträumen von 49 Jahren (↑Jubeljahr) periodisiert.

Jubilate [lat. »jubelt!«], in den evang. Kirchen der nach dem ersten Wort des Introitus (Ps. 66) benannte dritte Sonntag nach Ostern; in der kath. Kirche der vierte Sonntag der Osterzeit (»Sonntag vom Guten Hirten«).

Jubiläumsfeier (früher auch Jubeljahr, scherzhaft Jubelfest), Feier bzw. Fest anlässlich eines bestimmten Jubiläums persönl., polit. oder ritueller Art, z. B. Staatsgründungs-, Dienst-, Ehejubiläum (↑Hochzeit), »goldene Konfirmation« usw.
Geschichte: Die Herausbildung des Festtyps J. vollzog sich hauptsächlich erst ab dem 17. Jh. Zuerst wurde ausschl. die (»goldene«) 50-jährige Zugehörigkeit zu einem geistl. Orden gefeiert; jedoch kamen im privaten Bereich bald ähnl. Feste aus anderen Anlässen in Gebrauch. Das *Feiern von Ehejubiläen* ist erst im 19. und 20. Jh. allg. geworden. So festigte sich seitdem der Gebrauch der Bez. »goldene Hochzeit« für das 50-jährige Ehejubiläum. Zur selben Zeit entwickelte sich auch der Brauch, »runde« und allgemein *Geburtstage* bes. zu begehen, zuerst im städt. Bereich. *Feiern histor. Jahrestage und Jubiläen*: Erste Säkularfeiern sind z. B. 1617 in evang. Ländern für die Feier des Jahrhundertjubiläums der Reformation belegt. Auch die Reg.jubiläen von Herrschern dürften schon im Verlauf der frühen Neuzeit gefeiert worden sein. Bes. die totalitär verfassten Staaten des 20. Jh. entwickelten eine aufwendige polit. Fest- und Jubiläumskultur.

Jubiläumsjahr, das ↑Jubeljahr (kath. Kirche).

Jubilee [ˈdʒuːbɪliː, engl.] *das,* religiöser Hymnengesang der nordamerikanischen Schwarzen.

Jubilus [lat.] *der* (Jubilatio), im gregorian. Choral eine jubelnde, auf einem Vokal (z. B. auf der letzten Silbe des Alleluja) gesungene Tonfolge.

Júcar [ˈxuːkar] *der,* Fluss in O-Spanien, 498 km lang, entspringt im Iber. Randgebirge, durchfließt die südöstl. Mancha, mündet südlich von Valencia ins Mittelmeer; zahlr. Stauseen.

Juchacz [ˈjuxas], Marie, Sozialpolitikerin (SPD), * Landsberg (Warthe) 15. 3. 1879, † Düsseldorf 28. 1. 1956; 1919 Gründerin der Arbeiterwohlfahrt (seit 1949 Ehrenvors.), 1920–33 MdR.

Juchard, das ↑Joch.

Jüchser, Hans, Maler und Grafiker, *Chemnitz 14. 7. 1894, †Dresden 13. 8. 1977; in Landschaftsbildern, Stillleben und Porträts vereinte er linear-konstruktive Elemente (Kontur) mit feiner kolorist. Kultur. Ein expressives Holzschnittwerk, das sich seit 1955 parallel zur Malerei entwickelte, ergänzt sein reiches Schaffen.

Juchten *der* oder *das* (Juchtenleder), urspr. mit Weiden- und Birkenrinde gegerbtes Leder, das mit Birkenteeröl imprägniert wurde; heute i. Allg. stärker gefettetes Leder für Stiefelschäfte und Arbeitsschuhe.

Jucken (Hautjucken, Pruritus), hautspezif. Empfindung, die lokalisiert oder generalisiert bei bestimmten Haut- (z. B. Ekzem) oder anderen Krankheiten (z. B. Gelbsucht), allerg. Reaktionen, aber auch durch Verbrennungen (u. a. Sonnenbrand), Insektenstiche oder Infektionskrankheiten mit Hautbeteiligung (u. a. Windpocken) auftritt.

Juda, 1) im Alten Testament Sohn von Jakob und Lea (1. Mos. 29, 35); Patriarch; in der jüd. Tradition Stammvater des gleichnamigen israelit. Stammes.

2) der wichtigste israelit. Volksstamm, der sich nach der Einwanderung in Palästina im Süden des Landes in dem Gebiet um Hebron und um Jerusalem ansiedelte, das seit seiner Eroberung durch David (um 1000 v. Chr.) Hptst. war. Seit der Reichsteilung in ein Süd- und Nordreich (↑Israel) nach dem Tod Salomos (926) wurde das um Teile des Südlandes (Negev) erweiterte Gebiet des Stammes J. als **Südreich J.** eigenes Königreich mit Jerusalem als Hptst. 722 überdauerte J. den Ansturm der Assyrer und verlor erst nach der Zerstörung Jerusalems (587) seine Eigenstaatlichkeit an die babylon. Großmacht. Im pers. Weltreich 445 war J. wieder eine eigene Provinz (Neh. 5, 14). (↑Judäa, ↑Juden, Geschichte)

Judäa, in der grch.-röm. Antike amtl. Name des südl. Teils Palästinas; nach dem Zusammenbruch des Reiches Juda eigenständige pers. Provinz und Auffangbecken für die aus der Babylon. Gefangenschaft heimkehrenden Juden. Danach unter wechselnder Oberherrschaft (Ptolemäer, Seleukiden, Hasmonäer). 6–41 und 44–66 röm. Prokuratur. Während des jüd. Krieges erhielt das gesamte Gebiet Palästina den amtl. Namen J. (Iudaea); nach dem jüd. Krieg (66–70) röm. Provinz, nach dem Bar-Kochba-Aufstand (135) zur Provinz Syria Palaestina.

Judaistik *die,* akadem. Disziplin, die Geschichte, Kultur, Literatur und Religion des Judentums von den Anfängen bis zur Gegenwart behandelt; ist am umfangreichsten als ↑Wissenschaft des Judentums an jüd. (israel.) Hochschulen vertreten (in Dtl. an der ↑Hochschule für Jüdische Studien), wird aber als Wissenschaftsdisziplin auch (oft im Umfeld der christl. Theologenausbildung) an nichtjüd. Hochschulen gelehrt.

Juda und Israel 926 bis 845 v. Chr.

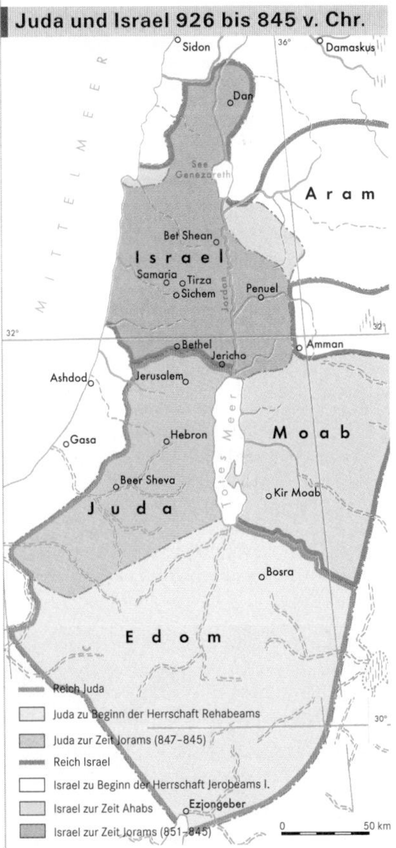

Judas, 1) J. Ischariot (Iskarioth), einer der zwölf Jünger Jesu; verriet Jesus an die jüd. Behörde (Mk. 14, 10 f.); erhängte sich nach der Tat (Mt. 27, 3–5); sein Beiname wird verschieden gedeutet: als Sikarier

Judasbaum: Cercis siliquastrum

(Angehöriger einer militanten antiröm. Sekte), wahrscheinlicher aber ist »Mann aus Karioth« (in Südjudäa); zum häufigen Motiv in der Kunst wurde der **J.-Kuss** (Mk. 14,43 ff.).

2) J. Makkabäus (Makkabi), jüd. Heerführer, Sohn des Priesters Mattathias, leitete den Befreiungskampf der Juden gegen die syr. Könige, fiel 161 v. Chr. im Kampf gegen die Seleukiden; hierüber wird in den beiden Makkabäerbüchern erzählt.

3) J. Thaddäus, in den Apostellisten Lk. 6,16 und Apg. 1,13 einer der zwölf Jünger Jesu, in Mk. 3,18 und Mt. 10,3 Thaddäus genannt; Heiliger, Tag: 28. 10.

Judasbaum (Cercis siliquastrum), Art der Hülsenfrüchtler in S-Europa, O-Asien und Nordamerika; Baum mit roten Blüten; liefert Tischler- und Drechslerholz.

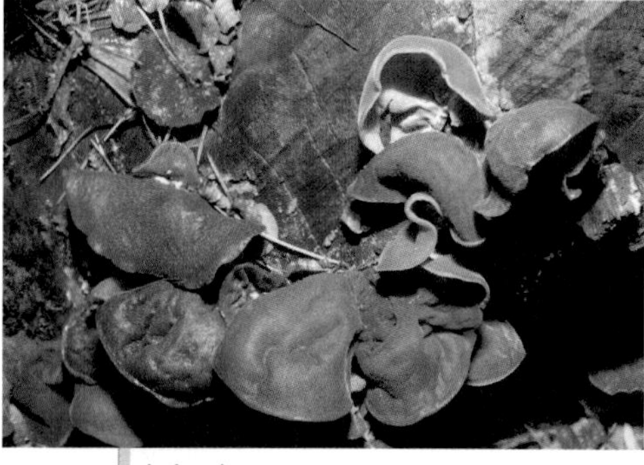
Judasohr

Judasbrief, Abk. **Jud.,** einer der ↑Katholischen Briefe des N. T.; warnt vor Irrlehrern, Spöttern und Lästerern Jesu Christi, die an den christl. Liebesmahlen teilnahmen (Jud. 12); wohl um 100 verfasst.

Judas|ohr (Hirneola auricula-judae), Ständerpilz mit ohrmuschelförmigem, bis 12 cm breitem Fruchtkörper; häufig an alten Holunderstämmen, aber auch an anderen Laubbäumen.

Judd [dʒʌd], Donald, amerikan. Bildhauer, * Excelsior Springs (Mo.) 3. 6. 1928, † New York 12. 2. 1994; einer der Hauptvertreter der Minimalart. In der texan. Kleinstadt Marfa hinterließ er mit eigenen Werken und denen von Künstlerfreunden die weltweit größte zeitgenössische Kunstinstallation (Marfa-Projekt, 1979 ff.).

Juden [hebr. jehudi], im A. T. Bez. der Angehörigen des Stammes bzw. der Bewohner des Südreiches ↑Juda (»Judäer«; z. B. 2. Kön. 16,6); nach der Babylon. Gefangenschaft zunächst Bez. für die Angehörigen des Volkes ↑Israel insgesamt, in der späteren Diaspora auch jüd. Selbstbezeichnung. Seit dieser Zeit sind in der Bez. »Jude« religiöse und ethn. Bezüge miteinander verbunden. Nach rabbin. Verständnis ist Jude, wer von einer jüd. Mutter abstammt oder »rite« (nach orth. Norm) zum Judentum übergetreten ist. Diese Verbindung von Nationalität und Religion ist seit der Aufklärung nicht mehr unumstritten. So definieren liberale jüd. Denkströmungen der Gegenwart das **Judentum** allein als die Religionsgemeinschaft der dem jüd.

Religionsgesetz verpflichteten Bekenner des einen Gottes ↑Jahwe, während die Vertreter des in Israel dominierenden konservativ-orth. (v.a. des durch den ↑Zionismus geprägten) Judentums an der traditionellen Einheit von jüd. Nationaltät und Religion festhalten.
Ethnisch verstehen sich die J. als Nachkommen Abrahams, theologisch als Träger der von Gott gegebenen Verheißung (1. Mose 17). Von den heute (2003) weltweit rd. 14,4 Mio. J. leben rd. 6,4 Mio. in Nordamerika (davon etwa 6 Mio. in den USA), rd. 4,7 Mio. in Israel, rd. 1,2 Mio. in den Ländern der EU (bes. in Frankreich und in Großbritannien) und etwa eine knappe Mio. in der Gemeinschaft Unabhängiger Staaten (bes. in Russland und in der Ukraine); die jüd. Gemeinden in Dtl. zählen über 93 000 Mitgl. Seit der Kultzentralisation durch König ↑Salomo bis zur Zerstörung des zweiten jüd. Tempels durch die Römer 70 n. Chr. – unterbrochen durch die Zeit der Babylon. Gefangenschaft 587/538 v. Chr. und die mit ihr verbundene Deportation der jüd. Oberschicht – war der Jerusalemer Tempel der alleinige Mittelpunkt und die Jerusalemer Tempelpriesterschaft der alleinige Träger der jüd. Religion. Religionsfragen wurden seit dem 2. Jh. v. Chr. dem jüd. Hohen Rat (↑Synedrion) als der obersten Behörde zur verbindl. Entscheidung vorgelegt. Nach der Zerstörung des Tempels und der Entstehung der weltweiten jüd. Diaspora wurde die (im Exil entstandene) Synagoge zum Mittelpunkt, die Pharisäer als Repräsentanten der jüd. Lehrtradition und Lehrdiskussion (Schriftgelehrte) wurden zum Träger der jüd. Religion. An die Stelle des Opferdienstes treten im rabbin. Judentum das Lesen und Vergegenwärtigen der ↑Thora, deren kanon. Textgestalt als hebr. Bibel um 90 n. Chr. festgelegt wurde. Der bisher nur mündlich überlieferte, auf der Thora fußende jüd. Lehrstoff (↑Halacha) wurde in der Mischna als wichtigster Sammlung zusammengefasst und in den jüd. Akademien von Palästina und Babylonien kommentiert. Gesammelt und systematisiert in der Gemara niedergelegt, bilden die rabbin. Kommentare mit der Mischna den Talmud. Prägend für die myst. Richtung jüd. Denkens wurde seit dem 12. Jh. die Kabbala, von der wesentl. Impulse auf den späteren Chassidismus (↑Chassidim) ausgingen.

Theologie: Das Judentum ist durch einen strengen Monotheismus gekennzeichnet. Grundlage der jüd. Religion ist das Bekenntnis zu dem einen Gott (Jahwe), dem der Mensch ohne Mittler gegenübersteht und der seinen Willen für die Menschen verbindlich in der Thora niedergelegt hat, deren zentrales Gebot das der Nächstenliebe ist (3. Mose 19, 18). Das Leben des »Frommen in Israel« ist nach Gottes Willen dazu bestimmt, ihm und seinen Mitmenschen zu dienen. Die Welt wird als gute Schöpfung Gottes verstanden, über die der Mensch gesetzt ist, sie »zu bebauen und bewahren« (1. Mose 2, 15). Am Ende der Zeiten wird der aus dem Geschlecht Davids stammende Messias das Reich Gottes als

Juden: christliche Darstellung disputierender Juden (die auf den Köpfen getragenen Judenhüte waren Bestandteil der den Juden im Mittelalter vorgeschriebenen Sondertracht), Holzschnitt (1483, Ulm)

Reich des Friedens für die J. und die »Gerechten« aus allen Völkern aufrichten. Die jüd. religiöses Selbstbewusstsein begründenden bibl. Kernereignisse sind Gottes Bundesschluss mit Abraham und seine Verheißung an dessen Nachkommen (1. Mose

17), Israels Befreiung aus Ägypten (2. Mose 3 und 14) und Gottes Offenbarung und Israels Erwählung am Sinai (2. Mose 19). Dogmen und damit eine Dogmatik im eigentl. Sinn kennt das Judentum nicht. Kennzeichnend für das jüd. theolog. Denken ist die durch die Jahrhunderte ununterbrochene Diskussion und Interpretation der in Thora und Talmud vorgegebenen Tradition durch die versch. rabbin. Schulen. Die jüd. Orthodoxie sieht dabei neben der Thora als der wörtl. Offenbarung Gottes auch den Talmud als von Gott geoffenbart und damit in seinem Gesetzesbestand unveränderlich an, während das Reformjudentum in ihm den von jeder Generation neu unternommenen Versuch sieht, die Thora im jeweils konkreten histor. und soziokulturellen Lebensumfeld der Gemeinde auszulegen. Grundlegend für den reformjüd. Denkansatz ist die Interpretation des Judentums als eth. Monotheismus, dessen höchster Wert die Gerechtigkeit und das aus ihr folgende gerechte menschl. Handeln ist. Die Gründung des »weltl.« Staates Israel ist für das gesamtjüd. (religiöse) Denken Grund zu einer Neubesinnung auf das Verhältnis der J. (bes. des Diasporajudentums) zum »verheißenen Land« (↑Gelobtes Land). Orthodox-nationalreligiöse Kreise in Israel übten dabei seit dem Sechstagekrieg (1967) in versch. Reg. nicht unbeträchtl. Einfluss auf die Politik des Staates Israel aus (Siedlungspolitik). Zum modernen jüd. theolog. und religionsgeschichtl. Denken: L. ↑Baeck; M. ↑Buber; F. ↑Rosenzweig; H.-J. ↑Schoeps; G. G. ↑Scholem; E. ↑Wiesel.

Religiöses Leben: Jüd. religiöses Leben und Frömmigkeit sind bestimmt durch die Elemente Gebet, Heiligung des ↑Sabbats, Synagogalgottesdienst mit Lesung und Auslegung der Thora und Propheten, besondere Fasten-, Reinheits-, Speisegesetze (↑Schächten) und Wohltätigkeit. Der jüd. Jahreskreis wird durch religiöse Feste markiert, in denen Ereignisse der Heilsgeschichte Israels im Glauben vergegenwärtigt werden. An die Befreiung aus Ägypten, die Wüstenwanderung und die Gottesoffenbarung am Sinai erinnern die Feste Pessach (↑Passah), Sukkoth (↑Laubhüttenfest) und Schawuot (↑Wochenfest); an die Wiedereinweihung des Tempels und die Rettung der pers. Juden nach Est. 9, 20–32 das Fest ↑Chanukka und das ↑Purimfest. Das jüd. Jahr wird eingeleitet durch das Neujahrsfest ↑Rosch ha-Schanah (1999 gefeiert am 11./12. 9.); höchster Feiertag ist der ↑Versöhnungstag (Jom Kippur). Die jüd. Zeitrechnung (↑Kalender) hat ihren Anfangspunkt in der Weltschöpfung. Das Jahr 2000 gregorian. Zeitrechnung fällt in das Jahr 5760 jüd. Zeitrechnung. Jüd. Glaubensbekenntnis und Hauptgebet ist das »Höre Israel« (↑Schema Israel); die Aufnahme in die jüd. Gemeinde erfolgt durch die ↑Bar-Mizwa. Der Rabbiner ist v. a. Lehrer und Prediger der Gemeinde und ent-

Judentum

Zahl der Juden weltweit (Anfang 2000)
- rd. 14,4 Mio., davon rd. 4,8 Mio. in Israel

große jüdische Gemeinschaften (über 200 000 Juden) außerhalb Israels
- USA (rd. 6 Mio.)
- GUS (mehrere Hunderttausend; starke Abwanderung)
- Frankreich (rd. 700 000)
- Kanada (rd. 370 000)
- Großbritannien (rd. 336 000)
- Argentinien (rd. 250 000)

Hauptrichtungen
- orthodoxes Judentum
- konservatives Judentum
- Reformjudentum
- Rekonstruktionismus (»Reconstructionism«)

Hauptfeste
- Rosch ha-Schanah (Neujahrsfest, gefeiert am 1./2. Tischri; September/Oktober)
- Jom Kippur (Versöhnungstag, gefeiert am 10. Tischri; September/Oktober)
- Sukkoth (Laubhüttenfest; September/Oktober)
- Simchat Thora (Fest der Freude an der Thora, gefeiert am 22./23. Tischri; September/Oktober)
- Chanukka (Lichterfest; Dezember)
- Purim (Losfest; Februar/März)
- Passah (Fest der ungesäuerten Brote; März/April)
- Schawuot (Wochenfest; Mai/Juni)

heilige Stätten (Auswahl)
- Jerusalem (Klagemauer)
- Hebron (Patriarchengräber der Höhle von Machpela)
- Bethlehem (Grab der Rahel)
- Karmel (Höhle des Propheten Elias)

wichtige Erinnerungsstätten jüdischer Geschichte in Israel
- Masada
- Tiberias (Gräber bedeutender jüdischer Gelehrter)
- Yad Vashem

Nürnberg + 6 °C, Regen/Sonnenschein

Vor 65 Jahren entdeckte der Schweizer Chemiker Albert Hofmann die halluzinogene Wirkung einer Droge, die später auch medizinisch eingesetzt wurde. Welche war's?

a) Heroin

b) LSD

c) Opium

Vidder 20.3.–18.4.

6.24 ☉ 20.21 16.13 ● 04.57

Mittwoch

16

April 2008

Wo	14	15	16	17	18
Mo		7	14	21	28
Di	1	8	15	22	29
Mi	2	9	16	23	30
Do	3	10	17	24	
Fr	4	11	18	25	
Sa	5	12	19	26	
So	**6**	**13**	**20**	**27**	

b) LSD

Selbstversuch: Der Forscher Albert Hofmann wagte am 16. April 1943 am pharmazeutischen Forschungslabor des Schweizer Chemiekonzerns Sandoz in Basel einen Selbstversuch. Er testete eine psychedelische Substanz von bis dahin nicht gekannter Stärke, Lysergsäurediethylamid, LSD.

Resonanz: Als Hofmann 1938 mit der Absicht, ein Kreislaufstimulans herzustellen, das LSD künstlich erzeugte, ahnte er nicht, dass er damit eine Psychodroge in die Welt gesetzt hatte. Sie stieß nicht nur bei Patienten auf reges Interesse, da es dem Arzt »im Selbstversuch einen Einblick in die Ideenwelt der Geisteskranken« vermittelt hatte. Laut Sandoz-Beipackzettel sei mit dem Präparat Delsyid »durch kurzfristige Modellpsychosen bei normalen Versuchspersonen das Studium pathogenetischer Probleme« möglich. In den 1960erjahren wurde LSD zur Modedroge diverser Subkulturen.

---

n 16. April wurden geboren:

argrethe II. (*1940), Königin von Dänemark ab 1972; **Sarah Kirsch** (*1935), dt. Schriftstel-rin; **Benedikt XVI.,** eigtl. **Joseph Ratzinger** (*1927), Papst ab 2005; **Peter Ustinov** (1921 bis 04), brit. Schriftsteller und Schauspieler; **Charlie Chaplin** (1889–1977), brit. Schauspieler d Regisseur; **Wilbur Wright** (1867–1912), US-amerikan. Flugpionier; **Anatole France** 344–1924), frz. Schriftsteller, Literaturnobelpreisträger 1921

Juden – Verbreitung und Vertreibung vom Mittelalter bis zum 17. Jh.

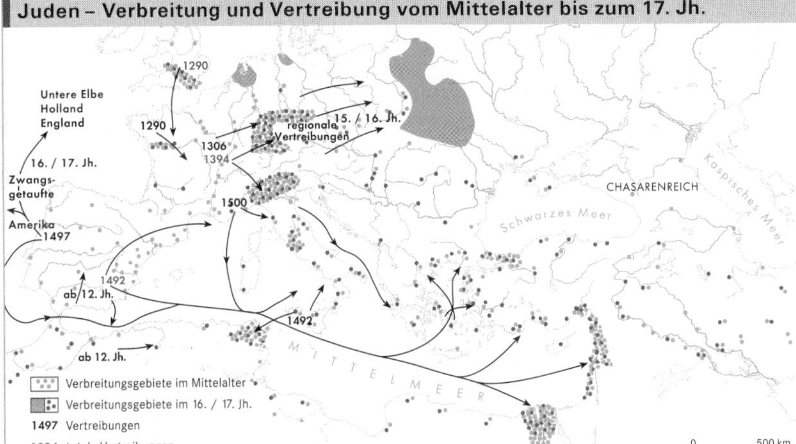

scheidet religionsgesetzl. Fragen. Träger des religiösen Lebens ist die Gemeinde, die in der Gestaltung ihres religiösen und sozialen Lebens selbstständig ist. Eine oberste autoritative Instanz in Glaubensfragen und Sakramente kennt das Judentum nicht.

GESCHICHTE

Frühgeschichte: Die Geschichte Israels bis zur Babylon. Gefangenschaft (Israel, Juda) ist nur begrenzt rekonstruierbar. Außerbibl. Quellen sind spärlich, die bibl. Texte (im A. T.) enthalten eher Geschichtsdeutung als zeitgenöss. Material. – Nach der Rückkehr aus der Babylon. Gefangenschaft in die pers. Prov. Juda setzten die Heimkehrer ihre Auffassung von Religion gegen die nicht deportierte und z.T. mit Fremden vermischte Landesbev. durch (diese gründete die Religionsgemeinschaft der ↑Samaritaner) und orientierten sich streng an der Thora; an der Spitze der nach ihr verwalteten theokrat. Ordnung standen Hohepriester und Synedrion. 332 v. Chr. wurde Judäa dem Reich Alexanders d. Gr. angegliedert; 198 v. Chr. geriet es unter die Oberhoheit der Seleukiden. Unter Führung der ↑Makkabäer (Hasmonäer) erlangte Juda wieder Religionsfreiheit (164 v. Chr.) und polit. Souveränität (141 v. Chr.). Nach schweren inneren Kämpfen büßte die Makkabäerdynastie ihre polit. Macht ein. Pompeius eroberte 63 v. Chr. Jerusalem, und nach einer Übergangsphase etablierte sich Herodes I., d. Gr., als röm. Vasallenkönig (37–4 v. Chr.). Der Kampf der ↑Zeloten gegen die röm. Herrschaft führte 66 n. Chr. zum 1. jüd. Krieg, den die Römer erst 70 mit der Zerstörung Jerusalems und des Tempels entscheiden konnten.

Talmud. Zeit (70 bis etwa 640): Nach der Niederlage von 70 begann die Zeit der Zerstreuung (Diaspora) über Asien, Afrika und Europa; das palästinens. Judentum organisierte sich neu. 132–135 kam es unter ↑Bar Kochba noch einmal zu einer vergebl. Erhebung gegen Rom. Doch wurde dem Judentum eine Selbstverw. eingeräumt, bestehend aus dem Synedrion unter Vorsitz des Nasi (Patriarch), des jüd. Oberhauptes

100264

Juden: im Freien abgehaltener jüdischer Gottesdienst in Jerusalem (auf dem Tisch die Thorarolle)

im Röm. Reich. Um 200 entstand die Mischna. Die auf ihr aufbauende religionsgesetzl. Tradition fand im 5. und 6. Jh. im Talmud ihren schriftl. Niederschlag. Mit seinen großen Talmudschulen übernahm vom späten 3. Jh. an das babylon. Judentum die Führungsrolle.

MA. und frühe Neuzeit: Das babylon. Judentum ging zw. 630 und 640 intakt in das Kalifenreich über. Durch engen Kontakt zur islam. Umwelt entstand eine an der antiken Philosophie orientierte jüd. Theologie und Philosophie, eine hebr. Sprachwiss. und Poetik. – In der christl. (europ.) Welt ergaben sich für die J. handelskolonisator. Möglichkeiten, doch ging seit dem Einsetzen der Kreuzzüge, die ↑Judenverfolgungen (seit 1215 Festlegung von Sondertrachten und ↑Judenabzeichen) und Vertreibungen (in Dtl. z. B. 1348/50 anlässlich der Pest; aus England 1290, aus Frankreich 1306 und 1394) mit sich brachten, der Fernhandel mehr und mehr in nicht jüd. Hände über. So blieben den J. v. a. die in der Umwelt verfemten Berufssparten, etwa der Geldhandel (»Wucher«). – Seit der Vollendung der Reconquista 1492 und der Vertreibung der J. aus Spanien und Portugal (1492/96; Entstehung der ↑Sephardim) verlagerte sich das Schwergewicht des europ. Judentums nach O-Europa (Polen). Aus den ↑Aschkenasim ging im 18. Jh. das Ostjudentum hervor (↑Ostjuden), das als die zahlenmäßig größte jüd. Gemeinschaft bis ins 20. Jh. hinein das Bild des Judentums insgesamt (in W-Europa nicht selten mit negativen Vorurteilen verbunden) stark geprägt hat. Dem auch im Judentum aufkommenden Rationalismus versuchten die Kabbala und später der osteurop. Chassidismus zu begegnen.

18. bis 20. Jahrhundert: Die Erschütterung durch den Sabbatianismus (↑Sabbatai Zwi) bereitete im Judentum Mittel- und W-Europas den Boden für die Aufklärung (↑Haskala), deren Ziele (Regeneration der hebr. Sprache und Lit., gegenwartsbezogene Erziehung, Assimilation) jedoch nicht ohne innerjüd. Widerstand blieben. Nach den judenfeindl. Pogromen von 1881/82 resignierten die Aufklärer; ihr Erbe trat z. T. die aufkommende palästinaorientierte nat. Bewegung an, die gewisse Autonomiehoffnungen für das Judentum hegte. 1917 unterstützte die brit. Reg. den Zionismus (↑Balfour-Deklaration) und sagte ihre Unterstützung beim Aufbau einer »nat. Heimstätte« in Palästina zu, das 1920 brit. Mandatsgebiet wurde. – Die Vernichtung eines Drittels des gesamten Judentums während der nat.-soz. Judenverfolgung (↑Holocaust, hebr. Schoah) stärkte die zionist. Bewegung. Die Pioniergesellschaft des jüd. Palästina (↑Jewish Agency for Palestine) und der 1948 nach UN-Beschluss gegründete Staat Israel boten die Möglichkeit der freien Selbstentfaltung und der Selbstbestimmung. Dennoch vermag Israel nur einen Teil der J. aufzunehmen; für die Einwanderung wirkt die 1948 geschaffene Jewish Agency for Israel. – Das Judentum der Gegenwart wird heute in Erscheinung und Entwicklung von den J. Israels und den J. in den USA (organisiert in vier Denominationen) bestimmt. Im Mai 1991 übersiedelten die letzten 15 000 »Schwarzen J.« (↑Falascha) aus Äthiopien nach Israel. Dachorganisation der J. weltweit ist der World Jewish Congress (WJC); analog existieren der Europ. Jüd. Kongress und der Zentralrat der Juden in Deutschland. In zahlr. Staaten ist jüngst wieder ein Anwachsen des Antisemitismus zu erkennen. (↑Israel, Geschichte)

🕮 *Graetz, H.: Gesch. der J. von den ältesten Zeiten bis auf die Gegenwart, 11 Bde. in 13 Tle. Leipzig [2-5]1890–1909, Nachdr. Berlin 1996. – Gesch. des jüd. Volkes, hg. v. H. H. Ben-Sasson, 3 Bde. A. d. Hebr. München 1978–80. – Stemberger, G.: Das klass. Judentum. Kultur u. Gesch. der rabbin. Zeit. München 1979. – Katz, J.: Aus dem Ghetto in die bürgerl. Gesellschaft. Jüd. Emanzipation 1770–1870. A. d. Engl. Frankfurt am Main 1986. – Maier, J.: Das J. von der bibl. Zeit bis zur Moderne. Neuausg. Bindlach [3]1988. – Bunzl, J.: J. im Orient. Jüd. Gemeinschaften in der islam. Welt u. oriental. J. in Israel. Wien 1989. – Trepp, L.: Die amerikan. J. Profil einer Gemeinschaft. Stuttgart u. a. 1991. – Greive, H.: Die J. Grundzüge ihrer Gesch. im mittelalterl. u. neuzeitl. Europa. Darmstadt [4]1992. – Trepp, L.: Der jüd. Gottesdienst. Gestalt u. Entwicklung. Stuttgart u. a. 1992. – Gay, R.: Gesch. der J. in Dtl. von der Römerzeit bis zum Zweiten Weltkrieg. A. d. Engl. München 1993. – Volkov, S.: Die J. in Dtl. 1780–1918. A. d. Engl. München 1994. – Neher, A.: Jüd. Identität. Einführung in den Judaismus. A. d. Frz. Hamburg 1995. – Beuys, B.: Heimat u. Hölle. Jüd. Leben in Europa durch zwei Jahrtausende. Religion,*

In dem arabischen Land regiert das haschemitische Königshaus?

Welches Land ist es?

a) Bahrain b) Jordanien c) Kuwait d) Saudi-Arabien

♋ Krebs | 27. Woche | 05:09 ☉ 21:42 15:10 ☽ 00:57

30 Dienstag 28°+C

Juni Schwül

2009

b) Jordanien

Herkunft: Die Haschemiten führen ihre Herkunft auf Hashim, den Urgroßvater des Propheten Mohammed (um 570–632), zurück. Als direkte Prophetenabkömmlinge trugen sie den Ehrentitel Scherif und kontrollierten ab dem 10. Jahrhundert die heiligen Städte Mekka und Medina. Im Ersten Weltkrieg war ihr Oberhaupt Husain ibn Ali (1856–1931) als König der von den Osmanen befreiten arabischen Gebiete vorgesehen und machte sich 1917 zum König des Hedschas (Zentralarabien). Er wurde jedoch von den Saudis unter Abd al-Aziz ibn Saud (1880–1953), dem Gründer des Königreichs Saudi-Arabien (1932), vertrieben.

Dynastie: Husains Sohn Feisal (1883–1933), ein Hoffnungsträger des arabischen Freiheitskampfes, wurde 1921 König des Irak, sein Bruder Abdallah (1882–1951) Emir und 1946 König von Jordanien. Während der irakische Zweig mit Feisal II. 1958 gestürzt wurde, regieren die Nachkommen Abdallahs bis heute in Jordanien. Ihr herausragender Herrscher war der ab 1952 regierende König Hussein II. (1935–1999), ein Enkel Abdallahs, der 1994 mit Israel Frieden schloss. Ihm folgte 1999 sein Sohn Abdallah II. (* 1962) auf den Thron. Er trägt den Namen seines Urgroßvaters.

(Foto: Abu-Darwish-Moschee in Amman)

Am 30. Juni wurden geboren:

Peter Alexander (*1926), österreich. Schauspieler, Sänger und Entertainer; **Walter Ulbricht** (1893 bis 1973), dt. Politiker, DDR-Staatsratsvorsitzender 1960–73; **Friedrich Theodor von Vischer** (1807–1887), dt. Schriftsteller und Philosoph; **Paul de Barras** (1775–1829), frz. Revolutionspolitiker; **Dominikus Zimmermann** (1685–1766), dt. Baumeister des Barock (Wieskirche); **Karl VIII.** (1470–1498), frz. Kön[illegible]

Gesch., Kultur. Reinbek 1996. – Hertzberg, A.: Judaismus. Die Grundlagen der jüd. Religion. A. d. Engl. Neuausg. Reinbek 1996. – Die J. in Dtl. 1933–1945. Leben unter nationalsozialist. Herrschaft, hg. v. W. Benz. München [4]1996. – Schubert, K.: Jüd. Gesch. München [2]1996. – Vetter, D.: Die Wurzel des Ölbaums. Das Judentum. Freiburg im Breisgau 1996. – Rosenthal, G. S. u. Homolka, W.: Das Judentum hat viele Gesichter. A. d. Amerikan. München 1999. – Wasserstein, B.: Europa ohne Juden. Das europ. Judentum seit 1945. A. d. Engl. Köln 1999. – Illustrierte Gesch. des Judentums, hg. v. N. de Lange. A. d. Engl. Frankfurt am Main u. New York 2000.

Juden|abzeichen (Judenkennzeichen), vom 13. Jh. bis zum 18. Jh. (Aufklärung) von Juden zur Unterscheidung von der übrigen Bev. in der Öffentlichkeit zu tragende (Zwangs-)Abzeichen, z. B. gelber bzw. roter Fleck, Stern oder Ring **(Judenfleck)**, ↑Judenhut; während der nat.-soz. Herrschaft v. a. in der Form des ↑Davidsterns wieder eingeführt.

Judenbad, rituelle jüdische Badestätte, ↑Mikwe.

Judenbart, ein ↑Steinbrech.

Judenburg, Bezirkshptst. in der Steiermark, Österreich, an der Mur, am Fuß der Seetaler Alpen, 737 m ü. M., 10 500 Ew.; Stahlwerk, Metall- und Kunststoffind., Kartonagenfabrik. – Gut erhaltene Altstadt, spätgot. Kirchen, Ruine Liechtenstein (1140 erwähnt), Schloss Neu-Liechtenstein (um 1650). – Erhielt vor 1240 Stadtrecht.

Judenchristen, 1) in der frühen Kirche im Unterschied zu den ↑Heidenchristen Christen jüd. Herkunft, die an den Vorschriften des jüd. ↑Zeremonialgesetzes festhielten; waren v. a. in Palästina, Syrien und Kleinasien verbreitet. – 2) seit dem 19. Jh. Bez. für christusgläubige Juden, die als Christen bewusst ihre jüd. geschichtl. und religiöse Identität bewahren; heutige Selbstbez.: **messian. Juden.** Die wöchentl. Gottesdienstfeier findet am Sabbat statt. Glaubenssymbol in den Gottesdiensträumen ist i. d. R. die Menora anstelle des Kreuzes, das als äußeres (nicht als theolog.) Symbol für messian. Juden untrennbar mit den geschichtl. Judenverfolgungen verbunden ist.

📖 *May, F.: Aufbruch im Hl. Land. Messian. Juden in Israel. Aßlar 1996.*

Judenfische (Stereolepis), Gattung der Zackenbarsche, z. B. der **Kalifornische J.** (Stereolepis gigas), ein bis 2 m Länge und 300 kg Gewicht erreichender Meeresraubfisch.

Judenfleck, ↑Judenabzeichen.

Judenhut, der in vielen Ländern im MA. getragene, (nach 1215) als Judenabzeichen vorgeschriebene trichterförmige, meist gelbe Männerhut. Seit dem 15. Jh. wurde er durch andere Formen der Kopfbedeckung abgelöst.

Judenkäppchen, ↑Kippah.

Judenkennzeichen, ↑Judenabzeichen.

Judenkirsche, die ↑Blasenkirsche.

Judenstern, ↑Davidstern.

Judentum, ↑Juden.

Judenverfolgungen, seit der Zeit der jüd. Diaspora (Persien 5. Jh. v. Chr.) bezeugte, bis in die jüngste Vergangenheit praktizierte antisemit. Maßnahmen. Neben Pogromen v. a. zur Zeit der Kreuzzüge und der Ketzerbekämpfung (u. a. in Frankreich und im Hl. Röm. Reich) im Hoch- und Spät-MA. (u. a. ab 1215 auch Kennzeichnungspflicht; ↑Judenabzeichen), ihrer Vertreibung aus u. a. England (1290), Frankreich (1394) und Spanien (1492) fanden nach der Aufklärung J. im 19. Jh. v. a. noch in Russland statt. Ein bis dahin nie gekanntes Ausmaß erreichten die J. im nat.-soz. beherrschten Europa. Nach den Nürnberger Gesetzen von 1935 und dem Novemberpogrom 1938 (↑Kristallnacht) wurde im Verlauf des Zweiten Weltkriegs der bürokratisch organisierte sowie industriell ausgeführte Genozid am europ. Judentum in Gang gesetzt (»Endlösung der Judenfrage«; ↑Holocaust). Unter der hauptverantwortl. Organisation von SS und SD (u. a. H. ↑Himmler, R. Heydrich und A. Eichmann) ab Sommer/Herbst 1941 begonnen (↑Einsatzgruppen), ab Anfang 1942 forciert (↑Wannseekonferenz), gipfelte er in der Ermordung von etwa 6 Mio. Juden in Konzentrations- und v. a. ↑Vernichtungslagern. Eine ebenso ideologisch motivierte Unterdrückung ihrer Kultur bis hin zur Verfolgung – mit Ausgrenzungen, Schauprozessen und Deportationen – durchlitten die Juden im 20. Jh. u. a. unter stalinist. Vorzeichen in der Sowjetunion (v. a. 1930er-Jahre, 1948–53; ↑Antisemitismus).

Judika [lat. »richte«], in den evang. Kirchen der nach dem ersten Wort des Introitus (Ps. 43) benannte fünfte Sonntag der Passionszeit; in der kath. Kirche der fünfte Fastensonntag.

Judikative *die,* die richterl. Gewalt im Staat (↑Gewaltenteilung).

jüdische Kunst, im strengen Sinn jüdisch-religiöse Kunst jüd. und nicht jüd. Künstler (die Juden waren seit Entwicklung des Zunftwesens in Mitteleuropa bis 1812 vom Handwerk ausgeschlossen), im weitesten Sinne Kunst der Juden. – Das bibl. Bilderverbot (2. Mos. 20, 4; 5. Mos. 5, 8), oft fälschlich als generelles Verbot der Menschendarstellung aufgefasst, diente laut Mischna der Abgrenzung vom Götzenkult. Illustrative figürl. Darstellung war erlaubt. – Neben dem unter Salomo erbauten und im 6. und 1. Jh. v. Chr. wieder errichteten Tempel in Jerusalem entstanden wohl seit dem 3. Jh. v. Chr. Synagogen im Röm. Reich, die meisten in Palästina nach der

jüdische Kunst: Synagoge in Worms (urspr. 1174/75, nach Zerstörung von 1938 wieder aufgebaut)

Zerstörung des Tempels 70 n. Chr., Saalbauten auch mit Querhäusern oder dreischiffige Synagogen im römisch-hellenist. Stil. Im 5.–7. Jh. überwog der dreischiffige Typus mit Apsis (Thoranische). Bodenmosaike zeigen oft figürl. Szenen, die vorher nur in Fresken in Dura-Europos (3. Jh. n. Chr.) bezeugt sind. Erhalten sind ferner Grabsteine, Sarkophage, Siegel, Münzen, Öllampen und Gläser mit jüd. Motiven wie dem siebenarmigen Leuchter (Menora) oder Palmzweig und Etrog (aromat. Zitronenart) vom Feststrauß des Laubhüttenfests. Im 12. Jh. nahm die j. K. einen neuen Aufschwung, v. a. Buchmalerei und Baukunst. Im Synagogenbau Betonung der Mitte durch die Almemor (Podium für die Thoralesung in Synagogen) und Anordnung der Sitze für die Männer; Frauensitze in Anbauten, später auf Emporen. Als Baumeister werden vielfach nicht jüd. Baumeister angenommen. Seit dem 12. Jh. erhielt neben Saalbauten der zweischiffige Bau Vorrang, in Dtl. im roman. und got. Stil, in Spanien (12.–14. Jh.) im Mudéjarstil. Einen Sondertypus repräsentieren seit dem 16. Jh. die Festungs- und Holzsynagoge mit reichen Malereien und Schnitzereien. In Italien, den Niederlanden und S-Frankreich wurden im 17. und 18. Jh. die Stilelemente des Barock auch auf Synagogen übertragen. – Neben der Synagoge ist das rituelle Tauchbad (Mikwe) Hauptthema der jüd. Baukunst. Die teilweise aufwendig dekorierten Bäder wurden im MA. als Schachtanlagen angelegt (u. a. Friedberg/Hessen, Worms, Speyer). – Die seit dem 13. Jh. erhaltene reiche Buchmalerei aus Spanien, Italien, Frankreich und Dtl. (bes. Bibeln, Gebetbücher [Machsorim] und Ausgaben von Texten der jüd. Tradition [Haggada]) wich seit dem 16. Jh. Buchdruck und Buchillustration (bes. Esther-rollen) und den künstlerisch gestalteten Eheverträgen (Ketubba). – Die Zeremonialkunst der Synagoge umfasst holzgeschnitzte, auch steinerne Ausstattungsstücke wie den Almemor, den Thoraschrein (Aron ha-Kodesch); zu Meisterwerken der Goldschmiedekunst gehören oft der silbergetriebene Thoraschmuck (Thorakronen; »Rimmonim«, die Aufsätze für die Rollstäbe; Thorazeiger; Thoraschilder) sowie Lampen (»Ewiges Licht«) aus Silber, Messing oder Gelbguss, v. a. die siebenarmige ↑Menora. Zur häusl. Kleinkunst gehören Mesusa (Kapseln mit hebräischen Segenssprüchen am Türpfosten des jüd. Hauses), Sabbat- und Chanukkalampen, zinnerne Sederschüsseln und oft selbst bemalte Purimteller. – Seit dem 19. Jh. entstanden Sy-

jüdische Kunst: Thoravorhang aus rotem Seidensamt mit Applikationen sowie Gold- und Silberstickerei, Berlin-Potsdam (1832, mit Teilen aus dem 17./18. Jh.)

nagogen in allen größeren Städten, meist in historisierenden Stilen. Nach den Zerstörungen zahlr. Synagogen während der NS-Zeit 1933–45 wurden in Dtl. mehrere Synagogen neu errichtet (u.a. in Mannheim, 1987 eingeweiht; in Darmstadt, 1988; in Heidelberg, 1994; in Dresden, 2001; in Chemnitz, 2002). Die Neue Synagoge in Berlin (1857 ff., 1943 schwer beschädigt) wurde 1988–95 im alten orientalisierenden Stil wieder aufgebaut. – Seit der Emanzipation der Juden im 18. und bes. im 19. Jh. fanden jüd. Künstler weltweit Anerkennung und beeinflussten z. T. wesentlich internat. Schulen und Tendenzen (u. a. C. Pissarro, M. Liebermann, A. Modigliani), wobei einige, z. B. der Grafiker L. Pasternak, die Maler M. Chagall und A. Kaplan, jüd. Thematik oder Tradition in ihre Werke einbezogen. – Zionist. Tendenzen führten 1906 zur Gründung der Bezalel-Kunstschule in Jerusalem. Neu eingewanderte Juden bildeten im modernen Israel Kunstzentren, die z. T. auch die religiöse Kunst pflegen.

📖 *Die j. K, Beiträge V. G. Sed-Rajna u. a. A. d. Frz. Freiburg im Breisgau 1997. – Schwarz, K.: J. K. – Jüd. Künstler. Teetz 2001.*

jüdische Literatur, literar. Werke, die von einem jüd. Autor stammen (v. a. die ↑hebräische Literatur, die ↑jiddische Literatur und die Literatur in ↑Ladino) und deren Thematik jüdisch ist bzw. in jüd. Tradition steht. Der Literaturbegriff i. w. S. umfasst neben Belletristik das religiöse Schrifttum, Werke der (Religions-)Philosophie, der Geschichtsschreibung, jurist. Texte, auch im Zusammenhang mit dem jüd. Religionsgesetz stehende medizin., natur- und sprachwiss. Schriften v. a. mittelalterl. jüd. Autoren sowie die für die kulturelle Mittlerfunktion des Judentums cha-

jüdische Kunst: Marc Chagall, »Jüdische Hochzeit« (um 1910; Sankt Petersburg, Privatbesitz)

rakterist. Werke der Übersetzungsliteratur vom MA. bis in die Gegenwart.
📖 *Stemberger, G.: Geschichte der j. L. Eine Einführung. München 1977.*

jüdische Musik. Die frühesten Quellen zur j. M. finden sich in der Bibel (erstmals 1. Mos. 4, 21) und in schriftl. und ikonograph. Quellen aus Mesopotamien, Ägypten, Phönikien und Griechenland. Demnach waren gezupfte Saiteninstrumente, Hörner und Trompeten sowie Schlagzeuge aus Bronze und Handtrommeln bekannt. Die Instrumente waren versch. Ständen (Priester, Leviten, Laien) zugewiesen. Im Tempel von Jerusalem hatte sich der Vollzug der Riten mit einem festgelegten Musikzeremoniell verbunden. Zur Reg.zeit Davids (um 1000 v. Chr.) waren die Organisation der Tempelorchester und -chöre sowie die Berufsausbildung der Tempelmusiker in einer eigenen Akademie verwirklicht. Nach dem Fall des alten Reiches (70 n. Chr.) entwickelte die jüd. liturg. Monodie die drei Gesangstile der Psalmodie, Lectio und Hymnodik. Das Singen der Psalmen (Psalmodie) war während der Blütezeit des Tempels offensichtlich mit festl. Chor- und Orchesterbegleitung bedacht worden. Die melod. Linie fügt sich genau dem Parallelismus des Textes. Satzanfang, -mitte und -schluss erhalten ein Melisma, während die verbindenden inneren Satzteile auf einer Eintonlinie rezitiert werden. Die Bibelkantillation (Lectio) kann durch ihre kunstgerechte Anpassung an den unregelmäßigen

100562

jüdische Musik: der durch die Filmmusik zu »Schindlers Liste« bekannt gewordene amerikanische Klarinettist Giora Feidman

Satzbau der Prosabücher im A. T. als eine Ausweitung des formelhaften Psalmsingens angesehen werden. Hymnodik und Gebetslyrik gehören den nachbibl. Zeiten an. Die Wortdeklamation war akzentisch, die Melodien behielten ihren frei rezitativ. Charakter bei, mindestens bis zum Einbruch der metrischen arab. Lyrik (10. Jh.). Unter span. Einfluss kam es, bes. im 15. Jh., zu einer mehr liedhaften Gestaltung der Melodien. Von ihnen hebt sich die neuere Gebetslyrik ab, deren ornamentale Melodien einen stimmbegabten und bes. ausgebildeten Kantor forderten. Seit der jüd. Emanzipation um 1800 bewirkte die synagogale Reform eine Angleichung der Kantoralmusik an die europ. Kunstmusik mit Melodiebearbeitungen für Orgel und mehrstimmige Synagogenchöre. Ihnen folgten oratorienartige, gottesdienstl. Kompositionen von E. Bloch, D. Milhaud, das »Kol nidre« von A. Schönberg sowie geistl. Kantaten israel. Komponisten wie K. Salomon, A. U. Boskovich, Ö. Partos, J. Tal, L. Schidlowski, Y. Sadaï.

Den Anschluss an die westl. Avantgarde vertreten daneben u. a. T. Avni und M. Kopytman. Stellvertretend für die von den Nationalsozialisten als »entartet« diffamierte jüd. Komponistengeneration des 20. Jh. seien die im Konzentrationslager Theresienstadt wirkenden V. Ullmann und P. Haas genannt, deren Werke durch Wiederaufführungen eine Rehabilitierung erfahren haben. (↑Klezmer)

jüdische Philosophie, Bez. für die Bestrebungen, jüd. Traditionsgut mit allg. philosoph. Problemstellungen zu verknüpfen. – Das Eindringen grch. Philosophie in die jüd. Tradition lässt sich bis zu Aristobulos zurückverfolgen, der um die Mitte des 2. Jh. v. Chr. in Alexandria lebte. Er wandte die allegor. Schriftauslegung nach dem Vorbild der Sophisten und Stoiker auf den Pentateuch an. Philon von Alexandria setzte dies fort und entwarf ein von Platon, der Stoa und dem Neupythagoreismus beeinflusstes jüdisch-philosoph. System. Im 10. Jh. begründete Saadja al-Fajjumi (* 882, † 942), bestrebt, eine Apologie des jüd. Glaubens zu geben, eine Lehre von der Einheit von Vernunft und Offenbarung. In enger Verbindung mit der islam. Philosophie entwickelte sich die j. P. v. a. in Spanien. Ibn Gabirol verarbeitete neuplaton. Gedankengut. Einen jüd. Aristotelismus, orientiert an der Auslegung des Ibn Ruschd, entfalteten M. Maimonides, Levi ben Gerson, Abraham Ibn Daud und Chisdai Crescas. – Bei den Harmonisierungsversuchen von Tradition und Philosophie setzten sich traditionsgebundene Richtungen immer mehr durch. Vertreter einer krit. philosoph. Auseinandersetzung mit den Glaubenstraditionen (B. de Spinoza) wurden von ihren Gemeinden ausgeschlossen. Zudem wurde die mystisch-spekulative Strömung der ↑Kabbala vorherrschend. Erst mit M. Mendelssohn, der u.a. das Verhältnis der Religionen zum Staat thematisierte, nahm im 18. Jh. die j. P. an der Aufklärung teil. Beeinflusst von I. Kant setzte sich H. Cohen mit der jüd. Tradition auseinander; er gesteht den Religionen über die Philosophie hinausgehende Beiträge zu Grundbegriffen des moral. Lebens zu. An Hegel kritisch anknüpfend, entfalteten F. Rosenzweig und M. Buber ihre Religionsphilosophien, verbunden mit sozialphilosoph. Fragestellungen. Zur Entwicklung des amerikan. Judentums nach dem Zweiten Weltkrieg trug Mordechai Menachem Kaplan (* 1881, † 1983) mit seinen Studien zu jüd. Identität und dem Judentum als Zivilisation Wesentliches bei. Der Holocaust und die Gründung des Staates Israel stellen sich für Emil Ludwig Fackenheim (* 1916) als »Epoche machende Ereignisse« dar, die eine neue Art der Wahrnehmung der Gegenwart und Zukunft notwendig machen. E. Lévinas knüpfte an Phänomenologie und Existenzphilosophie an und suchte den jüd. Messianismus zu einer Ethik des radikalen Humanismus weiterzuentwickeln.

Jüdischer Weltkongress, ↑World Jewish Congress.

Jüdisches Autonomes Gebiet, autonomes Gebiet innerhalb der Russ. Föderation, am mittleren Amur, 36 000 km², 197 500 Ew. (83% Russen, 7% Ukrainer, 4% Juden, bis heute weitgehend abgewandert); Hptst. ist Birobidschan. Der NW wird von waldbedecktem Bergland eingenommen (bis 1 207 m ü. M.); Abbau von Gold, Zinnerz, im S und O Flachland (teilweise versumpft) mit Ackerbau (Weizen, Roggen, Kartoffeln, Reis). – Das J. A. G. wurde 1934 gebildet; erklärte sich 1991 für autonom.

jüdische Sprachen, zusammenfassende Bez. für die ↑hebräische Sprache, die ↑jiddische Sprache und das ↑Ladino.

Judith, die Heldin des im 2. Jh. v. Chr. entstandenen apokryphen **Buches J.** des A. T. Während einer Belagerung ihrer Vaterstadt Baitylua (bei Luther: Bethulia) ging J. ins feindl. Lager zum assyr. Feldherrn Holofernes; dem Schlafenden schlug sie das Haupt ab, daraufhin flohen die Belagerer.

Judo [aus japan. ju »sanft nachgeben«, »ausweichen« und do »Weg«, »Grundsatz«] *das,* aus Japan stammender Zweikampf- und Selbstverteidigungssport; entstand aus dem von den Samurai gepflegten Jujutsu, das in Europa zu Beginn des 20. Jh. als Jiu-Jitsu bekannt wurde. J. zählt zu den japan. Budokünsten und wird auf einer Kampffläche, die mit Matten belegt ist, in einer Halle ausgeübt. Die Mattenfläche be-

Judo

steht aus zwei Zonen: der eigentl. Kampffläche im Inneren, deren Größe je nach Meisterschaft 8 × 8 bis 10 × 10 m beträgt, und einer 1 m breiten roten Gefahrenzone. Der J.-Kämpfer **(Judoka)** trägt eine reißfeste weiße oder blaue Kampfkleidung, bestehend aus Jacke (Kimono) und Hose (Zubon). Die Jacke wird von einem Gürtel (Obi) in der jeweiligen Rangfarbe des Judokas zusammengehalten. Die Judokas sind in Schülergrade (↑Kyu) und Meistergrade (↑Dan), kenntlich an den versch. Farben der Gürtel, eingeteilt. Daneben gibt es unterschiedl. Alters- und Gewichtsklassen.

Judo: Gewichtsklassen

Männer		Frauen	
bis	60 kg	bis	48 kg
bis	66 kg	bis	52 kg
bis	73 kg	bis	57 kg
bis	81 kg	bis	63 kg
bis	90 kg	bis	70 kg
bis	100 kg	bis	78 kg
über	100 kg	über	78 kg

Ziel des J. ist es, durch Zug oder Druck das Gleichgewicht des Gegners zu stören, um ihn überraschend auf die Matte zu werfen. Die hierzu entwickelte Kampftechnik umfasst Wurf- (Nage-Waza) und Grifftechniken (Katame-Waza). Zu Beginn des Kampfes, der bei Männern bis zu fünf Minuten, bei Frauen bis zu vier Minuten dauert, fassen sich die Kämpfer mit einem vorgeschriebenen Griff stehend an den Jacken. Angriff und Verteidigung, Wurfversuch und Gegenwurf können blitzschnell wechseln. Der im Standkampf mit einer Wurftechnik auf die Matte Geworfene muss, falls der Kampf nicht entschieden wurde, mit einer Haltetechnik 30 s festgehalten oder mit einem Würgegriff bzw. mit einer Hebeltechnik zur Aufgabe gezwungen werden. – Gekämpft wird in jeweils zwei Gruppen nach dem Pokalsystem. Die Verlierer können über eine Hoffnungsrunde weiterkommen. Die Wettkampfsprache ist Japanisch; es gibt anerkannte Übersetzungen. – Im *Behindertensport* ist J. (für Sehgeschädigte und Blinde) u. a. eine Disziplin der ↑Paralympics. (↑Sportarten, Übersicht)

Jud Süß, ↑Oppenheimer, Joseph Süß.

Juel [ju:l], Jens, dän. Maler, * Balslev (auf Fünen) 12. 5. 1745, † Kopenhagen 27. 12. 1802; Aufenthalte in Rom, Paris und Genf; 1780 Hofmaler in Kopenhagen (1786 Prof. an der dortigen Akademie); malte Porträts, Genrebilder, Stillleben, Landschaften; gilt neben N. Abildgaard als der bedeutendste dän. Maler des späten 18. Jh., Lehrer von P. O. Runge.

Jug [dʒʌg, engl.] *der,* einfaches Blasinstrument der afroamerikan. Folklore, bestehend aus einem irdenen Krug mit engem Hals, in den hineingesungen wird.

Jug *der,* rechter Quellfluss der Nördl. ↑Dwina, in Russland, 574 km lang; z. T. schiffbar.

Jugend, Lebensalterstufe, deren Definition und altersmäßige Bestimmung unterschiedlich und ungenau ist, i. d. R. aber eine Zeitspanne zw. dem 12. und 25. Lebensjahr umfasst. Im Strafrecht wird zw. dem noch nicht strafmündigen Kind, dem Jugendlichen (14–17 Jahre) und dem Heranwachsenden (18–20 Jahre) unterschieden. Zivilrechtlich ist der Begriff der Volljährigkeit von Bedeutung. In biologisch-medizin. Sicht versteht man unter J. entweder generell die menschl. Entwicklungsphase zw. Geburt und Erwachsenenalter oder teilt diese in Kindheit und J. und bezeichnet mit J. nun die Zeit zw. dem Beginn der Pubertät und dem Ende dieser biolog. Reifung. (↑Jugendsoziologie, ↑Kinder- und Jugendpsychologie)

📖 *Gillis, J. R.: Geschichte der J. A. d. Amerikan. Tb.-Ausgabe München 1994. – Baacke, D.: J. u. J.-Kulturen. Weinheim u. a. ³1999. – Hb. Kindheits- u. J.-Forschung, hg. v. H.-H. Krüger u. C. Grunert. Opladen 2002.*

Jugend|amt, für alle Angelegenheiten der öffentl. Kinder- und Jugendhilfe zuständige Behörde als Teil der Verw. von kreisfreien Städten und Landkreisen (§§ 69 ff. SGB VIII). Aufgaben: Erbringung von Angeboten der Jugendarbeit, der Jugendsozialarbeit und des erzieher. Kinder- und Jugendschutzes, zur Förderung der Erziehung in der Familie, von Kindern in Tageseinrichtungen und Tagespflege, Erteilung und Widerruf der Pflegeerlaubnis, Beratung in Verfahren zur Annahme als Kind, Mitwirkung in Verfahren nach dem JGG, Unterhaltssachen u. a. – J. bestehen auch in *Österreich* und der *Schweiz.*

Jugend|arbeit, 1) *Arbeitsrecht:* die Erwerbsarbeit von Kindern und Jugendlichen (↑Jugendschutz).

2) *Sozialwesen:* Gesamtheit der von privaten und öffentl. Trägern organisierten Aktivitäten für Jugendliche, v.a. auf kulturellem, polit. und sportl. Gebiet sowie im Bereich der Beratung und Bildung (Heime, offene Jugendhäuser, Bildungs-, Beratungs- und Freizeitstätten). Die J. geht über die Aufgaben der Jugendhilfe hinaus und steht allen Jugendlichen offen.

Jugend|arbeitslosigkeit, Beschäftigungslosigkeit von Jugendlichen (15–25 Jahre). Die amtl. Statistik weist gesondert die Altersgruppen »unter 20 Jahre« und »20–25 Jahre« aus. Hauptgründe für zeitweilig überdurchschnittlich hohe J. sind z.T. in demograph. Erscheinungen (geburtenstarke Jahrgänge treten ins Erwerbsleben) zu suchen oder haben konjunkturelle, arbeitspolit. u.a. Ursachen. Gegen die J. wurden u.a. versch. Maßnahmen der Beschäftigungs- und Ausbildungsförderung ergriffen. Obwohl die J. in der Bundesrep. Dtl. seit den 1970er-Jahren stark angestiegen war (1973: 1%; 1983: 10,9%), lag sie (auf der Basis der abhängigen zivilen Erwerbspersonen) im früheren Bundesgebiet auch 2002 bei Jugendlichen unter 25 Jahren (8,0%) noch knapp unter der Quote aller Altersgruppen (8,7%). Dabei muss allerdings berücksichtigt werden, dass die Quote der 20- bis unter 25-Jährigen 10,0% und die der unter 20-Jährigen 4,5% betrug. In den neuen Bundesländern war die Arbeitslosenquote der unter 25-Jährigen (16,3%) spürbar kleiner als die Gesamtquote (19,5%), v.a. wegen der relativ geringen Quote der unter 20-Jährigen (8,6%; 20- bis unter 25-Jährige: 20,6%). Im internat. Vergleich (zu berücksichtigen ist, dass die internat. Quoten anders definiert sind als die nat. und anders ausfallen) liegt Dtl. (2001: 9,4%) eher auf einem mittleren Platz: niedrigere Quoten weisen z.B. die Niederlande (5,5%), Österreich (5,8%) und Luxemburg (7,5%) auf, höhere Quoten Frankreich (19,5%), Griechenland und Italien (28,1%).

Jugend|arbeitsschutz, ↑Jugendschutz.

Jugend|arrest, härtestes der im Jugendstrafrecht zulässigen Zuchtmittel unterhalb der Jugendstrafe mit dem Zweck, dem Jugendlichen das Unrecht der Tat bewusst werden zu lassen; J. bedeutet kurzfristige Freiheitsentziehung, wenn die Verhängung von Jugendstrafe nicht erforderlich ist (§ 13 JGG). Er kann als **Dauerarrest** (1–4 Wochen), **Freizeitarrest** (1–2 Freizeiten, d.h. Einschließung an Wochenenden) oder **Kurzarrest** (bis 4 Tage) verhängt werden.

Jugendbewegung, eine pädagog., geistige und kulturelle Erneuerungsbewegung, die um 1900 entstand. In der Absicht, aus eigener Kraft eine selbstverantwortl. Lebensgestaltung zu finden, bildeten sich Jugendgruppen, die – im Ausbruch aus Stadtleben und Ind.gesellschaft – durch Wanderfahrten (↑Wandervogel), Lagerleben, Pflege des Volkstanzes und -liedes, des Laienspiels und einfache Kleidung eine auf Freundschaft gegründete Gemeinschaft suchten. Ein Gegengewicht zu völk. Schwärmertum entstand 1908 mit der »Dt. Akadem. Freischar«. In Opposition zu student. Korporationen formierte sich 1913 die »Freidt. Jugend« auf dem Hohen Meißner (↑Meißnerformel). Nach dem Ersten Weltkrieg nahm die schon vorher erkennbare Zersplitterung der J. zu. Es entstanden völk. (z.B. Bünd. Jugend; seit 1923 auch zusammenfassende Bez. für alle politisch und konfessionell unabhängigen Jugendbünde), religiöse (z.B. Quickborn), weltbürgerlich-pazifist. und sozialist. Gruppen (z.B. Falken). – Die **Arbeiterjugendbewegung** entstand in Dtl. nach 1900 aus Jugendgruppen der Arbeiterbildungsvereine. Gruppen in Offenbach, Mannheim, Ludwigshafen u.a. schlossen sich 1906 unter Führung des Sozialdemokraten Ludwig Frank (* 1874, † 1914) zum »Verband junger Arbeiter Dtl.s« zusammen (Jugendzeitung »Die junge Garde«, seit 1906). Unabhängig davon waren Ende 1904 in Berlin und Hamburg als »unpolitisch freie Jugendbünde« Gruppen der arbeitenden Jugend entstanden; sie bildeten 1906 die »Vereinigung der freien Jugendorganisationen Dtl.s«. 1908 wurde eine »Zentralstelle für die arbeitende Jugend Dtl.s« gegründet, in der die Gründungsverbände aufgingen (Organ: »Arbeiterjugend«). 1919 löste der »Hauptvorstand des Verbands der Arbeiterjugend« die Zentralstelle ab. Danach spalteten sich die »Freie proletar. Jugend« und die »Kommunist. Jugend« ab. – Soweit Verbände der J. nicht in der Hitler-Jugend aufgingen, wurden sie 1933 verboten. Nach 1945 wurden ↑Jugendverbände unter anderem Vorzeichen (wieder) gegründet.

📖 *Lütkens, C.: Die dt. J. Ein soziolog. Versuch. Neuausg. Münster 1986. – Brand, V.: Jugendkulturen u. jugendl. Protestpotential. Sozialgeschichtl. Untersuchung des Jugend-*

protestes von der J. zu Beginn des Jh. bis zu den Jugendkulturen der gegenwärtigen Risikogesellschaft. Frankfurt am Main u. a. 1993. – Klönne, A.: Jugend im Dritten Reich. Neuausg. München u. a. 1995.

Jugenddörfer, Einrichtungen der Jugendhilfe; als Lebensgemeinschaft von Förderungsbedürftigen und Betreuern streben sie weniger Familienersatz an als pädagogisch begleitete schul. oder berufl. Bildung und Freizeitgestaltung.

Jugend forscht, ↑Stiftung Jugend forscht e. V.

jugendgefährdende Medien (früher jugendgefährdende Schriften), Träger- und Telemedien, die geeignet sind, die Entwicklung von Kindern oder Jugendlichen oder ihre Erziehung zu einer eigenverantwortl. und gemeinschaftsfähigen Persönlichkeit zu gefährden (§ 18 Abs. 1 Jugendschutz-Ges. vom 23. 7. 2002). Dazu zählen v. a. unsittl., verrohend wirkende, zu Gewalttätigkeit, Verbrechen oder Rassenhass anreizende Medien. Trägermedien im Sinne des Jugendschutz-Ges. sind Medien mit Texten, Bildern oder Tönen auf gegenständl. Trägern. Telemedien sind Medien, die durch elektron. Informations- und Kommunikationsdienste zugänglich gemacht werden. Ihre Verbreitung an Jugendliche sowie im Einzelhandel außerhalb von Geschäftsräumen und durch elektron. Informations- und Kommunikationsdienste kann durch die Bundesprüfstelle für j. M. verboten werden (↑Jugendschutz); hierzu erstellt das Amt eine Liste. Ohne Aufnahme in die Liste j. M. ist die Verbreitung aber auch dann verboten, wenn die Schriften offensichtlich schwer jugendgefährdend sind (z. B. pornograph. Medien gemäß § 184 StGB).

Jugendgericht, ↑Jugendstrafrecht.

Jugendgerichtshilfe, die von den Jugendämtern im Zusammenwirken mit den Vereinigungen der Jugendhilfe zu leistende Hilfe zur Durchführung des Jugendstrafverfahrens. Die Vertreter der J. haben u. a. im gesamten Verfahren die bestehenden erzieher. und sozialen Gesichtspunkte zur Geltung zu bringen, sie bleiben während des Vollzugs von Strafen mit dem Jugendlichen in Verbindung und helfen ihm bei der Wiedereingliederung in die Gemeinschaft (§ 38 JGG).

📖 *Korth, M.: J. Die Einzelbetreuung im Jugendstrafverfahren nach § 10 JGG. Augsburg 1995. – Klier, R. u. a.: Jugendhilfe im Strafverfahren. Regensburg u. a. [2]2002.*

Jugendherbergen, Freizeit- und Übernachtungsstätten zur Förderung des Jugendreisens. Voraussetzung für die Benutzung einer J. ist in Dtl. die persönl. oder korporative Mitgliedschaft (Schulen, Jugendgruppen) im Dt. Jugendherbergswerk (DJH), gegr. 1910, Sitz: Detmold. Internat. Vereinigung ist die International Youth Hostel Federation (IYHF), gegr. 1932.

Jugendhilfe, ↑Kinder- und Jugendhilfe.

Jugendkammer, ↑Jugendstrafrecht.

Jugendkriminalität, die strafbaren Handlungen junger Menschen (↑Jugendstrafrecht) und z. T. auch junger Erwachsener. Seit Ende des Zweiten Weltkriegs ist in den meisten Ind.staaten die J., gemessen in absoluten Zahlen, erheblich gestiegen, überproportional zur Erwachsenenkriminalität. Eigentums- und Verkehrsdelikte herrschen vor, bes. zugenommen haben Delikte mit körperl. Gewaltanwendung und Bandenkriminalität. Die **Jugendkriminologie** erklärt die Zunahme der J. mit biologisch-psycholog. Veränderungen des Reifeprozesses ebenso wie mit gesellschaftl. u. a. Ursachen, wie der Zunahme unvollständiger oder zerbrochener Familien, dem Wertewandel in der übersättigten Konsumgesellschaft, den Sozialisierungsdefiziten infolge mangelnder schul. Qualifikation, der kulturellen Entwurzelung, der Jugendarbeitslosigkeit.

📖 *Horrorkids? J. Ursachen und Lösungsansätze, hg. v. A. Gallwitz u. N. Zerr. Hilden 2000. – Walter, M.: J. Eine systemat. Darstellung. Stuttgart u. a. [2]2001.*

Jugendkultur, in modernen Gesellschaften westl. Prägung die durch die Jugend bzw. (große) Teile von ihr repräsentierten Einstellungen, Verhaltensweisen, Lebensentwürfe, Kommunikationsformen, Symbolbildungen, Selbstdarstellungen und Konfliktpotenziale; innerhalb der Gesamtgesellschaft, oft in Verbindung mit bestimmten Musikformen (z. B. Rock, Pop, Techno) und/oder der Favorisierung bestimmter Markenprodukte (bes. Kleidung), eigene jugendl. Subkulturen (»Szenen«) ausbildend. – Der Sammlung und wiss. Dokumentation von authent. Zeugnissen der J. (Musik, Fanzines, Videos, Buttons, Aufkleber u. a.) widmet sich in Dtl. bes. das Berliner **Archiv der Jugendkulturen e. V.** (gegr. 1998).

🕮 *Farin, K.: generation-kick.de. Jugendsubkulturen heute. München 2001.*

Jugendliche, im ↑Jugendstrafrecht Personen, die z. Z. der Tat 14, aber noch nicht 18 Jahre alt sind.

Jugendliteratur, ↑Kinder- und Jugendliteratur.

Jugendmusikbewegung, eine Form des Laienmusizierens (↑Jugendbewegung). Sie erstrebte eine Erneuerung der Musik aus dem Singen als natürl. Ausgangspunkt allen Musizierens. Die **Singbewegung** wurde getragen von der aus dem »Wandervogel« (H. Breuer: »Der Zupfgeigenhansl«, 1909) hervorgegangenen bünd. Jugendbewegung. Ihre Gründer waren F. Jöde in Nord-Dtl. und W. Hensel in Böhmen und Schlesien (»Finkensteiner Bund«). Seit der Zeit zw. den beiden Weltkriegen, bes. aber nach 1945, hat sich die J. immer mehr nach der künstler. Seite hin erweitert; auch die Schul- und Hausmusik wird einbezogen. Die »Fédération Internationale des Jeunesses Musicales« (Sitz: Brüssel) und in deren Rahmen die »Musikal. Jugend Dtl.s« (Sitz: Weikersheim) fördern Jugendkonzerte und aktive Musiker.

Jugendpsychiatrie, ↑Kinder- und Jugendpsychiatrie.

Jugendpsychologie, ↑Kinder- und Jugendpsychologie.

Jugendrecht, die rechtl. Bestimmungen und Verhältnisse, die die Jugend betreffen. Das J. umfasst die Stellung des Kindes in der Familie (↑elterliche Sorge, ↑nichteheliche Kinder), das Schulrecht, das Jugendarbeitsrecht (↑Jugendschutz), die ↑Kinder- und Jugendhilfe und das ↑Jugendstrafrecht.

Jugendreligionen, in den 1970er-Jahren übl. Bez. für religiös-weltanschaul. Gruppen und Bewegungen, die in den 1960er-Jahren entstanden sind und v. a. unter Jugendlichen großen Zulauf fanden (z. B. ↑Divine Light Mission, ↑Hare-Krishna-Bewegung, ↑Family u. a.). Gemeinsame charakterist. Züge sind eine synkretist. Lehre (mit christl. und v. a. Elemenenten östl. Religionen), die Verehrung einer zentralen, z. T. mit messian. Anspruch auftretenden Führergestalt (Guru), eine autoritäre Organisationsstruktur mit z. T. auch totalitären Zügen und eine rigoristische, auf dem Elitebewusstsein der Gemeinschaft beruhende Ethik und Lebensführung.

Jugendrichter, ↑Jugendstrafrecht.

Jugendschöffengericht, ↑Jugendstrafrecht.

Jugendschutz, gesetzl. Sondervorschriften zum Schutz der Kinder und Jugendlichen vor gesundheitl. und sittl. Gefahren. Den **Jugendarbeitsschutz** für Kinder und Jugendliche regelt das Jugendarbeitsschutz-Ges. vom 12. 4. 1976. Danach ist

Jugendschutz: Bestimmungen (Auswahl; Bundesrepublik Deutschland)

Erlaubt		unter 16 Jahre		über 16 Jahre
Besuch von	Gaststätten	nur in Begleitung Erwachsener		bis 24 Uhr
	öffentl. Filmveranstaltungen	bei Eignung des Films:	unter 14 Jahre bis 20 Uhr, über 14 Jahre bis 22 Uhr	bei Eignung des Films bis 24 Uhr
	Spielhallen	nein		nein
	Diskotheken[1)]	nur in Begleitung Erwachsener		bis 24 Uhr
	Tanzveranstaltungen von anerkannten Trägern der Jugendhilfe[2)]	unter 14 Jahre bis 22 Uhr, über 14 Jahre bis 24 Uhr		bis 24 Uhr
Genuss von	alkohol. Getränken	nein[3)]		leichte alkohol. Getränke (ohne Branntwein)
	Tabakwaren	nein		ja

1) Ausnahmegenehmigung durch zuständige Behörde möglich. – 2) Bei künstler. Betätigung oder zur Brauchtumspflege. – 3) Erlaubt für leichte alkohol. Getränke (ohne Branntwein) bei 14- und 15-jährigen Jugendlichen in Begleitung einer personensorgeberechtigten Person.

die Beschäftigung von Kindern verboten. Kinder im Sinne des Ges. sind Personen unter 15 Jahren und vollzeitschulpflichtige Jugendliche. Ab dem 13. Lebensjahr dürfen Kinder mit Einwilligung der Sorgeberechtigten kindgerechte Arbeiten in täglich begrenzter Stundenzahl verrichten. Jugendliche (15–17 Jahre) dürfen nicht mehr als acht Stunden täglich und nicht mehr als 40 Stunden wöchentlich arbeiten; der Berufsschulunterricht u. Ä. wird auf die Arbeitszeit angerechnet. Samstags-, Sonntags- und Feiertagsarbeit, Beschäftigung mit gesundheitlich oder sittlich gefährdenden Arbeiten, Akkordarbeit u. a. sind verboten. Die Zeit zw. 20 Uhr und 6 Uhr ist arbeitsfrei, wobei für bestimmte Gewerbezweige (z. B. Gast- und Beherbergungswesen) begrenzte Ausnahmen zugelassen sind. Der jährl. Mindesturlaub beträgt im Alter bis zu 16 Jahren: 30, 17 Jahren: 27, 18 Jahren: 25 Werktage. – Ähnl. Vorschriften gelten in *Österreich* (Jugendbeschäftigungs-Ges. von 1987); in der *Schweiz* ist der J. teils durch Bundes-, teils durch kantonale Gesetze geregelt.

Der **Schutz der Jugend in der Öffentlichkeit und im Bereich der Medien,** d. h. der Schutz von Kindern (unter 14 Jahren) und Jugendlichen (14–17 Jahren) vor Gefahren für ihr körperl., geistiges und seel. Wohl, denen sie in ihrer Freizeit außerhalb von Familie, Schule und Arbeitsstätte und durch Medien (Trägermedien: Bücher, Filme, Videokassetten, CD-ROM u. a.) ausgesetzt sein können, wird durch das J.-Gesetz vom 23. 7. 2002, in Kraft seit 1. 4. 2003, geregelt. Das J.-Gesetz von 1985 und das Gesetz über die Verbreitung jugendgefährdender Schriften und Medieninhalte wurden aufgehoben. Das J.-Gesetz beschränkt den Besuch von Kinos, Gaststätten, Spielhallen, den Genuss von Tabak und alkohol. Getränken, die Teilnahme an öffentl. Tanzveranstaltungen u. a. Tabakwaren dürfen danach nicht an Kinder und Jugendliche unter 16 Jahren verkauft werden. Computerspiele und Bildschirmspielgeräte müssen wie Filme mit einer Altersfreigabekennzeichnung versehen werden. Die Zuständigkeit der Bundesprüfstelle für ↑jugendgefährdende Medien (bisher Schriften) ist auf alle neuen Medien, mit Ausnahme des Rundfunks, erweitert worden. Gemeinsam mit dem J.-Gesetz ist der Jugendmedienschutz-Staatsvertrag der Länder in Kraft getreten, dessen Zweck der Schutz von Kindern und Jugendlichen vor Angeboten in elektron. Informations- und Kommunikationsdiensten (Rundfunk, Fernsehen, Internet) ist, die deren Entwicklung und Erziehung beeinträchtigen oder gefährden, die die Menschenwürde oder sonstige durch das StGB geschützte Rechtsgüter verletzen. Hier wird der J. bes. auf der Grundlage der freiwilligen Selbstkontrolle der Anbieter verwirklicht. – Ähnl. Bestimmungen gelten in *Österreich* und in der *Schweiz.*

Jugendschutzsachen, Strafsachen, die Straftaten Erwachsener an Kindern oder Jugendlichen oder Verstöße gegen Jugendschutz- oder Jugenderziehungsbestimmungen zum Gegenstand haben. Für J. sind neben den für allgemeine Strafsachen zuständigen Gerichten auch die Jugendgerichte zuständig.

Jugendsoziologie, Teilbereich der Soziologie, der sich mit den sozial bedingten Verhaltens- und Denkweisen der Jugend beschäftigt und ihre Interaktionen (auch zw. den ↑Generationen), Wertorientierungen und Verhaltensweisen untersucht. Die J. sieht Jugend als Phase des Verhaltenswechsels und Rollenübergangs an, wobei Kindheit und Erwachsenenalter meist als sich widersprechende soziale Bereiche verstanden werden und die Jugend als Übergangsstadium daher notwendig – v. a. aufgrund jugendl. Verhaltensunsicherheit, aber auch infolge unterschiedl. Rollenerwartungen seitens der Erwachsenen – zahlr. Konflikte für den Jugendlichen bringt. Eine wichtige Grundlage der J. bilden speziell jugendbezogene Erhebungen, in Dtl. seit den 1980er-Jahren bes. die Jugendstudien des Jugendwerkes der Dt. Shell (zuletzt »Jugend 2002«; 14. Shell-Jugendstudie).

📖 vgl. Jugend.

Jugendstil, dt. Bez. einer internat. Stilrichtung von etwa 1890 bis 1914, die in Frankreich und Belgien Art nouveau, in England Modern Style, in Österreich Sezessionsstil genannt wird. – Der J., benannt nach der Münchner Ztschr. »Jugend« (1896–1940), ist als Bewegung gegen die historisierenden Stile des 19. Jh. entstanden. Er suchte nach neuen Formen, die alle Bereiche der Kunst und des Lebens durchdringen sollten. Die Grenzen zw. den Künsten wurden aufgehoben. Die Form eines Gegenstandes wurde aus den Gegebenheiten seines Materials und seiner Funktion entwi-

ckelt. Materialgerechtigkeit wurde zur Forderung. Zu den Formbesonderheiten zählen Flächenhaftigkeit und Betonung der Linie als dynamisch bewegtes Ausdrucksmittel, der sich eine vegetative Ornamentik unterordnet. Den Weg bereiteten W. Morris und die Arts-and-Crafts-Bewegung in England. Von besonderer Bedeutung für den J. war die engl. Buchkunst, die mit A. Beardsley ihren Höhepunkt erreichte.
In *Frankreich* entwickelten É. Bernard und Gauguin, angeregt von japan. Farbholzschnitten, einen umrissbetonten Flächenstil. Durch die Plakate von Toulouse-Lautrec wurde der neue Stil populär. In der Architektur trat H. Guimard hervor. Ein Bahnbrecher auf dem Gebiet der Glaskunst war É. Gallé. Schmuck, Möbel und Glasfenster entwarfen G. de Feure, É. Gaillard, R. Lalique und der Tscheche A. Mucha, der sich auch als Plakatkünstler verdient machte. – In *Belgien* trafen die Einflüsse von England und Frankreich zusammen; der einflussreichste Künstler der Jh.wende wurde H. van de Velde; bed. Architektur- und Innenarchitekturleistungen von V. Horta und P. Hankar. – In *Deutschland* erfolgte der Aufbruch in München, wo u. a. F. von Stuck, O. Eckmann, H. Obrist, A. Endell, R. Riemerschmid wirkten. Darmstadt wurde durch die Gründung einer Künstlerkolonie auf der Mathildenhöhe, der u. a. H. van de Velde und P. Behrens angehörten, ein weiteres Zentrum. – Der *österr.* J. war an Wien gebunden; zentrale Figur war der Maler G. Klimt. – Zu den bedeutenden Malern des J. gehören v. a. der Norweger E. Munch und der Schweizer F. Hodler. Überragende Persönlichkeiten des J. sind ferner der Architekt A. Gaudí in Spanien, der Glaskünstler L. C. Tiffany in den USA, der Goldschmied P. C. Fabergé in Russland. – Bildtafel S. 330
In der *Literatur* bezieht sich der (in der Literaturwiss. erst nach 1945 gebräuchl.) Begriff J. vorwiegend auf die literar. Kleinform, bes. auf die Lyrik (v. a. O. J. Bierbaum, E. von Wolzogen, R. Dehmel, A. Mombert, E. Stucken) um die Jahrhundertwende, jedoch auch auf die Dichtungen von S. George, R. M. Rilke, H. von Hofmannsthal, E. Lasker-Schüler und G. Heym, soweit sie in dieser Zeit entstanden.

📖 *Jost, D.: Literar. J. Stuttgart ²1980. – Haslam, M.: J. Seine Kontinuität in den Künsten. A. d. Engl. Stuttgart 1990. – Eschmann, K.: J. Ursprünge, Parallelen, Folgen. Göttingen u. a. 1991. – Sternberger, D.: Über J. Tb.-Ausg. Frankfurt am Main ⁴1991. – Bangert, A. u. Fahr-Becker, G.: J. Möbel u. Glas, Schmuck u. Malerei. München 1992. – J., hg. v. J. Hermand. Darmstadt ³1992. – Langer, A.: J. u. Buchkunst. Leipzig 1994. – Fahr-Becker, G.: J. Köln 1996. – Lieb, S.: Was ist J. ? Eine Analyse der Jugendstilarchitektur 1890–1910. Darmstadt 2000. – Sembach, K.-J.: J. Die Utopie der Versöhnung. Köln u. a. 2002.*

Jugendstrafe, die einzige Kriminalstrafe des Jugendstrafrechts (§§ 17 ff. JGG). J. wird verhängt, wenn wegen der schädl. Neigungen des Jugendlichen Erziehungsmaßregeln oder Zuchtmittel nicht ausreichen oder wenn wegen der Schwere der Schuld Strafe erforderlich ist. Die J. besteht in einem nach erzieher. Grundsätzen ausgestalteten Freiheitsentzug in einer Jugendstrafanstalt. Die Dauer der J. beträgt mindestens sechs Monate, höchstens fünf, bei schwersten Verbrechen zehn Jahre.

Jugendstrafrecht, das für Jugendliche (14- bis 17-Jährige) und z. T. auch für Heranwachsende (18- bis 20-Jährige) geltende Straf- und Strafprozessrecht; es weicht in wesentl. Grundsätzen vom allg. Strafrecht ab. In *Dtl.* beginnt nach dem Jugendgerichts-Ges. (JGG) vom 11. 12. 1974 die strafrechtl. Verantwortlichkeit mit der Vollendung des 14. Lebensjahres, wenn der Jugendliche z. Z. der Tat nach seiner sittl. und geistigen Entwicklung reif genug ist, das Unrecht der Tat einzusehen und nach dieser Einsicht zu handeln. Auf Heranwachsende wird das J. trotz zivilrechtl. Volljährigkeit angewendet, wenn der Täter z. Z. der Tat nach seiner sittl. und geistigen Entwicklung noch einem Jugendlichen gleichstand oder es sich bei der Art der Tat um eine Jugendverfehlung handelt (§ 105 JGG). Die Straftat soll in erster Linie durch Erziehungsmaßregeln (Erteilung von Weisungen, Verpflichtung zur Inanspruchnahme von Hilfe zur Erziehung, z. B. durch ↑Erziehungsbeistandschaft) geahndet werden; wenn diese nicht ausreichen, wird die Straftat mit ↑Zuchtmitteln (Verwarnung, Erteilung von Auflagen, ↑Jugendarrest; gemäß Einigungsvertrag nicht in den neuen Bundesländern) oder mit ↑Jugendstrafe geahndet. Über Verfehlungen Jugendlicher entscheiden die Jugendgerichte als besonderer Zweig der ordentlichen Gerichtsbarkeit: nach der Schwere des Falles das Amtsgericht, und zwar der Strafrichter als Jugendrichter oder das Jugendschöffengericht (Besetzung: ein Jugendrichter, zwei Jugendschöffen) oder am Landgericht die Jugendkammer. Letztere besteht als kleine Jugendkammer (ein Jugendrichter, zwei Jugendschöffen; Berufungsinstanz gegen Urteile des Jugendrichters) oder als große Jugendkammer (zwei oder drei Jugendrichter und zwei Jugendschöffen; bes. als Berufungsinstanz gegen Urteile des Jugendschöffengerichts oder anstelle des Schwurgerichts erstinstanzlich bei schweren Delikten Jugendlicher). Das Verfahren vor dem Jugendgericht ausschl. gegen Jugendliche ist nicht öffentlich. Im Jugendstrafverfahren wirkt die ↑Jugendgerichtshilfe mit. Im Vor- und Hauptverfahren besteht die Möglichkeit, von der Strafverfolgung abzusehen und das Verfahren einzustellen, wenn eine Ahndung entbehrlich erscheint und andere Maßnahmen Erfolg versprechen (§§45, 47 JGG). Für Vollstreckung und Vollzug der im Verfahren ausgesprochenen Maßnahmen ist grundsätzlich der Jugendrichter als Vollstreckungsleiter zuständig. Ein rascher Vollzug der Maßnahmen soll den Jugendlichen den inneren Zusammenhang zw. Tat, Urteil und Vollstreckung bewusst machen. Insgesamt ist das J. von der Absicht durchdrungen, die Jugendlichen zu einer straffreien Lebensführung zu erziehen. – In *Österreich* (JGG von 1988) und der *Schweiz* (Art. 82–100 StGB) gelten, mit einzelnen Abweichungen, ähnl. Grundsätze wie in Dtl.; das J. wird jedoch nicht auf Heranwachsende angewendet.

📖 *Voß, M.: Jugend ohne Rechte. Die Entwicklung des J. Frankfurt am Main u. a. 1986. – Albrecht, P.-A.: J. Ein Studienbuch. München ²1993. – Hartmann, A.: Schlichten oder Richten. Der Täter-Opfer-Ausgleich u. das (Jugend-)Strafrecht. München 1995. – Böhm, A.: Einführung in das J. München ³1996. – Schaffstein, F. u. Beulke, W.: J. Eine systemat. Darstellung. Stuttgart u. a. ¹⁴2002.*

Jugend- und Auszubildendenvertretung, innerbetriebl. Vertretung für jugendl. Arbeitnehmer, die gemäß §§60ff. Betriebsverfassungs-Ges. in Betrieben mit mindestens fünf Arbeitnehmern, die noch nicht 18 sind oder die zu ihrer Ausbildung beschäftigt sind und das 25. Lebensjahr noch nicht vollendet haben, zu wählen ist.

1 Kuranlagen in Bad Kissingen mit Jugendstildekor (um 1910)
2 Peter Behrens, »Der Kuss«, Farbholzschnitt (1898; Darmstadt, Museum Künstlerkolonie)
3 Antonio Gaudí, Casa Milá in Barcelona (1905–10)
4 Émile Gallé, Vase mit Blatt-Blüten-Dekor, farbloses Glas, überfangen (um 1900; Privatbesitz)
5 Henri de Toulouse-Lautrec, »Yvette Guilbert«, (1894; Moskau, Puschkin-Museum)

3 100136

4 340

5 4601

Die Vertretung kann an allen Sitzungen des Betriebsrates teilnehmen.

Jugendverbände, überregionale Zusammenschlüsse von Jugendbünden und -organisationen. Die Anfänge der großen J. reichen z.T. ins 18./19.Jh. zurück; eine Umprägung erfuhren sie seit etwa 1910 (↑Jugendbewegung). Die J. sind vielfach zu **Jugendringen** zusammengeschlossen, deren Dachorganisation in Dtl. der Dt. Bundesjugendring (gegr. 1949; Sitz: Bonn) ist.

Jugendweihe, nicht religiöse oder freireligiöse Weihehandlung an Stelle der Konfirmation, 1859 vom »Bund freireligiöser Gemeinden« eingeführt, im 20.Jh. von versch. anderen Verbänden übernommen. – In der *DDR* 1955 als offizieller Festakt nach 8-jährigem Schulbesuch (14./15. Lebensjahr) eingeführt, war die J. als atheist. Alternativfeier zur Konfirmation mit einem Gelöbnis zum Staat und zum Sozialismus verbunden; seit 1990 ohne Gelöbnis weiterhin verbreitet.

100562

Jugendweihe in Karl-Marx-Stadt (Chemnitz)

Jugendzentren, i.w.S. die von Kommunen getragenen Einrichtungen der Jugendsozialarbeit, die für die Freizeitgestaltung von Kindern und Jugendlichen zur Verfügung stehen (auch **Jugendhaus, Jugendtreff** gen.); i.e.S. **(autonome J.)** die von Jugendlichen selbst betriebenen und unabhängigen Freizeiteinrichtungen.

Jugerum [zu lat. iungere »verbinden«] *das,* altröm. Flächenmaß, die von einem Gespann (iugum) an einem Tag zu bearbeitende Feldfläche; 2836,5 m².

Juglans, die Pflanzengattung ↑Walnuss.

Juglar [ʒyˈglaːr], Clément, frz. Volkswirtschaftler, *Paris 15. 10. 1819, †ebd. 28. 2. 1905; bis 1848 Arzt; schuf mit der Entdeckung von Konjunkturzyklen **(J.-Zyklus)** Voraussetzungen für die Konjunkturforschung (↑Konjunktur).

Jugoslawilen, 1) nach dem Ersten Weltkrieg entstandener und bis 1991/92 bestehender Bundesstaat in SO-Europa, umfasste die Teilrep. ↑Serbien (mit den Prov. ↑Kosovo und ↑Wojwodina), ↑Montenegro, ↑Kroatien, ↑Slowenien, ↑Bosnien und Herzegowina sowie ↑Makedonien, grenzte im N an Österreich und Ungarn, im O an Rumänien und Bulgarien, im S an Griechenland und Albanien, im W an das Adriat. Meer und Italien.

Geschichte: Das Gebiet J.s gehörte bis 1918 zu Österreich-Ungarn, zum Osman. Reich oder zum Königreich Serbien. Im Anschluss an die »Deklaration von Korfu« (1917), die die polit., religiöse und kulturelle Gleichberechtigung der drei Staatsnationen zur Grundlage des zu errichtenden Königreichs machte, erklärte der am 6. 10. 1918 in Agram (Zagreb) gebildete Nationalrat am 29. 10. 1918 die Loslösung Kroatiens von Österreich-Ungarn, der Nationalrat von Bosnien und Herzegowina schloss sich am 30. 10. an, die montenegrin. Volksversammlung verkündete am 19. 11. den Anschluss an das Königreich Serbien. Der serb. Thronfolger Alexander I. Karadjordjević proklamierte am 1. 12. 1918 im Namen König Peters I. das **Königreich der Serben, Kroaten und Slowenen** (»Kraljevina SHS«), das durch die Pariser Vorortverträge (1919) um die südl. Steiermark, das westl. Banat sowie vormals bulgar. Gebiet vergrößert wurde. Dagegen kamen 1919 Rijeka (italien. Fiume), 1920 Triest und das ehem. österr. Küstenland, das westl. Krain, die dalmatin. Stadt Zadar (italien. Zara) und die Insel Lastovo (italien. Lagosta) an Italien. Der Führungsanspruch der Serben in dem neuen Staat wurde durch die zentralist. Vidovdan-Verf. von 1921 durchgesetzt, doch der (1929 in **Königreich J.** umbenannte) Staat blieb infolge der wirtsch. und sozialen Probleme und v.a. der Opposition der Kroaten (Bauernpartei) politisch instabil. Die durch das Attentat auf Abg. der Bauernpartei am

20. 6. 1928 im Belgrader Parlament offen ausgebrochene Staatskrise suchte Alexander (König seit 1921) durch Übergang zur »Königsdiktatur« zu lösen (autoritäre Verf. von 1931). Nachdem Alexander in Marseille 1934 von kroat. und makedon. Nationalisten (IMRO) ermordet worden war, übernahm Prinzregent Paul die Regentschaft für den minderjährigen König Peter II. Den einzigen Rückhalt gegen die italien. Einkreisungspolitik bildete die Zugehörigkeit zur ↑Kleinen Entente und der Freundschaftsvertrag mit Frankreich (1927). Die Weltwirtschaftskrise brachte eine engere wirtsch. Zusammenarbeit zw. J. und Dtl. (Handelsvertrag 1934) und eine Aushöhlung des frz. Bündnissystems in SO-Europa, die zum Freundschaftsvertrag mit Bulgarien und zu einem Nichtangriffspakt mit Italien (1937) führten. Bei Beginn des Zweiten Weltkriegs neutral, konnte sich J. dem wirtsch. und polit. Gewicht Dtl.s in SO-Europa nicht entziehen. Am 25. 3. 1941 trat J. dem Dreimächtepakt bei. Am 27. 3. 1941 wurde die Reg. Cvetković durch General D. Simović gestürzt. Hitler beschloss daraufhin, durch Ausweitung der geplanten Operation gegen Griechenland J. zu zerschlagen (Angriff der Achsenmächte 6.–17. 4.). Bis auf Serbien, das der dt. Militärverwaltung unterstellt wurde, und den von der rechtsextremen Ustascha am 10. 4. proklamierten **Unabhängigen Staat Kroatien** (hier u. a. brutale Serbenverfolgungen) wurde das jugoslaw. Territorium unter Italien, Dtl., Ungarn und Bulgarien aufgeteilt. Der Widerstand setzte seitens der Četnici unter D. Mihailović bereits im Mai 1941 ein. Nach dem dt. Angriff auf die UdSSR (Juni 1941) versuchten die Kommunisten unter Tito, sich an die Spitze des Widerstands zu stellen. Seit Nov. 1941 bekämpften sich königstreue und kommunist. Partisanen; allmählich verwirrten sich die Fronten durch die Überlagerung mit den lange schwelenden ethn. Konflikten zu einem Kampf aller gegen alle mit militärisch nicht zu begründenden Gräueltaten. Der »Antifaschist. Rat der Nat. Befreiung J.s« (AVNOJ) bildete im Nov. 1943 in Jajce eine provisor. Regierung. Zw. Tito und dem Chef der jugoslaw. Exilreg. in London, J. Šubašić, kam es zur Einigung über ein Koalitionskabinett (Nov. 1944). Am 10. 8. 1945 wurde der AVNOJ in ein provisor. Parlament umgewandelt, das durch Gesetze über Bodenreform und Konfiskation »feindl.« Vermögens entscheidend in die wirtsch. und gesellschaftl. Struktur eingriff. Die Königsfamilie ging ins Londoner Exil. Die kommunist. Volksfront erreichte am 11. 11. 1945 88% der Stimmen bei den Wahlen zur verfassunggebenden Versammlung, die am 29. 11. die Rep. ausrief. Bei der Umgestaltung des Landes – nach der Verf. vom 31. 1. 1946 **Föderative Volksrepublik J.** (FVRJ) – kam es zur Verfolgung der Četnici und Ustascha-Mitgl. sowie zur Vertreibung der Deutschen (v. a. in Slawonien). Die nat. Frage sollte durch die Schaffung von sechs Teilrepubliken, der Autonomen Prov. Wojwodina und des Autonomen Gebiets Kosovo-Metohija gelöst werden. In den Friedensverträgen von Paris (10. 2. 1947, mit Italien, Ungarn und Bulgarien) wurde das Staatsgebiet von 1941 wiederhergestellt und um die italien. Besitzungen in Istrien und Dalmatien vergrößert. Die Triestfrage wurde 1954 (endgültig 1975) gelöst.

Obwohl J. zunächst zum Ostblock gehörte, kam es im Frühjahr 1948 wegen sowjet. Einmischungen in die Innenpolitik zum jugoslawisch-sowjet. Konflikt. Dem ideolog. und polit. Druck der UdSSR setzte J. ein eigenes Sozialismusmodell entgegen (↑Titoismus). Durch amerikan. Wirtschaftshilfe, zahlr. Kontakte zum Westen und Zusammenarbeit mit den blockfreien Staaten (Balkanpakt) suchte J. seine unabhängige Politik nach außen abzusichern. Die von Chruschtschow 1955 herbeigeführte Aussöhnung mit J. war nach der sowjet. Intervention in Ungarn (Okt. 1956) und nach dem Einmarsch von Warschauer-Pakt-Truppen in die ČSSR (Aug. 1968) vorübergehend erneuten Spannungen ausgesetzt. J., das nach 1963 (neue Verf.) den Namen **Sozialist. Föderative Republik J.** (SFRJ) führte, wurde nach dem Sturz des langjährigen Innenmin. und Chefs der Geheimpolizei A. Ranković (Juli 1966) zunehmend dezentralisiert; dennoch flammten die nat. Spannungen wiederholt auf (z. B. »kroat. Frühling« 1971). Mit der Verf. vom 21. 2. 1974 wurden Selbstverwaltung und Föderalismus weiter ausgebaut. Nach dem Tod Titos (1980), der die Einigkeit und Unabhängigkeit des Vielvölkerstaats J. verkörperte, wechselten sowohl der Vorsitz im Präsidium der Rep. als auch im Bund der Kommunisten J.s (BdKJ) im jährl. Turnus.

Der seit 1981 schwelende Nationalitätenkonflikt im Kosovo (zu 90% von Albanern bewohnt) verschärfte sich seit 1988 zunehmend (Verfassungskrise, drast. Einschränkung [März 1989] und Aufhebung der formellen Autonomie [Juli 1990]). Die akute Wirtschaftskrise führte Ende 1988 zum Rücktritt der Reg. unter dem Serben B. Mikulić; dem neuen (kroat.) MinPräs. (bis Dez. 1991) A. Marković gelang der beabsichtigte Wirtschaftsumbau auf marktwirtsch. Grundlage nur ansatzweise. Der Reformkurs (Marktwirtschaft, pluralist. Demokratie) der wirtsch. am weitesten entwickelten Teilrepubliken Slowenien und Kroatien, der 1988/89 zur Spaltung des BdKJ (endgültig Febr. 1990), 1989/90 zur verstärkten nat. Eigenständigkeit der beiden Teilrepubliken führte, wurde v.a. von Serbien bekämpft. Nach wachsenden Spannungen zw. den sechs Teilrepubliken und mehreren ergebnislosen innerjugoslaw. Krisengipfeln erklärten Slowenien und Kroatien ihre volle nat. Eigenexistenz (26. 6. 1991; unter EG-Vermittlung später bis zum 7. 10. 1991 ausgesetzt; seit 15. 1. 1992 internat. anerkannt) und leiteten damit die Auflösung des alten J. ein. Am 14. 10. 1991 erklärte auch Bosnien und Herzegowina seine Souveränität, am 20. 11. 1991 Makedonien (aufgrund grch. Einspruchs erst im April 1993 internat. anerkannt). Die anfängl. Weigerung Serbiens, den Zerfall des bisherigen J. anzuerkennen, und der anschließende Versuch, alle serbischen Siedlungsgebiete zu einem (groß-)serb. Staat zusammenzuschließen, sowie die ethn. Konflikte (Nationalitätenfrage) führten stufenweise zu krieger. Auseinandersetzungen, zunächst in Slowenien (Juli 1991), danach in Kroatien (Juli–Dez. 1991/Jan. 1992). In Bosnien und Herzegowina kam es 1992–95 zu einem blutigen Bürgerkrieg. Am 27. 4. 1992 bildeten Serbien und Montenegro die neue Bundesrepublik ↑Jugoslawien (am 14. 3. 2002 Abkommen zur Neuregelung ihres Verhältnisses in einem neuen Staat ↑Serbien und Montenegro; in Kraft seit 4. 2. 2003).

📖 *Razumovsky, D.: Chaos J. Histor. Ursachen – Hintergründe – Perspektiven. München ³1993. – Sundhaussen, H.: Experiment J. Von der Staatsgründung bis zum Staatszerfall. Mannheim u. a. 1993. – Silber, L. u. Little, A.: Bruderkrieg. Der Kampf um Titos Erbe. A. d. Engl. Graz u. a. 1995. – Meier, Viktor: Wie J. verspielt wurde. München ²1996. – Conflict in former Yugoslavia. An encyclopedia, hg. v. J. B. Alcock u. a. Denver, Colo., 1998. – Hösch, E.: Gesch. der Balkanländer. Von der Frühzeit bis zur Gegenwart. München ³1996, Sonderdruck 1999. – Lampe, J. R.: Yugoslavia as history. Twice there was a country. Cambridge u. a. 2000. – Olschewski, M.: Von den Karawanken bis zum Kosovo. Die geheime Gesch. der Kriege in J. Wien 2000. – Jäger, F.: Bosniaken, Kroaten, Serben. Ein Leitfaden ihrer Geschichte. Frankfurt am Main u. a. 2001. – Meier, V.: J.s Erben. Die neuen Staaten u. die Politik des Westens. München 2001. – Dzaja, Srecko M.: Die polit. Realität des Jugoslawismus (1918–1991) mit besonderer Berücksichtigung Bosnien-Herzegowinas. München 2002.*

2) (Föderative Republik J.), 1992–2003 bestehender Bundesstaat in SO-Europa, umfasste die Teilrep. ↑Serbien und ↑Montenegro; grenzte im N an Ungarn, im O an Rumänien und Bulgarien, im S an die Rep. Makedonien, an Albanien und das Adriat. Meer, im W an Bosnien und Herzegowina sowie an Kroatien.

Staat und Recht: Nach der Verf. vom 27. 4. 1992 (2000 revidiert) war J. eine die Teilrepubliken Serbien und Montenegro umfassende Bundesrep. Die Legislative lag beim Zweikammerparlament (Bundesversammlung, Legislaturperiode 4 Jahre), bestehend aus dem Rat der Bürger (138 direkt gewählte Abg.) und dem Rat der Rep. (40 Mitgl., je zur Hälfte von den Parlamenten der Teilrep. ernannt). Staatsoberhaupt war der von der Bundesversammlung für 4 Jahre gewählte Präs. Die Exekutivgewalt lag bei der Reg. unter Vorsitz des MinPräs. (vom Präs. nominiert und von beiden Kammern mit absoluter Mehrheit gewählt). Die beiden Teilrep. verfügten über eigene Gesetzgebungs- und Vollzugsorgane.

Geschichte: Nach dem stufenweisen Zerfall des 1945/46 unter sozialist. Vorzeichen errichteten J. vereinbarten Serbien und Montenegro am 12. 2. 1992 im Abkommen von Titograd (heute Podgorica) den Zusammenschluss zu einem neuen jugoslaw. Staat (am 22. 2. 1992 durch die Parlamente beider Teilrepubliken gebilligt; am 1. 3. 1992 in Montenegro durch ein Referendum bestätigt). Mit In-Kraft-Treten der Verf. erfolgte am 27. 4. 1992 die Proklamation der (neuen) Bundesrep. J. Staatspräs.

wurde im Juni 1992 D. Ćosić, im Juni 1993 Z. Lilić (bis 1997). Stärkste polit. Kraft in beiden Teilrepubliken wurden zunächst die Sozialisten (bestätigt bei den Parlamentswahlen von 1992 und 1996); als lange Zeit dominierender Politiker profilierte sich S. Milošević, 1989–97 Präs. der Teilrepublik Serbien, Juli 1997–Okt. 2000 Präs. J.s. MinPräs. der jugoslaw. Bundesrepublik: 1992–93 M. Panić, 1993–98 R. Kontić, 1998–2000 Momir Bulatović, 2000–2001 Zoran Žižić, ab 2001 Dragiša Pesić.Unter dem bestimmenden Einfluss v. a. von Milošević unterstützte J. politisch und wirtsch. zunächst die bosn. Serben in Bosnien und Herzegowina, brach jedoch unter dem Druck von Sanktionen der UNO und der EU (seit 1992, ausgesetzt 1995) im Aug. 1994 diese Hilfe ab. Im Abkommen von Dayton (Nov. 1995) musste Milošević schließlich nach internat. Druck seine großserb. Ambitionen aufgeben und dem Verbleiben der bosn. Serben im kompliziert austarierten zweigeteilten Staat Bosnien und Herzegowina zustimmen. Nach der gegenseitigen Anerkennung J.s und der früheren Teilrepubliken J.s (1995/96) erkannten die EU-Staaten die neue Bundesrep. J. an. Ab Mai/Juni 1998 eskalierten die nat. Gegensätze im Kosovo zu einem Bürgerkrieg mit massiven Flüchtlingsbewegungen und zu einer internat. Krise. Das Eingreifen der NATO (Luftschläge zw. 24. 3. und 10. 6. 1999 auf militär. und zivile Ziele in J.; offiziell beendet am 20. 6.) vermochte allerdings die Vertreibungen nicht zu stoppen. Allgemeine Grundsätze zur polit. Lösung der Kosovokrise (»G-8-Plan«, Juni 1999 spezifiziert und ergänzt durch UN-Resolution 1244) betonten den Verbleib Kosovos bei J. Der innenpolit. Druck auf Milošević nahm ab Sommer 1999 zu; aus dem Oppositionsbündnis »Allianz für den Wandel«, formiert im Herbst 1999, ging 2000 die Demokrat. Opposition Serbiens (DOS) hervor. Nach der Wahl von DOS-Kandidat V. Koštunica zum Präs. (24. 9. 2000) kam es Ende Sept./Anfang Okt. 2000 zum Volksaufstand und zum Sturz von Milošević (5. 10. 2001 verhaftet und ausgeliefert an das Kriegsverbrechertribunal, 2002 Prozessbeginn). Der Neubildung der Reg. durch DOS, im Jan. 2001 auch in Serbien (MinPräs. Z. Djindjić; in Belgrad ermordet am 12. 3. 2003), folgte die Wiederaufnahme J.s als Vollmitgl. in UNO und OSZE. Die innerethn. Spannungen eskalierten 2000/01 v. a. in Südserbien; der Machtkampf zw. Koštunica und Djindjić lähmte allerdings bald die Reformpolitik. Mit dem Vertrag über die Neuregelung der Beziehungen zw. Serbien und Montenegro (2002; unter EU-Vermittlung) und der Bildung der Nachfolgeföderation ↑Serbien und Montenegro Anfang Febr. 2003 wurde J. als Bundesstaat offiziell aufgelöst; Präs. Koštunica trat Anfang März zurück.

📖 *Meier, Viktor: Wie J. verspielt wurde. München ²1996. – UN peacemaking in trouble: lessons learned from the former Yugoslavia, hg. v. W. Biermann u. a. Neudr. Aldershot 1999. – Sell, L.: Slobodan Milosevic and the destruction of Yugoslavia. Durham, N.C. u. a. 2002.*

Jugoslawiendeutsche, Sammelname für alle im früheren Jugoslawien, hauptsächlich nördlich von Save und Donau lebenden Deutschen (1931: etwa 500 000), überwiegend Bauern; Katholiken; bildeten nach Herkunft (Zuwanderer im MA., dt. Kolonisten der Neuzeit) und Wohngebieten (Batschka, Banat, Sirmien, Baranja, Gottschee) versch. Gruppen. Nach Umsiedlungen, Deportationen zur Zwangsarbeit in die UdSSR (ab Ende 1944), Vertreibung und Vernichtung 1945–48 (Internierungslager, Massaker) nur noch eine unbedeutende Minderheit.

Harald Juhnke

100562

Jugulum [lat.] *das, Anatomie:* Drosselgrube, natürl. Einsenkung an der Vorderseite des Halses zw. den Halsmuskeln, der Schultermuskulatur und dem Schlüsselbein.

Jugurtha, König von Numidien, * nach 160 v. Chr., † Rom 10. 1. 104 v. Chr.; führte den **Jugurthin. Krieg** mit Rom (112–105 v. Chr.), wurde 105 von Marius besiegt und 104 im Triumph durch Rom geführt.

Juhnke, Harald, eigtl. Harry Heinz Herbert J., Schauspieler und Entertainer, * Ber-

lin 10. 6. 1929; Serienstar und Entertainer in Fernseh- und Bühnenshows (Sketchreihe »Harald & Eddi«, seit 1987, zus. mit Eddi Arent), aber auch in Bühnenrollen, bes. in Boulevardstücken und Musicals.
Filme: Drei Damen vom Grill (1987, Fernsehserie); Schtonk (1991); Der Papagei (1993, Fernsehfilm); Der Trinker (1995, Fernsehfilm); Der Hauptmann von Köpenick (1997); Fröhliche Chaoten (1998); Drei Gauner, ein Baby und die Liebe (1999).

Juice [dʒu:s, lat.-frz.-engl.] *der* oder *das,* Obst-, Gemüsesaft.

Juilliard String Quartet [ˈdʒu:lɪɑ:d strɪŋ kwɔ:ˈtet], 1946 gegründetes Streichquartett der Juilliard School of Music in New York; heute mit Joel Smirnoff (* 1950, 1. Violine), Ronald Copes (* 1950, 2. Violine), Samuel Rhodes (* 1941, Viola) und Joel Krosnick (* 1941, Violoncello).

Juist [jy:st], eine der Ostfries. Inseln, Ndsachs., 16,4 km², aus Dünen aufgebaut; die schmale Insel muss durch Kunstbauten gegen die Nordsee geschützt werden. Bildet die Gemeinde J. (1 700 Ew.) im Landkr. Aurich; Nordseeheilbad; Küstenmuseum.

Juiz de Fọra [ˈʒu̯iz di -], Stadt im S von Minas Gerais, Brasilien, 385 700 Ew.; Erzbischofssitz; Univ.; Zentrum der brasilian. Wirkwarenind., Eisengießerei.

Jùjú [dʒudʒu; afrikan.], eine der Hauptformen der populären Musik Westafrikas, entstand in den 1920er-Jahren hauptsächlich in Nigeria als Straßen- und Tanzmusik aus Elementen der traditionellen Musik, der Trommelsprache und Kultur der Yoruba. J. geht zurück auf Preis- und Lobgesänge, ausgeführt mit afrikan. Trommeln und Gitarre oder Akkordeon als Melodieinstrument, und wurde Anfang der 1980er-Jahre durch King Sunny Adé (* 1946, Gitarre, Gesang) und seine African Beats auch internat. bekannt.

Jujụbe [frz.] *die* (Ziziphus), strauch- und baumartige Gattung der Kreuzdorngewächse mit rundl., dattelähnl., süßl. Steinfrüchten.

Jujụtsu [japan., eigtl. »sanfte Kunst«] *das* (in Österreich Jujitsu), waffenlose Selbstverteidigung japan. Ursprungs, deren Entstehung bis ins Altertum zurückreicht. Ziel des J. ist es, mit möglichst geringem Krafteinsatz und unter Ausnutzung der Bewegung und Kraft des Gegners widerrechtl. Angriffe erfolgreich abzuwehren. Hierbei werden Schlag-, Tritt-, Stoß-, Hebel-, Würge- und Wurftechniken angewandt. In Dtl. wurde 1968/69 das damalige **Jiu-Jitsu** (erste Jiu-Jitsu-Schule 1906 in Berlin) zum modernen J. umgestaltet und die besten Techniken aus ↑Judo, ↑Karate, ↑Taekwondo, ↑Aikido und Jiu-Jitsu zum neuen J.-System zusammengefasst.

Jukagịren, altsibir. Volk, das in zwei sprachlich und kulturell unterschiedl. Gruppen zw. den Unterläufen der Kolyma und Alaseja **(Odul)** sowie an der oberen Kolyma **(Tschuwanen)** lebt; etwa 1 140 Menschen; Rentierzüchter, Fischer und Jäger.

Jukebox [ˈdʒu:kbɔks, engl.] *die,* Musikautomat, der nach Einwurf entsprechender Geldmünzen Schallplatten abspielt.

Jụl [altnord. jol] *das* (Julfest), altgerman. Feier der Wintersonnenwende; später mit dem christl. Weihnachtsfest verschmolzen. Besondere Bräuche sind noch in Skandinavien, Großbritannien und Nord-Dtl. der **Julblock,** ein brennender großer Holzklotz, der **Julbock,** meist eine aus Stroh hergestellte Bockgestalt, und der **Julklapp,** ein Scherzgeschenk, das mit dem Ruf »Julklapp« ins Zimmer geworfen wird.

Julep [ˈdʒu:lɛp, pers.-arab.-frz.-engl.] *das* oder *der,* in Großbritannien und Amerika beliebtes alkohol. Erfrischungsgetränk mit Pfefferminzgeschmack.

Jụli [lat. nach Julius Caesar] *der* (veraltet: Heumonat, Heuert), der 7. Monat des Jahres, mit 31 Tagen; im altröm. Kalender vor J. Caesar als **Quintilis** der 5. Monat.

Jụlia (lat. Iulia), **1)** Tochter des Kaisers Augustus, * 39 v. Chr., † Rhegium 14 n. Chr.; in 3. Ehe mit Augustus' Stiefsohn Tiberius vermählt, wurde wegen ihres Lebenswandels, z. T. auch aus polit. Gründen, von Augustus 2 v. Chr. aus Rom verbannt.
2) J. Domna, röm. Kaiserin, * Emesa (heute Homs, Syrien) um 170, † Antiochia 217; zweite Frau des Kaisers Septimius Severus, Mutter der Kaiser Caracalla und Geta. Sie war hochgebildet, besaß großen Einfluss am kaiserl. Hof und führte während der Kriegszüge des Caracalla die Regierung. Nach dessen Ermordung schied sie freiwillig aus dem Leben.

Juliạn, eigtl. Flavius Claudius Iulianus, röm. Kaiser (361–363), von den Christen Apostata (»Abtrünniger«) genannt, * Konstantinopel 331, † Maranga am Tigris 26. 6. 363; schlug 357 die Alemannen bei Straßburg; 360 zum Augustus ausgerufen, 361

Alleinherrscher. J., der sich seit 361 offen zum Heidentum bekannte, suchte dem Christentum ein im neuplaton. Geist erneuertes Heidentum entgegenzustellen.

Juliana, Königin der Niederlande (1948 bis 1980), * Den Haag 30. 4. 1909, † Schloss Soestdijk (bei Utrecht) 20. 3. 2004; Tochter der Königin Wilhelmina, ∞ seit 1937 mit Prinz Bernhard zur Lippe-Biesterfeld, während des Zweiten Weltkriegs 1940–45 im Exil (Großbritannien, Kanada); dankte 1980 zugunsten ihrer Tochter ↑Beatrix ab.

Julianehåb [-hɔ:b], Stadt in Grönland, ↑Qaqortoq.

julianischer Kalender, ↑Kalender.

julianisches Datum, Abk. **j. D.** auch **J. D.,** nach einem Vorschlag von J. Scaliger aufgestellte durchlaufende Tageszählung. Das j. D. wird in der Astronomie verwendet, da mit ihm leicht Zeitdifferenzen gebildet werden können, die mehrere Jahre umfassen. Nullpunkt ist der 1. 1. 4713 v. Chr. 12^{h} Weltzeit (= 13^{h} MEZ). Im Internationalen Geophysikal. Jahr (1957/58) wurde das **modifizierte j. D.** (Abk. **m. j. D., M. J. D.**) mit dem Nullpunkt am 17. 11. 1858 0^{h} Weltzeit (= 2 400 000,5 j. D.) eingeführt, das gelegentlich in der Astronautik verwendet wird.

Jülich, 1) Stadt im Kr. Düren, NRW, an der Rur, 32 600 Ew.; Abteilung der FH Aachen, Forschungszentrum J.; Papier- und Verpackungsind., Zuckerfabrik, Textilindustrie. – J., das röm. **Iuliacum,** wurde im 13. Jh. Stadt, nach Brand 1547 als Renaissance-Idealstadt neu geplant zur Residenzstadt, seit 1614 Hptst. von J.-Berg; 1815 an Preußen. 1944 fast völlig zerstört; wieder aufgebaut wurden die Zitadelle mit dem Ostflügel des Schlosses und das Rurtor.

2) ehem. Grafschaft, entstand aus dem fränk. J.-Gau; 1356 zum Herzogtum erhoben; gewann 1346 durch Heirat Ravensberg, 1348 auch ↑Berg; 1423 fiel Berg-Ravensberg an die Hauptlinie J.-Berg zurück. Seit 1511 Personalunion mit Kleve, kam 1614 an Pfalz-Neuburg (seit 1777 in Personalunion mit Bayern vereinigt), 1815 an Preußen (Rheinprovinz).

Jülich-Klevescher Erbfolgestreit, Ansprüche auf das Erbe des Jülich-Kleveschen Herzogshauses nach dessen Aussterben 1609, erhoben v. a. von Sachsen, Brandenburg, Pfalz-Neuburg und Pfalz-Zweibrücken, die zu internat. Verwicklungen führten (im Vorfeld des Dreißigjährigen Krieges). Durch den Vergleich von Xanten 1614 erhielt Brandenburg: Kleve, Mark, Ravensberg und Ravenstein, Pfalz-Neuburg: Jülich und Berg. Spätere Verträge (Düsseldorf 1624, Kleve 1666) bestätigten im Wesentl. den Xantener Vertrag.

Julier *der,* Alpenpass in Graubünden, Schweiz, zw. dem Oberhalbstein und Oberengadin (↑Alpenstraßen, Übersicht).

Julier (lat. Gens Iulia), altröm. Patriziergeschlecht mit dem Gentilnamen Julius (lat. Iulius); ihm gehörten Caesar an sowie sein Adoptivsohn Gaius Octavius (↑Augustus), der Gründer des julisch-claud. Kaiserhauses, das 27 v. Chr. bis 68 n. Chr. den Thron innehatte.

Juliet, ein Mond des Planeten ↑Uranus.

Julikäfer (Anomala dubia), 12–15 mm langer, blauer oder grüner Blatthornkäfer mit hellbraunen Flügeldecken.

Julikönigtum, Bez. für die Regierungszeit des frz. Königs Louis Philippe (1830–48), der durch die Julirevolution an die Macht gekommen war.

Julikrise, durch das Attentat von Sarajevo (28. 6. 1914) ausgelöste internat. Krise, die über die österr. Kriegserklärung an Serbien (28. 7. 1914) zum Ersten Weltkrieg führte.

Juliordonnanzen, von Karl X. von Frankreich am 25. 7. 1830 unterzeichnete verfassungswidrige Verordnungen (u. a. Aufhebung der Pressefreiheit, Wahlrechtsänderung), führten zur ↑Julirevolution.

Juliputsch, nat.-soz. Umsturzversuch in Österreich, mit Wissen dt. offizieller Stellen am 25. 7. 1934 unternommen, eingeleitet durch den Überfall österr. SS-Angehöriger auf das Bundeskanzleramt, bei dem der Bundeskanzler E. Dollfuß ermordet wurde. Nach der Niederschlagung des J. wurden 13 Putschisten durch Militärgerichtsurteile hingerichtet.

Julirevolution, Erhebung der Pariser Bev. vom 27. bis 29. 7. 1830, Höhepunkt des Konflikts zw. der bourbon. Restauration und der liberalen Kammermehrheit, ausgelöst durch die ↑Juliordonnanzen. Die J. führte zum Sturz Karls X. und zur Thronbesteigung des »Bürgerkönigs« Louis Philippe sowie zu revolutionären Erhebungen und verfassungsstaatl. Bestrebungen im übrigen Europa.

Julische Alpen, Teil der Südl. Kalkalpen, Slowenien, NW-Teil in Italien, im Triglav, dem höchsten Berg Sloweniens, 2864 m ü. M.; Fremdenverkehrsgebiet.

Julius, Herrscher:

Braunschweig: **1) J.,** Herzog (1568–89), *Wolfenbüttel 29. 6. 1528, †ebd. 3. 5. 1589; führte die Reformation ein; gründete 1576 die Univ. Helmstedt.

Würzburg: **2) J. Echter von Mespelbrunn,** Fürstbischof (seit 1573), *Schloss Mespelbrunn 18. 3. 1545, †Würzburg 13. 9. 1617; gründete 1576 das Juliusspital und 1582 die Univ. in Würzburg; führte mithilfe der Jesuiten die Gegenreformation in Würzburg, Bamberg und Fulda durch. Seine Bautätigkeit war kunstgeschichtlich stilbildend (»Juliusstil«).

Julius II., Papst (1503–13), eigtl. Giuliano della Rovere, *Albissola (bei Savona) 1443, †Rom 21. 2. 1513; Politiker, Staatsmann, Feldherr und Mäzen; sicherte und erweiterte durch geschickte Interessen- und Bündnispolitik die Machtpositionen des Kirchenstaates nach innen und außen; erreichte die Rückgabe verlorener Gebiete (Teile der Romagna); berief 1511 gegen das Konzil von Pisa das 5. Laterankonzil ein; förderte die Künste (Bramante, Michelangelo, Raffael).

Julius|turm, 1) Festungsturm in Spandau, in dem bis 1914 gemünztes Gold im Werte von 120 Mio. Mark (aus der frz. Kriegsentschädigung von 1871) als Reichskriegsschatz aufbewahrt wurde.

2) Bez. für die zw. 1952 und 1956 bei der Dt. Bundesbank für den Aufbau der Bundeswehr zurückgestellten Kassenüberschüsse des Bundes, die zeitweilig (1956) über 7 Mrd. DM betrugen; ab 1957 in den Bundeshaushalt übernommen, bis Ende 1959 ausgegeben.

Julklapp *der,* ↑Jul.

Jullundur [dʒəˈlʌndə], Stadt in Indien, ↑Jalandhar.

Julmond [zu Jul], altdt. Name für Dezember.

Jumbo-Anleihe, überwiegend von Staaten oder supranat. Institutionen begebene Anleihe mit sehr hohem Emissionsvolumen.

Jumbojet [ˈdʒʊmbəʊdʒet; amerikan. jumbo »Koloss«, »riesig«, eigtl. ein Elefantenname] *der,* umgangssprachl. Bez. für das erste Großraumflugzeug Boeing 747.

Jumelage [ʒymˈlaːʒ, frz.] *die,* Städtepartnerschaft.

Jumna [ˈdzʌmnə], Fluss in Indien, ↑Yamuna.

Jump [dʒʌmp, engl.] *der, Leichtathletik:* dritter Sprung beim ↑Dreisprung.

Jumper [auch: ˈdʒʌmpə und süddt., österr.: ˈdʒɛmpə, engl.] *der,* urspr. gewirkte Überziehbluse der Seeleute, in den 1860er-Jahren in England, in den 1890er-Jahren in den USA (dort unter der Bez. Sweater) in die Sportmode übernommen, dann als gestricktes, gewirktes, blusen-, pulloverähnl. Kleidungsstück in der Damen- und Herrenmode aktuell.

Jumpstag [ˈdʒʌmpstæg, engl.], Stag in der oberen Hälfte der vorderen Seite des Mastes einer Jacht zur Versteifung des Mastes nach achtern.

Julische Alpen bei Kranjska Gora

100264

Jumbojet beim Start

Jumpsuit ['dʒʌmpsu:t, engl.] *der,* einteiliger Hosenanzug aus Jersey, Nicki oder Frottee; um 1969 in Mode gekommen.

jun., Abk. für **jun**ior, der Jüngere.

Juncaceae, die Pflanzenfamilie ↑Binsengewächse.

Juncker, Jean-Claude, luxemburg. Politiker, * Rédange-sur-Attert 9. 12. 1954; Jurist; wurde 1984 Parlamentsmitgl. und Arbeitsmin. (ab 1989 auch Finanzmin.), 1990 Vors. der Christlich-Sozialen Volkspartei und seit 1995 Premiermin. (nach den Parlamentswahlen 1999 und 2004 erneut zum Reg.chef ernannt).

Junctura [lat.] *die, Anatomie:* Verbindung, z. B. J. cartilaginea, eine knorpelige Verbindung zweier Knochen.

Juneau ['dʒu:nəʊ], Hptst. des Bundesstaates Alaska, USA, im Panhandle, am Gastineau Channel, 26 800 Ew.; ethnologisch-archäolog. Museum, histor. Bibliothek; Holzverarbeitung, Fischfang und -verarbeitung; ganzjährig eisfreier Hafen; Flughafen. – Entstand um 1880 als Goldgräbersiedlung, seit 1906 Regierungssitz.

Jung, 1) Carl Gustav, schweizer. Psychologe und Psychiater, * Kesswil (Kt. Thurgau) 26. 7. 1875, † Küsnacht (Kt. Zürich) 6. 6. 1961; ab 1910 Prof. in Zürich; ging von der Psychoanalyse S. Freuds aus, entwickelte dann aber eigene Lehren (analyt. Psychologie) von der psych. Energie, von der Entwicklung der individuellen Persönlichkeit (↑Individuation), vom individuellen und kollektiven ↑Unbewussten, vom ↑Archetypus und den Typen der Bewusstseinseinstellung (↑Introversion, Extraversion). J. beschäftigte sich auch mit okkulten Erscheinungen und wirkte u. a. auf Psychotherapie, Religions- und Mythenforschung, Ethnologie, Pädagogik. Seit 1948 besteht in Zürich das C.-G.-J.-Inst., seit 1957 die International Association for Analytical Psychology.

Werke: Wandlungen und Symbole der Libido (1912; erweitert: Symbole der Wandlung, 1952); Psycholog. Typen (1921); Die Beziehungen zw. dem Ich und dem Unbewußten (1928); Psychologie und Religion (1938); Einführung in das Wesen der Mythologie (1941); Psychologie und Alchemie (1944); Von den Wurzeln des Bewußtseins (1954); Erinnerungen, Träume, Gedanken (hg. 1962).

📖 *Stevens, A.: Das Phänomen C. G. J. Biograph. Wurzeln einer Lehre. A. d. Engl. Solothurn u. a. 1993. – Wehr, G.: C. G. J. mit Selbstzeugnissen u. Bilddokumenten. Reinbek [17]1995. – Stevens, A.: J. A. d. Engl. Freiburg im Breisgau u. a. 1999. – Post, L. van der: C. G. J., der Mensch u. seine Geschichte. A. d. Engl. Zürich 2000.*

2) Johann Heinrich, Schriftsteller und Arzt, ↑Jung-Stilling.

Jungbunzlau, Stadt in der Tschech. Rep., ↑Mladá Boleslav.

Jungdemokraten, 1) eine Gruppe jüngerer Anhänger der Dt. Demokrat. Partei (DDP), gegr. 1919, aufgelöst 1933, organisierte sich 1928 im **Reichsbund dt. Jungdemokraten.**

2) Deutsche Jungdemokraten, Abk. **DJD,** Kurzbez. **Judos,** polit. Jugendorganisation, gegr. 1947, bis 1982 in engem Verbund mit der FDP; trennte sich nach dem Bruch der SPD-FDP-Reg. 1982 von der FDP; seitdem sind die ↑Jungen Liberalen deren Nachwuchsorganisation.

Jungdeutscher Orden, Abk. **Jungdo,** nat. Kampfbund, gegr. 1920 von A. Mahraun, organisatorisch dem Dt. Orden nachgebildet, vertrat sozialromant. Ziele. Er war urspr. gegen das Parteiwesen eingestellt, bekannte sich jedoch später in der Krise der Weimarer Rep. (ab 1929) zum Parlamentarismus. 1930 schloss er sich mit der Dt. Demokrat. Partei (DDP) zur **Deutschen Staatspartei** zusammen.
junge Kirchen, Sammelbez. für die v.a. im 19. und 20. Jh. durch Kolonisation und Mission im Raum nichtchristl. Kulturen (Afrika, Asien) entstandenen Kirchen. Die j. K. sind heute weitgehend selbstständige Kirchen und entwickeln zunehmend eigene theolog. Denkansätze (»inkulturierte Theologien«).
Junge Liberale, Abk. **Juli,** polit. Jugendorganisation, gegr. 1980, seit Nov. 1982 Nachwuchsorganisation der FDP.
Jünger, in den Religionen der Schüler eines religiösen Meisters; im N. T. bes. die zwölf ↑Apostel.
Jünger, 1) Ernst, Schriftsteller, *Heidelberg 29. 3. 1895, †Riedlingen 17. 2. 1998, Bruder von 2); war 1913 in der Fremdenlegion, im Ersten Weltkrieg Freiwilliger (Orden Pour le Mérite), Studium der Zoologie und Philosophie, seit 1926 freier Schriftsteller, seit 1941 im Stab des dt. Militärbefehlshabers in Frankreich; nach dem 20. 7. 1944 wegen »Wehrunwürdigkeit« entlassen. Aus seiner im Ersten Weltkrieg gewonnenen Gesinnung eines »heroischen Nihilismus« heraus, der Kampf, »Blut«, Grauen als Erlebnis feiert, entwickelte J. den Mythos eines neuen unbürgerl. Menschen (»In Stahlgewittern«, 1920; »Der Arbeiter«, 1932) und einen Stil kühler Präzision. Der Roman »Auf den Marmorklippen« (1939) wurde vielfach als literar. Angriff auf das nat.-soz. Regime gedeutet. In J.s späteren Werken rückt ein konservativer Humanismus in den Vordergrund. J.s immer wieder vollzogener Wandel des geistigen Standpunkts blieb bis heute ebenso umstritten wie sein umfangreiches literar. Werk, u.a. »Der Friede« (Essay, 1945), »Eine gefährl. Begegnung« (R., 1985), »Zwei Mal Halley« (Tagebuch, 1987), »Die Schere« (Schriften, 1990), »Siebzig verweht« (Tagebuch, 1993–95). J. erhielt 1982 den Goethepreis der Stadt Frankfurt am Main. ✣ siehe ZEIT Aspekte
📖 *E. J. im 20. Jh., hg. v. Hans-Harald Müller u. H. Segeberg. München 1995. – Noack, P.: E. J. Eine Biographie. Berlin ²1998.*
2) Friedrich Georg, Schriftsteller, *Hannover 1. 9. 1898, †Überlingen 20. 7. 1977, Bruder von 1); als Lyriker Klopstock, Hölderlin und der Antike verpflichtet (»Gedichte«, 1934; »Ring der Jahre«, 1954); schrieb ferner die Romane »Der erste Gang« (1954), »Zwei Schwestern« (1956), die Erinnerungen »Spiegel der Jahre« (1958), »Wiederkehr« (Erzählungen, 1965) und Essays.
Junges Deutschland, politisch oppositionelle literar. Bewegung in der Restaurationszeit des 19. Jh. Hauptvertreter waren K. Gutzkow, L. Wienbarg, T. Mundt, H. Laube, die in der Nachfolge von L. Börne und H. Heine versuchten, einen neuen, polit. Literaturbegriff durchzusetzen: Das J. D. trat ein für die Freiheit des Geistes und des Wortes, die Emanzipation des Individuums, für Verfassung und Demokratie, man bekämpfte Konvention, Orthodoxie und Absolutismus. – Der Name J. D. wurde durch Wienbarg bekannt (Abhandlung »Ästhet. Feldzüge«, 1834), doch sprachen Laube und Gutzkow schon vorher von »la jeune Allemagne« in Analogie zu politisch-revolutionären Geheimorganisationen wie »Giovine Italia« (gegr. 1831 v. G. Mazzini) und »Junges Europa« (gegr. 1834 in der Schweiz). – Unmittelbaren Anlass zur staatl. Verfolgung des J. D. bot 1835 W. Menzels denunziator. Kritik von Gutzkows Roman »Wally, die Zweiflerin« (1835). Die Schriften des J. D. wurden durch die Bundesversammlung des Dt. Bundes am 10. 12. 1835 als staatsgefährdend verboten; 1842 wurde das Ausnahme-Ges. in Preußen aufgehoben.
📖 *Koopmann, H.: Das junge Deutschland. Eine Einführung. Darmstadt 1993.*
Junge Union, Abk. **JU,** satzungsmäßig unabhängige Nachwuchsorganisation der CDU und CSU. Seit den 1960er-Jahren sucht sie, häufig im Zusammenwirken mit den CDU-Sozialausschüssen, eigene programmat. Zielsetzungen zu entwickeln.
Jungfer, urspr. junge Adlige, im 17./18. Jh. bürgerl. Mädchen (im Unterschied zum adligen Fräulein).
Jungfer im Grünen, Zierpflanze, ↑Schwarzkümmel.
Jungfernbecher (Brautbecher), Sonderform des Doppelbechers. Über einem nach unten gestülpten Trichterbecher in Gestalt

einer jungen Frau mit weitem Rock ist ein kleiner bewegl. Becher aufgehängt, den das Figürchen hochhält. Beide Becher mussten von Mann und Frau gleichzeitig ausgetrunken werden, wobei nichts verschüttet werden durfte. J. wurden im 16. und 17. Jh. in Dtl., v. a. in Nürnberg hergestellt.

Jungfernfahrt, die erste planmäßige Reise eines Schiffes nach seiner Probefahrt; danach auch übertragen z. B. auf Flugzeuge **(Jungfernflug).**

Jungfernfrüchtigkeit (Parthenokarpie), Fruchtbildung bei Pflanzen ohne Befruchtung; natürl. J. kommt bei Banane, Ananas und einigen Zitrusgewächsen vor.

Jungfernhäutchen, das ↑Hymen.

Jungfern|inseln (engl. Virgin Islands), Inselgruppe der Westind. Inseln im Bereich der Kleinen Antillen (östlich von Puerto Rico). Die Bewohner sind fast ausschl. Nachkommen afrikan. Sklaven. Die ursprüngliche trop. Waldvegetation ist durch die Plantagenwirtschaft weitgehend vernichtet worden. Haupterwerbszweig ist heute der Fremdenverkehr. Es gibt einige Ind.betriebe (Erdölraffinerie, Aluminiumhütte, Uhrenmontage, Rumherstellung) sowie Offshorebanken. Der westl. Teil der Inselgruppe mit den Hauptinseln Saint John, Saint Thomas (mit der Hptst. Charlotte Amalie) und Saint Croix bildet zus. mit noch über 50 meist unbewohnten Eilanden ein Territorium der USA, die **Amerikan. J.,** amtlich **Virgin Islands of the United States** (352 km² und 111 000 Ew.). Der östl. Teil mit über 40 bis 50 z. T. unbewohnten Inseln, Eilanden, Riffen und Sandbänken bildet die brit. Kronkolonie **Brit. J.,** amtlich **British Virgin Islands** (153 km² und 21 000 Ew.), deren Hauptinseln Tortola (größte Insel mit der Hptst. Road Town), Virgin Gorda, Anegada und Jost Van Dyke sind. – Die Inselgruppe wurde 1493 von Kolumbus entdeckt, nach Ausrottung der Ureinwohner durch die Spanier im 17. Jh. u. a. von Briten und Dänen besiedelt. Der brit. Teil wurde 1733 Kolonie mit Selbstverw., der dän. Teil, seit 1775 Kolonie, kam 1917 durch Kauf an die USA.

Jungfernrebe (Parthenocissus), Gattung der Weinrebengewächse mit etwa 15 Arten in Nord- und Südamerika sowie in Süd- und Ostasien; mit blauen ungenießbaren Beeren und Haftscheiben an den Ranken; verbreitete Art ist der **Wilde Wein** (Parthenocissus quinquefolia), ein kletternder Strauch mit fünfteiligem Laub, das sich im Herbst rot färbt.

Jungfernzeugung (Parthenogenese), Art der Fortpflanzung, bei der aus unbefruchteten tier. oder pflanzl. Eizellen Nachkommen hervorgehen; v. a. bei einigen Würmern und Insekten vorkommend.

Jungfernrebe: Dreispitziger Wilder Wein (Parthenocissus tricuspidata)

Jungfrau, 1) *Astronomie:* (lat. Virgo), zum ↑Tierkreis (Zeichen ♍) gehörendes großes Sternbild der Äquatorzone, in unseren Breiten im Frühjahr am Abendhimmel sichtbar; hellster Stern ist Spika. Die J. enthält zahlr. extragalakt. Sternsysteme (Virgo-Haufen).

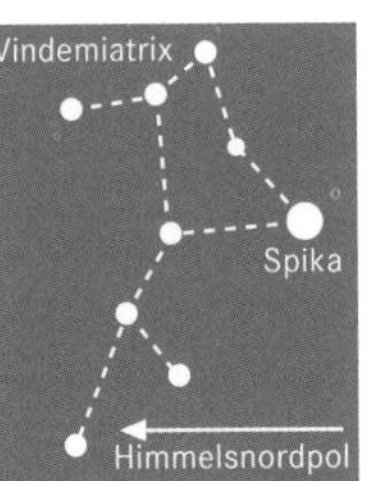

Jungfrau 1) (Sternbild)

2) *Biologie:* ↑Jungfräulichkeit.

Jungfrau, Berg in den Berner Alpen, Schweiz, 4 158 m ü. M., aus kristallinen Gesteinen und eingefalteten Juraschichten aufgebaut; Erstbesteigung 1811. Die 9,3 km lange **J.-Bahn** (elektr. Zahnradbahn, die oberen 7,1 km im Tunnel, erbaut 1896–1912), führt von der Kleinen Scheidegg (2 061 m ü. M.) zum J.-Joch (3 471 m ü. M.; Bahnstation 3 454 m ü. M.) mit Fremdenverkehrsanlagen, Gletschergrotte und hochalpiner Forschungsstation sowie

Jungfrau: Blick von der Drahtseilbahn des Schilthorn

einem Observatorium auf dem Felsgipfel Sphinx (3 569 m ü. M.).

Jungfrauen, kluge und törichte, eines der Himmelreichsgleichnisse im N. T. (Mt. 25, 1–12). Das Himmelreich wird mit einer Hochzeit verglichen. Als sich die Ankunft des Bräutigams bis in die Nacht verzögert, müssen die fünf törichten Jungfrauen umkehren, da das Öl in ihren Lampen zur Neige geht. Nach ihrer Rückkehr werden sie nicht zur Hochzeit eingelassen. In der frühen Kirche und im MA. meist als Erwartung der Wiederkunft Jesu Christi gedeutet. – In der bildenden Kunst erscheint das Motiv seit frühchristl. Zeit als Hindeutung auf das Jüngste Gericht.

Jungfrauenadler (Harpyie), *Heraldik:* Adler mit dem Oberleib einer Frau, z. B. im Wappen von Emden.

Jungfrauengeburt, in zahlreichen, v. a. grch. und oriental. Mythen die Vorstellung der Geburt eines Gottes, Heroen oder heiligen Menschen ohne vorhergehende geschlechtl. Zeugung. – In der *christl. Glaubenslehre* im Anschluss an Mt. 1, 18 ff. und Lk. 1, 26 ff. die Empfängnis und Geburt Jesu Christi.

jungfräuliche Kurve, *Physik:* ↑Hysterese.

Jungfräulichkeit (Virginität), medizinisch der Zustand einer Frau **(Jungfrau)** vor dem ersten Geschlechtsverkehr bzw. vor der dadurch bedingten ↑Defloration. J. gilt, bes. in patriarchalisch oder religiös begründeten Familien- oder Gesellschaftsordnungen, bei Eingehen der Ehe als unerlässl. Gebot. – In der *Theologie* der christl. (v. a. kath. und orth.) Kirche erfuhr die J. bes. Ausprägung und Wertschätzung. Maßgebend waren dabei die asket. Ideale, die durch den Hellenismus auf das Christentum einwirkten. Im christl. Mönchtum wurde die J. im Sinne von ↑Keuschheit und Ehelosigkeit zum ersten und wichtigsten Ordensgelübde (↑evangelische Räte). – Zum kath. Kirchenrecht ↑Zölibat.

Jungfrau von Orléans [- ɔrleˈã], ↑Jeanne d'Arc.

Junggrammatiker, sprachwiss. Schule um 1880 in Leipzig (daher auch **Leipziger Schule**), die sich (aus positivist. Sicht) mit historisch vergleichender Sprachwiss. beschäftigte, vertrat den Grundsatz von der Ausnahmslosigkeit der Lautgesetze.

Junghegelianer, die Vertreter des linken Flügels der hegelschen Schule (↑Hegelianismus).

Jungius, Joachim, Mathematiker, Mediziner und Naturforscher, * Lübeck 22. 10. 1587, † Hamburg 23. 9. 1657; wurde 1609 Prof. der Mathematik in Gießen, gründete 1623 in Rostock die erste dt. wiss. Gesellschaft, ab 1629 Prof. in Hamburg. J. lieferte Beiträge zur Erneuerung der Logik und trug zum Vordringen der Atomistik und zur Begründung der Chemie als Wiss. bei. Seine naturwiss. Erkenntnisse bemühte er sich zu systematisieren und mithilfe math. Methodik wiss. zu begründen.

Jungk, Robert, eigtl. R. Baum, österr. Publizist und Zukunftsforscher, * Berlin 11. 5. 1913, † Salzburg 14. 7. 1994; jüd. Herkunft, 1933–45 in der Emigration (Paris, Prag,

Zürich); warnte frühzeitig vor den Gefahren der Kernenergie (»Die Zukunft hat schon begonnen«, 1952; »Der Atomstaat«, 1977); Gegner der atomaren Bewaffnung und Repräsentant der Friedensbewegung (»Sternenhimmel statt Giftwolken oder Den Frieden erfinden«, 1987). J. war bei den österr. Bundespräsidentenwahlen 1992 Kandidat der Grünen.

Junglestyle [ˈdʒʌŋglstaɪl; engl. »Dschungelstil«] *der,* im Jazz Bez. für einen charakterist. lautmalerischen Klangeffekt, bei dem auf Blechblasinstrumenten mithilfe von Dämpfern Raubtierlaute nachgeahmt werden; eingeführt vom Orchester Duke Ellingtons.

Jungpaläolithikum, Abschnitt der ↑Altsteinzeit.

Jungschein, Schreiben, mit dem sich ein Emittent neuer Wertpapiere verpflichtet, diese an eine Wertpapiersammelbank (in Dtl. die ↑Clearstream International) zu liefern, sobald die Urkunden gedruckt sind. Diese richtet ein **J.-Konto** ein und wird mit der Gutschrift des in dem J. genannten Wertpapierbetrages Treuhänder des federführenden Emissionshauses (Treuhandgiroverkehr).

Jungsozialisten, 1) eine Richtung innerhalb der SPD, ging 1919 v. a. aus der sozialist. Jugendbewegung hervor, bestand bis 1933 (Organ: »Jungsozialist. Blätter«).

2) Abk. **Jusos,** polit. Nachwuchsorganisation der SPD nach 1945, umfasst als Arbeitsgemeinschaft der SPD formell alle Mitgl. unter 35 Jahren.

Jungsteinzeit (Neolithikum), letzte Epoche der vorgeschichtl. Steinzeiten; die Kupfer verarbeitenden späten Phasen werden auch als **Kupfer-** oder **Kupfersteinzeit** (Aeneolithikum, Chalkolithikum) abgegrenzt. Die ursprüngl. Definition der J. umfasste das erste Auftreten von geschliffenen Steinwerkzeugen (Axt, Beil), Keramik sowie größeren Ansiedlungen als Ausdruck der Sesshaftigkeit des Menschen. Nach heutiger Definition ist für die J. der Umschwung von der aneignenden Wirtschaftsweise der Jäger, Sammler und Fischer zur produzierenden Wirtschaftsform der Bauern (Anbau von Kulturpflanzen wie Emmer, Gerste, Hülsenfrüchte) und Viehzüchter (Domestikation von Schaf, Ziege, Schwein, Rind, später auch Pferd in der Alten Welt) kennzeichnend. Als weitere entscheidende Neuerung gilt die Bildung von Besitz in Form von Haustieren, Saatgut, Schmuckgegenständen und Rohstoffen. Dieser Bruch in Ökonomie und Lebensweise wird auch als »neolith. Revolution« bezeichnet. In den einzelnen Erdteilen nahm die J., die in Teilen S- und SO-Asiens sowie in Afrika südlich der Sahara meist als »späte Steinzeit« (Later Stone Age) bezeichnet wird, sehr versch. Zeiträume ein. Die Anfänge der J. gehen bis in das 10. Jt. v. Chr. zurück. Die ältesten Zeugnisse stammen aus Kleinasien, N-Mesopotamien und der Levante (»Fruchtbarer Halbmond«), wo sich der Wandel vom Sammeln und Ernten des Wildgetreides zum gezielten Anbau vollzog. Die hierdurch verbesserte Nahrungsbasis hatte ein bis dahin nicht gekanntes Bev.wachstum und die Entstehung der ältesten stadtartigen Ansiedlungen der Menschheit zur Folge (z. B. Jericho, Jarmo, Tell Halaf, Çatal Hüyük). Um 6500 v. Chr. entstand die erste Keramik. Von Vorderasien aus breitete sich die J. über mehrere Wege nach Europa aus. Dort begann sie um 7000 v. Chr. mit dem vorkeram. Neolithikum Griechenlands und der südl. Balkanhalbinsel, nur wenig später im westl. Mittelmeergebiet. Mit dem Einsetzen der vollneolith. Phase unter erweiterter Haustierhaltung und Verwen-

2400

Jungsteinzeit: bemaltes Keramikgefäß aus Hacılar in Westanatolien (5. Jt. v. Chr.; Ankara, Archäologisches Museum)

dung von Keramik ging von Anfang an eine Aufgliederung in versch. Kulturgruppen einher. Früheste Gruppe in Mitteleuropa war die bandkeramische Kultur (etwa 5700–4800 v. Chr.), die bereits durch hoch entwickelte Hausbautechnik (dreischif-

fige, bis zu 50 m lange Pfostenbauten) gekennzeichnet war. Neben den vollneolith. Kulturen hielten sich v. a. in N-Europa noch Jägervölker mit mittelsteinzeitl. Wirtschaftsform (Erteböllekultur).
Die wichtigsten Formen- und Kulturgruppen des europ. Neolithikums sind: 1) die ägäische bemaltkeram. Kultur (Sesklokultur) auf dem Gebiet des heutigen Griechenland, die mit kleinasiat. Kulturen zusammenhängt; 2) das westmediterrane Neolithikum in den Küstenländern des Mittelmeers; sein Hauptmerkmal ist Keramik mit Abdrücken von Muschelrändern (Impressokeramik); 3) die Starčevokultur als älteste und von Anfang an bäuerl. J.-Kultur Südosteuropas (Balkanhalbinsel); 4) die auf diese folgenden Kulturen des anatolisch-balkan. Kreises in demselben Gebiet, gekennzeichnet durch unbemalte dunkle Gefäße, große, langlebige Siedlungen und in der Spätstufe Metallschmuck und -geräte; darunter die Vinčakultur, die auch rote verzierte Keramik und Idolfiguren kennt;

2925

Jungsteinzeit: durchlochte Streitaxt aus Stein, gefunden in einem Grabhügel bei Werl in Westfalen, Länge 20 cm (Mitte des 3. Jt.; Münster, Westfälisches Museum für Archäologie)

5) die bandkeram. Kultur in Mitteleuropa. Ihr folgten regionale J.-Kulturen (z. B. Michelsberger Kultur, Lengyelkultur), von denen einige in der Spätphase zunehmend auch Kupfer verwendeten; 6) die Trichterbecherkulturen NW- und N-Europas; 7) die Hirtenkulturen (Grubengrab-, Katakombenkultur) in den südruss. Steppen; 8) die kamm- und grübchenkeram. Kulturen (Jäger, Fischer und Sammler, doch mit Kenntnis von Keramik und geschliffenen Steinwerkzeugen) in NW-Russland, im Baltikum und in Finnland. – Das Ende der J. in Europa stand im Zeichen tief greifender Wandlungen, deren Ursprünge weitgehend unerforscht sind, die aber u. a. auch als Folge von Wanderungen größerer Menschengruppen interpretiert wurden. In diesem als Endneolithikum bezeichneten Abschnitt (etwa ab 2800 v. Chr.) war die Glockenbecherkultur von der Iber. Halbinsel bis ins südl. Dänemark und Ungarn verbreitet. Etwa gleichzeitig sind Gruppen der Streitaxtkulturen zw. dem Balkan und Nordeuropa belegt, zu denen die Kultur der Schnurkeramik in Mitteleuropa und die Bootaxtkultur in Nordeuropa zählen. Aus den versch. Gruppen der Glockenbecher- und Streitaxtkulturen entwickelte sich um 2300–2000 v. Chr. allmählich die frühe Bronzezeit.
Pflanzenbau und Tierzucht lenkten die Aufmerksamkeit des Menschen auf die Fruchtbarkeit, den zykl. Ablauf der Jahreszeiten und die Beobachtung der Gestirne. Die entstehende Fruchtbarkeitsreligion führte zur Verehrung menschen-, tier- und mischgestaltiger Wesen (Idole). Die Totenbeisetzung im Haus und in Großsteingräbern (Megalithgräber) zeugt von der Ausübung des Ahnenkults.

📖 *Probst, E.: Dtl. in der Steinzeit. Jäger, Fischer u. Bauern zw. Nordseeküste u. Alpenraum. München 1991. – Das Neolithikum in Mitteleuropa, hg. v. J. Preuß. Auf 3 Bde. ber. Weissbach 1998 ff.*

Jüngstenrecht, örtl. Brauch, bei ungeteilter Einzelerbfolge eines Bauern- oder Adelsguts (↑Höferecht) das jüngste Kind zu bevorzugen. Unter **Minorat** versteht man die Nachfolge des Jüngsten unter mehreren gleich nahen Verwandten, unter **Juniorat** die Nachfolge des jüngsten männl. Familienmitglieds ohne Rücksicht auf die Nähe der Verwandtschaft.

Jüngstes Gericht, auf die jüd. Apokalyptik zurückgehende Vorstellung eines umfassenden endzeitl. Gerichts Gottes; im A. T. »Tag Jahwes« (Amos 5, 18–20); im N. T. Beurteilung der Menschen nach ihren Taten und Scheidung der Gerechten von den Ungerechten durch Christus (Mt. 25, 31 ff.). Auch der Islam hat Vorstellungen vom J. G. entwickelt. (↑Himmel, ↑Hölle)

Kunst: In der frühchristl. Kunst wird das J. G. zunächst symbolisch dargestellt (Scheiden der Böcke von den Schafen, kluge und törichte Jungfrauen). Der figurenreiche Darstellungstyp mit dem thro-

4601

Jüngstes Gericht (Ikone der Nowgoroder Schule; Mitte des 15. Jh., Moskau, Tretjakow-Galerie)

nenden Christus, Maria und Johannes dem Täufer als Fürbittern und den Aposteln als Beisitzern über den Auferstehenden, die von Engeln zum Himmel geleitet oder von Teufeln in die Hölle geschleppt werden, wurde in der byzantin. Kunst entwickelt (etwa seit dem 8. Jh.) und blieb vom 10. Jh. an weitgehend unverändert. Häufig sind Reliefs in den Bogenfeldern mittelalterl. Kirchenportale sowie Fresken; bed. Altarbilder u.a. von S. Lochner, H. Memling und P. P. Rubens.

Jung-Stilling, Johann Heinrich, eigtl. J. H. Jung (Stilling nach »die Stillen«, d.h. die Pietisten), Schriftsteller, * Grund (heute zu Hilchenbach) 12. 9. 1740, † Karlsruhe 2. 4. 1817; wuchs in dörflicher Umgebung in einer streng pietist. Familie auf, studierte 1769–72 Medizin in Straßburg, war Augenarzt in Elberfeld, wurde berühmt wegen seiner Staroperationen; seit 1778 Lehrer in Kaiserslautern, von 1803 an lehrte er Staatswiss.en in Heidelberg; 1806 wurde er Hofrat in Karlsruhe. J.-S. verfasste eine gemütvolle Darstellung seiner Jugend, deren 1. Teil Goethe bearbeitete und als »Heinrich Stillings Jugend« 1777 herausgab, und schrieb auch Romane, Gedichte, mystisch-pietist. und spiritist. Werke.

Jungtürken, nationaltürk. Reformpartei westl. Ausrichtung, die um 1876 entstand und seit etwa 1900 Einfluss auf das türk. Offizierskorps gewann; sie regierte 1908 bis 1918. Durch Kemal Atatürk wurde sie ausgeschaltet und verboten.

Juni [lat. junius »Monat der Juno«] (veraltet: Brachmonat, Brachet), der 6. Monat des Jahres, mit 30 Tagen; im altröm. Kalender der 4. Monat mit 29 Tagen.

Juniaufstand, Bez. für den Aufstand am ↑Siebzehnten Juni 1953 in der DDR.

Juni|er, Name eines altröm. plebejischen Geschlechts seit dem 4. Jh. v. Chr. Zu den J. zählten die Träger des Cognomen ↑Brutus.

Junikäfer (Brachkäfer, Amphimallon solstitialis), einfarbig brauner, bis 18 mm langer, maikäferähnlicher Blatthornkäfer; schwärmt an Juniabenden über Wiesen und Brachen.

Junin-Virus [ç-, nach der peruan. Prov. Junín], zur Familie der Arenaviren gehörendes Virus. J.-V. können beim Menschen epidemisch-hämorrhag. Fieber hervorrufen; sie werden vermutlich durch die Ausscheidungen kleiner Nagetiere, v.a. von Mäusen, bzw. durch direkten Kontakt mit ihnen übertragen.

junior [lat.], Abk. **jr., jun.,** der Jüngere.

Juniorat, ↑Jüngstenrecht.

Juniorprofessur, mit dem 2002 novellierten Hochschulrahmengesetz (HRG) eingeführte Qualifikationsstelle für Hochschul-

5397

Junikäfer: Amphimallon solstitialis

lehrer auf bestimmte Zeit. Darin werden als Einstellungsvoraussetzungen für J. ein abgeschlossenes Hochschulstudium, pädagog. Eignung und die besondere Befähigung zu wiss. Arbeit, die i. d. R. durch eine Promotion nachgewiesen wird, genannt. Juniorprofessoren sollen zunächst für drei Jahre berufen werden, bei positiver Evaluation ist eine Verlängerung um drei Jahre möglich. Mittelfristig sollte die Juniorprofessur die Habilitation als Einstellungsvoraussetzung für Professorenstellen ersetzen (Übergangsfristen bis Ende 2009). Mit Urteil vom 27. 7. 2004 erklärte das Bundesverfassungsgericht die Gesetzesnovelle für nichtig, da der Bund damit seine Kompetenz zur Rahmengesetzgebung in Hochschulfragen überschritten und die Zuständigkeit der Länder zur Regelung des Hochschulwesens verletzt habe. Das Gericht gab damit einer Klage Bayerns, Sachsens und Thüringens statt. Bundesbildungsmin. E. Bulmahn kündigte an, zügig ein neues Hochschulrahmengesetz auf den Weg bringen zu wollen.

Juniperus [lat.], die Pflanzengattung ↑Wacholder.

Junk-Art ['dʒʌŋkɑ:t, engl.] *die,* Richtung der zeitgenöss. Kunst, die Abfallprodukte der Industriegesellschaft zu künstler. Objekten gestaltet.

Junk-Bond ['dʒʌŋk-, engl.] *der,* Schuldverschreibung von Emittenten geringer Bonität, die wegen des hohen Risikos hochverzinslich und hochspekulativ ist; bes. in den USA zur Finanzierung von Unternehmensübernahmen verbreitet.

Junker [ahd. »junger Herr«], urspr. Sohn eines adligen Grundherrn, im späten MA. adliger Grundherr ohne Ritterschlag. (↑Junkertum)

Junker, Hermann, Ägyptologe, *Bendorf 29. 11. 1877, †Wien 9. 1. 1962; war 1929–45 Direktor des Dt. Archäolog. Inst. in Kairo; wurde v. a. bekannt durch seine Grabungen in Giseh (1912–14 und 1925–29) und die Erforschung der ptolemäischen Tempeltexte von Philae.

Junkerlilie (Asphodeline), Gattung der Liliengewächse mit etwa 20 Arten im Mittelmeergebiet und Orient; Pflanzen mit gelben oder weißen Blüten in langen, dichten, aufrechten Trauben; einige Arten werden als Zierpflanzen kultiviert.

Junkers, Hugo, Flugzeugkonstrukteur und Unternehmer, *Rheydt (heute zu Mönchengladbach) 3. 2. 1859, †Gauting 3. 2. 1935; entwickelte u. a. 1907 den Doppelkolbenmotor, 1910 ein Nurflügelflugzeug, 1915 das erste Ganzmetallflugzeug mit freitragenden Flügeln (J 1), 1919 das erste Ganzmetallverkehrsflugzeug (F 13) und 1929 den ersten Schwerölflugmotor nach dem Doppelkolbenprinzip. – J. gründete 1913 die **J.-Motorenbau GmbH** und 1919 die **J.-Flugzeugwerke AG,** beide in Dessau, die 1934 verstaatlicht und 1936 zu den **J.-Flugzeug und Motorenwerken AG** zusammengefasst wurden, in denen die Verkehrsflugzeuge Ju 52 (1931, »Tante Ju«), Ju 90 (1937) und die Kampfflugzeuge Ju 87 (1935, »Stuka«), Ju 88 (1936) entstanden. Nach dem Krieg blieben die Werke in der sowjet. Besatzungszone staatlich; die im Bereich der Bundesrep. Dtl. reprivatisierten Werke gingen 1969 in der Messerschmitt-Bölkow-Blohm GmbH auf.

Junkertum, vom dt. Liberalismus des Vormärz geprägte Bez. für den Grund besitzenden ostelb. (preuß.) Adel, der im Zuge der dt. Ostsiedlung entstanden war, seit dem 15. Jh. die ↑Gutsherrschaft ausgebildet hatte und sich im entstehenden fürstl. Territorialstaat als administrative und militär. Elite ausbildete. Im 18. Jh. stellte das J. die Führung in Heer und Verwaltung. Es behauptete seine soziale Stellung in und nach den stein-hardenbergschen Reformen, die zu einer beträchtl. Vergrößerung des ↑Großgrundbesitzeses führten. Auch nach der Reichsgründung (1871) blieb der Einfluss des J. auf die preuß. und dadurch mittelbar auf die Reichspolitik bedeutend. Seine Interessen vertrat die »Deutschkonservative Partei« (gegr. 1876). Die ablehnende Haltung des J. gegenüber der parlamentar. Demokratie sowie seine Verbindungen zu den konservativen Kreisen der Hochfinanz und Industrie trugen zum Scheitern der Weimarer Rep. sowie zum Aufstieg des Nationalsozialismus in Dtl. bei (1929/30–33).

Junk-Food ['dʒʌŋk'fu:d, engl.] *das,* Nahrung von geringem Nährwert, aber von hoher Kalorienzahl (z. B. Süßigkeiten, Pommes frites).

Junktim [lat.] *das,* eine wegen innerer Zusammengehörigkeit erfolgte Verknüpfung zweier oder mehrerer Verträge, Gesetzesvorlagen u. a., die nur alle zus. Gültigkeit haben können. **J.-Klausel,** die von Art. 14 Abs. 3 GG vorgeschriebene Verbindung von Enteignung und Entschädigung.

Junktor [zu lat. iungere »verbinden«] *der,* Verknüpfungszeichen in der formalen Logik: »und« (∧), »oder« (∨), »wenn, dann« (⇒ oder →), »genau dann, wenn« (⇔) sowie »nicht« (¬).

Junktur [lat.] *die, Sprachwissenschaft:* Grenze zw. aufeinander folgenden sprachl. Einheiten, die sich als Sprechpause niederschlägt (z. B. bei »ver-eisen« im Ggs. zu »verreisen«).

Jünnan, Prov. in China, ↑Yunnan.

Juno (lat. Iuno), **1)** *Astronomie:* einer der hellsten und größten ↑Planetoiden.

2) *röm. Mythos:* höchste röm. Göttin, urspr. wohl die weibl. Entsprechung des ↑Genius, als Schutzgeist zu jeder Frau gehörend. Sie wurde unter zahlr. Beinamen verehrt. Als **J. Regina** herrschte sie mit Jupiter und Minerva auf dem Kapitol, als **J. Lucina** schützte sie die Geburten. J. wurde früh mit der grch. Hera gleichgesetzt und auch in der bildenden Kunst wie diese dargestellt.

Junta ['xunta] *die,* in Spanien und Lateinamerika ein Ausschuss, der Reg.aufgaben wahrnimmt; heute allg. eine durch Staatsstreich an die Macht gekommene Gruppe von Offizieren **(Militär-J.),** die die Reg.gewalt diktatorisch ausübt.

Junus Emre (Yunus Emre), anatol.-türk. Dichter und Mystiker, * Şarköy (?) um 1250, † ebd. um 1320; seine in der sufischen Tradition stehende, pantheist. Dichtung ist im Stil der Volkspoesie gehalten; die Gedichte wurden nach seinem Tod zu einem Diwan zusammengestellt.

Juon, Paul (Pawel Fjodorowitsch), russ. Komponist und Musiktheoretiker schweizer. Herkunft, * Moskau 6. 3. 1872, † Vevey (Kt. Waadt) 21. 8. 1940; schrieb, der romant. Tradition des 19. Jh. verpflichtet, v. a. Kammermusik, ferner Orchester-, Klavierwerke, Lieder, Konzerte.

Jupiter, 1) erste erfolgreiche amerikan. Mittelstreckenrakete, einstufig, 1955–59 für die Streitkräfte entwickelt; 2) **J.-C** (auch **Juno I** gen.), amerikan. vierstufige Trägerrakete, 1954–57 entwickelt, brachte 1958 die ersten NASA-Satelliten (so Explorer 1) in eine Erdumlaufbahn.

Jupiter, 1) *Astronomie:* Zeichen ♃, größter Planet unseres Sonnensystems, von der Sonne aus gezählt der 5.; seine Masse beträgt mit etwa dem 318fachen der Erdmasse rd. ²/₃ der Gesamtmasse aller Planeten; Hauptvertreter der Riesen- oder jupiterartigen ↑Planeten. Die geringe mittlere Dichte (weniger als ¹/₄ der Dichte der Erde) und die gewaltigen Ausmaße (1 335faches Volumen der Erde) lassen sich nur erklären, wenn J. zum überwiegenden Teil aus leichten Elementen besteht; er ist vermutlich aus flüssigem molekularem und metall. Wasserstoff aufgebaut, der einen dichten Gesteinskern von bis zu rd. 20 Erdmassen umgibt. J. gehört mit einer scheinbaren Helligkeit in Oppositionsstellung von $-2^{m}\!,5$ zu den hellsten Objekten am Himmel.

Jupiter 1): astronomische und physikalische Daten

Äquatordurchmesser	142 984 km
Poldurchmesser	133 980 km
Abplattung	0,063
Masse	$1{,}9 \cdot 10^{27}$ kg
mittlere Dichte	1,33 g/cm³
Rotationsdauer	9 h 55 min 40 s
Dauer eines Umlaufs um die Sonne	11,86 Jahre
mittlere Entfernung zur Sonne	778 Mio. km

Jupiter 1): Teilansicht des Planeten Jupiter mit dem Großen Roten Fleck

Die wolkenreiche *Atmosphäre* von J. besteht hauptsächlich aus Wasserstoff und Helium; daneben enthält sie Ammoniak, Methan, Äthan u. a. Die auffälligsten Atmosphärenerscheinungen sind parallel zum Äquator liegende, abwechselnd dunkle und helle Streifen, die zarte Rot-, Orange-, Braun- bzw. Gelbtöne aufweisen.

Die starke Strukturierung der Wolkenschichten lässt auf ein kompliziertes Wind- und Strömungssystem in der J.-Atmosphäre schließen. Deren effektive Temperatur beträgt etwa 125 K. Seit 1973 wurde J. von amerikan. Raumsonden erkundet (↑Pioneer 10 und 11, ↑Voyager 1 und 2), die eine Fülle von Daten und Fotos zur Erde übermittelten. So konnte der (schon Mitte des 17. Jh. beobachtete) **Große Rote Fleck** auf der Südhalbkugel des J. als gewaltiger atmosphär. Wirbel mit einer Ausdehnung von etwa 40 000 km × 14 000 km erkannt werden, der durch seine Zirkulation Materie nach oben transportiert. – Das *Magnetfeld* des J. reicht weit in den interplanetaren Raum hinaus und kann deutlich mehr elektrisch geladene Teilchen in Form von Strahlungsgürteln mitführen als das ird. Magnetfeld. Messungen der Raumsonde ↑Ulysses (1992) ermittelten beträchtl. Schwankungen der J.-Magnetosphäre.

Von den 16 schon länger bekannten *J.-Monden* (Satelliten) mit genau bestimmten Bahndaten wurden vier bereits 1610 von G. Galilei und S. Marius beobachtet. Diese **Galileischen Monde (Io, Europa, Ganymed, Callisto)** sind größer als oder fast so groß wie der Planet Merkur. Auf Io fanden Voyager 1 und 2 sowie die bis September 2003 aktive Raumsonde Galileo Spuren eines aktiven Vulkanismus. – Je 12 weitere Satelliten wurden 2000 und 2002 entdeckt. Bis Ende 2003 wurde die Entdeckung von weiteren 23 (irregulären) Satelliten bekannt gegeben, sodass heute (mindestens) 63 J.-Monde bekannt sind.

J. besitzt außerdem ein etwa 6 000 km breites und 30 km starkes *Ringsystem*, das 1979 von Voyager 1 nachgewiesen und 2002 von der Raumsonde Galileo durchflogen wurde.

2) *röm. Mythos:* höchster röm. Gott (lat. Iuppiter), Herr des lichten Himmels **(J. Lucetius)**, des Blitzes und Donners **(J. Tonans)** sowie Regenspender **(J. Pluvialis)**, Beschützer des Rechts und Schwurzeuge. Sein Heiligtum auf dem Kapitol, wo er als **J. Optimus Maximus** (»der beste und größte J.«) verehrt wurde, war das Wahrzeichen röm. Macht. J. wurde mit dem grch. Zeus identifiziert. Auch für seine Darstellung in der röm. Kunst wurden grch. Vorbilder maßgeblich.

Jupiterlampe, sehr starke Lichtquelle (z. B. Bogen- oder Xenonlampen), die auf Bühnen sowie für Film- und Fernsehstudioaufnahmen verwendet wird.

Jupitersäulen (Gigantensäulen), dem Jupiter geweihte Denkmäler der provinzialröm. Kunst des Rheingebiets im 2. und 3. Jh. n. Chr., die mit Gestalten der röm. Götterwelt besetzt sind und von einer Jupiterstatue gekrönt werden.

Jupon [ʒyˈpõ:, frz.] *der,* eleganter, knöchellanger Damenunterrock; (schweizer.:) Unterrock.

Juppé [ʒyˈpe:], Alain Marie, frz. Politiker, * Mont-de-Marsan (Dép. Landes) 15. 8. 1945; war 1993–95 Außenmin., 1995–97 Premiermin.; 1994–97 Vors. des gaullist. Rassemblement pour la République (RPR) und seit 2002 der konservativen Union pour un Mouvement Populaire (UMP). Er wurde im Jan. 2004 nach einer Parteifinanzaffäre der Gaullisten zu einer Bewährungsstrafe von 18 Monaten verurteilt. Im Juli 2004 legte J. den Vorsitz der UMP nieder.

Jura [Pl. von lat. Ius], die Rechte, die Rechtswissenschaft.

Jura *der,* eines der geolog. Systeme des Mesozoikums, dauerte rd. 60 Mio. Jahre, während denen bes. Tone, Mergel und Kalksteine abgelagert wurden (nutzbar: Eisenerz-, Gips- und Salzlager). In diese Zeit fallen das weitere Zerbrechen des Urkontinents Pangäa, zahlr. Meeresüberflutungen (Entstehung des Atlantiks), gewaltige Lavaeruptionen und ein mildes Klima. Unterteilt wird der J. in Lias, Dogger, Malm oder nach den in Süd-Dtl. vorherrschenden Gesteinsfarben in Schwarzen, Braunen und Weißen Jura.

Jura, 1) *der,* Gebirgszug in Mitteleuropa, nordwestlich und nördlich der Alpen. Der **Französisch-Schweizer. J.** erstreckt sich in einem flachen Bogen vom Lac du Bourget nach N und NO. Der frz. Teil entspricht in seiner Ausdehnung etwa der Franche-Comté, der schweizer. Teil (etwa 10 %) reicht vom Genfer See bis zum Randen (bei Schaffhausen). Der J. ist hauptsächlich aus den Schichten des J.-Systems aufgebaut, die im Tertiär aufgefaltet wurden, am stärksten im SO, im **Kettenjura.** Die dicht gedrängten Falten bilden hier mit ihren Sätteln und Kämmen (crêts) die höchsten Erhebungen (Crêt de la Neige 1 718 m ü. M.); in den Mulden entstanden breite Längstäler (Vallées), die durch enge

Quertäler (Cluses, Klusen) verbunden sind. Gegen W schließt der weniger gefaltete **Plateau-J.** an mit weiten Hochflächen (bis 800 m ü. M.), Talmäandern (von Doubs und Ain) und Karsterscheinungen (oberflächl. Wasserarmut, Dolinen, Poljen, Höhlen). Der im N gelegene **Tafel-J.** hatte an der Faltung wenig Anteil, seine vielfach aus Muschelkalk gebildeten, stark zerschnittenen Hochflächen erreichen Höhen um 750 m ü. M. Das Klima ist rau und feucht, der Wald wurde durch die Weidewirtschaft auf die Hänge zurückgedrängt. In der Landwirtschaft überwiegt die Viehzucht, in den Tälern und im Vorland gibt es Acker- und Obst-, im S auch Weinbau. Der J. ist dicht besiedelt und stark industrialisiert: Holzind., Edelsteinschleiferei und bes. im Schweizer J. (aus dem Hausgewerbe hervorgegangen) Uhrenindustrie. Im frz. J. entstanden in einigen Zentren wie Montbéliard, Dôle, Besançon, Champagnole moderne Großbetriebe.

In Dtl. setzen sich die J.-Schichten jenseits des Hochrheins nach NO und N in der ↑Schwäbischen Alb und der ↑Fränkischen Alb fort, die früher deshalb auch Schwäb. und Fränk. J. genannt wurden, tektonisch jedoch anders aufgebaut sind als der Französisch-Schweizer. Jura.

2) [ʒyˈra], frz. Dép. im frz. Jura, in der Franche-Comté, 4999 km², 251 000 Ew.; Hptst. ist Lons-le-Saunier.

3) [frz. ʒyˈra] (amtlich République et Canton de J.), Kanton der Schweiz, umfasst die Bez. Delémont, Franches-Montagnes und Porrentruy, 839 km², (2000) 68 800 vorwiegend kath., französischsprachige Ew.; Hptst. ist Delémont. J. hat überwiegend ländl. Charakter; wichtiger Ind.zweig ist die Uhrenind., ferner Maschinen- und Fahrzeugbau sowie Metallverarbeitung; in der Landwirtschaft dominieren Viehzucht und Grünlandwirtschaft. – *Verfassung:* Nach der Verf. vom 20. 3. 1977 liegt die Gesetzgebung beim Großen Rat (60 Abg.) und die Exekutive beim Reg.rat (fünf Mitgl.). Beide Gremien werden für vier Jahre gewählt. – Im 20. Jh. entstand bes. im kath. Nord-J. eine polit. Bewegung zur Schaffung eines eigenständigen Kantons. Nach drei Abstimmungen (1974, 1975 und 1978) wurde am 1. 1. 1979 aus dem nordwestl. Teil des Kantons Bern der neue Kanton J. geschaffen. Mit Abkommen (1994) zw. den Kantonen J. und Bern sowie der Eidgenossenschaft wurden die Grenzen endgültig festgelegt und die Institution einer »Interjurass. Versammlung« gebildet.

4) [ˈdʒʊərə], Insel im S der Inneren Hebriden, Verw.gebiet Argyll and Bute, W-Schottland, bis 784 m ü. M., 360 km², 400 Ew.; Whiskyherstellung, Tourismus.

Jurafrage, in der Schweiz Bez. für einen polit. Konflikt um einen eigenständigen und geeinten Kt. ↑Jura. Das polit. Ziel einer Wiedervereinigung des Jura (heute N- und bern. S-Jura) wurde ab 1947 vom »Rassemblement Jurassien« (Abk. RJ) – gegen die südjurass. (antiseparatist.) Gegenbewegung »Force Démocratique« (Abk. FD) – und ab 1993 vom Mouvement Autonomiste Jurassien (Abk. MAJ; hervorgegangen aus dem RJ) vertreten.

Jurançon [ʒyrãˈsɔ̃], frz. Weinbaugebiet im Pyrenäenvorland südlich von Pau, über 600 ha (v. a. mit den spät reifenden Rebsorten Petit und Gros Manseng bestanden).

jurare in verba magistri [lat. »auf des Meisters Worte schwören«; nach Horaz], die Meinung eines anderen nachbeten.

Jurassiler (frz. Jurassiens), die Einwohner des französischsprachigen Teils des Schweizer Jura.

jurassisch [frz.], a) zum geolog. System Jura gehörend; b) aus dem Juragebirge stammend.

Jürgens, 1) Curd, Schauspieler, *München 13. 12. 1915, †Wien 18. 6. 1982; Bühnen- u. Filmrollen, oft verkörperte er den Typ des smarten Liebhabers und stattlichen Kerls, gestaltete aber auch Draufgängerrollen, u. a. »Des Teufels General« (1955), »Der Schinderhannes« (1958), »Schachnovelle« (1960).

2) Udo, eigtl. Udo Jürgen Bockelmann, österr. Schlagersänger und -komponist, *Schloss Ottmanach (heute zu Magdalensberg, bei Klagenfurt) 30. 9. 1934; wurde internat. bekannt mit Songs wie »Merci chéri« und »Griechischer Wein«.

Jurinac [-nats], Sena (Srebrenka), aus Bosnien stammende österr. Sängerin (Sopran), *Travnik 24. 10. 1921; war 1944–82 Mitgl. der Wiener Staatsoper; gefeiert v. a. in Mozart- und Strauss-Partien sowie im italien. Fach.

Jurisdiktion [lat.] *die,* Gerichtsbarkeit.

Jurisdiktionsnorm, das österr. Gesetz vom 1. 8. 1895, das die Ausübung der Zivilgerichtsbarkeit und die Zuständigkeit der ordentl. Gerichte in bürgerl. Rechtssachen regelt.

Jurisprudenz [lat.] *die,* Rechtswissenschaft.

Jurist *der,* rechtlich nicht geschützter Titel, der für eine rechtskundige Person verwendet wird, die ein Universitätsstudium der Rechtswiss. von mindestens vier Jahren mit abschließender erster Prüfung (eine universitäre Schwerpunktbereichsprüfung und eine staatl. Pflichtfachprüfung) und einen »Vorbereitungsdienst« (Referendardienst) von zwei Jahren bei Gerichten, Staatsanwaltschaft, Behörden (jeweils mindestens drei Monate), Rechtsanwälten (neun Monate) u. a. mit abschließendem 2. jurist. Staatsexamen (Assessorexamen) durchlaufen hat, in dem die Befähigung zum Richteramt (gleichbedeutend mit dem »Voll-J.«) erworben wurde. Die Ausbildung ist im Dt. Richter-Ges. i. d. F. v. 19. 4. 1972 und in landesrechtl. Vorschriften geregelt. Die Befähigung zum Richteramt ist Voraussetzung für den Zugang zu den meisten jurist. Berufen, nicht für den des Rechtspflegers. In der DDR wurde nach Abschluss eines jurist. Hochschulstudiums der akadem. Grad eines »Diplom-J.« erlangt. Nach dem Einigungsvertrag kann in den neuen Ländern auch in das Richteramt berufen werden, wer die Befähigung zum Richteramt nach dem Recht der DDR erworben hat (wer auf Lebenszeit berufen wurde, erfüllt die Voraussetzungen für die Berufung in ein Richterverhältnis im gesamten Bundesgebiet). – An einigen Fachhochschulen führt jetzt eine Ausbildung zum Abschluss Diplom-Wirtschafts-J. (FH).

In *Österreich* ist zur Ausbildung der J. ein an einer Universität zu absolvierendes, in zwei Studienabschnitte gegliedertes, mindestens vier Jahre dauerndes Diplomstudium und ein darauf aufbauendes Doktoratsstudium vorgesehen. Grundsätzlich genügt das Diplomstudium zur Ausübung aller jurist. Berufe. In der *Schweiz* ist die Ausbildung der J. nicht einheitlich. Das rechtswiss. Studium an den Univ. wird i. Allg. mit dem Lizenziat abgeschlossen. Zur Ausübung des Anwaltsberufes ist (zusätzlich) ein kantonales Anwaltspatent erforderlich. Eine jurist. Ausbildung ist beim Bund und in den meisten Kantonen i. d. R. nicht Wählbarkeitsvoraussetzung für ein Richteramt.

juristische Person, von der Rechtsordnung mit eigener ↑Rechtsfähigkeit versehene Personenvereinigung (z. B. eingetragener Verein) oder Vermögensmasse (z. B. Stiftung). Die j. P. ist wie die natürl. Person Träger von Rechten und Pflichten, kann Vermögen erwerben und besitzt im Prozess Parteifähigkeit. Sie handelt durch ihre Organe. Man unterscheidet j. P. des Privatrechts (z. B. eingetragener Verein, GmbH, AG) und des öffentl. Rechts (z. B. Körperschaften wie Bund, Länder, Gemeinden). Privatrechtl. j. P. entstehen durch privatrechtl. Gründungsakt (bes. Vertrag) und ergänzenden Hoheitsakt, j. P. des öffentl. Rechts durch Gesetz oder Hoheitsakt.

Jūrmala [ˈjuːr-], Stadt und Seebad in Lettland, erstreckt sich über 33 km am Rigaischen Meerbusen, 59 000 Ew.; ganzjähriger Kurbetrieb; Papierfabrik.

Jurte

100001

Jurte [türk.] *die,* zerlegbares, leicht zu transportierendes Wohnzelt mongol. und türk. Nomadenvölker in W- und Zentralasien; Rundbau aus Holzstangen, darüber Filzdecken, innen mit Teppichen oder Grasmatten ausgekleidet.

Juruá, Rio [rriu ʒuˈrua] *der* (span. Río Yuruá), rechter Nebenfluss des Amazonas, 3 250 km lang, entspringt in den peruan. Anden, mündet bei Fonte Boa in Brasilien.

Jürük [nach den Jürüken, einem kleinasiat. Nomadenvolk] *der* (Yürük), langfloriger türk. Teppich aus feiner, glänzender Wolle.

Jürüken, Bez. für die früher in ganz Anatolien und auf dem Balkan nomadisierenden Türken; einst sehr zahlreich, sind sie heute durch Übergang zur Sesshaftigkeit stark zurückgegangen.

Jury *die,* **1)** [ˈdʒʊərɪ], in Großbritannien und den USA Spruchkörper von meist 12 Geschworenen im Strafprozess, der i. d. R. über Tatfragen und Schuld des Angeklagten, nicht aber über die Strafe entscheidet; auch in Zivilverfahren kann auf Verlangen einer Partei eine J. (bes. bei Schadensersatzprozessen) gebildet werden.

2) [frz. ʒyˈri], Ausschuss von Sachverständigen, die als Preisrichter bei sportl. (Kampfgericht) oder künstler. Wettbewerben tätig sind oder die bei Ausstellungen, Filmfestspielen o. Ä. über die Annahme eines Werkes entscheiden.

Jus [lat.] *das,* das Recht, ↑Ius.

Jus [ʒy:; frz. aus lat. ius »Brühe«] *die, das* oder *der,* Fleischsaft, der sich nach Erkalten in Gallerte verwandelt.

Juschno-Sachalinsk, Hptst. des Gebietes Sachalin, an der Südküste der Insel Sachalin, Russland, 179 900 Ew.; Forschungsinstitute für Meeresbiologie und für Meeresgeologie und Geophysik; Fischverarbeitung, Möbelindustrie. – 1882 als **Wladimirowka** gegr., 1905–45 (bis 1946 Stadtname **Toyohara**) bei Japan.

Juschtschenko, Wiktor, ukrain. Politiker, *Choruschiwka (Gebiet Sumy, NO-Ukraine) 23. 2. 1954; ab 1977 im Bankenwesen tätig, wurde 1993 Vorstandsvors. und 1997 Präs. der ukrain. Nationalbank; 1999–2001 reformorientierter Ministerpräsident.

Jusos, Abk. für ↑**Ju**ng**so**zialisten.

Jusowka, bis 1924 Name der Stadt ↑Donezk.

Jus primae noctis [lat.] *das* (ius primae noctis), im MA. angebl. Recht des Grundherrn auf »die erste Nacht« (Beischlaf) mit der Frau eines neu vermählten Hörigen, Leibeigenen; in der Wiss. umstritten.

Jussiv [lat.«] *der, Sprachwissenschaft:* die Befehlsform des Verbs sowie andere Modalformen, die eine Aufforderung wiedergeben, z. B. »Es werde Licht!« (Konjunktiv), »Nicht rauchen!« (Infinitiv).

Justaucorps [ʒysto:ˈkɔ:r, frz.] *der* oder *das,* taillierter, knielanger Männerrock, meist kragenlos und mit breiten Ärmelaufschlägen, der höf. Kleidung des 18. Jh. Der J. entwickelte sich um 1680 aus dem Soldatenrock. Ende des 18. Jh. wurde er vom Frack abgelöst und erhielt sich in der Livree.

Juste-Milieu [ʒystmilˈjø; frz. »richtige Mitte«] *das,* frz. Schlagwort, nach der Julirevolution von 1830 auf die gemäßigte Regierungsweise Louis Philippes angewendet.

Jüsten, Karl, kath. Theologe, *Bad Honnef 7. 9. 1961; studierte in Bonn, Innsbruck und Freiburg im Breisgau (u. a. bei K. Lehmann); war nach der Priesterweihe (1987) Kaplan in Köln, anschließend in versch. Funktionen im Kölner Priesterseminar tätig, seit März 2000 (Amtseinführung 22. 3.) ist er Leiter des ↑Katholischen Büros Berlin (Nachfolger von Paul Bocklet, *1928; 1977 bis Febr. 2000 Leiter des Kath. Büros Bonn). – 1999 Promotion mit einer Dissertation zum Thema «Ethik und Ethos in der Demokratie».

Justi, 1) Carl, Kunsthistoriker, *Marburg 2. 8. 1832, †Bonn 9. 12. 1912, Onkel von 2); verfasste Biografien kunsthistorisch bedeutender Persönlichkeiten (Winckelmann, Murillo, Velázquez, Michelangelo), die er vor dem eindringlich gezeichneten Hintergrund ihrer Zeit darstellt.

2) Ludwig, Kunsthistoriker, *Marburg 14. 3. 1876, †Potsdam 19. 10. 1957, Neffe von 1); war 1909–33 Direktor der Berliner Nationalgalerie; seit 1946 Generaldirektor der Staatl. Museen in Berlin (Ost). J. arbeitete über Giorgione und über die Kunst des 19. und 20. Jahrhunderts.

justieren [von lat. iustus »richtig«], **1)** *allg.:* techn. Geräte und Einrichtungen vor Gebrauch genau einstellen bzw. einrichten.

2) *Münztechnik:* einen Münzrohling auf das im Münzgesetz vorgeschriebene Gewicht prüfen und anpassen.

Justin, Philosoph und Wanderlehrer, *Flavia Neapolis (heute Nablus), †Rom um 165 (Märtyrertod). Mit J. beginnt im Christentum die ernsthafte Auseinandersetzung mit antiker Philosophie und Staatlichkeit (»Apologie«). – Heiliger; Tag: 1. 6.

Justinian, byzantin. Kaiser: **1) J. I., der Große,** Kaiser (527–565) in Doppelherrschaft mit seiner Gattin Theodora (†548), *Tauresium (in der Nähe von Skopje) 482,

†Konstantinopel 11. 11. 565; unterwarf mithilfe Theodoras den Nikaaufstand (532), eroberte durch seine Feldherren Belisar und Narses einen großen Teil des von german. Stämmen besetzten Weström. Reiches und begründete die Verflechtung von Staat und Kirche im Byzantin. Reich. Im Kampf gegen das Heidentum schloss er 529 die Athener Philosophenschule. Kirchenpolitisch suchte er den Ausgleich mit den Monophysiten (Konzil 553). Er ließ die Hagia Sophia neu erbauen und gab dem Rechtsleben eine feste Grundlage durch das ↑Corpus Iuris Civilis.

2) J. II. Rhinotmetos [grch. »mit der abgeschnittenen Nase«], Kaiser (685–695 und 705–711), *669, †(ermordet) Sinope 711; zwang die Slawen um Thessalonike zur Anerkennung der byzantin. Herrschaft, baute die Themenverfassung (↑Thema) aus. Durch einen Aufstand abgesetzt und körperlich verstümmelt, gelangte er mithilfe der Bulgaren wieder auf den Thron, errichtete eine Schreckensherrschaft und wurde bei einer Revolte seiner Streitkräfte ermordet.

Just-in-time-Fertigung [dʒʌst ɪn ˈtaɪm -; engl.], Organisationsprinzip der Produktion und der Materialwirtschaft, das unter Ausnutzung der Möglichkeiten der Informations- und Kommunikationstechnik versucht, Materialzuliefer- und Produktionstermine so aufeinander abzustimmen, dass die kurzfristige Kapazitätsplanung und Materialbereitstellung an die Fertigungs- und Auftragssituation angepasst sind (»Produktion auf Abruf«) und dadurch Materialbestände und Durchlaufzeiten kostengünstig minimiert werden. Eine Methode der J.-i.-t.-F. ist das **Kanban-System,** ein sich selbst steuernder Regelkreis zw. erzeugenden und verbrauchenden Bereichen.

Justitia [lat.], röm. Göttin, ↑Iustitia.

Justitium [lat.] *das,* Stillstand der Rechtspflege durch Krieg u. a. Ereignisse; bewirkt in Zivilprozessen Unterbrechung des Verfahrens (§ 245 ZPO).

Justiz [lat.] *die,* die Rechtspflegeorgane (ordentl. Gerichte, Staatsanwaltschaften, Notariate) und die Justizverwaltung.

Justizbeamte, Beamte bei Gerichtsbehörden u. a. Teilen der Justizverwaltung. Keine J. sind die in einem besonderen öffentlich-rechtl. Dienstverhältnis stehenden Richter.

Justizbeitreibungsordnung, VO vom 11. 3. 1937, die die Einziehung von Justizverwaltungsabgaben, bes. der Gerichtskosten, aber auch der Zwangs- und Ordnungsgelder, Geldbußen und Geldstrafen regelt.

justizfreier Hoheitsakt, ↑gerichtsfreier Hoheitsakt.

Justizgewährungsanspruch, verfassungsrechtl. Anspruch des Einzelnen, zur Wahrung seiner Rechte die staatl. Gerichte in Anspruch nehmen zu können und von diesen eine Entscheidung in der Sache treffen zu lassen (Art. 19 Abs. 4 GG). Dem

Justinian I.: Kaiser (Mitte) mit seinem Gefolge und dem Klerus der Stadt; die Insignien des Kaisers sind das rote Schuhwerk, die Brosche mit drei Anhängern, das Diadem und der Heiligenschein (Ausschnitt aus einem Mosaik der Kirche San Vitale in Ravenna)

100264

J. entspricht die Justizgewährungspflicht des Staates.

Justizhoheit, die Staatsgewalt, soweit sie sich auf die ↑Gerichtsbarkeit bezieht. In Dtl. hat der Bund die Befugnis zur gesetzl. Regelung der Gerichtsverfassung und des gerichtl. Verfahrens.

Justiziabilität [lat.] *die,* die Eigenschaft eines Rechtsverhältnisses, der Beurteilung durch ein ordentl. Gericht zu unterliegen.

Justiziar [lat.] *der,* mit der Bearbeitung der Rechtsangelegenheiten einer Behörde, eines Verbands oder eines Unternehmens Beauftragter.

Justizirrtum, Fehlentscheidung eines Gerichts, bes. bei einem Urteil im Strafprozess. (↑Strafverfolgung)

Justizmord, Hinrichtung eines Unschuldigen infolge ↑Justizirrtums oder Rechtsmissbrauchs.

Justizrat, früher an ältere Richter, Anwälte und Notare ehrenhalber verliehener Titel.

Justizverwaltung, Tätigkeit der Gerichte, Staatsanwaltschaften und sonstigen Justizbehörden mit Ausnahme der Rechtspflege, bes. 1) die Dienstaufsicht über die Organe der Rechtspflege (einschließlich Rechtsanwälte, Notare), 2) die Schaffung der sachl. und personellen Voraussetzungen für eine geordnete Rechtspflege, 3) die Führung des Strafregisters, 4) die Durchführung des Strafvollzugs. Oberste Behörden der J. sind die Justizministerien.

Justizvollzugsanstalt, ↑Strafvollzug.

Jute: Rundkapseljute (Corchorus capsularis, Höhe bis 4 m)

Justus van Gent ['jystys van 'xɛnt], eigtl. Joos van Wassenhove, niederländ. Maler, * wohl zw. 1435 und 1440, † Urbino (?) nach 1480; ab 1473 im Dienst des Herzogs Federigo da Montefeltro in Urbino. Sein einziges gesichertes Werk ist »Die Einsetzung des hl. Abendmahls« (1473/74). J. v. G. verband Stilelemente der niederländ. Tradition mit Einflüssen der italien. Renaissance.

Jütland: Die Burg Koldinghus datiert aus dem Jahr 1268 und beherbergt heute ein Museum.

Jute [angloind.] *die,* Fasern aus dem Bast der aus Indien stammenden, einjährigen J.-Pflanzen Corchorus capsularis und Corchorus olitorius, den nach der Baumwolle wichtigsten Faserpflanzen. Die Faserbündel sind sehr lang, aber wesentlich weniger fest als Hanf und Flachs. Verwendet wird J. v. a. für Verpackungs-, Polster- und Wandbespannungsmaterial sowie als Grundgewebe für Teppiche und Linoleum.

Jüten, german. Stamm in Jütland, urspr. wohl an der W-Küste Mitteljütlands, um 300 n. Chr. von den Dänen unterworfen. Teile der J. übersiedelten mit Angeln und Sachsen im 5. Jh. nach Britannien.

Jüterbog, Stadt im Landkreis Teltow-Fläming, Brandenburg, an der Nuthe, im Niederen Fläming, 13 900 Ew.; Eisenbahnknoten. – Mittelalterl. Stadtkern mit Liebfrauenkirche (1174 geweiht), den spätgot. Backsteinhallenkirchen Sankt Nikolai und Franziskaner-Mönchenkirche (Mönchskir-

2983

Filippo Juvarra: königliches Jagdschloss Stupinigi bei Turin (1729 ff.)

che; Bibliothek, Theater- und Konzertstätte), Rathaus (Anfang 14. Jh.; 1478–1506 umgebaut) und Teilen der mittelalterl. Befestigung mit drei Stadttoren (15. Jh.). Zu J. gehört ↑Kloster Zinna. – Erhielt 1174 Stadtrecht; war bis 1993 Kreisstadt.

Jütland (dän. Jylland), Halbinsel zw. Nordsee, Skagerrak, Kattegat und Kleinem Belt, bildet den festländ. Teil Dänemarks, mit vorgelagerten Inseln 29 765 km², 310 km lang und 172 km breit. Der Meeresarm Limfjord trennt im NW die Insel Vendyssel-Thy ab. 75 % der Landfläche werden landwirtschaftlich genutzt. – J. war urspr. vom german. Stamm der ↑Jüten bewohnt. – Abb. S. 353

Juvarra (Juvara, Iuvara), Filippo, italien. Baumeister, * Messina 27. 3. 1678, † Madrid 31. 1. 1736; seit 1714 Hofarchitekt in Turin, schuf zahlr. Bauten in der Tradition des röm. Barocks, u. a. die Kirche »La Superga« (1717–31) und Jagdschloss Stupinigi bei Turin (1729 ff.).

Juvenal (lat. Iuvenalis), Decimus Iunius, röm. Redner und Dichter, * wohl Aquincum (Latium) um 60 n. Chr., † nach 128; griff in seinen Gedichten mit äußerster Schärfe und geschliffenem Wort menschl. Schwächen an; er hat damit den modernen Begriff der Satire maßgeblich bestimmt. Für die Sittengeschichte zur Epoche Neros und der Domitians ist J. eine wichtige Quelle.

juveniles Wasser, dem Magma entstammendes, bei vulkan. Vorgängen frei werdendes Wasser, das (im Unterschied zu vadosem Wasser) neu in den Wasserkreislauf eintritt.

Juvenilhormone (Larvalhormone, Corpora-allata-Hormone), in speziellen Hormondrüsen gebildete Insektenhormone, die zus. mit den Häutungshormonen die Larvenentwicklung (einschl. der Larvenhäutungen) steuern.

Juventas, röm. Göttin, ↑Iuventas.

Juwel [niederländ.-frz.] *das,* auch *der,* kostbarer Schmuckstein.

Juwelenporzellan, Porzellan mit tropfenförmigen Auflagen von Emailfarbe auf Goldgrund; ab 1781 in Sèvres, dann auch in anderen Manufakturen (u. a. Worcester) hergestellt.

Jux [durch Entstellung aus lat. iocus »Scherz« entstanden] *der,* Scherz, Spaß, Ulk.

juxtaglomerulärer Apparat, die hormonbildenden Zellen der Niere sowie die Zellen, mit denen die Niere den Blutdruck und den Salzgehalt des Blutes prüft; sie liegen dem Gefäßknäuel (Glomerulus) an.

Juxtaposition [lat.-nlat.] *die,* **1)** *Kristallographie:* Form der Ausbildung von zwei miteinander verwachsenen Kristallen, die eine Fläche gemeinsam haben und Berührungs- oder J.-Zwillinge bilden.

2) *Sprachwissenschaft:* in der Wortbildung die einfachste Form der Zusammensetzung, bei der urspr. selbstständige Wörter im Satz aneinander gereiht und zu einer höheren Einheit verbunden werden, z. B. »Rührmichnichtan«, »kurzweg«.

Jyväskylä, Stadt in Mittelfinnland, am See Päijänne, 76 200 Ew.; Univ., Museum; Holzverarbeitung, Papierind., Maschinenbau, Margarineerzeugung; Wintersport. – Das Stadtbild bestimmen moderne Bauten von A. Aalto. – Stadtrecht seit 1837.

JZ, Abk. für ↑Jodzahl.

k, K, 1) Konsonant (↑Laut); der 11. Buchstabe des dt. Alphabets, stimmloser Verschlusslaut. In den ältesten lat. Inschriften gab es das K, später wurde es durch das C verdrängt. Die roman. Sprachen benutzen das K nicht mehr. Im Althochdeutschen waren k und c gleichbedeutend; später wurde c auf bestimmte Fälle eingeschränkt.

2) *Chemie:* **K,** Symbol für ↑Kalium.

3) *Einheitenzeichen:* **K** für ↑Kelvin.

4) *Formelzeichen:* *k* für die ↑Boltzmann-Konstante, *K* für ↑Kerma.

5) *Informatik:* **K,** Größenvorsatz für Bit und Byte; Abk. für $2^{10} = 1024$.

6) *Münzwesen:* **K,** Kennbuchstabe auf österr.-ungar. Münzen für die Münzstätte Kremnitz, auf frz. (1539–1878) für Bordeaux.

7) *Vorsatzzeichen:* **k** für ↑Kilo.

K2 (Mount Godwin-Austen, Chogori), zweithöchster Berg der Erde, höchster Gipfel des Karakorum, in dem unter pakistan. Verw. stehenden Teil Kaschmirs; nach Neuvermessung (1992/96) 8614 m ü. M. (vorherige Höhenangabe: 8611 m ü. M.); Erstbesteigung am 31. 7. 1954 durch italien. Expedition.

Ka [ägypt.] *der,* in der altägypt. Religion die dem Menschen innewohnende Lebenskraft.

Kaaba [arab. »Würfel«] *die* (Kaba), Hauptheiligtum des Islam mit dem Beinamen »Haus Gottes«; ein Gebäude in Mekka, in das Hadjar al-Aswad (schwarzer Stein), ein Meteorit, eingelassen ist; Ziel des ↑Hadjdj.

Kaarst, Stadt im Kreis Neuss, NRW, in der Niederrhein. Tiefebene, 40 m ü. M., 42 400 Ew.; Wohngemeinde für Düsseldorf, Neuss und Mönchengladbach; vielseitige mittelständische Industrie. – Die 1975 zusammengeschlossenen Ortschaften **Kaarst** (1281 erstmals urkundlich erwähnt) und **Büttgen** (erstmals 793 gen.) wurden 1981 Stadt.

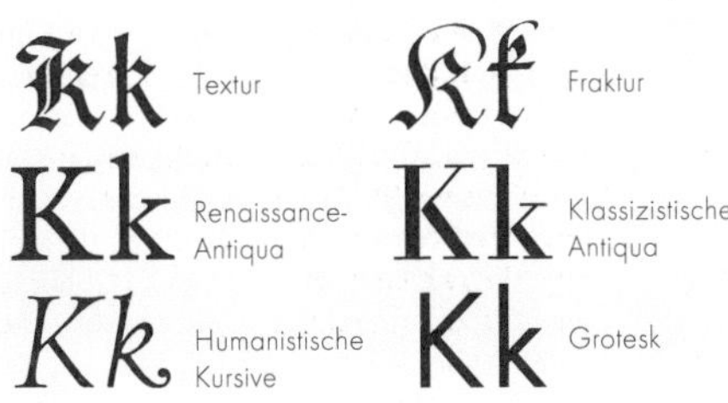

k, K 1): Druckschriftvarianten

Kaas, Ludwig, kath. Theologe und Politiker, *Trier 23. 5. 1881, †Rom 15. 4. 1952; 1928–33 Vors. des Zentrums; stimmte 1933 dem ↑Ermächtigungsgesetz zu, ging 1933 nach Rom, wo er maßgeblich an der Ausarbeitung des ↑Reichskonkordats mitwirkte.

Kababisch, Stammesgruppe arab. Beduinen, mit berber. und negriden Elementen gemischt; die über 70 000 K. leben als Kamel- und Schafzüchternomaden zw. Kordofan und Dongola im O der Rep. Sudan.

Kabakow, Ilja Jossifowitsch, russ. Künstler, *Dnjepropetrowsk 30. 9. 1933; zunächst Zeichnungen für Kinderbücher, seit den 1980er-Jahren Rauminstallationen, wobei i. d. R. Bild und Schrift integrale Bestandteile bilden. In der Darstellung banaler und absurder Situationen stößt K. auf Fragwürdigkeiten menschl. Existenzbedingungen.

Kabale [frz., zu hebr. Kabbala] *die, veraltet:* geheimer Anschlag, Ränke, Intrige.

Kabalewski, Dmitrij Borissowitsch, russ. Komponist, *Sankt Petersburg 30. 12. 1904, †Moskau 16. 2. 1987; schrieb in der Tradition der russ. Musik des 19. Jh. u. a. Opern (»Colas Breugnon«, 1938), Sinfonien, Solokonzerte, Bühnen- und Filmmusiken, ein Requiem, Lieder.

Kabanossi *die* (Cabanossi), stark gewürzte, grobe, geräucherte Brühwurst.

Kabardiner, Volk in Nordkaukasien, mit den ↑Tscherkessen nahe verwandt, rd. 400 000 Menschen, vorwiegend sunnit. Muslime.

Kabardino-Balkarilen (Republik der Kabardiner und Balkaren), Teilrep. der Russ. Föderation, an der N-Abdachung des Großen Kaukasus, 12 500 km², 786 000 Ew. (48 % Kabardiner, 32 % Russen, 9 % Balkaren); Hptst. und wichtigstes Ind.zentrum ist Naltschik. In den niederen Lagen der sich bis zum über 5 000 m hohen Gebirgskamm hinziehenden Gebirgszone Rinder- und Schafzucht, in der Ebene Pferdezucht sowie Getreide-, Obst- und Weinbau. Abbau von Molybdän-, Wolfram-, Blei- und Zinkerzen. Im Elbrusgebiet Hochgebirgstourismus.

Kabarett [aus frz. cabaret, »Schenke«] *das,* Kleinkunst, die kleine Formen der darstellenden Kunst (Szene, Monolog, Dialog, Pantomime, Sketch), der Literatur (Gedicht, Ballade) und der Musik (Lied, Chanson, Couplet) verknüpft und (auf einer Bühne) als humoristisch-satir. oder politisch-gesellschaftskrit. Programm zur Aufführung bringt; seit den 1960er-Jahren auch als Medien-K. in Hörfunk und Fernsehen.

Das K. entwickelte sich als **literar. K.** aus den »Cabarets chantants«, den Künstlerkneipen des Pariser Montmartre, wo 1881 R. Salis das »Chat noir« eröffnete. 1901 entstanden das erste dt. K. »Überbrettl« (»Bunte Bühne«, gegr. von E. von Wolzogen in München), in Berlin M. Reinhardts »Schall und Rauch« und in München das K. »Elf Scharfrichter« (O. Falckenberg u. a.). Die meist kurzlebigen literar. K. bestanden aus Chansons, Tänzen, Instrumentalmusik, Sketchen, Parodien, verbunden durch Ansagen eines Conférenciers. Gegen die nationalist. Stimmung zu Anfang des Ersten Weltkriegs agierte das 1916 in Zürich gegründete dadaist. »Cabaret Voltaire« mit antimilitarist. Tendenz. Bes. Ende der 1920er-Jahre tendierte das K. zur Revue. Erfolgreich waren dennoch »K. der Komiker« (1924), »Katakombe« (1929 gegr. u. a. von W. Finck und R. Platte), »Die Vier Nachrichter« (1931 gegr. u. a. von H. Käutner), bes. durch die Vortragskünstler T. Hesterberg, C. Waldoff, G. Holl, R. Valetti. Bed. Volkskomiker dieser Zeit waren K. Valentin, Liesl Karlstadt, O. Reutter, W. Reichert und Weiß Ferdl. Während des Nationalsozialismus wurden viele Kabarettisten verhaftet bzw. in KZs gebracht. Die bedeutendsten antifaschistisch orientierten Emigranten-K. waren u. a. in Wien »Der liebe Augustin« (1931) und »Literatur am Naschmarkt« (1933) sowie in Zürich »Die Pfeffermühle« (1933). Nach dem Zweiten Weltkrieg entstanden zahlr. neue K., z. B. in München »Schaubude« (1945 gegr. von E. Kästner, mit U. Herking), in Düsseldorf »Kom(m)ödchen« (1947 gegr. von K. und L. Lorentz), in Berlin (West) das Rundfunk-K. »Insulaner« (gegr. 1947) und »Die Stachelschweine« (gegr. 1949, mit W. Neuss), in Stuttgart und Hamburg »Mausefalle« (1948 gegr. von W. Finck), in München »Münchner Lach- und Schießgesellschaft« (gegr. 1955 von S. Drechsel und D. Hildebrandt) und »Rationaltheater« (gegr. 1965), in Köln »Floh de Cologne« (gegr. 1966). In der DDR entstanden »Die Distel« (1953) in Berlin, »Die Pfeffermühle« (1954) und die »academixer«

(1966) in Leipzig sowie die »Herkuleskeule« (1955) in Dresden. In der Bundesrep. Dtl. profilierten sich als Solokabarettisten u.a. W. Finck, W. Neuss, J. von Manger, H.-D. Hüsch, D. Hildebrandt, D. Kittner, M. Richling, L. Fitz, G. Polt, B. Jonas, G. Schramm. Seit 1976 existiert in Mainz das **Dt. K.-Archiv.** – Bed. *österr.* Kabarettisten sind G. Kreisler, H. Qualtinger, W. Schneyder, E. Steinhauer, I. Stangl, A. Dorfer, J. Hader, bed. zeitgenöss. K.-Ensemble »Die Hektiker« in Wien; für die *Schweiz* u.a. F. Hohler, E. Steinberger, M. Birkenmeyer.

Kühn, V.: Das K. der frühen Jahre. Ein freches Musenkind macht erste Schritte. Weinheim u. a. [2]1989. – Vogel, B.: Fiktionskulisse. Poetik u. Geschichte des K. Paderborn u. a. 1993. – Budzinski, K. u. Hippen, R.: Metzler-K.-Lexikon. Stuttgart u. a. 1996.

Kabbah, Ahmed Tejan, Politiker in Sierra Leone, *Pendembu (Ostprovinz) 16. 2. 1932; ökonom. und jurist. Ausbildung in Großbritannien; wurde 1971 Vertreter seines Landes im Entwicklungsprogramm der Vereinten Nationen (UNDP) und 1985 UNDP-Direktor für Finanzen und Verw.; 1995 Rückkehr nach Sierra Leone und Vors. der neu gegründeten Sierra Leone People's Party (SLPP); wurde 1996 Staatspräs.; 1997 durch einen Armeeputsch gestürzt, 1998 wieder in sein Amt eingesetzt und 2002 durch Wahlen im Amt bestätigt.

Kabbala [hebr. »Überlieferung«] *die,* seit dem 13. Jh. Bezeichnung der jüd. Mystik und religionsphilosoph. Geheimlehre. Der **Kabbalist** verbindet traditionelle jüd. Exegese mit Elementen der Gnosis, des Pythagoreismus, des Neuplatonismus und exklusiv-myst. Frömmigkeit. Als erste kabbalist. Schrift gilt »Das Buch Bahir« (hebr. »hell«, »klar«), entstanden im 12. Jh. in S-Frankreich; das klass. Hauptwerk ist das Buch ↑Sohar (hebr. »Lichtglanz«, 13. Jh.). Gemeinsame Grundlage kabbalist. Spekulation ist die Anschauung von den vier Welten und zehn Sphären, in denen sich die göttl. Kräfte abgestuft entfalten und das Geschehen in der materiellen Welt bestimmen, das der Kabbalist durch seine Frömmigkeit positiv beeinflussen kann. Dem Bösen als »der anderen Seite« wird dabei durchaus eigene Macht zuerkannt. Im 13. Jh. in Spanien zu hoher Blüte gelangt – Azriel (*1160, †1238) und Moses ben Nachman (*1194, †1270) aus Gerona, Abraham Abulafia (*1240, †1291) aus Saragossa –, verbreitete sich die K. in der Folgezeit über die ganze Diaspora, wo sie sich als popularisierte K. mit messian. Hoffnungen, Volksglauben und Magie (Zahlenmystik) verband und den Chassidismus (↑Chassidim) wesentlich beeinflusste.

Kabbala: Titelseite einer 1706 herausgegebenen Ausgabe des »Buches Bahir«, der ersten kabbalistischen Schrift (Jerusalem, National- und Universitätsbibliothek)

Ariel, D. S.: Die Mystik des Judentums. Eine Einführung. A. d. Amerikan. München 1993. – Die Kabbalah. Einführung – klass. Texte – Erläuterungen, hg. v. Johann Maier. München 1995.

Kabbelung [zu kabbeln »streiten«], an der Berührungslinie verschieden gerichteter Strömungen auftretende kleine Wellen an der Oberfläche von Meeren und Seen. Im Meer ist die K. oft als lang gestreckte Anhäufung von Treibgut zu erkennen.

Kabel [mhd. kabel »Ankerseil«, »Schiffstau«], Leitung zur Übertragung von elektr. Energie bzw. Signalen für Verlegungen in

Luft, Wasser und im Boden. K. bestehen (im Ggs. zur flexiblen Litze) aus gegeneinander isolierten, starren Kupferdrähten. Die leitenden **Adern** sind nach außen durch den isolierenden **K.-Mantel** und ggf. eine **Bewehrung** aus Kunststoff oder Metall geschützt.
Starkstrom-K. (Leistungs-K.) werden nach ihrer Nennspannung in **Niederspannungs-, Mittelspannungs-K.** (Spannung zw. 0,61 kV und 18 bzw. 30 kV) und **Hochspannungs-K.** (> 26 bzw. 45 kV) eingeteilt. Auch die Art der Isolation hängt von der Höhe der Spannung ab, sie besteht bei Niederspannungs-K. vorwiegend aus Polyvinylchlorid. – Bei **Fernmelde-K. (Nachrichten-K.)** sind Leiterquerschnitt und Isolationsdicke geringer. Man unterscheidet Fernmelde-K. mit symmetr. Leiteranordnung **(symmetr. K.)** mit gleichen Hin- und Rückleitern aus verseilten Drähten sowie K. mit koaxialer Leiteranordnung (**Koaxial-K.**, ↑Koaxialleitung). Zur opt. Signalübertragung dienen z. B. **Lichtleit-K.** (↑Lichtleiter).

Kabel, Heidi, Schauspielerin, * Hamburg 27. 8. 1914; Volksschauspielerin; ab 1932 im Ensemble des Hamburger Ohnsorg-Theaters (1989 offizieller Bühnenabschied) in niederdt. Mundartstücken und in ins Niederdeutsche übertragenen Stücken, bekannt auch durch Fernsehübertragungen (ab 1954); daneben Fernsehrollen (u. a. »Heidi & Erni«, »Mutter und Söhne«, beide ab 1992).

Kabeljau

Kabelfernsehen, Verteilung von Fernsehprogrammen im Rahmen des Kabelrundfunks. Das K. setzt ein breitbandiges Kabelnetz voraus; dabei werden mehrere Fernsehprogramme übertragen und in Gemeinschaftsempfangsanlagen in die Frequenzbereiche der Fernsehempfänger umgesetzt. Über Breitbandkabel sind mehrere Dienste mittels Multiplextechnik empfangbar. (↑Fernsehen)

Kabeljau (Gadus morrhua), bis 150 cm langer Raubfisch aus der Familie der Dorsche, bis 15 kg Gewicht, selten bis 40 kg, im N-Atlantik, in der Nord- und Ostsee; die Ostseeform wird als **Dorsch** bezeichnet; wichtiger Nutzfisch. Im Handel meist frisch, seltener getrocknet **(Stockfisch)** oder gesalzen und getrocknet **(Klippfisch)**.

Kabellänge, ältere Längeneinheit der Schifffahrt: $^1/_{10}$ Seemeile = 185,2 m.

Kabelleger, Schiff zum Verlegen und Wiedereinholen von Unterseekabeln.

Kabelrundfunk, Verteilung von Hörfunk- und Fernsehprogrammen (Kabelfernsehen, ↑Fernsehen) über kabelgebundene Breitbandnetze (BK-Netze, ↑Breitbandkommunikation). Die Programmzuführung in die BK-Netze erfolgt über Fernmeldesatelliten, Richtfunkstrecken oder heranführende Kabelstrecken des öffentl. Kommunikationsnetzes.

Kabelschuh, Schraubbefestigung zum Anschluss elektr. Leitungen an Kabel.

Kabila, Laurent Désiré, Offizier und Politiker in der Demokrat. Rep. Kongo, * Moba (Prov. Shaba) 1940, † (ermordet) Kinshasa 16. 1. 2001; seit Mitte der 1960er-Jahre an regionalen Aufständen in der Demokrat. Rep. Kongo (später Zaire) maßgeblich beteiligt; führte, v. a. gestützt auf die im Okt. 1996 gebildete »Alliance des Forces Démocratiques pour la Libération du Congo-Zaïre« (AFDL), mit seinen Truppen einen Guerillakrieg, der schließlich im Mai 1997 Mobutu Sese-Seko zur Aufgabe der Macht zwang. K. ernannte sich am 16. 5. 1997 zum Präs. des nun wieder Demokrat. Rep. Kongo genannten Staates (ehem. Zaire) und wurde am 29. 5. 1997 vereidigt; er fiel einem Attentat zum Opfer.

Kabinenbahn, 1) mit Fahrgastkabinen ausgerüstete Seilschwebebahn (↑Bergbahnen).
2) spurgebundenes Nahverkehrsmittel mit vollautomatischen (fahrerlosem) Betrieb. Groß-K. (z. B. VAL, Véhicule Automatique Léger, in Frankreich) verkehren stadtbahnähnlich im Linienbetrieb. Die in Dtl. entwickelten Klein-K., C-Bahn (Cabinentaxi), H-Bahn (Hängebahn) oder M-Bahn (Magnetbahn) konnten sich bisher nicht durchsetzen. Lediglich in Dortmund führt eine H-Bahn-Strecke über das Universitätsgelände zur S-Bahn. (↑Hängebahn)

Kabinett [frz.] *das,* **1)** *allg.:* kleines Zimmer, in Schlössern Raum für intime Zwe-

cke, als Geheimgemach oder zur Unterbringung wertvoller kleiner Kunstgegenstände; im übertragenen Sinne deshalb kleinerer Ausstellungsraum in Museen (Kupferstich-K., Münz-K. oder Naturalien-K.).
2) *Lebensmittelrecht:* nach dem dt. Weingesetz unterste Stufe der Qualitätsweine mit Prädikat; bereitet aus Trauben, die bei der Lese ein Mindestmostgewicht aufweisen müssen.
3) *Staatsrecht:* die Gesamtheit der Min. einer Regierung, in Dtl. die Bundes- oder Landesreg. In Großbritannien und Frankreich gehört nur ein Teil der Min. zum eigentl. K. – Die Bez. K. kam im 17. Jh. für den engen Kreis persönl. Berater **(Geheimes K.)** auf, mit dem das Staatsoberhaupt sein monarch. Selbstregiment gegenüber den Fachressorts sicherte **(K.-System).** Das K.-System lebte in konstitutionellen Staaten als Zivil-, Militär- oder Marine-K. fort (in Dtl. bis 1918).
Kabinettkäfer (Anthrenus), Gattung 2–4,5 mm langer, ovaler, meist auf schwarzem Grund hell gefleckter Speckkäfer, Blütenbesucher, z. B. der **Wollkrautblütenkäfer** (Anthrenus verbasci). Die stark behaarten Larven zerfressen Felle, Teppiche u. a.

Kabinettkäfer: Wollkrautblütenkäfer und dessen Larve

Kabinettmalerei, Verfahren der ↑Glasmalerei.
Kabinettprojektion, ↑Kavalierprojektion.
Kabinettscheibe, ↑Glasmalerei.
Kabinettschrank (Kunstschrank), in der Renaissance entwickelter Schrank, meist mit einem Untersatz in Form eines tischartigen Gestells. Das Oberteil hat viele Schubfächer; bes. aufwendig in Dtl. in der 2. Hälfte des 16. und im 17. Jahrhundert.
Kabinettsjustiz, im Absolutismus die Eingriffe des Landesherrn in die Rechtspflege.
Kabinettsministerium, in Preußen bis 1808 das Ministerium für Auswärtige Angelegenheiten.
Kabinettsorder, Anordnung des Herrschers in Sachen, die seiner eigenen Entschließung vorbehalten waren **(K.-Sachen).**
Kabinettspolitik, die Außenpolitik, die ohne Beteiligung oder kontrollierenden Einfluss einer Volksvertretung und ohne Abhängigkeit von der öffentl. Meinung ausschl. nach Erwägungen der Staatsräson und mit rein diplomat. Mitteln geführt wird (klass. Zeitalter der K.: 18. Jh.).
Kabinettstück [frz.], **1)** *allg.:* bes. geschicktes, erfolgreiches Vorgehen, Handeln.
2) *Kunst:* bes. wertvoller, in seiner Art einmaliger (für ein ↑Kabinett geeigneter) Kunstgegenstand; Prunkstück.
Kabinettsvorlage, Antrag (meist eines Min.) auf Beschlussfassung durch die Gesamtregierung.
Kabotage [-ˈtaːʒə; frz.] *die* (Cabotage), i. e. S. die Küstenschifffahrt; i. w. S. die Beförderung von Personen und Gütern zw. zwei Orten im Inland, die nach nat. Recht inländ. Unternehmen vorbehalten sein kann. Im Rahmen der EG ist der K.-Vorbehalt weitgehend überholt.
Kabriolett [frz.] *das* (Cabriolet), 1) leicht gebaute, zweirädrige Kutsche (Einspänner), meist mit Verdeck; 2) Kurzbez. **Kabrio** oder **Cabrio,** Pkw mit offenem Aufbau, zurückklappbarem Stoffverdeck, abnehmbarem Kunststoffverdeck (Hardtop) oder im Kofferraum versenkbarem Verdeck und versenkbaren Seitenfenstern.
Kabuki [japan.] *das,* volkstüml. ↑japanisches Theater mit betontem, ritualisiertem Kunstcharakter.
Kabul, 1) *der,* rechter Nebenfluss des Indus, etwa 450 km lang, entspringt westlich der Stadt K. im Kuh-e Baba, Afghanistan, und mündet bei Attock in Pakistan; Wasserkraftwerke.
2) Hptst. von Afghanistan, am Fluss K. in einem von Gebirgen umgebenen, bewässerten Hochbecken, 1 795 m ü. M., etwa

700 000 Ew.; Univ., Polytechnikum; Textil-, Metall-, Leder- u.a. Ind.; internat. Flughafen. Wirtschaft, Handel und Verkehr sind durch den Bürgerkrieg stark in Mitleidenschaft gezogen worden. - Das Stadtbild mit seinen histor. Bauten und der modernen Architektur hat unter den Zerstörungen, bes. seit 1992, stark gelitten. Nur z.T. erhalten sind die Stadtmauer (im Kern 5. Jh.) und die eingeengt zw. Fluss und der Festung Bala Hissar (16. Jh.; 1879 gesprengt, wiederhergestellt) liegende Altstadt. - K. gehörte seit dem 16. Jh. zum Reich der Großmoguln und wurde 1747 Hptst. des Afghanenreichs.

✣ siehe ZEIT Aspekte

Kabul 2): Blick auf die Stadt vor ihrer Zerstörung im Herbst 2001

Kabwe (bis 1968 Broken Hill), Provinzhptst. in Sambia, nördlich von Lusaka, 1 180 m ü. M., 214 000 Ew.; Bergbau (Blei, Zink) und Hüttenwerke. - Fundort des **Rhodesiamenschen (Homo rhodesiensis),** der dem europ. Neandertaler entspricht.

Kabylei *die,* Gebirgslandschaft des Tellatlas in N-Algerien. Die **Große K.** im W umfasst das Jurakalkgebirge des Djurdjura (2 308 m ü. M.), sie wird intensiv agrarisch genutzt (Feigen- und Olivenbäume, Weinbau) und ist dicht besiedelt; die **Kleine K.** im O erreicht im Djebel Bahor 2 004 m ü. M., sie hat ausgedehnte Waldgebiete mit Rodungsflächen (Gartenbaukulturen).

Kabylen [arab. »Stamm«], Sammelbez. für die Berbergruppen in N-Algerien (↑Berber), ansässig bes. in der ↑Kabylei. Die etwa 3,1 Mio. K. sind sunnit. Muslime; sie sind v.a. Saisonarbeiter (Landwirtschaft, Bergbau); traditionelles Kunsthandwerk (Keramik, Silberschmuck, Waffen). Ihre Sprache, das **Kabylische,** ist ein Berberdialekt.

Kachel [ahd. chachala »irdener Topf«], Platte aus reinem oder mit Schamotte gemagertem Ton, glatt oder reliefartig gemustert, mit Glasur auf der Vorderseite. Die K. werden in Muffel- oder Tunnelöfen gebrannt, oft bei einem zweiten Brand mit der Glasur überzogen. K. werden wegen ihrer Wärme speichernden Eigenschaft v.a. zur Ummantelung von K.-Öfen (Ofen-K.) und zur Wandverkleidung (Wand-K.) verwendet.

Kachel|ofen, ↑Heizung.

Kachexie [grch.] *die* (Auszehrung), hochgradiger Kräfteverfall, Abmagerung, z.B. bei bösartigen Tumoren.

Kachin [-tʃ-] (Katschin, Chingpo), mongolides Volk (einschl. verwandter Gruppen: Maru, Lashi, Atsi) mit tibetobirman. Sprache, v.a. in N-Birma (bes. im Kachin- und Shanstaat) sowie im W der chines. Provinz Yunnan und in NO-Indien; etwa 650 000 Angehörige.

Kachinstaat [-tʃ-], autonomes Sondergebiet und Staat im äußersten N von Birma, 89 041 km², 1,135 Mio. Ew., Hauptort ist Myitkyina; dicht bewaldet **(Kachinbergland);** Teakholzgewinnung, Seidenraupenzucht, in den Tälern Anbau von Reis, Zuckerrohr, Baumwolle, Tabak und Gemüse.

Kachowkaer Stausee, Stausee des Dnjepr, Ukraine, 2 155 km², 18,2 Mrd. m³ Fassungsvermögen; Kraftwerk (352 MW); Ausgangspunkt des Nordkrim- und Kriwoi-Rog-Kanals.

Kaçkar Dağı [katʃ'kar dɑ:'i], höchster Berg (3 937 m ü. M.) des Pontischen Gebirges, Türkei, mit kleinen Gletschern und Karseen.

Kaczawa [ka'tʃava], Fluss in Polen, ↑Katzbach.

Kádár, János, ungar. Politiker, *Fiume (heute Rijeka) 25. 5. 1912, †Budapest 6. 7. 1989; trat 1931 der ungar. KP bei, 1948–51 Innenmin., 1951–54 wegen angebl. Opposition gegen den damaligen stalinist. Gen.-Sekr. der KP, M. Rákosi, inhaftiert, wurde Ende Okt. 1956 - zu Beginn des ungar. Volksaufstandes - Gen.-Sekr. der als Ungar. Sozialist. Arbeiterpartei (USAP) reorganisierten KP. Zunächst selbst Mitgl. der Aufstandsreg., wandte er sich dann gegen

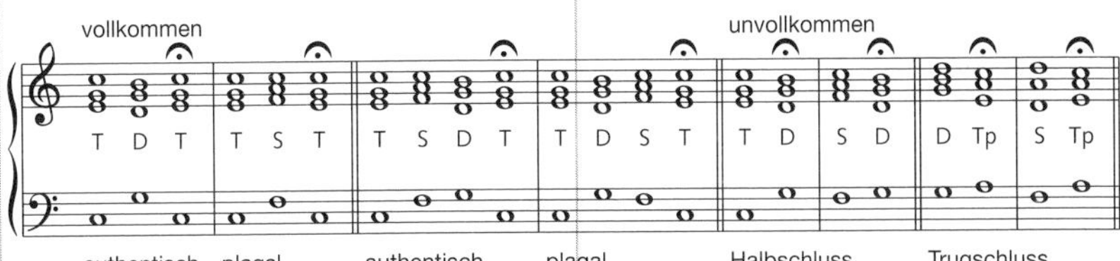

Kadenz 2): T = Tonika (I. Stufe), D = Dominante (V. Stufe), S = Subdominante (IV. Stufe), Tp = Tonikaparallele (VI. Stufe)

sie, bildete eine Gegenreg. und bat die UdSSR um militär. Intervention. Nach Niederschlagung des Aufstandes setzte er als maßgebl. Führungsfigur seiner Partei (bis 1988; 1956–58 und 1961–65 auch Min.Präs.) einen integrativen, an die UdSSR angelehnten Kurs durch, der vorsichtige Reformen unter z.T. liberalen Zugeständnissen anstrebte; 1988 zum Rücktritt gedrängt, 1988–89 (einflussloser) Parteipräsident.

Kadarẹ, Ismail, alban. Schriftsteller, *Gjirokastër 27. 1. 1936; lebt seit den 1990er-Jahren überwiegend in Paris; schreibt Lyrik und v.a. Romane (»Der General der toten Armee«, 1963; »Die Festung«, 1970; »Der große Winter«, 1972; »Konzert am Ende des Winters«, 1988) über Vergangenheit und Gegenwart des alban. Volkes; auch Kurzprosa (»Alban. Frühling. Berichte, Briefe, Betrachtungen«, 1991), außerdem »Elegie für Kosovo« (2000).

Gustav Kadelburg

Kadạrka, Rotweinrebe der Balkanhalbinsel; heute nur noch in günstigen Lagen angebaut, da anfällig für Graufäule und sehr spät reifend; liefert kräftige, gerbstoffreiche, trockene bis süße Weine.

Kạddisch [aramäisch »heilig«] *das,* jüd. Gebet der Trauernden im Trauerjahr und jährlich am Todestag.

Ka̲delburg, Gustav, österr. Schauspieler und Bühnendichter, *Budapest 26. 7. 1851, †Berlin 11. 9. 1925; verfasste mit O. Blumenthal, F. von Schönthan u.a. Schwänke und Lustspiele (»Im weißen Rößl«, 1898).

Kạden-Bandrọwski, Juliusz, polnischer Schriftsteller, *Rzeszów 24. 2. 1885, †Warschau 8. 8. 1944; sein übersteigerter expressionist. Prosastil übte auf die moderne poln. Literatur starken Einfluss aus; sein zeitkrit. und satir. Werk schildert das zeitgenöss. poln. Leben (»General Barcz«, R., 1923).

Kadẹnz [italien., zu lat. cadere »fallen«] *die,* **1)** *Metrik:* rhythm. Gestalt des Versausgangs beim akzentuierenden Versprinzip.

2) *Musik:* die Akkordfolge, die den Abschluss einer Komposition oder eines Abschnitts herbeiführt. Die **vollkommene K.,** auch **authent. K.** genannt, schließt mit der Akkordfolge Dominante–Tonika (V–I), die **unvollkommene K.,** auch **plagale K.** genannt, schließt mit der Akkordfolge Subdominante–Tonika (IV–I). Der Halbschluss endet auf der V. Stufe, der Dominante, der Trugschluss meist auf der VI. Stufe, der Tonika-Paralleltonart. Die K. ist ein wesentl. Bestandteil der abendländ. Musik etwa der letzten 300 Jahre, der in der atonalen Musik völlig fehlt. – Im Instrumentalkonzert ist die K. ein fantasieartiger Soloteil kurz vor Satzschluss, der dem Interpreten Gelegenheit zur virtuosen Entfaltung gibt, urspr. vom Interpreten improvisiert, später auch von Komponisten oder Interpreten aufgeschrieben.

3) *Waffenkunde:* Feuergeschwindigkeit einer Feuerwaffe in Schuss pro Minute, meist für Dauerfeuer und kadenzgesteuertes Einzelfeuer bei Maschinenwaffen. Die K. moderner Maschinenwaffen liegt zw. 1000 und 2000 Schuss pro Minute für Kaliber bis 50 mm.

Ka̲der [frz. cadre »Rahmen«] *der,* **1)** *Militärwesen:* Stammbestand einer Truppe.

2) *Politik:* Gesamtheit der leitenden Personen mit wichtigen Funktionen in Partei, Staat und Wirtschaft in den ehem. sozialist. Staaten.

Kadett [frz. cadet »der Jüngere«] *der,* **1)** früher Zögling eines Unterrichts- oder Erziehungsinstituts für künftige Berufsoffiziere. – Für Seeoffiziersanwärter in der Bundeswehr ist die Bez. Seekadett noch gebräuchlich.

2) blau-weiß oder schwarz-weiß gestreiftes Baumwollgewebe für Berufskleidung.

Kadetten (russ. Kadety), die Mitgl. der 1905 in Russland gegründeten Konstitutionellen Demokrat. Partei. Die K. traten für eine konstitutionelle und parlamentar. Monarchie sowie für Agrar- und Sozialreformen ein; gehörten nach der Februarrevolution 1917 der Provisor. Reg. an. Nach der Oktoberrevolution wurde die Partei im Dez. 1917 von den Bolschewiki verboten und im Bürgerkrieg (1918–21) ausgeschaltet. 1990 Wiedergründung.

Kadhimain (Kazimein, Al-Kazimija), alte Vorstadt von Bagdad, Irak, bed. Wallfahrtsort der Schiiten mit der Großen Moschee (16. Jh., im 19. Jh. restauriert).

Kadi [türk., arab.] *der,* in den islam. Ländern Richter der religiösen Gerichtsbarkeit; 1922 in der Türkei abgeschafft; in den arab. Staaten heute Richter aller Gerichtsbarkeiten.

Kadijewka (ukrain. Kadijiwka), bis 1937 und 1940–78 Name der ukrain. Stadt ↑Stachanow.

Kadishman [-ʃ-], Menashe, israel. Künstler, *Tel Aviv 1932; begann mit archaisch wirkenden Steinskulpturen, später entstanden große, der Minimalart nahe stehende Außenplastiken. In den 1970er-Jahren bestimmten Werke der Concept-Art und des Environments sein Schaffen.

Kadjaren [-dʒ-] (Kadscharen), pers. Dynastie (1794–1925); begründet von Agha Mohammed, einem Führer des turkmen. Stammes der Kadjaren, der Teheran zur Hptst. machte.

Kadmium *das,* eingedeutschte Schreibung für chemisch fachsprachlich ↑Cadmium.

Kadmos, *grch. Mythos:* Sohn des phönik. Königs Agenor, Bruder der Europa; gründete auf Befehl des Orakels von Delphi Theben mit der Burg **Kadmeia,** nachdem er dort den Drachen des Ares erschlagen hatte. Die Zähne des Drachen säte er aus. Ihnen entsprangen Krieger, die sich bekämpften, bis nur fünf übrig blieben, die die Stammväter des theban. Adels wurden. Die Götter gaben K. ↑Harmonia zur Frau. – K. soll die phönik. Schrift in Griechenland eingeführt haben.

Kadoma (früher Gatooma), Stadt in Simbabwe, im westl. Maschonaland, 1 200 m ü. M., 86 800 Ew.; Handelszentrum in einem Agrargebiet; in der Umgebung Goldbergbau.

Kaduna, Hptst. des Bundesstaates K. in N-Nigeria, am Fluss K., 1,41 Mio. Ew.; kath. Erzbischofssitz; Technikum, Inst. zur Erforschung der Schlafkrankheit, Nationalmuseum; Handelszentrum; Kfz-Montagewerk, Textil- u. a. Ind., Erdölraffinerie; Bahnknotenpunkt, Flughafen.

Kaduzierung [lat.], Verfallserklärung; Aktien oder GmbH-Anteile können wegen nicht geleisteter Einzahlung dem Aktionär oder Gesellschafter gegenüber für verlustig erklärt (kaduziert) werden (§ 64 Aktien-Ges., § 21 GmbH-Gesetz).

Kadyrow, Achmed-Hadschi, tschetschen. islam. Theologe und Politiker, *Kasachstan 23. 8. 1951, †(ermordet) Grosny 9. 5. 2004; begann seine Ausbildung an der Koranschule in Buchara, studierte im Anschluss am Islam. Institut Taschkent (eine der beiden islamischen geistl. Hochschulen in der Sowjetunion), profilierte sich in den 1980er-Jahren – eine liberale Interpretation der islam. Tradition vertretend – als einer der Repräsentanten des Islam in Tschetschenien, gründete 1989 das erste islam. Institut im nördl. Kaukasus und trat nach seiner Wahl zum Mufti und geistl. Oberhaupt der tschetschen. Muslime (1995) religiös-fundamentalist. und politisch-islamist. Bestrebungen entgegen. Im Juni 2000 wurde K. vom russ. Präs. W. Putin zum ihm direkt unterstellten Leiter der staatl. Administration in Tschetschenien ernannt, Anfang Okt. 2003 in einer umstrittenen Wahl zum Präs. Tschetscheniens gewählt. Am 9. 5. 2004 wurde K. Opfer eines während der Feier zum Tag des Sieges über das nat.-soz. Dtl. in Grosny verübten Sprengstoffanschlags.

Kaempfer [ˈkɛ-], Engelbert, Arzt und Forschungsreisender, *Lemgo (Kr. Lippe) 16. 9. 1651, †ebd. 2. 11. 1716; reiste über Persien, Arabien, Indien, Sumatra, Java und Siam nach Japan (Aufenthalt 1690 bis 1692). Sein Japanbild blieb bis ins 19. Jh. in Europa maßgebend.

Kaendler [ˈkɛ-], Johann Joachim, Bildhauer, Porzellanmodelleur, *Fischbach (bei Dresden) 15. 6. 1706, †Meißen 18. 5. 1775; seit 1731 Modellmeister der Porzellanmanufaktur in Meißen. Seine kraftvoll modellierten Figuren, Tiere und Gruppen wurden für die Porzellanplastik des 18. Jh. vorbildlich.

Kaeseberg [ˈkɛ-], eigtl. Tomas Fröbel, Maler und Bildhauer, *Leipzig 16. 11. 1964; Autodidakt; in dreidimensionalen Wand- und Bodenarbeiten aus bevorzugt unbearbeiteten Materialien (Holz, Metall) benutzt er eine eigenwillige künstler. Chiffren- und Symbolsprache, die auf myth. Welten und Science-Fiction-Fantasien verweist.

Kaesŏng [kɛsʌŋ] (Kaegyŏng, früher Songdo), Stadt mit Provinzstatus (1 255 km²) im SW Nord-Koreas, auf 38° n. Br., 334 000 Ew.; Hochschule, Textil-, keram. Industrie. – 918–1392 Hptst. des korean. Königreichs Koryŏ (zahlr. Bauwerke aus dieser Zeit). 1951 begannen in K. die Waffenstillstandsverhandlungen im Koreakrieg.

Kaffee 2): Sprosse mit Blüten und Früchten sowie Kaffeebohne (geröstet)

Käfer [ahd. chevar, eigtl. »Nager«] (Koleopteren, Coleoptera), mit rd. 350 000 Arten in fast allen Biotopen weltweit verbreitete Ordnung 0,25–160 mm langer Insekten (davon rd. 5 700 Arten in Mitteleuropa); Körper mit meist hartem Hautpanzer und stark verhärteten Deckflügeln (Elyton), die in Ruhe die gefalteten, häutigen Hinterflügel (Alae) schützen und meist auch den ganzen Hinterleib bedecken. Zum Flug werden nur die Hinterflügel benutzt. Am Körper sind drei gelenkig miteinander verbundene Abschnitte zu unterscheiden: 1) Kopf mit Facettenaugen, Fühlern und kauenden Mundwerkzeugen; 2) Halsschild mit einem Beinpaar; 3) mittleres und letztes Brustsegment (mit je einem Bein- und Flügelpaar sowie dem Schildchen [Scutellum]), starr verschmolzen mit dem Hinterleib, an dem sich die Atemöffnung (Stigma) befindet. Die meisten K. sind Pflanzenfresser, viele leben räuberisch. Entwicklung durch ↑Metamorphose.

Käferschnecken (Polyplacophora, Placophora), Klasse 0,3–33 cm langer mariner Weichtiere mit abgeflachtem Körper; die Rückenschale besteht aus dachziegelartigen bewegl. Kalkplatten. Die bekannteste Gattung ist **Chiton,** u. a. mit der im Mittelmeer häufigen Art **Mittelmeer-Chiton** (Chiton olivaceus).

Ka̧ffa (Kafa, Kefa, Kaffitscho), Volk in SW-Äthiopien, mit kuschit. Sprache, etwa 500 000 Angehörige (25 % sind Christen); treiben Feldbau und Viehhaltung. – Das von den K. im 14. Jh. gegründete Reich verlor erst 1897 seine Unabhängigkeit.

Ka̧ffa (Kafa, Kefa), Bergland und ehem. Region (56 634 km², 2,74 Mio. Ew.) im SW Äthiopiens, bis 3 500 m ü. M. hohes, stark gegliedertes Hochland mit mildem Klima und üppiger Vegetation; Heimat des wilden Kaffeestrauchs; Getreideanbau, Kaffeeplantagen. Hauptort: Jima.

Kaffee [ˈkafe, auch, österr. nur kaˈfe; arab.], **1)** das aus den gerösteten und gemahlenen K.-Bohnen bereitete Getränk. **2)** (Kaffeestrauch, Coffea), Gattung der Rötegewächse, im trop. Afrika und Asien heimisch; Sträucher oder 4–8 m hohe Bäume mit weißen Blüten. Die Früchte sind rote, kirschenähnl. Steinfrüchte **(Kaffeekirschen)** mit meist zwei Steinkernen, die mit ihren abgeflachten Seiten zueinander liegen. Unter der äußeren Hornschale befindet sich der ebenfalls auf einer Seite abgeflachte und auf dieser Seite mit einer Furche versehene Samen **(K.-Bohne),** der von der Silberhaut (Samenschale) umgeben ist. Beim rundbohnigen **Perl-K.** ist nur eine Samenanlage ausgebildet. – Die wichtigsten K.-Arten sind: **Arab. K.** (Berg-K., Coffea arabica), urspr. wohl aus Äthiopien, heute allg. in den Tropen (v. a.

in Brasilien) kultiviert; **Robusta-K.** (Kongo-K., Coffea canephora), aus dem trop. Afrika, angebaut v.a. in W-Afrika, Indonesien, Indien. **Liberia-K.** (Coffea liberica) hat nur noch geringe Bedeutung.

Kaffee: Erzeugung von Rohkaffee
(in 1 000 t)

Land	1999	2000	2001
Äthiopien	217	230	228
Elfenbeinküste	307	336	260
Kamerun	98	86	83
Kenia	71	100	75
Madagaskar	65	64	64
Tansania	47	48	58
Uganda	252	143	197
Brasilien	1 634	1 889	1 918
Costa Rica	164	180	166
Ecuador	133	133	146
El Salvador	161	114	112
Guatemala	294	312	276
Honduras	157	193	205
Kolumbien	546	636	656
Mexiko	302	338	303
Nicaragua	92	82	67
Peru	145	158	162
Venezuela	80	78	69
Indien	265	292	301
Indonesien	493	495	377
Philippinen	117	126	132
Thailand	55	80	60
Vietnam	553	803	844
Papua-Neuguinea	83	83	63
Welt	6 736	7 397	7 199

Bearbeitung: Bei der seltener gewordenen trockenen Aufbereitung werden die Früchte getrocknet und maschinell geschält. Bei der nassen Methode wird das Fruchtfleisch in einer Maschine (Entpulper) abgequetscht und die Samenschale entfernt. Bei beiden Verfahren erhält man den hellen, grünl. **Roh-K.** Vor dem Verkauf durch den Kleinhandel werden die Rohbohnen geröstet, wodurch sich erst die aromat. Stoffe, die den K. zu einem Genussmittel machen, entwickeln. Gerösteter K. enthält etwa 1,2% (Arab. K.) und 1,6–2,6% (Robusta-K.) Koffein, gebunden an Chlorogensäure. Das Koffein kann dem K. durch Dämpfen der rohen Bohnen und darauf folgendes Extrahieren mit Lösungsmitteln entzogen werden. Koffeinfreier K. darf nicht mehr als 0,08%, koffeinarmer K. nicht mehr als 0,2% Koffein enthalten. – Über die Wirkung des K. ↑Koffein.

Geschichte: Von Äthiopien breitete sich die Sitte des K.-Trinkens vermutlich seit dem 13. Jh. in der islam. Welt aus. In Europa kommt der K. erstmalig 1582 in dem Buch des Arztes L. Rauwolf, der den Vorderen Orient bereist hatte, unter dem Namen »Chaube« vor. Mitte des 17. Jh. gelangte er in die großen europ. Seehandelsstädte. 1671 kamen die ersten K.-Pflanzen nach Java, bald darauf setzte der Anbau auf Ceylon und in Surinam ein, in der 2. Hälfte des 18. Jh. breitete er sich in Südamerika aus. – Heute liegen die wichtigsten K.-Anbaugebiete in Brasilien, Kolumbien, Mexiko und Indonesien.

📖 *Baum, H. u. Offenhäußer, D.: K. Armut – Macht – Märkte. Ein Produkt u. seine Folgen. Unkel u. a. 1994. – Rosenblatt, L. u. Meyer, J.: K. Geschichte, Anbau, Veredelung, Rezepte. Lenzburg 2002.*

Kaffee|ersatz (Kaffeesurrogat), geröstete Pflanzenteile, die durch Überbrühen mit heißem Wasser ein kaffeeähnl. Getränk ergeben; Rohstoffe sind z. B. Gerste, Roggen, Malz, Zichorie.

Kaffee-Extrakt, konzentrierte pulverige oder körnige Auszüge aus geröstetem und gemahlenem Kaffee, hergestellt durch Gefriertrocknung.

Kaffeefahrt (Werbefahrt), der Verkaufsförderung dienende Kombination aus Reise- und Verkaufsveranstaltung, auf die die Vorschriften über die ↑Haustürgeschäfte anwendbar sind.

Kaffeehaus, bes. in Österreich übl. Bez. für ein Café, in dem Zeitungen, Spiele u. a. bereitgestellt werden und Gäste länger verweilen. Zuerst im 16./17. Jh. im Osman. Reich verbreitet als beliebter öffentl. Ort für Unterhaltung und Spiel, trugen K. auch bald in Europa (Eröffnung des ersten K. 1647 in Venedig) zur Veränderung des Sozialverhaltens bei. Das erste K. Dtl.s soll 1673 in Bremen gegr. worden sein. Das Wiener K. geht auf J. Diodato zurück, dem am 17. 1. 1685 das Privileg erteilt wurde, das »oriental. Getränk« zu verkaufen. Zu den ältesten europ. K. zählt neben dem »Café Procope« (1686, Paris) auch das Leipziger »Haus zum Arab. Coffe Baum« (sicher belegt seit 1694), das seit 1999 auch das erste dt. Kaffeemuseum beherbergt.

Im 19. Jh. entwickelten sich K. zu wichtigen Zentren kultureller, polit. und wirtsch. Kontakte (z. B. »Roman. Café«, Berlin; »Antico Caffè Greco«, Rom; »Café de la Paix«, Paris).

📖 *Vogel, W.: Das Café. Vom Reichtum europ. Kaffeehauskultur. Wien ³2001. – Heise, U.: Kaffee u. K.: eine Geschichte des Kaffees. Frankfurt am Main 2002.*

Kaffeesteuer, dem Bund zufließende Verbrauchsteuer auf die Herstellung oder Einfuhr von Röstkaffee (2,19 €/kg) sowie Auszügen, Essenzen und Konzentraten aus Kaffee (4,78 €/kg); Steueraufkommen: (2001) 1,04 Mrd. €.

Kaffeeweißer, Milchimitat aus pflanzl. Eiweißstoffen, dient als Ersatz für Kaffeesahne; in Dtl. seit 1990 zugelassen.

Kaffern, frühere Bez. für die ↑Xhosa.

Kaffitscho, Volk in Äthiopien, ↑Kaffa.

Käfigläufer (Käfiganker, Kurzschlussanker), *Elektrotechnik:* der rotierende Teil (Läufer) eines Asynchronmotors (↑Elektromotor).

Kafije (Kaffijje), ↑Kefije.

Kafir [arab. »Ungläubiger«] *der,* im Islam Bez. für Nichtmuslim.

Kafiren, ehem. Bez. für die Bewohner von Nuristan, heute als ↑Nuristani bezeichnet.

Kafka, Franz, österr. Schriftsteller, * Prag 3. 7. 1883, † Kierling (heute zu Klosterneuburg) 3. 6. 1924; Jurist und Versicherungsbeamter, stand dem Kreis Prager Schriftsteller um F. Werfel und M. Brod nahe; seit 1917 infolge einer Kehlkopftuberkulose mehrere Kuraufenthalte; 1912 Begegnung mit Felice Bauer (* 1887, † 1960), mit der er sich 1914 verlobte, 1917 wurde die Beziehung endgültig gelöst. 1920–22 Liebesbeziehung zu Milena Jesenská (* 1896, † 1944). Zu seinen Lebzeiten erschienen nur einige Erzählungen; die Romane gab M. Brod gegen K.s Wunsch aus dem Nachlass heraus. Von 1910 an führte K. Tagebuch (intensive Selbstanalyse). Bes. wichtig wurde ihm die Beschäftigung mit dem Judentum, v. a. auch mit der jidd. Kultur (»Rede über die jidd. Sprache«, 1912). Mit der Erzählung »Das Urteil« (1912) gelang ihm der Durchbruch zu der ihm eigenen (danach »kafkaesk« ben.) literar. Ausdrucksform, einer durch eine Lakonik der Bedrohung geprägten und auf rätselhafte Weise unheimlich wirkenden Schreibweise (»Die Verwandlung«, Erz., 1915; »Brief an den Vater«, entstanden 1919; »Ein Landarzt«, Erz., 1920; »Ein Hungerkünstler«, 1922). In dem Romanfragment »Der Verschollene« (bekannt u. d. T. »Amerika«, gedruckt 1927, das 1. Kapitel erschien 1913 u. d. T. »Der Heizer«) wird der jugendl. Held allmählich aus der menschl. Gesellschaft gedrängt, weil er in einer über seine subjektive Schuld hinausgehenden Weise von seinen Eltern und deren Ersatzfiguren immer wieder zurückgestoßen wird. Im Roman »Der Prozeß« (gedruckt 1925) werden Schuld und Selbstverurteilung eines sich den Gemeinschaftsaufgaben Entziehenden dargestellt. Thema des Romanfragments »Das Schloß« (1926), ausgelöst durch das »Milena-Erlebnis«, ist der Kampf des Autors um die Verwurzelung in der menschl. Gesellschaft. – Die weltweite, bis heute ungebrochene Wirkung von K.s Werk setzte erst in der 2. Hälfte des 20. Jh. ein.

80257

Franz Kafka (Porträt von M. M. Prechtl, 1977)

📖 *Müller, H.: F. K. Leben – Werk – Wirkung. 1985. – Baumer, F.: F. K. ⁶1989. – Brod, M: Über F. K. Frankfurt am Main 45.–46. Tsd. 1993. – Blanchot, M.: Von K. zu K. A. d. Frz. Frankfurt am Main 1993. –*

K. u. Prag, hg. v. K. Krolop u. a. Berlin u. a. 1994. – Hayman, R.: F. K. A. d. Engl. Tb.-Ausg. München 1999. – Wagenbach, K.: F. K. Reinbek [36]2001. – Stach, R.: K. Die Jahre der Entscheidungen. Frankfurt am Main 2002.

Kaftan [türk.] *der,* **1)** langärmeliger, vorn offener, langer Überrock, bes. der vorderasiat. und südosteurop. Völker; viele Sonderentwicklungen.

2) langer, enger, geknöpfter Oberrock der orthodoxen Juden.

Kafue *der,* linker Nebenfluss des Sambesi, 960 km lang, entspringt westlich von Lubumbashi (Demokrat. Rep. Kongo), durchfließt in Sambia den Copperbelt und den **K.-Nationalpark** (mit 22 400 km² einer der größten Afrikas), mündet unterhalb des Karibadamms. Am Unterlauf durch den **K.-Damm** gestaut (Kraftwerke).

100264

Frida Kahlo: Selbstbildnis mit kurzem Haar (1940; New York, Museum of Modern Art)

Kaganowitsch, Lasar Moissejewitsch, sowjet. Politiker, *Kabany (Gouv. Kiew) 22. 11. 1893, †Moskau 25. 7. 1991; seit 1930 Mitgl. des Politbüros der KPdSU, hatte als enger Mitarbeiter Stalins Anteil am Aufbau der Schwerind., der Zwangskollektivierung und der großen »Säuberung« (1935–39; ↑Tschistka). 1953–57 war er Erster stellv. MinPräs.; 1957 von N. S. Chruschtschow aller Ämter enthoben.

Kagel [span. ka'xɛl], Mauricio Raúl, Komponist argentin. Herkunft, *Buenos Aires 24. 12. 1931; lebt seit 1957 in Köln, war dort 1974–97 Prof. für neues Musiktheater an der Musikhochschule. K. ging von der seriellen Musik aus und experimentiert mit elektroakust. und audiovisuellen Medien. Er entwickelte das ↑instrumentale Theater (u. a. »Sur scène«, 1960). **Weitere Werke:** Bühnenwerke: Staatstheater (1971); Die Erschöpfung der Welt (1980); Aus Dtl.: Eine Lieder-Oper (1981); Tantz-Schul (1988, Ballet d'action). – Instrumentalwerke: Exotika (1972, für außereurop. Instrumente); Klangwölfe (1979, für Geige und Klavier); Konzertstück für Pauken und Orchester (1992); Étude Nr. 3 (1997, für großes Orchester); Entführung im Konzertsaal (2000, konzertante Oper). – Filme: Ludwig van (1969); Ex-Position (1978).

Kagera *der,* Fluss im Zwischenseengebiet O-Afrikas, mit 850 km Länge Hauptzufluss des Victoriasees und wichtigster Quellfluss des Nils; entsteht an der Grenze zw. Tansania und Ruanda aus dem Zusammenfluss von **Ruvubu** und **Nyabarongo.** Im östl. Ruanda erstreckt sich der **K.-Nationalpark** (2 500 km²).

Kagoshima [-ʃ-], Hptst. der Präfektur K. auf Kyūshū, Japan, an der K.-Bucht, 546 300 Ew.; Wirtschaftshochschule; Nahrungsmittel-, Textilind., Herstellung von Porzellan; Flughafen, Hafen (auch für die südl. Inselgruppen Japans).

Kahane, Kitty, Grafikerin, Malerin und Designerin, *Berlin 14. 10. 1960; studierte 1983–89 an der Kunsthochschule in Berlin-Weißensee, ab 1989 freiberuflich tätig; neben Malerei und Grafik auch Illustrationen, Entwürfe für Bühnenbild und Porzellandekor, Bemalung von Stoffen, Textilien und Möbeln, ferner Grafikdesign, Kunst am Bau, Inneneinrichtungen.

Kahla, Stadt im Saale-Holzland-Kreis, Thür., an der Saale, 7 800 Ew.; Porzellan- (seit 1844), Holzindustrie. – Die planmäßig angelegte Altstadt des 13. Jh. ist weitgehend erhalten. Auf einem Bergkegel östlich von K. liegt die seit 1221 urkundlich erwähnte Burg **Leuchtenburg.** – K. wurde 876 erstmals urkundlich erwähnt und erhielt vor 1299 Stadtrecht.

Kahl a. Main, Gem. im Landkreis Aschaffenburg, Bayern, am Untermain, 7 200 Ew., Elektro-, Metall-, Baustoffind., Maschinenbau; nahebei das erste dt. Versuchsatomkraftwerk (seit 1961; seit 1986 stillgelegt).

Kahlenberg (Kahlengebirge), bis an die Donau reichende Gruppe des Wienerwalds, nordöstlichster Ausläufer der Ostalpen, Österreich, mit Hermannskogel (542 m ü. M.), Kahlenberg (483 m ü. M.) und Leopoldsberg (423 m ü. M., Rundfunk- und Fernsehsender). – Durch die **Schlacht am K.** (12. 9. 1683) wurde Wien von der türk. Belagerung befreit (↑Türkenkriege).

Kahler Asten, zweithöchste Erhebung des Sauerlands, im Rothaargebirge, bei Winterberg, NRW, 841 m ü. M.; meteorolog. Station, Aussichtsturm, Wintersportgebiet.

Kahlhechte (Amiiformes), Fischordnung der Knochenganoiden mit der einzigen Art ↑Schlammfisch.

Kahlhieb (Kahlschlag, Abtrieb), Gesamtfällung auf einer Forstfläche.

Kahlo, Frida, mexikan. Malerin, *Coyoacán (Distrito Federal) 6. 7. 1907, †ebd. 13. 7. 1954; begann nach einem Unfall, an dessen Folgen sie zeitlebens litt, zu malen. 1929 heiratete sie den Maler D. Rivera. In ihren der Tradition der mexikan. Volkskunst und der Moderne verpflichteten Bildern setzte sie sich v. a. mit ihrer persönl. Situation auseinander.

Kahmhefen, Hefen der Gattung Candida, Pichia, Hansenula u. a., die bei Anwesenheit von Sauerstoff auf der Oberfläche von kohlenhydrathaltigen Flüssigkeiten eine feine bis kräftige Haut **(Kahmhaut)** bilden. K. können die Herstellung von Wein **(Kahmigwerden)** beeinträchtigen.

Kahn, 1) Herman, amerikan. Kybernetiker, *Bayonne (N. J.) 15. 2. 1922, †Chappaqua (N. Y.) 7. 7. 1983; Mitbegründer und Leiter des Hudson-Inst., das zur mittel- und langfristigen Planung für Politik und Wirtschaft arbeitet; er entwickelte die Strategie der militär. Eskalation bis zum »kontrollierten Nuklearkrieg«; seine Futurologie ist methodisch umstritten.

2) Louis Israel Isidore, amerikan. Architekt, *auf Saaremaa (Estland) 20. 2. 1901, †New York 17. 3. 1974; seit 1957 Prof. an der University of Pennsylvania in Philadelphia, für die er sein Hauptwerk, das Richards Medical Research Building (1957–64), schuf; Vertreter des ↑Brutalismus.

3) Oliver, Fußballtorhüter, *Karlsruhe 15. 6. 1969; spielte 1976–94 beim Karlsruher SC und seitdem beim FC Bayern München; 60 Länderspiele (seit 1995), Vizeweltmeister 2002. Welttorhüter des Jahres 1999, 2001 und 2002, Fußballer des Jahres 2000 und 2001.

100562

Oliver Kahn nach dem Gewinn der Champions League 2001

Kahnbein, kahnförmig gestalteter Fuß- bzw. Handwurzelknochen.

Kahneman, Daniel, israelisch-amerikan. Psychologe, *Tel Aviv 1934; Prof. an der Hebrew University, Jerusalem (1973–78), an der University of British Columbia (1978–86), an der University of California, Berkeley (1986–94) und an der Princeton University, New Jersey (seit 1993); erhielt 2002 zus. mit V. L. Smith den Nobelpreis für Wirtschaftswiss.en für die Erweiterung der ökonom. Theorie durch Erkenntnisse der Psychologie und die Begründung eines neuen Forschungsgebietes (Behavioral Economics).

Kahnschnabel (Cochlearius cochlearius), 50 cm großer nachtaktiver Reiher, lebt in den trop. Gebieten von Mexiko bis Brasilien, mit verlängerten Nackenfedern und breitem Schnabel.

Kahnweiler, Daniel-Henry, frz. Kunsthändler, *Mannheim 25. 6. 1884, †Paris 12. 1. 1979; eröffnete 1907 in Paris seine erste Galerie, wo er u. a. die Fauves A. Derain und M. Vlaminck ausstellte. Er förderte die Kunst des ↑Kubismus, deren Bedeutung er zuerst erkannte; vertrat seit 1907 P. Picasso als Kunsthändler.

Kahr, Gustav Ritter von (seit 1911), Politiker, *Weißenburg i. Bay. 19. 11. 1862, †(ermordet) München 30. 6. 1934; 1917–24 RegPräs. in Oberbayern, Sept. 1920 bis Sept. 1921 MinPräs. (Rücktritt wegen der von ihm abgelehnten Entwaffnung und Auflösung der Einwohnerwehren), erhielt als Generalstaatskommissar im Sept. 1923 die vollziehende Gewalt in Bayern. Am 9. 11. 1923 schlug er in dieser Funktion den Hitlerputsch nieder. Im Verlauf des Röhm-Putschs ermordet.

Kahramanmaraş [-raʃ] (früher Maraş), Hptst. der türk. Provinz K. in S-Anatolien, im O-Taurus, 242 500 Ew.; Hethitermuseum; Nahrungsmittel-, Textilindustrie.

Kahuzi-Biega [-s-], Nationalpark im O der Demokrat. Rep. Kongo, in den Mitumbabergen (Kahuzi 3 308 m ü. M., Biega 2 790 m ü. M.), 6 000 km² groß (UNESCO-Weltnaturerbe); 1970 gegr. zum Schutz des Berggorillas, der in den Bergwäldern in Höhen von 2 100 bis 2 400 m ü. M. lebt.

Kai [niederländ.] *der* (Kaje), durch steile Ufereinfassung (K.-Mauer) befestigtes, zum Laden und Löschen von Schiffen bestimmtes Uferbauwerk. **K.-Zunge** oder **Pier** heißt ein in das Wasser vorgebauter, mehrseitig vom Wasser umgebener Kai.

Kaifeng, Stadt in der Prov. Henan, China, 6 km südl. des Hwangho, 507 800 Ew.; Chemie-FH; Baumwoll- und Seiden-, chem., Nahrungsmittelind.; Marktort für den Erdnussanbau in den Sanddünen des Hwangho; Eisenbahnknotenpunkt. – 13-stöckige »Eisenpagode« (1049), mehrere Paläste, Klöster und Pagoden. Im S die 555 gegründete Xiangguo-Klosteranlage; der heutige Gebäudekomplex (1766) umfasst u. a. die Große Schatzhalle und eine Halle zur Aufbewahrung der Sutren. – K., eine der ältesten Städte Chinas, war mehrmals Hptst. versch. Dynastien.

Kaiinseln (Keiinseln, Ewabinseln), Inselgruppe der Südmolukken, Indonesien, im O der Bandasee, 1 438 km²; im Innern bewaldet, Mangrovenküste.

Kailas *der* (tibet. Kangrinboqê Feng), Berg im westl. Transhimalaja, in Tibet, China, 6 714 m ü. M.; gilt den Hindus als heilig (Sitz des Gottes Shiva); Pilgerziel; auch im Buddhismus als heiliger Berg verehrt.

Kaimane [span.-indian.], mittel- und südamerikan. Verwandtschaftsgruppe der Alligatoren mit drei Gattungen: **Brillen-K.** (Caiman), **Mohren-K.** (Melanosuchus) und **Glattstirn-K.** (Paleosuchus).

Kaimanfisch (Lepisosteus spatula), Art der Knochenhechte im Süßwasser Nordamerikas, bis zu 3 m lang.

Kaimaninseln, karib. Inseln, ↑Cayman Islands.

Kain [hebr. vielleicht »Schmied«], nach 1. Mose 4, 1 der erstgeborene Sohn Adams und Evas; erschlug aus Neid seinen Bruder Abel (1. Mose 4, 8); gilt als Ahnherr der Keniter. Das **Kainszeichen,** durch das K. vor der Blutrache geschützt wurde (1. Mose, 4, 15), entsprach möglicherweise einer bei Beduinen übl. Tätowierung; meist verstanden als Brandmarkung (Kainsmal) des Brudermörders.

Kainit [grch.] *der,* monoklines, leicht in Wasser lösliches Salzmineral der chem. Zusammensetzung $KMg[Cl|SO_4] \cdot 3H_2O$, weiß, oft gelblich bis grau oder rot; meist in derben Massen als Hutbildung in Zechsteinlagerstätten; früher wichtiges Kalidüngemittel.

Kainz, 1) Friedrich, österr. Philosoph und Psychologe, *Wien 4. 7. 1897, †ebd. 1. 7. 1977; schrieb »Personalist. Ästhetik« (1932), »Psychologie der Sprache«, 5 Bde. in 6 Teilen (1941–69), ferner sprachphilosoph. und sprachanalyt. Werke.

2) Josef, österr. Schauspieler, *Moson (heute zu Mosonmagyaróvár) 2. 1. 1858, †Wien 20. 9. 1910; wirkte am Dt. Theater in Berlin, ab 1899 am Wiener Burgtheater; gilt als Begründer einer modernen, mit psycholog. Mitteln arbeitenden Schauspielkunst.

Kaiphas, jüd. Hoherpriester (18–36 n. Chr.), führte nach Mt. 26, 57 ff. den Vorsitz im Prozess gegen Jesus.

Kairo (engl. Cairo, arab. Misr el-Kahira), Hptst. Ägyptens, am Beginn des Nildeltas, ist mit 9,586 Mio. Ew. (städt. Agglomera-

Kairo: Blick auf die Sultan-Hasan-Moschee (1356–62)

tion über 15 Mio. Ew.) die größte Stadt Afrikas und der arab. Welt. K. ist polit., geistiger und wirtsch. Mittelpunkt des Landes und des gesamten Nahen Ostens, Sitz der Reg., des Parlaments und des Obersten Gerichts; mit über 500 Moscheen geistige Hochburg des Islam; außer der islam. Azhar-Univ. die staatl. K.-Univ. (Sitz: Giseh), die Ain-Schams-Univ., die Heluan-Univ. sowie die Palästina- (ehem. amerikan.) Univ.; zahlr. Forschungsinst.; mehrere Theater, Oper, Museen (Museum für Islam. Kunst, Ägypt. Museum, Kopt. Museum u. a.), zoolog. Garten. K. ist Fremdenverkehrszentrum; Knotenpunkt des ägypt. Eisenbahn- sowie Straßennetzes, bed. Geschäfts-, Handels- und Industriestadt (v. a. Erdölraffinerie, Metallverarbeitung, Nahrungsmittel-, Textil-, Druckind.); hat Börse und Messegelände; Nilhafen und internat. Flughafen.
Stadtbild: Die Altstadt (UNESCO-Weltkulturerbe) bildet ein einzigartiges Ensemble islam. Baukunst mit architektonischen Höhepunkten in der Ibn-Tulun-Moschee (876–879), der Azhar-Moschee (970–972) und der Sultan-Hasan-Moschee (1356–62). Unter den über 600 islam. Bauten der Stadt ragen ferner die Al-Hakim-Moschee (990–1013), die Al-Akmar-Moschee (1125), Befestigungstore (1171–76) und Zitadelle (1179) sowie der Stiftungskomplex des Sultans Kalaun (1284/85) heraus. – Ende des 19. Jh. entwickelte sich neben dem traditionellen ein neues K. (Al-Ismailija und At-Taufikija), das mit seiner aus Europa importierten Struktur und Architektur fast unabhängig existierte. Die Stadtsilhouette wird heute v. a. von Hochhäusern geprägt. Auf der Nilinsel Gesira entstand 1985–88 das neue Kulturzentrum mit Opernhaus im klassisch-arab. Stil.
Geschichte: Am O-Ufer des Nils bestand eine altägypt. Siedlung, von den Griechen **Babylon** gen., in der die Römer ein Kastell anlegten; nördlich davon wurde 641, zu Beginn der arab. Eroberung Ägyptens, ein Feldlager errichtet, aus dem sich die Hptst. **Fustat** entwickelte (heute **Alt-K.**). Unter den seit 750 herrschenden Abbasiden wurde nördlich des abgebrannten Fustat eine neue Residenz **Al-Askar** gegr., später zu **Al-Katai** erweitert. Den eigentl. Kern K.s gründeten die Fatimiden 969 mit **Al-Kahira,** nördlich von Al-Katai. In der Mameluckenzeit (1250–1517) entwickelte sich K. zum Zentrum islam. Kultur. Nach Eroberung durch die Türken (1517) setzte ein wirtsch. Niedergang ein. Die Entwicklung zur Weltstadt begann mit Mehmed Ali Anfang des 19. Jahrhunderts.

✣ siehe ZEIT Aspekte

Kairos [grch.] *der,* der »günstige Augenblick«, der dem Menschen nach Auffassung der Antike schicksalhaft entgegentritt und von ihm zu nützen ist. Im N. T. Bez. für die Heilszeit, die mit dem Kommen Christi angebrochen ist.

Kairouan [kɛrˈvan, kaɪruˈaːn] (span. Kairuán, arab. Al-Qairawan), Stadt in Zen-

Kairouan: Blick auf die Große Moschee Sidi Okba (begonnen 672, bis frühes 20. Jh.)

traltunesien, in der Tieflandsteppe, Verw.sitz des Gouvernorats K., 102 600 Ew.; eine der vier heiligen Städte des Islam (Pilgerstätte); Handels- und Marktzentrum; Teppichknüpferei, Kunsthandwerk. – In der von einer Backsteinmauer (zw. 1052) umgebenen Medina (UNESCO-Weltkulturerbe) liegt die Große Moschee Sidi Okba (begonnen 672, bis ins frühe 20. Jh.), die zum Archetyp der westislam. Sakral- und Profanbaukunst wurde. Bed. Beispiele islam. Dekorkunst sind die Fassade der Moschee Tleta Bibane (»Moschee der Drei Tore«, 866) und die gesamte Zawija des Sidi Sahab (»Barbiermoschee«, nordwestlich der Medina, heutiger Bau zw. 1629 und 1692 mit Stuck- und Fayencedekor) sowie die Zawija des Sidi Abid El-Ghariani (frühes 14. Jh., mehrfach umgestaltet). 8 km östlich die Ruinen der Aghlabidenresidenz Rekkada, 1,5 km südwestlich die Ruinen der Fatimiden-Residenzstadt Sabra Mansourija.

Kaiser, höchster weltl. Herrschertitel, entstanden aus dem Beinamen **Caesar** (lat., K.; nach G. J. Caesar, seit 44 v. Chr. Imperator und Diktator auf Lebenszeit) der Alleinherrscher des antiken Röm. Reiches, die staatsrechtlich die Titel **Imperator** und **Augustus** führten (K.-Titel). Während das weström. Kaisertum 476 erlosch, bestand das oström. (byzantin.) Kaisertum (mit den K.-Titeln **Autokrator** und **Basileus**) bis 1453. Im W schuf Karl d. Gr. 800 als Erneuerung des weström. (»Renovatio Imperii«) das abendländ. Kaisertum. Ein neues Element bildete das Krönungsrecht des Papstes, verbunden mit dem Krönungsort Rom (bis 1452). Dem Niedergang der K.-Würde folgte die Übertragung des Kaisertums auf das dt. Regnum (später »Hl. Röm. Reich«) durch Otto I. (962). Doch weniger die bis zum Ende des Hoch-MA. anhaltende polit. Vormachtstellung des K. durch seine Herrschaft im Hl. Röm. Reich als vielmehr seine Verbindung mit dem Papst im universalen Führungsanspruch des Abendlandes prägte die Bedeutung des Kaisertums. Die weltlich-geistl. Einheit zerbrach im ↑Investiturstreit; in der bis ins 14. Jh. dauernden Auseinandersetzung zw. K. und Papst um die abendländ. Vorrangstellung verlor der K. an Autorität und Macht (v. a. in Reichsitalien). Parallel dazu wurde jedoch der päpstl. Anspruch auf die Bestätigung des Röm. Königs und auf die K.-Krönung zurückgewiesen (Marsilius von Padua) und die dt. Königswahl durch die Kurfürsten 1338/56 reichsgrundsätzlich festgelegt (Goldene Bulle). 1530 wurde Karl V. als letzter K. vom Papst in Bologna gekrönt; schon 1508 hatte Maximilian I. ohne K.-Krönung den Titel **Erwählter Röm. K.** angenommen (mit Anspruch auf die K.-Gewalt durch die Königskrönung; ↑deutsche Geschichte, Übersicht Könige und Kaiser). – In Russland ersetzte Peter I. 1721 offiziell den Titel **Zar** durch den Titel K. (Imperator). 1804 schuf Napoleon I. ein erbl. Kaisertum der Franzosen (1804–14; 1852–70 Napoleon III.), der letzte Röm. K., Franz II., 1804 im Gegenzug das österr. Kaisertum (bis 1918). Die Proklamation des preuß. Königs zum **Dt. K.** 1871 (bis 1918) war nur eine äußerl. Anknüpfung an das Röm. Kaisertum. Außer in China (221 v. Chr. bis 1911) und später in Annam, Korea, Japan, Äthiopien sowie Persien/Iran

(1925–79) fand der K.-Titel in außereurop. Gebieten v.a. zur Stützung kolonialer Herrschaft Anwendung: Brasilien (1822–89), Mexiko (1864–67), Indien (1876–1947), Äthiopien (1936–43).

Die K. 1200 Jahre europ. Geschichte, hg. v. G. Hartmann u. K. R. Schnith. Graz u. a. 1996. – Höfer, M.: Die K. u. Könige der Deutschen. München u. a. [5]2001.

Kaiser, 1) Georg, Dramatiker, *Magdeburg 25. 11. 1878, †Ascona 4. 6. 1945; der meistgespielte Dramatiker des dt. Expressionismus; 1933 Aufführungsverbot; emigrierte 1938 über die Niederlande in die Schweiz. Seine Bühnenstücke sind durch abstrakte, rhetor. Sprache gekennzeichnet, ihr – für den Expressionismus typisches – Thema ist die Erneuerung des Menschen. K.s erster Erfolg war das Drama »Die Bürger von Calais« (1914); in »Die Koralle« (1918) und »Gas« (2 Tle., 1918 und 1920) übt er Kritik an der kapitalist. Ordnung, an Industrialisierung und Automatisierung. **Weitere Werke:** König Hahnrei (1913); Das Floß der Medusa (UA 1945, vollständig hg. 1963).

2) Jakob, Politiker, *Hammelburg 8. 2. 1888, †Berlin (West) 7. 5. 1961; bis 1933 führend in den christl. Gewerkschaften tätig, 1933 MdR (Zentrum), im Widerstand gegen den Nationalsozialismus tätig, war 1945 Mitbegründer, 1945–47 Vors. der CDUD in der SBZ und Berlin (von der SMAD abgesetzt). In der Bundesrep. Dtl. 1949–57 MdB, war er Bundesmin. für gesamtdt. Fragen; bis 1958 stellv. Vors. der CDU, danach Ehrenvorsitzender.

Kaiseraugst, Gemeinde im Kt. Aargau, Schweiz, am Rhein, 3 700 Ew.; hier und v.a. in der Nachbargemeinde **Augst** (Kt. Basel-Landschaft) Reste der röm. Siedlung **Augusta Raurica.**

Kaiserchronik, frühmhd. Reimchronik; um 1150 als Gemeinschaftsarbeit Regensburger Geistlicher entstandene Folge von Biografien röm. und dt. Kaiser bis Konrad III., die mit Sagen und Legenden verwoben sind; erste deutschsprachige Dichtung mit weltl. Stoff seit dem Hildebrandslied.

Kaisergebirge, Gebirgsstock der Nordtiroler Kalkalpen, Österreich, zw. Inn und Tiroler Ache, östlich von Kufstein, gliedert sich in den zerklüfteten **Wilden Kaiser** (im Ellmauer Halt 2 344 m ü. M.) im S und den niedrigeren **Zahmen Kaiser** (in der Pyramidenspitze 1 997 m ü. M.) im N.

Kaiserjäger (Tiroler K.), 1816 aufgestellte österr. Feldjägertruppe; ergänzte sich in Friedenszeiten nur aus Tirol und Vorarlberg; 1918 aufgelöst.

Kaiserkanal (Großer Kanal, chines. Da Yunhe), ältester und längster Kanal in China, von Hangzhou nach Peking, verbindet Jangtsekiang, Huai He und Hwangho, 1 782 km lang. Kanalbauten aus dem 6./5. Jh. v. Chr. wurden im 6. Jh. n. Chr. zum K. zusammengefasst, der das Jangtsekiangtal mit der Hptst. Chang'an (heute Xi'an) verband; im 13. Jh. von den Mongolen bis Peking verlängert; 1958 zum Großschifffahrtsweg ausgebaut; dient auch der Be- und Entwässerung.

Kaiserkrone, die zu den Insignien der kaiserl. Würde gehörige Krone. Die K. des Hl. Röm. Reiches **(Reichskrone),** im 10. Jh. angefertigt, gehörte zu den ↑Reichskleinodien. Die dt. K. von 1871 existierte nur in einem Modell und auf Denkmälern; für herald. Zwecke wurde sie 1888 umgezeichnet.

Kaiserkrone (Höhe bis 1 m)

Kaiserkrone (Fritillaria imperialis), innerasiatisches Liliengewächs; Gartenzierpflanze mit ziegelroten oder gelben Blüten, die kronenähnlich unterhalb eines Blattschopfes angeordnet sind.

Kaiserling (Amanita caesarea), in Dtl. seltener Ständerpilz mit 10–12 cm breitem orangefarbenem Hut und gelbem Stiel;

Speisepilz, kann mit dem Fliegenpilz verwechselt werden.

Kaisermantel (Silberstrich, Argynnis paphia), in Eurasien verbreitete Art der Fleckenfalter mit oberseits goldbraunen, schwarz gefleckten Flügeln und unterseits grünl. Hinterflügeln mit streifiger Perlmutterzeichnung; Flügelspannweite etwa 6 cm.

Kaiserling

Kaiserpfalz, ↑Pfalz.

Kaiserquartett, Streichquartett von J. Haydn (C-Dur op. 76 Nr. 3, 1797) mit Variationen über seine Kaiserhymne. (↑Deutschlandlied)

Kaiserreich, (umgangssprachl.) Kurzbez. für das Dt. Reich (1870/71–1918), oft auch nur für Dtl. unter Kaiser Wilhelm II. (wilhelmin. K., 1890–1918; ↑deutsche Geschichte).

Kaisermantel: Männchen

Kaisersage, Sage von einem im Berg schlafenden Kaiser, der aufwachen und die alte entschwundene Kaiserherrlichkeit erneuern wird. Karl d. Gr. soll im Untersberg bei Salzburg, Friedrich I. Barbarossa (auch Otto I., d. Gr., Friedrich II. von Hohenstaufen) im Kyffhäuser fortleben.

Kaiserschmarrn, österr. Mehlspeise; Pfannkuchenteig aus Mehl, Zucker, Salz, Eigelb und untergezogenem Eischnee; wird flach ausgestrichen gebacken, mit Rosinen bestreut, in kleine Stücke gerissen und mit Puderzucker bestreut serviert.

Kaiserschnitt (Schnittentbindung, Sectio caesarea), geburtshilfl. Operation zur raschen Beendigung der Geburt oder der Schwangerschaft bei Gefahr für die Mutter (Vorliegen der Plazenta vor dem Kind, vorzeitige Plazentalösung, drohende Gebärmutterruptur) oder das Kind (Veränderung der kindl. Herztöne, Nabelschnurvorfall) oder für beide (Querlage des Kindes) durch Bauchschnitt und künstl. Eröffnung der Gebärmutter, selten auch von der Scheide her ausgeführt. In bestimmten Fällen wird der K. zur Verhütung mögl. Komplikationen schon vor Geburtsbeginn angewendet.

Kaiserslautern, **1)** Landkreis in Rheinl.-Pf., 640 km², 110 200 Einwohner. **2)** kreisfreie Stadt und Krst. von 1) in Rheinl.-Pf., an der Lauter, am Rand des Pfälzer Waldes, 99 800 Ew.; Univ., FH, Atlant. Akademie, Inst. für pfälz. Gesch. und Volkskunde, Pfalzgalerie des Bezirksverbandes Pfalz (mit Werken des 19. und 20. Jh.), Museum, Pfalztheater. Wichtigster Ind.zweig ist der Maschinenbau (Fertigung von Autoteilen, Nähmaschinenfabrik). – Ehem. Prämonstratenser-Stiftskirche (1176 gegr.; Langhaus 1325 ff.) mit bed. frühgot. Chor (1250–90). – Um 830 erstmals urkundlich erwähnt. Neben dem Ende des 9. Jh. genannten fränk. Königshof **(Villa Lutra)** entwickelte sich bald eine Siedlung, die 985 Markt- und Zollrecht erhielt. Ab 1152 Bau der Kaiserpfalz (nur geringe Reste erhalten). **Lautern** wurde 1276 Reichsstadt, kam aber 1375 an Kurpfalz.

Kaiserstuhl, markanter Gebirgsstock (ehem. Vulkan; im O aus Sedimenten aufgebaut) in der südl. Oberrhein. Tiefebene, nordwestlich von Freiburg im Breisgau, Bad.-Württ., im Totenkopf 557 m ü. M.; auf Lössböden wird bei mildem Klima Wein- und Obstbau betrieben.

Kaiserswerth, seit 1929 Stadtteil von Düsseldorf. K. war im MA. Reichsstadt; Ruine der stauf. Kaiserpfalz, Stiftskirche St. Suitbert (zw. 11. und 13. Jahrhundert).

Kaiserwald (tschech. Slavkovský les), Bergland in NW-Böhmen, Tschech. Rep., zw. Marienbad und Karlsbad, bis 983 m ü. M. (Lesný).

Kaiser-Wilhelm-Gesellschaft zur Förderung der Wissenschaften e. V., gegr. 1911 in Berlin unter dem Protektorat Kaiser Wilhelms II. zur Pflege vornehmlich naturwiss. Forschung; Nachfolgeorganisation wurde 1948 die ↑Max-Planck-Gesellschaft zur Förderung der Wissenschaften e. V.

Kaiser-Wilhelm-Kanal, früherer Name des ↑Nord-Ostsee-Kanals.

Kaiser-Wilhelm-II.-Land, Gebiet der Antarktis, ↑Wilhelm-II.-Küste.

Kaiser-Wilhelms-Land, das ehem. dt. Schutzgebiet Deutsch-Guinea (↑Papua-Neuguinea).

Kaiwurm, Larve des ↑Apfelblütenstechers.

Kaizen [-zɛn] *das,* aus Japan stammendes Unternehmensführungskonzept, das auf einer Philosophie der ewigen Veränderung beruht und als »kontinuierl. Verbesserungsprozess« auch in westl. Ind.staaten an Einfluss gewann. K. ist charakterisiert durch eine ausgeprägte Orientierung an den Kundenwünschen, das Streben nach hoher Qualität sowie das Bewusstsein aller Mitarbeiter des Unternehmens für die Vernetztheit der betriebswirtsch. Prozesse.

Kajak [eskimoisch] *der,* selten *das,* 1) geschlossenes Einmannboot der Eskimomänner aus Holz, Knochen, Sehnen, bespannt mit Tierhäuten; mit Sitzloch und Doppelpaddel; zu unterscheiden vom ↑Umiak; 2) Bootstyp im ↑Kanusport.

Kajalstift, Stift mit weicher Schminkmine zur Verstärkung der Augenkonturen.

Kajanus, Robert, finn. Komponist und Dirigent, * Helsinki 2. 12. 1856, † ebd. 6. 7. 1933; erstrebte durch Verarbeitung finn. Volksmelodik einen nat. Musikstil, gründete 1882 das erste finn. Sinfonieorchester.

Kaje, der ↑Kai.

Kajeputbaum (Melaleuca leucadendra), indonesisch-austral. Myrtengewächs mit weißer, abblätternder Rinde **(Weißbaum),** speerspitzenförmigen Blättern und weißen Blütenähren, aus denen Kajeputöl gewonnen wird.

Kajüte [niederdt.] *die,* Wohn- und Schlafraum auf Booten und Schiffen.

Kakadu-Nationalpark, Naturschutzgebiet bei Darwin, Northern Territory, Australien, im Einzugsgebiet des South Alligator River, 20 000 km²; eingerichtet zum Schutz der Millionen Vögel, der Krokodile und der zahlr. Felsbilder der Aborigines (UNESCO-Welterbe).

Kakadus: Gelbhaubenkakadu

Kakadus [malaiisch] (Cacatuinae), von Australien bis Celebes und auf den Philippinen heim. Unterfamilie der ↑Papageien, z. B. der bis 50 cm große **Gelbhaubenkakadu** (Cacatua galerita), mit aufrichtbarer Federhaube und kurzem Schwanz.

Kakao [auch kaˈkau; span., von aztek. cacauatl »Kakaokern«], das aus den Samen des K.-Baumes gewonnene K.-Pulver sowie das aus K.-Pulver hergestellte Getränk.

Zur Aufbereitung lässt man die geernteten Bohnen 2–20 Tage zum Gären stehen. Ist die Fermentierung, das Rotten, beendet und sind die bitteren Gerbstoffe und verwandte Verbindungen in das mildere Kakaobraun umgewandelt, werden die Bohnen gewaschen und getrocknet. Dieser **Roh-K.** ist das Ausgangsmaterial für die Herstellung von K.-Pulver, ↑Kakaobutter und ↑Schokolade. Die Bohnen werden geröstet, gebrochen, von Schale und Keimling befreit, alkalisch aufgeschlossen, um die Säure zu neutralisieren, und gemahlen **(K.-Masse).** Die K.-Masse wird durch hydraul. Druck entölt und vom meisten K.-Fett befreit, wobei das **K.-Pulver** entsteht. »Schwach entöltes« K.-Pulver enthält 20 bis 22 % K.-Butter, »stark entöltes« weniger als 20%, jedoch mindestens 10%. Die **K.-Schalen** dienen als Viehfutter, Düngemittel oder zur Herstellung von ↑Theobromin.

Kakaobaum (Theobroma), Gattung der Sterkuliengewächse mit 20 Arten im trop. Amerika. Die wichtigste, in den Gebieten des Amazonas und des Orinoco beheimatete, in Mittel- und Südamerika, in W-Afrika und einigen asiat. Ländern angebaute Art ist **Theobroma cacao** mit einer großen Anzahl von Zuchtformen (z.B. Criollo, Amazonasforastero und Trinitaro): ein bis 10 m hoher Baum mit knorrigem Stamm und breiter Krone. Die Blüten sind gelblich weiß oder rötlich. Sie erscheinen in Büscheln aus dem Stamm (Kauliflorie) oder den Ästen. Die gurkenförmigen Früchte (Trockenbeeren) sind 10–20 cm lang, gelb oder rotbraun, mit 25–60 in Längsreihen angeordneten weißl. Samen

Kakaobaum: (von oben) Spross; Ast mit Blüten und Früchten; aufgeschnittene Frucht

(Kakaobohnen), die zu Kakao verarbeitet werden. Die Samen enthalten etwa 40–53% Fett, 15% Eiweiß, 8% Stärke, 7% Gerbstoffe, die Alkaloide Theobromin (1–2%) und Koffein (0,2–0,3%). – Der K. liebt hohe Luftfeuchtigkeit, etwa 2000 mm Niederschlag pro Jahr und eine mittlere Jahrestemperatur von 24 bis 28°C. Die Ernte setzt im fünften Jahr ein. Die Früchte reifen in 5–8 Monaten. Im Durchschnitt können alle sechs Wochen 40–50 Früchte geerntet werden; die Erträge schwanken i. Allg. zw. 200 und 1200 kg Bohnen je ha. – Die wichtigsten K.-Anbaugebiete liegen an der Elfenbeinküste, in Ghana, Indonesien, Brasilien und Nigeria. **Geschichte:** Als Kulturpflanze ist der K. zuerst (wahrscheinl. um 1000 v.Chr.) in Costa Rica nachweisbar; zw. 800 und 400 v.Chr. wurde er von Olmeken an die pazif. Küste von Guatemala und Chiapas (Mexiko), von dort spätestens um 250 n.Chr. nach Belize und NW-Honduras gebracht. Chemisch ist Kakao in Gefäßen des Grabgewölbes 19 von Río Azul (Guatemala, 460–480 n.Chr.) nachgewiesen. Um 1520 kam der Kakao nach Spanien; in Frankreich, England, Dtl. und Italien wurde er zw. 1610 und 1650 bekannt. Die Herstellung des Kakaopulvers erhielt erst Anfang des 19.Jh. größere Bedeutung, als C. van Houten in den Niederlanden die Entölung des Rohpulvers und das Aufschließen mit Alkalien einführte.

Kakaobutter (Kakaofett), v.a. aus Palmitin-, Stearin- und Ölsäureglyceriden bestehendes Pflanzenfett aus den Samenkernen des Kakaobaumes, wird als Zusatz zu Schokoladen, Konditoreiwaren und Hautpflegemitteln verwendet.

Kakemono [japan. »Hängeding«] *das,* japan. Bez. für eine ↑Hängerolle.

Kakerlak [niederländ.], ↑Schaben.

Kakinada (Cocanada), Hafenstadt im Bundesstaat Andhra Pradesh, an der O-Küste Indiens, 279900 Ew.; Textilind., kleine Werften.

Kakipflaume, eine ↑Dattelpflaume.

Kakirit [nach dem See Kakir in N-Schweden] *der,* infolge tekton. Beanspruchung von zahlr. Kluft- und Rutschflächen durchzogenes Gestein.

kako... [grch.], schlecht..., übel..., miss...

Kakodylverbindungen, übel riechende, giftige Alkyl- (insbes. Methyl-)Verbindungen des Arsens, gemeinsamer Strukturteil $(CH_3)_2As-$.

Kakogawa, Stadt auf Honshū, Japan, in der Himejiebene, 260600 Ew.; Metallind., Kautschukverarbeitung.

Kakophonie [grch.] *die,* Missklang von Tonfolgen oder Akkorden.

Kakteen [lat.-grch.] (Kaktusgewächse, Cactaceae), Pflanzenfamilie mit rd. 200 Arten v.a. in den trop. und subtrop. Wüsten und Steppen Amerikas; fast ausschl. Stammsukkulenten (↑Sukkulenten) mit dornigen, borstigen oder behaarten reduzierten Kurztrieben (Areolen); Blüten meist einzeln, werden von Insekten, Vögeln oder Fledermäusen bestäubt; Stämme bzw. Sprosse z. B. schlangenförmig

Kakteen: Feigenkaktus

(Schlangenkaktus), rutenförmig (Rutenkaktus), säulenförmig (Säulenkaktus), kugelig (Teufelszunge), abgeflacht (Feigenkaktus) oder gegliedert (Gliederkaktus). Einige Arten sind Nutzpflanzen, z. B. Feigenkaktus (↑Opuntie), viele K. sind als Zimmerpflanzen in Kultur. Die meisten blühen nur, wenn sie im Winter hell, trocken und kühl, im Sommer sonnig und warm stehen.

🕮 *Götz, E. u. Gröner, G.: K. Kultur, Vermehrung u. Pflege. Stuttgart* [7]*2000.*

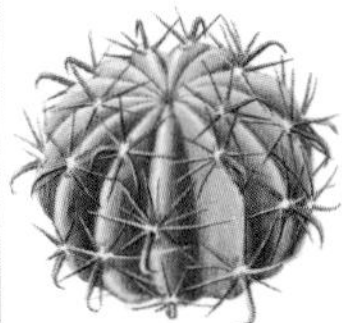

Kakteen: Teufelszunge

Kaktusfeige, essbare Frucht von Kakteen.

Kala-Azar [Hindi »schwarze Krankheit«] *die,* ↑Leishmaniasen.

Kalabarbohne (Physostigma venenosum), windender, halbholziger Schmetterlingsblütler W-Afrikas, dessen giftige Samen das arzneilich genutzte **Physostigmin** liefern.

Kalabreser *der,* breitkrempiger Filzhut, in der 1. Hälfte des 19. Jh. von italien. Freiheitskämpfern aus Kalabrien getragen; um 1848 Gesinnungszeichen dt. Revolutionäre, dann auch nach F. Hecker **Heckerhut** gen.; Form und Name wurden später für den mod. Damenstrohhut übernommen.

Kalabri|en (italien. Calabria), Region in S-Italien, der südl. Vorsprung der Apenninhalbinsel zw. der Straße von Messina und dem Golf von Tarent, zum größten Teil vom **Kalabr. Gebirge** durchzogen (Sila 1 929 m ü. M., Aspromonte 1 956 m ü. M.), umfasst die Prov. Catanzaro, Cosenza, Crotone, Reggio di Calabria und Vibo Valentia, 15 080 km², 2,043 Mio. Ew., Hptst. ist Catanzaro; in höheren Lagen Weidewirtschaft, an den Gebirgshängen mediterrane Mischkulturen (Weizen, Feigen, Oliven, Wein), in den Küstenebenen Zitruskulturen; Steinsalzlager, Schwefelgruben. – Im Altertum hieß das heutige K. ↑Bruttium, K. war der Name des südl. Teils des heutigen Apulien. Das Gebiet gehörte im MA. zunächst zu Byzanz, die Normannen vereinigten es mit dem Königreich Neapel-Sizilien; die Region ist bis heute belastet durch die Probleme des ↑Mezzogiorno.

Kalabscha, ägypt. Tempel in Nubien am ehem. W-Ufer des Nils. Der dem Mandulis geweihte Tempel, zw. 29 v. Chr. und 14 n. Chr., an der Stelle eines Heiligtums der 18. Dynastie erbaut, folgt dem Vorbild der großen Ptolemäertempel (Philae, Dendera, Idfu). Um den Tempel beim Aufstau des Nils durch den neuen Assuanhochdamm vor Überflutung zu bewahren, wurde er 1961–64 abgebaut und etwa 38 km weiter nördlich auf einer Kuppe wieder errichtet.

Kalach (assyr. Kalchu), antike Stadt am Tigris, bei Mosul, Irak, heute der Ruinenhügel **Nimrud.** K. wurde um 1270 v. Chr. gegründet und war zeitweilig die Hptst. Assyriens; 612 v. Chr. beim Untergang des Assyrerreiches von den Medern zerstört. Im 19. und 20. Jh. Ausgrabungen (Paläste, Tempel, bed. Wandreliefs, Keilschrifttafeln).

Kaladi|e *die* (Buntwurz, Caladium), Gattung der Aronstabgewächse im trop. Amerika, mit knolligem Wurzelstock, oft buntblättrig; mehrere Arten sind Zierpflanzen.

Kalahari *die,* abflusslose Beckenlandschaft im südl. Afrika, rd. 1 Mio. km², 800–1 200 m ü. M., zw. Sambesi, Limpopo, Oranje und dem südwestafrikan. Hochland; der größte Teil gehört zu Botswana, der S zur Rep. Südafrika, der W zu Namibia. Die Niederschläge nehmen von S (unter 250 mm) nach N (über 650 mm) zu; wegen des durchlässigen, sandigen Untergrunds herrscht äußerste Wasserarmut;

das nur episodisch fließende Wasser hat zur Bildung großer Salzpfannen geführt. Im S haben sich mächtige Dünenwälle gebildet; im N versiegt das Wasser des Okawango im großen Sumpfgebiet des Okawangobeckens; vorherrschend Trockensteppe. In der K. leben Buschleute und einzelne Bantugruppen (v. a. Tswana). Der Wildreichtum wird in Reservaten geschützt: u. a. **K. Gemsbock National Park** (Rep. Südafrika) und **Central K. Game Reserve** in Botswana. Die reichen Bodenschätze werden bisher wenig genutzt (Diamanten, Kohle, Eisen, Kupfer, Nickel).

Kalanchoe: Flammendes Käthchen

Kalam [arab.] *der,* Bez. für die frühe islam. Theologie; ausgeformt v. a. im 8./9. Jh., lehrt der K. bes. die absolute (jede anthropomorphe Deutung der Eigenschaften Gottes ausschließende) Einheit Gottes und die dem Menschen von Gott gegebene (die volle Verantwortlichkeit des Menschen für seine Taten einschließende) Willensfreiheit.

Kalam, Avul Pakir Jainulabdeen Abdul, ind. Politiker, * Dhanushkodi (Distr. Rameswaram, Tamil Nadu) 15. 10. 1931; aus einer muslim. Tamilenfamilie; Luftfahrtingenieur; wurde 1982 Direktor der Forschungs- und Entwicklungsorganisation des Verteidigungsministeriums und damit Leiter des Raketenentwicklungsprogramms, 1999 zum obersten Wissenschaftsberater der Reg. unter Premiermin. A. B. Vajpayee ernannt; seit 2002 Staatspräsident.

Kalamaika [slaw.] *die,* slawisch-ungar. Nationaltanz im $^2/_4$-Takt.

Kalamas *der,* grch. Fluss, ↑Thyamis.

Kalamata (Kalamä), Hptst. des grch. VerwBez. Messenien in der südwestl. Peloponnes, 43 600 Ew.; Museen; Ausfuhrhafen am Messen. Golf und Verwertungszentrum für Korinthen, Wein, Olivenöl, Zitrusfrüchte, Pistazien; Containerterminal; Flughafen.

Kalamazoo [kæləmə'zu:], Stadt im SW von Michigan, USA, 80 300 Ew.; Western Michigan University; Zentrum eines Obst- und Gemüsebaugebiets; Papierind., Bau von Druck-, Straßenbau- und Bohrmaschinen.

Kalamis, wahrscheinlich aus Böotien stammender grch. Bildhauer aus der Mitte des 5. Jh. v. Chr.; die antike Literatur nennt zahlr. seiner Werke. K. wird eine Zeusstatue, der Gott aus dem Meer (um 460 v. Chr.; Athen, Archäolog. Nationalmuseum), zugeschrieben sowie der Omphalosapollon (um 470/60; Kopie des Bronzeoriginals in Athen, ebd.).

Kalamität [lat.] *die,* 1) (schlimme) Verlegenheit, missl. Lage; 2) durch Schädlinge, Hagel, Sturm o. Ä. hervorgerufener schwerer Schaden in Pflanzenkulturen.

Kalancho|e [grch.] *die,* Gattung der Dickblattgewächse mit rd. 200 Arten, bes. in Afrika und Madagaskar; Stauden oder Halbsträucher mit fleischigen Blättern, Blüten vierzählig, in vielblütigen Trugdolden, weiß, gelb oder rot; viele Zierpflanzen, die in Mitteleuropa nicht winterhart sind. Bes. verbreitet ist das **Flammende Käthchen** mit roten oder gelben Blüten.

Kalander [frz.] *der,* Maschine mit weichen (Papier, Baumwolle) und harten (Hartguss, Stahl) gegenläufigen, z. T. heizbaren Walzen zur Verbesserung der Oberfläche von Papier und textilen Flächen (z. B. zur Appretur) sowie zur kontinuierlichen Erzeugung von bahnenförmigem Halbzeug aus thermoplast. Kunststoffen (Folien, Platten). Das Gut wird unter regelbarem Druck und regelbarer Temperatur zw. den Walzen durchgezogen. Textile Flächen werden dichter, glatter und glänzender. Der Glanz kann von Matt- über Seiden- bis Hochglanz variiert werden **(Roll-, Riffel-, Friktions-K.).** Das Einpressen von Mustern geschieht auf **Präge-K. (Gaufrier-K.).**

Kalandsbrüder, im 13. Jh. gestiftete, bis zur Reformationszeit v. a. in Nord-Dtl. verbreitete karitative Bruderschaften (Unterstützung in Not Geratener, Totengeleit, Seelenmessen); ben. nach ihrem anfängl. Versammlungstermin am Monatsersten (lat. »Calendae«).

Kalaschnikow [nach dem russ. Waffenkonstrukteur Michail Timofejewitsch Kalaschnikow, * 1919], Bez. für Schützenwaffen, die zur Ausrüstung der Armeen des Warschauer Paktes gehörten sowie bei den

Streitkräften anderer Länder und in versch. Guerillaorganisationen in Gebrauch sind. Die bekannteste K. ist der 1947 entwickelte Maschinenkarabiner AK(Automat Kalaschnikow)-47, ein automat. Gewehr mit Kaliber 7,62 mm. Seit den 1970er-Jahren gibt es K.-Waffen mit kleinerem Kaliber (5,45 mm). Die AK-47 ist eines der verbreitetsten Gewehre der Erde.

Kalasiris [ägypt.] *die,* altägypt. Kleidungsstück, langes Hauptgewand beider Geschlechter höherer Stände (etwa ab 1600 v. Chr.).

Kalat Beni Hammad, Ruinenstadt der berber. Siridendynastie in N-Algerien, in den Hodnabergen bei Bichara; 1007 gegr., 1152 von den Almohaden zerstört. Die Ruinen von fünf Palastanlagen und der Großen Moschee (mit 13-schiffigem Betsaal und urspr. 25 m hohem Minarett) innerhalb einer weitläufigen Ummauerung zeigen die Bedeutung von K. B. H. als Bindeglied zw. ostislam. und westislam. Kunst sowie als Geburtsstätte wesentl. Elemente des maur. Stils (UNESCO-Weltkulturerbe).

Kalathos [grch.] *der,* aus Weiden geflochtener, runder, nach oben sich kelchförmig erweiternder Korb, in dem im antiken Griechenland v. a. Wolle gestaut wurde, dann Bez. für Gegenstände ähnl. Form (Kopfbedeckung weibl. Gottheiten, Gefäße, Körper des korinth. Kapitells).

Kälberkropf: Knollenkerbel

Kalatosow, Michail Konstantinowitsch, eigtl. M. Kalatozichwili, georg. Filmregisseur, * Tiflis 28. 12. 1903, † Moskau 27. 3. 1973; wurde bes. durch seine Filme »Wenn die Kraniche ziehen« (1957) und »Ein Brief, der nie ankam« (1959) bekannt.

Kalat Siman, Ruinenstätte in N-Syrien, 30 km nordwestlich von Aleppo; im 5. Jh. großer Kirchenkomplex (vier in Kreuzform angeordnete Basiliken); im Zentrum die Reste der Säule, auf der der syr. Asket Symeon Stylites d. Ä. (* um 390, † 459) über 30 Jahre lebte; das bedeutendste Denkmal syrisch-christl. Architektur.

Kalauer *der,* meist nicht sehr geistreicher Wortwitz; der Begriff geht auf frz. ↑Calembour zurück und wurde erst im 19. Jh. (wahrscheinlich in Berlin) auf die Stadt Calau (Brandenburg) bezogen.

Kalawa, sorb. Name der Stadt ↑Calau.

Kalb, 1) *Biologie:* das noch nicht einjährige Rind; Junges bei vielen Huftieren (z. B. Giraffe, Hirsch).

2) *Jägersprache:* Junges vom Rot-, Elch- und Damwild; beim Rehwild: Kitz.

Kalb, Charlotte von, geb. Marschalk von Ostheim, Schriftstellerin, * Waltershausen (heute zu Saal an der Saale, Kr. Rhön-Grabfeld) 25. 7. 1761, † Berlin 12. 5. 1843; ab 1783 ⚭ mit dem in frz. Diensten stehenden Offizier Heinrich von K. (* 1752, † 1806); 1784 in Mannheim mit Schiller befreundet, später mit Hölderlin, ab 1796 mit Jean Paul; verfasste ihre Memoiren (»Charlotte«, hg. 1879) und einen Roman (»Cornelia«, 1851).

Kalben, 1) *Geographie:* ↑Eisberg.

2) *Tiermedizin:* Geburtsvorgang beim Rind.

Kälberflechte, die ↑Glatzflechte.

Kälberkropf (Kälberkern, Chaerophyllum), Gattung der Doldenblütler, verbreitet von Europa bis Mittelasien; in Dtl. an Ufern der **Knollenkerbel** (**Rüben-K.,** Chaerophyllum bulbosum) mit weißen Blüten und walnussgroßer Knolle.

Kalbsmilch, der Thymus der Kälber.

Kalchas, *grch. Mythos:* ein Seher der Griechen, der im Trojan. Krieg eine wichtige Rolle spielte (u. a. forderte er den Opfertod der Iphigenie vor der Ausfahrt der grch. Flotte).

Kalchedon, grch. Stadt, ↑Chalkedon.

Kalckreuth, Leopold Graf von, Maler und Grafiker, * Düsseldorf 15. 5. 1855, † Eddelsen (heute zu Seevetal) 1. 12. 1928; studierte u. a. in München (Bekanntschaft mit F. von Lenbach); gehört mit seinen schlichten Landschaften, Bildern aus dem Landleben und Porträts zu den Hauptvertretern des dt. Impressionismus. – Abb. S. 378

Kaldaunen [zu lat. calduna »Eingeweide«], ↑Kutteln.
Kaldor ['kɔ:ldə], Nicholas, Baron (seit 1974) of Newnham in the City of Cambridge, brit. Volkswirtschaftler ungar. Herkunft, *Budapest 12. 5. 1908, †bei Cambridge 30. 9. 1986; Prof. in Cambridge (1966–75); Hauptvertreter des Keynesianismus; Beiträge zur Wohlfahrts-, Konjunktur- und Wachstumstheorie. Als Berater zahlr. Regierungen befasste er sich v. a. mit Steuerpolitik.

Leopold Graf von Kalckreuth (Selbstbildnis)

Kalebasse [span.] *die,* Trink-, Transport- und Lagergefäß aus dem verholzten Perikarp der Früchte des Kalebassenbaumes und des Flaschenkürbisses, wegen des leichten Gewichts bei Nomaden beliebt; im Hochland West-Neuguineas auch Schambedeckung zur Betonung der Männlichkeit **(Penis-K.).**
Kalebassenbaum (Crescentia), Gattung der Bignoniengewächse im trop. Amerika; mit trichterförmigen, am Stamm wachsenden Blüten und hartschaligen Früchten, die zur Herstellung von Kalebassen verwendet werden.
Kaledin, Sergei Jewgenjewitsch, russ. Schriftsteller, *Moskau 28. 8. 1949; schildert drastisch und ungeschminkt das Leben einfacher Menschen in »Stiller Friedhof« (Erz., 1987); in »Pope Valeri und die Seinen« (Erz., 1991) beschreibt er den unheiligen Alltag einer russ. Dorfkirchengemeinde.
Kaledoni|en (lat. Caledonia), keltisch-röm. Name für N-Schottland.
kaledonische Gebirgsbildung (kaledonische Faltungsära), Ära der Gebirgsbildung im Altpaläozoikum, vom Oberkambrium bis zum Unterdevon; mehrere Faltungsphasen. Der erfasste Bereich, die **Kaledoniden (Kaledon. Gebirge),** erstreckt sich v.a. vom W der Skandinav. Halbinsel bis nach Schottland, Wales und Irland. Die kaledonisch gefalteten Zonen des übrigen Europa (u. a. Brabanter Massiv, Ardennen, Rhein. Schiefergebirge, Harz, Zentralmassiv, Armorikan. Gebirge) wurden durch spätere Gebirgsbildungen stark überformt. Kaledon. Faltungszüge finden sich u.a. auch in Spitzbergen, Grönland, den nördl. Appalachen, Neufundland, Alaska, am Rand der Sibir. Tafel und in O-Sibirien.
Kaledonischer Kanal, Kanal in N-Schottland, zw. der O-Küste (Inverness am Moray Firth) und der W-Küste (Firth of Lorne); im 19. Jh. erbaut; verläuft im tekton. Tal Glen More unter Einbeziehung natürl. Seen (z. B. Loch Ness), 97 km lang.
Kaleidoskop [grch. »Schönbildseher«] *das,* fernrohrähnliches opt. Spielzeug, das durch mehrfache Spiegelung unregelmäßig liegender bunter Glasstückchen o.Ä. regelmäßige Figuren darstellt; Sinnbild ständig wechselnder Eindrücke.
Kaléko, Mascha, Schriftstellerin, *Chrzanów (Galizien) 7. 6. 1912, †Zürich 21. 1. 1975; wuchs in Berlin auf, emigrierte 1938 in die USA, lebte zeitweise auch in Jerusalem. Ihre Lyrik ist geprägt durch Charme, Melancholie, politisch-satir. Schärfe und pointierte Sprachkunst (u.a. »Das himmelgraue Poesie-Album«, 1968).
Kalema [portugies.] *die,* schwere Brandung an der afrikan. W-Küste und im südl. Atlant. Ozean.
Kalemie [-'mje] (bis 1966 Albertville), Handelsstadt am Tanganjikasee, Demokrat. Rep. Kongo, 172 300 Ew.; kath. Bischofssitz; Hafen (Umschlag Schiff/Bahn), Flughafen; nahebei Steinkohlenbergbau.
Kalenberg, Pfaffe vom, ↑Frankfurter, Philipp.
Kalendarium [lat.] *das,* Verzeichnis kirchl. Gedenk- und Festtage.
Kalenden *Pl.* (lat. Calendae), der erste Tag jedes Monats im röm. Kalender.

Kalẹnder [mlat., zu lat. calendae »erster Tag des Monats«, übertragen »Monat«] *der,* Festlegung zur Zeiteinteilung. Schon seit dem 14. Jh. v. Chr. (Ägypten) wurden »Zeitweiser« bzw. »Zeitplaner« für das Jahr nachgewiesen, seit dem MA. als Verzeichnis der nach Wochen und Monaten geordneten Tage (Kalendarium gen.). – Basis aller bekannten K. sind die astronomisch begründeten Festsetzungen zur Einteilung der Zeit, bes. nach Sonnen- und Mondjahren (↑Jahr). Das aus 12 Mondumläufen mit 354 Tagen bestehende Jahr heißt **Mondjahr.** Da es 11 Tage kürzer ist als das Sonnenjahr, läuft sein Anfang in 33 Jahren durch alle Jahreszeiten. Viele Völker haben daher versucht, Jahre mit 12 und 13 Monaten abwechseln zu lassen **(gebundenes Mondjahr, Lunisolarjahr),** um so den Anschluss an das Sonnenjahr zu erreichen. Beim **Sonnenjahr** werden die Monate nur als Unterabteilungen des Jahres aufgefasst und haben ihre Beziehung zum Mondlauf verloren. Neben den rein prakt. Bedürfnissen haben überall religiöse Vorstellungen in der Entwicklung des K. eine Rolle gespielt.

Der heutige K. hat sich aus dem röm. K. entwickelt. Er beruhte im alten Rom auf dem Mondjahr, wobei von Zeit zu Zeit Monate eingeschaltet wurden. Hierdurch entstanden Unstimmigkeiten, die Julius Cae-

Kalender: ewiger Kalender (nach Theodor Wagner)

Monate (Januar und Februar für Schaltjahre fett gedruckt)

Tabelle I Tage

						Januar, Oktober	**Januar, April, Juli**	**Februar, März, Nov.**	**Februar, August**	**Mai**	**Juni**	**September, Dez.**
Sonntag	1	8	15	22	29	6	5	2	1	7	4	4
Montag	2	9	16	23	30	7	6	3	2	1	3	5
Dienstag	3	10	17	24	31	1	7	4	3	2	5	6
Mittwoch	4	11	18	25		2	1	5	4	3	6	7
Donnerstag	5	12	19	26		3	2	6	5	4	7	1
Freitag	6	13	20	27		4	3	7	6	5	2	2
Sonnabend	7	14	21	28		5	4	1	7	6	2	3

Tabelle II Jahrhunderte

julianisch	0	1	2	3	4	5	6
	7	8	9	10	11	12	13
	14	15	16	17	18	19	20
	21	22	23	24	25	26	27
gregorianisch					15	16	-
	17	-	18	-	19	20	-
	21	-	22	-	23	24	-
	25	-	26	-	27	28	-
	29	-	30	-	31	32	-

Jahre im Jahrhundert

0	6	-	27	23	**28**	34	-	45	51	**56**	62	-	73	79	**84**	90	-	7	6	5	4	3	2	1
1	7	**12**	18	-	29	35	**40**	46	-	57	63	**68**	74	-	85	91	**96**	1	7	6	5	4	3	2
2	-	13	19	**24**	30	-	41	47	**52**	58	-	69	75	**80**	86	-	97	2	1	7	6	5	4	3
3	**8**	14	-	25	31	**36**	42	-	53	59	**64**	70	-	81	87	**92**	98	3	2	1	7	6	5	4
-	9	15	**20**	26	-	37	43	**48**	54	-	65	71	**76**	82	-	93	99	4	3	2	1	7	6	5
4	10	-	21	27	**32**	38	-	49	55	**60**	66	-	77	83	**88**	94		5	4	3	2	1	7	6
5	11	**16**	22	-	33	39	**44**	50	-	61	67	**72**	78	-	89	95		6	5	4	3	2	1	7

Die Benutzung des Kalenders wird am besten durch einige Beispiele erläutert: 1. Für den 24. Mai 1543 alten Stils (julianisch) findet man in der Tabelle I an der Stelle (rechts), wo die den 24. Monatstag enthaltende Zeile sich mit der zum Mai gehörenden Spalte schneidet, die Zahl 2; Tabelle II enthält im Schnittpunkt der die beiden letzten Ziffern der Jahreszahl 1543, nämlich 43, enthaltenden Zeile (links) mit der die julianische Jahrhundertzahl 15 enthaltenden Spalte (oben) die Zahl (unten rechts); die Summe der beiden gefundenen Zahlen 2+ 3 = 5 steht in Tabelle I (links) in der Zeile des gesuchten Wochentags: Donnerstag. – 2. Für den 1. April 1815 neuen Stils (gregorianisch) gibt Tabelle I: 5, Tabelle II: 2, und der Summe 5+2 =7 entspricht der Sonnabend. In Schaltjahren, die fetter gedruckt sind, ist für den Januar in Tabelle I nicht die erste, sondern die zweite, und für den Februar die vierte Spalte zu benutzen; man findet so 3. für den 12. Februar 1908: 5+6 = 11: Mittwoch.

sar 46 v. Chr. durch Einführung des **julian. K.** beseitigte. Aus dem ägypt. K. wurde die Schaltung eines Tages in den durch 4 teilbaren Jahren übernommen. Von nun an zählte ein Jahr 365 Tage, jedes vierte Jahr als Schaltjahr 366 Tage; aber die mittlere Jahreslänge war mit 365,25 Tagen um 11 min 12 s gegenüber dem Sonnenjahr (365,2422 Tage) zu groß. 1582 führte daher Papst Gregor XIII. ein genaueres Einschaltungsverfahren ein: Der alle vier Jahre eintretende Schalttag des julian. K. fällt bei dem vollen Jh. aus, mit Ausnahme des durch 400 teilbaren (wie 1600, 2000 usw.). Die durchschnittl. Jahreslänge wurde auf 365,2425 Tage festgesetzt. Um die bis dahin angewachsene Differenz von 10 Tagen auszugleichen, folgte auf den 4. 10. der 15. 10. 1582. Dieser **gregorian. K.** wurde zuerst in Spanien, Portugal, Italien eingeführt, sehr bald in den übrigen kath. Ländern; die evang. Länder folgten erst viel später, so die Staaten Deutschlands 1700, England 1752, Schweden 1753 (**K.-Reform**). Russland benutzte seit dem 13. Jh. den julian. Kalender. Im Febr. 1918 führte die UdSSR den gregorian. K. ein, der 1. 2. (alten Stils) wurde zum 14. 2. (neuen Stils). Der **jüd. K.** benutzt ein gebundenes Mondjahr, und zwar Monate von versch. Länge und Jahre von 12 und 13 Monaten, sodass Jahre mit 353, 354, 355, 383, 384 und 385 Tagen vorkommen. Es gibt 3 Jahresformen: Gemeinjahr, mangelhaftes und überzähliges Jahr. Die Jahreszählung beginnt mit der Weltschöpfung, die auf 3761 v. Chr. verlegt wird (jüdische Weltära). – Dem **K. der Muslime** liegt ein reines Mondjahr zugrunde, eingeteilt in abwechselnd 30- und 29-tägige Monate; das Gemeinjahr hat 354, das Schaltjahr 355 Tage. – Der 1793 eingeführte **K. der Ersten Frz. Rep.** hatte ein mit dem 22. 9. 1792 beginnendes Jahr mit 12 Monaten zu je 30 Tagen, eingeteilt in 3 Dekaden zu je 10 Tagen, daneben 5, in Schaltjahren 6 Ergänzungstagen; 1806 wurde aber der gregorian. K. wieder eingeführt. Mit dem **immer währenden** oder **ewigen K.** kann zu jedem Datum der Wochentag abgelesen werden. – Im heutigen **bürgerl. K.,** der auf dem gregorian. K. basiert, ist seit der Jahreswende 1975/76 nach DIN 1355 nicht mehr der Sonntag, sondern der Montag der erste Tag der Woche. (↑Ära, ↑Chronologie, ↑Volkskalender)

🕮 *Wendorff, R.: Tag u. Woche, Monat u. Jahr. Eine Kulturgeschichte des K. Opladen 1993. – Borst, A.: Computus. Zeit u. Zahl in der Geschichte Europas. Erw. Ausg. München 1999. – Zemanek, H.: K. u. Chronologie. Neuaufl. München 2000.*

Kalendergeschichte, kurze volkstüml. Erzählung; seit dem 18. Jh. wichtiger Bestandteil der Volkskalender, seit dem 19. Jh. selbstständige Sammlungen (u. a. »Vademecum für lustige Leute«); J. P. Hebel (»Schatzkästlein des rhein. Hausfreundes«) brachte die K. zur Meisterschaft. Im 20. Jh. hat sich die K. oft vom Kalender gelöst und wurde, wie bei B. Brecht, zur selbstständigen Kunstform.

Kalenderjahr, die Zeit vom 1. Jan. bis 31. Dez. eines Jahres, im Unterschied zum Rechnungsjahr.

Kalenić [ˈkalɛnitɕ], Kloster in Serbien, südlich von Kragujevac. Die Klosterkirche (Anfang 15. Jh.) gehört zu den bedeutendsten Werken der Moravaschule.

Kalesche [tschech. oder poln.] *die,* leichte Kutsche mit Faltverdeck.

Kalevala [»Land des Kaleva«] *das,* finn. Nationalepos, in 50 Gesängen (runo) mit 22 795 Versen, behandelt Schöpfungsmythos und Kämpfe zw. den Völkern von K. und Pohjola. Die einzelnen Lieder, von Volkssängern überliefert, wurden im 18. Jh. teilweise aufgezeichnet; aus einzelnen Liedzeilen setzte E. Lönnrot 1835 ein Epos zusammen.

Kalevipoleg [»Kalevs Sohn«] *der,* estn. Epos, 1857–61 von F. R. Kreutzwald (* 1803, † 1882) aus Sagen und Volksliedern zusammengestellt. Der Held des Epos, K., wurde zur symbol. nationalen Gestalt erhoben und übte auf die geistige Entwicklung Estlands starken Einfluss aus.

Kalf, Willem, niederländ. Maler, getauft Rotterdam 3. 11. 1619, † 31. 7. 1693; lebte etwa 1645–50 in Paris, wo er kleine Küchenstücke schuf; seit 1653 entwickelte er in Amsterdam seinen reifen Stil. Er malte Arrangements aus kostbaren Porzellan-, Silber- und Glasgefäßen mit Früchten, in tiefdunkler Tonigkeit mit prachtvoll aufleuchtenden Farben und differenzierter Oberflächenstrukturierung.

Kalfaktor [lat.] *der* (Kalfakter), jemand, der versch. untergeordnete Hilfsdienste verrichtet; auch Strafgefangener, der den Gefangenenwärter in seinem Dienst unterstützt.

Kalfaterung [niederländ., wohl aus dem Arabischen] *die,* Dichtung der Nähte zw. den Planken der Außenhaut und der Decks von Holzschiffen mit ↑Werg und Kunstharz (früher Pech).

Kalgan, Stadt in China, ↑Zhangjiakou.

Kalgoorlie-Boulder [kælˈgʊəlɪ ˈbəʊldə], Stadt in Westaustralien, in einem wüstenhaften Gebiet an der Transkontinentalbahn, 30 500 Ew.; Bergbauschule; Mittelpunkt des Goldbergbaus auf der 1893 entdeckten »Goldenen Meile«; heute auch Nickelerzabbau und -verhüttung.

Kalhana, ind. Geschichtsschreiber des 12. Jh.; lebte am Hof der Fürsten von Kaschmir. Sein 1148 vollendetes Epos »Rajatarangini« (»Fluss der Könige«) ist das bedeutendste Geschichtswerk der Sanskritliteratur. Es entwirft ein annähernd getreues Bild der Geschichte Kaschmirs.

Kali [arab.] *das,* unpräzise Bez. für ↑Kalium und seine Verbindungen, v. a. K.-Salze.

Kali [Sanskrit »die Schwarze«], v. a. in Bengalen verehrte hinduist. Göttin; »göttl. Mutter«; verkörpert den zerstörer. Aspekt der Göttin ↑Durga.

Kalian [pers.] *der* oder *das,* pers. Form der ↑Wasserpfeife.

Kaliber [frz. über arab. aus grch. kalopódion »Schusterleisten«] *das,* **1)** *Hüttenkunde:* Einschnitt (Walzspalt) zw. zwei Walzen, der das Walzprofil ergibt. Neben dem **offenen K.**, in dem das Walzgut ungehindert zur Seite ausweichen kann, gibt es **halb offene** oder **geschlossene K.** für das Auswalzen von Profilen (z. B. Doppel-T-Träger).

2) *Waffentechnik:* als innerer Durchmesser von Lauf oder Geschützrohr einer Feuerwaffe oder als äußerer Durchmesser eines Geschosses definierte Größe. Maßeinheiten sind mm, cm oder Bruchteile von engl. Zoll (inch).

kalibrieren, 1) *Fertigungstechnik:* ein Werkstück durch abschließendes geringes Umformen auf genaues Maß bringen.

2) *Messtechnik:* (einmessen), einen reproduzierbaren Zusammenhang zw. Ausgangs- und Eingangsgröße feststellen, z. B. zw. der Anzeige eines Messgeräts und der Messgröße.

Kalidasa, ind. Dichter, lebte um 400 n. Chr. ; über sein Leben ist wenig bekannt; er gilt als Klassiker der ind. Literatur und des ind. Theaters z. Z. der Guptadynastie; schuf die Epen »Raghuvamsha« (»Geschlecht des Raghu«), das die Geschichte der Herrscher von Ajodhja behandelt, und »Kumarasambhava« (»Entstehung des Kumara«), unvollendetes Epos über die Geburt des Kriegsgottes Kumara, das lyr. Gedicht »Meghaduta« (»Wolkenbote«) und bes. das Drama »Shakuntala«, dessen Stoff aus dem Mahabharata stammt.

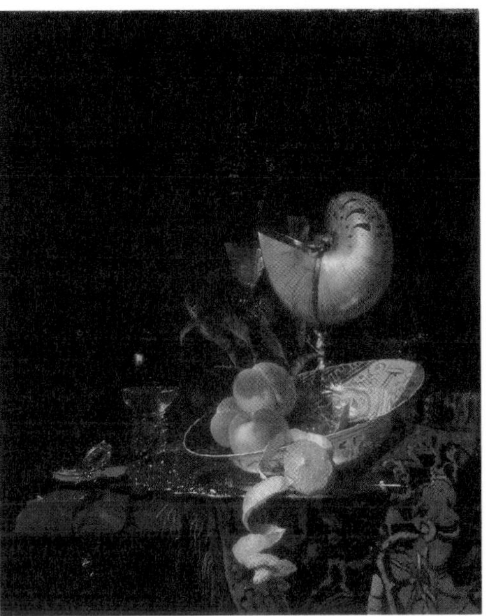

4601

Willem Kalf: Stillleben mit Perlmutt-Pokal (um 1660; Moskau, Puschkin-Museum)

100562

Kali: Kalihalde

Kalifen (632–1258)

Die vier rechtgeleiteten Kalifen	
Abu Bakr	632–634
Omar I.	634–644
Othman ibn Affan	644–656
Ali ibn Abi Talib	656–661
Die Omaijaden	
Die Sufjaniden	
Moawija I.	661–680
Jesid I.	680–683
Moawija II.	683
Die Merwaniden	
Merwan I.	684–685
Abd al-Malik	685–705
Walid I.	705–715
Suleiman	715–717
Omar II.	717–720
Jesid II.	720–724
Hischam	724–743
Walid II.	743–744
Jesid III.	744
Ibrahim	744
Merwan II.	744–749/750
Die Abbasiden	
Abu l-Abbas	749/750–754
Mansur Abu Djafar	754–775
Al-Mahdi	775–785
Al-Hadi	785–786
Harun ar-Raschid	786–809
Mohammed al-Amin	809–813
Al-Mamum	813–833
Al-Mutassim	833–842
Al Wathik	842–847
Al-Mutawakkil	847–861
Al-Muntassir	861–862
Al-Mustain	862–866
Al-Mutass	866–869
Al-Muhtadi	869–870
Al-Mutamid	870–892
Al-Mutadid	892–902
Al-Muktafi	902–909
Al-Muktadir	909–932
Al-Kahir	932–934
Al-Radhi	934–940
Al-Muttaki	940–944
Al-Mustakfi	944–946
Al-Muti	946–974
Al-Tai	974–991
Al-Kadir	991–1031
Al-Kaim	1031–1075
Al-Muktadi	1075–1094
Al-Mustashir	1094–1118
Al-Mustarschid	1118–1135
Ar-Raschid	1135–1136
Al-Muktafi	1136–1160
Al-Mustandjid	1160–1170
Al-Mustadi	1170–1180
An-Nasir	1180–1225
Al-Sahir	1225–1226
Al-Mustanssir	1226–1242
Al-Mustassim	1242–1258
Die Omaijaden in Spanien	
Abd ar-Rahman III. (seit 912 Emir)	929–961
Hakam (Al-Hakam) II.	961–976
Hischam II.	976–1009
Verfall (sechs Herrscher)	1009–1031

Kali̲f [arab. »Nachfolger«] *der,* seit 632 offizieller Titel von Mohammeds Nachfolgern in der Herrschaft über die muslim. Gemeinschaft **(Kalifat).** Nach sunnit. Auffassung wurden die K. gewählt; sie hatten ihren Sitz (bis 657) in Medina. Die ersten vier »rechtgeleiteten« K. (Abu Bakr, Omar I., Othman, Ali) begründeten das islam. Großreich **(Kalifenreich).** Im Kampf mit Ali, der auch zur Spaltung der Muslime in Schiiten, Sunniten und Charidjiten führte, errang mit Moawija I. die Dynastie der Omaijaden (661–750) die K.-Würde; sie regierte in Damaskus, bis sie durch die Abbasiden (750–1258) gestürzt wurde, die den Sitz der Herrschaft nach Bagdad verlegten. Neben dem rechtmäßigen K. haben auch die Omaijaden in Spanien (756–1031), die Fatimiden (909 bis 1171) und die Abbasiden (1261–1517) in Ägypten diese Würde beansprucht. Mit der Eroberung Ägyptens durch den Osmanensultan Selim I. (1460) ging die Würde des K. an die Sultane von Konstantinopel über (endgültig 1517). Nach dem Zerfall des Osman. Reiches im Ersten Weltkrieg kam es zur Abschaffung des Kalifats durch die Türk. Republik (3. 3. 1924).

Kalifo̩rni|en (engl. California, Abk. Calif.), drittgrößter und volkreichster Bundesstaat der USA, am Pazifik und an der Grenze zu Mexiko, 424 002 km², (2001) 34,5 Mio. Ew. Der Anteil der Weißen sank in den 1990er-Jahren von ehemals 69 % (1990) auf

Alex Cafekneipenbarbistr[illegible]
Hauptmarkt 10

90403 Nuernberg

Tel. 0911 - 2446980

039 Salem

: 402/1 Chk 7328 [illegible]st 2
09Mai'08 09:5[illegible]

2 Capp[illegible].Milch HA a 2.50 5.00
1 [illegible] Assam Special 2.30
2 [illegible]uehstueck a 5.95 11.90
Barzahlung 19.20

1.90 19 % MwSt. 11.90
1.17 19 % MwSt. 7.30
Zw.Summe 19.20
Zahlung 19.20
------1039 Rng. geschl. 10:02------

ALEX Gaststaetten GmbH & Co. KG
USt-ID DE 202 702 663
****
... einfach wohlfühlen - einfach lecker, einfach erfrischend !

Frühstück Mittags Abends Immer

... und bald überall in deiner Nähe ! Danke und bis bald ...

Dein ALEX www.alexgastro.de

Alex Cafekneipenbarbistrogmbh
Hauptmarkt 10

90403 Nuernberg

Tel. 0911 - 2445930

033 Salem

40/1 7203 2
03Mai06 09:51

2 Cappucc.Milch HA a 2.50	5.00
1 Gl Assam Special	2.30
2 Fruehstueck a 5.95	11.90
Barzahlung	19.20
1.90 19 % MwSt	11.90
1.17 19 % MwSt	7.30
Zw.Summe	19.20
Zahlung	19.20

----1039 Rng. geschl. 10:02----

ALEX Gaststaetten GmbH & Co. KG
Ust-ID DE 202 702 663
****
... einfach wohlfühlen - einfach lecker, einfach erfrischend !

Frühstück Mittags Abends Immer

... und bald überall in deiner Nähe ! Danke und bis bald ...

Dein ALEX www.alexgastro.de

Kalif – Expansion des Kalifenreiches bis 900

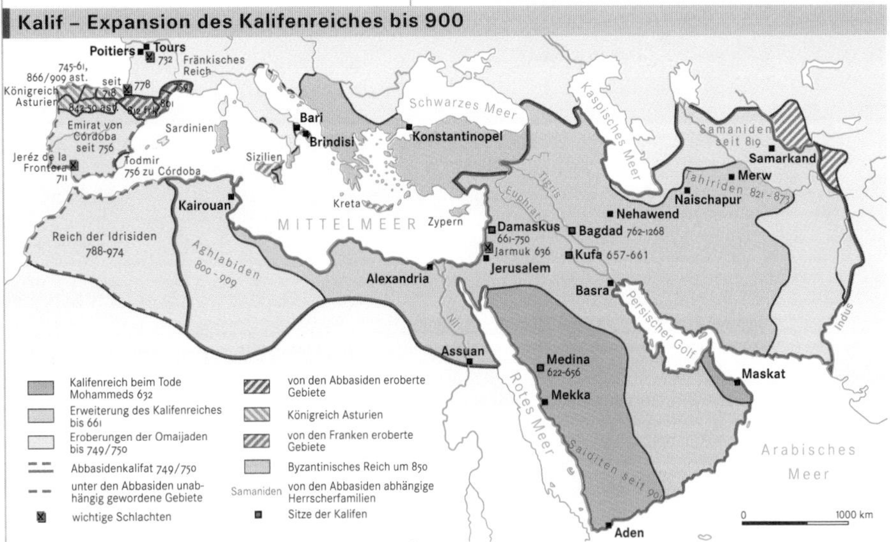

46,7% (2000) der Gesamtbev., die Nachkommen mexikan. Einwanderer (↑Chicanos) bilden mit 32,4% die nächstgrößere, am stärksten zunehmende Minderheit. Auch die Zahl der Asiaten hat mit 10,8% deutlich zugenommen (v.a. in San Francisco und im Silicon Valley), daneben ist der Anteil der Schwarzen mit 6,4% gering. Hptst. ist Sacramento. Größte Städte sind Los Angeles und San Francisco (auch Haupthafen). K. hat Anteil an den Küstenketten, dem Kaliforn. Längstal, der Sierra Nevada, der Cascade Range und dem Großen Becken. Das Klima ist gemäßigt bis subtropisch mit von N nach S abnehmenden Niederschlägen; jenseits der Küstenketten Trockengebiete. Intensive Landwirtschaft, Anbau von Baumwolle, Gerste, Weizen, Mais, Reis, Hafer, Bohnen, Zuckerrüben; bed. v. a. der Südfrucht- und Gemüsebau im Kaliforn. Längstal mithilfe künstl. Bewässerung. Bed. Vieh- und Geflügelzucht, Fischerei. K. hat reiche Vorkommen an Bodenschätzen: u. a. Erdöl, Erdgas, Borsalze, Quecksilber, Magnesit, Wolfram, Gold (stark zurückgegangen). Die Ind. ist hoch entwickelt: Luftfahrt-, Raumfahrt-, Elektronik- und Computerind. (Silicon Valley), Fahrzeugbau, Nahrungsmittelind., Hüttenwerke u. a. Eine starke Bindung des Hightechbereichs besteht an die Stanford University in Palo Alto. Sitz der Filmind. ist Hollywood. Anziehungspunkte des Fremdenverkehrs sind neben der Filmstadt v. a. Disneyland, San Francisco, die Nationalparks und Badestrände.

Geschichte: 1542 von Mexiko aus durch den Portugiesen J. R. Cabrillo erreicht, wurde Nieder-K. (Baja California) erst seit 1697 durch Jesuitenmissionen, Ober-K. (Alta California) seit 1769 von San Diego aus durch die Franziskaner erschlossen. Im N gründeten Russen Handels- und Fangstationen (u. a. Fort Ross). 1821 wurde K. mexikan. Provinz. Amerikan. Siedler, bes. am Sacramento River, erklärten nach Ausbruch des Krieges zw. den USA und Mexiko (1846–48) die Unabhängigkeit von K. (»Bear Flag Republic«); im Frieden von Guadalupe Hidalgo (1848) trat Mexiko Ober-K. an die USA ab. Am 9. 9. 1850 wurde K. als 31. Staat in die Union aufgenommen. Nach Goldfunden auf J. A. Sutters Besitz (1848) kamen bald Hunderttausende nach K., wo sich in der Folge ein pazif. Zentrum der amerikan. Wirtschaft entwickelte.

Kalifornien, Golf von (Golfo de California, Mar de Cortés, nach der manchmal durch Plankton entstandenen rötl. Farbe Mar Bermejo), 160 000 km² großes Nebenmeer des Pazif. Ozeans zw. der W-Küste Mexikos und der Halbinsel Niederkalifornien (Baja California).

Kalifornien: Manzanita Lake im Lassen Volcanic National Park in der Cascade Range

Kalifornisches Längstal, Teil der Grabenzone, die sich in Nordamerika entlang der Pazifikküste vom Golf von Kalifornien bis Alaska erstreckt, in Kalifornien, USA; über 700 km lang, im Durchschnitt 80 km breit zw. Sierra Nevada und Cascade Range im O und den Coast Ranges im W.

Kaliko [nach der ind. Stadt Calicut] *der* (frz. Calicot), dichtes, fein- bis mittelfädiges Gewebe aus Baumwolle oder Chemiefasern in Leinwandbindung, mäßig appretiert, oft kalandert (↑Kalander); Verwendung z. B. als Buchbinderleinen.

Kalilauge, ↑Kalium.

Kalimantan, indones. Name von ↑Borneo.

Kalinin, 1931–90 Name der russ. Stadt ↑Twer.

Kalinin, Michail Iwanowitsch, sowjet. Politiker, *Werchnjaja Troiza (Gouv. Twer) 19. 11. 1875, †Moskau 3. 6. 1946; Mitarbeiter Lenins und Stalins, wurde 1925 Mitgl. des Politbüros der KPdSU; 1919–46 nominelles Staatsoberhaupt der UdSSR.

Kaliningrad, ↑Königsberg.

Kalinowski, Horst Egon, Objektkünstler, Maler und Grafiker, *Düsseldorf 2. 1. 1924. K. arbeitete zunächst als Maler, bevor er Collagen aus Packpapier sowie Materialbilder, seit 1960 Objekte schuf. Seit den 1970er-Jahren entstehen »Pendants« (frei hängende Objekte), »Termes« (Pfähle), »Tiroirs« (Schubladen) und wieder Collagen, die in Verbindung mit großformatigen Zeichnungen verwendet werden.

Kalisalze, natürlich vorkommende Chloride und Sulfate des Kaliums, meist Doppelsalze (mit Magnesium, Mg; Calcium, Ca; Natrium, Na), z. B. Carnallit, Kainit, Sylvin, Polyhalit. **Primäre K.** entstehen unter ariden Klimabedingungen durch Eindunsten von Salzwasser. Hier scheiden sich entsprechend ihrer Löslichkeit nacheinander Kalkstein, Gips, Anhydrit, Steinsalz und K. aus. Weitere K. bilden sich durch **sekundäre Umwandlung** der Primärausscheidungen (»Salzmetamorphose«). K. wurden in allen geolog. Zeitaltern seit dem Kambrium nachgewiesen; große Lagerstätten aus dem Unterperm, Zechstein und Tertiär. K. dienen v. a. zur Herstellung von Düngemitteln, daneben als Rohstoffe in der chem. Industrie.

Kalisch, David, Schriftsteller, *Breslau 23. 2. 1820, †Berlin 21. 8. 1872; gründete 1848 mit dem Verleger R. Hofmann das Witzblatt »Kladderadatsch«; schrieb humoristisch-polit. Lieder (Couplets), Possen und Berliner Lokalstücke.

Kalisz ['kaliʃ] (dt. Kalisch), Stadtkreis und Krst. in der poln. Wwschaft Großpolen, an der Prosna, 108 100 Ew.; kath. Bischofssitz; Maschinen-, Fernsehgerätebau, Textil-, keram. Ind., Klavierbau. – St. Nikolaus- (1253 ff.), Kollegiats- (1353, 1790), Franziskanerkirche (13./14., 17. Jh.). – In K. schlossen Preußen und Russland ihr Bündnis gegen Napoleon I. (28. 2. 1813).

Kalium [zu Alkali] *das,* chem. Symbol **K,** Alkalimetall aus der 1. Hauptgruppe des Periodensystems, Ordnungszahl 19, relative Atommasse 39,0983, Dichte (bei 20 °C), 0,862 g/cm³, Schmelzpunkt 63,38 °C, Siedepunkt 759 °C. – K. ist wachsweich und silberweiß glänzend; es ähnelt chemisch dem Natrium, reagiert heftig unter Flammenbildung mit Wasser zu K.-Hydroxid und Wasserstoff. Um K. vor der Verbindung mit Sauerstoff zu schützen, wird es in reaktionsträgen Flüssigkeiten, z. B. Petroleum, aufbewahrt. –

Zur Gewinnung von K. wird meist K.-Fluorid mit Calciumcarbid umgesetzt oder geschmolzenes K.-Chlorid mit Natrium reduziert; Verfahren der Schmelzflusselektrolyse von wasserfreiem K.-Hydroxid werden heute nicht mehr durchgeführt. – K. ist in der Erdrinde mit 2,59 % enthalten. Es wird spektralanalytisch nachgewiesen. Das Isotop ^{40}K (zu 0,0117 % in natürl. K. enthalten) ist radioaktiv und wird zur Altersbestimmung herangezogen (↑Kalium-Argon-Methode).
K., ein notwendiges Element für alle tier. und pflanzl. Organismen, hat große biolog. Bedeutung. Im Zellsaft enthalten, beeinflusst es Membrandurchlässigkeit, enzymat. Reaktionen, Synthese von Phosphaten und den osmot. Druck in der Zelle. K. ist an elektr. Vorgängen in erregbaren Strukturen (Nerven- und Muskelgewebe) beteiligt. Der Tagesbedarf des Menschen an K. liegt bei etwa 1 g. K.-Mangel führt zu Symptomen der Kraftlosigkeit, Muskel- und Kreislaufschwäche, Apathie. – Landpflanzen sind K.-Sammler; bei ihrer Veraschung fällt das Element als K.-Carbonat an. – Einige K.-Verbindungen sind wichtige gesteinsbildende Minerale: Feldspat, Glimmer, Leucit. K. hat kaum techn. Bedeutung, da es durch das billigere Natrium zu ersetzen ist.
Verbindungen: K. tritt in Verbindungen einwertig positiv auf. **K.-Hydrid,** KH, ein weißes kristallines Pulver, entsteht aus K.-Metall und Wasserstoff. Mit Sauerstoff bilden sich die beim Verbrennen des K. an der Luft entstehenden Verbindungen **K.-Peroxid,** K_2O_2, **K.-Dioxid,** KO_2, und das farblose **K.-Oxid,** K_2O, das aus K.-Nitrat und K. dargestellt werden kann. **K.-Hydroxid (Ätzkali, K.-Oxidhydrat),** KOH, eine undurchsichtige weiße Masse, entsteht in wässriger Lösung bei der Elektrolyse von K.-Chlorid. Das aus dieser Lösung **(Kalilauge)** durch Abdampfen gewonnene feste K.-Hydroxid ist sehr hygroskopisch, eine starke Base, zieht Kohlendioxid an, schmilzt leicht und wirkt ätzend. Verwendet wird es in der Seifen- und Farbenindustrie. **K.-Carbonat (Pottasche),** K_2CO_3, ein Bestandteil der Pflanzenasche, wird hauptsächlich durch Elektrolyse von K.-Chlorid und Sättigen mit Kohlendioxid dargestellt. Das weiße Salz wird zur Herstellung von Glas, Seifen, Ätzkali, Wasserglas und in der chem. Ind. verwendet. – Durch Einleiten von Kohlendioxid in eine konzentrierte Lösung des Salzes entsteht **K.-Hydrogencarbonat,** $KHCO_3$. **K.-Sulfat ,** K_2SO_4, dient zur Darstellung von Alaun und als Düngemittel. **K.-Chlorat,** $KClO_3$, wird durch Einleiten von Chlor in heiße Kalilauge oder durch Elektrolyse wässriger Chlorkaliumlösungen dargestellt, verwendet als sauerstoffreiche Verbindung, z. B. in der Zündholz-, Sprengstoff- und Feuerwerksindustrie. **K.-Bichromat,** $K_2Cr_2O_7$, aus Chromeisenstein gewonnen, wird in der Färberei und Druckerei als Oxidationsmittel und Beize, als fotograf. Verstärker (Chromverstärker) für unterbelichtete Negative, zum Bleichen von Fellen, zur Herstellung von Zündwaren, von gelben und roten Mineralfarben verwendet. Durch Einleiten von Chlor oder Kohlendioxid in eine wässrige Lösung von K.-Manganat bildet sich **K.-Permanganat,** $KMnO_4$, grünschwarze, metallisch glänzende Kristalle, die sich in Wasser mit tief violetter Farbe lösen; das starke Oxidationsmittel dient als Desinfektionsmittel und wird in der Oxidimetrie verwendet. **K.-Sulfid,** K_2S, bildet sich beim Glühen von K.-Sulfat mit Kohle als rötl. Masse; beim Kochen der konzentrierten Lösung mit Schwefel entstehen **K.-Polysulfide,** K_2S_3, K_2S_4, usw. Durch Erhitzen von K.-Carbonat mit Schwefel entsteht ein Gemisch von **K.-Pentasulfid** und **K.-Thiosulfat,** die **Schwefelleber,** die in der Medizin zu keratolyt. Schwefelbädern dient. Weitere K.-Verbindungen sind z. B. **K.-Bromid** (↑Brom), **K.-Chlorid** (↑Chlor), **K.-Ferricyanid** bzw. **-Ferrocyanid,** das rote bzw. gelbe Blutlaugensalz, **K.-Nitrat,** der Kalisalpeter (↑Salpeter) und **K.-Silicat,** das Kaliwasserglas (↑Wasserglas).

Kalium-Argon-Methode, Methode der Altersbestimmung von Gesteinen. Sie beruht auf dem radioaktiven Zerfall des Kaliumisotops ^{40}K, das mit 0,0117 % zum natürlichen Kalium beiträgt. Das ^{40}K-Nuklid zerfällt mit einer Halbwertszeit von 1,3 Mrd. Jahren, zu 11 % durch Elektroneneinfang zum Argonisotop ^{40}Ar und zu 89 % durch Betazerfall zum Calciumisotop ^{40}Ca (dualer Zerfall). Als Edelgas akkumuliert sich radiogenes ^{40}Ar im Mineral, sodass seine Menge – bezogen auf den Kaliumgehalt – ein Maß für das Alter ist. ^{40}Ar wird zusammen mit den anderen Argonisotopen massenspektrometrisch nachgewiesen, wodurch es von absorbiertem Luftargon unterschieden werden kann. Die K.-A.-M. ist eines der am häufigsten angewendeten geochronolog. Verfahren mit einem zeitlich weiten Anwendungsbereich, der von der Bildung des Planetensystems (Meteoriten) vor 4,6 Mrd. Jahren bis in das jüngste Pleistozän reicht.

Kaliumcyanid (Cyankali), Abk. **KCN,** hochgiftiges Kaliumsalz der Blausäure; bildet ein weißes, in Wasser leicht lösl. Pulver. (↑Blausäurevergiftung)

Kalixälv *der,* Fluss in N-Schweden, 430 km lang mit vielen Stromschnellen, entspringt in Kebnekajse, mündet bei Kalix in den Bottn. Meerbusen; Flößerei.

Kalixt II. (Calixtus II.), Papst (1119–24), eigtl. Guido, †Rom 13. 12. 1124; Erzbischof von Vienne, beendete 1122 durch das Wormser Konkordat den Investiturstreit.

Kalixtiner, ↑Hussiten.

Kali-Yuga [Sanskrit »Weltperiode der Kali«], letztes der vier hinduist. Weltzeitalter (Yuga), als dessen Anfang das Jahr 3102 v. Chr. angenommen wird und das noch andauert; wird als das (vom Bösen beherrschte) Zeitalter des Weltuntergangs beschrieben.

5694

Kalk: Kreide gehört zu den natürlichen Kalkablagerungen; hier die Kreideküste (Wissower Klinken) auf Rügen

Kalk, Bez. für Calciumverbindungen, die in einfachem Zusammenhang mit Calciumoxid, CaO, stehen. **Kohlensaurer K., Calciumcarbonat,** $CaCO_3$, ist in der Natur verbreitet als Kalkstein, Kreide, Marmor, Kalkspat, Aragonit, ferner als Hauptbestandteil von Eierschalen u. Ä. sowie als Aufbaustoff der Knochen. K. ist lebenswichtig für den Stoffwechsel bei Mensch, Tier und Pflanze. **Gebrannter K., Ätzkalk,** entsteht aus Kalkstein, der im Kalkofen bei über 900 °C gebrannt wird, Kohlendioxid wird ausgetrieben, es verbleibt Calciumoxid, CaO. Der gebrannte K. ist porös, bröcklig und nimmt Wasser aus der Luft auf (daher trockene Lagerung). **Lösch-K., gelöschter K.,** entsteht aus gebranntem K., der mit Wasser übergossen wird; es bildet sich Calciumhydroxid, $Ca(OH)_2$. Dabei wird Wärme frei, die das überschüssige Wasser verdampfen lässt (»Rauchen« beim Kalklöschen). Gelöschter K. geht durch Aufnahme von Kohlendioxid aus der Luft wieder in $CaCO_3$ über. Deshalb wird er bei der Mörtelbereitung und in der Landwirtschaft (Kalkdüngung) verwendet.

Kalka *die,* Nebenfluss des Kalmius im S des Gebiets Donezk, Ukraine. Hier besiegten die Mongolen am 31. 5. 1223 eine Streitmacht russ. Fürsten und der Polowzer.

Kalkalgen, versch. Arten der Algen, die an oder in der Zellwand Kalk ablagern; fossile K. aus dem Jura bildeten Kalksedimente (Schreibkreide).

Kalkalpen, die vorwiegend aus Kalken und Dolomiten aufgebauten, nördlich und südlich der kristallinen Zentralzone verlaufenden Ketten der ↑Alpen; mit schroffen Wänden, zerklüfteten, kahlen Hochflächen und oft maler. Felsformen.

Kalkaneussporn, der ↑Fersensporn.

Kalkant [lat.] *der,* jemand, der an der Orgel den Blasebalg tritt.

Kalkar, Stadt im Kr. Kleve, NRW, am linken Ufer des Rheins, 13 100 Ew.; Museum; Zuckerfabrik, Milchwerke mit Käserei, Zentralschlachthof; das Kernkraftwerk mit dem schnellen Brüter wurde nie in Betrieb genommen (Umwandlung in einen Freizeitpark). – K., 1230 gegr., 1242 Stadtrechte, hat mittelalterl. Gepräge (got. Rathaus am Markt; 1438–46) und bed. Werke der **Kalkarer Schule** (Bildschnitzer und Maler des 15. und 16. Jh.) in der Pfarrkirche St. Nikolai (H. ↑Douvermann).

Kalkar (Calcar), Jan Joest van, auch J. Joost van K., Joest van Haarlem, niederrheinisch-niederländ. Maler, *Wesel um 1460, †Haarlem 1519; benannt nach seinem Meisterwerk, dem Hochaltar der

Pfarrkirche St. Nikolai in Kalkar (1505 bis 1508), dem einzigen gesicherten Werk. Bezeichnend für seine Werke sind die atmosphär. Raum- und Lichtwirkungen seiner Landschaftsdarstellungen und die porträthaft charakterisierten Figuren.

Kalkharmotom, Mineral, ↑Phillipsit.

Kalknatrongläser, Hauptgruppe industriell hergestellter Gläser (mit rd. 14% Natriumoxid und rd. 9% Calciumoxid), lichtdurchlässig, von glatter, porenfreier Oberfläche, wasserbeständig.

Kalkpflanzen, Pflanzen, die nur auf kalkhaltigem Boden vorkommen (kalkstete Pflanzen) oder sich v.a. dort finden (kalkholde Pflanzen).

Kalkriese, Dorf im Landkreis Osnabrück, Ndsachs., seit 1974 Ortsteil von Bramsche. – Nach neueren archäolog. Forschungen (systemat. Grabungen seit 1989) fand am Kalkrieser Berg 9 n. Chr. die ↑Varusschlacht statt; Museumspark.

Kalksandstein, 1) *Bautechnik:* aus einem Teil Kalk und bis zu 15 Teilen Quarzsand in Ziegelformat gepresster und gehärteter Mauerstein aus Silikatbeton.

2) *Petrographie:* durch kalkiges Bindemittel verkitteter Sandstein.

Kalkseife (Calciumseife), unlösl., schmierendes, nicht reinigendes und nicht schäumendes Reaktionsprodukt aus versch. höheren Fettsäuren und Calciumverbindungen, z.B. als Ablagerung (Rand) in Waschbecken.

Kalksinter (Kalktuff), poröser Kalkstein, ↑Tuff.

Kalkspat (Calcit, Kalzit), trigonales, formen- und flächenreichstes Mineral, $CaCO_3$, meist farblos oder weiß, eines der wichtigsten gesteinsbildenden Minerale. Dichte bis körnige Aggregate von K. sind Kalkstein, Kreide und Marmor. Seine starke ↑Doppelbrechung ist bereits makroskopisch erkennbar. Große K.-Kristalle werden daher auch in opt. Instrumenten verwendet (Doppelspat, Islandspat, früher v.a. auf Island abgebaut). Eine metastabile Modifikation des K. ist der ↑Aragonit.

Kalkstein, überwiegend aus Calciumcarbonat (Kalkspat, Aragonit, Dolomit) bestehendes Sedimentgestein, meist mariner Entstehung. Die Ablagerungen bildeten sich vorwiegend biogen, aus Kalkschalen oder -skeletten von Tieren oder unter Beteiligung pflanzl. Organismen (Kalkalgen), seltener durch chem. Ausfällung. Nach dem Gefüge unterscheidet man dichten, porösen, oolith., spatigen K., nach der Absonderung z.B. Platten- oder Massen-K., nach Beimengungen Kalkmergel, dolomit. K. u.a. Der Marmor ist ein metamorph umkristallisierter Kalkstein. Verwendet wird K. u.a. als Werkstein, für Kalkmörtel, als Rohstoff der Zement-, Glas- und chem. Industrie.

Kalkar: gotisches Rathaus am Markt (1438–46)

Kalkstickstoff (Calciumcyanamid), $CaCN_2$, entsteht durch Umsetzung von Calciumcarbid mit Stickstoff bei Rotglut; wichtiger Stickstoffdünger.

Kalkül [frz.] *der,* **1)** *Logik:* Weiterentwicklung des axiomat. Systems, bei der das log. Schließen durch das Umformen von Symbolketten ersetzt ist. Auf der Grundlage eines Alphabets (definierte Grundzeichen) werden aus Axiomen mit Ableitungsregeln neue Sätze und Theoreme hergeleitet, die insgesamt einen Formalismus bilden. Jeder ↑Algorithmus ist ein K. oder kann auf die Form eines K. gebracht werden.

2) *Mathematik:* ein System von Zeichen und Regeln zur formalen Ausführung math. Rechnungen.

Kalkulation [lat.] *die* (Kostenträgerstückrechnung), Teilgebiet der ↑Kostenrechnung zur Ermittlung der Selbstkosten einer Leistungs- oder Produkteinheit oder eines Gesamtauftrags. Die K. kann auch der Berechnung von Stückerfolg und Preisuntergrenze dienen sowie Daten für die Produktions- und Absatzplanung liefern. **K.-Verfahren:** Bei der Divisions-K. werden die

Kalkutta: Victoria Memorial (1921) in der Parkanlage Maidan

100264

Stückkosten ermittelt, indem die betreffenden Gesamtkosten durch die Produktmenge dividiert werden. Bei der Zuschlags-K. werden den Einzelkosten der Produkte die Gemeinkosten als prozentuale Zuschläge hinzugerechnet. Die Äquivalenzzifferrechnung wird angewendet, wenn mehrere gleichartige Produkte (Sorten) auf derselben Fertigungsanlage hergestellt werden und die entstandenen Gesamtkosten einer Periode auf die einzelnen Sorten zu verteilen sowie die Stückkosten je Sorte zu ermitteln sind.

Kalkulationspunkt, *Skispringen:* der ↑K-Punkt.

Kalkulationszinsfuß, Berechnungsgrundlage für den Kapitalwert; mit steigendem K. nimmt der Kapitalwert einer künftigen Zahlung ab. Anhaltspunkte für die Höhe des K., wodurch z. B. Investitionsentscheidungen beeinflusst werden, sind die Kosten der Fremdfinanzierung und die Rendite alternativer Anlagen.

Kalkulator [lat.] *der,* mit der Kalkulation betrauter kaufmännisch ausgebildeter Angestellter im betriebl. Rechnungswesen.

kalkulatorische Kosten, in der Erfolgsrechnung zu berücksichtigende Kosten, denen unmittelbar keine Ausgaben entsprechen und die deshalb erfolgsneutral behandelt werden müssen. Unterschieden werden Zusatz- (z. B. Eigenkapitalzins, kalkulator. Unternehmerlohn) und Anderskosten (z. B. kalkulator. Abschreibungen und kalkulator. Wagnisse). Durch k. K. sollen die Selbstkosten allein nach betriebswirtschaftl. Grundsätzen möglichst genau ermittelt werden.

Kalkutta (engl. Calcutta) (Kolkata), Hauptstadt des Bundesstaates West Bengal, Indien, am Hugli (einem Mündungsarm des Ganges), 4,58 Mio. Ew., als Agglomeration Groß-K. 13,22 Mio. Ew. (größte Stadtregion Indiens); kath. Erzbischofssitz, mehrere Univ. und Hochschulen, wiss. Inst. und Gesellschaften, Museen, Nationalbibliothek, zoolog. und botan. Garten; Mittelpunkt der chem. Ind., außerdem Schwer-, Maschinen-, Fertigwaren-, Jute-, Baumwoll- und Seidenind., Schiffbau; Überseehafen (rd. 150 km vom Golf von Bengalen entfernt); seit 1984 U-Bahn; internat. Flughafen in Dum Dum. – Mittelpunkt des modernen K. ist der Dalhousie Square mit Hauptpost (1868) und Writers Building (1880), weitere bed. Bauten sind die Saint John's Church (1784), der 1799–1802 errichtete Amtssitz des Gouv., die neugot. Town Hall (1872), Saint Paul's Cathedral (1847), Victoria Memorial (1921), der New Market (1847), die Nakhoda-Moschee und das Geburtshaus R. Tagores sowie im Badri-Das-Park ein Komplex mehrerer Dschainatempel (19. Jh.). – 1495 wird das Dorf **Kalikata** erwähnt; 1690 errichtet die engl. Ostind. Kompanie eine Handelsniederlassung, die später zur befestigten Siedlung (Fort William) ausgebaut wird; 1756 von den Bengalen erstürmt, 1757 von R. Clive zurückerobert; 1773 bis 1912 Reg.sitz von Britisch-Indien, seit 1947 Hptst. von West Bengal.

✣ **siehe ZEIT Aspekte**

📖 *Kämpchen, M.: Calcutta. Eine funktionierende Anarchie. Göttingen 1994.*

Kallaiker, keltoiber. Volksstamm, ↑Galläker.
Kallait [grch.] *der,* das Mineral ↑Türkis.
Kállay ['ka:lɔɪ], Miklós von, ungar. Politiker, * Nagyhalász (Bez. Szabolcs-Szatmár-Bereg) 23. 1. 1887, † New York 15. 1. 1967; suchte als MinPräs. (1942 bis 1944) und Außenmin. (1942/43) Ungarn aus dem Bündnis mit dem nat.-soz. Dtl. zu lösen und einen Sonderfrieden mit den Westalliierten zu erreichen. 1944/45 war er in dt. Haft; danach in der Emigration.
kalli... [grch.] (kali...), schön...
Kalliasfriede (fälschlich Kimonischer Friede), von dem Athener Kallias ausgehandelter und zw. dem Attisch-Del. Seebund und Persien 449/448 v. Chr. abgeschlossener Friedensvertrag; bedeutete das Ende der Perserkriege und brachte die Anerkennung der Autonomie der kleinasiat. Griechenstädte.
Kallidin *das,* ↑Kinine.
Kalligramm [grch.] *das,* Form eines poet. Textbildes; die Anordnung der Buchstaben erfolgt als auf den Inhalt des Textes hinweisendes Bild, u. a. von G. Apollinaire in dem Gedichtband »Calligrammes« (1918) angewendet.
Kalligraphie [grch.] *die,* Kunst des schönen Schreibens, am höchsten entwickelt im Islam, in China und Japan.
Kallikrates, grch. Architekt des 5. Jh. v. Chr.; neben Iktinos am Parthenon tätig; um 448 mit dem Entwurf für den Niketempel der Athener Akropolis beauftragt.
Kallikrein [grch.] *das,* Protease der Bauchspeicheldrüse und des Blutplasmas, die aus den Kininogenen die gefäßerweiternden ↑Kinine freisetzt.
Kallimachos, 1) grch. Bildhauer und Maler des späten 5. Jh. v. Chr.; Schüler des Phidias, nur literarisch überliefert. Die Zuschreibung in Kopien erhaltener Werke an K. (z. B. Venus Genetrix, eine Marmoraphrodite) ist unbewiesen; galt als Erfinder des korinth. Kapitells.
2) grch. Gelehrter und Dichter, * etwa 305 v. Chr., † etwa 240 v. Chr.; aus Kyrene in Libyen; verfasste in Alexandria den Katalog der Alexandrin. Bibliothek (»Pinakes«), schuf Hymnen, Epigramme und die »Aitia« (»Ursachen«), d. h. Sagen, die den Ursprung bestehender Kulte und Bräuche erzählen. K. wurde von den röm. Dichtern, bes. Properz und Ovid, nachgeahmt.
Kalliope [grch.], Muse des Epos und der Elegie.
Kallisthenes, grch. Geschichtsschreiber, * Olynth um 370 v. Chr., † Baktra 327 v. Chr.; Großneffe und Schüler des Aristoteles, Begleiter Alexanders d. Gr. beim Perserfeldzug; schrieb u. a. eine panegyr. Alexandergeschichte; wegen angebl. Teilnahme an einer Verschwörung gegen Alexander hingerichtet.
Kallisto [grch. »die Schönste«] (lat. Callisto), **1)** *Astronomie:* der Jupitermond Callisto (↑Jupiter).
2) *grch. Mythos:* eine Jagdgefährtin der Artemis; von Zeus geliebt, nach einer Überlieferung dann von Artemis, als diese ihre Schwangerschaft entdeckte, davongejagt. Nach der Geburt ihres Sohnes Arkas wurde K. von Hera in eine Bärin verwandelt, später mit Arkas von Zeus unter die Sterne versetzt, K. als »Großer Bär«, Arkas als Bärenhüter.

100001

Kalligraphie: Die mit einem Haarpinsel geschriebene Kalligraphie gilt als eine Kunstform, in der Bildung, Charakter und Emotionalität des Schreibens ihren unverwechselbaren Niederschlag finden.

Kallus [lat. »Schwiele«] *der,* **1)** *Botanik:* bei Pflanzen auftretende Gewebewucherung an Wundflächen, dient dem Wundverschluss; häufig als Überwallung an Baumstämmen.
2) *Medizin:* (Knochenschwiele), Knochenkeimgewebe, das nach einem Knochenbruch den Bruchspalt überbrückt und sich durch Kalkeinlagerungen in Knochen umwandelt.
Kálmán ['ka:lma:n], Emmerich, ungar. Komponist, * Siófok (Bez. Somogy) 24. 10. 1882, † Paris 30. 10. 1953; schrieb in Wien,

wo er bis 1938 lebte, von der ungar. Folklore beeinflusste Operetten, u. a. »Die Csárdásfürstin« (1915), »Gräfin Mariza« (1924), »Die Zirkusprinzessin« (1926). Lebte 1940–45 in den USA, danach in Paris.

Kalmar, 1) VerwBez. (Län) in S-Schweden, 11 171 km², 236 500 Einwohner.
2) Hauptstadt von 1), 59 100 Ew., Hafen, Handelsplatz und Verkehrsknotenpunkt am **K.-Sund** gegenüber der Insel Öland (mit 6 km langer Brücke verbunden); Univ.; Bau von Schienenfahrzeugen, Autoind., Elektroapparatebau, Holz verarbeitende, Bekleidungs- und Nahrungsmittelind., Schiffbau; Fremdenverkehr. – Die Altstadt, im 17. Jh. planmäßig auf der Insel **Kvarnholmen** angelegt, ist z. T. erhalten: Tor Kavaljersporten (1697), Dom (1682 geweiht), Rathaus (1684–90), Residenz (1674), Fachwerkhäuser; dem Festland vorgelagert ist das fünftürmige **Schloss Kalmarhus** (12. Jh., im 16. Jh. erweitert, heute z. T. Museum). – K., um 1000 als Handelsplatz nachgewiesen, wurde im 11. Jh. als südlichste schwed. Seefestung gegen Dänemark ausgebaut; 1611 niedergebrannt.

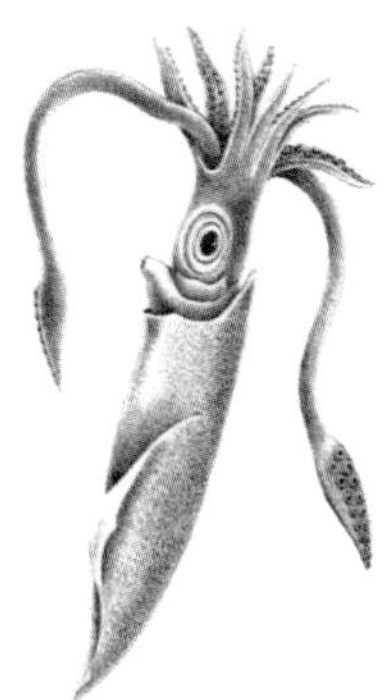

Kalmare: Gemeiner Kalmar

Kalmare [lat.], schlanke zehnarmige Kopffüßer mit schwimmtüchtigen Flossen. Die **Riesen-K.** (volkstümlich **Riesenkraken,** Architeuthis) sind mit über 20 m Gesamtlänge (einschl. Tentakeln) und 1 t Gewicht die größten wirbellosen Tiere. Der etwa 50 cm lange **Gemeine K.** (Loligo vulgaris) wird im Mittelmeer und Westatlantik gefischt.

Kalmarer Union, Vereinigung der Königreiche Dänemark, Norwegen und Schweden; faktisch begründet durch die Krönung Margaretes I., der Königin von Dänemark und Norwegen, zur Königin von Schweden 1389; bestätigt durch die Unionsakte und die Krönung Erichs von Pommern zum Unionskönig 1397 in Kalmar; bestand mit Unterbrechungen bis zur Wahl Gustavs I. Eriksson Wasa zum König von Schweden bis 1523.

Kalmen [frz.] (Mallungen, Doldrums), Bez. für Windstillen, u. a. über den Ozeanen. Als **K.-Gürtel** bezeichnet man das Gebiet schwacher, veränderl. Winde und häufiger Windstillen am Äquator, mitunter auch die **Rossbreiten** zw. 25 bis 35° nördl. bzw. südl. Breite.

Kalmit *die,* höchster Berg der Haardt und des gesamten Pfälzerwalds, 673 m ü. M., südwestlich von Neustadt an der Weinstraße, Rheinl.-Pf.; Wetterwarte.

Kalmücken, westmongol. Volk von etwa 164 000 Menschen, v. a. in Kalmückien, etwa 20 000 auch in den Gebieten Astrachan, Wolgograd, Rostow am Don, Orenburg sowie in der Region Stawropol in Russland; früher Nomaden und Halbnomaden, gewinnen sie nach dem Ende der Sowjetherrschaft, unter der sie sesshaft wurden, ihre kulturelle Identität zurück. – Die K. wanderten im 17. Jh. über den Ural an die untere Wolga; ein großer Teil kehrte Ende des 18. Jh. zurück. Die an der unteren Wolga verbliebenen K., im Zweiten Weltkrieg zwangsweise umgesiedelt, durften z. T. nach Kalmückien zurückkehren. Die K. sind lamaist. Buddhisten. Ihre Sprache gehört zu den mongolischen Sprachen.

Kalmückien (Republik K., kalmückisch Chalmg Tangtsch), Teilrep. der Russ. Föderation, in der westl. Kaspisenke, 76 100 km², 314 300 Ew. (45 % Kalmücken, 38 % Russen); Hptst. ist Elista; überwiegend Wüsten und Halbwüsten, im W die Jergenihöhe (222 m ü. M.); Schafzucht, in geringem Ausmaß Bewässerungsfeldbau; Fischfang im Kasp. Meer; Erdöl- und Erdgasgewinnung.

Kalmus [lat.-grch.] *der* (Acorus), würziges, aus Asien und Amerika stammendes und seit dem 16. Jh. in ganz Europa an Ufern von Teichen, Seen und Flüssen eingebürgertes Aronstabgewächs mit oft über 1 m langen schwertförmigen Blättern und unscheinbaren, zwittrigen Blüten in einem 10–20 cm langen, frei hervorragenden Blütenkolben. Die bekannteste Art ist der **Echte Kalmus** (Deutscher Ingwer, Acorus calamus). Die Wurzel enthält äther. Öle **(K.-Öl),** die als verdauungsförderndes Magenmittel, Arznei- und Seifenzusatz verwendet werden.

Kaloikagathoi [grch.], die Angehörigen der Oberschicht im antiken Griechenland.

Kalokagathie [grch.] *die,* körperl. und geistige Vollkommenheit als Bildungsideal im antiken Griechenland.

Kalomel [grch. »Schönschwarz«] *das,* **1)** *Chemie:* alte Bez. für Quecksilber(I)-chlorid (↑Quecksilber).

2) *Mineralogie:* (Quecksilberhornerz), tetragonales Mineral der chem. Verbindung Hg_2Cl_2, entsteht sekundär bei der Verwitterung quecksilberhaltiger Minerale.

Kalong *der,* malaiische Art der ↑Flughunde.

Kalorie [frz., zu lat. calor »Wärme«] *die,* Einheitenzeichen **cal,** veraltete, aber noch häufig verwendete Einheit der Energie (Wärme), ursprünglich definiert als die Energie, die 1 g Wasser um 1 °C erwärmt. SI-Einheit ist das ↑Joule: 1 cal = 4,1868 J bzw. 1 J = 0,2388 cal. In Nährwertangaben wurde meist die Kilokalorie (kcal) verwendet.

Kalorimeter [lat.-grch.] *das,* **1)** *Elementarteilchenphysik:* Detektor zur Messung der Energie und der Richtung von Teilchen und -bündeln (Jets). Man unterscheidet elektromagnet. K. für Elektronen, Myonen und Photonen (auch Schauerzähler gen.) und Hadronen-K. für stark wechselwirkende Teilchen.

2) *Thermodynamik:* gegen Wärmeaustausch mit der Umgebung isoliertes Gerät zum Messen von Wärmemengen, die bei physikal. oder chem. Prozessen erzeugt oder verbraucht werden, sowie von spezif. Wärmekapazitäten **(Kalorimetrie).**

Beim **Flüssigkeits-K.** wird der Probekörper bzw. das Reaktionsgefäß in eine Flüssigkeit mit gutem Wärmeleitkontakt im K. eingebracht und aus ihrer Temperaturänderung die umgesetzte Wärmemenge bestimmt. – Verbrennungswärmen werden in der **kalorimetr. Bombe (Bomben-K., Berthelot-Bombe)** gemessen, die aus einem abgeschlossenen dickwandigen, innen emaillierten Stahlgefäß (Bombe) besteht. Hierin verbrennt man eine genau abgewogene Menge einer festen oder flüssigen Substanz nach Zündung durch einen elektr. Glühdraht (Zündleitung) in Sauerstoff von 25 bis 35 MPa Druck. Während der Verbrennung taucht die Bombe in eine abgemessene Wassermenge ein; die Verbrennungswärme des verbrannten Brennstoffs wird an das Wasser abgegeben und ruft dort eine messbare Temperaturerhöhung hervor, aus der man die frei gewordene Wärmemenge bestimmen kann. Um eine gleichmäßige Verteilung der abgegebenen Wärmemenge zu gewährleisten, wird das Wasser gerührt. Das K.-Gefäß ist von der Umgebung durch Strahlungsschutz und Wassermantel isoliert. – In **isothermen K.** wird die umgesetzte Wärmemenge für eine isotherme Phasenumwandlung (Schmelzen, Verdampfen, Kondensieren) einer Substanz genutzt, d. h., die Temperatur bleibt während des kalorimetr. Prozesses konstant. Aus der Volumen- oder Gewichtsänderung der Substanz lässt sich die umgesetzte Wärmemenge ermitteln.

Kalotte [frz.] *die,* **1)** *Anatomie:* das ↑Schädeldach.

2) *Geometrie:* Kugelkappe (↑Kugel).

3) *Mode:* das Haar schützende oder schmückende Netzhaube des 14.–17. Jh., aus wollenen oder seidenen Schnüren geflochten, auch unter dem ↑Barett getragen. Urspr. Kopfschutz unter dem Helm. – Als Scheitelkäppchen (Pileolus) gehört die K. zur Kleidung der höheren kath. Geistlichen und kennzeichnet in ihrer Farbe deren Rang: weiß (Papst), rot (Kardinäle), violett (Bischöfe, Äbte, Prälaten).

Kalottenlautsprecher, *Elektroakustik:* mit einer Kugelkappe (Kalotte) als Membran ausgestatteter elektrodynam. Lautsprecher, bes. als Mittel- und Hochtonlautsprecher geeignet.

Kalpak [türk.] *der* (Kolpak), urspr. hohe Lammfellmütze der Tataren, später auch die glatte Pelzmütze ohne Krempe in der Männertracht der südl. Balkanländer, dann nur noch Name für den an der linken Seite der Mütze herabhängenden beutelförmigen Behang aus meist rotem Tuch.

Kalt|arbeitsstähle, legierte oder unlegierte, meist karbidreiche, harte Werkzeugstähle für Kaltarbeitswerkzeuge (spanabhebende Werkzeuge, Scheren, Meißel u. a.).

Kaltblut (Kaltblutpferd), Bez. für kräftige und schwere Hauspferderassen und -schläge mit ruhigem Temperament.

Kaltblüter, volkstüml. Bez. für wechselwarme Tiere, ↑Poikilotherme.

Kaltdehnen, Verfahren zur festen Verbindung einander umschließender Metallteile, z. B. Welle und Ring. Im Ggs. zum ↑Aufschrumpfen wird der Innenkörper in flüssigem Stickstoff abgekühlt und in den Außenkörper eingeführt.

Kältebrücke, *Bautechnik:* Teil einer wärmeisolierenden Wand oder Decke von Gebäuden, der eine im Vergleich zur Umgebung höhere Wärmeleitfähigkeit besitzt und deshalb aus geheizten Räumen überdurchschnittlich viel Wärme abzieht. Durch mögl. Kondenswasserbildung im Bereich der K. kann die Bausubstanz beschädigt werden.

kalte Ente, Getränk aus Weiß- und Schaumwein mit Zitronenscheiben.

Kältehoch, ↑Hochdruckgebiet.

Kältemaschine, Anlage zur Kühlung von geschlossenen Räumen und von festen, flüssigen oder gasförmigen Körpern auf eine vorgegebene, unter der Umgebungstemperatur liegende Temperatur und zu deren Aufrechterhaltung. Dazu muss unter Arbeitsaufwand Wärmeenergie von einem kälteren Körper, der dabei noch kälter wird, auf einen wärmeren Körper übertragen werden. Das Funktionsprinzip der K. beruht auf der Ausnutzung versch. physikal. Effekte und der Anwendung thermodynam. Kreisprozesse. Der wichtigste Kreisprozess ist der **Kaltdampfprozess,** bei dem ein leicht siedendes, flüssiges ↑Kältemittel zw. zwei versch. Drücken und den dazugehörigen Siedetemperaturen geführt wird. Die zur Verdampfung des flüssigen Kältemittels benötigte Wärmeenergie (Verdampfungswärme) wird der Umgebung entzogen, wodurch sich diese abkühlt. – Bei der **Kompressions-K.** befindet sich das siedende Kältemittel in einem Verdampfer, wo es die Verdampfungswärme dem Kälteträger, dem Kühlraum oder dem Kühlgut entzieht. Der Kältemitteldampf wird von einem Kompressor aus dem Verdampfer abgesaugt, verdichtet und dann in einem luft- oder wassergekühlten Kondensator unter Wärmeabgabe verflüssigt. Das flüssige Kältemittel wird dann durch einen Drosselvorgang wieder auf den Ausgangsdruck entspannt und in den Verdampfer expandiert, womit der Kreislauf geschlossen ist. – Bei der **Absorptions-K.** wird der mechan. durch einen »therm. Kompressor« mit einer zw. Absorber und Austreiber umlaufenden Lösung ersetzt. Der Kältemitteldampf wird verdichtet, sodass er im Absorber bei niedrigem Druck von der (an Kältemittel) armen Lösung absorbiert und im Austreiber (Kocher, Generator) bei hohem Druck unter Wärmezufuhr aus der reichen Lösung ausgetrieben wird. Die übrig bleibende, arme Lösung fließt über einen Wärmetauscher in den Absorber zurück. Der Kältemitteldampf wird im Kondensator verflüssigt, im Drosselorgan entspannt und im Verdampfer unter Wärmeaufnahme verdampft. Die beiden wichtigsten Stoffpaare für diesen Prozess sind Ammoniak (als Kältemittel) mit einer wässrigen Ammoniaklösung (als Absorptionsmittel) oder Wasser (als Kältemittel) mit einer wässrigen Lithiumbromidlösung (als Absorptionsmittel). Das Stoffpaar Wasser/Lithiumbromidlösung kann nur bei Verdampfungstemperaturen oberhalb 0 °C eingesetzt werden (z. B. in der Klimatechnik).

Kältemischung, Mischung von Salzen, die eine negative Lösungswärme besitzen,

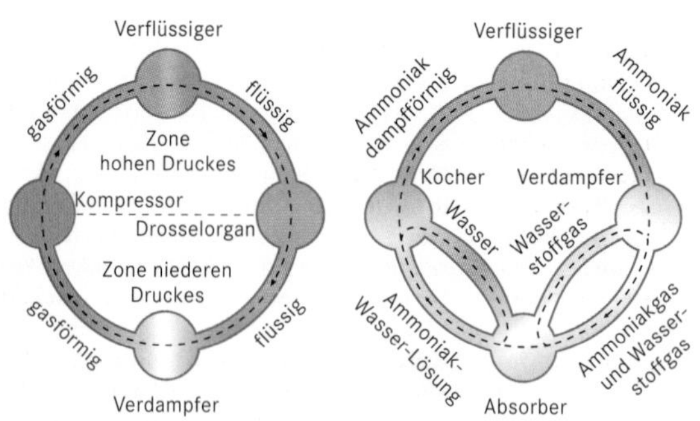

Kältemaschine: Kältemittelkreislauf einer Kompressions- (links) und einer Absorptionskältemaschine (schematisch)

Kältemischungen

Bestandteile	Gewichtsteile	Temperaturabfall von °C	Temperaturabfall auf °C
Wasser	16	+10	−12
Salmiak	5		
Salpeter	5		
Wasser	1	+10	−22
Natriumcarbonat	1		
Ammoniumnitrat	1		
Schnee	2	0	−20
Kochsalz	1		
Schnee	3	0	−46
Kaliumcarbonat	4		

mit Wasser oder Eis; kann zur einmaligen Kälteerzeugung genutzt werden. Die Temperaturerniedrigung entsteht dadurch, dass die Stoffe beim Lösen Wärme verbrauchen, die der Mischung entzogen wird.

Kältemittel, Arbeitsstoffe, die in einer ↑Kältemaschine durch Verdampfen bei niedriger Temperatur und niedrigem Druck Wärme aufnehmen und durch Verflüssigen bei höherer Temperatur und höherem Druck Wärme abgeben. Als K. werden leicht siedende Flüssigkeiten mit großer Verdampfungswärme verwendet, z. B. Ammoniak (für Großkälteanlagen). In Kühl- und Gefrierschränken waren FCKW lange Zeit von größter Bedeutung (↑Fluorchlorkohlenwasserstoffe). Ein Ersatz-K. ist z. B. der teilfluorierte Kohlenwasserstoff R 134 a.; auch werden die noch umweltverträglicheren K. Propan oder Butan verwendet.

Kaltenbrunner, Ernst, Politiker (NSDAP), *Ried im Innkreis (OÖ) 4. 10. 1903, †(hingerichtet) Nürnberg 16. 10. 1946; war seit 1943 Chef der Sicherheitspolizei (Sipo) und des SD sowie des Reichssicherheitshauptamts (RSHA); 1946 vom IMT in Nürnberg zum Tode verurteilt.

Kaltenkirchen, Stadt im Kr. Segeberg, Schlesw.-Holst., nördlich von Hamburg, 16 900 Ew.; Nahrungs- und Genussmittelind., Maschinen- und Fahrzeugbau, elektrotechn., feinmechan. und opt. Industrie. Erhielt 1973 Stadtrecht.

Kältepole, die Orte der Erde mit den niedrigsten Temperaturen: auf der Nordhalbkugel Oimjakon in Jakutien, NO-Sibirien (−77,8 °C); auf der Südhalbkugel die russ. Station Wostok in der Antarktis (tiefster Wert: −89,2 °C).

Kälte|resistenz, die Fähigkeit von Organismen, länger dauernde Einwirkung tiefer Temperaturen ohne bleibende Schäden zu ertragen. Allg. existiert eine große individuelle Variabilität im Ertragen von Kälte, die u. a. abhängig ist vom Flüssigkeitsanteil am Lebendgewicht der Organismen bzw. dem Verhältnis von freiem zu gebundenem Wasser sowie Einwirkungsdauer, Plötzlichkeit und Wiederholung der Kälteeinwirkung. Organismen kühlerer Klimate besitzen eine wesentlich größere K. als Pflanzen und Tiere wärmerer Lebensräume, die häufig schon bei einigen Graden über 0 °C zum Kältetod führende Schäden erleiden. – Häufig wird bei Pflanzen die **Frostresistenz,** tiefe Temperaturen unter 0 °C lebend zu überstehen, von der K. unterschieden. Sinkende Temperaturen lösen die Bildung von Frostschutzstoffen aus, die u. a. in Chloroplasten eingelagert werden und vor Wasserentzug schützen.

kalter Krieg, Bez. für eine nicht militär. Konfrontation zweier Staaten oder Staatenblöcke, bei der ideolog. und propagandist. Unterwanderung, wirtsch. Kampfmaßnahmen (Embargo), Wettrüsten, Begründung und Ausbau von Bündnissen mit polit. Offensiven und Kriegsdrohungen bis zum Rande eines Kriegsausbruches führen können; als Schlagwort zuerst von B. M. Baruch gebraucht. Seit 1947 geläufige Bez. **(Kalter Krieg)** für den Ost-West-Konflikt, der in der Berliner Blockade und im Koreakrieg seine Höhepunkte erreichte; wurde nach dem Tod Stalins (1953) mit Unterbrechungen (u. a. Kubakrise 1962) durch die Entspannungspolitik abgelöst und fand sein Ende mit der Auflösung des Warschauer Paktes 1991, vorbereitet durch die ↑Charta von Paris.

📖 *Loth, W.: Die Teilung der Welt. Geschichte des K. K. 1941–1955. Erw. Neuausg. München 2000. – Hillgruber, A.: Europa in der Weltpolitik der Nachkriegszeit (1945–1963). Neuaufl. München 2002.*

Kaltern an der Weinstraße (italien. Caldaro sulla Strada del Vino), Gemeinde in der Prov. Bozen, Südtirol, Italien, 523 m ü. M., am Fuß des Mendelpasses, 6 800 Ew.; Weinmuseum, Weinhandel. Nahebei liegt der **Kalterer See** (216 m ü. M., 1,48 km²), Mittelpunkt eines Wein- und Obstanbaugebietes; Fremdenverkehr. – Pfarrkirche Mariä Himmelfahrt (1791/92) mit barocken Deckenfresken, spätgot. Schloss Kampan und Schloss Ringberg, ein Viereckbau des 17. Jh.; im Ortsteil Altenburg Kirchenruine St. Peter (um 400).

kalter Tag, *Meteorologie:* Tag, an dem das Temperaturmaximum höchstens –10 °C erreicht.

kaltes Licht, Licht, das nicht von einer therm. Lichtquelle stammt, d. h. keine oder nur wenig Infrarotstrahlung (Wärmestrahlung) enthält, sondern v. a. durch Lumineszenz oder Gasentladungen hervorgerufen wird, z. B. bei Leuchtstofflampen.

Kältestarre, mit Bewegungshemmung und weitgehender Einstellung des Stoffwechsels verbundener Körperzustand von Pflanzen und Tieren unterhalb der zum aktiven Leben erforderl. Temperatur, ohne dass es zum Absterben **(Kältetod)** kommt.

Kältetechnik, techn. Disziplin, die sich mit der Erzeugung und Anwendung von Temperaturen unterhalb der Umgebungstemperatur sowie mit der Konstruktion aller dazu erforderl. Maschinen, Apparate, Steuer- und Regeleinrichtungen befasst. Bei Temperaturen unterhalb von 77 K (–196 °C) spricht man von Tieftemperatur- oder ↑Kryotechnik. – Die Verfahren der K. nutzen die negative Lösungsenthalpie zur Abkühlung aus (↑Kältemischung), verwenden die Verdampfung einer Flüssigkeit unter Aufnahme von Verdampfungswärme (↑Kältemaschine), die adiabat. Entspannung oder Drosselung eines Gases oder Gasgemisches (↑Joule-Thomson-Effekt) oder den Wärmetransport durch thermoelektr. Vorgänge (↑Peltier-Effekt). Ein wichtiges Anwendungsgebiet der K. ist die Lebensmitteltechnik (Herstellung, Kühllagerung und -transport von Lebensmitteln, Entwicklung und Bau von Kühlmöbeln).

📖 *Veith, H.: Grundkursus der K. Heidelberg ⁷1995. – Shachtman, T.: Minusgrade – Auf der Suche nach dem absoluten Nullpunkt. Eine Chronik der Kälte. Hamburg 2001. – Reisner, K.: Fachwissen K. für die industrielle u. gewerbl. Praxis. Eine Einf. mit Aufgaben u. Lösungen. Heidelberg ³2002.*

Kältezittern, gesteigerte Aktivität der Muskulatur zur Erhöhung der Wärmebildung, sodass trotz kalter Umgebung, verbunden mit Wärmeentzug, die Kerntemperatur des Organismus nicht absinkt. Der Energieumsatz erhöht sich dabei auf das 3- bis 5fache des Grundumsatzes.

Kaltformung (Kaltverformung), Umformung metall. Werkstoffe bei Temperaturen unterhalb der Rekristallisationstemperatur des betreffenden Metalls (↑Rekristallisation), i. d. R. bei Raumtemperatur. **Kaltformverfahren** dienen u. a. zum Richten gekrümmter Teile und zur Herstellung bestimmter Profile; sehr häufig bilden sie den Abschluss einer vorhergegangenen Warmformung. Fertigungsverfahren, die als K. durchgeführt werden können, sind v. a. Stauchen, Prägen, Fließpressen, Einsenken, Walzen, Draht-, Rohr- und Tiefziehen sowie Verfahren der Blechbearbeitung.

Kaltfront, *Meteorologie:* ↑Front.

Kalthauspflanzen, Ziergewächse, die im Kalthaus (↑Gewächshaus) überwintern und nicht mehr als 3–10 °C Wärme verlangen.

Kaltkathodenröhre, die ↑Glimmrelaisröhre.

Kaltkaustik, die ↑Elektrokoagulation.

Kaltleiter (PTC-Thermistor), ein ↑Thermistor mit positivem Temperaturkoeffizienten; mit zunehmender Temperatur steigt sein Widerstand, die Leitfähigkeit nimmt ab. Zu den K. gehören u. a. alle Metalle; Anwendung für Regelzwecke, als Überlastschutz, zur Strombegrenzung in elektr. Stromkreisen; Ggs.: ↑Heißleiter.

Kaltluftsee, *Meteorologie:* flache Ansammlung von Kaltluft, die sich aufgrund deren Schwere in Mulden, Kesseln und Talsohlen oder infolge Kaltluftstaus an Hindernissen ausbildet.

Kaltmetalle, Legierungen, v. a. Mangan- und Nickelstähle, mit geringer Wärmeleitfähigkeit, die z. B. für Handgriffe an Kochgeräten verwendet werden.

Kaltnadelradierung, graf. Tiefdruckverfahren, bei dem die Zeichnung mit einer »kalten« Nadel (aus Stahl, seltener Diamant) in die Kupferplatte geritzt wird (im Ggs. zum Wärme erzeugenden chem. Prozess der geätzten Radierung). Die Späne werden im Unterschied zum Kupferstich nicht herausgeritzt, sondern nur an den Rand gedrückt.

Kaltstart, das Anlassen eines kalten Verbrennungsmotors; erfordert bei Ottomotoren ein »fetteres« Kraftstoff-Luft-Gemisch, bei Nebenkammer-Dieselmotoren eine Aufheizung der Kammer durch eine Glühkerze. Nur Direkteinspritzer-Dieselmotoren haben i. d. R. keine K.-Hilfe.

Kalt|umformung, Umformung metall. Werkstoffe bei Temperaturen unterhalb der Rekristallisationstemperatur des betreffenden Metalls, überwiegend bei Raumtemperatur. Im Ggs. zur Warmformung steigt die Formänderungsfestigkeit mit zunehmender Formänderung.

Kaltzeit, geolog. Periode mit kühlerem Klima als in Warmzeiten; ↑Eiszeitalter.

Kaluga, Hauptstadt des Gebiets K. in Russland, auf der Mittelruss. Platte, an der Oka, 342 400 Ew.; PH; Raumfahrtmuseum; Dampfturbinenbau, Herstellung von Duftstoffen, Streichhölzern, Möbeln, Musikinstrumenten und Nahrungsmitteln. – Zahlr. Kirchen und Adelspaläste des 17.–19. Jh. – Erstmals 1371 erwähnt.

Kalumet [frz. aus lat.] *das,* die ↑Friedenspfeife.

Kalundborg [kalonˈbor], Stadt in Dänemark, im W der Insel Seeland, 19 300 Ew.; Erdölraffinerie, chem., Metall-, Nahrungsmittelind.; Hafen. – Die Frauenkirche (1170–90) ist ein Zentralbau mit fünf achteckigen Türmen; Fachwerkhäuser (17. Jh.).

Kalvari|enberg [zu lat. calvaria »Schädel«], **1)** (Schädelstätte), das bibl. ↑Golgatha.

2) Anhöhe mit meist plast. Darstellung der Kreuzigungsgruppe als Abschluss eines ↑Kreuzweges.

Kalvinismus *der,* ↑Calvin.

Kalydon, antike Hauptstadt Ätoliens; bekannt durch die Sage vom **Kalydon. Eber,** der von Artemis in das Land des Königs Oineus gesandt und von Meleagros und Atalante erlegt wurde.

Kalyke, ein Mond des Planeten Jupiter.

Kalymnos, Insel des Dodekanes, Griechenland, 111 km², 15 700 Ew.; Heimat der meisten grch. Schwammfischer; Fremdenverkehr.

Kalypso [grch. »Verbergerin«] (lat. Calypso), **1)** *Astronomie:* der Saturnmond Calypso (↑Saturn).

2) *grch. Mythos:* Nymphe, in der »Odyssee« eine Tochter des Atlas, die die Insel Ogygia bewohnt und den dort gestrandeten Odysseus sieben Jahre zurückhält.

Kalzinieren, ↑Calcinieren.

Kalzit *der,* der ↑Kalkspat.

Kalzium, eingedeutschte Schreibung für chemisch fachsprachlich ↑Calcium.

Kama, in der ved. Religion der Drang zum Guten, in nachved. Zeit der ind. Liebesgott **Kamadeva.** (↑Kamasutra)

Kama *die,* linker und längster Nebenfluss der Wolga, Russland, 1 805 km lang, entspringt im **K.-Bergland** (337 m ü. M.), entwässert mit den Nebenflüssen Belaja und Wjatka das westl. Vorland des Mittleren und Südl. Ural, mündet in den Kuibyschewer Wolgastausee; große Stauseen und Wasserkraftwerke bei Perm (1 915 km²; 504 MW), Wotkinsk (1 120 km²; 1 000 MW) und Nabereschnyje Tschelny (Unterkama-Stausee: 2 580 km²; 1 248 MW).

Kamakura, Stadt auf Honshū, Japan, an der Sagamibucht, 170 300 Ew.; Museum für moderne Kunst; Antennen- und Computerbau; Seebad. – Im Kotokuin-Tempel große Buddhastatue (1252) aus Bronze; 65 buddhist. Tempel und 18 Shintoschreine. – K. war 1192–1333 Residenz der Shogune.

Kamaldulenser, aus der kirchl. Reformbewegung des 11. Jh. entstandene Ordensgemeinschaft, die auf der Grundlage der Benediktinerregel Gemeinschafts- und Einsiedlerleben verbindet; zurückgehend auf die von dem italien. Benediktinermönch Romuald (* um 952, † 1027) zw. 1023 und 1026 in Camaldoli (Toskana) errichtete Einsiedelei. – 1085 Gründung des weibl. Ordenszweiges **(Kamaldulenserinnen).**

Kamangah [kamanˈdʒɑː, pers.-arab.] *die* (Kemantsche), in Vorderasien und Nordafrika verbreitetes arab. Streichinstrument.

Kamaran, kleine Gruppe von Koralleninseln im Roten Meer, 57 km², vor der Küste Jemens; 1915–67 britisch.

Kamares, Kulthöhle am S-Abhang des Idagebirges auf Kreta, Griechenland, in der Keramik (u. a. Weihegaben) aus dem Anfang des 2. Jt. v. Chr. gefunden wurden. Die nach diesem Fund benannte Gruppe von schwarzgrundiger Keramik **(K.-Vasen)** war weiß, rot und orangefarben bemalt, häufig mit Spiralmotiven u. a. verziert. Die K.-Vasen waren Erzeugnisse der Palasttöpfereien von Phaistos.

Kamarilla [-ˈrilja; span. »kleine Kammer«] *die,* Hof- oder Günstlingspartei, die, im Ggs. zum verantwortl. Ministerium, einen unkontrollierten Einfluss auf den Herrscher ausübt.

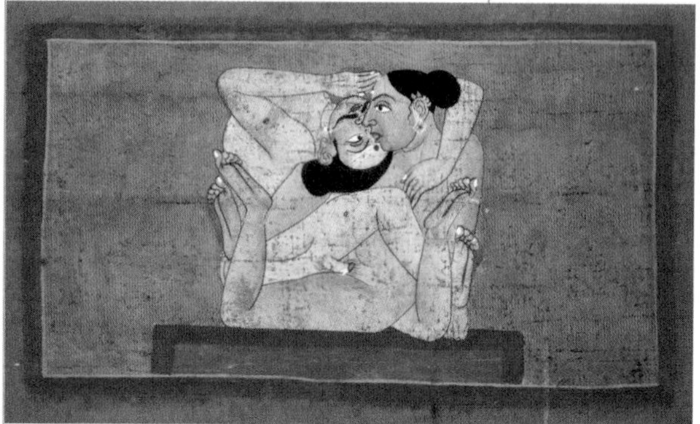

Kamasutra: Liebespaar in der Stellung »Cakra asana« (Buchmalerei, Nepal, 18. Jh.)

Kamasutra *das,* altind. Lehrbuch der Liebeskunst des Brahmanen Vatsyayana (4. Jh.); das in sachl. Stil gehaltene K. enthält wertvolle kulturhistor. Informationen.

Kambium [lat.] *das,* peripherer Gewebemantel aus teilungsfähigen Zellen in Spross und Wurzel der mehrjährigen Nacktsamer, der Zweikeimblättrigen und einiger Einkeimblättriger (z. B. Drachenbäume), der nach innen sekundäres Holz, nach außen sekundäre Rinde erzeugt und dadurch Dickenwachstum bewirkt.

Kambodscha (amtlich Khmer: Preah Reach Ana Pak Kampuchea; dt. Königreich K.), Staat in SO-Asien, im südl. Hinterindien; grenzt im W und NW an Thailand, im NO an Laos, im O und SO an Vietnam, im SW an den Golf von Thailand.

Staat und Recht: Nach der Verf. vom 21. 9. 1993 ist K. eine konstitutionelle Wahlmonarchie mit Mehrparteiensystem. Staatsoberhaupt, Oberbefehlshaber der Streitkräfte sowie Vors. des Nat. Verteidigungsrats ist der auf Lebenszeit vom Thronrat gewählte König. Gesetzgebendes Organ ist die Nationalversammlung (122 Abg., für 5 Jahre gewählt). Ende 1998 wurde der Senat als zweite Kammer des Parlaments geschaffen. Die Exekutive liegt bei der Reg. unter Vorsitz des Premiermin., der vom König auf Empfehlung des Präs. der Nationalversammlung ernannt wird. Einflussreichste Parteien: Kambodschan. Volkspartei (CPP), FUNCINPEC-Partei und Sam-Rainsy-Partei (SRP).

Landesnatur: K.s Kernland wird von dem fruchtbaren Mekong- und Tonle-Sap-Becken gebildet, das im W, N und O von bis zu 1 500 m ü. M. aufsteigenden Randgebirgen, im S vom Mekongdelta begrenzt wird. Im SW verläuft die flache und buchtenreiche Küste des Golfs von Thailand, in dessen Nähe das Kardamomgebirge bis 1 744 m ü. M. ansteigt. Im flachen Landesinneren liegt der bei Hochwasser mit dem Mekong verbundene See Tonle Sap, dessen Fläche jahreszeitlich stark schwankt. Das Klima ist tropisch (Regenzeit Juni–November); nur noch 30 % der Landesfläche sind durch unkontrollierten Kahlschlag bewaldet (Regenwald, lichter Monsunwald); Mangrovenküste.

Bevölkerung: Rd. 92 % der Bev. sind Angehörige des Khmervolkes, etwa 5–7 % Viet-

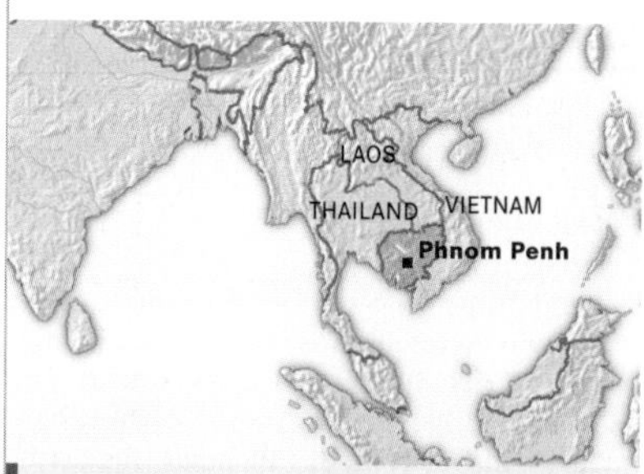

Kambodscha	
Fläche	181 035 km²
Einwohner	(2003) 14,144 Mio.
Hauptstadt	Phnom Penh
Verwaltungsgliederung	24 Provinzen
Amtssprache	Khmer
Nationalfeiertage	24. 9. und 9. 11.
Währung	1 Riel (CR) = 10 Kak = 100 Sen
Zeitzone	MEZ + 6 Std.

namesen, 2% Chinesen, Cham u.a. Gruppen malaiischer Herkunft sowie versch. Bergstämme, z.B. Moi und Lao. Diese anderen ethn. Gruppen machten vor 1975 etwa 15% der Bev. aus, wurden aber zw. 1975 und 1979 zus. mit den Intellektuellen von den Roten Khmer umgebracht, vertrieben oder, in Genossenschaften von den übrigen Khmer abgesondert, in den NW zur Bewirtschaftung der Reisfelder zwangsweise umgesiedelt. Der größte Teil der Bev. lebt im zentralen Tiefland. Das jährl. Bev.wachstum beträgt 2,8%. 16% der Einwohner leben in Städten. – Über 90% der Bev., darunter fast alle Khmer, bekennen sich zum Hinayana-Buddhismus, der seit 1993 wieder die Staatsreligion K.s ist. Die Cham und Malaien sind sunnit. Muslime, die meisten im Lande lebenden Vietnamesen kath. Christen. Traditionelle ethn. Religionen haben sich bei den in den Gebirgen lebenden Bergstämmen erhalten. – Es besteht eine fünfjährige Grundschulpflicht ab dem 6. Lebensjahr. Die Analphabetenquote beträgt 32%. Univ. in Phnom Penh (gegr. 1960; 1988 wieder eröffnet).

100746

Kambodscha: Pfahlhütten am Mekongufer

Wirtschaft und Verkehr: In dem ausgeprägten Agrarland, das zu den ärmsten Ländern der Welt zählt, arbeiten rd. 70% der Erwerbstätigen in der Landwirtschaft. Während der Herrschaft des Pol-Pot-Regimes und durch mehrjährigen Bürgerkrieg wurde die Wirtschaft des Landes weitgehend ruiniert (u.a. Zerstörung der Landwirtschaft und der Infrastruktur, Einführung der Natural- und Tauschwirtschaft). Auch nach dem Bürgerkrieg verhinderten die anhaltenden Kämpfe einen kontinuierl. Wiederaufbau. Auf rd. 70% der Ackerfläche wird Reis (Hauptanbaugebiete am Tonle Sap und Mekong) kultiviert, daneben wird Kautschuk als zweitwichtigstes Exportprodukt in Kautschukpflanzungen im O des Landes angebaut. Weiterhin erfolgt der Anbau von Mais, Zuckerrohr, Maniok, Bananen, Tabak und Pfeffer. Der Reichtum an Edelhölzern in den Randgebirgen wird verstärkt genutzt (Teak, Mahagoni, Ebenholz). Seit Anfang der 1990er-Jahre ist Holz das wichtigste Exportprodukt. Übermäßige Abholzungen führten aber in den letzten Jahren zu verstärkter Bodenerosion an den Oberläufen der Flüsse und bedingten stärkere Überschwemmungen und Trockenheiten sowie begünstigen die zunehmende Verlandung des Tonle Sap. Der Tonle Sap wird jedes Jahr mit dem Sinken des Wasserspiegels fast vollständig abgefischt; auch Küstenfischerei. Es gibt wenig Bodenschätze; im N Eisenerzlager; Vorkommen an Gold und Edelsteinen; Phosphat- und Meersalzgewinnung. Vorwiegend in Kleinbetrieben Herstellung von Textilien, Geräten und Werkzeugen sowie Verarbeitung von Agrarprodukten; Reifenproduktion (in

Phnom Penh). Die Handelsbilanz ist stark defizitär. – Das Verkehrswesen befindet sich in einem sehr schlechten Zustand. Das Straßennetz hat eine Gesamtlänge von rd. 35 800 km, davon sind nur etwa 4 200 km asphaltiert. Das Schienennetz ist 612 km lang, die wichtigste Eisenbahnlinie führt von der thailänd. Grenze über Battambang und Phnom Penh zum einzigen Seehafen Kompong Som (Sihanoukville). Die Binnenschifffahrt auf dem Mekong ist für den Güterverkehr der wichtigste Verkehrsträger. Internat. Flughafen bei Phnom Penh.

Geschichte: Im 6. Jh. eroberten die Khmer das unter ind. Einfluss gegr. Reich Funan im S Hinterindiens. Das unter Jayavarman II. (802–850) entstandene Khmerreich mit der Hptst. Angkor (seit 889) erlebte im 12. Jh. und Anfang des 13. Jh. den Höhepunkt seiner Macht und zugleich eine Zeit höchster kultureller Blüte. Nach wiederholter Eroberung und der Zerstörung Angkors durch die Thai wurde die Hptst. mehrmals verlegt, zuletzt 1434 nach Phnom Penh. Vom 17. bis 19. Jh. Streitobjekt zw. Thai und Vietnamesen, schloss K. 1863 einen Protektoratsvertrag mit Frankreich und wurde 1887 Indochina einverleibt. Nachdem japan. Streitkräfte 1941 ganz Indochina besetzt hatten, rief König Norodom Sihanouk (1941–55) im März 1945 die Unabhängigkeit aus, unterstellte das Land aber nach der japan. Kapitulation erneut Frankreich. 1949 erhielt das Königreich den Status eines assoziierten Staates innerhalb der Frz. Union. Im Indochinakrieg (1945/46–54) unterstützten antifrz. Guerillaeinheiten (bes. die Khmer Issarak) die Vietminh in Vietnam. Auf der Genfer Indochinakonferenz erhielt K. 1954 die volle Unabhängigkeit.

1955 dankte Norodom Sihanouk zugunsten seines Vaters ab, ließ sich zum MinPräs. ernennen und wurde 1960 Staatspräs. V. a. wegen seiner Neutralitätspolitik wurde er 1970 durch eine proamerikan. Gruppe unter General Lon Nol gestürzt und ging ins Exil nach China. Sihanouks Anhänger und die kommunistisch orientierten ↑Roten Khmer führten einen erbitterten Bürgerkrieg gegen die Reg. Lon Nol, der mit der Einnahme von Phnom Penh durch die Truppen der Roten Khmer am 17. 4. 1975 entschieden wurde (Proklamation des »Demokratischen Kampuchea«, Verf. vom Januar 1976). Der 1975 nach K. zurückgekehrte Sihanouk wurde unter Hausarrest gestellt und der größte Teil der königl. Familie hingerichtet. Die Macht übernahmen Pol Pot (eigentl. Kopf des »Angka(r)« [»die Organisation«] gen. Führungsgremiums und formell ab 1976 MinPräs.), Ieng Sary (stellv. Reg.chef und zuständig für Außenpolitik), Khieu Samphan (ab April 1976 nominell Staatsoberhaupt), Nuon Chea (Chefideologe), Son Sen (verantwortlich für Verteidigungspolitik) und Ta Mok (ein brutaler Regionalbefehlshaber), die sich vorher ihrer innerparteil. Gegner (v. a. vom provietnames. Flügel) auf blutige Weise entledigt hatten. Die Roten Khmer unterwarfen das Land einem radikalen gesellschaftl. Umformungsprozess, der auf die Schaffung primitiver agrarkommunist. Verhältnisse gerichtet war (häufig als »Steinzeitkommunismus« apostrophiert): Die Bewohner der Städte wurden auf das Land zwangsumgesiedelt und gemeinsam mit dem dort lebenden Bev.teil in Kooperativen vereinigt, wo man sie als rechtlose Arbeitssklaven in der Landwirtschaft einsetzte (Tod vieler auf den »Killing Fields«). Angehörige der früheren Armee und Polizei, Beamte, Intellektuelle und der buddhist. Klerus waren grausamer Verfolgung ausgesetzt und wurden ermordet. Darüber hinaus schafften die Roten Khmer das Geld ab und zerstörten die kulturellen und religiösen Einrichtungen. Es entwickelte sich ein Terrorregime, dem etwa 2 Mio. Menschen (v. a. durch Hunger, Krankheit und Massenhinrichtungen) zum Opfer fielen. Vietnam unterstützte seit 1976 die Gegner der Reg. Pol Pot innerhalb der kommunist. Führungsschicht K.s, die im Dez. 1978 unter Führung von Heng Samrin die »Einheitsfront für die nat. Rettung K.s« gründeten. Nach dem Einmarsch vietnames. Truppen in K. (Dez. 1978–Jan. 1979; Fall von Phnom Penh am 7. 1.) und dem Sturz der Roten Khmer übernahm am 8. 1. 1979 ein von Vietnam unterstützter »Revolutionärer Volksrat« unter Heng Samrin (1979–81 Reg.chef und 1979–91 Staatschef) die Macht und rief am 10. 1. 1979 die »Volksrepublik Kampuchea«, Abk. VRK, aus. Das neue Reg.system wurde jedoch nur von den Staaten des Ostblocks und wenigen Ländern der Dritten Welt (z. B. Indien) anerkannt. Die UNO unterstützte zunächst das in den Untergrund gegangene

Regime der Roten Khmer als legitimen Vertreter des kambodschan. Volkes, ebenso die VR China, die im Febr./März 1979 im Sinne einer »Strafexpedition« (für die Besetzung K.s) einen Grenzkrieg gegen Vietnam führte. Die (v. a. aus den Dschungelgebieten an der Grenze zu Thailand heraus operierenden) Roten Khmer verwickelten die Phnom Penher Reg. der VRK in einen blutigen Bürgerkrieg. Im Juni 1982 bildete Sihanouk aus der von ihm gegr. FUNCINPEC (frz. Abk. für »Nat. Einheitsfront für ein unabhängiges, neutrales, friedl. und genossenschaftl. Kambodscha«), der von Son Sann geführten »Nat. Front zur Befreiung des Khmervolkes« und den Roten Khmer eine – politisch sehr heterogene und durch Rivalitäten beeinträchtigte – Dreierkoalition. In die Kämpfe zw. den von vietnames. Streitkräften unterstützten Reg.truppen und den Guerillaeinheiten wurde in wachsendem Maße Thailand verwickelt, in dessen Grenzgebiet mehrere von den Roten Khmer beherrschte Flüchtlingslager entstanden waren. 1989 zog Vietnam seine Truppen aus K. zurück. Durch eine Verf.änderung im selben Jahr erfolgte die Umbenennung des Landes in »Staat K.«, der sich für blockfrei erklärte. Internat. Schlichtungsbemühungen seit 1989 (K.-Konferenzen) führten im August 1990 zu einem Friedensplan für K. (Kernpunkte: Waffenstillstand, Entwaffnung der Bürgerkriegsparteien, Übergangsverw. durch die UNO und von ihr überwachte freie Wahlen). Am 23. 10. 1991 schlossen die vier kambodschan. Konfliktparteien ein Friedensabkommen in Paris. Im selben Monat gab die kommunist. Staatspartei ihr Machtmonopol auf (Umbenennung in Kambodschan. Volkspartei, CPP). Im Nov. 1991 kehrte Sihanouk nach K. zurück und trat das Amt des Staatsoberhaupts (Vors. des Obersten Nationalrats) an. Zur Sicherung der Friedensordnung und des Wiederaufbaus nahm im März 1992 die UNO-Übergangsverw. UNTAC (United Nations Transitional Authority in Cambodia) mit insgesamt 22 000 Mitarbeitern (davon rund 16 000 Blauhelme) ihre Tätigkeit auf. Die Roten Khmer widersetzten sich der Entwaffnung ihrer Truppen, brachen wiederholt den Waffenstillstand und boykottierten die Wahlen zur verfassunggebenden Versammlung im Mai 1993, die die Sihanouk nahe stehende FUNCINPEC gewann. Am 24. 9. 1993 endete mit In-Kraft-Treten der neuen monarchist. Verf. und der Thronbesteigung durch Sihanouk formell das Mandat der UNTAC.

Im Okt. 1993 wurde Prinz Ranariddh (FUNCINPEC) Erster Premiermin., Hun Sen (CPP) Zweiter Premiermin. Seit Anfang 1996 verschärften sich die Spannungen zw. beiden Koalitionspartnern. Anfang Juli 1997 setzte Hun Sen Ranariddh ab und übernahm die Macht; aus den Wahlen vom 26. 7. 1998 ging seine Partei als stärkste Kraft hervor (ab Nov. 1998 Hun Sen offiziell alleiniger Premiermin., Ranariddh wurde Präs. der Nationalversammlung). Auch die ersten Kommunalwahlen in K. im Febr. 2002 entschied die CPP deutlich zu ihren Gunsten. Bei den Parlamentswahlen am 27. 7. 2003 wurde die CPP erneut stärkste Kraft, verfehlte aber die für eine Alleinreg. erforderliche Zweidrittelmehrheit; erst nach monatelangem Widerstand erklärte sich der FUNCINPEC im Juni 2004 zu einer Fortsetzung der Koalitionsreg. unter dem bisherigen Premiermin. Hun Sen bereit; Ranariddh behielt das Amt des Parlamentspräsidenten.

1996/97 zerfielen die Roten Khmer weitgehend; die übrig gebliebenen Rebellengruppen kapitulierten Ende 1998 (im März 1999 Festnahme des letzten Guerillakommandanten Ta Mok durch Reg.soldaten). Am 30. 4. 1999 wurde K. als letzter Staat SO-Asiens in die ASEAN aufgenommen. 2001 stimmten Parlament und Verf.rat der Einrichtung eines internat. Tribunals in K. zur Verurteilung der Hauptschuldigen am Terrorregime der Roten Khmer zu; die UNO und die kambodschan. Reg. einigten sich erst nach jahrelang geführten und zeitweilig unterbrochenen Verhandlungen im März 2003 auf gemeinsame Schritte zur Schaffung eines solchen Gerichtshofes. Schwere antithailänd. Ausschreitungen in Phnom Penh Ende Jan. 2003 (u. a. Inbrandsetzung der thailänd. Botschaft) führten zu einer zeitweiligen Krise und vorübergehenden Grenzschließung zw. Thailand und Kambodscha.

📖 *Thürk, H.: Der Reis u. das Blut. K. unter Pol Pot. Berlin 1990. – Frieden für K.? Entwicklungen im Indochina-Konflikt seit 1975, hg. v. P. J. Opitz. Frankfurt am Main u. a. 1991. – Rhode, M.: Abschied von den Killing Fields. K.s langer Weg in die Norma-*

lität. Bonn 1999. – Chandler, D. P.: A history of Cambodia. Boulder (Colo.) [3]2000. – Golzio, K.-H.: Gesch. K.s. Das Land der Khmer von Angkor bis zur Gegenwart. München 2003.

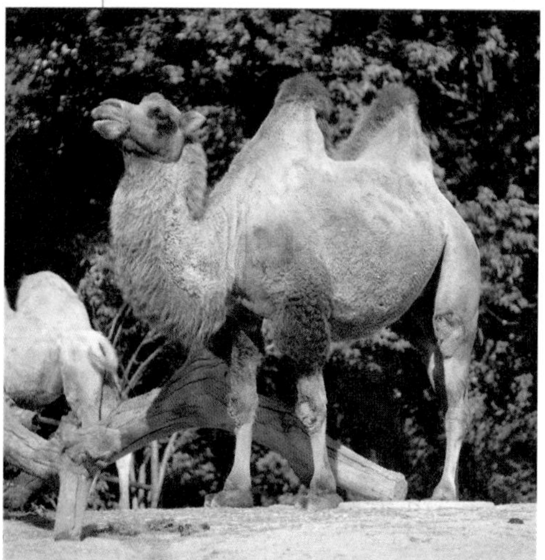

Kamele: Trampeltier (Körperlänge bis 3 m)

kambodschanische Kunst, ↑Khmer.

Kambrik [auch: 'keımbrık nach der frz. Stadt Cambrai] *der,* feinfädiges Zellwoll- oder Makogewebe.

Kambrium *das, Geologie:* ältestes System des Paläozoikums nach dem weithin fossilfreien Proterozoikum, dauerte rd. 60 Mio. Jahre. Das im Präkambrium begonnene Aufbrechen des frühen Urkontinents in die Großkontinente Gondwana und Laurasia setzt sich fort, es beginnt die sprunghafte Entfaltung einer vielgestaltigen Fauna und Flora. Die rein marine Fauna weist urtüml. Züge, aber schon alle Stämme der Wirbellosen auf. Das K. enthält Kalkstein, Sandstein, Tonschiefer, Diabas, oolith. Eisenerze.

Kambyses II., pers. Großkönig, † 522 v. Chr.; Sohn von Kyros II., dem er 529 in der Herrschaft nachfolgte; eroberte 525 Ägypten, unterwarf Kyrene und machte Nubien steuerpflichtig.

Kamee [-'me:(ə), frz.] *die,* geschnittener Stein mit erhaben gearbeiteter Darstellung. (↑Gemme)

Kamele (Camelidae), Familie der Paarhufer, Schwielensohler. K. haben dicke Polster unter den Zehen, dichtes, wolliges Haar, eine gespaltene Oberlippe und ovale Blutkörperchen (einmalig bei Säugetieren). K. sind genügsame, langbeinige Passgänger und Wiederkäuer mit einem mehrkammerigen Magen. Die **Altwelt-K.** (Groß-K., Gatt. Camelus) gehören zu den größten Paarhufern (bis 650 kg schwer); mit einem oder zwei Rückenhöckern, die als Fettspeicher dienen, sowie verschließbaren Nasenlöchern (Schutz bei Sandstürmen). Das **Dromedar** (Einhöckeriges K., Camelus dromedarius) bewohnt die Trockengebiete N-Afrikas und Arabiens; in Persien, SW-Afrika, Australien und Mexiko wurde es eingeführt; es kann bis 17 Tage ohne Wasser auskommen; durch langes Dursten verliert ein Dromedar bis zu 30% seines Körpergewichts; außerdem kann es Wasser ungewöhnlich schnell wieder aufnehmen (ca. 100 Liter in 10 Minuten). Das **Trampeltier** (Zweihöckeriges K., Camelus ferus) bewohnte die Trockengebiete Innerasiens; heute lebt noch ein kleiner Bestand in der Wüste Gobi. Von ihm stammt das als Last- und Reittier, Milch-, Fleisch- und Dunglieferant gehaltene Haus-K. ab. – Die höckerlosen **Neuwelt-K.** (Schaf-K. oder **Lamas,** Gatt. Lama) bewohnen in zwei Arten Südamerika: das **Guanako** (Lama guanicoë) die

Kamele: Guanako (Körperlänge bis 2 m)

trockenen Berg- und Flachländer, das **Vicuña** (**Vikunja,** Lama vicugna) die höheren Lagen der Anden. Vom Guanako stammen die beiden Haustierformen **Lama** (Last- und Fleischtier) und **Alpaka** (Wolllieferant) ab. ✤ **siehe ZEIT Aspekte**

Kamelhaar, das Haar der Kamele. Die steifen Grannenhaare werden zu techn. Textilien und Teppichgarnen, die weichen Flaumhaare zu Geweben für Mäntel und Decken verarbeitet.

Kamelhalsfliegen (Rhaphidioptera), Ordnung der Insekten, u.a. mit der Art Raphidia notata; räuberisch lebende Netzflügler, mit halsartig verlängerter Vorderbrust.

Kamelie [nach dem mähr. Jesuiten G. J. Kamel, *1661, †1706] *die* (Kamellie, Camellia), ostasiat. Gattung der Teestrauchgewächse, mit immergrünen, ledrigen Blättern, roten bis weißen, rosenähnl. Blüten und holzigen Kapselfrüchten. Häufig als Zierpflanze kultiviert wird die bis zu 15 m hohe **Chinarose** (Camellia japonica).

Kamen, Stadt im Kr. Unna, NRW, am O-Rand des Ruhrgebietes, 47 000 Ew.; Bergamt, Sportschule (Kaiserau); Maschinenbau, Kunststoff-, Textil-, elektrotechn. und opt. Industrie. – K. wurde im 13. Jh. Stadt; von 1873 bis 1983 Bergbau auf Steinkohle.

Kamenen, ↑Camenae.

Kamenew, Lew (Leo) Borissowitsch, eigtl. L. B. Rosenfeld, sowjet. Politiker, *Moskau 22. 7. 1883, †(hingerichtet) ebd. 25. 8. 1936; enger Mitarbeiter Lenins; wurde 1919 Mitgl. des Politbüros, 1922 stellv. Vors. des Rates der Volkskommissare. Nach Lenins Tod unterstützte er zunächst mit Sinowjew Stalins Machtkampf gegen Trotzki, geriet jedoch dann mit Sinowjew seinerseits in Ggs. zu Stalin. 1925/26 verlor er seine Partei- und Staatsämter; 1936 zum Tode verurteilt; 1988 rehabilitiert.

Kamenez-Podolski (ukrain. Kamjanets-Podilskyj), Stadt in der Ukraine, Gebiet Chmelnizki, Zentrum der Landschaft Podolien, 108 000 Ew.; Landwirtschaftshochschule; botan. Garten; Maschinenbau, Nahrungsmittel-, Holzindustrie.

Kamenski, Wassili Wassiljewitsch, russ. Schriftsteller, *bei Perm (auf einem Schiff auf der Kama) 17. 4. 1884, †Moskau 11. 11. 1961; Mitbegründer des russ. Futurismus; schrieb Versepen (»Stenka Rasin«, 1916; »Jemeljan Pugatschow«, 1931) sowie Autobiografisches.

Kamenskoje, bis 1936 Name von ↑Dnjeprodserschinsk.

Kamensk-Uralski, Stadt im Gebiet Swerdlowsk, Russland, auf der östl. Abdachung des Mittleren Ural, 192 000 Ew.; Röhrenwerk, Aluminiumhütte, Buntmetallverarbeitung.

Kamelie: Blüte der Chinarose (gefüllte Form)

Kamenz (sorb. Kamjenc), **1)** Landkreis im RegBez. Dresden, Sachsen, 1 340 km², 155 000 Einwohner.

2) Kreisstadt von 1) in Sachsen, in der Oberlausitz, an der Schwarzen Elster, 19 000 Ew.; Statist. Landesamt von Sachsen, Lessinghaus mit -museum (Geburtsort von G. E. Lessing), Museum der Westlausitz, Stadttheater; Textilind. (u.a. Herstellung von Fahnen und Flaggen), Treppenbau u.a. Kleingewerbe. – Spätgot. Stadtkirche St. Maria (15. Jh.), Klosterkirche St. Annen (15./16. Jh.; Wand-, Deckenmalereien), neugotisches Rathaus (1847/48). – Um 1190 gegr., 1225 erstmals urkundlich erwähnt; trat 1346 dem Sechsstädtebund bei und entwickelte sich zu einer Weberstadt.

Kameoglas [italien.] (Kameenglas), das ↑Überfangglas.

Kamera [Kurzform von Camera obscura] *die,* Aufnahmegerät in der Fotografie (↑fotografische Apparate), beim Film und beim Fernsehen (↑Videokamera).

Kameralismus [zu lat. camera »Kammer«] *der,* alle Bereiche der öffentl. Verwaltung umfassende prakt. Lehre des 17.

und 18. Jh. unter besonderer Berücksichtigung des landesfürstl. Haushalts. Der K., auch als dt. Ausprägung des ↑Merkantilismus bezeichnet, erstrebte v. a. eine Sicherung der Staatsfinanzen durch planmäßige Förderung der Wirtschaft. Für die **Kameralwiss.** wurden 1727 in Halle (Saale) und Frankfurt (Oder) erste Lehrstühle errichtet. Bed. **Kameralisten** waren J. J. Becher, Philipp Wilhelm von Hornigk (* um 1640, † 1714), V. L. von Seckendorff, Johann Heinrich Gottlob von Justi (* 1717, † 1771) und J. von Sonnenfels.

kameralistisches Rechnungswesen (Kameralistik), Rechnungsstil der öffentl. Verw. sowie der mit ihr verbundenen Institutionen und Unternehmen. Im Ggs. zur doppelten ↑Buchführung erfasst das k. R. empfangene und abgegebene Leistungen sowie die Zahlungsabwicklung des Leistungsverkehrs in einem einzigen, in Spalten gegliederten Konto. Dadurch soll ein laufender Vergleich zw. Anordnung (Soll) und tatsächl. Stand oder Vollzug (Ist) ermöglicht werden.

Kamerarekorder, Videoaufzeichnungsgerät, das ↑Videokamera und ↑Videorekorder zus. in einem Gehäuse enthält.

Kamerlingh Onnes [- ˈɔnəs], Heike, niederländ. Physiker, * Groningen 21. 9. 1853, † Leiden 21. 2. 1926; seit 1882 Prof. in Leiden, wo er 1894 ein Laboratorium gründete, in dem er das Verhalten von Gasen und Metallen bei tiefen Temperaturen untersuchte. 1906 gelang ihm die Verflüssigung des Wasserstoffs, 1908 die des Heliums, 1911 entdeckte er die Supraleitfähigkeit am Quecksilber. K. O. erhielt 1913 den Nobelpreis für Physik.

Kamerun (amtlich frz. République du Cameroun, engl. Republic of Cameroon; dt. Rep. K.), Staat im W Zentralafrikas, grenzt im SW an den Golf von Guinea, im W an Nigeria, im NO an Tschad, im O an die Zentralafrikan. Rep., im S an die Rep. Kongo, Gabun und Äquatorialguinea.

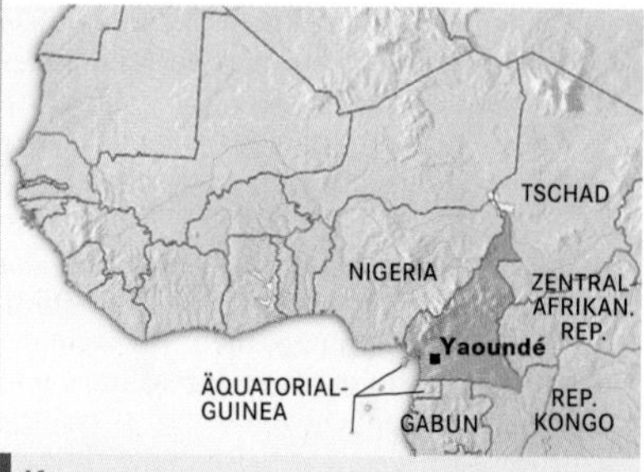

Kamerun

Fläche	466 050 km²
Einwohner	(2003) 16,018 Mio.
Hauptstadt	Yaoundé
Verwaltungsgliederung	10 Provinzen
Amtssprachen	Französisch und (regional) Englisch
Nationalfeiertage	1. 1. und 20. 5.
Währung	1 CFA-Franc = 100 Centime
Zeitzone	MEZ

Staat und Recht: Nach der Verf. von 1972 (mehrfach revidiert) ist K. eine präsidiale Rep. mit Mehrparteiensystem. Staatsoberhaupt und Oberbefehlshaber der Streitkräfte ist der mit großen Machtbefugnissen ausgestattete Präs. (auf 7 Jahre direkt gewählt). Er ernennt das Kabinett unter Vorsitz des MinPräs., das ihm verantwortlich ist. Die Legislative liegt bei der Nationalversammlung (180 für 5 Jahre gewählte Abg.) und beim Präs., der u. a. das Recht der Gesetzesinitiative hat. Wichtigste Parteien: Demokrat. Bewegung des kamerun. Volkes (RDPC), Volksdemokrat. Bewegung K.s (CPDM), Sozialdemokrat. Front (SDF), Demokrat. Union K.s (UDC), Union der Bevölkerung K.s (UPC).

Landesnatur: K. erstreckt sich von der flachen Küstenregion am Golf von Guinea über das Westkameruner Bergland (überragt vom 4 070 m ü. M. hohen ↑Kamerunberg) und das Hochland von Adamaua (um 1 000 m ü. M.) zum abflusslosen Tschadbecken mit dem Tschadsee im N. Im S schließt sich das altkristalline Südkameruner Hochland an (300–700 m ü. M.), das sich im SO zum Kongobecken senkt. Hauptflüsse sind Logone, oberer Benue und Sanaga. Das Klima ist im S tropisch mit Niederschlägen um 4 000 mm jährlich (am Kamerunberg 10 000 mm). Die Niederschlagsmengen nehmen nach N rasch ab, der äußerste N ist ein Trockengebiet bei extrem schwankenden Temperaturen. In der Küstenregion herrscht dichter Regenwald vor; landeinwärts schließen sich Feucht- und Trockensavanne an, im N liegen ausgedehnte Grasfluren.

Bevölkerung: In K. leben über 200 ethn. Gruppen, im S und SW vorwiegend Bantuvölker (Fang, Douala u. a.), im Regenwald etwa 10 000 Pygmäen, deren Lebensraum immer mehr eingeengt wird, im N bes. Sudanvölker und Fulbe. In Städten leben 49 % der Bev. Am dichtesten besiedelt sind das Küstenland um Douala und das Hochland von Mittelkamerun. – Etwa 55 % der Bev. sind Christen (überwiegend Katholiken), rd. 22 % Muslime, etwa 20 % Anhänger von traditionellen afrikan. Religionen. – Es besteht eine sechsjährige Grundschulpflicht ab dem 6. Lebensjahr. Die Analphabetenquote beträgt 24 %. Univ. in Yaoundé (gegr. 1962).

Wirtschaft und Verkehr: K. hat seit Beginn der 1980er-Jahre ein starkes Wirtschaftspotenzial entwickelt. Wichtigster Sektor ist die Landwirtschaft, sie beschäftigt rd. 62 % der Erwerbstätigen und deckt weitgehend den Bedarf an Nahrungsmitteln. Rd. ein Fünftel der Landesfläche wird landwirtsch. genutzt. Zur Eigenversorgung werden in kleinbäuerl. Betrieben v. a. Hirse, Mais, Reis, Maniok, Jamswurzeln angebaut; für den Export meist in Plantagen Kakao und Kaffee (wichtigste Exportprodukte), Baumwolle, Bananen, Erdnüsse, Ölpalmen, Zuckerrohr, Kautschuk. Auf dem Adamauahochland werden Rinder und Pferde, im feuchteren S Schweine, Schafe, Ziegen und Hühner gehalten. Über 40 % der Landesfläche sind bewaldet (trop. Regenwald im S, Savannenwald im N); wichtig ist der Export von Holz und Holzerzeugnissen. Küsten-, Fluss- und Hochseefischerei können den Bedarf an Fisch nicht decken. Bedeutung hat die Erdölförderung vor der Küste (seit 1977), bes. auch für den Export. Der Bergbau ist sonst wenig entwickelt (v. a. Abbau von Eisen-, Zinn-, Titanerzen, Gold, Bauxit). Größte Ind.unternehmen sind das Aluminiumwerk in Édéa (dort auch Wasserkraftwerke) und die Erdölraffinerie in Limbe; besondere Bedeutung haben die Verarbeitung von Agrarprodukten und die Holzind. (Sägewerke, Furnier- und Sperrholzfabriken); Hauptstandorte der Ind. sind Douala und Yaoundé. – Haupthandelspartner sind Frankreich, Spanien, Italien und Deutschland. – Das Verkehrsnetz ist relativ dicht, das Eisenbahnnetz ist 1 104 km lang, davon entfallen 929 km auf die Transkamerunbahn Douala–Édéa–Yaoundé–Bélabo–Ngaoundéré; das Straßennetz beträgt 34 300 km, davon knapp 10 % asphaltiert). Wichtigster Überseehafen ist Douala, wichtigster Holzexporthafen Kribi; internationale Flughäfen liegen bei Douala, Yaoundé, Garoua und Bafoussam.

Geschichte: Die nördl. Landesteile wurden seit dem 13. Jh. islamisiert und gehörten zum Einflussbereich des alten Reichs Kanem-Bornu. Als erste Europäer kamen im 15. Jh. Portugiesen an die Küste K.s. Im 19. Jh. bestand im Gebiet des unteren Benue das islam. Fulbe-Reich Adamaua, südlich davon lag das Reich Bamum. Bei den Douala, die im 19. Jh. den Küstenhandel beherrschten, ließen sich seit 1845 christl. Missionare nieder, gefolgt von europ. Kaufleuten. Bis ins 19. Jh. war der Sklavenhandel wichtig. 1884–1916 stand K. unter dt. Schutzherrschaft. 1916 kam es zum ersten (1922 zum endgültigen) Teilungsvertrag zw. Großbritannien und Frankreich:

100264

Kamerun: Lehmkegelbauten der Musgu in Nordkamerun

Der westl. Teil kam unter brit. Herrschaft, der östliche unter französische. Frankreich errichtete eine von seinen übrigen Territorien unabhängige Verw. (1946 Wahlrecht für die Kameruner), West-K. wurde der Kolonie Nigeria angegliedert. 1946 wurde das gesamte K. unter UN-Treuhandschaft gestellt, am 1. 1. 1960 die unabhängige Rep. K. ausgerufen. Bei der Volksabstimmung 1961 in Britisch-K. sprach sich die Bev. des N-Teils für den Verbleib bei Nigeria, die des S-Teils für die Vereinigung mit der Rep. K. aus. Am 1. 10. 1961 wurde die Bundesrep. K. ausgerufen, am 20. 5. 1972 erfolgte die Umwandlung in die Vereinigte Rep. K. mit neuer Verf. (seit 1984: Rep. K.). Präs. war 1961–82 A. Ahidjo, sein Nachfolger wurde der bisherige MinPräs. P. Biya (seitdem mehrfach wieder gewählt), der 1983 auch den Vorsitz der Einheitspartei UNC (seit 1985 RDPC) übernahm. Nach schweren Unruhen 1990/91 wurde ein Mehrparteiensystem eingeführt; bei den Wahlen im März 1992 verlor die RDPC die absolute Mehrheit, blieb aber stärkste Partei. Nach dem Wahlsieg der Opposition bei Kommunalwahlen 1996 setzte Präs. Biya in zahlr. Städten Reg.delegierte ein. Bei den Parlamentswahlen 1997 konnte die RDPC schließlich ihre absolute Mehrheit wieder erlangen. – Seit 1995 ist K. Mitgl. des Commonwealth.

📖 *Abeng, N. B.: Von der Freiheit zur Befreiung. Die Kirchen- u. Kolonialgeschichte K.s. Frankfurt am Main u. a. 1989. – DeLancey, M. W. u. Mbella Mokeba, H.: Historical dictionary of the Republic of Cameroon. Metuchen (N. J.) ²1990. – Mehler, A.: K. in der Ära Biya. Hamburg 1993. – Owona, A.: La naissance du Cameroun. 1884–1914. Paris 1996. – Chiabi, E.: The making of modern Cameroon. Auf mehrere Bde. ber. Lanham 1997ff. – Eboussi Boulaga, F.: La démocratie de transit au Cameroun. Paris 1997. – Asuagbor, G. O.: Democratization and modernization in a multilingual Cameroon. Lewiston 1998. – Rettinger, D.: Die Wirtschaftsprobleme K.s Frankfurt am Main 1998. – DeLancey, M. W. u. DeLancey, M. D.: Cameroon. Oxford 1999.*

Kamerunberg, Vulkanmassiv (letzter Ausbruch 1959) in Kamerun, am Golf von Guinea, die höchste Erhebung Westafrikas, im Fako 4070 m ü. M. Die dichten Wälder der unteren Hänge sind im W, S und O Pflanzungen von Kakao, Bananen, Kautschuk und Ölpalmen gewichen.

Kames [engl. keımz], *Geomorphologie:* meist in Gruppen auftretende Hügel und Wälle des Grundmoränenlandes, parallel oder auch regellos angeordnet.

Kamienna Góra [- 'gura] (dt. Landeshut, bis 1945 amtlich Landeshut i. Schles.), Krst. in der Wwschaft Niederschlesien, Polen, am oberen Bober, zw. dem Landeshuter Kamm und dem Waldenburger Bergland, 23 000 Ew.; Webereimuseum; Textil- und Bekleidungsind., Maschinenbau. – Ehem. evang. Gnadenkirche (1709–17), barocke Bürgerhäuser. Im Ortsteil **Krzeszów** (dt. **Grüssau**) ein ehem. Benediktinerkloster (1242–1810, 1919–46), heute Benediktinerinnenkloster mit Abteikirche (1728–35).

Kamień Pomorski ['kamjɛn -] (dt. Cammin in Pommern), Krst. in der Wwschaft Westpommern, Polen, 10 km vor der Ostseeküste, 9 200 Ew.; Sol- und Moorbad; Verarbeitung landwirtsch. Produkte. – Dom, 1176 als roman. Basilika begonnen, im 14./15. Jh. gotisch umgebaut (jährl. Orgelmusikfestival); Renaissancebauten. – Erhielt 1274 lüb. Stadtrecht.

Kamikaze [japan. »Götterwind«] *der* (K.-Flieger), japan. freiwillige Kampfflieger in der Endphase des Zweiten Weltkriegs, die sich in mit Sprengstoff beladenen Flugzeugen im Selbstopferangriff **(Jibaku)** auf Einheiten der US-Flotte (vor allem auf Flugzeugträger) stürzten.

Kamilavkion [grch.] *das* (Kamelauchion, russ. Kamilawka), in der orth. Kirche des byzantin. Ritus die Kopfbedeckung der Mönche und Bischöfe in der Form eines nach oben sich erweiternden, krempenlosen schwarzen oder weißen Zylinders mit dem **Epikamilavkion,** dem nach hinten hinabfallenden Schleier.

Kamille [zu lat. camomilla], 1) (Chamomilla), Korbblütlergattung, meist einjährige Kräuter. In Europa und Westasien wächst die bis 40 cm hohe **Echte K.** **(Feld-K.,** Chamomilla recutita), mit kegelförmigem, hohlem Blütenboden und abwärts gebogenen Zungenblüten, die würzig duften. Wegen der Inhaltsstoffe (u. a. äther. Öl, Flavouride) werden die Blüten v. a. als krampflösendes und entzündungshemmendes Mittel medizinisch verwendet.

2) (Hunds-K., Anthemis), Korbblütlergattung, einjährige bis ausdauernde Kräuter. Die **Röm. K.** (Anthemis nobilis), die gelbe Röhren- und weiße, abstehende Zungenblüten hat, aus Südeuropa eingeführt wurde und wie Echte K. duftet, wird wie diese genutzt. **Stinkhunds-K.** (Anthemis cotula) und **Ackerhunds-K.** (Anthemis arvensis) sind europ. Feldunkräuter. Die gelb blühende **Färberhunds-K.** (Anthemis tinctoria), die auf sonnigen Kalkhängen Süd- und Mittel-Dtl.s wächst, diente früher zum Gelbfärben.

Kamillianer (lat. Ordo Clericorum Regularium Ministrantium Infirmis, Abk. MI), kath. Regularklerikerorden (↑Regulare), 1584 in Rom von Camillo de Lellis (* 1550, † 1614) als Krankenpflegegemeinschaft gegr.; heutige Tätigkeitsschwerpunkte: Krankenpflege und Seelsorge in Krankenhäusern, Heilstätten und Altenheimen.

Kamin [von lat. caminus »Feuerstätte«], **1)** *Alpinismus:* meist senkrechte, sehr enge Felsspalte, in der die gegenüberliegenden Wände beim Durchklettern berührt werden (müssen); **K.-Klettern:** spezielle Technik zum Überwinden eines Kamins.
2) *Bautechnik:* 1) andere Bez. für ↑Schornstein; 2) offene Feuerstelle in einer Wandnische, die Wärme nur durch Strahlung abgibt.

Kaminer, Wladimir, Schriftsteller und Dramaturg russ. Herkunft, * Moskau 19. 7. 1967; der seit Anfang der 1990er-Jahre in Berlin lebende Autor schreibt v. a. autobiografisch beeinflusste Kurzgeschichten in lakon. Stil über die sowjet. Gesellschaft der 1980er-Jahre (»Militärmusik«, 2001), über Berlin (»Russendisko«, 2000) und andere Orte (»Die Reise nach Trulala«, 2002).

Kami no michi [-mitʃi; »Weg der kami (Gottheiten)«], japan. Form für den sinojapan. Begriff ↑Shintō.

Kaminski, 1) André, schweizer. Schriftsteller, * Genf 19. 5. 1923, † Zürich 12. 1. 1991; wanderte 1945 nach Polen aus, wurde 1968 wieder ausgewiesen und arbeitete danach in der Schweiz als Dramaturg und Drehbuchautor beim Fernsehen. Bekannt wurde K. durch seinen Roman »Nächstes Jahr in Jerusalem« (1986) über das Leben seiner ostjüd. Vorfahren in Form eines Schelmenromans.
2) Heinrich, Komponist, * Tiengen (heute zu Waldshut-Tiengen) 4. 7. 1886, † Ried (heute zu Kochel a. See) 21. 6. 1946; verband reiche Polyphonie mit sensitiver Harmonik; schrieb Opern (»Jürg Jenatsch«, 1929), überwiegend geistl. Vokalmusik, Orchester- und Kammermusik.

Kamiri, Baum, der ↑Bankul.

Kamisarden [von provenzal. camiso »(Unter)hemd«] (frz. Camisards), die Hugenotten der Cevennen und des Languedoc. Die Unterdrückung nach der Aufhebung des Edikts von Nantes durch Ludwig XIV. (1685) trieb sie 1702 zum Aufstand **(Cevennenkrieg),** der 1710 endgültig niedergeschlagen wurde.

Kamisol [frz., zu lat. camisia »Hemd«] *das,* in der Kleidung des 16./17. Jh. langärmeliges oder ärmelloses Oberteil, das als Schoßjacke für Frauen in einigen Volkstrachten weiterlebte.

Kamjanets-Podilskyj [-kej], Stadt in der Ukraine, ↑Kamenez-Podolski.

Kamjenc [-jɛnts], sorb. Name der Stadt und des Landkreises ↑Kamenz.

Kamille: Färberhundskamille (Höhe 20–60 cm)

Kamlah, Wilhelm, Philosoph, * Hohendorf-Neugattersleben (heute Neugattersleben, Landkr. Bernburg) 3. 9. 1905, † Erlangen 24. 9. 1976; Prof. in Hannover und in Erlangen; legte Studien zur augustin. und mittelalterl. Geschichtstheologie vor; arbeitete zu Fragen der Logik, Sprach- und Wiss.kritik sowie der philosoph. Anthropologie.

Kamm, 1) mit Zinken versehenes, handl. Gerät zum Ordnen und Festhalten des Haares, auch zu dessen Schmuck, u. a. aus Schildpatt, Horn, Elfenbein, Holz, Metall oder Kunststoff.
2) *Bautechnik:* Querverbindung ungleich hoch liegender Hölzer.
3) *Gastronomie:* ein Nackenstück des Schlachtviehs und Wildschweins.
4) *Geographie:* lang gestreckter, schmaler Gebirgsrücken; ↑Grat.
5) *Zoologie:* häutiger Auswuchs auf dem Scheitel der Hühner (↑Hahnenkamm) und auf der Stirn des Kondors sowie die Hautfalte auf dem Rücken mancher Molche.

Kammer [von lat. camera »Gewölbe«], **1)** *Geschichte:* Behörde zur Verw. der Domänen und sonstigen Einnahmequellen eines Fürsten.

2) *Justizverwaltung:* Spruchkörper eines Kollegialgerichts der ersten, z.T. auch der Rechtsmittelinstanz, so bei den Landgerichten (Zivil-, Straf-K., K. für Handelssachen), den Arbeits- und den Landesarbeitsgerichten, den Sozial- und den Verw.gerichten. Beim Bundesverfassungsgericht entscheiden mit drei Verfassungsrichtern besetzte K. v.a. über die Annahme von Verfassungsbeschwerden.
3) *öffentl. Verwaltung:* Körperschaft des öffentl. Rechts zur Selbstverwaltung gemeinsamer Angelegenheiten von Angehörigen bestimmter Berufszweige (z.B. Handwerkskammer, Industrie- und Handels-K., Landwirtschaftskammer).
4) *Staatsrecht:* Volksvertretung, beim Zweikammersystem geteilt in eine **Erste K.** (z.B. Oberhaus, Senat, Herrenhaus) und eine **Zweite K.** (z.B. Unterhaus, Abgeordnetenhaus).

Kammmuscheln: Chlamys asperrimus

Kämmerer (Stadtkämmerer), in zahlr. Städten und Gemeinden Bez. für den Leiter der Finanzverwaltung.
Kammerflimmern, ↑Herzrhythmusstörungen.
Kammergericht, 1) *Recht:* das Oberlandesgericht in Berlin, das sich aus dem K. für Brandenburg (entstanden Ende des 15.Jh.) entwickelt hat.
2) *Rechtsgeschichte:* im MA. das fürstl. und königl. Obergericht; das königl. K. wurde 1495 in das ↑Reichskammergericht umgewandelt.
Kammerherr (Kämmerer), aus dem mittelalterl. Schatzmeisteramt hervorgegangenes Hofamt. In neuerer Zeit war K. Ehrentitel von Edelleuten und Amtstitel der adligen Hofbeamten.
Kammerjäger, Schädlingsbekämpfer. Die Bez. trugen zunächst nur fürstl. Bedienstete, die die herrschaftl. Gemächer von Ungeziefer, Mäusen, Ratten usw. freihielten.
Kammerlinge, die ↑Foraminiferen.
Kammermusik, die Instrumental- und Vokalmusik für kleine, solist. Besetzung im Unterschied zur Orchester- und Chormusik. Zu ihr zählen Werke für Streicher-, Bläser- und gemischte Ensembles, ferner für klavierbegleitete Soloinstrumente (z.B. Violinsonate) oder Gesang (z.B. Klavierlied). Der um 1560 in Italien geprägte Begriff (»musica da camera«) umfasste urspr. alle für die höf. »Kammer« bestimmten weltl. Musikarten in Abgrenzung zu Kirchen- und Opernmusik. Frühe Zeugnisse der K. waren z.B. Madrigal und Frottola in vokaler bzw. vokal-instrumental gemischter Besetzung sowie die rein instrumentalen Formen Ricercar und Canzona da sonar (↑Kanzone); die meistgepflegten Formen der Barockzeit waren die generalbassbegleitete Triosonate, die Solosonate, das Concerto grosso und das Solokonzert. An ihre Stelle traten im 18.Jh. die K. mit obligatem Klavier und das von J. Haydn, W.A. Mozart, später von L. van Beethoven und F. Schubert auf einen gattungsstilist. Höhepunkt geführte Streichquartett. Die Bevorzugung des Kammerstils im 20.Jh. hatte eine neue Blüte der K. und die Pflege von Zwischengattungen wie Kammersinfonie (z.B. A. Schönberg, op.9), Kammerkonzert (z.B. A. Berg) und Kammeroper (z.B. R. Strauss »Ariadne auf Naxos«, P. Hindemith »Cardillac«) zur Folge.
Kammersänger, von staatl. oder städt. Institutionen verliehener Titel an verdiente Sänger; entsprechend **Kammersängerin, Kammermusiker.**
Kạmmersee, der ↑Attersee im Salzkammergut.
Kammerspiele, kleines Theater, bes. für Stücke mit wenigen handelnden Personen und geringer bühnentechn. Ausstattung; auch Bez. für die dort gespielten dramat. Werke intimen Charakters.
Kammerton (Normalton), der 1885 auf eine Frequenz von 435 Hz, seit 1939 auf 440 Hz festgelegte **Stimmton** a^1 zum Einstimmen von Musikinstrumenten.
Kammgarn, feines, glattes, langfaseriges Garn mit paralleler Faserlage aus Wolle und/oder Chemiefasern.

Kammgras (Cynosurus), Gattung der Gräser, in deren Blütenrispen neben den fruchtbaren Ährchen unfruchtbare sitzen, die kammförmigen Blättchen ähneln. Das **Weide-K. (Wiesen-K.,** Cynosurus cristatus) Europas ist ein ertragsarmes Horstgras feuchter Lagen.

Kammkeramik, mit Kammeindrücken verzierte Tonware, kennzeichnend für die nordeuras. Kulturgruppen der Jungsteinzeit und Bronzezeit.

Kämmmaschine, Spinnereivorbereitungsmaschine, die aus dem Faservlies Kurzfasern **(Kämmlinge),** Fasernoppen **(Nissen)** und Verunreinigungen auskämmt, eine verbesserte Parallellage der Fasern bewirkt und ein feineres Ausspinnen ermöglicht. Das Ergebnis ist der **Kammzug.**

Kammmuscheln (Pectinidae), Muschelfamilie mit fächerförmig gerippter Schale, zahlr. Tentakeln, Augen am Mantelrand; die Schalen der **Jakobsmuschel** (Pecten jacobaeus) dienten den Kreuzzugpilgern zum Wasserschöpfen.

Kammontunnel, die Tunnel zw. den japan. Inseln Honshū und Kyūshū: 1) Eisenbahntunnel zw. Shimonoseki und Kitakyūshū (Moji), 3 614 m lang; eröffnet 1942; 2) kombinierter Straßen- und Fußgängertunnel auf zwei Ebenen zw. Shimonoseki und Kitakyūshū (Moji), 3 605 m lang, davon 1 140 m unter der Kammonmeerenge; 1958 eröffnet; 3) Shin-Kammon-Tunnel (»Neuer K.«) für die Shinkansen-Schnellbahn, 18 560 m lang, davon 880 m unter der Meerenge zw. Shimonoseki und Kitakyūshū (Kokura); 1975 fertig gestellt.

Kamorra *die,* neapolitan. Geheimbund (↑Camorra).

Kamp [von lat. campus »Feld«] *der,* **1)** (Pflanzgarten, Baumschule, Forstgarten), *Forstwirtschaft:* Fläche zur Anzucht von Forstpflanzen.

2) *Landwirtschaft:* eingezäuntes Land (meist Viehweide) oder Feld, auch einzelnes Ackerstück (Parzelle), Grasplatz am Hof.

Kamp *der,* linker Nebenfluss der Donau im Waldviertel, NÖ, 134 km lang, entspringt im Weinsberger Wald, mündet unterhalb von Krems an der Donau; im Mittellauf Ottensteiner, Dobra- und Thurnberger Stausee; am Unterlauf Weinbau.

Kampagne [kamˈpanjə; lat.-italien.-frz.] *die,* **1)** *allg.:* 1) groß angelegte, zeitlich begrenzte Aktion für oder gegen jemanden bzw. etwas; 2) veraltete Bez. für Feldzug.

2) *Wirtschaft:* Betriebszeit in saisonabhängigen Unternehmen, z. B. in der Zuckerindustrie.

Kampala, Hauptstadt Ugandas, nördlich des Victoriasees auf mehreren Hügeln gelegen, 1,208 Mio. Ew.; Sitz eines kath. und eines anglikan. Erzbischofs; Univ., Nationalmuseum, Kunstsammlungen; Wirtschaftszentrum mit Sägewerken, Metallwaren-, Textil- und Nahrungsmittelind., Schuh- u. a. Fabriken; Hafen: Port Bell (10 km östlich); 40 km südlich der internat. Flughafen von Entebbe. – In vorkolonialer Zeit und wieder seit 1993 Residenz des Kabaka (König) von Buganda. 1890 als Stützpunkt der British East Africa Company gegr., seit 1962 Hauptstadt.

100264

Kampanien: Küste bei Amalfi

Kampanilen (italien. Campania), Landschaft und Region im südl. Italien, 13 595 km², 5,782 Mio. Ew., bestehend aus den Prov. Avellino, Benevent, Caserta, Neapel und Salerno; Hptst. ist Neapel. K. reicht von den Ketten des Apennin zum Küstenland zw. dem Golf von Gaeta und dem Golf von Policastro; Steilküsten begrenzen die Halbinsel von Sorrent. Im Golf von Neapel liegen die Inseln Capri und Ischia. Intensive Landnutzung in den küstennahen Schwemmlandebenen und Tälern sowie um den Vesuv: Baum- und Rebkulturen, Anbau von Gemüse, Kartoffeln, Zuckerrüben, Getreide und Tabak. Die Ind. ist im Großraum Neapel konzentriert; Fremdenverkehr. – K. war urspr. von den italischen Oskern bewohnt; seit dem 8. Jh. v. Chr. siedelten Griechen in den Küstengebieten. Im 6. und Anfang des 5. Jh. war K. etruskisch, um 350 v. Chr. wurde es von den Römern erobert; im frühen MA. u. a. unter langobard. und normann. Herrschaft, gehörte die Region seit dem 11. Jh. zum Königreich Neapel bzw. Sizilien.

Kampanile, ↑Campanile.

Kampecheholz [-tʃ-; nach dem mexikan. Staat Campeche], das ↑Blauholz.

Kampen [ˈkampə], Stadt in der niederländ. Prov. Overijssel, an der IJssel, 32 200 Ew.; theolog. Hochschule der Niederländ. Ref. Kirche, Militärakademie; Maschinenbau, Möbel-, Bekleidungsind., Kunststoffverarbeitung. – Zahlreiche mittelalterlicher Bauten sind erhalten, u. a. got. Sint-Nicolaas- oder Bovenkerk, got. Onze-Lieve-Vrouwe- oder Buitenkerk; spätgot. Rathaus, Stadttore und Bürgerhäuser. – K. war seit 1441 Hansestadt.

Kampen (Campen), Jakob van, niederländ. Baumeister und Maler, * Haarlem 2. 2. 1595, † Huis Randenbroeck (bei Amersfoort) 13. 9. 1657; begründete den strengen an Palladio und Scamozzi anknüpfenden Klassizismus in den Niederlanden (Mauritshuis in Den Haag, 1633–44; Rathaus in Amsterdam, begonnen 1648; heute Königl. Palast); als Maler von der Utrechter Schule beeinflusst.

Kampen (Sylt), Gemeinde auf der Insel Sylt, Kr. Nordfriesland, Schlesw.-Holst., 600 Ew.; Nordseeheilbad.

Kämpevise [dän. »Heldenweise«] *die,* skandinav., v. a. altdän. und altschwed. Gattung der Volksballade (↑Folkevise) des 13. und 14. Jh. mit Elementen der Epik, Lyrik (Kehrreim) und Dramatik (Dialog). Die Stoffe sind der german. und nord. Heldensage zugehörig.

Kampfer [mlat. (Campher), bizykl., zur Gruppe der Terpene gehörendes Keton, $C_{10}H_{16}O$; wird synthetisch oder durch Destillation von Spänen des Kampferbaumes gewonnen. Technisch wird K. als Gelatiniermittel für Celluloseacetat und -nitrat verwendet. Medizinisch wird K. aufgrund seiner durchblutungsfördernden Wirkung zum Einreiben bei Rheumatismus, Neuralgien u. Ä. angewendet.

Kämpfer, *Architektur:* 1) Widerlager auf dem tragenden Gesims, Pfeiler oder Kapitell einer Säule, das den **K.-Druck** des aufsteigenden Bogens oder Gewölbes aufnimmt (Auflager); 2) fest stehendes Querholz zw. unterem und oberem Fensterflügel.

Kampferbaum (Cinnamomum camphora), ein in S-China, Taiwan und Japan heimisches Lorbeergewächs; bis 50 m hoher Baum, der in allen Teilen reich an ↑Kampfer ist.

Kampffische (Betta), Gattung der Labyrinthfische; Maulbrüter oder Schaumnestbauer. **Betta splendens**, aus SO-Asien, etwa 6 cm lang, ist ein farbenprächtiger Aquarienfisch. Die Männchen führen oft heftige Paarungskämpfe um die Weibchen.

Kampfflugzeug, ein für den militär. Einsatz bestimmtes Flugzeug. Urspr. wurden Flugzeuge verwendet, die für bestimmte Aufgabenstellungen spezialisiert waren (Bomben-, Erdkampf-, Jagdflugzeuge). In den 1950er-Jahren zwangen die Leistungsanforderungen zum Einbau sehr schubstarker Triebwerke; so konnten neben der Bewaffnung für Jagdeinsätze auch Angriffswaffen gegen Bodenziele oder Aufklärungsgeräte mitgeführt werden. Da mit solchen Flugzeugen ein großer Teil der takt. Kampfaufgaben bewältigt werden kann, bezeichnet man sie als **takt. K.** oder **Mehrzweck-K.** Variable Geometrie der Flugzeugteile (z. B. Schwenkflügel, wie beim Tornado), Außenbordaufhängung der militär. Nutzlast, der jeweiligen Kampfaufgabe angepasste Waffen (v. a. Lenkwaffen) sowie eine variable elektron. Ausrüstung sind wichtige Hilfsmittel zur Erzielung der Mehrzweckeignung. – Takt. K. stellen den zahlenmäßig größten Anteil am fliegenden Gerät der meisten Luftstreitkräfte. Verwendet werden ein- oder zweistrahlige Flugzeuge mit hoher Geschwindigkeit, sehr gutem Steig- und Beschleunigungsvermögen, guter Manövrierfähigkeit, ausreichendem Kampfradius sowie mit Eignung für Start und Landung auf kurzen Pisten. – Folgende Aufgaben werden von takt. K. erfüllt: 1) takt. Luftaufklärung; 2) Abfangjagd und Begleitschutz für eigene Luftan-

Kampfflugzeug: Kampfflugzeuge der Serie F15-Eagle im Formationsflug

griffs- oder Lufttransportkräfte; 3) Luftnahunterstützung eigener Land- und Seestreitkräfte, Bekämpfung gegner. Ziele in der Tiefe des Raumes sowie Kampf gegen feindl. Luftstreitkräfte am Boden. Eine vorzeitige Entdeckung muss dabei durch Unterfliegen der Radarwarnzone im extremen Tiefflug vermieden werden.

Kampfgericht, ↑Jury.

Kampfgruppen, 1) militär. Einheiten, zusammengestellt aus versch. Truppengattungen; 2) **K. der Arbeiterklasse (Betriebskampfgruppen),** in der DDR 1953–89/90 bestehende paramilitär. Verbände (etwa 15 000 mit insgesamt 400 000 Angehörigen) in Betrieben, Behörden und Produktionsgenossenschaften; gebildet nach dem Aufstand vom 17. 6. 1953 am 1. 7. 1953; wurden u. a. am 13. 8. 1961 beim Bau der Berliner Mauer eingesetzt. Laut Beschluss der DDR-Reg. vom Dez. 1989 wurden die K. bis zum 30. 6. 1990 aufgelöst.

Kampfhubschrauber, Sammel-Bez. für alle zur direkten Bekämpfung gegner. Ziele sowie zur Wahrnehmung anderer militär. Aufgaben eingesetzten und entsprechend bewaffneten und ausgerüsteten Hubschrauber. Zu den K. zählen so genannte Angriffshubschrauber und Kampfunterstützungshubschrauber sowie Bordhubschrauber auf Kriegsschiffen, die der U-Boot-Bekämpfung dienen, jedoch nicht unbewaffnete Transporthubschrauber.
Angriffshubschrauber (K. i. e. S.; engl. attack helicopter), wie der russ. Typ Mi-24 »Hind« und der amerikan. AH-64 A »Apache«, sind mit panzerbrechenden Lenkwaffen, Luft-Boden- oder Luft-Luft-Lenkwaffen sowie mit einem integrierten Feuerleit- und Zielsystem ausgerüstet. Kampfunterstützungshubschrauber verfügen über zahlreiche Selbstverteidigungs- und Streuwaffen, u. a. Bordmaschinengewehre, Bordkanonen, ungelenkte Raketen, Bomben oder Streubomben. In der Entwicklung befinden sich »Jagdhubschrauber«, die für den Einsatz speziell gegen feindl. Luftfahrzeuge aller Art optimiert werden.

Kampfhunde, Bez. für Hunde, die vom Menschen zu Kampfzwecken gezüchtet und eingesetzt werden. Hundekämpfe sind, obwohl meist verboten, in einigen Ländern noch weit verbreitet, z. B. in den USA. Gemeinsame Wesensmerkmale der als K. bezeichneten Hunderassen sind hohe Aggressivität, gefördert durch gezielte Zucht und entsprechende Erziehung, geringe Schmerzempfindlichkeit sowie fehlende Angst. Rassen, deren Veranlagung sie bes. geeignet macht, als K. ausgebildet zu werden, sind u. a. American Pitbull-Terrier, American Staffordshire-Terrier, Staffordshire-Bullterrier, Bullterrier, Mastiff, Bullmastiff, Bordeauxdogge, Fila Brasileiro. Im Rahmen des Polizei- und Ordnungsrechts sind grundsätzlich die Bundesländer für die Gesetzgebung zur Abwehr von Gefahren durch gefährl. Hunde zuständig. Auf Empfehlung der Innenministerkonferenz vom Mai 2000 wurden landesrechtlich u. a. aggressive Zuchtlinien verboten, eine Zuverlässigkeitsprüfung für Hundehalter und eine besondere Erlaubnis für die Haltung gefährl. Hunde eingeführt. Ergänzend wurde durch Bundes-Ges. vom 12. 4. 2001 ein Einfuhrverbot für Pitbull-Terrier, American Staffordshire-Terrier, Staffordshire-Bullterrier, Bullterrier und deren Kreuzungen sowie für nach Landesrecht bestimmte gefährl. Hunde erlassen. Das Tierschutz-Ges. wurde um ein Zuchtverbot für Hunde ergänzt, bei denen durch die Zucht erblich bedingte Aggressionssteigerungen verstärkt werden. Mit Freiheits- oder Geldstrafe sind sowohl Verstöße gegen das Import- und das Zuchtverbot als auch das Halten von gefährl. Hunden ohne die erforderl. Genehmigung bedroht. Bereits im Jan. 2000 bestätigte das Bundesverwaltungsgericht die Zulässigkeit einer erhöhten Hundesteuer für Kampfhunde.

Kampfkraft, *Militärwesen:* Leistungsvermögen der Truppe, das auf ihrer personellen und materiellen Stärke, der Art ihrer Ausrüstung, dem Grad ihrer Beweglichkeit, dem Stand ihrer Versorgung und der Leistungsfähigkeit ihrer Führungsmittel beruht. Darüber hinaus wirken sich der Kampfwille der Soldaten, die Befähigung des militär. Führers, der Stand der Ausbildung und der Zustand der Truppe wesentlich auf die K. aus. Die K. ist der grundlegende Indikator für die Beurteilung des Gefechtswertes der Truppe.

Kampfläufer: Männchen im Winter-, darunter im Hochzeitskleid

Kampfläufer (Philomachus pugnax), etwa 30 cm großer Schnepfenvogel in der Tundra Nordeurasiens. Die Männchen bekommen im Hochzeitskleid einen spreizbaren Federkragen und führen zur Balz Scheinkämpfe aus.

Kampfmittel, *Militärwesen:* für Kriegszwecke bestimmte Explosivstoffe, biolog. und chem. Kampfstoffe sowie Munition und andere Einsatzmittel, die diese enthalten; darüber hinaus allgemeine Bez. für alle zur Bekämpfung des Gegners verwendeten Mittel.

Kampfpanzer, stark gepanzertes Kettenfahrzeug (↑Panzer).

Kampfpreis, unter dem marktübl., z.T. auch unter den Selbstkosten liegender Preis, mit dessen Hilfe Konkurrenten Marktanteile abgenommen oder diese vom Markt verdrängt werden sollen. K. sind an sich legal, können aber z.B. als Behinderungsmissbrauch gegen das Ges. gegen Wettbewerbsbeschränkungen oder das Ges. gegen unlauteren Wettbewerb verstoßen. K. im Außenwirtschaftsverkehr sind Dumpingpreise.

Kampfrichter, *Sport:* Person, die bei sportl. Wettkämpfen die Einhaltung der entsprechenden Bestimmungen überwacht und die erbrachte Leistung feststellt (z.B. Leichtathletik) oder durch Punktvergabe bewertet (z.B. Kunstturnen, Eiskunstlauf); in diesem Fall auch als **Punktrichter** bezeichnet. In den Ballsportarten heißt der K. ↑Schiedsrichter.

Kampfschiffe, ↑Kriegsschiffe.

Kampfschwimmer, Einzelkämpfer in den Seestreitkräften, der mit Sauerstoffgerät, Schwimmflossen u.a. ausgerüstet unter Wasser an gegner. Objekte (Schiffe, Brücken, Hafenanlagen) heranschwimmt, um diese zu erkunden oder (meist durch Sprengung) zu zerstören.

Kampfsportarten, zusammenfassende Bez. für diejenigen Sportarten, die vorwiegend durch den unmittelbaren Kampf »Mann gegen Mann«, meist mit Körperkontakt, gekennzeichnet sind; dazu gehören die »Zweikampfsportarten« (z.B. Boxen), die »Kampfkünste« des ↑Budos und die »Kampfspiele« (z.B. American Football).

Kampfstoffe, zum Kriegseinsatz bestimmte radioaktive Materialien, chem. Reizstoffe (u.a. Blaukreuz) und Gifte (meist als Binär-K. aus zwei geringgiftigen Vorprodukten hergestellt) sowie krankheitserregende Mikroorganismen (↑ABC-Waffen).

Kampftruppen, in der Bundeswehr Bez. für diejenigen Truppengattungen, die den Kern der Landstreitkräfte bilden und den Kampf auf dem Gefechtsfeld führen.

Kampf|unterstützungstruppen, in der Bundeswehr die Truppengattungen Artillerie, Heeresflugabwehrtruppe, Heeresflieger, Pioniere und ABC-Abwehrtruppe, die die Kampftruppen unterstützen.

Kampfwachteln, die ↑Laufhühnchen.

Kampfwagen, der ↑Streitwagen der Antike.

Kampfwertsteigerung, *Militärwesen:* Bez. für die techn. Modernisierung vorhandener militär. Geräte bzw. Waffensysteme.

Kamphaus, Franz, kath. Theologe, * Lüdinghausen 2. 2. 1932; erhielt 1959 die Priesterweihe, war ab 1973 Regens des Priesterseminars in Münster und wurde nach seiner Bischofsweihe (1982) Bischof von Limburg. K., der sein Bischofsamt unter das Leitwort »Evangelizare pauperibus« (»Den Armen das Evangelium verkünden«) gestellt hat, ist Vors. der Kommission Weltkirche der Dt. Bischofskonferenz. In der Diskussion um die Neuordnung der kath. ↑Schwangerschaftskonfliktberatung in Dtl. (1999) setzte sich K. für den Verbleib im staatl. Beratungssystem ein und verfügte diesen als einziger dt. Diözesanbischof für sein Bistum (aufgehoben durch päpstl. Entscheid vom 8. 3. 2002). **Werke:** Priester aus Passion ([4]1995); Eine Zukunft für alle. Umkehr zur Solidarität (1995); Den Glauben erden. Zwischenrufe (2001).

Kamp-Lintfort, Stadt im Kr. Wesel, NRW, am Niederrhein, 40200 Ew.; geolog. Museum; Steinkohlenbergbau, Elektroindustrie, Kommunikationstechnologie. – Das 1123 gegründete Kloster **Kamp** (gotisch-barocke Kirche, 1683–1700; got. Chor 1410–15, Ordensmuseum) war die erste Niederlassung der Zisterzienser in Deutschland. 1934 erfolgte der Zusammenschluss mit **Lintfort,** seit 1950 Stadt.

Kampong (Kampung) *der* oder *das,* in Indonesien und Malaysia Bez. für Dörfer und für Stadtteile in ländl. Bauweise.

Kampuchea [-tʃ-], früherer Name von ↑Kambodscha.

Kampung [malaiisch »Dorf«] (Kampong), in Indonesien und Malaysia Bez. für Dörfer, Dorfverbände, auch dörfl. Stadtbezirke; auf Java und Bali häufiger **Desa,** in Pfahlbauweise an der Küste oder in einem Fluss errichtet, **K. Ayer** genannt.

Kamsin, Wüstenwind, ↑Chamsin.

Kamtschadalen, die in das russ. Volk integrierten ↑Itelmen.

Kamtschatka, Halbinsel in NO-Asien, Russland, 1200 km lang, bis zu 450 km breit, 370000 km², trennt das Ochotsk. Meer vom Beringmeer. Von den etwa 160 Vulkanen sind noch 28 tätig (höchster ist die Kljutschewskaja Sopka mit 4750 m ü. M.), zahlr. Geysire; Erdbeben sind häufig. Bei sommerkühlem und winterkaltem Klima besteht die Vegetation aus Fichten-Lärchen-Taiga, darüber Birkenwald und alpine Matten. Die Halbinsel gehört zu den 200 wichtigsten Ökoregionen der Welt und wurde von der UNESCO zum Weltnaturerbe erklärt. Im K.-Längstal zw. zwei die Halbinsel durchziehenden Gebirgsketten werden Gemüse und Kartoffeln angebaut; Pelztierfang, Fisch- und Krabbenfang; zwei geotherm. Versuchskraftwerke (12 MW); reich an Bodenschätzen, Kohle-, Erdgas-, Goldgewinnung; an der O-Küste Kronezki-Biosphärenreservat (11420 km²); Halbinsel und nördl. anschließendes Gebiet bilden das Gebiet K. (472300 km², 423000 Ew., Hauptort Petropawlowsk-Kamtschatski an der südl. O-Küste), dessen N-Teil zum Gebiet des Autonomen Kreises der ↑Korjaken gehört. – 1697–99 von dem Kosaken W. W. Atlassow erkundet.

Kamyschin, Stadt im Gebiet Wolgograd, Russland, am Wolgograder Stausee der Wolga, 126000 Ew.; TH; Baumwollwerk, Kranbau, Glaswaren-, Farbenfabrik; Wolgahafen. – 1668 als Festung gegr., seit 1780 Stadt.

Kan., Abk. für den Bundesstaat ↑Kansas, USA.

Kana (Kanaa), Ort in Galiläa; nach Joh. 2, 1–11 Ort des Hochzeitswunders Jesu (Verwandlung von Wasser in Wein); vermutlich das heutige Chirbet Kana, rd. 10 km nördlich von Nazareth.

Kana|an, histor. Begriff für die syrisch-palästinens. Küste; im A. T. das gesamte Land westlich des Jordan (1. Mos. 10, 18 f.), in das Abraham gezogen ist (1. Mos. 12, 5, ff.).

kana|anäische Sprachen, Sammelbez. für die hebr. Sprache, die amurrit. Sprache (die Sprache der Amoriter), das Phönikische (mit dem Punischen) sowie das Moabitische. Die k. S. gehören zum nordwestl. Zweig der semit. Sprachen.

Kana|aniter (Kanaanäer), im A. T. Sammelbez. für die aus verschiedenen semit. Völkern zusammengesetzte vorisraelit. Bevölkerung Kanaans. Einblick in Religion und Kultur der K. geben v. a. die Textfunde von ↑Ugarit.

Kanada	
Fläche	9 984 670 km²
Einwohner	(2003) 31,51 Mio.
Hauptstadt	Ottawa
Verwaltungsgliederung	10 Provinzen und 3 Territorien
Amtssprachen	Englisch und Französisch
Nationalfeiertag	1. 7.
Währung	1 Kanadischer Dollar (kan$) = 100 Cent (c)
Zeitzone	MEZ (von O nach W) – 4,5 bis – 9 Std.

Kanada (amtlich engl. und frz. Canada), Bundesstaat in Nordamerika, grenzt im O an den Atlantik, im S und NW (Alaska) an die USA, im W an den Pazifik, der Kanadisch-Arkt. Archipel liegt im Nordpolarmeer.

Staat und Recht: Nach der Verf. von 1982 ist K. eine bundesstaatlich geordnete parlamentar. Monarchie im Commonwealth. Staatsoberhaupt ist der brit. Monarch, vertreten durch den auf Vorschlag der kanad. Reg. ernannten Gen.-Gouv. Die Exekutive wird von der dem Unterhaus verantwortl. Reg. unter Vorsitz des Premiermin. wahrgenommen. Die Legislative liegt beim Zweikammerparlament, bestehend aus Senat (105 ernannte Vertreter der Provinzen) und Unterhaus (301 Abg., für 5 Jahre gewählt). Die Prov. verfügen über eigene Verf. sowie Legislativ- und Exekutivorgane. – Wichtigste Parteien: Liberale Partei (LP), Kanad. Allianz (bisher Reformpartei [RP]), Quebec-Block (BQ), Neue Demokrat. Partei (NDP), Fortschrittl. Konservative Partei (PCP).

Landesnatur: K. umfasst den N des nordamerikan. Kontinents (außer Alaska). Fast die Hälfte des Landes wird vom ↑Kanadischen Schild eingenommen, der SO von den hügeligen Ausläufern der Appalachen. Die Ebenen am Sankt-Lorenz-Strom und im Gebiet der Großen Seen sind Teil der Inneren Ebenen (Interior Plains) Nordamerikas. Westlich des Kanad. Schilds erstreckt sich das Prärietafelland der ↑Great Plains, das in weiträumigen Stufen von 300 m ü. M. im O bis zur Vorgebirgszone der Rocky Mountains im W auf 1 500 m ü. M. ansteigt. Der W des Landes wird vom kanad. Teil der Kordilleren (Rocky Mountains, innere Plateaus, Coast Mountains) eingenommen. Die Ketten erreichen

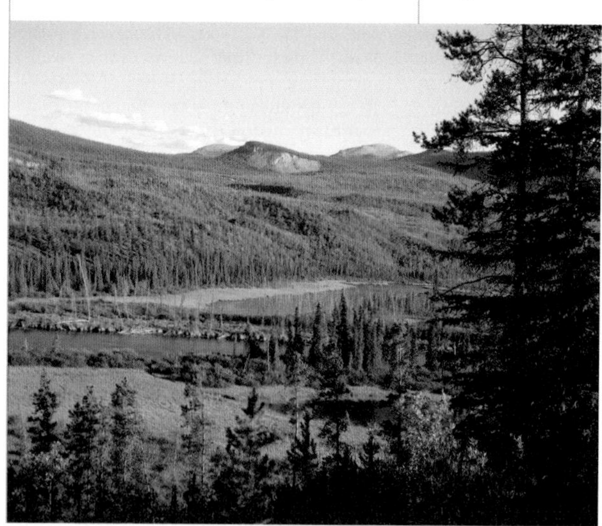

Kanada: nördliche Waldtundra im Yukon Territory

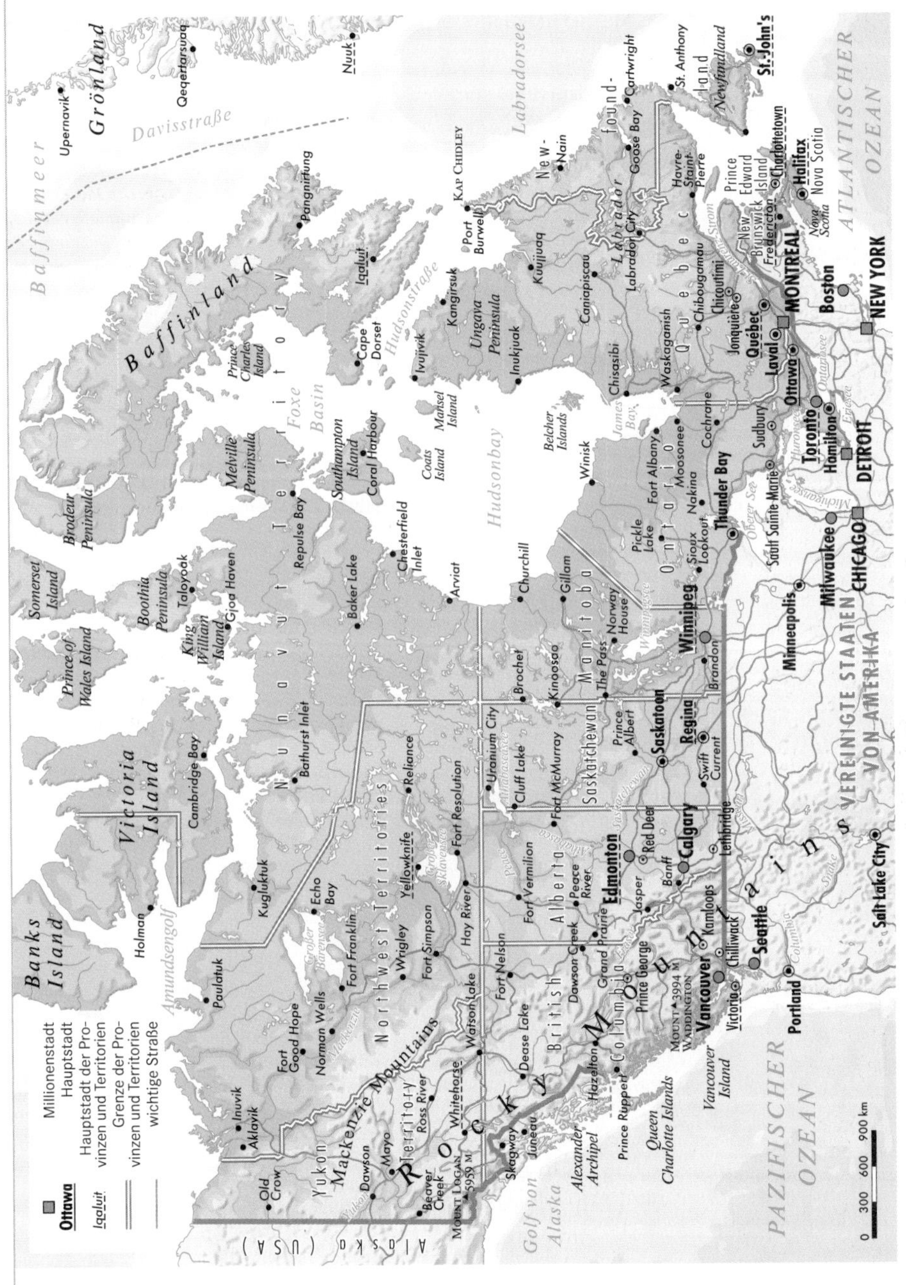
Ottawa Millionenstadt
Iqaluit Hauptstadt
Hauptstadt der Provinzen und Territorien
Grenze der Provinzen und Territorien
wichtige Straße
Banks Island
Victoria Island
Prince of Wales Island
Somerset Island
Brodeur Peninsula
Boothia Peninsula
King William Island
Melville Peninsula
Baffinland
Baffinmeer
Davisstraße
Grönland
Upernavik
Qeqertarsuaq
Nuuk
Amundsengolf
Holman
Kugluktuk
Cambridge Bay
Taloyoak
Gjoa Haven
Bathurst Inlet
Repulse Bay
Baker Lake
Chesterfield Inlet
Arviat
Southampton Island
Coral Harbour
Coats Island
Mansel Island
Prince Charles Island
Foxe Basin
Cape Dorset
Iqaluit
Pangnirtung
Hudsonstraße
Hudsonbay
Belcher Islands
James Bay
Kap Chidley
Port Burwell
Labradorsee
Nunavut Territory
Northwest Territories
Yukon Territory
Alaska (USA)
Old Crow
Aklavik
Inuvik
Fort Good Hope
Norman Wells
Paulatuk
Fort Franklin
Großer Bärensee
Echo Bay
Wrigley
Fort Simpson
Yellowknife
Großer Sklavensee
Fort Resolution
Hay River
Reliance
Uranium City
Mackenzie Mountains
Dawson
Mayo
Beaver Creek
Mount Logan 5959 M
Whitehorse
Ross River
Watson Lake
Skagway
Juneau
Golf von Alaska
Alexander Archipel
Rocky Mountains
British Columbia
Dease Lake
Fort Nelson
Hazelton
Prince Rupert
Queen Charlotte Islands
Dawson Creek
Grand Prairie
Prince George
Mount Waddington 3994 M
Vancouver Island
Vancouver
Victoria
Chilliwack
Kamloops
Alberta
Fort Vermilion
Peace River
Jasper
Edmonton
Red Deer
Banff
Calgary
Lethbridge
Fort McMurray
Cliff Lake
Saskatchewan
Prince Albert
Saskatoon
Regina
Swift Current
Manitoba
Brochet
Kinoosao
The Pass
Norway House
Churchill
Gillam
Winnipeg
Brandon
Ontario
Pickle Lake
Sioux Lookout
Nakina
Fort Albany
Moosonee
Winisk
Cochrane
Thunder Bay
Oberer See
Sault Sainte-Marie
Sudbury
Toronto
Hamilton
Ottawa
Quebec
Chisasibi
Waskaganish
Inukjuak
Ivujivik
Ungava Peninsula
Kangirsuk
Kuujjuaq
Caniapiscau
Chibougamau
Chicoutimi
Jonquière
Québec
Laval
Montreal
Labrador
Labrador City
Goose Bay
Nain
Cartwright
Newfoundland
St. Anthony
St. John's
Havre-Saint-Pierre
Prince Edward Island
Charlottetown
New Brunswick
Fredericton
Nova Scotia
Halifax
Seattle
Portland
Salt Lake City
Minneapolis
Milwaukee
Chicago
Detroit
Boston
New York
Vereinigte Staaten von Amerika
Pazifischer Ozean
Atlantischer Ozean
0 300 600 900 km

3000–4000 m ü. M., im Mount Logan 5959 m ü. M.; die Plateaus liegen meist in einer Höhe von 1000–2000 m ü. M. Nördlich des kanad. Festlands erstreckt sich der Kanadisch-Arkt. Archipel; im S flach bis 400 m ü. M., im N bis 2900 m ü. M. aufragend und stark vergletschert. Da 97 % des Landes von Eis bedeckt waren, sind die Oberflächenformen weitgehend eiszeitlich geprägt. Die Großen Seen, an denen K. einen Anteil von 36 % hat, gehören wie der Große Bärensee, der Große Sklavensee und der Winnipegsee zu den größten Seen der Erde. Wichtigste Flüsse sind Nelson River, Churchill River (zur Hudsonbai) und Mackenzie River (zum Nordpolarmeer); überragende Verkehrsbedeutung hat allein der Sankt-Lorenz-Strom. – K. hat überwiegend kontinentales Klima mit langen, kalten Wintern und warmen, im Inneren heißen Sommern. Der Kanadisch-Arkt. Archipel und das nordöstl. Festland

Kanada: Lake Peyto im Banff National Park (UNESCO-Weltnaturerbe) in den Rocky Mountains, Provinz Alberta

liegen in der arkt., der zentrale und westl. N des Landes in der subarkt. Klimaregion. Im SO ist das Klima gemäßigt, im W schützen die Kordilleren die Küstengebiete vor arkt. Kaltlufteinbrüchen. Westwinde bringen hier hohe Niederschläge, im Windschatten der Gebirge herrscht dagegen große Trockenheit. – An die Moos- und Flechtentundra im hohen N schließt sich südlich ein breiter Waldgürtel an (Fichten, Tannen, Lärchen, im Lorenzstromgebiet auch Ulmen, Ahorn u. a.). Östlich der Rocky Mountains grenzt an den Waldgürtel ein breiter Steppengürtel (Prärie), der etwa bis 100° w. L. reicht. An der W-Küste gibt es Wälder mit Zedern, Douglasien und Hemlocktannen.

Bevölkerung: Von der zumeist auf Einwanderungen zurückgehenden Bev. sind rd. 17 % brit., über 9 % frz., 26 % brit. und frz., 29 % anderer Abstammung, der Anteil der Ethnien aus außereurop. Ländern ist auf etwa 10 % angestiegen. Die Mehrzahl der Einwanderer (seit 1990 Festlegung der jährl. Einwanderungsquote) kommt aus Asien. Rd. 3–4 % der Einwohner sind Indianer, die über ganz Kanada verstreut leben, und Eskimo (bes. im N des Landes). Große Teile des polaren N sind fast unbesiedelt. Die meisten Ew. leben in einem Streifen entlang der Grenze zu den USA, fast 65 % davon im S der Prov. Quebec und Ontario. Ziele der Einwanderer sind v. a. die Großstädte Toronto, Vancouver und Montreal. Der Anteil der Stadtbevölkerung beträgt etwa 80 %. – Rd. 80 % der Bev. sind Christen (rd. 42 % Katholiken, 33,5 % Protestanten, 2,5 % Anglikaner, 2 % Orthodoxe). Religiöse Minderheiten bilden die rd. 500 000 Muslime, 370 000 Juden, 250 000 Hindus und jeweils rd. 220 000 Sikhs und Buddhisten. – Die Organisation des Schulwesens erfolgt in Verantwortung der Provinzen. Es besteht eine neun- bzw. zehnjährige allg. Schulpflicht ab dem 6. Lebensjahr. Das Schulsystem gliedert sich in die achtjährige Primarschule (Elementary School) und vier- bis fünfjährige Sekundarschulen (Junior und Senior Highschool). Es gibt über 70 Univ.; zu den größten zählen die Université de Montréal (gegr. 1878) und die University of Toronto (gegr. 1827).

Wirtschaft und Verkehr: K. wird durch seine natürl. Reichtümer (Bodenschätze, Energiequellen, fruchtbare Böden im Präriegebiet, Wälder) zwar begünstigt, Erschwernisse stellen aber die Erschließung der nördl. Gebiete, ferner die zu geringe Bev.dichte dar. Die Ballungsräume im S des Landes haben untereinander nur wenige Verbindungen, sind dagegen stark mit den benachbarten Wirtschaftsräumen der USA verflochten. Ungeachtet dieser Probleme ist der Lebensstandard in K. einer der höchsten der Erde.

Die Landwirtschaft nutzt nur etwa 8 % der Gesamtfläche (davon etwa 62 % als Ackerland) und beschäftigt nur noch 4 % aller Erwerbstätigen. Obwohl sie lediglich rd. 7 % des Exportwerts erbringt, gehört K. zu den fünf größten Exporteuren landwirtsch. Erzeugnisse. Wichtigste Ackerbaugebiete mit weitgehend mechanisiertem Anbau sind die Prärieprovinzen Manitoba, Saskatchewan und Alberta, auf die ein Großteil des Weizen-, Hafer- und Gersteanbaus sowie fast der gesamte Anbau an Ölsaaten (Raps, Leinsaat, Sonnenblumen u. a.) entfallen. Die Erträge liegen unter denen westeurop. Länder. Obst und Gemüse werden v. a. in den atlant. Provinzen angebaut, Tabak bes. in Ontario. Rd. 50 % der landwirtsch. Erträge erbringen Vieh- und Milchwirtschaft. – Die Forstwirtschaft erbringt, zus. mit den Aufbereitungsind. (Sägewerke, Zellstoff-, Papierfabriken), rd. 9 % des Exportwerts. Etwa 36 % der Landfläche sind mit Wald bedeckt, aber nur die Hälfte davon ist wirtschaftlich nutzbar. V. a. an den Küsten von British Columbia wachsen außertrop. Regenwälder, deren Nutzung in Kahlschlägen starke Kritik im In- und Ausland hervorgerufen hat. Wiederaufforstungen sollen Umweltschäden begrenzen. In der Produktion von Holzschliff, Zellstoff, Papier und Pappe steht K. an erster Stelle der Welterzeugung. – Wichtiger als der auch heute noch ausgeübte Pelztierfang ist die Pelztierzucht (bes. Nerze und Füchse). Die Jagd auf Sattelrobben wird hauptsächlich vor den Küsten von Neufundland und Labrador betrieben. – Die Küsten K. gehören zu den fischreichsten der Erde. 1977 errichtete die Reg. die 200-Seemeilen-Zone mit drast. Einschränkung der Fangerlaubnis für ausländ. Schiffe. Der größte Teil der Fänge (Schellfisch, Hering, Makrele, Dorsch im Atlantik, Lachs im Pazifik) wird exportiert.

K. zählt zu den führenden Bergbaunationen. Der Bergbau erbringt rd. 25 % des Exportwerts. Von der gesamten Förderung entfällt wertmäßig etwa die Hälfte auf Erdöl und Erdgas. Den größten Anteil an der Bergbauproduktion haben Alberta (bes. Erdöl, Erdgas, Kohle), Ontario (bes. Nickel, Kupfer, Eisen, Gold), British Columbia (bes. Kupfer, Zink, Molybdän) und Quebec (bes. Eisen, Kupfer, Asbest). Die Bodenschätze im N des Landes können wegen des Dauerfrostbodens und der Transportprobleme nur schwer erschlossen werden. Die großen Vorkommen von Ölsanden in Alberta werden seit 1978 genutzt (bei Fort McMurray). Weitere Erdöl- und Erdgasvorkommen gibt es in der kanad. Arktis, in Offshorefeldern vor den Provinzen Nova Scotia und Newfoundland.

Kanada: Verwaltungsgliederung (2001)

Provinz/ Territorium	Fläche in km²	Ew. in 1 000	Ew. je km²	Hauptstadt
Provinzen				
Alberta	661 848	3 153,7	4,8	Edmonton
British Columbia	944 735	4 146,6	4,3	Victoria
Manitoba	647 797	1 162,8	1,8	Winnipeg
New Brunswick	72 908	750,6	10,3	Fredericton
Newfoundland	405 212	519,6	1,3	Saint John's
Nova Scotia	55 284	936,0	16,9	Halifax
Ontario	1 076 395	12 238,3	11,4	Toronto
Prince Edward Island	5 660	137,8	24,3	Charlottetown
Quebec	1 542 056	7 487,2	4,9	Quebec
Saskatchewan	651 036	994,8	1,5	Regina
Territorien				
Northwest Territories	1 346 106	41,9	0,03	Yellowknife
Nunavut Territory	2 093 190	29,4	0,01	Iqaluit
Yukon Territory	482 443	31,1	0,06	Whitehorse
Kanada	9 984 670	31 629,7	3,2	Ottawa

Die Industrie (einschließlich Baugewerbe) beschäftigt rd. 17 % aller Erwerbstätigen; Schwerpunkte sind Ontario und Quebec. Eine schnelle Entwicklung nahm der W mit British Columbia und Alberta. Bedeutendster Zweig ist die Zellstoff- und Papierherstellung. Als Wachstumsind. gelten die chem. Ind. (v. a. Petrochemie), Kfz- und Flugzeugbau, Kunststoffverarbeitung sowie die elektron. Ind., zunehmend auch Schlüsselindustrien des Hightechbereiches. Wichtig sind weiter Nahrungsmittel-

sowie Eisen- und Stahlindustrie. Neben der Verkehrslage ist die Energieerzeugung ein wichtiger Standortfaktor, bes. bei der bed. Aluminiumproduktion, die v.a. in Quebec und British Columbia angesiedelt ist. – K. gehört zu den größten Energieproduzenten der Erde und verfügt über ein riesiges Wasserkraftpotenzial. Von der installierten Energiekapazität werden knapp zwei Drittel von Wasserkraftwerken und über 17% in Kernkraftwerken erzeugt.
Die Einnahmen aus dem Fremdenverkehr (zu 80% Touristen aus den USA) liegen noch unter den Ausgaben kanad. Touristen im Ausland, sind aber im Steigen. – Die Handelsbilanz war in den letzten Jahren positiv. Das amerikanisch-kanad. Freihandelsabkommen von 1988 wurde 1994 durch die Nordamerikanische Freihandelszone (NAFTA) zw. K., den USA und Mexiko erweitert. Haupthandelspartner sind die USA (über zwei Drittel des Außenhandelsumsatzes); es folgen die EU-Länder (v.a. Großbritannien, Dtl.) und Japan. – Eisenbahn und Autostraßen konzentrieren sich auf den dichter besiedelten S; neben den beiden großen transkontinentalen Eisenbahnlinien, den staatl. »Canadian National Railways« und der privaten »Canadian Pacific Ltd.«, gibt es nur einzelne Querverbindungen sowie Stichbahnen nach N (Gesamtlänge der Eisenbahnstrecken rd. 96000 km). Das Straßennetz umfasst 901900 km, davon sind 35% asphaltiert. Eine Autobahn (Transcanada Highway) verbindet seit 1962 O- und W-Küste (7871 km lang). Große Bedeutung hat die Schifffahrt, bes. auf den Großen Seen und dem Sankt-Lorenz-Seeweg, sowie die Küstenschifffahrt. Die größten Häfen sind Vancouver, Sept-Îles, Port Cartier, Halifax, Saint John und Montreal. Ein dichtes Flugnetz überzieht das ganze Land und ist lebenswichtig für den unerschlossenen N. Die größten Flughäfen haben Montreal, Vancouver, Toronto, Calgary und Edmonton.
Geschichte: Die O-Küste von K. war norweg. Seefahrern (Leif Eriksson) schon um 1000 bekannt und wurde 1497 von G. und S. Caboto neu entdeckt. Zwischen 1534 und 1541 nahm J. Cartier das Gebiet des Sankt-Lorenz-Stromes für Frankreich in Besitz (»Neufrankreich«). 1608 gründete S. de Champlain die Stadt Quebec. Es entwickelte sich ein ausgedehnter Pelzhandel, der die so genannten »Voyageurs« (Waldläufer) hervorbrachte. 1663 übernahm die frz. Krone die Verw. der Kolonie. Vom Sankt-Lorenz-Strom aus errichteten die Franzosen eine Kette von Forts bis an die Großen Seen und in das Mississippigebiet. Die frz. Siedler gerieten in heftige Kämpfe mit den engl. Kolonien, in die auch ansässige Indianerstämme hineingezogen wurden (u.a. Irokesen als Bundesgenossen der Engländer). Im Ergebnis des Siebenjährigen Krieges (1756–63) verlor Frankreich das östl. K. an Großbritannien. Die engl. Quebec-Akte von 1774 sicherte den kath. Frankokanadiern volle Religionsfreiheit zu und trug viel dazu bei, dass diese sich nicht am nordamerikan. Unabhängigkeitskampf beteiligten. Königstreue angelsächs. Siedler (rd. 40000 »Loyalisten«) wanderten aus den USA in das Gebiet nördlich der Seen ein. Die Politik der freien Landnahme zog auch später viele amerikan. Siedler an. So entstanden zwei nach Bevölkerung, Kultur und Religion verschiedene Siedlungskerne: das vorwiegend engl. Ober-K. und das frz. Unter-K. (1791 Bildung entsprechender Provinzen durch den »Constitutional Act«). 1812–14 scheiterte der Versuch der USA, die brit. Besitzungen in Nordamerika zu erobern. 1840 vereinigte die brit. Reg. Ober- und Unter-K. zu einer Provinz (mit parlamentar. Regierung). Aufgrund des »British North America Act« schlossen sich 1867 Ontario (Ober-K.), Quebec (Unter-K.), Nova Scotia und New Brunswick zu einem Bundesstaat (Dominion of Canada) zusammen, an den 1869 die Hudson's Bay Company ihr Gebiet (die späteren Provinzen Manitoba, Alberta und Saskatchewan) abtrat. 1871 schloss sich British Columbia, 1873 Prince Edward Island an. Der Bau von Eisenbahnen (1885 Fertigstellung der ersten kanad. Transkontinentalbahn) ermöglichte die Besiedlung des Westens. K. unterstützte Großbritannien im Burenkrieg (1899–1902) und im Ersten Weltkrieg (1914–18). Durch das Statut von Westminster (1931) erhielt K. die Unabhängigkeit. Nach Ausbruch des Zweiten Weltkriegs erklärte K. am 10. 9. 1939 Dtl. den Krieg und beteiligte sich 1943–45 an den militär. Operationen in Europa.
1945 war K. Gründungsmitgl. der UNO und 1949 der NATO. 1949 schloss sich Newfoundland K. als 10. Provinz an. 1957 wurden die seit Mitte der 1930er-Jahre re-

gierenden Liberalen von den Konservativen unter J. G. Diefenbaker abgelöst. 1963 kamen die Liberalen erneut an die Macht und stellten mit L. B. Pearson (1963–68) und P. E. Trudeau (1968–79, 1980–84) die Premiermin. In der mehrheitlich von Frankokanadiern bewohnten Provinz Quebec entwickelte sich eine starke Autonomiebewegung. Versuche des 1976–85 in Quebec regierenden radikalautonomist. »Parti Québécois«, die Provinz politisch aus dem Staatsverband K. zu lösen, lehnte die Bev. jedoch 1980 ab. 1982 ersetzte ein neues Verfassungsgesetz für ganz K. den »British North America Act« von 1867. Nach dem Wahlsieg der Konservativen 1984 wurde B. Mulroney Premiermin. (bis 1993). Eine im Aug. 1992 zw. Mulroney und den Reg.chefs der Provinzen ausgehandelte Verf.reform, die die Einheit des Landes sichern sollte und die Anerkennung Quebecs als »besondere Gesellschaft«, die Erweiterung der Verwaltungskompetenzen der Provinz sowie Autonomierechte der Ureinwohner vorsah, wurde in einem Referendum am 26. 10. 1992 abgelehnt. Im Mai 1993 unterzeichneten die Reg. und Vertreter der Eskimo (Inuit) einen Vertrag über die Schaffung eines eigenen, selbst verwalteten Territoriums in den Northwest Territories (am 1. 4. 1999 als ↑Nunavut Territory konstituiert; Übertragung von 350 000 km² als Eigentum an die Ureinwohner). Vor dem Hintergrund einer anhaltenden wirtsch. Rezession unterlagen die Konservativen unter Premierministerin K. Campbell (Amtsantritt Juni 1993) bei den Parlamentswahlen im Okt. 1993 der Liberalen Partei; Premiermin. wurde J. Chrétien. Seine Reg. leitete eine Neugestaltung des Finanzausgleichs zw. den Provinzen ein. Nachdem am 30. 10. 1995 ein zweites Referendum zur Loslösung Quebecs gescheitert war, räumte 1996 ein Gesetz dieser Prov. einen Sonderstatus als »eigenständige Gesellschaft« ein und gab allen Provinzen ein Vetorecht in Fragen der Verf. Die vorgezogenen Parlamentswahlen im Juni 1997 konnte die Liberale Partei erneut für sich entscheiden (Bestätigung Chrétiens als Reg.chef). Mit dem im Juli 2000 vom Parlament verabschiedeten »Clarity Act« wurden Sezessionsbestrebungen von Prov. (bes. Quebecs) enge Grenzen gesetzt (Grundsatz: »klare Mehrheit« für eine »klare Referendumsfrage«). Bei vorgezogenen Parlamentswahlen am 27. 11. 2000 sicherte sich die regierende Liberale Partei mit 40,8 % der Stimmen erneut ihre absolute Mehrheit; Chrétien behielt das Amt des Premiermin., sah sich aber v. a. aufgrund von Konflikten innerhalb des Kabinetts 2002 zu mehreren Reg.umbildungen veranlasst. Nach seinem Rücktritt im Dez. 2003 folgte ihm der einen Monat zuvor zum Vors. der Liberalen Partei gewählte P. Martin als Premierminister. Bei den Parlamentswahlen am 28. 6. 2004 konnte sich die Liberale Partei zwar als stärkste polit. Kraft behaupten, verlor jedoch ihre absolute Mehrheit im Unterhaus; Martin bildete daraufhin eine Minderheitsregierung.

Ein mehrjähriger Fischereistreit (»Lachskrieg«) zw. K. und den USA konnte durch eine im Juni 1999 geschlossene Vereinbarung der beiden Staaten beigelegt werden. Nach den Terroranschlägen in den USA vom 11. 9. 2001 setzte K. im Dez. 2001 ein Antiterrorgesetz (Bill C-36) in Kraft (u. a. Maßnahmen zur Überprüfung von Immigranten). Im Rahmen der Antiterrorkoalition beteiligte es sich ab Okt. 2001 mit Kriegsschiffen und ab Febr. 2002 mit einem Truppenkontingent an der von den USA geführten Militäraktion in Afghanistan; im Juli 2003 übernahm K. das Kommando über die internat. Schutztruppe ISAF.

📖 *Pletsch, A.: K. Kunst- u. Reiseführer. Stuttgart 1986. – Lenz, K.: K. Eine geograph. Landeskunde. Darmstadt 1988. – Vogelsang, R.: K. Gotha 1993. – The illustrated history of Canada, hg. v. C. Brown. Toronto ²1996. – Norrie, K. H. u. Owram, D.: A history of the Canadian economy. Toronto ²1996. – Morton, D.: A short history of Canada. Toronto ³1997. – Sautter, U.: Geschichte K.s. Von der europ. Entdeckung bis zur Gegenwart. Neuausg. München 1997. – Understanding Canada. Building on the new Canadian political economy, hg. v. W. Clement. Montreal 1997. Canada and the new world economic order, hg. v. T. Wesson. North York 1998. – Gobbett, B. u. Irwin, R.: Introducing Canada. An annotated bibliography of Canadian history in English. Lanham, Md., 1998. – Iversen, A. u. Iversen-Sioltsidis, S.: K. München 1998. – Riendeau, R.: A brief history of Canada. Markham (Ontario) 2000. – Sautter, U.: Gesch. K.s. München 2000.*

Kanadabalsam, sehr klares, farbloses bis blassgelbes Harz der nordamerikan. Balsamtanne, löslich in Äther, Alkohol, Benzin u. a.; hat die gleiche Brechzahl wie Kronglas und wird daher u. a. als Spezialkitt für opt. Linsen verwendet.

Kanadier (Canadier), urspr. Indianerboot mit hochgerundetem Steven, heute Bootstyp im ↑Kanusport; wird ohne Steuer, kniend (vorwiegend im Renn-K.) oder sitzend mit Stechpaddel (rechts oder links vom Boot) gefahren.

Kanadisch-Arktischer Archipel, die dem nordamerikan. Festland vorgelagerten Inseln im Nordpolarmeer, Teil des Nunavut Territory und der Northwest Territories von Kanada, 1,3 Mio. km^2; umfasst im S Banks Island, Victoria Island, King William Island, Prince of Wales Island, Somerset Island und Baffin Island, nördlich davon die Queen Elizabeth Islands.

931

kanadische Kunst: Joey Morgan, »Have you ever loved me?« (1988; Privatbesitz)

kanadische Kunst. Die Kunst in Kanada blieb bis ins 19. Jh. von den in Europa herrschenden Stilrichtungen abhängig. Geprägt von einem starken Nationalgefühl und inspiriert von den Landschaften Kanadas entwickelte Anfang des 20. Jh. die »Group of Seven« (1919–31, u. a. L. S. Harris, * 1885, † 1970; A. Lismer, * 1885, † 1969; F. H. Varley, * 1881, † 1969; F. Johnston, * 1888, † 1949) eine eigenständige Bildsprache. Daneben nahm der Einfluss der amerikan. Kunst zu; kanad. Künstler arbeiteten in Paris und in New York, im Lande entwickelten sich unter anderem Toronto und Montreal zu aktiven Kunstzentren. Bemerkenswerte Beiträge zur modernen Kunst leisteten u. a. J. Morgan (* 1951), E. Bond (* 1948), C. Whiten (* 1945), S. Alexander (* 1959), W. Gorlitz (* 1952), I. Wallace (* 1943), L. Magor (* 1948), K. Adams (* 1951), M. Fernandes (* 1944), J. Peacock (* 1955) u. B. Steinman (* 1950).

Zu den herausragenden Beispielen moderner Architektur in Kanada gehören der International Airport (1957–64) in Toronto von J. B. Parkin (* 1911, † 1975), das für die Weltausstellung 1967 in Montreal entworfene Terrassenhaus »Habitat 67« von M. Safdie, das Scarborough Civic Center (1966–73) in Toronto von R. Moriyama (* 1929), das Citadel Theatre (1973–76) in Edmonton von Barton Myers Associates und RL Wilkin Architects, das unterird. Einkaufszentrum Place Desjardins (1976) in Montreal von J. Ouellet (* 1922) und der Société LaHaye sowie die Gestaltung des Robson Square (1979 vollendet) in Vancouver von A. C. Erickson (* 1924). Der Kanadier C. Ott (* 1946) plante die Opéra de la Bastille in Paris (1990 eröffnet).

📖 *Architektur Kanada, hg. v. K. H. Krämer. Stuttgart u. a. 1988. – The Body. Zeitgenöss. Kunst aus Kanada, hg. v. H.-M. Herzog. Ausst.-Kat. Kunsthalle Bielefeld. Zürich u. a. 1994. – Kalman, H.: A history of Canadian architecture, 2 Bde. Toronto 1994.*

kanadische Literatur, die in Kanada in frz. und engl. Sprache verfasste Literatur. Voraussetzung für eine eigenständige k. L. in **frz. Sprache (frankokanadische Literatur)** war die Loslösung Kanadas von Frankreich (1763), als Kanada engl. Kolonialbesitz wurde und Englisch Amtssprache. Seit der 1. Hälfte des 19. Jh. verwendete man das Französische als Literatursprache; unter Einbeziehung landeseigener Traditionen entwickelte sich dabei ein frankokanad. Nationalgefühl. Die zunehmende starke Orientierung der Frankokanadier am frz. Mutterland in der 2. Hälfte des 19. Jh. hatte das Aufgreifen der entsprechenden Strömungen der frz. Lit. wie Realismus, Natu-

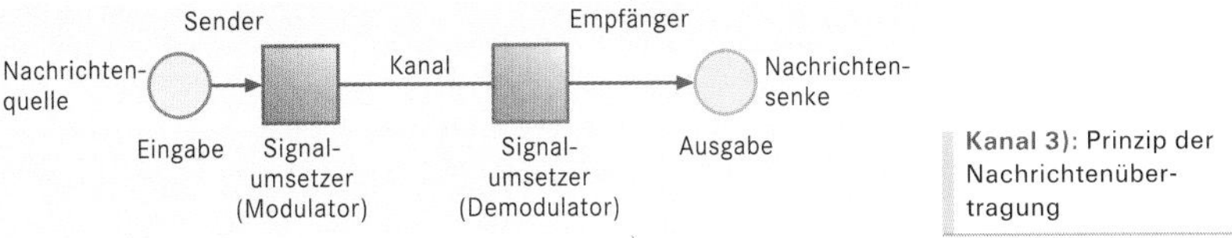

Kanal 3): Prinzip der Nachrichtenübertragung

ralismus und Symbolismus, u. a. durch den Romancier L. Hémon, zur Folge. In neuerer Zeit hat sich die k. L. in frz. Sprache engagiert und experimentell geäußert. Wichtige zeitgenöss. Autoren sind u. a. A. Major, A. Langevin, Y. Thériault, Anne Hébert, G. Bessette, C. Jasmin, R. Ducharme, Antonine Maillet, G. Miron, J. Godbout, Yolande Villemaire, Nicole Brossard, Marie-Claire Blais, M. Tremblay. – Die k. L. in **engl. Sprache (anglokanadische Literatur)** weist v. a. Werke aus Lyrik und Epik auf: histor. Romane (Mazo de la Roche) und realist. Auseinandersetzungen mit den nat. Problemen; Themen der Prosa sind die Gegensätze zw. der frz.- und der engl.sprachigen Bev., die Integration der Eskimos und die Judenfrage. In der Lyrik werden nach anfänglich idyll. Schilderungen des Kleinstadtlebens, Natur- und Liebeslyrik auch religiöse und soziale Probleme behandelt. Die gegenwärtige k. L. in engl. Sprache wird u. a. durch Margaret Laurence, Margaret E. Atwood, H. J. B. Hood, R. Wiebe, Mavis Gallant, Alice Munro, M. Avison, M. Ondaatje, R. Kroetsch, G. Bowering, Aritha van Herk, D. Coupland und Carol Shields geprägt.

Canadian writers and their works, hg. v. R. Lecker u. a., 26 Bde. Sydenham u. a. 1983–96. – Keith, W. J.: Canadian literature in English. London u. a. 1985. – Hamblet, E.: La littérature canadienne francophone. Paris 1987. – New, W. H.: A history of Canadian literature. Neuausg. New York 1992. – The Oxford companion to Canadian literature, hg. v. E. Benson u. a. Toronto [2]1997. – Londré, F. H. u. Watermeier, D. J.: The history of North American theater. New York 1999.

Kanadischer Schild (Laurentischer Schild), aus präkambr. Gesteinen aufgebaute Landmasse im Umkreis der Hudsonbai; Kernland von ↑Laurentia.

Kanaken [polynes. kanaka »Mensch«], abwertende Bez. für die Einwohner der Südseeinseln; heute Eigenbez. der einheim. Bev. von Neukaledonien.

Kanal [aus lat. canna »Röhre«], **1)** *Elektronik:* der Teil eines (unipolaren) Halbleiterbauelements, durch den der gesteuerte Strom fließt. (↑Feldeffekttransistor)

2) *Informatik:* Komponente zum Datentransfer zw. internen und peripheren Einheiten eines Datenverarbeitungssystems, die neben der physikal. Verbindung dieser Einheiten auch alle notwendigen Funktionseinheiten zur selbstständigen Steuerung und Überwachung von Ein-Ausgabe-Vorgängen umfasst.

3) *Informationstheorie, Nachrichtentechnik:* (Nachrichtenkanal, Übertragungskanal), Übertragungsstrecke (z. B. Leitung, Funkverbindung) zw. **Nachrichtenquelle** und **Nachrichtensenke.** Aufgabe und techn. Auslegung eines K. werden durch Komposita näher charakterisiert (z. B. Daten-, Funk-, Breitband-K.). Ein Signalumsetzer (Modulator) wandelt das Signal des Senders in ein im K. übertragbares Signal um, das am Ort des Empfängers durch einen Demodulator zurückgewandelt wird.

4) *Wasserbau:* künstlicher Wasserlauf. **Abwässer-K.** dienen zur Abführung der Schmutz- und Regenwässer (↑Kanalisation), die **Be-** und **Entwässerungs-K.** zur Be- und Entwässerung von landwirtschaftlich genutzten Flächen, **Werk-K.** zur Zu- und Ableitung des Betriebswassers von Wasserkraft- und Ind.anlagen und **Schifffahrts-K.** zur Herstellung zusammenhängender Schifffahrtswege. Letztere haben kein natürl. Gefälle; Höhenunterschiede im Gelände werden durch Schleusen oder Schiffshebewerke überwunden, die die K.-Strecke in verschiedenen Höhenlagen halten. Der theoretisch günstigste K.-Querschnitt ist das Muldenprofil; wegen der wirtschaftlicheren Bauausführung wird heute meist ein Querschnitt mit etwa fünf Knickpunkten verwendet. Die K.-Böschungen werden durch Steinschüttung, Pflaster, Betonplatten oder Lebendverbauung geschützt. **Binnenschifffahrts-K.** ergänzen das durch die Flüsse gebildete Wasserstraßennetz (↑Mittellandkanal,

Kanal: bedeutende Seeschifffahrtskanäle (Auswahl)

Kanal	Verbindung	Land	Eröffnungsjahr	Länge in km
Cape Cod Canal	Cape Cod Bay–Buzzards Bay	USA	1914	28,0
Donau-Schwarzmeer-Kanal	Cernavodă–Konstanza-Süd	Rumänien	1984	64,2
Houston Ship Channel	Houston–Golf von Mexiko	USA	1940	91,2
Kanal von Korinth	Ionisches Meer (Golf von Korinth)–Ägäisches Meer	Griechenland	1893	6,3
Manchester Ship Canal	Manchester–Irische See	Großbritannien	1894	64,0
Nieuwe Waterweg	Nordsee–Neue Maas	Niederlande	1872	33,0
Nord-Ostsee-Kanal	Brunsbüttel (Unterelbe)–Kiel-Holtenau	Deutschland	1895	98,7
Nordseekanal	Nordsee–Amsterdam	Niederlande	1876	31,0
Panamakanal	Atlantischer Ozean (Karibisches Meer)–Pazifischer Ozean	Panama/USA	1914	81,3
Sankt-Lorenz-Seeweg	Atlantischer Ozean–Duluth (Oberer See)	Kanada/USA	1959	3 775,0
Suezkanal	Port Said (Mittelmeer)–Suez (Rotes Meer)	Ägypten	1869	161,0

↑Oder-Spree-Kanal, ↑Elbe-Lübeck-Kanal). Oft übersteigen sie trennende Wasserscheiden (Main-Donau-Kanal, ↑Rhein-Main-Donau-Großschifffahrtsweg) oder verlaufen parallel zu schwer befahrbaren oder überlasteten Flussstrecken **(Seiten-K., Umgehungs-K.),** oder sie verbinden größere Wirtschaftsgebiete mit Seehäfen. **Seeschifffahrts-K.** verbinden zwei Meere miteinander, entweder in offenem Durchstich (↑Sueskanal) oder als **Schleusen-K.** (↑Panamakanal, ↑Nord-Ostsee-Kanal), oder sie dienen als Zugang zu landeinwärts gelegenen Seehäfen (↑Neuer Wasserweg).

Kanal, Der, der ↑Ärmelkanal.

Kanalinseln (Normannische Inseln, engl. Channel Islands, frz. Îles Normandes), Gruppe von Inseln, Eilanden und Felsen vor der Küste N-Frankreichs im Ärmelkanal, insgesamt 195 km², 152 000 Ew. Zu Frankreich gehören nur die Roches Douvres und die Îles Chausey. Alle anderen Inseln unterstehen der brit. Krone und bilden die Selbstverwaltungsgebiete Jersey und Guernsey. Das Selbstverwaltungsgebiet Jersey besteht aus den Inseln Jersey (116 km²), Les Ecréhou und Les Minquiers, das Selbstverwaltungsgebiet Guernsey aus den Inseln Guernsey (63 km²), Alderney (8 km²), Sark (5 km²; mit zusätzl. Autonomierechten), Brechou, Herm, Jethou und Lihou. Hauptorte sind Saint Hélier auf Jersey und Saint Peter Port auf Guernsey. Amtssprache ist Englisch, auf Jersey Französisch, daneben werden normannofrz. Mundarten gesprochen. Bei mildem Klima wird Gemüse-, Obst- und Gartenbau betrieben; einheim. Rinderrassen liefern hohe Erträge an Milch. Eine wichtige Rolle spielt der Fremdenverkehr. – Die K. gehörten im MA. zur Normandie, sie blieben bei England, als die Normandie 1450 an Frankreich fiel.

🕮 *Juling, P.: K. Jersey – Guernsey – Alderney – Sark – Herm. Köln [5]2000.*

Kanalisation *die,* Anlage zur Sammlung und Abführung von Abwasser, Regen- und Schmelzwasser durch unterird. Kanäle. Abwasser und Niederschlagswasser werden entweder vermischt durch ein einheitl. Kanalsystem abgeführt **(Misch-K.)** oder getrennt **(Trenn-K.)** in eine Kläranlage bzw. ein natürl. Gewässer geleitet. Für das Niederschlagswasser beginnt das Kanalnetz in Regenrohren und Straßenabläufen mit Sinkkästen. Die Ableitung des Schmutzwassers beginnt in den Einrichtungen der Hausentwässerung (Ausguss, Toiletten) und führt über senkrechte **Fallrohre** zur **Grundleitung** unter dem Keller, die i. d. R. durch eine Anschlussleitung mit dem öffentl. Kanalnetz verbunden ist. Die kleinen **Anschlusskanäle** fließen in größeren **Straßenkanälen** zus.; mehrere Neben- und Hauptsammler münden in einen Hauptkanal **(Endsammler),** der das Wasser der Kläranlage zuführt (↑Abwasserreinigung). Der Übertritt von übel riechenden und gesundheitsgefährdenden Gasen aus der K. in die Wohnungen wird durch ↑Geruchverschlüsse verhindert. –

Kanal: europäische Binnenschifffahrtskanäle (Auswahl)

Kanal	Verbindung	Land	Eröffnungsjahr	Länge in km
Albertkanal	Lüttich–Antwerpen	Belgien	1939	129,0
Amsterdam-Rhein-Kanal	Amsterdam–Tiel	Niederlande	1952	72,0
Datteln-Hamm-Kanal	Datteln–Hamm	Deutschland	1915	47,1
Dortmund-Ems-Kanal	Dortmund–Emden	Deutschland	1899	269,0
Elbe-Havel-Kanal	Niegripp–Brandenburg an der Havel	Deutschland	1936	56,4
Elbe-Lübeck-Kanal	Lauenburg/Elbe–Lübeck	Deutschland	1900	62,0
Elbeseitenkanal	Artlenburg–Wolfsburg	Deutschland	1976	112,5
Havelkanal	Henningsdorf–Ketzin	Deutschland	1952	34,9
Julianakanal	Maastricht–Maasbracht	Niederlande	1935	35,0
Küstenkanal	Dörpen–Oldenburg (Oldenburg)	Deutschland	1935	69,6
Maas-Waal-Kanal	Heumen–Beuningen–Weurt	Niederlande	1927	13,4
Main-Donau-Kanal	Bamberg–Kehlheim	Deutschland	1992	171,0
Mittellandkanal	Hörstel–Magdeburg–Rothensee	Deutschland	1938	321,3
Moskaukanal	Moskau–Dubna	Russland	1937	128,0
Oder-Havel-Kanal	Hohensaaten–Oranienburg	Deutschland	1914	82,8
Oder-Spree-Kanal	Eisenhüttenstadt–Berlin	Deutschland	1891	83,7
Rhein-Herne-Kanal	Duisburg–Henrichenburg	Deutschland	1914	45,6
Teltowkanal	Potsdam–Berlin-Köpenick	Deutschland	1906	37,8
Weißmeer-Ostsee-Kanal	Belomorsk–Powenez (Onegasee)	Russland	1933	227,0
Wesel-Datteln-Kanal	Wesel–Datteln	Deutschland	1929	60,2
Wolga-Don-Schifffahrtskanal	Wolgograd–Kalatsch am Don	Russland	1952	101,0
Wolga-Ostsee-Wasserweg	Tscherepowez (Rybinsker Stausee)–Sankt Petersburg	Russland	1964	1 100,0

Die größeren Kanäle sind durch **Einstiegsschächte** zugänglich, die in Abständen von 50 bis 80 m angeordnet sind. Unter tief gelegenen Wasserläufen, Untergrundbahnen, Tälern werden die Kanäle durch ↑Düker geführt. Bei der Kanalreinigung werden Schlammablagerungen durch Stauung des Kanalwassers und anschließende Spülung beseitigt. Zum Absaugen von Schlamm aus Kanälen, Straßensinkkästen und Dükern benutzt man Schlammsaugwagen.

Kanalisierung, 1) *Psychologie:* die Begrenzung und Lenkung der menschl. Antriebe und Bedürfnisse durch die jeweiligen Normen, Sitten und Gebräuche einer Kultur und Gesellschaft.

2) *Wasserbau:* unkorrekt für ↑Stauregelung.

Kanalstrahlen, historisch bedingte Bez. für positive Ionenstrahlen, die durch eine Bohrung (Kanal) in der Kathode von Niederdruckgasentladungsröhren aus dem Entladungsraum in das dahinter liegende Vakuum austreten. Aus der Analyse der als Ionenquelle dienenden K. hat sich die moderne Massenspektroskopie entwickelt.

Kanaltunnel, ↑Eurotunnel.

Kanalisation: Schema einer Kanalisationsanlage

Kanalwaage, *Geodäsie:* einfaches Nivelliergerät. Die waagerechte Ziellinie wird durch die Oberfläche des Wassers in kommunizierenden Glasröhren gebildet.

Kanalwähler, kompakte Baugruppe in einem Fernseh- oder UKW-Hörfunkempfänger zur ↑Abstimmung auf einen der zur Verfügung stehenden Kanäle. (↑Tuner)

Kananga (bis 1968 Luluabourg), Hptst. der Region West-Kasai, Demokrat. Rep. Kongo, am mittleren Lulua, 422 000 Ew.; kath. Erzbischofssitz; Handelszentrum (v. a. für Baumwolle); Textil- und Nahrungsmittelind.; Straßenknotenpunkt, Flugplatz.

Kanapee [frz., von grch. kōnōpeĩon »Mückenschleier«, »Himmelbett (mit einem Mückenschleier)«] *das,* 1) Sofa mit Rücken- und Seitenlehne; 2) pikant belegtes und garniertes (getoastetes) Weißbrothäppchen.

Kanara [ˈkænərə], Landschaft an der W-Küste Vorderindiens südlich von Goa; Haupthafen ist Mangalore.

Kanaribaum (Canarium), südasiatisch-südafrikan., fiederblättrige Gattung der Balsambaumgewächse, liefert Balsamharz **(Elemi);** einige Arten haben essbare Steinfrüchte oder ölhaltige Samen.

Kanari|engras, ein ↑Glanzgras.

Kanarienvogel: Gelber (Harzer Roller) und Roter Kanarienvogel

Kanari|envogel (Serinus canaria), etwa 12 cm langer, zu den Girlitzen gestellter Vogel (Finkenart) auf den Kanar. Inseln, den Azoren und Madeira; lebt gesellig in kleinen Schwärmen; ernährt sich vorwiegend von Sämereien und Blättern. Er ist leicht zu züchten. Das Weibchen legt 4–5 Eier je Brut (bei domestizierten Formen jährlich 3–4 Bruten). Zuchtformen sind z. B. **Harzer Roller** (einfarbig gelb; guter Sänger), **Roter K.** (orangefarbig), **Hauben-K.** (mit verlängerten Oberkopffedern).

Kanaris, Konstantin, grch. Admiral und Freiheitskämpfer, *auf Psara 1790, †Athen 14. 9. 1877; besiegte in der grch. Erhebung (1821–27) mehrfach die osman. Flotte; war nach 1843 wiederholt Min. und Ministerpräsident.

Kanarische Inseln (Kanaren, span. Islas Canarias), Gruppe von sieben größeren und sechs kleineren Inseln im Atlantik vor der NW-Küste Afrikas, 7 447 km², 1,69 Mio. Ew.; bilden eine autonome span. Region mit den zwei Provinzen Santa Cruz de Tenerife (Teneriffa, La Palma, Gomera, Hierro) und Las Palmas (Gran Canaria, Lanzarote, Fuerteventura). Die beiden östl. Inseln, Lanzarote und Fuerteventura, sitzen dem afrikan. Festlandsockel auf, die übrigen Inseln erheben sich aus 3 000 m Meerestiefe, die Oberflächenformen sind häufig vom Vulkanismus geprägt. Höchste Erhebung ist der Pico de Teide (3 718 m ü. M.) auf Teneriffa. Das Klima ist ozeanisch-subtropisch, fast dauernd weht der trockene NO-Passat, der nur von kurzen Winterregen unterbrochen wird. Die K. I. sind dank des beständigen milden Klimas ein begehrtes Reiseziel und in den Weltluftverkehr einbezogen; die Häfen Las Palmas und Santa Cruz de Tenerife sind Stützpunkte der Atlantikschifffahrt. Kulturlandschaft und Städte tragen span. Charakter. Die Urbevölkerung (↑Guanchen) ist in der span. Bev. aufgegangen. – Angebaut werden Mais, Gerste, Weizen, Hülsenfrüchte; außerdem Fischfang (bes. Thunfisch). Ausgeführt werden Bananen, Tomaten, Frühkartoffeln, Gemüse, Zwiebeln, Mandeln, ferner Stickereien und Spitzen. Auf Teneriffa arbeiten eine Erdölraffinerie und eine Kunstdüngerfabrik. – Die K. I., den Römern als die »glückl. Inseln« bekannt, wurden im 11. Jh. von den Arabern besucht, im 14./15. Jh. u. a. von Genuesen, Spaniern und Portugiesen. 1478–96 für Spanien erobert, gewannen sie große Bedeutung für die span. Entdeckung und Eroberung Amerikas. 1936 waren die K. I. Ausgangspunkt der militär. Aktionen Francos gegen die span. Republik.

📖 *Kunkel, G.: Die K. I. u. ihre Pflanzen-*

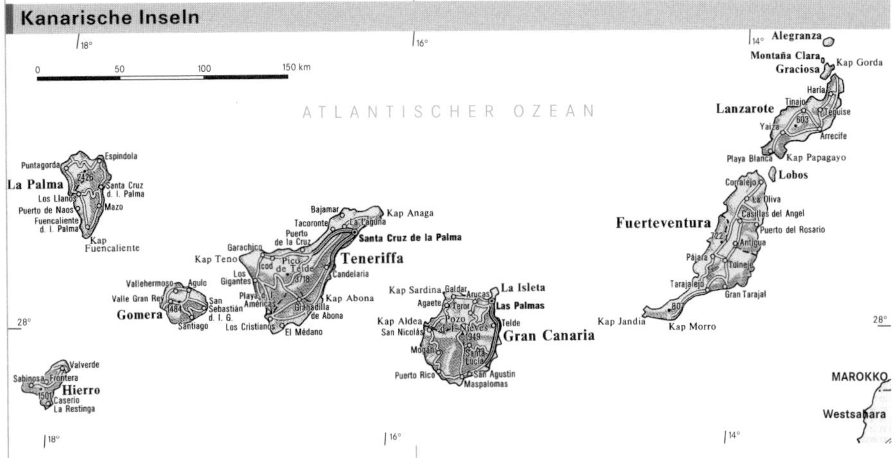

welt. Stuttgart u. a. [3]1993. – Rothe, P.: K. I. Berlin u. a. [2]1996.

Kanat *der* (Qanat, in NW-Afrika Foggara, Kares, Faladj), unterird. Stollen, der das Grundwasser unter den Schuttflächen der Gebirge sammelt und zutage leitet. In vielen Oasen der iran. Wüsten und Steppen beruhte die Bewässerungslandwirtschaft auf K., bis sie z. T. durch Grundwasserbrunnen mit Motorpumpen ersetzt wurden.

Kanazawa [-z-], Hptst. der Präfektur Ishikawa, W-Honshū, Japan, 454 000 Ew.; Univ., Hochschulen, Krebsforschungsinst.; Textilmaschinen-, Seiden- u. a. Ind., Herstellung von Lacken und Porzellan. – Ehem. Burgstadt mit Samuraihäusern sowie Teehandelshäusern aus der Edozeit. Im SW liegt der Landschaftspark Kenroku-in mit der Residenz des Lokalfürsten.

Kanban-System, in Japan entwickeltes System der flexiblen, dezentralen Produktionsprozesssteuerung (↑Just-in-time-Fertigung).

Kanchipuram [kænˈtʃiːpʊrəm] (bis 1949 Conjeeveram), Stadt im Bundesstaat Tamil Nadu, Indien, 132 000 Ew., hl. Stätte des Hinduismus; große Tempelbauten (↑indische Kunst); Seidenindustrie.

Kandahar, Stadt im S von Afghanistan, 1 030 m ü. M., 225 000 Ew.; Verarbeitung landwirtsch. Produkte; Handelszentrum; Straßenknotenpunkt, Flughafen. – K. wurde durch Kriegseinwirkungen (seit 1979) stark zerstört.

Kandalakscha, Stadt im Gebiet Murmansk, Russland, auf der Halbinsel Kola an der K.-Bucht des Weißen Meeres, an der Murmanbahn, 48 500 Ew.; Aluminiumhütte (Nephelinvorkommen), Wasserkraftwerk, Holz- und Fischverarbeitung; Handels- und Kriegshafen.

Kandare [von ungar. kantár »Zaum«] *die,* ↑Zaum.

Kandel, Eric, amerikan. Neurobiologe österr. Herkunft, * Wien 7. 11. 1929; seit 1974 Prof. an der Columbia University. K. erhielt 2000 mit A. Carlsson und P. Greengard für die Entdeckungen zur Signalübertragung im Nervensystem den Nobelpreis für Physiologie oder Medizin. Insbesondere erforschte er die Veränderungen an den Nervenschaltstellen (Synapsen), die als Grundlage für Gedächtnisvorgänge gelten.

Kandelaber [zu lat. candela »Kerze«] *der,* mehrarmiger, säulenartiger Ständer für Kerzen, Lampen oder Räucherschalen.

Kandertal, Talschaft der **Kander** im Berner Oberland, Schweiz, entspringt aus dem Kanderfirn an der Blümlisalp, mündet in den Thuner See. Zentraler Ort ist Frutigen; im oberen K. liegt der Fremdenverkehrsort **Kandersteg** (1 176 m ü. M., 1 100 Ew.) mit Autoverladebahnhof für den Lötschbergtunnel.

Kandidat [lat.] *der,* **1)** *Hochschulwesen:* Abk.: **cand.,** Student nach einer Vorprüfung oder in der Abschlussprüfung.

2) *Politik:* Bewerber um ein Amt oder Mandat (z. B. bei der Wahl von Legislativgremien).

Kandidatenturnier, *Schach:* Turnier der im Interzonenturnier bestplatzierten Spieler zur Ermittlung des Herausforderers des jeweiligen Weltmeisters.

kandieren, *Kochkunst:* Früchte und andere Pflanzenteile (z. B. Wurzeln, Blüten) in konzentrierten Zuckersirup einlegen, damit sie vollständig von Zucker durchdrungen und gleichzeitig mit diesem überzogen werden.

Kandinsky, Wassily, russ. Maler und Grafiker, * Moskau 4. 12. 1866, † Neuilly-sur-Seine 13. 12. 1944; zunächst Ökonom und Jurist; wandte sich erst 1896 der Malerei zu und siedelte nach München über, wo er bei F. von Stuck studierte; erwarb 1909 mit seiner Lebensgefährtin Gabriele Münter ein Haus in Murnau a. Staffelsee. 1911 gründete er mit F. Marc den ↑Blauen Reiter; 1914–21 wirkte er in Russland; 1922–33 am ↑Bauhaus in Weimar, Dessau und Berlin, 1924 Mitbegründer der »Blauen Vier« (Feininger, Jawlensky, Klee); 1933 emigrierte K. nach Paris, seine Werke wurden 1937 als »entartet« verfemt; 1939 erhielt er die frz. Staatsbürgerschaft. Sein Frühwerk ist deutlich an russ. Volkskunst und Jugendstil orientiert. 1908/09 gehörte er zu den wichtigsten Expressionisten in Dtl.; 1910 malte er sein erstes abstraktes Aquarell, das die kontinuierl. Entwicklung der abstrakten Malerei einleitete. Die theoret. Grundlegung seiner Kunst erfolgte in »Über das Geistige in der Kunst« (1912). Auf die impulsiven »Improvisationen«, die den unmittelbaren Natureindruck wiedergebenden »Impressionen« und die auf einem farbl. Bezugssystem beruhenden »Kompositionen« folgten zunehmend geometrisch und linear gefestigte Bilder. In seiner Bauhausschrift »Punkt und Linie zur Fläche« (1926) legte er die fundamentale Harmonielehre der abstrakten Malerei dar. Als Grafiker bevorzugte K. zunächst den Holzschnitt, später die Radierung (Zyklen: »Klänge«, 1912; »Kleine Welten«, 1922).

📖 *Kleine, G.: Gabriele Münter u. W. K. Biographie eines Paares. Frankfurt am Main u. a. 1998. – Riedl, P. A.: W. K. Reinbek* [9]*2001. – Zimmermann, R.: Die Kunsttheorie von W. K. Berlin 2002.*

Kandis [italien.] *der* (Kandiszucker, Kandelzucker), bes. grobkristalliner und sehr reiner Zucker; wird durch langsames Auskristallisieren aus Lösungen gewonnen.

Kandla, Hafenstadt am Golf von Kutch, NW-Indien, 24 000 Ew., einer der größten Überseehäfen Indiens; Kunstdüngerfabrik.

Kandrzin [-ʒ-], Stadt in Polen, ↑Kędzierzyn-Koźle.

Kandschar [türk.], ein Krummschwert, ↑Handschar.

Kandschur [tibet. »das übersetzte Wort« (Buddhas)] *der,* eine 689 Einzelwerke umfassende Samml. hl. Schriften des ↑Lamaismus; bildet mit dem ↑Tandschur den buddhist. Kanon Tibets; enthält Texte des ↑Tipitaka, aber auch Zauberliteratur.

Kandy [ˈkændɪ], Distr.-Hptst. auf Sri Lanka, 500 m ü. M., im inneren Bergland, 110 000 Ew.; Univ., Forschungsinstitute, botan. Garten; Teehandelszentrum; Kunsthandwerk; bed. Fremdenverkehr.

Wassily Kandinsky: Komposition VII (1913; Moskau, Tretjakow-Galerie)

4601

Kandy: Tempel Dalada Maligava

Pilgerzentrum zur Verehrung der Zahnreliquie Buddhas im Tempel Dalada Maligava, nahebei der Höhlentempel Degaldoruva (18. Jh.). - Ehem. singhales. Königspalast (16. Jh., 1803 umgestaltet). Die Heilige Stadt wurde von der UNESCO zum Weltkulturerbe erklärt.

Kaneel, Zimtsorte, ↑ Zimt.

Kaneelbaumgewächse (Canellaceae), Pflanzenfamilie in den Tropen und Subtropen Nordamerikas; bekannt v. a. der auf den Westind. Inseln heim. **Zimtrindenbaum** (Canella winterana), dessen weißlich gelbe Rinde (Kaneelrinde) den wie Zimt verwendeten weißen Kaneel (Ceylonzimt) liefert.

Kanellopulos, Panayotis, grch. Politiker und Soziologe, *Patras 13. 12. 1902, †Athen 11. 9. 1986; mehrmals Min. und MinPräs.; nach dem Militärputsch 1967–74 eine der zentralen Figuren des innergrch. Widerstandes.

Kanem-Bornu, ehem. afrikan. Reiche im Gebiet des Tschadsees. - Im 8. Jh. gründeten die Kanembu unter der Dynastie Saif (bis 1846) nördlich des Tschadsees das Reich **Kanem** (im 11. Jh. islamisiert). Um 1390 verlagerten die Saifherrscher ihr Reich nach **Bornu,** westlich des Tschadsees. Nach einer Blütezeit im 16. Jh. zerfiel Bornu Ende des 19. Jh. unter dem Druck der Fulbe. Nach 1900 kam der größere Teil Bornus an die brit. Kolonie Nigeria, Kanem wurde dem frz. Kolonialreich eingegliedert.

Kanevas [frz.] *der, Textiltechnik:* ↑Canevas.

Kanevas [italien. canavaccio »Wischlappen«, »Plan«] *der, Theater:* in der italien. Stegreifkomödie Bez. für die Skizze mit dem Handlungsablauf und der Szenenfolge.

Kangchendzönga [-tʃen-, tibet.] (Kangchenjunga), dritthöchster Berg der Erde, im Himalaja, an der Grenze zw. Nepal und Indien (Sikkim), 8 586 m ü. M.; Erstbesteigung 1955 durch eine britisch-neuseeländ. Expedition unter C. Evans.

Kanggye, Prov.-Hauptstadt im nördl. Nord-Korea, 223 400 Ew.; Hochschule für Veterinärmedizin; Metall verarbeitende, chem., keram., Holzind.; nahebei Kupfer- und Zinkerz-, Kohle- und Graphitabbau.

Kangmi, ↑Schneemensch.

Kängururatten, ↑Taschenspringer.

Kängurus [austral.] (Macropodidae), Familie der Beuteltiere, 25–165 cm körperlang, mit langen Hinterbeinen (Fortbewegung überwiegend auf den Hinterbeinen hüpfend) und kräftigem Stützschwanz, schwachen Vorderbeinen und kleinem Kopf; Pflanzenfresser, hauptsächlich in den Grassteppen Australiens. Nach kurzer Tragezeit (30–40 Tage) wird i. d. R. nur ein etwa daumengroßes Junges geboren, das selbstständig in den Beutel der Mutter kriecht und sich an einer Zitze festsaugt; nach mehreren Monaten verlässt es den Beutel. Wichtige Gattungen sind: **Fels-K.** (Petrogale), **Baum-K.** (Dendrolagus),

Wallabys (Wallabia), **Riesen-K.** (Macropus).

Kanikolafieber [lat. canicola »Hündchen«] (Canicolafieber, Stuttgarter Hundeseuche), durch Leptospiren (Leptospira canicola) hervorgerufene, durch Hunde übertragbare grippeartige Infektionskrankheit; verläuft beim Menschen gutartig. Symptome sind Fieber mit Nackensteifigkeit, Kopfschmerzen.

Kanin, Halbinsel im N des europ. Teils von Russland, zw. Weißem Meer und Tschoschabucht der Barentssee, rd. 10 500 km^2, bis 242 m ü. M. **(K.-Berge);** Torfmoostundra, im Sommer Rentierweide.

Kaninchen: Deutscher Riese

Kaninchen (Karnickel), zusammenfassende Bez. für die Wild-K. und die aus diesen gezüchteten K.-Rassen. Die Gattung Wild-K. (Oryctolagus) hat nur eine Art, das **Europ. Wild-K.** (Oryctolagus cuniculus); urspr. in SW-Europa heimisch, heute über weite Teile Europas verbreitet und in Australien, Neuseeland und Chile eingebürgert; Körperlänge 35–45 cm, oberseits graubraun, unterseits weißlich. Es ist die Stammform der gegenwärtig mehr als 80 eigenständigen K.-Rassen, die Fleisch und Pelzwaren (Kanin) liefern. Die Felle werden auf Haarlänge von 1,5–2 cm gekürzt, oft gefärbt und veredelt (z. B. zu Nerz-, Zobel-, Großkatzenimitationen). Die Haare liefern Filz, Wolle, die Haut sehr weiches Leder. Man unterscheidet große, mittelgroße, kleine und Zwergrassen sowie Lang- und Kurzhaarrassen. Zu den **großen Rassen** zählen u. a.: Belg. Riesen, Dt. Riesen, ferner die Dt. Riesenschecken und die Dt. Widder. Zu den **mittelgroßen Rassen** gehören u. a.: Dt. Großsilber, Alaska-K., Weiße Wiener, Großchinchilla, Havanna-K. Bei den **kleinen Rassen** findet man: Engl. Schecken, Holländer, Kleinsilber, Loh-K. und Russen-K. (Himalaja-K.). Zu den **Zwergrassen** (Zwerg-K., Zwerghasen) gehören u. a. die albinotisch weißen Hermelin-K. Die **Langhaarrassen** werden hauptsächlich durch die mittelgroßen Angora-K. vertreten; sie liefern die Angorawolle; Schur alle drei Monate. Die **Kurzhaarrassen** werden durch die mittelschweren Rex-K. (Behaarung z. T. samtartig, auch leicht gekräuselt) repräsentiert.

Kanisch (Kanesch, Kanis), antike Stadt in Anatolien, heute der Ruinenhügel **Kültepe,** 21 km nordöstlich von Kayseri, Türkei. Ausgrabungen erbrachten den Nachweis einer Besiedlung von der frühen Bronzezeit bis zur Römerzeit. Bed. sind v. a. die zahlr. Keilschriftfunde aus dem 2. Jt. v. Chr., die einen intensiven Handelsverkehr zw. dem von den Hethitern bewohnten Land und assyr. Handelskolonien belegen, sowie Funde kappadok. Keramik.

Kankan [frz. kã'kã], Provinz-Hptst. in der Rep. Guinea, am bei Hochwasser ab K. schiffbaren Milo, 261 300 Ew.; Verw.- und Handelszentrum der Region Oberguinea; PH, Versuchsanstalt für Reisbau; Reismühle, Holzverarbeitung, Motoren- und Maschinenmontage; Endpunkt der Bahn von Conakry.

Kanker, ↑Weberknechte.

Kankiang, Fluss in China, ↑Gan Jiang.

Kännelkohle [engl.] (Cännelkohle), matt glänzende, schwarze, kompakte Faulschlammkohle (Steinkohlenart) mit muscheligem Bruch.

Kannelüre [frz., zu mlat. cannella »Röhrchen«] *die,* senkrechte Rille am Schaft einer Säule oder eines Pilasters.

Kannenbäckerland [nach den hier hergestellten Tonkannen], Landschaft im SW des Westerwaldes, Rheinl.-Pf., bed. Steinzeugindustrie; Mittelpunkt ist ↑Höhr-Grenzhausen.

Kannenpflanze (Nepenthes), einzige Gattung der zweikeimblättrigen Pflanzenfamilie **Kannenstrauchgewächse,** v. a. im trop. Asien und in Australien; Fleisch fressende, kletternde, teilweise epiphyt. Sträucher, häufig mit Blattranken; Blätter (ausgewachsen) meist kannenförmig. In der Kanne befindet sich eine von Drüsen ausgeschiedene, wässrige Flüssigkeit (enthält

v. a. Eiweiß spaltende Enzyme), in der die in die Kanne geglittenen Tiere ertrinken und zersetzt werden. K. werden in vielen Hybriden (z. B. Nepenthes-mixta-Hybride) als Zierpflanzen kultiviert.

Kannibalismus *der,* **1)** (Anthropophagie), der Verzehr von Menschenfleisch durch Menschen. K. zu Nahrungszwecken **(profaner K.)** ist nur von wenigen Reisenden und Forschern beschrieben worden (so aus dem Caucatal, Südamerika); für Notsituationen **(Überlebens-K.)** ist er für eine Reihe von Fällen belegt. Der **rituelle K.** ist bis in die Gegenwart (W-Neuguinea) vorgekommen und oft schriftl. belegt. Dabei handelt es sich i. d. R. um einen Bestattungsritus: das zeremonielle Trinken der speziell zubereiteten Knochenasche oder den Verzehr des Leichnams eines Angehörigen **(Endo-K.).** Ein Sonderfall ist der **symbol. K.,** der kannibal. Praktiken nur vorgibt (Biss in das Herz eines Geopferten, Altmexiko).

2) *Zoologie:* An- oder Auffressen von Artgenossen, meist infolge zu hoher Populationsdichte, die Aggressivität erzeugt.

Kannleistung, *Sozialrecht:* eine Leistung, deren Gewährung anders als bei der Pflichtleistung vom Ermessen des jeweiligen Leistungsträgers abhängig ist; häufig im Sozialhilferecht vorgesehen, in der Sozialversicherung von der Gestaltung der Satzung abhängig.

Kannon, buddhist. Gottheit, ↑Guanyin.

Kano, Hptst. des Bundesstaates K., N-Nigeria, 3,17 Mio. Ew.; Wirtschafts- und Kulturzentrum der Hausa; Sitz eines Emirs; Univ. (gegr. 1977), PH; Zentrum eines Viehzucht-, Baumwoll- und Erdnussanbaugebietes mit Verarbeitung von Fleisch, Erdnüssen, Leder; Textilind., Brauerei, Zementfabrik, Montagewerk für Lastkraftwagen und Traktoren; internat. Flughafen. – Die Altstadt mit dem Palast des Emirs (15. Jh.) vermittelt ein geschlossenes Stadtbild in sudan. Lehmbauweise; 18 km lange Lehmmauer mit 15 Toren.

Kanō, japan. Malerschule der weit verzweigten Familie K., die bes. vom 16. Jh. bis Ende des 19. Jh. einflussreich war. Die K.-Schule wurde von K. Masanobu (* 1434, † 1530) gegr.; größter Meister war sein Sohn K. Motonobu (* 1476, † 1559), der die chines. Tuschmalerei ins Großflächig-Dekorative übersetzte und damit den charakterist. **K.-Stil** schuf. Weitere Vertreter sind Eitoku (* 1543, † 1590), Sanraku (* 1559, † 1635) und Tanyū (* 1602, † 1674).

Kanoldt, Alexander, Maler und Grafiker, * Karlsruhe 29. 9. 1881, † Berlin 24. 1. 1939; Mitbegründer der Neuen Sezession in München, Hauptvertreter der Neuen Sachlichkeit; malte in einem farbenprächtigen, plast. Stil. – Abb. S. 428

420 Kannenpflanze

Kanon [grch.-lat. »Regel«, »Norm«, »Richtschnur«] *der,* **1)** *allg.:* Richtschnur, Leitfaden.

2) *Architektur und bildende Kunst:* die auf Polyklet zurückgehende Regel für die ideale Proportionierung des menschl. Körpers; grundlegend für Antike und Renaissance (Leonardo da Vinci, A. Dürer).

3) *Literatur:* urspr. eine von alexandrin. und byzantin. Gelehrten zusammengestellte Liste der als exemplarisch angesehenen Werke; heute in modifizierter Bedeutung die – in den jeweiligen Nationalliteraturen und Epochen unterschiedlich ausgewählten – wichtigsten Werke, die v. a. Grundlage des Literaturunterrichts sind.

4) *Musik:* auf dem Prinzip der Imitation beruhende kontrapunkt. Form, bei der zwei oder mehr Vokal- oder Instrumentalstim-

men nacheinander in bestimmtem Abstand einsetzen und die gleiche Melodie singen oder spielen, sodass aus der einen Melodie ein mehrstimmiger Satz entsteht. Bei der einfachen Form des K., dem **Zirkel-K. (Kreis-K.),** läuft der Schluss wieder in den Anfang zurück, sodass das Stück beliebig oft wiederholt werden kann. Beim K. in der Prime fängt die nachahmende Stimme die Melodie mit dem gleichen Ton an wie die erste Stimme, beim K. in der Oktave sieben Töne höher oder tiefer usw. Der drei- und mehrstimmige K. verbindet oft mehrere dieser Arten. Der **Doppel-K.** verbindet zwei selbstständige K., der **Tripel-K.** drei.
5) *Religionen* und *Kirche:* a) in den Religionen die endgültig festgelegte Samml. der für den Glauben maßgebenden und verbindl. hl. Schriften; b) in der kath. Kirche das amtl. Verzeichnis ihrer Heiligen; c) in der Liturgie das eucharist. Hochgebet als feststehender Teil der röm. Messe; d) im kath. Kirchenrecht Bez. der Konzilsbeschlüsse und definierten Glaubenssätze; heute v. a. der kirchenrechtl. Einzelvorschriften.

100563
Alexander Kanoldt: Stillleben mit Krügen und roter Teedose (1922; Karlsruhe, Staatliche Kunsthalle)

Kanone [italien., von lat. canna »Rohr«] *die,* Flachfeuergeschütz, ↑Geschütze.
Kanonenboot, kleines Kriegsschiff.
Kanonier *der,* in der Bundeswehr unterster Mannschaftsdienstgrad bei der Artillerie- und Heeresflugabwehrtruppe.
Kanoniker *der* (Chorherr), Mitgl. eines Dom- oder Stiftskapitels oder eines Ordens regulierter Chorherren.
Kanonisation *die,* ↑Heiligsprechung.
kanonisch [lat., zu Kanon], **1)** *Physik:* Bez. für nach einer festen Regel gebildete Größen, Operationen u. a., die für die Beschreibung eines physikal. Vorgangs am besten geeignet sind.
2) *Religionen:* dem ↑Kanon gemäß.
kanonisches Alter, *kath. Kirchenrecht:* Bez. für die Altersgrenzen, die für die Rechtsstellung der Katholiken vorgesehen sind. Als volljährig und damit rechts- und handlungsfähig gilt, wer das 18. Lebensjahr vollendet hat. Die Fähigkeit zum »Vernunftgebrauch« wird mit sieben Jahren angenommen. Eine gültige Ehe kann von Männern ab 16, von Frauen ab 14 Jahren geschlossen werden.
kanonisches Recht, ↑Kirchenrecht.
Kanonisse *die,* 1) die ohne lebenslängl. Gelübde in religiöser Gemeinschaft lebende Frau; 2) (Chorfrau), weibl. Mitgl. der Kanonikerorden.
Kanopen [grch.-ägypt.], **1)** altägypt. Gefäße, in denen die Eingeweide Verstorbener gesondert beigesetzt wurden; seit dem Neuen Reich (1552–1070 v. Chr.) bildeten die Köpfe der vier Schutzgötter (Horussöhne), denen die K. unterstellt wurden, den Deckel.
2) etrusk. Aschenurnen aus Ton oder Bronze; Deckel in Kopfform.
Känophytikum [grch.] *das* (Neophytikum), *Geologie:* die Neuzeit der erdgeschichtl. Pflanzenentwicklung, seit der oberen Unterkreide; Erscheinen der Angiospermen (Bedecktsamige).
Kanossa [nach ↑Canossa] *das,* tiefe Demütigung, Selbsterniedrigung.
Kanovitz ['kænəvɪts], Howard, amerikan. Maler und Grafiker, *Fall River (Mass.) 9. 2. 1929; Vertreter des Fotorealismus, komponiert unter Benutzung fotograf. Vorlagen Bilder mit Gegenständen und Figuren, die sich versch. Realitätsebenen zw. Illusion und Wirklichkeit zuordnen lassen.
Känozoikum [grch.] *das* (Neozoikum, Erdneuzeit), jüngste, bis in die Gegenwart reichende erdgeschichtl. Ära, gegliedert in das Tertiär und das aus Pleistozän und Holozän bestehende Quartär.
Kanpur (früher Cawnpore), Stadt im Bun-

desstaat Uttar Pradesh, N-Indien, am Ganges, 1,96 Mio. Ew.; Univ., TU, zoolog. Garten; wichtiges Industriezentrum mit Düngemittelfabrik, Waggonbau, Rüstungs- und Stahlindustrie.

100264

Kanopen 1): Deckel einer Kanopenvase (Alabaster) aus dem Grab 55 im Tal der Könige in Theben-West, (18. Dynastie; Kairo, Ägytisches Museum)

Kans., Abk. für den Bundesstaat ↑Kansas, USA.

Kansas ['kænzəs], Abk. **Kans.**, Bundesstaat im geograph. Mittelpunkt der USA, 213 111 km², 2,69 Mio. Ew.; Hptst. ist Topeka. K. liegt in der flachwelligen Tafellandschaft der Great Plains und hatte vor der Kultivierung Steppenvegetation; das Klima ist kontinental mit wenig Niederschlägen; Blizzards und Tornados treten häufig auf. Größte Städte sind Wichita und Kansas City. Weizenanbau und Rinderhaltung; bed. Industrie, u. a. Flugzeugbau, Heliumproduktion; an Bodenschätzen werden Erdöl und Erdgas, Blei- und Zinkerz gewonnen. – K. bildete einen Teil des frz. Louisiana, kam mit diesem 1763 an Spanien, 1803 an die USA, 1861 wurde es der 34. Staat der Union.

Kansas City ['kænzəs 'sɪtɪ], **1)** Metropolitan Area in den USA, an der Mündung des Kansas River in den Missouri, 1,69 Mio. Ew.; dazu gehören K. C. 2) und K. C. 3).

2) Stadt in Kansas, USA, Teil von K. C. 1), 150 000 Ew., kath. Erzbischofssitz; Schwerind. und Fleischverarbeitung.

3) Stadt in Missouri, USA, ein Teil von K. C. 1), 441 300 Ew., Univ., Kunstmuseum; Handelszentrum des landwirtsch. Umlands mit vielseitiger Ind. (Lebensmittel, Kraftfahrzeuge, Papier, Maschinen, Chemikalien u. a.).

Kansas River ['kænzəs 'rɪvə], rechter Nebenfluss des Missouri in den USA, 274 km lang, entsteht durch den Zusammenfluss von Smoky Hill River (900 km) und Republican River (679 km); mündet in der Metropolitan Area Kansas City.

Kansk, Stadt in Russland, am Jenisseizufluss Kan östlich von Krasnojarsk, an der Transsibir. Eisenbahn, 107 500 Ew.; Baumwoll-, Maschinenbau-, Holzindustrie. Nahebei Braunkohlenbecken **K.-Atschinsk.**

Kansu, Provinz im NW Chinas, ↑Gansu.

Kant, 1) Hermann, Schriftsteller, *Hamburg 14. 6. 1926; 1978–89 Präs. des Schriftstellerverbandes der DDR, 1986–89 Mitgl. des ZK der SED; seine Erzählungen und Romane vermitteln mit iron.-kritischem Blick zahlr. Details des Alltags in der DDR, ohne das System infrage zu stellen (Romane: u. a. »Die Aula«, 1965; »Das Impressum«, 1972; Erzählungen: »Bronzezeit«, 1986). In »Der Aufenthalt« (R., 1977) setzte er sich mit der Verantwortung des Einzelnen im Nationalsozialismus auseinander. Die nach dem polit. Umbruch entstandenen Werke (u. a. Autobiografie »Abspann«, 1991; Roman »Kormoran«, 1994) sind künstlerisch schwächer.

2) Immanuel, Philosoph, *Königsberg 22. 4. 1724, †ebd. 12. 2. 1804; aus pietist. Elternhaus; seit 1770 Prof. für Logik und Metaphysik in Königsberg. – K.s Philosophie bedeutet Abschluss und Überwindung des Aufklärungszeitalters (↑Aufklärung),

Immanuel Kant

zugleich den Ausgangspunkt für viele neuere philosoph. Richtungen (↑deutsche Philosophie). Zunächst (»vorkrit. Zeit«) gelangte K. in seinen an I. Newton orientierten Schriften zu Mathematik, Physik und Kosmologie (»Allg. Naturgesch. und Theorie des Himmels...«, 1755) zu einer Theorie der Entstehung des Sonnensystems (↑Kant-Laplace-Theorie) sowie zu einer neuen Definition des Wesens der Materie als »Kraft« (Energie). Philosophisch stand er anfangs in der Tradition des Rationalismus (G. W. Leibniz, C. Wolff), wählte jedoch unter dem Einfluss des engl. Empirismus (D. Hume) eine Neuorientierung, die in die krit. Philosophie mündete. Seine seit der »Kritik der reinen Vernunft« (1781, 2., veränderte Auflage 1787) entwickelte Lehre (»Kritizismus«) versucht, entgegen den Ansprüchen des (zur Skepsis führenden) Empirismus und des dogmat. Rationalismus, durch eine krit. Prüfung der Verstandeskräfte die Quellen und Grenzen der Erkenntnis zu bestimmen. Dabei kam K. zu dem Ergebnis, dass alles allgemein gültige Erkennen abhängig sei von den dem Menschen eigenen Erkenntnisformen: den reinen Verstandesbegriffen (den Kategorien; z. B. Substanz und Kausalität) und den Anschauungsformen (Zeit und Raum). Diese Formen liegen erkenntnislogisch vor der Erfahrung (sind apriorisch) und machen diese erst möglich, indem mit ihrer Hilfe die Vielfalt der Sinneseindrücke zur Einheit der Gegenstandserkenntnis geordnet wird. K. nennt sie als bewusstseinsimmanente Erkenntnisbedingungen transzendental. K.s Lehre bedeutet eine Eingrenzung der menschl. Erkenntnis, die nach K. niemals das »Ding an sich«, sondern nur die »Erscheinungen« erfassen kann. In der Sittenlehre (Hauptwerk: »Kritik der prakt. Vernunft«, 1788) stellte er ein oberstes und allg. Sittengesetz auf, das die Pflichterfüllung in den Mittelpunkt der sittl. Wertordnung stellt (↑kategorischer Imperativ) und verbietet, den Menschen nur als Mittel zu benutzen (»Grundlegung zur Metaphysik der Sitten«, 1785). Die Ideen »Gott«, »Freiheit« und »Unsterblichkeit« sind für K. nicht Verstandesbegriffe, sondern letzte Forderungen (Postulate) der Vernunft, die für die Bildung von Erfahrung aber nur »regulative« Bedeutung haben. Wenn sie auch nicht theoret. erkennbar sind, muss ihre Realität doch angenommen werden, da sie Bedingungen sittl. Handelns sind. Grundlegend wurden auch seine Untersuchungen zur Ästhetik und zum Zweckbegriff (»Kritik der Urtheilskraft«, 1790). In seinem staatsphilosoph. Denken trat er für einen Rechtsstaat in republikan. Sinn, für Weltbürgerrecht und den »Ewigen Frieden« ein. – Die nachkant. Philosophie versuchte, die Lehren K.s zu einem einheitl. System zusammenzufassen (↑deutscher Idealismus, ↑Neukantianismus) oder im Sinne des Empirismus zu überwinden (↑Positivismus).

📖 *Baumgartner, H. M.: K.s »Kritik der reinen Vernunft«. Freiburg u. a. [4]1996. – Schultz, Uwe: I. K. Reinbek 112.–114. Tsd. 1997. – Höffe, O.: I. K. München [5]2000. – Kuehn, M.: K. A biography. Cambridge 2001. – Gerhardt, V.: I. K. Vernunft u. Leben. Stuttgart 2002. – Grondin, J.: K. zur Einf. Hamburg [2]2002.*

Kantabile [italien.] *das,* ernstes, getragenes Musikstück.

Kantabilität [italien.] *die,* Sangbarkeit, gesangl. Ausdruck, melod. Schönheit.

Kantabrilen, autonome Region in N-Spanien, entspricht der gleichnamigen Provinz, 5 321 km², 535 100 Ew.; Hptst.: Santander. K. umfasst überwiegend den Mittelteil des Kantabr. Gebirges; der atlant. Küstensaum (Costa Verde) hat viele kleine Buchten und Nehrungen. Obstplantagen, Fischfang (Sardinen).

Kantabrisches Gebirge, westl. Fortsetzung der Pyrenäen entlang der span. Nordküste, in den Picos de Europa 2 648 m ü. M.; Eisen-, Blei-, Mangan-, Zinkerzlager, Kohle- und Kalisalzlager.

Kantalupmelone (Cucumis melo var. cantalupa), große Zuckermelone (↑Melone) mit dunkelgrüner bis fleckiger, gerillter, gelegentlich mit Warzen bedeckter Schale. Das Fruchtfleisch, bes. der Türkischen Warzenmelone, ist sehr wohlschmeckend.

Kantate [italien. »Singstück«] *die,* Vokalkomposition mit Instrumentalbegleitung; entstanden um 1600 in Italien als mehrteiliges, generalbassbegleitetes Sologesangsstück mit Rezitativ und Arie. Während hier der Schwerpunkt auf der weltl. K. **(Kammer-K.)** lag, wurde in Dtl. die K. Ende des 17. Jh. zu einer Hauptform der evang. Kirchenmusik **(Kirchen-K.),** bei der ein Chorsatz dem Wechsel von Rezitativ und Arie vorangestellt ist und ein mehrstimmiger Choral den Abschluss bildet. J. S. Bach gilt als der bedeutendste Meister der K., neben ihm sind G. Böhm, J. P. Krieger, G. F. Händel, G. P. Telemann und J. C. Graupner bed. Vertreter der Gattung. Dem Niedergang der Form im ausgehenden 18. und im 19. Jh. folgte im 20. Jh. eine Wiederbelebung. Im Rahmen der »Gebrauchsmusik« entstand die bes. für das gemeinschaftl. Musizieren bestimmte K. (P. Höffer, P. Hindemith). In der Neuen Musik spielt die K. als Ausdrucksform religiöser, philosoph. oder polit. Inhalte eine wichtige Rolle (H. Eisler, A. Webern, P. Boulez, D. Milhaud, L. Nono, H. W. Henze).

Kantate [lat. »singet!«, Anfangswort des 98. Psalms], im Kirchenjahr der vierte Sonntag nach Ostern.

Kantele [finn.] *die,* finn. Nationalinstrument, eine Zither in Flügelform mit urspr. fünf, heute bis zu 46 Saiten.

Kant|haken, kräftige Holzstange mit stählernem Haken am Ende, zum Bewegen (»Kanten«) schwerer Baumstämme und Balken.

Kantharide [grch.] *der,* ↑Spanische Fliege.

Kantharos [grch.] *der,* Becher mit zwei hochgezogenen Henkeln; seit dem 6. Jh. v. Chr. in Griechenland bekannt.

Kanther, Manfred, Politiker, *Schweidnitz (heute Świdnica) 26. 5. 1939; Jurist; in Hessen 1974–93 MdL, dort auch 1987–91 Finanzmin. und 1991–98 Landesvors. der CDU, 1993–98 Bundesinnenminister, 1994–2000 MdB (Niederlegung des Mandats wegen seiner Mitverantwortung an einer 1999/2000 aufgedeckten Finanzaffäre der CDU Hessen).

Kantilene [italien.] *die,* sanglich geführte, lyr. Melodie (vokal oder instrumental), meist in getragenem Zeitmaß.

Kantional [von lat. cantio »Gesang«] *das,* eine Samml. meist vierstimmiger Bearbeitungen von geistl. Liedern und Chorälen im einfachen, akkordisch-homophonen Satz (K.-Satz) mit melodieführender Oberstimme.

Kant-Laplace-Theorie [-la'plas-], zusammenfassende Bez. für zwei verschiedene Theorien zur Entstehung des Sonnensystems. Nach I. Kant (1755) hat sich die hochverdünnte Materie kosm. Gaswolken durch Gravitation gleichzeitig zu Sonne und Planeten verdichtet. Nach P. S. Laplace (»Nebularhypothese«, 1796) wurden aus der zuerst entstandenen Sonne durch schnelle Rotation Gasmassen herausgeschleudert, die zu Planeten kondensierten.

Kanton [frz.] *der,* **1)** Gliedstaat der Schweiz.

2) (frz. Canton), Verwaltungsbezirk, Unterabteilung des Arrondissements in Frankreich und des Distrikts in Luxemburg.

Kanton (Canton, chines. Guangzhou), Hptst. der Provinz Guangdong, China, an der Mündung des Perlflusses, 150 km vom offenen Meer, 6,6 Mio. Ew.; zwei Univ., TU, Fachhochschulen, Museen, Forschungsinst.; traditionelles Handelszentrum (Frühjahrs- und Herbstmesse). Schiffbau, Stahl-, Maschinen-, chem., pharmazeut., Zement-, Textil-, Papier-, Nahrungsmittel-, Genussmittelind.; Eisenbahnanschluss nach Peking und Hongkong, U-Bahn, internat. Flughafen. Seehafen ist **Huangpu** (Whampoa) 20 km unterhalb von K. am Perlfluss. – Histor. Bauwerke sind u. a. der Tempel Guangxiao (gegr. 4. Jh.), die Tempelanlage »Von den sechs Banyanbäumen« (479) mit der oktogonalen, neunstöckigen »Geschmückten Pagode« (537, mehrfach zerstört und wieder aufgebaut), die Moschee Huaisheng (627). An die jüngste Geschichte erinnern das »Grabmal der 72 Märtyrer« (1918) und die Sun-Yat-sen-Gedächtnishalle (1925). – K. war schon während der Tang-Dynastie (618–907) ein wichtiger Überseehandelsplatz; 1517 erster Kontakt mit Europäern (Portugiesen). Von der 2. Hälfte des 18. Jh. bis 1842 (Ende des Opiumkrieges) einziger Außenhandelsplatz Chinas. 1924 erster Nationalkongress der Guomindang; an der Militärakademie Huangpu wirkten viele spätere Führer Chinas; 1938–45 von Japan besetzt.

Kantonfluss, Fluss in China, ↑Perlfluss.

Kantonsklausel, in der Schweiz Bez. für einen seit 1848 in der Bundesverf. verankerten Grundsatz, dass die sieben Mitgl. des Bundesrats aus versch. Kantonen stammen müssen. In der Volksabstimmung vom 7. 2. 1999 wurde die K. aufgehoben. Die Vereinigte Bundesversammlung hat nach Art. 175 Bundesverf. bei der Wahl des Bundesrats jedoch darauf Rücksicht zu nehmen, dass die Landesgegenden und Sprachregionen angemessen vertreten sind.

Kantonsrat, schweizer. Kantonsparlament in Kantonen, die keine Landsgemeinde haben.

Kantor [lat. »Sänger«] *der,* Vorsänger bei der Liturgie; Leiter des Kirchenchors und

Kanusport: Wildwasserrodeo

Organist bei evang. Gemeinden; in kleineren Orten früher zugleich Lehrer; in den Lateinschulen des 16. Jh. dem Direktor nachgeordnet; bed. war das Amt des Leipziger Thomaskantors, das u. a. J. S. Bach verwaltete. **Kantorei,** Chorgemeinschaft für Kirchenmusik.

Kantor, Maxim, russ. Maler und Grafiker, * Moskau 22. 12. 1957; seine expressiv-figurative Malerei beschäftigt sich mit dem russ. Alltag und stellt bedrückende Szenen und Orte dar.

Kantorat [lat.] *das,* Amt, Amtszeit eines Kantors.

Kantorowicz [-vitʃ], **1)** Alfred, Schriftsteller und Literarhistoriker, * Berlin 12. 8. 1899, † Hamburg 27. 3. 1979; 1936–38 Offizier im Span. Bürgerkrieg, seit 1946 in Berlin (Ost), übersiedelte 1957 in die Bundesrep. Dtl.; Verdienste als Hg. der Werke H. Manns und als Erforscher der Exilliteratur; schrieb u. a. »Dt. Tagebuch« (2 Bde., 1959–61), »Exil in Frankreich« (1971).

2) Ernst Hartwig, dt.-amerikan. Historiker, * Posen 3. 5. 1895, † Princeton (N. J.) 9. 9. 1963; jüd. Abstammung; Mitgl. des George-Kreises; 1932–33 Prof. in Frankfurt am Main (entschiedenes Bekenntnis zur NS-Gegnerschaft), 1938 Emigration in die USA (1945–50 Prof. in Berkeley, ab 1951 in Princeton). – (Umstrittene) Hauptwerke: »Kaiser Friedrich der Zweite« (1927; Ergänzungs-Bd. 1931); »The King's two bodies« (1957; dt. »Die zwei Körper des Königs«, 1990); ab Ende der 1980er-Jahre neue Rezeption.

Kantorowitsch, Leonid Witaljewitsch, russ. Mathematiker und Wirtschaftswissenschaftler, * Petersburg 19. 1. 1912, † Moskau 7. 4. 1986; entwickelte die Grundlagen der linearen math. Programmierung und leistete einen wesentl. Beitrag zur Theorie der optimalen Ressourcenallokation; erhielt 1975 mit T. C. Koopmans den Nobelpreis für Wirtschaftswissenschaften.

Kantscheli, Gija, georg. Komponist, * Tiflis 10. 8. 1935; schrieb Orchesterwerke (u. a. 7 Sinfonien, 1967–86), die Oper »Musik für die Lebenden« (1983), Kammermusik (»Besuch in der Kindheit«, 1999, für Oboe, Klavier, Bassgitarre und Streicher), Lieder, zahlr. Bühnen- und Filmmusiken.

Kanu [auch ka'nu:; von karib. can(a)oa »Baumkahn«] *das,* urspr. ein leichtes, kielloses Boot der Indianer, aus Baumrinde oder Tierhäuten hergestellt, die über einen Holzrahmen gespannt wurden; heute Bez. für alle mit Paddeln gefahrenen Sportboote. (↑Kanusport)

Kanüle [frz.] *die,* 1) Hohlnadel unterschiedl. Stärke **(Injektions-K.)** mit Ansatz für Injektionsspritzen; 2) Röhrchen **(Tracheal-K.)** zum Lufteintritt in die Luftröhre nach Luftröhrenschnitt.

Kanuri (Hausaname Beriberi), zentralsudanes. Volk mit starkem Berbereinschlag, südwestlich des Tschadsees, seit dem 11. Jh. Muslime; Staatsvolk des alten Reichs Bornu (↑Kanem-Bornu), heute etwa 3,5 Mio. in NO-Nigeria (Gliedstaat Borno).

Kanusport, Sammelbegriff für sportl. Betätigung in Kajaks und Kanadiern, u. a. als Kanurennsport, -slalom und Wildwasserrennsport. – Im **Kanurennsport** werden Geschwindigkeitswettbewerbe auf stehenden Gewässern in versch. Bootsklassen ausgetragen: Einerkajak (K 1), Zweierkajak (K 2) sowie Viererkajak (K 4); Einerkanadier (C 1) und Zweierkanadier (C 2). **Kanuslalom** erfolgt auf einer wildwasserähnl. Slalomstrecke mit künstl. und natürl. Hindernissen. **Wildwasserrennen** werden auf einer Wildwasserstrecke mit natürl. Hindernissen oder auf einem künstlich angelegten Wasserlauf mit z. T. eingebauten Hindernissen ausgetragen. **Wildwasserrodeo** entwickelte sich aus dem alpinen Wildwasserfahren (Freizeitsport); es setzt fahrer. und akrobat. Können voraus und wird mit speziellen, extrem klein gebauten Kajaks und Kanadiern ausgeübt. **Kanumarathon** ist eine Wettkampfdisziplin für Kajak- und Kanadierboote über eine Strecke von 20 bis 100 km. Beim **Kanupolo** versuchen zwei Mannschaften, vom Boot aus mit dem Paddel einen Plastik- oder Gummiball in das gegner. Tor zu treiben. (↑Sportarten, Übersicht)

Kanzel *die,* **1)** *Baukunst:* der erhöhte Standort für die Predigt, von einer Brüstung umgeben und über eine Treppe erreichbar, ben. nach den »cancelli«, den Chorschranken der frühchristl. Kirche, mit denen der ↑Ambo verbunden war. Die K. fanden seit dem 12./13. Jh., v. a. unter dem Einfluss der Bettelorden, an den Langhauspfeilern ihren Platz. In Italien seit der Spätgotik v. a. im Norden mit reichem Reliefschmuck ausgestattet. Außen-K. wurden v. a. an Wallfahrtskirchen angebracht. **2)** *Flugzeug:* ältere Bez. für den Pilotenraum **(Piloten-K.),** speziell für den vorspringenden und verglasten Rumpfbug mehrmotoriger Flugzeuge.

Kanzelle [lat.] *die,* **1)** *Baukunst:* Chorschranke in der altchristl. Kirche. **2)** *Musik:* 1) der die Zunge enthaltende Kanal beim Harmonium, bei Hand- und Mundharmonika; 2) die den Wind verteilende Abteilung der Windlade bei der Orgel.

kanzerogen [lat.], ↑karzinogen.

Kanzlei [von lat. cancelli »Schranken« (die den Amtsraum abtrennten)] *die,* **1)** Geschäftsräume, Büro (z. B. eines Rechtsanwalts oder einer Behörde). **2)** seit dem 4. Jh. Behörde der röm. Kurie **(Apostol. K.),** dann der merowing. Könige, bei den Karolingern **Hofkapelle** gen. (↑Kanzler), ab dem 13. Jh. auch zentrale Behörde eines Landesherrn (Fürsten) oder einer Stadt, der die Ausfertigung der Urkunden und die Durchführung des Schriftverkehrs oblagen. In den Territorien wurde die K. seit dem Spät-MA. die wichtigste Fachbehörde, der Kanzler zum ersten juristisch gebildeten Fachbeamten.

Kanzleisprachen, Formen der dt. Sprache in der öffentl. Verwaltung, seit dem 13. Jh. bes. in Urkunden und Rechtsvorschriften belegt. Die K. hatten maßgebl. Einfluss auf das Mitteldeutsche, das zur Grundlage der dt. Schriftsprache wurde.

100313

Kanzel 1): die in der zweiten Hälfte des 12. Jh. entstandene Kanzel der romanischen Kirche Santa Maria Novella in Florenz

Kanzler [lat.], **1)** *Geschichte:* hoher Beamter, der v. a. für die Ausfertigung von Staatsurkunden zuständig war. Die Bez. ist seit dem 4. Jh. belegt (↑Kanzlei). Zur organisator. Einrichtung des Amtes kam es im (späteren) *Hl. Röm. Reich* 953 durch König Otto I., d. Gr.: Bis 1559 oblag dem K. die

Leitung der Reichskanzlei. Bis 1806 war das Amt des **Erz-K. (Reichs-K.)** eines der ↑Erzämter. Auch die landesherrl. Kanzleien wurden von einem K. geführt. In *Frankreich* war der Leiter der königl. Kanzlei der **Chancelier,** in *England* bzw. *Großbritannien* entwickelten sich aus dem Amt des K. die Ämter des **Lord High Chancellor** und des **Chancellor of the Exchequer.** In *Preußen* war 1747–1810 **Groß-K.** der Titel des Leiters der Justizverw., 1810–22 **Staats-K.** der Titel Hardenbergs. In *Österreich* war der Titel **Hof- und Staats-K.** 1742–1849 fakt. Amtsbez. des Außenmin. (Kaunitz, Stadion, Metternich). – Im *Dt. Reich* (1871–45) ↑Reichskanzler, in Dtl., Österreich und der Schweiz ↑Bundeskanzler.

📖 *Die deutschen K. Von Bismarck bis Kohl, hg. v. W. von Sternburg. Tb.-Ausg. Berlin 1998.*

2) an einigen wiss. Hochschulen Amtsbez. für den obersten Verwaltungsbeamten.

Kanzone [italien.] *die,* **1)** *Literatur:* lyr. Gedichtform aus 5–10 gleich gebauten Strophen (Stanzen), die aus elf- und siebensilbigen Versen gebildet sind; am Schluss folgt meist eine kürzere Strophe (»Geleit«). Die K. wurde seit dem 12. Jh. in provenzal. und nordfrz. Dichtung gepflegt und erhielt im 13./14. Jh. in Italien ihre eigentliche Form; zu höchster Vollendung brachte sie F. Petrarca. In dt. Sprache dichteten K. bes. A. W. Schlegel, Z. Werner, A. von Platen, F. Rückert.

2) (Canzona), *Musik:* im 13.–16. Jh. mehrstimmiges, meist weltl. Strophenlied (ebenso **Kanzonette**), nur gelegentlich die vertonte Gedichtform gleichen Namens; im 16.–17. Jh. Bez. für ein aus dem frz. Chanson hervorgegangenes Instrumentalstück (Canzona da sonar), seit dem 18. Jh. auch für ein lyr. Vokal- oder Instrumentalstück.

Kaohsiung [-çi-], Stadt in Taiwan, ↑Gaoxiong.

Kaokoveld [-f-], Gebirgslandschaft in NW-Namibia, am O-Rand der Namib, 1 300–1 800 m ü. M.; überwiegend steppenhafte Hochfläche mit Trockentälern. Im K. leben verstreut z. T. nomad. Himba und Tjimba.

Kaolack, Hptst. der Region K. in Senegal, am (80 km langen) Mündungsästuar des Saloum, 227 300 Ew.; kath. Bischofssitz; Handelszentrum für Erdnüsse mit Ölmühle, Salinen, Fleischverarbeitung; Bahnlinie zum Hochseehafen, Flugplatz.

Kaoliang, die Hirseart Kauliang (↑Sorghumhirse).

Kaolin [nach dem chines. Berg Kaoling] *das,* fachsprachl. *der* (Porzellanerde), ein an Tonerde (Al_2O_3) reiches Gestein, dessen Hauptmineralbestandteile Kaolinit, daneben die chemisch gleich zusammengesetzten Minerale Dickit und Nakrit, ferner Glimmer, Quarz und Feldspat sind; wird mit Wasser plastisch; durch Brennen stellt man aus ihm Porzellan, Steingut und Steinzeug her. K. dient als Füllstoff, z. B. in der Papier-, Kunststoff-, Gummiind., und als Beistoff in der Schamotteherstellung.

Kaolinit [zu Kaolin] *der,* triklines oder monoklines Tonerdesilikat der chem. Zusammensetzung $Al_2[(OH)_4 | Si_2O_5]$, weiß oder hell gefärbt, entsteht bes. durch Verwitterung von Feldspäten.

Kaonen, *Physik:* die K-Mesonen (↑Mesonen).

Kap [niederländ. kaap, zu lat. caput »Haupt«] *das* (engl. Cape, frz. Cap, italien. Capo, span. und portugies. Cabo), der vorspringende Teil eines Ufers oder einer Küste, manchmal eine Landspitze. – Mit K. zusammengesetzte Namen suche man auch unter den Eigennamen.

Kapaun *der,* kastrierter Hahn.

Kapazitanz [lat.] *die,* der kapazitive ↑Blindleitwert; Wechselstromwiderstand einer Kapazität.

Kapazität [lat.] *die,* **1)** *allg.:* Fassungsvermögen, Aufnahmefähigkeit.

2) *Betriebswirtschaft:* Leistungsvermögen eines Betriebsmittels (z. B. Maschinen, Produktionsanlagen und -stätten) während einer definierten Bezugsperiode **(Perioden-K.)** oder während der gesamten Nutzungsdauer **(Total-K.).**

3) *Elektrochemie:* bei Akkumulatoren und Batterien das Produkt aus Entladestrom und Entladezeit, gemessen in Amperestunden (Ah).

4) *Elektrostatik:* (elektrische K.), Formelzeichen C, SI-Einheit ist das Farad (F), das Verhältnis des Betrags Q der gleich großen, aber ungleichnamigen elektr. Ladungen auf zwei Leitern und der zw. diesen bestehenden Spannung U; $C = Q / U$. Die K. ist (bes. bei ↑Kondensatoren) ein Maß für das Aufnahmevermögen elektr. Ladungen. (↑Elektrizität)

Kapazitätsdiode (Varaktor, Varaktor-

Kap der Guten Hoffnung

diode), Halbleiterbauelement, dessen Kapazität von der Spannung abhängt und damit gesteuert werden kann. Es gibt drei Realisierungsmöglichkeiten: 1) bei der **pn-Diode** wird die in Sperrrichtung auftretende und von der Sperrspannung abhängende Stärke der Sperrschicht ausgenutzt; 2) bei der **Schottky-Diode** erhält man gegenüber der pn-Diode im Bereich kleiner Spannungen eine sehr starke nichtlineare Kapazität, jedoch eine höhere Grenzfrequenz bis über 1 000 GHz; 3) beim **MIS-Varaktor** wird eine Änderung der Kapazität durch geringe Dotierung (»Verarmung«) ausgenutzt. K. werden zur Frequenzsteuerung, -vervielfachung, Mischung sowie in parametr. Verstärkern genutzt.

Kapazitätseffekt, die Veränderung des gesamtwirtsch. Produktionspotenzials bzw. des Kapitalstocks aufgrund von Investitionen. Der K. entspricht dem Produkt aus Nettoinvestitionen und Kapitalproduktivität bzw. dem Quotienten aus Nettoinvestitionen und Kapitalkoeffizient.

kapazitiver Blindwiderstand (kapazitiver Widerstand, Kondensanz), Zeichen X_C, SI-Einheit: Ohm (Ω); Kehrwert des Produkts aus Kapazität C und Kreisfrequenz $\omega = 2\pi f$ im Wechselstromkreis mit der Frequenz f. Der k. B. bewirkt ein Nachlaufen der Spannung gegenüber dem Strom um 90°.

Kap Blanc [- blã; frz. »weißes Kap«], Landzunge an der afrikan. NW-Küste, mit der mauretan. Hafenstadt Nouadhibou (früher Port Étienne).

Kap der Guten Hoffnung (engl. Cape of Good Hope), Felsvorsprung am westl. Südende der Kaphalbinsel, Rep. Südafrika, ein steiles Kliff südlich von Kapstadt; erstmals 1488 von B. Diaz umfahren.

Kapela *die,* 130 km lange, bewaldete Gebirgskette des Dinar. Gebirges in Kroatien, gliedert sich in Große K. (1 533 m ü. M.) und Kleine K. (1 280 m ü. M.), in deren S-Teil die Plitvicer Seen liegen.

Kapelle [mlat. cap(p)ella »kleines Bethaus«] *die,* **1)** für gottesdienstl. Zwecke bestimmtes kleines Gebäude oder kleiner Raum (Gebets-, Tauf-, Grab-K.). Dem Lang- oder Querhaus größerer Kirchen wurden oft **K.-Reihen,** dem Chor ein **K.-Kranz** angegliedert. Burg- und Schloss-K. bestehen oft aus zwei Geschossen **(Doppel-K.),** die durch eine Mittelöffnung im Gewölbe des unteren miteinander verbunden sind. – Abb. S. 436

2) *Musik:* urspr. Bez. für den im K.-Raum der Kirche aufgestellten Sängerchor (Kirchenchor), dem die ein- und später mehrstimmige Vokalmusik (a cappella) übertragen war. Im 17. Jh. ging der Name K. auf das Instrumentalorchester über.

Kapellmeister, der Leiter (Dirigent) eines Chors oder Orchesters, bes. der dem

(General-)Musikdirektor oder (Chef-)Dirigenten nachgeordnete zweite oder dritte Dirigent eines großen Sinfonie- oder Opernorchesters.

Kapelle 1): die Brückenkapelle von Pont Saint-Bénézet (Avignon)

Kaper [niederländ.] *der,* bewaffnetes Privatschiff, das aufgrund staatl. Ermächtigung **(K.-Brief)** feindl. Handelsschiffe aufbrachte. Die Kaperei wurde durch die Pariser Seerechtsdeklaration von 1856 abgeschafft.

Kapern [grch.], Blütenknospen des in den Mittelmeerländern wachsenden dornigen, lederblättrigen **Echten Kapernstrauchs** (Capparis spinosa). Die K. werden in Salzlake, Essig oder Öl konserviert; Gewürz bes. für Soßen und Salate.

Kapernaum (grch. Kapharnaum), Ort in Galiläa, Mittelpunkt des Wirkens Jesu am See Genezareth (Mt. 4, 13 ff., Lk. 4, 23); heute **Tell Hum.**

Kapetinger, frz. Königsgeschlecht, ben. nach Hugo Capet (König 987–996), von dessen Reg. an die K. in direkter Linie bis 1328, in Seitenlinien (Valois, Bourbonen, Orléans) bis 1792 und 1814/15–48 herrschten.

Kapfenberg, Stadt in der Obersteiermark, Österreich, an der Mürz, 22 600 Ew.; Höhere Techn. Lehranstalt für Maschinenbau und Elektrotechnik; Edelstahlwerk, Werkzeug- und Gerätebau, Kunststoffindustrie. – Spätgot. Pfarrkirche, Schloss (17./18. Jh.), reicher Bestand an Bürgerhäusern des 16.–18. Jh. – Seit 1192 Markt, seit 1924 Stadt.

Kapholländisch, ↑Afrikaans.

kapillar [zu lat. capillus »Haar«], 1) die Kapillaren betreffend; 2) haarfein, haarartig.

Kapillaren, 1) *allg.:* Röhren mit sehr kleinem Innendurchmesser.

2) *Anatomie:* (Haargefäße), feinste, dünnwandige Blutgefäße, in denen der Stoff- und Gasaustausch mit den Körperzellen erfolgt. Sie bilden das Bindeglied zw. Arterien und Venen.

Kapillarität *die,* das durch die Grenzflächenspannung bedingte Verhalten von Flüssigkeiten in engen Hohlräumen fester Körper (z. B. Spalten, Kapillaren, Poren). Beim Eintauchen einer engen Röhre in eine benetzende Flüssigkeit, z. B. Wasser, steigt diese in dem Kapillarrohr empor **(Kapillaraszension).** Handelt es sich jedoch um eine nicht benetzende Flüssigkeit, z. B. Quecksilber, so sinkt sie im Kapillarrohr ab und steht dort tiefer als außerhalb **(Kapillardepression);** Ursache für diese Art der K. sind die im Vergleich zu den Adhäsionskräften zw. Flüssigkeit und Kapillarwand größeren Kohäsionskräfte zw. den Flüssigkeitsmolekülen. – Als **Kapillarkondensation** wird die in kapillaren Hohlräumen poröser Körper bereits oberhalb des Siedepunkts eintretende Kondensation von Flüssigkeitsdämpfen bezeichnet. Sie beruht auf einer Erniedrigung des Dampfdrucks, da sich infolge der Adhäsionskräfte der Kapillarwände die Oberfläche der Flüssigkeit verkleinert.

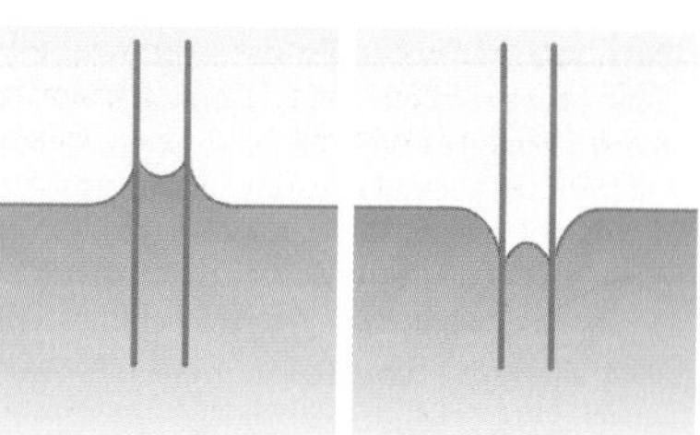

Kapillarität: Kapillaraszension (links) und Kapillardepression

Kapillarwasser, durch Adhäsions- und Kohäsionskräfte in den feineren Poren des Bodens festgehaltenes Wasser; bei Anlagerung an feste Bodenteile spricht man von ↑Bodenwasser.

Kapital [italien., zu lat. capitalis »hauptsächlich«] *das, Volkswirtschaftslehre:* urspr. Bez. für eine zum Ausleihen bestimmte, Zinsertrag versprechende Geldsumme, später für alle Gütervorräte, dann für die der Produktion dienenden Gütervorräte (produzierte Produktionsmittel), danach eingeschränkt für alle für Investitionen zur Verfügung stehenden Finanzierungsmittel **(Geld-K.)**; heute ist K. allg. der Bestand einer Volkswirtschaft an sachl. Produktionsmitteln **(Sach-K., Real-K., K.-Güter, K.-Stock)** in Anlagen (Anlage-K., fixes, gebundenes K.) oder in Vorräten (Lagerbestände an Roh-, Hilfs-, Betriebsstoffen, Betriebs-K. sowie Halb- und Fertigwaren, umlaufendes, zirkulierendes K.) oder an menschl. Fähigkeiten, Kenntnissen und Verhaltensweisen (↑Humankapital), der, einzelwirtschaftlich gesehen, seinen Eigentümern Einkommen und/oder Einfluss verschafft **(Erwerbs-K., Privat-K.)** und volkswirtschaftlich als einer der Produktionsfaktoren zur Erzeugung des Inlandsprodukts dient **(Produktiv-K.)**. Für das wirtsch. Wachstum wichtig ist die **K.-Bildung,** d.h. die Erhöhung des volkswirtsch. K.-Stocks durch Konsumverzicht der Wirtschaftssubjekte (Sparen) und die Freistellung von Teilen des Inlandsprodukts für Investitionen (Subsistenzfonds). Die investierbaren K.-Mengen werden über den Kapitalmarkt der volkswirtschaftlich erwünschten Verwendung zugeführt. – Die **K.-Theorie** befasst sich mit Begriff, Entstehung, Funktionen und Entlohnung des K. in Form von Zins. Der Zins im Verhältnis zum eingesetzten K. ist die **K.-Rendite.** Die Relation von Kapitalstock zum realen Bruttoinlandsprodukt, der **K.-Koeffizient,** gibt an, wie viel K.-Einsatz je Produktionseinheit durchschnittlich erforderlich ist. Der reziproke Wert, die **K.-Produktivität,** zeigt das Produktionsergebnis pro eingesetzter K.-Einheit. Das Verhältnis von eingesetztem K. zur eingesetzten Arbeit, die **K.-Intensität,** zeigt die durchschnittl. Kapitalausstattung je Arbeitsplatz bzw. -kraft.

In der *Betriebswirtschaftslehre* wird unter K. der Gesamtwert aller betriebl. Sach- und Finanzmittel verstanden, im betriebl. Rechnungswesen der dem Vermögen eines Unternehmens auf der Passivseite in gleicher Höhe gegenüberstehende Bilanzposten, der Auskunft über die Herkunft der dem Unternehmen in Form von Geld oder Sachwerten zur Verfügung stehenden Mittel gibt. Nach der Rechtsstellung der K.-Geber wird zw. ↑Eigenkapital und ↑Fremdkapital unterschieden, wobei das Eigen-K. auch als Unternehmer- oder Beteiligungs-K. und das Fremd-K. auch als Kredit- oder Gläubiger-K. bezeichnet wird. V.a. aus Rückstellungen für die betriebl. Altersversorgung ergibt sich das ↑Sozialkapital. Nach der Form der Bindung des K. wird unterschieden zw. Sach- oder Real-K. (z.B. Grundstücke, Maschinen) und Finanz- oder Geld-K. (z.B. Bargeldbestand, Wertpapiere).

Kapital|anlage, langfristige Anlage von Ersparnissen zur Einkommenserzielung und/oder (mindestens) Werterhaltung, v.a. Wertpapiere, Immobilien, Edelmetalle, Kunstgegenstände.

Kapital|anlagegesellschaft, ↑Investmentfonds.

Kapitalbilanz, ein Teil der ↑Zahlungsbilanz.

Kapitälchen *das,* Großbuchstabe in der Höhe der Mittellängen der Kleinbuchstaben.

Kapitaldienst, Zins- und Tilgungszahlungen für aufgenommene Kredite und Anleihen sowie laufend wiederkehrende Leistungen (z.B. Renten).

Kapital|einkünfte, Erträge aus Kapitalvermögen, v.a. Zinsen, Gewinnanteile (Dividenden) und sonstige Bezüge aus Genussrechten sowie Anteilen an Kapitalgesellschaften und Genossenschaften. K. unterliegen der Einkommensteuer (↑Kapitalertragsteuer).

Kapital|erhaltung, Bez. für das Ziel, die Leistungskraft eines Unternehmens zu erhalten. **Nominelle K.** liegt vor, wenn das urspr. eingesetzte Geldkapital dem Betrag nach erhalten bleibt. **Reale K.** ist erreicht, wenn die Kaufkraft des Kapitals zu Beginn und Ende der Rechnungsperiode gleich ist. Bei der **substanziellen K.** wird angestrebt, nicht nur das Geldkapital, sondern das gesamte Realvermögen leistungsmäßig zu erhalten.

Kapital|erhöhung, Maßnahmen zur Erhöhung des Eigenkapitals eines Unternehmens entweder von außen als Beteiligungsfinanzierung oder unternehmensintern durch Selbstfinanzierung (Einbehaltung von Gewinnen, Rücklagenbildung). Das Aktiengesetz unterscheidet die K. gegen Einlagen oder **ordentl. K.** (Ausgabe neuer Aktien durch Beschluss der Hauptversammlung), das **genehmigte Kapital** (K. aufgrund eines Vorstandsbeschlusses), die **bedingte K.** (von der Ausübung der Bezugs- und Umtauschrechte abhängige K.)

und die K. aus Gesellschaftsmitteln oder **nominelle K.** (Umwandlung offener Rücklagen in Grundkapital durch Ausgabe von Gratisaktien).

Kapitallertragsteuer, besondere Erhebungsform der Einkommen- bzw. Körperschaftsteuer, die durch Steuerabzug (↑Quellensteuer) auf bestimmte inländ. Kapitalerträge erhoben wird. Die K. wird vom Schuldner der Kapitalerträge für den Gläubiger einbehalten und an das Finanzamt abgeführt (§§ 43–45d EStG). Die Abzüge gelten als Vorauszahlung und sind bei der Veranlagung zur Einkommensteuer anzurechnen und den persönl. Verhältnissen anzupassen. Die K. beträgt 20% bei Gewinnanteilen aus Aktien (Dividenden), GmbH-Anteilen und Genossenschaftsanteilen. Sie wird ferner als **Zinsabschlagsteuer** mit einem Steuersatz von 30% (bei Tafelgeschäften 35%) auf Zinsen aus festverzinsl. Wertpapieren, Termin- und Spareinlagen, zinsähnl. Erträgen, nicht aber bei Privatdarlehen erhoben. Der Zinsabschlag entfällt bei Vorlage einer Nichtveranlagungsbescheinigung oder Erteilung eines Freistellungsauftrages bis zur Höhe von 1421 € (Einzelperson) oder 2842 € (zus. veranlagte Eheleute). – Die K. (Aufkommen 2002: 22,5 Mrd. €, davon 8,5 Mrd. € Zinsabschlag) fließt je zur Hälfte dem Bund und den Ländern zu. Neuere Planungen in Dtl. sehen die Ersetzung der Zinsabschlagsteuer durch eine Abgeltungsteuer vor, nach der Zinserträge mit einem pauschalen Satz von 25% (ohne Verrechnung mit der individuellen Einkommensteuer) versteuert werden. Innerhalb der EU verständigten sich die Finanzminister 2003 über eine Regelung zur grenzüberschreitenden Zinsbesteuerung. Danach werden 22 EU-Staaten bis 1. 7. 2005 ein lückenloses, automat. Informationssystem über Zinseinkünfte von Gebietsfremden einführen. Belgien, Luxemburg und Österreich wahren ihr Bankgeheimnis und müssen statt Kontrollmitteilungen der Banken an die Finanzbehörden eine Quellensteuer auf Zinseinnahmen in Höhe von zunächst (2005–07) 15% (2008: 20%, 2011: 35%) erheben. Die Einnahmen müssen zu drei Vierteln an jenes EU-Land abgeführt werden, in dem der betreffende Konto- oder Depotinhaber seinen Wohnsitz hat.

In *Österreich* wird seit 1994 eine Abgeltungsteuer auf Zinsen in Höhe von 25% erhoben, mit der Einkommen- und Erbschaftsteuer für diese Erträge pauschal abgegolten werden. In der *Schweiz* erhebt der Bund als K. eine Verrechnungssteuer auf den Ertrag bewegl. Kapitalvermögen mit einem Steuersatz von 35%, die bei der Deklaration der persönl. Einkünfte angerechnet wird.

Kapitallexport, i. w. S. jede Kapitalanlage von Inländern im Ausland, i. e. S. nur langfristige Kapitalanlagen. Der K. wird ausgelöst durch 1) Gewährung langfristiger Kredite aller Art an das Ausland durch Exporteure, Kreditinstitute und öffentl. Stellen, 2) Erwerb von Eigentum an ausländ. Sachgütern (Grund und Boden, Beteiligungen), Kauf von Aktien ausländ. Unternehmen, 3) Erwerb ausländ. Schuldverschreibungen im Ausland oder Zeichnung von im Inland aufgelegten Anleihen ausländ. Emittenten, 4) Kreditgewährung zur Überbrückung von Zahlungsbilanzdefiziten.

Kapitalflucht, i. w. S. die Übertragung von Vermögen, insbesondere liquiden Mitteln, ins Ausland bzw. in eine ausländ. Währung aus Gründen der Sicherheit, Rentabilität, Besteuerung (Steuerflucht) oder Spekulation, häufig illegal, aber auch legale spontane Kapitalverlagerung privater Anleger aufgrund einer plötzl. pessimistischeren Einschätzung der nat. Kapitalmarktperspektiven; i. e. S. die illegale Übertragung von Geld- und Sachwerten unabhängig von Zins- und Kursüberlegungen, um das Vermögen aus polit. und wirtsch. Gefahren (v. a. vor Enteignung) zu retten.

Kapitalgesellschaft, Ges. mit eigener Rechtsfähigkeit (↑juristische Person), bei der für die Mitgliedschaft die Kapitalbeteiligung der Gesellschafter im Vordergrund steht und nicht die persönl. Mitarbeit wie bei den Personengesellschaften. Die Haftung der Gesellschafter ist auf ihren Anteil am Grund- oder Stammkapital beschränkt. Rechtsformen: AG, KGaA, GmbH.

Kapitalherabsetzung, Verminderung des Grundkapitals einer AG oder des Stammkapitals einer GmbH. Bei einer **nominellen K.** wird die Höhe des Eigenkapitals rechtlich und buchhalterisch den entstandenen Verlusten angepasst; bei einer **effektiven K.** wird ein Teil des Grund- oder Stammkapitals zurückgezahlt oder den Rücklagen zugeführt.

Kapitallintensität, ↑Kapital.

Kapitalisierung, Rückrechnung von laufenden Zahlungen, v. a. von Erträgen, Renten und Annuitäten, auf einen bestimmten Zeitpunkt. Durch die K. werden diese kontinuierl. Wertflüsse auf einen Barwert abgezinst (diskontiert).

Kapitalismus *der,* Anfang des 19. Jh. geprägter Begriff für eine Wirtschafts- und Gesellschaftsordnung, die durch Privateigentum an den Produktionsmitteln, privates Unternehmertum, das Prinzip der Gewinn- bzw. Nutzenmaximierung, Steuerung des Wirtschaftsgeschehens über den Markt (↑Marktwirtschaft), Wettbewerb, Rationalität, Individualismus und den Ggs. zw. Kapital und Arbeit (Arbeitgeber und -nehmer) gekennzeichnet ist.

Für K. Marx, der den Begriff entscheidend prägte, ist der K. in gesetzmäßiger histor. Abfolge die Produktionsweise zw. Feudalismus und Sozialismus/Kommunismus. Der von feudalen Fesseln (Leibeigenschaft) und vom Eigentum an Produktionsmitteln »freie« Lohnarbeiter ist in der Lage und gezwungen, dem Eigentümer der Produktionsmittel, dem Kapitalisten, seine Arbeitskraft zu verkaufen. Der Tauschwert der Ware Arbeitskraft liegt dabei niedriger als die im Produktionsprozess erzeugten Werte. Den so erzeugten Mehrwert eignen sich die einzelnen Kapitalisten als Profit (bzw. als Zins oder Rente) an. Gemäß dem Gesetz der Konkurrenz muss der größte Teil davon akkumuliert, also zur Erweiterung der Produktion eingesetzt werden. Daraus erklärt Marx sowohl die Entfesselung der Produktivkräfte in der industriellen Revolution als auch die zunehmende Polarisierung der Gesellschaft in zwei Klassen (Kapitalisten und Lohnarbeiter). Nach Marx verschärft sich der den K. kennzeichnende Grundwiderspruch zw. gesellschaftl. Produktion und privater Aneignung der Ergebnisse der Produktion bis zu seiner revolutionären Aufhebung im Sozialismus/Kommunismus, in dem dann auch die ↑Entfremdung aufgehoben werde, die sich im K. dadurch ergebe, dass das Verhältnis zw. den Menschen durch Sachen bestimmt sei. Die marxsche Theorie wurde später durch den Marxismus-Leninismus sowie verschiedene neomarxist. Strömungen modifiziert und z. T. neu formuliert (↑Marxismus, ↑Neomarxismus).

Außerhalb des Marxismus wird der K. unterschiedlich definiert: Nach W. Sombart wird er durch Erwerbsprinzip, Rationalität und Individualismus bestimmt, nach M. Weber durch rationale Arbeitsorganisation zur Gewinnerzielung auf Basis eines formalisierten Rechnungskalküls, nach J. A. Schumpeter durch die Dominanz innovativer dynam. Unternehmer. – Verbreitung fand Sombarts Periodisierung: **Früh-K.** (im Wesentlichen die Zeit des ↑Merkantilismus), **Hoch-K.** (klass. Konkurrenz-K., entstanden im 18. Jh. im Zuge der industriellen Revolution) und **Spät-K.** (entstanden v. a. nach dem Ersten Weltkrieg und gekennzeichnet durch wachsende Kapitalkonzentration sowie zunehmende Eingriffe des Staates in das wirtsch. Geschehen). Die Vertreter der v. a. von W. Eucken entwickelten Ordnungstheorie halten den Begriff K. für entbehrlich und bestehen auf dem Begriff der Marktwirtschaft zur Charakterisierung einer dezentral geplanten Wirtschaft im Ggs. zur Plan- bzw. Zentralverwaltungswirtschaft. Seit dem Zusammenbruch der Zentralverwaltungswirtschaften in Europa dominieren auch in der gesellschaftskrit. Diskussion marktwirtsch. Konzeptionen, sozialist. Alternativmodelle sind weitgehend obsolet. Als Vorzüge des K. gelten seine Produktivität, Effizienz, Dynamik und Adaptionsfähigkeit sowie der in den westl. Ind.staaten erreichte Massenwohlstand – verbunden mit staatl. Sozialpolitik, Tarifautonomie und Mitbestimmungsrechten (»sozial gebändigter K.«, ↑soziale Marktwirtschaft). Dennoch steht dieses Wirtschaftssystem gegenwärtig vor einer Vielzahl nicht bzw. nur unzureichend gelöster Fragen. Dazu gehören v. a. Umweltprobleme, Massenarbeitslosigkeit, Unternehmens- und Vermögenskonzentration, ein umfassender Strukturwandel und weitere Folgen der ↑Globalisierung.

📖 *Sombart, W.: Der moderne K., 3 Bde. in 6 Tlen. München u. a. [1-2]1916–27, Nachdr. München 1987. – Schumpeter, J. A.: K., Sozialismus u. Demokratie. A. d. Engl. Tb.-Ausg. Tübingen u. a. [7]1993. – Polit. Ökonomie, Macht u. Arbeiterinstitutionen im K., hg. v. J. Schmee. Marburg 2000. – Thurow, L. C.: Die Zukunft des K. A. d. Amerikan. Düsseldorf u. a. 2000. – Gray, J.: Die falsche Verheißung. Der globale K. u. seine Folgen. A. d. Engl. Frankfurt am Main 2001. – Friedman, M.: K. u. Freiheit. Frankfurt am Main 2002. – Ziegler, J.: Die neuen*

Herrscher der Welt u. ihre globalen Widersacher. A. d. Frz. München 2003.

Kapitalist *der,* im 17. Jh. entstandene Bez. für eine Person, die von Vermögenseinkünften (Zinsen, Renten, Dividenden usw.) lebt.

100563

Kapitalist (Karikatur v. Albert Hahn; um 1890)

Kapitalkoeffizient, das Verhältnis des Kapitalstocks (Bruttoanlagevermögen) zur Produktionsmenge (Bruttowertschöpfung). Der K. gibt an, wie viel Kapitaleinsatz im Durchschnitt je Produktionseinheit erforderlich ist. Der reziproke Wert des K. ist die Kapitalproduktivität.

Kapitalkonto, *Buchführung:* bei Personengesellschaften und Einzelunternehmen das Konto zur Verbuchung des Eigenkapitals unter Einschluss der Zugänge (Einlagen, Gewinne) und der Minderungen (Entnahmen, Verluste); bei Kapitalgesellschaften das unveränderl. Konto des Grund- oder Stammkapitals.

Kapitalmarkt, Markt für langfristige Kredite und Kapitalanlagen, i. e. S. für langfristige Wertpapiere, der in **Rentenmarkt** (für festverzinsl. Wertpapiere) und **Aktienmarkt** (für Beteiligungspapiere) unterteilt wird. Ggs.: ↑Geldmarkt.

Kapitalstock, Bestand an produzierten Produktionsmitteln einer Volkswirtschaft (z. B. Maschinen, betrieblich genutzte Gebäude), in der amtl. Statistik das jahresdurchschnittl. Bruttoanlagevermögen.

Kapitalverbrechen [von lat. caput »Haupt«], urspr. Verbrechen, die mit Todesstrafe bedroht waren, jetzt schwere Verbrechen.

Kapitalverflechtung, wechselseitige Beteiligung zweier oder mehrerer Unternehmen an dem jeweiligen Eigenkapital.

Kapitalverkehr, i. w. S. Gesamtheit aller finanziellen Transaktionen, entweder als Gegenleistung für den Bezug von Waren und Dienstleistungen oder für die Änderung von Forderungen und Verbindlichkeiten; i. e. S. die zw. versch. Ländern entstehenden Forderungen (Kapitalexport) und Verbindlichkeiten (Kapitalimport) privater und öffentl. Stellen, die in der K.-Bilanz (Kapitalbilanz) statistisch erfasst werden.

Kapitalverkehrsteuer, Oberbegriff für Steuern auf Rechtsgeschäfte des Kapitalverkehrs, die der Kapitalbildung **(Gesellschaftsteuer)** und der Kapitalbewegung **(Börsenumsatzsteuer)** dienen. Durch das Finanzmarktförderungs-Ges. vom 22. 2. 1990 wurde die Gesellschaftsteuer mit Wirkung vom 1. 1. 1992, die Börsenumsatzsteuer mit Wirkung vom 1. 1. 1991 abgeschafft.

Kapitalwert, der Bar- oder Gegenwartswert der Summe aller künftigen Mittelrückflüsse unter Berücksichtigung der Anschaffungsausgaben; durch Abzinsung (Diskontierung) mit dem Kalkulationszinsfuß errechnet; Ggs. Ertragswert.

Kapitän [lat. capitaneus, zu caput »Haupt«], **1)** *Militärwesen:* seit dem 16. Jh. der Führer einer Kompanie; heute Dienstgradbez. in den Heeren versch. Länder.

2) *Seeschifffahrt:* (naut. Schiffsoffizier), Führer eines (Handels-)Schiffes (bei der Bundesmarine: **Kommandant**) mit staatl. Befähigungszeugnis **(K.-Patent),** für dessen Erwerb an Fach(hoch)schulen für Seefahrt (Nautik) und Schiffsbetriebstechnik u. a. ein Mindestalter, vorgeschriebene Fahrzeiten sowie eine mindestens zweijährige Fahrzeit als naut. Schiffsoffizier erforderlich sind. Der K. trägt stets die persönl. Verantwortung für Schiff, Ladung und Besatzung. Er hat außerdem gewisse Vertretungsbefugnisse und auf hoher See eine beamtenähnl. Stellung mit öffentlich-rechtl. Befugnissen.

Kapitel [von lat. capitulum »Köpfchen«, zu caput »Kopf«] *das,* **1)** *Buchwesen:* Abschnitt eines Textes in einem Schrift- oder

Druckwerk (urspr. kurze, einem Text vorangestellte Inhaltsangabe).
2) *kath. Kirchenrecht:* Kollegium von Priestern an einer Dom- oder Stiftskirche (↑Domkapitel, Kollegiatkapitel), auch die Versammlung der Klostergemeinde auf allen Ebenen **(Kloster-, Provinzial-, Generalkapitel).**

Kapitell [lat.] *das,* der oberste, zw. Stütze und Last vermittelnde Teil einer Säule, eines Pfeilers oder Pilasters. In der grch. ↑Säulenordnung entsprach jedem der drei großen Stile eine eigene Form des K. (dorisch, ionisch, korinthisch). Zu großem Formenreichtum entwickelte sich das K. in der Romanik, die außer dem schlichten Würfel-K., einer Durchdringung von Halbkugel und Würfel, K. mit Figurenreliefs, Flechtwerk und anderen Ornamenten verwendete. Der Schmuck des got. K. beschränkte sich auf Knospen- und Blattwerk. Seit der Renaissance wurden die Formen des antiken K. wieder aufgenommen.

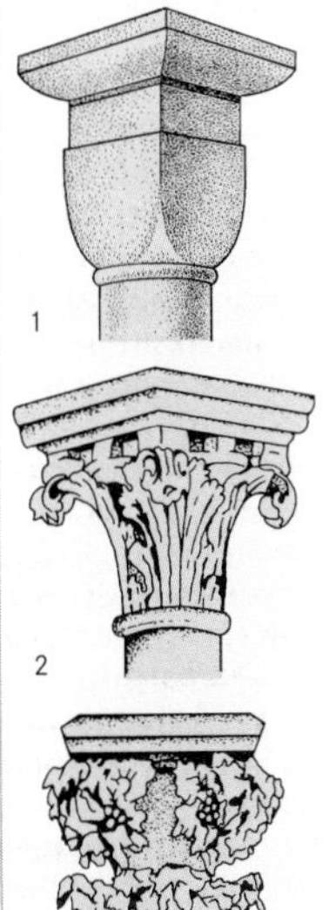

Kapitell: 1 romanisches Würfelkapitell, 2 gotisches Knospenkapitell, 3 gotisches Blattkapitell

Kapitelsaal, der Sitzungssaal im Kloster.

Kapitol *das,* **1)** (lat. Capitolium), Name des kleinsten der Sieben Hügel Roms mit zwei Kuppen, urspr. nur Bez. der südl. Kuppe. Auf der nördl. Kuppe stand die Burg (Arx), auf der anderen der Tempel der Göttertrias Jupiter, Juno und Minerva (509 v.Chr. geweiht), religiöser und polit. Mittelpunkt Roms. Der Platz des heutigen K. wurde nach Plänen Michelangelos angelegt. Der zum K. emporführenden Treppe gegenüber erhebt sich der Senatorenpalast, links das Kapitolin. Museum, rechts der Konservatorenpalast, in der Mitte das antike Reiterstandbild Mark Aurels (Original im Kapitolin. Museum).
2) (engl. Capitol), in den USA das Parlamentsgebäude; das K. in Washington (D. C.) wurde 1793–1824 nach Plänen von William Thornton (* 1759, † 1828) erbaut; der Kuppelbau wurde nach 1850 vollendet.

Kapitolinische Wölfin (1. Hälfte des 5. Jh. v. Chr.; Rom, Kapitolinisches Museum)

Kapitolinische Wölfin, etrusk. Bronzeplastik (Höhe 75 cm) aus der 1. Hälfte des 5. Jh. v. Chr., seit 1471 auf dem röm. Kapitol; dem Bildwerk wurden im späten 15. Jh. die Zwillinge Romulus und Remus hinzugefügt. Die K. W. ist im Kapitolinischen Museum in Rom ausgestellt.

Kapitularien (lat. Capitularia), Königsgesetze des Fränk. Reiches z. Z. der Karolinger in lat. Sprache; ben. nach ihrer Kapiteleinteilung.

Kapitularvikar (Kapitelsvikar), der vom Domkapitel gewählte Leiter einer Diözese während einer ↑Sedisvakanz; heute i. d. R. ein Weihbischof.

Kapitulation [lat.] *die,* früher ein völkerrechtl. Vertrag, durch den eine europ. Macht das Recht erhielt, für ihre Untertanen in nicht europ. Staaten durch eigene

Konsuln in beschränktem Umfang die Zivil- und Strafgerichtsbarkeit ausüben zu lassen (Konsulargerichtsbarkeit). – Im Kriegsrecht eine völkerrechtl. Vereinbarung zw. den Befehlshabern gegner. Streitkräfte, die es den Streitkräften, die kapituliert haben, unmöglich macht, die Kampfhandlungen fortzusetzen. Die K. kann mit Bedingungen versehen oder bedingungslos sein. Eine Freistellung des Siegers von den Normen des Völkerrechts oder internat. Konventionen wird durch die bedingungslose K. nicht bewirkt. Die K. hat keinerlei Auswirkung auf die Völkerrechtssubjektivität des Staates, dessen Streitkräfte kapituliert haben.

Kapịza (Kapitza, Kapica), Pjotr Leonidowitsch, russ. Physiker, *Kronstadt 8. 7. 1894, †Moskau 8. 4. 1984; 1921–34 Mitarbeiter von E. Rutherford in Cambridge, ab 1955 Direktor des von ihm gegründeten Inst. für physikal. Probleme an der Akademie der Wiss.en der UdSSR in Moskau; entdeckte 1938 die Suprafluidität des Heliums. K. erhielt für seine grundlegenden Entdeckungen auf dem Gebiet der Tieftemperaturphysik 1978 (mit A. A. Penzias und R. W. Wilson) den Nobelpreis für Physik.

Kạplaken [niederländ.] *das* (Kapplaken), Vergütung des Befrachters, Abladers oder Ladungsempfängers an den Kapitän für die Güterbeförderung.

Kaplan *der,* in einer kath. Pfarrei der dem Gemeindepfarrer kirchenrechtlich untergeordnete, ihn bei der Gemeindearbeit unterstützende Priester.

Kạplan, 1) Anatoli Lwowitsch, eigtl. Tankhum Lewikowitsch K., russ. Grafiker und Maler, *Rogatschow (Gebiet Gomel) 28. 12. 1902, †Leningrad 3. 7. 1980; Hauptthema seiner Lithographien, Pastelle, Gouachen, Zeichnungen und Keramiken ist die jüd. Folklore; graf. Folgen und Illustrationen zur jüd. Literatur.

2) Viktor, österr. Maschineningenieur, *Mürzzuschlag 27. 11. 1876, †Unterach am Attersee (OÖ) 23. 8. 1934; erfand 1912 die **K.-Turbine,** eine axial durchströmte Wasserturbine mit verstellbaren Laufradschaufeln.

Kạpland, umgangssprachl. Bez. für das Gebiet um Kapstadt und das Kap der Guten Hoffnung mit der Kaphalbinsel; i. w. S. die ehem. Kapprovinz der Rep. Südafrika (721 004 km², 5 Mio. Ew.), die sich heute in die Provinzen Nord-Kap, West-Kap und Ost-Kap gliedert.

Kạpo [Kurzform von frz. caporal »Hauptmann«, »Anführer«; »Korporal«] *der, Soldatensprache:* Unteroffizier, v. a. in der (Rekruten-)Ausbildung (17.–19. Jh. im dt. Heer der Korporal); *Jargon:* Häftling eines Straflagers u. Ä., der die Aufsicht über andere Häftlinge führt; *süddt.:* Vorarbeiter.

Kapodạster [italien.] *der,* ein über alle Saiten reichender, auf dem Griffbrett sitzender verschiebbarer Bund bei Lauten und Gitarren.

Kapodịstrias, Ioannes Graf, grch. Politiker, *Korfu 11. 2. 1776, †(ermordet) Nauplion 9. 10. 1831; vertrat Russland auf dem Wiener Kongress und wurde 1815 russ. Außenmin., musste 1821 wegen Unterstützung des grch. Unabhängigkeitskampfes zurücktreten; 1827–31 Regent Griechenlands.

Kạpok [malaiisch] *der* (Ceibawolle, vegetabilische Wolle, Pflanzendaunen), weiße bis gelbliche Faserwolle aus Haaren der inneren Kapselfruchtwand des Echten ↑Kapokbaums (Polster-, Füll- und Isoliermaterial).

Kạpokbaum (Baumwollbaum, Wollbaum, Ceiba), Gattung der Wollbaumgewächse mit rd. 20 Arten in den Tropen; bis 70 m hohe Bäume; bekannt ist der **Echte K.** (Ceiba pentandra); die Früchte liefern ↑Kapok, die Samen das zu techn. und Speisezwecken verwendete **Kapoköl.**

Kapoor ['kapu:ə], Anish, brit. Plastiker ind. Herkunft, *Bombay 12. 3. 1954; Rauminstallationen aus monochrom eingefärbten Steinen, Objekten und Zeichnungen.

Kapọsi-Sarkom [nach dem österr. Dermatologen Moritz Kaposi, *1837, †1902] *das* (Retikuloangiomatose), an Haut und Schleimhaut sowie inneren Organen und Lymphknoten zahlreich auftretende schmerzhafte, rotviolette Knötchen und Knoten; verursacht durch das Herpesvirus Typ 8. Das K.-S. tritt v. a. bei HIV-Infektion (↑Aids) auf.

Kaposvár ['kɔpoʃva:r], Hptst. des Bez. Somogy (südl. des Plattensees), SW-Ungarn, 66 800 Ew.; Mühlen, Zuckerfabrik, Fleisch-, Baumwollverarbeitung, Elektronikindustrie.

Kapọtte [frz. Capote] *die* (Kapotthut), ↑Kiepenhut.

Kạpovaz, Kurzwort für **kap**azitäts**o**rientierte **v**ariable **A**rbeits**z**eit, fälschl. Bez. für eine Form der Teilzeitarbeit, bei der Arbeitnehmer nur entsprechend dem betriebl. Bedarf beschäftigt werden; geregelt in § 12 Teilzeit- und Befristungs-Ges. vom 21. 12. 2000. Lage und Dauer der Arbeitszeit richten sich nach dem Arbeitsanfall, wobei sich die Arbeitnehmer verpflichten, dem Arbeitgeber auf Abruf zur Verfügung zu stehen, ohne dass ihnen die Wartezeiten vergütet werden **(Arbeit auf Abruf).** Der Arbeitnehmer ist zur Arbeitsleistung nur verpflichtet, wenn ihm die Lage der Arbeitszeit mindestens vier Tage im Voraus mitgeteilt wurde.

Kapowahöhle (Schugan Tasch), Höhle (etwa 2 km lang) am Oberlauf der Belaja im Südl. Ural, Baschkortostan (Russ. Föderation); die 1959 entdeckten Wandmalereien mit eiszeitl. Tieren (Mammut, Nashorn, Pferd, Wisent) gelten als die östlichsten Höhlenbilder der jüngeren Altsteinzeit.

Kapp, Wolfgang, Politiker, * New York 24. 7. 1858, † Leipzig 12. 6. 1922; gründete 1917 die Dt. Vaterlandspartei; versuchte im März 1920 in Berlin vergebens, die Reichsreg. zu stürzen (↑Kapp-Putsch); starb in Untersuchungshaft.

Kappa *das,* Κ, κ, der 10. Buchstabe des grch. Alphabets.

Kappadokilen, antiker Name einer Landschaft im mittleren und östl. Kleinasien, vom Halys (heute Kızılırmak) durchflossen, benannt nach dem um 700 v. Chr. eingewanderten iran. Volk der **Kappadoken;** zuerst von anatol. Völkern bewohnt, seit Mitte des 2. Jt. v. Chr. unter hethit. Herrschaft, 547/546 v. Chr. pers. Satrapie. 17 n. Chr. wurde K. zur röm. Provinz **Cappadocia** (Hptst.: Caesarea, heute Kayseri). Im 4. Jh. n. Chr. wurde das Land Mittelpunkt der Christianisierung (Zentrum war ↑Göreme). Die bizarren Felskegelformationen K.s, die zahlr. Höhlenkirchen (v. a. 9.–13. Jh.) beherbergen, wurden von der UNESCO zum Weltkulturerbe erklärt.

Kappadokiler (drei große Kappadokier), *Kirchen-* und *Theologiegeschichte:* die sich auf ihre Heimat beziehende Sammelbezeichnung der drei östl. Kirchenväter Basilius der Große, Gregor von Nazianz und Gregor von Nyssa.

Kappe, 1) *Architektur:* der zw. zwei Graten oder Rippen liegende Teil eines Kreuzgewölbes (↑Gewölbe).

2) *Mode:* rundum geschlossener Überziehmantel, mit Kapuze als Reisemantel im MA. getragen; in der span. Mode des 16./17. Jh. kurzer, steifer Schulterumhang (cappa); lebt heute in »Cape« fort; übertragen auf eine barett- oder haubenförmige Kopfbedeckung.

Kappel am Albis, Gemeinde im Kt. Zürich, Schweiz, 860 Ew. – Ehem. Zisterzienserabtei (1185–1524). – In den beiden **Kappeler Kriegen** (1529–31) rangen die ref. Stände und die kath. Orte um die religiöse Vorherrschaft (↑Schweiz, Geschichte); in der Schlacht bei K. a. A. (11. 10. 1531) fiel U. Zwingli.

Kappeln, Stadt im Kr. Schleswig-Flensburg, Schlesw.-Holst., an der sich hier letztmalig verengenden Schlei, 10 300 Ew.; Fischerei-, Wasser- und Schifffahrtsamt; Fischräucherei, Bootswerft; entwickelte sich nach dem Bau einer Pontonbrücke über die Schlei (1866; heute Drehbrücke) zum Verkehrsknotenpunkt. – Das Stadtbild wird von Bürgerhäusern des 18. und 19. Jh. geprägt. – Entstand im 14. Jh., wurde 1870 Stadt.

Kapp-Putsch, Umsturzversuch in der Weimarer Rep. (13.–17. 3. 1920), geplant von unzufriedenen Teilen der dt. Armee unter Führung des Generals W. Freiherr von Lüttwitz und rechtsradikalen Politikern (Nat. Vereinigung) mit W. Kapp an der Spitze; zwang die Reichsreg. zur Flucht nach Stuttgart, scheiterte aber nach wenigen Tagen u. a. am Generalstreik der Gewerkschaften, an der Loyalität der Ministerialbürokratie sowie mangelnder Unterstützung seitens der Reichswehrführung.

Kapr, Albert, Schrift- und Buchkünstler, * Stuttgart 20. 7. 1918, † Leipzig 31. 3. 1995; 1951–83 Prof. in Leipzig, ebd. seit 1955 Leiter des Inst. für Buchgestaltung; entwarf versch. Druckschriften (»Leipziger Antiqua«, »Leipziger Kursiv« u. a.), auch Lichtsatzschriften, schuf monumentale Holzschnitttexte und gestaltete über 200 Bücher (v. a. Einbände).

Kaprice [kaˈpriːsə, lat.-italien.-frz.] *die* (österr. Kaprize), wunderl. Einfall, Laune; Eigensinn.

Kapriole [italien. »Bocksprung«] *die, Reitsport:* Sprungfigur, wobei das Pferd senkrecht emporschnellt und mit der Hinterhand ausschlägt. (↑hohe Schule)

Kaprow [ˈkæprəʊ], Allan, amerikan. Künstler, * Atlantic City (N. J.) 23. 8. 1927; studierte Architektur, Kunstgeschichte und Malerei, bevor er sich unter dem Einfluss von J. Cage ab 1958 auf Happenings spezialisierte.

Kapstadt: Blick auf die Stadt, im Vordergrund der Hafen, im Hintergrund der Tafelberg

Kaprubin, Schmuckstein, handelsübl., aber falsche Bez. für Pyrop (↑Granat).

Kaprun, Gemeinde im Bundesland Salzburg, Österreich, im Pinzgau, 786 m ü. M.; 3 000 Ew.; umfasst das Kapruner Tal, das rechte Seitental der Salzach in den Hohen Tauern, von der **Kapruner Ache** durchflossen, mit vergletschertem Talschluss (Bärenkopf 3 401 m, Großes Wiesbachhorn 3 564 m, Kitzsteinhorn 3 203 m ü. M.); Fremdenverkehr (ganzjähriger Wintersport; zahlr. Seilbahnen; im Jahr 2000 verheerende Brandkatastrophe der Zugseilbahn im Kitzsteinhorntunnel mit 155 Toten). – Im oberen Talabschnitt wird die Kapruner Ache für die Tauernkraftwerke Glockner-Kaprun (Limbergkraftwerk, 112 MW; Hauptkraftwerk 220 MW) zum Stausee Mooserboden (2 036 m ü. M., max. 88 Mio. m^3 Wasser) und zum Stausee Wasserfallboden (1 672 m ü. M., max. 85 Mio. m^3 Wasser) gestaut; außerdem gelangt durch den 12 km langen Möllstollen unter dem Tauernhauptkamm das im Speicher Margaritze aufgefangene Schmelzwasser der Pasterze in den Mooserboden.

Kapsel, 1) *Anatomie:* bindegewebige Umhüllung von Organen (z. B. die Nierenkapsel) oder Gelenken.

2) *Botanik:* zur Reifezeit aufspringende Fruchtform.

3) *Pharmazie:* Umhüllung aus Stärke, Gelatine oder anderen verdaul. Stoffen für feste oder flüssige Arzneimittel.

Kapspur, eine Spurweite von Eisenbahnen (1 067 mm); urspr. nur in Südafrika, heute z. B. auch in Ostafrika, Ghana, Nigeria, Sudan, Australien, Neuseeland, Indonesien, Schweden und Norwegen.

Kapstachelbeere (Physalis peruviana), aus Peru stammendes, später von Südafrika aus über alle Kontinente mit warmen Klimazonen verbreitetes Nachtschattengewächs mit gelbl. bis orangefarbenen runden, 2 cm großen essbaren Früchten; in

Kapstachelbeere: reife Früchte, zum Teil vom Blütenkelch befreit

reifem Zustand von einem hellbraunen, geschlossenen Blütenkelch umgeben.

Kapstadt (engl. Cape Town, afrikaans Kaapstad), Hptst. der Prov. West-Kap, Rep. Südafrika, 854600 Ew., als Agglomeration 3,087 Mio. Ew.; ihr Kerngebiet südlich der Tafelbucht des Atlant. Ozeans wird überragt vom Tafelberg (bis 1086 m ü. M.); Sitz des südafrikan. Parlaments, eines anglikan. und eines kath. Erzbischofs; kulturelles Zentrum mit zwei Univ., Forschungsinstituten, Museen, Bibliotheken, Theater, botan. und zoolog. Garten. K. ist bed. Verkehrs- und Ind.zentrum; Textil-, Nahrungsmittel-, petrochem. u. a. Ind., Werften; Hafen, internat. Flughafen. – Das älteste erhaltene Bauwerk Südafrikas ist die Festung (Castle of Good Hope) mit fünf Bastionen (1666–79). Im regelmäßig angelegten Stadtkern sind Bauten im niederländ. Kolonialstil (kapholländ. Stil) erhalten. Bed. auch das Alte Rathaus (1755–61), das Parlamentsgebäude (1886) mit angrenzendem De Tuynhuys (heute Amtssitz des Staatspräs.). Das histor. Malaienviertel befindet sich nordwestlich des Stadtkerns am Fuß des Signal Hill (350 m ü. M.). – Die Stadt wurde 1652 von Niederländern gegründet; 1806–1910 Hauptstadt der brit. Kapkolonie.

Kapudan Pascha [von »Kapitän«] (Kaptan Paşa), im Osman. Reich Titel des Großadmirals, der nach der jeweiligen Eroberung zugleich Statthalter der Inseln des Ägäischen Meeres, zeitweilig auch von Algerien und Zypern, war. Das Amt wurde 1876 in das eines Marineministers umgewandelt.

Kapudji, ↑Kapydschy.

Kapuziner, franziskan. Reformorden; ↑Franziskaner.

Kapuziner|affen (Cebinae), Unterfamilie der Neuweltaffen in den Waldgebieten Mittel- und Südamerikas, meist mit mindestens körperlangem Rollschwanz, der häufig als »Greifhand« eingesetzt wird, sowie kapuzenartigem Haarschopf.

Kapuzinerkresse [nach der kapuzenähnl. Blüte] (Blumenkresse, Tropaeolum), südamerikan. Gattung meist kletternder Kräuter der K.-Gewächse mit schildförmigen Blättern und gespornten gelben bis roten Blüten. Die am häufigsten kultivierte Art ist die **Große K.** (Topaedum majus), eine beliebte Zierpflanze.

Kapuzinerpredigt (Kapuzinade), strafende oder tadelnde Predigt, wie sie bei den Kapuzinern üblich war; bekannt v. a. die K. des ↑Abraham a Sancta Clara.

Kap Verde [portug. verde »grün«] (frz. Cap Vert), Halbinsel an der Küste Senegals mit dem westlichsten Punkt des afrikan. Festlands (17° 33′ w. L.).

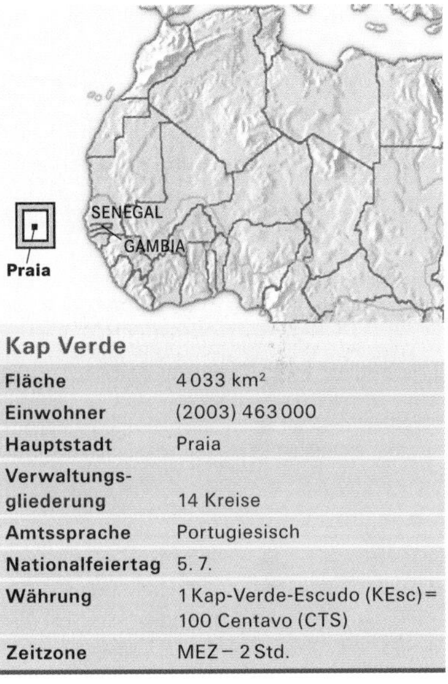

Kap Verde	
Fläche	4033 km²
Einwohner	(2003) 463000
Hauptstadt	Praia
Verwaltungsgliederung	14 Kreise
Amtssprache	Portugiesisch
Nationalfeiertag	5. 7.
Währung	1 Kap-Verde-Escudo (KEsc) = 100 Centavo (CTS)
Zeitzone	MEZ – 2 Std.

Kap Verde (amtlich portugies. República de Cabo Verde, dt. Rep. K. V. und Rep. Kapverden), Inselstaat im Atlantik vor der W-Küste Afrikas.

Staat und Recht: Nach der Verf. vom 25. 9. 1992 ist K. V. eine Rep. mit Mehrparteiensystem. Staatsoberhaupt mit weitgehend repräsentativen Aufgaben ist der auf 5 Jahre direkt gewählte Präs. Exekutivorgan ist die Reg. unter Vorsitz des vom Parlament gewählten MinPräs. Die Legislative liegt bei der Nationalversammlung (72 Abg., für 5 Jahre gewählt). Wichtigste Parteien: Afrikan. Partei für die Unabhängigkeit von K. V. (PAICV), Bewegung für Demokratie (MPD).

Landesnatur: K. V. umfasst die **Kapverdischen Inseln (Kapverden),** zehn größere Inseln (davon neun bewohnt) und fünf Inseln, die sich in die beiden Gruppen Barlavento (Santo Antão, São Vicente, Santa Luzia, São Nicolau, Sal, Boa Vista) und Sotavento (São Tiago, Fogo, Maio, Brava) gliedern. Die Inseln sind vulkan. Ursprungs, teilweise gebirgig und stark zertalt; die westl. Inseln haben über 100 m hohe Steilküsten. Auf den östl. Inseln sind größere Flächen mit Dünensand oder Salzsümpfen bedeckt. Höchste Erhebung ist der noch tätige Vulkan Pico de Cano (2 829 m ü. M.; nach 44 Jahren seit 1995 wieder aktiv) auf Fogo. Das Klima wird den größten Teil des Jahres vom trockenen Nordostpassat bestimmt, nur von Ende Juli bis Anfang Nov. geringe, in höheren Gebirgslagen höhere Niederschläge. Es herrscht Halbwüstenvegetation vor.

100264

Kap Verde: Blick auf die Insel São Vicente

Bevölkerung: Die Bev. besteht zu rd. 71 % aus Mischlingen (Kreolen), 28 % Schwarzen, 1 % Weißen. Fast die Hälfte der Ew. lebt auf São Tiago; zweitgrößte Stadt, wichtigster Hafen und Wirtschaftszentrum ist Mindelo auf São Vicente. – Rd. 95 % der Bev. gehören der kath. Kirche an, rd. 3 % prot. Kirchen (Church of the Nazarene, Adventisten u. a.). – Es besteht eine sechsjährige Grundschulpflicht. Die Analphabetenquote beträgt 26 %. Univ. in Praia (gegr. 1997).

Wirtschaft und Verkehr: K. V. gehört zu den Entwicklungsländern mit mittlerem Einkommen. Neben der Landwirtschaft, die v. a. der Selbstversorgung der Bev. dient, spielt zunehmend der Dienstleistungssektor eine Rolle. Die oft dürrebedingten geringen Erträge reichen nicht zur Selbstversorgung, so dass ein Großteil der Nahrungsmittel eingeführt werden muss. Angebaut werden v. a. Mais, Bohnen, Maniok, Kartoffeln; für den Export Bananen, Kaffee, Orangen, Zuckerrohr. Wichtig sind Viehhaltung (Ziegen, Schweine, Rinder) und Fischfang (Fang und Verarbeitung von Thunfisch und Hummer); Gewinnung von Salz, Puzzolan (für Baustoffe) und Kalk. Ausgeführt werden v. a. Fischprodukte (50 % der Exporterlöse), Bananen, Kaffee, Salz, Baustoffe und Textilien; Haupthandelspartner sind Portugal und die Niederlande. Tourist. Anziehungspunkte sind die vulkanisch geprägten Bergregionen v. a. auf Fogo und weite Sandstrände auf den östl. Inseln. – Der Verkehr zw. den Inseln erfolgt durch Linienflugzeuge und Motorboote; das Straßennetz auf den Inseln hat eine Länge von 1 100 km (davon 858 km befestigt). Überseehäfen: Mindelo auf São Vicente und Praia auf São Tiago; internat. Flughäfen bei Praia auf São Tiago und Espargos auf Sal.

Geschichte: 1455/56 wurden die unbewohnten Inseln von Portugiesen entdeckt, seit 1461 besiedelt. Wirtschaftsgrundlage wurde der Sklavenhandel (erst 1876 abgeschafft). Seit 1951 portugies. Überseeprovinz und seit 1974 autonom, wurde am 5. 7. 1975 die Unabhängigkeit proklamiert. Nach der Abkehr vom Marxismus-Leninismus und der Einführung eines Mehrparteiensystems 1990 wurde 1991 A. Mascarenhas Monteiro (MPD) zum neuen Staatspräs. gewählt (1996 im Amt bestätigt). Nach den Wahlen im Februar 2001 übernahm Pedro Pires (PAICV) das Amt des Staatspräsidenten.

Kapydschy [türk. kapıcı »Türhüter«] (Kapudji), im Osman. Reich Bez. für die Mitgl. der Palastwache in Konstantinopel; ihr Leiter, der **Kapydschybaschy (Kapıcıbaşı),** hatte einen hohen Rang am Hof inne.

Kap-York-Halbinsel (engl. Cape York Peninsula), Halbinsel im trop. NO Australiens (Queensland), mit dem nördlichsten Punkt des austral. Festlandes (10° 41′ s. Br.), vorgelagert die Torresinseln; dünn besiedelt, an der O-Küste trop. Regenwald, Bauxitabbau bei Weipa.

Kar [ahd. char »Schüssel«] *das, Geomorphologie:* nischen- oder sesselförmige Hohlform in den Steilhängen vergletscher-

ter oder ehemals vergletscherter Gebirge; auf dem Karboden liegt häufig ein Karsee.
Karabiner [frz. carabine »kurze Reiterflinte«] *der,* Gewehr mit kurzem Lauf.
Karabinerhaken, ein Haken, der durch eine federnde Zunge zur geschlossenen Öse wird.
Kara-Bogas-Gol [türk. »schwarze Bucht«], flache Bucht am O-Ufer des Kasp. Meeres, Turkmenistan, etwa 12000 bis 13000 km²; Salzgehalt: 300‰. Die K.-B.-G wurde 1980 durch einen Damm vom offenen Meer abgeriegelt, der jedoch 1984 mittels Röhren durchbrochen wurde, da sie stark austrocknete (Schrumpfung der Fläche bis 1983 auf 6000 km²); seit etwa Mitte der 1980er-Jahre durch Meeresspiegelanstieg im ↑Kaspischen Meer wieder reichlich gefüllt; größtes Natriumsulfatvorkommen der Erde, reiche Salzlager.
Karabük, Stadt in der Prov. Zonguldak, N-Türkei, im westl. Pont. Gebirge, 114700 Ew.; ältestes türk. Eisenhüttenwerk (1939).
Karachaniden, türk. Dynastie in Turkestan, ↑Iligchane.
Karachi [kəˈrɑːtʃɪ], Stadt in Pakistan, ↑Karatschi.
Karadj [kaˈrædʒ] (Karadsch, Karaj), Stadt in N-Iran, am S-Fuß des Elbursgebirges, 941000 Ew.; Mittelpunkt einer intensiv bewirtschafteten Oase; Hochschulen; chem. Ind., Glasfabrik, Zuckerfabrik. Nordöstlich der Stadt wird der Fluss K. gestaut (Kraftwerk, Wasserversorgung Teherans).
Karadjordje [-dʒɔːrdʒɛ] (Karađorđe), eigtl. Đorđe (Georg) Petrović, gen. Kara [türk. »der Schwarze«], Karageorg, Führer des serb. Freiheitskampfes, *Viševac (Šumadija) 14. 11. 1768 (?), †(ermordet) Radovanje bei Smederevska Palanka (Serbien) 25. 7. 1817; Sohn eines Bauern; hatte im serb. Aufstand seit 1804 den Oberbefehl, vertrieb die Türken und war bis 1813 der erste Fürst Serbiens. Er wurde auf Befehl von ↑Miloš Obrenović ermordet. Seine Nachkommen, die serb. Dynastie **Karadjordjević,** wechselten sich in der Herrschaft mit dem Fürstenhaus ↑Obrenović ab. K.s Sohn Alexander war 1842–59 vierter Fürst; dessen ältester Sohn wurde 1903 als Peter I. König von Serbien. Diesem folgte 1921 als König von Jugoslawien sein zweiter Sohn Alexander I., nach Alexanders Ermordung (1934) dessen ältester Sohn Peter II., der 1941 emigrierte.
Karadžić [-dʒitɕ], Vuk Stefanowić, serb. Philologe, *Tršić (bei Loznica) 7. 11. 1787, †Wien 7. 2. 1864; schuf die moderne serb. Schriftsprache.
Karäer [hebr. wohl »Leute der Schrift«], im 8. Jh. entstandene, in der Folge weite Teile des oriental. Judentums ergreifende jüd. Sondergemeinschaft, die allein die hebräische Bibel, nicht aber den Talmud und die rabbin. Auslegungstradition anerkennt. Heute leben die meisten K. in Israel (rd. 15000), dazu sehr kleine Gruppen in der Türkei (Istanbul), Polen, in der südl. Ukraine und in Litauen (Trakai).
Karaffe [arab.-frz.] *die,* geschliffene, bauchige Glasflasche (mit Glasstöpsel).
Karafutō, japan. Name für die Insel ↑Sachalin.
Karaganda (kasach. Qaraghandy), Hptst. des Gebiets K., Kasachstan, am Irtysch-K.-Kanal (458 km lang), inmitten des K.-Kohlebeckens, 436900 Ew.; Univ., TH, medizin. Hochschule; Steinkohlenbergbau, Schwermaschinenbau, Baustoff-, Nahrungsmittel-, Bekleidungsindustrie.
Karagatsis, M(itsos), eigtl. D. Rodopulos, neugrch. Erzähler, *Athen 24. 6. 1908, †ebd. 14. 9. 1960; schrieb Romane und Erzählungen in neorealist. Prosa mit Betonung sexueller Konflikte.
Karagijesenke (Batyrsenke), Depression auf der Halbinsel Mangyschlak, Kasachstan, am O-Ufer des Kasp. Meeres, 132 m u. M.; extrem trocken; von Solontschak (Salzboden) bedeckt.
Karagöz [-ˈgøːs] (Karagös) [türk. »Schwarzauge«], Hauptfigur des türk. **K.-Spiels,** ein Figurenspiel mit begrenzt bewegl., farbig auf einen Schirm projizierten Figuren aus Pergament. K. ist der gewitzte und listige Repräsentant des türk. Volkscharakters; sein ständiger Gegenspieler ist der bedächtige Hacivad (Hadjiwad).
Karaiben, ↑Kariben.
Karajan, Herbert von, österr. Dirigent, *Salzburg 5. 4. 1908, †Anif (bei Salzburg) 16. 7. 1989; war 1955–89 Chefdirigent der Berliner Philharmoniker, daneben seit 1957 auch künstler. Leiter der Wiener Staatsoper (bis 1964) sowie seit 1956 der Salzburger Festspiele (bis 1988); 1967 begründete er die Salzburger Osterfestspiele, bei denen er v. a. die Opern R. Wagners inszenierte und dirigierte. Seit 1969 veranstaltet die **H.-v.-K.-Stiftung** alle zwei Jahre den H.-v.-K.-Wettbewerb zur Förderung junger Dirigenten.

Karakorum 2): der Passugletscher oberhalb des Hunzatales

100264

📖 *Endler, F.: K. Eine Biographie. Hamburg 1992. – Wessling, B. W.: H. von K. Eine krit. Biographie. München 1994.*

Karakalpaken [türk. »Schwarzmützen«], den Kasachen nahe stehendes Volk, südlich des Aralsees, etwa 465 000 Menschen, v. a. in ↑Karakalpakien; sprechen eine Turksprache, betreiben Ackerbau, Viehzucht, früher auch Fischfang. Ihre Religion ist der sunnit. Islam.

Karakalpakilen (karakalpakisch Qoraqalpoghiston, Karakalpak. Rep., Karakalpakstan), Teilrep. innerhalb Usbekistans, am Aralsee, 164 900 km², 1,45 Mio. Ew. (32 % Karakalpaken, 33 % Usbeken, 26 % Kasachen); Hptst. ist Nukus. K. liegt im W der Wüste Kysylkum und im SO-Teil des Ust-Urt-Plateaus; trockenheißes kontinentales Klima. Auf Naturweiden Schaf- und Kamel-, in bewässerten Ackerbaugebieten (Baumwollmonokultur) auch Rinder-, Pferde-, Seidenraupen- und Pelztierzucht. Der Fischfang im ↑Aralsee musste aus ökolog. Gründen weitgehend eingestellt werden.

Karaklis, bis 1935 und für kurze Zeit nach 1992 Name der armen. Stadt ↑Wanadsor.

Karakol (1889–1921 und 1939–94 Prschewalsk), Hauptstadt des Gebiets Issykkul, in Kirgistan, 1 770 m ü. M., 64 300 Ew.; Univ., Heimatmuseum; Weinkellereien, Bekleidungsindustrie. Nördlich von K. liegt der Hafenort **Pristan-Prschewalsk** am Issykkul. Um K. Kurorte und Sanatorien (Thermalquellen).

Karakorum [auch -ˈrʊm], **1)** Hptst. des Mongolenreiches im 13. Jh., 1220 von Dschingis Khan im Tal des Flusses Orchon gegr., ab 1235 Blütezeit unter Großkhan Ögädäi. Ende des 14. Jh. wurde die Stadt von chines. Truppen zerstört. 1586 entstand hier das lamaist. Kloster Erdeni Dsu. ✣ siehe ZEIT Aspekte

2) *der,* innerasiat. Hochgebirge zw. Hindukusch, Pamir, Kunlun Shan, Transhimalaja und Himalaja, in China und Kaschmir (Indien, Pakistan), bildet die Hauptwasserscheide zw. dem Indus (Ind. Ozean) und dem abflusslosen Tarimbecken, mit vier Achttausendern (K2, Gasherbrum I und II, Broad Peak) und riesigen Gletschern. 1978 wurde die K.-Straße (wichtigste Passstraße) zw. Pakistan (Kaschmir) und China (Sinkiang) fertig gestellt, an der von dem dt. Ethnologen Karl Jettner im Hunza- und im Industal seit 1979 rd. 30 000 Felsbilder und Inschriften entdeckt wurden. Die ältesten Bilder gehören zur Frühbronzezeit.

Karaköy [-ˈkœj], türk. Name von Galata, einem Stadtteil von ↑Istanbul.

Karakulschaf, mittelgroßes, heute weltweit verbreitetes Fettschwanzschaf aus Vorderasien; die wertvollen lockigen Lammfelle kommen als **Persianer** (**Karakul;** von 1–5 Tage alten Lämmern) oder als **Breitschwanz** (von früh- oder tot geborenen Lämmern) in den Handel.

Karakum [türk. »schwarzer Sand«] *die,* Sandwüste im S des Tieflands von Turan, Turkmenistan, etwa 350 000 km², tiefste Stelle bis 81 m u. M.; mit extremem kontinentalem Klima; Naturweide für Kamele und Schafe; am 1 445 km langen und schiffbaren **K.-Kanal,** der nördlich des Kopet-Dag vom Amudarja bis Bacharden nordwestlich von Aschchabad verläuft, Bewässerungsfeldbau; Erdgas-, Erdöl- und Schwefelgewinnung.

Karamai (Karamay, chines. Kelamayi), Stadt in der westl. Dsungarei (Autonomes Gebiet Sinkiang), China, 189000 Ew.; Erdölzentrum mit Pipelines nach Dushanzi und Ürümqi; Flugplatz.

Karaman, Prov.-Hptst. in Inneranatolien, Türkei, am N-Fuß des Taurus, 1080 m ü. M.; 76700 Ew.; Gebirgsfußoase mit Ackerbau und Schafzucht. - Festung (13. Jh.), Moscheen und Mausoleen (14. und 15. Jh.). - K., im Altertum und MA. **Laranda,** war 1275–1466 Hptst. eines türk. Kleinfürstentums.

Karamanlis, 1) Konstantin, grch. Politiker, *Proti (Makedonien) 23. 2. 1907, †Athen 23. 4. 1998; Onkel von 2); Rechtsanwalt, 1956–63 Vors. der »Nationalradikalen Union«, 1955–63 mit kurzen Unterbrechungen Min.Präs., 1963–74 im Exil in Paris, leitete nach dem Zusammenbruch der Militärdiktatur (1974) als Min.Präs. und Vors. der »Neuen Demokratie« 1974–80 die Rückkehr seines Landes zur parlamentar. Demokratie ein und setzte dessen Beitritt zur EG durch. 1980–85 und 1990–95 war er Staatspräs. 1978 erhielt K. den Internat. Karlspreis der Stadt Aachen. **2)** Konstantinos, grch. Politiker (ND), *Athen 14. 9. 1956, Neffe von 1); Rechtsanwalt, seit Juni 1989 Mitgl. des Parlaments, seit März 1997 Parteivors. der »Neuen Demokratie« und seit März 2004 MinPräs.

Karambola, die Sternfrucht (↑Carambola).

Karambolage [karambɔˈlaːʒə, frz.] *die,* **1)** *allg.:* Zusammenstoß.
2) *Billard:* das regelgerechte Aufeinandertreffen der Bälle.

Karamell [über frz. caramel aus span., portugies. caramelo »Zuckerrohr«, »gebrannter Zucker«] *der* (Zuckercouleur), durch trockenes Erhitzen von Zucker oder Zuckerlösungen auf rd. 200 °C **(Karamellisieren)** entstehende Röstprodukte; Verwendung z. B. in der Süßwaren- und Spirituosenind. als Geschmacks- und Farbstoffe.

Karamsin, Nikolai Michailowitsch, russ. Schriftsteller und Historiker, *Michailowka (bei Simbirsk) 12. 12. 1766, †Petersburg 3. 6. 1826; führte durch seine »Briefe eines russ. Reisenden« (1791/92) und Erzählungen (»Die arme Lisa«, 1792) den empfindsamen Stil in die russ. Literatur ein und legte als Sprach- und Stilreformer die Grundlage für die neuere russ. Literaturprosa. Seine »Geschichte des russ. Reiches« (12 Bde., 1816–29) war grundlegend für die Ausbildung eines russ. Geschichtsbewusstseins.

Kara Mustafa, ↑Mustafa.

Karaoke [japan. »leeres Orchester«] *das,* Veranstaltung, bei der zur (vom Band abgespielten) Instrumentalmusik eines Schlagers dessen Text von nicht berufsmäßigen Sängern gesungen wird; auch die dafür geeignete Musikaufnahme.

Karaosmanoğlu [-nɔːlu], Jakup Kadri, türk. Schriftsteller und Diplomat, *Kairo 27. 3. 1889, †Ankara 14. 12. 1974; hat als Romancier entscheidenden Anteil an der Entwicklung der modernen, an westl. Vorbildern orientierten türk. Literatur.

100264

Karakum

Karasee (Karisches Meer), Teil des Nordpolarmeers, flaches Randmeer (mittlere Tiefe 118 m, maximale 620 m) vor der Küste Sibiriens zw. Nowaja Semlja und Sewernaja Semlja, den größten Teil des Jahres eisbedeckt. Verbindung zur Barentssee durch die 33 km lange und 45 km breite **Karastraße** zw. Nowaja Semlja und der Waigatschinsel, zur Laptewsee durch die ↑Wilkizkistraße. Wegen der Versenkung von Atom-U-Booten und atomarem Müll der ehem. Sowjetunion droht eine atomare Verseuchung.

Karat [frz., zu grch. kerátion »kleines Horn«] *das,* **1)** der getrocknete Samen des

Johannisbrotbaumes, mit dem früher Gold und Edelsteine aufgewogen wurden.
2) (metr. K.), Einheitenzeichen **Kt, ct,** gesetzl. Einheit zur Angabe der Masse von Edelsteinen: 1 Kt = 0,2 g.
3) Verhältniszahl zur Angabe des Feingehalts von Goldlegierungen; eine Legierung, die zu $^{1}/_{24}$ aus Gold besteht, hat 1 K.; reines Gold hat 24 Karat.

Karavelle: Modell mit typisch hohem Heckaufbau und Lateinsegel

Karatau, nordwestl. Ausläufer des Tienschan im S von Kasachstan, bis 2176 m ü. M.; Phosphoritvorkommen.
Karate [japan., eigtl. »leere Hand«] *das,* zu den Budokünsten (↑Budo) gehörender, aus O-Asien stammender, waffenloser Kampfsport bzw. ein Selbstverteidigungssystem, bei dem die Gliedmaßen des Körpers zu natürl. Waffen ausgebildet und für Schläge, Stöße und Tritte (ohne Griffe und Hebel) gegen empfindl. Körperstellen eingesetzt werden; im traditionellen K. (Shotokan-Stil) werden die Angriffe vor dem Körper des Gegners abgestoppt. Daneben besteht der Leichtkontaktstil, bei dem der Angriff kontrolliert durchgezogen wird. Beim Vollkontakt-K. darf voll zugeschlagen oder zugetreten werden. – Die Kampffläche, keine Matte, sondern glatter Boden, ist 8 × 8 bis 10 × 10 m groß, die Kampfzeit beträgt 2–3 min; K. wird nach feststehenden sportl. Regeln als **Kata** (Perfektionsübungen) und in versch. Gewichtsklassen als **Kumite** (Partnerübung) ausgeübt.
Karatepe, Name mehrerer altoriental. Ruinenstätten; besondere Bedeutung erlangte der K. in Kilikien am Fluss Ceyhan, Türkei; hier entdeckte H. T. Bossert 1946 die Ruinen einer späthethit. Grenzfestung des 8. Jh. v. Chr. Die zweisprachige Inschrift am Toraufgang, deren phönik. Version fast wörtlich den hethit. Hieroglyphen entspricht, trug wesentlich zu deren Entzifferung bei.
Karatschaier, Volk an den N-Hängen des westl. Großen Kaukasus, 150 000 Angehörige; betreiben Viehzucht (Transhumanz), auch Ackerbau. Die K. sind seit etwa 1780 Sunniten. Ihre Sprache ist dem Balkarischen verwandt.
Karatschai-Tscherkessilen (Republik der Karatschaier und Tscherkessen), Teilrep. im S der Russ. Föderation, beiderseits des oberen Kuban, 14 100 km², 433 300 Ew. (31 % Karatschaier, 10 % Tscherkessen, 42 % Russen, 7 % Abasiner), Hptst. ist Tscherkessk. Die Rep. erstreckt sich auf der Nordabdachung des Großen Kaukasus (Dombai-Ulgen, 4046 m ü. M.; Teile des Elbrusmassivs), wird im N von einer hügeligen Ebene eingenommen; bei mildem Klima Zuckerrüben-, Kartoffel-, Sonnenblumen-, Gemüseanbau sowie Obst-, Weinbau und Rinderzucht, im Gebirge Schafzucht; Bergbau (Kohle, Blei, Zink, Kupfer). Im Dombai- und Teberdatal Fremdenverkehrs- und Wintersportorte.
Karatschi (engl. Karachi), größte Stadt Pakistans und Hptst. der Prov. Sind, am Arab. Meer, am W-Rand des Indusdeltas, 9,27 Mio. Ew.; kath. Erzbischofssitz; zwei Univ., TU, Hochschulen, Museen, Aquarium; Handels-, Banken- und Ind.zentrum des Landes; über seinen Hafen erfolgt der größte Teil des pakistan. Außenhandels sowie des Transitverkehrs für Afghanistan; zur Entlastung wurde der Kohle- und Erzhafen Port Mohammad Bin Qasim im SO von K. eröffnet, dort auch moderne Werft und zwei Trockendocks. Nahrungsmittel-, Textil-, (petro)chem., Glas-, Elektroind., Walzwerke u. a.; Kernkraftwerk (seit 1972); internat. Flughafen. An der Straße nach Hyderabad liegt das Gräberfeld von Chaukandi mit stufenförmigen Grabmälern aus Sandstein aus dem 16.–18. Jh.; in die z. T. gut erhaltenen Steinplatten sind kunstvolle Muster, Blüten- und Reitermotive gemeißelt. – K. war bis zur brit. Annexion des Sind ein kleiner Fischerort mit Fort und natürl. Hafen. 1947–59 Hptst. Pakistans.

Karausche [aus litauisch karõsas] (Bauernkarpfen, Carassius carassius), karpfenartiger Süßwasserfisch N-Europas, 15–30 cm lang, mit rötl. Flossen.

Karavan, Dani, israel. Künstler, *Tel Aviv 7. 12. 1930; seit 1959 architektonisch-plast. Environments; bezieht in seine von geometr. Formen ausgehenden Gestaltungen landschaftl. Gegebenheiten ein: Heinrich-Böll-Platz in Köln (»Maalot«, 1986).

Karavelle [frz., über portugies. caravela »Küstenschiff«] *die,* Segelschifftyp (2–3 Masten) des 14. bis 16. Jh. unterschiedl. Größe, mit geringem Tiefgang, hohem Heckaufbau und Lateinsegel; mit K. wurden z. T. die Entdeckungsfahrten der Spanier und Portugiesen durchgeführt.

Karawane [pers.] *die,* 1) durch unbewohnte Gebiete (z. B. Asiens oder Afrikas) ziehende Gruppe von v. a. Reisenden, Kaufleuten, Forschern; 2) größere Anzahl von Personen oder Fahrzeugen, die sich in einem langen Zug hintereinander fortbewegen.

Karawanken, Gebirgsgruppe der Südl. Kalkalpen, zw. der Drau im N, der Save im S, der Gailitz im W und der Mißling im O, gipfelt im Hochstuhl (2 238 m ü. M.). Über den Hauptkamm verläuft seit 1920 die österreichisch-slowen. Grenze. Verkehrswichtige Übergänge sind der Wurzenpass (1 073 m ü. M.), der Loiblpass (1 368 m ü. M., mit 1,6 km langem Straßentunnel in 1 026 m Höhe) und der Seebergsattel (1 218 m ü. M.); die Eisenbahn unterfährt die K. in 637 m Höhe im **K.-Tunnel** (7 976 m lang), westlich davon verläuft der **K.-Straßentunnel** (7 864 m lang, 1991 eröffnet).

Karawelow, Ljuben Stojtschew, bulgar. Schriftsteller und Publizist, *Kopriwschtiza (Region Sofia) um 1834, †Russe 21. 1. 1879; wirkte für die nat. Befreiung Bulgariens. Mitbegründer des bulgar. krit. Realismus; polit. Schriften, Kritiken, daneben Lyrik, Novellen, ein Drama.

Karbid [lat.] *das,* ↑Calciumcarbid.

Karbolineum *das* (Carbolineum), braunrotes, wasserunlösl. Gemisch aus Steinkohlenteerprodukten, desinfizierend und fäulnishemmend; Holzschutzmittel; Krebs erregend, darf aus Gesundheitsgründen nur noch gewerblich verwendet werden.

Karbon [lat.] *das,* geolog. System des Paläozoikums, in **Unter-** und **Ober-K.** gegliedert; charakterisiert durch kalkige und sandig-schiefrige Schichten und die obere, die Kohlenflöze enthaltende Schicht. Im Ober-K. faltete sich in Mitteleuropa das ↑Variskische Gebirge auf. Plötzl. Entfaltung der Pflanzenwelt kennzeichnet die Liegendgrenze, die Obergrenze ist unscharf. In der Folge der tekton. Vorgänge drangen zahlr. Granite auf, die Erzbringer der europ. Mittelgebirge. Warmfeuchtes und niederschlagsreiches Klima und reicher Pflanzenwuchs führten in den durch die Gebirgsbildung abgesenkten Räumen Eurasiens zur Bildung von mächtigen Torfmooren, deren Pflanzenstoffe zu Kohle umgewandelt wurden. Vertreter der Pflanzenwelt, die die Steinkohlenwälder bildete, sind bes. schachtelhalm- und bärlappartige Gewächse.

Karbonade [frz.] *die,* Fleischstück aus dem Rückenfleisch von Kalb, Schwein oder Hammel; auch Bez. für das ↑Kotelett.

Karbonisieren, 1) *Chemie:* die Umwandlung organ. Substanzen in Kohlenstoff oder Carbonate, auch das Anreichern mit Kohlendioxid.

2) *Textiltechnik:* das Behandeln von Wolle oder Wollwaren mit verdünnten Säuren, Aluminiumchlorid- bzw. Magnesiumchloridlösungen und anschließendem Erhitzen; dient dem Entfernen von pflanzl. Verunreinigungen bzw. Beimischungen von Pflanzenfasern.

Karbunkel [lat.] *der,* ↑Furunkel.

Karburieren (Carburieren) [frz.], das Erhöhen des Heizwertes und der Leuchtkraft von Brenn- und Leuchtgasen durch feste, flüssige oder gasförmige Zusätze, die elementaren Kohlenstoff enthalten oder diesen durch therm. Reaktion freisetzen.

100696

Kardamom

Kardamom [grch.] *der* oder *das* (Cardamom, Elettaria), Gattung der Ingwergewächse mit zwei Arten: der v. a. an der ind. Malabarküste beheimatete **Malabar-K.** (Elettaria cardamomum) und der weniger wertvolle **Ceylon-K.** (Elettaria major).

Beide sind 2–4 m hohe, schilfartige Stauden mit bräunl. Fruchtkapseln. Die Samen enthalten ein würzig riechendes, äther. Öl und werden als Gewürz (mit brennend würzigem Geschmack), v. a. für Backwaren, Fleisch- und Wurstwaren, Liköre und Gewürzmischungen verwendet.

Kardamomgebirge, ↑Cardamomgebirge.

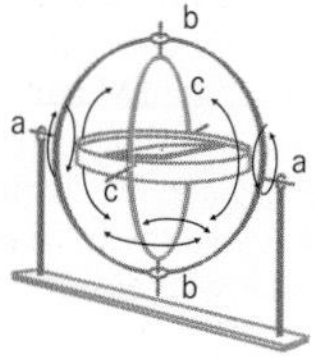

kardanische Aufhängung: Der Kompass ist um die drei aufeinander senkrecht stehenden Achsen a, b und c drehbar gelagert.

kardanische Aufhängung [nach G. Cardano], eine Aufhängevorrichtung, bei der ein Körper allseitig drehbar gelagert ist; besteht aus drei Ringen, von denen jeder um jeweils eine der drei mögl. senkrecht aufeinander stehenden Achsen im Raum beweglich ist. Ein im innersten Ring befindl. Körper (z. B. Schiffskompass) behält bei Lageänderung der k. A. seine Schwerpunktslage oder durch Kreiselwirkung vorgegebene Stellung im Raum bei.

Kardanwelle [nach G. Cardano], eine ↑Gelenkwelle.

Karde [italien.] *die* (Dipsacus), distelähnl. Pflanzengattung der K.-Gewächse (Dipsacaceae). Die K. sind stachelige oder borstige Stauden oder zweijährige Kräuter, deren gegenständige Blätter z. T. am Grund verwachsen sind; aus ihren zapfenförmigen Blütenständen ragen stechende oder hakige Hüllblätter. In Europa, Vorderasien und N-Afrika wächst auf tonigem Boden die bis 2 m hohe **Wilde K. (Wolfsdistel,** Dipsacus silvestris), die 5–8 cm lange lilafarbige Blütenköpfe hat. Die hellviolett blühende **Weber-K. (Weber-, Walkerdistel,** Dipsacus sativus) wurde früher mit ihren hakenstachligen Köpfen zum Aufrauen mancher Wollstoffe benutzt und deshalb angebaut.

Karde *die* (Krempel), *Textiltechnik:* Spinnereimaschine zur Auflösung von Fasern in Wirrlage (Flocken), zur Faserparallelisierung **(Kardieren),** zum Ausscheiden von Verunreinigungen und zur Herstellung eines Faserbands.

Kardec [-ˈdɛk], Allen, eigtl. Hippolyte Léon Denizard Rivail, frz. Schriftsteller, Spiritist, * Lyon 3. 10. 1804, † Paris 31. 3. 1869; widmete sich ab 1850 spiritist. Studien und gründete in Paris die »Gesellschaft für spiritist. Studien«, deren Ausprägung des Spiritismus (Verbindung mit dem Reinkarnationsgedanken) als **Kardecismus** seither bes. in Lateinamerika (Brasilien) eine große Anhängerschaft gefunden hat.

Kardelj, Edvard, jugoslaw. Politiker, * Ljubljana 27. 1. 1910, † ebd. 10. 2. 1979; Slowene, seit 1928 Mitgl. der KP, seit der dt. Besetzung (1941) Führer der slowen. Partisanen, arbeitete eng mit Tito zusammen. Nach der Wiedererrichtung Jugoslawiens war er 1945 u. a. Vizepräs. der Rep., 1948–53 Außenmin., 1953–63 stellv. Vors. des Bundesvollzugsrats und Mitgl. des Präsidiums der Rep. (ab 1974); führender Theoretiker des Titoismus (u. a. Hauptinitiator der Wirtschaftsreformen von 1964/65).

Kardia [grch.] *die, Anatomie:* der Mageneingang (↑Magen).

Kardiaka, die ↑Herzmittel.

kardial, das Herz betreffend, vom Herzen ausgehend.

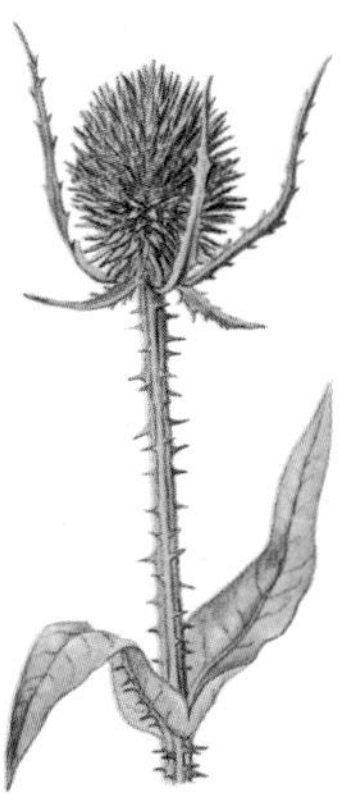

Karde: Wilde Karde

Kardinal [zu lat. cardinalis »wichtig«, »vorzüglich«], in der kath. Kirche höchster Würdenträger nach dem Papst. Die K. werden vom Papst ernannt, sie sind seine engsten Mitarbeiter in der Leitung der Gesamtkirche und unterstehen kirchenrechtlich ausschließlich seiner Jurisdiktionsgewalt. Seit 1179 haben sie das ausschl. Recht der Papstwahl. Die K. bilden das **K.-Kollegium,** gegliedert in K.-Bischöfe, K.-Priester und K.-Diakone, an seiner Spitze steht der von den K.-Bischöfen gewählte **K.-Dekan.** Die 1586 auf 70 festgelegte Zahl der K. wird seit 1958 überschritten, um Vertreter aller Erdteile in das K.-Kollegium aufnehmen zu können (nach dem Konsistorium vom 21./22. 10. 2003: 195 Kardinäle; darunter ein Kardinal »in pectore«). Als Obergrenze der zur Papstwahl berechtigten K. legte Paul VI. die Höchstzahl 120 fest. Für die Wahrnehmung von Papstwahl und Funktionen in den ständigen Einrichtungen der röm. ↑Kurie und des Vatikanstaates gilt eine Altersgrenze von 80 Jahren. Wer zum K. erhoben werden soll, muss die Priesterweihe empfangen haben und soll, wenn er noch nicht Bischof ist, die Bischofsweihe empfangen. Zeichen der besonderen Stellung der K. in der Kirche ist neben Titel, Insignien und Wappen die Kleidung (u. a. roter **Kardinalshut**).

Kardinäle (Cardinalinae), zu den Ammern gestellte Unterfamilie amerikan. Singvögel; ihr Schnabel ist finkenartig. Wegen ihres melod. Gesangs sind K. beliebte Stubenvögel, z. B. **Roter Kardinal** (**Blutkardinal, Virgin. Nachtigall,** Cardinalis cardinalis), etwa 20 cm lang, im SO der USA verbreitet, das Männchen ist rot (mit schwarzer Gesichtsmaske), das Weibchen bräunlich gefärbt. **Grauer Kardinal** (**Graukardinal,** Paroaria coronata), im trop. Südamerika, Kopf mit Haube rot, übriges Gefieder oben grau, unten weiß.

Kardinal|elemente, die Punkte, Strecken oder Flächen **(Kardinalpunkte, -strecken, -flächen),** die nach den Gesetzen der geometr. Optik für die Abbildungseigenschaften eines opt. Systems charakteristisch sind. K. sind v. a. die auf der opt. Achse liegenden, jeweils objekt- und bildseitigen Brennpunkte (F, F'), Hauptpunkte (H, H') und Knotenpunkte (N, N') und die durch diese definierten bzw. hindurchgehenden Strecken und Flächen; für die Hauptpunkte ist der Abbildungsmaßstab, für die Knotenpunkte das Winkelverhältnis gleich 1. (↑Abbildung)

Kardinalshut, die Kopfbedeckung der Kardinäle; früher (belegt seit 1245) ein runder, roter Hut mit außergewöhnlich breiter Krempe und 15 Quasten (oft als Wappenzier verwendet); 1969 durch ein Scheitelkäppchen (Pileolus) und ein Birett in roter Farbe ersetzt.

Kardinaltugenden, die vier seit Platon zusammengestellten Haupttugenden: Weisheit, Tapferkeit, Besonnenheit, Gerechtigkeit. Auf sie wurden von der Stoa an die übrigen Tugenden zurückgeführt. Thomas von Aquin fügte diesen die drei theolog. Tugenden Glaube, Hoffnung und Liebe hinzu. In der kath. Moraltheologie blieb die klass. Einteilung bis ins 20. Jh. erhalten.

Kardinalzahl, *Mathematik:* die ↑Mächtigkeit einer Menge.

Kardiologie [grch.] *die,* Teilgebiet der inneren Medizin bzw. der Kinderheilkunde; befasst sich mit der Erkennung der Herz- und Kreislauferkrankungen sowie deren Behandlung.

Kardiomyopathie [zu griech. mŷs »Maus«, »Muskel« und páthos »Leiden«, »Krankheit«] *die* (Myokardiopathie), Schädigung des Herzmuskels durch Entzündungen infektiöser und nicht infektiöser Art, Stoffwechselkrankheiten (z. B. Hämochromatose), Gifte, Tumoren oder auch Verletzungen.

Kardioplegie [grch.] *die,* künstlich herbeigeführter Herzstillstand bei Operationen am offenen Herzen.

Kardiotokographie [zu grch. tókos »Geburt«], fortlaufende und gleichzeitige graf. Aufzeichnung (Tokogramm) von mütterl. Wehentätigkeit (Häufigkeit, Dauer und Stärke) und kindl. Herzschlagfrequenz vor und während der Geburt durch ein spezielles Gerät mit elektron. Bauteilen (Kardiotokograph). Die K. dient insbesondere zur Überwachung und zur frühzeitigen Erkennung einer unzureichenden Sauerstoffversorgung des noch ungeborenen Kindes.

kardiovaskulär [lat. vasculum »kleines Gefäß«], das Herz und die Blutgefäße betreffend.

Kardschali [ˈkərdʒali], Hptst. des Gebietes K. in S-Bulgarien, in den östl. Rhodopen, 45 700 Ew.; Blei-Zink-Hütte (Erzbergbau in der Umgebung), Maschinen- und Anlagenbau.

Karekin I., eigtl. Karekin Sarkissian, armen. ostkirchl. Theologe, *Kesab (Nordostsyrien) 27. 8. 1932, †Etschmiadsin 29. 9. 1999; 1952 Priester-, 1964 Bischofsweihe; war Bischof in Iran, Erzbischof (Primas) der armen. Kirche in Nordamerika, ab 1983 (als Karekin II.) Katholikos von Kilikien und wurde 1995 als K. I. und 131. Patriarch-Katholikos zum Oberhaupt der armen. Kirche gewählt. K. I. erwarb sich Anerkennung als eine der großen Persönlichkeiten der ökumen. Bewegung aus dem Bereich der oriental. Kirchen und beförderte bes. deren Dialog mit der kath. Kirche.

Karekin II., eigtl. Krij Nersessian, armen. ostkirchl. Theologe, * Voskehat (bei Etschmiadsin) 21. 8. 1951; war nach der Priesterweihe (1972) Stipendiat der Theologie in Wien, Regensburg (Ostkirchl. Institut) und Bonn, wo er auch Seelsorger der armen. Gemeinde war (1975). 1983 wurde er zum Bischof geweiht, 1992 zum Erzbischof ernannt und am 4. November 1999 als K. II. und 132. Patriarch-Katholikos zum Oberhaupt der armen. Kirche gewählt.

Karettschildkröte: Echte Karettschildkröte

Karelilen (Republik K.), Teilrep. der Russ. Föderation, zw. der Kandalakscha- und Onegabucht des Weißen Meeres im N und Ladoga- und Onegasee im S, 172 400 km², 761 800 Ew. (10% Karelier, 74% Russen, 8% Weißrussen), Hptst. ist Petrosawodsk. K. wird von einer wald-, seen-, moor- und flussreichen Ebene eingenommen, die von einzelnen Hügeln und Höhenzügen unterbrochen wird. Das Klima ist kühl und feucht, etwa die Hälfte der Gesamtfläche ist bewaldet. Neben der Eisenerzförderung (um Kostomukscha) und der Gewinnung anderer Metalle (Zinn, Chrom, Vanadium, Titan, Molybdän, Gold, Platin) Natursteingewinnung, Holzeinschlag und -verarbeitung, Papierind., Maschinen- und Schiffbau, Aluminiumerzeugung und Fischverarbeitung (Fischfang im Weißen Meer und Nordatlantik); mehrere Wasserkraftwerke. Im südl. Teil wird Landwirtschaft (bes. Milchrinderzucht) betrieben. Wichtige Verkehrslinien sind die Murmanbahn und der Weißmeer-Ostsee-Kanal. Seit 1992 an der Grenze zu Finnland Paanajärvi-Natioalpark (1 030 km²). **Geschichte:** Die Rep. K. umfasst den größten Teil der histor. Landschaft K. (finn. **Karjala**), das restl. Gebiet (rd. 23 500 km²) gehört zu Finnland. K. geriet im 12. Jh. unter die Herrschaft Nowgorods; 1323 in ein russ. und schwed. Hoheitsgebiet geteilt. Durch den Frieden von Stolbowo (1617) kam der größte Teil von Russisch-K. an Schweden; der Nord. Krieg (1700–21) brachte Russland in den Besitz eines Teils von K. mit Wyborg. Als Finnland 1809 an Russland fiel, gliederte Zar Alexander I. den W dem Großfürstentum Finnland an. Die aus den ostkarel. Gebieten 1923 geschaffene **Karelo-Finn. ASSR** wurde 1940–47 mit dem von Finnland abgetretenen West-K. zur **Karelo-Finn. SSR** vereinigt; diese wurde 1956 als **Karel. ASSR** wieder Bestandteil Russlands (seit 1991 **Rep. Karelien**).

Karelliler, finn. Volksstamm in O-Finnland und Karelien, 125 000 Menschen. Ihre Sprache, das Karelische, gehört zu den ↑finnougrischen Sprachen.

Karelische Landlenge, bis 43 km breite, wald-, seen- und moorreiche Landenge zw. dem Finn. Meerbusen und Ladogasee, Russland.

Karen, tibetobirman. Volk, v. a. in S-Birma (etwa 3 Mio. K.), auch in W-Thailand; die K. leben zu einem Drittel im Grenzgebirge zu Thailand **(Karenstaat)**, die Mehrheit hat sich im birman. Tiefland angesiedelt; Anbau von Reis, Gemüse, Gewürzen und Baumwolle. Die meisten K. hängen noch ihren traditionellen Glaubensvorstellungen an; ihre Sprache gehört zu den sinotibet. Sprachen. Durch die birman. Behörden 1997 Zwangsumsiedlung oder Vertreibung von etwa 200 000 K., viele flüchteten nach Thailand.

Karenzzeit [zu lat. carere »entbehren«], Wartezeit, Sperrfrist.

Karersee (italien. Lago di Carezza), See in Südtirol, Italien, 1 530 m ü. M., südöstlich von Bozen, in den Dolomiten am Nordhang des Latemar. Der **Karerpass**

(1753 m ü. M., Passo di Costalunga) führt vom Eggental ins Fassatal.

Karettschildkröte [frz.], 1) **Echte K.** (Eretmochelys imbricata), bis 0,9 m lange Meeresschildkröte. Die schindelartig angeordneten Hornschilder sind kontrastreich geflammt oder marmoriert und werden als Schildpatt gehandelt. 2) **Unechte K.** (Caretta caretta), die häufigste Schildkröte im Mittelmeer; mit braunem bis rotbraunem Rückenpanzer, Panzerlänge bis 1 m.

Karfiol [von italien. cavolfiori] *der, österr.:* Blumenkohl.

Karfreitag [zu ahd. chara »Wehklage«, »Trauer«] (Stiller Freitag), der Freitag in der Karwoche; Tag der Kreuzigung Christi; seit dem 2. Jh. als Tag der Buße (Fasten) nachweisbar; gilt in der evang. Tradition als höchster Feiertag; seit dem 2. Vatikan. Konzil auch kath. Feiertag.

Karfunkel [von lat. carbunculus »kleine Kohle«] *der* (Karfunkelstein), alte Bez. für roten edlen Granat oder auch Rubin.

Kargador [gall.-lat.-vulgärlat.-span.] *der,* Begleiter einer Schiffsladung, der den Transport der Ladung bis zur Übergabe an den Empfänger zu überwachen hat.

Kargo, *Güterverkehr:* ↑Ladung.

Karibasee (früher Elizabethsee), Stausee im Sambesi, an der Grenze Sambia/Simbabwe, 5230 km² (Stauinhalt 180 Mrd. m³), gestaut vom **Karibadamm,** 125 m hoch, 620 m lang; Kraftwerke.

Kariben (Karaiben), Völker einer indian. Sprachfamilie auf den Kleinen Antillen, in der Küstenzone **(Küsten-K., Kalinya)** von N-Brasilien (hier teilweise mit anderen Ethnien vermischt und **Galibí** gen.), in Französisch-Guayana, Guyana und Surinam sowie im Inneren von NO-Venezuela, zus. etwa 15 000 Angehörige.

Karibik *die,* die Inselwelt Mittelamerikas und der umgebende Meeresraum (v. a. das Karib. Meer), i. w. S. einschl. der Küstengebiete des angrenzenden Festlandes (von der zentralamerikan. Landbrücke über Kolumbien und Venezuela bis Guyana). Die Inselwelt besteht im Wesentlichen aus den ↑Westindischen Inseln.

Karibische Gemeinschaft (engl. Caribbean Community), Abk. **CARICOM,** Zusammenschluss von 15 Ländern des karib. Raums zur Koordinierung der Außenpolitik sowie Kooperation in den Bereichen Gesundheit und Soziales, Erziehung, Kultur und Sport, Wiss. und Technik; gegr. 1973, Sitz: Georgetown (Guyana). Weitere 8 Staaten haben Beobachterstatus. Zur wirtsch. Integration wurde der **Karib. Gemeinsame Markt** (engl. Caribbean Common Market, CCM) gebildet. Bisher wurden u. a. ein gemeinsamer Außenzolltarif, Doppelbesteuerungsabkommen, Entwicklungsplanung und Förderung der Industrialisierung vereinbart.

karibische Literatur (westindische Literatur), die in engl., frz., niederländ. und span. Sprache sowie in den entsprechenden kreol. Sprachen verfasste Literatur der Westind. Inseln, Französisch-Guayanas, Surinams und Guyanas, wobei die ↑kubanische Literatur i. d. R. der lateinamerikan. Literatur zugerechnet wird.

Die Entwicklung der k. L. wurde v. a. von der kolonialen Situation bestimmt, die die Bevölkerung unterschiedl. Kulturkreise

Karfreitag: Am Karfreitag wird der Leiden und des Todes Christi am Kreuz gedacht. Seit Beginn des 17. Jahrhunderts werden zu diesem Anlass Prozessionen veranstaltet, in denen die Bürger die Stationen des Leidens Jesu Christi verkörpern (hier im Jahr 2000 in Bensheim)

100562

sozial und rassisch miteinander verschmolz. Erst seit Ende des 19. Jh. entstand eine eigenständige Lit., die auf den mündlich überlieferten literar. Traditionen der Sklaven und ihrer Nachkommen und den literar. Vorbildern des jeweiligen Mutterlandes aufbaute. Erste Vorstellungen von einer allumfassenden afrikan. Identität finden sich in der **anglophonen Lit.** in der Lyrik T. R. F. Elliots in Guyana. Den ersten westind. Roman (»Jane's career«) schrieb 1914 H. G. De Lisser. Richtungweisend wirkte der gebürtige Jamaikaner C. McKay. Selbstbewusste Hinwendung zu Afrika kennzeichnet die Romane V. Reids und die Lyrik D. Walcotts, der den Nobelpreis für Literatur 1992 erhielt; wichtige sozialkrit. Erzähler sind A. Mendes, C. L. R. James, E. A. Mittelholzer und R. Mais. Volkstüml. Traditionen (Worksongs) und Musikformen wie Calypso und Reggae verbindet E. K. Brathwaite mit Techniken moderner Lyrik. Zentren westind. Emigration und ihrer Kultur wurden neben London verstärkt New York, Boston und Toronto (Paula Marshall, Jamaica Kincaid, D. Walcott, A. Clarke). Eine Sonderstellung nehmen V. S. Naipaul (Nobelpreis für Literatur 2001) und W. Harris ein. Die **frankophone Lit.** begann mit Reiseberichten frz. Missionare im 18. Jh. Erste Schriften schwarzer und mulatt. Autoren mit haitian. Thematik entstanden auf Haiti im 19. Jh. (D. F. Toussaint Louverture). Die romant. Dichtung brachte das Volkstümliche zur Geltung (O. Durand). Die amerikan. Besetzung (1915–34) führte in der Lit. zur Besinnung auf afrohaitian. Kulturgut (J. Price-Mars). Bäuerl. Leben wurde im Roman dargestellt (P. Thoby-Marcellin, J. Roumain, J. S. Alexis). Während der Diktatur der Duvaliers gingen zahlreiche krit. Autoren (R. Depestre, J.-F. Brierre) ins Exil. In den übrigen Gebieten (Guayana, Guadeloupe, Martinique) bestand eine weiterhin auf Frankreich ausgerichtete Literatur. In den 1930er-Jahren begründeten karib. (A. Césaire, L.-G. Damas) und afrikan. (L. S. Senghor) Intellektuelle die Dichtung der ↑Négritude. V. a. mit dem Kolonialismus setzte sich die nach 1945 entstehende Literatur auseinander (F. Fanon, Maryse Condé). Das Konzept einer spezifisch karib. Identität vertreten neben É. Glissant auch D. Maximin, P. Chamoiseau und Simone Schwarz-Bart. Die **spanischsprachige Lit.** war beeinflusst vom spanisch-amerikan. Modernismus und dem afrokarib. Erbe in den frankophonen Gebieten. Sie entwickelte u. a. in der afroantillen Lyrik eigenständige Richtungen. Bed. Vertreter sind in der Dominikan. Republik M. de Cabral, P. Mir, M. Rueda, V. Villegas und J. Bosch; in der Lit. Puerto Ricos u. a. L. Palés Matos, R. Marqués, R. Ferré und M. Ramos Otero. Auf den Niederländ. Antillen gibt es neben der spanischsprachigen und niederländ. k. L. auch eine Lit. in der kreol. Sprache Papiamento, deren bedeutendster Vertreter F. M. Arion aus Curaçao ist. Aus Surinam kommt der Schriftsteller R. Dobru.

📖 *Caribbean writers. A bio-bibliographical-critical encyclopedia, hg. v. D. E. Herdeck. Washington, D. C., 1979. – Fifty caribbean writers. A bio-bibliographical critical sourcebook, hg. v. D. C. Dance. New York 1986. – Toumson, R.: La transgression des couleurs. Littérature et langage des Antilles. XVIIIe, XIXe, XXe siècles, 2 Bde. Paris 1989. – West Indian literature, hg. v. B. King. London ²1995.*

Karibisches Meer, der S-Teil des Amerikan. Mittelmeeres, zw. Antillen, Süd- und Zentralamerika, 2,64 Mio. km² groß und im Caymangraben bis zu 7 680 m tief.

Karikatur: George Grosz, »Früh um 5 Uhr!«, Zeichnung aus »Gesicht der herrschenden Klasse« (1921)

Karibu [indian.] *das* oder *der,* nordamerikan. ↑Rentier.

Kari|en (grch. Karia, lat. Caria), antike Küstenlandschaft im SW Kleinasiens, von den **Karern** bewohnt; seit 334 v. Chr. Teil des Reiches Alexanders d. Gr.; seit 129 v. Chr. Teil der römischen Prov. Asia.

Kari|es [lat.] *die,* **1)** *Medizin:* (Knochenfraß), durch chron. Knochenentzündung, v. a. bei Tuberkulose, hervorgerufene Zerstörung des Knochengewebes.
2) *Zahnmedizin:* ↑Zahnkaries.

Karikatur [italien., zu caricare »überladen«] *die,* satirisch-kom. Darstellung von Menschen oder gesellschaftl. Zuständen, meist bewusst überzogen und mit polit. Tendenz.

Die Anfänge der K. in der bildenden Kunst datiert man bis ins Neue Reich Ägyptens zurück; karikierende Darstellungen bes. aus dem Bereich des Mythos und Volksglaubens finden sich in der grch., körperl. Deformationen bis zur Groteske in der röm. Kunst. Die meist grobe K. des MA. richtet sich häufig gegen bestimmte Personengruppen (Mönche, Landsknechte u. a.). Künstlerisch profiliert zeigt sich die K. in der Renaissance (Leonardo da Vinci, A. Dürer, H. Bosch). Zu der Darstellung des Individuellen kommt seit der Renaissance und Reformation Kritik an Institutionen wie Kirche und Staat.

Mit Goya beginnt die Reihe bed. Karikaturisten des 19. Jh. In Frankreich arbeiten H. Monnier, J. J. Grandville, P. Gavarni, H. Daumier für C. Philipons (* 1806, † 1862) satir. Ztschr. (»La Caricature«, »Charivari«). Es folgen A. Grévin (* 1827, † 1892), G. Doré, A. Gill (* 1840, † 1885), später T. A. Steinlen; H. de Toulouse-Lautrec karikiert die Lebe- und Halbwelt des Pariser Fin de Siècle. Neben dem um 1800 tätigen J. Gillray werden in England T. Rowlandson, später G. Cruikshank, J. Leech (* 1817, † 1864) u. a., die v. a. für den »Punch« arbeiten, bedeutend; in den USA T. Nast (* 1840, † 1902). Der dt. Illustrator der Goethezeit, D. Chodowiecki, ist zugleich polit. Karikaturist; in der 2. Hälfte des 19. Jh. arbeitet W. Scholz für den »Kladderadatsch«, A. Oberländer für die »Fliegenden Blätter«. W. Buschs Bildgeschichten zeigen karikaturist. Elemente. Am Beginn des 20. Jh. stehen die gesellschaftskrit. K. von K. Arnold, R. Blix (* 1882, † 1958), O. Gulbransson, T. T. Heine, E. Thöny u. a. (alle im »Simplicissimus«). In der Weimarer Rep. erheben H. Zille, K. Kollwitz, G. Grosz, O. Dix mit expressionist. K. soziale Anklage. A. Kubin und A. P. Weber zeichnen apokalypt. K. Heute ist die polit. K. v. a. in

Karikatur: Olaf Gulbransson, Karikatur auf den Dirigenten und Komponisten Wilhelm Furtwängler (1935)

Zeitungen und Ztschr., die fantast. und kom. K. auch durch Anthologien (häufig unter dem Begriff Cartoon) verbreitet. Schule bildend für einen rein aus der graf. Linie wirksamen K.-Stil wurde S. Steinberg. Weitere bekannte zeitgenöss. Karikaturisten sind u. a. C. Addams, Bosc, Chaval, J. Effel, R. Peynet, R. Searle, Sempé, Siné, T. Ungerer, P. Flora, K. Halbritter, H. E. Köhler, E. M. Lang, Loriot, F. K. Waechter, R. Topor, H. Traxler, Frans de Boer (efbé), Marie Marcks, D. Levine, C. Poth.

📖 *Flemig, K.: Karikaturisten-Lexikon. München u. a. 1993. – Dt. Karikaturen vom Mittelalter bis heute, bearb. v. G. Lammel. Stuttgart u. a. 1995. – Alles K. Das gezeichnete 20. Jh., Ausst.-Kat. Karikaturmuseum*

Krems, hg. v. S. Heinisch u. W. Koschatzky. St. Pölten 2001.

Karimow, Islam Abduganijewitsch, usbek. Politiker, *Samarkand 30. 1. 1938; 1989–91 Erster Sekr. des ZK der usbek. KP, führte 1991–96 die Volksdemokrat. Partei (KP-Nachfolgerin), wurde 1990 Parlamentspräs., 1991 Staatspräs. (Amtszeit per Referendum vom 27. 3. 1995 und durch Wiederwahl am 9. 1. 2000 verlängert, erneut durch eine Volksabstimmung am 27. 1. 2002); errichtete ein autoritäres Präsidialsystem.

Karisches Meer, ↑Karasee.

Karisimbi *der,* höchster Gipfel der Virungavulkane, in Ostafrika, 4507 m ü. M.

Karitas [lat.], ↑Caritas.

karitativ [lat.-nlat.], von Nächstenliebe bestimmt, mildtätig.

Karkasse [frz. »Gerippe«, »Rumpf«] *die,* Gewebeunterbau des Luftreifens (↑Reifen).

Karkemisch (Gargamisch), altoriental. Handelsstadt am Euphrat, an der Stelle des heutigen **Djerablus,** Syrien; seit dem frühen 2. Jt. v. Chr. besiedelt, Fürstensitz der Hethiter (um 1340–1200 v. Chr.), nach deren Untergang als selbstständige Stadt bed. Zentrum späthethit. Kultur; 717 v. Chr. von Sargon II. dem assyr. Reich eingegliedert. Brit. Ausgrabungen ab 1911 (u. a. durch C. L. Woolley).

Karkonosze [karkɔ'nɔʃɛ], ↑Riesengebirge.

Karl, Herrscher:

Römische Kaiser: **1) K. I., der Große** (lat. Carolus Magnus, frz. Charlemagne), König der Franken (768–814), Röm. Kaiser (800–814), *2. 4. 748 (?), †Aachen 28. 1. 814; Sohn Pippins III., d. J., 754 Königssalbung gemeinsam mit seinem Bruder Karlmann, stellte nach dessen Tod 771 die Einheit des Fränk. Reichs durch Alleinherrschaft wieder her. 772 begannen seine Kriege gegen die Sachsen; bis 785 unterwarf er Widukind, bis 804 waren die Sachsen nach blutigen Kämpfen völlig ins Fränk. Reich eingegliedert und christianisiert. 773/774 eroberte er, vom Papst zu Hilfe gerufen, das Langobardenreich und nahm den Titel Rex Langobardorum an. Nach SW erweiterte er sein Reich bis zum Oberlauf des Ebro (trotz Niederlage gegen die Basken, ↑Roland) und errichtete die Span. Mark. Nach Absetzung des Herzogs Tassilo hob er das Herzogtum Bayern auf (788) und zerstörte 791–805 das Reich der Awaren, wo er 796 die Ostmark errichtete, machte Böhmen tributpflichtig und befriedete die Liutizen und Sorben. Papst Leo III. krönte ihn am 25. 12. 800 in Rom zum Röm. Kaiser. Nach dem Tod seiner Söhne Karl und Pippin erhob er Ludwig (den Frommen) 813 zum Mitkaiser. – K. sicherte die Grenzen durch Errichtung von ↑Marken. Mit der Beseitigung selbstständiger Herzogtümer und Stammesstaaten verband er die Einführung der Grafschaftsverfassung. Er sorgte durch Aufzeichnung von Stammesrechten und durch Gesetzgebung (↑Kapitularien) für die Rechtsordnung und stärkte die Zentralgewalt durch das Amt der Königsboten, die die Amtsführung der Grafen regelmäßig überwachten. Der Hof hielt sich bevorzugt in den Pfalzen Aachen, Ingelheim und Nimwegen auf. K. förderte Handel, Gewerbe und Landwirtschaft. Zahlr. gelehrte Männer wirkten an seinem Hof, so Alkuin, seine Biografen Einhard, Paulus Diaconus. Er belebte die Kenntnis

Karl I., der Große (Stuckfigur in der Klosterkirche von Müstair, Graubünden; um 1165)

3363

der Antike (»karoling. Renaissance«) und ließ die german. Heldenlieder sammeln. K. wurde in der Aachener Pfalzkapelle beigesetzt. Friedrich I. Barbarossa ließ ihn 1165 heilig sprechen. Mit der Verschmelzung antiken Erbes, christl. Religion und german.

Gedankenwelt hat K. die histor. Entwicklung Europas geprägt. In den ↑Karlssagen lebte seine Gestalt fort.

📖 *Fleckenstein, J.: K. der Große. Göttingen u. a. [3]1990. – Kerner, M.: K. der Große. Entschleierung eines Mythos. Köln, Weimar u. Wien 2000. – Barth, R.: Taschenlexikon K. der Große. München 2000. – Fischer-Fabian, S.: K. der Große. Der erste Europäer. Bergisch-Gladbach 2002. – Hägermann, D.: K. der Große. Herrscher des Abendlandes. München 2003.*

2) K. II., der Kahle, König des Westfränk. Reichs (840/843–877), Römischer Kaiser (875–877), *Frankfurt am Main 13. 6. 823, †Avrieux (Savoyen) 6. 10. 877; jüngster Sohn Ludwigs des Frommen, erhielt nach dem Bruderkrieg um das Erbe seines Vaters im Vertrag von Verdun 843 das westl. Drittel des Reichs, von den Pyrenäen bis zur Schelde, zugesprochen (↑Fränkisches Reich). Im Vertrag von Mersen (870) bekam er das östl. Lothringen. Nach dem Tod Kaiser Ludwigs II. (875) wurde er von Papst Johannes VIII. zum Kaiser gekrönt.

3) K. III., der Dicke, König des Ostfränk. Reichs (876–887) und des Westfränk. Reichs (885–887), Röm. Kaiser (881–887), *839, †Neudingen a. d. Donau 13. 1. 888; Sohn Ludwigs des Deutschen, erhielt 876 Alemannien und einen Teil Lothringens. Als Erbe seiner Brüder Karlmann (†880) und Ludwig III. (†882) sowie der westfränk. Karolinger (885) vereinigte K. zum letzten Mal das Reich Karls d. Gr.; 881 zum Kaiser gekrönt. Im Kampf gegen die Normannen blieb er ohne Erfolg, wurde 887 auf dem Reichstag in Trebur (bei Groß-Gerau) zur Abdankung gezwungen.

Hl. Röm. Reich: **4) K. IV.,** eigtl. Wenzel, Röm. König (1346–78), König von Böhmen (seit 1347), Kaiser (seit 1355), König von Burgund (seit 1365), *Prag 14. 5. 1316, †ebd. 29. 11. 1378; Sohn König Johanns von Böhmen, Luxemburger; wurde 1346, gestützt von Papst Klemens VI., zum Gegenkönig zu Ludwig IV., dem Bayern, gewählt (seit 1347 allg. anerkannt). Burgund verlieh er 1377 dem frz. Thronfolger. Durch die Goldene Bulle von 1356 garantierte er die Kurfürstenrechte und regelte die Königswahl (gültig bis 1806). Er erweiterte seine Hausmacht (Schlesien, die Lausitz , Brandenburg) und machte Böhmen, v. a. Prag (1348 erste dt. Univ.), zum geistigen Mittelpunkt des Reichs, der bed. Künstler und Humanisten (P. Parler, Petrarca, C. di Rienzo) anzog.

📖 *Seibt, F.: K. IV. Ein Kaiser in Europa 1346 bis 1378. München [5]1985, Nachdr. München 1994.*

5) K. V., Römischer König (1519–56), Kaiser (1530–56), als König von Spanien **K. I.** (1516–56), *Gent 24. 2. 1500, †San Gerónimo de Yuste 21. 9. 1558; Sohn Philipps I., des Schönen, und Johannas der Wahnsinnigen, Enkel Maximilians I., Habsburger; 1519 bei der Wahl zum Röm. König (als Nachfolger Maximilians I.; mit Anspruch auf die Kaisergewalt) dem frz. König Franz I. vorgezogen (finanziert von Jakob II. Fugger); 1521–30 von seinem Bruder Ferdinand (I.) im Reich vertreten. 1530 in Bologna als letzter Kaiser von einem Papst gekrönt. Gegen Franz I. führte er vier Kriege (1521–25 [Sieg bei Pavia], 1527–29 [»Sacco di Roma«], 1536–38, 1542–44) um das burgund. Erbe und um die Herrschaft in Italien (endgültig im Frieden von Crépy 1544 anerkannt). Weniger erfolgreich kämpfte K. gegen die Türken (1532, 1541). Während seiner Reg.zeit wurde durch die Eroberung Mexikos (1519–21) und Perus (1532/33) das span. Kolonialreich in Amerika begründet. Streng katholisch gesinnt, trat K. der luther. Reformation entgegen (Wormser Edikt, 1521), musste aber 1532 den Nürnberger Religionsfrieden gewähren. Erst 1546/47 besiegte er im ↑Schmalkaldischen Krieg die prot. Fürsten; aber die Fürstenverschwörung von 1552 unter Führung des Moritz von Sachsen beseitigte das kaiserl. Übergewicht und führte zum Augsburger Religionsfrieden von 1555. Darauf dankte K. 1556 ab; in Spanien und Burgund folgte ihm sein Sohn Philipp II., im Reich sein Bruder Ferdinand I.

📖 *Brandi, K.: Kaiser K. V. Neuausg. Frankfurt am Main [8]1986. – Seibt, F.: K. V. Der Kaiser u. die Reformation. Neuausg. München 1992. – Braudel, F.: K. V. A. d. Frz. Frankfurt am Main u. a. [2]1994. – Kohler, A.: K. V. 1500–1558. Eine Biographie. München 1999. – Schulin, E.: Kaiser K. V. Gesch. eines übergroßen Wirkungsbereiches. Stuttgart 1999.*

6) K. VI., Kaiser (1711–40), als König von Spanien **K. III.** (1703–11), *Wien 1. 10. 1685, †ebd. 20. 10. 1740; Sohn Kaiser Leopolds I., Bruder Josephs I., letzter Habsburger (im Mannesstamm); musste, nachdem er die österr. Erblande und die Kaiserwürde erlangt hatte, den Bourbonen Philipp V. als König von Spanien anerkennen; erhielt nach Beendigung des Span. Erbfolgekriegs (Rastatter Frieden, 1714) die Span. Niederlande, die Lombardei, Neapel und Sizilien. Durch die von Prinz Eugen erfolgreich geführten Türkenkriege (1716 bis 1718) erwarb er Serbien, die Walachei, das Banat u.a. In der Pragmat. Sanktion von 1713 sicherte er die Thronfolge seiner Tochter Maria Theresia. In den Friedensschlüssen nach dem Poln. Thronfolgekrieg (1735/38) und im Frieden von Belgrad (1739) musste K. auf viele Erwerbungen verzichten.

Rill, B.: K. VI. Habsburg als barocke Großmacht. Graz u. a. 1992.

7) K. VII., Kaiser (1742–45), als **K. Albrecht** Kurfürst von Bayern (1726–45), König von Böhmen (1741–45), * Brüssel 6. 8. 1697, † München 20. 1. 1745; Wittelsbacher; eröffnete als Schwiegersohn Kaiser Josephs I. nach dem Tod Kaiser Karls VI. den ↑Österreichischen Erbfolgekrieg, wurde 1742 von den Gegnern Habsburgs zum Kaiser gewählt. Nach seinem plötzl. Tod musste sein Sohn auf alle Ansprüche gegen die Habsburger verzichten.

Baden: **8) K. Friedrich,** Markgraf (1738–1803), Kurfürst (1803–06) und Großherzog (seit 1806), * Karlsruhe 22. 11. 1728, † ebd. 10. 6. 1811, Großvater von 9); war zunächst in Baden-Durlach, seit 1771 auch in Baden-Baden ein Musterregent des aufgeklärten Absolutismus (Aufhebung der Folter und der Leibeigenschaft; vorbildl. Lehranstalten, Pensions- und Versicherungswesen). K. trat 1806 dem napoleon. Rheinbund bei und konnte infolge der territorialen Neuordnung sein Land um ein Vielfaches vergrößern.

9) K. Ludwig Friedrich, Großherzog (1811–18), * Karlsruhe 8. 6. 1786, † Rastatt 8. 12. 1818, Enkel von 8); 1806 ⚭ mit Napoleons I. Stieftochter Stéphanie de Beauharnais (* 1789, † 1860); gab Baden am 22. 8. 1818 die liberalste Verf. im damaligen Deutschland.

Bayern: **10) K. Albrecht,** Kurfürst, ↑Karl 7).

11) K. Theodor, Kurfürst, ↑Karl 28).

Braunschweig: **12) K. Wilhelm Ferdinand,** Herzog (1780–1806), * Wolfenbüttel 9. 10. 1735, † Ottensen (heute zu Hamburg) 10. 11. 1806; Neffe Friedrichs d. Gr., seit 1773 preuß. General, führte die Koalitionstruppen 1792–94 im 1. Frz. Revolutionskrieg sowie 1806 das preuß. Heer; bei Auerstedt verwundet, starb er auf der Flucht. Zu Ehren seiner (überschätzten) militär. Erfolge in Holland (1787) wurde das ↑Brandenburger Tor erbaut.

13) Karl I., Herzog (seit 1735), * Braunschweig 1. 8. 1713, † ebd. 26. 3. 1780; förderte Handel und Gewerbe (Porzellanfabrik in Fürstenberg), Kunst und Wiss.; seine glänzende Hofhaltung stürzte das Land in große Schulden, er veranlasste aber auch grundlegende Reformen im Sozial- und Bildungsbereich.

14) Karl II., Herzog (1815–30), * Braunschweig 30. 10. 1804, † Genf 18. 8. 1873; kam 1815 unter der Vormundschaft seines Onkels, des späteren Königs Georg IV. von Großbritannien und Irland, an die Reg.; setzte durch, dass er 1823 vorzeitig für mündig erklärt wurde; wegen seiner Missregierung (ab 1826) 1830 durch einen Volksaufstand vertrieben (einzige Absetzung eines dt. Herrschers im 19. Jh. durch Revolution).

Burgund: **15) K. der Kühne,** Herzog (1467–77), * Dijon 10. 11. 1432, † Nancy 5. 1. 1477; Sohn Philipps des Guten, plante die Errichtung eines selbstständigen burgund. Reichs unter Einschluss Lothringens; belagerte 1474/75 als Bundesgenosse des abgesetzten Kurfürsten Ruprecht von Köln vergeblich Neuss, unterlag gegen die Eidgenossen und Lothringer bei Grandson (2. 3.) und Murten (22. 6. 1476), fiel in der Schlacht bei Nancy. Durch die Ehe (1477–82) seiner Tochter Maria mit Maximilian I. kamen die Niederlande und die Freigrafschaft Burgund an Habsburg, während das Herzogtum Burgund von Frankreich eingezogen wurde.

Schelle, K.: K. der Kühne. Neuausg. München 1982.

England: **16) K. I.,** König von England, Schottland und Irland (1625–49), * Dunfermline (Schottland) 19. 11. 1600, † (hingerichtet) London 30. 1. 1649, Vater von 17); aus dem Haus Stuart; war streng absolutistisch gesinnt, nahm 1628 unter dem Druck des Parlaments die ↑Petition of Right an. Seit 1629 regierte er ohne Parlament, musste jedoch nach einem Aufstand der schott. Presbyterianer 1640 das ↑Lange Parlament einberufen. Nach der

Niederlage der Royalisten (»Kavaliere«) im 1642 ausgebrochenen Bürgerkrieg (Entscheidungsschlachten bei Marston Moor 1644 und Naseby 1645) floh K. 1646 zu den Schotten, wurde von diesen ausgeliefert und 1649 auf Betreiben O. Cromwells zum Tode verurteilt.

📖 *Asch, R. G.: Der Hof K.s I. von England. Köln u. a. 1993.*

17) K. II., König von England, Schottland und Irland (1660–85), *London 29. 5. 1630, †ebd. 6. 2. 1685, Sohn von 16); lebte seit 1646 in Frankreich, landete 1650 in Schottland, fiel in England ein, wurde aber von O. Cromwell 1651 bei Worcester geschlagen. Durch die Restauration gelangte er 1660 auf den engl. Thron. K. neigte zum Katholizismus und schloss sich außenpolitisch eng an Ludwig XIV. von Frankreich an. 1679 setzte das Parlament die ↑Habeas-Corpus-Akte durch.

Fränkisches Reich: **18) K. Martell** [altfrz. »Hammer«], Hausmeier (seit 717), *um 688, †Quierzy (Picardie) 22. 10. 741; Sohn Pippins II., des Mittleren, unterwarf die rechtsrhein. Stämme und sicherte bes. durch den Sieg bei Poitiers über die Araber (732) das Frankenreich vor der muslim. Eroberung. K. begründete den Aufstieg der karoling. Dynastie und die Großmachtstellung des Fränk. Reichs.

📖 *K. Martell in seiner Zeit, hg. v. J. Jarnut u. a. Sigmaringen 1994.*

19) K. II., der Kahle, ↑Karl 2).

Frankreich: **20) K. VII.,** König (1422–61), *Paris 22. 2. 1403, †Mehun-sur-Yèvre (bei Bourges) 22. 7. 1461, Großvater von 21); wurde 1420 enterbt, konnte sich aber im ↑Hundertjährigen Krieg gegen die Engländer südlich der Loire halten. 1429 begann mit ↑Jeanne d'Arc, die K. 1429 in Reims krönen ließ, die Eroberung des Nordens, die 1453 vollendet war. K. reorganisierte Staat und Verw. und schuf 1439 mit den »Ordonnanzkompanien« ein stehendes Heer.

21) K. VIII., König (1483–98), *Amboise 30. 6. 1470, †ebd. 7. 4. 1498, Enkel von 20); besetzte 1494/95 vorübergehend das von ihm als Erbe der Anjou beanspruchte Königreich Neapel. K.s Zug nach Italien gilt als Wendepunkt in der Entstehung des europ. Staatensystems. Durch seine Heirat mit Anne de Bretagne (1491) kam die Bretagne zur frz. Krone.

22) K. IX., König (1560–74), *Saint-Germain-en-Laye 27. 6. 1550, †Vincennes 30. 5. 1574; stand unter dem Einfluss seiner Mutter Katharina von Medici, die dem schwachen König, der mit den Hugenotten sympathisierte, sein Einverständnis zur ↑Bartholomäusnacht abverlangte.

23) K. X., König (1824–30), *Versailles 9. 10. 1757, †Görz 6. 11. 1836; jüngerer Bruder von Ludwig XVI. und Ludwig XVIII., als Prinz Graf von **Artois,** leitete die Unternehmungen der Emigranten gegen die Frz. Revolution. Seit der Restauration von 1814/15 war er das Haupt der äußersten Rechten, der »Ultraroyalisten«, und führte auch als König eine klerikale und ultraroyalist. Politik. Seine Ordonnanzen vom 26. 7. 1830 (Einschränkung der Pressefreiheit und des Wahlrechts) führten zur Julirevolution; am 2. 8. musste er abdanken.

Hessen-Kassel: **24) K.,** Landgraf (1670 bis 1730), *Kassel 3. 8. 1654, †ebd. 23. 3. 1730; war neben Kurfürst Friedrich Wilhelm von Brandenburg eine Hauptstütze des Protestantismus und der antifrz. Politik; nahm Hugenotten auf, für die er u. a. Karlshafen gründete; förderte Wiss. und Künste.

Mainz: **25) K. Theodor,** Reichsfreiherr von Dalberg, Kurfürst (1802–13), *Herrnsheim (heute zu Worms) 8. 2. 1744, †Regensburg 10. 2. 1817; wurde 1800 Bischof von Konstanz, 1802 Erzbischof und Kurfürst von Mainz, blieb durch Anschluss an Napoleon Bonaparte auch nach 1803 (Säkularisation) Kurfürst; betrieb die Gründung des Rheinbunds und wurde 1806 Fürstprimas für Dtl., 1810 Großherzog von Frankfurt; nach der Völkerschlacht bei Leipzig (1813) zur Abdankung gezwungen, blieb er Erzbischof von Regensburg.

Neapel-Sizilien: **26) K. I. von Anjou,** König (1266–85), *März 1226, †Foggia 7. 1. 1285; Sohn Ludwigs VIII. von Frankreich, Graf von Anjou und seit 1246 der Provence. 1263 vom Papst mit dem bisher stauf. Königreich Sizilien belehnt, eroberte er es durch seine Siege bei Benevent (1266) über Manfred und bei Tagliacozzo (1268) über Konradin, den er hinrichten ließ. Seine Hptst. verlegte er nach Neapel; Sizilien verlor er wieder durch die »Sizilian. Vesper« (1282).

📖 *Herde, P.: K. I. von Anjou. Stuttgart u. a. 1979.*

Österreich-Ungarn: **27) K. I.,** Kaiser (1916 bis 1918), als König von Ungarn **K. IV.,** *Persenbeug (NÖ) 17. 8. 1887, †Funchal (Madeira) 1. 4. 1922; Großneffe von Kaiser Franz Joseph I., erstrebte einen Verständigungsfrieden mit der Entente und knüpfte im Frühjahr 1917 durch seinen Schwager, den Prinzen ↑Sixtus von Bourbon-Parma, geheime Verhandlungen mit Frankreich an. Sein Völkermanifest zur föderativen Neugliederung des Staates (16. 10. 1918) kam zu spät; am 11. 11. 1918 verzichtete er auf die Ausübung der Reg. in Österreich, am 13. 11. in Ungarn, ohne formell abzudanken; nach vergebl. Putschversuchen in Ungarn (März und Okt. 1921) wurde er nach Madeira verbannt. Seit 1911 ⚭ mit Zita von Bourbon-Parma. K. I. wurde am 3. 10. 2004 vom Papst selig gesprochen.

📖 *Feigl, E.: Kaiser K. I. Wien 1990.*

Pfalz: **28) K. Theodor,** Kurfürst von der Pfalz (1742–99) und von Bayern (1777–99), *Schloss Droogenbosch (bei Brüssel) 10. 12. 1724, †München 16. 2. 1799; stammte aus dem Hause Pfalz-Sulzbach (Herzog seit 1741) und vereinigte durch Erbfolge alle pfälz. und bayer. Besitzungen der Wittelsbacher in seiner Hand, war ein bed. Förderer der Künste, bes. der Baukunst (Schwetzingen) und der Musik.

📖 *Rall, H.: Kurfürst K. Theodor. Neuausg. Mannheim u. a. 1994.*

Rumänien: **29) K. I.,** Fürst (1866–81), König (1881–1914), *Sigmaringen 20. 4. 1839, †Schloss Peleş (bei Sinaia) 10. 10. 1914, Großonkel von 30); aus dem Haus Hohenzollern-Sigmaringen; 1866 zum Fürsten gewählt. Im Russisch-Türk. Krieg von 1877/78 machte er sich von der Türkei unabhängig und nahm 1881 den Königstitel an. K. führte ein konstitutionelles Reg.system ein. Der Kronrat beschloss am 3. 8. 1914 gegen K. die Neutralität Rumäniens trotz des Bündnisses von 1883 mit Dtl. und Österreich-Ungarn.

30) K. II., König (1930–40), *Sinaia 15. 10. 1893, †Estoril (bei Lissabon) 4. 4. 1953, Großneffe von 29); ⚭ 1921–28 (geschieden) mit Helene, Prinzessin von Griechenland, musste 1926 wegen seiner Beziehungen zu Helene Lupescu auf seine Thronrechte verzichten. 1930 rief die Reg. Maniu K. aus dem Pariser Exil zurück und proklamierte ihn zum König. Er schlug einen autoritären Kurs ein, setzte 1938 die demokrat. Verf. außer Kraft und verbot alle Parteien (Errichtung der »Königsdiktatur«). Nach außenpolit. Misserfolgen wurde er von Marschall I. Antonescu am 6. 9. 1940 zur Abdankung zugunsten seines Sohnes Michael gezwungen.

Sachsen-Weimar-Eisenach: **31) K. August,** Herzog (1758–1815), Großherzog (1815–28), *Weimar 3. 9. 1757, †Graditz 14. 6. 1828, Großvater von 32); stand bis 1775 unter der Vormundschaft seiner Mutter Anna Amalia, wurde u. a. von C. M. Wieland erzogen. Die Freundschaft mit Goethe machte Weimar und Jena (Univ.) zu Zentren des dt. Geisteslebens; durch Goethe beraten, förderte er Wiss. und Kunst, gründete das Hoftheater (1791) und berief J. G. Herder und Schiller nach Weimar. Politisch schloss er sich eng an Preußen an; 1806–13 nur gezwungen Mitgl. des Rheinbunds. Er führte bereits am 5. 5. 1816 eine landständ. Verfassung ein.

32) K. Alexander, Großherzog (1853 bis 1901), *Weimar 24. 6. 1818, †ebd. 5. 1. 1901, Enkel von 31); förderte Kunst, Musik und Lit.; Protektor der Schiller-Stiftung (1859), der Dt. Shakespeare-Ges. (1864), der Goethe-Ges. (1885) und des Goethe-und-Schiller-Archivs (1896).

Savoyen-Sardinien: **33) K. Albert,** König (1831–49), *Turin 2. 10. 1798, †Porto 28. 8. 1849; aus der Nebenlinie Savoyen-Carignan, nach der Thronbesteigung zunächst der österr. Politik zugeneigt; erließ jedoch bei Ausbruch der Revolution von 1848 eine Verf. und erklärte als Vorkämpfer der italien. Einheitsbewegung Österreich den Krieg. Nach den Niederlagen bei Custoza und Novara dankte er zugunsten seines Sohnes Viktor Emanuel II. ab.

Schweden: **34) K. IX.,** König (1604–11), *Stockholm 4. 10. 1550, †Nyköping 30. 10. 1611; jüngster Sohn Gustavs I. Wasa, Herzog von Södermanland, sicherte die Reformation in Schweden, wurde 1595 Reichsverweser und besiegte 1598 seinen Neffen, den kath. Sigismund III. von Polen-Schweden, bei Stangebro. 1599 zum Regenten gewählt, 1600 als König anerkannt, nahm er 1604 den Titel an und wurde 1609 gekrönt.

35) K. X. Gustav, König (1654–60), *Nyköping 8. 11. 1622, †Göteborg 13. 2. 1660, Vater von 36); aus dem Hause Pfalz-Zweibrücken, bestieg nach der Abdankung Königin Christines den Thron. Als einer der fähigsten Feldherren seiner Zeit behauptete er im Krieg gegen Polen (1655–60) die

schwed. Ostseeherrschaft, zwang Dänemark 1658 im Frieden von Roskilde zur Abtretung von Schonen.
36) K. XI., König (seit 1660, bis 1672 unter Vormundschaft), * Stockholm 24. 11. 1655, † ebd. 5. 4. 1697, Sohn von 35), Vater von 37); verlor in der Auseinandersetzung mit dem Großen Kurfürsten (Schlacht bei Fehrbellin 1675) einen Teil Schwedisch-Pommerns. Innenpolitisch brach er durch die Einziehung von Krongütern die Macht des Adels. 1682 übertrug der Reichstag ihm fast unumschränkte Macht.
37) K. XII., König (1697–1718), * Stockholm 27. 6. 1682, † bei Fredrikshald (heute Halden) 11. 12. (30. 11. a. St.) 1718, Sohn von 36); besiegte im Großen Nord. Krieg (1700–21) das russ. Heer bei Narwa (1700) und erreichte im Frieden von Altranstädt (1706) den Verzicht Augusts des Starken auf die poln. Krone; wurde 1709 von Peter d. Gr. entscheidend bei Poltawa geschlagen und floh auf türk. Territorium (Bender am Dnjestr); kehrte 1714 nach Schweden zurück, griff Norwegen an und fiel vor der Festung Fredrikshald. Mit ihm endete die Großmachtstellung Schwedens.
📖 *Findeisen, J.-P.: K. XII. von Schweden. Ein König, der zum Mythos wurde. Berlin 1992.*
38) K. XIV. Johann, König von Schweden und Norwegen (1818–44), urspr. Jean-Baptiste Bernadotte, * Pau (Dép. Pyrénées-Atlantiques) 26. 1. 1763, † Stockholm 8. 3. 1844; in den frz. Revolutionskriegen General; ⚭ seit 1798 mit ↑Désirée. Napoleon I. erhob ihn 1804 zum Marschall, 1806 zum Fürsten von Pontecorvo. 1810 wurde K. von den schwed. Ständen zum Kronprinzen gewählt und von Karl XIII. (1809–18) adoptiert. Er veranlasste 1812 den Anschluss Schwedens an die Gegner Napoleons und befehligte in den ↑Befreiungskriegen die Nordarmee. 1814 zwang er Dänemark im Frieden von Kiel zur Abtretung Norwegens. K. leitete die schwed. Neutralitätspolitik ein.
📖 *Amelunxen, C.: Jean-Baptiste Bernadotte. Marschall Napoleons. König von Schweden. Köln 1991.*
39) K. XV., König (1859–72), * Stockholm 3. 5. 1826, † Malmö 18. 9. 1872. Unter ihm wurde Schweden zum liberalen Verfassungsstaat (1866 Einführung des Zweikammersystems). Sein Plan einer skandinav. Dreistaatenunion scheiterte.
40) K. XVI. Gustav (schwed. Carl XVI. Gustaf), König (seit 1973), * Schloss Haga (bei Stockholm) 30. 4. 1946; folgte seinem Großvater, König Gustav VI. Adolf, auf den Thron; ⚭ seit 1976 mit Silvia Sommerlath (* 1943).
Spanien: **41) K. I.,** ↑Karl 5).
42) K. II., König (1665–1700), * Madrid 6. 11. 1661, † ebd. 1. 11. 1700; der letzte span. Habsburger. Er verlor die Freigrafschaft Burgund und wichtige Grenzgebiete der Span. Niederlande an Ludwig XIV. von Frankreich. Während seiner Reg. setzte sich der polit. und wirtsch. Verfall Spaniens fort.
43) K. III., König (1759–88), als **K. VII.** König von Neapel-Sizilien (1735–59), * Madrid 20. 1. 1716, † ebd. 14. 12. 1788; Sohn des Bourbonen Philipp V., Vater von 44); unterstützte Frankreich im Siebenjährigen Krieg und im Unabhängigkeitskrieg der USA gegen England. Er regierte im Geist des aufgeklärten Absolutismus, förderte Wirtschaft, Handel und beschränkte die Macht der Kirche.
44) K. IV., König (1788–1808), * Portici (bei Neapel) 11. 11. 1748, † Rom 20. 1. 1819, Sohn von 43); setzte anfänglich die Reformpolitik seines Vaters fort, überließ dann die Reg. seiner Frau Marie Luise von Parma und deren Günstlingen (↑Godoy). Napoleon I. zwang 1808 zunächst K., kurz danach auch seinen Sohn Ferdinand zum Thronverzicht zugunsten von Joseph Bonaparte.
Ungarn: **45) K. I. Robert,** König (1308 bis 1342), * Neapel 1288, † Visegrád 16. 7. 1342; aus der neapolitan. Linie des Hauses Anjou, stärkte die Königsmacht, förderte Städtegründungen und Bergbau.
Württemberg: **46) K. Alexander,** Herzog (1733–37), * Stuttgart 24. 1. 1684, † Ludwigsburg 12. 3. 1737, Vater von 47); bediente sich zur Besserung der Finanzen seines Finanzrats J. S. Oppenheimer, der großen Einfluss gewann; geriet deswegen und wegen seines Übertritts zum Katholizismus in heftigen Streit mit den Landständen.
47) K. Eugen, Herzog (1737–93), * Brüssel 11. 2. 1728, † Hohenheim (heute zu Stuttgart) 24. 10. 1793, Sohn von 46); am Hof Friedrichs d. Gr. erzogen, prachtliebend (Lustschlösser Solitude und Hohenheim; Opernhaus in Ludwigsburg) und gewalttätig (u. a. Einkerkerung C. F. D.

Schubarts); regierte bis 1770 (»Erbvergleich«) absolutistisch in Konflikt mit den Ständen; Gründer der ↑Karlsschule.
🕮 *Storz, G.: K. Eugen. Stuttgart 1981.*

Karla (Karle, Karli), Ort im ind. Bundesstaat Maharashtra, mit vier frühbuddhist. Höhlentempeln; die bed. Höhle Nr. 1, ein Felsentempel aus dem 1. Jh. n. Chr., ist als dreischiffige Säulenhalle mit Tonnengewölbe und monolith. Stupa in der Apsis angelegt.

Karle [kɑːl], Jerome, amerikan. Physikochemiker und Kristallforscher, * New York 18. 6. 1918; seit 1946 am Forschungslaboratorium der amerikan. Marine in Washington (D. C.); erhielt für seine Beiträge zur Entwicklung direkter Methoden zur Kristallstrukturbestimmung 1985 mit H. A. Hauptman den Nobelpreis für Chemie.

Karlfeldt, Erik Axel, schwed. Lyriker, * Folkärna (Dalarna) 20. 7. 1864, † Stockholm 8. 4. 1931; wurde 1912 Ständiger Sekretär der Schwed. Akademie. K.s neuromant. Dichtung schildert Natur und Volksleben seiner Heimat; später überwiegen Wehmut und Resignation; Nobelpreis für Literatur 1931 (posthum).

Karlisten, in Spanien seit 1833 die Anhänger des Thronanwärters Don ↑Carlos und seiner Nachkommen, die ihre Thronansprüche in den drei **Karlistenkriegen** (1833 bis 1839, 1847–49 und 1872–76) verfochten. Sie waren streng klerikal und absolutistisch gesinnt. 1936 schlossen sie sich F. Franco Bahamonde an, der sie 1937 mit der Falange vereinigte. Bis in die Gegenwart lehnen sie einen Nachkommen Alfons' XIII. auf dem span. Thron ab; ihr Prätendent ist Carlos Hugo von Bourbon-Parma.

Karll, Agnes Caroline Pauline, Krankenschwester, Berufs- und Sozialreformerin, * Embsen (Landkr. Lüneburg) 25. 3. 1868, † Berlin 12. 2. 1927; setzte sich innerhalb der Sozial- und Frauenbewegung für eine grundlegende Reform der Krankenpflege und die sozialrechtl. Absicherung der Krankenpflegerinnen ein und hat die Grundlagen der modernen Krankenpflege wesentlich mitgelegt.

Karlmann, fränk. Herrscher aus dem Hause der Karolinger:

1) K., Hausmeier, * 715 (?), † Vienne (Dép. Isère) 17. 8. 754; ältester Sohn Karl Martells, teilte das Reich mit seinem Bruder Pippin (III., d. J.), beauftragte Bonifatius mit der Reform der fränk. Kirche, unterwarf die Alemannen 746, entsagte 747 der Herrschaft und ging als Mönch nach Monte Cassino.

2) K., König der Franken (768–771), * 751, † 4. 12. 771; Bruder Karls d. Gr., erhielt 768 Burgund, die Provence, Septimanien, einen Teil Aquitaniens und Alemannien. Nach seinem Tod nahm Karl d. Gr., der die Söhne K.s enterbte, sein Reich an sich.

3) K. von Bayern, König des Ostfränk. Reichs (876–880), * um 830, † Altötting 29. 9. 880; ältester Sohn Ludwigs des Deutschen, erhielt 876 Bayern, Kärnten, Pannonien, Böhmen und Mähren, wurde in Pavia 877 zum König von Italien erhoben, das er aber 879 an seinen Bruder ↑Karl 3) abtrat.

Karl Martell, ↑Karl 18).

Karl-Marx-Stadt, 1953–90 Name von ↑Chemnitz.

Karlovac [-vats] (dt. Karlstadt), Stadt in Kroatien, an der Kupa, 59 400 Ew.; Maschinenbau, Textil-, Leder-, chem. und Baustoffind., Brauerei; Kraftwerk; Verkehrsknotenpunkt. – 1579 als Festung gegen die Türken gegründet.

Karlovy Vary [ˈkarlɔvi ˈvari], Stadt in der Tschech. Rep., ↑Karlsbad.

Karlowitz, Stadt in Serbien, ↑Sremski Karlovci.

Karlsbad (tschech. Karlovy Vary), Stadt und Kurort in Westböhmen, Tschech. Rep., Verw.sitz des Bez. K., an der Mündung der Tepl in die Eger, 374 m ü. M., 53 900 Ew.; seinen Weltruf verdankt es seinen zwölf alkal. Glaubersalzquellen (bis 72 °C); Porzellanind., Glaswerk, Oblatenbäckerei, Herstellung von Karlsbader Salz; internat. Filmfestwochen; Flughafen. – Kurhaus an der Wiese (1711), barocke Kirche St. Maria Magdalena; Zentrum des Kurbetriebs ist die klassizist. Mühlbrunn-Kolonnade (1878). – K., im 14. Jh. als »Warmbad« erwähnt, wurde nach Kaiser Karl IV. benannt; 1370 Stadtrecht; ab 1711 Entwicklung zum Kurort.

Karlsbader Beschlüsse, die auf den Karlsbader Konferenzen (6.–31. 8. 1819) verabredeten Maßnahmen gegen »demagog. Umtriebe« (Demagogenverfolgung) aus Anlass des Attentats des Burschenschafters K. Sand auf A. von Kotzebue (23. 3. 1819). Die von Österreich (Metternich) und Preußen vorbereiteten, von der Bundesversammlung am 20. 9. 1819 angenommenen K. B. waren bis 1848 gültig; sie dienten der Unterdrückung nat. und liberaler Bewegungen.

Karlsbader Salz, Glaubersalz (Natriumsulfat) enthaltendes, durch Eindampfen von Karlsbader Mineralwasser gewonnenes oder künstlich hergestelltes Salzgemisch; dient v. a. als Abführmittel.

Karlsburg, Stadt in Rumänien, ↑Alba Iulia.

Karlshafen, Bad, ↑Bad Karlshafen.

Karlshorst, Ortsteil des Berliner Stadtbez. Lichtenberg; war ab 1945 Sitz der sowjet. Militärverw., dann bis 1955 des sowjet. Hochkommissars; Pferderennbahn.

Karlskrona [-ˈkru:na], Hptst. des VerwBez. Blekinge, Schweden, an der Ostsee, 60400 Ew.; Marinehafen mit Marinemuseum, Marineschule und Werft für Kriegsschiffe; außerdem Textil-, Porzellan-, Holzind.; Fischexporthafen. – Der Marinehafen als herausragendes Beispiel einer planmäßig angelegten europ. Marinestadt des späten 17. Jh. wurde von der UNESCO zum Weltkulturerbe erklärt. Die Admiralitätskirche (1685) ist die größte Holzkirche Schwedens. – 1679 von Karl XI. gegr., 1680 Stadt.

Karlspreis, 1) (Internat. K. zu Aachen), nach Karl d. Gr. benannter, seit 1950 von der Stadt Aachen verliehener Preis für Verdienste um die europ. Bewegung und die Einigung Europas. Preisträger sind: R. Graf Coudenhove-Kalergi (1950), H. Brugmans (1951), A. De Gasperi (1952), J. Monnet (1953), K. Adenauer (1954), Sir W. Churchill (1956), P. H. Spaak (1957), R. Schuman (1958), G. C. Marshall (1959), J. Bech (1960), W. Hallstein (1961), E. Heath (1963), A. Segni (1964), J. O. Krag (1966), J. Luns (1967), Kommission der europ. Gemeinschaften (1969), F. Seydoux (1970), R. Jenkins (1972), S. de Madariaga (1973), L. Tindemans (1976), W. Scheel (1977), K. Karamanlis (1978), E. Colombo (1979), S. Veil (1981), König Juan Carlos I. von Spanien (1982), K. Carstens (1984), das Volk von Luxemburg (1986), H. Kissinger (1987), F. Mitterrand und H. Kohl (1988), Frère R. Schutz (1989), G. Horn (1990), V. Havel (1991), J. Delors (1992), F. González Márquez (1993), Gro Harlem Brundtland (1994), F. Vranitzky (1995), Königin Beatrix der Niederlande (1996), R. Herzog (1997), B. Geremek (1998), T. Blair (1999), B. Clinton (2000), G. Konrád (2001), der Euro (2002), V. Giscard d'Estaing (2003), P. Cox (2004), Papst Johannes Paul II. (außerordentl. K. 2004).

2) (Europ. K.), von der sudetendt. Landsmannschaft 1958 gestifteter, jährlich verliehener Preis für Verdienste um die Verständigung zw. Dtl. und seinen östl. Nachbarn; ben. nach Kaiser Karl IV. (1355–78).

Karlsruhe, 1) RegBez. in Bad.-Württ., 6919 km², 2,684 Mio. Ew.; umfasst die Stadtkreise Baden-Baden, Heidelberg, Karlsruhe, Mannheim, Pforzheim und die Landkreise Calw, Enzkreis, Freudenstadt, Karlsruhe, Neckar-Odenwald-Kreis, Rastatt und Rhein-Neckar-Kreis.

2) Landkreis im RegBez. K., Bad.-Württ., 1085 km², 419600 Ew.

3) Stadt in Bad.-Württ., Stadtkreis sowie Sitz der Verw. von 1) und 2), in der Oberrhein. Tiefebene, zw. Ausläufern des nördl. Schwarzwaldes und dem Rhein, 116 m ü. M., 278600 Ew.; Bundesverfassungsgericht, Bundesgerichtshof, Bundesanstalt für Wasserbau, Bundesforschungsanstalt für Ernährung, Oberlandesgericht, Landesanstalt für Umweltschutz, Landesbank Bad.-Württ; Univ. (seit 1967) Fridericiana (1825 als TH gegr.), Hochschule für Musik, Akademie der Bildenden Künste, PH, FH, Hochschule für Gestaltung, Berufs-, Verw.- und Wirtschaftsakademie, Forschungszentrum K. Umwelt und Technik, Fraunhofer-Institute, Zentrum für Kunst und Medientechnologie (ZKM) mit Städt. Galerie, Medienmuseum u. a.; Staatstheater, Museen und Bibliotheken, Staatl. Kunsthalle, Generallandesarchiv, botan. und zoolog. Garten. Die wirtsch. Entwicklung beruht nicht zuletzt auf der günstigen Verkehrslage, auch seinem Rheinhafen (1998: 6 Mio. t). Maschinen-, Fahrzeug-, Apparatebau-, elektrotechn., feinmechanisch-opt., pharmazeut., chem. Ind., Erdölraffinerien mit Ölhafen und Fernleitungen von Marseille sowie von und nach Ingolstadt, Nahrungsmittel- und Bekleidungsind., Druckereien, Verlage, Staatl. Majolika-Manufaktur.

Stadtbild: Mittelpunkt der Stadtanlage ist der Turm des Schlosses (1715; 1752–85 Umbau weitgehend nach Plänen B. Neumanns), von dem 32 Straßen strahlenförmig ausgehen. Nur der Bereich um die neun südl. Straßen wurde bis 1738 bebaut (Fächerform). Seit 1800 prägte F. Wein-

Karlsruhe 3): Mitteltrakt des Schlosses (1715 begonnen, 1752–85 Umbau weitgehend nach Plänen von Balthasar Neumann)

brenner das klassizist. Bild der Stadt mit kath. Stadtpfarrkirche, evang. Stadtkirche, Markgräfl. Palais und Rathaus sowie der Pyramide auf dem Marktplatz. Die Orangerie (1853–57) ist ein frühes Beispiel der Glasarchitektur (heute Museum). Aus den 1950er-Jahren stammen die Schwarzwaldhalle (mit erster Hängedachkonstruktion Europas), das Gebäude der Karlsruher Lebensversicherung und die Neubauten der Universität. Moderne Bauten sind u. a. die Europahalle (1979–82), die Stadthalle (1982–85), die Bad. Landesbibliothek (1984–92), das Neue Ständehaus (1991 bis 1993) mit Stadtbibliothek und Erinnerungsstätte »Ständehaus«. – Im S von K. eine der ältesten dt. Gartenstädte (ab 1907) und die Siedlung Dammerstock (1929 ff. nach Plänen von W. Gropius angelegt). In K.-Durlach blieb von dem 1565 angelegten, aber nie vollendeten Schloss der Prinzessinnenbau, an den sich der lang gestreckte O-Trakt (1698/99) anschließt, erhalten.

Geschichte: Älteste Siedlung ist das um 790 erstmals erwähnte Knielingen (heute Ortsteil von K.). **Durlach,** gegr. Ende 12. Jh., war ab 1565 Residenz der ernestin. Linie der badischen Markgrafen (seitdem von Baden-Durlach); 1715 Neugründung durch Markgraf Karl Wilhelm von Baden-Durlach (K.); 1771 nach Vereinigung der Linien Baden-Durlach und Baden-Baden Residenz der vereinigten Markgrafschaft, ab 1803 des Kurfürstentums, 1806–1918 des Großherzogtums Baden.

🕮 *Karlsruher Chronik. Stadtgeschichte in Daten, Bildern, Analysen, bearb. v. M. Koch. Karlsruhe 1992. – Stratmann-Döhler, R.: Schloss u. Schlossgarten K. München 2000. – Ebeling, H.: K. Stadt mit Perspektive. Karlsruhe [3]2001.*

Karlssagen, ep. Erzählungen um Karl d. Gr. und seine 12 Paladine, seit Ende des 11. Jh. in Frankreich (»Chanson de Roland«) nachweisbar, im 14. Jh. zum »Königszyklus« vereinigt. Der Stoff wird u. a. auch im dt. »Rolandslied« des Pfaffen Konrad behandelt.

Karlsschule, 1770 von Herzog Karl Eugen von Württemberg auf dem Lustschloss Solitude als Militärwaisenhaus gegr., 1773 zur Herzogl. Militärakademie umgebildet, 1775 nach Stuttgart verlegt, 1781 durch Kaiser Joseph II. zur Hochschule **(Hohe K.)** erhoben, 1794 aufgehoben; zu ihren Schülern gehörten F. Schiller (1773–80) und G. de Cuvier.

Karlstad [-sta:d], Hptst. des schwed. VerwBez. Värmland, an der Mündung des Klarälv in den Vänersee, 80 000 Ew.; evang. Bischofssitz; Univ.; Maschinenbau, Metall-, Nahrungsmittel-, Textilind., Munitionsfabrik; bed. Binnenhafen. – Dom (1723–30). – Seit 1584 Stadt.

Karlstadt, Krst. des Main-Spessart-Kreises, in Unterfranken, Bayern, am Main, 15 300 Ew.; Zementwerk, Baustoffind., Metallverarbeitung, Maschinenbau, Herstellung von Musikinstrumenten. – Vom alten K., von der Ruine der Karlburg (12. Jh.) überragt, sind Reste der Stadtmauer und Türme (15.–16. Jh.), die spätgot. Pfarrkirche (neugotisch restauriert), Rathaus (1422) und Fachwerkhäuser erhalten. – K. wurde um 1200 als Stadt gegründet.

Karlstadt, 1) eigtl. Andreas Rudolf Bodenstein, reformator. Theologe, * Karlstadt (Bayern) um 1480, † Basel 24. 12. 1541; schloss sich 1517 Luther an; seit 1518 Prof. in Wittenberg; führte 1519 zus. mit Luther die ↑Leipziger Disputation; Bruch mit Luther wegen unterschiedl. Auffassungen zum Abendmahl; seit 1534 Prof. in Basel.

2) Liesl, eigtl. Elisabeth Wellano, Volksschauspielerin, * München 12. 12. 1892, † Garmisch-Partenkirchen 27. 7. 1960; bekannt als Partnerin (ab 1915) des Komikers Karl Valentin.

Karlstein (tschech. Karlštejn), Burg südwestlich von Prag, Tschech. Rep., 319 m ü. M., auf einem 72 m hohen Kalkfelsen über der Beraun, von Karl IV. 1348–57 errichtet (im 16. und 19. Jh. umgebaut, 1988 ff. restauriert), diente als Aufbewahrungsort der Reichskleinodien (heute in der Wiener Hofburg) und des böhm. Kronschatzes (heute im Prager Dom). Berühmt ist die mit 128 Tafelbildern des Meisters Theoderich geschmückte Heiligkreuzkapelle (Gewölbe mit vergoldeten venezian. Sternglasscheiben belegt).

Karls-Universität Prag, die Univ. in Prag; geschichtlich die älteste Univ. im Hl. Röm. Reich, 1348 durch Kaiser Karl IV. gegründet. Die Änderung ihrer Verf. zugunsten der böhm. Nation durch König Wenzel IV. (1409) führte zum Auszug der Magister und Scholaren anderer Nationalität und u. a. zur Gründung der Univ. Leipzig.

Karma [Sanskrit »Tat«] *das* (Karman), zentraler Begriff des Hinduismus, Buddhismus und Dschainismus; bezeichnet das universelle Gesetz, nach dem jedes Dasein kausale Folge eines früheren Daseins ist; der Mensch bestimmt durch seine Handlungen, in welcher Daseinsform (z. B. Pflanze, Tier) oder Kaste er wiedergeboren wird. Kreislauf und Erlösung: ↑indische Philosophie und Religion.

Karmal [selbst gewählter Name, svw. »Arbeiterfreund«], Babrak, afghan. Politiker, * Kamari (bei Kabul) 26. 1. 1929, † Moskau 1. 12. 1996; zeitweise im Exil in Moskau, wurde nach dem Einmarsch sowjet. Truppen in Afghanistan (Ende Dez. 1979) in die obersten Partei-, Staats- und Reg.funktionen eingesetzt: Gen.-Sekr. der kommunistisch orientierten Demokrat. Volkspartei (1979–86), Vors. des Revolutionsrates (1979–86) sowie MinPräs. (1979–81); blieb im Kampf gegen die Mudschaheddin erfolglos.

Kármán ['ka:rma:n], Theodore von, ungar. Physiker und Aerodynamiker, * Budapest 11. 5. 1881, † Aachen 7. 5. 1963; ab 1913 Prof. in Aachen, ab 1930 in Pasadena (USA) und Direktor (1930–49) des Guggenheim Aeronautic Laboratory am California Institute of Technology; Arbeiten u. a. über Strömungslehre, Turbulenzen, Tragflügelprofile.

kármánsche Wirbelstraße ['ka:rma:n-; nach T. Kármán], zwei parallele Reihen von Wirbeln mit entgegengesetztem Drehsinn. Eine k. W. kann u. a. bei der Umströmung zylindr. Objekte entstehen und dabei Töne erzeugen (z. B. Singen von Telegrafendrähten); im Extremfall wird das Objekt zerstört.

Karmapa-Lama [zu Sanskrit ↑Karma und tibet. bla-ma »der Obere«], das Oberhaupt der Kagyüpa-Schule des Lamaismus, die sich als die das Karma (die »Heilsaktivität«) aller Buddhas vereinende »Schule der autoritativen Überlieferung« beschreibt. Der K.-L. nimmt in der Hierarchie des tibet. Buddhismus die dritte Stelle ein (nach dem Dalai-Lama und dem Pantschen-Lama) und verkörpert dessen älteste Reinkarnationslinie (begr. 1110; ↑Tulku). Nach dem Tod des 16. K.-L. (1981) kam es infolge der Inthronisation von zwei Knaben – in Tibet (anerkannt durch den Dalai-Lama) und in Indien – zum 17. K.-L. zu einer Spaltung innerhalb der Kagyüpa-Schule.

Karmel [hebr. »Baumgarten«] *der,* etwa 35 km langer Gebirgsrücken aus Kreidekalk in N-Israel, bis 546 m ü. M., begrenzt die Bucht von Haifa im SW. An der N-Spitze liegt das Stammkloster der Karmeliter. Die **K.-Höhlen** (Tabun, Skhul

Karnak: Komplex des Amun-Tempels (seit etwa 2000 v. Chr.)

und Wad) enthielten umfangreiche Siedlungsschichten vom Acheuléen bis zum Aurignacien und dem mittelsteinzeitl. Natufien; Neandertalerskelettfunde.

Karmeliter (Karmeliten, lat. Ordo Fratrum Beatae Mariae Virginis de Monte Carmelo), kath. Orden, hervorgegangen aus einer von Kreuzfahrern im 12. Jh. gegründeten Einsiedlerkolonie auf dem Karmel; 1226 päpstl. Bestätigung der ersten Regel; seit 1235 Übersiedlung der K. nach Europa (Zypern, Sizilien, S-Frankreich); 1249 erstes dt. Kloster in Köln; 1452 Gründung des weibl. Zweiges **(Karmeliterinnen, Karmelitinnen)**; nach den Reformen Theresias von Avila und Johannes' vom Kreuz 1593 Gründung und päpstl. Anerkennung eines eigenen, streng asketisch und kontemplativ ausgerichteten Ordens der **unbeschuhten K.**; auch heute v. a. in der Seelsorge tätig.

Karmelitergeist (Melissenspiritus), alkohol. Zubereitung aus äther. Ölen (neben Melissenöl meist auch Muskat-, Zimt- und Nelkenöl). Anwendung äußerlich bei Muskelkater und Nervenschmerzen, innerlich bei leichten krampfartigen Magen-Darm- und Einschlafstörungen.

Karmin [arab. aus Sanskrit] *das* (Carmin), roter Farbstoff, der aus der ↑Koschenille gewonnen wird; färbender Bestandteil ist die ↑Carminsäure.

karmosieren, einen Edelstein beim Fassen mit weiteren kleinen Steinen umgeben.

Karnak, ägypt. Dorf bei Luxor am O-Ufer des Nils, an der Stelle des antiken Theben, mit Resten eines riesigen Tempelbezirkes (UNESCO-Weltkulturerbe). Bed. v. a. die Ruinen des Tempelkomplexes des Reichsgottes Amun (seit der 11. Dynastie), in der 19. Dynastie um den Großen Säulensaal, in der Spätzeit um die heutige Fassade (1. Pylon) erweitert.

Karnallit, ↑Carnallit.

Karnataka (bis 1973 Mysore), Bundesstaat im S ↑Indiens. – Mysore war seit Beginn des 17. Jh. ein selbstständiges Fürstentum unter der Hindudynastie der Wadiyar; 1761–99 unter muslim. Herrschaft (Haidar Ali und Tipu Sultan); kam 1831 unter brit. Verwaltung, ab 1881 wieder von den Maharadschas regiert. 1947 schloss es sich der Ind. Union an.

Karnaubawachs [indian.-portugies.-dt.], wertvolles Pflanzenwachs einer brasilian. Palme, u. a. zur Herstellung von Leder- und Fußbodenpflegemitteln sowie als Lederappretur verwendet.

Karner *der,* Beinhaus, Totenkapelle zur Aufnahme der bei Anlage neuer Gräber gefundenen Gebeine.

Karneval [italien. carnevale, vermutlich volksetymolog. Umdeutung von mlat. carne vale »Fleisch lebe wohl« oder carrus navalis »Schiffskarren«] *der,* Sonntag vor Aschermittwoch, urspr. Sonntag vor der vorösterl. Fleischenthaltung (kirchenlat.

dominica ante carnes tollendas), dann auf eine längere Zeit gesteigerten Lebensgenusses vor dem Fasten erweitert, entsprechend der Bez. ↑Fastnacht. Für die K.-Bräuche (z.T. schon 1142 unter lat. Bez. bezeugt) wurden lange Zeit Einflüsse aus spätantik-röm. und aus byzantin. Winter- und Frühlingsfesten angenommen; inzwischen betont die europ. Brauchforschung allein den christl. Hintergrund (Fastenzeit). Glanzvoll entfaltete sich der K. im 15. Jh. in Florenz, dann in Rom und Venedig. Von dort kam die Bez. in der 2. Hälfte des 17. Jh. auch nach Dtl.; v.a. im Rheinland erfuhr der K. in den 1820er-Jahren seine »jecke« Prägung (Höhepunkt: der **Straßen-K.** ab »Weiberfastnacht«). Vom späten 19. Jh. an gelangten höchst aufwendige K.-Feiern in Viareggio, Nizza, Rio de Janeiro zu internat. Berühmtheit.

📖 *Frohn, C.: Der organisierte Narr. K. in Aachen, Düsseldorf u. Köln von 1823 bis 1914. Marburg 2000.*

Karnies *das* (Glockenleiste), Baukunst: Profil mit s-förmigem Querschnitt an einem Gesims oder Rahmen.

Karnisch, ↑rätoromanische Sprache.

Karnische Alpen, Teil der Südl. Kalkalpen, südlich des Gailtals, in der Hohen Warte 2780 m ü. M., in der Kellerwand 2769 m ü. M.; über den Kamm verläuft die österr.-italien. Grenze; wird von den Straßen über den ↑Plöckenpass und den Naßfeldpass gequert.

Karnivoren [lat.], ↑Fleischfresser.

Kärnten, das südlichste Bundesland Österreichs, 9536 km², (2001) 559400 Ew.; Landeshptst. ist Klagenfurt. Umfasst den Einzugsbereich der oberen Drau mit ihren Nebenflüssen, bes. der Gail, zw. beiden die Gailtaler Alpen. Im S grenzt K. an Slowenien (Karawanken) und Italien (Karn. Alpen). K. bildet eine in sich geschlossene Beckenlandschaft zw. Karawanken und Karn. Alpen im S, Hohen Tauern im SW, Gurk- und Seetaler Alpen sowie Packalpe im N und der Koralpe im O. Es gliedert sich in das gebirgige **Ober-K.** (oberes Drautal, Möll-, Lieser- und Gailtal) und das meist flachwellige **Unter-K.,** dessen Kernraum das Klagenfurter Becken ist, das größte inneralpine Becken der Ostalpen. In K. liegen vier große (Wörther, Ossiacher, Millstätter und Weißensee) und etwa 200 kleinere Seen. – Die Bev. ist zu 95% deutschsprachig, südlich der Drau und im Untergailtal wohnen Slowenen.

Wirtschaft: Ackerbau wird nur in Unter-K. und in den großen Tälern betrieben (v.a. Mais, Gerste, Hafer, Weizen, Kartoffeln, Obst), bedeutender ist die Viehzucht. Auf dem Waldreichtum beruht eine umfangreiche Holz verarbeitende Ind. (Sägewerke, Papierfabriken). Der Bergbau liefert v.a. Magnesit (Radenthein), seit 1985 im Gebiet der Koralpe Lithiumerze; der Abbau von Blei- und Zinkerzen (Bleiberg-Kreuth) wurde 1993 eingestellt. K. liefert rd. 10% der österr. Elektroenergie; bed. sind die Wasserkraftwerke an der Drau. Schwerpunkte der Ind. sind die Metallverarbeitung, die Elektrotechnik und Elektronik, die Nahrungsmittel- und chem. Ind., Papiererzeugung und Holzverarbeitung; die wichtigsten Standortzentren sind Klagenfurt, Villach, Spittal a.d. Drau, der Raum St. Veit a.d. Glan–Althofen und das untere Lavanttal mit Wolfsberg. – Wichtigster Verkehrsknotenpunkt ist Villach mit Tauern- und Karawankenbahn, Südautobahn und Tauernautobahn. Mittelpunkte des bed. Fremdenverkehrs sind die Kärntner Seen und die Hohen Tauern.

Verfassung: Nach der Landesverfassung von 1974 (mit späteren Änderungen) liegt die gesetzgebende Gewalt beim Landtag (36 Abg., für 5 Jahre gewählt) und die vollziehende Gewalt bei der von ihm gewählten Landesreg. (7 Mitgl.).

Geschichte: In der Antike war K. Teil der röm. Provinz Noricum; um 590 drangen Slawen ins Land, die im 8. Jh. unter bayr. Oberhoheit, dann unter die der fränk. Karolinger kamen. 976 wurde K. ein eigenes Herzogtum; es kam 1286 an die Grafen von (Görz-)Tirol, 1335 an die Habsburger. 1809–14 gehörte der Villacher Kreis zur frz. Illyr. Provinz, 1816–49 K. zum österr. Königreich Illyrien; 1849 bis 1918 österr. Kronland. Ansprüche des späteren Jugoslawien auf den Süden K.s (1918) führten 1918/19 zu »Abwehrkämpfen«; auf der Basis des Friedens von Saint-Germain-en-Laye 1919 kam es am 10. 10. 1920 zur Volksabstimmung, die die Zugehörigkeit zu Österreich festlegte (seitdem Bundesland); ohne Abstimmung fielen das Mießtal an Jugoslawien, das Kanaltal an Italien; 1938–44/45 war K. als Gau des Dt. Reiches mit Osttirol und (ab 1941) wieder mit dem Mießtal und Oberkrain (»Süd-K.«)

verbunden. – Landeshauptmann: 1989–91 und ab 1999 J. Haider (FPÖ).
📖 *Fräss-Ehrfeld, C.: Gesch. K.s. 3 Bde., Klagenfurt 1984–2000. – K. Von der dt. Grenzmark zum österr. Bundesland, hg. v. H. Rumpler. Wien u. a. 1998. – Zeloth, T.: Bevölkerungsbewegung u. Wirtschaftswandel in K. 1918–2001. Klagenfurt 2002.*

Karo [frz.] *das,* **1)** *allg.:* auf der Spitze stehendes Quadrat.

2) *Kartenspiel:* dt. auch Eckstein; Farbzeichen der frz. Spielkarten (rote Raute); entspricht den Schellen des dt. Spiels.

Karo-Bube (russ. Bubnowy Walet), russ. Künstlervereinigung, die 1911–16 bestand. Das Programm der Gruppe, die sich stark an der europ. Avantgarde (Fauves, Kubisten, Expressionisten) orientierte, beinhaltete die geistig-künstler. Erneuerung des russ. Kunstbetriebes. Hauptvertreter u. a. M. F. Larionow, Natalja S. Gontscharowa, R. R. Falk.

Karoline Henriette Christiane, Landgräfin von Hessen-Darmstadt, * Straßburg 9. 3. 1721, † Darmstadt 30. 3. 1774; pfälz. Prinzessin, ⚭ mit Landgraf Ludwig IX. (* 1719, † 1790), für den sie zeitweise die Reg. führte. Ihr reger geistiger Verkehr mit J. G. Herder, J. W. Goethe und C. M. Wieland machte Darmstadt zum »Musenhof«.

Karolinen (engl. Caroline Islands), größte Inselgruppe Mikronesiens, 963 Inseln im westl. Pazifik mit rd. 1 200 km² Landfläche und (1998) rd. 151 000 Ew., meist Mikronesiern. Die K. erstrecken sich nördlich des Äquators von den Palauinseln im W bis zur Insel Kosrae im O über eine Länge von 3 700 km, sie gliedern sich in die **West-K.** mit den Palauinseln und Yap Islands und die **Ost-K.** mit den Truk Islands und Senyavin Islands. Das Klima ist tropisch-ozeanisch. Die Wirtschaft beruht v. a. auf der Nutzung der Kokospalmen (Koprahandel), Fischfang und Fremdenverkehr. Auf vielen Inseln Ruinen von Steinbauten. Auf Yap war bis in das 20. Jh. Steingeld in Gebrauch.

Geschichte: Die im 16. Jh. von Spaniern entdeckten und nach dem span. König Karl II. benannten Inseln wurden erst im 19. Jh. von Spanien kolonisiert und 1899 an Dtl. verkauft; 1914 von Japan besetzt, dem sie nach dem Ersten Weltkrieg als Völkerbundsmandat unterstanden. 1944 von amerikan. Truppen erobert, kamen die K. 1947 als UNO-Treuhandgebiet unter Verw. der USA. Die westl. K. wurden 1994 selbstständig (↑Palau), die östl. K. 1991 (↑Mikronesien).

Karolinger, fränk. Herrschergeschlecht aus dem Maas- und Moselgebiet, nach Karl d. Gr. benannt; hervorgegangen aus einer Verbindung der Nachkommen Arnulfs von Metz **(Arnulfinger)** und Pippins I., d. Ä. **(Pippiniden).** Sie erlangten mit Pippin II., dem Mittleren, 687 das Amt des Hausmeiers im ganzen ↑Fränkischen Reich, mit Pippin III., d. J., 751 die Königswürde. Durch Karls d. Gr. Enkel teilte sich das Geschlecht in drei Hauptlinien. Die älteste, von Kaiser Lothar I. gegr., regierte in Lotharingien, wo sie 869 mit Lothar II., und in Italien, wo sie 875 mit Kaiser Ludwig II. ausstarb. Die zweite, von Ludwig dem Deutschen ausgehend, herrschte in Dtl. und endete 911 mit Ludwig dem Kind. Die dritte, deren Stammvater Karl der Kahle ist, regierte bis 987 in Frankreich, wo sie durch die Kapetinger abgelöst wurde. Mit dem Aufstieg der K. verlagerte sich das Machtzentrum Europas vom Mittelmeer nach Frankreich und Deutschland.
📖 *Riché, P.: Die K. Eine Familie formt Europa. A. d. Frz. München ³1995. – Schieffer, R.: Die K. Stuttgart u. a. ²1997.*

karolingische Kunst, die Kunst in dem von Karl d. Gr. geschaffenen Reich. Zentrum war sein Hof in Aachen, an den er Künstler zog, die der röm. oder byzantin., aber auch der angelsächs., merowing. und langobard. Tradition entstammten. Durch sein Bemühen um eine Erneuerung (»renovatio«) des röm. Imperiums (karoling. Renaissance) entstand aus diesen verschiedenartigen Strömungen der karoling. Stil, der die erste Stufe der abendländisch-mittelalterl. Kunst ist. Die Blütezeit reichte vom Ende des 8. bis in die Mitte des 9. Jh. Aus diesen Ansätzen entwickelten sich sowohl die ↑deutsche Kunst als auch die ↑französische Kunst. Der german. Holzbau wurde durch den Steinbau ersetzt, im Ggs. zur gleichzeitigen byzantin. Bilderfeindlichkeit entstanden große christl. Bilderfolgen; die menschl. Figur verlor ihre ornamentale Bindung.

In der *Baukunst* wurden versch. Bautypen übernommen, so aus Italien der Zentralbau in dem nach dem Muster von San Vitale in Ravenna errichteten Aachener Münster. Die altchristl. Basilika wurde durch Einbeziehung des Querhauses (Ein-

karolingische Kunst: Torhalle des Klosters Lorsch (wohl vor 875 vollendet)

hardsbasilika Steinbach [heute zu Michelstadt]), Erweiterung der Ringkrypta (St. Lucius in Chur, St. Emmeram in Regensburg), Ausbildung des die weitere Entwicklung in Gallien bestimmenden Chorumgangs mit Kapellenkranz (Saint-Martin in Tours), Anlage eines Westchors oder Westwerks (Abteikirche des Benediktinerklosters Corvey) und durch Vierungs- und Treppentürme bereichert. Das besterhaltene Beispiel einer Fassadendekoration bietet die Torhalle des Klosters ↑Lorsch. Die Bronzetüren und Emporengitter des Aachener Münsters belegen eine hoch entwickelte Gusstechnik. Beispiele der Goldschmiedekunst sind der ↑Tassilokelch (Kremsmünster, Schatzkammer der Abtei), das Rupertuskreuz (Bischofshofen, Pfarrkirche), der Adelhausener Tragaltar (Freiburg im Breisgau, Augustinermuseum) und die Stephansbursa (Wien, Kunsthistor. Museum). Reste von Wandmalerei sind im Westwerk der Abteikirche Corvey, in der Torhalle des Benediktinerinnenklosters Frauenchiemsee und in St. Johann in Müstair (Kt. Graubünden) erhalten.
In Aachen entstand die »Hofschule« Karls d. Gr., aus der zahlr. *Buchmalereien* und *Elfenbeinarbeiten* erhalten sind. Mit dem Codex aureus aus Lorsch (heute aufgeteilt auf Bibliotheken in Rom, Bukarest und London) sowie dem Dagulf-Psalter (Paris und Wien) haben sich Handschriften mit ihrem vollständigen Deckelschmuck erhalten. Die Elfenbeintafeln des Lorscher Evangeliars folgen fünfteiligen Diptychen frühchristl. Zeit. Reines Nachleben spätantiker Formen zeigt die gleichfalls in Aachen beheimatete Gruppe des Wiener Krönungsevangeliars. Mit der »Reimser Schule« (Ebo-Evangeliar, Épernay; Utrecht-Psalter, Utrecht) verlagert sich das Schwergewicht nach Westen. Weitere Zentren sind die »Schule von Tours« (Grandval-Bibel in London, Vivian-Bibel in Paris) und die wohl in Paris zu lokalisierende »Hofschule Karls des Kahlen« (Sakramentar und Psalter Karls des Kahlen, Paris). Zahlr. spätkaroling. Elfenbeinarbeiten, neben mehreren Buchdeckeln der Kamm des hl. Heribert (Köln, Schnütgen-Museum), stammen aus Metz. Aus dem gleichen westfränk. Raum kommen auch die bedeutendsten Goldschmiedearbeiten wie die

100264

karolingische Kunst: Elfenbeintäfelchen »Sieg Karls des Großen über die Barbaren« (9. Jh.; Florenz, Museo Nazionale del Bargello)

Deckel des Codex aureus von St. Emmeram in Regensburg, das Arnulf-Ciborium (beide München) und der Goldaltar (»Paliotto«) von Sant'Ambrogio zu Mailand.
Durliat, M.: Die Kunst des frühen Mittelalters. A. d. Frz. Freiburg im Breisgau u. a. 1987.

Karolus, August, Physiker, *Reihen (heute zu Sinsheim) 16. 3. 1893, †Zollikon (Kt. Zürich) 1. 8. 1972; Prof. in Leipzig und Freiburg im Breisgau. K. entwickelte 1923 die auf dem Prinzip der ↑Kerr-Zelle beruhende K.-Zelle zur trägheitslosen Lichtmodulation, die er u. a. zur Messung der Lichtgeschwindigkeit verwendete und für die Bildtelegrafie, die Film- und Fernsehtechnik nutzbar machte. 1925 stellte er ein auf dieser Technik basierendes Fernsehgerät der Öffentlichkeit vor.

Károlyi ['ka:roji], **1)** Julian (Gyula) von, Pianist ungar. Herkunft, *Losonc (heute Lučenec, Slowak. Rep.) 31. 1. 1914, †München 1. 3. 1993; trat bes. als Chopin-Interpret hervor.

2) K. von Nagykárolyi, Michael Graf, ungar. Politiker, *Budapest 4. 3. 1875, †Vence (Dép. Alpes-Maritimes) 19. 3. 1955; 1913–16 Führer der Unabhängigkeitspartei, ab Okt. 1918 MinPräs. (Bodenreform; Waffenstillstand vom 8. 11. 1918), Jan. bis März 1919 Staatspräs. (↑Ungarn, Geschichte).

Karoshi [-ʃi] *der* (Karoschi), mit dem japan. Arbeitssystem und -ethos zusammenhängendes Phänomen, das als »Tod durch Überarbeitung« bezeichnet wird.

Karosse [italien.-frz., von lat. carrus »Wagen«] *die,* prunkvoll ausgestattete Kutsche.

Karosserie *die,* Aufbau des Kraftwagens über dem Fahrgestell. Die **nicht selbsttragende K.,** die auf einen tragenden Fahrzeugrahmen (Chassis) aufgesetzt ist, wird nur noch für Lkw angewendet. Bei Pkw überwiegt wegen des geringeren Gewichts die **selbsttragende K.,** die aus punktverschweißten Blechhohlkörpern und Schalen besteht; die Trieb- und Fahrwerksteile werden unmittelbar an verstärkten Stellen der K. befestigt. – Aus Sicherheitsgründen werden an die K. von Pkw besondere Anforderungen hinsichtlich Festigkeit und Verformbarkeit bei Unfällen gestellt. Daher besitzen die K. eine stabile, gestaltfeste Fahrgastzelle, während Bug- und Heckpartien als **Knautschzonen** verformbar sind.

Karotin, ↑Carotin.

Karotis [grch.] *die,* die ↑Halsschlagader.

Karotte [aus frz.], ↑Möhre.

Karpacz [-tʃ] (dt. Krummhübel), Stadt in der Wwschaft Niederschlesien, Polen, am Fuß der Schneekoppe, 550–880 m ü. M., 5 700 Ew.; Luftkur- und Wintersportort; im Ortsteil K. Górny eine aus Norwegen hierher verbrachte Stabkirche (Kirche Wang aus dem 13. Jh.).

Karpaten, Gebirgszug im südöstl. Mitteleuropa, der sich in einem 1 300 km langen, 50–150 km breiten, nach W geöffneten Bogen von der Donau bei Bratislava bis zum Banater Gebirge (Rumänien) erstreckt und das Ungar. Tiefland umschließt. In ihrem Aufbau ähneln die K. den Alpen. Deutlich treten zwei Faltenzonen hervor: eine äußere Sandsteinzone und eine innere, vorwiegend kristalline Zone. Diese ist stark gestört, z. T. völlig abgesunken und von vulkan. Ausbruchsmassen durchsetzt. Beckeneinbrüche und tief einschneidende Täler gliedern den Gebirgszug in mehrere Teile: **West-K.** (in ihrer Zentralzone die Hohe Tatra), **Wald-K.** vom Dukla- bis zum Prislop-Pass, **Ost-K.** bis zum Predeal und **Süd-K.,** die über das Eiserne Tor hinausreichen.

Die K. haben überwiegend Mittelgebirgscharakter; sie überschreiten nur in den höchsten Erhebungen 2 000 m ü. M. (Hohe Tatra: Gerlsdorfer Spitze 2 655 m ü. M.). Das Klima ist gemäßigt kontinental mit strengem Winter und warmem Sommer. Die Niederschläge steigen in der Gipfelregion auf 2 000 mm/Jahr an. Der weit verbreitete Wald besteht in den tieferen Lagen v. a. aus Buchen und Fichten, in den höheren aus Tannen und Lärchen; die Waldgrenze liegt bei 1 500 – 1 900 m ü. M. In den vom Verkehr abgelegenen Wäldern leben Bären, Wölfe und Luchse. Der Ackerbau ist auf die Täler und Becken beschränkt; die Viehzucht (hauptsächlich Schafe) ist, außer in den Süd-K., wegen des Mangels an Weiden wenig entwickelt. Der einst bedeutsame Bergbau im Slowak. Erzgebirge, im südl. Teil der West-K. (Eisen, Mangan, Kupfer, Antimon, Molybdän, Nickel), in den Ost-K. (Mangan, Kupfer) und in den Süd-K. (Kohle, Eisen) ist zu großen Teilen stark zurückgegangen. Am S-Rand des K.-Bogens wird Erdöl gewonnen; Teile der K. sind Fremdenverkehrs- und Wintersportgebiet (Tatra, Beskiden, Süd-K.).

Karpaten: der Stausee von Solina in den Beskiden, Südostpolen

Karpatendeutsche, dt. Minderheit in der Slowak. Rep., v.a. im O des Landes; noch etwa 6000 (auch auf 15000–20000 geschätzt). Nachkommen dt. Siedler, die, beginnend im 13. Jh., zumeist als Handwerker und Bergleute einwanderten und im Mittelalter nachhaltig Wirtschaft und Kultur prägten; infolge Magyarisierung (19./20. Jh.), Aussiedlung, Enteignung (1945–47) und Zwangsassimilation (1945/46–89) nimmt ihre Zahl ständig ab; 1991 wurde ein »Verein der K.« gegründet (Sitz: Kaschau).

📖 *Hochberger, E. u. a.: Die Deutschen zw. Karpaten u. Krain. München 1994.*

Karpathos, gebirgige Insel des Dodekanes, Griechenland, zw. Kreta und Rhodos, 301 km², 5300 Ew.; Fremdenverkehr v.a. im S der Insel, wo die Kalkketten einem tertiären Hügelland weichen.

Karpato-Ukraine, ↑Transkarpatien.

Karpell [grch.-lat.] *das,* Fruchtblatt, ↑Blüte.

Karpfen (Cyprinus carpio), Art der Karpfenfische, v.a. in seichten, schlammigen Gewässern; wird als Speisefisch gezüchtet, kann über 1 m lang und 60 cm hoch werden. Der **Wild-K.** ist voll beschuppt, der herausgezüchtete **Spiegel-K.** hat nur einige größere Schuppen, der **Leder-K.** ist nackt, der **Aischgründer K.** bes. hochrückig.

Zucht: Ein Satz von 3–8 Jahre alten und 3–7 kg schweren **Laich-K.** (2 Milchner, 1 Rogner) wird im Frühjahr in Teichen zum Laichen ausgesetzt, wo das Weibchen bis zu 2 Mio. 1,5–2 mm große Eier an Gras oder Wasserpflanzen absetzt. Nach 5–8 Tagen werden die 1,3–2 cm großen Brütlinge in Streckteiche übergeführt, wo sie bis zum Herbst zu 5–15 cm langen **K.-Sömmerlingen** heranwachsen. Den Winter verbringen sie in tieferen Teichen, aus denen sie im Frühjahr als **Satz-K.** in Abwachsteiche gebracht werden, in denen sie bei reichl. Nahrungsangebot 0,2–0,5 kg erreichen. Nach nochmaligem Überwintern

420

Karpfen: Wildkarpfen

und sommerl. Abwachsperiode haben sie die Größe von **Speise-K.** erreicht (Gewicht 1–2 kg).

Karpfenfische (Cyprinidae), Familie der Karpfenartigen Fische mit etwa 1 200 Arten, darunter ↑Karpfen, ↑Karausche, ↑Schleie. Weitere K.: **Blei (Brachsen, Brassen,** Abramis brama), wird bis 75 cm lang und 6 kg schwer, ist von W-Europa bis zum Ural verbreitet, auch in der Ostsee. Als Halbbrachsen wird die **Güster** oder **Blicke** (Blicca bjoerkna) bezeichnet, die 30 cm lang wird und die mittel- und osteurop. Gewässer bewohnt; mancherorts Speisefisch.

Karpow, Anatoli Jewgenjewitsch, russ. Schachspieler, * Slatoust 23. 5. 1951; seit 1970 Internat. Großmeister; 1975 durch Nichtantreten von R. Fischer (USA) Schachweltmeister (bis 1985, Niederlage gegen G. Kasparow); 1993–99 FIDE-Weltmeister.

Karpowicz [-vitʃ], Tymoteusz, poln. Schriftsteller, * Zielona (bei Vilnius) 15. 12. 1921; Vertreter der »linguist. Poesie«; versucht den Leser anzuregen, die in der Sprache verborgene »Vielfalt der Bedeutungen« zu entdecken.

Karrageen [nach Carragheen bei Waterford, Irland] *das* (Carrageen, Karraghenmoos, Irländisches Moos, Irisches Moos), Droge aus Rotalgen der Gattungen **Chondrus, Euchoma** und **Gigartina,** mit hoher Quell- und Gelierfähigkeit. Es dient als Stabilisator für Ölemulsionen und verdickt Speiseeis, Gelees und Puddings.

Karree [lat.-frz.] *das,* **1)** *allg.:* Viereck, Quadrat; (im Viereck angeordneter) Wohnblock.

2) *Gastronomie:* gebratenes oder gedämpftes Rippenstück vom Kalb, Schwein oder Hammel.

Karren [zu Kar] (Schratten), *Geomorphologie:* durch ablaufendes Wasser ausgelaugte Furchen in lösungsfähigen Gesteinen, bes. Kalken (Karsterscheinung); bilden mitunter ganze **K.-Felder** (z. B. Gottesackerplateau im Allgäu).

Karrer, Paul, schweizer. Biochemiker, * Moskau 21. 4. 1889, † Zürich 18. 6. 1971; Prof. in Zürich, arbeitete über Polysaccharide und Pflanzenfarbstoffe, isolierte die Vitamine A und K, synthetisierte die Vitamine B_2 und E. 1937 erhielt er mit W. N. Haworth den Nobelpreis für Chemie.

Karrhai [grch.] (lat. Carrhae, Carrhä, keilschriftlich Harran oder Charran), ehem. Stadt südöstlich von Şanlıurfa in der SO-Türkei, als bed. Handelsstadt des alten Orients seit dem 18. Jh. v. Chr. bezeugt; kam um 1300 v. Chr. an Assyrien, um 600 v. Chr. an Babylonien; bekannt v. a. durch den Kult des Mondgottes. Brit. (1951–56) und türk. Ausgrabungen. – Bei K. wurde 53 v. Chr. Crassus von den Parthern besiegt und 217 n. Chr. Caracalla ermordet.

Karru *die* (engl. Karoo), Landschaft im W und SW Südafrikas; bei geringen Niederschlägen herrschen Halbwüsten und Trockensteppen vor; nach Regenfällen kurzzeitig blumenreiche Vegetation; Zucht von Merinoschafen und Angoraziegen.

Kars, Prov.-Hptst. in NO-Anatolien, Türkei, 1 750 m ü. M.; 79 500 Ew.; Verarbeitung landwirtsch. Produkte; Garnisonstadt. – Ehem. armen. Kirche (930–937).

Karsai, Hamid (H. Karzai), afghan. Politiker, * Kars (bei Kandahar) 24. 12. 1957; Paschtune; studierte bis 1982 Politikwiss.en in Simla (Indien), war anschließend Geschäftsmann in den USA; 1992–94 stellv. Außenmin. in zwei Mudschaheddinreg., übernahm 1999 die Führung des Afghanenstammes der Popalsai; stellte sich nach Beginn der US-Militäraktion in Afghanistan im Okt. 2001 an die Spitze der Antitalibantruppen im Raum Kandahar; wurde im Dez. 2001 Reg.chef einer afghan. Interimsreg. Im Juni 2002 wählte ihn die Loya Jirga (Große Ratsversammlung) zum Präs. Afghanistans. K. gewann die Präsidentenwahl vom 9. 10. 2004

Karsamstag [zu ahd. chara »Wehklage«, »Trauer«] (Ostersonnabend), der Tag vor Ostern, Gedächtnistag der Grabesruhe Jesu. Am Abend Beginn der Feier der Osternacht; in den Ostkirchen feierl. Prozession mit dem Grabtuch Christi, danach Segnung von Brot und Wein für die Teilnehmer der Osterliturgie.

Karsawina, Tamara, brit. Tänzerin russ. Herkunft, * Sankt Petersburg 9. 3. 1885, † Beaconsfield (bei London) 26. 5. 1978; debütierte 1902 am Petersburger Marientheater und war dort seit 1907 Ballerina; seit 1909 Mitgl. der »Ballets Russes« bei S. Diaghilew; lebte ab 1918 in London; bed. Vertreterin des klass. Balletts.

Karsch, Anna Luise, geb. Dürbach, gen. Karschin, Dichterin, * Meierei »Auf dem Hammer« bei Schwiebus (heute Świebodzin) 1. 12. 1722, † Berlin 12. 10. 1791; arbeitete als Kuhmagd; kam 1761 nach Berlin, wo sie u.a. durch G. E. Lessing gefördert und als »deutsche Sappho« gefeiert wurde.

Karschi, Hptst. des Gebiets Kaschkadarja, Usbekistan, am Fluss Kaschkadarja, inmitten der bewässerten **K.-Steppe** (Bewässerung, Erdgasgewinnung), 175 000 Ew.; Baumwollreinigung, Teppichwebereien. – K., bis zu seiner Befestigung im 14. Jh. **Nachscheb** oder **Nesef** gen., entstand an einer Karawanenstraße von Samarkand und Buchara nach Indien; seit 1926 Stadt.

Karsdorf, Gem. im Burgenlandkreis, Sa.-Anh., an der Unstrut, 2 700 Ew.; Zementwerk.

Karst (slowen. und serbokroat. Kras, italien. Carso), die meist waldlose Kalkhochfläche östlich des Golfes von Triest, in Slowenien und Kroatien sowie Italien; i. w. S. zusammenfassend für Kalkhochflächen und -gebirgsgruppen.

Karstadt Quelle AG, einer der größten europ. Warenhaus- und Versandhandelskonzerne, entstanden 1999 durch Verschmelzung von Karstadt AG (gegr. 1881) und Schickedanz Handelswerte GmbH & Co. KG (einschließlich Tochtergesellschaften, v.a. Quelle AG); Sitz: Essen. Geschäftsfelder: Einzel- und Versandhandel, Touristik und Dienstleistungen. Unter dem Dach der Holding operieren als selbstständige Konzerngesellschaften u.a. Karstadt Warenhaus AG, Quelle AG und Neckermann Versand AG. Wesentl. Beteiligungen: Thomas Cook AG und NUR Touristik GmbH (je 50 %).

Karst|erscheinungen, *Geomorphologie:* Bez. für Formen an und unter der Erdoberfläche, die auf Lösungsvorgänge (Korrosion) an oder in dafür geeigneten Gesteinen (Kalk, Dolomit, Gips, Steinsalz) zurückgehen. Oberirdisch sind Karren, Katavothren, Dolinen, Poljen, Uvalas, unter Tage Höhlen, oft mit Tropfsteinbildung und Seen, sowie unterird. Gewässernetze charakteristisch. Typisch für die Verkarstung in den Tropen und sommerfeuchten Subtropen sind steilwandige Kuppen oder Türme (Kegelkarst, Turmkarst).

Kartätsche [italien.] *die,* mit einer größeren Anzahl kleinerer Kugeln gefülltes Artilleriegeschoss, das vom 16. bis 19. Jh. zur Bekämpfung von Infanterie und Kavallerie auf nahe Distanz verwendet wurde; Ende des 19. Jh. durch das Schrapnell ersetzt.

Kartaune [italien.] *die,* schweres Geschütz (16.–17. Jh.).

Kartause [nach dem Kloster Grande Chartreuse bei Grenoble] *die,* Kloster der Kartäuser.

Kartäuser *der* (Kartäuserorden, lat. Ordo Cartusiensis), Abk. **OCart.,** kontemplativer kath. Eremitenorden; 1084 bei Grenoble (in der Chartreuse) durch Bruno von Köln gegr., 1176 päpstlich bestätigt. Innerhalb des Klosters (der Kartause) leben die K. in kleinen Einzelhäusern ein strenges Einsiedlerleben mit Schweigegebot. Im 14. und 15. Jh. entstanden zahlr. neue Kartausen; im 16. Jh. größte Ausdehnung des Ordens. Heute (2003) gibt es rd. 400 K. (davon 50 Nonnen) in 24 Kartausen.

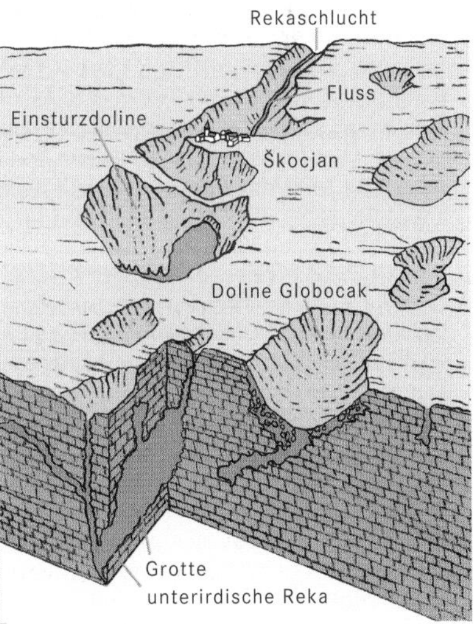

Karsterscheinungen: Blockbild des Karsts der Höhlen bei Škocjan, Slowenien

Karte, eine in die Ebene projizierte, maßstäblich verkleinerte und generalisierte Abbildung der Erdoberfläche oder eines Teils von ihr, anderer Weltkörper oder des Weltraums. Bei der Abbildung der Erdkugel in eine Ebene treten unterschiedl. Verzerrungen auf je nach Wahl des K.-Netzentwurfs (↑Kartennetzentwürfe). Großmaßstäbige K. oder Pläne sind die nicht im Handel erhältl. **Kataster-** oder **Flur-K.** (bis 1 : 5 000), die über Eigentumsverhältnisse informieren, wie auch die **topograph. K.** mit Grundrissdarstellung, Gewässerzeichnung, Relief und Kennzeichnung der Vegetation. Dazu gehören u.a. die **Grund-K.** (in Dtl. 1 : 5 000) und die topograph. K. 1 : 25 000 (früher Messtischblatt). Zu den K. mit mittleren Maßstäben zählt u.a. die ehem. Generalstabs-K. (1 : 100 000). Kleinmaßstäbig dargestellt werden Welt-K., so z.B. die Internat. Welt-K. 1 : 1 Mio.; ferner ↑Seekarten. **Themat. K.** (beliebiger Maßstab) enthalten Aussagen über Geologie (**geolog. K.,** meist Maßstab 1 : 25 000), Klima, Wirtschaft usw. **Bild-K.** sind K., die aus Ansichtsdarstellungen (z.B. Gebäude) bestehen; auch Name für Luftbildkarten. – Zur Geschichte ↑Kartographie.

Kartell [frz.] *das,* **1)** *Politik:* früher Bez. für ein von Parteien oder Verbänden geschlossenes Bündnis zur Erreichung eines gemeinsamen Ziels; im heutigen Sinne ein Vorläufer der Koalition.

2) *Wirtschaft:* Zusammenschluss rechtlich und wirtsch. weitgehend selbstständig bleibender Unternehmen der gleichen Wirtschaftsstufe auf der Basis eines K.-Vertrages, um den Wettbewerb auf einem Markt ganz oder teilweise auszuschalten. Nicht vertraglich geregelte, mündl. Absprachen über Verhaltenskoordinierung werden als **Frühstücks-K.** bezeichnet. Vom K. zu unterscheiden sind ↑Fusion und ↑Konzern. Das K. als besondere Form einer Wettbewerbsbeschränkung kann auf interne Bindungen der Mitgl. (Produktion und Absatz) beschränkt, also für Dritte unerkennbar sein **(K. niederer Ordnung)** oder die Beziehungen der Mitgl. zu Abnehmern oder Lieferanten unmittelbar regeln **(K. höherer Ordnung).** Die K.-Vereinbarungen können sich auf versch. Bereiche beziehen, z.B. Festlegung einheitl. Preise **(Preis-K.),** einheitl. Gestaltung der Geschäfts-, Liefer- und Zahlungsbedingungen **(Konditionen-K.),** Festlegung von Absatzhöchstmengen **(Kontingentierungs-K.),** regionale Marktaufteilung **(Gebiets-K.),** Spezialisierung auf unterschiedl. Normen und Typen **(Spezialisierungs-K.).** Bei strenger Zusammenfassung von Absatz oder Einkauf durch eine Dachorganisation spricht man von einem **Syndikat.**

In Dtl. besteht nach dem (1998 reformierten und mit europ. K.-Recht harmonisierten) Ges. gegen Wettbewerbsbeschränkungen i.d.F.v. 26. 8. 1998, Abk. GWB **(K.-Gesetz),** ein K.-Verbot. Ausnahmen vom K.-Verbot gelten für Normen-, Typen-, Konditionen-, Spezialisierungs- und Mittelstands-K. (§§ 2–4 GWB). Sie bedürfen für die Freistellung vom K.-Verbot der Anmeldung bei der K.-Behörde und werden wirksam, wenn die K.-Behörde nicht innerhalb von drei Monaten widerspricht (Widerspruchs-K. Andere Arten von K., z.B. Strukturkrisen-K. oder Rationalisierungs-K., sind nur aufgrund einer Genehmigung der K.-Behörde zulässig (§§ 5–7 GWB, Erlaubnis-K.). Eine besondere Ausnahme vom K.-Verbot ist das Mittelstands-K.: Kleinen und mittleren Unternehmen werden viele Formen der zwischenbetriebl. Zusammenarbeit zum Zweck der Rationalisierung erlaubt, soweit diese zur Verbesserung der Wettbewerbsfähigkeit beitragen und den Wettbewerb nicht wesentlich beeinträchtigen. Sind Beschränkungen des Wettbewerbs aus Gründen der Gesamtwirtschaft und des Gemeinwohls notwendig, kann der Bundes-Min. für Wirtschaft und Arbeit ein Sonder-K. genehmigen (§ 8 GWB, Ministererlaubnis). K.-Behörden sind die jeweils zuständige oberste Landesbehörde (i.d.R. der Wirtschafts-Min.) und das ↑Bundeskartellamt. Alle zugelassenen K. unterliegen der ↑Missbrauchsaufsicht.

Das *österr.* K.-Gesetz 1988 (mehrfach geändert) verbindet Elemente des Missbrauchs- und des Verbotsprinzips. – Das *schweizer.* Bundes-Ges. über K. u.a. Wettbewerbsbeschränkungen vom 6. 10. 1995 (in Kraft seit 1. 7. 1996) enthält kein K.-Verbot, sondern geht von einem Missbrauchsverbot aus.

Internat. K., an denen Unternehmen versch. Länder beteiligt sind, die den internat. Handel untereinander aufteilen wollen, können durch das nat. Wettbewerbsrecht nicht ausreichend kontrolliert werden. Innerhalb der EU gilt ebenfalls das K.-Verbot (Art. 81 EG-Vertrag). Wettbewerbsbehörde ist die Europ. Kommission, die über eigene Zuständigkeiten und Gestaltungsmöglichkeiten zur Durchsetzung des europ. Wettbewerbsrechts verfügt. Das Bundeskartellamt kann aber auch europ. Wettbewerbsrecht anwenden, soweit die Europ. Kommission nicht selbst tätig wird.

📖 *Emmerich, V.: Kartellrecht. München [9]2001. – Schmidt, Ingo: Wettbewerbspolitik u. Kartellrecht. Eine interdisziplinäre Einführung. Stuttgart [7]2001.*

Kartell-Verband, Abk. **KV,** ↑studentische Verbindungen.

Kartenlegen (Kartenschlagen), seit Mitte des 14. Jh. verbreitete Orakelpraktik; Form der Wahrsagerei mit der Behauptung, aus der Aufeinanderfolge von gemischten Spielkarten zukünftige Ereignisse voraussagen zu können.

Kartenmessung (Kartometrie), das Messen in Karten oder Übertragen geometr. Größen auf Karten: **Winkelmessungen** (z. B. mit Winkelmessern aus Profilen oder mit Neigungsmaßstab), **Koordinatenmessungen** (z. B. mit Koordinatograph, Planzeiger, Millimeterpapier) zur genauen Ortsbestimmung, **Längenmessungen** (z. B. mit Maßstab oder Kurvenmesser), **Höhenmessungen** (aus Höhenlinien), **Flächenmessungen** (mit Planimetern oder Auszählen der bedeckten Felder einer Quadratglastafel).

Kartennetzentwürfe (Kartenprojektionen, Kartenabbildungen), die math. Übertragung (Abbildung) von Punkten und Linien der Oberfläche der Erde oder eines anderen Weltkörpers auf eine Kartenebene als geometr. Grundlage. K. i. e. S. sind die Abbildungen des geograph. Gradnetzes (Gradnetzentwürfe), die bes. bei kleinmaßstäbigen Karten (etwa ab 1 : 500 000) angewendet werden. Karten großer und mittlerer Maßstäbe beruhen heute vorwiegend auf geodät., meist konformen Abbildungen im Koordinatensystem der Landesvermessungen. Den Karten bis etwa zum Maßstab 1 : 2 Mio. liegt als Erdfigur ein Rotationsellipsoid, bei kleineren Maßstäben die Kugel zugrunde. Abbildungen in die Kartenebene sind nicht ohne Verzerrungen möglich (nur der Globus ist verzerrungsfrei). Diese treten als Längen-, Flächen- und Winkelverzerrungen auf, die durch die Indikatrix veranschaulicht werden.

Hauptgruppen der K.: 1) **azimutale Abbildungen:** Abbildungen auf eine Berührungsebene (Azimutalentwürfe und Azimutalprojektionen), z. B. orthograph., stereograph. und zentrale (gnomon.) Azimutalprojektion. Die Letztgenannte hat das Projektionszentrum im Mittelpunkt der Erdkugel, von dem die Kugelpunkte auf die Berührungsebene projiziert werden. 2) **kon. Abbildungen:** Abbildungen auf einen Kegelmantel (Kegelentwürfe und Kegelprojektionen). 3) **zylindr. Abbildungen:** Abbildungen auf einen Zylindermantel (Zylinderentwürfe und Zylinderprojektionen). Hierzu gehört auch der winkeltreue Mercatorentwurf (bes. für die Seekarten wichtig). Alle Abbildungen, die solche geometr. Deutungen mit Hilfsflächen zulassen, heißen auch **echte K.** Wo solche Erklärungen nicht oder nur z. T. möglich sind, spricht man von **unechten K.** (v. a. bei Gesamtdarstellungen der Erdoberfläche).

K. werden ferner nach der Lage der Abbildungsflächen unterschieden. Danach gibt es **normale** (erdachsige, polständige) K., wenn die Achse des Kegels oder Zylinders mit der Erdachse übereinstimmt oder die Azimutalebene im Pol (Polarprojektion) berührt. **Transversale** (querachsige, äquatorständige) K. liegen vor, wenn die Achsen in der Äquatorlinie liegen oder wenn die Azimutalebene den Äquator (Äquatorialprojektion) berührt. Alle anderen Lagen gelten als **schiefachsige** (zwischenständige) K. Berechnung und Zeichnung von K. sind heute auch mit Computern möglich, denen ein automat. Zeichengerät angeschlossen ist.

Kartennull (Landkartennull), der Nullho-

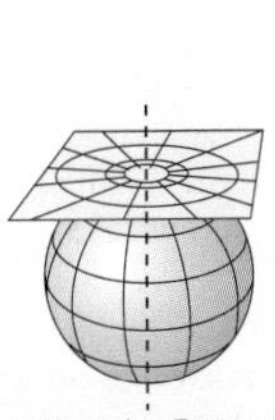
azimutaler Entwurf (Tangentialebene)

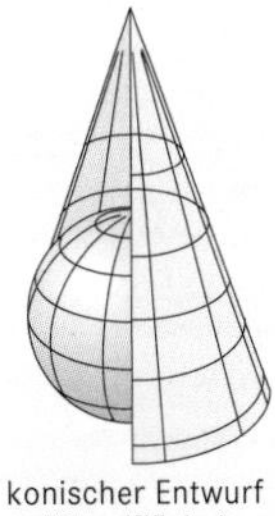
konischer Entwurf (Kegelfläche)

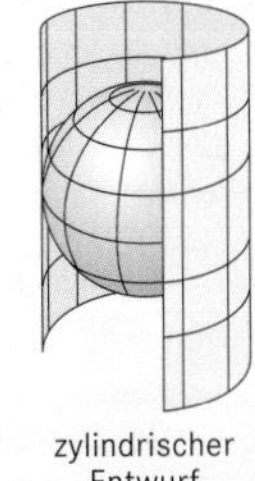
zylindrischer Entwurf (Tangentialebene)

Kartennetzentwürfe

rizont, auf den sich die Höhenangaben in Karten beziehen (z. B. Normalnull, NN).

Kartenspiele, Spiele mit für sie charakterist. Karten, z. B. Quartettspiele, oder mit Spielkarten versch. Wertes und versch. Zusammenstellung nach unterschiedl. Spielregeln, meist für drei oder mehr, selten für zwei Spieler, z. B. Skat, Rommé, Tarock, Bridge, Canasta. In Europa ist das Kartenspiel seit dem 14. Jh. belegt.

Kartenzeichen, *Kartographie:* ↑Signatur.

Kartesianịsmus *der* (Cartesianismus), die Lehre und Schule des Rationalismus von R. ↑Descartes.

kartẹsisch (cartesisch, kartesianisch), nach R. Descartes (latinisiert Cartesius) benannt.

kartẹsischer Taucher, kleine, taucherglockenähnl. Figur, die so weit mit Luft gefüllt ist, dass sie gerade noch in einer bestimmten Höhe einer Flüssigkeit schwebt. Der k. T. sinkt, wenn durch Erhöhen des Drucks über oder in der Flüssigkeit sein Luftvolumen und dadurch sein Auftrieb verringert wird. Das »Täucherlein« wurde 1648 erstmals von Magiotti beschrieben und später zu Unrecht mit R. Descartes in Verbindung gebracht.

kartẹsisches Blatt, algebraische Kurve 3. Ordnung, definiert durch die Gleichung $x^3 + y^3 = 3axy$ (a Konstante).

kartẹsisches Prodụkt (Kreuzprodukt, Mengenprodukt, Produktmenge), für zwei Mengen A und B die Menge $A \times B$ (»A kreuz B«) aller geordneten Paare (a, b) mit $a \in A$ und $b \in B$.

Karthạgo (lat. Carthago), antike Stadt auf einer Halbinsel nordöstlich von Tunis, heute die Ruinenstadt **Carthage.** K. wurde nach antiken Quellen 814/813, nach archäolog. Befund um 750 v. Chr., von Phönikern (Puniern) aus Tyros gegründet und entwickelte sich zur bedeutendsten See- und Handelsmacht im westl. Mittelmeerraum. Aufgrund seines hervorragenden Hafens und der strategisch günstigen Lage übernahm K. im 7. Jh. v. Chr. den Schutz der Phönikerstädte Siziliens gegen die Griechen. Im 5. Jh. v. Chr. erstreckte sich der Machtbereich K.s von der Westgrenze der Cyrenaika bis westlich von Gibraltar. Schon im 6. Jh. v. Chr. hatte K. Kolonien in Sardinien, Sizilien, Spanien, Gallien und an der W-Küste Afrikas. Im 3. Jh. v. Chr. kamen die Karthager mit den Römern in feindl. Berührung. In den beiden ersten ↑Punischen Kriegen wurde die Kraft K.s gebrochen. Der dritte endete mit

Karthago – archäologischer Plan

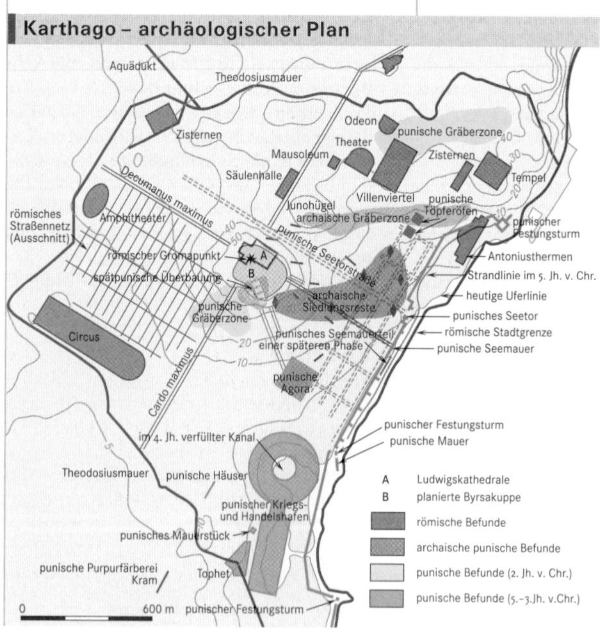

der Eroberung und Zerstörung der Stadt (146 v. Chr.); ihr Gebiet wurde der röm. Provinz Africa einverleibt. Caesar gründete 44 v. Chr. hier wieder eine Kolonie (Colonia Iulia Carthago), die sich neben Alexandria zur führenden Stadt Afrikas entwickelte. Dieses neue K. wurde 439 n. Chr. vom Wandalenkönig Geiserich erobert, 533 von Belisar (der K. mit dem Oström. Reich vereinigte) und 698 durch die Araber zerstört. – Hauptgottheiten der Karthager waren Baal Hammon, der als Geber reicher Ernten galt, und die Muttergottheit Tanit, denen vielleicht Kinderopfer gebracht wurden (heute umstritten). – Im Ausgrabungsgebiet liegen Museen und ein Archäolog. Park. In Salambo, dem Hafengebiet von K., befinden sich die pun. Hafenanlagen und der Tophet (Heiligtum und Kinderfriedhof, früher als Stätte für Kinderopfer gedeutet). Die Ruinen von K. gehören zum UNESCO-Weltkulturerbe.

📖 *Elliger, W.: K. Stadt der Punier, Römer, Christen. Stuttgart u. a. 1990. – Huß, W.: K. München 1995.*

Kartierung *die,* genaue graf. Auswertung von Vermessungen, Berechnungen oder photogrammetr. Aufnahmen durch maßstäbl. Auftragen von Punkten, Geraden und Kurven mit **Kartiergeräten** (Lineale, rechtwinklige Dreiecke, Anlegemaßstäbe, Winkelmesser, Kartiernadeln, Zirkel) auf Karton oder Folie als Grundlage für die nachfolgende zeichner. Gestaltung. Auch die Herstellung einer themat. Karte durch Geländeaufnahme oder durch Luft- oder Satellitenbildauswertung.

Karting (Kartsport), Rennwettbewerbe mit ↑Gokarts. Dabei wird unterschieden zw. Outdoor-K. (auf Freiluftkartbahnen) und Indoor-K. (in Hallen).

Kartoffel (Solanum tuberosum), wirtsch. wichtigste Art der Gattung Nachtschatten aus Südamerika; mehrjährige (in Kultur einjährige) krautige Pflanze mit unterbrochen gefiederten Blättern, weißen oder blassvioletten Blüten und grünen, giftigen Beerenfrüchten. Alle oberird. Pflanzenteile sowie grün gewordene K. und Keime enthalten das giftige Alkaloid Solanin. Die unterird. Ausläufer bilden Sprossknollen (K., Erdäpfel, Erdbirnen, Grundbirnen) aus. Diese speichern Reservestoffe, v. a. Stärke (10–30%). Außerdem enthalten sie 65–80% Wasser, 2% Rohprotein sowie Rohfett, Zucker, Spurenelemente und versch. Vitamine. Anbaugebiete sind die subtrop. und gemäßigten Regionen aller Erdteile sowie die trop. Anden; am wichtigsten sind heute Russland, die Ukraine und Mitteleuropa. Je nach Verwendungszweck unterscheidet man zw. Speise-, Futter-, Wirtschafts- und Saat-K. (Pflanz-K.); nach der Reifezeit zw. Früh-, Mittel- und Spät-K. – Vermehrung i. d. R. vegetativ.

Tier. Schädlinge: Das etwa 1 mm lange K.-Älchen (K.-Nematode, Heteroda rostochiensis) schädigt das Wurzelgewebe, ruft Wachstumsstörungen sowie das Absterben der Blätter hervor und verhindert den Knollenansatz. Ebenfalls an den Wurzeln fressen die Larven des etwa 2–3 mm großen, braungelben K.-Erdflohs (K.-Flohkäfer, Psylliodes affinis). ↑Kartoffelkäfer.

Pflanzl. Schädlinge: Meldepflichtig ist der durch den Pilz Synchytrium endobioticum hervorgerufene **K.-Krebs** (verursacht tumorartige Zellwucherungen). Die Knollen faulen und zerfallen, wodurch die nächste Sporengeneration den Boden verseucht. Durch den Strahlenpilz Streptomyces scabies hervorgerufen wird der **gewöhnl. K.-Schorf.** Der Pilz dringt in das Schalengewebe ein und verursacht raue, korkige bis blättrige Schorfstellen und einen unangenehmen Geschmack. Die **Kraut-** und **Knollenfäule** wird durch den Falschen Mehltaupilz Phytophthora infestans hervorgerufen. Erste Anzeichen sind Blattflecken, dann stirbt das Kraut ab. Die Sporangien gelangen bei Regen von den Blättern in den Boden und infizieren die Knollen; Bekämpfung mit Fungiziden.

Geschichte: Bei den Indianern der Nazcakultur und Mochekultur war die K. Hauptnahrungsmittel. Die span. Eroberer brachten sie im 16. Jh. nach Spanien. Die älteste botan. Beschreibung stammt von 1585 und wurde von J. T. Tabernaemontanus verfasst. Während des Dreißigjährigen Krieges wurde die K. gelegentlich angebaut. Im Siebenjährigen Krieg befahlen einige Landesfürsten den Anbau. Seit den Napoleon. Kriegen ist die K. in Europa eines der Hauptnahrungsmittel.

📖 *Putz, B.: K.n. Züchtung – Anbau – Verwertung. Hamburg 1989. – Woolfe, J. A.: Die K. in der menschl. Ernährung. A. d. Engl. Hamburg 1996. – Hobhouse, H.: Sechs Pflanzen verändern die Welt. Chinarinde, Zuckerrohr, Tee, Baumwolle, K., Kokastrauch. A. d. Engl. Stuttgart [4]2001.*

Kartoffelbovist (Scleroderma citrinum), zu den Hartbovisten gehörender, giftiger Bauchpilz mit kartoffelähnl., 3–10 cm großem Fruchtkörper und unangenehm stechendem Geruch; Außenhaut braun bis gelbbraun, meist feldrig-warzig aufgesprungen.

Kartoffelbovist: oben Schnitt durch einen Fruchtkörper

Kartoffelkäfer (Koloradokäfer, Leptinotarsa decemlineata), etwa 1 cm langer, breit ellipt., gelber Blattkäfer; mit schwarzen Längsstreifen auf den Flügeldecken; Larven rötlich, mit je zwei Seitenreihen schwarzer Warzen. Imago und Larve sind gefürchtete Kartoffelschädlinge, die die Pflanze völlig kahl fressen können; Eiablage (etwa ab Mai) an der Blattunterseite in mehreren Eiplatten, Verpuppung im Boden, Imagines der neuen Generation schlüpfen im Juli. – Der K. wurde aus Nordamerika (Colorado) 1877 über Frankreich nach Mitteleuropa eingeschleppt (erstes starkes Auftreten am Rhein 1938/39). – Bekämpfung durch Kontaktinsektizide; biolog. Bekämpfung u. a. durch die räuber. Schildwanze Perillous bioculatus oder durch Eintrieb von Hühnern.

Kartoffelkäfer

Kartogramm *das,* themat. Karte auf der Grundlage einer Karte mit Gebietsgrenzen, die die mittlere statist. Intensität einer Erscheinung innerhalb der jeweiligen Gebiete (z. B. durch farbl. Abstufung oder unterschiedliche Schraffierung) darstellt, etwa eine Bevölkerungsdichtekarte (Flächen-K., Gebietsflächenkarte); auch die kartograph. Darstellung von topograph. Gegebenheiten in stark schematisierter Form.

Kartographie *die,* Wiss. und prakt. Tätigkeit, die sich mit der Herstellung und Nutzung von raumbezogenen Informationen unter Verwendung graf. (analoger) und grafikbezogener (digitaler) Ausdrucksmittel (Zeichensysteme) befasst. Es gibt versch. kartograph. Ausdrucksformen, unter denen die ↑Karte am bedeutendsten ist. Alle übrigen Formen sind kartenverwandte Darstellungen, so dreidimensionale Gebilde wie Globus und Relief, ebene Darstellungen wie u. a. aus der Vogelperspektive, als Panorama, Blockbild oder Profil. – Die K. ist heute geprägt durch die vielseitigen Anwendungen in der themat. K., die wachsende Nutzung der automat. Datenverarbeitung sowie der Photogrammetrie und Fernerkundung.

Geschichte: Die Ursprünge der K. reichen bis ins Altertum, doch sind nur wenige Darstellungen überliefert. Babylonier (Tonplättchenkarten um 3800 v. Chr.), Chinesen und Ägypter gelten als erste Hersteller von Karten. Bei den Griechen lag den Karten zunächst noch die Kreisform der Erde mit Griechenland als Mittelpunkt zugrunde (Anaximander); später führten die astronom. und geograph. Forschungen zur ersten Gradnetzkarte mit Annahme der Erde als Kugel (Eratosthenes). Die »Geographie des Ptolemäus«, in Europa erst seit dem 15. Jh. bekannt, hat lange Zeit die K. beeinflusst. Aus der Römerzeit sind v. a. die Wegekarten (↑Itinerar) bedeutend. Später widmeten sich bes. die Araber der K. Die mittelalterl., meist in Klöstern betriebene K. brachte keinen Fortschritt. Dieser setzte erst mit zunehmender Seefahrt im 15. Jh. ein (↑Portolane). Die Renaissance befruchtete die K. v. a. in Italien (Fra Mauro), Dtl. (M. Waldseemüller, M. Behaim, G. Mercator) und den Niederlanden (W. J. Blaeu). Neben Seekarten entstanden Erdkarten, Regionalkarten, Atlanten und Globen. Vom Ende des 18. Jh. an wurden die Karten, ausgehend von Frankreich (C.-F. Cassini), auf der exakten Grundlage trigonometr. Vermessungen hergestellt. Daneben wandelte sich die Kartenwiedergabe von einer teilweise noch recht bildhaften Aussage zu einer reinen Grundrissdarstellung.

📖 *Der vermessene Planet. Bilderatlas zur Geschichte der K., bearb. v. G. Sammet. Hamburg 1990. – Kupcík, I.: Alte Landkarten. Von der Antike bis zum Ende des 19. Jh. A. d. Tschech. Hanau* [7]*1992. – Goss, J.: KartenKunst. Die Geschichte der K. A. d. Engl. Braunschweig 1994. – Wilhelmy, H.: K. in Stichworten. Zug* [6]*1996.*

Kartometrie *die,* die ↑Kartenmessung.

Karton [karˈtɔ̃, auch -ˈtoːn, frz.] *der,* **1)** ↑Papier.

2) *Kunst:* maßstabsgerechte Vorzeichnung auf starkem Papier für monumentale Gemälde, Fresken, Wandteppiche, Mosaiken oder Glasmalereien, ausgeführt in Kohle, Graphit, Rötel oder Tusche. Seit dem 15. Jh. v. a. in der italien. Malerei bei großformatigen Werken zur Übertragung der Vorzeichnung auf die Malfläche benutzt (Leonardo da Vinci, Michelangelo).

Kartonieren, *Buchbinderei:* Einhängen eines mehrlagigen Buchblocks in einen Kartonumschlag.

Kartsport, das ↑Karting.

Kartusche [von frz. cartouche »Papierhülse«, zu lat. charta »Papier«] *die,* **1)** *Archäologie:* die ovale Umrahmung der Königsnamen in altägypt. Hieroglypheninschriften, erfolgte in Form einer als mag. Schutzring doppelt gelegten Schnur.

2) *Kunst:* seit der Renaissance häufig verwendete Ornamentform, bestehend aus einer medaillon- oder schildförmigen Fläche, meist mit einer Inschrift, einem Wappen oder Emblem, und einer mit Voluten, Rollwerk u. a. reich geschmückten Umrahmung.

3) *Militärwesen:* im 17. und 18. Jh. Bez. für eine Patronentasche; heute die in einem Beutel **(Beutel-K.)** oder einer Metallhülse **(Metall-K.)** enthaltene Treibladung eines Geschosses.

Kartweli|er, Eigenbez. der ↑Georgier.

Kartwelsprachen, ↑kaukasische Sprachen.

Karun *der,* wasserreichster Fluss Irans, rd. 850 km lang, entspringt im Zagrosgebirge, mündet in den Schatt el-Arab; zur Bewässerung bes. im Tiefland von Khusistan und der Oase von Isfahan (Überleitung durch unterird. Stollen) genutzt.

Karuna [Sanskrit], im Buddhismus das mit der tätigen Zuwendung verbundene Mitleiden mit allen Lebewesen; zentrale Eigenschaft aller Buddhas.

Karunsee, See im ↑Faijum, Ägypten.

Karviná [-naː] (dt. Karwin), Stadt im Nordmähr. Gebiet, Tschech. Rep., an der Grenze zu Polen, 66 100 Ew.; Steinkohlenbergbau (seit 1776); Walzwerk, Maschinenbau. Im Ortsteil Lázně Darkov jod- und bromhaltige Mineralquellen.

Karweelbau, Bootsbauweise, ↑Kraweelbau.

Karwendelgebirge, Teil der Nordtiroler Kalkalpen, in Österreich (Tirol) und Bayern, zw. Seefelder Sattel und Achensee, im S vom Inn begrenzt; in der Birkkarspitze 2 749 m ü. M.; dünn besiedelt und wenig erschlossen; bei Mittenwald Bergbahn auf die Westl. Karwendelspitze; steht zum größten Teil unter Naturschutz.

Karwin, Stadt in der Tschech. Rep., ↑Karviná.

Karwoche [zu ahd. chara »Wehklage«, »Trauer«] (Stille Woche), im Kirchenjahr die Woche vor Ostern, mit den Haupttagen Palmsonntag, Gründonnerstag, Karfreitag und Karsamstag; im Mittelpunkt der Gottesdienste steht die Passionsgeschichte Jesu Christi.

Karyatide [grch.] *die,* weibl. Gewandfigur, die als Gebälkstütze dient, meist anstelle einer Säule (Korenhalle des Erechtheions in Athen), in versch. Epochen auch als von einer Funktion weitgehend gelöstes Element; männl. Gegenstück ↑Atlant.

Karyogramm [grch.] *das,* nach Größe und Gestalt geordneter, grafisch wiedergegebener Bestand an Chromosomen im diploiden Chromosomensatz einer Zelle; für jede Organismenart ist das K. kennzeichnend.

Karyokinese [grch.] *die,* ↑Kernteilung.

Karyolyse [grch.] *die,* das Verschwinden der Kernmembran und die scheinbare Auflösung des Zellkerns zum Beginn der Kernteilung; auch Auflösung des Kerns nach dem Zelltod.

Karyon [grch.] *das,* der ↑Zellkern.

Karyotyp, Gesamtheit der in den Zellen enthaltenen Chromosomen (↑Karyogramm).
Karzer [lat. carcer »Kerker«] *der,* früher Raum zur Verbüßung von Disziplinarstrafen in Univ. (bis 1879, in Preußen bis 1914) und höheren Schulen.
karzinogen [grch.] (kanzerogen), Krebs erregend (↑Krebs).
Karzinoid [grch.] *das,* krebsähnl., hormonbildender Tumor, bes. im Magen-Darm-Kanal (85 %) oder in den Bronchien (10 %); nach sehr langsamem Wachstum erfolgt Metastasierung, v. a. in Leber und Lymphknoten; die Behandlung erfolgt operativ.
Karzinom [zu grch. karkínos »Krebs«] *das* (Carcinoma), vom Epithel ausgehender bösartiger Tumor, ↑Krebs.
Kasachen (bis Mitte der 1920er-Jahre auch Kirgis-Kaisak, oft auch irrtümlich Kirgisen), turksprachiges, mongolides Volk in Zentralasien, vom Kasp. Meer bis zur Gobi, in Kasachstan, Usbekistan, Turkmenistan, China, der Mongolei und Afghanistan; insgesamt etwa 9,3 Mio. Menschen; überwiegend Hirtennomaden und Jäger, z. T. auch Ackerbauern; sie sind überwiegend Muslime.
Kasachische Schwelle (Kasachisches Kleinhügelland), Hügelland im östl. und zentralen Teil Kasachstans, zw. Westsibir. Tiefland und dem Tiefland von Turan, bis 1 566 m ü. M.; im N Steppe, im S Halbwüste; reich an Bodenschätzen.

Kasachstan: Blick auf Almaty

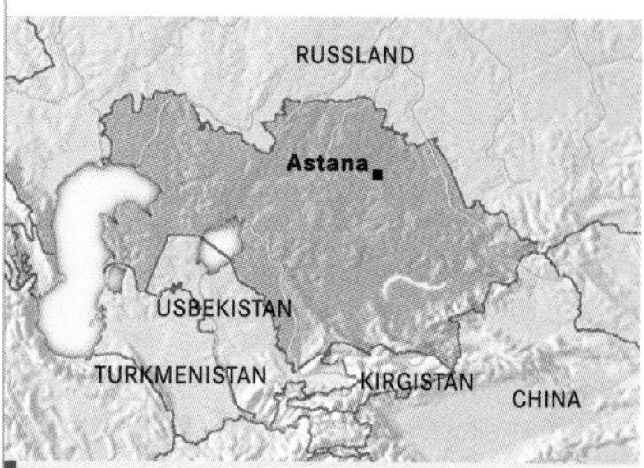

Kasachstan

Fläche	2 724 900 km²
Einwohner	(2003) 15,433 Mio.
Hauptstadt	Astana
Verwaltungsgliederung	14 Gebiete und 3 unmittelbare Städte
Amtssprache	Kasachisch
Nationalfeiertage	25. 10. und 16. 12.
Währung	1 Tenge (T) = 100 Tiin
Zeitzone	MEZ + 3 bis + 5 Std.

Kasachstan (Kasachien, kasach. Qazaqstan, amtlich Qazaqstan Respublikasy), Staat in Mittelasien, grenzt im Nordwesten, Norden und Nordosten an Russland, im Südosten an China, im Süden an Kirgistan, Usbekistan und Turkmenistan und im Westen an das Kasp. Meer.
Staat und Recht: Nach der am 5. 9. 1995 in Kraft getretenen Verf. (1998 revidiert) ist K. eine präsidiale Republik. Staatsoberhaupt und Oberbefehlshaber der Streitkräfte ist der mit weitgehenden Vollmachten ausgestattete Präs. (auf 7 Jahre direkt gewählt). Er bestimmt die Richtlinien der Politik und ernennt den MinPräs. sowie auf dessen Vorschlag die übrigen Mitgl. des Kabinetts. Die Legislative liegt beim Zweikammerparlament (Legislaturperiode 5 Jahre), bestehend aus Medschelis (77 Abg., davon 67 durch Mehrheitswahl und 10 durch Verhältniswahl bestimmt) und Senat (47 Mitgl., davon 7 vom Präs. ernannt). Einflussreichste Parteien: republikan. Partei »Otan« (Vaterland), Bürgerpartei »Azamat« (Gleichheit), Kommunist. Partei, Agrarpartei und Kooperative Volkspartei.
Landesnatur: K. vermittelt zw. Europa und Asien: Es erstreckt sich vom Tiefland der unteren Wolga und dem Kasp. Meer im W über 3 000 km bis zum Altai im O und

vom Westsibir. Tiefland im N über 1700 km bis zum Aralsee, zur Kysylkum und zum Tienschan im Süden. Es besteht überwiegend aus Ebenen (im W die Kasp. Senke [tiefster Punkt die Karagijesenke, bis 132m u. M.], im SW das Tiefland von Turan) und niedrigen Plateaus (im SW das Ust-Urt-Plateau, im N das Tafelland von Turgai mit der Turgaisenke); größere Höhen erreichen im NW die Mugodscharberge (657m ü.M.), im zentralen Teil die Kasach. Schwelle (1566m ü.M.) und die Nördl. Hungersteppe. Im O und SO erstrecken sich bis 6995m ü.M. aufragende Hochgebirgsketten (Tienschan u.a.). Neben Kasp. Meer und Aralsee sind im S Balchasch- und Saissansee wichtige Binnengewässer. Das Klima ist extrem kontinental und trocken. Auf kalte schneearme Winter (Januarmittel im N −18°C, im S −3°C) folgen nach kurzem Frühjahr lange, heiße und trockene Sommer (Julimittel im N 19°C, im S 28–30°C). Die jährl. Niederschlagsmengen nehmen von N nach S von 400 mm auf weniger als 100 mm ab, in den Hochgebirgen steigen sie bis über 1000 mm an. Starke Winde in den Steppen und Wüsten führen zu beträchtl. Bodenerosion. An die Waldsteppe im äußersten N schließt sich südlich die echte Steppenzone an, die etwa ein Drittel der Fläche bedeckt. Sie geht im S in die Halbwüsten- und Wüstenzone über, die die größte Fläche von K. einnimmt.

Bevölkerung: Die Bev. setzt sich aus Kasachen (53%), Russen (30%), Ukrainern (4%), Usbeken (3%), Deutschen (2%), Tataren (2%) und aus etwa 125 anderen Nationalitäten zusammen. Am dichtesten besiedelt sind die landwirtsch. genutzten Steppenbereiche im N, die industriell geprägten Gebiete Tschimkent, Karaganda, Atyrau (Erdöl) und die Bewässerungsgebiete in der südl. Vorgebirgszone, am schwächsten die Gebiete Dscheskasgan sowie die Halbinsel Mangyschlak. In den Städten leben 56% der Bev. Die Kasachen, Usbeken, Tataren und übrigen turksprachigen Völker bekennen sich zum Islam. Die orth. Christen (v.a. Russen) werden geistlich von der russisch-orth. Kirche betreut; die Deutschen gehören mehrheitlich der kath. Kirche und der ↑Evangelisch-Lutherischen Kirche in Russland und anderen Staaten an. – Es besteht eine neunjährige allgemeine Schulpflicht ab dem 7. Lebensjahr. Das Schulsystem gliedert sich in folgende Stufen: die vierjährige Primarschule (Grundschule) und einen zweistufigen Sekundarschulbereich, die fünfjährige Sekundarschule I und die auf den Hochschulbesuch vorbereitende zweijährige Sekundarschule II. Die Analphabetenquote beträgt 2%. Das Hochschulwesen umfasst die Univ. in Almaty (gegr. 1934) und Karaganda (gegr. 1972) und rd. 60 Hochschulen und Fachhochschulen.

Kasachstan: See bei Borowoje in den Koktschetawscher Bergen

Wirtschaft und Verkehr: K. ist ein bergbaulich-industriell geprägtes Entwicklungsland. Die Wirtschaft wird von der Gewinnung von Energieträgern (Erdöl, -gas, Kohle), vom Erzbergbau, der Verarbeitungsind. und von der Landwirtschaft (Getreideanbau) dominiert. Nach der polit. Unabhängigkeit 1991 vollzog sich ein von wirtsch. Rückschlägen begleiteter Transformationsprozess von der sozialist. Plan- zur Marktwirtschaft, der seit 1996 trotz verschiedener wirtschaftshemmender russisch-kasach. Gegensätze und trotz der russ. Wirtschaftskrise von einer durch reiche Erdöl- (Tengisfeld, Kaspischelflagerstätten) und Erdgasfunde gestützten Stabilisierungs- und anschließenden leichten Aufschwungphase gekennzeichnet ist. Knapp ein Viertel der Beschäftigten ist in der Landwirtschaft tätig. Die landwirtsch.

Nutzfläche umfasst nur ein Viertel der Landesfläche. Die Viehhaltung erbringt 60% der landwirtsch. Bruttoproduktion. Im gesamten Wüstensteppenbereich dominiert die Zucht von Schafen, Kamelen und Ziegen, im N werden außerdem Rinder, Schweine, Pferde und Geflügel gehalten. Der Schwerpunkt des Ackerbaus liegt beim Weizenanbau (1954–60 extensive Erweiterung der Anbaufläche durch Neulanderschließung). Daneben ist der Anbau von Futterpflanzen, Sonnenblumen, Zuckerrüben, Baumwolle, Tabak, Gemüse und Flachs bedeutsam. Durch ungeeignete Landbewässerung entstanden große Umweltschäden (↑Aralsee), die Kernwaffentests bei Semipalatinsk führten zur Verseuchung weiter Landstriche. Knapp ein Drittel der Beschäftigten ist in der Ind. tätig. Etwa 80% des kasach. Öls wird von ausländ. oder Gemeinschaftsunternehmen gefördert. Neben Energieträgern ist K. auch reich an anderern Bodenschätzen (Kupfer-, Zinn-, Blei-, Zink-, Eisenerze, Bauxit, Gold, Silber, Phosphorite u.a.). Auf der Grundlage der reichen Rohstoffvorkommen entwickelte sich nach 1940 eine umfangreiche Schwerind. (Eisen- und Buntmetallerzverhüttung, Aluminiumwerk, Land-, Schwermaschinenbau, Rüstungsind., Erdölverarbeitung, chem. Ind.). Elektroenergie wird in Wärmekraftwerken (86%) erzeugt, 14% entstammen den Wasserkraftwerken am Irtysch, Syrdarja und Ili. Traditionelle Branchen sind die Nahrungsmittel-, Textil- und Lederindustrie. – Ausgeführt werden v.a. Erdöl, Buntmetalle, Eisen, Kohle u.a. Rohstoffe, Chemieerzeugnisse, Getreide, Fleisch, Wolle und Häute; wichtigste Handelspartner sind Russland, die Ukraine, die mittelasiat. Republiken, Großbritannien, Dtl., Italien. – Das Eisenbahnnetz hat eine Länge von etwa 14000 km (davon 3300 km elektrifiziert); von den rd. 141000 km Straßen haben 104000 km eine feste Decke. Schifffahrt wird v.a. auf dem Kasp. Meer, Balchaschsee, Ural und Irtysch betrieben. Wichtigste Seehäfen sind Atyrau und Aktau; internat. Flughäfen in Almaty, Atyrau und Aktau. Eine wichtige Erdöl-Exportleitung (1580 km) führt vom Tengis-Ölfeld nordöstlich des Kasp. Meeres zum russ. Schwarzmeerhafen Noworossisk.

Geschichte: Das seit dem Paläolithikum besiedelte Land geriet im 6. Jh. unter die Herrschaft eines Turkvolkes, war im 10. Jh. Bestandteil des Karachanidenreiches und wurde 1219–21 von den Mongolen unter Dschingis Khan erobert. Im 15. Jh. trennten sich die Kasachen von dem nach Zerfall der Goldenen Horde entstandenen usbek. Khanat und bildeten ein eigenes Khanat, das sich in drei Horden gliederte (Kleine Horde im W, Große Horde im O, Mittlere Horde in den dazwischenliegenden Steppengebieten). In der 1. Hälfte des 18. Jh. wurde K. durch Einfälle der Dsungaren (Oiraten) verwüstet; zw. 1731 und Mitte des 19. Jh. unterstellten sich die einzelnen kasach. Gebiete der Oberhoheit Russlands. Ende 1917 proklamierte die von der Stammeselite (Beis, Mullahs) und bürgerl. Nationalisten getragene »Alasch Orda« die Autonomie von K. und kämpfte gegen die Bolschewiki; 1920 wurde die Kirgis. ASSR innerhalb der RSFSR gebildet. Nach den 1924 in Mittelasien vorgenommenen Grenzfestlegungen kamen die Gebiete Syrdarja und Siebenstromland (bis dahin Turkestan. ASSR) zur Kirgis. ASSR, die 1925 in Kasach. ASSR umbenannt wurde. Die 1929 in K. eingeleitete Kollektivierung der Landwirtschaft, die mit der zwangsweisen Sesshaftmachung des nomadisierenden kasach. Volkes verbunden war, stieß auf harten Widerstand und löste (nach Flucht vieler Kasachen mit ihren Herden nach China sowie Viehabschlachtungen) jahrelange schwere Hungersnöte aus. 1936 erhielt K. den Status einer Unionsrep. 1941 kam es zur Zwangsansiedlung von Russlanddeutschen. Unter N. S. Chruschtschow begann 1954 eine groß angelegte Erschließung landwirtsch. Neulandes. Am 25. 10. 1990 erklärte K. seine Souveränität innerhalb der UdSSR. Im Aug. 1991 wurde das Atomtestgelände bei Semipalatinsk geschlossen (ab 1949 mehr als 500 ober- und unterird. Kerntests). Unter Staatspräs. N. Nasarbajew (seit 1990 im Amt, zunächst 1991 durch Wahl und 1995 durch ein Plebiszit bestätigt) proklamierte K. am 16. 12. 1991 seine Unabhängigkeit.

Am 21. 12. 1991 schloss sich K. der ↑GUS an und unterstellte die auf seinem Territorium befindl. Atomwaffen einem gemeinschaftl. Oberkommando. In einem Freundschafts- und Sicherheitsvertrag erkannten Russland und K. 1992 gegenseitig ihre Souveränität und territoriale Integrität an. K. ratifizierte 1992 den START-Vertrag

und 1993 den Kernwaffensperrvertrag. 1994 schloss es sich der NATO-Initiative »Partnerschaft für den Frieden« an. Das Verhältnis zur VR China konnte u. a. durch ein Kooperationsabkommen (1993) verbessert werden; die Situation der v. a. in Sinkiang lebenden Kasachen blieb jedoch ungeklärt. Territoriale Spannungen mit Kirgistan wurden spätestens mit der zw. diesem, Russland, Weißrussland und K. am 29. 3. 1996 vereinbarten »Gemeinschaft Integrierter Staaten« entschärft (seit 1999 auch Tadschikistan deren Mitgl.). Im Dez. 1997 zogen Staatspräs., Reg. und Parlament von Almaty nach Akmola um, das als neue Hauptstadt 1998 in Astana (kasach. »Hauptstadt«) umbenannt wurde. Durch eine am 7. 10. 1998 von beiden Parlamentskammern bestätigte Verf.änderung (u.a. Ausdehnung der Amtszeit des Staatspräs. von fünf auf sieben Jahre) baute der zunehmend autokratisch regierende Präs. Nasarbajew (durch vorgezogene Wahlen im Jan. 1999 erneut bestätigt) seine Machtposition aus.
Außenpolitisch bedeutsam waren u. a. ein im Juli 1998 geschlossenes Grenzabkommen mit der VR China (zugleich Vereinbarung einer Intensivierung der wirtschaftl. Zusammenarbeit) sowie ein im selben Monat unterzeichneter kasachisch-russ. Freundschaftsvertrag (einschließlich militär. Beistandsklauseln), mit dem zus. auch ein von anderen Anrainerstaaten kritisiertes Abkommen zw. K. und Russland über die Nutzung des nördl. Teils des Kasp. Meeres (insbesondere der dort lagernden Erdölvorkommen) zustande kam.

📖 *Länderbericht K. hg. v. Statist. Bundesamt. Stuttgart 1995. – Benner, K.: Der Vielvölkerstaat K. Ethn. Heterogenität in friedl. Koexistenz? Hamburg 1996. – Götz, R. u. Halbach, U.: Polit. Lexikon GUS. München [3]1996.*

Kasack [frz. »Kosakenbluse«] *der,* hüftlanges, gerades bis blusenartiges Kleidungsstück der Damenoberbekleidung.

Kasack, Hermann, Schriftsteller, * Potsdam 24. 7. 1896, † Stuttgart 10. 1. 1966; Mitbegründer des dt. PEN-Zentrums, 1953–63 Präs. der Dt. Akademie für Sprache und Dichtung. Sein Hauptwerk ist der Roman »Die Stadt hinter dem Strom« (1947), die surrealist. Darstellung einer Totenstadt. Neben weiteren Romanen (»Das große Netz«, 1952) auch Erzählungen und Lyrik.

Kasai *der,* linker Nebenfluss des Kongo, rd. 2000 km lang, entspringt im Hochland von Angola, mündet als **Kwa** bei Kwamouth in der Demokrat. Rep. Kongo; wichtige Wasserstraße.

Kasakow, Juri Pawlowitsch, russ. Schriftsteller, * Moskau 8. 8. 1927, † ebd. 1. 12. 1982; schrieb Erzählungen und Novellen in der Tradition A. P. Tschechows und I. Bunins (Samml.: »Arktur, der Jagdhund«, 1958; »Musik bei Nacht«, 1959, dt. Auswahl 1961; »Zwei im Dezember«, 1966; »Über die Tapferkeit des Schriftstellers«, 1976).

Kasan, Hptst. von Tatarstan, Russ. Föderation, am Kuibyschewer Stausee der mittleren Wolga, 1,092 Mio. Ew.; Sitz des Muftis für die sunnit. Muslime des europ. Russland; Univ., TU, technolog., medizin. und islam. Univ., medizin. und tatar. Akademie, mehrere Hochschulen, Staatsmuseum von Tatarstan, tatar. und russ. Theater; Rüstungsind., Maschinen- und Gerätebau, chem., mannigfaltige Leicht- und Nahrungsmittelind.; Hafen, internationaler Flughafen. – Kreml (16.–19. Jh.; UNESCO-Weltkulturerbe) mit Verkündigungskathedrale; Kirchen und Klöster; die wenigen erhaltenen Moscheen sind aus dem 18./19. Jh.; Bürgerhäuser des Barock, Klassizismus und Historismus. – Die (nach neuesten Angaben) 1177 von den Wolgabulgaren gegründete und Ende des 14. Jh. an die Wolga verlegte Stadt entwickelte sich zum Zentrum des gleichnamigen Khanats der Goldenen Horde, das der russ. Zar Iwan IV. 1552 eroberte; wurde 1708 Gouv.-Hptst., 1920 Hptst. der Rep. der Tataren (später Tatar. ASSR).

Kasanlak (Kazanlăk), Stadt im Gebiet Stara Sagora, im mittleren Bulgarien, im Tal der Tundscha, 54021 Ew.; Zentrum der bulgar. Rosenölerzeugung, Forschungsinst. für Duftstoffe; Maschinenbau, Metall-, Textil-, Konservenind., Töpfereien, Musikinstrumentenbau. – Kuppelgrab eines thrak. Fürsten (um 300 v. Chr.) mit Wandmalereien (UNESCO-Weltkulturerbe). – K. wurde im 15. Jh. zur Sicherung des Schipkapasses gegründet. – Abb. S. 486

Kasantataren (Wolgatataren, Eigenbez. Kasanlik), größtes Volk der Tataren, im Gebiet der mittleren Wolga und der unteren Kama, v. a. in Tatarstan und Baschkortostan. Die K. betreiben Ackerbau und Viehzucht, daneben auch Handwerk und

Handel; die Gläubigen sind vorwiegend sunnit. Muslime.

Kasatschok [russ.] *der,* ukrain. Kosakentanz im 2/4-Takt mit immer schneller werdendem Tempo.

100264

Kasanlak: Grabmahl eines thrakischen Fürsten (um 300 v. Chr.)

Kasba [arab.] *die* (Kasbah), 1) im westislam. Bereich (N-Afrika, Spanien) die hoch gelegene, weitläufige Zitadelle als Teil einer Stadt; auch Bez. für die gesamte Altstadt; 2) die burgartige Residenz berber. Stammesoberhäupter im Hohen Atlas; 3) im Antiatlas Getreidespeicher (Igherm) sowie Flucht- und Speicherburg (Agadir).

Kasba-Tadla, Stadt in Zentralmarokko, am rechten Ufer des Oum er-Rbia, 28 500 Ew.; Marktzentrum in der fruchtbaren Tadla-Ebene. – Gewaltige Doppelkasba (1687–1700 erbaut).

Kasbek *der,* erloschener Vulkan im Großen Kaukasus, in Georgien, nahe der Grenze zu Russland, 5 047 m ü. M. (nach anderen Angaben 5 033 m ü. M.); vergletschert.

Käsch *das,* eingedeutschte Bez. für ostasiat. Bronze-, Messing- und auch Zinnmünzen; in Indien im 17. Jh. unter engl. Einfluss als **Cash** Währungseinheit.

Kaschan (Kashan, Keshan), Oasenstadt in Zentraliran, 155 200 Ew.; bed. Kunstgewerbe seit dem MA.: Herstellung von Teppichen, glasierten Ziegeln, Fliesen, Gefäßen v. a. in Lüstertechnik. – Bauwerke aus der Seldschukenzeit.

Kaschau, Stadt in der Slowak. Rep., ↑Košice.

Käscher (Kescher), Netzbeutel mit Bügel und Stiel zum Fangen von Fischen, Wasserorganismen und Schmetterlingen.

Kaschgar (Kashgar, chines. Kashi), Stadt im Autonomen Gebiet Sinkiang, China, im westl. Tarimbecken, 1 304 m ü. M., in einer fruchtbaren Oase (Getreide-, Baumwollanbau, Seidenraupenzucht) an der Vereinigung von N- und S-Route der ehem. Seidenstraße um die Takla-Makan, 202 000 Ew.; Baumwoll-, Nahrungsmittel-, Zementind., Landmaschinenbau, Töpferei, Teppichknüpferei. – Maler. Stadt mit traditionellem Basar und großer Id-Kah-Moschee.

kaschieren [frz.], **1)** *allg.:* so darstellen, dass eine positive Wirkung erzielt wird; (Mängel) verheimlichen, verdecken.

2) *Technik:* Teile gleichen oder versch. Materials (Papier, textile Flächen, Schaumstoffe, Kunststoff-, Metallfolien u. a.) zusammenkleben oder bei erhöhter Temperatur unter Druck miteinander verbinden oder Schichten eines Materials auf Trägerstoffe aufbringen.

Kaschmir [nach der Landschaft Kaschmir] *der,* das sehr feine und weiche Flaumhaar der **K.-Ziege,** vorwiegend für Strickgarne höchster Qualität verwendet.

Kaschmir, Gebirgslandschaft und ehem. Fürstentum (bis 1947) im nordwestl. Himalaja und im Karakorum; heute geteilt. Der von Indien verwaltete Teil gehört zum Bundesstaat **Jammu and Kashmir** (Dschammu und K.) mit den Hauptstädten Srinagar (im Sommer) und Jammu (im Winter) und hat eine Fläche von 144 122 km² und (2001) 10,07 Mio. Ew. Die übrigen Teile werden von Pakistan (Azad Kashmir [78 114 km²] sowie Baltistan, Gilgit und Hunza) verwaltet, z. T. auch von China (v. a. Teile von Ladakh [36 000 km²]) besetzt. Die Bev. besteht v. a. aus Kaschmiri, einem Hinduvolk mit indoar. Sprache, ferner aus afghan. und mongol. Stämmen.

Hauptsiedlungsgebiet ist der SW, bes. das im ind. Teil gelegene Hochbecken (rd. 1 500 m ü. M.) von K., das vom Jhelum durchflossen wird, der den Wularsee sowie viele andere Seen (ehem. Flussläufe) bildet. Das Klima ist kontinental, die Hänge sind stark bewaldet; im Talboden und auf Terrassen Anbau von Reis, Weizen, Mais und Obst, im Hochgebirge Sommerweiden; außerdem Seiden-, Teppich- und Wollweberei, Kunsthandwerk sowie neuerdings Herstellung von Uhren und Telefonapparaten; Fremdenverkehr. Den O-Teil des ind. Gebietes (↑Ladakh mit Zanskar) und das pakistan. Gebiet bildet v.a. die Talschaft des oberen Indus; von hier besteht seit 1978 mit der Straße (von Gilgit durch Hunza) über den Karakorum (Pass 4890m ü.M.) Verbindung mit China (Sinkiang).

Geschichte: Das bis zum 14. Jh. von Hindufürsten, dann von muslim. Herrschern regierte Land wurde 1586 dem Mogulreich unter Akbar angegliedert; es fiel 1756 an Afghanistan und 1819 an das Sikhreich im Pandschab. 1846 wurde es brit. Schutzstaat unter dem Maharadscha Gulab Singh. Nach der Teilung Britisch-Indiens (Aug. 1947) erklärte der Maharadscha Hari Singh im Okt. 1947 den Beitritt K.s zur Ind. Union gegen den Protest Pakistans, das K. als ein Gebiet mit vorwiegend muslim. Bevölkerung für sich beanspruchte. Ind. Truppen besetzten den (größeren) südöstl., pakistan. Truppen den nordwestl. Teil. Die UNO vermittelte einen Waffenstillstand (1949) und schlug zur Lösung des **K.-Konflikts** eine Volksabstimmung vor, die jedoch nicht stattfand. Nach Festlegung der Demarkationslinie (1949) entstand das pakistan. Azad Kashmir und das ind. Jammu and Kashmir (seit 1957 Bundesstaat Indiens). Mohammed Abdullah (»Der Löwe von Kaschmir«, *1905, †1982), seit 1947 Reg.chef im ind. Teil K.s, wurde 1953 von der ind. Reg. abgesetzt (1953–64 meist in Haft), da er in zunehmendem Maße die Unabhängigkeit von K. befürwortete. – Im Sept. 1965 brach zw. Indien und Pakistan ein weiterer militär. Konflikt um K. aus, der auf Vermittlung der UdSSR im Vertrag von Taschkent (Jan. 1966) auf der Basis des Status quo beigelegt wurde. – Im indisch-chines. Grenzkonflikt 1962 besetzte China Teile Ladakhs. 1963 trat Pakistan einen Streifen von Azad Kashmir an China ab. Auch in den 80er- und 90er-Jahren kam es im ind. Teil (1990–96 direkt der Zentralgewalt unterstellt und weiterhin von der Stationierung starker ind. Truppen betroffen) zu heftigen, teils blutigen Auseinandersetzungen um die Autonomie- bzw. Unabhängigkeitsforderungen der kaschmir. Bev. und zu wiederholten Spannungen zw. Indien und Pakistan bis hin zu militär. Auseinandersetzungen um die K.-Region (erneute schwere Konfrontation 1999/2000). Das erfolglose indisch-pakistan. Gipfeltreffen im Juli 2001 offenbarte die prinzipiellen Differenzen der beiden Atommächte im K.-Konflikt, in dem Indien der pakistan. Seite Unterstützung für die grenzüberschreitenden Aktionen islamist. Terroristen anlastete und sich gegen die von Pakistan angestrebte Internationalisierung einer Konfliktlösung wandte. Das K.-Problem blieb angesichts der Verstärkung der Aktivitäten islamist. Rebellen (u.a. terrorist. Anschlag auf das Regionalparlament in Srinagar am 1. 10. 2001 sowie zahlr. weitere Gewalttaten) und der fortgesetzten militär. Spannungen zw. Indien und Pakistan (wiederum 2002/03) stark belastet. Im Nov. 2003 einigten sich die beiden Staaten auf eine Waffenruhe in K.; darüber hinaus kam es im Jan. 2004 nach einem Treffen zwischen Musharraf und Vajpayee in Islamabad zu einer indisch-pakistan. Annäherung und der gemeinsamen Erklärung, den K.-Konflikt friedlich lösen zu wollen. Musharraf verzichtete zudem auf die (zuvor vehement vertretene) Forderung nach einer Volksabstimmung über die Zukunft K.s. Noch im gleichen Monat empfing die ind. Reg. Vertreter der gemäßigten Separatisten (All-Party Hurriyat Conference); beide Seiten verständigten sich auf einen Gewaltverzicht und weitere Verhandlungen.

📖 *Rothermund, D.: Krisenherd K. Der Konflikt der Atommächte Indien u. Pakistan. München 2002.*

Marie Luise Kaschnitz:

100562

Kaschnitz, Marie Luise, Schriftstellerin, *Karlsruhe 31. 1. 1901, †Rom 10. 10. 1974; seit 1925 ⚭ mit dem österr. Archäologen Guido Freiherr K. von Weinberg (*1890, †1958); schrieb stark autobiograf., stimmungshaltige Lyrik (»Ewige Stadt«, 1952; »Dein Schweigen – meine Stimme«, 1962;

»Überallnie«, Auswahl 1965; »Ein Wort weiter«, 1965), Erzählungen (»Lange Schatten«, 1960; »Ferngespräche«, 1966), Romane (»Elissa«, 1937) und Betrachtungen (»Wohin denn ich«, 1963; »Orte«, 1973).

Kascholong *der,* Schmuckstein, Varietät des ↑Opal.

Kaschuben [poln. kaszuba »Pelzrock« nach ihrer Tracht], westslaw. Volksstamm in NW-Polen, zw. Weichsel und Stolpe, Rest der altslaw. Pomoranen.

Kaschubische Schweiz (poln. Pojezierze Kaszubskie), wald- und seenreicher östl. Teil des Pommerschen Höhenrückens, südwestlich von Danzig, Polen; der Turmberg (331 m ü. M.) ist die höchste Erhebung des gesamten Balt. Landrückens.

Kaschunuss, ↑Cashewnuss.

Kaschurpapier [frz.], Schmuckpapier zum Überkleben von Pappe, Karton usw.

Kasdan ['kæzdən], Lawrence, amerikan. Filmregisseur, *Miami Beach (Fla.) 14. 1. 1949; zunächst Verfasser von Drehbüchern, inszenierte u. a.: »Heißblütig – kaltblütig/Die heißkalte Frau« (1981), »Der große Frust« (1983), »Silverado« (1985), »Die Reisen des Mr. Leary« (1988); »Grand Canyon – Im Herzen der Stadt« (1992), »Wyatt Earp« (1994), »French Kiss« (1995), »Mumford« (1999).

Käse, hochwertiges, leicht verdaul. Nahrungsmittel aus dickgelegter Käsereimilch (zur Herstellung von K. bestimmte Kuh-, Schaf-, Ziegen-, Büffelmilch sowie aus diesen Erzeugnissen gewonnene Sahne [Rahm], Magermilch, Buttermilch und Molke); die Erzeugnisse dürfen eingedampft und miteinander vermischt sein.

Die zur Gewinnung des **K.-Teiges (Bruch)** erforderl. Gerinnung der Milch wird entweder durch Dicklegen frischer Milch mit Lab (Lab- oder Süßmilch-K.) oder durch Säuerung (Sauermilch-K.) erzielt, die durch von selbst entstehende Reinkulturen von Milchsäurebakterien hervorgerufen wird. Der anfallende Bruch wird von der Molke abgetrennt, je nach K.-Typ unterschiedlich geformt und behandelt und in klimatisierten Kellern zur Reife gebracht. Dabei werden die Eiweißstoffe aufgeschlossen und spezif. Aromastoffe gebildet. Die aus dem restl. Milchzucker entstehende Milchsäure wird u. a. zu Kohlendioxid abgebaut, was zur Bildung von Löchern im K. führt. **Hart-K.** sind z. B. der Emmentaler mit den charakterist. großen Löchern und der Greyerzer mit kleineren Löchern. Der sehr feste Parmesan-K. benötigt eine Reifezeit von mindestens drei Jahren. Der engl. Chester-K. besitzt fast keine Löcher und wird mit einer gewachsten Gaze umgeben. **Schnitt-K.** ist etwas weicher als Hart-K., z. B. die mit einer Wachsschicht umgebenen Sorten Gouda und Edamer sowie der Tilsiter. **Edelpilz-K.** entsteht durch Impfung mit essbaren Blauschimmelpilzen vor der Reifung, z. B. der aus Schafmilch hergestellte Roquefort und der aus Kuhmilch hergestellte Gorgonzola. **Weich-K.** sind z. B. der aus der belg. Prov. Limburg stammende Limburger mit einem rötl. Bakterienbelag und die an der Oberfläche mit Weißschimmelpilzen geimpften Sorten Camembert und Brie. Lässt man den K. nicht reifen, so entsteht **Frisch-K.** (z. B. Speisequark) mit säuerl. Geschmack und feinflockiger Struktur. Schicht-K. besteht aus zwei Lagen Magerquark, zw. denen eine fettreichere Quarkschicht liegt. Aus Sauermilchquark werden **Sauermilch-K.,** z. B. Harzer K. (Hand-K.), hergestellt. Durch Erhitzen von Sauermilchquark erhält man **Koch-K.; Schmelz-K.** entsteht durch Zusatz von Schmelzsalz zu zerkleinertem und erhitztem Roh-K. (meist Hart-K.), wobei sich eine plast. Masse bildet.

Käse

Fettgehaltsstufe	Fettgehalt in Trockenmasse (Fett i. Tr.)
Doppelrahmstufe	60–85 %
Rahmstufe	50–59 %
Vollfettstufe	45–49,5 %
Fettstufe	40–44,9 %
Dreiviertelfettstufe	30–39,9 %
Halbfettstufe	20–29,9 %
Viertelfettstufe	10–19,9 %
Magerstufe	0–9,9 %

Wirtschaft: Die wichtigsten K.-Produzenten waren 2001 (in 1 000 t) die USA (4 024), Dtl. (1 765), Frankreich (1 652), Italien (975) und die Niederlande (652). Weltproduktion 2001: 16,75 Mio. t (Erzeugung in landwirtschaftl. Betrieben eingeschlossen).

Geschichte: K. wurde wohl schon vor mehr als 7 000 Jahren hergestellt. Bildl.

Darstellungen aus Mesopotamien und Ägypten (3100–3000 v. Chr.) zeigen die Verarbeitung von Milch. Die Bibel erwähnt Schaf- und Kuh-K. Im grch. Kulturkreis war K. ebenfalls bekannt (Odyssee). Auch in Rom war K. ein wichtiges Nahrungsmittel. Nach der Völkerwanderung betrieben und vervollkommneten bes. die Klöster die Käserei (Fastenspeise). Roquefort wird Ende des 11. Jh. erwähnt, etwa um die gleiche Zeit der Edamer, im 12. Jh. der Chester-K., der Brie um 1500.

📖 *K. Die 200 besten Sorten der Welt, Text v. B. Nantet u. a., Fotos v. J.-P. Dieterlen. A. d. Amerikan. Köln 1994. – Drössler, W. A.: Das K.-Abc. Alle K.-Sorten von Appenzeller bis Ziegenkäse. München 2001.*

Käsefliege (Piophila casei), 4–5 mm große schwarze Fliege, deren weiße Larve **(Käsemade),** die springen kann, als Vorratsschädling u. a. im Käse lebt. Die Larven können im menschl. Darm zu heftigen Beschwerden führen.

Kasein, ↑Casein.

Kaseinfarben, Anstrichmittel, die ↑Casein als Bindemittel enthalten.

Kasel [von mlat. casula »Kapuzenmantel«] *die,* das ↑Messgewand.

Käsemade, ↑Käsefliege.

Käsemann, Ernst, evang. Theologe, * Bochum 12. 7. 1906, † Tübingen 17. 2. 1998; Prof. in Mainz, Göttingen und Tübingen; Arbeiten über den histor. Jesus sowie die Theologie des Johannesevangeliums und des Römerbriefs; betonte das N. T. als Botschaft der Freiheit unter dem Kreuz Jesu und hob auch deren polit. Dimension hervor.

Kasematte [italien., von grch. chásma »Erdkluft«] *die, Militärwesen:* 1) Geschützstand unter einer gepanzerten Decke; schusssicherer Raum in Festungsanlagen; 2) gepanzerter Geschützraum auf Kriegsschiffen des 19. Jahrhunderts.

Kaserne [frz., von provenzal. cazerna »Wachhaus für vier Soldaten«, zu lat. quaterni »je vier«] *die,* Gebäudekomplex für die ständige Unterbringung von Truppen einschl. deren Bewaffnung und Ausrüstung.

Kasernierte Volkspolizei, Abk. **KVP,** von 1952 bis 1956 Bez. für die im Aufbau befindl. Streitkräfte der DDR. Per 1. 7. 1952 entstanden innerhalb des Ministeriums des Innern zentral geleitete Verbände, Truppenteile und Einheiten der Land-, Luft- und Seestreitkräfte, seit 1953 mit einem Hauptstab in Strausberg (u. a. etwa 600 Panzer, 140 Schiffseinheiten). Am 18. 1. 1956 in ↑Nationale Volksarmee (NVA) umbenannt, wurde die KVP am 1. 12. 1956 für aufgelöst erklärt.

Käseschmiere, die ↑Fruchtschmiere.

Kashgar [-ʃ-] (Kashi), Stadt im Autonomen Gebiet Sinkiang, China, ↑Kaschgar.

Kasiasker [arab. Kadi 'l-askar »Heeresrichter«] *der,* seit etwa 1362 bis 1922 höchstes Richteramt in der Türkei; 1481–1914 in zwei Ämter für die europ. und die asiat. Türkei geteilt.

Kasimir, Schutzpatron von Polen und Litauen, * Krakau 3. 10. 1458, † Vilnius 4. 3. 1484; zweiter Sohn König Kasimirs IV.; 1471 Prätendent für den ungar. Thron; später Statthalter in Krakau oder Vilnius; Heiliger, Tag: 4. 3.

Kasimir (poln. Kazimierz), Herrscher von Polen:

1) K. I., der Erneuerer, Herzog (1034/39 bis 1058), * 25. 7. 1016, † 28. 11. 1058; 1037 durch die Adelsopposition vertrieben, stellte er 1039 mithilfe Kaiser Heinrichs III. seine Macht und die der Kirche wieder her. 1047 eroberte er Masowien und 1050 Schlesien.

2) K. III., der Große, König (1333–70), * Kowal (Kujawien) oder Krakau 30. 4. 1310, † Krakau 5. 11. 1370; letzter Herrscher aus dem Hause der Piasten, überließ Böhmen für dessen Verzicht auf alle poln. Kronansprüche Schlesien (1335/39), dem Dt. Orden für dessen Herausgabe Kujawiens und des Dobriner Landes Pomerellen und das Culmer Land (1343); erwarb Rotreußen (das spätere Ostgalizien) und brachte auch Masowien in Lehnsabhängigkeit (1351).

3) K. IV. Andreas, der Jagiellone, König (1447–92), * Krakau 30. 11. 1427, † Grodno 7. 6. 1492; wurde 1440 Großfürst von Litauen; führte 1454–66 Krieg gegen den Dt. Orden, erwarb im 2. Thorner Frieden (1466) Pomerellen, das Culmer Land sowie Ermland und brachte den Hochmeister des Ordens in ein Abhängigkeitsverhältnis. K. konnte für seinen Sohn Wladislaw die Kronen Böhmens (1471) und Ungarns (1490) gewinnen.

Kasino [italien. »Häuschen«] *das* (Casino), 1) Speise- und Aufenthaltsraum für Offiziere; 2) Gebäude mit Räumen für gesellige Zusammenkünfte; 3) kurz für Spielkasino.

Kasjanow, Michail, russ. Politiker und Finanzexperte, *Solnzewo 8. 12. 1957. Kasjanow arbeitete nach einem Studium der Ingenieurwissenschaften bis Anfang der 90er-Jahre für die sowjet. Planungsbehörde »Gosplan« und danach im russ. Wirtschaftsministerium. Seit 1995 stellv. Finanzmin., wurde er im Mai 1999 Leiter dieses Ressorts und im Jan. 2000 Erster stellv. MinPräs. Im Mai 2000 übernahm er das Amt des Ministerpräsidenten; wurde im Febr. 2004 von Präs. Putin als Reg.chef entlassen.

Kaskade [frz., aus italien. cascata »Wasserfall«] *die,* **1)** *allg.:* stufenförmiger Wasserlauf; meist in Parkanlagen (für Wasserspiele) künstlich angelegt.

2) *Artistik:* schwieriger Sprung (z. B. Salto mortale); **Kaskadeur,** Artist, der K. ausführt.

3) *Physik:* ↑Kaskadenschauer.

Kaskadengebirge, ↑Cascade Range.

Kaskadengenerator (Cockcroft-Walton-Generator), Gerät zur Erzeugung hoher Gleichspannungen (einige Hundert kV bis etwa 3 MV) bei großen Stromstärken; beruht auf einer ↑Kaskadenschaltung von Gleichrichtern (Stromventilen) und Kondensatoren, bei der Letztere parallel aufgeladen und in Reihe entladen werden. – K. werden in der Technik zur Prüfung von Isolatoren und in der Kernphysik zum Betrieb von Teilchenbeschleunigern verwendet. Mit einem Beschleuniger dieses Typs führten J. D. Cockcroft und E. T. S. Walton 1932 die ersten künstl. Kernumwandlungen durch.

Kaskadenschaltung, *Elektrotechnik:* Art der Hintereinanderschaltung gleich gearteter Bauteile oder -gruppen (z. B. Transformatoren), bei der außer der Spannungsteilung auf die beiden hintereinander geschalteten Elemente noch ein Spannungsgefälle entsteht.

Kaskadenschauer (Kaskade), *Physik:* lawinenartige Vermehrung energiereicher Elementarteilchen, ausgelöst durch Wechselwirkung hochenerget. Teilchen mit Materiebausteinen; als **Elektronen-K.** erstmals in der kosm. Strahlung beobachtet, wobei durch Elektronen sehr hoher Energie hochenerget. Photonen erzeugt werden, die sich durch Paarbildung in neue Elektron-Positron-Paare umwandeln, die wiederum Photonen erzeugen usw.

Kasko [span. casco »Scherbe«] *der,* Schiffsrumpf, v. a. der unfertige, aber schon schwimmende Schiffskörper im Ggs. zur Ladung (Cargo).

Kaskoversicherung, eine ↑Transportversicherung; die Auto-K. (Teil-, Voll-K.) zählt jedoch zur ↑Kraftfahrtversicherung.

Käsmark, Stadt in der Slowak. Rep., ↑Kežmarok.

Kaspar (Caspar), einer der Heiligen ↑Drei Könige, seit dem 14. Jh. dargestellt als Mohr.

Kasparow, Gary (Garri), eigtl. Harry Weinstein, für Russland startender aserbaidschan. Schachspieler, *Baku 13. 4. 1963; 1985 nach Sieg über A. J. Karpow Weltmeister, verteidigte den Titel gegen ihn 1986, 1987 und 1990. 1993 gründete K. die Professional Chess Association (PCA), worauf ihm von der FIDE der WM-Titel aberkannt wurde. 1993–2000 PCA-Weltmeister.

Kasper, Walter, kath. Theologe, *Heidenheim an der Brenz 5. 3. 1933; war Prof. für Dogmatik in Münster und Tübingen, ab 1989 Bischof von Rottenburg-Stuttgart, wurde 1999 Sekr. und ist seit März 2001 Präs. des Päpstl. Rates zur Förderung der Einheit der Christen. 2001 wurde K. zum Kardinal ernannt.

Kasperltheater, volkstüml. (Hand-)Puppenspiel (seit dem 19. Jh.); zentrale Gestalt ist die lustige Figur des Kasperl; mit derbem Humor und Mutterwitz verhilft er in einem Spiel mit einfacher Fabel und naiver Typik dem Guten zum Sieg, die Bösen werden drastisch bestraft. Weitere Personentypen sind Gretel, Prinzessin, König, Polizist, Räuber, Hexe, Teufel. – Die Gestalt des Kasperl war urspr. eine lustige Person des Wiener Volkstheaters, u. a. in der Tradition des ↑Hanswurst.

Kaspisches Meer (Kaspisee, pers. Darya-e Khazar, in der Antike Mare Caspium), mit heute etwa 400 000 km² (1930: 424 300 km²) größter See der Erde, zu Aserbaidschan, Russland, Kasachstan, Turkmenistan, im S (etwa 15 %) zu Iran; Wasserspiegel bei 28 m u. M., füllte wiederholt die Kasp. Senke, das rd. 200 000 km² große, wüstenhafte Tiefland am N-Ufer. Sein Wasserspiegel sank bis 1971 infolge der Verdunstung (jährlich 2 000 mm), die Niederschläge und Süßwasserzufluss beträchtlich übersteigt. Durch Wasserbauten an der Wolga, die einst mit zwei Dritteln zum Wasser des K. M. beitrug, trat weiterer Wasserverlust ein. Seit 1977 ist ein allmähl., seit Ende der 1980er-Jahre ein rascher Wasserspiegelanstieg bemerkbar (1977–95 um etwa 3 m). Der Salzgehalt beträgt an der Wolgamündung 1‰, im mittleren Teil 13‰, im S-Teil 14‰, am O-Ufer in der Bucht ↑Kara-Bogas-Gol 300‰. Der Fischfang, bes. auf Stör (Kaviargewinnung), ging durch Umweltbelastung zurück; reger Schiffsverkehr. Das K. M. und die umliegende Kaspisenke (zusammenfassend Kaspiregion gen.) sind reich an Erdöl (geschätzter Vorrat zw. 12 und 32 Mrd. t) und -gas und rücken seit 1990 immer mehr ins geopolit. Zentrum der Weltpolitik. Die industrielle Erdölförderung begann hier 1872 (Baku), im K. M. in größerer Entfernung vom Ufer 1947 vor Baku (Aserbaidschan). Durch einen Vertrag wurden 1998 die Erdölvorkommen zw. Russland und Kasachstan aufgeteilt.

Kasprowicz [-vitʃ], Jan, poln. Dichter und Literaturwissenschaftler, * Szymborze (bei Inowrocław) 12. 12. 1860, † Poronin (bei Zakopane) 1. 8. 1926; Vertreter des »Jungen Polen«; schrieb formbetonte, ausdrucksstarke und eigenwillige Gedichte von tiefem gedankl. Inhalt.

Kassa [ˈkɔʃʃɔ], ungar. Name der Stadt ↑Košice.

Kassageschäft **1)** *Börse:* (Kassengeschäft, Komptantgeschäft, Promptgeschäft), Geschäftsabschluss, bei dem Wertpapiere sofort oder kurzfristig geliefert und bezahlt werden, im Ggs. zum ↑Termingeschäft. An Warenbörsen entspricht dem K. das Loko- oder Effektivgeschäft. Die K. werden zum **Kassakurs** abgerechnet; die Gesamtheit der K. wird als **Kassahandel**, das Börsensegment für K. als **Kassamarkt** bezeichnet (↑Kurs).

2) *Handelsverkehr:* i. w. S. jedes unter sofortiger Barzahlung abzuwickelnde Geschäft.

Kassala, Stadt im NO von Sudan, nahe der eritreischen Grenze, 234 600 Ew.; Handels- und Verkehrszentrum an der Bahnlinie Sennar–Port Sudan; Baumwollverarbeitung; Flugplatz.

Kassander (grch. Kassandros), Diadoche, ältester Sohn des Feldherrn Antipater, * um 355 v. Chr., † Mai 297 v. Chr.; gewann 317 v. Chr. die Reichsverweserschaft in Makedonien und Teilen Griechenlands und nahm 305 den Titel eines Königs von Makedonien an; gründete um 316 Thessalonike (Saloniki).

Kassandra, *grch. Mythos:* eine Tochter des Priamos, die von Apoll die Gabe der Weissagung erhalten hatte. Da sie seine Liebeswerbungen zurückwies, bewirkte er aus Rache, dass man ihren Weissagungen niemals glaubte; so warnte sie vergebens davor, das hölzerne Pferd nach Troja hineinzubringen (daher die Bez. **K.-Rufe** für ungehörte Warnungen). Nach der Eroberung der Stadt nahm Agamemnon sie als Sklavin mit; sie wurde zus. mit diesem ermordet. – Gedicht von Schiller (1802); als Nebenfigur in Dramen von Aischylos (»Agamemnon«) und Euripides (»Die Troerinnen«), Erzählung von C. Wolf (1983).

100562

Kaspisches Meer: eine Bohrinsel vor Baku

Kassation [zu spätlateinisch cassare »aufheben«, »annullieren«, zu lateinisch cassus »leer«] *die,* **1)** in der *Musik* des 18. Jh. Bez. für eine mehrsätzige Instrumentalkomposition unterhaltenden Charakters.

2) *Recht:* die Aufhebung eines gerichtl. Urteils wegen fehlerhafter Rechtsanwendung, erfolgt durch ein höheres Gericht; in Dtl. durch die ↑Revision ersetzt. In der DDR wurde sie 1949 als außerordentl. Rechtsmittel wieder eingeführt. Die gemäß Einigungsvertrag befristet mögl. K. von rechtsstaatswidrigen Strafurteilen der DDR-Gerichte wurde durch die Regelungen des Strafrechtl. Rehabilitierungs-Ges. ersetzt (↑Rehabilitation).

Kassationsgericht, in einzelnen schweizer. Kantonen oberster kantonaler Gerichtshof für Zivil- und Strafsachen.

Kassationshof, oberster Gerichtshof,

z. B. in Frankreich (»Cour de cassation«, nur zur Überprüfung der Rechtsanwendung, keine Tatsacheninstanz), Italien, Belgien; in der Schweiz eine Abteilung des Bundesgerichts, die in Strafsachen bei Verletzung von Bundesrecht gegen Urteile kantonaler Gerichte angerufen werden kann.

Kassave [span. aus indian.] *die,* ↑Maniok.

Kasse [lat.-italien.], *Wirtschaft:* 1) Bargeld; 2) Abteilung einer Behörde oder eines Unternehmens für den Zahlungsverkehr; Raum, in dem sich die K. befindet (Kassenraum, Schalterraum); 3) kurz für: Kranken- oder Sparkasse; 4) im Geschäftsverkehr meint **per K.** sofortige Zahlung, **netto K.** zahlbar ohne weitere Abschläge, **Vor-K.** Zahlung im Voraus.

Kassel, 1) RegBez. in Hessen, 8 289 km², 1,266 Mio. Ew.; umfasst die Landkreise Fulda, Hersfeld-Rotenburg, Kassel, den Schwalm-Eder-Kreis, Waldeck-Frankenberg, Werra-Meißner-Kreis sowie die kreisfreie Stadt Kassel.

2) Landkreis in Hessen, 1 293 km², 245 700 Einwohner.

3) kreisfreie Stadt, Sitz der Verw. des RegBez. K. und des Landkreises K., in Hessen, 194 700 Ew.; im hügeligen, vom Nordhess. Bergland umrahmten Kasseler Becken beiderseits der Fulda gelegen; die einzige Großstadt Nordhessens und dessen Verw.-, Wirtschafts- und Kulturzentrum; Bundessozialgericht, Hess. Landesamt für Regionalentwicklung und Landwirtschaft, Kirchenleitung der Evang. Kirche von Kurhessen und Waldeck; Gesamthochschule-Univ., Lehr- und Versuchsanstalt für Gartenbau, botan. Garten, Staatstheater; Kunstsammlungen, Naturkundemuseum, Dt. Tapetenmuseum, Brüder-Grimm-Museum, Museum für Sepulkralkultur, Hauptbahnhof seit 1995 auch Zentrum für Film, Medien und Kunst (»Kulturbahnhof«). Jeweils im Herbst finden die Kasseler Musiktage und im Abstand von vier Jahren die Kunstausstellung ↑documenta statt. Die Ind. umfasst Fahrzeugbau, Maschinenbau, Nahrungsmittel-, chem. und Elektroind.; Thermalsolebad.

Stadtbild: Am 22. 10. 1943 wurde K. durch Luftangriffe zu über 78 % zerstört. Wieder aufgebaut wurden u. a. die Martinskirche (14./15. Jh.), die evangelische Brüderkirche (1292–1376), die Karlskirche (1689–1706), das ehem. Elisabethhospital (1586/87), der Marstall (1591–93, heute Markthalle), das Fridericianum am Friedrichsplatz (1769–76), das ehem. Palais Bellevue (1714, 1790 umgebaut) sowie das Orangerieschloss (1702–10), dessen westl. Eckpavillons, Marmorbad (1722–28) und Küchenpavillon (1765/66), erhalten geblieben waren. Der Park Karlsaue wurde 1954 für die Bundesgartenschau umgestaltet. Im Stadtteil Wilhelmshöhe liegen das Schloss (1786 ff.) und das über einer Wasserkaskade aufragende oktogonale »Riesenschloss« (1718) mit der Statue des Herkules (1713–17), dem Wahrzeichen der Stadt; im Park u. a. die künstl. Ruine der Löwenburg (1793–1801).

Kassel 3): Orangerieschloss (1702–10)

Geschichte: 913 als fränk. Königshof bezeugt; erhielt 1189 Stadtrecht; seit 1277 Residenz der Landgrafen (seit 1803 der Kurfürsten) von Hessen. Für die nach 1685 aufgenommenen Hugenotten entstand die Oberneustadt. 1807–13 war K. Hptst. des Königreichs Westphalen, 1866–1945 der preuß. Provinz Hessen-Nassau.

Kasseler *das*, gepökeltes und geräuchertes Fleischstück vom Schwein, z. B. K. Kotelett (K. Rippenspeer).

Kassem, Abd al-Karim, irak. General und Politiker, *Bagdad 1914, †ebd. 9. 2. 1963; führte den Militärputsch vom 14. 7. 1958 gegen die Monarchie und proklamierte am 27. 7. 1958 die Republik. Als MinPräs. (1958–63) errichtete er ein diktator. Reg.system. Die Betonung der irak. Eigenständigkeit brachte ihn in Konflikt mit panarab. Kräften; durch Militärputsch gestürzt und getötet.

Kassen|ärztliche Vereinigung, Abk. **KV**, Körperschaft des öffentl. Rechts, die die im Bereich eines Bundeslandes zu den gesetzl. Krankenkassen zugelassenen Ärzte erfasst (Mitgliedschaft verbindlich); Hauptaufgabe ist die Sicherstellung der ärztl. Versorgung der Sozialversicherten. Entsprechendes gilt für die **Kassenzahnärztl. Vereinigung.** Auf Bundesebene sind die KV als Körperschaft des öffentl. Rechts in der **Kassenärztl. Bundesvereinigung**, Abk. **KBV**, zusammengeschlossen.

Kassenbuch, *Buchführung:* Nebenbuch zur Erfassung der mit Ein- und Auszahlungen verbundenen (baren) Geschäftsvorfälle eines Tages; enthält gewöhnlich Spalten für die laufende Nummer des Geschäftsvorfalls, Datum, Belegnummer, Buchungstext, Ein- bzw. Auszahlungsbetrag sowie auf der Einzahlungsseite den Kassenanfangsbestand und auf der Auszahlungsseite den Kassenendbestand.

Kassengeschäft, ↑Kassageschäft.

Kassen|obligationen, festverzinsliche Schuldverschreibungen mittlerer Laufzeit (meist bis zu 4 Jahren). K. werden in Dtl. in hoher Stückelung (i. d. R. 1 000–2 500 €) vom Bund und seinen Sondervermögen, den Ländern und Spezialkreditinstituten (z. B. von der Kreditanstalt für Wiederaufbau), seltener von Banken emittiert und an der Börse gehandelt. Wegen ihrer Laufzeit und ihrer Rückzahlbarkeit in einem Betrag zählen K. zu den Geldmarktpapieren, haben aber wegen ihrer festen Verzinsung Anleihecharakter.

Kassenprüfung, lückenloser oder stichprobenartiger Vergleich des Soll- und Istbestandes der Kasse sowie der Bankbestände (z. B. anhand von Zahlungskonten, -belegen und Lohnlisten) und ggf. Aufklärung von Kassenfehlbeträgen (**Kassenmankos**, z. B. aufgrund von Buchungsfehlern, Diebstahl, Unterschlagung).

Kassenvereine, ↑Wertpapiersammelbanken.

Kassenverstärkungskredit, Kreditmittel, die von einem öffentl. Verband zur Überbrückung unvorhergesehener, kurzfristiger Liquiditätsengpässe bis zu einem im Haushaltsges. festgelegten Höchstbetrag aufgenommen werden können. Seit 1994 (2. Stufe der Europ. Wirtschafts- und Währungsunion) darf die Dt. Bundesbank keine K. mehr gewähren; Bund und Länder sind auf die Geld- und Kapitalmärkte angewiesen.

Kasserine [kasˈrin], Prov.-Hptst. in W-Tunesien, 47 600 Ew.; Verarbeitung des in der Umgebung wachsenden Alfagrases (Flechterei, Zellstoffwerk); Verkehrsknotenpunkt; nördlich das Erdölfeld Douleb mit Pipeline nach Skhirra.

Kasserolle [frz.] *die*, flaches Brat- und Schmorgefäß mit Deckel.

Kassette [frz.] *die*, **1)** *allg.:* verschließbares Kästchen.

2) *Architektur:* kastenförmig vertieftes Feld einer Decke **(K.-Decke).**

3) *Elektroakustik:* meist zweischaliges, flaches Kunststoffgehäuse genormter Abmessung zur Aufnahme von Magnetton- oder Videobändern.

4) *Fotografie:* der in fotograf. Geräte einsetzbare lichtdichte Behälter für das lichtempfindl. Material.

Kassettendeck (Tapedeck), ein Kassettentonbandgerät ohne Niederfrequenz-Leistungsverstärker und Lautsprecher; v. a. als Komponente in Anstellkombinationen und Hi-Fi-Türmen verwendet.

Kassettenrekorder, Tonbandgerät, in dem Tonbandkassetten mit Eisenoxid-, Chromdioxid-, Ferrochrom- oder Reineisenbändern (Bandbreite 3,91 mm, Bandgeschwindigkeit 4,75 cm/s) zur Aufnahme und Wiedergabe von Tonsignalen verwendet werden. K. sind i. d. R. mit Verstärker und Lautsprecher ausgerüstet, als **Radiorekorder** auch mit einem Hörfunkempfangsteil. Stereo-K. für höhere Klangqualität (Highfidelity) arbeiten gewöhnlich mit Netzbetrieb und ↑Rauschunterdrückungssystem. – DAT-K. (↑DAT) dienen zur Wiedergabe von mit DAT-Rekordern erfolgten digitalen Tonaufnahmen, wobei das Kassettenformat kleiner ist als das herkömml. Kasetten. **DCC-K.** (DCC Abk. für engl. digital compact cassette) arbeiten mit normalem Kassettenformat; Abspielmöglichkeiten sowohl für Tonbandkassetten als auch für Digital-Kompaktkassetten.

Kassiber [jidd. kessaw »Geschriebenes«] *der,* heiml. schriftl. Mitteilung zw. Gefangenen oder von diesen an Außenstehende.

100562

Margot Käßmann

Kasside [arab.] *die,* arab. Gedichtform aus dem 6. Jh. in kunstvollen Metren, mit 25 bis 100 Zeilenpaaren und dem Reimschema aa xa xa xa ...; später in die pers. und türk. Lit. übernommen; in der dt. Lit. von F. Rückert und A. von Platen nachgebildet.

Kassie [grch.] *die* (Cassia), Gattung der Caesalpiniengewächse in wärmeren Gebieten (mit Ausnahme der Mittelmeerländer); Bäume, Sträucher, Kräuter mit paarig gefiederten Blättern und meist gelben Blüten. Die Frucht ist eine röhrenförmige oder flache Hülse. In den Tropen wird oft die **Röhren-K.** (Cassia fistula) kultiviert, deren bis 60 cm lange, essbare Früchte (in Europa als Manna bezeichnet) als »Leckerei« gelten. In der Volksmedizin werden die getrockneten, sennosidhaltigen Blätter **(Sennesblätter),** Früchte **(Sennesschoten)** und Rinden einiger Arten z. B. als Abführmittel verwendet.

Kassiopeia [grch.] (lat. Cassiopeia), **1)** *Astronomie:* zirkumpolares Sternbild am Nordhimmel, wegen der Anordnung seiner fünf hellsten Sterne (der hellste heißt **Schedir**) auch **Himmels-W** genannt. Der Sternhaufen M 103 in der Nähe des Sterns Cas δ ist bereits mit einem Feldstecher beobachtbar.

2) *grch. Mythos:* die Mutter der Andromeda, die wie diese an den Himmel versetzt wurde.

Kassiten (Kossäer, babylon. Kaschschu), im 2. bis 1. Jt. v. Chr. nachweisbares altorientał. Volk im SW des Zagrosgebirges. Kassit. Könige regierten von etwa 1530 bis 1155 v. Chr. Babylonien. Vorübergehend diente ihnen das um 1400 v. Chr. gegründete Dur-Kurigalzu (heute Aqar Quf nordwestlich von Bagdad) als Residenz. Alexander d. Gr. unterwarf die K. 324/323 v. Chr. Ihre Spuren verlieren sich um die Zeitenwende.

Kassiterit *der,* Mineral, der ↑Zinnstein.

Käßmann, Margot, evang. Theologin, *Marburg 3. 6. 1958; wurde 1985 ordiniert; war 1991 bis März 2003 (Austritt) Mitgl. des Exekutivausschusses des Ökumen. Rates der Kirchen, 1994–99 Generalsekretärin des Dt. Evang. Kirchentags. Im Juni 1999 wurde K. zur Bischöfin der Evang.-Luth. Landeskirche Hannover gewählt und damit, nach Maria Jepsen, die zweite Bischöfin in Dtl..

Kassner, Rudolf, österr. Kulturphilosoph und Essayist, *Großpawlowitz (heute Velké Pavlovice, Südmähr. Gebiet) 11. 9. 1873, †Siders (Kt. Wallis) 1. 4. 1959; entwickelte in seinen Schriften eine Lehre der intuitiven Weltdeutung (»Physiognomik«), die nach geheimen Entsprechungen von Körper, Seele und Geist, Erde, Mensch und Kosmos sucht (»Die Mystik, die Künstler und das Leben«, 1900, 2. Aufl. u. d. T. »Englische Dichter«, 1920; »Zahl und Gesicht«, 1919; »Das physiognom. Weltbild«, 1930; »Transfiguration«, 1946; »Die zweite Fahrt. Erinnerungen«, 1946; »Das 19. Jh.«, 1947; »Das inwendige Reich«, 1953; »Der goldene Drachen«, 1957).

Kastagnette [-ɲ-, span.] *die,* Rhythmusinstrument aus zwei muschelförmigen, mit einer Schnur verbundenen Hartholzschalen, die mit den Fingern einer Hand gegeneinander geschlagen werden; dient zur Begleitung von span. und süditalien. Tänzen (oft paarweise gespielt).

Kastanie [von grch. kástanon »Kastanienbaum«], **1)** *Botanik:* 1) (Castanea), Gattung der Buchengewächse mit zwölf Arten in der gemäßigten Zone; bekannteste Art ↑Edelkastanie; 2) allg. Bez. für die Arten der ↑Rosskastanie, die Edelkastanie sowie deren Früchte.

2) *Zoologie:* hornige, haarfreie Schwiele an

100264

Kastilien: Blick auf die von einer mittelalterlichen Stadtmauer umgebene Altstadt von Ávila

den Beinen mancher Säugetiere, z. B. beim Pferd.

Kaste [portugies. casta, zu lat. castus »rein«], **1)** *Ethnologie:* urtüml. Form der gesellschaftl. Ordnung, meist ein bestimmter Kreis von Familien, zusammengehalten durch gemeinsame Lebensformen und sittl. Normen, auch durch Heiratsordnung und gemeinsamen Kult. Die K. sind hierarchisch geordnet (K.-Ordnung); mit der Zugehörigkeit zu einer K. ist i. d. R. der gesellschaftl. Rang festgelegt. Als Gesellschaftsform – entweder durch ↑Überschichtung oder durch berufl. Spezialisierung entstanden – findet sich die K.-Ordnung im alten Persien und Ägypten, bei manchen Naturvölkern und im alten Japan, am ausgeprägtesten heute in Indien. Sie ist hier, obwohl vom ind. Staat gesetzlich aufgehoben, nach wie vor, v. a. in ländl. Regionen, ein vom Hinduismus begründeter soziokultureller Ausdruck der Gesellschaft. Die urspr. vier Haupt-K. (Brahmanen [Priester], Kshatriyas [Krieger], Vaishyas [Bauern und Handwerker], Shudras [Knechte]) gliedern sich heute in rd. 3 000 Neben-K. auf. Den K. stehen die außerhalb des K.-Systems stehenden ↑Parias, die Unberührbaren, als quasi »unterste Kaste« gegenüber.

📖 *Dumont, L. M.: Gesellschaft in Indien. Die Soziologie des Kastenwesens. A. d. Frz. Wien 1976.*

2) *Soziologie:* sozialkritisch gebrauchte Bez. für eine sich (aufgrund übertriebenen Standesbewusstseins) gesellschaftlich streng absondernde Gruppe oder Schicht.

Kastell [lat. Castellum] *das,* 1) im Röm. Reich Bez. für ein kleines, befestigtes, i. d. R. im unmittelbaren Grenzbereich gelegenes Truppenlager; 2) im roman. Sprachbereich Bez. für Burg, Schloss, Festung.

Kastellan [mlat. castellanus »Burgvogt«] *der,* im MA. Kommandant einer Burg (Burggraf); heute Aufsichtsperson über Burgen und Schlösser.

Kastilien (span. Castilla), das zentrale Hochland Spaniens, durch das Kastil. Scheidegebirge geteilt in **Alt-K.,** das der Region **K. und León** (Castilla y León) entspricht (mit den Prov. Ávila, Burgos, León, Palencia, Salamanca, Segovia, Soria, Valladolid und Zamora; 94 223 km², 2,45 Mio. Ew., Hptst. Valladolid) und **Neu-K.,** das die Regionen **K.-La Mancha** (Castilla-La Mancha; mit den Prov. Albacete, Ciudad Real, Cuenca, Guadalajara und Toledo; 79 463 km², 1,76 Mio. Ew., Hptst. Toledo) und **Comunidad de Madrid** (8 028 km² und 5,18 Mio. Ew.) umfasst.

Geschichte: K. war im 8. Jh. Grenzland zw. Asturien-León und arabisch besetztem Gebiet, wurde 930 Großgrafschaft mit der Hptst. Burgos, kam 1026 an Navarra und wurde unter Ferdinand I. (1035–65) selbstständiges Königreich, mit dem 1230 León endgültig vereinigt wurde. Im Laufe der Reconquista eroberten die Könige, v. a. Alfons VI. und Alfons VIII., maur. Gebiet: 1085 Toledo; 1236 Córdoba, 1248 Sevilla und 1262 Cádiz. Durch die Heirat der Königin Isabella I. mit Ferdinand II. von Aragonien (1469) wurde der Grundstein für das neuzeitl. Spanien gelegt.

🕮 *K., Madrid, bearb. v. R. Winter. München u. a. 1992.*

Kastilisches Scheidegebirge (Iberisches Scheidegebirge, span. Cordillera Central), Gebirgskette im Innern der Iber. Halbinsel, trennt Altkastilien von Neukastilien sowie die Flusssysteme des Duero und des Tajo; in der Sierra de Gredos 2592 m ü. M.

Kastler [kastˈlɛ:r], Alfred, frz. Physiker, *Gebweiler (Elsass) 3. 5. 1902, †Bandol (Dép. Var) 7. 1. 1984; Prof. in Bordeaux und Paris; entwickelte Verfahren der Hochfrequenzspektroskopie (Doppelresonanzmethode) und führte 1950 das ↑optische Pumpen ein. 1966 erhielt er den Nobelpreis für Physik.

Kästner, 1) Erhart, Schriftsteller, *Augsburg 13. 3. 1904, †Staufen im Breisgau 3. 2. 1974; 1950–68 Leiter der Herzog-August-Bibliothek in Wolfenbüttel, schrieb Reise- und Erinnerungsbücher: »Zeltbuch von Tumilad« (1949), »Ölberge, Weinberge« (1953), »Die Stundentrommel vom heiligen Berg Athos« (1956), »Aufstand der Dinge« (1973).

2) Erich, Schriftsteller, *Dresden 23. 2. 1899, †München 29. 7. 1974; lebte seit 1927 als freier Schriftsteller und Journalist in Berlin, in nat.-soz. Zeit kaum Publikationsmöglichkeit, 1942 totales Schreibverbot. K.s Lyrik ist von schlichter, alltagsnaher Sprache gekennzeichnet, ihre Spannweite umfasst sowohl resignativ-melancholische als auch satirisch-zeitkrit. und humorist. Töne (»Herz auf Taille«, 1928; »Ein Mann gibt Auskunft«, 1930; Auswahl: »Bei Durchsicht meiner Bücher«, 1946). Zu K.s umfangreichem Werk gehören weiterhin geistreiche Feuilletons, Theaterstücke, Drehbücher sowie Romane: »Fabian« (1931), eine bittere Satire auf die zeitgenöss. Gesellschaft, trägt autobiograf. Züge. Am bekanntesten wurden seine Romane für Kinder, die in neuartiger Weise Alltagswirklichkeit mit Spannung und Sozialkritik verbinden, v. a. »Emil und die Detektive« (1929) wurde ein Welterfolg; weitere Kinderbücher: »Pünktchen und Anton« (1930), »Das fliegende Klassenzimmer« (1933), »Das doppelte Lottchen«, 1949). 1957 erhielt K. den Georg-Büchner-Preis. ✣ siehe ZEIT Aspekte

Ausgaben: Werke, hg. v. F. J. Görtz, 9 Bde. München u. a. 1998.

🕮 *Schneyder, W.: E. K. Ein brauchbarer Autor. München 1982. – Kordon, K.: Die Zeit ist kaputt. Die Lebensgeschichte des E. K. Tb.-Ausg. Weinheim 1998. – Görtz, F. J. u. Sarkowicz, H.: E. K. München u. a. [3]1999. – Hanuschek, S.: Keiner blickt dir hinter das Gesicht. Das Leben E. K.s. München u. a. 1999. – »Die Zeit fährt Auto«. E. K. zum 100. Geburtstag, hg. v. M. Wegner, Ausst.-Kat. Deutsches Historisches Museum, Berlin, Berlin u. a. 1999.*

1201

Erich Kästner

Kastor, 1) *Astronomie:* ↑Castor.

2) *grch. Mythos:* einer der ↑Dioskuren.

Kastoria, Hptst. des Verw.gebiets K. in NW-Makedonien, Griechenland, am abflusslosen See von K., 14800 Ew.; Pelzhandel und -verarbeitung. – Bed. byzantin. Kirchen und Klöster mit Fresken (11.–16. Jh.) an Innen- und Außenwänden; schöne Bürgerhäuser.

Kastraten [italien., zu lat. castrare »verschneiden«], Sänger, die, bes. vom 16. bis 19. Jh. in Italien, bereits in der Jugend zur Erhaltung ihrer Sopran- oder Altstimme kastriert wurden. Das Timbre der K.-Stimme war in der Kirchenmusik und bes. in der Oper beliebt.

Kastration [lat.] *die,* Ausschaltung der Keimdrüsen (Hoden, Eierstöcke) durch operative Entfernung, Anwendung von Röntgen- oder ionisierenden Strahlen (Strahlen-K.) oder Gabe von Hormonantagonisten (z. B. Antiandrogene) als zeitlich begrenzte chem. oder hormonelle K., im Unterschied zur ↑Sterilisation. Beim männl. Geschlecht führt der Hodenverlust (auch durch Unfälle und schwere Entzündungen hervorgerufen) zu physiognom. Veränderungen, deren Bild vom Zeitpunkt der K. (vor- oder nachpubertär) abhängt (↑Eunuchismus). Bei Frauen zu Heilzwe-

cken bei Eierstockerkrankungen (Zysten, Tumoren) oder bei der Behandlung des Gebärmutter- oder Brustkrebses durchgeführte K. (Ovarektomie) wirkt sich wie das natürl. Erlöschen der Eierstocktätigkeit in den Wechseljahren aus.
Die K. bes. von männl. Tieren wird v. a. bei landwirtsch. Nutztieren vorgenommen, u. a. um unerwünschte Paarungen zu vermeiden, zahmere Arbeitstiere zu erhalten, bei Masttieren den Fettansatz zu steigern und wohlschmeckenderes Fleisch zu erzielen.

Kastrationskomplex, *Psychoanalyse:* eine in früher Kindheit durch traumat. Eindrücke (Strafandrohungen, z. T. im Zusammenhang mit ödipalen Regungen) entstandene Furchtvorstellung, die sich z. B. in Angst des Knaben vor Kastration (oder »Penisneid« des Mädchens) ausdrückt und Ursache von Neurosen werden kann.

Kastrup ['kasdrob], Ortsteil der Gem. Tårnby auf der dän. Insel ↑Amager, mit dem internat. Flughafen von Kopenhagen.

Kasualilen [zu lat. casus »Fall«], geistl. Amtshandlungen, z. B. Taufe, Trauung.

Kasuare [malaiisch] (Casuariidae), Familie großer flugunfähiger Laufvögel mit drei Arten in den Regenwäldern N-Australiens, Neuguineas und einiger vorgelagerter Inseln; Körper strähnig befiedert, dunkelbraun bis schwarz. Am weitesten verbreitet ist der bis 1,5 m hohe **Helmkasuar** (Casuarius casuarius) mit helmartigem Hornaufsatz auf dem blauen Kopf und zwei nackten, roten Hautlappen am Hals.

Kasuarine [wegen ihres kasuarfederähnl. Zweigwerks] *die* (Casuarina), Gattung zweikeimblättriger Pflanzen, v. a. Bäume Australiens und Indonesiens mit grünen Rutenästen, schachtelhalmähnlich gegliedert, quirlig mit Schuppenblättchen besetzt. K. liefern harte Nutzhölzer und Gerbrinde.

Kasuistik [lat.] *die,* **1)** *Ethik:* die Lehre über die Anwendung allg. sittl. Normen auf konkrete Situationen oder Handlungen.
2) *Judentum:* in der rabbin. Schultradition die Auslegung der Thora anhand konkreter Einzelfälle mit dem Ziel, der jüd. Gemeinde in ihrem jeweiligen gesellschaftl. Umfeld die Gesetzeserfüllung zu ermöglichen.
3) *kath. Moraltheologie:* im 17. und 18. Jh. v. a. von den Jesuiten beeinflusstes, auf sittl. Grenzfällen beruhendes System, das das sittlich Gebotene als die Summe eth. Mindestnormen (des gerade noch Erlaubten) versteht.
4) *Recht:* Methode der Rechtsfindung, die nicht durch generalisierende Grundsätze, sondern durch möglichst viele Einzelregelungen alle denkbaren Fälle zu erfassen sucht.

Kasus [lat.] *der,* **1)** *Sprachwissenschaft:* grammat. Kategorie (Fall), die die syntakt. Beziehungen der deklinierbaren Wörter im Satz kennzeichnet. Das Neuhochdeutsche besitzt vier K.: ↑Nominativ, ↑Genitiv, ↑Dativ, ↑Akkusativ, andere indogerman. Sprachen z. B. noch ↑Ablativ und ↑Instrumentalis.
2) *Völkerrecht:* ↑Casus.

Kasusgrammatik, *Sprachwissenschaft:* grammat. Theorie, die den einfachen Satz als eine Verbindung von Verb und einer oder mehreren Nominalphrasen interpretiert, von denen jede aufgrund bestimmter Relationen zw. den Kasus an das Verb gebunden ist.

Kasuare: Helmkasuar

kata..., kat... [grch.], 1) abwärts; 2) gänzlich.

katabatischer Wind [grch.], ein Wind mit abwärts gerichteter Bewegungskomponente (Fallwind).

Katabolismus [grch.] *der,* Abbaustoffwechsel; i. e. S. Proteinabbau der Lebewesen. Ggs.: Anabolismus.

Katachrese [grch.] *die,* urspr. der uneigentl. Gebrauch eines Wortes für eine fehlende Benennung einer Sache, z. B. Tisch*bein*. In der *Rhetorik* der so genannte **Bildbruch,** d. h. die Kombination nicht zueinander passender bildl. Wendungen, z. B. »lass nicht des Neides Zügel umnebeln deinen Geist«.

Katafalk [italien.] *der,* schwarz verhängtes Gerüst für den Sarg zur feierl. Aufbahrung bei Trauerfeierlichkeiten.

Katakombe: Priscilla-Katakombe in Rom

Katajew, Walentin Petrowitsch, russ. Schriftsteller, * Odessa 28. 1. 1897, † Moskau 12. 4. 1986; schilderte in teils romantisch-abenteuerl. oder satir. Erzählungen und Romanen Revolution und Bürgerkrieg sowie den sozialist. Aufbau (»Im Sturmschritt vorwärts«, 1932; »Es blinkt ein einsam Segel«, 1936; »In den Katakomben von Odessa«, 1951; »Winterwind«, 1960/61).

Kataklase [grch.] *die,* durch starken tekton. Druck bedingte feinkörnige Zertrümmerung eines Gesteins und seiner Minerale.

Kataklysmentheorie (Katastrophentheorie), bes. von G. Cuvier vertretene Theorie, die Faunen- oder Florenunterschiede innerhalb der Erdgeschichte durch Katastrophen und anschließende Neuschöpfung oder Einwanderung aus anderen Gebieten erklärt.

kataklysmische Veränderliche [grch.], veränderl. Sterne, deren Lichtwechsel mit dem Überfließen von Materie von einer Komponente in einem engen Doppelsternsystem auf die andere (Weißer Zwerg) zusammenhängt. K. V. sind z. B. die Novae.

Katakombe [lat.] *die,* unterird. Begräbnisanlage der ersten Christen im Mittelmeerraum (z. B. Priscilla-K. und Domitilla-K. in Rom), mit ausgedehnten, sich labyrinthisch verzweigenden Gängen; auch in mehreren Stockwerken übereinander. Die Toten wurden in Grabnischen der Seitenwände beigesetzt. Kunstgeschichtlich bed. sind die in den röm. K. des 2.–4. Jh. erhaltenen frühchristl. Wand- und Deckenmalereien, Grundlage der christl. Ikonographie. (↑frühchristliche Kunst)

Ferrua, A.: Katakomben. Unbekannte Bilder des frühen Christentums unter der Via Latina. A. d. Italien. Stuttgart 1991. – Fiocchi Nicolai, V.: Roms christl. Katakomben. A. d. Italien. Darmstadt 2002.

Katalanen, zu den Romanen gehörendes Volk mit katalan. Muttersprache in Katalonien, in der Prov. Valencia, auf den Balearen sowie im Roussillon und in Andorra. Im Kampf um Anerkennung einer eigenen katalan. Identität haben sich nationale und regionale Bräuche erhalten, z. B. der alte Rundtanz »Sardana«.

katalanische Literatur. Erste literar. Werke sind vom Ende des 12. Jh. erhalten (ältestes Beispiel die »Homilies d'Organyà«, um 1200). Die mittelalterl. k. L. stand zunächst unter provenzal. Einfluss und erreichte im 15. Jh. ihre Blütezeit (A. March). Herausragende Gestalt dieser Zeit war R. Lullus (katalan. Llull). Einer der Höhepunkte der älteren k. L. ist der Ritterroman »Tirant lo blanc« (entstanden um 1455, hg. 1490) von J. Martorell. Der vom 16. Jh. an aufgrund der kastil. Hegemonie zu beobachtende Niedergang des literar. Lebens in Katalonien wurde im 19. Jh. durch die Renaixença-Bewegung beendet, die, national, historisch und philologisch am katalan. MA. orientiert, eine dem zeitgenöss. Kenntnisstand entsprechende

Wiederbelebung der k. L. anstrebte. Eigentl. Begründer der neukatalan. Lyrik ist J. Rubió i Ors. Eine »Identität von Politik und Lit.« anstrebende Richtung vertraten J. Carner und C. Riba Bracóns, avantgardist. Tendenzen J. Salvat-Papasseit, J. V. Foix und S. Espriu; als bed. Dramatiker trat À. Guimerà hervor. Unter der Franco-Diktatur konnte kaum in katalan. Sprache publiziert werden, viele Autoren gingen ins Exil. Wichtige Vertreter der zeitgenöss. k. L. sind u. a. P. Gimferrer, M. de Pedrolo, Mercè Rodoreda, L. Villalonga, J. Fuster, Montserrat Roig, Carme Riera, J. Perucho, B. Porcel, Terenci Moix, Quim Monzó.

📖 *Brummer, R.: Katalan. Sprache u. Literatur. Ein Abriß. München 1975. – Hösle, J.: Die k. L. von der Renaixença bis zur Gegenwart. Tübingen 1982. – Bonells, J.: Histoire de la littérature catalane. Paris 1994.*

katalanische Sprache, zu den westroman. Sprachen gehörende Sprache (insgesamt rd. 9,5 Mio. Sprecher), die in Katalonien, Teilen Aragoniens und der Provinz Valencia, auf den Balearen, in Andorra, im Roussillon sowie in Alghero auf Sardinien gesprochen wird. Die k. S. geht auf das Vulgärlatein zurück, Einflüsse anderer roman. Sprachen sowie des Arabischen sind nachweisbar; seit 1978 in Spanien als regionale »Nationalsprache« anerkannt.

Katalase [grch.] *die,* eisenhaltiges Enzym, das das für Zellen giftige Wasserstoffperoxid (H_2O_2) in Wasser (H_2O) und Sauerstoff (O_2) zerlegen kann; kommt in sehr vielen tier. Organen, bei Pflanzen und Mikroorganismen vor.

Katalaunische Felder [nach dem kelt. Stamm der Catuvellauner], Gegend zw. Troyes und Châlons-sur-Marne, wo 451 der siegreiche Kampf der mit Franken und Westgoten verbündeten Römer unter Aetius gegen die Hunnen unter Attila stattfand.

katalektisch [grch.], Metrik: unvollständig; ein Vers, dessen letzter Fuß verkürzt ist; Ggs.: akatalektisch.

Katalepsie [grch.] *die,* abnorm langes Verharren in gegebener (oft unbequemer) Körperhaltung, z. B. bei Schizophrenie oder Schädelhirntrauma.

Katalog [lat.] *der,* **1)** Verzeichnis von Büchern, Bildern, Tonträgern u. a. nach alphabet. oder systemat. Ordnungsprinzipien, z. B. in Bibliotheken oder Ausstellungen.

2) *Informatik:* ein ↑Suchsystem im Internet.

Katalonilen (katalan. Catalunya, span. Cataluña), Region und histor. Landschaft im NO Spaniens, umfasst die Provinzen Girona, Barcelona, Lleida und Tarragona, 32 114 km² mit 6,3 Mio. Ew. K. reicht vom Kamm der Pyrenäen über das Ebrobecken am Segre und über das Katalon. Randgebirge (im Montseny 1 741 m ü. M.) bis zur Mittelmeerküste. Verbreitet sind Weinbau (v. a. weiße Rebsorten für die Herstellung von Schaumwein [Cava]), Baum- und Strauchkulturen (Oliven, Mandeln, Haselnüsse, Feigen, Johannisbrot) und Bewässerungskulturen (Nelken, Frühkartoffeln). Wirtsch. bed. ist die Rinderhaltung. Der Bergbau liefert bes. Kalisalze, Braunkohle, Blei-, Zink-, Mangan-, Eisen- und Kupfererze sowie Bauxit. Die relativ hoch entwickelte Ind. (Textil-, Chemie-, Druck-/Papier-, Elektro- und Metall verarbeitende Ind.) konzentriert sich auf das Küstengebiet um Barcelona und Tarragona. Geistiger und wirtsch. Mittelpunkt ist Barcelona. Der Tourismus spielt eine wichtige Rolle. **Geschichte:** K. wurde um 200 v. Chr. römisch. In der Völkerwanderung wurde es von den Alanen, dann um 415 von den Westgoten besetzt. Karl d. Gr. schuf hier die Span. Mark des Frankenreichs, die Grafen der Hptst. Barcelona machten sich Ende des 9. Jh. unabhängig. Durch Heirat wurde K. 1137 mit Aragonien vereinigt (»Krone von K.-Aragonien«) . Einige Sonderrechte blieben bis Anfang des 18. Jh. erhalten. Nach dem ↑Pyrenäenfrieden zw. Spanien und Frankreich (1659) kamen das Roussillon und Teile der Cerdagne zu Frankreich. Im 19. Jh. entstanden in dem wirtsch. starken K. Unabhängigkeitsbewegungen. Nach Errichtung der Rep. erhielt K. ein Autonomiestatut (Generalidad de Cataluña, heute katalan. Generalitat de Catalunya), im Span. Bürgerkrieg stand es auf republikan. Seite, nach dem Sieg Francos wurde die Autonomie wieder aufgehoben. Im Zuge der Demokratisierung nach 1975 gewährte die Reg. der Region zunächst beschränkte Selbstständigkeit, die 1979 zu einem Autonomiestatut erweitert wurde.

📖 *Matthée, U.: Katalan. Frage u. span. Autonomie. Paderborn 1988. – Stegmann, T. u. I.: K. u. die katalan. Länder. Barcelona, Balearen, Land València, Andorra,*

Nordkatalonien mit Rosselló. Stuttgart u. a. 1992.

Katalysator *der,* **1)** *Chemie:* Stoff, der durch Bildung aktiver Zwischenprodukte eine chem. Reaktion ermöglicht, beschleunigt oder in eine bestimmte Richtung lenkt. K. setzen die Aktivierungsenergie der Reaktion herab und erhöhen dadurch ihre Reaktionsgeschwindigkeit, ohne selbst verbraucht zu werden.

2) *Technik:* mit katalytisch wirksamen Substanzen (↑Katalysator 1) ausgerüstete Vorrichtung zur Reinigung der Abgase von Kfz, Kraftwerken und Ind.anlagen (katalyt. Abgasreinigung). I. e. S. techn. Vorrichtung zur Reduzierung der Schadstoffemission von Kfz-Abgasen. Bei Ottomotoren sind die für die Umwelt schädl. Abgasbestandteile Kohlenmonoxid (CO), Kohlenwasserstoffe (H_mC_n) und Stickoxide (NO, NO_2, zusammengefasst als NO_x). Im **Dreiwege-K. (geregelter K.),** der wirkungsvollsten Form, werden Kohlenwasserstoffe zu Kohlendioxid (CO_2) und Wasserdampf (H_2O), Kohlenmonoxid zu Kohlendioxid oxidiert und Stickoxide zu Stickstoff (N_2) reduziert (insgesamt um bis zu 90 %). Die hierzu erforderl. (möglichst konstante) Abgaszusammensetzung wird durch eine elektronisch geregelte Aufbereitung des Kraftstoff-Luft-Gemischs erreicht; dazu muss ständig der Sauerstoffanteil im Abgas (mithilfe einer ↑Lambdasonde) gemessen werden. Der im motornahen Teil der Auspuffanlage eingebaute K. besteht aus einem wabenförmigen Keramikkörper, in dessen Kanälen eine Trägerschicht aus Aluminiumoxid aufgebracht ist, die die Oberfläche stark vergrößert und auf der das eigentl. Katalysatormaterial (v. a. Edelmetalle wie Platin, Palladium, Rhodium) aufgebracht ist. Dieselmotoren arbeiten mit **Oxidations-K.,** die Kohlenmonoxid und Kohlenwasserstoffe umsetzen. Mit dem Peugeot 607 kam erstmals ein Pkw mit **Partikelfilter** serienmäßig zum Einsatz. Der Partikelfilter unterbindet die Rußemission von Dieselmotoren.

Katamaran (vorn)

100001

Katalyse [grch. »Auflösung«] *die,* Beschleunigung einer chem. Reaktion unter der Wirkung eines ↑Katalysators. Bei der **homogenen K.** befinden sich Katalysator und Reaktionspartner in einer Phase, oder der Katalysator liegt in gelöster Form vor und ist an der Reaktion beteiligt. Besondere techn. Bedeutung hat die **heterogene**

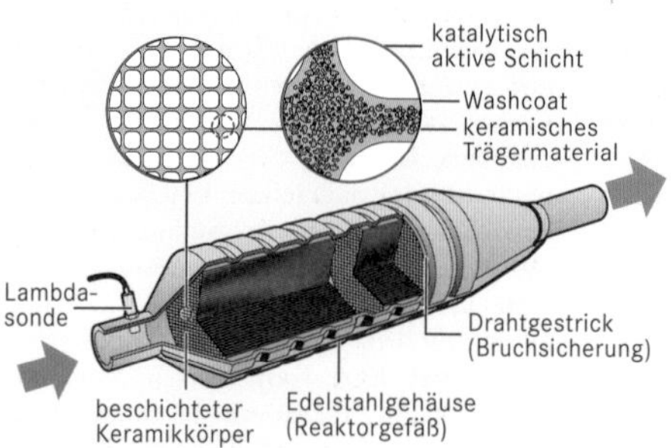

Katalysator 2): Dreiwegekatalysator mit Lambdasonde (schematisch)

***** PENNY-MARKT GMBH *****
Rollner Str. 121
90408 Nürnberg

Steuer.Nr.: 43 225 70603

	EUR	
BANANEN LOSE		
0,372 kg x 1,39 EUR/kg=	0,52	7
Brandt Zwieback	1.98	7
ROSENMEHL 1KG	0.89	7
Blumenkohl Stück	1.39	7
Bio Karotten	1.19	7
Zitronen 750 g	0.79	7
Eier Käfigh.10er	1.09	7
2 x 1.15		
Birnen 850ml	2.30	7
FRUCHTAUF. LEMON	0.89	7
ERBSEN J.+ MOEH.	0.85	7
3 x 0.99		
MM CHEN EXTRA TR	2.97	19
SUMME EUR	14.86	*
GEGEBEN BAR	20.00	
RÜCKGELD EUR	5.14	

MWST 19.00%	0.47	Netto	2.50
MWST 7.00%	0.78	Netto	11.11
SUMME MWST	1.25	Netto	13.61

Positionen: 11
22.04.2009 11:38 6428 191919 1 0503

Ihr Penny-Team dankt für Ihren Einkauf.

Sie finden uns auch im Internet unter:
www.penny.de

Um die Qualität des Ausdruckes zu erhalten, bitte den Bon vor direkter Sonneneinstrahlung, Hitze, Kontakt mit Ölen, Fetten sowie weichmacherhaltigen Folien (z.B. PVC-Klarsichthüllen) schützen.

Um die Qualität des Ausdruckes zu erhalten, bitte den Bon vor direkter Sonneneinstrahlung, Hitze, Kontakt mit Ölen, Fetten sowie weichmacherhaltigen Folien (z.B. PVC-Klarsichthüllen) schützen.

Um die Qualität des Ausdruckes zu erhalten, bitte den Bon vor direkter Sonneneinstrahlung, Hitze, Kontakt mit Ölen, Fetten sowie weichmacherhaltigen Folien (z.B. PVC-Klarsichthüllen) schützen.

Um die Qualität des Ausdruckes zu erhalten, bitte den Bon vor direkter Sonneneinstrahlung, Hitze, Kontakt mit Ölen, Fetten sowie weichmacherhaltigen Folien (z.B. PVC-Klarsichthüllen) schützen.

K., bei der die flüssigen oder gasförmigen Reaktionspartner an der Oberfläche eines meist festen Katalysators (Kontakt) zur Reaktion kommen. Bei der **Auto-K.** wirkt ein bei der Reaktion gebildeter Stoff als Katalysator. So genannte K.-Gifte können die Aktivität des Katalysators verringern.

Katamaran [engl., von tamil. kattumaram] *der,* auch *das* (Doppelrumpfboot), Wasserfahrzeug mit zwei gleichartigen, durch Traversen oder ein durchlaufendes Deck starr miteinander verbundenen Rümpfen. Die leichten Renn-K. sind die schnellsten Segelboote. Man unterscheidet »Internat. A-K.« (Einmannboot) und Tornado oder »Tornado-K.« (Zweimannboot, seit 1976 olymp. Bootsklasse). Die K.-Bauweise wird auch für größere Schiffe verwendet (z. B. Fährschiffe).

Katamnese [grch.-nlat.] *die,* Bericht über eine Erkrankung und deren Verlauf nach Abschluss der Behandlung.

Katanga, früherer Name der Region ↑Shaba im SO der Demokrat. Rep. Kongo.

Kataphorese [grch.] *die,* ↑Elektrophorese.

Kataplasie [grch.-nlat.] *die,* die rückläufige Umbildung eines Gewebes. Bei Gewebeneubildungen die Abweichung der Zellen und Gewebe von der normalen Form und Struktur als Zeichen der Bösartigkeit.

Kataplexie [grch.] *die* (affektiver Tonusverlust), plötzl., anfallartiger Tonusverlust der Kopf-, seltener der gesamten Körpermuskulatur; wird durch einen starken Affekt (z. B. Erschrecken, sog. Schreckstarre oder Schrecklähmung) ausgelöst.

Katapult [grch.-lat.] *der* oder *das,* **1)** *Technik:* (Startschleuder), eine Einrichtung, mit der Flugzeuge bei nicht vorhandener oder zu kurzer Rollbahn (z. B. Deck eines Flugzeugträgers) zusätzlich zu ihrer eigenen Vortriebseinrichtung auf Abhebegeschwindigkeit beschleunigt werden.

2) *Waffenkunde:* im Altertum und MA. eine Wurfmaschine u. a. für Steine, brennende Objekte; verwendet bei Belagerungen.

Katar (Qatar, amtlich arab. Daulat al-Qatar; dt. Staat K.), Staat in Vorderasien, auf der gleichnamigen Halbinsel im Pers. Golf, grenzt im S an Saudi-Arabien.

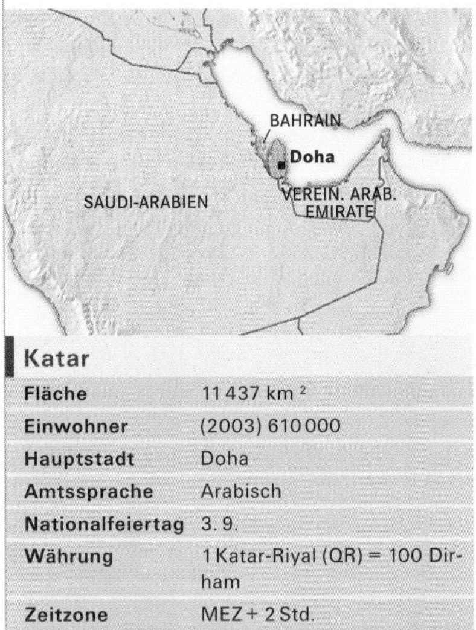

Katar

Fläche	11 437 km²
Einwohner	(2003) 610 000
Hauptstadt	Doha
Amtssprache	Arabisch
Nationalfeiertag	3. 9.
Währung	1 Katar-Riyal (QR) = 100 Dirham
Zeitzone	MEZ + 2 Std.

Staat und Recht: Nach der am 29. 4. 2003 durch Referendum gebilligten Verf. ist K. eine konstitutionelle Erbmonarchie (Emirat). Staatsoberhaupt und oberster Inhaber der Legislative und Exekutive ist der Emir. Der Konsultativrat soll 2004 durch ein Parlament (30 gewählte, 15 vom Emir ernannte Abg.) ersetzt werden. Die Reg. unter Vorsitz des Premiermin. wird vom Emir ernannt. Parteien existieren nicht.

Landesnatur: Die wüstenhafte Halbinsel K. springt etwa 170 km in die flachen Gewässer des Pers. Golfs vor und ist bis 80 km breit. Von den Salzsümpfen und Dünen im S steigt das Land leicht nach N zu einer flachen Kalksteinebene (bis 95 m ü. M.) an, die nur von wenigen Oasen durchsetzt ist. Es herrschen hohe Temperaturen und hohe Luftfeuchtigkeit. Trinkwasser wird durch zwei Meerwasserentsalzungsanlagen gewonnen.

Bevölkerung: Die einheim. Bev. besteht zum größten Teil aus Arabern, der Anteil der in K. tätigen Ausländer (Inder, Pakistani, sonstige Araber, Iraner) liegt bei 75 %. 92 % der Einwohner leben in Städten. – Die gesamte einheim. Bev. bekennt sich zum sunnit. Islam, der Staatsreligion ist. – Es besteht keine Schulpflicht, jedoch ein breites kostenloses Bildungsangebot von der Grundschule bis zur Univ. in Doha (gegr. 1973). Die Analphabetenquote beträgt 19 %.

Wirtschaft und Verkehr: K. zählt nach seinem jährl. Bruttosozialprodukt zu den reichsten asiat. Ländern. Fast die gesamten Staatseinnahmen erbringen Erdöl und

Erdgas, die an der W-Küste sowie in einem Offshorefeld bei der Insel Halul von einer staatl. Ges. gefördert werden. Die seit 1991 genutzten Erdgasvorkommen (North-Dome-Feld) am Pers. Golf gelten derzeit als die größte Naturgaslagerstätte der Welt;

Katar: Uhrturm von Doha

seit 1997 erfolgt die Gasverflüssigung in Ras Laffan. In Umm Said entstand ein bed. exportorientierter Schwerind.komplex mit Erdölraffinerie, Erdgasaufbereitung, Stahlwerk, Werft, Zement- und Düngemittelproduktion sowie Hafenanlagen. Wirtsch. wenig bed. sind Oasenwirtschaft, Viehhaltung und Fischerei. Wichtigste Handelspartner: USA, Großbritannien, Japan. Gut ausgebautes Straßennetz: 1 230 km; Erdölhäfen: Umm Said und das Terminal bei der Insel Halul; weltgrößter Flüssiggashafen am Kap Ras Laffan; Tiefwasserhafen und internat. Flughafen Doha.

Geschichte: Im 9./10. Jh. unter der Herrschaft Bahrains, seit um 1750 (wie Kuwait) unter der Herrschaft versch. Beduinenstämme; 1810/11 von Oman zerstört, stand K. dann unter der Hoheit von Bahrain; 1868 wurde es als selbstständiges Scheichtum anerkannt. 1872–1913 unterstand es osman. Herrschaft und war 1916–71 brit. Protektorat. Am 1. 9. 1971 erklärte die brit. Reg. K. für unabhängig und schloss am 3. 9. 1971 einen Freundschaftsvertrag. Ab Febr. 1972 (unblutiger Staatsstreich) herrschte Emir Scheich Chalifa Ibn Ahmed ath-Thani. 1974 verstaatlichte das Emirat die Erdölförderung. 1991 beteiligte es sich am 2. Golfkrieg aufseiten der antiirak. Koalition. 1992 schloss K. ein Verteidigungsabkommen mit den USA, 1994 einen Sicherheitsvertrag mit Großbritannien. Im Zuge einer Palastrevolution stürzte 1995 Kronprinz Scheich Hamad Ibn Chalifa ath-Thani (* 1950) seinen Vater (Aussöhnung 1997) und übernahm die Herrschaft im Emirat. Er leitete eine vorsichtige Demokratisierung ein und bemühte sich um eine selbstständige Außenpolitik (1997/98 Spannungen mit Ägypten). Im Irak-Krieg 2003 befand sich in K., in Doha, der Sitz des amerikan. und brit. »Zentralkommandos« (Hauptquartier).

📖 *Ritter, W.: Qatar. Ein arab. Erdölemirat. Nürnberg 1985. – Die kleinen arab. Golf-Staaten Qatar, Bahrain u. Vereinigte Arab. Emirate, hg. v. K. Schliephake. Würzburg 1995. – Heck, G. u. Wöbcke, M.: Arab. Halbinsel. Saudi-Arabien, Kuwait, Bahrain, Qatar, Vereinigte Arab. Emirate, Oman, Jemen. Köln 1996.*

Katarakt [grch.], **1)** *die, Augenheilkunde:* (Cataracta, grauer Star), angeborene oder erworbene Trübung der Augenlinse mit je nach Sitz und Ausprägung unterschiedl. Beeinträchtigung des Sehvermögens. Ursachen sind innere Krankheiten, Gifte, Verletzungen, Augenentzündungen oder altersbedingte Stoffwechselstörungen der Linse. Am häufigsten ist der doppelseitige **Altersstar (Cataracta senilis),** der meist um das 60. Lebensjahr in versch. Reifegraden auftritt: **Cataracta incipiens** (beginnende K.) mit peripheren, zunächst noch nicht oder nur wenig störenden Linsentrübungen; **Cataracta progrediens** (fortgeschrittene K.) mit Auftreten von grauweißen, speichenförmigen, bis ins Zentrum der Linse ziehenden Trübungen, die das

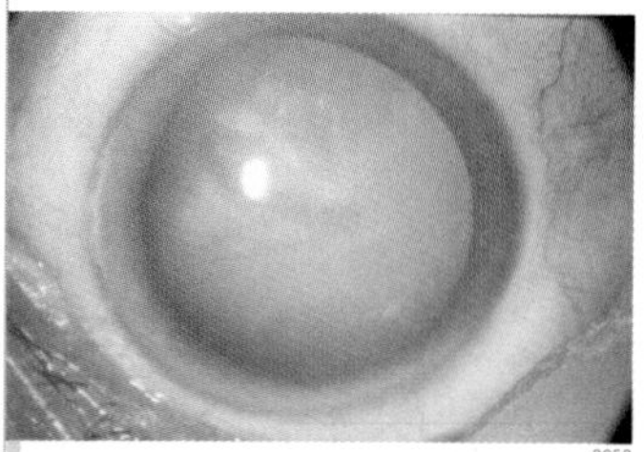

Katarakt 1): reifer Altersstar (Cataracta matura) mit vollständig eingetrübter Linse

Sehen behindern; **Cataracta matura** (reife K.) mit vollständig getrübter Linse. Im letzten Stadium (**Cataracta hypermatura,** überreife K.) kommt es zur Verflüssigung der von der Linsenkapsel umschlossenen Linsenfasern mit der Gefahr des Austritts von Linsensubstanz ins Kammerwasser und Behinderung des Kammerwasserabflusses. Nach dem Sitz der Trübung unterscheidet man den häufigen **Rindenstar** mit radialen, zum Zentrum ziehenden Trübungen und den **Kernstar.** – Die angeborene K., eine nicht fortschreitende, gleich bleibende Trübung, kann jeweils charakterist. Anteile oder die gesamte Augenlinse betreffen (**Cataracta totalis,** meist Folge einer mütterl. Virusinfektion). – Die *Behandlung* erfolgt durch operative Entfernung der Augenlinse und Einsetzen einer Kunststofflinse.

2) *der, Geographie:* ↑Stromschnelle.

Katarrh [lat.-grch.] *der,* mit Schleimabsonderung verbundene Entzündung von Schleimhäuten, z. B. bei Schnupfen oder Bronchitis.

Katase, Kazuo, japan. Künstler, *Shizuoka 24. 7. 1947; beschäftigt sich in Zeichnungen, Fotoarbeiten, Objektakkumulationen, Rauminstallationen und Lichtinszenierungen ausschließlich mit den plast. und assoziativen Qualitäten der Lichtfarbe Blau.

Kataster [von mlat. capitastrum »Kopfsteuerverzeichnis«] *der* oder *das,* **1)** früher die Liste der Steuerpflichtigen; heute das **Liegenschafts-K.,** das vom **K.-Amt** geführte amtl. Verzeichnis aller Grundstücke; besteht aus Flurbuch (Liegenschaftsbuch) und ↑Flurkarten; Grundlage für das Grundbuch und die Bemessung der Grundsteuer.

2) *Umweltschutz:* eine (häufig kartograph.) Darstellung spezieller Belastungen in definierten Untersuchungsgebieten (↑Emissionskataster, ↑Immissionskataster).

Katastrophe [grch.] *die,* **1)** *allg.:* schweres Unglück; Naturereignis mit verheerender Wirkung (↑Katastrophenschutz, ↑Naturkatastrophen).

2) *Poetik:* im letzten Teil des (antiken) Dramas die entscheidende Wendung der Handlung, die den dramat. Konflikt (tragisch) löst.

Katastrophenmedizin, Teilgebiet der Medizin; befasst sich mit den im zivilen oder militär. Katastrophenfall durchzuführenden Maßnahmen der medizin. Vorsorge, Planung und Hilfe unter erschwerten Bedingungen mit dem Ziel, einer möglichst großen Zahl von Opfern das Überleben zu ermöglichen.

Katastrophenschutz, Maßnahmen zur Abwendung von Gefahren und Schäden, die im Katastrophenfall (z. B. Sturmflut, Großbrände) drohen; Teil des ↑Zivilschutzes, wird überwiegend von den Kreisen und kreisfreien Städten wahrgenommen. Zu den Einrichtungen des K. zählen u. a. Feuerwehr, Bundesanstalt Techn. Hilfswerk, Dt. Rotes Kreuz, Dt. Lebensrettungs-Gesellschaft.

Katastrophentheorie, 1) *Biologie:* die ↑Kataklysmentheorie.

2) *Mathematik:* Gebiet der angewandten Mathematik; entwickelt Modelle und Methoden, mit denen sich sprunghaft auftretende Systemänderungen (so genannte **Katastrophen** oder **singuläre Ereignisse**) beschreiben lassen. Die Systemänderungen hängen von äußeren Parametern ab, die auf das System einwirken (z. B. der Übergang in einen anderen Aggregatzustand von Temperatur und Druck). Variiert man diese Parameter, so erhält man versch. Werte, bei denen das System »umkippt«. Unter bestimmten Voraussetzungen lassen sich alle Katastrophenmengen von Systemen mit maximal vier Einflussgrößen auf nur sieben Arten von **Elementarkatastrophen** zurückführen.

Katathermometer, ein besonderes Stabthermometer, das in der Klimatechnik zur Bestimmung einer Klimasummengröße aus Lufttemperatur, Luftgeschwindigkeit und mittlerer Temperatur der Raumumgrenzungsflächen dient. Der ermittelte **Katawert** ist der Wert für die therm. Behaglichkeit.

katathymes Bild|erleben [grch.], psychotherapeut. Arbeitsweise, bei der mithilfe standardisierter Motive (z. B. Wiese, Berg, Vater) beim Klienten Vorstellungen und Fantasien ausgelöst und bearbeitet werden.

Katatonie [grch.] *die,* psych. Krankheitsbild mit ausgeprägter Störung der willkürl. Bewegung; tritt z. B. auf bei (katatoner) Schizophrenie oder Hirntumoren.

Katavothre [grch.] *die,* ↑Ponor.

Katazone [grch.], *Geologie:* Bereich der regionalen Gesteinsmetamorphose mit Temperaturen über 700 °C und hohen allseitigen Drücken.

Katechese [grch.] *die,* die Unterweisung in der christl. Botschaft mit dem Ziel der Vermittlung des christl. Glaubens; in der frühen Kirche der Taufunterricht erwachsener Taufbewerber **(Katechumenen);** durch die Reformation (Luther) neu belebt, heute Konfirmandenunterricht.

Katechet *der,* der die Katechese durchführende kirchl. Mitarbeiter.

Katechetik *die,* innerhalb der ↑prakt. Theologie die Lehre von Inhalt, Ziel und Methodik der Glaubensunterweisung.

Katechine, die ↑Catechine.

Katechismus [grch.] *der,* seit dem 16. Jh. ein (kurz gefasster) formal meist in Frage- und Antwortform aufgebauter Leitfaden der christl. Glaubenslehre zur Unterweisung in Kirche, Schule und Familie. Bedeutend sind Luthers großer und kleiner K. (beide 1529), für die reformator. Kirchen der Heidelberger (1563) und der Genfer K. (1545), für die kath. Kirche der »Catechismus Romanus« (1566), seit 1992 der neue gesamtkirchl. kath. K. (»Welt-K.«).

Katechu [malaiisch] *das* (Catechu), gerbstoffreicher Extrakt aus dem Holz trop. und subtrop. Akazienarten; wird medizinisch als Mittel gegen Durchfall und zum Gurgeln verwendet.

Kategorialanalyse, *Philosophie:* Richtung der Ontologie, die auf die Herausarbeitung übergreifender Strukturen (kategoriale Gesetze) des Seins sowie der Eigengesetzlichkeiten verschiedener Seinsbereiche zielt.

Kategorie [grch. »Aussage«] *die,* **1)** *allg.:* Gruppe, Gattung, Klasse, Art.

2) *Philosophie:* begriffl. Grundform des Seins und/oder des Erkennens. Eigentl. Begründer der **K.-Lehre** ist Aristoteles, der entsprechend den Urteilsarten 10 K. in Bezug auf alles Seiende annahm: Substanz, Quantität, Qualität, Relation, Ort, Zeit, Lage, Haben, Wirken und Leiden. Kant stellte 12 K. als aprior. Bedingungen jeder Erfahrung auf. Umfassende K.-Systeme entwickelten in neuerer Zeit u. a. Hegel, N. Hartmann, A. N. Whitehead.

kategorischer Imperativ, in I. Kants prakt. Philosophie Formel für das oberste, a priori gültige Sittengesetz. Eine Formulierung des k. I. lautet: »Handle so, dass die Maxime deines Willens jederzeit zugleich als Prinzip einer allgemeinen Gesetzgebung gelten könne.«

Katerini, Hptst. des Verw.gebiets Pieria in Makedonien, N-Griechenland, in der Küstenebene am Thermaischen Golf, nordöstlich des Olymps, 43 600 Ew.; Bekleidungsindustrie.

Katgut *das* (engl. Catgut), aus Säugetierdarm hergestelltes chirurg. Nähmaterial (»Darmsaiten«), das während der Wundheilung resorbiert wird.

Kath, ↑Kathstrauch.

Katharer [grch. »die Reinen«], eine der größten und hinsichtlich ihres polit. Einflusses bedeutendsten religiösen Bewegungen des MA., von den Zeitgenossen auch **Albigenser** (in Frankreich), **Patarener** (in Italien) und **Manichäer** genannt. Erstmals im Rheinland nachweisbar (Köln 1143), breiteten sich die K. im 12. und 13. Jh. v. a. in S-Frankreich und Oberitalien aus. Als kirchenkrit. Bewegung lehnten sie Ehe, Eid, Bilder-, Heiligen- und Reliquienverehrung und den Kriegsdienst ab. Theologisch sind sie vom Dualismus der ↑Bogomilen und ↑Paulikianer beeinflusst. Der gute Gott des N. T. liegt in einem ständigen Kampf mit dem bösen (Schöpfer-)Gott des A. T., in radikaler Interpretation mit Satan gleichgesetzt. Regional zeitweilig von großem Einfluss und blutig verfolgt (Albigenserkriege 1209–29), erlosch die Bewegung im 14. Jh., u. a. infolge der Ausbreitung der Bettelorden.

📖 *Lambert, M. D.: Ketzerei im Mittelalter. A. d. Engl. Tb.-Ausg. Freiburg im Breisgau u. a. 1991. – Borst, A.: Die K. Neuausg. Freiburg im Breisgau u. a. [2]1992. – Roché, D.: Die K.-Bewegung. Ursprung u. Wesen. A. d. Frz. Stuttgart 1992. – Lambert, M. D.: Gesch. der K. Aufstieg u. Fall der großen Ketzerbewegung. A. d. Engl. Darmstadt 2001.*

Katharina, Herrscherinnen:

England: **1) K. von Aragonien,** Königin, * Alcalá de Henares 15. 12. 1485, † Kimbolton (bei Huntingdon, Cambridgeshire) 7. 1. 1536; erste Frau Heinrichs VIII. (1509–33); Mutter der späteren Königin Maria I., der Katholischen; heiratete nach dem Tod ihres ersten Gatten Arthur Tudor († 1502) dessen jüngeren Bruder Heinrich, der dann ab 1526 die Annullierung der Ehe betrieb und sie 1533 ohne päpstl. Zustimmung löste (Anlass zur Trennung Englands von der röm. Kirche). K., die die Entscheidung nicht anerkannte, wurde bis zu ihrem Tod gefangen gehalten.

2) K. Howard (Catherine Howard), Königin, *um 1520, †London 13. 2. 1542; fünfte Frau Heinrichs VIII. (seit 1540), Nichte des Herzogs von Norfolk, wurde wegen des (unberechtigten) Verdachts ehel. Untreue hingerichtet.

3) K. Parr (Catherine Parr), Königin, * 1512, † Sudeley Castle (bei Cheltenham) 7. 9. 1548; sechste und letzte Frau Heinrichs VIII. (seit 1543), heiratete nach Heinrichs Tod (1547) den Lord Thomas Seymour.

Frankreich: **4) K. von Medici** (Catherine de Médicis), Königin, * Florenz 13. 4. 1519, † Blois 5. 1. 1589; ⚭ seit 1533 mit dem späteren König Heinrich II.; erst als Regentin für ihren 2. Sohn, Karl IX. (1560–63), trat sie politisch hervor. Sie suchte die Stellung der Krone zw. den Hugenotten unter Coligny und der katholischen Partei zu behaupten. Der überragende Einfluss Colignys auf Karl IX. trieb sie 1572 zu dem Blutbad der ↑Bartholomäusnacht. Unter ihrem 3. Sohn, Heinrich III., sank ihr Einfluss.

📖 *Héritier, J.: K. von Medici. A. d. Frz. Tb.-Ausg. München [6]1991.*

Russland: **5) K. I.** (Jekaterina I. Alexejewna), urspr. Marta Skawronskaja, Kaiserin (1725–27), * 15. 4. 1684, † Sankt Petersburg 17. 5. 1727; aus litauischer Bauernfamilie, erst Geliebte A. D. Menschikows, ab 1703 Mätresse Peters d. Gr., der sie 1712 heiratete und 1724 zur Kaiserin krönen ließ. Sie folgte ihm auf dem Thron.

6) K. II., die Große (Jekaterina II. Alexejewna), Kaiserin (1762–96), * Stettin 2. 5. 1729, † Zarskoje Selo 17. 11. 1796; geb. Sophie Friederike Auguste von Anhalt-Zerbst, ⚭ seit 1745 mit dem russ. Thronfolger, dem späteren Kaiser Peter III.; ließ diesen 1762 durch Gardeoffiziere stürzen und sich zur Kaiserin ausrufen. Hoch gebildet im Geiste der Aufklärung, regte sie viele Reformen (Verselbstständigung der Gouverneure, Einführung der Statthalterschaftsverf., Abbau der Sonderstellung der Ukraine) an, stärkte aber in der Praxis die übernommene Sozialordnung (Ausdehnung der Leibeigenschaft). Der große Bauern- und Kosakenaufstand J. I. Pugatschows wurde 1774 niedergeschlagen. Durch zwei Türkenkriege (1768–74 und 1787–92) gewann sie die Nordküste des Schwarzen Meeres. Die Krim wurde 1783 annektiert; zugleich sicherte sie Russland bei den Teilungen Polens (1772, 1793 und 1795) einen bed. Gebietszuwachs und nahm 1795 auch Kurland in Besitz. So erneuerte und festigte sie die Stellung Russlands als europ. Großmacht. Der einflussreichste ihrer Liebhaber war G. A. ↑Potjomkin.

📖 *Madariaga, I. de: K. die Große. A. d. Engl. Berlin [2]1994. – Cronin, V.: K. die Große. A. d. Engl. Neuausg. München u. a. 1996.*

4601

Katharina II., die Große (Gemälde von Alexander Roslin; Rjasan, Kunstmuseum)

Katharina, Heilige: **1) K. von Alexandria,** Märtyrerin, † (nach der Legende) Anfang des 4. Jh.; historisch nur über die Katharinenlegende (6./7. Jh.) und den Katharinenkult (8. Jh.) zu belegen; gilt seit dem MA. als eine der 14 Nothelfer, Heilige; Schutzpatronin der Philosophen; Tag: 25. 11.

2) K. von Siena (eigtl. Caterina Benincasa), Dichterin, Mystikerin, Kirchenlehrerin, * Siena um 1347, † Rom 29. 4. 1380; gehörte zum Dritten Orden der Dominikaner; sah sich aufgrund ihrer Visionen beauftragt, in die Politik einzugreifen (u. a. Rückführung des Papsttums von Avignon nach Rom); Heilige; Patronin des Dominikanerordens, Italiens und der Stadt Siena; Tag: 29. 4.

📖 *Doornik, N. G. M. van: K. von Siena. A. d. Niederländ. Freiburg im Breisgau u. a. 1980.*

Katharinenkloster (Dornbuschkloster, Sinaikloster), grch.-orth. Kloster am Fuß des Djebel Musa auf der Halbinsel ↑Sinai; seit 869 als Bischofssitz bezeugt, seit 1575 besitzt es kirchenrechtlich den Status des dem grch.-orth. Patriarchat von Jerusalem zugeordneten autonomen »Erzbistums des Berges Sinai«. Als heiligster Ort des wohl seit dem 3./4. Jh. bestehenden K. gilt die »Kapelle des brennenden Dornbuschs«, an deren Stelle nach der Legende der Dornbusch gestanden haben soll, in dem Jahwe sich Moses als Gott Israels offenbarte (2. Mos. 3, 2–6).

Katharobiien [grch.] (Katharobionten), in völlig sauberem (katharobem) Wasser lebende Organismen; Ggs. Saprobien.

Katharsis [grch. »Reinigung«] *die,* **1)** *Literaturwissenschaft:* nach Aristoteles die Wirkung der Tragödie (↑Drama).

2) *Psychologie:* Abreaktion von verdrängten Affekten, Lösung von inneren Spannungen.

Katheder [grch.] *das,* Lehrstuhl, Lehrpult.

Kathedersozialismus, Richtung der dt. Volkswirtschaftslehre im letzten Drittel des 19. Jh., die im Ggs. zum strengen Wirtschaftsliberalismus (»Manchestertum«) für ein Eingreifen des Staates in Wirtschaft und Sozialpolitik eintrat, um die Klassengegensätze zu mildern und den sozialen Aufstieg der Arbeiter zu fördern. Die Bez. wurde von liberalen Gegnern geprägt, die Kathedersozialisten waren jedoch weniger Sozialisten als Sozialreformer. Ihr wiss. Mittelpunkt wurde der 1872 gegr. »Verein für Socialpolitik«; bed. Vertreter: A. Wagner, G. Schmoller, L. Brentano.

Kathedrale [grch.] *die,* Bischofskirche; in Dtl. meist Dom genannt.

Katheten [grch.], die beiden kürzeren Seiten eines rechtwinkligen Dreiecks, die die Schenkel des rechten Winkels bilden.

Kathetensatz (euklidischer Lehrsatz), Satz der *Geometrie:* Im rechtwinkligen Dreieck ist das Quadrat über einer Kathete flächengleich dem Rechteck aus der Hypotenuse und dem Hypotenusenabschnitt, der der Kathete anliegt. Den K. kann man aus dem Höhensatz oder aus dem pythagoreischen Lehrsatz herleiten.

Katheter [grch.] *der,* röhrenförmiges starres oder elast. Instrument, das in Hohlorgane oder Gefäße eingeführt werden kann. K. dienen v. a. der Ableitung von Flüssigkeiten aus Hohlorganen (z. B. Harnblase), der Spülung (mittels doppelläufiger K.), der Einbringung von Arznei- oder Kontrastmitteln, von Nährlösungen zur künstl. Ernährung und der Erweiterung (Rekanalisierung) verengter bzw. verschlossener Durchgänge oder Gefäße (z. B. Harn- oder Speiseröhre, Blutgefäße). (↑Herzkatheterisierung)

Kathiawar ['ka:tja:wa:], Halbinsel im N der W-Küste Indiens, Teil des Bundesstaates Gujarat, rd. 60 000 km², erreicht Höhen bis 1 117 m ü. M.; Baumwoll- und Getreideanbau mit Bewässerung; Vorkommen von Manganerz, Bauxit und Erdöl.

Kathmandu (Katmandu), Hptst. von Nepal, 1 340 m ü. M., 535 000 Ew.; bildet mit den im fruchtbaren K.-Tal (rd. 30 km lang, rd. 20 km breit; UNESCO-Weltkulturerbe) liegenden Städten Patan und Bhadgaon eine Agglomeration von rd. 800 000 Ew.; Univ., Königl. Nepales. Akademie, Bibliotheken, Museum; Holzverarbeitung, Nahrungsmittelind., Kunstgewerbe; über die Hälfte der Bev. lebt von der Landwirtschaft; bed. Tourismus; internat. Flughafen. – Das Stadtbild mit den typ. roten Ziegelbauten geht z. T. auf das 16.–18. Jh. zurück, aus dieser Zeit stammen der Königspalast mit dem Haupttempel Taleju (um 1560) und dem Degutaletempel (Ende 16. Jh.) und der Shiva-Parvati-Tempel (2. Hälfte des 18. Jh.); nahe der Stadt große buddhist. Kloster- und Stupabauten. – 723 gegr., wurde 1768 Reg.sitz der Gurkhadynastie.

Kathode [grch.] *die* (Katode), die elektrisch negative ↑Elektrode (Minuspol) in Elektronen- und Entladungsröhren, Elektrolysezellen, elektrochem. Elementen u. a., an der die negative Ladung austritt und positive Ionen entladen werden; Ggs. ↑Anode.

Kathodenfall, ↑Gasentladung.

Kathodenstrahlen, histor. Bez. für die z. B. bei Gasentladungen oder beim glühelektr. Effekt (Glühemission) aus der Kathode austretenden (niederenerget.) ↑Elektronenstrahlen. Die K. wurden 1858 von dem Mathematiker und Physiker J. Plücker entdeckt.

Kathodenstrahlröhre, die ↑Elektronenstrahlröhre.

Kathodenzerstäubung, das Herausschlagen **(Sputtern)** von Atomen aus der Metallkathode durch die aufprallenden Ionen einer Gasentladung. Das zerstäubte Metall schlägt sich im Entladegefäß als gleichmäßige Schicht nieder. Technisch von Bedeutung ist die K. z. B. für die Herstellung dünner Schichten und metall. Gläser.

Katholische Arbeitnehmer-Bewegung

Katholikentag, Deutscher, Bez. für die vom Zentralkomitee der dt. Katholiken (ZdK) organisierte Versammlung der dt. Katholiken. Die K. verstehen sich als Foren des Gesprächs zw. Kirche und Gesellschaft. Geschichtlich stehen sie in der Tradition der ersten »Generalversammlung der Katholiken Dtl.s« 1848 in Mainz, das auch Veranstaltungsort des Jubiläumskatholikentags 1998 war. Veranstaltungsort des 95. Deutschen K. 2004 war Ulm.

Katholikos [grch. »allgemeiner (Bischof)«] *der* (K.-Patriarch), Amtstitel der Oberhäupter der altoriental. armen., ostsyr. (»nestorian.«, assyr.) und westsyr. (»jakobit.«) Kirche und der orth. Kirche Georgiens; die Vollmachten eines K. entsprechen heute im Wesentlichen denen eines Patriarchen.

katholisch [grch. katholikós »allgemein«], in der frühen Kirche Bez. der Gesamtkirche (erstmals durch Ignatius von Antiochia); nach der Reformation Bez. der **römisch-kath. Kirche** (↑katholische Kirche).

katholische Akademien, seit 1945 entstandene Einrichtungen der kath. Kirche zur Erwachsenenbildung, die sich als wiss., weltanschaul. und polit. Dialogforen verstehen. K. A. bestehen in den meisten dt. Bistümern, außerdem in Brixen und Zürich.

Katholische Aktion, bis zum 2. Vatikan. Konzil übl. Bez. der auf die Enzyklika »Ubi Arcano« Papst Pius' XI. zurückgehenden und fest in die hierarch. Strukturen der Kirche eingebundenen Laienaktivitäten in der kath. Kirche (Laienapostolat).

Katholische Arbeitnehmer-Bewegung, Abk. **KAB,** organisator. Zusammenschluss kath. Arbeitervereine in Dtl. mit Sitz (KAB-Bundesverband) in Köln. Der KAB gehören auch die Christl. Arbeiter-Jugend (CAJ) und die Vereinigung italien. Arbeitnehmer in Dtl. an. Die KAB ist aus den ↑christlich-sozialen Bewegungen des 19. Jh. hervorgegangen. Heute ist sie die größte nicht gewerkschaftl. Arbeitnehmerorganisation in Dtl. und versteht sich als Selbsthilfeeinrichtung ihrer Mitgl. mit berufs- und sozialpolit. Zwecksetzung. (↑Evangelische Arbeitnehmer-Bewegung)

Katholische Briefe, Bez. für sieben Briefe des N. T. (Jak., 1. und 2. Petr., 1., 2. und 3. Joh., Jud.); sie gehören zu wohl im 2. Jh. entstandenen, inhaltlich und stilistisch sehr versch. neutestamentl. Spätschriften (theolog. Erörterung, Mahnung und Trost, Warnung vor Irrlehren, Befestigung im Glauben) deren Aufnahme in den ↑Kanon z. T. lange umstritten war. Aufgrund der fehlenden oder sehr allg. gehaltenen Adressaten gelten sie in der kirchl. Tradition als an die christl. Gemeinden allgemein gerichtete (d. h. »kath.«) Schreiben.

katholische Kirche, Selbstbez. der vom Papst geleiteten christl. Kirche, wobei das Attribut »katholisch« in ihrem theolog. Selbstverständnis begründet ist; ihre konfessionskundl. Bez. ist **römisch-kath. Kirche,** unter der sie seit dem 2. Vatikan. Konzil auch offiziell am interkonfessionellen Gespräch der ↑ökumenischen Bewegung teilnimmt. Die k. K. ist die größte christl. Kirche und zählt weltweit (Anfang 2003) rd. 1,06 Mrd. Mitgl., darunter über 17 Mio. in den unierten ↑Ostkirchen.

Die k. K. ist hierarchisch und episkopal verfasst. Die Grundlage ihrer inneren (Rechts-)Beziehungen bildet das kath. Kirchenrecht (für den lat. Ritus der ↑Codex Iuris Canonici). Dem Papst, der nach kath. Verständnis in der direkten und ununterbrochenen Nachfolge des Apostels Petrus steht, kommen der allg. Jurisdiktionsprimat bei der Leitung der Gesamtkirche und (seit 1870) die unfehlbare Lehrautorität in Glaubensfragen zu (↑Unfehlbarkeit). Ihm stehen die Kardinäle (↑Kurie) und das Kollegium der ↑Bischöfe zur Seite, deren Ein-

katholische Kirche: Die katholischen Bistümer in Deutschland, Österreich, der Schweiz und in Liechtenstein (Stand 2004)

Bistum	Katholiken[1)]	Bischof	(geb.; seit ...)
Deutschland			
Kirchenprovinz Bamberg			
Bamberg	770 000	Ludwig Schick	(1949; 2002)
Eichstätt	453 000	Walter Mixa	(1941; 1996)
Speyer	625 000	Anton Schlembach	(1932; 1983)
Würzburg	886 000	Friedhelm Hofmann	(1942; 2004)
Kirchenprovinz Berlin			
Berlin	380 000	Georg Sterzinsky[2)]	(1936; 1989)
Dresden-Meißen	180 000	Joachim Reinelt	(1936; 1988)
Görlitz	48 000	Rudolf Müller	(1931; 1994)
Kirchenprovinz Freiburg im Breisgau			
Freiburg im Breisgau	2 125 000	Robert Zollitsch	(1938; 2003)
Mainz	809 000	Karl Lehmann[2)]	(1936; 1983)
Rottenburg-Stuttgart	2 020 000	Gebhard Fürst	(1948; 2000)
Kirchenprovinz Hamburg			
Hamburg	405 000	Werner Thissen	(1938; 2002)
Hildesheim	682 000	Josef Homeyer	(1929; 1983)
Osnabrück	583 000	Franz-Josef Hermann Bode	(1951; 1995)
Kirchenprovinz Köln			
Köln	2 250 000	Joachim Meisner[2)]	(1933; 1989)
Aachen	1 214 000	Heinrich Mussinghof	(1940; 1994)
Essen	988 000	Felix Genn	(1950; 2003)
Limburg	718 000	Franz Kamphaus	(1932; 1982)
Münster	2 072 000	Reinhard Lettmann	(1933; 1980)
Trier	1 621 000	Reinhard Marx	(1953; 2001)
Kirchenprovinz München und Freising			
München und Freising	1 855 000	Friedrich Wetter[2)]	(1928; 1982)
Augsburg	1 536 000	seit Juni 2004 vakant	
Passau	520 000	Wilhelm Schraml	(1935; 2001)
Regensburg	1 343 000	Gerhard Ludwig Müller	(1947; 2002)
Kirchenprovinz Paderborn			
Paderborn	1 786 000	Hans-Josef Becker	(1948; 2003)
Erfurt	175 000	Joachim Wanke	(1941; 1994)
Fulda	444 000	Heinz Josef Algermissen	(1943; 2001)
Magdeburg	168 000	seit März 2004 vakant	
Österreich			
Kirchenprovinz Salzburg			
Salzburg	520 000	Alois Kothgasser	(1937; 2002)
Feldkirch	269 000	Klaus Küng[3)]	(1940; 1989)
Graz-Seckau	933 000	Egon Kapellari	(1936; 2001)
Gurk	440 000	Alois Schwarz	(1952; 2001)
Innsbruck	413 000	Manfred Scheuer	(1955; 2003)
Kirchenprovinz Wien			
Wien	1 380 000	Christoph Schönborn[2)]	(1945; 1995)
Eisenstadt	229 000	Paul Iby	(1935; 1993)
Linz	1 074 000	Maximilian Aichern	(1932; 1982)
Sankt Pölten	574 000	Klaus Küng[3)]	(1940; 2004)

katholische Kirche: Die katholischen Bistümer in Deutschland, Österreich, der Schweiz und in Liechtenstein (Stand 2004; Fortsetzung)

Bistum	Katholiken[1)]	Bischof	(geb.; seit ...)
Schweiz[4)]			
Basel	1116000	Kurt Koch	(1950; 1996)
Chur	610000	Amédée Grab	(1930; 1998)
Lausanne-Genf-Freiburg	676000	Bernard Genoud	(1942; 1999)
Lugano	236000	Pier Giacomo Grampa	(1936; 2004)
Sankt Gallen	275000	Ivo Fürer	(1930; 1995)
Sitten	226000	Norbert Brunner	(1942; 1995)
Liechtenstein[4)]			
Vaduz	25000	Wolfgang Haas	(1948; 1997)

1) Mitglieder Jan. 2001. – 2) Kardinal. – 3) Bischof in Sankt Pölten seit Okt. 2004 davor in Feldkirch, dort bis zur Neubesetzung apostol. Administrator. – 4) Die Bistümer in der Schweiz und Liechtenstein gehören keiner Kirchenprovinz an, sondern unterstehen Rom als exemte Bistümer direkt.

fluss auf die Leitung der Gesamtkirche mit der Schaffung der Bischofssynode durch das 2. Vatikan. Konzil wesentlich gestärkt worden ist. Sie besitzen die kirchl. Lehr- und Jurisdiktionsgewalt über die Geistlichen und Kirchenmitgl. ihrer Diözesen. Nach kath. Verständnis in der ↑apostolischen Nachfolge stehend, garantiert der Bischof in seinem Jurisdiktionsbezirk die rechtmäßige Verwaltung der Sakramente und den geordneten Ablauf des kirchl. Lebens in seinen versch. Aufgabenfeldern (»Liturgia« [Gottesdienst], »Martyria« [Verkündigung], »Diakonia« [Dienst am Nächsten], »Communio« [Gemeinschaft], »Missio« [Sendung]). – Organisatorisch sind i. d. R. mehrere Diözesen zu einer Kirchenprovinz zusammengefasst, die unter der Leitung eines Erzbischofs oder Patriarchen steht. Daneben gibt es exemte Bistümer und besondere kirchenrechtl. Organisationsstrukturen, die dem Hl. Stuhl direkt unterstehen (z. B. die Apostol. Administraturen und in Missionsgebieten die Apostol. Präfekturen und Vikariate). Neben den Ortspfarreien mit dem i. d. R. auf Lebenszeit bestellten Pfarrer und ggf. Hilfsgeistlichen (↑Kaplan) kennt die k. K. für besondere Gruppen und seelsorgl. Aufgaben Personalpfarreien (z. B. Studentengemeinden, Militärseelsorge). – Grundlage und Norm kath. Kirchenverständnisses sind die Hl. Schrift und die kirchl. Tradition, repräsentiert im ↑kirchlichen Lehramt und verbindlich durch dieses ausgelegt.

Theologisch versteht sich die k. K. als *heilige* (von Jesus Christus gestiftete), *apostol.* (in der Nachfolge der Apostel stehende) und *kath.* (weltumspannende) Kirche. Die Zugehörigkeit zur Kirche ist nach kath. Auffassung heilsnotwendig (im traditionellen Sprachgebrauch »allein selig machend«). Der damit verbundene exklusive Anspruch der k. K. als *der* allein selig machenden Kirche wurde jedoch durch das 2. Vatikan. Konzil, dessen insgesamt 16 Dokumente die eingehendste amtl. Reflexion ihres heutigen Selbstverständnisses darstellen, im Dekret über den ↑Ökumenismus dahingehend modifiziert, dass auch nichtkath. Kirchen theologisch das Kirche-Sein zugesprochen wird, als den »Schwesterkirchen«, die im Hl. Geist an der einen christl. Wahrheit und Heilszusage teilhaben. Ein bedeutendes Dokument bildet in diesem Zusammenhang die 1999 durch den Päpstl. Rat für die Förderung der Einheit der Christen und den Luther. Weltbund verabschiedete »Gemeinsame Erklärung zur Rechtfertigungslehre« (↑Rechtfertigung).

Die gegenwärtige Situation der k. K. in Afrika, Asien und Lateinamerika, wo rd. zwei Drittel aller kath. Christen leben, ist nach wie vor durch große karitative, in einem neuen Maße aber auch durch theolog. Herausforderungen (↑Inkulturation) geprägt. In Westeuropa sieht sich die k. K. bes. durch die (fortschreitende) ↑Säkularisierung (»Entkirchlichung«) weiter Teile der Gesellschaft und deren Folgen (z. B. den geringer werdenden Einfluss im öffentl. Bewusstsein), aber auch durch krit., innerkirchl. Reformen (Rolle der Frau in der Kirche, Zölibat) anmahnende Laien vor große Herausforderungen gestellt. Einen Schwerpunkt der kirchl. Arbeit in Mittel-, Südost- und Osteuropa bildete in den 1990er-Jahren die Rekonstitution und Neuordnung der kirchl. Organisationsstrukturen in den ehem. kommunist. Staaten. Wachsende Bedeutung in der kath. Kirche insgesamt haben in jüngster Zeit zahlr. ↑neue geistliche Gemeinschaften und Bewegungen.

📖 *Ecclesia Catholica. Katechismus der k. K. München u. a. 1993. – Geschichte der k. K., hg. v. J. Lenzenweger u. a. Graz u. a. ³1995. – Das Neue wächst. Radikale Veränderungen in der Kirche, hg. v. O. Fuchs u. a. München 1995. – Die k. K. u. das neue Europa. Dokumente 1980–1995, hg. v. J. Schwarz, 2 Tle. Mainz 1996. – Kirchner, H.: Die römisch-kath. Kirche vom II. Vatikan. Konzil bis zur Gegenwart. Leipzig 1996. – Kirche u. Katholizismus seit 1945, hg. v. E. Gatz, auf 4 Bde. ber. Paderborn u. a. 1998 ff.*

Katholische Könige, Ehrentitel der span. Könige, 1496 von Papst Alexander VI. an Isabella I. von Kastilien und Ferdinand II. von Aragonien verliehen.

Katholische Nachrichten-Agentur GmbH, ↑KNA.

katholische Presse, Zeitungen und Zeitschriften, die von Einrichtungen der kath. Kirche herausgegeben werden oder als unabhängige Veröffentlichungen die kath. Kirche bei Verkündigung und Lehre unterstützen. Die Dt. Bischofskonferenz hat eine Kommission für publizist. Fragen, deren Geschäftsstelle die Zentralstelle Medien ist. Eine wichtige Organisation der k. P. ist die Arbeitsgemeinschaft Kath. Presse e. V. (AKP, gegr. 1949; Sitz: Bonn).

katholische Reform, Bez. für die innere Erneuerung der kath. Kirche im 16. und 17. Jh. In ihren Anfängen auf kirchl. Reformbestrebungen des 15. Jh. zurückgehend (z. B. ↑Devotio moderna), erhielt die k. R. entscheidende Anstöße durch die Reformation und erreichte im Konzil von Trient (1545–63) ihren entscheidenden Durchbruch. In der Folge energisch durch die Päpste Pius V., Gregor XIII. und Sixtus V. gefördert und durch den neu gegr. Jesuitenorden unterstützt; ihr Hauptziel sah die k. R. in der Verbreitung des kath. Glaubens und seiner Vertiefung durch intensive religiöse Unterweisung, bes. im Rahmen des von ihr geschaffenen Bildungswesens. Als innerkirchl. Reformbewegung von der ↑Gegenreformation zu unterscheiden.

Katholisches Bibelwerk, 1937 gegr. kath. Verlag (als »Kath. Bibelbewegung GmbH«); veröffentlicht Bibeln und Literatur zum A. T. und N. T.; Sitz: Stuttgart.

Katholisches Büro Berlin, Verbindungsstelle der kath. Dt. Bischofskonferenz zur Bundesregierung; gegr. 1951, bis 1998 **Kath. Büro Bonn.**

katholische Soziallehre, ↑Soziallehren der christlichen Kirchen.

katholische Universitäten, ↑kirchliche Hochschulen.

Katholische Volkspartei, 1) 1895 gebildete konservative Partei in Österreich, nannte sich seit 1901 **Zentrumsklub,** schloss sich 1907 mit der Christlichsozialen Partei zusammen.

2) polit. konservative Partei in der Schweiz, gegr. 1894; Vorläuferin der ↑Christlichdemokratischen Volkspartei der Schweiz.

Katholizismus *der,* seit dem 18. Jh. übl. Bez. der Gesamtheit der von der kath. Kirche und ihrer Lehre im jeweiligen geschichtl. Kontext inspirierten Anschauungen und Aktivitäten.

Katholizität *die,* Begriff der kath. Ekklesiologie; beschreibt (im überkonfessionellen Sinn) die eine, von Jesus Christus gestiftete weltweite (»katholische«) Kirche und den ihr von Christus gegebenen, räumlich und zeitlich nicht begrenzten Sendungsauftrag.

Kathstrauch (Kath), Gatt. der Spindelbaumgewächse mit der einzigen, vom S der Arab. Halbinsel bis zum Kapland verbreiteten Art **Catha edulis.** Die Triebe und Blätter (sie werden gekaut) enthalten anregende Alkaloide.

Kat|ion [grch.] *das,* positiv geladenes Ion, das im elektr. Feld zur Kathode wandert.

Katipunan, 1892 von A. Bonifacio als Geheimbund organisierte Unabhängigkeitsbewegung der Filipinos; löste 1896 einen Volksaufstand gegen die span. Kolonialherrschaft aus, der blutig niedergeschlagen wurde, aber den Auftakt des nat. Befreiungskampfes auf den Philippinen darstellte.

Katmai [ˈkætmaɪ], Vulkan in Alaska, USA, auf der Alaskahalbinsel, 2 047 m ü. M.; beim gewaltigen Ausbruch von 1912 wurde ein grünes Tal in das »Tal der zehntausend Dämpfe« verwandelt, in dem bis 1950 zahlr. Fumarolen aktiv waren. Das Gebiet um den K. bildet den **Katmai Na-**

tional Park (15 035 km²; eingerichtet 1918 und 1980).

Katmandu, Hptst. von Nepal, ↑Kathmandu.

Kätner, Besitzer einer Kate (kleines Bauern- oder Landarbeiterhaus); in Nord-Dtl. früher auch Bauer, der mit einem oder zwei Spanntieren seinen Acker bestellte; daher übertragen für landwirtsch. Tagelöhner.

Katode [grch.] *die,* die ↑Kathode.

Katowice [-'vitsɛ], Stadt in Polen, ↑Kattowitz.

Katsav, Moshe, israel. Politiker, * Yazd (Iran) 1945; sephard. Jude; übersiedelte 1951 nach Israel; seit 1977 Abg. der Knesset); zw. 1981 und 1999 mehrfach Min.; wurde 2000 Staatspräsident.

Katschberg, Pass in den Ostalpen, zw. Hohen und Niederen Tauern, Österreich; ↑Alpenstraßen (Übersicht).

Katsina, Hptst. des Bundesstaates K. im äußersten N Nigerias, 201 500 Ew.; Sitz eines Emirs; Handelszentrum; Stahlwalzwerk. – Im 17. und 18. Jh. Kulturzentrum und Hptst. eines Hausastaates.

Kattarasenke (Qattara), größte Senke der ägypt. Oasendepressionen, in der Libyschen Wüste, rd. 20 000 km², bis 133 m u. M. (tiefste Stelle Afrikas); überwiegend Salzsumpf.

Katte, Hans Hermann von, preuß. Offizier, * Berlin 28. 2. 1704, † Küstrin 6. 11. 1730; Jugendfreund des späteren Königs Friedrich II., d. Gr., von Preußen; wurde als Mitwisser der gescheiterten Flucht des Kronprinzen Friedrich auf Befehl von dessen Vater, König Friedrich Wilhelm I., vor den Augen des Kronprinzen enthauptet.

Kattegatt *das,* Meerenge zw. der flachen Ostküste Jütlands und der steilen, felsigen Westküste Schwedens; verbindet Nord- und Ostsee.

Kattnigg, Rudolf, österr. Komponist, * Oberdorf (heute zu Treffen, bei Villach) 9. 4. 1895, † Klagenfurt 2. 9. 1955; v. a. bekannt als Operettenkomponist (u. a. »Balkanliebe«, 1937; »Bel Ami«, 1948).

Kattowitz (poln. Katowice), Hptst. der Wwschaft Schlesien, Polen, Stadtkreis am W-Rand der Oberschles. Platte, 340 500 Ew.; kath. Erzbischofssitz; Schles. Univ. (1968 gegr.), Bergbau-Inst. u. a. Hochschulen, Theater, Planetarium, Philharmonie, Zoo. K. ist Mittelpunkt des Oberschles. Industriegebiets mit Steinkohlenbergbau, Eisen-, Zinkhütten, Gießereien, Maschinenbau, elektrotechn., chem. und Druckindustrie. Nahebei Flughafen. – Das um 1590 (belegt 1598) gegründete K. erhielt erst 1865 Stadtrecht. Obwohl es 1921 für den Verbleib im Dt. Reich gestimmt hatte, fiel es 1922 aufgrund eines Völkerbundgutachtens an Polen.

Kattun [arab.] *der,* feinfädiges Gewebe in Leinwandbindung aus Baumwoll- oder Chemiefasergarn.

Katyn [ka'tɪn], russ. Ort westlich von Smolensk, am oberen Dnjepr. – In einem Wald bei K. entdeckten dt. Soldaten im Frühjahr 1943 Massengräber mit den Leichen von über 4 000 erschossenen poln. Offizieren. Die Toten gehörten zu den beim Einmarsch der Roten Armee in O-Polen (Sept. 1939) in sowjet. Kriegsgefangenschaft geratenen rd. 14 700 Militärs, die zus. mit weiteren poln. Gefängnisinsassen auf Befehl Stalins und anderer Mitgl. der sowjet. Führung durch das NKWD 1940 ermordet wurden (insgesamt mehr als 21 000 Opfer). Die UdSSR wies die Schuld an diesem Verbrechen den dt. Besatzungstruppen zu, obwohl aufgrund versch. Untersuchungen die Tötung bereits auf April/Mai 1940 datiert wurde. Die ungeklärten Umstände führten schon während des Krieges zu Spannungen zw. der poln. Exilregierung und der sowjet. Führung unter Stalin und überschatteten die Beziehungen zw. Polen und der UdSSR, die erst 1990 die Verantwortung der sowjet. Seite offiziell eingestand. Im Okt. 1992 übergab die russ. Reg. Polen Kopien von Dokumenten aus dem ehem. Präsidialarchiv der UdSSR, unter denen sich die von Stalin und weiteren Politbüromitgliedern am 5. 3. 1940 unterzeichnete Anordnung an das NKWD zur Erschießung der poln. Offiziere und Zivilisten befand.

📖 *Madajczyk, C.: Das Drama von K. A. d. Poln. Berlin 1991.*

Katz [kæts], Sir (seit 1969) Bernard, brit. Biophysiker dt. Herkunft, * Leipzig 26. 3. 1911, † London 20. 4. 2003; Arbeiten zur Physiologie der Nerven und der Muskeltätigkeit; erhielt für die Aufklärung chem. Vorgänge bei der Erregungsübertragung an den Synapsen 1970 mit J. Axelrod und U. S. von Euler-Chelpin den Nobelpreis für Physiologie oder Medizin.

Katzbach *die* (poln. Kaczawa), linker Nebenfluss der Oder in Polen, 84 km lang, entspringt im Bober-Katzbach-Gebirge. – Während der Befreiungskriege siegten in der **Schlacht an der K.** Blücher und Gneisenau am 26. 8. 1813 über die frz. Truppen des Generals A. Macdonald.

Kätzchen, eine Form des razemösen Blütenstands (eine hängende Ähre).

Katzen (Felidae), Familie der Landraubtiere mit hoch spezialisiertem Gebiss, sprungkräftigen Hinterbeinen und einziehbaren Krallen (Ausnahme: Gepard), sehr gutem Gehör, Tast- (Tasthaare am Kopf) und Sehvermögen. – Rezent sind die **Eigentl. K.** (**Echte K.,** Felinae) mit zwei Gattungsgruppen, den Klein-K. (Felini) und den Groß-K. (Pantherini), und die **Geparden** (Acinonychinae). Alle zu den **Groß-K.** gehörenden Arten besitzen anstelle des verknöcherten Zwischenasts des Zungenbeins ein elast. Band und können daher brüllen und nur beim Ausatmen schnurren (Ausnahme: ↑Schneeleopard). Hierher gehören u.a. ↑Leopard, ↑Jaguar, ↑Tiger, ↑Löwe. Die **Klein-K.** hingegen, die ein vollständig verknöchertes Zungenbein besitzen, können nicht brüllen, hingegen beim Ein- und Ausatmen schnurren. Zu den in diese Gruppe gehörenden fast 30 Arten, die mit Ausnahme des bis 1,8 m körperlangen ↑Pumas bis etwa 1 m körperlang sind, zählen u.a.: ↑Wildkatze, ↑Serval, ↑Luchse, ↑Ozelot. – Die **Haus-K.** stammt von der Wild-K. ab, insbesondere von der in Ägypten und Nubien verbreiteten Nub. Falb-K. (Felis silvestris libyca). Sie wurde im 3. oder 2. Jt. v. Chr. in Ägypten und Kleinasien domestiziert. Die Rassenmannigfaltigkeit ist bei der Haus-K. viel geringer als z.B. beim Hund. Die Haus-K. unterscheiden sich in Zeichnung, Färbung und Beschaffenheit des Haarkleides, in Körperform und Größe. Man unterscheidet zw. »gewöhnl.« Haus-K. und Rasse-K. Letztere werden in Langhaar- und Kurzhaarrassen eingeteilt, die meist in mehreren Spielarten oder Farbschlägen vorkommen. Zu den **Langhaarrassen** sind u.a. Perser-K., Colourpoint (Khmer), Birma-K. und Türk. K., zu den **Kurzhaarrassen** Europ. Kurzhaar-K., Oriental. Kurzhaar-K. einschl. Siam-K., Abessinier-, Burma-, Korat-, Russischblaue und Rex-K. zu zählen. Rasse-K. erlangen die Zuchtreife mit 10–12 Monaten. Nach einer Tragezeit von 63 bis 65 Tagen (Siam-K. etwa 67) werden meist 3–6 Junge geboren. Sie sind blind und taub und öffnen die Augen im Alter von 8 bis 10 Tagen.

Katzen: Perserkatze Exotic Chinchilla mit Jungtieren

📖 *Leyhausen, P.: K., eine Verhaltenskunde. Hamburg u.a. [6]1982. – K. Rassen, Verhalten, Pflege, Zucht, bearb. v. B. Gerber. Neuausg. Niedernhausen 1994. – Das große Katzenlexikon, hg. v. M. Bürger. Leipzig u.a. [2]1996.*

Katzen|auge, 1) *Mineralogie:* Bez. für Schmucksteine (bes. Chrysoberyll, Quarz, Turmalin), die einen streifigen Lichteffekt zeigen (Asterismus).

2) *Verkehrstechnik:* ein ↑Rückstrahler.

Katzenbär, der Kleine Panda, ↑Pandas.

Katzenbuckel, höchster Berg des Odenwalds, östlich von Eberbach, Bad.-Württ., 626 m hohe Basaltkuppe über dem Buntsandsteinplateau des Odenwalds.

Katzenelnbogen, Stadt im Rhein-Lahn-Kreis, Rheinl.-Pf., im Hintertaunus, 2100 Ew.; Luftkurort; Steinbrüche. – Über dem Ort die Stammburg der Grafen von K. – Die Grafschaft K. wurde 1479 hessisch. Die im 14. Jh. erbaute Burg Neu-K., die »Katz« am Rhein gegenüber Sankt Goar, wurde 1806 zerstört, 1896–98 wieder aufgebaut. Stadtrecht seit 1312.

Katzenfrett, ein ↑Kleinbär.

Katzengold, volkstüml. Bez. für fälschlich für Gold gehaltene Minerale, z.B. Glimmer (Biotit) und Pyrit (Schwefelkies).

Katzenhaie (Scyliorhinidae), Familie kleiner, in trop. und gemäßigten Bereichen aller Ozeane lebender Haifische, für den Menschen ungefährlich. Der **Großgefleckte K.** (Scyliorhinus stellaris) wird bis 150 cm lang, der **Kleingefleckte K.** (Scyliorhinus caniculus) bis zu 80 cm.

Katzenmakis (Cheirogalaginae), Unterfamilie der ↑Lemuren.

Kaub: Der im frühen 14. Jh. als Zollburg erbaute Pfalzgrafenstein nimmt eine kleine Rheininsel ein; über der Stadt liegt die aus dem 13. Jh. stammende Burg Gutenfels.

Katzenpfötchen (Antennaria), Korbblütlergattung, graufilzige Kräuter mit vielblütigen Blütenkörbchen und z. T. trockenhäutigem Hüllkelch. Das **Gemeine K.** (Antennaria dioica) hat weiße bis weinrote Blütenkörbchen; es wächst auf magerem Grasboden Europas, N-Asiens und Nordamerikas.

Katzenschwanz (Acalypha hispida), im indomalaiischen Archipel beheimatetes Wolfsmilchgewächs; bis 4 m hoher Strauch mit lang herabhängenden, leuchtend roten, kätzchenartigen Blütenständen; wärmebedürftige Zierpflanze.

Katzenstaupe, die ↑Panleukopenie.

Katzer, Georg, Komponist, *Habelschwerdt (heute Bystrzyca Kłodzka) 10. 1. 1935; schreibt u. a. Opern (»Gastmahl oder Über die Liebe«, 1988; »Antigone oder Die Stadt«, 1991), Ballette, Orchester-, Kammermusik, Chorwerke; nutzt dabei serielle und aleator. Kompositionstechniken.

Katzir, Ephraim, eigtl. Katchalski, israel. Politiker und Biophysiker, *Kiew 16. 5. 1916; war 1973–78 israel. Staatspräsident.

Kauai [kaʊˈwaɪ], eine der Hawaii-Inseln, 1 445 km², 58 500 Einwohner.

Kaub, Stadt im Rhein-Lahn-Kreis, Rheinl.-Pf., am rechten Rheinufer, 1 200 Ew.; Blüchermuseum; Lotsenstation; Weinbau; Fremdenverkehr. – Auf einer Felseninsel im Fluss liegt die Burg **Pfalzgrafenstein,** eine alte kurpfälz. Zollburg (erste Hälfte des 14. Jh.); hier überschritt die schles. Armee unter Blücher in der Neujahrsnacht 1813/14 den Rhein. Oberhalb von K. die Burg Gutenfels (erste Hälfte 13. Jh., im 19. Jh. ausgebaut). Stadtrecht seit 1324.

Kaudasyndrom, Krankheitsbild, das durch Quetschung der Nervenfasern im unteren Lendenwirbelsäulenbereich (z. B. bei Bandscheibenvorfall oder Rückenmarktumoren) hervorgerufen wird; Symptome sind Blasen- und Mastdarmstörungen, Schmerzen, Gefühlsstörungen und Lähmungen im Bereich der Beine.

Kauderwelsch, unverständl. oder verworrene Sprache; urspr. Bez. für die rätoroman. (»welsche«) Sprache im Gebiet von Chur (mundartl. »Kauer«).

Kaudinische Pässe, Engpass beim samnit. Ort Caudium (heute Montesarchio), zw. Capua und Benevent, bekannt durch die Niederlage, die hier im 2. Samnitenkrieg die Römer durch die Samniten erlitten. Die Römer sollen als Besiegte unter einem Joch aus Speeren hindurchgezogen sein; danach: **kaudin. Joch,** eine Zwangslage, aus der es ohne Demütigung keine Rettung gibt.

Kauen, Stadt in Litauen, ↑Kaunas.

Kauf, ein Vertrag, durch den sich der Verkäufer verpflichtet, dem Käufer die Sache zu übergeben und das Eigentum an der Sache oder dem verkauften Recht (z. B. Anteil an einer Kapitalgesellschaft) zu übertragen, während sich der Käufer zur Kaufpreiszahlung und Abnahme des K.-Gegenstandes verpflichtet (§433 BGB). Mit Abschluss des K.-Vertrages geht das Eigentum an der Sache nicht automatisch über; es entsteht lediglich die Verpflichtung des Verkäufers, einen Übereignungsvertrag (↑Übereignung) mit dem Käufer abzuschließen. Diese dem Abstraktionsprinzip folgenden Vorgänge fallen bei Geschäften des tägl. Lebens meist zeitlich zusammen, sodass sie in dieser Bedeutung nicht wahrgenommen werden. Der K. kann formlos abgeschlossen werden; der K. von Grundstücken bedarf notarieller Beurkundung des K.-Vertrages. Der Verkäufer schuldet beim Sach- wie beim Rechts-K. als Hauptleistungspflicht die Mangelfreiheit der Sache und haftet für die Sach- und Rechtsmängel, die der Käufer beim Abschluss des K. nicht kannte. Ist die K.-Sache mangelhaft (Sachmangel), d. h. nicht vertragsgemäß, kann der Käufer Nacherfüllung verlangen, vom Vertrag zurücktreten oder den Kaufpreis mindern, Schadensersatz oder Ersatz seiner vergebl. Aufwendungen geltend machen (§§437 ff. BGB, sog. Gewährleistungsrechte). Bei der Nacherfüllung hat der Käufer die Wahl zw. Mangelbeseitigung und Ersatzlieferung auf Kosten des Verkäufers. Die Gewährleistungsansprüche können durch ausdrückl. Vereinbarung beschränkt oder ausgeschlossen werden (Ausnahme: Verbrauchsgüterkauf, Rechtsgeschäft zw. Privatmann und Unternehmer), allerdings haftet der Verkäufer trotz einer solchen Vereinbarung für arglistig verschwiegene Mängel weiterhin. Die Gewährleistungsansprüche verjähren, wenn der Mangel nicht arglistig verschwiegen worden ist, bei bewegl. Sachen nach zwei Jahren, bei Bauwerken nach fünf Jahren von der Übergabe an. Herausgabeansprüche aus dingl. Rechten verjähren nach 30 Jahren (§438 BGB). Die Rechte des Käufers wegen eines Mangels sind ausgeschlossen, wenn er bei Vertragsschluss den Mangel kennt (§442 BGB). Bes. geregelt sind u. a. der K. auf Probe, der Raten-K. (↑Verbraucherkredit), die Haustürgeschäfte, der internat. Waren-K. (↑CISG), der K. im Internet (↑Fernabsatzvertrag). – In *Österreich* (§§1053 ff. ABGB) und in der *Schweiz* (Art. 184–236 OR) gelten ähnl. Regelungen wie in Deutschland.

Kauf auf Probe, Kaufvertrag, der unter der aufschiebenden Bedingung geschlossen wird, dass der Käufer die Kaufsache fristgemäß billigt (§454 BGB); schweigt der Käufer, gilt dies als Billigung. **Kauf nach Probe,** Kaufvertrag, bei dem die Eigenschaften einer vorgelegten Probe (eines Musters) als zugesichert gelten (§494 BGB alter Fassung), ist im Zusammenhang mit der Schuldrechtsmodernisierung entfallen.

Kaufbeuren, kreisfreie Stadt im RegBez. Schwaben, Bayern, an der Wertach, 41 900 Ew.; Maschinenbau, Textil-, feinmechan. u. a. Ind.; sudetendt. Heimatvertriebene haben nach 1945 im Stadtteil K.-Neugablonz ihre Glas- und Schmuckwarenind. neu aufgebaut. – St.-Martin-Kirche (15. Jh.), St.-Blasius-Kapelle (15. Jh.), Rathaus (19. Jh.). – K., seit 1286 Reichsstadt, kam 1802 an Bayern.

Käufermarkt, Marktlage, bei der das Angebot die Nachfrage übersteigt; Angebot und Nachfrage passen sich bei funktionsfähigem Wettbewerb über sinkende Preise an; Ggs.: Verkäufermarkt.

Angelica Kauffmann

Kauffmann, 1) Angelica, schweizer. Malerin und Radiererin, *Chur 30. 10. 1741, †Rom 5. 11. 1807; lebte 1766–81 in London (1768 Mitgl. der Royal Academy) und seit 1782 in Rom, wo ihr Haus ein gesellschaftl. Mittelpunkt für Künstler und Gelehrte (Winckelmann, Herder, Goethe) war. Ihre Werke betonen den klassizist. Grundton des späten Rokoko. Bekannt v. a. durch ihre Porträts (zahlr. Selbstbildnisse).

2) Hans, Kunsthistoriker, *Kiel 30. 3. 1896, †Bonn 15. 3. 1983; 1936–56 Prof. in Köln, 1957–64 Prof. und Direktor des Kunsthistor. Inst. der Freien Univ. Berlin; neben Monographien v. a. Essays über die italien. Renaissancearchitektur, die holländ. Malerei des 17. Jh. und die Dürerrenaissance um 1600.

Kaufhaus, Großbetrieb des Einzelhandels, der überwiegend mit Bedienung ein tief gegliedertes, aber im Unterschied zum Warenhaus engeres Sortiment aus häufig nur einer Branche (z. B. Möbel) anbietet. Umgangssprachlich wird K. als Synonym für Warenhaus gebraucht.

Kaufhof Holding AG [- ˈhəʊldɪŋ -], ↑Metro AG.

Kaufkraft, allg. die Geldsumme, die einem Wirtschaftssubjekt in einer Zeiteinheit zur Verfügung steht (Einkommen und aufgenommene Kredite abzüglich der zu tilgenden Schulden); in der Volkswirtschaftslehre diejenige Gütermenge, die mit einer Geldeinheit gekauft werden kann. Diese K. des Geldes (Geldwert, Tauschwert des Geldes) entspricht dem Verhältnis von nominalem zu realem Volkseinkommen bzw. dem Kehrwert des Preisniveaus. Steigt (fällt) das Preisniveau, erhält man für eine Geldeinheit weniger (mehr) Güter, d. h. die K. sinkt (steigt).

Kaufkraftparität, Übereinstimmung des Austauschverhältnisses zweier Währungen mit dem Verhältnis ihrer jeweiligen Binnenkaufkraft. Nach der Kaufkraftparitätentheorie entsprechen die Wechselkurse zweier Währungen ihrer K.; in der Realität wird der Wechselkurs jedoch nicht nur von Preisentwicklungen und Güterströmen, sondern u. a. auch von Devisenspekulation, Zinsdifferenzen und polit. Faktoren bestimmt.

Kaufmann. Das Handelsrechtsreform-Ges. vom 22. 6. 1998 hat den K.-Begriff modernisiert und vereinheitlicht. Die Unterscheidung zw. Voll- und Minder-K. ist aufgegeben worden. Der K.-Begriff gilt nunmehr für alle Gewerbetreibenden ohne Unterscheidung nach Branchen (z. B. auch für Dienstleistungsgewerbe, Handwerk). Grundhandelsgeschäfte kennt das HGB nicht mehr.

K. ist kraft Gesetzes (auch ohne Eintragung im Handelsregister) derjenige, der ein ↑Handelsgewerbe selbstständig betreibt (§ 1 Abs. 1 HGB, **Ist-K.**). Darüber hinaus ist der K., dessen Unternehmen als Handelsgewerbe gilt, d. h., wenn die Firma des Unternehmens im Handelsregister eingetragen ist (§§ 2, 3 HGB, **Kann-K.**, durch freiwillige Eintragung; z. B. Kleingewerbetreibende, Unternehmen der Land- und Forstwirtschaft). Die ↑Handelsgesellschaften sind, auch wenn sie im Einzelfall kein Handelsgewerbe betreiben, K. kraft Rechtsform (§ 6 HGB, **Form-K.**). Wer K. im Sinne des HGB ist, hat die für Kaufleute festgesetzten Pflichten (z. B. Buch- und Firmenführung, Bilanzierung) und Rechte (z. B. Erteilung einer Prokura). Die von ihm vorgenommenen Rechtsgeschäfte gelten als Handelsgeschäfte, für die das HGB spezielle Regelungen trifft, die den kaufmänn. Verkehr erleichtern und beschleunigen sollen (§§ 343 ff. HGB). – In *Österreich* gilt das dt. HGB von 1897 mit dem K.-Begriff, der in Dtl. vor der Handelsrechtsreform gültig war. Das *schweizer.* Recht kennt keinen eigenen K.-Stand; es ordnet die kaufmänn. Verhältnisse im allg. Recht, bes. im Obligationenrecht. Sachlich wird aber, und zwar nach ähnl. Merkmalen wie im dt. Recht, die K.-Eigenschaft umschrieben; sie äußert sich v. a. in der Pflicht zur Eintragung ins Handelsregister und zur Führung von Geschäftsbüchern.

Kaufmann, Arthur, Strafrechtslehrer und Rechtsphilosoph, * Singen (Hohentwiel) 10. 5. 1923, † München 11. 4. 2001; Prof. in Saarbrücken und (seit 1969) München, befasste sich v. a. mit Problemen der Schuld; schrieb u. a. »Das Schuldprinzip« (1961); »Rechtsphilosophie im Wandel« (1972); »Gerechtigkeit – der vergessene Weg zum Frieden« (1986); »Grundprobleme der Rechtsphilosophie« (1994).

Kaufmännische Krankenkasse, Abk. **KKH,** eine der größten Ersatzkassen in Dtl., 1890 in Halle (Saale) gegr., Sitz: Hannover.

Kaufunger Wald, Buntsandsteinplateau in NO-Hessen, zw. Fulda und Werra, weitgehend bewaldet, im Hirschberg 643 m ü. M.

Kaufvertrag, ↑Kauf.

Kaugummi, feste, durch Kauen gummiartig werdende Masse, früher meist aus ↑Chiclegummi, heute aus Polyvinylester, Polyäthylen u. a., mit Zusatz von Zucker und Aromastoffen.

Kaukasi|en (russ. Kawkas), die Landbrücke zw. dem Schwarzen und dem Kasp. Meer, im N begrenzt von der Manytschniederung, im S von der Grenze zur Türkei und zu Iran; rd. 440 000 km². Politisch haben Russland, Georgien, Aserbaidschan und Armenien Anteile. Quer durch K. erstreckt sich der Kaukasus. **Nord-K. (Zis-K.)** umfasst die Nordabdachung des Großen Kaukasus und das Kaukasusvorland mit der Stawropoler Höhe, der Kubanniederung und dem S-Teil der Kasp. Senke. **Trans-K.** erstreckt sich südlich des Hauptkammes des Großen Kaukasus und umfasst dessen Südabdachung, die fruchtbare Niederung der Kolchis, die Kura-Arax-Niederung, das Tiefland von Länkäran, den Kleinen Kaukasus sowie die armen. und aserbaidschan. Anteile am Ararathochland, am Tal des mittleren Arax und am Talyschgebirge.

Geschichte: Im Altertum kam es in K. nur südwestlich der Hauptkämme zur Bildung polit. Einheiten (Georgien, Armenien), die wie die Stämme im O und SO (u.a. Tschetschenen, Osseten, Tscherkessen) zumeist von anderen Mächten abhängig waren. Seit dem 8. Jh. wurde Ost-K. allmählich zum Islam bekehrt, der im 17.–19. Jh. das Christentum auch aus dem westl. K. verdrängte. Im 16./17. Jh. kämpften das Osman. Reich und Persien um die Vormachtstellung in K., dessen Unterwerfung durch Russland (seit Ende des 18. Jh.) im Ersten Weltkrieg besiegelt wurde; die Bergvölker im Hochland leisteten bis 1859 (bes. unter Führung des Imams Schamil) Widerstand. Nach der Oktoberrevolution von 1917 verselbstständigten sich Provinzen und besetzte Gebiete und gründeten unabhängige Republiken. 1920/21 setzten sich die Bolschewiki in ganz K. durch. Nord-K. wurde unter Bildung versch. »autonomer« Gebiete und Republiken der RSFSR angeschlossen (1921–24 Existenz der ↑Bergrepublik, 1921 Gründung der Dagestan. ASSR, beides multiethn. Gebilde); in Süd-K. bestand 1922–36 die »Transkaukas. Sozialist. Föderative Sowjetrep.«, aus der die Sowjetrep. Georgien, Armenien und Aserbaidschan hervorgingen (seit 1991 unabhängige Staaten). Die während des Zweiten Weltkrieges unter dem Vorwand der Kollaboration mit den Deutschen nach Mittelasien zwangsdeportierten Bergvölker (u.a. Tschetschenen, Inguschen, Karatschaier, Balkaren), die – mit Ausnahme der Mescheten – zumeist in den 50er-Jahren in ihre Heimat zurückkehren konnten, verstärkten Ende der 80er-/Anfang der 90er-Jahre ihre Unabhängigkeitsbestrebungen; in diesem Zusammenhang entstand 1991 die »Konföderation kaukas. Bergvölker«. Versch. lokale, z.T. blutige Konflikte seit Beginn der 90er-Jahre (z.B. Separationsbestrebungen Südossetiens und Abchasiens in Georgien, Kämpfe zw. Armeniern und Aserbaidschanern um Bergkarabach sowie zw. Inguschen und Osseten u.a. wegen gegenseitiger Gebietsforderungen) ließen K. zu einer Krisenregion werden. Als bes. folgenreich erwies sich der Versuch Tschetscheniens, sich der Oberhoheit der Russ. Föderation zu entziehen, was zu zwei opferreichen russ. Militärinterventionen (1994–96 und 1999/2000) sowie – durch Verwicklung der angrenzenden Republiken (hauptsächlich Dagestan, Inguschien) in die Auseinandersetzungen – zu einer weiteren Destabilisierung des nördl. K.s führte.

📖 *Krisenherd Kaukasus, hg. v. U. Halbach u. A. Kappeler. Baden-Baden 1995. – Pietzonka, B.: Ethnisch-territoriale Konflikte in K. Baden-Baden 1995.*

kaukasische Sprachen, Sprachen des kaukas. Berglandes und der vorgelagerten Ebenen, soweit sie nicht zu den indogerman., semit. und den Turksprachen gehören. Sie gliedern sich in drei Hauptgruppen, die wohl auf je eine Grundsprache zurückgehen: **südkaukas. Sprachen** oder **Kartwelsprachen** (mit Georgisch, Sanisch und Swanisch), **nordwestkaukas.** (mit Abchasisch, Abasinisch, Ubychisch, Tscherkessisch [Adygeisch]) und **ostkaukas. Sprachen,** die sich in dagestan. Sprachen (awaroand. und lakkisch-dargin. Gruppe), didoische Sprachen und lesg. Sprachen (u.a. Rutulisch) gliedern. Die einzige alte Literatursprache ist die zu den südkaukas. Sprachen zählende ↑georgische Sprache. Übereinstimmungen im Sprachbau zw. den k. S. und dem Baskischen sowie einigen altkleinasiat. Sprachen reichen nicht aus zum Nachweis einer genet. Verwandtschaft. Schriftgrundlage ist meist noch das kyrill. Alphabet.

kaukasische Völker (Kaukasusvölker, Kaukasier), i.e.S. die kaukasische Sprachen sprechenden Völker, so die Georgier, Lesgier, Tschetschenen, Tscherkessen und Abchasen, i.w.S. auch andere in Kaukasien lebende Völker: mit indogerman. Sprachen die Armenier, Osseten, Tataren, Talyschen, ferner die turksprachigen Aserbaidschaner, Kumüken, Karatschaier, Balkaren und Bergtataren. Die k. V. sind in der Mehrheit Muslime.

Kaukasistik *die,* Wiss. von den kaukas. Sprachen und Literaturen.

Kaukasus, 1) Großer K., Hochgebirge

zw. Schwarzem und Kasp. Meer, über 1 100 km lang, bis 180 km breit, im Elbrus bis 5 642 m ü. M. Die Hauptachse des Großen K. wird von W nach O gegliedert in: 1) **Schwarzmeer-K.** oder **Pontischer K.** (von der Halbinsel Taman bis zum Berg Fischt), 600–1 200 m ü. M., mit mediterraner Vegetation an der Küste und Laubwäldern in den höheren Lagen; 2) **westl. Hochgebirgs-K.** (bis zum Elbrus-Meridian) im teilweise vergletscherten Dombai-Ulgen 4 046 m ü. M.; über den Kluchoripass, 2 781 m ü. M., führt die Suchum. Heerstraße, seit 1999 UNESCO-Weltnaturerbe; 3) **zentraler Hochgebirgs-K.** zw. Elbrus (5 642 m ü. M.) und Kasbek (5 047 m ü. M.); in diesem stark vergletscherten Abschnitt erheben sich noch mehrere andere Gipfel über 5 000 m Höhe; Übergang für die Osset. Heerstraße ist der Mamissonpass (2 829 m ü. M.), für eine 1989 fertig gestellte Autostraße (120 km) der untertunnelte Rokpass (2 996 m ü. M.); 4) **Dagestanischer K., östl. Hochgebirgs-K.** (zw. Kreuzpass, 2 379 m ü. M., dem die ↑Georgische Heerstraße folgt, und dem Babadagh, 3 629 m ü. M.), erreicht noch vielfach Höhen über 4 000 m (Tebulos-Mta, 4 493 m ü. M.); in einem 23 km langen Tunnel unter dem Archotskipass (etwa 1 400 m ü. M.) wird der K.-Kamm durch eine neue Eisenbahnlinie (187 km lang) von Tiflis nach Wladikawkas überwunden; 5) **Kaspischer K.** mit einer Durchschnittshöhe von 500–1 000 m ü. M.; läuft zur Halbinsel Apscheron hin aus. – Dem geolog. Bau nach gehört der K. zu den Gebirgen der tertiären Faltung.

2) **Kleiner K.,** Gebirgsland in Transkaukasien, umfasst die nördl. Randketten des Ararathochlandes, z. T. in Georgien, z. T. in Aserbaidschan; erreicht Höhen bis 3 724 m ü. M., weist aber i. Allg. Mittelgebirgscharakter auf. Er ist durch das Suramigebirge (bis 926 m ü. M.) mit dem Großen K. verbunden.

100264

Kaukasus 1): Blick auf den Kasbek

Kaukasusvölker, ↑kaukasische Völker.

Kaulbach, 1) Friedrich, Philosoph, * Nürnberg 19. 2. 1912, † Heilsbronn 10. 5. 1992; Prof. in Münster; Beiträge v. a. zur Ethik, Handlungs-, Erkenntnis- und Wissenschaftstheorie.

2) Wilhelm von (seit 1866), Maler, * Arolsen (heute Bad Arolsen) 15. 10. 1805, † München 7. 4. 1874; Schüler von P. von Cornelius; seit 1826 in München, wo er ab 1837 Hofmaler war; schuf u. a. effektvolle Wand- und Deckengemälde und Buchillustrationen.

Kaulbarsch [zu Kaule »Kugel«] (Gymnocephalus cernua), bis 25 cm langer Barschartiger Fisch in Flüssen und Seen, von Mitteleuropa bis Sibirien verbreitet, braungrün mit dunklen Flecken. – Abb. S. 518

Kauliang [chines.], Art der ↑Sorghumhirse.

Kauliflorie [grch.] *die* (Stammblütigkeit),

das Hervorbrechen der Blüten aus dem Stamm von Bäumen, z. B. beim Kakao- und Kolabaum.

Kaulquappen, die Larven der ↑Froschlurche.

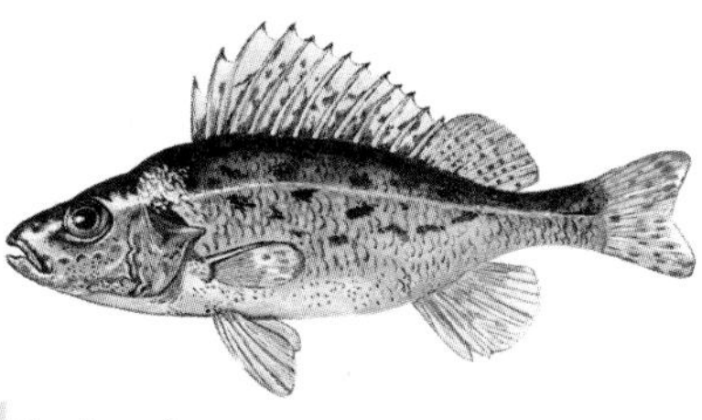

Kaulbarsch

Kaumagen, der Zerkleinerung der Nahrung dienender Abschnitt des Darmkanals bei manchen Tieren, z. B. Insekten. Funktionell als K. wirkt auch der als **Muskelmagen** ausgebildete Teil des Verdauungskanals der (Körner fressenden) Vögel.

Kaumuskulatur, der Bewegung des Unterkiefers zur Zerkleinerung der Nahrung dienende Muskelgruppe; besteht aus paarigem Schläfen-, Kau- sowie innerem und äußerem Flügelmuskel.

Kaunas (poln./russ. Kowno, dt. Kauen), Stadt in Litauen, an der Mündung der Wilija in die Memel, 381 300 Ew.; Sitz eines kath. Erzbischofs; Univ., TU, mehrere Hochschulen, veterinärmedizin. Akademie, Bildergalerie, Kunst- u. a. Museen, Zoo; Maschinen-, Motoren-, Turbinen-, Fernsehgerätebau, chem., Textil-, Nahrungsmittelind.; Hafen, internat. Flughafen. – Ruinen des alten Backsteinschlosses (13.–17. Jh.), Rathaus (1542–62), spätgot. Hallenkirchen (Dom, Juragis-, Vytautas-Kirche), spätgot. Hansekontor. – K., im 13. Jh. erstmals als litauische Burgsiedlung erwähnt, wurde 1362 vom Dt. Orden erobert; 1404 wieder litauisch, erhielt 1408 Stadtrecht und war im MA. Sitz eines Hansekontors. Bei der 3. Teilung Polens (1795) kam K. an Russland (1915 von dt. Truppen erobert). 1920–40 war K. anstelle des von Polen besetzten Vilnius provisor. Hptst. Litauens.

Kaunda, Kenneth, samb. Politiker, *Lubwe 28. 4. 1924; Lehrer, führende Persönlichkeit der Unabhängigkeitsbewegung in Nordrhodesien. Nach der Unabhängigkeit Sambias (1964) war er bis 1991 Staatspräs.; er wandelte 1972 Sambia in einen Einparteienstaat um, unterzeichnete jedoch 1990 eine Verf.änderung zur Einführung eines Mehrparteiensystems.

Kaunertal, rechtes Seitental des Oberinntals in den Ötztaler Alpen, Tirol, Österreich, 27 km lang, durchflossen vom Faggenbach, der im Oberlauf zum Stausee **Gepatsch** gestaut wird (Kraftwerk in Prutz, 395 MW am Ausgang ins Oberinntal); im Talschluss Sommerskigebiet Wiesjagglkopf (Mautstraße bis 2 750 m ü. M.).

Kaunitz, Wenzel Anton Graf von, seit 1764 Reichsfürst von K.-Rietberg, österr. Staatsmann, *Wien 2. 2. 1711, †ebd. 27. 6. 1794; leitete 1753–93 als Staatskanzler die österr. Außenpolitik, wobei er an dem Bündnis mit Russland festhielt und dem preußisch-engl. Abkommen 1756 ein Defensivbündnis mit Frankreich entgegenstellte, das nach dem Ausbruch des Siebenjährigen Krieges (1756–63) in ein Offensivbündnis umgewandelt wurde (1757). Diese »Umkehrung der Allianzen« ist einer der Wendepunkte der europ. Politik. K. setzte mit Joseph II. (seit 1765 Mitregent) gegen Maria Theresia die Erwerbung Galiziens (1772), der Bukowina (1775) und des Innviertels (1779) durch. Sein Staatsdenken war absolutistisch sowie zugleich der Ideenwelt der rationalist. Aufklärung verhaftet und beeinflusste wesentlich die Reformtätigkeit Maria Theresias und Josephs II. (↑Josephinismus).

Kaupanger ['kœjpaŋer], Siedlung in der Gem. Sogndal, Norwegen, an der Amlabucht des Sognefjords. – Stabkirche (älteste Teile um 1200; 20 Masten; restauriert); Freilichtmuseum von Gebäuden (mit Inneneinrichtungen) aus Sogn, volkskundl. Sammlungen.

Kauri [Hindi] *der* oder *die* (Kaurischnecken, Caorischnecken, Monetaria), Gattung bis 25 mm langer ↑Porzellanschnecken, die im Ind. und Pazif. Ozean an Korallenstöcken leben. Die Gehäuse der K. dienten in S- und SO-Asien und im trop. Afrika bis ins 19. Jh. als Zahlungsmittel.

Kaurifichte [Maori] (Kopalfichte, Agathis australis), in Neuseeland vorkommende Art der Araukariengewächsgattung Agathis; bis 50 m hoher Baum mit blattartigen Nadeln und weißlich gelbem, sehr harzreichem (↑Kopal) duftendem Holz (Bau- und Schiffsholz).

Kaurismäki, Aki, finn. Filmregisseur, *Helsinki 4. 4. 1957; dreht seit den 1980er-

Jahren sozialkrit. Filme über eigenwillige Außenseiter (in Helsinki) mit lakonisch-spröd. Humor, u. a. die Trilogie: »Schatten im Paradies« (1986), »Ariel« (1988) und »Das Mädchen aus der Streichholzfabrik« (1989). K. lebt seit 1989 überwiegend in Portugal.

Weitere Filme: Hamlet Goes Business (1987); Leningrad Cowboys Go America (1989); I Hired a Contract Killer (1991); Das Leben der Bohème (1992); Tatjana (1994); Juha (1999); Der Mann ohne Vergangenheit (2002).

kausal [lat.], ursächlich, dem Prinzip der Kausalität entsprechend.

Kausalität *die,* **1)** *allg.:* der Zusammenhang von Ursache und Wirkung.

2) *Philosophie:* das Vorliegen eines (gesetzmäßigen) Wirkungszusammenhangs zw. Ereignissen bzw. Erscheinungen in der Weise, dass ein Ereignis *A* unter bestimmten Bedingungen ein Ereignis *B* (mit ↑Notwendigkeit) hervorbringt (verursacht), wobei die Ursache *A* der Wirkung *B* zeitlich vorausgeht und *B* niemals eintritt, ohne dass vorher *A* eingetreten ist.

Die universelle Gültigkeit der K. behauptet das **Kausalprinzip (K.-Prinzip),** wonach jedes Geschehen seine (materielle) Ursache hat, und es keine ursachelosen, »akausalen« Dinge, Erscheinungen, Abläufe usw. gibt. Dieses in elementarer Form bereits von Aristoteles formulierte Kausalprinzip entspricht der Interpretation des **Satzes vom zureichenden Grund:** »nihil fit sine causa« (»nichts geschieht ohne Ursache«). Von den urspr. vier Ursachearten des Aristoteles (↑Causa) entspricht die Wirkursache (causa efficiens) der neuzeitl. K., die zum universellen Erklärungsmodell der Naturwiss. wurde. Die anderen Ursachearten, bes. die Zweckursache (causa finalis), wurden in der Neuzeit als unwiss. verworfen. Kausalprinzip und **Kausalgesetz** (»gleiche Ursachen haben gleiche Wirkungen«) wurden in der Folge sowohl realistisch-ontolog. (K. findet tatsächlich in der Natur statt) – so z. B. bei B. de Spinoza – als auch methodologisch-nominalistisch gedeutet: für D. Hume ist K. nichts als das Resultat gewohnheitsmäßiger Verknüpfung von Ereignissen durch den Wahrnehmenden; für Kant ist K. eine im Erkenntnissubjekt liegende, Erfahrung ermöglichende Verstandesstruktur.

Im 19. und bis ins 20. Jh. hinein wurde die K. systematisch vorwiegend im Rahmen der Logik behandelt, wobei sich allerdings Einflüsse der Erkenntnistheorie, des Empirismus und des Rationalismus geltend machten. Mit der Entwicklung der Logik zu einer reinen Formalwiss. verschwand das Problem der K. fast völlig aus der log. Diskussion und wird erst wieder in neuerer Zeit v. a. im Rahmen der allg. Wissenschaftstheorie erörtert. – Ein neues philosoph. Verständnis der K. brachte die Relativitätstheorie: Ereignisse können jeweils nur mit Ereignissen aus bestimmten Bereichen des Raum-Zeit-Kontinuums kausal verknüpft sein und nicht mit beliebigen. Die Kopenhagener Deutung der Quantenmechanik erkennt zwar noch das Kausalprinzip an, aber nicht mehr, dass Ereignisse genau vorhersagbar seien. – Auch im Rahmen der Chaostheorie, wonach (kleine) Änderungen unvorhersehbare (große) Wirkungen hervorrufen können, musste das K.-Denken modifiziert werden.

📖 *Frank, P.: Das Kausalgesetz u. seine Grenzen, hg. v. A. J. Kox. Frankfurt am Main 1988. – Koch, G.: K., Determinismus u. Zufall in der wiss. Naturbeschreibung. Berlin 1994.*

3) *Recht:* die ursächl. Verknüpfung einer menschl. Handlung mit einem bestimmten Ergebnis. Im *Strafrecht* ist eine Handlung dann kausal für den (schädl.) Erfolg, wenn sie nicht weggedacht werden kann, ohne dass der Erfolg entfiele, z. B. die Abgabe eines Schusses mit dem Erfolg einer Körperverletzung. Für das *Zivilrecht* gilt, dass nur die Folgen durch die Handlung verursacht sind, mit deren Eintreten nach allg. Lebenserfahrung gerechnet werden konnte.

Kausalsatz, Begründungssatz. (↑Syntax, Übersicht)

Kausativ *das, Sprachwissenschaft:* Verb, das die Veranlassung einer Handlung bezeichnet, z. B. *tränken* (zu trinken), *fällen* (zu fallen).

kaustifizieren, *Chemie:* milde Alkalien in ätzende überführen, z. B. in Ätznatron (↑Natrium, Verbindungen).

Kaustik [grch.] *die,* **1)** *Medizin:* die ↑Kauterisation.

2) *Optik:* (Brennfläche, kaust. Fläche), bei einem opt. System die einhüllende Fläche derjenigen Punkte, in denen sich die Bildstrahlen eines parallel einfallenden Lichtbündels schneiden. Die K. an spiegelnden Flächen heißt **Katakaustik,** die bei brechenden Systemen (Linsen) **Diakaustik.**

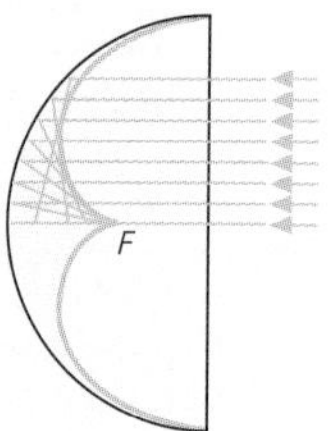

Kaustik 2): Schnittdarstellung der Katakaustik (gelb) eines Hohlspiegels (schwarz); die geschwungene, spitz zulaufende Fläche stellt die Schnittlinie der Kaustik dar (*F* Brennpunkt).

Kautabak, rollen-, würfel- oder stangenförmig gepresstes, aromatisch-klebriges Tabakprodukt aus stark gesoßtem Rauchtabak.

Kauterisation [grch.] *die* (Kaustik), operative Gewebezerstörung durch Anwenden von Hitze, Kälte oder Ätzmitteln. (↑Elektrokoagulation)

Kaution [lat.] *die,* ↑Sicherheitsleistung.

Kautionsversicherung, ↑Kreditversicherung.

Käutner, Helmut, Schauspieler, Film- und Bühnenregisseur, *Düsseldorf 25. 3. 1908, †Castellina in Chianti (Prov. Siena) 20. 4. 1980; 1930 Mitbegründer des Kabaretts »Die vier Nachrichter«; 1939 führte K. zum ersten Mal Filmregie (»Kitty und die Weltkonferenz«).

Helmut Käutner

100002

Weitere Filme: Große Freiheit Nr. 7 (1944); Unter den Brücken (1945); Die letzte Brücke (1953); Des Teufels General (1955); Der Hauptmann von Köpenick (1956); Schinderhannes (1958); Der Rest ist Schweigen (1959); Das Glas Wasser (1960); Das Haus in Montevideo (1963).

Kautschuk [aus einer peruan. Indianersprache »tränender Baum«] *der,* unvernetztes, aber vernetzbares (vulkanisierbares) Polymer mit gummielast. Eigenschaften bei Raumtemperatur, das bei höherer Temperatur oder unter dem Einfluss deformierender Kräfte plastisch verformbar ist. K. ist Ausgangsstoff für die Herstellung von Elastomeren (Gummi). **Natur-K.** (Abk. NR, für engl. natural rubber) ist im Milchsaft (Latex) versch. trop. Pflanzen enthalten, von denen Hevea brasiliensis die größte Bedeutung hat. Hauptproduzenten sind Malaysia und Indonesien. Zum Zapfen des Latex wird die Rinde des K.-Baumes bogenförmig angeschnitten. Latex ist eine kolloide Dispersion von 32–38 % K. und 1–2 % Eiweißstoffen in einer wässrigen Lösung. Fest-K. wird meist durch Koagulation mit Säuren erzeugt. Das Koagulat wird entweder zu »Fellen« ausgewalzt oder durch Rauch konserviert (sog. Smoked Sheets), oder unter Waschen auf Walzwerken verarbeitet (sog. Crêpe). Der rohe Natur-K. wird nur in geringem Umfang direkt zur Herstellung von Klebebändern und -lösungen, Knetgummi u. a. verwendet; meist wird er durch ↑Mastikation und ↑Vulkanisation in **Gummi** überführt. Vulkanisierter Natur-K. zeichnet sich durch hohe Elastizität, Zugfestigkeit und Kälteflexibilität aus. Er wird u. a. zur Herstellung von Autoreifen und dünnwandigen Artikeln hoher Festigkeit verwendet. Das Polymer des Natur-Kautschuk ist linear angeordnetes cis-1,4-Polyisopren mit 3 000–5 000 Isopreneinheiten. Durch Chlorieren und Sulfonieren erhält man Produkte, die zu Klebstoffen, Lackrohstoffen oder Verpackungsfolien verarbeitet werden. (↑Synthesekautschuk)

Geschichte: Die Indianer Brasiliens verwendeten K. zur Herstellung von elast. und unzerbrechl. Flaschen, von Spielbällen und als Fackeln. 1744 brachte der frz. Gelehrte C. M. de la Condamine einige Proben aus Südamerika nach Frankreich. Industrielle Bedeutung erlangte der K. erst 1839, als C. Goodyear das Vulkanisieren erfand.

Kautsky, Karl, Sozialist, *Prag 16. 10. 1854, †Amsterdam 17. 10. 1938; schloss sich 1875 der österr. Sozialdemokratie an. In seinem Londoner Exil (1881–90) wurde er enger Mitarbeiter von F. Engels; er gründete 1883 das theoret. SPD-Organ »Die Neue Zeit«, war neben E. Bernstein Verf. des Erfurter Programms der SPD (1891) und trug wesentlich zur Durchsetzung marxist. Gedankenguts in der dt. Sozialdemokratie bei. Er bekämpfte sowohl den Revisionismus Bernsteins als auch den revolutionären Radikalismus Rosa Luxemburgs. Später lehnte er auch den Bolschewismus ab. Er betrachtete die demokrat. Republik als Rahmen für die Verwirklichung des Sozialismus. 1917–22 Mitgl. der USPD, seitdem wieder der SPD. 1938 emigrierte er nach Amsterdam.

📖 *Schelz-Brandenburg, T.: Eduard Bernstein u. K. K. Köln u. a. 1992. – Koth, H.: »Meine Zeit wird wieder kommen ...«. Das Leben des K. K. Berlin 1993.*

Kauz, ↑Eulen.

Kavala (Kavalla), Hptst. des VerwBez. K. im östl. Makedonien, Griechenland, am Golf von K., 58 000 Ew.; Tabakind. und -handel, chem., Textilind.; Hafen mit Containerterminal, Fährverkehr nach Thasos. Seit 1981 Förderung der untermeer. Erdöl- und Erdgasvorkommen.

Kavalier [frz.-italien., zu lat. caballus »Pferd«] *der,* urspr. Angehöriger eines ritterl. Ordens, seit dem 17. Jh. Bez. für jeden adligen Herrn; umgangssprachlich gebildeter, taktvoller Herr.

Kavalierprojektion (Kavalierperspektive, Frontalaxonometrie), Form der schiefen Parallelprojektion, bei der die *yz*-Ebene (»Aufrissebene«) eines räuml. orthogonalen Achsenkreuzes (x, y, z) unverzerrt dargestellt wird und die *x*- und *y*-Achse einen Winkel von 135° einschließen (isometr. Projektion). Bei der **Kabinettprojektion** (Kabinettperspektive) wird die *x*-Achse außerdem um die Hälfte verkürzt; ein Körper wird dabei mit seiner wirkl. Breite und Höhe dargestellt, während die Tiefen unter einem Winkel verkürzt gezeichnet werden (dimetr. Projektion). – Die Bez. K. stammt vermutlich aus der Praxis des Festungsbaus im 18. Jahrhundert.

Kavaliersdelikt, ein strafrechtl. Tatbestand, der in bestimmten Gruppen der Gesellschaft als nicht ehrenrührig gilt.

Kavalkade [italien.-frz.] *die,* (prächtiger) Reitertrupp, -zug.

Kavallerie [frz.-italien.] *die,* urspr. die Reiterei, d. h., eine berittene Truppe. K. wurde schon im Altertum eingesetzt. Nach dem Ersten Weltkrieg wurde die K. durch motorisierte und Panzertruppen ersetzt und nach dem Zweiten Weltkrieg in fast allen Heeren aufgelöst. Hauptvorzüge der K. waren Schnelligkeit und Beweglichkeit, ihre Hauptaufgaben u. a. Aufklärung, Sicherung und Verfolgung.

237

Kautschuk: Kautschukgewinnung in Indonesien

Kavatine [italien.] *die* (Cavatina), in Oper und Oratorium des 18. und 19. Jh. kürzeres, instrumental begleitetes Sologesangsstück von einfachem, liedmäßigem Charakter; im 19. Jh. auch arioser Instrumentalsatz.

160

Kavallerie: franz. Kavallerie in Essen

Kaveling [niederl.] *die,* Mindestmenge, die ein Käufer auf einer Auktion erwerben muss.

Kaventsmann [zu lat. cavere »bürgen«] *der,* durch Größe beeindruckendes Exemplar.
Kaverne [lat. »Höhle«] *die,* **1)** unterird. Hohlraum, der sich durch seine gedrungene Form von Tunnel, Stollen und Schächten unterscheidet. Künstl. K. werden durch Sprengungen oder im Solverfahren (in Salzlagern oder -stöcken) hergestellt. K. dienen als Speicher für Gas, Öl, Wasser o. Ä., als Lager für Sondermüll und radioaktive Abfälle sowie zur Unterbringung techn. oder militär. Einrichtungen. **2)** *Medizin:* krankhafte Hohlraumbildung durch Gewebeeinschmelzung, bes. in der Lunge bei Tuberkulose.
Kaviar [türk.] *der,* die gereinigten und gesalzenen Rogen (Eier) der störartigen Fische, die hauptsächlich im Schwarzen und Kasp. Meer gefangen werden, z. B. Beluga, Schip, Ossiotr, Sewruga. Nach der Zubereitung unterscheidet man **Malossol** (mild gesalzen) und **Fass-K.** (**Salz-K.,** stark mit Salz gemischt). Dt. K. wird v. a. aus Rogen vom Seehasen und anderen Seefischen hergestellt.
Kavität [lat.] *die,* Hohlraum; in der Zahnmedizin sowohl die durch Karies entstandene als auch die zur Aufnahme einer Füllung präparierte Höhlung eines Zahnes.
Kavitation [lat.] *die* (Hohlsog), Bildung und nachfolgende schlagartige Kondensation von Dampfblasen in strömenden Flüssigkeiten, hervorgerufen durch Geschwindigkeitsänderungen (z. B. auf Turbinenschaufeln oder Schiffsschrauben). In der Nähe der K.-Stelle kann es zur mechan. Zerstörung des Werkstoffes kommen.
Kawa [polynes.] *die,* bitter schmeckendes, schwach berauschendes Getränk der Polynesier, das aus der Wurzel eines Pfeffergewächses hergestellt wird.
Kawabata, Yasunari, japan. Schriftsteller, * Ōsaka 14. 6. 1899, † (Selbstmord) Zushi (bei Yokohama) 16. 4. 1972; urspr. Neoimpressionist, behandelte später in Erzählungen (»Die kleine Tänzerin von Izu«, 1926) und Romanen (»Schneeland«, endgültige Fassung 1948; »Tausend Kraniche«, endgültige Fassung 1952; »Ein Kirschbaum im Winter«, endgültige Fassung 1954; »Kyoto oder Die jungen Liebenden in der alten Kaiserstadt«, 1962) Themen wie Einsamkeit, Vergänglichkeit und Tod, aber auch Liebe und die Schönheit des alten Japan. Nobelpreis für Literatur 1968.
Kawaguchi [-tʃi] (Kawagutschi), Stadt auf Honshū, Japan, nördlich von Tokio, 448 900 Ew.; geolog. Forschungsinst.; Maschinenbau, Textil-, elektrotechn. Industrie.
Kawalerowicz [-tʃ], Jerzy, poln. Filmregisseur, * Gwoździec (Wwschaft Katowice) 19. 1. 1922; analysiert in seinen Filmen die Psyche der Menschen; einer der anerkanntesten poln. Regisseure.
Filme: Nachtzug (1959); Mutter Johanna von den Engeln (1960); Pharao (1965); Spiel (1968); Der Tod des Präsidenten (1977); Bronsteins Kinder (1991).
Kawara, On, japan. Künstler, * Präfektur Aichi 2. 1. 1933; Vertreter der Concept-Art. Sein Hauptthema ist die Zeit, die er in seinen Arbeiten u. a. anhand von Daten (»date paintings«, ab 1966) zu dokumentieren sucht.
Kawasaki, Hafenstadt in Japan, auf Honshū, an der W-Küste der Bucht von Tokio, 1,25 Mio. Ew.; Kernforschungszentrum, mehrere Forschungsinst.; Schiff- und Maschinenbau, petrochem., Stahl-, elektrotechn., Lebensmittelind., Erdölraffinerien. – Zwei buddhist. Tempel (10. und 12. Jh.).
Kawasaki-Syndrom [nach dem zeitgenöss. japan. Kinderarzt Tomisaku Kawasaki] (mukokutanes Lymphknotensyndrom), zuerst in Japan beobachtete, v. a. bei Kleinkindern auftretende akute fieberhafte Erkrankung noch unbekannter Ursache (vermutlich Autoimmunkrankheit). Symptome sind Fieber, Entzündung von Augenbindehaut und Mundschleimhaut, Hautausschläge und Lymphknotenschwellung.
Kawass [arab.-türk.] *der,* früher Bez. für die Ehrenwächter der Diplomaten im Osman. Reich; noch heute für Wächter und Boten einer Gesandtschaft im Vorderen Orient.
Kawerin, Weniamin Alexandrowitsch, eigtl. W. A. Silber, russ. Schriftsteller, * Pskow 19. 4. 1902, † Moskau 4. 5. 1989; verfasste zunächst histor., fantast. und Kriminalerzählungen; sein Abenteuerroman »Zwei Kapitäne« (2 Bde., 1938–44) gehörte zu den populärsten sowjet. Jugendbüchern. Bedeutend sein Künstlerroman »Vor dem Spiegel« (1971).
Kawir (Kewir), Bez. der abflusslosen Salztonebenen der inneriran. Wüstenbecken.

Kayahstaat, Gliedstaat im östl. Birma, an der Grenze zu Thailand, 11733 km², 228000 Ew.; Hauptstadt Loikaw. Im S des Shanhochlandes gelegen (bed. Teakholzbestände), ist der K. der Hauptsiedlungsraum der **Kayah,** eines Hauptstamms der Karen.

Kaye [keɪ], Danny, eigtl. David Daniel Kaminski, amerikan. Schauspieler russ. Abstammung, *New York 18. 1. 1913, †Los Angeles (Calif.) 3. 3. 1987; ab 1943 beim Film; besonderen Erfolg hatte K. mit tragikom. Rollen, u. a. in »Die sündige Stadt« (1949), »Der Hofnarr« (1956), »Jakobowsky und der Oberst« (1958), »Der Mann vom Diners Club« (1963); neben Fernsehauftritten auch Arbeit im Rahmen der UNICEF.

Kayes [ke:z, frz. kaj], Regionshptst. im W von Mali, am Senegal (ab hier schiffbar), 83100 Ew.; kath. Bischofssitz; Marktzentrum (Rinder- und Schafhandel). K. ist einer der heißesten Orte der Erde (mittlere monatl. Temperaturmaxima über 30 °C).

Kaye-Smith [keɪˈsmɪθ], Sheila, engl. Schriftstellerin, *Saint Leonard's-on-Sea (bei Hastings) 4. 2. 1887, †Northiam (Cty. Sussex) 14. 1. 1956; schrieb Romane über das Leben der Bauern in Sussex.

Kayser, 1) Christian Gottlob, Verleger und Bibliograf, *Priester (bei Eilenburg) 21. 12. 1782, †Leipzig 16. 11. 1857; begründete das für das zeitgenöss. Buchhandelswesen bed. »Vollständige Bücher-Lexicon...« (36 Bde., 1834–1912).

2) Heinrich, Physiker, *Bingen am Rhein 16. 3. 1853, †Bonn 14. 10. 1940; untersuchte die Spektren zahlr. Elemente, wies so Helium in der Erdatmosphäre nach; Mitherausgeber des »Hb. der Spektroskopie« (8 Bde., 1900–24).

3) Wolfgang, Literaturwissenschaftler, *Berlin 24. 12. 1906, †Göttingen 23. 1. 1960; verfasste richtungweisende Arbeiten zur Poetik (»Gesch. der dt. Ballade«, 1936; »Das sprachl. Kunstwerk«, 1948).

Kayseri, Provinz-Hptst. in Zentralanatolien, Türkei, 1040 m ü. M., am Fuß des Erciyas Daği, 463800 Ew.; Univ., Museen; Textilind., Herstellung von Teppichen, Lederwaren, Flugzeugteilen und Zement, Zuckerfabrik. – Stadtmauer und gut erhaltene Zitadelle, z. T. aus byzantin. Zeit (bis 1080); bed. seldschuk. Baudenkmäler, u. a. die Moscheen Ulu Cami (1205/06) und Külük Cami (1210), Komplex der Honat Hatun (1237/38); zahlr. seldschuk. Grabmäler, u. a. Döner Kümbet (um 1276/77). – K. war die bedeutendste Stadt Kappadokiens, im 12. und 13. Jh. zeitweilig Seldschukenresidenz.

Kazan [kəˈzɑ:n], Elia, eigtl. Kasanioglus, amerikan. Regisseur und Schriftsteller grch. Abstammung, *Konstantinopel 7. 9. 1909, †New York 28. 9. 2003; drehte sozialkrit., realist. Filme: »Endstation Sehnsucht« (1951), »Die Faust im Nacken« (1954), »Jenseits von Eden« (1955), »Baby Doll« (1956), »Das Arrangement« (1969), »Der letzte Tycoon« (1975) u. a.; auch Bühneninszenierungen.

Kazanlak, ↑Kasanlak.

660

Kayseri: Grabmal Döner Kümbet (um 1276/77)

Kazantzakis (Kasantzakis), Nikos, neugrch. Schriftsteller, *Heraklion (Kreta) 18. 2. 1883, †Freiburg im Breisgau 26. 10. 1957; sprachgewaltiger Vertreter der neugrch. Literatur; lebte nach dem Zweiten Weltkrieg v. a. in Frankreich; bekannt sind seine von philosoph. Fragestellungen bestimmten Romane, u. a. »Alexis Sorbas« (1946), »Die letzte Versuchung« (1951), »Freiheit oder Tod« (1953), »Griechische Passion« (1954), »Mein Franz von

Assisi« (1956), »Rechenschaft vor El Greco« (Erinnerungen, hg. 1961). Schrieb auch Essays, Reisebücher und Lyrik; übersetzte u.a. Homer, Dante, Goethe, Nietzsche.

Kazike [indian.] *der,* 1) Stammes- und Dorfhäuptling bei den Indianern Mittel- und Südamerikas. 2) Titel eines indian. Gemeindevorstehers in Mexiko und Guatemala.

Kazimein [kað-] (Al-Kazimija), Wallfahrtsort in Irak, ↑Kadhimain.

Kaziranga-Nationalpark, Nationalpark für rd. 1200 Nashörner im Bundesstaat Assam, im NO von Indien, in sumpfiger Talaue am linken Ufer des Brahmaputra, 430 km²; eingerichtet 1908 als Reservat, seit 1974 Nationalpark (UNESCO-Weltnaturerbe).

Kazoo [kəˈzuː, engl.] *das,* primitives Rohrblasinstrument.

KBV, Abk. für **K**assenärztliche **B**undes**v**ereinigung (↑Kassenärztliche Vereinigung).

kcal, Einheitenzeichen für Kilokalorie (↑Kalorie).

Kea [Maori] *der,* Art der ↑Nestorpapageien.

Kea (altgrch. Keos), Insel im W der Kykladen, Griechenland, 131 km², 1800 Ew.; der Hauptort K. (im Altertum Iulis) liegt im Innern der Insel. Reste einer Siedlung mit keram. Import aus Kreta; Heiligtum aus der späten Bronzezeit.

Kean [kiːn], Edmund, engl. Schauspieler, *London 4. 11. 1787, †Richmond upon Thames (heute zu London) 15. 5. 1833; bed. Darsteller von Shakespeares Charakterrollen.

Keaton [kiːtn], **1)** Buster, eigtl. Joseph Francis K., amerikan. Schauspieler, *Pickway (Kans.) 4. 10. 1895, †Los Angeles (Calif.) 1. 2. 1966; Darsteller und Regisseur in amerikan. Stummfilmkomödien (»Der General«, 1926; »Die Kreuzfahrt der Navigator«, 1924, u.a.); bekannt als »der Mann, der niemals lachte«.

2) Diane, amerikan. Filmschauspielerin und Regisseurin, *Los Angeles (Calif.) 5. 1. 1946; spielte vielfach Rollen in den Filmen von W. Allen, u.a. in »Der Stadtneurotiker« (1977) und »Manhattan Murder Mystery« (1993); daneben auch Bühnenschauspielerin, Sängerin und Filmregisseurin (»Heaven«, 1987; »Entfesselte Helden«, 1995).

Weitere Filme: Der Schläfer (1973); Manhattan (1979); Der Club der Teufelinnen (1996); Was das Herz begehrt (2003).

Keats [kiːts], John, engl. Dichter, *London 29. oder 31. 10. 1795, †Rom 23. 2. 1821; als Vertreter der zweiten Generation der engl. Romantik gehört K. zu den hervorragendsten engl. Odendichtern. Seine Dichtung, in bild- und klangreicher Sprache, erwuchs aus einer sinnenstarken Hingabe an die Natur; von hier aus fand er den Weg zur antiken Mythologie, die er nacherlebte und neu gestaltete, so in den Verserzählungen »Endymion« (1818) und »Hyperion« (1819). Fieberhafte Sinnlichkeit durchzieht das romant. Märchen »Isabella« (1818), die Romanze »The Eve of Saint Agnes« (1819), seine großen Oden (»To a nightingale« und »On a Grecian urn«, 1819 entstanden) und die düstere Ballade »La Belle Dame sans Merci« (1820).

🕮 *Wyrwa, C.: J. K. (1795–1821). Annäherungen an Leben u. Werk. München 1995.*

Kebab, ↑Dönerkebab.

Keban, Bergbauort in der Prov. Elâzığ, O-Türkei, 1000 m ü.M., am oberen Euphrat; 5600 Ew.; Abbau von silberhaltigen Blei-Zink-Erzen, Bleischmelze. Oberhalb von K. entstand 1974 am Zusammenfluss der Euphratquellflüsse Karasu und Murat der **K.-Stausee** (680 km²) mit Kraftwerk (1240 MW).

Kebnekaise (Kebnekajse) *der,* mit 2111 m ü.M. höchster Berg Schwedens, in Lappland, westlich von Kiruna.

Keck-Teleskop, ↑Mauna Kea.

Kecskemét [ˈkɛtʃkɛmeːt], Hptst. des Bezirks Bács-Kiskun, S-Ungarn, zw. Donau und Theiß, 105500 Ew.; Fachhochschule für Maschinenbau, Weinbauforschungsinst., Museen; Landmaschinenbau, Spirituosenfabrik; Obst- und Weinbau.

Kedah, Bundesstaat Malaysias, auf der Malaiischen Halbinsel, an der Grenze zu Thailand, 9425 km², 1,65 Mio. Ew.; Hptst. ist Alor Setar.

Kędzierzyn-Koźle [kɛnˈdʒɛʒin ˈkɔʒlɛ], Krst. in der Wwschaft Opole (Oppeln), Polen, an der Oder und am Gleiwitzkanal, 69600 Ew., entstand 1975 durch Zusammenlegung von Kędzierzyn (bis 1934 Kandrzin, 1934–45 Heydebreck O. S.) und Koźle (dt. Cosel); Hafen mit Werft; chem., Maschinenbau-, Papier-, Lebensmittelind. – Koźle war 1312–55 Sitz einer Her-

SICHERHEIT AUS SCHWEDENSTAHL

Durch den »ÖV 4« wurde die Marke Volvo 1927 zum Synonym für Qualität, Sicherheit und eigenwilliges skandinavisches Design. Zu welchem internationalen Konzern gehört Volvo heute?

a) Ford
b) Volkswagen
c) General Motors

Woche	13	14	15	16	17
Mo		3	10	17	24
Di		4	11	18	25
Mi		5	12	19	26
Do		6	13	20	27
Fr		7	14	21	28
Sa	1	8	15	22	29
So	2	9	16	23	30

SA 06.29
SU 20.16

MA 21.36
MU 06.30

♈ Widder
20.03.–19.04.

2006

APRIL
Freitag
Karfreitag

14

+10 °C

a) Ford

Ford Motor Company, Dearborn, Michigan, US-amerikanisches Unternehmen der Kraftfahrzeugindustrie, gegründet 1903 von Henry Ford. Die Produktion umfasst Personenkraftwagen, Lastkraftwagen, Omnibusse, landwirtschaftliche Fahrzeuge und Geräte, Datenverarbeitungsanlagen u. a.; zahlreiche in- und ausländische Tochtergesellschaften, in Deutschland »Ford-Werke AG«, Köln.

Volvo, AB Volvo, Göteborg, schwedischer Automobilkonzern, gegründet 1927; erzeugt Personen- und Lastkraftwagen, Omnibusse, Traktoren, Landmaschinen, Werkzeugmaschinen, Strahltriebwerke u. a.; zahlreiche Tochtergesellschaften, in Deutschland: »Volvo (Deutschland) GmbH«, Dietzenbach. *(Quelle: wissen.de Lexikon)*

Am 14. April wurden geboren:

Peter Behrens, * 1868, † 27.2.1940, deutscher Architekt, Maler und Grafiker; **Julie F. Christie**, * 1940, britische Schauspielerin; **Ernst Robert Curtius**, * 1886, † 19.4.1956, deutscher Romanist; **Erich von Däniken**, * 1935, schweizerischer Schriftsteller; **Sir (Arthur) John Gielgud**, * 1904, † 21.5.2000, britischer Schauspieler und Regisseur; **Christiaan Huygens**, * 1629, † 8.7.1695, niederländischer Physiker, Mathematiker und Astronom; **Rod Steiger**, * 1925, US-amerikanischer Schauspieler.

zogslinie der Piasten; kam 1742 an Preußen.

Keeler ['ki:lə], James Edward, amerikan. Astronom, * La Salle (Ill.) 10. 9. 1857, † San Francisco 13. 8. 1900; bahnbrechend in der Fotografie von Sternhaufen, Nebelflecken, bes. Spiralnebeln.

Keelinginseln ['ki:lɪŋ-], die ↑Kokosinseln.

Keelung [dʒi-], Hafenstadt an der N-Küste von Taiwan, ↑Jilong.

keep smiling ['ki:p 'smaɪlɪŋ; engl. »höre nicht auf zu lächeln«], umgangssprachl. Redewendung: nimms leicht; immer nur lächeln.

Keersmaeker [-ma:kər], Anne Teresa De, belg. Tänzerin und Choreographin, * Mecheln 11. 6. 1960; ausgebildet an M. Béjarts Brüsseler Mudra-Schule sowie an der New Yorker School of Arts, fand sie als Gründungsmitgl. der Gruppe Rosas bereits 1983 mit »Rosas danst Rosas« zu einer eigenen Tanztheatersprache. Seit 1992 dem Théâtre Royal de la Monnaie verbunden, gründete 1995 in Brüssel die »Performance Arts Research and Training Studios« (P.A.R.T.S.).

Keesom, Willem Hendrik, niederländ. Physiker, * Texel 21. 6. 1876, † Leiden 3. 3. 1956; arbeitete zur Tieftemperaturphysik. K. gelang 1926 erstmals die Darstellung von Helium in festem Zustand; 1936 entdeckte er die Suprawärmeleitung.

Keetmanshoop [kiətmans'huəp], wichtigste Stadt von S-Namibia, 1001 m ü. M., an der Bahnstrecke Kapstadt–Windhuk, 14900 Ew.; Handelszentrum eines bed. Karakulschafzuchtgebiets, Flugplatz.

Kefermarkt, Marktgemeinde in Oberösterreich, nordöstlich von Linz, 2000 Ew.; in der Pfarrkirche spätgot. Schnitzaltar (13,50 m hoch; um 1490), eine der hervorragendsten Arbeiten der oberdt. Schnitzkunst.

Kefije [arab.] *die* (Keffijje, Kafija, Kufija, Kufiyya), quadrat. Kopftuch der Araber aus weißer, rot bzw. schwarz gemusterter Seide, Leinen oder Baumwolle, das zu einem Dreieck gefaltet über den Kopf gelegt und durch ein **Egal** (auch **Ogal** oder **Akal** gen.), eine dunkle Schnur aus gedrehten Ziegenhaaren bzw. seltener aus Schafwolle, zusammengehalten wird; rot kariert und mit Fransen zum Symbol der PLO geworden **(Palästinensertuch).**

Kefir [russ.] *der,* Sauermilcherzeugnis aus Frischmilch, die mit K.-Pilzen (Gemisch spezif. Bakterien und Hefen) versetzt ist; wegen der Gärung enthält K. 0,2–1% Alkohol.

Keflavík ['kjɛblavi:k], Stadt in SW-Island, auf der Halbinsel Reykjanes, an der Faxabucht, 7600 Ew.; Fischfang und -verarbeitung; internat. Flughafen; seit 1946 amerikan. und seit 1951 NATO-Stützpunkt.

Kegel, 1) *graf. Technik:* ↑Letter.

2) *Mathematik:* ein Körper, der von einer Fläche **(K.-Fläche)** mit geschlossener Leitkurve und einer die Leitkurve enthaltenden Ebene begrenzt wird. Dabei ist eine K.-Fläche eine Fläche, die ein durch einen festen Punkt S des Raumes (den **Scheitel**) gehender und längs einer Kurve k (der **Leitkurve, Leitlinie**) gleitender Strahl (die **Erzeugende**) beschreibt. Die K.-Fläche schneidet aus dieser Ebene die **Grundfläche** G des K. aus, nach der **Kreis-K., ellipt. K.** u. a. unterschieden werden. Der den K. begrenzende Teil der K.-Fläche heißt **K.-Mantel,** die auf ihr gelegenen Geradenstücke **Mantellinien.**

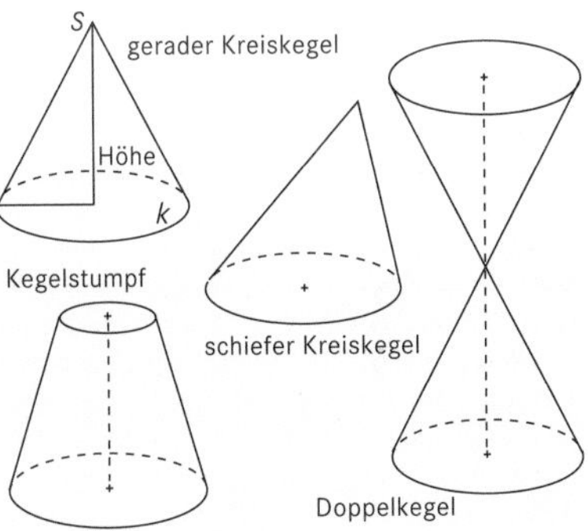

Kegel 2): verschiedene Formen von Kreiskegeln

Wird die Spitze eines K. durch einen parallel zur Grundfläche geführten Schnitt abgetrennt, bleibt ein **K.-Stumpf** zurück. – Für das Volumen V eines K. der Höhe h gilt: $V = \frac{1}{3} G h$.

3) *Sport:* Figur beim ↑Kegeln.

Kegeldachhaus, Rundhaus mit konischem, von einer Wand, einem (zentralen) oder mehreren Pfosten getragenem Dach; vorwiegend bei Pflanzervölkern Afrikas und Südamerikas verbreitet.

Kegellade, eine Windlade in der Orgel.

Kegellehre, Messzeug zur Kontrolle der

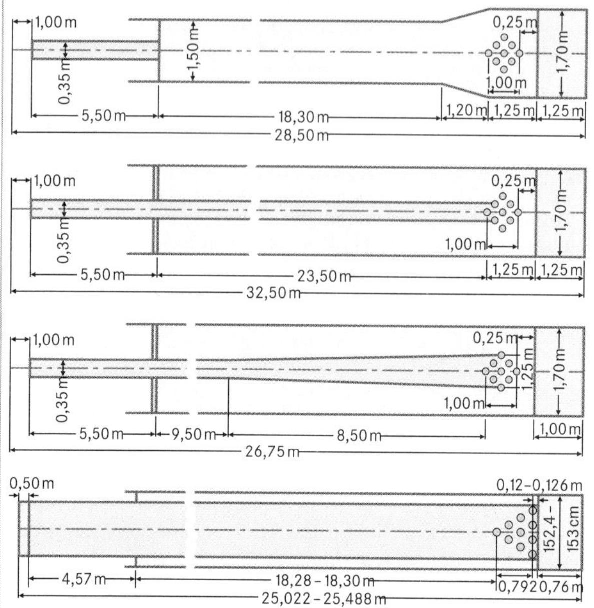

Kegeln (von oben): Asphaltbahn, Bohlenbahn, Scherenbahn, Bowlingbahn

Maß- und Gestalttreue von Außenkegeln (mit **Kegellehrhülsen**) und Innenkegeln (mit **Kegellehrdornen**).

Kegeln (Kegelsport), Kugel- und Vollballspiel, das als Gesellschaftsspiel oder als sportl. Wettbewerb ausgetragen wird. Der Kegler bringt nach einem kurzen Anlauf eine **Kugel** aus Kunststoff auf einer Kegelbahn ins Rollen, um möglichst alle an deren Ende aufgestellten **Kegel** umzustoßen. Dabei gibt es den Wurf in die Vollen auf alle Kegel oder das Abräumen der stehen gebliebenen Kegel. – Das sportl. Kegeln wird in vier Disziplinen auf Bahnen ausgetragen, die in Form, Oberfläche und Ausrüstung unterschiedlich sind: Asphalt-, Bohlen- und Scherenbahn mit je neun Kegeln sowie ↑Bowling mit zehn Kegeln. Gewertet wird nach der Zahl der gefallenen Kegel in Punkten.

Kegelprojektion, ein ↑Kartennetzentwurf.

Kegelrad, *Maschinenbau:* ↑Zahnrad.

Kegelschnecken (Conidae), Familie der Giftzüngler; Meeresschnecken mit kegelförmigem, meist buntem Gehäuse. Das Gift einiger Arten kann auch für den Menschen gefährlich werden.

Kegelschnitt, ebene Kurve, die sich aus dem Schnitt eines geraden Kreiskegels mit einer Ebene ergibt. Je nach Lage der Ebene zum Kegel ergeben sich die geschlossene Ellipse (im Sonderfall ein Kreis), die Parabel oder die aus zwei Ästen bestehende Hyperbel. Geht die Schnittebene durch den Scheitel des Kegels, so artet der K. zu einem Punkt, einer Geraden oder einem Paar von Geraden aus. – In der analyt. Definition sind K. die geometr. Orte aller Punkte, für die das Verhältnis ihrer Abstände zu einem gegebenen Punkt (Brennpunkt) und zu einer gegebenen Geraden

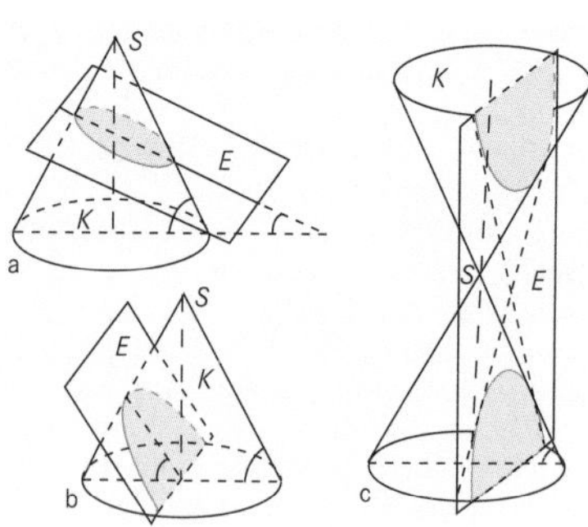

Kegelschnitt: a Ellipse, b Parabel, c Hyperbel

(Leitlinie) konstant ist. K. lassen sich in einem kartes. Koordinatensystem durch Gleichungen zweiten Grades beschreiben.
Kegelstumpf, ↑Kegel.
Kehdingen, Land, Marsch- und Moorgebiet am linken Ufer der Unterelbe, Ndsachs.; auf den Marschböden werden Grünlandwirtschaft und Obstbau betrieben; größtes der Niedermoore ist das **Kehdinger Moor.**
Kehl, Stadt (Große Kreisstadt) im Ortenaukreis, Bad.-Württ., an der Mündung der Kinzig in den Rhein, 33 200 Ew.; FH für öffentl. Verw.; Stahlwerke, Beton-, Holzind.; Hafen. Die Europabrücke zw. K. und Straßburg ist ein wichtiger Grenzübergang nach Frankreich. - K. wurde 1388 durch eine feste Brücke mit Straßburg verbunden. Nach Eroberung durch die Franzosen baute Vauban K. 1680–88 zur frz. Festung aus. K. wurde 1774 Stadt.
Kehle, 1) *Anatomie:* vorderer Halsteil der Säugetiere und des Menschen im Bereich von Kehlkopf und Luftröhre.
2) *Bautechnik:* Schnittkante oder gerundeter Verbindungsstreifen zw. zwei winklig aufeinander treffenden Flächen.
Kehlkopf (Larynx), beim Menschen und den lungenatmenden Wirbeltieren der Luftröhre vorgelagertes Organ zur Stimmbildung. Das Knorpelgerüst besteht aus Kehldeckel-, Schild-, Ring- und zwei Stell- (Gießbecken-)Knorpeln. Der Schildknorpel kann bei Männern als »Adamsapfel« vorspringen. Im Inneren des K. springen zwei Faltenpaare gegen die Mitte vor, oben die **Taschenfalten,** unten die zw. Schild- und Stellknorpel ausgespannten **Stimmbänder,** die die **Stimmritze (Glottis)** begrenzen. Der **Kehldeckel (Epiglottis),** die von Schleimhaut überzogene Knorpelplatte des K., verschließt dessen Eingang beim Schlucken.
Kehlkopf|entzündung (Kehlkopfkatarrh, Laryngitis), Entzündung der Kehlkopfschleimhaut einschl. der Stimmlippen. Die K. verläuft akut oder chronisch. Symptome sind bei Stimmbandbefall ständige Heiserkeit, rasche Ermüdung der Stimme und Missempfindungen beim Sprechen. Behandlung: Kopfdampfbäder, Antibiotika, daneben Schonung der Stimme und Rauchverbot.
Kehlkopfgenerator, ↑Sprechhilfen.
Kehlkopfkrebs (Kehlkopfkarzinom, Larynxkarzinom), häufigster bösartiger Tumor im Halsbereich; tritt v. a. zw. dem 50. und 70. Lebensjahr vorwiegend bei Männern auf und ist durch Heiserkeit und Schluckbeschwerden gekennzeichnet. Die Behandlung besteht in einer teilweisen oder völligen operativen Entfernung des Kehlkopfs **(Laryngektomie)** mit anschließender Bestrahlung.
Kehlkopflähmung (Rekurrenslähmung, Stimmbandlähmung, Laryngoparalyse), durch Schädigung des Kehlkopfnervs (Nervus laryngeus recurrens) bedingte Lähmung der inneren Kehlkopfmuskeln; Symptome sind Heiserkeit, Stimmlosigkeit.
Kehlkopfpfeifen, Erkrankung des Kehl-

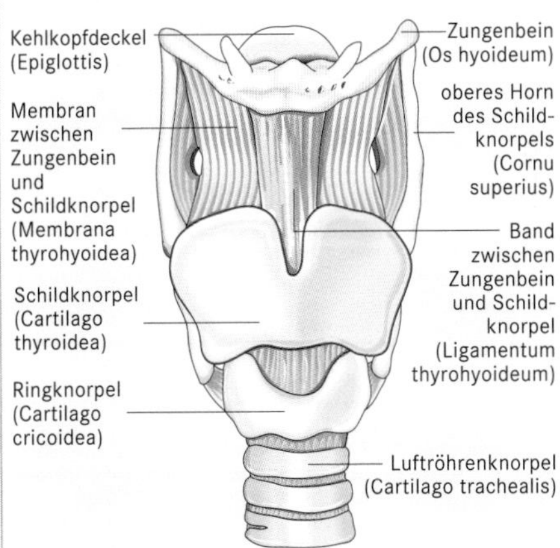

Kehlkopf (von vorn)

kopfs oder der Luftröhre beim Pferd; pfeifende oder röchelnde Geräusche beim Einatmen; Beseitigung durch operativen Eingriff.
Kehlkopfspiegelung (Laryngoskopie), Betrachtung des Kehlkopfs mit einem Laryngoskop. Dieses wird für die **indirekte K.** als Planspiegel (Kehlkopfspiegel), für die **direkte K.** oder **Autoskopie** als Kehlkopfspatel mit Beleuchtungseinrichtung oder als Bronchoskop verwendet.
Kehllaut, *Phonetik:* ↑Laut.
Kehre, *Geräteturnen:* eine Beinschwungbewegung bzw. ein Stützsprung über ein Sprunggerät mit geschlossenen und gestreckten Beinen bei gebeugten Hüftgelenken und $^{1}/_{4}$-Drehung um die Körperlängsachse.
Kehrreim (Refrain), meist am Strophenende wiederkehrender Vers oder Versteil, häufig in Volksliedern (i.d.R. von allen mitzusingen); auch Stilmittel der Kunstlyrik.
Kehrwert (reziproker Wert), *Mathematik:* bei einem Bruch a/b der Wert b/a; z.B. ist $^{3}/_{4}$ der K. von $^{4}/_{3}$.
Keihin, urspr. Name der 1941 gegründeten Hafengemeinschaft Tokio, Chiba, Kawasaki und Yokohama; heute das bedeutendste Ind.gebiet Japans, auf Honshū.
Kẹi|linseln Ewabinseln, indones. Inselgruppe, ↑Kaiinseln.
Keil, *Physik, Technik:* gleichschenkliges dreiseitiges Prisma, bei dem zwei ebene Flächen unter einem spitzen Winkel in einer geradlinigen Kante zusammenlaufen und dessen Basis im Vergleich zur Schenkellänge klein ist; dient als Mittel zum Trennen oder Spalten. Die wirkende Kraft wird in zwei Teilkräfte zerlegt. K.-Form haben auch die Schneiden von Beil, Messer, Schere sowie von allen spanenden Werkzeugen, z.B. Meißel, Feile, Sägezahn. – Im Maschinenbau ist ein K. ein lösbares Verbindungselement zw. zwei Maschinenteilen (z.B. Welle und Rad). Eine der Begrenzungsflächen ist geneigt; ein selbstständiges Lösen der K.-Verbindung wird durch Selbsthemmung verhindert.
Ke̱il, Birgit, Tänzerin, *Kowarschen (heute Kovářov) 22. 9. 1944; gehörte 1961–94 dem Stuttgarter Ballett an; tanzte klassisch-romant. Ballerinenrollen und kreierte Hauptrollen in Balletten u.a. von

ursprüngliche piktographische Schrift	piktographische Schrift der späteren Keilschriftzeit	Frühbabylonisch	Assyrisch	ursprüngliche oder abgeleitete Bedeutung
				Vogel
				Fisch
				Esel
				Ochse
				Sonne, Tag
				Korn, Getreide
				Obstgarten
				pflügen, ackern
				Bumerang werfen, umwerfen
				stehen, gehen

Keilschrift: Beispiele zur Entwicklung der Keilschrift

J. Cranko, J. Kylián, H. Spoerli. 1995 gründete sie die »Tanzstiftung Birgit Keil«; 1997 wurde sie Direktorin der Akademie des Tanzes in Mannheim (Staatl. Hochschule für Musik und Darstellende Kunst).

Keilbein, *Anatomie:* 1) Knochen der Schädelbasis mit der K.-Höhle; 2) Bez. für drei Fußwurzelknochen.

Keilberg (tschech. Klínovec), höchster Berg des Erzgebirges (1 244 m ü. M.), in der Tschech. Rep.; Wintersportgebiet.

Keilberth, Joseph, Dirigent, * Karlsruhe 19. 4. 1908, † München 20. 7. 1968; war seit 1950 Chefdirigent der Bamberger Symphoniker, zusätzlich seit 1959 Generalmusikdirektor an der Bayer. Staatsoper in München.

Keiler, das über zwei Jahre alte männl. Wildschwein.

Keilrahmen, durch Keile verstellbarer Rahmen zum Spannen der Malleinwand. Vorgänger ist der fest gefügte **Blendrahmen.**

Keilriemen, *Technik:* endloser Riemen aus Gummi mit Gewebeeinlagen; trapezförmiger Querschnitt. Dient z. B. bei Kfz u. a. zum Antrieb von Lichtmaschine, Wasserpumpe, Ventilator.

Keilschrift, die im antiken Vorderasien, bes. in Babylonien und Assyrien, verwendete Schrift, deren keilförmige Striche mit einem Rohrgriffel in Tontafeln eingedrückt wurden. Sie besteht aus urspr. meist bildhaften, dann stark vereinfachten Wortzeichen und von diesen abgeleiteten Silbenzeichen, die nicht den Wortsinn, sondern dessen Lautwert wiedergeben. Die K. entstand um 2900 v. Chr. bei den Sumerern und wurde bald auch von anderen kleinasiat. Völkern übernommen. Um 1400 v. Chr. war sie die internat. verwendete Schrift des Alten Orients, deren sich auch der ägypt. Hof im diplomat. Verkehr mit Vorderasien bediente. Ausgehend von der babylon. K. entstanden bei einigen Völkern Sonderformen und eigene Systeme, zu denen v. a. die altpers. K. der achaimenid. Könige gehört. Diese war die erste, deren Entzifferung durch G. F. Grotefend 1802 gelang.

📖 *Pope, M.: Die Rätsel alter Schriften. Hieroglyphen, K., Linear B. A. d. Engl. Bergisch Gladbach 1978.*

Keilschwanzsittiche, Gattungsgruppe mittelgroßer amerikan. Papageien der Unterfamilie **Psittacinae** mit kurzem, dickem Schnabel und langem, gestuftem Schwanz.

Keim, 1) *Botanik:* der ↑Embryo.
2) *Medizin:* Bez. für Krankheiten verursachende Mikroorganismen.

Keimbahntherapie, ↑Gentherapie.

Keimbläschen (Blastozyste), aus dem Maulbeerkeim (Morula) hervorgehendes Entwicklungsstadium der plazentalen Säugetiere (einschl. Mensch).

Keimblatt, 1) *Botanik:* (Kotyledone), das erste, bereits an der Keimachse des pflanzl. Embryos im Samen angelegte, kurzlebige Blattorgan der Samenpflanzen.
2) *Embryologie:* in der Embryonalentwicklung vielzelliger Tiere auftretende Zellschicht, aus der sich Gewebe und Organe herausbilden. Das **äußere K. (Ektoderm)** bildet Hautepithel und Hautdrüsen, Vorder- und Enddarm, Nervensystem und Sinnesepithelien; das **innere K. (Entoderm)** bildet den Mitteldarm mit seinen Anhangsdrüsen sowie z. B. Schilddrüse, Thymus. Bei den bilateral-symmetr. Tieren kommt ein drittes, das **mittlere K. (Mesoderm)** vor; es bildet v. a. Innenskelett, Muskulatur, Blutgefäße, Bindegewebe, Unterhaut und Exkretionsorgane.

Keimdrüsen, die ↑Geschlechtsdrüsen.

Keimgifte, chem. Substanzen, die direkt oder als Auslöser einer Wirkungskette dauerhafte Veränderungen des genet. Materials bewirken; bes. Stoffe, die Keimzellen abtöten, die Mitose und Meiose von Zellen der Keimbahn beeinflussen (Mitosegifte, zytostat. Mittel), das embryonale Wachstum stören (Teratogene) oder Mutationen erzeugen (Mutagene).

Keimhemmungsmittel, Substanzen, die bes. bei Kartoffeln die unerwünschte vorzeitige Keimung verhindern oder verzögern.

Keimling, der ↑Embryo, bes. der Pflanze.

Keimträger, *Medizin:* der ↑Dauerausscheider.

Keimung, Bez. für die ersten Entwicklungsvorgänge bei Pflanzen. Der Wiederaufnahme des Wachstums des Embryos nach der Samenruhe geht eine Wasseraufnahme unter Quellung des Sameninhalts und Sprengung der Samenschale voraus. Es folgt die Streckung der Keimwurzel des Embryos, die in den Boden einwächst, Wurzelhaare ausbildet und sich verzweigt. Damit ist die Keimpflanze verankert und die Aufnahme von Wasser und Nährstoffen aus dem Boden gewährleistet. Bei der Entwicklung des Sprosssystems durchbricht die sich stark streckende Keimachse (Hypokotyl) bogenförmig die Erdoberfläche und bringt die Keimblätter ans Tageslicht, wo sie die ersten Assimilationsorgane darstellen (**epigäische K.,** z. B. bei Raps). In anderen Fällen (**hypogäische K.,** z. B. bei Eichen) bleiben Hypokotyl und die als Nährstoffspeicher dienenden Keimblätter mit der Samenschale im Boden; dafür streckt sich das erste Sprossglied (Epikotyl) mit der Sprossknospe, durchbricht die Bodenoberfläche und bildet die ersten Laubblätter aus.

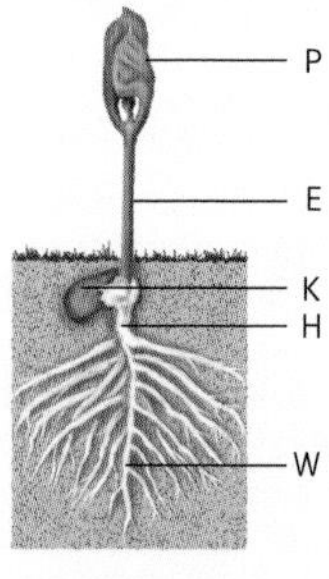

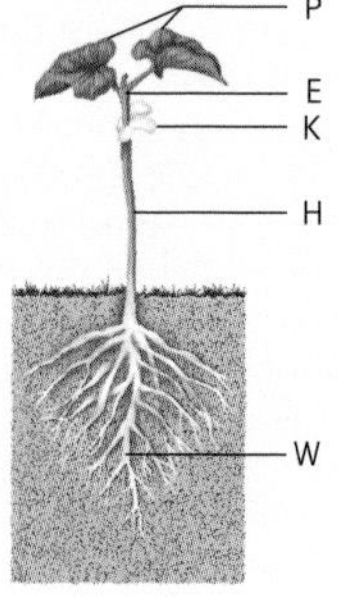

Keimung: Keimpflanzen der Feuerbohne (hypogäische Keimung; oben) und der Gartenbohne (epigäische Keimung); P Primärblätter, E Epikotyl, K Keimblätter (oben in der Samenschale), H Hypokotyl, W Primärwurzel

Keimzelle, die Geschlechtszelle (↑Gameten).

K-Einfang, *Physik:* die Absorption eines Elektrons aus der K-Schale der Atomhülle durch den Atomkern, wobei sich ein Proton unter Emission eines Neutrinos in ein Neutron verwandelt; eine Art der ↑Kernumwandlung.

Keiretsu [keɪ-] *die,* in Japan Bez. für eine konzernähnl. Gruppe von selbstständigen Unternehmen mit koordinierten Unternehmensstrategien (↑strategische Familie).

Keirin [keɪ-], *Bahnradsport:* Wettbewerb für Elitefahrer über eine Distanz von 2000 m, bei dem max. 9 Fahrer hinter einem Schrittmacher in den ersten 3 bis 4 Runden fahren und dabei Positionskämpfe austragen, um dann den Endspurt (ohne Schrittmacher) zu bestreiten.

Keiser, Reinhard, Komponist, getauft Teuchern (bei Weißenfels) 12. 1. 1674, † Hamburg 12. 9. 1739; bed. Vertreter der frühen dt. Oper, Leiter der Oper am Gänsemarkt in Hamburg. K. schrieb mehr als 70 Opern sowie Kantaten, Kirchen- und Kammermusik.

Keistut (litauisch Keistutis, Kynstute), litauischer Fürst, * etwa 1297, † 1382; Sohn des Großfürsten Gedimin, übernahm nach dessen Tod (1341) das Teilfürstentum Troki (litauisch Trakai) und Schamaiten, verteidigte die litauische Westgrenze. Mit seinem Bruder Algirdas kämpfte er gegen den Dt. Orden; im Auftrag seines Neffen Jagiełło ermordet.

Keitel, 1) [kaɪˈtɛl], Harvey, amerikan. Schauspieler, * New York 13. 5. 1939; v. a. Charakterdarsteller in Filmen von M. Scorsese (»Hexenkessel«, 1973; »Taxi Driver«, 1976; »Die letzte Versuchung Christi«, 1988).

Weitere Filme: Bad Lieutenant (1992); Das Piano (1993); Pulp Fiction (1994); Der Blick des Odysseus (1994); Smoke – Raucher unter sich (1995); Cop Land (1997); Holy Smoke (2000).

2) [ˈkaitl], Wilhelm, Generalfeldmarschall (seit 1940), * Helmscherode (heute zu Bad Gandersheim) 22. 9. 1882, † (hingerichtet) Nürnberg 16. 10. 1946; leitete 1935–38 das Wehrmachtsamt. 1938–45 war er Chef des Oberkommandos der Wehrmacht. In Ausführung der Befehle Hitlers zeigte er sich sehr ergeben. 1940 führte er auf dt. Seite die Waffenstillstandsverhandlungen mit Frankreich. Er unterzeichnete am 8. 5. 1945 die bedingungslose Kapitulation der dt. Wehrmacht. 1946 verurteilte ihn das Internat. Militärtribunal in Nürnberg als einen der Hauptkriegsverbrecher zum Tod.

Keith [ki:θ], Sir Arthur, brit. Anatom und Anthropologe, * Old Machar (bei Aberdeen) 5. 2. 1866, † Downe (bei London) 7. 1. 1955; untersuchte mit M. W. Flack (* 1882, † 1931) den **Keith-Flack-Knoten,** den ↑Sinusknoten des Herzens.

KEK, Abk. für ↑**K**onferenz **E**uropäischer **K**irchen.

Kekkonen, Urho Kaleva, finn. Politiker, * Pielavesi 3. 9. 1900, † Helsinki 31. 8. 1986; Jurist, Mitgl. der Zentrumspartei, ab 1936

mehrfach Min. und Reichstagspräs., 1950–53 und 1954–56 MinPräs. Als Staatspräs. (1956–81) setzte K. die von seinem Vorgänger J. K. Paasikivi eingeleitete Politik eines gutnachbarl. Verhältnisses zur UdSSR bei Wahrung fester Beziehungen zu den westl. Demokratien fort. Er trug wesentlich zur Einberufung der KSZE (1973–75) bei.

Kekrops, *grch. Mythos:* erdgeborener erster König von Attika, halb Mensch, halb Schlange.

Kekulé von Stradonitz, August, Chemiker, *Darmstadt 7. 9. 1829, †Bonn 13. 7. 1896; Prof. in Gent und Bonn, entdeckte die Vierwertigkeit des Kohlenstoffs und postulierte 1865 die Ringstruktur des Benzols.

Kelamayi, Stadt in China, ↑Karamai.

Kelang (früher Klang), Stadt an der W-Küste Malaysias, Sultanat Selangor, 243 400 Ew.; Zinnerzschmelze, Kautschukaufbereitung, Herstellung von Schuhen und Obstkonserven. Der Seehafen **Port K.** (früher **Port Swettenham**), durch Eisenbahn mit Kuala Lumpur verbunden, ist einer der wichtigsten Malaysias.

Kelantan, Bundesstaat (Sultanat) Malaysias, auf der Malaiischen Halbinsel, an der Grenze zu Thailand, 15 024 km², 1,31 Mio. Ew., Hptst. ist Kota Baharu.

Kelbra (Kyffhäuser) ['kɪf-], Stadt im Landkreis Sangerhausen, Sa.-Anh., in der Goldenen Aue, an der Helme, 3 200 Ew.; westlich von K. Talsperre (6 km², Erholungsgebiet).

Kelch [von lat. calix »Trinkbecher«], **1)** *Botanik:* die äußeren Hüllblätter **(K.-Blätter)** der Blüte.

2) *christl. Liturgie:* liturg. Gefäß (Trinkbecher) zur Aufnahme des Weins bei der Feier des ↑Abendmahls bzw. der Eucharistie (↑Laienkelch). – Der K., wohl aus dem spätröm. Doppelbecher hervorgegangen, bestand urspr. aus Fuß, Knauf (Nodus) und Trinkschale (Cuppa). Der »Tassilo-K.«, von Herzog Tassilo III. von Bayern dem Stift Kremsmünster geschenkt (um 780), ist einer der ältesten erhaltenen Kelche.

Kelchwürmer (Kelchtiere, Kamptozoa, Entoprocta), Stamm wirbelloser Tiere; meist im Meer lebend, bis zu 10 mm lang, mit Tentakelkranz am kelchförmigen Körper, der an der Unterlage festsitzt.

Kelek [pers.-türk.] *das,* im Orient verwendetes Floß, das von aufgeblasenen Tierbälgen getragen wird.

Kelemen, Milko, kroat. Komponist, *Podravska Slatina 30. 3. 1924; gründete 1961 die Musikbiennale Zagreb als Internat. Festival für Neue Musik, schrieb Orchester-, Kammer- und Vokalmusik, Bühnenwerke (u. a. Oper »Der Belagerungszustand«, 1970, nach A. Camus; Multimedia-Ballettoper »Apocalyptica«, konzertant 1979, als Ballettfassung 1983).

Kelheim, 1) Landkreis im RegBez. Niederbayern, 1 067 km², 109 500 Einwohner.

2) Krst. von 1) in Bayern, am Zusammenfluss von Altmühl und Donau, am W-Ausgang des Durchbruchtals der Donau durch die Fränk. Alb, 15 800 Ew.; chem., Textil-, Baustoffind., Motorenbau, Parkettfabrik, Brauerei; Flusshafen. – Auf dem Michelsberg die zur Erinnerung an die Befreiungskriege erbaute Befreiungshalle (1837 ff.), ein antikisierender Rundbau. Nahebei die Benediktinerabtei ↑Weltenburg.

Kelim [türk.] *der* (Kilim), Wandbehang, Decke oder Teppich in oriental. Musterung mit beidseitig gleichem Aussehen. Der Schussfaden wird eingeflochten, sodass im Ggs. zum Gobelin an den kettparallelen Rändern Schlitze entstehen, die später vernäht werden. Daher werden geometr. Muster mit rechtwinkligen Abstufungen bevorzugt.

Kelkheim (Taunus), Stadt im Main-Taunus-Kreis, Hessen, 26 400 Ew.; Wohnstadt für Frankfurt am Main am S-Hang des Taunus; bed. Möbelind., Forschungszentrum der Varta AG. Seit 1938 Stadt.

Keller [zu lat. cella »Zelle«, »Kammer«] **1)** ganz oder teilweise unterird. Bereich, bes. unterstes Geschoss im Haus; oft Vorrats-, Heizungs- und Hobbyraum. Gegen aufsteigende Feuchtigkeit müssen K.-Sohle und K.-Wände durch Dämmschichten und/oder wasserfeste Anstriche isoliert werden.

2) *Informatik:* (engl. stack, Stapel), Form der Datenorganisation in einem Speicher **(K.-Speicher, Stapelspeicher),** bei der die zuletzt eingegebene Information zuerst wieder ausgegeben wird **(Lifo-Prinzip,** engl. last in, first out). Die aktuelle Adresse des K. wird in einem speziellen Register (engl. stack pointer) geführt. K. sind u. a. für den Ablauf eines Interrupts von Bedeutung, bei dem die Inhalte des Befehlszählers und der Register in einen K. geschrieben und so gesichert werden.

Keller, 1) Adolf, schweizer. ref. Theologe,

*Rüdlingen (Kt. Schaffhausen) 7. 2. 1872, †Los Angeles 10. 2. 1963; initiierte 1922 die Europ. Zentralstelle für kirchl. Hilfsaktionen; war entscheidend am Entstehen des Ökumen. Rates der Kirchen beteiligt.
2) Augustin, schweizer. Pädagoge und Politiker, *Sarmenstorf (Aargau) 10. 11. 1805, †Lenzburg 8. 1. 1883; liberal-kath. Schulpolitiker, initiierte die Aufhebung der Klöster im Aargau; Vorkämpfer der Antijesuitenbewegung, Mitbegründer der altkath. (christkath.) Kirche der Schweiz.
3) Evelyn Fox, amerikan. Molekularbiologin und Philosophin, *New York 20. 3. 1936; seit 1992 Prof. am Massachusetts Institute of Technology; feminist. Theoretikerin, sieht die Struktur der Wiss. von männl. Dominanz geprägt (»Liebe, Macht und Erkenntnis«, dt. 1986); auch wissenschaftshistor. Werke (»Barbara McClintock. Die Entdeckerin der springenden Gene«, dt. 1995; »Das Jh. des Gens», dt. 2001).

Gottfried Keller (Gemälde von Frank Buchser, 1872)

4) Gottfried, schweizer. Schriftsteller, *Zürich 19. 7. 1819, †ebd. 15. 7. 1890; erkannte während seiner Ausbildung zum Maler in München (1840–42) seine dichter. Begabung; hörte 1848–50 Vorlesungen in Heidelberg, wo er durch den Atheismus L. Feuerbachs beeinflusst wurde. 1850–55 lebte K. in Berlin; hier entstand der autobiografisch bestimmte Roman »Der grüne Heinrich« (4 Bde., 1854/55, Umarbeitung 1879/80), ein in der Tradition des großen Bildungsromans stehendes Hauptwerk des »poet. Realismus«. Seit 1855 lebte K. wieder in Zürich, wo er 1861–76 das Amt des Ersten Staatsschreibers innehatte; hier erschienen auch die bed. Novellenzyklen, die zu den Meisterwerken der Gattung in dt. Sprache gehören: »Die Leute von Seldwyla« (1856, erweitert 1874), »Sieben Legenden« (1872), »Züricher Novellen« (2 Bde., 1878) und »Das Sinngedicht« (1882). Liebevoll, auch mit wehmütigen oder satir. Zügen, gestalten sie Höhen und Tiefen des menschl. Alltags. Sein letzter Roman, »Martin Salander« (1886), setzt sich mit der Gefährdung demokrat. Ideen in der Zeit der Gründerjahre auseinander. K. schuf auch ein umfangreiches lyr. Werk (»Gesammelte Gedichte«, 1883).
📖 *Baumann, W.: G. K. Leben, Werk, Zeit. Zürich 1986. – Schilling, D.: K.s Prosa. Frankfurt am Main u. a. 1998. – Breitenbruch, B.: G. K. Reinbek [15]2002.*
5) Helen, amerikan. Schriftstellerin, *Tuscumbia (Ala.) 27. 6. 1880, †Westport (Conn.) 1. 6. 1968; verlor mit 19 Monaten Augenlicht und Gehör, bekam Unterricht bei Anne Sullivan Macy (*1866, †1936), studierte am Radcliffe College; schrieb autobiograf. Werke und Schriften zur Blindenerziehung, wie »Geschichte meines Lebens« (1902), »Meine Welt« (1908), »Dunkelheit« (1913).
6) Paul, Schriftsteller, *Arnsdorf 6. 7. 1873, †Breslau 20. 8. 1932; Gründer der Zeitschrift »Die Bergstadt« (1912–31); in Romanen (»Waldwinter«, 1902; »Sohn der Hagar«, 1907; »Ferien vom Ich«, 1915) schildert er die Menschen seiner schles. Heimat.

Keller|assel, Krebstier, ↑Asseln.

Kellermann, Bernhard, Schriftsteller, *Fürth 4. 3. 1879, †Klein-Glienicke (Potsdam) 17. 10. 1951; errang mit dem technisch-utop. Roman »Der Tunnel« (1913) Welterfolg; in gesellschaftskrit. Romanen schilderte er v. a. Zeiterscheinungen in Dtl. nach 1918.

Kellerschnecke (Limax flavus), 8–10 cm lange, gelbl. Nacktschnecke mit dunkler Netzzeichnung. Der graue Mantelschild ist hell gefleckt. Vorratsschädling (Kartoffeln, Gemüse).

Kellerschwamm (Warzenschwamm, Coniophora cerebella), neben dem Echten ↑Hausschwamm einer der gefährlichsten Holz zerstörenden Pilze (Holzfäule); kommt in Häusern bei hoher Holzfeuchtigkeit vor.

Kellerspeicher, *Informatik:* ↑Keller.

Kellerwald, bewaldetes Bergland zw. Eder und Schwalm, in Hessen, östlicher Ausläufer des Rheinischen Schiefergebirges, im Wüstegarten 675 m ü. M.; im O steiler Abfall zum Löwensteiner Grund; neben Forstwirtschaft spielt der Fremdenverkehr eine Rolle (Bad Wildungen, Edersee).

Kelley ['kelɪ], Mike, amerikan. Künstler, *Detroit (Mich.) 27. 10. 1954; entwirft in Performances, Rauminstallationen, Objektgruppen sowie in Comics verwandten Zeichnungen und Gemälden ein Gegenbild zu einer von Gesellschaft, Kirche und Staat aufrechterhaltenen Vorstellung von einer »heilen Welt« und stellt albtraumhaft Erziehungs- und Gesellschaftsstrukturen bloß.

Kellinghusen, Stadt im Kreis Steinburg, Schlesw.-Holst., an der Stör, auf dem Geestrand, 8 100 Ew.; Herstellung von keram. Erzeugnissen (von 1764 bis 1860 bed. Fayenceproduktion).

Kellogg, Frank Billings, amerikan. Politiker, *Potsdam (N. Y.) 22. 12. 1856, †Saint Paul (Minn.) 21. 12. 1937; Jurist, 1925–29 Außenmin., erhielt 1929 als Mitinitiator des ↑Briand-Kellogg-Paktes den Friedensnobelpreis. 1930–35 war er Mitgl. des Internat. Gerichtshofes in Den Haag.

Kelly ['kelɪ], **1)** Ellsworth, amerikan. Maler, Grafiker und Bildhauer, *Newburgh (N. Y.) 31. 5. 1923. Seine Werke stellen in scharfer Kontrastierung homogener Farbfelder und gekanteter Flächen wichtige Beiträge zur Kunst des ↑Hardedge dar.

2) Gene, amerikan. Filmschauspieler, Tänzer, Choreograph, *Pittsburgh 23. 8. 1912, †Los Angeles (Calif.) 2. 2. 1996; erfolgreicher Darsteller und Choreograph in Filmmusicals wie »Der Pirat« (1948), »Ein Amerikaner in Paris« (1951) und »Du sollst mein Glücksstern sein« (»Singin' in the rain«, 1952); in »Hello Dolly!« (1968) führte er auch Regie.

3) Grace, amerikan. Filmschauspielerin, ↑Gracia Patricia.

4) Petra, Politikerin, *Günzburg 29. 11. 1947, †Bonn 1. 10. 1992 (nach dem Polizeibericht); bis 1979 Mitgl. der SPD; 1979 Gründungsmitgl. der Partei »Die Grünen«, 1980–82 eine ihrer Vors., 1983–90 MdB; engagierte sich bes. in der Friedens-, Menschenrechts- und Ökologiebewegung (alternativer Nobelpreis 1982). – Am 19. 10. 1992 wurde sie zus. mit ihrem Mitstreiter und Lebensgefährten (G. Bastian, *1923) tot aufgefunden; die Staatsanwaltschaft ging davon aus, dass K. von Bastian erschossen wurde, der sich danach selbst tötete.

Keloid [grch.] *das,* derbe Bindegewebewucherung im Bereich von Narben, z. B. nach Verbrennungen, Verätzungen oder Impfung.

Kelsen, Hans, amerikan. Jurist österr. Herkunft, *Prag 11. 10. 1881, †Berkeley (Calif.) 19. 4. 1973; 1919–29 Prof. in Wien, 1930 in Köln; 1933 Emigration, 1942 Prof. in Berkeley (Calif.). Schöpfer der österr. Verf. von 1920; entwickelte als Vertreter des strengen Rechtspositivismus eine »Theorie des positiven Rechts«.

Werke: Vom Wesen und Wert der Demokratie (1920); Reine Rechtslehre (1934) u. a.

Kelsos, spätantiker Philosoph, ↑Celsus.

Kelsterbach, Industriestadt im Landkreis Groß-Gerau, Hessen, am Untermain, 14 400 Ew.; Herstellung von Chemiefasern und Kunststoffen. Seit 1952 Stadt.

Kelt [lat.] *der,* vorgeschichtl. Beil aus der Bronzezeit.

Kelten (grch. Keltoi, lat. Celtae), Sammelname für kelt. Sprachen sprechende Völkergruppen in Europa. Früheste schriftl. Nachrichten grch. Autoren (aus dem 6./5. Jh. v. Chr.) geben Hinweise auf Siedlungsgebiete in West- und Mitteleuropa. Aus archäolog. Sicht dürfte sich die Stammesbildung der K. z. Z. der spätbronzezeitl. Urnenfelderkultur vollzogen haben. Als keltisch geprägt werden die späte Hallstatt- und die La-Tène-Kultur angesehen, aber auch außerhalb dieser Kulturen gab es kelt. Volksgruppen. Als Kernraum der frühen K. gilt das südwestl. Mitteleuropa, wo sie spätestens seit dem 7./6. Jh. v. Chr. nachweisbar sind. Von dort breiteten sie sich über Frankreich auf die Brit. Inseln und auf die Iber. Halbinsel (Keltiberer) aus. Um 400 fielen sie in Oberitalien ein, stießen mehrfach nach Mittelita-

Kelten – Ausbreitung

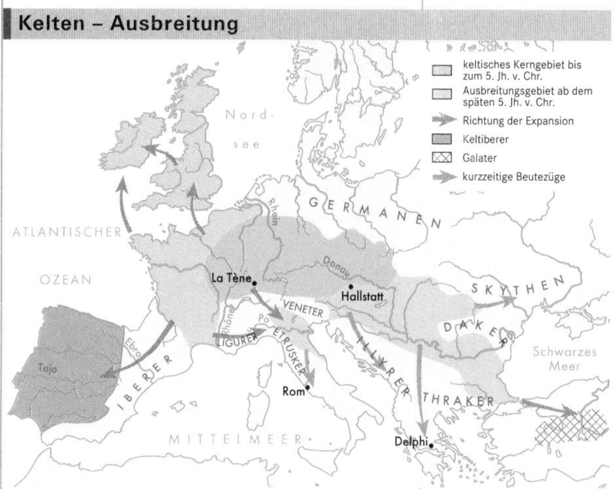

lien vor (Schlacht an der Allia und Besetzung Roms mit Ausnahme des Kapitols 387/386 v. Chr.) und konnten von den Römern, von denen sie Gallier genannt wurden, erst im 3./2. Jh. v. Chr. endgültig besiegt werden. Im 4. Jh. v. Chr. drangen K. ins Gebiet des heutigen Siebenbürgen und nach Dalmatien ein; 280/279 stießen sie nach Makedonien und Griechenland vor und plünderten 279 Delphi. 278/277 überquerte eine Gruppe kelt. Stämme – von den Griechen als Galater bezeichnet – den Bosporus und siedelte in Zentralanatolien (Galatien). Staaten- oder Stammesbünde wurden nicht gebildet; eine Ausnahme bildete das von etwa 277 bis 221 blühende K.-Reich von Tylis (heute Tilios) in Thrakien. Der Rückgang der kelt. Macht begann im südl. Mitteleuropa und im transalpinen Gallien. Im N wurden die K. seit dem 2. Jh. v. Chr. von der Wanderungsbewegung der Germanen bedrängt; im W und S bedeuteten die Eroberung Galliens durch Caesar (58–51) und die röm. Unterwerfung Noricums, Vindeliziens und Pannoniens das Ende der letzten K.-Herrschaften auf dem Festland. Unter dem Druck röm., später angelsächs. Eroberungen in Britannien wanderten im 5. und 6. Jh. n. Chr. trotz der Romanisierung noch Keltisch sprechende Volksgruppen aus Wales und Cornwall in die heutige Bretagne ein. Gleichzeitig gingen vom kelt. Irland Eroberungen in Wales und Schottland aus.

📖 *Birkhan, H.: K. Versuch einer Gesamtdarstellung ihrer Kultur. Wien 1997. – Maier, Bernhard: Die K. Ihre Gesch. von den Anfängen bis zur Gegenwart. München 2000. – Demandt, A.: Die K. München [3]2001. – Rieckhoff, S. u. Biel, J.: Die K. in Dtl. Stuttgart 2001.*

Kelter [von lat. calcatura, zu calcare »mit den Füßen stampfen«], Gerät zum Auspressen von Weintrauben und anderen Früchten (Obst, Oliven).

Kelterborn, Rudolf, schweizer. Komponist, * Basel 3. 9. 1931; komponiert auf der Basis der Zwölftontechnik, bezieht seit den späten 1960er-Jahren auch serielle Verfahren und Aleatorik ein; schrieb Opern (u. a. »Ophelia«, 1984; »Julia«, 1991), Orchesterwerke, Kammermusik, Vokalwerke (»Gesänge der Liebe«, 1988, für Bariton und Orchester).

Kelt|iberer, nach älterer Auffassung Mischbevölkerung aus Kelten und Iberern im Gebiet der span. Provinz Soria; wahrscheinlich jedoch zunächst Bez. aller kelt. Stämme auf der Iber. Halbinsel, später nur noch Name der Ebrokelten.

keltische Kunst, die v. a. in kunsthandwerkl. Objekten, aber auch in plast. Werken sich äußernde Kunst der Kelten, deren Beginn erst gegen Mitte des 6. Jh. v. Chr. am Ende des westl. Kreises der späten Hallstattkultur angesetzt wird, die freilich heute meist bereits als »frühkeltisch« gilt. Die frühkelt. Kunst fand bei diesem Ansatz ihr Ende nach 350 v. Chr. In ihrer Endphase ist z. T. ein Nebeneinander von früh-

kelt. und den neuen Elementen der Kunst der La-Tène-Zeit zu beobachten.
Unter Einwirkung etrusk. und skyth. Elemente erfährt die frühe k. K. auf dem **europ. Kontinent** ihre erste Blüte v. a. im Marne- und im Mittelrheingebiet sowie in S-Dtl. und S-Böhmen, wo in fürstl. Bestattungen Schmuck u. a. Beigaben aus Gold, Bronze und Eisen entdeckt wurden (u. a. ↑Hochdorf, ↑Vix). Am Mittelrhein und in Zentralfrankreich sind pflanzl., dem mittelmeer. Bereich entlehnte Motive vorherrschend (Palmetten, Lotosblüten), während im O von Bayern bis Österreich abstrakt geometr., auf ältere Motive zurückgehende Muster vertreten sind. Aus dem 5. Jh. v. Chr. stammt die lebensgroße Sandsteinstatue eines Keltenfürsten, die aus einem Grabhügel beim hess. ↑Glauberg geborgen wurde. Die auf den frühkelt. Stil im 4. Jh. folgende 2. Stilphase wird nach dem Fundort (1869) im Kreis Mainz-Bingen »Waldalgesheim-Stil« genannt; sie knüpfte an die grch. Rankenornamentik an (v. a. auf Arbeiten der Flachgräberzone von Frankreich bis Ungarn). Aus ihm entwickelten sich im 3. Jh. sowohl der »Schwertstil« als

100264
keltische Kunst: »Battersea-Schild«, vergoldete Bronze mit roten Glasnuppen (vermutl. 1. Hälfte des 1. Jh. n. Chr., London, Britisches Museum)

2888
keltische Kunst: lebensgroße Statue eines keltischen Herrschers (5. Jh. v. Chr.), 1996 am Fuß des Glaubergs in Hessen entdeckt

auch der freie plast. Stil. Die Dekorationen wurden gehämmert, geritzt oder von innen gepunzt, auch kommen Durchbrucharbeiten vor, die den andersfarbigen Untergrund zur Wirkung bringen. In der Wanderzeit der Kelten sind die Funde spärlicher. Im 2. und 1. Jh. v. Chr. kam es zu einer neuen Blütezeit, für die es im gesamten kelt. Bereich Zeugnisse gibt. Beliebt sind nun Einlagen aus Koralle und Bernstein sowie versch. Techniken der ↑Emailkunst. Seit der Mitte des 1. Jh. v. Chr. wurde die k. K. von der provinzialröm. Kultur assimiliert, jedoch lebten viele Motive (z. B. in der Bauplastik) weiter. In **Britannien** traten vom 4. bis 1. Jh. v. Chr. – nach Übernahme kontinentaler Motive im 5. Jh. – eine eigenständige Flechtwerk- und Kreisornamentik, aber auch Vogelmotive und fließende plast. Muster auf. Unter wachsendem röm. Einfluss wurden sie gegen Ende des 1. Jh. v. Chr. allmählich strenger symmetrisch konzipiert, z. B. der bronzene »Battersea-Schild« aus der Themse (London, British Museum). In **Irland** bildeten sich gegen Ende des 1. Jh. v. Chr. eigenständige Leistungen in der Metallkunst (Goldhalsring von Broighter, 1. Jh. v. Chr., Dublin, Nationalmuseum) heraus. Die Steinskulptur ist nur durch wenige im La-Tène-Stil verzierte Monolithe vertreten. Der schönste ist der Stein von Turoe (3. Jh.), der wohl kult. Zwecken diente, aus der Grafschaft Galway. Nach dem 6. Jh. traten in der ir. Kunst zu den kelt. Motiven german., wie verschlungene Bänder oder Tiere, und bis Ende des 7. Jh. auch christl. Bilddarstellungen. Aus dieser Synthese entstand ein neuer Kunststil (↑irische Kunst).

📖 *Eluère, C.: Das Gold der Kelten. A. d. Frz. München 1987. – Heiligtümer u. Opferkulte der Kelten, hg. v. A. Haffner. Stuttgart 1995. – Romilly Allen, J.: Die Kunst der Kelten. A. d. Engl. Wiesbaden 1998.*

keltische Mythologie. In dem großen, zersplitterten Siedlungsgebiet der Kelten lassen sich nur wenige gemeinsame Züge einer urspr. k. M. finden. Durch die frühe Romanisierung erhielten auch die Gottheiten lat. Namen und wurden z. T. mit röm. Göttern identifiziert. Wahrscheinlich stand an der Spitze des Pantheons Lug (mit Merkur gleichgesetzt), Hauptgötter waren auch der krieger. Teutates (Mars) und der Himmelsgott Taranis (Jupiter). Auf Fruchtbarkeitskulte weisen die vielen Muttergottheiten hin, so die Matres (»Mütter«), die oft zu Dreiheiten (Matronen) zusammengefasst wurden. Verbreitet war die Verehrung aller Arten von Naturobjekten: die Pferdegöttin Epona, die Bärengöttin Artio, der Hirschgott Cernunnos u. a. Wichtigste religiöse Instanz waren die ↑Druiden. In der Mythologie der Inselkelten finden sich keine röm. Elemente. Ihre Spuren sind in der mittelalterl. irischen Literatur erhalten, wenn auch christlich umgedeutet. Götterkönig und Stammvater war hier Dagda (Ollothair), als seine Schwester oder Tochter wurde Brigantia angesehen, die in der hl. Brigitta weiterlebt. Einige Züge der k. M. haben sich auch in den Sagen um König ↑Artus erhalten.

📖 *Botheroyd, S. u. P. F.: Lexikon der k. M. München [4]1996. – Maier, Bernhard: Die Religion der Kelten. Götter, Mythen, Weltbild. München 2001.*

keltische Sprachen, Zweig der indogerman. Sprachfamilie, für den u. a. der Verlust des »p« kennzeichnend ist (z. B. lat. »palter«, altir. »athir«). Geographisch unterscheidet man das chronologisch relativ früh überlieferte **Festlandkeltisch** und **Inselkeltisch,** genetisch 1) Goidelisch mit Irisch, Schottisch-Gälisch (Ersisch) und Manx-Gälisch, 2) Keltiberisch, 3) Lepontisch, 4) Gallobritannisch mit Gallisch (einschließlich Galatisch, der Sprache der Galater) und den britann. Sprachen Kymrisch (Walisisch), Kornisch (ausgestorben), Kumbrisch (bruchstückhaft überliefert) und Bretonisch, das seit der 2. Hälfte des 5. Jh. n. Chr. durch Auswanderung kelt. Briten aus SW-England in die Bretagne gelangte. Die Zugehörigkeit des Piktischen ist ungeklärt. Die k. S. sind sowohl durch archaische Züge als auch durch Übereinstimmung bes. mit westindogerman. Sprachen charakterisiert. In Irland wurde beschränkt die ↑Oghamschrift verwendet; die Inselkelten übernahmen später die röm. Schrift. Schriftl. Überlieferungen gibt es bes. in ir. und kymr. Sprache, von den Festlandkelten ist nur mündl. Überlieferung durch die Druiden bezeugt.

Keltologie *die,* Wiss. von den kelt. Sprachen und Literaturen.

Kelvin [nach W. ↑Thomson, Lord Kelvin] *das,* Einheitenzeichen **K**, SI-Basiseinheit der thermodynam. ↑Temperatur. Die Teilung der K.-Skala entspricht der Celsius-Skala, doch ist ihr Skalen-Nullpunkt der absolute Nullpunkt der Temperatur. Die thermodynamische Temperatur des Eispunktes beträgt T_0 = 273,15 K (= 0 °C) und diejenige des Tripelpunktes von Wasser T_{tr} = 273,16 K. – Die angloamerikan. Einheit der thermodynamische Temperatur ist das auf der Fahrenheit-Skala aufbauende Grad Rankine (°R).

Kemal, Yaşar, türk. Schriftsteller, ↑Yaşar Kemal.

Kemal Atatürk, Mustafa, bis 1934 Mustafa Kemal Pascha, türk. Politiker, * Saloniki 12. 3. 1881, † Istanbul 10. 11. 1938; nahm 1908–09 am Aufstand der Jungtürken teil, führte im Ersten Weltkrieg eine Armee. Nach dem militär. Zusammenbruch des Osman. Reiches 1918 trat er an die Spitze der nationalrepublikan. Bewegung und brach mit der Reg. des Sultans. Er berief die 1. Große Nationalversammlung ein (1920; 1920–23 deren Präs.), zwang die Griechen militärisch zur Räumung Kleinasiens (1922), beseitigte das Sultanat (1922), rief die Rep. aus (1923) und schaffte das Kalifat ab (1924). Ab 1923 Staatspräs., wurde er durch Reformen (u.a. Trennung von Staat und Religion, Gleichstellung der Frau, Entwicklung von Bildung, Schrift, Wirtschaft und Technik im Sinne einer Europäisierung) und Ablehnung des Panislamismus Schöpfer der modernen Türkei. Ab 1934 führte er den Ehrennamen **Atatürk** (»Vater der Türken«). Seine Ideen, der **Kemalismus,** bleiben trotz Einschränkungen die ideelle Basis des türk. Staates.

🕮 *Gronau, D.: M. K. A. oder die Geburt der Rep. Frankfurt am Main 1994.*

1545

Mustafa Kemal Atatürk

Kemantsche [pers.] *die,* ↑Kamangah.

Kemelman [-mən], Harry, amerikan. Schriftsteller, *Boston (Mass.) 24. 11. 1908, †Marblehead (Mass.) 15. 12. 1996; belebte den traditionellen Kriminalroman, indem er den Rabbi David Small an die Stelle des Detektivs treten ließ: u.a. »Am Freitag schlief der Rabbi lang« (1964), »Am Samstag aß der Rabbi nichts« (1966), »Am Dienstag sah der Rabbi rot« (1974).

Kemenate [von lat. caminata, zu caminus »Ofen«] *die,* urspr. Bez. für kleinere, z.T. beheizbare Wohngemächer im ↑Palas, später (auf größeren Burgen) übertragen auf den den Damen vorbehaltenen eigenen Wohnbau.

Kemerowo (bis 1932 Schtscheglowsk), Hauptstadt des Gebiets K., Russland, im Kusnezker Kohlenbecken, in W-Sibirien, 496300 Ew.; Univ., medizin. u.a. Hochschulen, mehrere Theater; Kohlenbergbau, chem., Maschinenbau-, elektrotechn. Industrie.

Kemi, Stadt in N-Finnland, am südl. Mündungsarm des Kemijoki in den Bottn. Meerbusen, 24900 Ew.; Kunst-, Freilichtmuseum; Ausfuhrhafen und bed. Ind. (Sägewerke, Zellstoff- und Papierfabriken, Alkoholherstellung), nahebei Chrombergwerk. – Stadtrecht seit 1869.

Kemijoki *der,* längster Fluss Finnlands, 520 km lang, entspringt im nördl. Lappland, mündet bei Kemi in den Bottn. Meerbusen. Der sehr wasserreiche K. ist bed. Floßweg; Kraftwerke.

Kempe, Rudolf, Dirigent, *Niederpoyritz (heute zu Dresden) 14. 6. 1910, †Zürich 11. 5. 1976; leitete seit den 1960er-Jahren das Royal Philharmonic Orchestra in London, das Tonhalle-Orchester in Zürich, die Münchner Philharmoniker und das Londoner BBC Symphony Orchestra; bes. bekannt als Wagner- und Strauss-Interpret.

Kempen, Stadt im Kr. Viersen, NRW, in der niederrhein. Bucht, 36200 Ew.; Textil- und Nahrungsmittelind., Herstellung von Werkzeugmaschinen, Elektroschaltanlagen und Stahlrohrmöbeln, graf. Gewerbe. – Gut erhaltener mittelalterl. Stadtkern, Burg (1396–1400), Pfarrkirche St. Maria (15. Jh.), im Franziskanerkloster und seiner Kirche (17./18. Jh.) zwei Museen. – Erhielt 1294 Stadtrecht.

Kempenland (niederländ. Kempen, frz. Campine), Landschaft in N-Belgien und den S-Niederlanden, zw. Maas und Schelde. Mit der Erschließung der Fettkohlenlager begann die Industrialisierung in dem ursprüngl. Heideland; im niederländ. K. Elektroind. in Eindhoven, Tabak- und Zigarrenind. in Valkenswaard, Textilind. in Tilburg; in Belgien Zink-, Kupfer- und Glashütten, Kernforschungszentrum Mol; das Naturschutzgebiet »Bokrijk« mit Schloss und Freilichtmuseum liegt zw. Hasselt und Genk.

Kempff, Wilhelm, Pianist und Komponist, *Jüterbog 25. 11. 1895, †Positano (Prov. Salerno) 23. 5. 1991; bed. Interpret der dt. Klassik und Romantik, v.a. Beethovens; schrieb Sinfonien, Chor- und Kammermusik, Opern, Konzerte.

Kempner, 1) Alfred, Theaterkritiker und Schriftsteller, ↑Kerr, Alfred.

2) Friederike, Schriftstellerin, *Opatów (Posen) 25. 6. 1836, †Friederikenhof (bei Reichthal, Schlesien) 23. 2. 1904; schrieb unfreiwillig komisch wirkende Gedichte.

Kempowski, Walter, Schriftsteller, *Rostock 29. 4. 1929; 1948–56 in der SBZ bzw. DDR wegen angebl. Spionage im Zuchthaus Bautzen inhaftiert. K. versteht sich als Chronist der dt. Geschichte des 20. Jh.; er verarbeitet sowohl autobiograf. (u.a. »Im Block«, Haftbericht, 1969; Romanchronik: »Tadellöser & Wolff«, 1971, »Uns

Kempten (Allgäu): Sankt-Lorenz-Kirche (1651 begonnen)

5694

geht's ja noch gold«, 1972, »Schöne Aussicht«, 1981, »Herzlich willkommen«, 1984; »Hundstage«, R., 1988) als auch rein dokumentar. Material, am konsequentesten in den Werken, die unter der Gattungsbezeichnung »kollektives Tagebuch« unterschiedlichste private und öffentl. Zeitzeugnisse versammeln: »Das Echolot. Januar und Februar 1943« (4 Bde., 1993); Fortsetzungen: »Das Echolot. Fuga furiosa. 12. Jan. bis 14. Febr. 1945 (4 Bde., 1999); »Das Echolot. Barbarossa '41« (2002). ✥ **siehe ZEIT Aspekte**

Kempten (Allgäu), kreisfreie Stadt im RegBez. Schwaben, Bayern, an der Iller, 61 400 Ew.; FH; Alpinmuseum, Allgäu-Museum; Milchwirtsch. Untersuchungs- und Lehranstalt; kultureller und wirtsch. Mittelpunkt des Allgäus mit Süddt. Butter- und Käsebörse; Maschinen- und Apparatebau, Metall-, elektron., Verpackungs- und Nahrungsmittelind. (v. a. Milchverarbeitung). – In der Altstadt St.-Mang-Kirche (auf Vorgängerbauten im 15./16. Jh. errichtet, 1767/68 barockisiert) und Rathaus (1474), in der Neustadt (Stadtrecht 1712) das Fürststift mit Residenz (1651–74) und der St.-Lorenz-Kirche (1651 begonnen). – Spätkelt. Oppidum **Cambodunum**. Die sich um das 752 gegründete Benediktinerkloster, später adliges Fürststift (1803 säkularisiert), entwickelnde Stadt erhielt 1289 die Reichsfreiheit, hatte 1340 Ulmer Stadtrecht, kaufte sich 1525 von der Grundherrschaft des Stiftes frei und wurde protestantisch; fiel 1803 an Bayern.

Ken, japan. Verwaltungseinheit (Präfektur).

Kena (Kina, Qena), Gouvernoratshptst. in Oberägypten, am Ostufer des Nilknies, 171 300 Ew.; Inst. für Bergbau der Univ. Kairo; Handelszentrum, Töpferei, Textil-, Zuckerindustrie.

Kenaihalbinsel ['ki:naɪ-], Halbinsel im S Alaskas, USA, zw. Cook Inlet und Prince William Sound, 250 km lang, bis 200 km breit; an der fjordreichen SO-Küste die vergletscherten Kenai Mountains (bis 1 884 m ü. M.) mit dem **Kenai Fjords National Park** (2 710 km²; eingerichtet 1980). Die Siedlungen liegen v. a. an der eisfreien W-Seite.

Kendall [kendl], **1)** Edward Calvin, amerikan. Biochemiker, * South Norwalk (Conn.) 8. 3. 1886, † Princeton (N. J.) 4. 5. 1972; entdeckte 1914 das Schilddrüsenhormon Thyroxin, stellte 1936 Cortison rein dar. Für seine Arbeiten über die Hormone der Nebenniere erhielt er 1950 mit P. S. Hench und T. Reichstein den Nobelpreis für Physiologie oder Medizin.

2) Henry Way, amerikan. Physiker, * Boston (Mass.) 9. 12. 1926, † Wakulla Springs State Park (Fla.) 15. 2. 1999; ab 1967 Prof. am Massachusetts Institute of Technology. K. erhielt 1990 mit J. I. Friedman und R. E. Taylor den Nobelpreis für Physik für seine Forschungen über die Streuung von Elektronen an Protonen und gebundenen Neutronen, mit denen um 1970 das Quarkmodell der Hadronen bestätigt wurde.

Kendo [japan. »Weg des Schwertes«] *das,* urspr. die Kriegskunst der Samurai, bei der mit Schwertern und ohne Schutzpanzer gekämpft wurde; heute zu den Budokünsten (↑Budo) zählende zeremonielle Kampfsportart mit Fechtstöcken. K. wird auf einer 11 × 11 m großen Fläche ausgeübt. Der Fechtstock (»Shinai«), mit dem nach den geschützten Körperstellen geschlagen wird, besteht aus vier zusammengebundenen, 1,05–1,20 m langen Bambusspießen. Hiebe und Stöße werden voll ausgeführt. Die Kampfzeit beträgt i. d. R. 5 Minuten.

Kendrew ['kendru:], Sir John Cowdery, brit. Molekularbiologe, *Oxford 24. 3. 1917, †Cambridge 23. 8. 1997; erhielt 1962 zusammen mit M. F. Perutz für die Strukturaufklärung des Myoglobins den Nobelpreis für Chemie.

Keneally [ke'ni:li], Thomas, austral. Schriftsteller, *Sydney 7. 10. 1935; seit 1991 Prof. für engl. Literatur an der University of California at Irvine; 1987–90 Vors. und seit 1990 Präs. des austral. Schriftstellerverbandes. Seine kath. Herkunft wird deutlich in der häufigen Gestaltung existenzieller Konflikte zw. Gewissen, freiem Willen und dem Zwang schicksalhafter Umstände. Viele seiner mytholog., anthropolog. und histor. Anspielungen erhalten vor diesem Hintergrund brisante gesellschaftl. Relevanz. K. erhielt u. a. den Booker-Preis für den Tatsachenroman über den Holocaust in Krakau »Schindler's ark« (1982; »Schindlers Liste«; 1993 Film von S. Spielberg).

Weitere Werke: Australische Ballade (1972); Am Rande der Hölle (1976); The place where souls are born (1992; Reisebericht); Eine Stadt am Fluß (1995).

Kenia (amtlich Suaheli: Jamhuri ya Kenya, engl. Republic of Kenya; dt. Republik Kenia), Staat in Ostafrika, grenzt im Norden an die Republik Sudan und an Äthiopien, im Osten an Somalia, im Südosten an den Ind. Ozean, im Süden an Tansania und im Westen an Uganda.

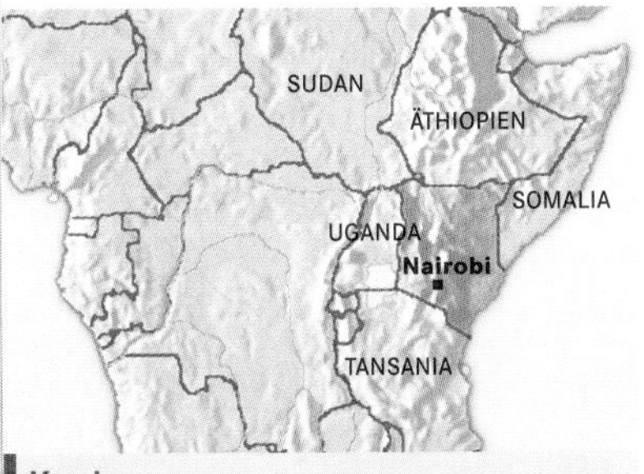

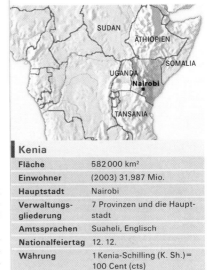

Kenia

Fläche	582 000 km²
Einwohner	(2003) 31,987 Mio.
Hauptstadt	Nairobi
Verwaltungsgliederung	7 Provinzen und die Hauptstadt
Amtssprachen	Suaheli, Englisch
Nationalfeiertag	12. 12.
Währung	1 Kenia-Schilling (K. Sh.) = 100 Cent (cts)
Zeitzone	MEZ + 2 Std.

Staat und Recht: Nach der Verf. von 1963 (mehrfach, zuletzt 1997, revidiert) ist K. eine präsidiale Rep. mit Mehrparteiensystem. Staatsoberhaupt, Reg.chef und Oberbefehlshaber der Streitkräfte ist der auf 5 Jahre direkt gewählte Präsident. Er ernennt den Vizepräs. und die Mitgl. des Kabinetts, die der Nationalversammlung verantwortlich sind. Die Legislative liegt bei der Nationalversammlung (210 auf 5 Jahre gewählte und 12 vom Präs. ernannte Abg. sowie der Speaker und der Generalstaatsanwalt als Mitgl. kraft Amtes). Einflussreichste Parteien: Nat. Regenbogenkoalition (NARC; im Okt. 2002 als Partei registriert), Afrikanische Nationalunion K.s (KANU; nach Vereinigung mit der Nat. Entwicklungspartei [2002] New KANU), Forum für die Wiederherstellung der Demokratie für das Volk (FORD-P).

Landesnatur: Von der Küste des Ind. Ozeans steigt das Land nach NW zu weiten Hochflächen (1 500–2 000 m ü. M.) an, überragt von einzelnen erloschenen Vulkanen (Mount ↑Kenia). Die Küstenebene ist im S schmal mit guten Naturhäfen, nach N wird sie breiter. Den westl. Teil des Landes durchzieht der Ostafrikan. Graben mit seinen abflusslosen Seen, unter ihnen der Turkanasee (Rudolfsee). Im SW hat K. Anteil am Victoriasee. K. liegt beiderseits des Äquators und hat trop. Klima; die an der Küste hohen Temperaturen sind im Innern durch die Höhenlage gemildert. Die Niederschläge sind an den Aufwölbungen der Grabenzone, an den Luvseiten der Vulkane und im südl. Küstengebiet reichlich und nehmen nach N und NO ab. Die Gebiete mit hohen Niederschlägen tragen Regenwald und Feuchtsavanne; ein großer Teil des Hochlandes ist Trocken- und Dornstrauchsavanne, der äußerste N ist Halbwüste. Infolge des Raubbaus an Holz sind die von Dürre bedrohten trockenen Gebiete auf etwa 87 % der Gesamtfläche

Kenia: Trockensavanne im Amboseli National Park im Süden des Landes

angewachsen. K. hat mehrere Nationalparks und Wildschutzgebiete, die reich an afrikan. Großtieren sind: u. a. Elefanten, Geparde, Strauße.

Bevölkerung: Die etwa 40 ethn. Gruppen unterscheiden sich sprachlich (30 Sprachen) und kulturell stark voneinander. Hauptgruppen sind die Bantuvölker (Kikuyu, Luhya, Kamba, Kisii), ferner nilot. und hamitonilot. Gruppen (Luo, Masai, Kalenjin u. a.). Vor der Unabhängigkeit des Landes lebte eine starke weiße Siedlerschicht im klimatisch begünstigten Hochland. Am dichtesten besiedelt sind die niederschlagsreichen Gebiete (mittleres und westl. Hochland, südl. Küstengebiet). 33 % der Bev. leben in Städten. Größte Städte sind Nairobi, Mombasa, Kisumu und Nakuru. – Rd. 79 % der Bev. sind Christen (rd. 22 % gehören weit über 200 unabhängigen afrikan. Kirchen an), mindestens 7 % sind Muslime. Traditionellen afrikan. Religionen werden über 10 % der Bev. zugerechnet. – Es besteht eine achtjährige allgemeine Schulpflicht ab dem 6. Lebensjahr. Das Schulsystem gliedert sich in folgende Stufen: die achtjährige Primarschule und die auf den Hochschulbesuch vorbereitende vierjährige Sekundarschule. Die Analphabetenquote beträgt 17 %. Es gibt sechzehn Univ., darunter die Univ. von Nairobi (gegr. 1956 als Royal Technical College of East Africa) und die Moi Univ. in Eldoret (gegr. 1984).

Kenia: Masaihirten

Wirtschaft und Verkehr: Trotz einer entwickelten Ind. und bed. Tourismus ist die Landwirtschaft Existenzgrundlage für knapp 80 % der Erwerbstätigen, hat aber nur einen Anteil von etwa 25 % am Bruttoinlandsprodukt. Nur 17 % des Landes sind land- und forstwirtschaftlich nutzbar (davon 4 % ackerbaulich); die übrigen Gebiete (bes. im Hochland) sind v. a. Weideland für intensive sowie nomadisierende Viehhaltung und für Wildtiere (Reservate). Für den Eigenbedarf werden in bäuerl. Betrieben v. a. Mais, Kartoffeln, Maniok, Weizen, Bananen und Bataten angebaut; in Plantagenwirtschaften bes. für den Export Kaffee, Tee, Sisal, Südfrüchte, ferner zunehmend Gemüse und Blumen. Im Viktoriasee werden auch für den Export Fische gefangen. In der Ind. dominiert die Verarbeitung landwirtsch. Erzeugnisse, ferner Textil-, Zement-, Düngemittel-, Holz verarbeitende Ind. und Weiterverarbeitung von importiertem Erdöl. Der Tourismus ist der wichtigste Devisenbringer. Wichtigste Handelspartner sind Großbritannien, Dtl., die Rep. Südafrika und die Vereinigten Arab. Emirate. – Das Straßennetz beträgt insgesamt 68000 km (etwa 14% asphaltiert); das Eisenbahnnetz (einspurig) ist 2735 km lang, die Hauptverbindung führt von Mombasa über Nairobi und Nakuru nach Uganda. Der Haupthafen Mombasa am Ind. Ozean dient auch der Versorgung der Binnenstaaten Uganda, Burundi und Ruanda; von regionaler Bed. sind die Häfen Lamu und Malindi sowie Kisumu am Victoriasee. Internat. Großflughäfen sind Nairobi, Mombasa und Eldoret.

Geschichte: Im Bereich der islam. Suahelikultur (1000–1500 n. Chr.) bestanden an der Küste des heutigen K. u. a. die Stadtstaaten Mombasa und Malindi. Im 16. Jh. gewannen die Portugiesen, im 18. Jh. Araber aus Oman und im 19. Jh. das Sultanat Sansibar die Herrschaft in dieser Region. Ab 1848/49 begann die Erforschung des Landesinneren durch Europäer. 1890 (Helgoland-Sansibar-Vertrag) einigten sich Dtl. und Großbritannien über ihre Interessensphären in O-Afrika: Dtl. beschränkte sich auf Tanganjika mit Ruanda und Urundi, Großbritannien erhielt K. und Uganda. Das 1895 proklamierte brit. Protektorat Ostafrika wurde 1920 in die Kronkolonie K. umgewandelt; der Küstenstreifen, weiterhin formell unter dem Sultan von Sansibar, blieb Protektorat und kam mit der Unabhängigkeit 1963 als Prov. an K. Unter dem Druck des Mau-Mau-Aufstandes (1952–56) schuf die brit. Kolonialmacht 1954 einen multiethnischen Min.rat. Als Basis der Unabhängigkeitsbewegung gründete 1960 J. Kenyatta die »Kenia African National Union« (KANU). Im Juni 1963 erhielt K. innere Autonomie, am 12. 12. 1963 die volle Unabhängigkeit, zunächst als Monarchie, seit dem 12. 12. 1964 als Rep. im Commonwealth. Staatspräs. wurde J. Kenyatta. Infolge der Afrikanisierungspolitik der Reg. wanderten viele Asiaten v. a. nach Großbritannien aus. Außenpolitisch bildete K. 1967 zus. mit Uganda und Tansania die Ostafrikan. Gemeinschaft. Diese Wirtschaftsgemeinschaft löste sich 1977 auf, wird jedoch seit 1993 wieder schrittweise etabliert. Nach dem Tod Präs. Kenyattas (1978), der alle ethn. und gesellschaftl. Gruppen oft unter Anwendung polit. Drucks in der KANU zusammengefasst hatte, folgte ihm der bisherige Vizepräs. D. arap Moi im Amt nach. Machtkämpfe und soziale Spannungen gipfelten 1982 in einem (gescheiterten) Militärputsch. Unter dem Druck internat. Kreditgeber und einer erstarkenden Demokratiebewegung wurde im Dez. 1991 die (seit 1969 faktisch und seit 1982 de jure bestehende) Einparteienherrschaft abgeschafft. Der weiterhin autoritär herrschende Moi wurde im Dez. 1992 bei den ersten freien Präsidentschaftswahlen auf der Basis eines Mehrparteiensystems im Amt bestätigt (Wiederwahl 1997). Ein allmähl. Reformprozess wurde jedoch durch Stammeskonflikte, die Unterdrückung der stark zersplitterten und ethnisch geprägten Opposition, durch Korruption, Gewaltverbrechen und Menschenrechtsverletzungen erschwert. So führten ethn. Spannungen zw. 1991 und 1994 zur massenhaften Vertreibung von Kikuyu, Luo und Luhya durch Angehörige der Kalenjin und Masai sowie 1997 zu schweren Unruhen. Bei den Parlamentswahlen im Dez. 2002 erreichte das Oppositionsbündnis »Nationale Regenbogenkoalition« (NARC) die Mehrheit der Sitze. Bei den gleichzeitig abgehaltenen Präsidentschaftswahlen setzte sich der Kandidat der NARC und ehem. Vizepräs., Mwai Kibaki, durch. Der am 30. 12. 2002 vereidigte neue Präs. kündigte für die Zukunft des Landes v. a. Gerechtigkeit sowie den Kampf gegen Korruption und Misswirtschaft an. Da die Reg. die von ihr angekündigten Reformen nicht umsetzte, artikulierte sich zunehmend Kritik. Am 30. 6. 2004 verschob Präs. Kibaki die Verfassungsreform bereits zum zweiten Mal. Daraufhin stattfindende Demonstrationen wurden mit Gewalt niedergeschlagen. Die UN forderten die Reg. auf, die demokrat. Wende fortzusetzen.

📖 *Hecklau, H.: K. München 1993. – Brett, M.: K. Köln 1995. – Voll, K.: Politik u.*

Gesellschaft in K. Frankfurt am Main u. a. 1995. – Helmhausen, O.: K. Köln [2]1997.

Kenia, Mount [maʊnt 'kenjə] (engl. Mount Kenya), erloschener Vulkan, in dem nach ihm benannten Staat, 5 199 m ü. M., zweithöchster Berg Afrikas. In den Höhenlagen zw. 1 500 und 3 600 m ü. M. trop. Nebelwald (mit Zedern, Kampfer, Bambus). Oberhalb 3 300 m Naturschutzgebiet (Mount-Kenya-Nationalpark, 584 km², UNESCO-Weltnaturerbe) mit Klippschliefern und Leoparden. Die Gipfelregion ist z. T. vergletschert.

Mount Kenia 100264

Kenitra (arab. El-Qenitra, 1932–56 Port Lyautey), Provinzhptst. in Marokko, an der Mündung des Sebou, in der fruchtbaren Agrarlandschaft Rharb, 448 800 Ew.; Handels- und Marktzentrum; chem. Ind.; Flusshafen mit 11 km langem Kanal zur Atlantikküste, Vorhafen Mehdia-Plage; Flughafen.

Kennan ['kenən], George Frost, amerikan. Diplomat und Historiker, *Milwaukee (Wis.) 16. 2. 1904; seit 1926 im diplomat. Dienst (1944–46 Berater des amerikan. Botschafters in Moskau), konzipierte als Leiter des Planungsstabes im Außenministerium (1947–49) die Politik des ↑Containment. 1952–53 war er Botschafter in Moskau, 1961–63 in Belgrad. 1956 wurde er Prof. in Princeton; erhielt 1982 den Friedenspreis des Dt. Buchhandels.

Kennedy ['kenɪdɪ], **1)** Alison Louise, schott. Schriftstellerin, *Dundee 22. 10. 1965; veröffentlicht seit den 1990er-Jahren Kurzgeschichten (»Ein makelloser Mann«, 2001; dt. Ausw.) und Romane (»Alles was du brauchst«, 1999), wobei sie den häufig düsteren Themen um Liebe, Sehnsüchte, Glaube, Tod und Gewalttätigkeit mit Zartheit und gleichzeitig mit Sarkasmus und nicht selten drastisch-obszöner Sprache entgegentritt.

Weitere Werke: Kurzgeschichten: Tea and Biscuits (1996). – Romane: Einladung zum Tanz (1993); Gleißendes Glück (1999).

2) Edward Moore, amerikan. Politiker, *Brookline (Mass.) 22. 2. 1932, Sohn von 4), Bruder von 3) und 7); seit 1963 Senator von Massachusetts, 1969–71 stellv. Fraktionsvors. der Demokrat. Partei im Senat, lehnte nach der Ermordung seines Bruders Robert Francis 1968 und erneut 1974 eine Präsidentschaftskandidatur ab. 1980 scheiterte er mit seiner Bewerbung um die Präsidentschaftskandidatur der Demokraten.

3) John Fitzgerald, 35. Präs. der USA (1961–63), *Brookline (Mass.) 29. 5. 1917, †(ermordet) Dallas (Tex.) 22. 11. 1963, Sohn von 4), Bruder von 2) und 7); ⚭ seit 1953 mit Jacqueline Lee Bouvier (*1929, †1994; 1968–75 Ehefrau des grch. Reeders A. Onassis). 1947–53 war K. Abg. der Demokrat. Partei im Repräsentantenhaus, 1953–61 Senator für Massachusetts; er wurde im Nov. 1960 mit knapper Mehrheit gegen R. Nixon zum (ersten kath.) Präs. der USA gewählt. Mit seinem Aufruf zur polit. Neubesinnung (»New Frontier«) suchte K. seiner Reg.übernahme den Charakter eines Durchbruchs der jungen Generation zu geben. Innenpolitisch verfolgte er ein weit reichendes Programm zur Ankurbelung der Wirtschaft, zur Verbesserung der sozialen Situation breiter

John F. Kennedy 885

Bev.kreise (Krankenversorgung, Sozialversicherung, Bildungswesen), zur Bürgerrechtsfrage und sah sich dabei mit dem Widerstand des von konservativen Kräften beherrschten Kongresses konfrontiert. In der Außenpolitik bemühte sich seine Administration um die Überwindung des Kalten Krieges und war bestrebt, die Entwicklungshilfe für die Staaten der Dritten Welt auf die Ebene gegenseitiger Partnerschaft zu stellen (Peace Corps). 1962 kam es zu einem schweren Konflikt mit der UdSSR um Kuba (↑Kubakrise). Mit der Entsendung amerikan. Spezialeinheiten nach Süd-Vietnam (seit 1961) intensivierte K. das militär. Engagement der USA in Vietnam (↑Vietnamkrieg). – Die Hintergründe für seine Ermordung wurden bisher nicht restlos aufgeklärt. Dem Bericht der »Warren-Kommission« (1964), wonach L. H. Oswald als polit. Einzelgänger der alleinige Attentäter gewesen sei, steht die Feststellung eines Sonderausschusses des Kongresses (1977–79) gegenüber, dass es sich wahrscheinlich um eine Verschwörung handelte. **✣ siehe ZEIT Aspekte**

📖 *Hamilton, N.: J. F. K. Wilde Jugend. Leben u. Tod eines amerikan. Präsidenten. A. d. Engl. Frankfurt am Main 1993. – Posener, A.: J. F. K. Reinbek ⁴1995.*

4) Joseph Patrick, amerikan. Politiker, * Boston (Mass.) 6. 9. 1888, † Hyannisport (Mass.) 18. 11. 1969, Vater von 2), 3) und 7); Bankier und Reeder, Mitgl. der Demokrat. Partei; verdiente durch Spekulationen ein großes Vermögen; ab 1930 Mitarbeiter F. D. Roosevelts, 1937–40 Botschafter in London.

5) Margaret, seit 1952 Lady Margaret Davies, brit. Schriftstellerin, * London 23. 4. 1896, † Adderbury 31. 7. 1967; verfasste elegant und witzig erzählte Romane: »Die treue Nymphe« (1924), »Gottesfinger« (1956) sowie eine krit. Biografie Jane Austens (1950).

6) Nigel Paul, brit. Violinist, * Brighton 28. 12. 1956; studierte u. a. bei Y. Menuhin; bekannt durch seine unkonventionelle Art der Darbietung klass. Violinwerke (bes. von A. Vivaldis »Vier Jahreszeiten«); bearbeitete für sein Instrument auch Kompositionen von D. Ellington.

7) Robert Francis, amerikan. Politiker, * Brookline (Mass.) 20. 11. 1925, † (ermordet) Los Angeles (Calif.) 6. 6. 1968, Sohn von 4), Bruder von 2) und 3); engster Berater seines Bruders John Fitzgerald, 1961–64 Justizmin., 1965–68 Senator für New York. K. war ein entschiedener Gegner jeder Rassendiskriminierung und heftiger Kritiker der Vietnampolitik L. B. Johnsons. Als aussichtsreicher Bewerber um die Präsidentschaftskandidatur der Demokrat. Partei fiel er während einer Wahlkampfreise einem Attentat zum Opfer.

885

Robert F. Kennedy

Kennedy Space Center [ˈkenɪdɪ ˈspeɪs ˈsentə], NASA-Startgelände (für bemannte Raumflüge) auf Cape ↑Canaveral.

Kennelly-Heaviside-Schicht [ˈkenəlɪ ˈhevɪsaɪd-], frühere Bez. für die E-Schicht der ↑Ionosphäre, 1902 von E. A. Kennelly (* 1861, † 1939) und O. Heaviside (* 1850, † 1925) postuliert.

Kenngröße, 1) *Physik:* die ↑Kennzahl.
2) *Stochastik:* die ↑Maßzahl.

Kenning [altnord., eigtl. »Erkennung«] *die,* zwei- oder mehrgliedrige Begriffsumschreibung in der altnord. (Skaldendichtung, Edda) sowie in der angelsächs. Dichtung; z. B. »fleina brak« (»Das Tosen der Pfeile«) für »Kampf«.

Kennleuchten, an Land-, Luft- und Seefahrzeugen angebrachte Lichter, zur Kennzeichnung von Position, Bewegungsrichtung und Einsatzart (↑Lichterführung). Über K. für Kraftfahrzeuge im Straßenverkehr ↑Rundum-Kennleuchten.

Kennlini|e (Charakteristik), graf. Darstellung eines technisch wichtigen Zusammenhanges zw. den funktionalen Größen eines Systems.

Kennung, *Nachrichtentechnik, Navigation:* beim Leuchtfeuer charakterist. Folge, Dauer oder Farbe abgestrahlter Lichtsignale; beim Funkfeuer oder Sender bestimmtes, im Morsealphabet ausgesendetes Rufzeichen; im Sprechfunk Namens- oder Stationsangabe. – Im militär. Bereich dient die **Freund-Feind-K.** zur Unterscheidung eigener oder feindl. Kräfte, z. B. durch farbige Leuchtkugelkombinationen oder ↑IFF-Gerät.

Kennwort, *Informatik:* das ↑Passwort.

Kennzahl, 1) *Betriebswirtschaftslehre:* (Kennziffer, betriebl. Kennziffer), ein Indikator, der für wichtige betriebl. Tatbestände ermittelt wird und dem inner- oder zwischenbetriebl. Vergleich oder dem Soll-Ist-Vergleich zur Kontrolle oder Planung dient. Man unterscheidet: **absolute K.**, die als Einzelzahlen, Summen oder Differenzen auftreten können (z. B. Gewinn, Umsatz oder Bilanzsumme), und **relative K.** oder Verhältniszahlen, bei denen zwei absolute K. zueinander in Beziehung gesetzt werden, z. B. K. der Produktivität, Rentabilität, Liquidität oder Umschlagshäufigkeiten.

2) *Physik:* (Kenngröße), dimensionslose Größe zur Beschreibung physikal. Vorgänge (bes. in der Strömungslehre, Thermodynamik, bei Wärme- und Stofftransport), z. B. ↑Mach-Zahl und ↑Reynolds-Zahl. K. ergeben sich aus der ↑Ähnlichkeitstheorie. Gleichartige Vorgänge in geometrisch ähnl. Begrenzungen verlaufen bei ident. K. ähnlich.

Kenotaph [grch.] *das,* Leer- oder Scheingrab zum Gedächtnis an einen Toten.

Kensington and Chelsea ['kenzıŋtən ənd 'tʃelsı], westl. Stadtbezirk (Bourough) von London (seit 1965), (1996) 159 000 Einwohner.

Kent, Cty. in SO-England, 3 736 km², 1,551 Mio. Ew.; Verw.sitz ist Maidstone. Die Kreidekalkschichtstufe der North Downs quert das fruchtbare, von mildem Klima begünstigte, wellige Flachland (Getreide-, Obst-, Hopfen-, Gartenbau, Milch- und Schafwirtschaft), das zum Kanal hin wieder ansteigt und in steiler Kreideküste abfällt. Bedeutender Fremdenverkehr u. a. in den Seebädern Margate und Ramsgate sowie in Leeds Castle, einer urspr. normann. Festung; wichtige Häfen für den Verkehr über den Ärmelkanal sind Dover und Folkestone. K. ist eines der wichtigsten Pendelwohngebiete für London. – Im Altertum Siedlungsgebiet der kelt. Cantii; geriet 43 n. Chr. unter röm. Herrschaft; war nach der Einwanderung von Sachsen und Jüten (5. Jh.) eines der sieben angelsächs. Kleinkönigreiche. – Seit 1799 ist K. ein Herzogstitel für königl. Prinzen.

Kent, William, engl. Baumeister, Gartengestalter und Maler, * Bridlington (Cty. Humberside) 27. 5. 1684, † London 12. 4. 1748; hielt sich 1709–19 in Rom auf. Seine in streng palladian. Stil entworfenen Bauten beeinflussten intensiv die engl. Architektur. Besondere Bedeutung hatte K. als Begründer des engl. Landschaftsgartens (↑Gartenkunst).

Kentaur [grch.] *der* (lat. Centaurus, dt. Zentaur), **1)** *Astronomie:* ein Sternbild am südl. Himmel mit dem sonnennächsten Stern **Proxima Centauri;** Hauptstern des Sternbildes ist ↑Alpha Centauri.

2) *grch. Mythos:* Fabelwesen mit Pferdeleib und menschl. Oberkörper; berühmt war der weise ↑Chiron.

Kenton ['kentən], Stan, eigtl. Stanley Newcomb K., amerikan. Jazzpianist, Bandleader, * Wichita (Kans.) 19. 2. 1912, † Los Angeles (Calif.) 25. 8. 1979; Hauptvertreter des Progressive Jazz.

Kentucky [ken'tʌkı], Abk. **Ky.,** einer der südöstl. Mittelstaaten der USA, zw. Ohio

Kentaur 2): angreifende Kentauren, Bronzerelief (2. Hälfte 7. Jh. v. Chr.; Olympia, Archäologisches Museum)

im N, Mississippi im W und dem Cumberlandplateau im O, 104 665 km², (2001) 4,07 Mio. Ew.; Hptst. ist Frankfort. Auf den fruchtbaren Böden der Bluegrass Region Anbau von Tabak, Mais, Sojabohnen, Weizen; bed. Rinder- und Pferdezucht. An Bodenschätzen kommen Kohle, Erdöl und Erdgas vor. Größte Stadt ist Louisville. K. hat Schiffsverkehr auf dem Ohio und Mississippi, an denen die wichtigsten Ind.orte liegen. Seit 1775 (D. Boone u. a.) ständig besiedelt; während des Unabhängigkeitskrieges stark von Kriegszügen der mit den Briten verbündeten Indianer betroffen; wurde 1792 15. Staat der Union.

Kentucky River [kenˈtʌkɪ ˈrɪvə] *der,* linker Nebenfluss des Ohio, in Kentucky, USA, entsteht im Cumberlandplateau, 417 km lang, mündet bei Carrollton.

Kentumsprachen, eine Gruppe der ↑indogermanischen Sprachen.

Kenyatta [kɛnˈjata; Kikuyu »Brennender Speer«], Jomo, eigtl. Johnstone Kamau Ngengi, kenian. Politiker, *Ichaweri 10. 10. 1891, †Mombasa 22. 8. 1978; lebte 1929–46 meist in Großbritannien, wo er mit G. Padmore und K. Nkrumah für die panafrikan. Bewegung arbeitete. 1953 wurde er als angebl. Anstifter der Mau-Mau-Verschwörung zu sieben Jahren Haft verurteilt. Ab 1960 Präs. der »Kenya African National Union« (KANU), führte K. als MinPräs. (1963–64) Kenia 1963 in die Unabhängigkeit; 1964–78 Staatspräsident.

Kenzan [-z-], japan. Maler und Keramikkünstler; Mitglied der Familie ↑Ogata.

Kenzō, Takada, japan. Modeschöpfer, *Himeji 28. 2. 1939; arbeitet seit 1970 in Paris, zunächst berühmt durch seine Boutiquekollektion »Jungle Jap«; sein Modestil wird bestimmt von japan. und westl. Modeelementen mit einer Vorliebe für großflächige Blumenmuster.

Keoladeo-Nationalpark, ein Schutzgebiet (UNESCO-Weltnaturerbe) für rd. 120 Vogelarten (eine der größten Reiherpopulationen der Erde) im Bundesstaat Rajasthan, Indien, 2,8 km²; die z. T. künstlich erschaffene Sumpflandschaft ist auch Überwinterungsort für zahlr. Zugvögel.

Keos, grch. Insel, ↑Kea.

kephal... [grch.], vor Konsonanten: **kephalo...,** kopf...

Kephalhämatom, ↑Kopfgeschwulst.

Kephaline [zu grch. kephaḗ »Kopf«] (Cephaline), Gruppe von bes. im Nervengewebe und in der Hirnsubstanz vorkommenden Glycerinphosphatiden; setzen sich wie die Lecithine aus Glycerin, Phosphorsäure sowie versch. gesättigten und ungesättigten Fettsäuren zusammen, enthalten jedoch anstelle des Cholins entweder das Colamin oder die Aminosäure Serin.

Kephallenia (ngrch. Kephallinia), die größte der Ion. Inseln, 781 km², vor dem Eingang des Golfs von Patras, 29 400 Ew.; Hauptort ist Argostolion; in fruchtbaren Tälern Anbau von Wein, Oliven, Feigen. – 1953 von Erdbeben schwer erschüttert. Der bewaldete Gipfel des Aenos ist seit 1962 Nationalpark.

Kepheus [grch.] (lat. Cepheus), **1)** *Astronomie:* Sternbild in der Nähe des Nordpols mit dem Stern **Delta Cephei,** dem Prototyp einer Klasse veränderl. Sterne (↑Cepheiden).

2) *grch. Mythos:* König von Äthiopien, Gemahl der Kassiopeia, Vater der Andromeda, wie diese in ein Sternbild verwandelt.

100112

Johannes Kepler

Kepler, Johannes, Astronom, *Weil (heute Weil der Stadt) 27. 12. 1571, †Regensburg 15. 11. 1630; wurde 1594 Lehrer der Stiftsschule in Graz, veröffentlichte 1596 die Schrift »Mysterium cosmographicum« (»Das Weltgeheimnis«). 1600 ging er als Gehilfe T. Brahes nach Prag; war nach dessen Tod (1601) bis 1612 kaiserl. Mathematiker und Hofastronom Rudolfs II. In dieser Zeit veröffentlichte er ein Lehrbuch der geometr., physiolog. und astronom. Optik; er erkannte, dass sich die Planeten nicht auf Kreis-, sondern auf ellipt. Bahnen bewegen, und formulierte die später nach ihm benannten Gesetze in seinem Hauptwerk »Astronomia nova« (»Neue Astronomie«, 1609). Seine Optik (»Dioptrice«, 1611) enthält den ersten Entwurf des astronom. (keplerschen) ↑Fernrohrs mit zwei Konvexlinsen. Nach dem Tode

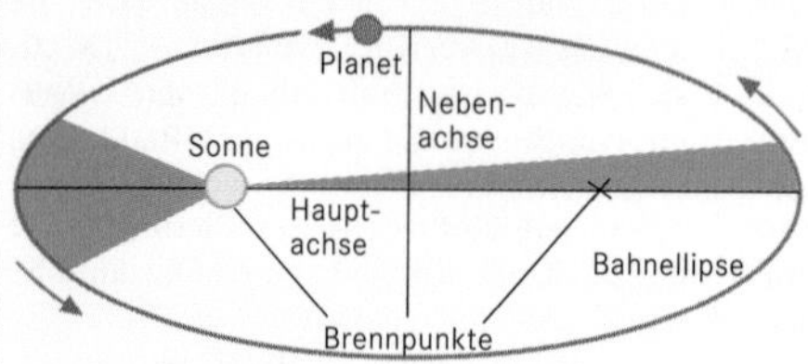

keplersche Gesetze: schematische Darstellung einer Planetenbahn um die Sonne; die vom Fahrstrahl in gleichen Zeitintervallen überstrichenen Flächen (rot unterlegt) sind nach dem Flächensatz gleich groß

Rudolfs II. war er 1612–26 Prof. in Linz, vollendete hier »Harmonice mundi libri V« (»Weltharmonik«, 5 Bücher, 1619) und weitere astronom. und math. Schriften, so die »Tabulae Rudolphinae« (»Rudolfin. Tafeln«, 1627), einen Sternkatalog mit Sonnen-, Mond- und Planetenörtern. 1626 siedelte er nach Ulm über, 1628 nach Sagan zu Wallenstein, dem er aus wirtsch. Gründen auch Horoskope erstellte. – K. vervollkommnete das kopernikan. Weltsystem: Er gab als Erster eine dynam. Erklärung der Planetenbewegung, indem er von der Vorstellung ausging, dass die Planetenbewegungen durch eine von der Sonne ausgehende Kraft verursacht werden.

📖 *Gerlach, W. u. List, M.: J. K. Der Begründer der modernen Astronomie. München u. a. [3]1987. – Hoppe, J.: J. K. Leipzig [5]1987. – Lemcke, M.: J. K. Reinbek [2]2002.*

keplersche Gesetze, die von J. Kepler gefundenen Gesetze der Planetenbewegung: 1. Die Bahnen der Planeten sind Ellipsen, in deren einem Brennpunkt die Sonne steht. 2. Die Verbindungslinie von der Sonne zum Planeten (Radiusvektor, Fahr- oder Leitstrahl) überstreicht in gleichen Zeiten gleiche Flächen **(Flächensatz).** 3. Die Quadrate der Umlaufzeiten der Planeten verhalten sich wie die Kuben (3. Potenzen) der großen Halbachsen ihrer Bahnellipsen. – Aus den k. G. leitete I. Newton das Gravitationsgesetz ab.

keplersches Problem [nach J. Kepler], das ↑Zweikörperproblem.

Kepler-Vermutung, von J. Kepler 1611 aufgestellte Behauptung, dass die Anordnung von Kugeln in Form eines kubisch flächenzentrierten Gitters die räumlich dichteste Kugelpackung darstellt. Dabei wird jede Kugel von sechs anderen umgeben (berührt), deren Mittelpunkte ein regelmäßiges Sechseck bilden; in der dritten Schicht liegen die Kugelmittelpunkte jeweils genau über denen der ersten. Eine solche Packung ergibt sich z. B. beim Stapeln von Früchten in Pyramidenform. – Für die lange unbewiesene K.-V. hat der amerikan. Mathematiker Thomas C. Hales (* 1958) 1999 einen Beweis vorgelegt.

Kerala ['kerələ], Bundesstaat an der Malabarküste im SW ↑Indiens. 1956 wurden Travancore-Cochin und der Bezirk Malabar zum Unionsstaat K. vereint, um die Malayalam sprechende Bevölkerung staatlich zusammenzufassen.

Keramik [grch.] *die,* Bez. für durch Sintern hergestellte, anorganisch-nichtmetall. Erzeugnisse. Die Fertigung erfolgt durch Mischen feinkörniger Rohstoffe (durch Wasser plastifizierbare tonige Substanzen aus Kaolinit, Illit und Montmorillonit mit Quarz, Feldspat, Glimmer und Kalk), Formen zu Gegenständen bei Raumtemperatur und anschließendes Brennen. Hierbei bildet sich ein dauerhafter Werkstoff, der vorwiegend aus feinen Kristallen besteht, zw. denen sich häufig Poren und vielfach glasartige Bindesubstanz befinden. Urspr. gehörten zur K. nur vorwiegend aus Ton hergestellte Formkörper (Tonwaren) mit porösem bzw. dichtem ↑Scherben, die als Baustoffe oder Geschirr Verwendung fanden.

Die traditionelle Einteilung der klass. K. erfolgt in **Grob-** und **Fein-K.** Sind die Inhomogenitäten eines keram. Scherbens (Poren, Kristalle, Körner, Glasbereiche u. Ä.) mit dem bloßen Auge zu unterscheiden, spricht man von einem grobkeram., andernfalls von einem feinkeram. Werkstoff. Zur Fein-K. gehören ↑Steingut und ↑Porzellan, zur Grob-K. Erzeugnisse der Bau-K.: Ziegel, Klinker, Terrakotten, Steinzeug wie Kanalisationsrohre, säurefeste Steine, und Feuerfestwerkstoffe wie Schamottsteine, Silikasteine, Magnesit- und Dolomiterzeugnisse. Für die Verwendung wird zw. Bau-, Geschirr- (bzw. Haushalts-), Sanitär-, Kunst-, Dental- und Schneid-K. unterschieden. Neben dieser klass. K. gibt es sonderkeram. Werkstoffe, die durch Optimierung bestimmter Eigenschaften und Formgebungsverfahren eine spezielle Verwendung erlauben. Die **Oxid-K.** werden in einer Hochtemperaturbehandlung verfestigt. Die Rohstoffe sind völlig frei von Quarz (SiO_2), sodass keine glasige Bindephase entsteht. Ausgangsmaterialien sind z. B. die Oxide des Aluminiums, des Magnesiums, des Berylliums oder Oxidmischungen. Die technisch genutzten Eigenschaften der Oxid-K. sind u. a. Temperaturbeständigkeit, Isoliervermögen, Härte und Korrosionsbeständigkeit, Nachteile sind Sprödigkeit und Brüchigkeit. Die Oxid-K. werden u. a. für Werkzeuge zum Schleifen und Schneiden von hartem Material, als Halbleiter, Knochenersatz oder Reaktorwerkstoff verwendet. Eine neue, der Oxid-K. überlegene Klasse von Hochtemperaturmaterialien bilden **Verbundwerkstoffe** (↑Cermets) aus einer keramikverstärkten intermetall. Verbindung, z. B. mit Siliciumcarbid (SiC) verstärktes Molybdändisilicid ($MoSi_2$). Die Festigkeit dieses Werkstoffes ist zw. 1 200 und 1 800 °C der Aluminiumoxid-K. um das Vierzigfache überlegen. Anwendung zur Herstellung von Teilen für Kfz-Motoren und Flugzeugtriebwerke und für die Fertigung industrieller Heizelemente. Verbundwerkstoffe aus Kohlefasern und Keramik sind leicht,

Keramik: Gefäß vom Nildelta (4. Jt. v. Chr.)

2769

mechanisch stabil, bruchsicher und äußerst hitzebeständig (bis 2 800 °C); Anwendung für bes. belastete Teile bei Düsentriebwerken und für Brennkammern und Düsen von Flüssigtriebwerken bei Raketen. – Zu den sonderkeram. Werkstoffen gehört die ↑Glaskeramik.

Geschichte: (Idol-)Figuren aus Ton treten schon im Jungpaläolithikum (Dolní Věstonice) und erneut im Neolithikum auf. Die Scherben vorgeschichtl. keramischer, unterschiedlich verzierter Gefäße bilden das Hauptmaterial für die zeitl. und räuml. Gruppierung der Kulturen (Band-, Becher-, Schnur-K. usw.). In den frühen Hochkulturen künstlerisch bedeutende K.

Keramik: Teller mit Drache aus der Longshankultur in China (Mitte 3. Jt. v. Chr.)

v. a. in N-Irak (Samarra-K., 6. Jt., weibl. Gesichtsgefäße, Schalen), SW-Iran (Elam, 4. und 3. Jt.), Ägypten (Negadekultur, Anfang 4. Jt.). Die Töpferscheibe ist seit dem 4. Jt. bezeugt (Mesopotamien), Fußantrieb um 3000 (Ägypten). Die ägypt. K. des 3. Jt. wurde bereits glasiert; grünblaue K. unter der 18. Dynastie. Die Harappakultur (4.–2. Jt.) formte neben Gefäß-K. Terrakottastatuetten. Die minoische Kultur überzog im 2. Jt. v. Chr. die gemusterten Gefäße mit Kalk; daneben gab es kunstvolle farbige K. (Kamaresvasen). Im antiken Griechenland wurde eine hohe Gefäßkunst (↑Vase) entwickelt. Bes. die Etrusker schufen Terrakottaplastik (Sarkophagfiguren, Statuen, Bauplastik). Die Römer entwickelten die ↑Terra sigillata. In Anknüpfung an pers. Traditionen breitete sich die keram. Kunst im ganzen islam. Bereich aus. Durch Kontakt mit den Arabern kam die Lüsterglasur (Kupferoxid u. a.), seit dem 9. Jh. bezeugt (Samarra), sowie zinnglasierte Tonware nach Europa (↑Fayence). Sie setzte sich in Dtl. erst im 17. Jh. gegen ↑Hafnerware und Steinzeug durch und wich im 18. Jh. dem Porzellan und auch dem Steingut. Der Entwicklung des Porzellans geht in O-Asien eine lange keram. Tradition voraus. Gefäße, seit dem 5. Jt. v. Chr. bekannt, erlebten eine Blüte im 3. Jt. v. Chr. (↑Yangshaokultur). Tönerne Wächterfiguren wurden für die unterird.

Grabanlage des Kaisers Shi Huangdi (†210 v. Chr.) geschaffen. Die K. erlebte in der Songzeit einen künstler. Höhepunkt (↑Seladon). In Japan bildeten sich – ebenfalls nach frühen Anfängen – K.-Zentren heraus, in denen seit dem 13. Jh. zunächst unglasierte Gefäße hergestellt wurden. Durch die Schlichtheit der Form, die die Teezeremonie verlangte, stieg im 16. Jh. der Bedarf an glasierten Schalen, Teedosen u. a. von hohem künstler. Wert. In Kyōto begann die Herstellung des Raku-yaki (dickwandige Gefäße mit mehrfarbigen Bleiglasuren). Im 17. Jh. entstand auf Kyūshū durch korean. Töpfer Karatsu-K., einfache, weißlich oder dunkel glasierte Ware. Die farbig glasierte K. beeinflusste das Porzellan, das seit 1616 in Arita entstand.

📖 *Clark, K.: DuMont's Handbuch der keram. Techniken. A. d. Engl. Köln 1985. – Klein, A.: Dt. K. von den Anfängen bis zur Gegenwart. Tübingen u. a. 1993. – Weiss, G.: K.-Lexikon. Prakt. Wissen griffbereit. Bern u. a. ³ 1998. – Hornbogen, E.: Werkstoffe: Aufbau u. Eigenschaften von K.-, Metall-, Polymer- und Verbundwerkstoffen. Berlin u. a. ⁷ 2002.*

Keramikfasern, anorgan. Chemiefasern (z. B. Silikat- oder Bornitridfasern), die für hochhitzebeständige und chemisch beständige Isoliermaterialien eingesetzt werden. Gerichtete K. dienen als Verstärkungskomponente in Verbundwerkstoffen.

keramische Farben, anorgan. Verbindungen zum Färben und Verzieren von Keramik, meist Oxide, Silikate, Aluminate und Borate von Metallen. Man unterscheidet Unterglasurfarben, Inglasurfarben (als Einsink- und Scharffeuerfarben) sowie Aufglasurfarben (Schmelz-, Emailfarben).

Kerargyrit, Mineral, ↑Hornsilber.

Keratine [zu grch. kéras »Horn«], Hornsubstanzen, Skleroproteine, die in der Hornhaut, in Haaren, Hufen, Nägeln, Hörnern, Geweihen u. a. vorkommen.

Keratitis [grch.] *die,* ↑Hornhautentzündung.

Keratokonus, der ↑Hornhautkegel.

Keratom [grch.] *das,* geschwulstartige Verdickung der Hornschicht der Haut, bes. an Fußsohlen und Handinnenflächen.

Keratophyr [grch.] *das,* mesozoisch gebildetes, helles, meist graues vulkan. Gestein, enthält v. a. Alkalifeldspat und Chlorit.

Keratoplastik, die ↑Hornhauttransplantation.

Kerbel (Anthriscus), Gattung weiß blühender Doldengewächse mit mehrfach fiederteiligen Blättern. Als Gewürzpflanze ist der im Mittelmeergebiet und in Vorderasien beheimatete und in vielen anderen Gegenden, darunter in Mitteleuropa, angebaute **Garten-K.** (Anthriscus cerefolium) bekannt. Der bis 1,50 m hohe **Wiesen-K.** (Anthriscus sylvestris) ist eine in Eurasien verbreitete Wiesenpflanze.

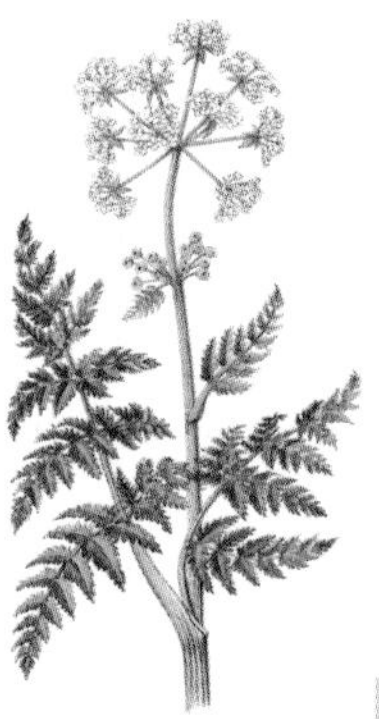

Kerbel: Wiesenkerbel

Kerbela (Karbala), Hauptstadt der Prov. K., Irak, am O-Rand der Syr. Wüste, an einem Kanal des Euphrats, 296 700 Ew. – Mit den aus safawid. Zeit stammenden Grabmoscheen Husains (Sohn des Kalifen ↑Ali) und seines Halbbruders Abbas ist K. neben Nedjef der bedeutendste Wallfahrtsort der Schiiten.

Kerberos [grch.] (lat. Cerberus, Zerberus), *grch. Mythos:* der Höllenhund, der den Eingang zur Unterwelt bewachte. Er ließ jeden hinein, aber niemanden wieder hinaus. Ihn zu bezwingen war eine der Arbeiten des ↑Herakles. K. wurde meist dreiköpfig und mit Schlangenschweif dargestellt.

Kerbholz, im Rechtsleben des MA. häufig ein längs gespaltener Holzstab, in dessen beide Hälften Kerben zur Zählung und Abrechnung von Schuldforderungen, Leistungen oder Zeitangaben eingeschnitten wurden. Die Inhaber der Hälften kontrollierten die Richtigkeit der Kerben durch deren Aneinanderfügen. – **Kerbzettel** sind geteilte Urkunden (↑Charta).

Kerbstift, *Maschinenbau:* zylindr. Metallstift mit drei Kerbfurchen zum Verbinden zweier Teile oder zur Sicherung eines Teils gegen Lockerung. Der **Kerbnagel** besitzt einen Halbrund- oder Senkkopf und dient u.a. zur Befestigung von Blechteilen und Schildern.

Kerbtiere, die ↑Insekten.

Kérékou [kere'ku], Ahmed, vor seinem Übertritt zum Islam (1980) Mathieu K., Politiker in Benin, *Natitingou 2. 9. 1933; stieg in der frz. Kolonialarmee zum Offizier auf; beteiligte sich nach der Unabhängigkeit Dahomeys 1967/68 an versch. Militär-Reg.; 1972 bis 1991 und erneut seit 1996 Staatspräsident.

Kẹrenski, Alexander Fjodorowitsch, russ. Politiker, *Simbirsk 4. 5. 1881, †New York 11. 6. 1970; Rechtsanwalt, nach der Februarrevolution 1917 Justizmin. in der ersten provisor. Reg.; setzte als Kriegsmin. (seit Mai 1917) die letzte von den Alliierten geforderte Offensive durch. Seit Juli 1917 MinPräs., wurde er von den Bolschewiki in der ↑Oktoberrevolution gestürzt. K. emigrierte 1918 und lebte seit 1940 in den USA.

Kerényi ['kɛre:nji], Karl (Károly), ungar. klass. Philologe und Religionswissenschaftler, *Temesvar 19. 1. 1897, †Kilchberg (Kt. Zürich) 14. 4. 1973; seit 1943 in der Schweiz; erforschte v.a. die grch. Mythologie; zeitweise am C.-G.-Jung-Institut in Zürich.

Werke: Apollon (1937); Die antike Religion (1940); Einführung in das Wesen der Mythologie (1941, mit C. G. Jung); Prometheus (1946); Die Mythologie der Griechen (2Bde., 1951–58); Die Heroen der Griechen (1958).

Kerfe, die ↑Insekten.

Kerguelen [kɛr'ge:lən, kɛrge'lɛn], Inselgruppe im südl. Ind. Ozean, Teil des frz. Überseeterritoriums Terres Australes et Antarctiques Françaises, etwa 300 Inseln, insgesamt 7215 km² groß, vulkan. Ursprungs, aus Basalt. Die Hauptinsel, 5800 km², bis 1960m ü.M., ist im W vergletschert, im O seenreiche Glaziallandschaft mit Fjorden; wiss. Station seit 1950. – 1772 von dem frz. Seemann Y.J. de Kerguelen de Trémarec entdeckt, seit 1893 französisch.

Kericho [kə'ri:tʃəʊ], Stadt in SW-Kenia, 1830m ü.M., 48700 Ew.; Zentrum des größten Teeanbaugebiets des Landes; Ostafrikan. Teeforschungsinstitut.

Kẹrimäki, Dorf in SO-Finnland, nördlich von Savonlinna, mit der 1845–47 erbauten größten Holzkirche der Erde (3400 Sitzplätze).

Kẹrka *die,* Fluss in Slowenien, ↑Krka.

Kerker [von lat. carcer »Umfriedung«], 1) veraltet für Gefängnis; 2) bis 1974 in Österreich die schwerste Form der Freiheitsstrafe.

Kerkọpen, *grch. Mythos:* räuberische Kobolde, die in Kleinasien Reisende überfielen und von Herakles gefangen genommen wurden (dargestellt u.a. auf einer Metope in Selinunt).

Kerkouane [kɛrku'an] (Kerkouann, Kerkuan), Ruinenstätte in NO-Tunesien, an der N-Spitze der Halbinsel Kap Bon; 1952 entdeckt (seither Ausgrabungen). K., um 574 v.Chr. von phönik. Flüchtlingen aus Tyros planmäßig gegründet und im 3.Jh. v.Chr. (vor Ankunft der Römer) wieder aufgegeben, ist die einzige vollständige pun. Stadtanlage ohne Überlagerung durch spätere Zivilisationsschichten (UNESCO-Weltkulturerbe).

Kerkọvius, Ida, Malerin lett. Herkunft, *Riga 31. 8. 1879, †Stuttgart 7. 6. 1970; studierte bei A. Hoelzel an der Stuttgarter Akademie, 1920–23 am Bauhaus bei W. Kandinsky, P. Klee und J. Itten. Sie schuf Landschaften, Figurenbilder und Blumenstilleben von expressiver Farbkraft und Dynamik.

Kẹrkrade, niederländ. Stadt in der Prov. Limburg, 52100 Ew.; vielfältige Konsumgüterind. in Industrieparks. Der seit dem Hoch-MA. betriebene Bergbau auf Steinkohle (älteste Bergbaustadt Europas mit dem Kloster Rolduc als ältester Bergbaugesellschaft) wurde 1970 eingestellt.

Kerkụk, Stadt in Irak, ↑Kirkuk.

Kẹrkyra, grch. Name für Stadt und Insel ↑Korfu.

Kerma [Abk. für engl. **k**inetic **e**nergy **re**leased in **ma**terial] *die, Dosimetrie:* Formelzeichen K, SI-Einheit ist das Gray (Gy); Quotient aus der Summe der kinet. Energien aller geladenen Teilchen, die durch indirekt ionisierende Strahlung in einem Volumenelement eines Stoffes freigesetzt wird, und dessen Masse.

Kermadecgraben [kə:'mædek-], Tiefseegraben im südwestl. Pazif. Ozean, östlich der Kermadecinseln, bis 10047m u. M.; setzt sich im Tongagraben fort.

Kermadecinseln [kə:'mædek-], zu Neuseeland gehörende Inselgruppe vulkan. Ursprungs, im Pazif. Ozean, 34 km² groß; auf Raoul Island meteorolog. und Flugsicherungsstation.

Kermạn (Kirman), Hptst. der Prov. K.,

Kerman: Das Mausoleum des Schahs Nematollah Vali in Mahan bei Kerman ist eine der meistbesuchten schiitischen Wallfahrtsstätten im Iran.

Iran, 1 700 m ü. M., in wüstenhafter Umgebung, 385 000 Ew.; Kreuzungspunkt von Karawanenrouten; Zentrum der Teppichknüpferei; im Umkreis Erzvorkommen; Flughafen. – K. besitzt einen großen Basar und mehrere bed. Moscheen, u. a. die Malikmoschee (11. Jh.) und die Freitagsmoschee (11. und 13. Jh.).

Kerman (Kirman) [nach der iran. Stadt] *der,* wertvoller handgeknüpfter, meist elfenbeingrundiger Teppich, häufig mit einem charakteristischen rautenförmig gegliederten Ranken- oder Blumenmuster.

Kermanschah (bis 1994 Bachtaran), Prov.-Hptst. in Iran, 1 630 m ü. M. im Zagrosgebirge, 693 000 Ew., Erdölraffinerie, Zuckerfabrik, Teppichwebereien.

Kermesbeere, 1) (Phytolacca), Gattung der K.-Gewächse mit strahligen Blüten in Trauben, meist in den Tropen und Subtropen; v. a. in Weinbaugebieten wird vielfach die bis 3 m hohe **Amerikanische K.** (Phytolacca americana) kultiviert. Der dunkelrote Saft der Beeren wird im Mittelmeergebiet und in W-Asien als Färbemittel, z. B. für Rotwein und Zuckerwaren, verwendet.

2) ↑ Kermesschildläuse.

Kermeseiche (Quercus coccifera), bis 2 m hohe, meist strauchig wachsende Eichenart des Mittelmeerraumes, mit dornig gezähnten, ledrigen Blättern. Auf der K. leben die ↑Kermesschildläuse.

Kermesschildläuse, versch. Arten der Schildläuse, z. B. **Kermes vermilio** und **Kermes ilicis,** die in S-Europa und im Nahen Osten bes. auf der ↑Kermeseiche leben. Die erbsengroßen Weibchen wurden früher getrocknet (Scharlach-, Karmoisin-, Kermes-, Kermesinbeeren) und als Lieferanten des roten Farbstoffs Kermes gehandelt.

Kern, 1) *Biologie:* der in einer Zelle vorhandene Zell-K.; der Samen des K.-Obstes **(Stein-K.);** innerer Bereich des Holzkörpers bestimmter Bäume **(K.-Holz).**

2) *Gießerei:* bei Metallformgussstücken ein in die Form eingelegter Körper zur Erzeugung von Durchbrüchen, Hohlräumen oder Aussparungen am Gussstück.

3) *Kernphysik:* der innerste, aus einem oder mehreren Nukleonen bestehende Teil eines ↑Atoms **(Atom-K.)** oder aus einer endl. Zahl von Nukleonen bestehendes System ähnl. Art, z. B. ein ↑Compoundkern oder ein ↑Nuklid.

Kern, 1) [engl. kəːn], Jerome David, amerikan. Komponist, * New York 27. 1. 1885,

†ebd. 11. 11. 1945; schrieb Operetten, Shows, Musicals (u. a. »Show Boat«, 1927, mit dem Song »Ol' man river«) und Filmmusiken.

2) Johann Konrad, schweizer. Politiker, * Berlingen (Kt. Thurgau) 11. 6. 1808, † Zürich 14. 4. 1888; 1833–48 Tagsatzungsgesandter, Gegner des ↑Sonderbundes, 1854 Präs. des eidgenöss. Schulrats, 1857–83 bevollmächtigter Min. in Paris.

Kernbeißer: Männchen

Kernbeißer (Coccothraustes coccothraustes), bis 18 cm langer Finkenvogel in Eurasien und NW-Afrika, mit dickem, kegelförmigem Schnabel; frisst Sämereien und harte Kerne.

Kernbindung, die durch die ↑Kernkräfte bewirkte Bindung mehrerer Nukleonen zu einem Kern.

Kernbindungs|energie, die bei der Bildung eines Atomkerns frei werdende Energie E_B. Beim Aufbau von leichten Kernen aus Protonen und Neutronen wird als K. die Energie frei, die aufgewendet werden müsste, um den Kern gegen die Anziehung der ↑Kernkräfte wieder in seine einzelnen Bausteine zu zerlegen. Aufgrund der Äquivalenz von Masse und Energie sind zusammengesetzte Kerne leichter als die Summe ihrer Bausteine (↑Massendefekt). Der Verlauf der K. pro Nukleon, E_B/A, aufgetragen über der Massenzahl A, zeigt für stabile Kerne drei auffallende Merkmale: 1) E_B/A ändert sich nur wenig über den gesamten Bereich aller Nuklide; 2) es gibt ein breites Maximum bei etwa $A = 60$; 3) der Verlauf hat eine Feinstruktur mit z. T. ausgeprägten relativen Maxima und Minima, v. a. bis etwa $A = 20$.

Aus diesen Merkmalen folgt, dass die Kernkräfte im Kern abgesättigt sind, dass sowohl bei der Verschmelzung leichter (↑Kernfusion) als auch bei der Spaltung schwerer Kerne (↑Kernspaltung) Energie frei wird, und dass es Nukleonenzahlen gibt, die ↑magischen Zahlen, bei denen die Kerne bes. fest gebunden sind, d. h. eine Schalenstruktur der Atomkerne besteht. Aus dem Tröpfchenmodell (↑Kernmodelle) kann der Verlauf von E_B/A sehr gut abgeleitet werden.

Kernbrennstoffe, nukleare Brennstoffe

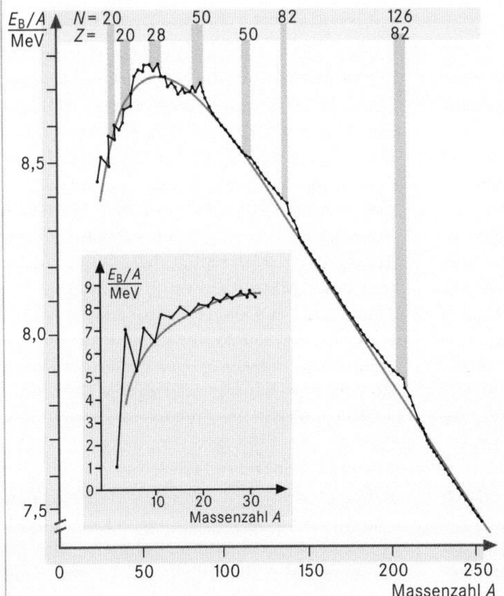

Kernbindungsenergie: experimentelle Werte der Bindungsenergie (E_B/A) je Nukleon (in MeV), aufgetragen gegen die Massenzahl (A); die rote Kurve stellt die Werte nach dem Tröpfchenmodell dar; unten links Darstellung in kleinerem Maßstab für kleine Massenzahlen; im Bild oben magische Zahlen für Neutronen (N) und Protonen (Z)

zur Energiegewinnung. Das Material, aus dem durch Kernspaltung im Kernreaktor Kernenergie gewonnen wird, befindet sich als Metall, Legierung oder chem. Verbindung in den ↑Brennelementen der Kernreaktoren. Es enthält den **Spaltstoff,** d.h. Nuklide, die durch Neutronen exotherm spaltbar sind und dabei Neutronen für weitere Spaltungen freisetzen. Einziger natürl. Spaltstoff ist das Isotop Uran 235, das zu etwa 0,7% im Natururan enthalten ist und für Leichtwasserreaktoren auf ca. 3% angereichert wird. In schnellen Brutreaktoren entstehen aus Uran 238 bzw. in Hochtemperaturreaktoren aus Thorium 232 die künstl. Spaltstoffe Plutonium 239 bzw. Uran 233. – Bei der durch Kernfusion erzeugten Energie (z.B. in Sternen) bilden v.a. Wasserstoffisotope (Deuterium, Tritium) die Kernbrennstoffe.

Kernbrennstoffkreislauf, die Kette der Verfahren, die der Versorgung der Kernreaktoren von Kernkraftwerken mit Kernbrennstoffen und deren Entsorgung dienen; hierzu gehören ↑Brennstoffaufbereitung, Anreicherung des Gehaltes an U 235, Herstellung der Brennelemente und deren Einsatz in einem Kernreaktor, Entsorgung und ↑Wiederaufarbeitung der abgebrannten Brennelemente zur Rückgewinnung der nicht verbrauchten Brenn- und Brutstoffe sowie deren Rückführung in den K. bis hin zur ↑Endlagerung der radioaktiven Abfälle. Im Allg. ist der K. nur partiell ein wirkl. Kreislauf; einem solchen kommt ein K. mit Wiederaufarbeitung nahe (»geschlossener« K.). Eine Alternative zur Wiederaufarbeitung ist die direkte Endlagerung der verbrauchten Brennelemente.

Kernchemie (Nuklearchemie), Gebiet der Chemie, das sich mit der Erforschung von Atomkernen und Kernreaktionen unter Verwendung chem. Methoden befasst. Untersucht werden u.a. Vorkommen, Reindarstellung, physikochem. Eigenschaften und Reaktionsverhalten von Radioelementen und -nukliden. Die K. wird im Allg. in ↑Radiochemie und techn. K. unterteilt, die v.a. die Verfahren des Kernbrennstoffkreislaufs umfasst.

Kern|energie (allgemeinsprachlich Atomenergie), der durch ↑Kernreaktionen freisetzbare oder freigesetzte Anteil der ↑Kernbindungsenergie. K. ist somit eine Form von Primärenergie, die in Primärenergieträgern, z.B. Uran (U), gespeichert ist. Trotz bedeutender Fortschritte in der Forschung zur kontrollierten ↑Kernfusion ist die ↑Kernspaltung gegenwärtig die einzig mögl. und großtechnisch nutzbare Form der K.-Gewinnung. I.w.S. wird deshalb unter K. auch der wirtsch.-technolog. Bereich verstanden (K.-Wirtschaft, K.-Industrie, »Atomindustrie«), der auf dieser Art der Gewinnung von Sekundärenergie (v.a. Elektroenergie) in Kernreaktoren basiert.

Geschichte: Die durch Neutronen induzierte Kernspaltung wurde 1938 von O. Hahn und F. Straßmann entdeckt und 1939 von L. Meitner und R. O. Frisch theoretisch erklärt. Nachdem F. und I. Joliot-Curie die Möglichkeit einer Kettenreaktion bei der Kernspaltung nachgewiesen hatten, gelang E. Fermi am 2. 12. 1942 in Chicago die Inbetriebnahme des ersten Kernreaktors. Die weitere Entwicklung wurde wesentlich durch die angestrebte militär. Nutzung der K. bestimmt. Am 16. 7. 1945 brachten die USA in Alamogordo (N. Mex.) die erste Atombombe zur Explosion, bald gefolgt von der militär. Anwendung in Hiroshima (6. 8. 1945, Uranbombe) und Nagasaki (9. 8. 1945, Plutoniumbombe). Die erste Wasserstoffbombe, bei deren Explosion K. durch Kernfusion frei wird, wurde 1952 gezündet. – Die Forschung zur friedl. Anwendung der K. setzte in größerem Umfang erst nach dem Krieg ein. Sie führte zur Entwicklung vieler Reaktortypen und zum Bau erster Kernkraftwerke: 1954 Inbetriebnahme des ersten Leistungsreaktors in Obninsk bei Moskau, 1956 erstes Großkernkraftwerk in Calder Hall in Großbritannien; in Dtl. erster Reaktor 1957 in Garching, erstes Kernkraftwerk 1961 in Kahl a. Main.

Ausstiegsdiskussion in Dtl.: Die Nutzung der K. ist seit den 1970er-Jahren umstritten. Die K.-Gegner betonen v.a. die Freisetzung von Strahlung im Normalbetrieb, das Risiko eines Reaktorunfalls (↑Tschernobyl), das ungelöste Problem der Entsorgung bzw. der Wiederaufbereitung radioaktiver Abfälle und die polit. Folgerungen einer K.-Wirtschaft (»Atomstaat«). Die 1998 gewählte rotgrüne Bundesreg. strebt erstmals den Ausstieg aus der Nutzung der K. an. Am 14. 6. 2000 einigten sich die dt. Bundesreg. und die führenden Energieversorgungsunternehmen (EVU) auf eine Vereinbarung zum Ausstieg aus der Nutzung der K. (↑Atomausstieg).

Ausstiegsdiskussion in anderen Ländern: Unter dem Eindruck der Katastrophe von Tschernobyl verzichtete Österreich endgültig auf die Nutzung der K. und setzte Italien den Anfang 1986 beschlossenen Energieplan aus. Aufgrund einer Volksabstimmung beschloss Schweden 1980 den Ausstieg bis zum Jahre 2010. Ob es zu den geplanten Stilllegungen kommt, ist derzeit noch offen. In den USA wurde seit dem Unfall von Three Mile Island kein neues KKW mehr genehmigt. Frankreich und Großbritannien, auch andere Länder wie Japan, Litauen und Russland halten an der K.-Nutzung fest. (↑Kernenergierecht)

📖 *Müller, W. D.: Geschichte der K. in der Bundesrep. Dtl., 2 Bde. Stuttgart 1990–96. – Handbuch K. Kompendium der Energiewirtschaft u. Energiepolitik, hg. v. H. Michaelis u. C. Salander. Frankfurt am Main [4]1995. – Koelzer, W.: Lexikon zur K. Karlsruhe 2001. – Müller, W. D.: Geschichte der K. in der DDR. Kernforschung u. Kerntechnik im Schatten des Sozialismus. Stuttgart 2001. – Volkmer, M.: Basiswissen zum Thema K., hg. v. Informationskreis K., Neuaufl. Bonn 2002.*

Kern|energieagentur, ↑Nuclear Energy Agency.

Kern|energieantrieb (Atomenergieantrieb, Atomantrieb, Nuklearantrieb), Fahrzeugantrieb mithilfe eines Kernreaktors, dessen Wärmeenergie in zum Fahrzeugantrieb geeignete mechan. Energie umgewandelt wird. – Der K. ist bisher nur als **Schiffsantrieb** praktisch verwirklicht, wobei Druckwasserreaktoren hochgespannten Wasserdampf zum Antrieb von Dampfturbinen (Leistung bis etwa 15 MW) liefern. Die Gewichtsersparnis durch den Wegfall der bei anderen Antriebsarten benötigten großen Brennstoffmengen wird durch das größere Gewicht des Reaktors, einschließlich aller Kollisions- und Strahlenschutzeinrichtungen, wieder ausgeglichen. Wesentl. Vorteil ist allein der praktisch unbegrenzte Fahrbereich, bes. bei U-Booten auch die hohe Geschwindigkeit ohne Zufuhr von Verbrennungsluft. Der Einführung des K. in die Handelsschifffahrt stehen teils polit. Gründe, teils Sicherheitsfragen (Versicherung, Hafenbeschränkung) und die geringe Wirtschaftlichkeit entgegen. – Das erste mit K. angetriebene Schiff war das amerikan. U-Boot »Nautilus« (Stapellauf 1954); erster Flugzeugträger mit K. war die »Enterprise« (Stapellauf 1960), erstes ziviles Überwasserschiff mit K. war der sowjet. Eisbrecher »Lenin« (Stapellauf 1957). Das dt. Forschungsfrachtschiff »Otto Hahn« (Stapellauf 1964, erste Fahrt 1968) wurde 1979 außer Dienst gestellt.

Kern|energierecht (Atomenergierecht, Atomrecht, Nuklearrecht), Gesamtheit der Rechtsvorschriften, die bei sämtl. Anwendungsarten von spaltbarem Material und radioaktiven Stoffen einschließlich ihres Transports, ihrer Lagerung und der Beseitigung ihrer Abfälle zu beachten sind. In Ländern, in denen die militär. Nutzung der Kernenergie verboten ist, wie in Dtl., beschränkt sich das K. auf die friedl. Nutzung der Kernenergie. Ein Bereich des K. ist das Strahlenschutzrecht.

Wichtigste Rechtsgrundlage für das K. ist das novellierte Atom-Ges. i. d. F. v. 22. 4. 2002, das Einfuhr, Ausfuhr, Beförderung, Verwahrung und Besitz von Kernbrennstoffen der Genehmigungspflicht unterwirft. Der Zweck des Ges. besteht seit der Novelle v. a. in der geordneten Beendigung der Kernenergienutzung zur Erzeugung von Elektrizität (↑Atomausstieg) und der Sicherstellung eines geordneten Betriebes bis zur Beendigung. Die Errichtung von Anlagen zur Spaltung von Kernbrennstoffen für die gewerbl. Erzeugung von Elektrizität und zur Aufarbeitung bestrahlter Kernbrennstoffe wird nicht mehr genehmigt. Für jedes bestehende Kernkraftwerk wurde im Ges. eine Reststrommenge festgeschrieben, die noch produziert werden darf (gerechnet ab 1. 1. 2000). Reststrommengen können auch von einem (älteren) Kernkraftwerk auf ein anderes übertragen werden. Die Berechtigung zum Leistungsbetrieb erlischt, wenn die Reststrommenge erzeugt worden ist. Die Entsorgung wird auf die direkte Endlagerung beschränkt, die Abgabe von bestrahlten Kernbrennstoffen zur Wiederaufarbeitung ist ab 1. 7. 2005 verboten. Erstmals wurde im Atom-Ges. die Pflicht zu regelmäßigen Sicherheitsüberprüfungen der Kernkraftwerke festgeschrieben. Der Besitzer von Kernbrennstoffen hat durch radioaktive Strahlung verursachte Schäden im Rahmen bestimmter Höchstbeträge ohne Rücksicht auf Verschulden zu ersetzen (Höchstgrenze für Deckungsvorsorge wurde durch Ges. erhöht); übersteigen Schäden die De-

ckungssumme der obligator. Haftpflichtversicherung, so ist der Bund für den ungedeckten Rest zur Freistellung bis zu einem Höchstbetrag verpflichtet. Der strafrechtl. Schutz vor den Gefahren der Kernenergie ist in den §§307, 309–312 und 326–328 StGB verankert worden.
In *Österreich* wurden aufgrund einer Volksabstimmung durch Bundes-Ges. vom 15. 12. 1978 Errichtung und Betrieb von Kernkraftwerken verboten. Über den Bereich der Energieversorgung hinaus gelten das Atomhaftpflicht-Ges. von 1964 und das Strahlenschutz-Ges. von 1969. In der *Schweiz* bildet das Atom-Ges. vom 23. 12. 1959 (1986 geändert) die Grundlage des K. Durch Bundesbeschluss zum Atom-Ges. von 1987 wurden die Voraussetzungen für den Bau und Betrieb von Kernkraftwerken verschärft. – Den grenzüberschreitenden Risiken der Kernenergie versuchen versch. internat. Abkommen zu begegnen.
📖 *Rechtsfragen zum Atomausstieg, hg. v. W. Bayer u. P. M. Huber, Berlin 2000. – Atom-Ges. Einführung von E. Ziegler, Baden-Baden [23]2001.*
Kerner [nach J. Kerner] *der,* mittelspät reifende Weißweinrebe, Kreuzung Trollinger×Riesling, nach dem Müller-Thurgau erfolgreichste dt. Neuzüchtung; liefert rieslingähnl. Weine mit frischem Bukett.
Kerner, Justinus, Arzt und Dichter, *Ludwigsburg 18. 9. 1786, †Weinsberg 21. 2. 1862; studierte Medizin in Tübingen, wo er L. Uhland und G. Schwab kennen lernte, mit denen er lebenslang befreundet war; seit 1819 Oberamtsarzt in Weinsberg. Hier pflegte er Friederike Hauffe, deren Lebensgeschichte in den Roman »Die Seherin von Prevorst« (2 Bde., 1829) einging; wichtiger Vertreter der spätromant. schwäb. Dichterschule. Seine dem Volkslied verpflichtete Lyrik ist durch schlichte Sprache und frischen Humor, andererseits jedoch durch tiefe Wehmut sowie Neigung zum Mystischen und Okkulten gekennzeichnet.
Kern|explosion, 1) Kernreaktion, bei der ein Atomkern durch das Auftreffen eines energiereichen Teilchens, z. B. aus der kosm. Strahlung oder einem Teilchenbeschleuniger, in seine Bestandteile (Nukleonen) zerlegt wird. Beträgt die Geschossenergie mindestens 300 MeV pro Nukleon, treten bei der K. meist sehr viele Teilchen auf (Nukleonen, Nukleonencluster, Pionen). Bei einer schwächeren Form der K., der **Spallation (Kernzertrümmerung),** mit einer Geschossenergie von etwa 100 MeV ist die Kernauflösung nicht so vollständig. Es bleiben unter Aussendung von Nukleonen und Alphateilchen größere Kernbruchstücke (Fragmente) übrig (meist ein oder zwei). – K. sind immer von der Emission hochenerget. Gammastrahlung begleitet. Sie wurden erstmals 1937 in ↑Kernspuremulsionen nachgewiesen. Die sternförmigen Spuren dieser Ereignisse, die man nach der fotograf. Entwicklung in den Kernspurplatten erhält, werden auch als **Stern** bezeichnet. (↑ABC-Waffen)

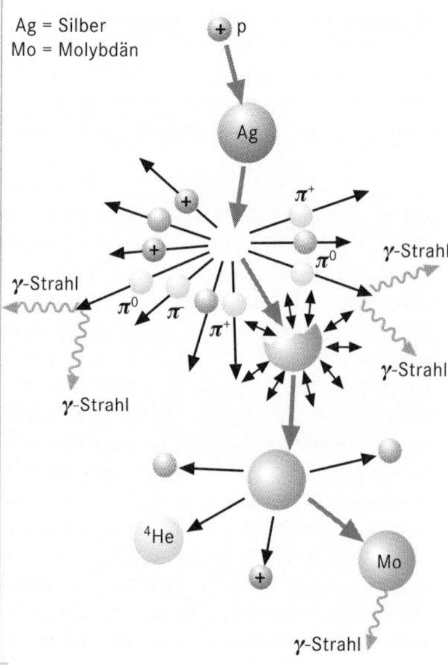

Kernexplosion 1): eine von einem sehr energiereichen Proton bewirkte Kernexplosion mit Umwandlung eines Silberkerns in einen Molybdänkern; außer Kernbruchstücken werden durch die Explosion auch π-Mesonen emittiert

2) Explosion des Kernsprengstoffs (↑ABC-Waffen).
Kernfächer, in der gymnasialen Oberstufe die Fächer Deutsch, Mathematik und eine Fremdsprache, von denen zwei durchgängig bis zum Abitur zu belegen sind und eines als Prüfungsfach gewählt werden muss. I. w. S. zählen auch Geschichte und eine Naturwissenschaft zu den Kernfächern.

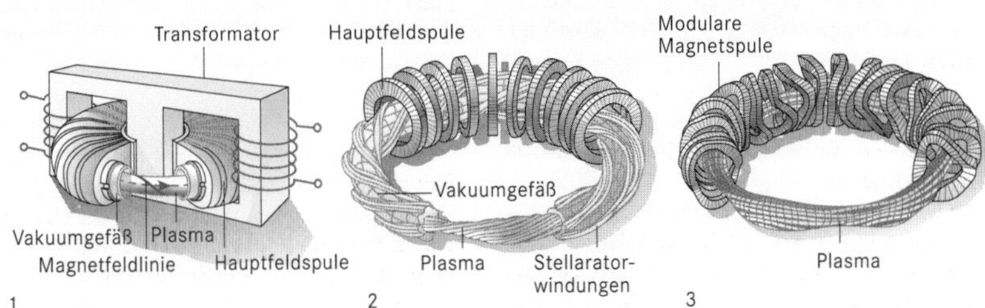

Kernfusion: schematische Darstellung des magnetischen Plasmaeinschlusses mit toroidalen Konfigurationen; 1 Tokamak, 2 Stellarator mit helikalen Windungen, 3 Stellarator mit modularen Magnetspulen

Kernfäule, Zersetzung des Kerns lebender Bäume durch parasit. Pilze, z. B. Rotfäule.

Kernfusion (Kernverschmelzung), die Verschmelzung leichter Atomkerne zu einem schwereren.

Die K. tritt ein, wenn sich zwei Atomkerne bis zur Reichweite der anziehenden Kernkräfte nähern. Die sehr starke abstoßende Coulomb-Kraft wird v. a. in Beschleunigern oder in Plasmen mit genügend hoher Temperatur (z. B. der Sonne) überwunden, in denen Kerne mit extrem hoher Geschwindigkeit aufeinander treffen. Auch eine stat. Annäherung der Kerne ist möglich, z. B. in myon. Molekülen des schweren Wasserstoffs, in denen das Elektron in der Atomhülle durch ein ca. 200-mal schwereres Myon ersetzt wird. Aufgrund seiner größeren Masse zwingt das Myon die beiden Atomkerne auf einen ca. 200-mal geringeren Abstand und erhöht damit die Wahrscheinlichkeit zur Kernfusion. Da die stat. Überwindung der Coulomb-Abstoßung keine hohen Temperaturen erfordert, spricht man auch von **kalter Kernfusion.** Eine andere Variante der kalten K. (»K. im Reagenzglas«), bei der Fusionsprozesse im Festkörper oder im Elektrolyten ausgelöst werden sollen, konnte bisher nicht zweifelsfrei nachgewiesen werden.

Die K. ist die wichtigste Energiequelle der Natur. Die von der Sonne (↑Sonnenenergie) und den Sternen ausgestrahlten Energien stammen größtenteils aus K.-Prozessen, die bei den in ihrem Inneren herrschenden extrem hohen Temperaturen (etwa 15 Mio. K bei der Sonne) und Drücken ablaufen. Dabei treten je nach den in den Sternen vorherrschenden Bedingungen versch. Prozesse auf; die wichtigsten sind die ↑Proton-Proton-Reaktion, der ↑Bethe-Weizsäcker-Zyklus und der ↑Drei-Alpha-Prozess.

Eine künstl. K. mit positiver Energiebilanz konnte bisher nur unkontrolliert in der Wasserstoffbombe realisiert werden. Angestrebt wird die **kontrollierte (gesteuerte) K.** in Fusionsreaktoren, die als mögl. Energiequelle der Zukunft gilt. Bes. groß ist der Energiegewinn bei der Fusion der Wasserstoffisotope Deuterium (^{2}D) und Tritium (^{3}T) sowie des Heliumisotops ^{3}He mit den Reaktionen (n Neutron, p Proton):

(1)
$^2\mathrm{D} + {}^3\mathrm{T} \rightarrow {}^4\mathrm{He}(3{,}517\,\mathrm{MeV}) + \mathrm{n}(14{,}069\,\mathrm{MeV})$

(2)
$^2\mathrm{D} + {}^3\mathrm{He} \rightarrow {}^4\mathrm{He}(3{,}67\,\mathrm{MeV}) + \mathrm{p}(14{,}681\,\mathrm{MeV})$.

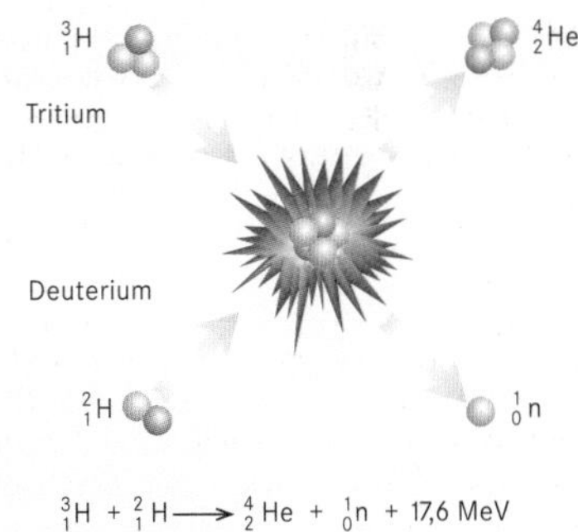

Kernfusion: Prinzip der Kernfusion (H = Wasserstoff, He = Helium, n = Neutron)

Die Erforschung der kontrollierten K. hat sich bisher auf die Reaktion (1) konzentriert, da sie u. a. die höchste Reaktionswahrscheinlichkeit hat und ihre maximale Ausbeute bei der niedrigsten Temperatur auftritt. Tritium kann mithilfe der bei der

K. erzeugten Neutronen aus Lithium erbrütet werden, das, wie auch Deuterium, praktisch unbegrenzt als Kernbrennstoff auf der Erde zur Verfügung steht. Um eine kontrollierte K. einzuleiten, müssen die Reaktionspartner mit Energien zw. 10 und 100 keV aufeinander treffen. Dafür werden Deuterium und Tritium auf Temperaturen über 100 Mio. K aufgeheizt **(thermonukleare Reaktion),** wobei die Gasatome vollständig ionisiert werden und ein Plasma, d.h. ein Gemisch aus Ionen und Elektronen großer Teilchendichte, bilden. Weiterhin muss das Plasma lange genug in einem Reaktionsvolumen eingeschlossen bleiben, damit Fusionsstöße häufig genug auftreten.

1776

Kernfusion: das Tokamak-Fusionsexperiment ASDEX Upgrade am Max-Planck-Institut für Plasmaphysik in Garching; das Foto wurde während der Montage aufgenommen, zu erkennen ist der Kranz der ringförmigen Magnetspulen

Zum Einschluss des Plasmas wird die Wirkung von Magnetfeldern oder Trägheitskräften ausgenutzt. Beim **magnet. Einschluss** werden die Plasmateilchen aufgrund ihrer elektr. Ladung durch ein Magnetfeld auf eine Kreisbahn senkrecht zur Richtung der Feldlinien gezwungen. Bei **toroidalen (geschlossenen) Konfigurationen** schließt sich das Magnetfeld zu einem Ring oder Torus. Da das Magnetfeld hierdurch nicht mehr räumlich konstant ist, überlagert sich der Kreisbewegung der Plasmateilchen eine zusätzl. Driftbewegung, die zu einer radial nach außen an die Gefäßwand gerichteten Beschleunigung des Plasmas führt. Um diese radiale Bewegung zu unterdrücken, werden die Magnetfeldlinien »verdrillt«, indem man dem toroidalen Feld ein zusätzl. (poloidales) Feld derart überlagert, dass die Feldlinien nicht nur kreisförmig um die Torusachse laufen, sondern sich schraubenförmig um die Torusseele winden. Nach der Art der Erzeugung des poloidalen Zusatzfeldes werden zwei Hauptklassen von toroidalen Anordnungen unterschieden. Beim **Tokamak-Prinzip** (russ. für »torusförmige Kammer mit Magnet«) besorgt dies ein toroidal im Plasma fließender Strom, der durch einen Transformator induziert oder durch andere Stromtriebmechanismen angetrieben wird. Der **Stellarator** vermeidet einen Plasmastrom und benutzt externe Zusatzspulen, die geeignet geformt sind (helikale Stellaratorwindungen oder modulare Magnetspulen). – Beim **Trägheitseinschluss** wird ein Materiekügelchen (»Pellet«) mit intensiven fokussierten Laserstrahlen **(Laserfusion)** oder Teilchenstrahlen so schnell aufgeheizt, dass die Atomkerne infolge ihrer Trägheit für einen Zeitraum zusammengehalten werden, der für genügend viele Fusionsstöße ausreicht.

Forschung: Wegen des enormen apparativen und finanziellen Aufwands ist die K.-Forschung hauptsächlich in internat. Programmen organisiert. Neben den Tokamak-Großforschungsanlagen in den USA (TFTR, Abk. von engl. toroidal fusion test reactor), Japan und Russland sowie der europ. Fusionsforschungsanlage ↑JET läuft u.a. seit 1988 ein internat. Forschungsprojekt unter dem Namen ↑ITER. Bis zur wirtsch. Nutzung der K. sind jedoch noch zahlreiche physikal. und technolog. Probleme zu lösen.

📖 *Schumacher, U.: Fusionsforschung. Eine Einführung. Darmstadt 1993. – Frick, F. u.a.: K. / Forschungszentrum Jülich. Jülich 1999.*

Kern|induktion, 1946 von F. Bloch entwickelte Methode der Hochfrequenzspektroskopie zum Nachweis der ↑Kernspinresonanz, bei der durch die Präzession der Kerndipolmomente bzw. Kernspins in der Empfangsspule ein Signal induziert wird.

Kern|isomerie, das Auftreten von Atomkernen gleicher Protonen- und Neutronenzahl, die außer im Grundzustand in relativ langlebigen (bis zu einigen Jahren) angeregten Zuständen **(isomere Zustände)** existieren. Die versch. Energiezustände unterscheiden sich z. B. in Spin, Parität, Halbwertszeit und Strahlungsenergie.

Kernit *der,* ein farbloses monoklines Mineral der chemischen Zusammensetzung $Na_2B_4O_7 \cdot 4H_2O$, wichtig für die Borgewinnung; Hauptvorkommen in Kalifornien.

Kernkettenreaktion, *Physik:* ↑Kettenreaktion.

Kernkräfte, Kräfte zw. den Nukleonen, die deren Zusammenhalt in den Atomkernen, d. h. die **Kernbindung,** bewirken. Sie gehören zu den starken ↑Wechselwirkungen, die nur im Bereich des Kerns wirken, d. h. auf eine Entfernung von rd. 10^{-15} m; innerhalb des Kerns sind sie sehr viel stärker als die Coulomb-Kraft, außerhalb sind sie nicht nachzuweisen. Die K. sind ladungsunabhängig, wie Streuversuche von Nukleonen an Nukleonen zeigen, spinabhängig und haben den Charakter einer Zentralkraft. Eine theoret. Basis zur Beschreibung der K. liefert das im Rahmen der ↑Quantenchromodynamik entwickelte Quark-Gluonen-Bild.

Kernkraftwerk, Abk. **KKW** (allgemeinsprachlich Atomkraftwerk, Abk. AKW), ein mit ↑Kernreaktoren betriebenes Dampfkraftwerk. Die Energie wird bisher ausschließlich durch Spaltung schwerer Atomkerne (↑Kernspaltung) gewonnen, die als kontrollierte Kettenreaktion in einem Kernreaktor abläuft. Zur näheren Kennzeichnung eines K. wird auch der verwendete Reaktortyp angegeben (z. B. Leichtwasser-K.), von dem Gestaltung und Auslegung eines K. wesentlich abhängen. In Dtl. werden in K. derzeit nur noch Druckwasserreaktoren (DWR) und Siedewasserreaktoren (SWR) eingesetzt. Die in den westl. Industrieländern übl. Blockgrößen liegen heute bei mehr als 1 000 MW elektr. Leistung.

Die im Kernreaktor freigesetzte Wärme wird direkt (**Einkreisanlage,** z. B. bei K. mit SWR) oder über Dampferzeuger **(Zweikreisanlage)** den Turbinen eines Generators zur Umwandlung in elektr. Energie zugeleitet. Ein K. mit DWR hat zwei hintereinander geschaltete Kühlkreisläufe. Im **Primärkreislauf** fördert eine Hauptkühlmittelpumpe das unter hohem Druck stehende Kühlwasser in den Reaktordruckbehälter, wo es beim Durchtritt durch den Reaktorkern erwärmt und einem Dampferzeuger zugeführt wird; von hier wird es wieder zum Reaktordruckbehälter zurückgeleitet. Abhängig von der Leistung des Reaktors werden mehrere Primärkreise an den Reaktordruckbehälter angeschlossen und entsprechend auch mehrere Dampferzeuger betrieben. In diesen übertragen die vom Primärkühlwasser durchströmten Heizrohre die Wärme an das Wasser des **Speisewasser-Dampf-Kreislaufs (Sekundärkreislauf),** das unter geringem Druck steht und verdampft wird. Der erzeugte Sattdampf (Temperatur rd. 280 °C, Druck 6,4 MPa) wird einer Tur-

Kernkraftwerke in Betrieb 1975 und 2003 (Auswahl)

	1975		2003		Anteil des Atomstroms[2]
	Anzahl	MWe[1]	Anzahl	MWe[1]	
Argentinien	1	367	2	935	7,2
Belgien	4	1 752	7	5 760	57,3
Bulgarien	1	440	4	2 722	47,3
China	-	-	8	5 983	1,4
Deutschland	10[3]	3 493[3]	19	21 283	29,9
Frankreich	9	2 952	59	63 073	78,0
Großbritannien	14	6 126	27	12 052	22,4
Indien	3	630	14	2 503	3,7
Italien	3	642	-	-	-
Japan	10	5 211	54	44 287	34,5
Kanada	7	2 633	16	11 323	12,3
Litauen[4]	-	-	2	2 370	80,1
Niederlande	2	531	1	450	4,0
Russland[4]	-	-	30	20 793	16,0
Schweden	5	3 231	11	9 432	45,7
Schweiz	3	1 010	5	3 200	39,5
Slowakische Republik[4]	-	-	6	2 408	54,7
Spanien	3	1 113	9	7 574	25,8
Süd-Korea	-	-	18	14 890	38,6
Taiwan	-	-	6	4 884	-[5]
Tschechische Republik[4]	-	-	6	3 469	24,5
Ukraine[4]	-	-	13	11 207	45,7
Ungarn	-	-	4	1 755	36,1
USA	52	37 539	104	198 230	20,3
gesamt	152	73 210	440	360 431	-

1) installierte elektrische Bruttoleistung in Megawatt. – 2) Anteil der Kernenergie an der öffentlichen Stromversorgung in % (nach IAEA, 2002). – 3) alte Bundesländer. – 4) Zahlen für 1975 ggf. in den Vorgängerstaaten (Sowjetunion 19 KKW mit 4 061 MWe; Tschechoslowakei 1 KKW mit 110 MWe) enthalten. – 5) keine Daten verfügbar

Kernkraftwerk: Die beiden Blöcke des KKW Biblis erzeugen zusammen eine Bruttoleistung von 2 500 MW. Die Energieerzeugung des KKW entspricht im Monat etwa dem Strombedarf von 3,5 Mio. Menschen.

bine zugeführt, die den Generator antreibt; außerdem beinhaltet der Sekundärkreis die Kühlung des Kondensators und die Umwandlung des Dampfes in Wasser. K. mit natriumgekühlten schnellen Brutreaktoren verfügen über einen zusätzl. Kühlkreislauf **(Dreikreisanlage).** Da Natrium beim Durchtritt durch den Reaktorkern in hohem Maße aktiviert wird, muss zw. Primärkreis und Dampferzeuger ein weiterer Kühlkreis installiert werden (meistens ebenfalls mit Natrium als Kühlmittel).

Die bei der Nutzung der Kernenergie unvermeidl. Strahlengefährdung macht umfangreiche Maßnahmen des Strahlenschutzes notwendig. Zur Vermeidung eines Austritts radioaktiver Stoffe in die Außenwelt sind der Kernreaktor und die Dampferzeuger mit einem stählernen Sicherheitsbehälter (Containment) umgeben; das Reaktorgebäude, eine Stahlbetonhülle, umschließt den Sicherheitsbehälter. Jedes K. ist außerdem zum Schutz vor Betriebsunfällen mit umfangreichen techn. Sicherheitseinrichtungen versehen, die bei schwerwiegenden Störungen für Schnellabschaltung des Reaktors durch Steuerelemente sowie Abfuhr der nach der Abschaltung noch erzeugten Wärme (z. B. Notkühl-, Notspeisewassersystem, Nachwärmekühler, Abblasestation) sorgen. Bau und Betrieb von K. unterliegen in Dtl. dem ↑Kernenergierecht.

Kernladungszahl, Formelzeichen Z, die Anzahl der positiven Elementarladungen eines Atomkerns, stimmt mit der **Protonenzahl** (Zahl der Protonen im Atomkern) und der Ordnungszahl des chem. Elements überein.

kernmagnetische Resonanzspektroskopie, die ↑NMR-Spektroskopie.

Kernmagneton, physikal. Konstante von der Größenordnung der magnet. Momente der Atomkerne (↑Magneton).

Kernmodelle, von experimentellen Fakten ausgehende Modellvorstellungen über Struktur und Verhalten von Atomkernen (↑Atom). Zu den auf den Vorstellungen der klass. Physik beruhenden **phänomenolog. K.** gehören das **Clustermodell,** in dem Nukleonen in Kernen Unterstrukturen, so genannte ↑Cluster, ausbilden, die ähnlich dem Alphateilchen eine große Bindungsenergie besitzen, und das **Tröpfchenmodell,** in dem der Atomkern als ein homogen geladenes Tröpfchen einer inkompressiblen, wirbel- und reibungsfreien Flüssigkeit aus Protonen und Neutronen betrachtet wird, die sich in ständiger Wechselwirkung befinden. Mit dem Tröpfchenmodell können u. a. Kernbindungsenergien berechnet und die Kernspaltung qualitativ erklärt werden; es eignet sich nicht zur Beschreibung der inneren Struktur der Kerne.

Zu den **quantenmechan. K.** gehört das ↑Schalenmodell, ein Einteilchenmodell; Vielteilchenmodelle sind das Modell eines ↑Fermi-Gases und das aus dem Schalen- und Tröpfchenmodell entwickelte **Kollektivmodell.** Dieses berücksichtigt die Wechselwirkung der »Leuchtnukleonen« mit dem als Flüssigkeitstropfen betrachteten Kernrumpf und erklärt Deformationen von Kernen und das Auftreten kollektiver Bewegungen der Nukleonen. Weitere K. sind u.a. die Vorstellung eines ↑Compoundkerns zur Beschreibung von Kernreaktionen sowie das **opt. K.** zur Erklärung von Streuung und Absorption bei Stoßprozessen von Kernen.

Kernmomente, die elektr. und magnet. Multipolmomente der Atomkerne.

Kern|obst, die Obstsorten aus der Familie der Rosengewächse (z.B. Apfel, Birne, Quitte), die eine fleischige Sammelfrucht (Apfelfrucht) bilden. Die eigentl. Frucht ist das aus pergamentartigen Fruchtblättern bestehende Kernhaus mit den Kernen als Samen.

Kernphotoeffekt, durch Absorption energiereicher Gammaquanten eingeleitete Kernreaktion, bei der ein Atomkern so weit angeregt wird, dass er Nukleonen (meist ein Neutron) emittiert; 1934 von J. Chadwick und M. Goldhaber bei der Photospaltung des Deuterons entdeckt.

Kernphysik, Zweig der Physik, in dem die Struktur und Eigenschaften der Atomkerne sowie die Wechselwirkung von Kernen untereinander, mit ihren Bestandteilen (den Nukleonen) und mit den übrigen Elementarteilchen untersucht werden. Sie ist eng mit Atom- und Elementarteilchenphysik verbunden. Theoret. Grundlagen der K. sind Quantenmechanik, Quantenelektrodynamik und spezielle Relativitätstheorie. Man unterteilt die K. auch in: 1) **Niederenergie-K.** (klass. K.), die sich mit den physikal. Eigenschaften der Atomkerne und den zw. den Kernbausteinen wirkenden ↑Kernkräften beschäftigt, 2) **Mittelenergie-K.** bei Energien jenseits der Schwelle der Mesonenerzeugung (etwa 300 MeV) und 3) **Schwerionenphysik** (↑Schwerionenforschung), bei der künstlich beschleunigte Kerne zur Untersuchung von Kernphänomenen herangezogen werden, die anders nicht zugänglich sind. – Experimentelle Daten über die Kerneigenschaften werden aus ↑Kernreaktionen, Streuexperimenten, massen- und kernspektroskop. Untersuchungen, der Hyperfeinstruktur der Atomspektren (Mößbauer-Effekt), Verfahren zur Untersuchung der Kernspinresonanz u.a. gewonnen. Zur theoret. Interpretation der Ergebnisse sind zahlr. Modellvorstellungen (↑Kernmodelle) über den Aufbau der Atomkerne und die Wechselwirkungskräfte zw. ihren Bausteinen entwickelt worden. – Kernphysikal. Methoden werden u.a. in der medizin. Diagnostik und Therapie, der Materialforschung, Spurenanalyse, Altersbestimmung, bei der Bestrahlung von Lebensmitteln, der biolog. Wachstums- und Mutationsbeeinflussung und zur Aufklärung von Verbrechen eingesetzt. Aus der Anwendung der K. ist die ↑Kerntechnik hervorgegangen.

Kernreaktion, jede durch einen Stoß mit einem anderen Kern oder Elementarteilchen bewirkte Umwandlung von Atomkernen. K. unterscheiden sich damit von spontan ablaufenden Kernumwandlungen (↑Radioaktivität, spontane ↑Kernspaltung). Da die Bindung der Nukleonen im Kern millionenfach stärker ist als die Bindung der Hüllenelektronen (chem. Bindung), werden bei K. millionenmal größere Energien umgesetzt als bei chem. Reaktionen. Daher finden natürl. K. in größerem Umfang nur im Innern von Sternen statt, wo bei extremen Temperaturen die notwendigen kinet. Energien verfügbar sind. K. sind z.B. ↑Abstreifreaktionen, ↑Einfangprozesse, ↑Kernexplosionen, elast. und inelast. Streuprozesse; die technisch wichtigste K. ist die Kernspaltung.

Für künstlich induzierte K. kann man energiereiche, in Beschleunigern erzeugte Teilchen gezielt auf die Teilchen einer Probe (Target) schießen oder nutzt natürl. Kernumwandlungen, wie die Uranspaltung, zur Anregung; so werden die meisten künstlich erzeugten Radionuklide durch Neutronenbeschuss im Kernreaktor gewonnen. Wandelt man den Zielkern A durch Beschuss mit dem Teilchen a in einen Kern B um, wobei ein Teilchen b emittiert wird, d.h. $A + a \rightarrow B + b$, so schreibt man vereinfacht $A(a,b)B$. – Die erste künstliche K. beobachtete E. Rutherford im Jahr 1919: Beim Prozess ${}^{14}_{7}Na + {}^{4}_{2}He \rightarrow {}^{17}_{8}O + {}^{1}_{1}He$ wird ein Alphateilchen (Heliumkern) auf das Stickstoffisotop ${}^{14}_{7}Na$ geschossen, das sich dabei unter Aussendung eines Protons in das Sauerstoffisotop ${}^{17}_{8}O$ umwandelt.

Kernreaktor (Reaktor, allgemeinsprachlich Atomreaktor), Anlage, in der eine sich selbst erhaltende ↑Kettenreaktion zur Nutzung von Kernenergie geregelt abläuft. Die bei der ↑Kernspaltung in einem Kernbrennstoff frei werdende Kernenergie wird in Leistungsreaktoren zunächst in Wärme und dann in elektr. Energie oder mechan. Antriebsenergie (↑Kernenergieantrieb) umgewandelt. Die meist kleineren Forschungsreaktoren werden als Neutronenquellen für Forschung und Ausbildung, für Werkstoffuntersuchungen, Neutronenradiographie und Strahlentherapie sowie zur Produktion von Radionukliden verwendet.

Prinzipieller Aufbau und Baulinien: Bei der Kernspaltung durch Neutronen bricht der Spaltstoffkern nach Einfang eines Neutrons unter Freigabe von ↑Kernbindungsenergie auseinander, wobei neben den Kernbruchstücken auch einige schnelle Neutronen entstehen. Diese werden entweder von anderen Atomkernen absorbiert, durch Zusammenstöße abgebremst oder verlassen den Brennstoff durch die Oberfläche. Wenn am Ende dieses Prozesses insgesamt im Mittel genauso viele Neutronen für die Spaltung weiterer Kerne zur Verfügung stehen wie zu Beginn (Neutronenmultiplikationsfaktor $k = 1$), kommt eine stationäre Kernkettenreaktion und gleichförmige Energiefreisetzung in Gang: Der K. ist **kritisch.** Ist die Zahl dieser Neutronen größer bzw. kleiner als die ursprüngliche, dann ist der K. **überkritisch** bzw. **unterkritisch,** was im ersten Fall zur Leistungserhöhung, im zweiten zum Erlöschen der Kernkettenreaktion führen kann. – Kernspaltungen können durch therm. (langsame) oder schnelle Neutronen bewirkt werden. Neben dieser und der durch den Verwendungszweck bestimmten Unterscheidung werden K. klassifiziert nach dem verwendeten Kernbrennstoff, dem Arbeitsprinzip des zur Abführung der erzeugten Wärme dienenden Kühlsystems bzw. dem Kühlmittel (z. B. Druck-, Siedewasserreaktor bzw. gas-, wasser- oder natriumgekühlter Reaktor), nach den erzeugten Temperaturen (u. a. Hochtemperaturreaktor), nach dem Moderator (Leichtwasser-, Schwerwasser- oder Graphitreaktor); nach dem Grad der Gewinnung neuen Spaltstoffs unterscheidet man ↑Brutreaktoren (Brüter) und Konverter. Der Kernbrennstoff befindet sich (meist in Form von Tabletten) in gasdicht abgeschlossenen Brenn(stoff)stäben, die zu Brennelementen zusammengesetzt sind. Diese bilden, bei therm. Reaktoren zus. mit dem Moderator, die **Spaltzone (Reaktorkern,** engl. **Core)** des Kernreaktors. Der Moderator, ein zusätzlicher den Brennstoff umgebender Stoff, wird bei **therm. K.** eingesetzt, um die durch die Kernspaltung entstehenden schnellen Neutronen auf therm. Energien abzubremsen, da langsame Neutronen mit größerer Wahrscheinlichkeit von Spaltstoffkernen eingefangen werden und Kernspaltungen auslösen als schnelle. Bes. wirksame Moderatoren sind gewöhnl. (leichtes) Wasser, schweres Wasser und Graphit. Der gesamte Reaktorkern ist meist von einem gasdichten Druckbehälter (Reaktordruckbehälter) umgeben, der innen mit einem Neutronen reflektierenden, aus den gleichen Stoffen wie der Moderator bestehenden Material (Reflektor) zur Reduktion der Neutronenverluste ausgekleidet ist. Durch eine Änderung des Kühlmittelstroms durch den Reaktorkern und/oder der Neutronenabsorption lässt sich die Leistung eines K. während des Betriebes je nach Bedarf regeln. Die Erhöhung oder Verminderung der Neutronenabsorption erfolgt meistens durch Ein- und Ausfahren Neutronen absorbierender Regel-, Trimm- und Abschaltstäbe, z. B. aus Borkarbid oder Silber-Indium-Cadmium. Zur Abführung der in Wärme umgewandelten Energie muss der Reaktorkern gekühlt werden. Als Kühlmittel dienen Flüssigkeiten, Gase und niedrig schmelzende Metalle mit geringer Neutronenabsorption und guten Wärmeübertragungseigenschaften.

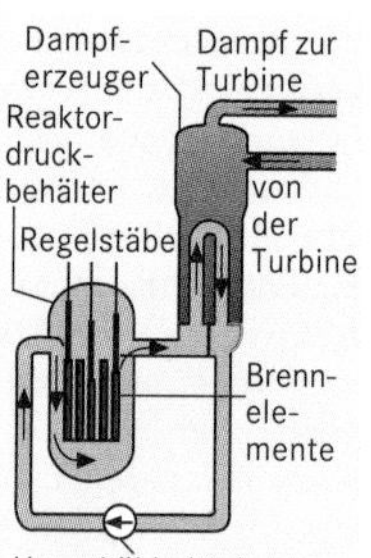

Kernreaktor: Das im Reaktordruckbehälter eines Druckwasserreaktors erhitzte Wasser des Primärkreislaufs wird durch Dampferzeuger gepumpt, auf deren Sekundärseite der Dampf für die Turbine entsteht.

Reaktorarten: Der als Leistungsreaktor in Kernkraftwerken am häufigsten eingesetzte K.-Typ ist heute der **Leichtwasserreaktor (LWR),** ein therm. K. mit leichtem Wasser als Moderator und Kühlmittel. Er wird als **Druckwasserreaktor (DWR)** und **Siedewasserreaktor (SWR)** gebaut. Als Brennstoff wird leicht mit U 235 angereichertes Uran (im Mittel ca. 3 %) in Form

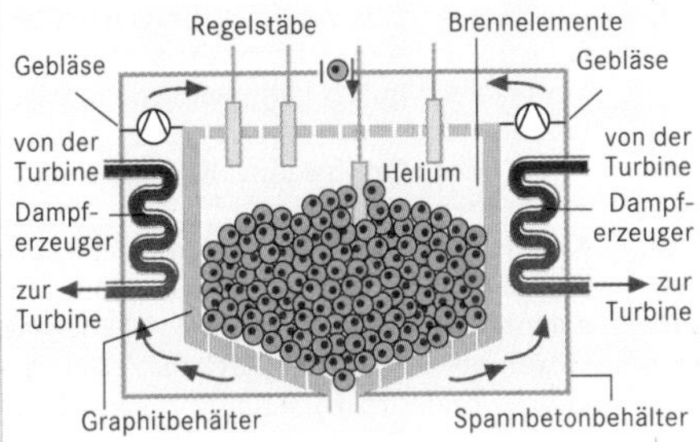

Kernreaktor: Beim heliumgekühlten Hochtemperaturreaktor dient der Reaktorbehälter (aus Graphit) als Reflektor und befindet sich zusammen mit den Dampferzeugern in einem Spannbetondruckbehälter.

von Urandioxid verwendet, das sich in gasdicht verschlossenen Rohren aus Zircaloy befindet und zus. mit diesen die Brennstäbe bildet. Der hohe Druck im Primärkreislauf des DWR und die dadurch verursachte Siedepunkterhöhung verhindern eine Dampfbildung im Reaktorkern; die Wärme wird im indirekten Kreislauf abgeführt. Der DWR, der in Dtl. als Standardreaktor gilt, liefert heute elektr. Leistungen bis zu etwa 1 500 MW. Im Ggs. zum DWR kommt es beim SWR zum Sieden des Wassers; der im K. erzeugte Dampf wird meist direkt zur Turbine geleitet. Der **Schwerwasserreaktor,** ein mit schwerem Wasser (D_2O) moderierter K., arbeitet nach dem Prinzip des DWR und wird ebenfalls als Leistungsreaktor eingesetzt. Wegen der guten Moderationseigenschaften des schweren Wassers (geringe Neutronenabsorption) kann dieser K. mit Natururan als Brennstoff arbeiten. Eine andere Baulinie, die **Druckröhrenreaktoren,** führt leichtes oder schweres Wasser als Moderator und Kühlmittel in einzelnen Druckröhren (ohne Reaktordruckbehälter) durch den Reaktorkern. Der **Hochtemperaturreaktor (HTR),** ein therm. K., arbeitet mit Graphit als Moderator und dem Edelgas Helium als Kühlmittel. Kernbrennstoff ist ein Gemisch aus Uran- und Thoriumkarbid. Die hohen Kühlgastemperaturen erlauben den Einsatz moderner Dampfprozesse und Turbogeneratoren mit hohem therm. Wirkungsgrad sowie die Auskopplung von Prozesswärme. Beispiele sind die K. in Jülich und Hamm-Uentrop (heute stillgelegt). – Da bei der Kernspaltung durch ein Neutron jeweils mehr als zwei neue Neutronen freigesetzt werden, ist nicht nur die Aufrechterhaltung einer Kernkettenreaktion, sondern auch die Umwandlung von nicht spaltbarem Material in spaltbares **(Konversion)** möglich, wobei unter bestimmten Bedingungen mehr Spaltstoff erzeugt werden kann als gleichzeitig zur Energieerzeugung verbraucht wird (↑Brüten). Für diesen Prozess eignen sich das Uranisotop U 238 und das Thoriumisotop Th 232. Beim bes. effektiven Uran-Plutonium-Brutprozess wandeln sich bei der Kernspaltung entstehende schnelle Neutronen U-238-Kerne in spaltbare Pu-239-Kerne um **(schneller Brutreaktor, schneller Brüter).** Dieser Reaktortyp arbeitet ohne Moderator und mit flüssigem Natrium als Kühlmittel. Im Reaktorkern ist die Spaltzone von einem so

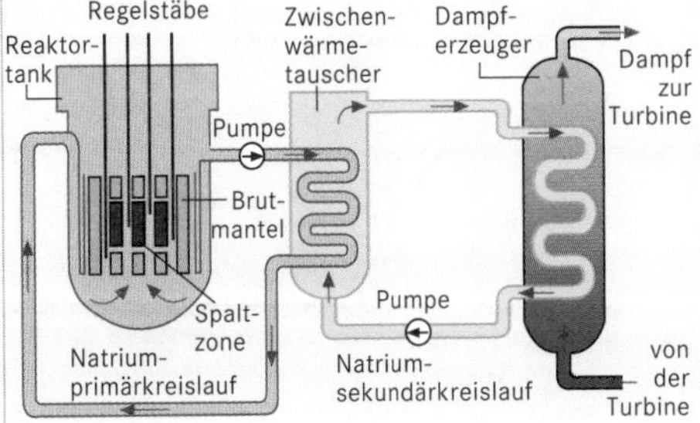

Kernreaktor: Beim schnellen Brutreaktor wird im Brutmantel aus Uran 238 thermisch spaltbares Plutonium 239 erbrütet; der Natriumsekundärkreislauf (Zwischenkühlkreislauf) trennt den radioaktiven Natriumprimärkreislauf vom Wasser-Dampf-Kreislauf des Dampferzeugers.

genannten Brutmantel umgeben, in dem im Wesentlichen der Brutprozess stattfindet. Brutreaktoren können durch Umwandlung des nicht spaltbaren U 238 eine bis zu 100fach höhere Energieausbeute aus Natururan als Leichtwasserreaktoren erzielen. Der schnelle Brutreaktor in Kalkar wurde 1991 aus wirtsch. und polit. Gründen nicht in Betrieb genommen. 1994 wurde der Prototyp eines schnellen Brutreaktors in Japan (Monju) erstmals kritisch. Am 8. 12. 1995 traten dort bei einem schweren Störfall des Kühlsystems fast 3 t flüssiges Natrium aus. Die größte Anlage dieses Typs, der »Superphénix« (1 200 MW) in Frankreich (Creys-Malville), soll nicht mehr der Stromerzeugung, sondern nur noch Forschungs- und Demonstrationszwecken dienen. – Weltweit sind heute über 1 000 K. in Betrieb; davon etwa 300 Forschungsreaktoren als Neutronenquellen, ca. 430 in Kernkraftwerken, die übrigen in Schiffen (fast ausschließl. im militär. Bereich) mit Kernenergieantrieb.

🕮 *Emendörfer, D. u. Höcker, K.-H.: Theorie der K., 2 Bde. Mannheim u. a. 1-21982–93. – Seifritz, W.: K. von morgen. Eine Analyse u. Bewertung der zukünftigen Reaktorgeneration. Köln 1992.*

Kernresonanz, die ↑Kernspinresonanz.

Kernresonanzfluoreszenz, das Verhalten von Atomkernen (eines Absorbers) gegenüber der Gammastrahlung, die von gleichartigen Kernen ausgestrahlt wird: Atomkerne absorbieren unter bestimmten Bedingungen Gammaquanten **(Kernresonanzabsorption)** und emittieren wenig später die Anregungsenergie in Form eines Gammaquants gleicher Energie. Bei der Wechselwirkung zw. Atomkern und Gammaquant treten durch dessen großen Rückstoß (Impulserhaltung) Energieverluste auf, sodass Absorptions- und Emissionsfrequenz sich merklich unterscheiden. K. wird daher nur beobachtet, wenn der Unterschied durch Doppler-Verschiebung beim Strahler oder Absorber kompensiert wird; über rückstoßfreie K. ↑Mößbauer-Effekt.

Kernresonanzspektroskopie, ↑NMR-Spektroskopie.

Kernsdorfer Höhe (poln. Dylewska Góra), höchste Erhebung Ostpreußens, im Hockerland, Polen, 312 m über dem Meeresspiegel.

Kernseife, harte Natronseife. (↑Seife)

Kernspaltung, Ende 1938 von O. Hahn und F. Straßmann beim Beschuss des Elements Uran mit langsamen Neutronen entdeckte Zerlegung eines Atomkerns mit hoher Nukleonenzahl in zwei Kerne mittlerer Nukleonenzahl und vergleichbarer Massen (so genannte Spaltprodukte). Die K. ist mit der Emission von Elementarteilchen wie Neutronen, Neutrinos, Betateilchen und Photonen verbunden. Die erste theoret. Erkärung für die K. gaben 1939 L. Meitner und O. R. Fritsch. Die Nuklide der schweren Elemente Thorium und Uran sowie der Transurane sind instabil und zerfallen durch Zuführung einer geeigneten Anregungsenergie, z. B. durch das Eindringen eines Neutrons in den Atomkern, in zwei mittelschwere Kerne **(induzierte K.),** z. T. aber auch mit einer bestimmten, i. Allg. sehr großen Halbwertszeit von selbst **(spontane K.).** Hierbei werden pro Spaltung etwa 10% der gesamten Kernbindungsenergie, rd. 200 MeV, frei, die sich zunächst in kinet. Energie der Spaltprodukte und Strahlungsenergie, schließlich in Wärmeenergie umsetzen. Die Energie entsteht durch Massenumwandlung des Spaltstoffes (↑Massendefekt). Pro Spaltvorgang werden zwei bis drei schnelle Neutronen **(Spaltneutronen)** ausgesandt, die den

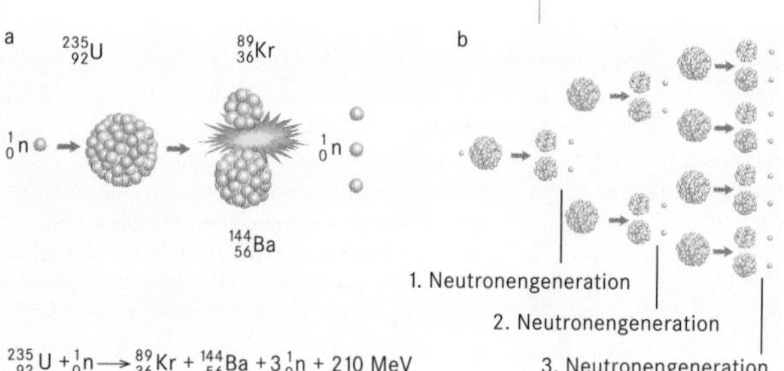

Kernspaltung: Prinzip der Kernspaltung und der Kernkettenreaktion in Uran 235 (Kr = Krypton, Ba = Barium, U = Uran, n = Neutron)

Spaltprozess aufrechterhalten können (↑Kettenreaktion); weil die Neutronen i. Allg. nicht sofort, sondern z. T. erst nach mehreren Sekunden frei werden **(verzögerte Neutronen),** ist der Spaltungprozess steuerbar. Die Spaltprodukte sind überwiegend radioaktiv, da sie meist einen erhebl. Neutronenüberschuss besitzen, den sie durch mehrfache Emission von Betastrahlung ausgleichen (Betazerfälle).
Am wichtigsten sind die K. der Uranisotope U 233 und U 235 sowie des Plutoniumisotops Pu 239, da sie bereits durch therm. Neutronen (Energie < 0,025 eV) ausgelöst werden können **(therm. K.).** Diese Isotope dienen als Kernbrennstoff zur Energieerzeugung in Kernreaktoren oder als Spaltmaterial in Kernwaffen. Mit höheren Neutronenenergien sind alle Uran- und Thoriumisotope sowie Transurane spaltbar, bei geeigneter Energiezufuhr durch Stoßprozesse beliebiger Art (Alphateilchen, Deuteronen, Protonen, Photonen) auch leichtere und sogar stabile Kerne wie die von Wismut, Blei, Thallium, Quecksilber und Gold bis herab zum Platin. Darüber hinaus wurden auch beim Beschuss von Urankernen mit energiereichen Uranionen K. beobachtet.

Kernspaltungsspuren-Methode (Spaltspurmethode, Fission-Track-Methode), Methode zur numer. Altersbestimmung von Gesteinen, deren Anwendungsbereich von einigen 100 Mio. bis zu einigen 1 000 Jahren reicht. Sie beruht auf der spontanen Kernspaltung des ^{238}U-Nuklids, das 99,3 % Anteil am natürl. Uran hat. Die beiden schweren Kernfragmente jeder einzelnen Spaltung hinterlassen in Mineralen **Spaltspuren,** die durch Anätzen mikroskopisch sichtbar werden. Die Halbwertszeit dieses radioaktiven Zerfalls ist mit $8 \cdot 10^{15}$ Jahren zwar ziemlich lang, reicht aber aus, um in geolog. Zeiträumen genügend Spuren zu hinterlassen. Aus der Anzahl der Spuren lässt sich das Alter berechnen. Als metastabile Strahlenschäden neigen die Spaltspuren im Laufe der Zeit zum Verheilen, was zur Erniedrigung des Spaltspuralters führt. Die Ausheilgeschwindigkeit hängt von der Art des Minerals und der Temperatur ab.

Kernspektroskopie, kernphysikal. Verfahren zur Bestimmung der Energieniveaus von Atomkernen, der zugehörigen Quantenzahlen sowie der Lebensdauern und Zerfallsmöglichkeiten angeregter Zustände. Methoden der K. sind Beta-, Gamma- und NMR-Spektroskopie, der Kernphotoeffekt und die Kernresonanzfluoreszenz.

Kernspinresonanz (Kernresonanz, [para]magnetische Kernresonanz), Abk. **NMR** (von engl. **n**uclear **m**agnetic **r**esonance), die Auslösung von Richtungsänderungen der Drehimpuls- bzw. Spinachse eines Atomkerns, der in einem homogenen Magnetfeld eine ↑Larmor-Präzession ausführt, durch ein äußeres magnet. Wechselfeld. Der Übergang eines Teils der Spins in ein Niveau mit größerer magnet. Energie ist an der Energieentnahme aus dem Wechselfeld als Dämpfung (Absorption) erkennbar und wird als Absorptionssignal des Wechselfeldes (»Purcell-Methode«) oder durch ↑Kerninduktion (»Bloch-Methode«) nachgewiesen. Die K. wird bes. zur Strukturaufklärung in der ↑NMR-Spektroskopie genutzt.

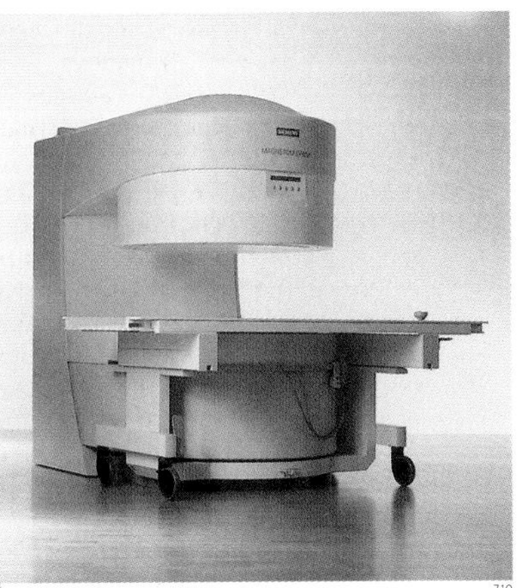

710
Kernspintomographie: ein zur Seite geöffneter Kernspintomograph

Kernspintomographie (Kernspinresonanztomographie, Magnetresonanztomographie), Untersuchungsverfahren zur Erzeugung von Querschnittsbildern der anatom. Verhältnisse des menschl. Körpers unter Nutzung der Kernspinresonanz. Der Patient befindet sich im Magnetfeld eines Kernspintomographen. Aus den räuml. Verteilungen der Kernresonanzsignale können, vergleichbar der Computertomographie mit Röntgenstrahlen, mittels Com-

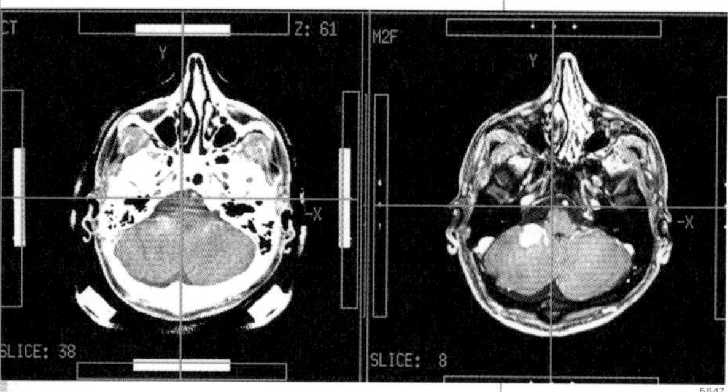

Kernspintomographie: Vergleich einer Computertomographieaufnahme (links) eines Patienten mit Hirntumor mit einer Kernspintomographieaufnahme (rechts) der gleichen Schicht nach Kontrastmittelgabe; während der Tumor im Computertomogramm nur schlecht zu erkennen ist, ist er im Kernspintomogramm deutlich als heller Bereich gegenüber dem umliegenden Gewebe abgegrenzt

puter Schichtbilder mit beliebigen Orientierungen der Schnittflächen erzeugt oder Stoffwechselvorgänge verfolgt werden. Die K. arbeitet ohne ionisierende Strahlung, d.h., es besteht kein Strahlenrisiko. Sie dient u.a. zur Darstellung und z.T. zur Unterscheidung gut- oder bösartiger Tumoren oder krankhafter Prozesse in Gehirn und Rückenmark. Die **funktionelle K. (funktionelle Magnetresonanztomographie,** Abk. **fMRT)** ist ein Untersuchungsverfahren zur Erzeugung von Hirnstrombildern, auf denen die Hirnregionen identifiziert werden können, in denen durch definierte Verhaltensänderungen, Lernprozesse und/oder Sinnesaktivitäten erhöhte oder reduzierte Aktivitäten der Nervenzellen auftreten. Grundlage dieses Verfahrens ist der lokal gesteigerte Blutfluss in aktivierten Hirnregionen. Dadurch kommt es zu einer lokalen Änderung des Verhältnisses zw. dem diamagnet. sauerstoffreichen und dem paramagnet. sauerstoffarmen Hämoglobin. Diese aktivitätsinduzierte Änderung der magnet. Eigenschaften des Blutfarbstoffs Hämoglobin und damit die lokalen Blutflussänderungen werden mit dem Kernspintomographen gemessen. Die funktionelle K. erlaubt Funktionsanalysen des gesunden und des erkrankten Gehirns.

Kernsprung, Zerspaltung von Gesteinsblöcken an radial verlaufenden Fugen oder Klüften in zwei oder mehrere größere Einzelblöcke, v.a. in ariden Gebieten; bedingt durch Hydratation, Temperaturverwitterung oder Frostsprengung.

Kernspur|emulsion (Kernemulsion), Silberhalogenidschicht einer Fotoplatte **(Kernspurplatte),** die durch Erhöhung des Silberhalogenidanteils und Verminderung sowie Gleichmäßigkeit der Korngröße für die Untersuchung von Kernreaktionen und Vorgängen der kosm. Strahlung bes. empfindlich ist. Durchsetzen Kernbruchstücke oder andere geladene Teilchen die Schicht, so erzeugen sie längs ihrer Bahnen in dichter Folge Ionenpaare, die die getroffenen Silberhalogenidkristalle entwickelbar machen. Man erhält Reihen von Schwärzungskörnern, die die Teilchenspuren markieren. Deren Auswertung liefert Daten über Masse, Energie, Ladung u.a. der Teilchen und erlaubt ihre Identifizierung.

Kerntechnik (Kernenergietechnik), Bereich der Technik, der die prakt. Nutzbarmachung der Kernenergie und die Anwendung von Radionukliden umfasst. Die K. beinhaltet v.a. Entwicklung, Bau und Betrieb von Kernreaktoren und Kernkraftwerken sowie alle damit zusammenhängenden Probleme: Entwicklung von automat. Kontroll-, Bedienungs- und Sicherheitseinrichtungen, Gewinnung, Verarbeitung und Wiederaufarbeitung von Kernbrennstoffen, Produktion und Gewinnung von Radionukliden, Beseitigung radioaktiver Abfälle, Bau von Strahlenschutzanlagen, Entwicklung von Reaktorwerkstoffen sowie von Systemen zur Abführung und Ausnutzung der in einem Kernreaktor frei werdenden Wärme.

Kernteilung, die direkte **(Amitose)** oder indirekte Teilung **(Karyokinese, Mitose,**

Meiose) des Zellkerns der Organismen, der meist eine Zellteilung folgt.

Kern|umwandlungen, jede durch äußere Einwirkung bewirkte (induzierte) oder von selbst (spontan) erfolgende Umwandlung eines Atomkerns in einen oder mehrere andere Kerne. Zu den K. gehören sowohl ↑Kernreaktionen als auch radioaktive Umwandlungen (↑Radioaktivität).

Kernverdampfung, Kernreaktion eines Einfangprozesses, bei der ein hochangeregter Zwischenkern durch Emisssion von einzelnen Nukleonen, Deuteronen oder Alphateilchen in einen stabilen Zustand übergeht; hierzu kann schon eine Anregungsenergie von 10 MeV ausreichen. Während diese Prozesse bei hinreichend hoher Energie der Geschossteilchen bei allen Kernen stattfinden können, tritt die bereits bei niedrigen Geschossenergien eintretende ↑Kernspaltung nur bei schweren Atomkernen auf, bei denen die Kernbindungsenergie kleiner ist als die ihrer beiden mittelschweren Bruchstücke.

Kernverschmelzung, die ↑Kernfusion.

Kernwaffen, ↑ABC-Waffen.

kernwaffenfreie Zone (atomwaffenfreie Zone), Bez. für ein Gebiet, in dem die Herstellung, Lagerung, Erprobung, der Erwerb und die Anwendung von Kernwaffen (Atomwaffen) aufgrund internat. Verträge verboten ist. Die Schaffung solcher Zonen gilt als wesentl. Beitrag zur Abrüstung und internat. Entspannung. Zur k. Z. wurden erklärt: die Antarktis (1959), der Weltraum (1967), Lateinamerika und die Karibik (1967), der Meeresboden (1971), der Südpazifik (1985) und Südostasien (1995). 1996 unterzeichneten 49 afrikan. Staaten einen Vertrag zur Schaffung einer afrikan. k. Z.; er tritt in Kraft, wenn ihn 28 afrikan. Staaten ratifiziert haben.

Kernwaffensperrvertrag (Atomwaffensperrvertrag, offiziell engl. Treaty on the Non-Proliferation of Nuclear Weapons), Vertrag über die Nichtweiterverbreitung von Kernwaffen, ausgehandelt 1965–68 von den USA, der UdSSR und Großbritannien, unterzeichnet am 1. 7. 1968; trat 1970 nach der Ratifizierung durch die Depositarmächte (USA, UdSSR, Großbritannien) und 40 weitere Unterzeichnerstaaten in Kraft. Unter Hinweis auf ihre nat. Souveränität und die Gefahr eines weltpolit. Übergewichts der USA und der UdSSR unterzeichneten Frankreich und China den Vertrag erst 1992. Konferenzen über die Wirksamkeit des K. fanden seit 1975 alle 5 Jahre statt. Am 11. 5. 1995 wurde der Vertrag von mittlerweile 178 Staaten unbefristet verlängert. Ziel des K. ist es, Kernwaffen abzurüsten und deren Verbreitung, Ankauf oder ihre Herstellung durch bisher kernwaffenlose Staaten zu verhindern. Die Wirksamkeit des K. wird durch die ihm nicht beigetretenen **Schwellenmächte** (Staaten mit dem technolog. und wirtsch. Potenzial zur Produktion von Atomwaffen) beeinträchtigt.

Kernwaffentest, Zündung eines atomaren Sprengkopfes im Rahmen der Entwicklung eines Kernwaffentyps zur Überprüfung seiner Funktionsfähigkeit und Wirkungsweise. Neben den herkömml. Testmethoden, bei denen ganze Kernwaffen zur Explosion gebracht werden, gibt es »hydronukleare Tests«, bei denen nur vergleichsweise geringe Mengen von Kernenergie freigesetzt werden. Außerdem gibt es »hydrodynam. Tests«, in denen der chem. Sprengstoff, der den aus Plutonium hergestellten Hohlkörper einer Kernwaffe umgibt, aus dieser herausgenommen und zur Explosion gebracht wird. Dabei kommt weder Uran noch Plutonium zum Einsatz. Schließlich besteht die Möglichkeit, K. durch Computersimulation durchzuführen. ✣ **siehe ZEIT Aspekte**

Kernzertrümmerung, *Kernphysik:* ↑Kernexplosion.

Kerogen [grch. kērós »Wachs«] *das,* in Sedimentgesteinen dispers verteilte, gelbe bis braune, feste Substanz aus hochpolymeren organ. Verbindungen. Aus K. können Erdöl und Erdgas entstehen.

Kerosin *das,* zw. etwa 150 und 250 °C siedende Erdölfraktion. K. wird v. a. als Flugturbinenkraftstoff, in geringerem Umfang für Beleuchtungszwecke und zur Gewinnung von Normalparaffinen verwendet.

Kerouac ['kerʊæk], Jack, amerikan. Schriftsteller, * Lowell (Mass.) 13. 3. 1922, † Saint Petersburg (Fla.) 21. 10. 1969; neben A. Ginsberg und W. S. Burroughs einer der bekanntesten Autoren der Beatgeneration; gestaltete in dem Roman »Unterwegs« (1958) den Bruch mit der als erstarrt erlebten Wohlstandsgesellschaft; spätere Werke sind außerdem vom Zen-Buddhismus beeinflusst (»Gammler, Zen und hohe Berge«, 1959; »Engel, Kif und neue Länder«, 1960).

Kẹrpen, Stadt im Erftkreis, NRW, am Westrand der Ville, 62400 Ew.; Metall- und Fahrzeugbau, elektrotechn. Ind.; der Braunkohlenbergbau ist erloschen. – Kath. Pfarrkirche St. Martin (13.–15. Jh.). – 871 erstmals urkundlich erwähnt; seit 1975 Stadt.

Kerr, 1) [kɛr], Alfred, urspr. A. Kempner, Kritiker und Schriftsteller, * Breslau 25. 12. 1867, † Hamburg 12. 10. 1948; einer der einflussreichsten Theaterkritiker Berlins in der Zeit vom Naturalismus bis 1933 (»Tag«, »Neue Rundschau«, »Berliner Tageblatt«); förderte H. Ibsen und G. Hauptmann. K. sah in der Kritik eine eigene Kunstform und schuf dafür einen treffenden, geistreich-iron. und oft absichtlich saloppen Stil (»Die Welt im Drama«, 5 Bde., 1917; »Was wird aus Deutschlands Theater?«, 1932). 1933 emigrierte K. nach London.

2) [engl. kɑ:, auch kə:], Deborah Jane, brit. Filmschauspielerin, * Helensburgh (Strathclyde Region) 30. 9. 1921; nach dem Film »Die schwarze Narzisse« (1947) spielte sie überwiegend in den USA; auch Theater- und Fernsehrollen (»Hold the Dream«, 1986).

Weitere Filme: Verdammt in alle Ewigkeit (1953); Bonjour Tristesse (1958); Das Arrangement (1969); Reunion at Fairborough (1984).

3) [engl. kɑ:, auch kə:], John, brit. Physiker, * Ardrossan (North Ayrshire) 17. 12. 1824, † Glasgow 18. 8. 1907; entdeckte den elektroopt. (1875) und den magnetoopt. (1876) ↑Kerr-Effekt und entwickelte die ↑Kerr-Zelle.

Kẹrr-Effekt [nach J. Kerr], 1) **elektroopt. K.-E.,** Erscheinung, dass isotrope Stoffe (bes. Flüssigkeiten) durch Ausrichtung ihrer polaren Moleküle im elektr. Feld doppelbrechend werden (↑Doppelbrechung). Der relative opt. Gangunterschied für die beiden parallel und senkrecht zum elektr. Feld polarisierten Komponenten eines einfallenden Lichtstrahls ist dem Quadrat der elektr. Feldstärke und der durchlaufenen Strecke des Feldes proportional; die Proportionalitätskonstante ist die wellenlängenabhängige **Kerr-Konstante** des betreffenden Stoffes. 2) **magnetoopt. K.-E.,** an magnetisierten ferromagnet. Spiegeln bei der Reflexion von Licht auftretende Änderung der Polarisationsverhältnisse. Die Drehung der Schwingungsellipse des reflektierten Lichts und die Änderung des Achsenverhältnisses sind der im Spiegel erzeugten Magnetisierung proportional. Der magnetoopt. K.-E. geht auf dem Zeeman-Effekt zurück. 3) **opt. K.-E.,** Effekt der nichtlinearen Optik, nach dem die Brechzahl n eines transparenten Mediums bei hohen Lichtintensitäten linear mit wachsender Intensität zunimmt. Der opt. K.-E. führt u. a. zu einer Selbstfokussierung eines intensiven Laserstrahls.

Kẹrri|e *die* (Goldröschen, Ranunkelstrauch, Kerria japonica), ostasiat. Rosengewächs, sommergrüner Strauch mit tief gesägten Blättern und gelben Blüten; Parkpflanze.

Kerry [ˈkerɪ] (irisch Ciarraí), Cty. im SW der Rep. Irland, 4701 km², 125900 Ew.; Hptst. ist Tralee. Einzelne gebirgige, moorbedeckte Halbinseln ragen weit in den Atlantik (Riaküste). Die eiszeitl. Überprägung hat Täler und Seenlandschaften entstehen lassen. Milchwirtschaft, Jungviehaufzucht, Schafwirtschaft, daneben Küstenfischerei und Tourismus.

Kerry [ˈkerɪ], John Forbes, amerikan. Politiker, * Denver (Colo.) 11. 12. 1943; Katholik. K. nahm während seines Militärdienstes 1966–69 bei der US-Navy am Vietnamkrieg teil, den er im Anschluss als Sprecher einer Veteranenvereinigung öffentlichkeitswirksam kritisierte. Als promovierter Jurist arbeitete K. als Rechts- und Staatsanwalt und schloss sich der Demokrat. Partei an. 1982 wurde er zum Vizegouverneur, 1984 zum Senator für Massachusetts gewählt (1990, 1996 sowie 2002 bestätigt). K., der 2000 bei der Nominierung des demokrat. Präsidentschaftskandidaten A. Gore unterlag, konnte sich bei den Vorwahlen 2004 als Herausforderer des amtierenden

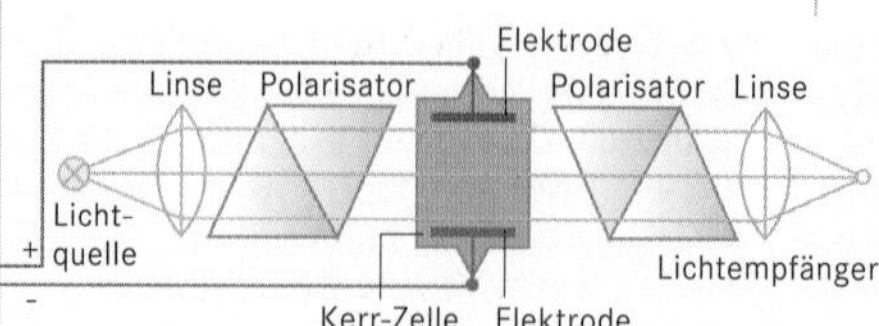

Kerr-Effekt: schematischer Aufbau einer Kerr-Zelle zur Umwandlung elektrischer Spannungsschwankungen in Lichtintensitätsschwankungen

Präs. durchsetzen. Am 29. 7. 2004 wurde er auf dem Parteitag der Demokraten mit überwältigender Mehrheit als Präsidentschaftskandidat nominiert, unterlag aber G. W. Bush in der Wahl am 2. 11. 2004.

Kerr-Zelle (Karolus-Zelle) [nach J. Kerr und A. Karolus], Gerät zur Umwandlung elektr. Spannungsschwankungen in Lichtintensitätsschwankungen. In einem mit Nitrobenzol gefüllten Glasgefäß befinden sich in geringem Abstand zwei Elektroden, an die Wechselspannung angelegt wird. Die Polarisationsebene eines hindurchgehenden polarisierten Lichtstrahls wird infolge der induzierten Doppelbrechung (↑Kerr-Effekt) beim Durchgang durch die K.-Z. gedreht, wobei die Größe der Drehung von der Spannung an den Elektroden abhängt. Fängt man Licht mit der Schwingungsrichtung der einfallenden Welle durch einen (gekreuzten) Analysator ab, so erhält man einen Lichtstrahl, dessen Helligkeit sich im Takt der Spannungsschwankungen ändert. K.-Z. werden u. a. zur Umwandlung von Mikrofonströmen in Lichtimpulse beim Tonfilm (Lichtsteuergeräte), als Lichtmodulator bei der Lasersteuerung und als schnelle elektroopt. Schalter z. B. bei der Hochgeschwindigkeitsfotografie verwendet. Höhere Modulationsfrequenzen erzielt man aber erst mit Kristallen als aktivem Medium.

Kersantit *der,* zu den Lamprophyren gehörendes dunkles Ganggestein, besteht vorwiegend aus Plagioklas und Biotit.

Kerschensteiner, Georg, Pädagoge, *München 29. 7. 1854, †ebd. 15. 1. 1932; Schulreformer, Bildungstheoretiker, Begründer der Berufsschule; Vorkämpfer der Arbeitsschule (Betonung des Werkunterrichts); setzte sich für ein begabungs- und entwicklungsgemäßes Schulsystem ein.

Werke: Der Begriff der staatsbürgerl. Erziehung (1910); Begriff der Arbeitsschule (1912); Das Grundaxiom des Bildungsprozesses (1917); Die Seele des Erziehers und das Problem der Lehrerbildung (1921); Theorie der Bildung (1926).

Kersting, Georg Friedrich, Maler, *Güstrow 31. 10. 1785, †Meißen 1. 7. 1847; leitete ab 1818 die Malereiabteilung der Meißener Porzellanmanufaktur; malte, von C. D. Friedrich beeinflusst, kleinformatige Bilder schlichter Innenräume mit einzelnen, in ihre Tätigkeit vertieften Menschen.

Kertész ['kɛrte:s], Imre, ungar. Schriftsteller, *Budapest 9. 11. 1929; wegen seiner jüd. Herkunft 1944 nach Auschwitz deportiert, 1949–50 Journalist. Sein literar. Werk ist geprägt von der Erfahrung des Holocaust, den er als unauslöschl. Zäsur der Menschheitsgeschichte begreift. Für seinen autobiograf. »Roman eines Schicksallosen« (1975) erhielt er 2002 den Nobelpreis für Literatur. Das Werk zählt zu seiner »Trilogie der Schicksallosigkeit«, zu der außerdem die Romane »Fiasko« (1988) und »Kaddisch für ein nicht geborenes Kind« (1990) gehören und an die auch der Roman »Liquidation« (2003) anschließt. Sie sind literar. Schlüsselwerke zum Thema Holocaust. K.' autobiograf. Aufzeichnungen aus den späteren Jahren (»Galeerentagebuch«, 1992; »Ich – ein anderer«, 1997) sind gleichfalls davon bestimmt. K. tritt auch als Übersetzer aus dem Deutschen hervor (u. a. F. Nietzsche, S. Freud, E. Canetti).

Kerrie: Blütenzweige der gefüllten Form

Kertsch, 1) Landvorsprung im O der Halbinsel (Rep.) Krim, Ukraine, rd. 3 000 km² groß, mehrere Schwefelwasserstoff ausscheidende Schlammvulkane; Ackerbau; der Eisenerztagebau (Limonit) wurde 1992 eingestellt.

2) Stadt auf 1) an der Straße von K., in der zur Ukraine gehörenden autonomen Rep. Krim, 157 000 Ew.; Eisenerzbergbau, Hüttenwerk, Großtankerbau, Fischverarbeitung; Eisenbahnfährhafen. – K., das altgrch. Pantikapaion, war seit dem 5. Jh. v. Chr. Hptst. des Bosporan. Reiches, im 13. Jh. genues. Handelsplatz; vom 13. Jh.

Kertsch 2): Blick auf die Stadt auf der gleichnamigen Halbinsel

100264

bis 1475 unter mongol. Herrschaft, danach türkisch und seit 1774 russisch; im Krimkrieg 1855 zerstört. – Archäolog. Funde um K. sind v.a. der 6 km westlich der Stadt liegende skyth. Grabhügel Kul-Oba des 4. Jh. v. Chr. mit reichen Funden (Schmuck u.a. Gegenstände aus Gold), **Kertscher Vasen** (attisch-rotfigurige Vasen des 4. Jh. v. Chr.), Reste von Terrassenanlagen und Häusern.

Kertsch, Straße von, Meerenge zw. den Halbinseln Krim und Taman, 4–15 km breit, 41 km lang; Eisenbahnfähre; im Winter Eisgang.

Kerulen *der* (chines. Herlen He), Fluss im O der Mongolei (1 090 km) und in China (164 km), entspringt am S-Hang des Kenteigebirges, durchfließt steppenhafte Gebiete, endet im See Hulun Nur, der in niederschlagsreichen Jahren einen Abfluss zum Argun hat.

Kerullarios, Patriarch, ↑Michael Kerullarios.

Kerygma [grch. »das durch den Herold Ausgerufene«] *das,* im N.T. Bez. der Predigt Jesu und der nachösterl. Predigt über Jesus Christus (Röm. 16,25); ihr Zentrum ist das Zeugnis von Tod und Auferstehung Jesu Christi als der Mitte des christl. Glaubens (1. Kor. 15). Die von der historisch-krit. Exegese vorgenommene Unterscheidung zw. **histor. Jesus** als der geschichtlich geformten Überlieferung und **kerygmat.** (d.h. verkündigtem) **Christus** als dem sich immer neu ereignenden, den Hörer treffenden Wort Gottes (R. Bultmann) führte in der Konsequenz zu einer Abwertung des Interesses an der Person Jesu, was v.a. von E. Käsemann kritisiert worden ist.

Kerze, 1) *allg.:* Beleuchtungsmittel aus Talg, Bienenwachs, Stearin oder Paraffin; mit Docht. – Bei den Griechen waren K. wohl unbekannt, die Römer benutzten Talg-, Pech- und Wachskerzen. Im MA. war die K. die gebräuchlichste Beleuchtungsart. Seit 1818 gibt es Stearin-K., seit etwa 1830 K. aus Paraffin. – In der christl. Kirche sind K. seit dem 3. Jh. bei Begräbnisfeiern nachweisbar, als **Oster-K.** (»Lumen Christi«) erstmals im 5. Jh. in der Jerusalemer Grabeskirche. In der Frömmigkeit der orth. Kirche ist das Stiften von **Opfer-K.** weit verbreitet, in den westl. Kirchen der Brauch der **Taufkerze.**

2) *Lichttechnik:* (Hefner-K.), ↑Hefner-Alteneck.

Kerzen|nussbaum, der ↑Bankul.

Keschm (Kischm, Qeshm), lang gestreckte Felseninsel am Eingang zum Pers. Golf, zu Iran, rd. 1 200 km²; Salzgewinnung, Perlenfischerei; ergiebige Erdgasfelder; Freihandelszone (im Aufbau Betriebe der Petrochemie, Stahl-, Düngemittelproduktion); internat. Flughafen.

Kesey ['ki:sɪ], Ken Elton, amerikan. Schriftsteller, *La Junta (Colo.) 17. 9. 1935, †Eugene (Oreg.) 10. 11. 2001; zentrale Figur der Hippiekultur; benutzt in dem Roman »Einer flog über das Kuckucksnest« (1962; verfilmt) die Metapher der geschlossenen psychiatr. Anstalt zu scharfer Kritik an der amerikan. Gesellschaft.

Weitere Werke: Romane: Manchmal ein großes Verlangen (1964); Demon (1986); Last go round (1994). – Prosa: Der Tag, an dem Superman starb (1980).

Kessel, 1) [frz. kɛ'sɛl], Joseph, frz. Schriftsteller russ. Herkunft, *Clara (Prov. Entre Ríos, Argentinien) 10. 2. 1898, †Avernes (Dép. Val d'Oise) 23. 7.

1979; schrieb den ersten frz. Fliegerroman »L'équipage« (1923), später Abenteuerromane, erfolgreiche Gesellschaftsromane (»Die Spaziergängerin von Sanssouci«, 1936; verfilmt) und Reportagen.
2) Martin, Schriftsteller, *Plauen 14. 4. 1901, †Berlin 14. 4. 1990; schrieb Gedichte und Romane aus dem Großstadtleben und war ein Meister der essayist. und aphorist. Kleinform: »Herrn Brechers Fiasko« (R., 1932), »Lydia Faude« (R., 1965); »Aphorismen« (1948). Georg-Büchner-Preis 1954.

Kesselring, Albert, Generalfeldmarschall (seit 1940), *Marktsteft (Landkreis Kitzingen) 30. 11. 1885, †Bad Nauheim 16. 7. 1960; war 1936–37 Chef des Generalstabs der Luftwaffe; führte im Zweiten Weltkrieg Luftflotten; 1941–45 war er Oberbefehlshaber Süd (seit 1943 Südwest) im Mittelmeergebiet (Italien, N-Afrika), 1945 (März–April) Oberbefehlshaber West (W-Dtl.); 1947 wegen Geiselerschießungen von einem brit. Gericht zum Tode verurteilt, später zu lebensl. Haft begnadigt, 1952 freigelassen.

Kesselstein, Belag in Kesseln, Rohren, Kochgefäßen; entsteht beim Erhitzen von hartem Wasser unter Ausscheidung von Carbonaten (↑Wasserhärte). K. lässt sich mit verdünnter Säure (z. B. Essigessenz) entfernen (Entkalkung).

Kesseltreiben, Treibjagd auf einen Mittelpunkt zu; eine ausschl. auf dem Feld ausgeübte Jagdart auf Hasen.

Keßler, Harry Graf, Schriftsteller und Diplomat, *Paris 23. 5. 1868, †Lyon 30. 11. 1937; studierte Jura und Kunstgeschichte; langjähriger Präs. der Dt. Friedensgesellschaft, gründete 1913 in Weimar die »Cranach-Presse«, auf der mustergültige Handpressendrucke hergestellt wurden; war Mitherausgeber der Zeitschrift »Pan« (1895–1900). K. schrieb »Walter Rathenau« (1928), »Gesichter und Zeiten« (1935), »Tagebücher 1918–37« (hg. 1961).

Kesten, Hermann, Schriftsteller, *Podwołoczyska (heute Podwolotschisk, Gebiet Ternopol, Ukraine) 28. 1. 1900, †Riehen (bei Basel) 3. 5. 1996; kam mit seiner Familie früh nach Dtl. (Nürnberg); galt vor 1933 bes. mit den Romanen »Josef sucht die Freiheit« (1927), »Glückl. Menschen« (1931), »Der Scharlatan« (1932) als einer der wichtigsten Vertreter der Neuen Sachlichkeit; danach wurden seine Bücher verboten und verbrannt. K. lebte ab 1933 im Exil in Amsterdam und den USA (amerikan. Staatsbürger), von 1949 an in Rom und New York, ab 1980 in der Schweiz. K. war 1972–76 Präs. des PEN-Zentrums der Bundesrep. Dtl.; er erhielt 1974 den Georg-Büchner-Preis. Seine Romane und Novellen, die eine kritisch-satir. Zeitdiagnose stellen, sind Bekenntnisse zu Humanität und Freiheit (»Die Kinder von Gernika«, R., 1939; »Ein Mann von sechzig Jahren«, R., 1972; »Der Freund im Schrank«, Nov., 1983). K. schrieb auch Dramen (»Babel oder Der Weg zur Macht«, UA 1990), Gedichte (»Ich bin der ich bin«, 1974) sowie Essays; war auch als Übersetzer, Kritiker und Herausgeber tätig.

Kesting, Edmund, Maler, Grafiker und Fotograf, *Dresden 27. 7. 1892, †Birkenwerder (heute zu Hohen Neuendorf, Landkreis Oberhavel) 21. 10. 1970; in der Malerei und Grafik, ausgehend vom Expressionismus, wandte er sich bald bildner. Experimenten zu (Collage, Assemblage), wobei ab etwa 1923 konstruktiv-abstrakte Formen zunehmend vorherrschen. Um 1927 beginnt die Fotografie eine größere Rolle in seinem Schaffen zu spielen (Lichtmontage, Mehrfachbelichtung). Zu seinen herausragenden Leistungen gehören Porträtfotografien (u. a. Herwarth Walden, 1929) sowie die Serie »Totentanz von Dresden« (1945).

Keszthely ['kɛsthɛj], Kur- und Badeort am W-Ende des Plattensees, Ungarn, 20 600 Ew.; landwirtsch. Univ.; Plattenseemuseum. – Ehem. Franziskanerkirche (1386; 1747 barock umgebaut), Rathaus (1790), ehem. Schloss Festetics (ab 1745). – Abb. S. 570

Ketchup ['ketʃʌp; malaiisch-engl.] *der* oder *das* (Ketschup, Catchup), Würze ostind. Herkunft i. Allg. aus Tomaten, Zwiebeln, Zucker, Essig und Gewürzen.

Ketene [Kw.], sehr reaktionsfähige, unbeständige organ. Verbindungen mit der allgemeinen Formel $R_1R_2C=C=O$ (R_1, R_2 organ. Reste). Das einfachste der K. ist das Keten, $CH_2=C=O$, ein giftiges, scharf riechendes Gas, das für Acetylierungen dient; durch Dimerisierung entsteht **Diketen.**

Ketolide [Kw.], neue Klasse von Antibiotika, chemisch eng mit den ↑Makrolidantibiotika verwandt, stellen sie eine Weiterentwicklung dieser Gruppe dar; sie sind das Ergebnis der gezielten Suche nach

Substanzen, die auch gegen makrolidresistente Stämme wirksam sind, d.h., sie zeichnen sich dadurch aus, dass sie gegen penicillin- und erythromycinresistente grampositive Bakterienstämme zumindest noch teilweise wirksam sind. Außerdem besitzen K. ein ähnl. Wirkungsspektrum wie die Makrolidantibiotika (insbes. bei Atemwegsinfektionen) und eine ähnlich gute Verträglichkeit.

100045

Keszthely: ehemaliges Schloss Festetics (ab 1745 errichtet)

Ketone, organ. Verbindungen, bei denen die Carbonylgruppe $>C=O$ an Alkyl- oder Arylgruppen gebunden ist. Der einfachste aliphat. Vertreter ist das ↑Aceton, das einfachste aromat. K. das Benzophenon (Diphenylketon), $C_6H_5-CO-C_6H_5$. K. sind u.a. Lösemittel und Riechstoffe. Ketonverbindungen sind u.a. intermediäre Stoffwechselprodukte (↑Ketonkörper). Ketonharze, bes. in der Lackind. eingesetzt, sind meist sehr helle Kunstharze.

Ketonkörper, Substanzen des intermediären Stoffwechsels (Aceton, Acetessigsäure, β-Hydroxybuttersäure), die beim Fettsäureabbau entstehen und bes. bei Hungerzuständen und Diabetes mellitus vermehrt im Blut **(Ketonämie)** und im Harn **(Ketonurie)** vorkommen können.

Ketosäuren, ↑Oxocarbonsäuren.

Ketosen, Monosaccharide, die eine Ketongruppe enthalten, z.B. Fructose.

Kętrzyn ['kɛntʃin] (dt. Rastenburg), Krst. in der Wwschaft Ermland-Masuren, Polen, im ehem. Ostpreußen, 30100 Ew.; Lebensmittel-, elektrotechn., Holz-, Bekleidungsindustrie. – Ordensburg (um 1370, im 17. Jh. umgebaut). Bei K. befand sich Hitlers Hauptquartier ↑Wolfsschanze (dort am 20.7.1944 missglücktes Attentat auf Hitler).

Ketsch [engl.] *die,* größere Segeljacht mit zwei Masten. Der hintere, kleinere (Besan-)Mast steht vor dem Ruder.

Ketschua (Quechua), **1)** *das,* agglutinierende Sprache der Indios in den Zentralanden, mit einer Vielzahl voneinander abweichender Dialekte. K. war die einstige Verw.sprache des Inkareichs; heute in Peru neben Spanisch Amtssprache. Bekanntestes Literaturwerk in K. ist das Drama »Ollantay« (15. Jh.).

2) die Ketschua sprechenden Indios in den Anden von Ecuador bis Bolivien; meist Bauern und Hirten, die sich aufgrund ihrer gemeinsamen Geschichte (staatstragende Bev. des Inkareiches) als Kulturgemeinschaft, nicht aber als einheitl. Volk begreifen. Die etwa 10 bis 13 Mio. K. stellen heute noch den überwiegenden Teil der indian. Bev. in Peru, Bolivien, N-Chile, NW-Argentinien und S-Kolumbien.

Kette, 1) *Maschinenbau:* aus einzelnen Gliedern zusammengesetztes Zug- oder Treiborgan. Man unterscheidet **Glieder-K.,** deren Einzelglieder beweglich ineinander greifen und für schwerste Beanspruchungen mit zusätzl. Gliedstegen (Steg-K.) versehen sind, sowie **Gelenk-K. (Laschen-K.),** deren Einzelglieder durch eingesteckte Bolzen gelenkig miteinander verbunden sind. Zu Letzteren gehören Bolzen-K. (Laschen sitzen auf Bolzen), Hülsen-K. (Buchsen-K.; Innenlaschen sind auf Buchsen gepresst, die beweglich auf den mit den Außenlaschen fest verbundenen Bolzen sitzen), Rollen-K. (zur Verminderung der Reibung ist über die Bolzen der Hülsen-K. noch eine lose Rolle geschoben), Zahn-K. (Laschen besitzen Zähne, die in Zahnräder eingreifen) und Raupen-K. für die Fahrwerke von geländegängigen Förder- und Gleiskettenfahrzeugen.

2) *Schmuck:* ein Hals-, Hand-, oder Fußschmuck, der u.a. aus ineinander greifenden Metallgliedern, beweglich miteinander verbundenen Plättchen oder aufgereihten Perlen oder Schmucksteinen besteht.

3) *Textiltechnik:* 1) Weberei: Gesamtheit der in der Webmaschine gespannt geführten Fäden (Kettgarn), die für den Schusseintrag durch Heben und Senken das Webfach bilden; im Gewebe das in Längsrichtung verlaufende Fadensystem; 2) Wirkerei: Gesamtheit der in einer Kettenwirk- bzw. Raschelmaschine (↑Wirkerei) den Nadeln von einem Kettbaum für die Maschenbildung gespannt zugeführten Fäden.

Ketteler, Wilhelm Emmanuel Freiherr von, kath. Bischof, * Münster 25. 12. 1811, † Burghausen (Landkreis Altötting) 13. 7. 1877; seit 1850 Bischof von Mainz; 1848/49 Mitgl. der Frankfurter Nationalversammlung; 1871/72 MdR; forderte die rechtl. und kulturelle Autonomie der Kirche; war Gegner des Staatskirchentums; erkannte früh die Bedeutung der sozialen Frage (↑christlich-soziale Bewegungen); Gegner der Unfehlbarkeitserklärung des 1. Vatikan. Konzils; unterwarf sich aber dessen Beschluss.

Kettenarbeitsvertrag, Aneinanderreihung mehrerer befristeter Arbeitsverträge zw. denselben Parteien (↑befristetes Arbeitsverhältnis).

Kettenbruch, *Mathematik:* ein Bruch der Form

$$z = b_0 + \cfrac{a_1}{b_1 + \cfrac{a_2}{b_2 + \cfrac{a_3}{b_3 + \dots}}}$$

Man unterscheidet endl. und unendl. K.; für die unendl. K. gibt es Konvergenzkriterien. Sind alle $a_i = 1$, alle b_i ganze Zahlen und $i > 1$, $b_i > 0$, so heißt der K. regelmäßig. Man kann jede reelle Zahl durch einen regelmäßigen K. darstellen. Beispiel für eine rationale Zahl:

$$\frac{12}{7} = 1 + \frac{5}{7} = 1 + \frac{1}{\frac{7}{5}} = 1 + \cfrac{1}{1 + \frac{2}{5}} = \\ = 1 + \cfrac{1}{1 + \cfrac{1}{\frac{5}{2}}} = 1 + \cfrac{1}{1 + \cfrac{1}{2 + \frac{1}{2}}}$$

Irrationale Zahlen lassen sich in unendl.K. entwickeln.

Kettenfahrzeuge, die ↑Gleiskettenfahrzeuge.

Kettengebirge, lang gestreckte Gebirge von kettenförmiger Anordnung der Hauptkämme wie die meisten jungen Faltengebirge der Erde (Alpen, Himalaja, Anden); Ggs.: Massive.

Kettenlinie (Seilkurve), parabelähnl. Kurve, die ein biegsamer, undehnbarer Faden bei freier Aufhängung an zwei Punkten infolge der Schwerkrafteinwirkung bildet.

Kettenmoleküle, die ↑Makromoleküle.

Kettenreaktion, 1) *Chemie:* Vorgang, der sich, einmal eingeleitet, von selbst wiederholt, da die für die Auslösung (oder Aufrechterhaltung) des Prozessablaufs benötigten Produkte oder Reaktionspartner immer wieder neu erzeugt werden. Eine chem. K. besteht aus **Start-, Wachstums-** und **Abbruchreaktion.** Bei einer K. überträgt sich die an einer Stelle eingeleitete Reaktion auf viele Moleküle, die weitere Moleküle zur Reaktion bringen. Dabei treten instabile, reaktionsfähige Zwischenprodukte (K.-Träger) auf, bei Radikal-K. Radikale und bei Ionen-K. Ionen. Chem. und biochem. K. heißen Stufenreaktionen. Beispiel einer photochem. K. ist die Chlorknallgasreaktion ($h\nu$ Lichtquantenenergie):

$$\begin{array}{lll} Cl_2 + h\nu & \rightarrow Cl^{\cdot} + Cl^{\cdot} & \} \text{Startreaktion} \\ Cl^{\cdot} + H_2 & \rightarrow HCl + H^{\cdot} & \rbrace \text{Wachstums-} \\ H^{\cdot} + Cl_2 & \rightarrow HCl + Cl^{\cdot} & } \text{reaktion} \\ H^{\cdot} + Cl^{\cdot} & \rightarrow HCl & \rbrace \text{Abbruch-} \\ 2H^{\cdot} + 2Cl^{\cdot} & \rightarrow H_2 + Cl_2 & } \text{reaktion} \end{array}$$

2) *Physik:* (Kernkettenreaktion), eine sich selbst erhaltende Folge von ↑Kernspaltungen, bei der die je Kernspaltung freigesetzten Neutronen (etwa 2,5) so viele weitere Kernspaltungen bewirken, dass der Prozess erst zum Erliegen kommt, wenn er durch äußere Einwirkung unterbrochen wird (z. B. mithilfe von Abschaltstäben in einem Kernreaktor) oder aufgrund innerer Gesetze erlischt (z. B. weil die Menge des Spaltstoffs zu gering ist). Die K. läuft im Kernreaktor kontrolliert unter gleichförmiger Energiefreisetzung ab. Bei Kernwaffen schwillt die Zahl der Kernspaltungen dagegen rasch an, was zu einer explosionsartigen Energiefreisetzung führt.

Kettenreim, *Verslehre:* 1) **innerer K.,** das Ende der Verszeile reimt mit einem Wort innerhalb des folgenden Verses. 2) **äußerer K.,** Endreime mit der Reimstellung a b a, b c b, c d c, z. B. die Reimfolge der Terzine.

Kettenschluss, *Logik:* Folge von Schlüssen, bei denen die Konklusion (Schlussfolgerung) eines vorausgehenden Schlusses eine Prämisse (Voraussetzung) des nachfolgenden bildet.

Keukenhof: Blumenzucht in Lisse

Kettenstich (Kettelstich), Zierstich mit einem Faden, der als Schleife durch das Nähgut geführt und auf der Austrittsseite mit sich selbst verkettet wird.

Kettering, Charles Franklin, amerikan. Ingenieur und Erfinder, *Ashland County (Oh.) 29. 8. 1876, †Dayton (Oh.) 25. 11. 1958; leitete 1919–47 das Forschungslaboratorium von General Motors, erfand u. a. die Batteriezündung (»Delco«-System, 1908), den elektr. Anlasser (1911) sowie das Antiklopfmittel Bleitetraethyl (1921).

Ketterle, Wolfgang, Physiker, *Heidelberg 21. 10. 1957; 1982–90 wiss. Mitarbeiter in München und Heidelberg, wechselte 1990 an das Massachusetts Institute of Technology (MIT) in Cambridge (Mass.), wo er seit 1998 als Prof. der Physik auf dem Gebiet der Atomkühlung durch Laserlicht arbeitet. K. erhielt 2001 zus. mit E. A. Cornell und C. E. Wieman für die Erzeugung der ↑Bose-Einstein-Kondensation in verdünnten Gasen aus Alkaliatomen und für frühe grundsätzl. Studien über die Eigenschaften der Kondensate den Nobelpreis für Physik.

Kettler, Gotthard, ↑Gotthard Kettler.

Kettner, Gerhard, Grafiker, *Mumsdorf (heute zu Meuselwitz) 10. 8. 1928, †Dresden 14. 6. 1993; war seit 1969 Prof. in Dresden; gestaltete in Zeichnungen und Lithographien psychologisch eindringl. Porträts, histor. und polit. Themen.

Ketzer [von ↑Katharer abgeleitet], seit dem 13. Jh. übl. Bez. für den Anhänger einer von der kirchl. Lehre abweichenden Lehre. (↑Häresie)

Keuchhusten (Stickhusten, Pertussis, Tussis convulsiva), äußerst ansteckende, akute Infektionskrankheit der Atemwege; tritt vorwiegend bei Kleinkindern auf und ist lebensbedrohlich bei Säuglingen. Erreger des K. ist das Bakterium Bordetella pertussis, dessen Übertragung durch Tröpfcheninfektion erfolgt. Die Inkubationszeit beträgt 7–14 Tage. Kennzeichnend sind krampfhafte, stoßartige Hustenattacken mit Blauwerden und typ. ziehendem Einatmungsgeräusch (Keuchen) sowie Erbrechen zähen Schleims. Der K. dauert i. Allg. 6–8 (auch bis 10) Wochen und hinterlässt eine lang andauernde Immunität. Die *Behandlung* erfolgt v. a. mit Antibiotika und Expektoranzien; günstig sind häufige kleine Mahlzeiten. Vorbeugende Maßnahmen sind die Isolierung von Säuglingen und die Schutzimpfung mit inaktivierten Erregern zw. dem 3. und 5. Lebensmonat.

Keukenhof [ˈkøːkən-], Blumenpark in der Prov. Südholland, Niederlande, in der Gem. Lisse, 28 ha; jährl. Blumenschau im Frühjahr.

Keule, 1) *Gastronomie* und *Weidmannssprache:* Oberschenkel des Schlachtviehs (beim Schwein Schinken) und des Haarwildes.
2) *Völkerkunde:* Hieb-, Schlag- und Wurfwaffe, meist aus Holz, z.T. mit schweren Schlagköpfen aus Stein, Metall oder Knochen versehen.
Keulen, urspr. das Töten eines Schlachttieres mit einem Hammer; heute eine durch das Tierseuchengesetz geregelte Maßnahme, bei der ein Tierbestand zur Seuchenbekämpfung getötet wird. Die Tierkörper dürfen danach nicht normal verwertet werden.
Keulenpilze, Pilze mit keulenförmigen oder verzweigt keulenförmigen Fruchtkörpern, z.B. Arten der Gattung **Keule** (Clavaria).
Keun, Irmgard, Schriftstellerin, *Berlin 6. 2. 1910, †Köln 5. 5. 1982; schrieb Unterhaltungsromane, z.T. mit scharfer satir. und zeitkrit. Tendenz: »Gilgi – eine von uns« (1931; verfilmt), »Das kunstseidene Mädchen« (1932; verfilmt) und Erzählungen (»Blühende Neurosen«, 1962).
Keuper [von fränk. »Kipper« oder »Keiper«], obere Abteilung der german. Trias vor 230–205 Mio. Jahren, gegliedert in unteren K. oder **Letten-K.,** mittleren K. oder **Gips-K.** und oberen K. oder **Rät.** Der K. besteht aus bunten Mergeln, kohligen Schichten, Sandsteinen und Gips-Salz-, Kalkstein- und Dolomiteinlagerungen; erstes Auftreten der Säugetiere und Samenpflanzen mit bunten Blüten.
Keuschheit, geschlechtl. Enthaltsamkeit und Selbstbeherrschung im phys., aber auch im psych. Sinn. – Viele Religionen kennen zeitweilige oder ständige K. im Sinne von kultisch-ritueller Reinheit, da oft das Geschlechtliche mit der Vorstellung dämonisch-verunreinigender Mächte oder unreiner Geister verbunden ist. Im Christentum erlangte die K. im Ideal der ↑Jungfräulichkeit bereits in der frühen Kirche große Bedeutung.
Keuschheitsgürtel (Florentiner Gürtel, Venusgurt), angeblich zur Zeit der Kreuzzüge erfundener metallener Gürtel, der, mit einem Schloss und einem die Genitalien bedeckenden Steg versehen, von Frauen bei längerer Abwesenheit des Ehemannes getragen werden musste; nachgewiesen und dargestellt jedoch erst im Kyeser-Codex von 1405 (Göttingen, Univ.-Bibliothek), dem zufolge K. von Florentinerinnen getragen wurden.
Keusch|lamm, eine Art der Pflanzengattung ↑Mönchspfeffer.
keV, Einheitenzeichen für Kiloelektronvolt, 1 keV = 1 000 eV (↑Elektronvolt).
Kevelaer ['ke:vəla:r], Stadt im Kr. Kleve, NRW, in der Niederrhein. Tiefebene, 25 m ü.M., 26 300 Ew.; volkskundl. Museum; Kunsthandwerk, Orgelbau, Metall-, Leder- und graf. Ind., Blumenzucht. – K. ist der größte nordwesteurop. Wallfahrtsort (Marienwallfahrt seit 1642) mit rd. 800 000 Pilgern im Jahr. Die erste Wallfahrtskirche (Kerzenkapelle) wurde 1643–45, die Gnadenkapelle 1654, die neugot. Basilika St. Maria 1858–64 erbaut (über dem Hauptportal Bronzerelief »Der wiederkommende Christus« von Bert Gerresheim, 2002).
Kevlar® ['kef-], Handelsname einer Aramidfaser (↑Aramide) mit hohem Dehnungswiderstand sowie großer Festigkeit und Biegsamkeit; verwendet als Verstärkungsmaterial in der Reifen- und Flugzeugindustrie.
Kewir, Salztonebene in Iran, ↑Kawir.
Key [kɛj], **1)** Ellen Karolina Sofia, schwed. Pädagogin, *Sundsholm (Småland) 11. 12. 1849, †Gut Strand (am Vättersee) 25. 4. 1926; behandelte Fragen der Frauenbewegung und Kindererziehung (»Das Jahrhundert des Kindes«, 1900).
2) Lieven de, niederländ. Baumeister, *Gent um 1560, †Haarlem 17. 7. 1627; seit 1593 Stadtbaumeister in Haarlem. K. war einer der führenden niederländ. Architekten an der Wende zw. Renaissance und Barock; sein Hauptwerk sind die Entwürfe für die Fassade des Leidener Rathauses (1593–94) und die Fleischhalle in Haarlem (1602–03).
Keyboard ['ki:bɔ:d; engl. »Klaviatur«], allgemeine Bez. für alle Tasteninstrumente, i.e.S. Bez. für elektron. Tasteninstrumente (Elektronenorgel, E-Piano, Synthesizer).
Keymark ['ki:mɑ:k; engl. »Schlüsselzeichen«], Produktzeichen des Europ. Komitees für Normung (CEN) in Gestalt eines Schlüssels, das dem Verbraucher Qualitäts-, Gebrauchstauglichkeits- und Sicherheitsgarantien bieten soll. Es ergänzt das gesetzlich geforderte ↑CE-Zeichen, geht über die in EG-Richtlinien festgelegten Mindestanforderungen hinsichtlich Sicherheit und Gesundheitsschutz hinaus

und bezieht sich auf umfassende europ. Normen, die sowohl sicherheitstechn. als auch qualitative Anforderungen an ein Produkt beinhalten. Die Vergabe des Zeichens erfolgt über die im CEN organisierten nat. Normungsinstitute. Es darf nur angebracht werden, wenn das Produkt durch eine neutrale Prüfstelle auf Normenkonformität getestet wurde und ständig überwacht wird.

80041

John Maynard Keynes

Keynes [keɪnz], John Maynard, Lord K. of Tilton (seit 1942), brit. Volkswirtschaftler und Diplomat, *Cambridge 5. 6. 1883, †Firle (Cty. East Sussex) 21. 4. 1946; leitete als Berater des brit. Schatzamtes dessen Delegation bei der Versailler Friedenskonferenz, trat 1919 von dieser Funktion zurück, weil er die alliierten Reparationsforderungen für volkswirtsch. nicht vertretbar hielt; 1920–46 Prof. am King's College in Cambridge. K. befasste sich mit Fragen der Geldtheorie und der Arbeitslosigkeit, zu deren Bekämpfung er staatl. Interventionen befürwortete. Unter dem Eindruck der Weltwirtschaftskrise widerlegte er die klass. wirtschaftsliberale Sicht, nach der das sich bei freier Konkurrenz einspielende Preis-, Lohn- und Zinsniveau automatisch zur Vollbeschäftigung führe. Er wies nach, dass Unterbeschäftigung auch bei gesamtwirtsch. Gleichgewicht möglich ist. Die in seinem Hauptwerk (»Die allg. Theorie der Beschäftigung, des Zinses und des Geldes«, 1936) entwickelte Wirtschaftstheorie löste eine nachhaltige und kontroverse Diskussion aus und ließ K. zum Begründer einer neuen Richtung der Nationalökonomie (↑Keynesianismus) werden. Seine beschäftigungs- und geldtheoret. Vorstellungen wurden von der Wirtschaftspolitik zahlr. westl. Länder v. a. in den 1970er-Jahren aufgegriffen. Insbesondere wurde seine Auffassung Allgemeingut, dass in der wirtsch. Krise staatl. Arbeitsbeschaffungsprogramme, ggf. durch Defizitfinanzierung, zur Überwindung der Arbeitslosigkeit eingesetzt werden müssten.

Weitere Werke: Die wirtsch. Folgen des Friedensvertrages (1920); Vom Gelde, 2 Bde. (1930).

📖 *– J. M. K., hg. v. C. R. McCann Jr., 4 Bde. London 1998. – Hartwig, J.: K. versus Pigou. Marburg 1999. – Weber, U.: K., Sraffa und die Theorie des ökonom. Überschusses. Freiburg 1999. – Gall, M.-A.: J. M. K. Leben – Werk – Epoche. Stuttgart 2002. – Wilke, G.: J. M. K. Frankfurt am Main, New York 2002.*

Keynesianismus [keɪnz-] *der,* die von J. M. Keynes entwickelte und von seinen Anhängern (den »Keynesianern« wie N. Kaldor, L. R. Klein, J. Robinson, P. A. Samuelson, J. Tobin) weiter ausgebaute Wirtschaftstheorie; deren wesentl. Elemente sind: 1. Die ökonom. Analyse richtet sich auf die Gesamtgrößen des Wirtschaftskreislaufs (Makrogrößen). 2. Ein wirtsch. Gleichgewicht mit Vollbeschäftigung wird lediglich als ein Sonderfall mögl. Gleichgewichtszustände verstanden. 3. In der Geldtheorie wird ein Zusammenhang zw. monetärem und güterwirtsch. Bereich abgeleitet. 4. In die Analyse werden auch psycholog. Annahmen über das wirtsch. Verhalten der Wirtschaftssubjekte und dessen Bestimmungsgründe (u. a. Liquiditätspräferenz, Hang zum Verbrauch) eingeführt. 5. Ausgehend von einer Abhängigkeit der Konsumausgaben vom Einkommen, der Investitionen vom Zinssatz, der Geldnachfrage von Einkommen und Zinssatz wird der Zusammenhang zw. Geldmenge, Zinssatz, Investitionen, Einkommen und Beschäftigung analysiert. – Der K. war von Anfang an praktisch ausgerichtet, da er die theoret. Grundlage für eine staatl. Wirtschaftspolitik liefern wollte, die v. a. durch variables Nachfrageverhalten des öffentl. Sektors zum Ausgleich einer ungenügenden effektiven Nachfrage der Privaten – ggf. auch durch Haushaltsdefizite (↑Defizitfinanzierung) – den Wirtschaftsprozess beeinflussen sollte, z. B. in Form der ↑Globalsteuerung. ✜ siehe ZEIT Aspekte

📖 *Der K., hg. v. G. Bombach u. a., 5 Bde. Berlin u. a. 1976–84, Bd. 1 Nachdr. 1981. – Winkler, A.: Geld, Zins u. keynesian. Angebotspolitik. Berlin 1992. – Pflüger, M.: Neukeynesianismus u. Marktmacht. Freiburg im Breisgau 1994. – Felderer, B. u. Hom-*

Key West: Das Haus des amerikanischen Schriftstellers Ernest Hemingway (1899–1961) in Key West in Florida ist heute ein Museum.

burg, S.: Makroökonomik u. neue Makroökonomik. Berlin u. a. [8]2003.

Keyserling, 1) Eduard Graf von, Schriftsteller, *Schloss Paddern (Kurland) 14. oder 15. 5. 1855, †München 28. 9. 1918; schildert in seinen impressionist. Romanen (u.a. »Dumala«, 1908; »Wellen«, 1911; »Abendl. Häuser«, 1914) und Erzählungen (u. a. »Beate und Mareile«, 1903) in kunstvoller Stimmungsmalerei und voller Resignation die Welt des kurländ. Adels. **2)** Hermann Graf, Philosoph, *Könno (Livland) 20. 7. 1880, †Innsbruck 26. 4. 1946; entwickelte eine Philosophie der »Sinn«-Erkenntnis, die er bes. als Kulturpsychologe ausbaute. In seinem »Reisetagebuch eines Philosophen« (2 Bde., 1919) versuchte er zu zeigen, wie fremde Kulturen (Indien, China) durch Erfassen ihres

K К
F Ф
O О
R Р

KFOR

»Sinnes« für unser geistiges Sein fruchtbar gemacht werden können. In seiner 1920 in Darmstadt gegr. »Schule der Weisheit« wollte er den Menschen durch schöpfer. Erkenntnis zur Selbstverwirklichung führen.

Key West ['ki: 'west], die südlichste Stadt der festländ. USA, in Florida, auf den durch eine Dammstraße verbundenen Florida Keys, 25 300 Ew.; Fremdenverkehr, Fischerei.

Kežmarok ['kɛʒmarɔk] (dt. Käsmark), Stadt im Ostslowak. Gebiet, Slowakei, am Fuß der Hohen Tatra in der Zips, 17 300 Ew.; Leineweberei; Fremdenverkehr. – Die got. Burg, im 16. Jh. zum Schloss ausgebaut, ist heute Museum. – 1190 von dt. Siedlern (»Zipser Sachsen«) gegr., wurde 1380 königlich-ungar. Freistadt.

KFOR [Abk. für engl. **K**osovo **For**ce, »Kosovotruppe«], internat. Friedenstruppe mit UN-Mandat und unter NATO-Führung zur militär. Absicherung einer Friedensregelung für das Kosovo. Der zeitlich unbefristete Einsatz begann am 12. 6. 1999. Die (2004) rd. 20 000 KFOR-Soldaten (ursprünglicher Umfang 1999 etwa 50 000 Mann) werden von der NATO (auch bis zu 6 000 Bundeswehrsoldaten; 2004 etwa 3 200 Mann) und ihren Partnerstaaten (u. a. Russland) gestellt. Nach blutigen Auseinandersetzungen zw. Albanern und Serben im März 2004 wurden die KFOR-Truppen um etwa 2 000 Mann verstärkt. Zu den Aufgaben der KFOR bestimmte der UN-Sicherheitsrat u. a.: Verhinderung neuer Feindseligkeiten; Entwaffnung der Kosovo-Befreiungsfront UÇK; Errichtung eines sicheren Umfeldes, damit Flüchtlinge und Vertriebene zurückkehren können, eine Übergangsverwaltung eingerichtet sowie humanitäre Hilfe ausgeführt werden kann; Garantie der öffentl. Sicherheit und Ordnung; Überwachung der Minenräumarbeiten; Schutz internat. Organisationen. Langfristig ist ein gemeinsames Kommando von KFOR und der in Bosnien und Herzegowina stationierten SFOR geplant. Im Febr. 2003 nahmen Einheiten der KFOR erstmals drei mutmaßliche Kriegsverbrecher fest, die vom Haager Tribunal (↑Kriegsverbrechertribunal) gesucht wurden.

KfW, Abk. für ↑**K**reditanstalt **f**ür **W**iederaufbau.

KfW IPEX-Bank, ↑Kreditanstalt für Wiederaufbau.

KfW-Mittelstandsbank, im Juli 2003 im Rahmen der Fusion von Dt. Ausgleichsbank und Kreditanstalt für Wiederaufbau (KfW) entstandendes Kreditinstitut zur Durchführung von Förderprogrammen des Bundes für kleine und mittelständ. Unternehmen, Freiberufler sowie Existenzgründer; gehört zur KfW-Bankengruppe; Sitz: Bonn; fördert Finanzierungsvorhaben durch langfristige Kredite, unterstützt die Unternehmen bei der Verbesserung der Eigenkapitalbasis sowie der Aufnahme von Beteiligungs- und Risikokapital. Sie bietet auch Beratungsdienstleistungen an.

Kfz, Abk. für ↑Kraftfahrzeug.

kg, Einheitenzeichen für ↑Kilogramm.

KG, Abk. für **K**ommandit**g**esellschaft.

KGaA, Abk. für **K**ommandit**g**esellschaft **a**uf **A**ktien.

KGB *der* oder *das,* russ. Abk. für »Komitee für Staatssicherheit«, ab 1954 Name des sowjet. Geheimdienstes. Der KGB mit seiner Zentrale in Moskau (so genannte »Lubjanka«) hatte als »Schwert und Schild der Partei« v. a. die Herrschaft der KPdSU in der UdSSR zu sichern, übernahm die Überwachung und Ausschaltung der inneren Opposition (Dissidenten), den Schutz der Staatsgrenze und die Kontrolle des Funktionärs- und Staatsapparates. Neben der Auslandsspionage (Agentennetz, Besetzung wichtiger Stellen in diplomat. Vertretungen) gehörte auch die Einflussnahme auf die Entwicklung in den Ostblockländern und in versch. Staaten der Dritten Welt zu seinem Auftrag. Nach seiner maßgebl. Beteiligung am Putschversuch gegen Staatspräs. M. S. Gorbatschow (Aug. 1991) wurde im Okt. 1991 die Auflösung des KGB beschlossen; er blieb jedoch – zergliedert in drei einzelne Dienste (Interrepublikan. Sicherheitsdienst, zentraler Aufklärungsdienst, Grenzschutztruppen) – bestehen. Mit dem Zerfall der UdSSR (Dez. 1991) organisierte die russ. Reg. die Inlands- und Auslandstätigkeit des Geheimdienstes neu (mehrere Umstrukturierungen sowie Umbenennungen). Der »Auslandsaufklärungsdienst« (russ. Abk. SWR) übernahm Aufgaben eines zivilen Auslandsnachrichtendienstes. Nach der Auflösung des »Ministeriums für Sicherheit« (russ. Abk. MBR) im Dez. 1993 trat an dessen Stelle der »Föderale Dienst für Gegenaufklärung« (russ. Abk. FSK); durch ein 1995 verabschiedetes Ges. erhielt der seitdem »Föderaler Sicherheitsdienst« (russ. Abk. FSB) genannte Inlandsgeheimdienst erweiterte Befugnisse. Im März 2003 wurden dem FSB im Rahmen einer Restrukturierung und Machtkonzentration der Sicherheitsbehörden die Grenzschutztruppen unterstellt und nach Auflösung des für die Kommunikationsüberwachung zuständigen Dienstes FAPSI auch dessen Kompetenzen übertragen. (↑Tscheka, ↑GPU, ↑NKWD)

📖 *Andrew, C. u. Mitrochin, W.: Das Schwarzbuch des KGB. München ³2002.*

KGV, Abk. für ↑**K**urs-**G**ewinn-**V**erhältnis.

k. g. V., Abk. für das ↑**k**leinste **g**emeinsame **V**ielfache.

Khadra, Yasmina, eigtl. Mohammed Moulessehoul, alger. Schriftsteller frz. Sprache, *Kenadsa (alger. Sahara) 10. 1. 1955; war hoher Offizier in der alger. Armee; lebt seit 2000 im Exil in Frankreich. K. schreibt polit. Kriminalromane, die schonungslos den Terror des alger. Bürgerkriegs und das Leid der Bev. schildern (»Morituri«, 1997; »Doppelweiß«, 1997; »Herbst der Chimären«, 1998).

Weiteres Werk: Wovon die Wölfe träumen (R., 1999).

Khaiberpass (Chaiber, Khyber), Pass in Pakistan nahe der Grenze zu Afghanistan, 1 067 m ü. M. Die 53 km lange serpentinenreiche Passstraße über den K. ist die wichtigste Verbindung zw. beiden Ländern. – Der K. war in beiden angloafghan. Kriegen (1838–42, 1878–80) heftig umkämpft.

Khaïr-Eddine [xa'ir ɛ'di:n], Mohammed, marokkan. Schriftsteller frz. Sprache, *Tafraoute (Prov. Tiznit) 1941, †Rabat 18. 11. 1995; Mitbegründer der progressiven marokkan. Literaturzeitschrift »Souffles« (1966–72, mit Abdellatif Laabi, *1942); er galt als Protagonist der literar. Avantgarde des Maghreb. Sein Werk steht im Zeichen der von ihm postulierten »Sprachguerilla«. Formal ist es charakterisiert durch den Bruch mit der traditionellen Romanform zugunsten einer polyphonen Prosa, inhaltlich durch die Revolte gegen eine archai-

sche, theokratisch geprägte Gesellschaftsordnung und die intensive Auseinandersetzung mit den eigenen Wurzeln, d. h. mit Geschichte und Landschaft der südmarokkan. Berbervolksgruppe der Shilh.
Werke: Lyrik: Ce Maroc! (1975); Résurrection des fleurs sauvages (1981); Mémorial (1991). – Prosa: Agadir (1967); Corps négatif (1968); Der Ausgräber (1973); Une vie, un rêve, un peuple, toujours errants (1978); Légende et vie d'Agoun'chich (1984).

Khajuraho [kædʒˈrɑːhəʊ], Dorf im Bundesstaat Madhya Pradesh, Indien, bei 24° 51′ n. Br. und 79° 56′ ö. L., am N-Rand des Dekhan, 4 700 Ew. – K. war das religiöse Zentrum der Candelladynastie (9.–11. Jh.); zw. 950 und 1050 entstanden über 80 (größtenteils aus Sandstein erbaute) hinduist. und dschainist. Tempel, von denen 23 erhalten sind (UNESCO-Weltkulturerbe), die jedoch infolge schädl. Umwelteinflüsse in ihrer Bausubstanz stark gefährdet sind.

Khaki [engl., von pers.-Hindi »staubfarben«, »erdfarben«] *der* (Kaki), erdfarbener Stoff aus Baumwolle in Atlas- oder Köperbindung; seit dem 19. Jh. auch Bez. für die entsprechende Modefarbe.

Khaled [x-], Cheb, eigtl. Khaled Feddal, alger. Sänger, * Oran 1959; einer der prominentesten Vertreter der ↑Raï-Musik, die in Algerien bis Mitte der 80er-Jahre offiziell verboten war. 1986 emigrierte K. nach Frankreich. Seine Hits (u. a. »Hada Raykoum«, »La Baraka«) sind v. a. auf Kassetten vertrieben worden. 1997 entstand das Ethnoalbum »Sahra«, das auch karib. Einflüsse, Funk-Pop und Rap aufweist.

Khamenei [xaməˈneɪ] (Chamenei), Ayatollah Saijid Ali, iran. Geistlicher und Politiker, * Meschhed 1940 (?); ab 1980 religiöses Oberhaupt von Teheran; Mitbegründer und 1981–87 Gen.-Sekr. der Islam. Republikan. Partei, 1981–89 Staatspräs.; wurde nach dem Tod Khomeinis (Juni 1989) oberster geistl. Führer Irans (1998 bestätigt); konservativer Gegenspieler von Staatspräs. Khatami.

Khami, Ruinenstadt in SW-Simbabwe, westlich von Bulawayo; wurde von der UNESCO zum Weltkulturerbe erklärt. – K., im 15. Jh. gegr., Mitte des 17. Jh. verlassen, war wichtiges Handelszentrum.

Khan [x-, k-] (Chan), türkisch-mongol. Herrschertitel; wird dem Namen angefügt; in den muslim. Nachfolgestaaten des Mongolenreichs in Zentralasien Titel der regierenden Fürsten (das Fürstentum ist das **Khanat**); in Persien Titel hoher Würdenträger des Staates.

Kharg [x-], iran. Insel im Pers. Golf, ↑Charg.

Khartoum [-ˈtuːm, arab. xarˈtuːm] (Al-Chartum, Khartum), Hptst. der Rep. Sudan, am Zusammenfluss von Weißem und Blauem Nil, 378 m ü. M., 1,245 Mio. Ew., bildet mit **K.-Nord** und **Omdurman** eine städt. Agglomeration von 5,863 Mio. Ew.; Kulturzentrum, Univ., Sitz eines kath. Erzbischofs, bed. Museen; wichtigster Handelsplatz (Baumwollauktionen) und Ind.standort des Landes (Textilfabriken, Ölmühlen, pharmazeut. Ind. u. a.); Verkehrsknotenpunkt mit Flusshafen und internat. Flughafen. – K. wurde 1820 als ägypt. Militärlager gegründet, wurde 1830 Hptst.; 1885 von den Truppen des Mahdi eingenommen, 1898 von H. Kitchener wieder zurückerobert.

Khartum [arab. xarˈtuːm], ↑Khartoum.

Khashm el-Girba [xaʃm -], Bewässerungsgebiet in O-Sudan, ↑New-Halfa-Projekt.

Khasi, paläomongolides Volk (etwa 900 000 Menschen) mit Mon-Khmer-Sprache in NO-Indien, im Gebiet der K.-Berge. Die K. betreiben Nassreisfeldbau und haben Mutterrecht.

Khasiberge (engl. Khasi Hills), zentrale Berggruppe des Shillongplateaus im Bundesstaat Meghalaya, NO-Indien, bis 1 961 m ü. M.; dicht bewaldet.

Khatami [x-] (Chatami), Saijid Mohammed, iran. Geistlicher und Politiker, * Ardakan (Prov. Yazd) 1943; studierte in Kum (Ghom) Theologie und in Isfahan Philosophie, leitete 1978–79 das Islam. Zentrum in Hamburg. 1982–92 war er iran. Kulturmin., 1992–97 Direktor der Nationalbibliothek in Teheran; wurde im Mai 1997 zum Staatspräs. gewählt (Amtsantritt im Aug. 1997, Wiederwahl im Juni 2001). Gegen den Widerstand der konservativen Geistlichkeit nahm er Kurs auf eine vorsichtige innenpolit. Liberalisierung und suchte außenpolitisch die Wiederaufnahme eines Dialogs mit den USA sowie eine Verbesserung der Beziehungen zu den EU-Staaten, aber auch zu den arab. Ländern zu erreichen.

Khatchaturian [xatʃa-], Aram, armen. Komponist, ↑Chatschaturjan.

Khedive [aus pers. »Herr«], 1867–1914 Titel des Vizekönigs von Ägypten.

Khieu Samphan [kjø sam'pan], kambodschan. Politiker, * in der Prov. Svay Rieng 22. 7. 1932; entwickelte das Konzept eines autarken Agrarkommunismus, das später unter der Herrschaft der Roten Khmer zur ideolog. Grundlage der gesellschaftl., mit terrorist. Mitteln durchgeführten Umwandlung Kambodschas wurde. 1976–79 war er Vors. des Staatspräsidiums (Staatsoberhaupt) des von den Roten Khmer errichteten »Demokrat. Kampuchea«. Nach dem Sturz dieses Terrorregimes (1979) blieb K. S. als wichtigster Vertrauter Pol Pots einer der Führer der Roten Khmer. 1991 gehörte er zu den Unterzeichnern des Pariser Friedensabkommens und war (kurzzeitig) Mitgl. des aus allen kambodschan. Bürgerkriegsparteien gebildeten Obersten Nationalrates. Angesichts des völligen Zerfalls der Roten Khmer stellte er sich im Dez. 1998 der kambodschan. Reg., blieb aber vorerst auf freiem Fuß.

Khilafatbewegung, eine im frühen 20. Jh. entstandene, an die Idee des Kalifats (↑Kalif) anknüpfende Bewegung, die die Integrität des muslimisch-sunnit. Raumes gegen den Zugriff christl. Staaten verteidigen wollte. Nach der Niederlage des Osman. Reiches (1918), dessen Herrscher als Träger des Kalifentitels die Einheit des muslimisch-sunnit. Raumes ideell repräsentierten, wuchs die Bewegung zeitweilig an, bes. in Britisch-Indien. Dort verband sie sich mit der Nationalbewegung Mahatma Gandhis. Nach der Absetzung des türk. Sultans (1922) und der Abschaffung des Kalifentitels (1924) durch türkisch-republikan. Kräfte brach die K. zusammen.

Khmer, austroasiat. Volk in Hinterindien, stellt in Kambodscha die Bev.-Mehrheit; K. leben auch in den angrenzenden Gebieten von Thailand, Vietnam und Laos, seit dem kambodschan. Bürgerkrieg auch als Flüchtlinge in den Ländern der westl. Welt; insgesamt etwa 9 Mio. Menschen. Das eigentl. **K.-Reich** (Reich von Angkor, seit dem 9. Jh.) erreichte im 12. Jh. seine Blüte (Bau der Tempelanlagen von ↑Angkor). Mit dem 14. Jh. setzte der Niedergang ein; Taivölker, Vietnamesen und Cham drängten die K. immer mehr zurück. Der Aufteilung entging das K.-Reich nur durch die Errichtung des frz. Protektorats über Kambodscha 1863. – Die K. sind Reisbauern und Fischer; ihre Religion ist der Buddhismus. Ihre Sprache gehört zu den Mon-Khmer-Sprachen, ihre Schrift ist von ind. Silbenschriften abgeleitet; die reiche Lit. umfasst religiöse Werke, Chroniken, Romane, Volkserzählungen, Gedichte. Die histor. Kunst der K. im heutigen Kambodscha und im südöstl. Thailand entwickelte sich zunächst nach ind. Vorbildern (Reich Funan); Anfang des 7. Jh. entstanden dann mit den Tempelanlagen von Sambor Prei Kuk die ersten eigenständigen Ausdrucksformen der Khmer. Vorderind. Tempel, Statuen des Gupta- und Pallavareiches wurden übernommen, ihre Religionen mit einheim. Berg- und Ahnenkulten vermischt.

📖 *Giteau, M.: K. Kunst u. Kultur von Angkor. Fotografien v. H. Hinz. A. d. Frz. München [3]1973.*

Khoisan (Khoi-San), wiss. Gesamtname für Hottentotten (Khoikhoin) und Buschleute (San), die urspr. Bev. Süd- und Südwestafrikas, und zwar aufgrund sprachl. (K.-Sprachen), anthropolog. und z. T. kultureller Gemeinsamkeiten; auch als **Khoisanide** bezeichnet.

Khomeini [xɔ'meɪni] (Chomeini), Ruhollah Mussawi, iran. Schiitenführer (Ayatollah) und Politiker, * Khomein 17. 5. 1900, † Teheran 3. 6. 1989; lebte 1964–79 im Exil, zunächst in Irak, ab 1978 in Frankreich, von wo aus er eine Aufstandsbewegung gegen Schah Mohammed Resa Pahlewi führte. Nach dessen Sturz kehrte er am 1. 2. 1979 nach Teheran zurück und rief am 1. 4. 1979 eine »Islam. Republik Iran« aus. Im Zuge einer als Revolution verstandenen Neuordnung von Verwaltung und Wirtschaft, von Erziehung und Rechtswesen setzte K. den Islam als allein maßgebl. Kraft durch, legte in der Verf. vom Dez. 1979 die führende Rolle der schiit. Geistlichkeit fest und führte das Amt des »Fakih« (Führer der Nation) ein, das er selbst übernahm. Gestützt auf die islam. »Revolutionswächter«, ließ er religiös und politisch Andersdenkende inhaftieren und viele von ihnen hinrichten. 1989 rief er alle Muslime auf, den Schriftsteller S. Rushdie zu töten, dessen Roman »Satan. Verse« er als Herabsetzung des Islam verurteilte.
Außenpolitisch vollzog K. v. a. einen radikalen Bruch des Iran mit den USA. Die Be-

setzung der US-Botschaft in Teheran (4. 11. 1979–20. 1. 1981, »Geiselaffäre«) stellte er als revolutionäre Tat heraus. In der islam. Welt gewann er als charismat. Führer der iran. »Revolution« eine große Anhängerschaft. Im Nahostkonflikt wurde er einer der entschiedensten Gegner Israels. Er bekämpfte bes. das sozialistisch-laizist. Regime unter Präs. Saddam Husain in Irak. Nach dessen Angriff auf Iran (Sept. 1980, 1. ↑Golfkrieg) bestimmten deshalb neben militärisch-polit. Gesichtspunkten sehr stark religiöse Motive den achtjährigen Krieg, der auf beiden Seiten rd. 1 Mio. Tote und Verwundete forderte. 1988 willigte K. in einen Waffenstillstand ein.

Khond, ind. Volksstamm, ↑Kond.

Khorana [kɔˈrɑːnə], Har Gobind, amerikan. Biochemiker ind. Herkunft, *Raipur 9. 1. 1922; synthetisierte als Erster Polynucleotide mit bekannter Basensequenz und konnte damit im genet. Code alle Codons den Aminosäuren zuordnen und zeigen, dass ein Codon jeweils drei Nucleinbasen enthält. 1968 erhielt K. (mit M. W. Nirenberg und R. Holley) den Nobelpreis für Physiologie oder Medizin.

Khorasan [xɔra-; pers. »Land des Sonnenaufgangs«] (Chorasan, Hurasan), Prov. in NO-Iran, 302 766 km², 6,05 Mio. Ew.; Hptst.: Meschhed. Im NO-Teil von K. erheben sich die unwegsamen Ketten des iran. Grenzgebirges (Gebirgsland von K.) bis über 3 400 m ü. M. In den Tälern (v. a. des Atrek und Keschaf Rud) wird intensiver Bewässerungsfeldbau (Getreide, Baumwolle, Zuckerrüben) betrieben. Weiter im S folgt sehr dünn besiedeltes Wüstensteppenhochland mit einzelnen Oasen, im SW Salztonwüste. Im N wohnen überwiegend Tadschiken und nomad. Turkmenen. Im S leben nomad. Belutschen, längs der O-Grenze Hazara. Auf der Grundlage einer ausgedehnten Schafhaltung und Wollproduktion ist die Teppichknüpferei (K.-, Meschhed-Teppiche) überall in K. verbreitet. – K. war im MA. (10.–13. Jh.) ein Mittelpunkt der persisch-islam. Kultur; seit 1598 endgültig zu Persien, das im 19. Jh. den O (um Herat) an Afghanistan und den NO (um Merw, heute Mary) an Russland verlor.

Khorat, Stadt in Thailand, ↑Nakhon Ratchasima.

Khoratplateau [-plato] (Koratplateau), flachwelliges Hochland in NO-Thailand, das nach W und S in etwa 1 000 m hohen Steilstufen (maximal 1 328 m) abfällt; von Trockenwald, an den gebirgsartigen Stufen von Regenwald bestanden; Anbau von Reis und Maniok, Viehhaltung; Salzgewinnung.

Khorramshahr [xɔramʃ-] (Chorramschahr), Stadt und wichtiger Hafen in Iran, an der Mündung des Karun in den Schatt el-Arab, 34 800 Ew.; neben Bender Khomeini Ausgangspunkt der transiran. Bahn. Im 1. Golfkrieg völlig zerstört.

Khotan [x-], Oase in China, ↑Hotan.

Khouribga [ku-], Provinz-Hptst. in W-Marokko, südöstlich von Casablanca, 294 700 Ew.; Zentrum des marokkan. Phosphatbergbaus; außerdem Abbau von Eisen- und Bleierz.

Khubilai, mongol. Khan, ↑Kubilai.

Khulna, Stadt in Bangladesh, an einem Mündungsarm des Ganges, 546 000 Ew.; Verarbeitung von Jute und Baumwolle, Nahrungsmittel-, chem., Lederind.; Werft. 30 km südlich von K. entstand der neue Hafen von Chalna.

Khusistan [x-] (Chusistan, früher Arabistan), wirtschaftlich wichtigste Provinz Irans, im SW des Landes am Pers. Golf; 63 238 km², 3,75 Mio. Ew.; Hptst. ist Ahwas. Den Kernraum bilden die Flussgebiete des Karun und des Kherka im südiran. Tiefland; Wüstensteppen- und Sumpfgebiete überwiegen; Anbau von Weizen, Reis, Zuckerrohr und Baumwolle. In K. liegen die ergiebigsten Erdölvorkommen Irans (erschlossen seit 1908); Erdölindustrie. – Der Einmarsch irak. Truppen 1980 in K. löste den 1. Golfkrieg aus.

Khyber [ˈkaibə], Pass in Pakistan, ↑Khaiberpass.

kHz, Einheitenzeichen für Kilohertz, 1 kHz = 1 000 Hz (↑Hertz).

KI, 1) Abk. für **K**ommunistische **I**nternationale, ↑Komintern.

2) Abk. für ↑**k**ünstliche **I**ntelligenz.

Kiamusze [dʒjamusi], Stadt in China, ↑Jiamusi.

Kiang [tibet.] *der,* ein ↑Halbesel.

Kiangsi [dʒjaŋçi], Provinz in China, ↑Jiangxi.

Kiangsu [dʒjaɲ-], Provinz in China, ↑Jiangsu.

Kiarostami, Abbas, iran. Filmregisseur, *Teheran 22. 6. 1940; als internat. bedeutender Regisseur etablierte sich K. mit einer 1987–94 entstandenen Trilogie: »Wo

ist das Haus meines Freundes« (1987), »Und das Leben geht weiter« (1992) und »Quer durch den Olivenhain« (1994).
Weitere Filme: Brot und Straße (1970); Mosafar (1972); Die Grundschüler (1985); Close up (1990); Der Geschmack der Kirsche (1997); Der Wind wird uns tragen (1999).

Kiautschou [kiau'tʃaʊ] (chines. Jiaozhou), ehem. dt. Pachtgebiet und dt. Flottenstützpunkt an der K.-Bucht im S der Halbinsel Shandong, China, 515 km², (1914) 200 000 Ew.; Hptst. war Tsingtau. – K. wurde 1898 auf 99 Jahre durch das Dt. Reich gepachtet, aber 1914 an die Japaner übergeben; seit 1922 zu China.

Kickboxen
2834

Kibbuz [hebr. »Sammlung«] (Kibbutz) *der,* kollektive, basisdemokratisch organisierte ländl. Siedlung in Israel; im Rahmen der jüd. Einwanderung nach Palästina ab 1908/09 entstanden, seit den 1990er-Jahren zunehmender Bedeutungs- bzw. Attraktivitätsverlust.
📖 *Der Kibbutz als Utopie, hg. v. W. Melzer u. G. Neubauer. Weinheim u. a. 1988. – Social utopias of the twenties. Bauhaus, Kibbutz and the dream of the new man, hg. v. J. Fiedler. Wuppertal 1995.*

Kibitka [russ.] *die,* 1) Nomadenzelt, Jurte; 2) überdachter russ. Reisewagen oder Schlitten.

Kibla [arab.] *die,* im Islam Gebetsrichtung, in die die Muslime beim Gebet blicken; urspr. Jerusalem, später Mekka. In der Moschee ist die K. durch eine Gebetsnische (Mihrab) bezeichnet.

Kibo *der,* Hauptgipfel des ↑Kilimandscharo.

Kicher|erbse (Cicer arietinum), Schmetterlingsblütler mit gefiederten Blättern, weißl. oder violetten Blüten und kurzen, leicht bauchigen Hülsen mit 1–3 erbsengroßen Samen; wird im Mittelmeergebiet, in Asien und Lateinamerika als Gemüse angebaut.

Kick [engl.] *der, umgangssprachlich* für: Hochstimmung, Erregung, rauschhafter Zustand.

Kickboard [-bɔ:d, engl.], zusammenklappbarer, mit z. B. zwei Rädern hinten und einem Rad vorn ausgestatteter (Personen-)Tretroller (ca. 50 cm lang, 60 cm hoch und 3,2 kg schwer).

Kickboxen, aus asiat. Kampfsystemen wie Karate, Taekwondo und Kung-Fu entwickelte Kampfsportart, deren Ziel darin besteht, dem Gegner Körper- und Kopftreffer mit Fuß oder Faust zu versetzen.

Kickelhahn, Berg im Thüringer Wald bei ↑Ilmenau.

Kickstarter, bei leichten Motorrädern Fußhebel zum mechan. Starten des Motors.

Kid [engl.] *das, umgangssprachlich* für: Kind, (jüngerer) Jugendlicher.

Kidd, William, gen. Captain Kidd, Pirat, *Greenock (Schottland) um 1645, †(hingerichtet) London 23. 5. 1701; nach 1689 Bukanier gegen die Franzosen in Westindien, wurde um 1690 Reeder in New York; erhielt 1695 in England königl. Kaperbriefe für den Kampf gegen Piraten im Ind. Ozean und zur Aufbringung frz. Schiffe, wurde dann aber als Kapitän der 1696 aufgebrochenen »Adventure Galley« selbst zum Freibeuter. K. galt – obwohl dies nicht der Fall war – seinen Zeitgenossen und auch in der Überlieferung als Inbegriff des kühnen und erfolgreichen Seeräubers, dem auch vergrabene Schätze von unermessl. Wert zugeschrieben wurden.

Kidderminster ['kɪdəmɪnstə], Stadt in der Cty. Hereford and Worcester, W-England, am Stour, 54 700 Ew.; Teppichherstellung, Zuckerfabrik, elektrotechn., Textil-, chem. Industrie.

Kidekscha, Dorf im Gebiet Wladimir, Russland, bei ↑Susdal.

Kidinnu, babylon. Astronom der 2. Hälfte des 4. Jh. v. Chr., leitete die astronom. Schule von Sippar; berechnete Planetenbewegungen.

Kidman [-mən], Nicole, austral. Filmschauspielerin, *Honolulu 20. 6. 1967; spielt seit den 1980er-Jahren Film- und Fernsehrollen (»Todesstille«, »Bangkok Hilton«, beide 1989), seit den 1990er-Jah-

ren auch in Hollywood erfolgreich; 1990–2001 ⚭ mit T. Cruise.
Weitere Filme: Malice (1993); To Die For (1995); Eyes Wide Shut (1999); Moulin Rouge (2001); The Others (2001); The Hours (2003).

Kiebitz: brütendes Weibchen

Kidnapping [-næpɪŋ, engl. »Kinderraub«] *das,* Entführung eines Menschen mit Gewalt oder List, oft um Lösegeld zu erpressen; strafbar als erpresser. ↑Menschenraub.
Kidron, Tal zw. Jerusalem und dem Ölberg; alte Begräbnisstätte; nach Joel 4, 12 (Tal Josaphat) Ort des Endgerichts.
Kiebitz [zu gaunersprachlich kiebitschen »durchsuchen«], *umgangssprachlich* für: Zuschauer bei Karten- oder Brettspielen, der sich mit unerwünschten Ratschlägen einmischt.
Kiebitz (Vanellus vanellus), etwa 32 cm langer Regenpfeifer Eurasiens; grünschwarz und weiß, rotbeinig, Kopf mit weißen Wangen und schwarzer Federhaube; K. sind Teilzieher.
Kiedrich, Weinbaugemeinde im Rheingau-Taunus-Kreis, Hessen, 3 700 Ew. – Spätgot. Kirche St. Valentin mit reicher Ausstattung, Orgel aus dem 16. Jh. (wohl älteste spielbare Orgel Dtl.s); alte Adelshöfe, Renaissancerathaus.
Kiefer, bei wirbellosen Tieren aus harter Kutikula (z. B. Chitin) bestehende Bildungen in der Mundregion, die der Nahrungsaufnahme dienen; Gliederfüßer haben umgebildete Gliedmaßen als K. (Mundgliedmaßen). Bei den Wirbeltieren gehört der knöcherne Anteil der K. zum Kopfskelett (K.-Bogen). Die K. der Vögel sind zu einem zahnlosen, hornüberzogenen Schnabel geworden, sonst tragen die K. der Wirbeltiere meist Zähne. Beim Menschen ist der **Ober-K. (Oberkieferbein, Maxillare)** unbeweglich, er ist mit eingeschobenem Zwischenkieferknochen fest mit dem Gesichtsschädel verwachsen und bestimmt durch seine Form, Größe und Stellung die Gesichtsform mit. Der **Unter-K. (Unterkieferbein, Mandibula)** ist gelenkig mit den Schädelbeinen verbunden. Er wird durch eine kräftige Kaumuskulatur bewegt. Die K. tragen die Zähne, sind urspr. paarig angelegt, verschmelzen aber noch vor der Geburt.
Kiefer (Pinus), Gattung immergrüner, einhäusiger Nadelhölzer (Kieferngewächse) fast ausschl. auf der nördl. Erdhalbkugel. Die langen, von einer Scheide umgebenen Nadeln sitzen zu zweit bis zu fünft, selten einzeln, an Kurztrieben. Die Früchte (Zapfen) fallen nach der Reife (2–3 Jahre) als Ganzes ab. Das Holz ist meist harzreich. Die **Wald-K. (Gemeine K., Föhre, Forche,** Pinus sylvestris) mit rotgelber Rinde am oberen Stammteil und zu zweit an den Kurztrieben sitzenden Nadeln und gestielten Zapfen ist sehr anpas-

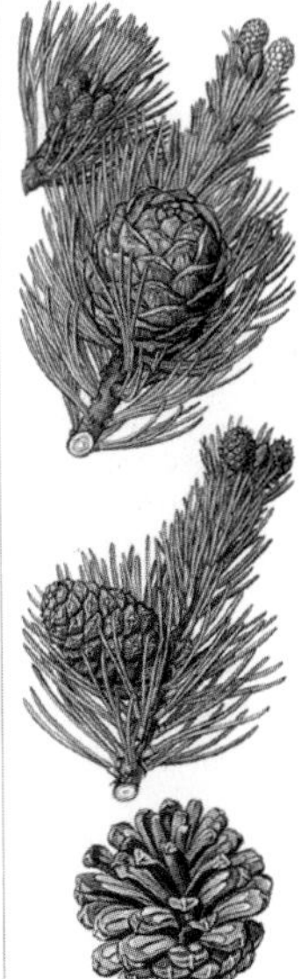

Kiefer (von oben): Zweig der Zirbelkiefer mit Zapfen und weiblichen (rechts) sowie männlichen (links) Blütenständen; Zweig mit Zapfen der Bergkiefer und offener Zapfen der Bergkiefer sungsfähig an Klima und Boden und bildet in Europa und Nordasien ausgedehnte Wälder; sie ist, v.a. im Flachland, wichtiger Lieferant von Wirtschaftsholz. Auf trockenen Böden wird in Dtl. die aus SO-Europa stammende **Schwarz-K.** (Pinus nigra) angepflanzt; sie hat schwarzgraue Rinde, längere Nadeln und ungestielte Zapfen. In höheren Lagen (z.B. Alpen) bis zur Baumgrenze tritt die **Berg-K.** (Pinus mugo) auf, die in aufrechten und in strauchig niederliegenden Wuchsformen **(Latsche, Legföhre)** mit knieförmig aufsteigenden Zweigen **(Krummholz)** vorkommt. In Hochmooren wächst die **Moor-K.,** eine meist verkrüppelt wachsende Form der Berg-K. Ein seltener Baum der Hochgebirge (Alpen, Karpaten) mit essbaren Samen (Zirbelnüsse) und wertvollem Holz ist die **Zirbel-K. (Arve,** Pinus cembra); nahe verwandt ist die fälschlich als Zeder bezeichnete **Sibir. Zirbel-K.** (Pinus sibirica). Die nordamerikanische **Sumpf-K.** (Pinus palustris) liefert das echte Pitchpineholz. Ebenfalls in Nordamerika beheimatet, oft auch in Europa angepflanzt, ist die **Weymouths-K. (Strobe,** Pinus strobus) mit langen, weichen Nadeln und glatter graugrüner Rinde. Durch ihre schirmförmige Krone gibt die **Pinie** (Pinus pinea) den Mittelmeerländern ihr charakterist. Bild; ihre Nadeln sind bis 20 cm lang, die Samen (Piniennüsse) essbar. Die **Grannen-K.** (Pinus aristata) aus den Hochgebirgen Kaliforniens wird bis zu 4900 Jahre alt.

Kiefer, Anselm, Maler, *Donaueschingen 8. 3. 1945; gestaltet großformatige expressive Bilder zu mytholog., histor. und polit. Themen. Eine wichtige Rolle spielt für K. außerdem das Buch, u.a. zur Umsetzung von Bildprojekten.

Kiefer|anomalien, nicht normgerechte Entwicklungszustände im Kieferbereich mit Biss-, Gebiss- und Kieferunregelmäßigkeiten; hervorgerufen meist durch das Zusammenwirken innerer (Vererbung, Keimschädigung, Sekretion) und äußerer (Kaufunktion, schlechte Angewohnheiten u.a.) Einflüsse. Die häufigsten K. sind **Schmalkiefer,** eine Kieferverengung, häufig mit vorstehenden Frontzähnen **(Prognathie); Kreuzbiss,** die unteren Zähne umfassen die oberen und hemmen das Oberkieferwachstum; **Vorbiss (Progenie),** die unteren Frontzähne beißen vor; **Deckbiss,** die oberen Zähne sind nach innen geneigt, überdecken teilweise oder völlig die unteren Frontzähne und beißen mitunter auf den unteren äußeren Zahnfleischsaum; **offener Biss,** der Kiefer schließt nur im Seitenzahngebiet; **Rückbiss,** der Unterkiefer liegt gegenüber dem Oberkiefer zu weit vor; **Diastema,** zwischen den mittleren Schneidezähnen liegt eine Lücke.

Kieferhöhle, größte der ↑Nasennebenhöhlen.

Kieferklemme, durch Entzündungen und Veränderungen der Kaumuskulatur, des Kiefergelenkes, durch Narben oder nervale Störungen verursachte Öffnungsbehinderung des Mundes.

Kieferlose (Agnatha), Überklasse im Wasser lebender, fischähnl. Wirbeltiere ohne Kieferskelett; heute existiert nur noch die Klasse der ↑Rundmäuler.

Kiefern|eule, der Schmetterling ↑Forleule.

Kiefernschwärmer (Tannenpfeil, Hyloicius pinastri), grau gemusterter, bis 8 cm spannender Schmetterling. Die Raupe, grün mit hellen Seitenlinien und einem rotbraunen Rückenstreifen, frisst meist Kiefernnadeln (Schäden unbedeutend).

Kiefernspanner (von oben): Männchen und Weibchen

Kiefernspanner (Bupalus piniarius), Schmetterling mit 3–4 cm Flügelspannweite; die Flügel der Männchen sind schwarzbraun mit hellen Flecken, die Flügel der Weibchen rötlich hellbraun; Raupe grün mit weißl. Längsstreifen, frisst Kiefernnadeln; gefürchteter Forstschädling, da zu Massenvermehrung neigend.

Kiefernspinner (Dendrolimus pini), röt-

Kiel: Hafenanlagen und Stadtzentrum

lich grauer Schmetterling der Familie Glucken, 5–8 cm spannend; v.a. in Kiefernwäldern. Die Raupe ist bis 8 cm lang und behaart.

Kieferorthopädie, Fachgebiet der Zahnmedizin, das sich mit der Behandlung von Gebiss- und Kieferanomalien befasst. Korrekturen werden sowohl direkt durch mechanisch einwirkende Kräfte (fest sitzende Apparate) als auch indirekt durch lose sitzende Apparate (Aktivatoren), die kaufunktionell wirkende Kräfte erzeugen, durchgeführt.

Kieferspalte (Gnathoschisis), angeborene Spaltbildung im Bereich des Ober- oder Unterkiefers; tritt immer in Kombination mit Lippenspalte (↑Spaltbildungen) auf.

Kiefersperre (Bisssperre), Unfähigkeit, die Zahnreihen zu schließen; am häufigsten bei beidseitiger Verrenkung des Kiefergelenks **(Kieferluxation),** Kieferbrüchen oder akuten Gelenkentzündungen. (↑Kieferklemme)

Kiel, THW [THW Abk. für Turnverein Hassee-Winterbek], gegr. 1904 als Turnverein; seit 1923 Handballabteilung, 1992 Gründung der »THW Kiel Handball-Bundesliga GmbH & Co KG«; zehnmal Dt. Meister (zw. 1957 und 2002), Pokalsieger (1998, 1999, 2000), Gewinner des EHF-Pokals (1998, 2002).

Kiel, 1) *Schiffbau:* unterster, mittschiffs verlaufender Längsverband, auf dem das Schiff im Dock ruht; ausgeführt als **Balken-K.** (Holz- oder Stahlbalken, aus dem Boden herausragend), **Flach-K.** (verstärkter Plattengang, eben) oder **Flossen-K.** (bei Segeljachten mit Ballast beschwerte K.-Flosse). Ein **Schlinger-K.** dämpft die Bewegungen im Seegang.
2) *Zoologie:* der Feder-K. (↑Federn).

Kiel, Landeshptst. von Schlesw.-Holst., kreisfreie Stadt, 232 200 Ew. K. liegt an der Ostsee beiderseits der Kieler Förde und am Nord-Ostsee-Kanal. K. ist Sitz des Landtags, der Landesreg. und vieler nachgeordneter Landesbehörden; Wasser- und Schifffahrtsdirektion, Kirchenamt der Nordelbischen Ev.-Luth. Kirche; Christian-Albrechts-Univ. (gegr. 1665) mit dem ↑Institut für Weltwirtschaft, dem Institut für Meereskunde und dem Forschungszentrum für marine Geowissenschaften GEOMAR. Außerdem hat K. FH, viele Institute und Forschungseinrichtungen (u.a. Bundesanstalt für Milchforschung, Institut für Schadensverhütung und Schadensforschung der öffentlich-rechtl. Versicherer), Landesbibliothek, Museen (u.a. Schifffahrtsmuseum), Opernhaus, Theater, Funkhaus, botan. Garten. Der Kieler Hafen hat einen Güterumschlag von (2001) 3,35 Mio. t. K. ist Austragungsort der ↑Kieler Woche. Bed. Werftind., Maschinenbau, elektrotechn., feinmechan. und opt. Ind., Fischkonservenind.; Flugplatz in K.-Holtenau. Seit 1956 ist K. wieder

Marinestützpunkt. - Der Altstadtkern am Südende der Förde wurde im Zweiten Weltkrieg schwer zerstört. Das Schloss, von dessen ehem. Bausubstanz nur der Rantzau-Bau (1695-97) erhalten ist, wurde 1961-65 neu errichtet; Alte Univ.bibliothek (1881-84, Entwurf M. Gropius); Rathaus (1907-11 von H. Billing). Vor der got. Nikolaikirche (13. bis 15. Jh., Wiederaufbau mit Betonpfeilern) die Bronzeplastik »Geistkämpfer« (1927/28) von E. Barlach. Mensa und Bauten für das Studentenwerk (1963-66 von F. W. Kraemer), Sportforum (1970-77 von M. von Gerkan und K. Nickels). - K. wurde zw. 1233 und 1242 gegr., erhielt 1242 Stadtrecht, war Mitgl. der Hanse, 1721-73 Sitz der Herzöge von Holstein-Gottorf, 1773-1866 dänisch, danach preußisch; wurde 1871 dt. Reichskriegshafen und 1917 preuß. Provinz-Hptst.; 1918 gaben die Matrosen des Kieler Hafens den Auftakt zur Novemberrevolution. Seit 1946 ist K. Landeshauptstadt. - Im **Kieler Frieden** (14. 1. 1814) musste Dänemark der antinapoleon. Koalition beitreten und verlor Norwegen an Schweden.

📖 *Gesch. der Stadt K., hg. v. J. Jensen u. P. Wulf. Neumünster 1991. - Jensen, J.: Alt-K. u. die Kieler Altstadt. Heide 1998.*

Kielbogen (Eselsrücken), Baukunst: kielförmig geschweifter Spitzbogen, besonders in der islamischen Kunst, auch in der Spätgotik.

Kielboot, ↑Segelboot.

Kielce ['kjɛltsɛ], Hptst. der Wwschaft Heiligkreuz, Polen, Stadtkreis und Krst. am W-Rand des Kielcer Berglandes, 211 000 Ew.; kath. Bischofssitz; TH, PH; Kugellagerfabrik, Maschinen-, Chemieanlagen-, Motorrad-, Lkw-Bau, Nahrungsmittelindustrie. - Kathedrale (1171 gegr., im 16./17. Jh. neu gestaltet), ehem. Schloss der Bischöfe von Krakau (1637-41; Nationalmuseum). - Das 1084 als Handelsplatz erstmals erwähnte K. erhielt um 1364 Stadtrecht. - Während der dt. Besetzung im Zweiten Weltkrieg (1939-45) nahezu vollständige Vernichtung der jüd. Bev. (1939 etwa 24 000 Personen). Dem von poln. Ew. sowie Militär- und Sicherheitskräften verübten Pogrom am 4. 7. 1946 (42 Opfer) folgte die massenhafte Emigration von Überlebenden des Holocaust aus Polen und O-Europa.

Kiel des Schiffes (lat. Carina), in der Milchstraße gelegenes Sternbild des südl. Himmels, Teil des früheren Sternbilds Schiff Argo; hellster Stern ist ↑Canopus.

Kieler Bucht, Teil der westl. Ostsee vor der schleswig-holstein. Küste, zw. der Landschaft Schwansen (im NW) und der Insel Fehmarn.

Kieler Förde, weit (17 km, bei 1-6 km Breite) in das holstein. Küstengebiet eingreifender Teil der Kieler Bucht (Ostsee), untergliedert in die **Innenförde** (hier endet in Kiel der Nord-Ostsee-Kanal) und die **Außenförde** (mit den Seebädern Laboe, Kiel-Schilksee, Strande).

Kieler Woche, alljährlich im Juni stattfindende internat. Segelregatten auf der Kieler Förde, erstmals 1882 veranstaltet; nach dem Zweiten Weltkrieg auch mit anderen sportl. und kulturellen Veranstaltungen verbunden. (↑Travemünder Woche, ↑Warnemünder Woche)

Kielfüßer (Atlantoidea, Heteropoda), Vorderkiemerschnecken warmer Meere, bei denen der Fuß zu einem Flossenblatt geworden ist.

Kielland ['çɛlan], Alexander Lange, norweg. Schriftsteller, *Stavanger 18. 2. 1849, †Bergen 6. 4. 1906; witziger Satiriker, bekämpfte in seinen realist. Romanen soziale Missstände und gab kulturhistor. Schilderungen seiner Heimat (»Garman und Worse«, 1880; »Schiffer Worse«, 1882).

Kiel|lini|e, seetakt. Formation eines Schiffsverbandes, in der die einzelnen Schiffe hintereinander in gleichen Abständen auf gleichem Kurs fahren.

Kiemen: Fadenkiemen einer Muschel (links) und Blattkiemen eines Fisches

Kiemen [niederdt. Form für Kimme »Einschnitt«] (Branchien), Atmungsorgane im Wasser lebender Tiere. Meist sind es stark mit Blut bzw. Körperflüssigkeit versorgte oder von Tracheen **(Tracheen-K.)** durchzogene dünnhäutige Ausstülpungen der Körperwand (äußere K.) oder der Schleimhaut des Vorderdarms (innere K.), die den Gasaustausch zw. Wasser und Blut ermöglichen; unterschiedlich ausgebildet. Gitterförmige **Faden-K.** kommen bei versch. Muschelgruppen vor. Aus ihnen gehen die **Blatt-K.** mit zahlr. blättchenförmigen Lamellen hervor. Federartig sind die **Fieder-K.,** z.B. bei den Nussmuscheln. Durch Rückbildung einer Fiederblättchenreihe werden **Kamm-K.** (bei vielen Schnecken) ausgebildet. – Manteltiere, Lanzettfischchen und Fische haben einen von K.-Spalten durchbrochenen Vorderdarm, den sog. **K.-Darm.** Die K. der Fische werden durch ein knorpeliges oder knöchernes K.-Skelett, die **K.-Bögen,** gestützt.

Kienholz, harzdurchtränktes Kiefernholz; abgespaltene Späne **(Kienspäne)** dienten früher als Fackeln.

Kienholz, Edward, amerikan. Objektkünstler, * Fairfield (Wash.) 23. 10. 1927, † Hope (Id.) 10. 6. 1994; setzt in seinen gesellschaftskrit. und polit. Environments die spanisch-mexikan. Tradition eines Objektrealismus fort; arbeitete ab 1973 mit seiner Frau Nancy Reddin K. (* 1943) zusammen.

Kienle, Hans, Astrophysiker, * Kulmbach 22. 10. 1895, † Heidelberg 15. 2. 1975; ab 1924 Prof. in Göttingen und Leiter der dortigen Sternwarte, ab 1939 Direktor des astrophysikal. Observatoriums in Potsdam und 1950–62 der Landessternwarte in Heidelberg. K. arbeitete u.a. über Sterntemperaturen.

Kienzl, Wilhelm, österr. Komponist und Musikkritiker, * Waizenkirchen (OÖ) 17. 1. 1857, † Wien 3. 10. 1941; schrieb spätromant. Volksopern (»Der Evangelimann«, 1895), Orchester-, Kammer-, Klaviermusik und Lieder.

Kiepenheuer, Karl-Otto, Astrophysiker, * Weimar 10. 11. 1910, † Ensenada (Mexiko) 23. 5. 1975; Begründer und Direktor des Fraunhofer-Instituts für Sonnenforschung (heute Kiepenheuer-Institut für Sonnenphysik) in Freiburg im Breisgau; arbeitete v.a. über die Phänomenologie der Sonnenaktivität.

Kiepenhut (Schute), haubenförmiger Frauenhut mit einer gewölbten, das Gesicht rahmenden Krempe, kam vor 1800 in Mode; zahlr. Varianten, meist mit reichem Band-, Rüschen- und Spitzenschmuck; um 1880 wurde die kleine, schräg auf dem Scheitel sitzende **Kapotte** modern.

Kiepura [kjɛˈpura], Jan, amerikan. Sänger (Tenor) poln. Herkunft, * Sosnowitz (heute Sosnowiec) 16. 5. 1902, † Harrison (N. Y.) 15. 8. 1966; sang an allen bed. Opernhäusern; wurde auch durch Operetten- und Filmrollen populär; war ⚭ mit der Sängerin Martha Eggerth.

Kierkegaard [ˈkergəgɔ:r], Søren Aabye, dän. Theologe, Philosoph und Schriftsteller, * Kopenhagen 5. 5. 1813, † ebd. 11. 11. 1855; 1841 Prediger in Kopenhagen; studierte 1841/42 in Berlin (u.a. bei F. W. J. Schelling); lebte nach seiner Rückkehr als Schriftsteller in Kopenhagen, wo er durch seine radikale Kritik an der akadem. Theologie und dem bürgerl. Christen- und Staatskirchentum zunehmend in Ggs. zur dänischen luth. Staatskirche geriet; trat 1854 aus der Kirche aus. – Dem Systemdenken Hegels stellt K. seine Philosophie der individuellen Existenz entgegen: Existenz vollzieht sich als Werden des je Einzelnen in drei »Stadien des Lebens«, dem ästhet., eth. und religiösen Stadium. In Letzterem erst ist der Aufstieg aus Angst und Verzweiflung – durch die Gnade Gottes – möglich. An seine subjektivistisch-individualist. christl. Existenzdeutung, v.a. seine Analyse der Begriffe »Existenz«, »Freiheit« und »Angst«, sowie den Gedanken des »absoluten qualitativen Unterschieds zw. Gott und Mensch« knüpften die ↑dialektische Theologie und die Existenzphilosophie des 20. Jh. an.

Werke: Entweder–Oder, 2 Bde. (1843); Furcht und Zittern (1843); Der Begriff der Angst (1844); Philosoph. Brocken (1844); Die Krankheit zum Tode (1849); Einübung im Christentum (1850).

📖 *Bösch, M.: S. K. Schicksal – Angst – Freiheit. Paderborn u.a. 1994. – Grøn, A.: Angst bei S. K. A. d. Dän. Stuttgart 1999. – Pieper, A.: S. K. München 2000. – Gardiner, P. L.: K. A. d. Engl. Freiburg im Breisgau u.a. 2001.*

Kierspe, Stadt im Märk. Kreis, NRW, Luftkurort (350 m ü. M.) im Sauerland, 17 900 Ew.; Metall-, elektrotechn. Ind., Kunststoffverarbeitung.

Kies, 1) Bez. für vom Wasser rund geschliffene Gesteinstrümmer von 2 bis 63 mm Durchmesser. In der Bautechnik werden Grob-, Mittel- und Fein-K. unterschieden.

2) metallisch glänzende, harte sulfid. Erzminerale mit Härten von 5–6, z.B. Eisen-K., Arsen-K., Kupfer-K.; bilden oft wichtige Erzlagerstätten.

Kiesel (Kieselstein), durch fließendes

Wasser abgerundeter, kleiner Stein, meist aus Quarz.

Kiesel|algen (Diatomeen, Diatomeae, Bacillariophyceae), Klasse mikroskopisch kleiner, einzelliger Algen des Süß- und Meerwassers; Chromatophoren meist braun gefärbt; die zwei Zellen haben einen schachtelartig zusammenpassenden zweiteiligen Panzer aus Kieselsäure. Man unterscheidet zwei Ordnungen, die unbewegl. **Centrales** mit runden Schalen und die bewegl. **Pennales** mit stab- oder schiffchenförmigen Schalen. – Fossile Lager von K. liefern die technisch vielfältig verwendete ↑Kieselgur.

Kieselfluorwasserstoffsäure, die ↑Fluorokieselsäure.

Kieselglas, das ↑Quarzglas.

Kieselgur (Diatomeenerde, auch Diatomit, und fälschlich Infusorienerde), Süßwassersediment, das zu über 70% aus Panzern von Kieselalgen besteht; leicht, hochporös, hell- bis dunkelgrau; Vorkommen in ehem. Seebecken des Tertiärs oder Pleistozäns, u.a. im Vogelsberg und in der Lüneburger Heide; dient als Absorptionsmaterial, Füllstoff, Filtrier-, Isolier- und Poliermittel.

Kieselkupfer, Mineral, der ↑Chrysokoll.

Kieselsäuren, Sammelbez. für die Sauerstoffsäuren des Siliciums, die in der Natur nur in Form ihrer Salze, der Silikate, vorkommen und aus diesen durch Ansäuern hergestellt werden. Die am einfachsten gebaute K. ist die nur kurzzeitig beständige **Mono-** oder **Ortho-K.,** H_4SiO_4, die unter fortschreitendem Wasseraustritt (Kondensation) in komplizierte Polymere übergeht, die als **Poly-K.,** $H_{2n+2}Si_nO_{3n+1}$, bezeichnet werden. Beim Überschreiten eines bestimmten Kondensationsgrades können aus den kolloidal gelösten K. stark wasserhaltige, gallertige K., die **Kieselgele** oder **Kieselsäuregele,** und als Endstufe der Kondensation Siliciumdioxid entstehen. Beim Erhitzen der Kieselgele entweicht langsam das eingeschlossene Wasser und ein weißes, trübes, äußerst poröses Produkt, das **Silicagel** (oder **Kieselxerogel**), bleibt zurück, das wegen seiner großen inneren Oberfläche als sehr wirksames Adsorptions-, Reinigungs- und Trockenmittel für Gase und Lösungen verwendet wird.

Kieselschiefer, grau bis schwarz gefärbtes, paläozoisches, geschiefertes Kieselgestein.

Kieselsinter (Geysirit), aus heißen Quellen sich absetzender Opal.

Kieselzink|erz, Mineral, der ↑Hemimorphit.

Kieserit [nach dem Arzt D. G. Kieser, *1779, †1862] *der,* weißes oder gelbl. monoklines Mineral der chem. Zusammensetzung $MgSO_4 \cdot H_2O$, meist feinkörnige Massen in Salzlagerstätten.

Kieseritzky, Ingomar von, Schriftsteller, *Dresden 21. 2. 1944; erfolgreich v.a. als Autor von Hörspielen (Hörspielpreis der Kriegsblinden 1996 für »Compagnons und Konkurrenten oder Die wahren Künste«); auch experimentelle Romane (u.a. »Kleiner Reiseführer ins Nichts«, 1999; »Da kann man nichts machen«, 2001).

Kiesinger, Kurt Georg, Politiker (CDU), *Ebingen (heute zu Albstadt) 6. 4. 1904, †Tübingen 9. 3. 1988; Rechtsanwalt, 1949–58 und 1969–80 MdB; 1958–66 Min.-Präs. von Bad.-Württ. Als Bundeskanzler einer großen Koalition (CDU/CSU-SPD; 1966–69) bemühte er sich, eine mittelfristige Finanzplanung, Notstandsgesetze, Reformen der Sozialpolitik und des Strafrechts sowie eine vorsichtige Neuorientierung der Ostpolitik durchzusetzen; 1967–71 Bundesvors. der CDU.

✤ siehe ZEIT Aspekte

📖 *Die dt. Kanzler. Von Bismarck bis Kohl, hg. v. W. von Sternburg. Neuausg. Frankfurt am Main 1994.*

100562

Kurt Georg Kiesinger

Kieślowski [kjɛɕ-], Krzysztof, poln. Filmregisseur, *Warschau 27. 6. 1941, †ebd. 13. 3. 1996; drehte neben Dokumentarfilmen u.a. »Dekalog« (1987/88), eine Fernsehserie zu den Zehn Geboten (UA 1989, 10 Tle.; daraus als Kinofassung: »Ein kurzer Film über das Töten«, 1988; »Ein kurzer Film über die Liebe«, 1988), und Spielfilme.

Weitere Filme: Personal (1974); Der

Filmamateur (1979); Veronique (1991). – Trilogie: Drei Farben: Blau, Weiß, Rot (1993/94).

Kiew: Sophienkathedrale

Kiew (ukrain. Kyjiw), Hptst. der Ukraine, beiderseits des Dnjepr, 2,611 Mio. Ew.; wiss. und kultureller Mittelpunkt der Ukraine mit Univ. (gegr. 1834), Ukrain. Akademie der Wiss.en, vielen Hochschulen, etwa 25 größeren Museen und sieben Theatern, Goethe-Inst., Planetarium, botan. und zoolog. Garten und Filmstudios; Sitz des Metropoliten der autonomen »Ukrain. Orth. Kirche« und des Patriarchen der vom Moskauer Patriarchat nicht anerkannten »Ukrain. Orth. Kirche – Patriarchat K.« (↑ukrainische Kirchen). Ind.stadt mit Maschinen-, Apparate-, Präzisionsgeräte-, Fahrzeugbau, chem. und pharmazeut., Textil-, Nahrungsmittelind. und Werft; Flusshafen (für kleinere Seeschiffe erreichbar), U-Bahn, internat. Flughafen. Oberhalb von K. Staudamm (Stausee 922 km²) mit Kraftwerk (551 MW) und Pumpspeicherwerk. – K. ist reich an histor. Bauten, darunter die Sophienkathedrale, eine fünfschiffige Kreuzkuppelanlage (1037–1061, 1240 zerstört, 17./18. Jh. Wiederaufbau; UNESCO-Weltkulturerbe), das 1051 von Antoni dem Heiligen gegr. und vom 11. bis zum 18. Jh. erbaute **Kiewer Höhlenkloster** (Kiewo-Petscherskaja Lawra; UNESCO-Weltkulturerbe), das älteste Kloster im russ. Gebiet, sowie weitere Klöster und zahlr. Kirchen aus dem MA. und dem Barock. – K., um 860 erstmals in einer Chronik erwähnt, erhielt nach einer Legende seinen Namen von dem angebl. Gründer Ki; im 9. bis 12. Jh. war es Zentrum eines ausgedehnten Reiches (Kiewer Rus); 988–1300 auch der kirchl. Mittelpunkt Russlands. 1240 durch die Mongolen zerstört, kam K. 1362 an Litauen, 1569 an Polen, 1654/67 an Russland und wurde 1793 Gouv.-Hptst., 1934 Hptst. der Ukraine; 1941–43 von dt. Truppen besetzt.

Kiez [slaw.], kleine Auenrandsiedlung in Form einer gedrängten, kurzen Dorfzeile, im slaw. Siedlungsgebiet rechts der Elbe. K. entstanden zw. 600 und 900 neben Burgen als Wohnsitze niederer Dienstleute slaw. Abkunft (häufig Fischer, daher **Fischer-K.**). Manche wurden zu Vorstädten (nach ihnen wurde K. auch regionale Bez. für arme Stadtviertel).

Kigali, Hptst. von Ruanda, in einem weiten Hochtal im Zentrum des Landes, 1540 m ü. M., 608 100 Ew.; kath. Erzbischofssitz; Handelszentrum, Nahrungsmittel-, Textil- u. a. Ind.; Straßenknotenpunkt, internat. Flughafen.

Kikuyu, Bantuvolk in Kenia, mit rd. 5,3 Mio. Angehörigen eines der größten Völker Ostafrikas. Die K. waren 1952–56 Hauptträger des Aufstandes der ↑Mau-Mau.

Kikuyu

Kilimandscharo: Blick auf den höchsten Berg Afrikas

Kikwit, Stadt in der Demokrat. Rep. Kongo, am Kwilu, 182 800 Ew.; kath. Bischofssitz; Handelsplatz, Verkehrsknotenpunkt; Flughafen.

Kilauea, Vulkan auf der Insel Hawaii, 1 243 m ü. M., Nebenkrater des ↑Mauna Loa; seit dem Ausbruch 1983 wiederholter Lavafluss.

Kilby ['kılbı], Jack St. Clair, amerikan. Physiker, *Jefferson City (Mo.) 8. 11. 1923; 1958–70 bei Texas Instruments Inc. (Dallas), 1978–84 Prof. für Elektrotechnik an der Texas A&M University. K.s Idee, alle Bauteile eines Schaltkreises aus einem Material (Silizium) herzustellen, führte zur Entwicklung des ersten integrierten Schaltkreises, den er am 12. 9. 1958 bei Texas Instruments präsentierte. K. erhielt für seine bahnbrechenden Leistungen zus. mit H. Kroemer und S. Alferow 2000 den Nobelpreis für Physik.

Kildare [kıl'deə] (irisch Cill Dara), Cty. in der Rep. Irland, westlich von Dublin, 1 694 km², 134 900 Ew.; Verw.sitz ist Naas; Rindermastgebiet und Zentrum der irischen Pferdezucht; Torfabbau; neuere Industrieansiedlungen (v. a. Leichtindustrie).

Kilian, ir. Wanderbischof, Missionar, †(ermordet) Würzburg um 689; wirkte in Ostfranken, Patron des Bistums Würzburg und der fränk. Winzer; Heiliger, Tag: 8. 7.

Kilikien, antike Landschaft im SO Kleinasiens, umfasst den Mitteltaurus und im SO die fruchtbare **Kilik. Ebene;** wichtigster Durchlass durch den Mitteltaurus ist die **Kilik. Pforte,** durch die Eisenbahnlinie und Straße von Zentralanatolien in die Küstenebene führen.

Kilimandscharo [Suaheli »Berg des bösen Geistes«] *der* (Kilimandjaro), vulkan. Gebirgsstock in Ostafrika, in NO-Tansania, mit 5 892 m ü. M. (Neuvermessung 1999) höchster Berg Afrikas; aus drei Vulkanen zusammengewachsen: Schira (4 000 m ü. M.), Mawensi (5 270 m ü. M.) und Kibo (5 892 m ü. M.; mit Firnkappe und Hängegletschern); weist ausgeprägte Vegetations- und Bodennutzungsstufen auf; Nationalpark (UNESCO-Weltnaturerbe). – Erstbesteigung 1889 durch Hans Meyer und L. Purtscheller.

Kilimane [kelə'manə], Stadt in Moçambique, ↑Quelimane.

Kilkenny (ir. Cill Chainnigh), **1)** Cty. in der Rep. Irland, 2 062 km², 75 200 Ew.; durchflossen vom Nore; Viehwirtschaft, Ackerbau.

2) Hptst. von 1), am Nore, 19 000 Ew.; kath. und anglikan. Bischofssitz; Brauerei, moderne Leichtindustrie. – Die 1175 zerstörte Burg wurde 1192 wieder errichtet und 1858–62 erneuert; zwei Kathedralen (13. und 19. Jh.), Dominikanerkloster (13. Jh.).

Killarney [kı'lɑ:nı] (irisch Cill Áirne), Stadt in der Cty. Kerry, Irland, 10 200 Ew.; Bischofssitz; Maschinenbau, Schuh-, Textilind.; Fremdenverkehr.

Killer|alge (Caulerpa taxifolia), giftige trop. Grünalge, die im Mittelmeer die heim. Algenarten überwuchert (und erstickt) und sich aufgrund fehlender Fressfeinde sehr stark ausbreitet.
Killerbiene, die ↑Mörderbiene.
Killersatellit, ↑militärische Satelliten.
Killing Fields [-fi:ldz; engl. »mörder. Felder«], ↑Kambodscha (Geschichte). – Auch Titel eines Films von R. Joffé (1984) über die Schreckensherrschaft der Roten Khmer (1975–79).
Killy, 1) [ki'li:], Jean-Claude, frz. alpiner Skiläufer, *Saint-Cloud 30. 8. 1943; u.a. Olympiasieger 1968 (Abfahrtslauf, Slalom, Riesenslalom) und Weltmeister 1966 (Abfahrtslauf, alpine Kombination); gewann 1966/67 den Gesamtweltcup.
2) ['kɪli], Walter, Germanist, *Bonn 26. 8. 1917, †Kampen (Sylt) 28. 12. 1995; 1978–83 Direktor an der Herzog-August-Bibliothek, Wolfenbüttel; Hg. von Textsammlungen und des »Literatur Lexikon. Autoren und Werke dt. Sprache« (15 Bde., 1988 ff.).
Kilmarnock [kɪl'mɑ:nək], Stadt in SW-Schottland, 44 300 Ew.; Zentrum von East Ayrshire; Textil-, Schuhindustrie, Maschinenbau, Whiskybrennereien.
Kilmuir [kɪl'mjʊə], David Patrick Maxwell Fyfe, Viscount (seit 1954), Earl of K. (seit 1962), brit. Jurist und Politiker, *Edinburgh 29. 5. 1900, †Withyham (Cty. East Sussex) 27. 1. 1967; Mitgl. der Konservativen Partei, 1945–46 brit. Hauptankläger beim Internat. Militärtribunal in Nürnberg, 1951–54 Innenmin. und 1954–62 Lordkanzler.
Kilo [grch.], Vorsatz (Zeichen **k**) vor Einheiten für das Tausendfache, z.B. 1 kg = 1 000 g, 1 km = 1 000 m; in der *Informatik* Größenvorsatz (Zeichen **K**) vor Bit oder Byte in der Bedeutung 2^{10} = 1 024.
Kilogramm, Einheitenzeichen **kg,** SI-Basiseinheit der Masse, definiert durch das seit 1889 in Sèvres bei Paris aufbewahrte Urkilogramm (Platin-Iridium-Zylinder). Seit einigen Jahren arbeiten Experten versch. Metrologieinstitute an Experimenten, mit denen sich eine neue, exaktere Definition des K. ableiten lässt, die überall reproduzierbar sein sollte.
Kilometerpauschale, 1994–2000 bei der Einkommensteuer als Werbungskosten oder Betriebsausgaben absetzbare Aufwendungen für berufsbedingte Fahrten mit dem privaten Fahrzeug; 2001 von der ↑Entfernungspauschale abgelöst.
Kilometerwellen, ↑Langwellen.
Kilopond, Einheitenzeichen **kp,** veraltete Einheit der Kraft; 1 kp = 1 000 p (Pond) ist die Gewichtskraft einer Masse von 1 kg bei der Normalfallbeschleunigung. Die SI-Einheit der Kraft ist das Newton (N); 1 kp = 9,806 65 N.
Kilowattstunde, Einheitenzeichen **kW · h,** gesetzliche Einheit der Energie, bes. in der Elektrotechnik: 1 kW · h = 3 600 kW · s = $3{,}6 \cdot 10^6$ W · s = 3,6 MJ (Megajoule).
Kilt [engl.] *der,* kurzer Schottenrock, auf den kelt. Schurz (Deckenschurz) zurückgehend. Der gewickelte Faltenrock ist aus einem in den Farben des Clans (Stammesfarben) gehaltenen karierten Wollstoff (»Tartan«) und wird mit einer Nadel zusammengehalten; schott. Einheiten der brit. Streitkräfte tragen den K. in Parade- und Ausgehuniform. – Abb. S. 590

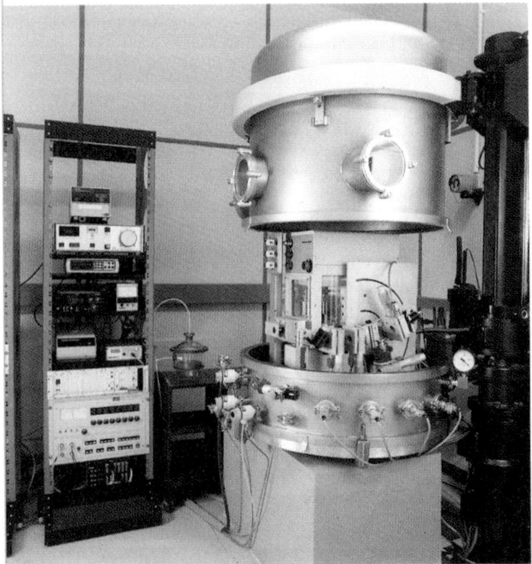

Kilogramm: Kilogrammprototyp-Waage mit evakuiertem Gehäuse

Kilwa Kisiwani (Kilwa Kiswani), Koralleninsel an der Küste Südtansanias, mit den Ruinen (UNESCO-Weltkulturerbe) der Stadt **Kilwa**, die vom 12. bis 15. Jh. als schönste Stadt Ostafrikas galt.
Kim, Anatoli Andrejewitsch, russ. Schrift-

steller korean. Herkunft, * Sergijewka (Kasachstan) 15. 9. 1939; gestaltet in seinen Werken Menschenschicksale unter Verwendung allegorisch-fantast. Mittel und ostasiat. Mythologien (»Nachtigallenecho«, Erz., 1980; »Der Nephritgürtel«, R., 1981; »Eichhörnchen«, R., 1984; »Der Waldvater«, R., 1989).

Kilt: Männer im traditionellen Schottenrock

Kimbangu, Simon, afrikan. Evangelist und Prophet, * 1889, † Elisabethville (heute Lubumbashi) 12. 10. 1951; begründete in Belgisch-Kongo (heute Demokrat. Rep. Kongo) eine christl. Massenbewegung afrikan. Gepräges, aus der die **Kimbangische Kirche** hervorging (seit 1975 Mitgl. des Ökumen. Rates der Kirchen); heute größte unabhängige Kirche Schwarzafrikas.

Kimberley ['kɪmbəlɪ], Hptst. der Prov. Nord-Kap, Rep. Südafrika, 1 198 m ü. M., 170 400 Ew.; Zentrum der Diamantengewinnung und -schleiferei sowie eines Viehzuchtgebietes mit verarbeitender Industrie. – K. wurde 1871 nach Diamantenfunden gegründet.

Kimberleyplateau ['kɪmbəlɪplato], Gebirgslandschaft in NW-Australien, stark zertalt, bis 936 m ü. M. (Mount Ord); Rinderzucht; Eisenerzabbau, Diamantengewinnung, Bauxitvorkommen.

Kimberlit [nach der Stadt Kimberley] *der,* ultrabas. dunkles Tiefengestein (ein oft serpentinisierter und carbonatisierter Peridotit), Muttergestein der Diamanten; wird in engen Eruptionsschloten (Pipes) gefördert. Das in frischem Zustand bläulich grüne Gestein **(Blauer Grund, Blue Ground)** wird durch die Verwitterung gelblich braun **(Gelber Grund, Yellow Ground).**

Kimbern (lat. Cimbri), german. Stamm, wanderte Ende des 2. Jh. v. Chr. von Jütland in die Ostalpen und nach Gallien; besiegten mehrfach röm. Heere. Als sie in Oberitalien eindrangen, wurden sie 101 v. Chr. von den Römern unter Marius bei Vercellae (↑Vercelli) vernichtend geschlagen (↑Teutonen).

Kim Dae Jung [- dɛ dʒ-], südkorean. Politiker, * Hugwang-ri (SW-Korea) 3. 12. 1925; 1971 Präsidentschaftskandidat; wurde zur Kristallisationsfigur der Opposition gegen das autoritäre Reg.system Park Chung Hees und seiner Nachfolger. Beschuldigt, am Aufstand von ↑Kwangju maßgeblich beteiligt gewesen zu sein, verurteilte ihn 1980 ein Militärgericht zum Tode (1981 zu lebenslanger Haft begnadigt). 1982 durfte er in die USA ausreisen. Nach seiner Rückkehr (1985) wurde er 1987 Vors. der neu gegr. Partei für Frieden und Demokratie (später in Demokrat. Partei umbenannt); kandidierte 1987 und 1992 erfolglos bei den Präsidentschaftswahlen. 1995 konstituierte er den Nationalkongress für neue Politik (ab 2000 Demokrat. Milleniumspartei). 1998–2003 war K. Staatspräs. Mit seiner gegenüber Nord-Korea betriebenen »Sonnenscheinpolitik« versuchte er der innerkorean. Annäherung neue Impulse zu verleihen. K. erhielt den Friedensnobelpreis 2000.

Kim Il Sung [-il-], nordkorean. Politiker, * Mangyongdae (bei Pjöngjang) 15. 4. 1912, † Pjöngjang 8. 7. 1994; organisierte in den 1930er-Jahren eine Guerillatruppe (»Korean. Revolutionäre Volksarmee«), mit der er gegen die Japaner kämpfte; zog sich 1941 mit seinen Truppen in die UdSSR zurück. 1945 zurückgekehrt, rief er im nördl. Korea unter sowjet. Schutz 1948 die kommunist. Demokrat. Volksrepublik Korea aus. Dort war er 1948–72 MinPräs. und ab 1972 Staatspräs., 1948–66 Vors., seitdem Gen.-Sekr. des ZK der »Partei der Arbeit Koreas«. 1950–53 führte er Krieg gegen Süd-Korea (↑Koreakrieg). Er errichtete ein diktator., von einem Kult um ihn und seine Familie geprägtes Reg.system. Seit den 1980er-Jahren setzte er sich für die

Wiedervereinigung Koreas ein. 1992 ließ er sich zum Großen Marschall ernennen. – K. bestimmte seinen Sohn Kim Jong Il zu seinem Nachfolger.

Kim Jong Il [- dʒ- il], nordkorean. Politiker, * (offiziell in einem antijapan. Widerstandslager am Paektusan, inoffiziell Chabarowsk) 16. 2. 1942 (oder 1941); Sohn von Kim Il Sung; seit 1980 Mitgl. des Politbüros und der Zentralen Militärkommission der Partei der Arbeit Koreas (PdAK), wurde 1991 Oberbefehlshaber der Armee, 1992 Marschall der Streitkräfte und 1993 Chef der Nat. Verteidigungskommission. Seit langem in den Kult um die Person seines Vaters einbezogen, war er in steigendem Maße an der Leitung der Reg.-Geschäfte beteiligt. Nach dem Tod Kim Il Sungs 1994 trat er – ohne zunächst dessen Ämter zu erlangen – de facto seine Nachfolge an; 1997 wurde er Gen.-Sekr. der PdAK und 1998 Vors. des (zum neuen höchsten Machtorgan deklarierten) Nat. Verteidigungsausschusses.

✣ siehe ZEIT Aspekte

Kimm, 1) *Schiffbau:* gekrümmter Übergang vom Schiffsboden zur Schiffswand. **2)** *Seefahrt:* die sichtbare Horizontlinie auf See.

Kimme, bei Hand- und Faustfeuerwaffen der (meist dreieckige) Ausschnitt des Visiers, durch den der Schütze über das Korn nach dem Zielpunkt sieht.

Kimmeri|er, ein urspr. in S-Russland ansässiges nomad. Reitervolk; stieß über den Kaukasus nach S vor und zerstörte um 700 v. Chr. das phryg. Großreich. 652 eroberten die K. die lyd. Hptst. Sardes, wurden aber um 600 von dem Lyderkönig Alyattes endgültig geschlagen und aufgerieben.

Kimon, athen. Staatsmann und Feldherr, Sohn des Miltiades, * um 510 v. Chr., ⚔ vor Kition (Zypern) 449 v. Chr.; seit 478/477 immer wieder Stratege, siegte 466 am Eurymedon über die Perser, wurde wegen spartafreundl. Politik 461 verbannt, 451 zurückgerufen. K. fiel 449 bei dem Versuch, den Persern Zypern zu entreißen.

Kimono [auch ki'mo:no, japan.] *der,* japan. kaftanartiges Bekleidungsstück der traditionellen japan. Männer- und Frauenkleidung; aus zwei geraden Stoffbahnen zusammengesetzt mit mittlerer Rückennaht, mit angeschnittenen, so genannten K.-Ärmeln, vorn offen und von einem Gürtel (Obi) zusammengehalten.

Kim Young Sam [- jɔŋ -], südkorean. Politiker, * auf der Insel Koje (bei Pusan) 20. 12. 1927; lange Zeit einer der führenden Oppositionspolitiker, arbeitete zeitweilig mit Kim Dae Jung zusammen. Nach den Unruhen von Kwangju (1980) stand K. unter Hausarrest. Als Vors. der Partei für Wiedervereinigung und Demokratie (1987–90) unterlag er bei den Präsidentschaftswahlen von Dez. 1987. Nach dem Zusammenschluss seiner Partei mit der Reg.-Partei (1990) wurde er 1992 Vors. der neuen Partei (zunächst Demokrat. Freiheitspartei gen., ab 1992 Demokratisch-Liberale Partei, ab 1995 Neue Korea-Partei). 1993–98 war er Staatspräsident.

Kina *das,* Abk. **K,** Währungseinheit in Papua-Neuguinea; 1 K. = 100 Toea (t).

Kinabalu (Gunung K.), der höchste Berg Borneos, in Sabah, Ostmalaysia, 4 101 m ü. M.; Teil des K. National Parks.

Kinach, Anatoli, ukrain. Politiker, * in Moldawien 4. 8. 1954; Schiffbauingenieur; wurde 1990 Abg. des Obersten Rates; war 1995–96 stellv. MinPräs. (zuständig für Industriepolitik), ab 1996 Berater des Staatspräs. für den Bereich der Industrie; übernahm im selben Jahr den Vorsitz der Vereinigung der Industriellen und Unternehmer. Von Aug. bis Dez. 1999 war K. Erster Stellvertretender MinPräs. Nach dem Sturz des reformorientierten MinPräs. W. Juschtschenko (Misstrauensvotum vom 26. 4. 2001) bestätigte das Parlament am 29. 5. 2001 K. als Amtsnachfolger; im Nov. 2002 wurde er mit seiner Reg. von Präs. Kutschma entlassen.

kinästhetische Empfindungen [zu grch. kineīn »bewegen« und aísthēsis »Empfindung«] (Kinästhesie, Bewegungsempfindungen, Bewegungssinn), die Fähigkeit, Lage und Bewegungsrichtung von Körperteilen zueinander und in Bezug zur Umwelt unbewusst reflektorisch zu kontrollieren und zu steuern.

Kind, der Mensch in der ersten Alters- und Entwicklungsphase. I. Allg. unterscheidet man jedoch zw. Neugeborenem (bis 10. Lebenstag), Säugling (1. Lebensjahr), Kleinst-K. (im 2. und 3. Lebensjahr), Klein-K. (4.–6. Lebensjahr) und Schul-K. (7.–14. Lebensjahr). Bis zum 2. Lebensjahr ist eine relativ schnelle Zunahme von Körperlänge und -größe charakteristisch. Danach findet eine langsamere Längen- und Gewichtszunahme statt, die in der Pubertät noch einmal eine Beschleunigung erfährt. Das unterschiedl. Wachstum der einzelnen Körperabschnitte bewirkt dabei Proportionsverschiebungen.

Geistig-seel. Entwicklung: Bereits für den Fetus wird Erinnerungs- und Lernfähigkeit angenommen; die Psyche des Neugeborenen ist in Grundzügen strukturiert. Etwa bis zum 7. Lebensmonat besteht eine intensive Beziehung zur Hauptbezugsperson (meist die Mutter); bis zum 12. Monat beginnt der Säugling, zw. sich und der Umwelt zu unterscheiden. Das Kleinst-K. hat einen starken Bewegungsdrang. Sein Wortschatz, der mit 1 ½ Jahren rasch anwächst, enthält vorerst hauptsächlich Gegenstands-, dann Tätigkeits- und schließlich Eigenschaftsbezeichnungen. Zw. 2 ½ und 3 Jahren schreitet die Entwicklung der Fantasie und des Willens schnell voran. Stürmisch geäußerte Ansprüche auf Liebe und Beachtung offenbaren die Sozialbezogenheit. Vom 4. Lebensjahr an tritt beim Klein-K. der Wunsch nach Selbstständigkeit und nach Umgang mit Gleichaltrigen hervor; sein Denken ist primär anschaulich und die vorrangige Betätigung das ↑Spiel. Im beginnenden Schulkindalter werden Gemeinschaftsspiele und Gruppenunternehmungen bevorzugt. Mit etwa 10 Jahren erreicht die kindl. Entwicklung einen Höhepunkt. Das K. ist leistungswillig; Abstraktionsfähigkeit und schlussfolgerndes Denken machen große Fortschritte. Das 10- bis 14-jährige K. versucht, in die Bereiche der Natur und Technik einzudringen, indem es experimentiert und sammelt. Es löst sich mehr und mehr aus der elterl. Pflege und beginnt Einsicht in die sozialen Aufgaben in der Gesellschaft zu gewinnen.Im *Recht* sind K. die Verwandten ersten Grades (Abkömmlinge): 1) leibl. K., 2) Adoptivkinder. Das Kindschaftsrechtsreform-Ges. vom 16. 12. 1997 hat den rechtl. Unterschied zw. ehel. und ↑nichtehelichen Kindern beseitigt. (↑elterliche Sorge, ↑Geschäftsfähigkeit, ↑Strafmündigkeit, ↑Vaterschaft)

📖 *Ariès, P.: Geschichte der Kindheit. A. d. Frz. Neuausg. München [12]1996. – Kindheit u. Familie. Beiräge aus interdisziplinärer u. kulturvergleichender Sicht, hg. v. F.-M. Konrad. Münster u. a. 2002. – Emotionale Kompetenz entwickeln. Grundlagen in Kindheit u. Jugend, hg. v. M. v. Salisch. Stuttgart 2002.*

Kindbettfieber, das ↑Wochenbettfieber.

Kindchenschema, *Psychologie:* die Kombination versch. für das Kleinkind charakterist. Körpermerkmale, die beim Menschen als Schlüsselreiz den (elterl.) Pflegeinstinkt ansprechen. Zum K. gehören insbesondere ein im Verhältnis zum übrigen Körper großer Kopf, Pausbacken, »tollpatschige« Bewegungsabläufe.

Kinder|arbeit, i. e. S. die im Einklang mit gesetzl. Schutzbestimmungen erfolgende Erwerbstätigkeit von Kindern und Jugendlichen (↑Jugendschutz), i. w. S. die darüber hinaus erfolgende, d. h. illegale Beschäftigung von Kindern. Rechtl. Bestimmungen zur K. auf internat. Ebene wurden bes. von der Internat. Arbeitsorganisation (IAO) erarbeitet. Das IAO-Übereinkommen von 1973 bestimmt, dass das Mindestalter für eine Arbeitsaufnahme nicht unter demjenigen liegen darf, in dem die Schulpflicht endet; auf keinen Fall unter 15 Jahren (Ausnahmen: Altersgrenze in Entwicklungsländern 14 Jahre, für leichte Arbeiten 12 Jahre). Die UN-Konvention über die Rechte des Kindes von 1989 dient dem Schutz des Kindes vor wirtsch. Ausbeutung, vor Arbeiten, die Gefahren mit sich bringen bzw. die die Erziehung oder die Gesundheit des Kindes beeinträchtigen können. Nach einer EG-Richtlinie von 1993, 1994 in dt. Recht umgesetzt, ist die reine Erwerbstätigkeit Jugendlicher grundsätzlich verboten. Im Jahr 2000 trat eine weitere Konvention der IAO in Kraft, nach der die Staaten verpflichtet sind, v. a. Kindersklaverei, Zwangsarbeit, Kinderprostitution, Kinderpornographie und K. z. B. in Bergwerken zu verbieten und zu beseitigen.

Geschichte: Im MA. leisteten Kinder Hand- und Frondienste, später arbeiteten sie in Manufakturen und der Industrie. 1839 wurde in Preußen ein erster gesetzl. K.-Schutz geschaffen, um die gravierendsten Auswirkungen des Raubbaus an kindl. Arbeitskraft einzudämmen (Verbot der Arbeit von Kindern unter neun Jahren in Fabriken, Berg-, Hütten- und Pochwerken). Da K. für den Lebensunterhalt vieler Familien notwendig war, wurden Verbote oft umgangen. Erst 1903 wurde im Kinderschutz-Ges. der Arbeitsschutz auf alle gewerbl. Betriebe ausgedehnt.

Entwicklungsländer: Gravierend ist das Problem der K. in den Entwicklungslän-

Kinderarbeit in ausgewählten Ländern[*]
(2001, in %)

Staaten	Erwerbsquote
Niger	65
Togo	60
Sierra Leone	57
Tschad	57
Uganda	34
Senegal	33
Tansania	32
Somalia	32
Mongolei	30
Mali	30
Kenia	25
Albanien	23
Vietnam	23
Angola	22
Bolivien	21
Irak	8
Venezuela	7
Ägypten	6
Libanon	6
Kolumbien	5

[*]Anteil der erwerbstätigen Kinder zwischen 5 und 14 Jahren an allen Kindern dieser Altersklasse

dern. Nach Schätzungen der IAO verrichten weltweit 250 Mio. Heranwachsende K., davon etwa 20 Mio. als »Kindersklaven«, die von Unternehmen gezwungen werden, ohne Lohn zu arbeiten, um die Schulden ihrer Eltern zu tilgen. Neun von zehn Kindern arbeiten in der Landwirtschaft bzw. ihrem Umfeld. Weitere Aspekte der K. sind Kinderprostitution und der Einsatz von Kindersoldaten.

📖 *Große-Oetringhaus, H.-M. u. Nuscheler, F.: Kinderhände. K. in der Dritten Welt. Baden-Baden 1988. – Trube-Becker, E.: Mißbrauchte Kinder. Sexuelle Gewalt u. wirtsch. Ausbeutung. Heidelberg 1992. – K. Probleme, polit. Ansätze, Projekte, hg. v. R. Bruning u. B. Sommer. Neuausg. Unkel 1993. – Verkaufte Kindheit. K. für den Weltmarkt, hg. v. H.-M. Große-Oetringhaus u. P. Strack. Münster 1995. – Zum Beispiel K., Redaktion: U. Pollmann. Göttingen ²1999.*

Kinder|arzt (Pädiater), Facharzt für ↑Kinderheilkunde.

Kinderbetreuungsfreibetrag (Betreuungsfreibetrag), zum 1. 1. 2002 eingeführter einkommensteuerrechtl. Freibetrag für den Betreuungs- und Erziehungs- oder den Ausbildungsbedarf eines Kindes in Höhe von 1 080 €/Jahr (je Elternteil bei getrennt lebenden Eltern) bzw. 2 160 €/Jahr (zus. zur Einkommensteuer veranlagte Eltern), der bis zum Abschluss der Ausbildung neben dem Kinderfreibetrag alternativ zum Kindergeld gewährt wird.

Kinderbetreuungskosten, seit 1. 1. 2002 als außergewöhnl. Belastungen bei der Einkommensteuer abziehbare Aufwendungen für Dienstleistungen zur Betreuung eines zum Haushalt gehörenden Kindes, welches das 14. Lebensjahr noch nicht vollendet hat oder wegen einer vor Vollendung des 27. Lebensjahres eingetretenen körperl., geistigen oder seel. Behinderung außerstande ist, sich selbst zu unterhalten. Je Kind können bis maximal 750 €/Jahr (je Elternteil bei getrennt lebenden Eltern) bzw. 1 500 €/Jahr (bei zusammenlebenden Eltern) berücksichtigt werden, soweit die Aufwendungen 774 € bzw. 1 548 € übersteigen. Voraussetzung ist, dass die Steuerpflichtigen entweder erwerbstätig sind, sich in der Ausbildung befinden, behindert oder krank sind.

Kinderbuch, ↑Bilderbuch, ↑Kinder- und Jugendliteratur.

Kinderdörfer, Einrichtungen zur langfristigen Betreuung von Kindern und Jugendlichen außerhalb ihrer Herkunftsfamilien. Die Aufnahme erfolgt im Kindesalter (bei Geschwistern auch darüber hinaus); die Betreuungsform besteht in familienähnl. Hausgemeinschaften (4–6 Kinder in Europa, z. T. auch bis 12 Kinder für eine Kinderdorfmutter), die jeweils ein Haus bewohnen. Nach Anfängen schon im 19. Jh. (J. H. Wicherns ↑Rauhes Haus in Hamburg, 1833) nahm die Kinderdorfbewegung nach dem Zweiten Weltkrieg einen großen Aufschwung. Bedeutendste Organisation ist das von H. Gmeiner 1949 initiierte Sozialwerk **SOS-Kinderdorf e. V.,** das seine familiennahe Erziehung auf Kinderdorfmütter stützt. 1948 erfolgte in Paris die Gründung des Dachverbandes der K., die »Fédération Internationale des Communautés d'Enfants« (FICE). In Dtl. gibt es (2003) 14 SOS-Kinderdörfer und über 30 SOS-Kinderdorf-Einrichtungen (u. a. Berufsausbildungs-, Beratungs- und Mütterzentren); weltweit bestehen über 430 SOS-Kinderdörfer und rd. 1 100 SOS-Kinderdorf-Einrichtungen in über 130 Ländern.

Kinder|erziehungszeiten, ↑Rentenversicherung.

Kinderfreibetrag, ↑Kinderlastenausgleich.

Kinderfrüherkennungsuntersuchungen, diagnost. Vorsorgemaßnahmen zur möglichst frühzeitigen Erkennung von kindl. Entwicklungsstörungen oder von Krankheitszuständen bei Kindern bis zur Vollendung des 5. Lebensjahres. Das Programm der gesetzl. Krankenkassen umfasst für Kinder in dieser Zeit insgesamt neun Untersuchungen (U 1 bis U 9). Dazu gehören auch Tests auf Stoffwechselstörungen (z. B. Phenylketonurie) sowie Beratung über Rachitis, Kariesprophylaxe und Impfempfehlungen (↑Impfkalender).

Kindergarten, halb- oder ganztägige (auch Kindertagesstätte gen.) Einrichtung zur Betreuung und pädagog. Förderung der Drei- bis Sechsjährigen; z. T. rein privat organisiert (Kinderladen). Zu den Hauptaufgaben eines K. gehört es, die Selbstständigkeit und das Selbstbewusstsein, den Gemeinschaftssinn und die Umweltbegegnung sowie die allgemeine geistige, bes. sprachl. Entwicklung der Kinder zu fördern; schulähnl. Leistungsdenken soll fern gehalten werden. – **Sonderschul-K.** betreuen behinderte Kinder und **Schul-K.** Kinder im Schulalter, die noch nicht schulreif sind. Nach § 24 SGB VIII hat in Dtl. jedes Kind vom vollendeten 3. Lebensjahr bis zum Schuleintritt Anspruch auf den Besuch eines K. – Die Idee der außerhäusl. Kleinkindbetreuung geht bes. auf J. A. Comenius und Erhard Weigel (* 1625, † 1699) zurück. Der Begriff »K.« stammt von F. Fröbel, der in Blankenburg (Thür.) den ersten K. gründete.

Kindergeld, quantitativ die wichtigste Maßnahme des ↑Kinderlastenausgleichs. K. wird unabhängig davon, ob das Kind (auch Stief- und Adoptivkinder sowie ggf. Pflegekinder und Enkel) eine Ausbildung absolviert oder eigene Einkünfte hat, bis zum 18. Lebensjahr gezahlt. Bei Kindern zw. 18 und 27 Jahren wird K. geleistet, wenn sie sich in einer Ausbildung oder in einer Übergangszeit von höchstens vier Monaten zw. zwei Ausbildungsabschnitten befinden, eine Berufsausbildung mangels Ausbildungsplatzes nicht beginnen oder fortsetzen können, ein freiwilliges soziales oder ökolog. Jahr leisten. Es entfällt in diesen Fällen jedoch, wenn die Einkünfte des Kindes 7 188 € (2002 und 2003), 7 428 € (ab 2004) und 7 680 € (ab 2005) jährlich übersteigen. Anspruch haben auch Arbeit Suchende bis zum 21. Lebensjahr und ohne Altersbegrenzung Behinderte, die sich nicht selbst unterhalten können. Das K. beträgt ab 2002 für das 1., das 2. und das 3. Kind 154 € monatlich und für das 4. sowie jedes weitere Kind 179 € monatlich. Seit 1996 wird es grundsätzlich als Steuervergütung und unabhängig vom Einkommen der Eltern gewährt. Zuständig für K. ist die Familienkasse der Arbeitsagentur. – In *Österreich* entspricht dem K. die **Familienbeihilfe.** In der *Schweiz* gibt es keine vergleichbare Leistung.

Kinder Gottes, religiöse Bewegung, ↑Family.

Kinderhandel, aufgrund des internat. Abkommens zur Unterdrückung des Frauen- und K. vom 30. 9. 1921 unter Strafe gestellte Tat (↑Frauenhandel). In Dtl. wird K. des Weiteren in Form des Überlassens des eigenen noch nicht 14 Jahre alten Kindes unter grober Vernachlässigung der Fürsorgepflicht an einen anderen auf Dauer gegen Entgelt oder in der Absicht, sich oder einen Dritten zu bereichern, mit Freiheitsstrafe bis zu 5 Jahren oder Geldstrafe bestraft; ebenso wird der Aufnehmende bestraft (§ 236 Abs. 1 StGB). Nach § 236 Abs. 2 ist auch die unbefugte Adoptionsvermittlung einer Person unter 18 Jahren als K. strafbar.

Kinderheilkunde (Pädiatrie), Fachgebiet der Medizin, das sich mit der Vorbeugung, Diagnostik und Therapie von phys. und psych. Erkrankungen im Kindes- und Jugendalter befasst. Spezialgebiete sind z. B. Kinderchirurgie, Kinderkardiologie und Kinder- und Jugendpsychiatrie. Wiss. Vereinigung ist die Dt. Gesellschaft für K., gegr. 1883 in Freiburg im Breisgau.

Kinderhilfswerk der Vereinten Nationen, ↑UNICEF.

Kinderhort, ↑Kindertagesstätte.

Kinderkanal (KI.KA), von ARD und ZDF getragener Spartenkanal; gegr. 1997; Sitz: Erfurt.

Kinderkrankheiten, die vorwiegend oder ausschl. im Kindesalter auftretenden Erkrankungen. K. i. e. S. sind bestimmte Infektionskrankheiten wie Masern, Röteln, Scharlach, Windpocken, aber auch

Mumps, Keuchhusten und Diphtherie. Diese K. sind äußerst ansteckend, sodass meist schon der erste Kontakt zur Erkrankung führt; sie hinterlassen aber meist eine lebenslange Immunität. Die nicht infektiösen K. sind auf den hohen Stoffumsatz des wachsenden kindl. Organismus und seinen hohen Wasser- und Mineralstoffbedarf zurückzuführen. Ernährungsstörungen (Erbrechen, Durchfälle) führen bes. beim Säugling und Kleinkind rasch zu ernstl. Störungen. Allg. besteht bei Kindern eine erhöhte Empfänglichkeit für katarrhal. Entzündungen der Atemwege, Hautreizungen und eine erhöhte Krampfbereitschaft.

📖 *Stoppard, M.: Das große Buch der K. Ein Nachschlagewerk für Mütter u. Väter. A. d. Engl. Medizin. Überarbeitung der dt. Ausg.: L. Kessel. Berlin 2001. – Nees-Delaval, B.: Rat u. Hilfe bei K. Erkennen, Vorbeugen, Behandeln u. Pflegen. Rheda-Wiedenbrück 2002.*

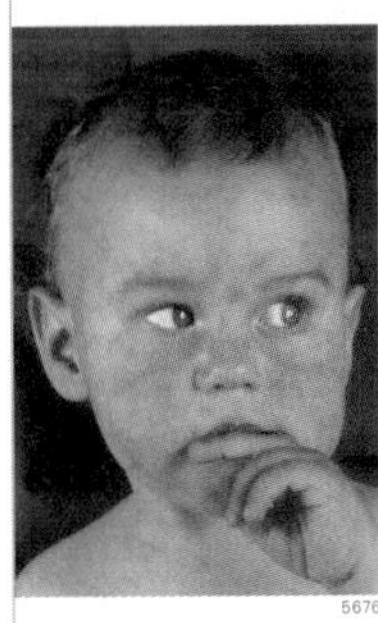

5676

Kinderkrankheiten: Röteln bei einem Kleinkind

Kinderkreuzzug, ↑Kreuzzüge.

Kinderkriminalität, die Gesamtheit der von Kindern begangenen, mit Strafe bedrohten Handlungen. In Dtl. sind Personen unter 14 Jahren strafunmündig, d.h., sie werden nicht strafrechtlich zur Verantwortung gezogen (ebenso in Österreich; anders in der Schweiz, wo eine beschränkte strafrechtl. Verantwortung ab dem 7. Lebensjahr beginnt). Der Anteil der K. (v.a. Diebstähle, Sachbeschädigung, Brandstiftung) an der Gesamtkriminalität wird mit etwa 6% angenommen; allerdings ist bei K. die Dunkelziffer bes. hoch.

📖 *Glogauer, W.: Kriminalisierung von Kindern u. Jugendlichen durch Medien. Baden-Baden [4]1994. – K. Empirische Befunde, öffentliche Wahrnehmung, Lösungsvorschläge, hg. v. S. Müller und H. Peter. Opladen 1998.*

Kinderkrippe, ↑Kindertagesstätte.

Kinderladen, ↑Kindergarten.

Kinderlähmung (spinale K., Poliomyelitis epidemica anterior acuta, kurz Polio, Heine-Medin-Krankheit), meldepflichtige, durch Tröpfchen- oder Kotinfektion übertragene akute Infektionskrankheit der grauen Rückenmarksubstanz, seltener des Gehirns mit (irreparablen) Lähmungen; Erreger sind die Poliomyelitisviren. Die Erkrankung befällt bes. Kinder. Die Inkubationszeit beträgt 7–14 Tage (bis 5 Wochen). Akute Erkrankungen und latente Infektionen hinterlassen lebenslängl. Immunität. Die K. beginnt uncharakteristisch (grippeartig) mit Fieber, Kopfschmerzen, Entzündung der Nasen-Rachen-Schleimhaut, trockenem Husten, häufig auch mit Gliederschmerzen oder mit Erbrechen und Durchfall. Nur in etwa 10–20% der Erkrankungsfälle kündigt sich die Beteiligung des Zentralnervensystems durch neurolog. Zeichen wie starke Kopfschmerzen, Nackensteifigkeit, Überempfindlichkeit der Haut, Muskelschmerzen und Muskelschwäche sowie durch Reflexübererregbarkeit und seitenungleiche Sehnenreflexe an. – Nach einem meist kurzen fieberfreien Intervall setzt plötzlich die paralyt. Phase (Lähmungsphase) mit schlaffen Lähmungen, bes. der Beine, ein. In der Reparationsphase bilden sich die Lähmungen allmählich mehr oder weniger zurück. Der endgültige Zustand (Wachstumshemmungen, Kontrakturen, Gelenkfehlstellungen) ist oft erst nach 1–2 Jahren erkennbar. Eine spezif. Behandlung ist nicht bekannt; wichtig ist die wirkungsvolle Vorbeugung durch Impfung (↑Impfkalender).

Kinderlastenausgleich, Maßnahmen, die auf eine Entlastung der Eltern von einem Teil ihrer Kinderkosten abzielen. Es wird begrifflich zw. dem K. i.e.S. (Maßnahmen, die auf das i.d.R. einkommenslose Kind als Individuum gerichtet sind) und dem K. i.w.S. oder **Familienlastenausgleich** (auf die Familie bezogene Maßnahmen) unterschieden. Zum K. gehören u.a.: a) direkte Einkommensübertragungen der öffentl. Hand (z.B. Kindergeld, Zuschläge, Zulagen); b) steuerl. Erleichterungen durch Freibeträge (z.B. Kinder-, Ausbildungsfreibetrag, Freibetrag für den Betreuungs- und Erziehungs- oder Ausbildungsbedarf), Abzüge von der Steuerschuld; c) verbilligte oder unentgeltl. öffentl. Sachleistungen (Beförderung in öffentl. Verkehrsmitteln, Kindergärten); d) Regelungen im Beitrags- und Leistungsrecht der gesetzl. Kranken-, Pflege-, Renten- und Unfallversicherung (z. B. Mutterschaftshilfe, Waisenrente). Das Kindergeld und der einkommensteuerl. Kinderfreibetrag (je Elternteil bei getrennt lebenden Eltern: ab 2002: 1 824 €/Jahr; zusammen zur Einkommensteuer veranlagte Eltern: 3 648 €/Jahr) sowie der Freibetrag für den Betreuungs- und Erziehungs- oder den Ausbildungsbedarf (ab 2002: 1 080 €/Jahr bzw. 2 160 €/Jahr) werden nicht mehr nebeneinander, sondern alternativ gewährt, bei der Steuerveranlagung wird im Nachhinein die günstigere Alternative berücksichtigt.

Kinderlieder (Kinderreime), textlich und musikalisch meist einfache Lieder, die Kindern vorgesungen werden oder die zum Aufsagen oder Singen für Kinder bestimmt sind, z. B. Wiegenlieder, Spottlieder, Lieder zu Ball- und Reigenspielen, Abzählreime.

Kinderpornographie, ↑Pornographie.

Kinderraub, veraltet für ↑Entziehung Minderjähriger.

Kinderrechtskonvention, Bez. für das am 2. 9. 1990 in Kraft getretene »Übereinkommen der Vereinten Nationen über die Rechte des Kindes«, das von 191 Staaten ratifiziert wurde. Die K. beinhaltet den Schutz von Kindern und stellt die Nichtdiskriminierung, die Berücksichtigung des Wohles des Kindes und das Recht des Kindes auf Anhörung in allen es betreffenden Angelegenheiten in den Vordergrund. Ein Kinderrechtsausschuss prüft die Umsetzung der K. Um die in der K. genannten Bestimmungen zum Schutz der Kinder in bewaffneten Konflikten und vor sexueller Ausbeutung zu verbessern, wurden 1994 von der UN-Menschenrechtskommission zwei Arbeitsgruppen zur Ausarbeitung von zwei Zusatzprotokollen eingesetzt, die im Jan. 2000 ihre Arbeiten abschlossen. Das Zusatzprotokoll »Kinder in bewaffneten Konflikten« soll die Situation von ↑Kindersoldaten verbessern, das Zusatzprotokoll »Kinderhandel, Kinderprostitution und Kinderpornographie« soll bestimmte Tatbestände unter Strafe stellen und die internat. Zusammenarbeit bei der Bekämpfung und Strafverfolgung derartiger Delikte fördern. Die Texte beider Zusatzprotokolle wurden von der UN-Menschenrechtskommission im April 2000 gebilligt, über den UN-Wirtschafts- und Sozialrat (ECOSOC) an die UN-Generalversammlung weitergeleitet und im Sept. 2000 auf dem so genannten »Millenniumsgipfel« der Vereinten Nationen zur Unterzeichnung ausgelegt.

Nachdem bereits im September 1990 in New York ein »Weltkindergipfel« stattgefunden hatte, auf dem eine »Erklärung über das Überleben, den Schutz und die Entwicklung von Kindern« sowie ein entsprechendes Aktionsprogramm beschlossen wurde, fand erstmals im Rahmen der Vereinten Nationen im Mai 2002 eine Sondersitzung der UN-Generalversammlung zur Lage der Kinder statt. Zum Abschluss dieser Sondersitzung, an der 74 Staats- und Regierungschefs, etwa 1 000 Vertreter von Nichtregierungsorganisationen sowie mehr als 300 Kinder und Jugendliche teilnahmen, wurde ein Aktionsprogramm zur Verbesserung der Lebenssituation von Kindern verabschiedet, das sich v. a. den Bereichen Bildung, Gesundheit, Schutz vor Gewalt und Missbrauch sowie Kampf gegen Aids widmet.

Kindersoldaten, Bez. für Kinder und Jugendliche unter 18 Jahren, die für die Streitkräfte rekrutiert werden bzw. im Dienst von Regierungsarmeen oder Rebellenverbänden an Kriegen oder bewaffneten Konflikten teilnehmen. Nach Schätzungen der Vereinten Nationen gibt es (2001) weltweit etwa 350 000 K. (darunter in Afrika rd. 200 000), die zumeist (v. a. aus Gründen der Armut) in diesen Dienst gezwungen und hauptsächlich als aktive Kämpfer, Kuriere, Spione sowie zur Minenräumung eingesetzt werden. Vielfach unter Drogen stehend, werden sie außerdem sexuell missbraucht. In den regulären Streitkräften der Staaten (z. B. Großbritannien) dienen Heranwachsende unter 18 Jahren hingegen freiwillig. Die ↑Kinderrechtskonvention der Vereinten Nationen von 1990 schreibt u. a. in Art. 38 für eine freiwillige Rekrutierung ein Mindestalter von 15 Jahren vor, jedoch wurde diese Regelung von zahlr. Organisationen (v. a. UNICEF) als unzureichend betrachtet. Im September 2000 wurde auf dem so genannten »Millenniumsgipfel« der Vereinten Nationen deshalb das Zusatzprotokoll »Kinder in bewaffneten Konflikten« zur Unterzeichnung ausgelegt, das im Februar 2002 in Kraft trat. Das Protokoll sieht u. a. vor, das Mindestalter für die Rekrutierung und aktive Teilnahme an Kampfhandlungen auf 18 Jahre, für die Rekrutierung auf freiwilliger Basis auf 16 Jahre (mit Einwilligung der Erziehungsberechtigten) anzuheben sowie die Rekrutierung und den Einsatz von Kindern und Jugendlichen unter 18 Jahren in Rebellenbewegungen zu verbieten. Außerdem sind versch. Schutzbestimmungen einzuhalten.

Kindertagesstätte, Sammelbez. für Einrichtungen des pädagog. Elementarbereichs mit familienergänzender oder -unterstützender Zielsetzung, in denen Kinder versch. Altersstufen regelmäßig, z. T. ganztägig betreut werden. Die K. umfassen ↑Kindergärten, **Kinderkrippen** (für Kinder bis zu drei Jahren), **kombinierte Tageseinrichtungen** (Kindergarten und Kinderkrippe) und **Kinderhorte** (für schulpflichtige Kinder; v. a. Kinder im Grundschulalter).

Kinder- und Jugendhilfe, die staatl. und sonstigen Maßnahmen zur sozialen Förderung von Kindern, Jugendlichen und jungen Erwachsenen, die von Jugendämtern und Landesjugendämtern sowie Verbänden und nicht staatl. Organisationen (Träger der freien Jugendhilfe) erbracht werden. Die K.- u. J. ist im Kinder- und Jugendhilfe-Ges. vom 26. 6. 1990 i. d. F. v. 8. 12. 1998 geregelt, das als achtes Buch in das Sozialgesetzbuch (SGB VIII) eingefügt wurde. Die Leistungen der K.- u. J. werden unterschieden in: a) allg. angebotene Hilfen und Einrichtungen, z. B. Jugendarbeit, Jugendsozialarbeit, erzieher. Kinder- und Jugendschutz, Förderung der Erziehung in der Familie, bes. von allein erziehenden Elternteilen, individuelle ↑Erziehungshilfe, Hilfe bei Trennung und der Entscheidung über das Sorgerecht, und b) Hilfen für Einzelne (i. d. R. die Personensorgeberechtigten), z. B. Erziehungsberatung, Hilfe durch Erziehungsbeistände und Beratungshelfer, Erziehung im Heim oder in einer fremden Familie. Andere Aufgaben der K.- u. J. sind die Inobhutnahme von Kindern und Jugendlichen in Notfällen, die Mitwirkung in Verfahren vor dem Vormundschafts- und Familiengericht sowie vor dem Jugendgericht, Beratung und Unterstützung von Pflegern und Vormündern, Tätigkeit als ↑Beistand. – In *Österreich* sind die Grundsätze über Mutterschafts-, Säuglings- und Jugendfürsorge im Jugendwohlfahrts-Ges. vom 15. 3. 1989 geregelt. In der *Schweiz* ist die Jugendfürsorge überwiegend Aufgabe der Kantone, die die Ausführung den Gemeinden übertragen.

📖 *Sozialgesetzbuch achtes Buch – Kinder- u. Jugendhilfe, hg. v. W. Schellhorn. Neuwied 2000. – Hwb. für Jugendhilfe u. Sozialarbeit, hg. v. W. Gernert. Stuttgart u. a. 2001.*

Kinder- und Jugendliteratur, Sammelbez. für bildlich-literar. Werke, die von Kindern und Jugendlichen bevorzugt (gelesen) werden. Ältere Darstellungen beschränken den Begriff K.- u. J. auf die Bücher, die eigens für Kinder und Jugendliche geschrieben wurden.

Entwicklung: Schon in der grch. und röm. Antike gab es didakt. Bearbeitungen von Homers »Ilias«. Während des gesamten MA. dienten Äsops Fabeln als K.- u. J., speziell als Schullektüre. Seit dem 18. Jh., beginnend mit J. H. Campes Umarbeitung von D. Defoes »Robinson Crusoe« (1719), wurden v. a. erzählende Werke der Weltliteratur in speziellen Jugendausgaben verlegt, z. B. J. F. Coopers »Lederstrumpf«-Erzählungen, J. Swifts »Gullivers Reisen«, Cervantes' »Don Quijote«, Grimmelshausens »Simplicius Simplicissimus« und H. Melvilles »Moby Dick«. Viele Strömungen der K.- u. J. entstanden im 19. Jh.: W. Scott schuf mit »Ivanhoe« (1819) die bis heute beliebte Form der erzählten Geschichte; A. von Chamisso, E. T. A. Hoffmann und später H. C. Andersen führten die fantast. Erzählungen ein. Kindergedichte schrieben v. a. H. Hoffmann (»Struwwelpeter«) und A. H. Hoffmann von Fallersleben. Ebenfalls zu Beginn des 19. Jh. wurde durch die Romantiker die Volksliteratur für die K.- u. J. erschlossen; Kinderreime, Volkslieder, Märchen, Legenden, Volksbücher, Sagen, Schelmengeschichten (»Till Eulenspiegel«) wurden neu erzählt und illustriert. Später pflegten K. May u. a. den Wert der Exotik und Spannung. Zu Beginn des 20. Jh. wurde die Umwelterzählung entwickelt; kindl. Helden, die ihre Probleme selbst in die Hand nehmen, wurden in der deutschsprachigen K.- u. J. zum ersten Mal von F. Molnár (»Die Jungen der Paulstraße«, 1907) und

E. Kästner (»Emil und die Detektive«, 1929) vorgestellt. Nach dem Zweiten Weltkrieg fanden die fantastisch-abenteuerliche utop. Erzählung, das jugendl. populärwiss. Sachbuch und der Comic weite Verbreitung. Zunehmende Bedeutung gewinnt das realistisch-zeitgemäße Problembuch mit bisher gemiedenen Themen wie Sexualität, Umweltschutz, Drogenprobleme, Jugendstrafvollzug, Behinderte, Rocker, Wohngemeinschaft, Jugendarbeitslosigkeit, Arbeitswelt und Probleme der Dritten Welt.

Förderung: Versch. private und staatl. Institutionen und Organisationen fördern anspruchsvolle K.- u. J. auf nat. und internat. Ebene, in Dtl. u.a. die Internat. Jugendbibliothek in München, der Arbeitskreis »Das gute Jugendbuch« e. V. im Börsenverein des Dt. Buchhandels und der Arbeitskreis für Jugendliteratur in München, der jährlich den vom Bundesministerium für Familie, Senioren, Frauen und Jugend gestifteten Dt. Jugendliteraturpreis vergibt. Dieser Arbeitskreis ist Mitgl. des Internat. Kuratoriums für das Jugendbuch (International Board on Books for Young People, IBBY) in Zürich; er verleiht alle zwei Jahre (seit 1956) die Hans-Christian-Andersen-Medaille, den wichtigsten internat. Jugendbuchpreis, seit 1966 auch an Illustratoren. Auf seine Anregung hin wird seit 1966 jährlich am 2. 4. (Geburtstag H. C. Andersens) der Internat. Kinderbuchtag begangen.

📖 *Pape, W.: Das literar. Kinderbuch. Berlin u. a. 1981. – Handbuch zur K.- u. J., hg. v. T. Brüggemann u. a., auf mehrere Bde. ber. Stuttgart 1982ff. – Lexikon der K.- u. J., hg. v. K. Doderer, 4Bde. Sonderausg. Weinheim u. a. 1984. – Maier, K. E.: Jugendliteratur. Bad Heilbrunn 1993. – Kaminski, W.: Einf. in die K.- u. J. Weinheim u. a. [3]1994. – K.- u. J. Ein Lex., hg. v. A. C. Baumgärtner u. a., Losebl.-Ausg. Meitingen 1995ff. – Gesellschaftl. Modernisierung u. K.- u. J., hg. v. R. Wild. St. Ingbert 1997. – Spuren der Vergangenheit ... Ausgewählte Jugendbücher über Nationalismus u. Neonazismus, hg. v. R. Proske u. A. Schmitz. Münster 1998. – K.- u. J. in Deutschland, hg. v. R. Raecke. München 1999. – Wermke, M.: Jugendliteratur über den Holocaust. Göttingen 1999.*

Kinder- und Jugendplan des Bundes, Maßnahmen der Bundesreg. zur Förderung der Jugendarbeit, verkündet am 18. 12. 1950; frühere Bez.: **Bundesjugendplan.** Er stellt die finanzielle Grundlage für mehrere Hundert Verbände und Einrichtungen auf Bundesebene und deren Projekte dar.

Kinder- und Jugendpsychiatrie (Pädopsychiatrie), eigenständiges Fachgebiet der Psychiatrie, das sich mit psych., psychosomat. und neurolog. Krankheiten von Kindern und Jugendlichen beschäftigt.

Kinder- und Jugendpsychologie, Teilbereiche der Entwicklungspsychologie, die sich mit der Eigenart und Entwicklung des kindl. Erlebens und Verhaltens und der geistigen Fähigkeiten (Sprache, Denken, Gedächtnis) des Kindes, dem Einfluss von Erziehung, Milieu und Umwelt sowie den entwicklungs- und persönlichkeits-, sexual- und sozialpsycholog. Aspekten der Pubertät und Adoleszenz beschäftigen (biolog. Veränderungen, Krisenerscheinungen, soziale Reifung, Einfluss von Vorbildern).

Kindes|annahme, die ↑Annahme als Kind.

Kindes|entziehung (früher Kinderraub), ↑Entziehung Minderjähriger.

Kindesmisshandlung (eigtl. Misshandlung von Schutzbefohlenen), schwere Form der ↑Körperverletzung nach § 225 StGB (Freiheitsstrafen von sechs Monaten bis zu zehn Jahren). Geschützt sind u.a. Personen unter 18 Jahren, die von Fürsorge- oder Obhutspflichtigen gequält, roh misshandelt oder böswillig vernachlässigt werden. Zur K. i.w.S. zählen auch die **Kindesvernachlässigung** – Gefährdung des körperl. und sittl. Wohls eines Kindes (unter 16 Jahren) durch gröbl. Vernachlässigung der Fürsorgepflichten (§ 171 StGB) – und der **sexuelle Missbrauch von Schutzbefohlenen und von Kindern** (§§ 174, 176 StGB). – Ähnl. Strafvorschriften zum Schutz von Kindern haben *Österreich* (§§ 92ff., 197, 199, 206ff., 212 StGB) und die *Schweiz* (Art. 123ff., 187ff. StGB). – Nur ein kleiner Teil der K. wird bekannt; man schätzt über 300 000 Fälle pro Jahr in Dtl.; zahlr. Kinder kommen dabei zu Tode.

📖 *Covitz, J.: Der Familienfluch. Seelische Kindesmißhandlung. A. d. Engl. Olten u. a. [2]1993. – Braecker, S. u. Wirtz-Weinrich, W.: Sexueller Mißbrauch an Mädchen u. Jungen. Handbuch für Interventions- u. Präventionsmöglichkeiten. Weinheim u. a. [4]1994. –*

Zart war ich, bitter war's. Handbuch gegen sexuelle Gewalt an Mädchen u. Jungen, hg. v. U. Enders. Köln 1995. – Lenz, H.-J.: Spirale der Gewalt. Jungen u. Männer als Opfer von Gewalt. Berlin 1996. – Sommer, B.: Gewalt gegen Kinder – K. Grundlagen für Fortbildungsveranstaltungen und Selbststudium. Marburg 2002.

Kindestötung, zum 1. 4. 1998 aufgehobener Straftatbestand, der die vorsätzl. Tötung eines nichtehel. Kindes durch die Mutter bei oder gleich nach der Geburt erfasste; regelte eine Strafmilderung im Vergleich zur Tötung eines ehel. Kindes (§ 217 StGB alter Fassung). K. fällt nunmehr unter die allgemeinen Strafbestimmungen für ↑Totschlag. – Das *österr.* (§ 79 StGB) und das *schweizer.* Strafrecht (Art. 116 StGB) behandeln ebenfalls die Tötung eines ehel. oder nichtehel. Kindes bei der Geburt gleich.

Kindes|unterschiebung, ↑Personenstandsfälschung.

Kindi, Jakub Ibn Ishak al-K., arab. Philosoph, *Basra um 800, †Bagdad nach 870; Übersetzer und Kommentator des Aristoteles, suchte als erster arab. Philosoph die aristotelisch-neuplaton. Philosophie mit dem Islam zu verbinden.

Kindsbewegungen, fühlbare, z. T. sichtbare Bewegungen des Kindes im Mutterleib; werden von der Schwangeren erstmals um die 20. Schwangerschaftswoche wahrgenommen.

Kindschaftsrecht, die Regelungen des BGB, die die rechtl. Stellung des Kindes betreffen, bes. Abstammungs-, Sorge-, Umgangs-, Namens-, Adoptions- und Unterhaltsrecht; auch das damit zusammenhängende Recht des gerichtl. Verfahrens. Eine völlige Neuordnung des K. wurde durch das K.-Reformgesetz vom 16. 12. 1997, in Kraft seit 1. 7. 1998, bewirkt (↑nichteheliche Kinder).

Kindschaftssachen, Rechtsstreitigkeiten bezüglich 1) Feststellung, ob zw. den Parteien ein Eltern-Kind-Verhältnis besteht, auch Feststellung der Wirksamkeit oder Unwirksamkeit einer Vaterschaftsanerkennung, 2) Anfechtung der Vaterschaft, 3) Feststellung, dass der einen Partei über die andere die elterl. Sorge zu- oder nicht zusteht (§§ 640–641 i ZPO).; nicht Streitigkeiten über die Unterhaltspflicht.

Kindspech (Mekonium), klebrige, schwarzgrüne Stuhlentleerung des Neugeborenen während der ersten beiden Lebenstage; besteht u. a. aus verschlucktem, eingedicktem Fruchtwasser, Schleim, Wollhaaren.

Kinefilm, der in der Kinematographie und bes. in der Kleinbildfotografie verwendete 35 mm breite, beidseitig perforierte Film.

Kinegram®, ↑optisch variables Grafiksystem.

Kinemathek [grch.] *die* (Cinemathek, Filmothek), (wissenschaftl.) Samml. von Filmen, Filmliteratur, Drehbüchern. (↑Filmarchiv).

Kinematik [grch.] *die* (Bewegungslehre), die Untersuchung und Beschreibung von Bewegungen (Bahnkurve, Geschwindigkeit, Beschleunigung) der Körper ohne Berücksichtigung der sie verursachenden Kräfte (im Unterschied zur Dynamik und zur Kinetik). – In der Technik ist die K. ein wichtiger Teil der Getriebelehre.

Kinematographie [grch.] *die,* Gesamtheit der Verfahren zur (fotograf.) Aufnahme und Wiedergabe von Bewegungsabläufen; innerhalb der Filmtechnik Sammelbegriff für die physiolog., opt. und gerätetechn. Grundlagen der Aufnahme und Wiedergabe von (Ton)-Filmen.

Kinetik [grch., zu kineĩn »bewegen«] *die,*

1) *Chemie:* ↑Reaktionskinetik.

2) *Physik:* Teilgebiet der klass. Mechanik; Lehre von den Bewegungen der Körper unter dem Einfluss innerer oder äußerer Kräfte.

kinetisch, bewegend, auf die Bewegung bezogen.

kinetische Energie, die Bewegungsenergie (↑Energie).

kinetische Gastheorie, Teilgebiet der statist. Mechanik, das die Gesetzmäßigkeiten und makroskop. Eigenschaften eines Gases, wie Druck, Volumen, Wärmeleitung, innere Reibung und Diffusion, aus der Bewegung seiner Moleküle ableitet. In der Modellvorstellung der k. G. betrachtet man die Atome und Moleküle eines Gases als Massenpunkte, die sich in ständiger regelloser, nur statistisch erfassbarer Bewegung befinden sowie untereinander und auf die Gefäßwand nur elast. Stöße ausüben. Auf der Grundlage dieses Modells des idealen ↑Gases folgt u. a. der Zusammenhang zw. absoluter Temperatur T und der mittleren kinet. Energie der Moleküle: $W_{\text{kin}} = {}^3/_2 kT$ (k Boltzmann-Konstante).

Die k. G. wurde 1738 von D. Bernoulli begründet und 1856–68 von A. Krönig, R. Clausius, C. Maxwell und L. Boltzmann weiter ausgebaut. Sie trug wesentlich zur Anerkennung der wiss. Atomtheorie bei.

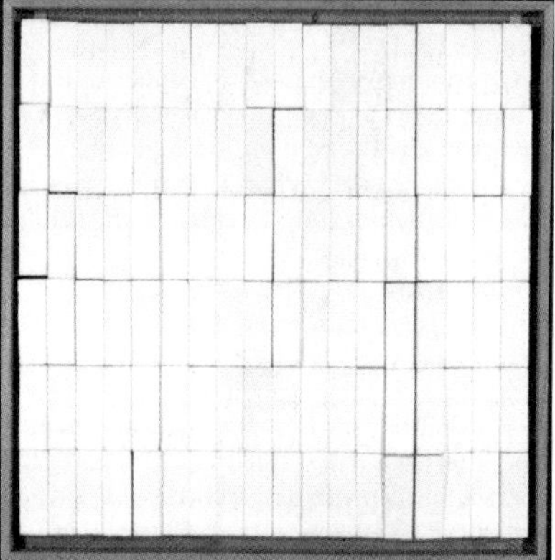

kinetische Kunst: Gianni Colombo, »Pulsierende Strukturierung«, Holzkasten, Styropor, Elektromotor (1959; Ludwigshafen, Wilhelm-Hack-Museum)

kinetische Kunst, Richtung der zeitgenöss. Kunst, die die Bewegung an sich zum Gestaltungsprinzip erhebt; durch bewegte Objekte (mittels Magnetismus, Elektroenergie u. Ä.) wird ein optisch variiertes Erscheinungsbild erzeugt; werden Lichtspiele und -spiegelungen einbezogen, entsteht **kinet. Lichtkunst.** Anregungen lieferte der »Dynamismus« der Futuristen sowie v. a. der ↑Konstruktivismus (A. Rodtschenko, N. Gabo, L. Moholy-Nagy). Zahlr. Vertreter, u. a. A. Calder, L. Nussberg, G. Rickey, N. Schöffer, W. Takis, J. Tinguely; dt. Vertreter sind u. a. H. Mack, G. Uecker, H. Goepfert, H. Kramer, A. Luther.

Kinetographie *die,* ↑Tanzschrift.

Kinetosen [grch.] (Bewegungskrankheiten), bei Mensch und Tier auftretende Störungen in den Funktionen des vegetativen Nervensystems, verbunden mit Schweißausbruch, Schwindelgefühl, Übelkeit, Erbrechen. K. werden durch andauernde Bewegungen, z. B. Schlingern eines Schiffes, hervorgerufen. Sie beruhen auf Übererregung von Teilen des Gleichgewichtsorgans und der vegetativen Zentren im Stammhirn. Sie treten v. a. als Reisekrankheit (Auto-, Eisenbahn-, Luft-, Seekrankheit) auf. Vorbeugend wirken beruhigende und brechreizhemmende Arzneimittel.

King [chines.] *der* oder *das,* aus 12 aufgehängten, abgestimmten Klingsteinen bestehendes chines. Schlaginstrument.

King [kɪŋ], **1)** James, amerikan. Sänger (Heldentenor), * Dodge City (Kans.) 22. 5. 1928; trat an den führenden Opernbühnen der Welt (u. a. Wiener Staatsoper, Metropolitan Opera in New York, Mailänder Scala) sowie bei Festspielen (Salzburg, Bayreuth) auf.

2) Martin Luther, amerikan. Theologe, Baptistenpfarrer und Bürgerrechtler, * Atlanta (Ga.) 15. 1. 1929, † (ermordet) Memphis (Tenn.) 4. 4. 1968; seit Mitte der 1950er-Jahre in der Bürgerrechtsbewegung der USA aktiv, war ab 1957 Vors. der Bewegung für den gewaltlosen Widerstand gegen Diskriminierung und Rassenhetze »Southern Christian Leadership Conference« (SCLC). Anlässlich eines Demonstrationszuges nach Washington forderte er am 28. 8. 1963 unter dem Leitwort »I have a dream« eine freie und zugleich auf Gleichheit beruhende Gesellschaft. K. war mehrfach inhaftiert. 1964 erhielt er den Friedensnobelpreis. Nach mehreren erfolglosen Mordanschlägen fiel er einem Attentat zum Opfer.

✣ **siehe ZEIT Aspekte**

📖 *Zitelmann, A.: »Keiner dreht mich um«. Die Lebensgeschichte des M. L. K. Weinheim* [9]*1996.*

Martin Luther King

3) Philipp, brit. Bildhauer, * Kheredine (bei Karthago, Tunesien) 1. 5. 1934; war einer der ersten Bildhauer, die mit Kunststoff und Fiberglas arbeiteten. In mehrteiligen geometr. Konstruktionen betont er die Beziehungen von Farbe, Raum und Licht.

4) Stephen, amerikanischer Schriftsteller,

*Portland (Me.) 21. 9. 1947; schildert in seinen fantast. Horrorgeschichten, mit denen er große Popularität erlangte, bizarre Einbrüche des Übernatürlichen in ein psychologisch genau ausgeleuchtetes Milieu; K.s bislang letzte Erzählung »Riding the Bullet« (2000) wird nur über das Internet veröffentlicht.

Weitere Werke: Romane: Carrie (1974); Friedhof der Kuscheltiere (1983); Es (1986); Sie (1987); Die grüne Meile (1996).

5) William Lyon Mackenzie, kanad. Politiker, *Berlin (heute zu Kitchener, Ontario) 17. 12. 1874, †Kingsmere (bei Ottawa) 22. 7. 1950; 1919–48 Führer der Liberalen Partei, war 1921–26, 1926–30 und 1935–48 Premiermin. Er erreichte die Unabhängigkeit Kanadas von Großbritannien.

100562

Ben Kingsley

Kingisepp, 1952–88 Name der estn. Stadt ↑Kuressaare.

King Kong, Gestalt des Horrorfilms »K. K. und die weiße Frau« (1933) von E. B. Schoedsack und M. C. Cooper, dem weitere K.-K.-Filme folgten. K. K., ein Riesenaffe, liebt und entführt eine Frau, was schließlich zu seiner Vernichtung führt.

King Philip's War [kɪŋ' fɪlɪps wɔ:], größte krieger. Auseinandersetzung zw. den Indianern der Atlantikküste und den engl. Siedlern (1675 – 76); ben. nach dem Wampanoag-Häuptling King Philip (indian. Name Metacom (*um 1639, †1676), der sich nach ständig gewachsenen Spannungen mit der immer größer gewordenen Zahl weißer Siedler in Neuengland an die Spitze eines Bündnisses mehrerer Indianerstämme stellte, die engl. Siedlungen angriffen und zerstörten. Der indian. Kriegszug brach nach dem Tod King Philips (Aug. 1676) zusammen; er kostete rd. 3 000 Indianern und etwa 600 Weißen das Leben.

Kingsize ['kɪŋsaɪz, engl., »Königsformat«] *die,* Großformat, Überlänge (von Zigaretten).

Kingsley ['kɪŋzlɪ], **1)** Ben, eigtl. Krishna Bhanji, brit. Schauspieler ind. Abstammung, *Snainton (Cty. North Yorkshire) 31. 12. 1943; 1970–80 Mitgl. der Royal Shakespeare Company; auch vielseitiger Charakterdarsteller beim Film, v. a. mit der Verkörperung histor. Gestalten (»Gandhi«, 1982).

Weitere Filme: Schindlers Liste (1993); Der Tod und das Mädchen (1995); Moses (1996); Sexy Beast (2000).

2) Charles, engl. Schriftsteller, *Holne (Cty. Devon) 12. 6. 1819, †Eversley (Cty. Hampshire) 23. 1. 1875; führendes Mitgl. der christlich-sozialen Bewegung, schrieb u. a. den kultur- und religionsgeschichtl. Roman »Hypatia« (1853).

Kingston ['kɪŋstən], **1)** Hptst. und Haupthafen von Jamaika, 103 000 Ew. (als Metropolitan Area 692 700 Ew.); Erzbischofssitz; Univ.; botan. und zoolog. Garten; Stahlwerk, Erdölraffinerie, Herstellung von Pharmazeutika, Elektrogeräten u. a.; internat. Flughafen. – K. wurde 1692 gegründet; nach Erdbeben von 1907 wieder aufgebaut.

2) Hafenstadt in der Prov. Ontario, Kanada, am Ontariosee; 55 000 Ew.; Erzbischofssitz; Univ., Militärakademie; Lokomotivenbau u. a. Industrie.

Kingston upon Hull ['kɪŋstən ə'pɔn 'hʌl] (Hull), Hafenstadt in O-England, an der Mündung des Hull in den Humber, 310 600 Ew.; Univ.; Schifffahrtsmuseum; Handelshafen mit Fährverkehr nach Rotterdam und Zeebrugge; bed. Fischereihafen; Fischverarbeitung, Mühlen, Ölpressen, Fahrzeugbau, Farben-, Metall-, Druckind.; bei K. u. H. die 2 200 m lange Hängebrücke über den Humber. – Kirche Holy Trinity (14./15. Jh.).

Kingston upon Thames ['kɪŋstən ə'pɔn 'temz], London Borough (seit 1965) im SW von Greater London, 141 800 Ew.; war die Krönungsstadt der angelsächs. Könige.

Kingtehchen, Stadt in China, ↑Jingdezhen.

Kinine, 1) *Botanik:* Gruppe von Phytohormonen, die die Zellteilung fördern und eine Stimulierung des pflanzl. Stoffwechsels bewirken.

2) *Physiologie:* zu den Gewebehormonen zählende Substanzen, die stark gefäßer-

Kinshasa: Blick auf den Nationalpalast

100264

weiternd wirken, die Permeabilität der Kapillaren steigern sowie eine Kontraktion der glatten Muskulatur verursachen. K. werden aus Vorstufen, den Kininogenen, durch die Protease ↑Kallikrein freigesetzt; hierbei entsteht zuerst das aus 10 Aminosäuren bestehende **Kallidin,** das zu ↑Bradykinin weiter abgebaut werden kann.

Kinkel, 1) Gottfried, Schriftsteller, *Oberkassel (heute zu Bonn) 11. 8. 1815, †Zürich 13. 11. 1882; ab 1846 Prof. für Kunst- und Kulturgesch. in Bonn, wegen Beteiligung am pfälzisch-bad. Aufstand 1849 zu lebenslängl. Festungsstrafe verurteilt, 1850 von C. Schurz befreit, floh nach England, wurde 1866 Prof. in Zürich; Verserzählung (»Otto der Schütz«, 1846), »Selbstbiographie 1838–48« (hg. 1931).

2) Klaus, Politiker, *Metzingen 17. 12. 1936; Jurist, 1979–82 Präs. des BND, 1982–90 Staatssekr. im Justizministerium, 1991–92 Bundesmin. der Justiz, seit 1991 Mitgl. der FDP, 1993–95 deren Vors., war 1992–98 Außenmin., 1993–98 auch Vizekanzler.

3) Tanja, Schriftstellerin, *Bamberg 27. 9. 1969; ihre histor. Romane illustrieren in gut recherchierter Handlung meist Ereignisse aus MA. und Renaissance: u. a. »Die Löwin von Aquitanien« (1991), »Die Puppenspieler« (1993), »Die Schatten von La Rochelle« (1996); in »Die Söhne der Wölfin« (2000) wandte sie sich der Antike zu; veröffentlicht auch Kinderbücher.

Kinn (Mentum), mittlerer, mehr oder weniger stark hervortretender Abschnitt des Unterkiefers beim Menschen; fehlt bei Affen und fossilen früheren Menschenformen.

Kinnock ['kɪnɔk], Neil Gordon, brit. Politiker, *Tredegar (Wales) 28. 3. 1942; 1970–95 Mitgl. des Unterhauses. Urspr. zum linken Parteiflügel gehörend, setzte er als Führer der Labour Party (1983–92) in dieser eine gemäßigte polit. Linie durch. 1995 wurde K. Mitgl. der Europ. Kommission (bis 1999 zuständig für Transport- und Verkehrsfragen, seitdem für Verw.reform), 1999 Vizepräs. der Kommission.

Kino [Kw. für **Kinematograph**] *das,* 1) Gebäude oder Raum zur Vorführung von Filmen, Lichtspieltheater; 2) die Filmvorführung selbst; 3) Film als Medium.

Kinorhyncha [grch.] (Hakenrüssler), artenarme Gruppe der Schlauchwürmer; höchstens 1 mm lange, getrenntgeschlechtige Meereswürmer mit in 13 Segmente **(Zonite)** gegliedertem Körperpanzer und einem ausstülpbaren Kopfteil mit mehreren Stachelgürteln.

Kinowelt Medien AG, 1984 gegr. Medienunternehmen, Sitz: München; ab 1998 am Neuen Markt notiert; vermarktet v. a. Spielfilm- (Kino- und TV-Produktionen), aber auch Sport- und Musikrechte. 2002 meldete das Unternehmen Insolvenz an und wurde im Januar 2003 an eine Auffanggesellschaft verkauft.

Kinsey ['kɪnzɪ], Alfred Charles, amerikan. Zoologe und Sexualforscher, *Hoboken (N. J.) 23. 6. 1894, †Bloomington (Ind.) 25. 8. 1956. Unter seiner Leitung entstand der **K.-Report,** eine durch Befragung von rd. 20 000 Amerikanern ermittelte und statistisch ausgewertete Datensamml. über das geschlechtl. Verhalten des Menschen.

Kinshasa [kɪn'ʃa:za] (bis 1966 Léopoldville), Hptst. der Demokrat. Rep. Kongo, am linken Ufer des unteren Kongo, am

Ende des Stanleypool, 6,07 Mio. Ew.; Verw.-, Wirtschafts- und Kulturzentrum des Landes, kath. Erzbischofssitz, Univ., Kunstakademie, Nationalmuseum, botan. Garten; Nahrungsmittel-, Textil-, Metallind., internat. Flughafen; Hauptumschlagplatz zw. Kongoschifffahrt und Bahn zum Hafen Matadi (mit Erdölraffinerie). – 1881 gegr., war ab 1923 Hptst. von Belgisch-Kongo.

Kinski, 1) Klaus, eigtl. Nikolaus Günther Nakszynski, Bühnen- und Filmschauspieler poln. Herkunft, *Zoppot 18. 10. 1926, †Lagunitas (Calif.) 23. 11. 1991, Vater von 2); verkörperte oft das Böse, Dämonische oder Übersteigerte, z. B. in Edgar-Wallace-Filmen, Italowestern sowie Filmen von W. Herzog; auch Rezitator.

Filme: Aguirre, der Zorn Gottes (1973); Nosferatu – Phantom der Nacht (1979); Woyzeck (1979); Fitzcarraldo (1982); Cobra Verde (1987); Paganini (1988).

2) Nastassja, Filmschauspielerin, *Berlin (West) 24. 1. 1961, Tochter von 1); spielte u. a. in »Reifezeugnis« (Fernsehfilm, 1977), »Tess« (1979), »Katzenmenschen« (1981), »Frühlingssinfonie« (1982), »Paris, Texas« (1984), »Harem« (1985).

Kintatal (engl. Kinta Valley), Kegelkarstlandschaft in Westmalaysia, im Bundesstaat Perak, eine der reichsten Zinnerzlagerstätten der Erde.

Kinyaruanda, Bantusprache, gesprochen in Ruanda und in angrenzenden Gebieten der Demokrat. Rep. Kongo und Ugandas; weicht vom **Rundi,** der Amtssprache von Burundi, nur mundartlich ab.

Kinzig *die,* **1)** rechter Nebenfluss des Mains, in Hessen, 82 km lang, entspringt bei Schlüchtern, durchfließt die Wetterau, mündet bei Hanau.

2) rechter Nebenfluss des Rheins, in Bad.-Württ., 95 km lang, entspringt bei Freudenstadt, durchquert den Schwarzwald, mündet unterhalb von Kehl.

Kiosk [auch -ˈɔsk, türk.] *der,* **1)** *allg.:* Verkaufsstand u. a. für Zeitungen und Zeitschriften.

2) in der islam. *Baukunst* ein pavillonähnl. Bau.

Kioto, Stadt und Verw.gebiet in Japan, ↑Kyōto.

Kiowa [ˈkaɪɔwa:], Stamm der ↑Prärie- und Plains-Indianer in SW-Oklahoma, USA. Die etwa 9 400 K. leben in dem Gebiet ihrer aufgelösten Reservation.

Kip *der,* Währungseinheit in Laos.

Kipketer, Wilson, dän. Leichtathlet kenian. Herkunft (Mittelstreckenläufer), *12. 9. 1970; seit 1990 in Dänemark, 1998 eingebürgert; u. a. über 800 m Weltmeister 1995, 1997 und 1999, Europameister 2002 sowie Hallenweltmeister 1997.

Kipling, Rudyard, engl. Schriftsteller, *Bombay 30. 12. 1865, †London 18. 1. 1936; lebte bis 1872 sowie ab 1892 in Indien, ab 1902 in England; Meister der Kurzgeschichte; Höhepunkte seiner v. a. das Indien der Kolonialzeit beschreibenden Erzählungen sind die Tiergeschichten seiner »Dschungelbücher« (1894, 1895) und der farbenprächtige Roman »Kim« (1901); schrieb auch Lyrik, v. a. Balladen, eine Autobiografie und Reisebeschreibungen. 1907 Nobelpreis für Literatur.

Kippah [hebr. »Kappe«] *die* (Kippa, poln.-jidd. Jarmulke), die flache kappenförmige Kopfbedeckung der Juden (»Judenkäppchen«), die in der Synagoge, auf dem Friedhof und (von frommen Juden) zu Hause zur Sabbatfeier (deshalb auch **Schabbes** oder **Schebbes** gen.) getragen wird.

Kipp-Apparat [nach dem niederländ. Apotheker Petrus Jacobus Kipp, *1808, †1864] (Kipp-Gasentwickler), gläsernes Laborgerät zur Entwicklung von Gasen durch Umsetzung von Feststoffen mit Flüssigkeiten, z. B. zur Gewinnung von Wasserstoff aus Zink und verdünnter Schwefelsäure mit wenigen Tropfen Kupfersulfatlösung.

Kippe, *Gerätturnen:* Grundübung an Reck, Barren, Ringen und im Bodenturnen; stoßartige, aus gebeugtem Körper (Kipplage) nach oben vorwärts gerichtete Bewegung, die durch den Kippstoß den Körper in eine höhere Position führt.

Kippenberg, Anton, Verleger, *Bremen 22. 5. 1874, †Luzern 21. 9. 1950; wurde 1905 Leiter des Insel-Verlags in Leipzig; schuf die größte private Goethe-Sammlung (seit 1953 im Goethe-Museum, Düsseldorf); 1938–50 Präs. der Goethe-Gesellschaft.

Kippenberger, Martin, Künstler, *Dortmund 25. 2. 1953, †Wien 7. 3. 1997; zählt als Maler zum Kreis der ↑Neuen Wilden; setzte sich in seinen Werkserien, in denen er alle künstler. Mittel nutzte, mit der Mythenbildung in Alltag und Kunst auseinander. Seit Mitte der 1980er-Jahre auch Bücher (Zeichnungen), in denen er sich – sich selbst beobachtend – in absurd-zyn. Weise mit seiner Imaginationswelt und seinem künstler. Tun beschäftigte.

Kipper und Wipper [von niederdt. kippen »abschneiden« und wippen »wägen«], Geldfälscher während der Inflation in Dtl. von 1618 bis 1622/23 **(Kipper-und-Wipper-Zeit),** die vollwertige Münzen gegen unterwertige aufkauften und durch Abkippen der Ränder und ungenauen Gebrauch der Goldwaage weitere untergewichtige Münzen in den Verkehr brachten. Rüstungsausgaben und Soldzahlungen bei Ausbruch des Dreißigjährigen Krieges veranlassten nicht nur illegale Münzstätten (↑Heckenmünze), sondern auch die großen Münzstände des Hl. Röm. Reiches bis hin zum Kaiser, ebenfalls unterwertige kleine Sorten auszuprägen.

Kippfiguren, *Wahrnehmungspsychologie:* ↑Umspringbilder.

Kippflügelflugzeug, ein ↑Senkrechtstarter.

Kipphardt, Heinar, Schriftsteller, *Heidersdorf (Schlesien) 8. 3. 1922, †München 18. 11. 1982; war 1950–59 Chefdramaturg am Dt. Theater in Berlin (Ost), 1959 Übersiedlung in die Bundesrep. Dtl.; schrieb z.T. dokumentarische Dramen: »Der Hund des Generals« (1963), »In der Sache J. Robert Oppenheimer« (1964), »Joel Brand« (1965), »Bruder Eichmann« (hg. 1983), Erzählungen, den Roman »März« (1976, dramatisiert 1980) sowie »Traumprotokolle« (1981).

Kippmoment, das maximale Drehmoment, das eine mit Nennfrequenz und -spannung gespeiste elektr. Wechselstrommaschine bei langsamer Steigerung der Belastung erreichen kann. Wird das K. überschritten, kommt es zu einem Drehmomentenabfall und bei Motorbetrieb zu einem Absinken der Drehzahl, im Generatorbetrieb zu einem spontanen, unzulässigen Drehzahlanstieg.

Kippregel, *Vermessungskunde:* bei der Messtischaufnahme (↑Messtisch) benutztes kippbares Fernrohr mit Distanzmessfäden und Höhenkreis, das über eine tragende Säule mit der als Zeichenlineal ausgebildeten Grundplatte verbunden ist.

Kippschaltung (Kippstufe), elektron. Schaltung, bei der sich das Ausgangssignal sprunghaft oder nach einer bestimmten Zeit zw. zwei Werten ändert. Die Änderung (Kippen) kann durch die Schaltung selbst oder durch ein Auslösesignal erfolgen. Die **bistabile K.** besitzt zwei stabile Ausgangszustände, wobei der jeweilige Zustand auch nach Wegnahme der Eingangssignale bis zur nächsten Umschaltung erhalten bleibt; sie dient u.a. der Speicherung von Informationen. Beim ↑Flipflop (bistabiler Multivibrator) genügt dazu ein kurzer Impuls, während beim Schmitt-Trigger ein andauerndes Signal erforderlich ist. Die **monostabile K.** (Monoflop, monostabiler Multivibrator, Univibrator, Zeitschalter) ist eine Digitalschaltung, bei der ein Eingangsimpuls den Ausgang vom stabilen in den nichtstabilen Zustand schaltet. Nach einer bestimmten Zeit kehrt die monostabile K. selbsttätig in den stabilen Zustand zurück; sie wird z.B. als Impulsgeber in Zeitschaltern oder Frequenzteilern verwendet. Die **astabile K.** (astabiler ↑Multivibrator) wird in der Impulstechnik als Rechteckspannungsgenerator verwendet, wobei ihre Frequenz durch ↑RC-Glieder bestimmt wird. – Als K. werden auch solche Anordnungen bezeichnet, die sägezahnförmige Kippschwingungen liefern.

Kippschwingung, elektr. Schwingung, die auf periodisch sich wiederholenden Ausgleichsvorgängen in ↑Kippschaltungen beruht und deren zeitl. Verlauf oder dessen Ableitung einen Sprung oder Knick aufweist. Unter K. wird v.a. die Sägezahnschwingung verstanden, verwendet als Zeitablenkspannung oder -strom für die Horizontalablenkung des Elektronenstrahls in Bild- und Oszilloskopröhren.

Kippstufe, die ↑Kippschaltung.

Kiprenski, Orest Adamowitsch, russ. Maler, *Gut Neschinskaja (bei Sankt Petersburg) 24. 3. 1782, †Rom 17. 10. 1836; bed. Porträtist, auch Historien- und Genrebilder.

Kiptschak, türk. Volksgruppe, die im MA. im Gebiet von Aralsee, Kasp. Meer und Schwarzem Meer lebte; ihren westl. Zweig bildeten die ↑Kumanen.

ZEIT ASPEKTE

Das Beste aus der ZEIT zu ausgewählten Stichwörtern dieses Bandes.

Innovation

Internet

Jelinek

Journalismus

Kabul

Kennedy

Keynesianismus

DIE ZEIT

ZEITAspekte

✤ Inhalt

Impfungen

Wind des Unheils

Die Kinderlähmung ist weltweit fast ausgerottet. Sogar im chaotischen Somalia wird geimpft. Doch Terror und Geldmangel gefährden den Erfolg der Kampagne gegen den Erreger

Von Bartholomäus Grill

Die Vereinten Nationen melden: weltweite Kampagne gegen Kinderlähmung, Polioerreger beinahe ausgerottet. Wenn die UN, in diesem Fall die Unterabteilung der Weltgesundheitsorganisation WHO, solche globalen Triumphe verkünden, weht sie aus allen Windrichtungen Zweifel an. Denn die Weltorganisation hat schon viele Mammutprojekte angepackt, aber nur wenige vollendet. Und hier in Baidoa, einer kriegsverwüsteten Stadt im Herzen Somalias, zweifelt man erst recht an der guten Nachricht aus New York.

Wir sind unterwegs mit einer Impfkolonne der UN und erleben gerade, wie ein Vater sich beharrlich weigert, seine jüngste Tochter Tropfen gegen die Kinderlähmung schlucken zu lassen. Es gibt Zehntausende ähnlicher Orte auf der Erde und vermutlich Hunderttausende Väter und Mütter, die genauso abweisend reagieren. Sie leben in Elendslagern und riesigen Slums, in unzugänglichen Krisengebieten oder abgelegenen Winkeln. Wie soll da ein tückisches Virus wirksam bekämpft, ja, für immer vernichtet werden? Unvorstellbar.

Nein, sagt der Vater, nochmals nein. Er will dieses Zeug nicht, das angeblich sein Kind schützt. Warum nicht? Weil man nie vorsichtig genug sein kann, sagt er. Seine Familie ist seit zehn Jahren auf der Flucht. Es schwelt ein Bürgerkrieg, die Leute haben Angst und erzählen die wildesten Geschichten. Die Vaccinators der UN seien getarnte Agenten, die den Islam auslöschen wollten. Oder: Ihr Elixier mache Kinder unfruchtbar. Oder: Die Schluckimpfung verbreite Aids.

Zwei UN-Helfer reden auf den argwöhnischen Vater ein. Die mühselige Überzeugungsarbeit gehört zu ihren leichteren Aufgaben in einem Staat, der vor Jahren aufgehört hat zu existieren. Es gibt keine rechtmäßige Regierung, keine funktionierenden Hospitäler, keine medizinischen Einrichtungen, die den Namen verdient hätten. Auf einen somalischen Arzt kommen eine viertel Million Menschen. Straßen, Brücken, Landepisten sind weitgehend zerstört, die größeren Orte sind Trümmerfelder. Ganze Landstriche, in denen Warlords und ihre Milizen um die Vor-

UNO-Konvoi in Somalia; der Staat versank 1991 in Anarchie.

100562

Viele Somalis stehen der Impfung ablehnend gegenüber. Diese Haltung wird durch antiwestliche Gerüchte noch verstärkt.

100264

macht kämpfen, sind von der Außenwelt abgeschnitten. Zahllose Menschen irren von irgendwo nach nirgendwo, Vertriebene auf der Suche nach Nahrung und ein bisschen Sicherheit, dürregeplagte Nomaden mit ihren Viehherden, Flüchtlinge, die den Mordbrennern entkommen sind und in Elendslagern, drüben in Kenia oder Äthiopien, Ruhe suchen.

Wie haben es die UN-Helfer unter derart katastrophalen Umständen geschafft, seit 1998 in elf Durchgängen jeweils 1,2 Millionen somalische Kleinkinder zu immunisieren? Im Jahr 2000 wurden landesweit noch 46 Polioinfektionen mit zwei Erregertypen registriert, 2001 waren es nur noch 7 Infektionen mit einem Virustyp – eine geradezu sensationelle Zwischenbilanz. Die Organisatoren propagieren ihren Feldzug gegen die Kinderlähmung mit handgemalten Bildern an Hauswänden, mit Fähnlein und Aufklebern, Käppis und Kugelschreibern. Sie lassen Tanzgruppen durch die Dörfer tingeln und veranstalten Fußballturniere. Sie suchen den Beistand von Ältestenräten, Religionsführern und Frauengruppen. Und sie nutzen den Somali Service der BBC, das einzige überregionale Massenmedium im Lande.

Der misstrauische Vater im Flüchtlingslager lässt sich schließlich doch überzeugen. Seine Jüngste schluckt die Tropfen, die Impfkarawane zieht weiter. Auf der Fahrt zum nächsten Einsatzort reden die Helfer über die beiden Notärzte aus Kenia, die am Wochenende im Nachbardistrikt Geddo umgebracht wurden. Dort wird wieder heftig gekämpft. Die Lage ist verworren. Um in Unruheherden aktiv zu werden, müssen die UN Sondergenehmigungen von den jeweiligen Kriegsfürsten kaufen; sie verfallen so rasch wie deren Macht. Für ausländische Mitarbeiter ist die Arbeit in Somalia ohnehin zu gefährlich. Es sind fast ausschließlich Ortskräfte im Einsatz; sie fallen weniger auf, finden sich besser zurecht. Aber auch sie arbeiten unter höchstem Risiko. Wer einen Zeitvertrag bei den UN hat, gilt als reich. Er wird in US-Dollars entlohnt und verfügt über begehrte Güter: Medikamente, Benzin, Werkzeug, Funkgeräte.

Um Plünderern oder Neidern zu entgehen, ist mancher UN-Helfer gezwungen, jede Nacht woanders zu schlafen. Im vergangenen Jahr wurde ein Mitarbeiter umgebracht, weil er seinen Job nicht für den Bewerber eines rivalisierenden Clans aufgeben wollte. Er war einer der drei Somalier, die 2001 bei Massenimpfungen ums Leben kamen; eine Reihe anderer Helfer wurde bei Schießereien oder Verkehrsunfällen verletzt. Im März entführten Banditen neun UN-Leute und hielten sie in Mogadischu neun Tage lang als Geiseln.

»Aber wann kommt ihr, um all die anderen Krankheiten zu kurieren?«

Die Kolonne, ein Dutzend Frauen und Männer in limonengrünen T-Shirts, verteilt sich in Hawalwadage, einem Vorort von Baidoa. Sie werben mit Megafonen, durchkämmen Straße um Straße, klopfen an windschiefe Hütten, stehen mit Engels-

geduld an Dornenzäunen, um ihr Anliegen zu erläutern. Eine verängstigte Mutter nimmt mit ihrem Baby Reißaus, sie versteht nicht, was diese wildfremden Leute mit den Ampullen vorhaben.
Ganz anders reagiert eine alte Frau, die im Hinterhof Hirse mahlt. Die Impfung, meint sie, sei eine gute Sache. »Aber wann kommt ihr, um all die anderen Krankheiten zu kurieren?« Sie deutet auf ihren Enkel, der fürchterlich zu weinen anfängt. Seine rechte Hand ist verkrümmt, das Gelenk steif. Ihm hilft die Impfung nicht mehr. Dabaysha hat ihn angeblasen, der unheilvolle Wind – so nennen die Somalier den Polioerreger, weil er durch die Luft wirbelt wie Wüstenstaub.
Poliomyelitis wird von einem hochansteckenden Virus ausgelöst, das über Mund oder Nase in den Körper dringt, sich im Verdauungstrakt vermehrt und das Nervensystem befällt. Es kann in wenigen Stunden eine totale Paralyse auslösen. Eine von 200 Infektionen führt zu irreparablen Lähmungen, meist in den Beinen. Anfällig sind vor allem Kinder unter drei Jahren. Es gibt noch immer kein Heilmittel gegen Polio, die Infektion kann nur durch aktive Immunisierung verhindert werden: Etliche Tropfen Impfstoff mit einem schwächeren Erreger, mehrfach verabreicht, schützen ein Leben lang.
Im Jahr 1988 wurde dieser Geißel der Kindheit der Krieg erklärt: Auf einem Weltgesundheitsgipfel beschlossen Delegierte aus 166 Staaten die Global Polio Eradication Initiative. Pessimisten sprachen sogleich von einer »Mission Impossible«. Aber die WHO, das UN-Kinderhilfswerk UNICEF und die Centers for Disease Control in Atlanta, USA, gingen die »unmögliche Mission« mit vereinten Kräften an. Sie heuerten im Laufe der Jahre rund zehn Millionen Mitarbeiter an, die durch die Slums der Megastädte zogen, Wüsten und Urwälder durchquerten, Hochgebirge überwanden und in trostloseste Kriegsgebiete vordrangen. Sie immunisierten bis heute rund zwei Milliarden Kleinkinder. Ohne diese Kampagne wären heute zusätzlich drei Millionen Menschen in den Entwicklungsländern gelähmt.
1988, im ersten Jahr, lag die geschätzte Zahl akuter Poliofälle bei 350 000 weltweit; damals wurden täglich rund 1 000 Kinder gelähmt. 13 Jahre später registrierten die Epidemiologen noch 537 Fälle – eine Reduktion um 99,8 Prozent. Seit 1994 gelten Nord- und Südamerika als poliofrei, seit 2000 die westpazifische Region inklusive China, vergangene Woche folgte Europa – eine gesundheitspolitische Erfolgsgeschichte, die ihresgleichen sucht. Beispiellos ist auch das Engagement von Rotary International. Die altehrwürdige Wohlfahrtsorganisation hat in ihren 30 000 Klubs fast eine halbe Milliarde Dollar für das Projekt gesammelt – eine der größten privaten Spendenaktionen aller Zeiten.

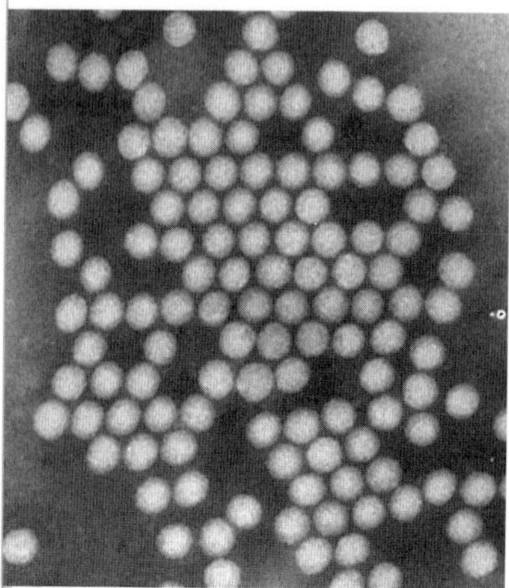

Zu den letzten Herrschaftsgebieten von Polio (mikrofotografische Aufnahme) gehören Länder mit extrem hoher Bevölkerungsdichte.

Eine Straßensperre am Rande von Baidoa. Grimmige Kerle mit Kalaschnikows filzen alle durchkommenden Fahrzeuge. Soeben stoppen sie einen klapprigen Laster, der mit Passagieren und Brennholz voll beladen ist, und befehlen: Mütter und Kinder aussteigen! Fünf schüchterne Frauen klettern mit ihren Säuglingen von der Ladefläche und werden zu einem Holztisch neben der Barriere aus Ölfässern geleitet – ein improvisierter Impfposten. Das Prozedere mutet ziemlich militärisch an. »Außergewöhnliche Umstände erfordern außergewöhnliche Maßnahmen«, erklärt Patrick Mwangi von UNICEF. »Straßensperren sind für uns strategisch wichtige Punkte. Hier können wir Kinder impfen, die wir sonst kaum erreichen.« Kinder von Nomaden, Flüchtlingen oder versprengten Sippen, die irgendwo im Busch ihre Notlager haben.

Polioviren überleben außerhalb des menschlichen Wirts nicht lange; wenn eine kritische Anzahl Kinder immunisiert ist, können sie sich nicht mehr verbreiten, die Infektionskette reißt. »Aber wir haben noch nicht gewonnen«, mahnt Seuchenexpertin Athalia Christie, die vom Forschungszentrum in Atlanta nach Somalia entsandt wurde.

Die letzten Rückzugsgebiete von Polio gelten als besonders schwierig

Das Restprogramm, das bis 2005 läuft, erfordert noch eine Milliarde Dollar; derzeit klafft eine Finanzierungslücke von 275 Millionen Dollar. Und die letzten Rückzugsgebiete, in denen Polio noch auftritt, gelten als besonders schwierig, Afghanistan etwa, wo die Kampagne nach dem 11. September wegen des Kampfs gegen den Terrorismus unterbrochen wurde. Zu den letzten Herrschaftsgebieten des Virus gehören auch Indien, Pakistan, Bangladesh, Nigeria oder Ägypten, Staaten mit extrem hoher Bevölkerungsdichte. Und kriegsgeplagte Länder wie Sudan, Kongo, Angola. Oder eben Somalia.

Auch hier musste die Kampagne einen Rückschlag hinnehmen, der indirekt mit dem Anschlag in Manhattan zusammenhängt. Die US-Regierung setzte nämlich Al Barakaat auf die Liste der Terrororganisationen, ein undurchsichtiges Banken- und Telefonkonsortium, das angeblich al-Qaida zuarbeitet. Seit Al Barakaat gezwungen wurde, Operationen in Somalia einzustellen, ist das Infonetz der UN zerrissen; E-Mail und Handy funktionieren nicht mehr.

»Aber irgendwie geht es immer weiter«, sagt der Chef der Kühlkammer im UN-Basislager von Baidoa. Der Raum wirkt im allgemeinen Chaos der Stadt wie eine wunderliche Zelle der Ordnung: zwei Dutzend Gefriertruhen, darin fein säuberlich sortiert Tausende Impfampullen, im Hintergrund ein schepperndes Notstromaggregat. Dies ist das Ende einer langen Kühlkette, die seit der Produktion des Impfstoffs nicht unterbrochen werden durfte – das letzte Glied einer logistischen Meisterleistung. In der glühenden Sonne Somalias würde der ungekühlte Impfstoff schnell verderben.

Es geht wieder hinaus in die Backofenhitze, auf einen Platz hinter dem Markt, zum Einläuten der nächsten Impfrunde. Zwischen Ruinen, Müllhaufen und streunenden Eseln spielt eine Gruppe von Trommlern, begleitet von einem uralten Meazzi-Akkordeon aus italienischen Kolonialtagen. Lieder gegen »Dabaysha« werden gesungen. Helfer verteilen Flugblätter mit bunten Bildgeschichten, denn die meisten Menschen können nicht lesen. Morgen wird die Impfbrigade in den limonengrünen Hemden wieder ausschwärmen. In die Dörfer und Notlager, vor die Hütten, zu furchtsamen Kindern und misstrauischen Eltern. Sie wird eine weitere Schlacht gegen die Kinderlähmung schlagen. Schade, dass es keinen Nobelpreis für solche Missionen gibt. Die Initiative zur globalen Polioausrottung hätte ihn verdient. *18. Juli 2002*

siehe auch
- Immunisierung
- Infektionskrankheiten
- Kinderlähmung
- Somalia

Innovation

Alles wird neu

2003 war Reform, jetzt ist Innovation. Klingt einfach schön – und schön einfach. Doch das verlangt mehr Geld, Freiraum und Wettbewerb, als Deutschland derzeit zu bieten hat

Von Uwe Jean Heuser und Gero von Randow

Mit Innovationen kennt Jörg Kotthaus sich aus. Der Münchner Experimentalphysiker ist einer der führenden Nanotechniker. Aus seinem Center for NanoScience sind bereits einige Firmen hervorgegangen. Was muss getan werden, um Innovationen zu fördern, Herr Kotthaus? »Bürokratie abbauen.« Die Hälfte aller Anwendungen der Nanoforschung komme über »Start-ups« zustande, neue Unternehmen. Wenn es aber ein Jahr dauert, bis die Universitätsbürokratie ein Patent an eine Firma aus ihren Reihen übertragen hat, ist die wahrscheinlich pleite: »Solange ein Start-up über kein Patent verfügt, wird es kaum einen Investor an sich ziehen können.« Gibt es andere Hindernisse? »Viele! Zum Beispiel die Verordnungen über die Nebentätigkeit von Hochschullehrern. Wer als Professor gegen Honorar Start-ups berät, muss aufpassen, dass er nicht kriminalisiert wird.«

Deutschland nach dem Reformjahr 2003: Viel bleibt zu tun. So sieht es auch der Kanzler und fügt hinzu: Machen wir auch. Er verlieh, wie es sein Müntefering ausdrückte, dem Jahr 2004 sogar eine »Überschrift«. Sie lautet »Innovation«. Das Wort dringt dieser Tage aus SPD-Papieren, und bald wird es mehr Papiere und Beschlüsse und Symposien und Plakate aufhübschen, überdies Websites, Christiansen-Sendungen und dergleichen. Außerdem wollen CeBIT und Hannover-Messe eröffnet werden. Bei solcher Anstrengung steht zu fürchten, dass das I-Wort bald in jenes Sanatorium geschickt werden muss, in dem »Reform« schon vor sich hin siecht. Das Wort kursiert, aber auf den Begriff gebracht ist die Sache nicht. Wie lässt sich Neues einführen und auf Dauer stellen – so, dass es der Gesellschaft nützt? Darum müsste es gehen, und das ist weitaus komplexer als die Tonnenideologie: Oben mehr Geld hineingesteckt, und schon kommen unten mehr Erfindungen und mehr Jobs heraus.

Doch der Bundeskanzler besetzt jetzt erst einmal ein Thema. Er weiß ja, wie das geht. Kleines Telefonat von Chef zu Chef: Wir bilden einen Rat. Der ehemalige BMW-Chef Joachim Milberg führt die SPD-Oberen auf der Weimarer Klausur ins Thema ein. Jürgen Kluge, der Boss von McKinsey in Deutschland, trägt auch vor. Der schwäbische Vorzeigeunternehmer Berthold Leibinger ist im Gespräch, und ohne den Siemens-Mann Heinrich von Pierer bestellt Schröder dieses Feld ohnehin nicht. Ein VW-Vorstand muss es wohl auch sein. Die Fraunhofer-Gesellschaft gehört an den Tisch. Unbedingt auch ein präsentabler Gründer, man wird schon einen finden. Insgesamt rund fünfzehn Köpfe – es wäre ein Wunder, wenn in diesem Innovationsrat nicht das Establishment dominierte.

Das Stammzellgesetz eignet sich gut für ideologische Debatten

Gerhard Schröder hat seinen Willen kundgetan, das Stammzellgesetz zu lockern, und unterstellt, es sei ein Innovationshindernis. Zu Unrecht; dessentwegen ist noch kein Antrag in Deutschland abgelehnt worden. Dennoch gibt es ein Interesse an einer neuerlichen Embryonendebatte: Sie wäre rein ideologisch, würde den Haushalt nicht belasten und dennoch den Schein erzeugen, die SPD sei die beste Freundin der Wissenschaft. Zum gleichen Zweck ließ SPD-Generalsekretär Olaf Scholz den Testballon »Eliteuniversität« steigen. Ein Konzept hat er dafür nicht. Unterdessen rüsten auch die Grünen für die Fortschrittsdiskussion – doch bevor nun das

Thema im Geräusch wieder untergeht, sei an die konkreten Umstände des innovativen Alltags erinnert.
Da existiert beispielsweise ein Forschungsinstitut, aus dem Start-ups auf dem Gebiet der Medizintechnik hervorgehen. Das bulmahnsche Bundesforschungsministerium hat dem Institut für die Entwicklung einer klinischen Technik einen fünfstelligen Zuschuss bewilligt. Fein. Man plant, stellt ein, kauft Labormaterial. Seltsamerweise trudelt aber kein Geld ein. Anruf in Berlin: »Haben wir Ihnen eine falsche Kontonummer gegeben?« – Nein, lautet sinngemäß die Antwort, aber uns geht gerade das Geld aus. »Das war bei uns genauso«, erfährt man anderswo, »aber zitieren Sie mich nicht.« Siehe oben: Im Deutschland nach dem Reformjahr 2003 bleibt noch viel zu tun.

160

Ohne Heinrich von Pierer wird das Feld der Erneuerung nicht bestellt.

Inzwischen importiert das Land mehr Hochtechnologie, als es ausführt. »Im Mittelfeld zu liegen ist kein Problem«, kommentiert eine österreichische Studie den Befund, »solange man kein Hochlohnland ist.« Wie Deutschland.
Weshalb Schröder ja Recht hat. Innovation ist auf Dauer die einzige Chance für die Arbeitslosen. Durch die Agenda 2010 werden sie gedrängt, Jobs anzunehmen. Doch das notwendige Wachstum kann dadurch allein noch nicht entstehen. Schon im Jahr 2000 hatten deutsche Unternehmen durch Standortverlagerung mindestens 2,4 Millionen Arbeitsplätze im Ausland geschaffen. Zwischen 1995 und 2003 sei der Ausstoß deutscher Industriefirmen um gut 15 Prozent gestiegen, die reale Wertschöpfung der Industrie aber im gleichen Zeitraum nur um fünf Prozent gewachsen, rechnet der Münchner Ökonom Hans-Werner Sinn. Mit anderen Worten: Zwei Drittel des Zuwachses sind vermutlich auf das Outsourcing von Vorproduktion in Niedriglohnländer zurückzuführen.
»Wir bluten schneller aus, als wir mit Innovationen auffüllen«, sagt Christoph Klaus, Chef der LG Philips Displays Germany. Seine Firma, Herstellerin von Fernsehbildröhren, galt bis vergangenen Herbst als ein deutsches Erfolgsmodell. Das Unternehmen war innovativer als die Billigkonkurrenz in Fernost. In Aachen gab man sich jedes Mal höchstens zwei Jahre Zeit, Neuheiten zu produzieren und Erfahrungen damit zu sammeln, dann ließ man die Waren schon in Tschechien herstellen. Fünfzehn Jahre lang hat die Firma auf diese Weise die Produktion im Land gehalten, die viele schon gänzlich abgeschrieben hatten. Nun aber, kurz nachdem die LG Displays als besonders innovativ ausgezeichnet wurde, hat Klaus die Schließung des Betriebs verkündet. Weil Flachbildschirme den Massenmarkt erreichten, stürzten die Preise für Bildröhren ins Nichts, und das Werk war nur noch gut zur Hälfte ausgelastet. Fünfzehn Jahre sind besser als nichts. Aber die Anschlusstechnologie, der LCD-Bildschirm, ist nicht etwa hierzulande heimisch, obwohl die Basisinnovation dafür aus Deutschland kommt. Die Industrie bildete sich zuerst in Asien. Den Übergang zur LCD-Technik hatten alle Beteiligten verschlafen. So kann es gehen, wenn man auf seine Erfolge von gestern vertraut.
Jahrelang wurde mit dem Hinweis auf die Autoindustrie diese Innovationsschwäche des Landes verschleiert. Gewiss, bei Autos sind wir Spitze – nicht aber bei Spitzentechnik mit Querschnittscharakter wie den Informations- und Kommunikationstechniken. Gemessen an deren Anteil am Bruttoinlandsprodukt, liegt Deutschland weltweit auf Platz zwölf, hinter Österreich.

Am Weg der Technikgeschichte liegen Millionen toter Erfindungen

Innovation ist ein ökonomischer Begriff und der Österreicher Joseph Schumpeter sein erster Theoretiker. In der ersten Hälfte des 20. Jahrhunderts befreite der Ökonom den Begriff von seiner Verdinglichung. Eine Innovation kann vieles sein,

ein Produkt oder eine Produktqualität, ein Herstellungsverfahren oder eine Form der Organisation. Was immer sie ist – sie schafft Mehrwert durch Verbilligung oder Verbesserung. Dadurch wird sie dauerhaft. Die Fernbedienung ist ein Beispiel oder das Internet und demnächst vielleicht die Technik für das Micropayment: Mit ihr werden Webinhalte kostenpflichtig, aber Klick für Klick in Centbeträgen und ohne Abonnement.

160

Franz Müntefering vertritt einen auf Technik verengten Innovationsbegriff.

Innovationen sind also nicht einfach neue Sachen. Am Weg der Technikgeschichte liegen Millionen toter Erfindungen, die einmal Innovationen werden wollten. Insoweit trügt die Patentstatistik, mit der das Bundesforschungsministerium gerne wedelt. Einen auf Technik verengten Innovationsbegriff demonstriert ebenso Franz Müntefering, wenn ihm dazu ausgerechnet das Milliardengrab Transrapid einfällt. Auch Dienstleister können innovativ sein. Banken etwa, die mit einer neuen Kombination von Titeln einen Kunden besser als bisher vor Währungsrisiken schützen, ja selbst Putzfirmen, die ihre Kolonnen besser motivieren.

Zwei Voraussetzungen innovativen Handelns sind belegt: Freiheit und Kommunikation. Untersuchungen zeigen, dass innovative Firmen mehr als andere über die Grenzen von Unternehmen, Behörden und Forschergemeinden hinweg kommunizieren. Unterschiedliche Akteure zusammenzubringen ist namentlich das Erfolgsrezept der finnischen Innovationspolitik, und auch die deutsche Forschungspolitik zeigt sich dort von ihrer besten Seite, wo sie regionale und fachliche Netze knüpft.

Ein Beispiel ist Science4Life, eine Wiesbadener Gründerinitiative für Life-Sciences und Chemie. Die Idee kam von der hessischen Landesregierung; der Hoechst- (später Aventis-)Konzern stieg ein, Branchenverbände machten ebenfalls mit. Jährlich schreibt der Verein einen Businessplan-Wettbewerb aus. Den Gewinnern winken bis zu 30 000 Euro und, was vielen noch wichtiger ist, Kontakte und Beratung. Dutzende von Partnerfirmen bieten diese Hilfe an. Natürlich nicht aus reiner Gründerliebe: Vor allem Pharmaunternehmen arbeiten mit den Innovatoren zusammen, um neue Märkte zu entdecken. Jedes Jahr kommen rund 60 Teams hinzu, andere werden flügge; mehr als 100 Unternehmen mit knapp 1 000 Jobs sind aus der Arbeit des Vereins seit 1998 hervorgegangen.

Die zweite Voraussetzung der Innovation heißt Freiheit. Seit Jahren bemängelt der Wissenschaftsrat, dass die Forschung kaum Freiräume für explorative Studien kennt, für Spaziergänge im Suchraum gewissermaßen. Forschungsanträge müssen die Vorhaben stattdessen derart genau beschreiben, dass die Ergebnisse beinahe schon feststehen. Es kommt vor, dass Wissenschaftler ihre bereits gefundenen Resultate in Anträge packen, um mit dem bewilligten Geld ein anderes, neues Projekt zu beginnen. Oder auch, dass gute Leute kein Geld bekommen, weil sie offen zugeben, dass ihnen der Ausgang des Projekts ungewiss erscheint.

Innovation ist Einstellungssache. Was kann da der Staat bewirken?

Innovationsfeindliche Regeln blockieren auch so manche Firma. In Krisenzeiten herrscht oft nur der Kostendruck: alles auf Nummer sicher. Die Ausnahme bilden Unternehmer, für die Innovation keine einmalige Anstrengung in Zeiten des Aufwinds ist, sondern eine Haltung, die den Weg aus der Krise erleichtert, während sich die Konkurrenz noch in der Angststarre befindet. Beim Keramikhersteller Villeroy & Boch beispielsweise bilden die Mitarbeiter

Innovationskreise, damit sich die Firma dauerhaft dem Neuen zuwendet.
Aber wenn Innovation Einstellungssache ist: Wie soll da ausgerechnet der Staat etwas bewirken? Zunächst, indem er Ressourcen dorthin verteilt, wo Neues entsteht. Innovationen sind keine reine Geldfrage, aber ohne Geld sind sie nicht zu haben. Bei den Ausgaben für Forschung und Entwicklung in Prozent des Bruttoinlandsprodukts liegt Deutschland mit knapp 2,5 Prozent auf Platz sechs in der EU. Wenn der Kanzler bis 2010 den beabsichtigten Wert von drei Prozent erreichen will, muss das Wissenschaftspersonal um rund 300 000 neue Forscher erweitert werden. Da werden Ankündigungen nicht ausreichen; Schröders Kabinett muss sich zu einer verlässlichen Steigerung der Mittel für die Grundlagenforschung bequemen. Nichts Gutes freilich lässt der Satz aus den »Weimarer Leitlinien« ahnen, nach dem mit einem »den Forschungsetat fokussierenden Innovationsprogramm der Bundesregierung« die Geldfrage gelöst werden soll. Interne Umschichtung in Edelgard Bulmahns Haushalt hat es schon mehr als genug gegeben.
Wer der Forschung mehr geben will, muss andere leiden lassen. Die Diskussion um Gerechtigkeit ist noch nicht zu Ende. Landwirtschaftliche Überproduktion oder der Luxus des deutschen Steinkohlenbergbaus begründen kein Recht auf Subventionen. Die Alternative lautet aber nicht, sich neue Belohnungsempfänger zu suchen. Der Idee vom allwissenden Staat sollten auch die Forschungspolitiker endlich entsagen. Wer erinnert sich noch an das »hochauflösende Fernsehen« (HDTV), die »Kerntechnologie« der späten Achtzigerjahre? Europa wollte mit viel Geld und Tamtam das »Fernsehen der Zukunft« schaffen. Heraus kam - nichts. Denn die Digitaltechnik erreichte die privaten Haushalte und erlaubte variable Auflösungen, je nach Größe des Bildschirms und Qualitätsanforderung. Da brauchte niemand mehr HDTV.
Technik identifizieren und sie dann subventionieren - das ist die Industriepolitik der Vergangenheit. Ihre Erfolgschancen sind auf den schnelllebigen Märkten von heute minimal. Die Politik darf den Wettbewerb nicht vorab entscheiden wollen. Besser sind also Programme, die zur Konkurrenz um die Förderung auf einem bestimmten Gebiet einladen - das Bundesforschungsministerium betreibt solche Wettbewerbe seit einiger Zeit. Lenken muss der Staat zwar, soweit er öffentliche Güter bereitstellen will, aber das wird ihm nicht durch Anmaßung besseren Wissens gelingen, sondern dadurch, dass er den Suchprozess erleichtert. Und in die Grundlagenforschung sollte er sich ohnehin nicht einmischen, da genügen Abmachungen mit den Selbstorganisationen der Wissenschaft.

100095

Francis Bacon bemerkte, dass Innovationen wie Fremde seien: gefürchtet, bewundert und selten geliebt.

Am meisten richtet das Staatsgeld noch im Bildungssystem aus. Bei der Qualität des Unterrichts in Mathematik und Naturwissenschaften belegt Deutschland nach den Berechnungen des World Economic Forum nur Rang 47, und das trotz des erstaunlichen Ausmaßes fachdidaktischer Forschung hierzulande. Da verwundert es auch nicht, dass Deutschland beim Anteil von Naturwissenschaftlern und Ingenieuren unter den Beschäftigten weltweit auf Platz 10 dahindümpelt. Hier gäbe es noch viel Innovation zu finanzieren.
Anderes wiederum kostet nichts. Etwa der dringlich ersehnte Wissenschaftstarifvertrag; der Wissenschaftsrat wird seine Ide-

en dazu vorstellen. Sie werden weniger Wellen schlagen als Scholz' Elite-Schlagzeile, aber von größerer Bedeutung sein: Die Bezahlung von Professoren nach Leistung und Marktlage gäbe einen Anreiz, an den Unis Neues zu wagen. Zur Aufbruchstimmung trüge es auch bei, träte der Staat entschlossener als Early User neuer Technik auf. Bisher liegt Deutschland, gemessen am staatlichen Einsatz von Informationstechnik, auf Platz 20. Ginge der Staat endlich online, ergäbe sich ein weiterer Vorteil: Niemand müsste sich mehr mit einer Bürokratie herumplagen, die selbst die Gründung einer Imbissbude zum Abenteuer werden lässt.

Innovationen seien wie Fremde, schrieb einst Francis Bacon in seinem Essay »On Innovations«; sie würden gefürchtet, bestenfalls bewundert, selten geliebt. Heute sind die Innovatoren oft selbst Fremde. Ins Innovationsprogramm der Bundesregierung gehört daher auch ein Einwanderungsrecht, das allen hoch Qualifizierten gestattet, mitsamt ihren Familien ins Land zu kommen und sich hier eine wissenschaftliche oder wirtschaftliche Existenz aufzubauen.

Der Deutschen Angst vor der Innovation hat Gründe, die tief in die Geschichte zurückreichen. Ihretwegen wurden schon Wahlen mit dem Slogan »Keine Experimente!« gewonnen. So gesehen künden die Signale aus Berlin vielleicht doch von einem Anfang. *8. Januar 2004*

siehe auch

- Bildungspolitik
- Deutschland
- Forschung und Entwicklung
- Grundlagenforschung

Insekten

Königin der Käfer

Die Amerikanerin May Berenbaum findet Raupen und Kakerlaken nett. Heute begeistert die Insektenforscherin ein Millionenpublikum für das Geziefer. Eine Begegnung im Labor, zwischen Tabakwürmern und Baumgrillen

Von Jörg Albrecht

»Von Chicago drei Stunden nach Süden«, hieß es am Telefon, »bis zur Ausfahrt Lincoln Avenue, an der fünften Ampel rechts.« Der Ort nennt sich Urbana-Champaign. Zwischen Karteikästen und Papierstapeln hockt Professor May Roberta Berenbaum, Department of Entomology, University of Illinois, auf dem Fußboden und kramt nach den Vorlesungsdias. Jeans, grünes Sweatshirt, Turnschuhe von dem speziellen Grau, das weiße Turnschuhe nach langem Tragen bekommen. »Alle Insektenforscher sind schlecht angezogen und tragen dicke Brillen«, behauptet sie, »jedenfalls im Fernsehen.«

May Berenbaum trägt eine starke Brille. Auch im Fernsehen war die 42-Jährige bereits. Fast berühmt; vor zwei Jahren hat man sie in die National Academy of Sciences berufen. Eins der beiden Terrarien in ihrem Büro bewohnt ein Grashüpfer. In Zeitlupe bewegt er die Vorderbeine. Dieser Grashüpfer sieht alt aus. Wie alt können Insekten werden? Interessante Frage. Lord Avebury, Mitglied zweier Dutzend wissenschaftlicher Gesellschaften, hat dazu etwas veröffentlicht; von Dezember 1874 bis August 1888 sei es ihm gelungen, eine Königin der Ameisenart Formica fusca durchzufüttern, vierzehn Jahre lang. Wie alt sie gewesen sei, als er sie in Pflege nahm, vermochte er nicht zu sagen.

May Berenbaum strahlt, was ihr eine gewisse Ähnlichkeit mit der frühen Janis Joplin verleiht. Solche Geschichten gräbt sie gern aus. Darin liegt eine Moral. Die meisten Menschen kümmert es nicht, wie lange Insekten leben. Hauptsache kurz. Kakerlaken zum Beispiel haben keine Chance, auf die Liste der bedrohten Tierarten zu gelangen. Wer ahnt denn, dass es zwischen vier- und sechstausend verschiedene Arten Kakerlaken gibt, von denen die meisten ihr Dasein fernab jeder menschlichen Behausung fristen? Wer hat Mitleid mit denen, die ihr Leben im Dienste der Wissenschaft lassen, wobei ihnen alle erdenklichen Prozeduren zugemutet werden?

Kakerlaken sind das Letzte. Nicht mal Tierschützer stellen die Frage, ob Schaben Schmerz empfinden. Eine Übung für Physiologen besteht darin, sie in der Sezierschale mit Stecknadeln zu fixieren. Anschließend werden Kopf und Beine abgetrennt, Körperfett und Eingeweide entfernt mit Ausnahme des Herzens, das mit

100562

Wer ahnt denn, dass es zwischen vier- und sechstausend verschiedene Arten von Kakerlaken gibt?

Salzlösung, Nikotin und anderen Substanzen stimuliert wird, bis es aufhört zu schlagen. Viel bleibt bei dieser Präparation vom Kakerlak nicht übrig. Aber das, was übrig bleibt, versucht hektisch davonzuzappeln. Der Kopf reagiert noch am nächsten Tag. »Kakerlaken sind nicht wie wir«, hat May Berenbaum daraus gelernt. Wie dann? Wollte man ihr Verhalten restlos begreifen, müsste man die Umwelt wahrnehmen, wie sie es tun. Die Welt durch Komplexaugen studieren. Das geht natürlich nicht. Aber einen Versuch ist es wert. »Insects and people« heißt der Kurs, den die Entomologin seit sechs Jahren an der Universität von Illinois gibt. Angehende Computerfachleute unterrichtet May Berenbaum, Historiker, Architekten, hin und wieder sogar jemanden, der es wirklich darauf anlegt, die Geheimnisse der Arthropoden kennen zu lernen.

Vier von fünf Lebewesen haben im Laufe ihres Lebens irgendwann sechs Beine. 800 000 Insektenarten sind bekannt, mindestens zwei Millionen existieren noch namenlos dahin. Wer bedauert das? Eine Hand voll Käferforscher.

Ein aufgespießter Schmetterling macht die Runde, okay. Dann kommt eine wohlgenährte türkisfarbene Larve, fingerlang, zigarrendick, Manduca sexta, der Tabakwurm. Man schüttelt sich. Der Tabakwurm wird weitergereicht, hakt sich auf Handrücken fest, hinterlässt grünen Schleim. Den Beginn einer wunderbaren Freundschaft stellt man sich irgendwie anders vor.

Könnte ein einziges Paar Stubenfliegen zwischen Mitte April und Mitte September so viele Nachkommen hervorbringen, dass die Erde unter einer fünfzehn Meter hohen Fliegenschicht begraben werden würde?

Fast alle Menschen leiden im Laufe ihrer Kindheit unter Enteromophobie. »He, da krabbelt was, tritt drauf!« Später kommt der Forscherdrang. Fliegenflügel auszureißen oder Ameisen mit dem Brennglas abzufackeln gilt als Ausdruck gesunder Neugier. Drei Prozent der Erwachsenen bleibt die krankhafte Abneigung. Sie wittern Ungeziefer, wo keines ist, steigern sich bis zum Dermatozoenwahn, kratzen sich blutig oder baden in Terpentin. Der Rest von uns mag einfach keine Insekten.

Zu Studienzwecken züchtet sie zwei Dutzend Insektenarten

Zu Beginn des Kurses wird ein Fragebogen verteilt. Ekelst du dich vor Spinnen? Wie reagierst du, wenn sich jemand einen Angelhaken durch den Finger bohrt? Es gibt viele Gründe, sich zu fürchten. In der Theorie, heißt es, neigen besonders dominante Persönlichkeiten zu Insektenphobie. Alles schwer Kontrollierbare macht ihnen Angst. May Berenbaum, die als Studentin mit gemischten Gefühlen ihren ersten Entomologiekurs in Yale belegte, leidet heute unter Höhenangst.

Zu Studienzwecken züchtet sie zwei Dutzend Insektenarten. Das ist nicht immer leicht. Manche von ihnen verlangen Winterruhe, andere fressen nur Wolfsmilchsamen, wieder andere bestehen auf verrottetem Eichenholz. Bloß um eines braucht man sich nicht zu kümmern: um irgendwelche Vorschriften, was das Halten von Labortieren betrifft. Allein sechs Schabenspezies wachsen völlig zwanglos unter der Obhut der Universität von Illinois heran, zum Teil in erschreckender Größe. Aus einem grauen Eimer zischelt es vernehmlich. »Diese hier«, sagt May Berenbaum und greift hinein, »kommen aus Mexiko.«

Je später die Zuneigung, könnte man meinen, desto größer die Leidenschaft. May Berenbaum sammelt praktisch alles. Kinderspielzeug, Comics, Musiktitel, Postkarten, Zeitungsausschnitte, Hauptsache, es dreht sich um ihre sechsbeinigen Freunde. Einmal im Jahr veranstaltet sie das größte, allerdings, soweit sie weiß, auch einzige Filmfestival der Welt, das ausschließlich Insekten gewidmet ist. Meist sind es schlechte Filme über schlechte Insekten wie »Monster aus der grünen Hölle«. Seltener sind es gute Filme. Selten werden gute Filme über gute Insekten gedreht.

So weit das Klischee. Jetzt die Fakten. Nicht jedermann ist mit der Tatsache vertraut, dass der Darmtrakt einer einzelnen Termite pro Tag zwischen 0,24 und 0,59 Mikrogramm Methan produziert. 200 Billiarden dieser unermüdlichen Holzfresser bevölkern den Erdball, und daraus kann man ableiten, dass furzende Termiten bis zu dreißig Prozent des gesamten Methangehalts der Atmosphäre erzeugen – ein beachtlicher Beitrag zum Klimageschehen. Oder nehmen wir die Fortpflanzungsrate:

Ein einziges Paar Stubenfliegen könnte zwischen Mitte April und Mitte September so viele Nachkommen hervorbringen, dass die Erde unter einer fünfzehn Meter hohen Fliegenschicht begraben würde. Die Kalkulation ist nicht unumstritten. Jüngere Schätzungen ergeben eine Größenordnung von zwei Metern, verteilt über die Fläche Gesamtdeutschlands. Aber das, meint May Berenbaum zu Recht, wären immer noch eine ganze Menge Fliegen.
Womit wir wieder beim Problem sind: Was hat der Mensch davon, dass es Insekten gibt? Hilft uns die Beobachtung weiter, dass die Zahl der Zirpgeräusche der Baumgrille Oecanthus fultoni pro 15-Sekunden-Intervall, addiert zu 37, exakt der herrschenden Außentemperatur in Grad Fahrenheit entspricht? Stimmt es uns versöhnlicher, wenn wir wissen, dass die Lauerstellung der Fangschrecke Tenodera aridifolia sinensis vor vierhundert Jahren Anstoß zur Erfindung des Kampfsportes Kung-Fu gab? Überzeugt es uns, dass die Ausscheidungen der Lackschildlaus Laccifer lacca nicht nur die Schellackplatte hervorgebracht haben, sondern bis heute in Schuhcremes, Möbelpolituren oder Schokoladenglasuren verarbeitet werden, auf Bowlingbahnen Verwendung finden, gar als Bestandteil von Insektensprays dienen?
May Berenbaum hat ihr Wissen zu einem Buch verarbeitet: »Bugs in the system – Blutsauger, Staatsgründer, Seidenfabrikanten« (Spektrum Akademischer Verlag). Sie wirbt darin nach Kräften. Honig, Tinte, Seide, Kakao – alles Insektenwerk. Leider auch Malaria, Gelbfieber und Pest. Da ist man mit dem Utilitarismus schnell am Ende, und es helfen bloß noch finale Argumente: Wenn weiter nichts über Gott bekannt wäre, dann stünde immerhin fest, dass er Käfer mochte. Sonst hätte er nicht so viele geschaffen.
Ende der Spekulation. Neben ihren populären Studien widmet sich May Berenbaum auch ernsthaften Dingen. Sie leitet die Fakultät und eine Forschungsgruppe. In ihrem Labor wird zentrifugiert und pipettiert wie in tausend anderen Labors. Seit zwanzig Jahren spürt sie dem Zusammenhang zwischen dem Fressverhalten bestimmter Schmetterlinge und der Produktion pflanzlicher Abwehrstoffe nach. Die Larve des Schwarzen Schwalbenschwanzes Papilio

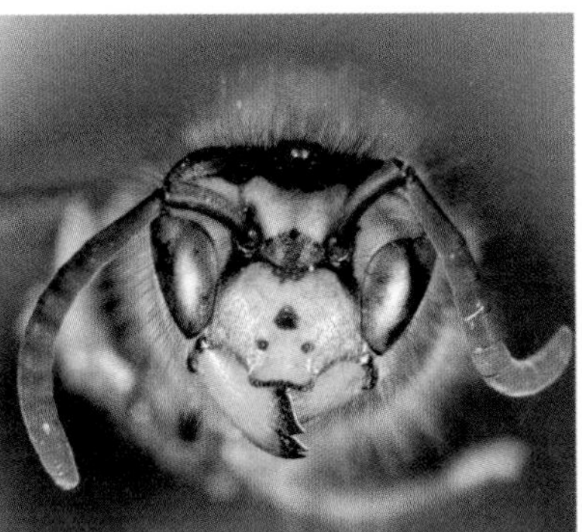
100807
Wie giftig sind Wespenstiche?

polyxenes, hat sie unter anderem herausgefunden, nagt an Doldenblütlern wie Möhre, Fenchel, Petersilie oder Dill und verdaut dabei erstaunliche Mengen giftiger Furanokumarine. Das schafft sie mithilfe von Cytochrom-P450-Monooxygenasen sowie einer ausgeklügelten Strategie der Anpassung. Das entsprechende Gen ist auch schon lokalisiert. Nur: Wird uns die Raupe so sympathischer?

Haben Insekten einen freien Willen?

Das andere der beiden Terrarien in May Berenbaums Büro beherbergt zwei tote Kakerlaken. Sie sind zwischen Schokoriegeln, Zuckerwürfeln und Marshmallows verendet und zeigen ihre fetten gelben Bäuche. Ein süßer Schabentod. Bis sich nach fünf Minuten herausstellt: Sie sind nicht tot. Sie halten nur gerade Mittagsschlaf.
Vor drei Jahren war May Berenbaum Gast bei Radio Wisconsin, in der beliebten Sendung »Was wollen Sie wissen?«. Auf alles Mögliche hatte sie sich vorbereitet – wie giftig sind Wespenstiche, warum gibt es Moskitos? –, aber dann verblüffte sie der Moderator mit der Fangfrage, ob Insekten einen freien Willen haben. Da musste sie passen. Nicht, dass das zu den drängendsten Problemen gehört. Nur eine Antwort hätte man gern. *21. März 1997*

siehe auch
- **Ameisen**
- **Fliegen**
- **Heuschrecken**
- **Käfer**
- **Schmetterlinge**

Intellektuelle

Arbeit am neuen Weltbild

Der 11. September und seine geistigen Folgen: Deutsche Intellektuelle räsonieren über Staat, Religion und das Undenkbare – um am Ende bei ihren Lieblingsideen zu landen. Zusammenfassung einer oft thesenhaft und zuweilen ideologisch geführten Debatte über den Umgang mit dem Terror

Von Jan Ross

Die Welt, heißt es, sei eine andere geworden seit dem 11. September. Auch unsere Sicht auf die Welt? Das Bild, das wir von ihr haben? Unsere Ideen zu Gewalt und Glauben, Staat und Sicherheit, dem Westen und dem Rest der Menschheit? Seit den Anschlägen auf New York und Washington haben Intellektuelle allerorten versucht, sich einen Reim auf die Ereignisse zu machen.

Von Anfang an stand dabei ein Theorieentwurf intellektuell Modell, eine Professorenthese, die zur Deutung der schlagartig revolutionierten Lage herangezogen oder als untauglich verworfen wurde, an der sich jedenfalls die Geister schieden: Samuel Huntingtons plötzlich prophetisch wirkende Vision vom »Kampf der Kulturen« als weltpolitischem Grundkonflikt, der die Blockkonfrontation des Kalten Kriegs abgelöst habe. Huntington selbst hat bestritten, dass die Massenmorde in New York und Washington einen Clash of Civilizations signalisierten oder ihn unausweichlich machten. Doch dass die neue Auseinandersetzung mehr mit Weltbildern und Gedankengebäuden zu tun hat als die Kriege am Golf oder auf dem Balkan – das hat man sofort empfunden.

Die deutschen Intellektuellen waren, wie die Bundesrepublik überhaupt, von den Attentaten und ihren Folgen weniger direkt berührt als die Amerikaner oder die muslimische und nahöstliche Welt. Noch kämpfen keine deutschen Soldaten, und noch haben hierzulande keine Terrorakte stattgefunden. Es gibt daher auch nicht jene Äußerungen unmittelbarer Zeugenschaft: das trauernde, präzise und ganz und gar nicht leitartikelnde Hinsehen und Mitschreiben, das etwa das nachtschwarze »New Yorker«-Heft vom 24. September mit den Texten von John Updike, Denis Johnson oder Jonathan Franzen zu einem so eindrucksvollen Dokument macht.

Die deutschen Wortmeldungen sind immer räsonierend, thesenhaft, oft genug auch ideologisch. Trotzdem sind sie keineswegs uninteressant oder irrelevant. Mag die Bundesrepublik vom Epizentrum des Erdbebens weit entfernt sein – ihr Selbstverständnis und ihre Identität sind stärker erschüttert als etwa die Frankreichs oder Großbritanniens: Die Veränderung der Weltlage betrifft alle, das »Erwachsenwerden« dagegen, das Hinausfahren auf die hohe See der internationalen Politik und in die Kältezone des Militärischen, ist ein spezifisch deutsches Thema.

Zum Charakteristikum der deutschen Diskussion gehörte allerdings, dass sie auf merkwürdige Weise um sich selbst kreiste: Es wurde nicht einfach reagiert, es wurde auf Reaktionen reagiert, auf wirkliche, vorweggenommene oder unterstellte. »Jetzt warte ich nur noch darauf«, bemerkte Henryk Broder schon am 15. September im »Spiegel«, »dass irgendeine edle Seele aufsteht und sagt, die Anschläge von New York und Washington müssten im Zusammenhang mit dem Kampf der Dritten Welt gegen die Erste gesehen werden. Wetten, dass es im Laufe der nächsten Tage passieren wird, sobald sich der Trümmerrauch über Manhattan gelegt hat?« Die Wette war schnell gewonnen.

Es ist seither eine Menge Papier und Leidenschaft auf das Zensurenverteilen verwendet worden, auf die Unterscheidung von erlaubten und unstatthaften Gedanken, auf die Frage, ob die Geistesmenschen »ihrer Verantwortung gerecht werden« oder ob sie es an Ernst, Westlichkeit, Bündnissolidarität fehlen lassen. Den dies-

Ulrich Wickert behauptete in der Zeitschrift »Max« über George W. Bush und Osama Bin Laden: »Bush ist kein Mörder und Terrorist. Aber die Denkstrukturen sind die gleichen.«

bezüglichen Höhepunkt im Debattengeschehen markierte ohne Zweifel die Aufregung über Ulrich Wickerts (in der Tat törichten) Vergleich zwischen dem amerikanischen Präsidenten und Osama Bin Laden in der Zeitschrift »Max«: »Bush ist kein Mörder und Terrorist. Aber die Denkstrukturen sind die gleichen.« Der Streit über die korrekte Sicht der Dinge erreichte damit die »Bild«-Zeitung und die CDU/CSU, aus der Wickerts Absetzung gefordert wurde, als habe er ein öffentliches Amt inne. Von Staats wegen hat dann jüngst Innenminister Otto Schily festgestellt: »Für verheerend halte ich die Behauptung, die Amerikaner hätten es als Repräsentanten eines globalisierten Kapitalismus gar nicht besser verdient. Das ist eine wirklich schlimme Entgleisung, die leider in gewissen intellektuellen Kreisen gegenwärtig zu hören ist« (»Märkische Allgemeine«). Schily wurde dafür wahlweise als neuer McCarthy (so Peter Sloterdijk) oder als neuer Franz Josef Strauß (Goethe-Institut-Präsident Hilmar Hoffmann) angegangen, was vielleicht auch wieder ein bisschen übertrieben war. Insgesamt zählt dieses ganze Hin und Her zwischen Abbürsten und Aufmucken zu den unerfreulichen und unfruchtbaren Elementen der Diskussion, wie sie sich seit dem 11. September in Deutschland entwickelt hat. Um die interessanten Fragen und Gedanken in den Blick zu bekommen, muss man das alles beiseite schieben.

Bereitschaft zur Selbstzerstörung, die sich ihre Anlässe nach Belieben sucht

Die meisten deutschen Beobachter und Kommentatoren konzentrierten sich auf das Verhältnis zwischen dem Islam und dem Westen, auf das Fundamentalismusproblem oder die internationale Rolle der Vereinigten Staaten. Weniger war vom Terrorismus und von der Figur des Terroristen die Rede, jenem Phänomen, das eigentlich in erster Linie erklärungsbedürftig gewesen wäre. Der Terror und seine Akteure sind hierzulande offenbar nach dem Ende der RAF kaum ein Thema mehr; es gibt keine Publizisten wie Walter Laqueur, die den Gegenstand seit den Siebzigerjahren kontinuierlich und in allen Facetten verfolgt hätten, von der linksrevolutionären Gewalt über die nationalen Befreiungsbewegungen bis hin zu den neuerdings drohenden Massenverbrechen mit ABC-Waffen.

Hans Magnus Enzensberger war einer der wenigen, die sich nicht auf polemische oder wohlmeinende Kulturkunde einließen, sondern den idealtypischen Täter und dessen durchaus moderne, nicht etwa mittelalterliche Existenzbedingungen ins Auge fassten: »Die mörderischen Energien der Gegenwart lassen sich keineswegs auf irgendwelche Traditionen zurückführen. Gleichgültig, ob es sich um die Bürgerkriege auf dem Balkan, in Afrika, Asien oder Lateinamerika handelt, um die Diktaturen des Nahen Ostens oder um die zahllosen ›Bewegungen‹ unter der Fahne des Islam – in all diesen Fällen hat man es nicht mit archaischen Überresten, sondern mit absolut zeitgenössischen Erscheinungen zu tun, nämlich mit Reaktionsbildungen auf den gegenwärtigen Zustand der Weltgesellschaft« (FAZ). Diese sind freilich nicht revolutionär, sondern im Kern willkürlich und unproduktiv, Ausdruck einer stets mobilisierbaren Zerstörungs- und Selbstzerstörungsbereitschaft, die sich ihre Anlässe und Gegenstände nach Belieben sucht. »Natürlich«, so Enzensberger weiter, »ist die Motivforschung für die Ermittler und die Geheimdienste von höchstem Interesse, weil sie auf die Spur der Täter führen kann. Auf die Frage, woher die psychische Energie stammt, die den Terror speist, kann die ideologische Analyse jedoch keine Antwort geben. Vorgaben wie links oder rechts, Nation oder Sekte, Religion oder Befreiung führen zu genau denselben

Enzensbergers 1986 formulierte These von der Inhaltslosigkeit der Gewalt ist nach wie vor gültig.

Handlungsmustern. Der gemeinsame Nenner ist die Paranoia. Auch im Fall des New Yorker Massenmordes wird man sich fragen müssen, wieweit das islamistische Motiv trägt; jede beliebige andere Begründung hätte es auch getan.«
Wirklich? Es irritiert ein wenig, wie dauerhaft und vielseitig verwendbar Enzensbergers These von der Inhaltslosigkeit der Gewalt ist; in einem kurzen Essay aus dem Jahr 1986 (»Die Leere im Zentrum des Terrors«) war ihm zu den Politkriminellen von damals schon dasselbe eingefallen wie heute zu den Verbrechern im Namen des Glaubens. Und der berühmt-berüchtigte Vergleich zwischen Saddam und Hitler, mit dem Enzensberger 1991 während des Golfkriegs an die Öffentlichkeit trat, beruhte bereits auf jener Diagnose von Todes- und Tötungsverlangen, die jetzt den Attas dieser Welt gestellt wird.
Nun mag das alles sogar stimmen; die ewige Wiederkehr des Gleichen ist ja gerade Enzensbergers These. Trotzdem gehört zum Bild der Diskussion seit dem 11. September auch ihr Selbstbestätigungsmoment, die Beobachtung, dass das angeblich nie Dagewesene und Unausdenkliche erstaunlich zuverlässig die eigenen Lieblingsideen bekräftigt: Christen erkennen wieder einmal die Vorzüge ihrer vertrauten Religion, liberale Agnostiker haben immer schon gewusst, dass Dogma und Jenseitssehnsucht zu blutiger Intoleranz führen. Konservativen Politikern ist vorgeworfen worden, dass sie die Terrorgefahr zum Anlass nehmen, um uralte Law-and-Order-Wunschlisten abzuarbeiten, mit denen sie bislang nicht durchkamen. Diese Neigung zur Rechthaberei gibt es auch unter Intellektuellen.

Hat die Kirche die Kraft, die geistige Auseinandersetzung zu bestehen?

Ausgiebiger als das Phänomen des Terrorismus und die Gestalt des Terroristen sind die weltanschaulichen Implikationen des 11. September behandelt worden. Ob Huntington hier nun seinen Clash of Civilizations am Werk sah oder nicht – irgendeine Art Kulturkampf war es auf jeden Fall. Aber was für einer? Zwischen Islam und Christentum doch offenbar nicht – weder will sich der Westen eine Religion zum Feind machen, noch ist er, in Europa zumindest, selbst von starken religiösen Motiven bewegt. Als Silvio Berlusconi von der Überlegenheit des Abendlandes über den Islam gesprochen hatte, sah sich Kardinal Ratzinger, der Präfekt der römischen Glaubenskongregation, zur interreligiösen Schadensbegrenzung veranlasst. Er unterschied die eigentliche Glaubenssubstanz von ihren historischen, soziokulturellen Manifestationen – und nicht einmal dort, in der theologisch weniger heiklen Tatsachensphäre, mochte Ratzinger die islamische Welt als rückständig bezeichnen. Nein, das Christentum will sich nicht als Alternative und Gegenmacht zum Islam empfehlen. Allein Otto Schily hat sich getraut, etwas mehr Bekenntniseifer anzumahnen, im selben Interview, in dem er

Kardinal Ratzinger sah sich zur interreligiösen Schadensbegrenzung veranlasst.

auch den intellektuellen Antiamerikanismus geißelte: »Vielleicht hat unsere Gesellschaft nicht immer die geistige Widerstands- und Offensivkraft, die in der Auseinandersetzung mit dem Terrorismus notwendig wäre. So scheinen mir auch die Kirchen als Verwalter von Glaubensinhalten nicht immer die Kraft zu haben, die geistige Auseinandersetzung mit dem Islam zu bestehen.«

Wenn es aber nicht um Islam und Christentum geht, dann müssen es Fanatismus und Aufklärung sein, die hier im Streit liegen, Dunkelmännerei und Moderne. Nur am Rande kommen die Geschichtskategorien des 20. Jahrhunderts noch einmal ins Spiel, die im Kosovo-Krieg gegen den großserbischen Nationalismus so prominent figurierten. Immerhin hat Außenminister Joschka Fischer die Anschläge vom 11. September als »totalitäre Herausforderung« bezeichnet, die er »unserer Generation« gern erspart gesehen hätte – also offenbar das Pendant zur Niederringung Hitlers (»taz«). Und Daniel Cohn-Bendit hält die Taliban für »faschistoid«, meint aber zugleich, »der radikale Islamismus surft auf dem Unglück der arabischen Massen wie einst der Bolschewismus auf dem Unglück des Proletariats« (»taz«).

Im Allgemeinen denkt man bei Bin Laden und den Seinen nicht an die Schrecken des 20. Jahrhunderts, sondern an »die Rückkehr des Mittelalters« (»Spiegel«). Der Fundamentalist als Angstgegner unserer Gesellschaft und Lebensform hat durchaus das Zeug, die Nachfolge des Revolutionärs, des Kommunisten, des Verfassungsfeindes anzutreten; seit Wochen blickt uns das bärtige oder verschleierte Grauen von den Titelseiten entgegen. Es ist nicht nur der Islam, der verstört, es ist das Wiedererstarken der Glaubensmächte überhaupt – ein Prozess, der auch den Westen selbst berührt. Jürgen Habermas hat davon gesprochen, am 14. Oktober in der Frankfurter Paulskirche in seiner Dankrede für den Friedenspreis des Deutschen Buchhandels. »Als hätte das verblendete Attentat«, sagte er, »im Innersten der säkularen Gesellschaft eine religiöse Saite in Schwingung versetzt, füllten sich überall die Synagogen, die Kirchen und die Moscheen.« Er erinnerte daran, dass Glaube nicht notwendig zum Fürchten ist, sondern zur Selbstkontrolle einer diesseitig-demokratischen Bürgerschaft hilfreich, wenn nicht unentbehrlich.

Habermas hatte die Bioethik im Blick und gab zu verstehen, dass in religiösen Überlieferungen wie dem Motiv der Gottebenbildlichkeit des Menschen Einsichten liegen, die auch eine weltliche Gesellschaft nur zu ihrem Schaden vernachlässigen kann. Die Rede war gleichsam Plädoyer und Angebot in zwei Richtungen: an den liberalen Westen mit dem Appell, die fromme Fortschrittsbedenklichkeit nicht als Obskurantismus abzutun, sondern ihr selbstkritisch Gehör zu schenken. Und an Fundamentalisten aller Couleur mit dem

Jürgen Habermas erinnerte an die Bedeutung des Glaubens für das Gemeinwesen.

Rat, die kulturelle Einigelung aufzugeben und sich der Gesprächszivilisation der Gegenwart anzuvertrauen.

Dem Religionsproblem hat sich auch Botho Strauß zugewandt, in einer kurzen Meditation über den Augenblick, »als die Türme von Manhattan, diese Schwurfinger des Geldes, mit einem fürchterlichen Schlag abgehackt wurden« (»Spiegel«). »Ein Schlag«, notiert Strauß, »der durch alle Köpfe, Kassen und Kanäle ging; wahrscheinlich am wenigsten durch gläubige Herzen. Wer von den Betroffenen und Betroffenheitsrepräsentanten hat einen Anschlag auf den eigenen Glauben empfunden ...?« Der Glaube des Westens »ist lediglich unser Pragmatismus. Er hat die Welt nachhaltiger missioniert als jede Religion.« Trotzdem, scheint Strauß zu vermuten, ist diese globalisierte Diesseitigkeit mit ihrer ersatzreligiösen Vernunft- und Werterhetorik am Ende machtlos gegen den Angriff der Überzeugungstäter: »Auf die Blinden des Glaubenskriegs wird kein noch so pathetisches Selbstbekenntnis der Ungläubigen Eindruck machen. Die ganze große Kommunikationsmaschine wird von diesem einen Korn der Nichtverständigung gestört – und läuft in den Teilen, die für die Verständigung unter schon Verständigten sorgen, doppelt leer und heiß.«

Dem Kampf gegen den Terror fehlt der Charakter des Staatenkonflikts

Die Bemerkungen von Botho Strauß sind vielfach als wickertartige Ungeheuerlichkeiten wahrgenommen worden, diesmal nicht getrieben von Dritte-Welt-Antiamerikanismus (den der Fernsehmoderator sich von der indischen Schriftstellerin Arundhati Roy geborgt hatte), sondern von dunkeldeutschem Antiwestlertum. Strauß' Formulierung vom »Kampf der Bösen gegen die Bösen« schien in der Tat einen befremdlichen moralischen Gestus auszudrücken. Umgekehrt zeugte es allerdings von einigem Spießertum, die doch recht überdurchschnittliche Gedankendichte seines Textes zu verkennen. Es war ja nicht dumm, auf die durchaus vormoderne, religiöse Herkunft der Zivilisationswerte hinzuweisen, für die der fortschrittliche Westen jetzt ins Feld zog: »Stammen sie nicht aus einer ›Gesellschaft‹, die diesen Namen noch nicht benutzte und weit davon entfernt war, ›offen‹ zu sein?«

Wie bei Enzensberger (und anders als bei Habermas) verstimmte allerdings auch bei Botho Strauß der Recyclingcharakter der Thesen und Motive: Strauß lieferte exakt jene Liberalitäts- und Kulturkritik, die nach dem »Anschwellenden Bocksgesang« (1993) von ihm zu erwarten war: »Zwischen den Kräften des Hergebrachten und denen des ständigen Fortbringens, Abservierens und Auslöschens wird es Krieg geben.« Damals hatte der Dichter hauptsächlich an den Nationalismus gedacht. Nun ist es eben die Religion, die die Prophezeiung wahr gemacht hat; auch gut.

Eine Überlegung von Strauß ist als besonders bizarr wahrgenommen worden: »Es gibt keinen Krieg, wo ein Friedensschluss nicht verhandelbar ist. Nur einen langen Abtausch von Überfällen. Ein panislamisches Reich vom Sudan bis nach China: Hätten wir es schon! Ein kalter Krieg wäre wieder möglich. Bedrohungspotenziale. Waffenruhe.« Das klingt einigermaßen verrückt. In Wahrheit illustriert es einen sehr wesentlichen Aspekt der gegenwärtigen Gefahr, mindestens ebenso wesentlich wie ihre religiöse Motivation: Es ist der ungreifbare, weil nicht staatliche Charakter der neuartigen Bedrohung. Stünde man einer feindlichen Territorialherrschaft oder einem Machtblock gegenüber, so würde die Herausforderung konkret; es wäre ein völkerrechtlich oder geopolitisch geregelter Umgang damit möglich. In gewisser Weise ist der Krieg gegen Afghanistan der Versuch, dem Kampf mit dem Terror diesen vertrauten Charakter des Staatenkonflikts zurückzugeben.

Zu einiger Bekanntheit im Deutschland dieser Wochen ist der israelische Militärtheoretiker Martin van Creveld gelangt. Creveld predigt seit Jahren die Überholtheit des klassischen Krieges mit seinen regulären Truppen und hochtechnologischen Waffensystemen; sein Buch »Die Zukunft des Krieges« ist eine mindestens so lehrreiche Lektüre wie der obligatorische Huntington. »Statt großer Einheiten uniformierter Soldaten mit ihren Flaggen und Paraden«, so Creveld, »wird es Terroristen, Geheimagenten und Kommandogruppen geben. Statt riesiger Armeen, die gegeneinander kämpfen, wird es hin und wieder Explosionen geben, und wir werden wahrscheinlich zusehen müssen, wie heimtückische biologische und chemische Methoden der Zerstörung angewandt werden. Es wird keine Zeichen auf Landkarten mehr geben, die Vorrücken, Rückzug, Durchbrüche und Fronten markieren. Stattdessen wird es Symbole geben, die an-

zeigen, wo Schreckensereignisse stattfanden. Es wird Listen von Verdächtigen geben und dann und wann einen weißen Fleck für jemanden, der unbekannt ist oder eliminiert wurde« (»Welt«).
Die Metamorphose des Krieges wirkt nach Creveld weit über das Militärische hinaus; mit ihr endet die ganze Epoche neuzeitlicher Staatlichkeit und wird von einer Art wiederkehrendem Feudalismus abgelöst – dezentral, mit privatisierter Gewalt und privater Sicherheitsversorgung. Ideologische Gewinnerin ist dabei die Religion, da sie im Angesicht des Todes Trost zu spenden vermag, wohingegen der Staat keinen Schutz vor der Tötung mehr garantieren kann.

Es ist nicht ganz verkehrt, von einer Renaissance des Staates zu sprechen

Es hilft ihm, was ebenso fatal ist, im Angesicht der neuen Feinde auch nicht mehr viel, dass er seinerseits über Gewaltmittel verfügt. Der Philosoph Robert Spaemann hat kürzlich in einem Rundfunkinterview an einen Gedanken von Thomas Hobbes erinnert, dem Stammvater der politischen Theorie der Neuzeit. Hobbes, bemerkte Spaemann, »hat davon gesprochen, dass die Todesfurcht das Eigentliche ist, was die Menschen zur Vernunft bringt und was es dem Staat erlaubt, den inneren Frieden zu

99997

Thomas Hobbes sprach davon, dass die Todesfurcht das Eigentliche ist, was die Menschen zur Vernunft bringt.

erzwingen, weil er über das größte Drohpotenzial verfügt. In dem Augenblick, da Menschen keine Todesfurcht haben, wirkt die staatliche Drohung nicht mehr und damit auch die friedenserzwingende Kraft des Staates. Und wenn wir es mit einer größeren Zahl von Menschen zu tun haben, denen ihr eigenes Leben entweder nichts wert ist oder die von ihren religiösen Führern versprochen bekommen, dass sie in einem anderen Leben unendlich belohnt werden dafür, dass sie das hiesige geopfert haben – dann greift die staatliche Abschreckung nicht mehr.« Der Interviewer fragte nach, ob Spaemann die Figur des Selbstmordattentäters im Sinn habe. Darauf der Philosoph, unüberbietbar lapidar: »Ja. Denen bedeutet es nichts, wenn sie mit dem Tode bedroht werden. Und mit mehr als mit dem Tod kann der Staat nicht drohen« (»Deutschlandfunk«).
Von solchen beunruhigenden Fernperspektiven ist zumeist nicht die Rede, wenn »Antiterrorpakete« geschnürt werden. Das ist begreiflich, und es ist auch nicht ganz verkehrt, von einer »Renaissance des Staates« zu sprechen. Die Diskussion über Staat, Krieg und Feindschaft, auch über Politik und Religion hat in Deutschland unweigerlich und aufs Neue einen berühmt-berüchtigten Schatten aus dem Totenreich des Geistes aufsteigen lassen: den Juristen und Staatsrechtler Carl Schmitt, unzweifelhaft einer der anregendsten Köpfe des 20. Jahrhunderts, ebenso unzweifelhaft ein Spieler und Opportunist, der in der Weimarer Republik eine fragwürdige und in den ersten Jahren des Nationalsozialismus eine ausgesprochen widerwärtige Rolle gespielt hat. Als konservative Leitartikler und Feuilletonisten jetzt vom Ernstfall schrieben und davon, dass man sich wieder an Feindschaft gewöhnen müsse, war das schmittianische Rhetorik, inspiriert von seinem Klassiker »Der Begriff des Politischen« aus dem Jahr 1932.
Die eigentlich interessanten Schmitt-Ideen zur gegenwärtigen Lage finden sich aber anderswo, in der »Theorie des Partisanen« von 1963 etwa. Der Staatsdenker Schmitt hat darin selbst schon die Entstaatlichung von Krieg und Politik analysiert, am Beispiel der Guerilla, von den Befreiungskämpfen gegen Napoleon bis nach Indochina und Vietnam. Der neue Terrorist, so spann etwa Henning Ritter das schmittsche Motiv fort (»FAZ«), »ist ein entwurzelter Partisan«, ihm fehlt die Beziehung zu einem Territorium, die der Guerillero noch besaß, wenn er sein Land von fremden Armeen oder Kolonialmächten befreien wollte. Operierte der Partisan »wie ein Fisch im Wasser« seiner heimatlichen Umgebung, so taucht der Terrorist vom Typus Atta auch in der Fremde unerkannt unter, in der multikulturellen Gesellschaft, in der niemand auffällt.

Die Veränderung des Kriegsbegriffs, das Ineinander von Militärischem und Polizeilichem, von Feind und Verbrecher, die Moralisierung der Politik – das alles mag dazu führen, sich über die Maßen im Recht zu fühlen. Schmitt, der Antiliberale, wird gerade an den liberalen Westen mit seinen universalistischen Ansprüchen gedacht haben, wenn er am Schluss seiner »Theorie des Partisanen« die Kriege der Zukunft vorhersagte: »Die Vernichtung wird dann ganz abstrakt und ganz absolut. Sie richtet sich überhaupt nicht mehr gegen einen Feind, sondern dient nur noch einer angeblich objektiven Durchsetzung höchster Werte, für die bekanntlich kein Preis zu hoch ist.«
Um das thematische Spektrum der deutschen Debatte zu fassen, ist es schließlich aufschlussreich, die Kurzformeln und Kernsätze zu mustern, mit denen die Zäsur des 11. September beschrieben wurde. Von der »Renaissance des Staates« und ihren wahrscheinlich recht engen Grenzen war die Rede, und viel hat man vom »Ende der Spaßgesellschaft« gehört; ein Gedanke, der, wie der Antiamerikanismusstreit, jedoch zu jenen Themen gehört, die man tunlichst meiden sollte: In unfruchtbarem Ideologiegerede stehen sich übellaunige Zivilisationskritiker und ebenso humorlose Heiterkeitsverfechter gegenüber, die entweder in irgendwelchen Fernsehsendungen ein Dekadenzphänomen oder umgekehrt in der »neuen Ernsthaftigkeit« eine Art Inquisitionsherrschaft sehen. Weitaus plausibler dagegen lassen sich konkretere Veränderungen machen: »Seit dem 11. September ist der Begriff der Menschenrechte politisch unbrauchbar geworden«, hat Henning Ritter in der »FAZ« festgestellt; Terrorismusbekämpfung hat den Begriff der Menschenrechte als Argument für westliche Interventionen ersetzt. Der Soziologe Wolf Lepenies fand eine Formel, in der er die gewandelte Lage zusammenfasste: »Rückkehr von Krieg und Glauben« (»Süddeutsche Zeitung«).
Wenn von der jetzt eingetretenen Situation etwas für die deutsche Debatte zu erwarten und zu erhoffen ist, dann eine Horizonterweiterung. Ausländer- und Migrationsfragen werden nicht mehr allein als humanitäre, sozialökonomische oder demographische Angelegenheiten zu diskutieren sein; man wird sich mehr über die kulturelle Seite des Zusammenlebens Gedanken machen müssen, über Normen und Bräuche, über Familie, Schule und Moschee. Deutsche und Nichtdeutsche in der Bundesrepublik werden einander genauer ansehen, kritischer auch – aber, da gibt es bisher Grund zur Zuversicht, ohne übertriebenes Misstrauen. Zugleich kommt der Öffentlichkeit zu Bewusstsein, dass eine Welt jenseits von Brüssel existiert. Man ist auf einmal peinlich berührt, dass es hierzulande kaum Interesse und Expertise für etwas fernere Winkel der Erde gibt, keine weise ergrauten Exbotschafter, die auch im Fernsehen eine gute Figur machen, keine Orientalisten mit Zeitungskolumne und reicher Erfahrung als Regierungsberater. Das viel berufene »Erwachsenwerden« der Bundesrepublik hat nicht in erster Linie mit Wehr und Waffen zu tun – das ist, wie wichtig auch immer, ein Nebenaspekt. Vor allem anderen geht es um Entprovinzialisierung. *31. Oktober 2001*

siehe auch
- ✣ **Afghanistan**
- ✣ **Christentum**
- ✣ **Deutschland**
- ✣ **Fundamentalismus**
- ✣ **Islam**
- ✣ **Terrorismus**
- ✣ **Vereinigte Staaten von Amerika**

Internet

Ein Archivar des Netzes

Das Internet ist ein flüchtiges Medium. Dennoch hat es sich ein Amerikaner in den Kopf gesetzt, die Inhalte für die Nachwelt zu konservieren

Von Ludwig Siegele

Brewster Kahle archiviert auf mehreren Hundert Datenkassetten das Internet – »Standbilder« eines Mediums, das ständig im Fluss ist. Mit seiner neuen Firma will er aus seiner Leidenschaft auch Gewinn schöpfen: Das Archiv soll Netznutzern die besten Pfade durch den Dschungel des World Wide Web weisen. Der Metallkasten ist nicht größer als ein Kleiderschrank. Aber er hat es in sich: Fast das gesamte Internet ist darin gespeichert – Millionen von Fotos, Grafiken und Texten. Sie füllen mehrere Hundert Datenkassetten, die ein Roboterarm immer wieder aus einem Regal herausnimmt, in ein Lesegerät steckt und dann zurücklegt. »Zwanzig Terabyte, also zwanzig Millionen Megabyte, passen da rein – etwa so viel Information, wie in allen Büchern der Library of Congress stecken, der größten Bibliothek der Welt«, erklärt Brewster Kahle, der Herr der gesammelten Netzwerke.

Wenn Kahle auf sein jüngstes Projekt angesprochen wird, dann ist er kaum noch zu bremsen: 1996 begann er damit, das Internet komplett zu archivieren. Jetzt will er auch Geld damit verdienen. Alexa heißt sein Unternehmen (www.alexa.com) – eine Navigationshilfe neuen Typs, die endlich das Informationschaos in der Netzwelt etwas ordnen könnte. »Unsere Technik soll helfen, dass Menschen besser und schneller kommunizieren können. Das macht Gemeinschaften intelligenter.«

In den Achtzigerjahren baute Kahle bei der Firma Thinking Machines Superparallelrechner mit Tausenden von Prozessoren. Und Anfang der Neunzigerjahre entwickelte er WAIS, eine der besten Suchtechniken für das Netz und Namensgeber für sein erstes Unternehmen, das er 1995 an den Onlinedienst AOL verkaufte.

Für Kenner der Onlineszene war es denn auch keine Überraschung, dass gerade Kahle einer der Ersten war, die Antwort auf eine drängende Frage suchten: Wie lässt sich das Netz archivieren? »Für digitale Informationen gibt es bisher kein Äquivalent zu einer Bibliothek«, schrieb er im März 1996 im Wissenschaftsmagazin »Scientific American«. Wenn sich daran nichts ändere, drohe der Menschheit ein unwiederbringlicher Verlust.

Um die Gefahr abzuwenden, starteten Kahle und einige Freunde im gleichen Jahr das Internetarchiv (www.archive.org). Ihr Ziel: das Netz so komplett wie möglich abzuspeichern, also nicht nur sämtliche öffentlich zugänglichen Webseiten, sondern auch die elektronischen Diskussionsforen, Newsgroups genannt.

100001

Es geht nicht nur darum, die Datenmassen sicher abzulegen, sie sollen auch nutzbar gemacht werden.

Aber Kahle ging es von Anfang an nicht nur darum, die Datenmassen sicher abzulegen. Er wollte sie auch nutzbar machen. Deswegen gründete er vor wenigen Monaten Alexa, benannt in Anlehnung an die Bibliothek von Alexandria, die bedeutendste

Dokumentensammlung der Antike, die bei der Belagerung der ägyptischen Hauptstadt durch Caesar in Flammen aufging. »Wir treiben die Maschinen hier zum Äußersten. Dafür sind sie eigentlich gar nicht gemacht«, sagt Kahle und zeigt auf den Speicherschrank in Alexas Hauptquartier mitten im Presidio-Park in San Francisco, gleich neben der Golden-Gate-Brücke. An dem Gerät macht sich gerade ein Techniker zu schaffen - der Roboterarm hat mal wieder den Geist aufgegeben.

Festplatten, wie sie in jedem PC stecken, wären sicher weniger anfällig. Aber sie wären auch weit teurer - kein unwichtiger Gesichtspunkt bei den Datenmengen, die Alexa bewältigen muss: Rund 200 Dollar kostet es, ein Gigabyte auf Festplatte abzuspeichern. Die Datenkassetten mit dem Roboterarm schlagen dagegen nur mit zwanzig Dollar pro Gigabyte zu Buche.

In einer anderen Ecke des Unternehmens drehen sich freilich einige Dutzend Festplatten, auf denen sich die Musikkonserven einer durchschnittlich großen Radiostation bequem unterbringen ließen. Hier, im Gehirn des Unternehmens, wird kräftig Data-Mining betrieben, also das Gold aus Alexas riesigem Datenbergwerk herausgeschürft.

3046

Das Ziel ist eine virtuelle Zeitmaschine.

»Das eine große Problem im Internet ist, Informationen zu finden«

Die fetten Festplatten und die dazugehörenden schnellen Rechner liefern Kahle außergewöhnliche Zahlen, von denen kürzlich auch Präsident Bill Clinton profitierte, als er in San Francisco eine Rede über das Netz hielt: Rund 1,6 Millionen neue Webseiten gehen täglich online. Ihre Zahl verdoppelt sich damit alle sechs Monate. Derzeit füllen sie zusammen zwei Terabyte Speicherplatz. Die durchschnittliche Lebensdauer einer Seite beträgt 44 Tage.

Aber die Maschinen schaffen vor allem die Grundlage für das wichtigste Angebot von Alexa: Netznutzern mit intelligenten Navigationsvorschlägen zu helfen, jene Webdienste im elektronischen Weltgespinst zu finden, die sie auch wirklich interessieren. Dazu merken sich die Alexa-Rechner, welche virtuellen Wege Websurfer gehen. Kahle: »Wenn Sie auf einem Trampelpfad durch den Wald gehen, dann profitieren Sie von den Exkursionen Ihrer Vorgänger. Genau das Prinzip wenden wir auf das Netz an.«

Wer sich von Alexa durch das Netz führen lassen will, muss sich ein kleines, kostenloses Programm vom Webdienst des Unternehmens herunterladen. Es erweitert die Browsersoftware von Netscape oder Microsoft um eine Menüleiste am unteren Rand des Bildschirms. Darauf klicken die Nutzer, wenn sie die Surfempfehlungen sehen wollen.

Dort finden sich freilich noch andere interessante Buttons - etwa jener, der ein Fenster mit Informationen über den gerade besuchten Dienst öffnet: Wer betreibt den Service? Wie beliebt ist er? Wie vielen anderen Webangeboten ist er einen Link wert, einen elektronischen Querverweis? »Das eine große Problem im Internet ist, Informationen zu finden«, begründet Kahle diese Fülle von Angaben, »die andere, mindestens ebenso große Schwierigkeit ist, dass man nie genau weiß, wo man landet. Wie wollen Sie ohne solche Metadaten herausfinden, ob Sie etwa einem Onlinereisebüro trauen können oder nicht?«

Auch eine dritte Schwäche des Web versucht Alexa zu beheben: Seiten zu ersetzen, die längst gelöscht sind. Wenn der Browser mal wieder »404 document not found« meldet, dann schaut der Dienst nach, ob das angeforderte Dokument im Archiv steckt. Es kann dann per Mausklick aufgerufen werden.

Für sein umfassendes Angebot erntet Kahle allerdings nicht nur Lob. Kritische Geister wenden ein, dass sein Dienst Urheberrechte verletze und vor allem wenig Rücksicht auf den Datenschutz nehme: So mancher Netzbürger wolle nun einmal nicht mehr wahrhaben, was er dereinst auf seiner persönlichen Homepage von sich gegeben habe - während in Alexas Datenbanken auch die Jugendsünden noch alle nachzulesen sind.

Kahle ficht diese Kritik nicht an. »Unsere Regel ist klar«, erwidert er. »Wer sich in seinem Urheberrecht verletzt fühlt oder Informationen aus der Welt schaffen will, kann uns anweisen, die entsprechenden Dateien zu löschen. Aber bisher haben das nur sehr wenige getan. Im Gegenteil - sie wollen Teil der digitalen Geschichte sein.«

Richtig ernst nimmt der Alexa-Chef dagegen die Zweifel der Experten, ob er mit seinem Angebot jemals Geld verdienen könne. Wie bei den meisten anderen Webdiensten auch, soll vor allem Werbung für die nötigen Einnahmen von Alexa sorgen. »Als einzige Geldquelle reicht das auf die Dauer nicht«, meint Jerry Michalski, Chefredakteur des renommierten Branchenbriefes »Release 1.0«.

Seine Geldsorgen halten den Internetarchivar aber nicht davon ab, über die technische Zukunft seines Dienstes nachzudenken. Sein Ziel: eine Art virtuelle Zeitmaschine. Nutzer sollen bei ihm abfragen können, wie ein Webangebot zu einem bestimmten Zeitpunkt ausgesehen hat.

So will er seine Technik immer weiter verbessern. Einmal, so hofft Kahle, wird sie den Menschen sogar helfen, die schweren Fragen des Lebens zu beantworten: Welches Buch soll ich lesen? Soll ich auf die Universität gehen? Wie soll ich meine Kinder erziehen? »Ich will«, träumt er, »ein richtiges Orakel von Delphi schaffen.«

12. März 1998

siehe auch
✣ Suchsysteme
✣ WWW

Iran

Mullahs und Metallurgen

Ausländische Archäologen waren in Iran lange unerwünscht. Erst seit drei Jahren dürfen deutsche Forscher südöstlich von Teheran graben. Ihre Arbeit führt sie zu den Wurzeln der Zivilisation in Mesopotamien

Von Ulrich Ladurner

Wie alle guten Geschichten beginnt auch diese mit einer Leidenschaft. Herr Davoud Hassanalian führte ein unscheinbares Leben als Lehrer in dem kleinen Ort Arisman. Es trieb ihn immer wieder in das Umland des Dorfes, über die karge Weidenlandschaft hinauf in die felsigen Karkasberge und wieder zurück in die Ebene bis dorthin, wo sie in die Wüste übergeht. Er ging und ging, getrieben von der Leidenschaft, Spuren einer längst vergangenen Zeit zu finden, als die Menschen noch nicht schreiben konnten und gerade damit begannen, dem Boden abzugewinnen, was sie zum Leben brauchten, zum Kriegführen und zum Handeln. Hassanalian war überzeugt, dass hier in Zentraliran noch vieles zu entdecken sei, das Aufschluss geben konnte, wie die Menschheit in früher Zeit gelebt hatte.

Nur wenige Kilometer von dem Dorf entfernt stieß Hassanalian auf mehrere Schlackehalden – nichts als ein paar Hundert Quadratmeter große schwarze Flächen. Ein Hinweis, dass hier Metall verarbeitet wurde. Es war Kupfer, wie Hassanalian schnell an der grünlichen Färbung einiger Steine erkennen konnte. Es lässt sich leicht vorstellen, wie er dagestanden haben muss in dieser unwirtlichen Ebene, wie der Wind, der kalt von den Bergen herunterwehte, ihm in die Kleider fuhr und wie in ihm gleichzeitig das Gefühl aufstieg, dass er hier auf etwas Bedeutendes gestoßen war. In ihm loderte die Entdeckerlust.

Hassanalian meldete seine Beobachtung – mehr war es noch nicht – nach Teheran, zu den iranischen Archäologen. Diese nahmen die Nachricht mit Interesse auf. In Arisman lag wahrscheinlich der Schlüssel für eine Reihe von Rätseln begraben. Über die Anfänge der Metallurgie nämlich weiß man bis heute relativ wenig. Sicher ist, dass die Produktion von Kupfer zwischen dem 6. und 5. Jahrtausend begann und dass sie um 4000 vor Christus zu einer regelrechten Industrie geworden war. Wie aber haben die Menschen gelernt, aus Erz Kupfer zu gewinnen? Wie sind sie überhaupt auf die Idee gekommen? Wie haben sie es geschafft, die Öfen auf 1 083 Grad zu erhitzen, den Schmelzpunkt für Kupfererz? Wie musste eine Gesellschaft beschaffen sein, damit sie Kupfer auf diesem Niveau produzieren konnte? Und welche Rückwirkung hat die Arbeit auf ebendiese Gesellschaften?

Auf solche Fragen versprach Arisman Antworten, aber die iranischen Archäologen konnten nicht aufbrechen, um sie zu erforschen. Die Zeiten waren nicht danach, damals um die Mitte der Neunzigerjahre. Obwohl die iranische Revolution knapp 20 Jahre zurücklag, hatte die Archäologie immer noch einen schweren Stand in der Islamischen Republik Iran. In den Augen der revolutionären Islamisten nämlich verdiente alle Geschichte vor dem Islam nicht den Namen Geschichte. So einfach ist das, und so ist es auch zu verstehen, dass in den ersten Tagen nach der Revolution einige Heißsporne Persepolis zerstören wollten, den Palast der Achämenidenkönige, einem der großen Königsgeschlechter Persiens.

Dazu kam es nicht, aber wer sich mit vorislamischer Vergangenheit befasste, setzte sich dem Generalverdacht aus, ein verkappter Anhänger des gestürzten Schahs zu sein. Verrückt ist das freilich nur auf den ersten Blick. Hinter alldem steht ein Kampf um die Identität Irans. Wie nämlich ist diese zu definieren? Ausschließlich über den Islam oder auch mit dem Begriff der Nation und ihrer vorislamischen Geschichte? Im Kern waren dies hochpolitische Fragen. Es ging in anderen Worten um die Macht: Wer sollte sie haben? Der Schah oder die Geistlichen?

Es geht um die Definitionsmacht über die Identität des Landes

Schah Mohammed Pahlewi hatte sich gegen Ende seiner Regierungszeit ganz bewusst in die Tradition der vorislamischen Zeit gestellt. 1971 - acht Jahre vor seinem Sturz - veranstaltete er ein pompöses Fest, um 2500 Jahre persischer Geschichte zu feiern. Er selbst wollte als Nachfolger der Achämeniden gesehen werden, als ein wieder geborener Kyros der Große gewissermaßen. Eine lächerliche Geschichtsklitterung, ein politischer Versuch, Boden unter die Füße zu kriegen und den damals erstarkenden Mullahs die Definitionsmacht über die Identität des Landes zu entziehen. Der Schah unterlag in dieser Auseinandersetzung, und mit seinem Sturz legte sich der dunkle Schatten der Ideologie auf die vorislamische Geschichte. Die Archäologie war in Iran als Wissenschaft vorerst lahm gelegt.

»Es war lange schwierig, in unserem Land Archäologe zu sein«, sagt Sadegh Malek Schamirsadi, »aber heute können wir mit Gelassenheit sagen, dass wir iranische Muslime sind. Also beides gleichzeitig: Iraner und Muslime - das eine schließt das andere nicht aus!«

Sadegh ist der Leiter der Ausgrabungsarbeiten von Sialk, nahe der Stadt Kaschan, 60 Kilometer von Arisman entfernt. Malek leitet nur das Sialk Reconsideration Project, und obwohl er nicht persönlich mit Arisman vertraut ist, verfolgt er es mit Interesse, weil es auch Rückschlüsse auf die Grabungsstätte Sialk verspricht.

Ja, das Forschungsprojekt Arisman. Zehn Jahre nach der »Entdeckung« der Schlackehalden durch den Lehrer Davoud Hassanalian ist Arisman dazu herangereift. Zehn Jahre, in denen Iran im Inneren einen gewaltigen Reformprozess erlebt hat. Diese Zeit war geprägt durch das Wort des 1996 mit überwältigender Mehrheit gewählten Präsidenten Mohammed Chatami vom »Dialog der Zivilisationen«. Für die Archäologen bedeutete dies die Chance zur Öffnung nach außen - in Arisman materialisierte sie sich zum ersten Mal.

2000 unterzeichneten die Iraner feierlich einen Vertrag, der die Bedingungen zur gleichberechtigten Kooperation mit ausländischen Partnern festlegte. Dazu zählten das Deutsche Archäologische Institut (DAI) und das Deutsche Bergbau-Museum Bochum. Die Unterschrift leistete unter anderem Hermann Parzinger, der Präsident des DAI. Er hatte das Projekt immer vorangetrieben. Die Deutschen waren mithin die Ersten, die nach zwei Jahrzehnten wieder in das Land durften, um hier zu arbeiten.

2586

Heißsporne wollten nach der Revolution Persepolis zerstören, den Palast der Achaimeniden (Foto: Zugangstreppe zur Terrasse).

Für die Archäologen in aller Welt ist Iran ein begehrtes Land, denn in kaum einem anderen Teil der Welt gibt es dermaßen viel zu erforschen. »Iran hält die Schlüssel für viele Türen zur Geschichte der Menschheit in der Hand, für eine Vergangenheit, die noch im Dunkeln liegt!« Diesen etwas gespreizten Satz sagt Herr Vatandoust, dem das Projekt Arisman untersteht. Pathos ist Teil seines Geschäfts, und ein bisschen Übertreibung auch. Bei Vatandoust laufen viele Fäden zusammen, und bei ihm lässt sich der neue Pragmatismus der iranischen Behörden studieren. »Das Parlament hat 1999 ein Gesetz unterzeichnet, wonach die internationale Kooperation verstärkt wird. Sehr bald auch wird die Archäologie mit dem Ministerium für Tourismus zusammengelegt.« Alle Chancen also sind erkannt: Öffnung für die Wissenschaft und gleichzeitig touristi-

sche Nutzung der archäologischen Schätze Irans. Eine Lösung, die auch den konservativen Mullahs gefallen dürfte, weil sie dringend benötigtes Geld verspricht.
Für Sadegh Malek zählen die pekuniären Motive der Bürokraten in Teheran nur nebenbei. Er kann nach Jahrzehnten der Isolation endlich den Anschluss an die internationale wissenschaftliche Forschung suchen. »Wir haben die Möglichkeit, uns

99997

Schah Mohammed Pahlewi wollte als Nachfolger der Achaimeniden gesehen werden.

wieder auf den neuesten Stand zu bringen. Wir können durch unsere Partner vieles lernen.« Sadegh Malek sitzt, während er dies sagt, in einem kleinen, kaum geheizten Raum, umgeben von einem Schwarm von Mitarbeitern, von noch nicht sortierten Tonscherben und technischem Gerät. Durch das Fenster ist der Hügel von Sialk zu sehen, ein massives Gebilde aus Ziegeln. Sialk ist eine riesige Grabungsstätte, die immer noch eine Reihe von Geheimnissen in sich birgt, aber sie ist auch ein Symbol für die zwiespältige Geschichte der archäologischen Wissenschaften in Iran. Der »Entdecker« von Sialk war ein gewisser Roman Ghirshman, ein aus der Ukraine stammender französischer Wissenschaftler.

Archäologie galt als verlängerter Arm von Europas Kolonialismus

In den Dreißigerjahren tauchten verschiedene Tonvasen auf dem Pariser Kunstmarkt auf. Ghirshman wurde darauf aufmerksam und verfolgte die Spur der Vasen bis nach Sialk zurück. Als Erster erschloss er diesen Ort für die Wissenschaft. Er wies nach, dass es hier schon um 6000 vor Christus eine Kultur gegeben haben musste. Ghirshman ist ein großer Name für die Iraner. Sadegh Malek verehrt ihn offensichtlich. Über seinem Kopf an der Wand hängt ein Bild von Ghirshman, ein Schwarz-Weiß-Foto aus den Dreißigerjahren. Ein Mann, der unter einem Cowboyhut lächelt wie einer, der es nicht mehr weit hat bis zum Glück und das auch weiß. Und trotzdem ist Ghirshman auch der Repräsentant einer Zeit, in der die Archäologie mitunter der verlängerte Arm des europäischen Kolonialismus war. Das ist der zweite – sagen wir historische – Grund für die jahrzehntelange Schwäche der archäologischen Wissenschaft in der Islamischen Republik. Der Antikolonialismus war eine treibende Kraft der Revolution von 1978. Mehr als 20 Jahre blieben die Grenzen für ausländische Forscher dicht, auch weil die revolutionären Mullahs sagen wollten: Schluss mit der Ausbeutung!
Die Archäologin Barbara Helwing bewegt sich also auf dünnem Eis, zwischen Wissenschaft und Diplomatie, zwischen Feldforschung und Erkundung der iranischen Seele. Die Deutsche arbeitet am Projekt Arisman im Auftrag des DAI. Wenn sie die wenigen Kilometer vom Dorf zur Ausgrabungsstätte von Arisman auch in einigen Autominuten bewältigen kann, so war es doch ein langer Weg hierher, der Weg der schwierigen Annäherung der Islamischen Republik Iran und des Westens – auf dem nur scheinbar politisch unbelasteten Feld der Archäologie.
Barbara Helwing steht heute dort, wo vor zehn Jahren der Lehrer Davoud Hassanalian seine Entdeckung gemacht hat, und die Archäologin sagt: »Mit dem, was wir bis jetzt erreicht haben, können wir schon sehr, sehr zufrieden sein.« Sicher ist, dass in Arisman zwischen 3600 und 3000 vor Christus auf industrieller Basis Kupfer verarbeitet wurde. Helwing und ihr Team haben einen von mehreren Schmelzöfen ausgegraben. Nicht weit davon entfernt fand man den Teil einer Siedlung, mit Wohnbereichen und Werkstätten. Außerdem haben die Archäologen ein Rollsiegel gefunden, ein »Prachtstück«, wie Helwing sich ausdrückt. Nimmt man diese Elemente zusammen, dann entsteht das erstaunliche Bild einer Siedlung, die arbeitsteilig Kupfer gewonnen, es zu Barren geschmolzen oder zu Schmuck verarbeitet und dann exportiert hat.

Arismans Erzöfen produzierten vor 5 000 Jahren für den Weltmarkt

Um die Bedeutung dieser Ergebnisse zu erfassen, muss man den Gedanken weiter schweifen lassen, über das Zagrosgebirge, das Zentraliran von der mesopotamischen Ebene trennt. In Mesopotamien entstanden um 3500 vor Christus die ersten staatenähnlichen Gebilde. Ebenfalls dort (oder in Ägypten - darüber wird heftig gestritten) wurde einige Jahrhunderte später die Schrift erfunden. Darum auch bezeichnet man Mesopotamien als Wiege der Kultur. Aber das Zweistromland ist so gut wie ohne Rohstoffe: kein Gold, kein Silber, kein Kupfer. In Zentraliran hingegen finden sich diese in großen Mengen. Es ist daher durchaus plausibel, dass Arisman eine der Siedlungen war, die ihre Produkte nach Mesopotamien exportiert hat. Vermittler dieses Handels waren nach einer Vermutung von Helwing Nomaden, die auf den Karawanenstraßen zwischen dem zentraliranischen Plateau und dem Zweistromland verkehrten. Wer in Arisman produzierte, der tat dies für einen Markt, dessen Bedürfnisse er kennen musste. In anderen Worten: Er musste sich hier gefragt haben, ob an den Ufern des Euphrat Schmuck »besser« liefe oder Zierbeile oder einfach nur Barren?

Noch ist es zu früh dafür, aber mit Arisman und einer weiteren Erforschung Zentralirans könnte eine der wichtigsten Annahmen der archäologischen Forschung wenn nicht infrage gestellt, so doch in wichtigen Punkten ergänzt und damit wesentlich verändert werden: dass nämlich Mesopotamien das Herz der Kultur war, eine Art frühes Imperium, das kraft seiner Vitalität weit in die umliegenden Gegenden ausstrahlte und sie prägte. »Ich denke«, sagt Helwing, »dass die Peripherie eine größere Rolle gespielt hat, als gemeinhin angenommen wird.« Eine Auffassung, die sich bei Helwing wohl durch ihre zehnjährige Arbeit in Anatolien geformt hat - auch Anatolien ist, vom Zweistromland aus gesehen, nichts als Provinz. Zu denken also wäre an eine Reihe von Kulturen, die zur selben Zeit wie jene in Mesopotamien einen ähnlichen Entwicklungsstand erreicht hatten - und zwar eigenständig und nicht als Folge mesopotamischen »Imperialismus«.

2400

Europäische Archäologen bewegen sich im islamisch geprägten Iran auf dünnem Eis (Foto: Reste des Palastes in Pasagardai).

Es ist ein weiter Flug von der schwarzen Schlacke von Arisman, den grünen Kupferadern des Gesteins der Karkasberge, den Öfen und den Kupferbarren zu dieser Neubetrachtung der frühen Menschheitsgeschichte; es ist ein großer Sprung vom unscheinbaren, staubigen Arisman zum glanzvollen, prächtigen Mesopotamien, in dem ein großes Weltereignis das andere jagt. Es ist Sadegh Malek, der iranische Archäologe, der in einfachen Worten erläutert, woher der Treibstoff für derartige Höhenflüge kommt. »Wissen Sie«, sagt er, während er eine Zigarette nach der anderen anzündet, »wenn ich ein Spielzeug finde, das Jahrtausende alt ist, ein Fragment nur, dann versuche ich, mir vorzustellen, wie und was die Kinder damals gespielt haben, was sie erwartet haben, was ihre Eltern für Sorgen hatten, was für Hoffnungen und was wohl aus diesen Kindern geworden ist. Wenn ich so ein Ding betrachte, trägt mich die Vorstellungskraft weit, sehr weit!«

Das ist es wohl, was sie alle verbindet, den iranischen Archäologen Sadegh Malek, den Lehrer Davoud Hassanalian und die deutsche Archäologin Barbara Helwing - die Kraft zur Fantasie. Sie hat alle hier zusammengebracht, in den windgepeitschten, verlassenen Ort Arisman, Iran.

12. Februar 2004

siehe auch

- ✣ **Asien (Geschichte)**
- ✣ **Bergbau**
- ✣ **Kupfer**
- ✣ **Mesopotamien**

Hans Henny Jahnn

Seine sieben Todsünden

Lange galt Hans Henny Jahnn als literarischer Außenseiter. Inzwischen scheint die Wende in der Wahrnehmung möglich. Aber die Zumutung, die sein Werk bedeutet, ist noch immer nicht begriffen

Von Ulrich Greiner

Der Fall Hans Henny Jahnn harrt der Entscheidung. Wenn die literarische Nachwelt die Schiedsrichterin über den Rang eines Werks ist, dann hat sie ihr Urteil noch gar nicht gefällt. Denn der Bannkreis aus Unkenntnis und Missachtung, der Jahnns Werk umgibt, ist noch immer nicht durchbrochen. Während andere Autoren dieses Ranges längst dem geistigen Erbe zugeschlagen sind und zum Lern- und Lesestoff zählen, ist der 1959 gestorbene Hans Henny Jahnn ein Außenseiter geblieben, von einigen verehrt, von einigen angefeindet, von den meisten aber nicht gekannt. Das zu ändern wäre der 100. Geburtstag des Schriftstellers und Orgelbauers am 17. Dezember 1994 Anlass genug. Die Zumutung jedoch, die sein Werk bedeutet, und die Widerstände, die es provoziert, sind auch durch den zeitlichen Abstand kaum geringer geworden. Sicherlich: Das Vorurteil gegen Homosexualität ist nicht mehr so stark (oder es traut sich weniger hervor); Jahnns Kampf gegen atomare Aufrüstung und Kalten Krieg sichert ihm einen Ehrenplatz in der politischen Publizistik der Fünfzigerjahre; seine Kritik der Tierversuche könnte ihm sogar die Zuneigung von Zeitgenossen eintragen, die ihn noch gar nicht kennen; seine Verdienste als Orgelbauer sind jüngst wieder durch die Renovierung der Orgel in der Hamburger Heinrich-Hertz-Schule hörbar gemacht worden.

All das bedeutet nicht viel. Das literarische Werk, vor allem die beiden großen Romane »Perrudja« und »Fluss ohne Ufer«, stellt sich selbst dem geneigten Leser in einer Weise quer, die Robert Musil einmal beschrieben hat. Nur ganz schlechte Romane, so bemerkte er 1926, könne er rasch und bis ans Ende lesen. »Wenn ein Buch aber wirklich eine Dichtung ist, kommt man selten über die Hälfte; mit der Länge

Hans Henny Jahnn

99997

des Gelesenen wächst in steigenden Potenzen ein bis heute unaufgeklärter Widerstand. Es ist nicht anders, als ob die Pforte, durch die ein Buch eintreten soll, sich krampfhaft gereizt fühlte und eng verschließen würde.« Man glaube sich, sagt Musil, einer Operation unterworfen: »Man fühlt, jetzt wird ein Nürnberger Trichter an den Kopf gesetzt, und ein fremdes Individuum versucht, seine Herzens- und Gedankenweisheit einem einzuflößen; eigentlich kein Wunder, dass man sich diesem Zustand entzieht, sobald man nur kann!«

Die Operation erscheint natürlich umso unangenehmer, je fremder uns die Herzens- und Gedankenweisheit ist, und eine fremdere als die von Hans Henny Jahnn findet man selten. »Man hat mich nicht so weit verstanden, um mich misszuverstehen«, schrieb er 1947. Hochmütig war er zuweilen. Er hat, dass man ihn verstehe, nicht allzu viel unternommen, außer eben zu schreiben, was ihn im Innersten aufwühlte, und das war der »Schöpfungsfehler«, die Grausamkeit der Natur. Er sah die Menschheit auf dem Weg zur Natur- und Selbstzerstörung, und er predigte die Achtung vor der Kreatur. Zugleich aber begriff er, dass ein Zurück zur Natur kein

Heil bringt, denn ihr Gesetz ist das Fressen und Gefressenwerden. Er glaubte, dass kein Gott sei, aber er forderte von Gott, also von den Menschen, jedenfalls vom Dichter, nichts weniger als die Ausnahme, die Aufhebung dieses Gesetzes. Aufgabe der Kunst sei es, so forderte er, das unermessliche Leid zu mindern.
Man sieht: eine Rebellion ohne Ende, eine Rebellion gegen den »bitteren Geschmack dieser unbekömmlichen Erkenntnis«. Den bitteren Geschmack spürt jeder, der ihn liest. Vielleicht ist dies der Grund des Abstoßungseffekts, den Jahnn unablässig produziert. Er ist zugleich die Bedingung seiner unbestreitbaren Größe.
Der Rebell Jahnn hat im Verlauf seines 65 Jahre währenden Lebens alle Fehler begangen, politisch wie literarisch, die einer, wenn er erfolgreich sein will, nur begehen kann. Er selber sprach einmal von seiner »hanebüchenen Unbeholfenheit«. Man kann ihn nur lieben, wenn man diese Unbeholfenheiten und Fehler als den Preis in Rechnung stellt, den die unbekömmliche Erkenntnis fordert. Der einzige Weg, die epochale Leistung dieses Werks zu begreifen, läuft wahrscheinlich darauf hinaus, seine Schwächen und Zumutungen bloßzulegen. Der Mangel der Jahnn-Rezeption liegt darin, dass der Kern seiner Verehrer den Blick von der Kehrseite abwehrt und eine defensive Hagiographie betreibt. Aber Jahnns Verstöße gegen die Regeln des Geschmacks und der Grammatik sind inhärent logisch. Jahnns Todsünden sind sein Königsweg.

1. Reduktion des Menschen

Jahnn versteht die simple Wahrheit, dass der Mensch Teil der Natur sei, wörtlich und radikal. Der Mensch ist nicht über das Tier erhaben. Beiden gleich ist die Empfindung des Schmerzes, und das Leben ist ein universaler und permanenter Schmerz, mit dem Unterschied freilich, dass die Tiere den Schmerz ohnmächtig erdulden, während der Mensch planvoll und umsichtig Schmerz zufügt: sich selber und seinesgleichen, den Tieren und der gesamten Natur. Schlachthof und Krieg sind die beiden Seiten eines unbegreiflichen Willens zur Lebensvernichtung.
Im ersten Kapitel der »Niederschrift« geht der Komponist Gustav Anias Horn in den Stall, bettet sein Haupt an den Hals der Stute Ilok und weint. Perrudja, in der Einsamkeit seiner norwegischen Burg, liebt ein Pferd: »Perrudja kroch heran, biss lose in das samtene Fell, barg seinen Kopf zwischen den Schenkeln und träumte, träumte sich alle Stürze der Welt.«
Weil das Tier nicht unter, sondern neben dem Menschen steht, als ein rätselhaft anderes, ist jene Tierliebe, die gemeinhin Sodomie heißt, weder obszön noch lächerlich, sondern allenfalls auf bestürzende Weise vergeblich. In dem Drama »Medea« berichtet Jasons Sohn von seiner ersten Begegnung mit Kreons Tochter. Er reitet auf einer Stute, sie auf einem Hengst. Die Reiterin holt ihn ein. Ehe er sich's versieht, besteigt der Hengst die Stute und bringt den Reiter in die drangvollste Lage. Was in dieser riskanten Szene an Männerängsten und Menschenfantasien drinsteckt, ist sonnenklar. Jahnns Werk ist, obwohl es Schlaumeier dazu verlockt, kein Fall für die Psychoanalyse, weil es auf fast unschuldige Weise offenkundig ist und allen Triebregungen folgt. Jahnn reduziert den Menschen auf das biologische Material, weil das Kreatürliche die Basis ist und der geistige Überbau eine Übersteigerung, die den Ruin der Schöpfung bedeutet. Jahnns Werk ist ein Protest gegen das anthropozentrische Weltbild.

2. Verweigerung der Moral

Der Leichtmatrose Alfred Tutein ermordet Ellena, die Verlobte Gustavs. Er stößt ihr das Knie in den Mund und erdrosselt sie. Den Leichnam versteckt er in den Laderäumen der »Lais«. Aus Furcht, der Verwesungsgeruch könnte zur Aufdeckung des Verbrechens führen, übergießt er die Tote mit Holzteer. »Über das Antlitz Teer. Über die Brüste Teer. In den unordentlich bekleideten, aufgedunsenen Schoß Teer. Er behing die Wehrlose mit den groben Fetzen, zog ihr einen weiten Mehlsack über den Oberkörper. Und entleerte den Rest der Kanne über das hingestauchte Bündel aus Sacktuch, Papier und Fleisch.« Die Tat hat kein Motiv. »Alfred Tutein sagte mit erstickter Stimme, alle Schuld sei plötzlich. Sie eile den frevelhaften Entschlüssen voraus. Gedanken, das sei Traum. Wie kriechende Schnecken. Die handelnden Hände hinterließen das Sichtbare. Er brach verstört ab.«

Nach dem Untergang der »Lais« finden die Schiffbrüchigen Rettung an Bord eines Frachters. Dort gesteht Tutein sein Verbrechen dem Verlobten Ellenas. In der »Niederschrift« erinnert sich Gustav: »Ich presste meine Lippen auf seinen willenlosen Mund. Ich spürte das warme fade Fleisch, das sich staunend meinem Kuss öffnete. Ich roch den Angstschweiß des Mörders. Ich taumelte vor Glück.«

Die Moral ist das sekundäre System. Jahnn legt bloß, was darunter liegt. Wir seien, sagte er einmal, nur »der Schauplatz der Ereignisse«. Das heißt nicht, dass es Schuld nicht gibt. Es heißt nur, dass wir nicht wissen, was der Mensch ist. Jahnn folgt der schrecklichen Erkenntnis des Sophokles, dass vieles ungeheuerlich sei, nichts aber ungeheuerlicher als der Mensch. Die Nachrichten vom Ansbacher Prozess gegen jene Horde von Erwachsenen, die Kinder missbrauchten, und von jener Mutter, die eingestand, sie habe der Vergewaltigung ihrer Töchter mit Lust beigewohnt, stürzen jeden, der sie liest, in Depression. Die Lektüre Jahnns bedeutet keine Milderung dieser Depression. Sie macht vertraut mit der abgrundtiefen Dunkelheit, in die keine Aufklärung hinreicht. (Der jugoslawische Krieg wäre noch ein Beispiel.) Jahnns Werk ist das unablässige, verzweifelte Bemühen, diese Dunkelheit zu durchdringen, das Nichtverstehbare zu verstehen. »Fluss ohne Ufer« ist ja auch der 2400 Seiten umfassende, nicht endende Versuch, die Ermordung Ellenas und den Hereinbruch des Bösen zu begreifen. Jahnn findet sich damit nicht ab, er hat sich niemals damit abgefunden, aber er glaubt zu wissen, dass die Berufung auf »Moral« nichts hilft.

3. Verweigerung der Sublimation

Im Versuch, den Prozess des Menschen von unten her zu erkunden und auf das unbestreitbare Faktische zurückzugehen, verweigert Jahnn Sublimation schlechterdings. Der Trieb, die Gier, die Aggression sind unmittelbar. Der Mensch ist Körper zuerst, und dann vielleicht Geist. In Jahnns Werk sind alle Konflikte körperliche Konflikte, alle Erkenntnisse körperliche Erkenntnisse. Das geht sehr weit: Die Wunde, das Loch im Leib, bedeutet die Öffnung des Individuums (des Mannes) für die Welt. Dass Erkenntnis Verletzung sei, hat niemand so radikal verstanden wie Jahnn. Und die innigste Verschmelzung von Tutein und Gustav ist nicht der homosexuelle Akt, sondern der Blutaustausch, der realiter vollzogen und mit medizinischer Genauigkeit beschrieben wird. Weil der Mensch Leib ist, bietet die (vor allem christliche) Vorstellung, nach dem Tod bleibe die Seele und der Rest verwese, keinen Trost. Tuteins Einbalsamierung gehört zu den peinvollsten und gewaltigsten Kapiteln im »Fluss ohne Ufer«.

Wie Canetti hat auch Jahnn den Tod nie anerkannt. Während Canetti den Kampf philosophisch-literarisch führte, hat Jahnn ihn materialistisch-praktisch geführt. Dass die Niederlage unvermeidlich ist, wussten beide, aber Jahnns Strategie hat den einen Vorzug, Leben und Tod konkret-körperlich zu verstehen und nicht ins Metaphysische zu flüchten. Er war ein Heide.

100562

Elias Canetti führte den Kampf gegen den Tod philosophisch-literarisch.

4. Überhöhung des Menschen

Im Widerspruch dazu entwirft Jahnn Allmachtsvisionen. Nichts war ihm ferner als das Pragmatische und der Kompromiss. Der durch Zufall zum Milliardär gewordene Perrudja plant die Weltherrschaft zur Rettung der Menschheit, einschließlich Krieg und höherer Zuchtwahl. Im entscheidenden Moment aber lässt er ab von seinem Projekt, erkennt die Hybris und wendet sich nach innen. Ein Gott, der aufgibt.

Und ist nicht auch Signe, die hoffnungslos Geliebte, eine Göttin, eine fremde, tierhafte, heidnische? Ein seltsameres Liebespaar als dieses kennt die Literatur nicht.

Einer anderen Erlösungsfantasie folgt Jahnn im »Fluss ohne Ufer«. Die Symphonie, um deren Vollendung Gustav Anias Horn ringt, trägt den Titel »Das Unausweichliche«. Sie ist der Versuch, die Schöpfungstragik Musik werden zu lassen.

Ihre Anfänge hat Horn bei seinen Wanderungen über die Klippen der norwegischen Fjorde gefunden, in abgerissenen Birkenrinden, deren feines Engramm eine natürliche Hieroglyphenschrift enthält, die Horn in Notenschrift übersetzt: ein anderes Lied von der Erde, eine Nachbildung des Schöpfungsgesetzes. In der »Niederschrift« nehmen wir teil an Horns musikalischen Reflexionen, und Jahnn druckt passagenweise Kompositionsbeispiele ab, als müsste jeder Leser Noten lesen können. Gäbe es eine Rangordnung der Künste, so stünde die Musik an der Spitze, und Jahnns Utopie, verkörpert in Horn, lautet, die Musik könne die Menschheit erlösen. Wer würde behaupten, dass sie es nicht könnte? Jahnn war ein gläubiger Mensch.

5. Exzess der Aporien

Gustav Anias Horn wird ermordet. Die Erlösung wird vereitelt. Es gibt keinen Trost. »Es ist, wie es ist, und es ist fürchterlich.« Kein Gott ist vorstellbar, die Aufklärung ein Fiasko, Vernunft nur ein Flatus Vocis, der Fortschritt ein katastrophaler Witz. Wohin Jahnn auch immer denkt, welchen Weg auch immer seine schmerzlichen Helden einschlagen, welche Vision auch immer im Augenblick aufleuchtet: Die Aporie ist unauflösbar, der Roman nicht abschließbar, die Kunstanstrengung ein Scheitern. Am Ende steht die Finsternis. Das hinterlässt einen bitteren Geschmack. Das ist nicht sehr bekömmlich. Wenn dann, im Hinblick auf die Zentenarfeier, ein paar ambitionierte Frauen bei Jahnn Frauenfeindlichkeit und Mordfantasien aufdecken, in einer Streitschrift »Weiberjahnn«, deren Höhepunkt im Verdacht gründet, Jahnn sei ein Parafaschist, dann sieht man an dieser dürftigen Unternehmung, dass die Zumutung Jahnn noch immer nicht verstanden ist. Vielleicht kann sie nur verstehen, wer eine gewisse Verzweiflungsfähigkeit besitzt.

6. Aufhebung literarischer Gesetze

»Perrudja« erschien 1929, im selben Jahr wie Döblins »Berlin Alexanderplatz«. So verschieden Jahnn und Döblin auch sind, an literarischer Kühnheit kommen sie einander gleich. Thomas Manns »Doktor Faustus«, die Geschichte des Komponisten Adrian Leverkühn, erschien 1947. »Fluss ohne Ufer«, geschrieben 1935 bis 1947, erzählt die Geschichte des Komponisten Gustav Anias Horn. »Berlin Alexanderplatz« und »Doktor Faustus« gehören zum literarischen Kanon. Jahnns Romane versanken in der Vergessenheit.

100563

Jahnn kommt an literarischer Kühnheit Alfred Döblin (Foto) gleich.

Neben der unglücklichen Publikationsgeschichte spielt sicherlich Jahnns Verstoß gegen die Gesetze des Erzählens eine Rolle. »Fluss ohne Ufer« ist nicht nur die Geschichte eines Komponisten. Der Roman selber ist ein symphonisches Werk, gehorcht musikalischen Gesetzen, nicht literarischen. »Das Holzschiff« ist die Ouvertüre, in der alle Themen anklingen, die in der »Niederschrift« erst entfaltet und erläutert werden.
Narrative Wahrscheinlichkeit und psychologische Plausibilität interessieren Jahnn nicht. Der Schiffszimmermann Klemens Fitte, den Jahnn ungeheuer plastisch als ungebildeten, vitalen, seiner selbst nicht bewussten Menschen schildert (»dem Rechnen misstraute er um des schlechten Ergebnisses willen, das allüberall zu bemerken war«), erzählt einer staunenden Matrosenschar die Geschichte von Kebad Kenya, der sich bei lebendigem Leib bestatten ließ, einen Text, in dem sich jahnnsche Phantasmagorien mit ältesten Mythen mischen. Weder ist glaubhaft, ein Klemens Fitte könnte das erzählen, noch, dass die Mannschaft dieser dunklen, gottlosen Legende auch nur eine Minute zuhörte – noch weiß der Leser, was das soll. Erst viel später, getragen vom »Fluss ohne Ufer«, sieht er das Motiv wiederkehren, in verdeutlichter Form.
Das hohe Tempo und die fieberhafte Überreiztheit der Ouvertüre weichen in der

»Niederschrift« einer sich steigernden Retardierung, bis zum wahnwitzigen April-Kapitel, das in Norwegen spielt. Wahnwitzig ist es, weil hier die Mittelachse des Projekts liegt, das Auge des Taifuns, in dem scheinbar alles ruht und selbst die Beziehung Tutein-Gustav suspendiert ist zugunsten grandioser, selbstvergessener Beschreibungen von Landschaft und Mensch, als ob der Autor aus dem Auge verloren hätte, worum es geht - ein Largo larghissimo, in dem die Motive bis zur Unhörbarkeit verklingen. Das muss einer erst mal können: eine solche Langsamkeit, eine solche Pause, die trotz ihrer Länge an Spannung nicht verliert. (Beim Lesen fühlte ich mich erinnert an Alfred Brendel, als er einmal Beethovens letzte Sonate op. 111 spielte und die Töne wie Tropfen in einen stillen See fielen, der im Schein der Dämmerung fast keine Ringe mehr zeigte, und man wartete atemlos auf den Fortgang, ungewiss, ob er je käme.)

7. Erschöpfung der Sprache

In den wenigsten Kunstwerken sind Sprache und Inhalt deckungsgleich. Nicht selten und gerade in den scheinbar gelungenen Fällen, so etwa bei Thomas Mann, geht die Sprache über ihren Gegenstand hinaus, ist überreich, überdeterminiert und neigt zur Verdeckung und Verdickung des Eigentlichen. Bei Jahnn verhält es sich umgekehrt: Seine Sprache bleibt hinter dem Erkenntnisanspruch derart zurück, dass die Unerreichbarkeit, die Unbegreiflichkeit des Angezielten bewusst wird. Die rationale, intelligible, konstrukthafte Seite von Sprechen und Sprache reicht momentweise nicht heran an die Peripetien des Werks, an die konvulsivischen Höhepunkte.
Simple Sprachkritik liest das als Schwäche, aber die Schwäche ist auch eine Stärke, weil sie zeigt, dass es Inhalte gibt, die nicht Form werden können. Jahnn hat die eigene Unzulänglichkeit oft empfunden. In einem Brief an Werner Helwig sagt er: »Die oft sonderbare Form meiner Werke ist nicht das Produkt pfiffiger Überlegung wie bei Thomas Mann, sondern ein Teil des Wachstums meiner Gedanken. Wenn ich in letzter Zeit überhaupt mit Vergnügen geschrieben habe, so nur deshalb, weil ich mir mit unerbittlicher Konsequenz vorgenommen habe, nicht im Voraus zu wissen, was meinen Menschen geschieht« (20. März 1946). Zugleich aber gelingt ihm, in den Augenblicken der Entspannung, die genaueste und schönste Vollkommenheit der Beschreibung.
Jahnns Merkmal ist die Erschöpfung der Sprache im doppelten Sinn: als höchste Ausprägung und als Ermattung vor dem Gegenstand. Nietzsche sagte: »Man ist um den Preis Künstler, dass man das, was alle Nichtkünstler Form nennen, als Inhalt, als die Sache selbst empfindet. Damit gehört man freilich in eine verkehrte Welt.«
Die sieben Todsünden gegen den moralischen und literarischen Common Sense sind der Widerstand, den Jahnns Werk bis heute bildet. An ihm kann nur vorbei, wer Jahnn nicht liest. Wer ihn aber liest (liest im Sinne von Musil), wird eine Erfahrung machen, die keiner anderen Leseerfahrung gleichkommt. Und wer daraus wieder auftaucht, ist ein anderer. Das sollte doch, das könnte noch immer ein Anspruch an große Literatur sein.
Die Chancen einer Wende in der Wahrnehmung Jahnns stehen nicht schlecht. Nach Abschluss der gewaltigen »Hamburger Ausgabe« hat der Verlag Hoffmann und Campe eine preisgünstige Jubiläumsausgabe publiziert, die es allen Neugierigen erlaubt, eigene Pfade in den Dschungel namens Jahnn anzulegen. Und seine Heimatstadt Hamburg wird dem Sohn eines Schiffszimmermannes aus Stellingen eine Zentenarfeier ausrichten, mit Ausstellung und Kongress, mit Konzerten und Theateraufführungen, die einer Heimkehr des verlorenen Sohnes gleicht. Die Stadt, die ihren Künstlern gern jene Gleichgültigkeit entgegenbringt, die sich als Liberalität tarnt, ist auch in Sachen Jahnn lange Jahre tatenlos geblieben. Aber nun, im Hinblick auf den Hundertsten, regen sich die Kräfte zur Anerkennung dieses ungewöhnlichen, bedeutenden Mannes. *11. November 1994*

siehe auch
- **deutsche Literatur**
- **Expressionismus**
- **Naturalismus**
- **Psychoanalyse**

Elfriede Jelinek

Die Welt im Kamin

Vom Zwang, in jedem Unglücksfall Auschwitz zu entdecken: Die österreichische Schriftstellerin und ihr Bergbahnstück »In den Alpen«

Von Peter Kümmel

Im Jahr 1837 ließ sich der Schweizer Dichter Jeremias Gotthelf von einer Flutkatastrophe zu der Erzählung »Die Wassernot im Emmental« anregen. Er schrieb: »Der Anblick eines Schlachtfeldes, einer zerschossenen Stadt und Festung ist furchtbar und mannigfach, aber es sind alles Zerstörungen von Menschenhänden. In all diesem liegt nur etwas Kleinliches, Unzusammenhängendes, Zufälliges; aber wo ein Element tobte, von oben angeregt, da ist in der Zerstörung eine großartige Einförmigkeit, ein Ungeheures, welches auszudrücken alle Buchstaben zu klein sind.« Der Literaturhistoriker Walter Muschg vermutete, Gotthelf höre in der Überschwemmung Gott reden: »Diese Naturkatastrophe ist in Gotthelfs Augen größer als alle Poesie; sein Ehrgeiz ist einzig, nicht ganz unwürdig über sie zu berichten.«

Unlängst ließ sich auch die österreichische Schriftstellerin Elfriede Jelinek von einer Katastrophe inspirieren. Ihr Theaterstück heißt »In den Alpen« und ist jetzt an den Münchner Kammerspielen von Christoph Marthaler uraufgeführt worden. Jelinek nimmt das Bergbahnunglück bei Kaprun vom 11. November 2000 als Stoff: Im Tunnel der fahrlässig gewarteten Bahn verbrannten 155 Passagiere. Die meisten Opfer waren Kinder und Jugendliche, die zu einem Snowboard-Event wollten.

163 Jahre liegen zwischen den beiden Katastrophen und den beiden Kunstwerken. Bei Gotthelf hat ein allwissender Erzähler das Wort, der dem »wilden Strome« ehrfürchtig folgt. Er heftet sich an die Fersen der Lebenden und trauert um die Toten. In der Flut hört er Gott reden. Das Unglück ist ja »von oben angeregt«. Jelinek hört in der Katastrophe nur noch den Menschen reden. Sie schlägt sich auf die Seite der Toten, aber nur, um sie zu belauschen. Ihr Horchposten steht im Jenseits. Hier schwadronieren die Opfer stolz über die Hitze, in der sie umkamen: »... und ich fahre jetzt zu einem Event hinauf, doch nur, um mit anderen zu einer Schinken-Spiegelei-Fläche zu verbrutzeln, dicht an dicht.«

Zu Gotthelfs Zeit war die Katastrophe eine Botschaft, die Gott mithilfe der Naturgewalten versendete. Zu Jelineks Zeit ist gar nichts mehr »von oben angeregt«, sondern alles von unten verschuldet, von uns selbst. In jedem Unglück, selbst in vermeintlichen Naturkatastrophen, wirkt das »Kleinliche, Unzusammenhängende, Zufällige« (Gotthelf) der menschlichen Aggression. Seit Auschwitz ist jede Katastrophe Menschenhandwerk. Menschenhände

160

Elfriede Jelinek

haben die Welt im Griff, aber den Händen fehlt ein Kopf, der Geist. Elfriede Jelineks Theater ist der beharrliche Versuch, diesem blinden Handeln Sprache und Stimmen zu geben.

Die Sprache ist das Dornenkleid, das schon Generationen umhüllte

Allerdings: was für eine Sprache. Jelinek weckt in ihren Lesern den Verdacht, die Sprache sei etwas Uraltes, das nun an uns vererbt wurde, um uns zu vergiften. Sie ist das Dornenkleid, das schon Generationen umhüllte, die Flöhe der Ahnen sitzen drin, und ihre Sprünge verfolgt Jelinek entzückt. Die Dramatikerin hat einen ungeheuren Hang zum Kalauer, zur sinnfreien Sprachbewegung, zum tödlichen Wortspiel. Das Unsagbare ist das semantische Gebiet, in das sie mit jedem Satz aufbricht, und die unsägliche Pointe ist ihr Mittel, sich gegen die Leere zu schützen, die »dort drüben« herrscht.

Im Englischen gibt es den schönen Satz: »I smell a rat.« Man benutzt ihn, wenn man einer faulen Sache auf die Spur gekommen ist, wenn man die Leiche im Keller, die Ratte unter den Bodenplanken wittert. Jelinek wittert die Ratte, sobald gesprochen wird. Sprache ist für sie das Versteck unzähliger Ratten – es stinkt das Verdrängte, Beschönigte, die Lüge. Jeder ihrer Sätze ist eine Katastrophe, aber er markiert auch eine Katastrophe.

Zwischen den semantischen Ebenen findet sie Hinweise auf Mörder, die einst ihre Sprache benutzten, und auf Opfer, die mithilfe dieser Sprache vernichtet wurden. Bisweilen meint man einen Ekel der Dramatikerin vor allem Begrifflichen zu spüren, vor dem Sprachkostüm, das Millionen Tote trugen. So rettet sie sich ins Vieldeutige, in eine Sprachlandschaft der unzähligen Sackgassen. Die Polyvalenz ist die schöne Katastrophe und kleine Freiheit des Jelinek-Theaters; die Wörter sind nichts wert, vergeuden wir sie also.

Der Sprache ist nicht zu trauen, vor allem nicht der deutschen. Und Elfriede Jelinek scheint nicht ruhen zu wollen, ehe sie nicht jede Mehrdeutigkeit in einer giftigen Stilblüte gebannt hat. Sie ist die Meisterin der misslingenden Sinntransporte, die Saboteurin unter den Dramatikerinnen.

Der Umstand, dass die Mörder (die Nazis) ihre Sprache nicht mit ins Grab nahmen, sondern dass diese Sprache oben und übrig blieb und heute unsere Zungen bewegt, macht sie wild. Sie will von dieser Sprache nicht auch noch überlebt werden. So demontiert sie das System, überlastet es, setzt es mit Vielfachkonnotationen außer Kraft. Es geht ein Hauch von Verwesung durch ihre Stücke. Witz ist bei ihr fast immer fauler Witz, ein Gärprodukt.

Der Schriftsteller Don DeLillo hat, als er die Trümmerstätte des World Trade Center besuchte, den Begriff Howling Space

100264

Auschwitz ist für Elfriede Jelinek der Mittelpunkt aller Assoziationsfelder.

Wer in die Berge will, steht unter Verdacht.

geprägt: Heulender Raum ist da, wo die Doppeltürme gewesen sind. Bei Jelinek, deren Kunst das Markieren ungeheurer Leerstellen ist, scheint man etwas anderes zu hören: Howling Language, das Hohngeheul der Sprache über den abwesenden Geist. Auschwitz ist für Jelinek der Mittelpunkt aller Assoziationsfelder, und so wird bei ihr auch der Tunnel von Kaprun zum »Ofen«. »Unser Ofen hat 155 Stück geschafft«, sagt im Stück das verbrannte Kind zu einem Juden, »aber dass Ihrer viel mehr geschafft hat, das müssen Sie mir erst beweisen! Opa sagt, das geht gar nicht.«

Also: Das Kind, das da verbrannt ist, hat noch Kraft genug, um Auschwitz zu relativieren. Jelinek verletzt die Würde der unbekannten Toten, indem sie in deren Asche Schuldvermutungen kritzelt. Sie findet für ihr Doku-Drama eigene Regeln: nichts Schlechtes über Tote, außer sie sagen es selbst. So betreibt sie mit der Bergbahn von Kaprun ein eigennütziges Katastrophenfahrgeschäft, eine stellenweise widerliche, spracheitle Leichenschaustellerei. Im Interview mit der »Frankfurter Rundschau« hat sie gesagt: »Ich konnte die beinahe zu Staub verbrannten Toten von Kaprun nicht sehen, ohne an die Millionen Toten zu denken, die durch die Schornsteine geblasen wurden ...«

Der Alpinismus sei früh mit dem Antisemitismus einhergegangen

Da es aber Österreicher und Deutsche sind, die in Kaprun verbrannten, also die fröhlichen Kinder der Täter, muss bei Jelinek noch deren Asche sich aufspielen, in Konkurrenz zu anderen Aschen treten. Dass die Opfer in bunten Sportanoraks verbrannten, wird freudig ausgemalt. Dass sie die Bergbahn überhaupt benutzten, dieses Hybriskatapult, das sie über den Schmutz der Ebenen erheben sollte, spricht auch gegen sie. Der Alpinismus, so belegt Jelinek mit historischen Zitaten im Stück, war früh mit dem Antisemitismus einhergegangen. Wer in die Berge will, steht insofern unter Verdacht und muss damit rechnen, dass er mit seinesgleichen »zu Plätzchen zusammengebacken« wird. Die ineinander geschmolzenen Leichen reden mit einer Süffisanz, als läge in solcher Verschmelzung obszöner Genuss. Der Verkehr der Schlacken und Gebeine – Jelineks Spielart von Desastersex?

Bei der Lektüre hat man den Eindruck, hier sei der Autorin ein Anlass gerade recht gekommen, um gestaltend ins große Blutreservoir zu greifen, und als bedaure Jelinek insgeheim, dass das World Trade Center nicht in Wien stand – was für ein Oratorium hätte sie der Welt dann erst geschenkt!

Marthaler hat in München mit Sanftmut die Leichen präpariert und den Text auf viele Schauspieler verteilt, die sich allmählich aus ihren Anoraks schälen und Totenhemden darunter tragen. Sie pressen Plastiksäcke an sich, in denen ihre körperlichen Überreste ruhen und die, wenn man sie drückt, prasseln wie Feuer. Anna Viebrocks Bühne ist ein Warteraum, wie wir ihn von ihr kennen, nur dass diesmal darin nicht Schlafende in den Tod dämmern, sondern die Toten hoffen, sich ins Leben zurückträumen zu können. Im Hintergrund steht ein geschlossenes Tor, auf das Gleise zuführen und über dem die Worte stehen: »Benutzung gebührenfrei«. Es ist die Kapruner Variante der Auschwitzbegrüßung: »Arbeit macht frei«. Diesmal müssen die Kinder der Täter sich anstellen. Aus dem Tunnel kommt der Schauspieler Stephan Bissmeier. Er spricht Sätze von Celan und wird von den Toten mal als Jude, mal als Gott angesprochen. Der Mann sagt zu den Toten: »Jetzt gehen einmal Sie. Und ich bin derjenige, der kommt.« Der Tunnel wird zum Ort der Vergeltung: Jetzt gehen einmal Sie ins Feuer!

Es scheint der Autorin einen gewissen Trost zu geben, alles mit allem zu verbinden und den Tunnel von Kaprun als einen abgelegenen Kamin der Weltanlage Auschwitz zu deuten. Jelinek setzt die Kapruner Opfer mit den NS-Opfern ins Verhältnis und gewinnt doch bloß Herrschaft über »Material«. Die Klage über diejenigen, die einmal irdisch gewesen sind und nun fehlen, sie ist weder ihrem Stück noch Marthalers Inszenierung abzunehmen.

Wisława Szymborska, die polnische Literaturnobelpreisträgerin, schließt ein Gedicht über die Menschen, die aus dem brennenden World Trade Center sprangen, mit den Worten: »Zwei Dinge nur kann ich für sie tun – / diesen Flug beschreiben / und den letzten Satz nicht hinzufügen.« Elfriede Jelinek ist nicht fähig zu der Verzichtsleistung, den letzten Satz je wegzulassen.

Im FR-Interview sagte sie noch: »Nach dem entsetzlichen Brandopfer unserer Geschichte hat sozusagen der fröhliche Fremdenverkehr fröhliche Menschen, die zum Sport wollten, auch noch verbrannt. ... Ich weiß, dass dieses Zusammenbringen von im Grunde verschiedenen Sachverhalten, Unfall und Verbrechen, gewissermaßen Unsinn ist. Beim Schreiben verknüpft man solche Sachen. Das Inferno hat auf die Dichter schon immer einen besonderen Reiz ausgeübt.«

So ist das: Man folgt dem hellsten Reiz, man verknüpft sie halt, die Sachen. Man schaut mal eben ins Inferno, in dem auch Auschwitz irgendwie aufgegangen ist. War bei Gotthelf jede Katastrophe »von oben angeregt«, so ist Auschwitz dabei, tief nach unten wegzusinken. Was bei Jelinek stattfindet, ist eine Folge der allseitigen Metaphorisierung der Schoah. Auschwitz wird nicht bagatellisiert, aber es wird entrückt. Es wird zu einer außermenschlichen Urenergiequelle. Aus ihr, so legt die Metaphorik nahe, speisen sich alle künftigen Katastrophen, und aus ihr versorgt sich der Mensch leihweise mit bösen Kräften. Wenn es nur so wäre. Aber in Wahrheit liegt uns Auschwitz viel näher.

10. Oktober 2002

siehe auch

✤ **Marthaler, Christoph**

✤ **österreichische Literatur**

Boris Jelzin

Ein Mann wie eine Flamme

Der abgetretene Präsident war Rebell, Brachialreformer und ungekrönter Zar. Er hat Russland verändert wie vor ihm nur Lenin

Von Michael Thumann

Sein Abschied war von jelzinschem Format. Niemand hatte damit gerechnet, dass er sich dafür den Millenniumstag nehmen würde. Russland stand für Sekunden still, als er vor dem geschmückten Tannenbaum langsam, aber unüberhörbar nuschelte: »Ich gehe.« Verbraucht wirkte er, aufgeschwemmt, nur mehr wie ein Schatten des Mannes, der 1990 die Bühne der russischen Geschichte betreten hatte. Damals lautete sein Credo: »Ein Mann muss leben wie eine große, helle Flamme und so hell brennen, wie er kann. Am Ende brennt er aus. Aber das ist besser als eine armselige kleine Flamme.«

Boris Jelzin hat Russland in diesem Jahrhundert auf eine Weise verändert wie kein anderer seit Wladimir Iljitsch Lenin. Mit dem Revolutionär teilte er den Instinkt für das Sieche, das nur auf den Todesstoß wartet, wie Lenin besaß er das Gespür für den Moment, in dem er rabiat vorpreschen konnte. Beide scheuten vor der radikalen Tat nicht zurück. Sie lösten Imperien, Sozialordnungen und Parlamente auf, und sie führten Krieg gegen das eigene Volk. Lenin gab im Friedensvertrag von Brest-Litowsk unter deutschem Druck das Zarenreich dahin, Jelzin begrub 1991 im Bjelowesher Naturpark bei Brest die Sowjetunion. Lenin trieb 1918 mit Soldaten die demokratische konstituierende Versammlung auseinander, Jelzin sprengte 1993 mit Panzern den altkommunistischen Obersten Sowjet. Lenin teilte das russische Land neu auf, Jelzin gab Preise und Märkte frei. Lenin stürzte sein Land in einen selbstzerstörerischen vierjährigen Bürgerkrieg, Jelzin ließ Bürger seines Landes in Tschetschenien bombardieren. Nach ihrem Abtritt hinterließen beide ein fundamental verändertes Russland: Lenin den Sowjetstaat und Jelzin die »Präsidialdemokratie«.

160 Boris Jelzin

Auch wenn Boris Jelzin noch nicht geboren war, als Wladimir Lenin starb, sind die beiden Männer die Antipoden der russischen Geschichte dieses Jahrhunderts. Lenin war der Schrecken der westlichen Bürgerwelt, Jelzin lange Zeit ihr Liebling. Der Sozialismus, Erbe des Theoretikers und verbissenen Ideologen Lenin, wurde erst durch den ideologiefreien Pragmatiker Jelzin überwunden. Jelzin, der fast dreißig Jahre den gleichen Parteiausweis wie Lenin in der Tasche trug, pflegte zu sagen: »Sozialist, Kommunist, Sozialdemokrat – das alles sind nur Worte. Wie man sich nennt, ist unwichtig.« Boris Jelzin hatte nie eine felsenfeste Ansicht; so fiel es ihm leicht, sie stets zu ändern. Diese Eigenschaft half ihm auf seinem Weg vom Rebellen zum Brachialreformer und schließlich zum ungekrönten Zaren des republikanischen Russland.

Sein Regierungsrezept bestand aus Kritik und Versprechungen

Der Rebell: Die Bergleute in Sewero-Uralsk waren in explosiver Stimmung. In den Läden der Stadt gab es 1976 praktisch nichts mehr zu kaufen, noch nicht einmal Tee oder Bettwäsche. Auf einer Versammlung beklagten sie sich bei den Führern des Gebietsparteikomitees von Swerdlowsk. Die Funktionäre versicherten, dass die Partei umgehend »Maßnahmen ergreifen« werde. Dann trat der Erste Sekretär des Komitees ans Rednerpult: Boris Jelzin. Zur Überraschung aller warf er dem Grubendirektor Versagen vor. »Leider herrscht ein dramatischer Mangel an Baumwolle. Aber wir haben im Präsidium die Reserven nachgezählt und beschlossen, jeden Kissenbezug gerecht zu verteilen.« Die Bergleute klatschten fasziniert Beifall. Sie glaubten an den Gerechtigkeitssinn des 45-jährigen Parteisekretärs und an ihre neuen Kissenbezüge.
Mit diesem Rezept sollte Boris Jelzin fortan die Menschen erobern: als Verantwortlicher andere Verantwortliche öffentlich beschuldigen und dem Volk ein besseres Leben versprechen. Dessen Nöte kannte er selbst gut. Jelzin war kein Nomenklaturakind, sondern wurde 1931 in eine verarmte sibirische Bauernfamilie hineingeboren. Sie lebten mit 19 anderen Familien in einer Holzbaracke. »Wir schliefen auf dem Fußboden und hatten nur ein Ziel: zu überleben«, erinnerte sich Boris Jelzin. Er versuchte sich als Maurer und Zimmermann. Aus Krisen und Miseren herauszufinden, entwickelte er zur Lebenskunst.
Der Generalsekretär Michail Gorbatschow holte den Diplombauingenieur Jelzin 1985 nach Moskau als Leiter der ZK-Abteilung für Bauwesen. Schon neun Monate später wurde Jelzin zum Moskauer Parteichef befördert. Sogleich begann er, Pfründen und Privilegien der Nomenklatura geräuschvoll anzuprangern. Boris Jelzin drängte auf Tempo und forderte rasch mehr Reformen – mehr als der Vater der Perestroika und der Öffnung Russlands, Gorbatschow, zulassen wollte. Jelzin klagte die radikale Neuordnung des Apparates ein und polemisierte gegen die Reformbremser in Gorbatschows Mannschaft. Die sannen auf Rache. Schließlich zwangen sie ihren Quälgeist zum Rücktritt von allen hohen Parteiämtern, Jelzin schien erledigt. Sein Mentor Gorbatschow schwieg zustimmend.
Doch damit ebneten die Funktionäre den Weg für Boris Jelzins eigentlichen Aufstieg: Sie verliehen dem Exparteichef von Swerdlowsk und Moskau Dissidentenwürden. Nun konnte er lautstark im Lande gegen das Machtmonopol der Partei zu Felde ziehen und dem Reformer Gorbatschow Zagen und Zaudern vorhalten. Die Menschen dankten es Jelzin und wählten ihn 1989 in den Kongress der Volksdeputierten und im Juni 1991 zum Präsidenten der Russischen Föderation. Als im August 1991 eine marode Truppe von lebensmüden Parteireaktionären gegen Gorbatschow und die längst stagnierende Perestroika putschte, war Jelzins Stunde gekommen. Höher als auf dem Panzer vor dem Weißen Haus stand er nie. Hinter sich wusste er den größten Teil der Armee, den Obersten Sowjet und das Volk. Der passionierte Volleyballspieler begriff: »Plötzlich spürst du einen Stoß und weißt, das Spiel läuft, und du kannst in die Offensive gehen.«

880

Michail Gorbatschow holte Jelzin 1985 nach Moskau und wurde später von diesem entmachtet.

Der Brachialreformer: Jelzin perfektionierte seine Herrschaft, indem er den einstigen Gönner Gorbatschow entmachtete. Der war ausgezogen, den Sozialismus zu reformieren, und hatte dabei dessen morsche Fundamente bloßgelegt. Gorbatschow wollte der Sowjetunion ihr ideologisches Expansionsdogma nehmen und musste erkennen, dass er damit ihren Bestand infrage stellte. Jelzin, der Bauingenieur, organisierte den Abbruch des von Gorbatschow glücklos umgebauten sozialistischen Systems. Im August 1991 ließ Boris Jelzin die Zentrale der KPdSU versiegeln. Vier Monate später ging der Staat unter, den diese Partei gegründet, geprägt und beherrscht hatte: Die Sowjetunion löste sich auf im losen Verbund der Gemeinschaft Unabhängiger Staaten, eher unbeabsichtigt. Jelzin hatte das Reich nicht zerschlagen wollen, lediglich umformen.

Eine Ideologie besaß er nicht, nur das Gespür für die Macht, gepaart mit hehren, aber unausgegorenen Ideen von Demokratie, Freiheit und Markt. In diese Lücken stießen allerlei Wirtschaftsberater aus Übersee. Russland wurde zum Übungsplatz akademischer Planspiele und Wahrscheinlichkeitsrechnungen. Jelzin entschloss sich, den Schlingerkurs von Gorbatschow nicht fortzusetzen. »Nur wenn er zuweilen alles auf eine Karte setzt, schreitet der Mensch voran und kann sein Überleben sichern«, schrieb Jelzin in »Auf des Messers Schneide«. »Als ich den Weg der Schocktherapie wählte, habe ich sie nicht einem unterentwickelten Russland oder dem Volk, sondern auch mir selbst verordnet. Zermürbende Depressionsanfälle, quälende Gedanken bei Nacht, Schlaflosigkeit und Kopfschmerzen, Tränen und Verzweiflung« plagten ihn.

Jelzins Reformregierungen privatisierten in Eile Staatseigentum

Viele Russen wurden Leidensgenossen des Präsidenten. Die Preisfreigabe revolutionierte ein Land, dessen Bewohner sich jahrzehntelang über ihr Dasein in staatlich abgesicherter Ärmlichkeit hinwegtrösten konnten mit dem Seitenblick auf den Nachbarn, dem es auch nicht besser ging. Als die Preise explodierten und die Läden sich mit Waren füllten, ging es den meisten schlechter; nur wenige erkannten die Gunst der Stunde und die Chance, die sich ihnen bot. Das war Jelzins Sündenfall - in den Augen der Mehrheit. Jelzins Reformregierungen privatisierten in Eile Staatseigentum, um in dem klassenlosen Reich eine Kaste von Besitzern zu schaffen, die ihr neues Eigentum wiederum in Russlands Zukunft investieren sollte. Der Kuchen wurde verteilt, doch die Zukunft

880

Mit dem Putsch einer Truppe von Parteireaktionären schlug Jelzins Stunde (das Foto wurde nach dem versuchten Umsturz aufgenommen).

fiel aus. Die neuen Reichen verschoben ihr Kapital in die Schweiz und auf die Caymaninseln. Andere räuberten sich riesige Industrie- und Finanzimperien zusammen.

Jeden Fehlschlag nutzten die Politnostalgiker mit Parteiabzeichen zum Gegenangriff. Im Obersten Sowjet bäumten sich die Kommunisten auf gegen alles, was wegführte von der untergegangenen Sowjetunion. Doch da stießen sie auf Jelzins stärkste Seite. Aktenstudium und beharrliche Tagesarbeit waren seine Sache nicht; sein Element waren der Durchbruch, der Panzersprung, der Gewaltakt. Mit dem Ukas Nr. 1400 löste Jelzin am 21. September 1993 den Obersten Sowjet auf. Das erbitterte Ringen des Präsidenten mit den erzkonservativen Parlamentariern gipfelte in einem Blitzbürgerkrieg im Zentrum der Hauptstadt. Im Oktober 1993 schossen loyale Panzereinheiten »im Namen der Demokratie« das Parlamentsgebäude in Brand und walzten den Weg frei für eine neue Verfassung, die den Präsidenten entscheidend stärkte.

In Tschetschenien sanken die Soldaten zu marodierenden Landsern herab, die ihre Versorgung durch Waffenverkauf an den Gegner finanzierten.

160

Jelzin sollte sein Misstrauen gegenüber der Vertretung des Volkes nie verlieren. Sein chronisch zerrüttetes Verhältnis zur Duma wurde zum folgenschweren Geburtsfehler der russischen Demokratie. Der Präsident herrschte wie ein aufgeklärter absoluter Monarch. Zwar setzte er modernes Recht, gründete das erste russische Verfassungsgericht, setzte eine demokratische Verfassung durch und ließ das sowjetische Gesetzesgestrüpp durchforsten – andererseits verhöhnte er in spontanen Willkürakten seine eigenen Prinzipien. Als er glaubte, die altmoskowitischen, konservativen Kräfte besiegt zu haben, schlug er selbst einen konservativen Kurs ein.

Der ungekrönte Zar: Seine Herrschaft folgte der Schwerkraft russischer Tradition. Boris Jelzin umgab sich mit einer klebrigen Schicht von Einflüsterern, servilen Tennispartnern und dubiosen Strippenziehern aus den Rüstungs-, Rohstoff- und Geheimdienstsümpfen des alten Reiches. Seine Hofschranzen ließen sich von ihrem Herrn Privilegien und Sonderrechte verleihen, sie exportierten Metalle, importierten Drogen und investierten den Mehrwert im kapitalistischen Westen. Sie kannten Jelzins Schwächen: »Boris Nikolajewitsch hat grundsätzlich keine Geduld«, schrieb sein ehemaliger Sprecher Wjatscheslaw Kostikow. »Wenn seine Arbeit nicht sofort ein Ergebnis hatte, war er deprimiert. Das nutzten einige in seiner Umgebung aus. Sie behelligten ihn mit Aktionen und Projekten, die schnellen Erfolg und Beifall versprachen.«

Jelzins Verbrechen und sein größter Irrtum war Tschetschenien. Er wurde zum Wiederholungstäter. Der Präsident und seine Höflinge glaubten, die abtrünnige Republik ließe sich heim ins russische Reich bomben. Die Kriegspartei im Kreml suchte die Gesellschaft zu remilitarisieren, die Pipelines für das kaspische Öl zu sichern, Armee und Rüstungsindustrie zu stärken. Das Gegenteil wurde erreicht. Die russische Armee erlitt in Tschetschenien 1996 eine demütigende Niederlage, ihre Soldaten sanken herab zu marodierenden Landsern, die ihre Versorgung durch Waffenverkauf an den Gegner finanzierten. Am Ende waren schätzungsweise 80 000 Menschen dem Gemetzel zum Opfer gefallen, Grosny war zersiebt und Russland besudelt. Heute versucht der Kreml, die befleckte Ehre des Landes erneut auf dem kaukasischen Schlachtfeld aufzupolieren. An diesem Krieg wäre Jelzin schon 1996 fast gescheitert. Niemand glaubte damals an seine Wiederwahl.

Doch wer ihn abschrieb, täuschte sich. In einem fulminanten Präsidentschaftswahlkampf erboxte und ertanzte sich Boris Jelzin im Sommer 1996 den Sieg über den Kommunisten Sjuganow. Helfen ließ er sich von Geschäftsleuten, die in der Goldgräberzeit der Insiderprivatisierung ihr Glück gemacht hatten. Sie meinten, sich mit der Finanzierung von Jelzins Kampa-

gne den profitablen Status quo erkauft zu haben.
Aber der schwer kranke Präsident sollte sie zunächst noch einmal überraschen. Nach seiner Herzoperation unternahm Boris Jelzin Anfang 1997 einen letzten Anlauf zur Reform. Er begann bei sich selbst und legte sich auf Zuraten seiner Tochter Tatjana modische Anzüge und Krawatten zu. Den ergrauenden Verwalterpremier Wiktor Tschernomyrdin rahmte er mit »jungen, energischen Reformern« ein. Anatoli Tschubajs und Boris Nemzow bliesen zum Angriff auf Steueroasen, Pfründen und Privilegien der Finanzmagnaten, sie drangen vor in die Erbhöfe der Gas- und Stromkonzerne, sie drohten dem Volk mit höheren Energiepreisen.
Von derlei reformerischem Aktivismus fühlten sich die Russen vom Bankier bis zum Bauarbeiter mehr bedroht als von jeder NATO-Osterweiterung. Die Finanzoligarchen geiferten in ihren Medien gegen die Regierung und antichambrierten beim Präsidenten. Jelzin ließ seine Mannschaft im Stich und wechselte sie aus. Der letzte Reformpremier Sergej Kirijenko scheiterte wenig später an der russischen Schuldenpyramide. Sechs Jahre nach der Preisfreigabe kollabierte der Rubel, Russlands verbliebenes Symbol der Stabilität. Jelzins Antwort beschränkte sich darauf, immer neue Premiers zu berufen und zu feuern.

Präsident Jelzin vergeudete Zeit, die sein Land nicht hatte

Russlands erster demokratisch gewählter Präsident verkörperte die Unberechenbarkeit des Landes. Er buchstabierte Politik als Konfrontation, nicht als Konsenssuche. Darunter litten Ansehen und Praxis der embryonalen russischen Demokratie. Dem Meister des Abbruchs missriet der stete Aufbau des Neuen. Die Umstrukturierung der sowjetischen Industrieruinen, die Verschlankung der Bürokratie, die Entrümpelung der Steuer- und Wirtschaftsgesetze blieben im Morast des permanenten Hin und Zurück stecken. Der Präsident vergeudete die Zeit, die sein Land nicht hatte. Die Wirtschaftsleistung sank unter Boris Jelzin um fast die Hälfte, durch Kapitalflucht verlor Russland Jahr für Jahr mehr Geld, als der Staat einnahm. Der Schatten der Korruption fiel auch auf Jelzin und seine engste Umgebung. Am Ende setzte er alles daran, die Macht in die Hände eines der Kreml-Familie genehmen Nachfolgers zu legen. Auch um ihn aufzubauen, führte er die Russen in den zweiten Krieg am Kaukasus. Das Reformwerk blieb ein Torso.
Der kranke Jelzin war Sinnbild für den Zustand des ganzen Landes. Seine Präsidentschaft war von Herzanfällen begleitet, die erst durch eine komplizierte Bypassoperation eingedämmt wurden. Danach peinigten ihn Lungenentzündungen und Magengeschwüre. Die sorgfältigen Inszenierungen, die den Staatschef beim »Dokumentenstudium« und in »Besprechungen« zeigten, erinnerten an den siechen Lenin. Das Regieren geriet beiden zum Bühnenspiel. Nach seinem Tod wurde Lenin im Chemiebad konserviert für einen pseudoreligiösen Herrschaftskult. Jelzin trat am letzten Tag des 20. Jahrhunderts ab, er ging freiwillig und deshalb mit Würde, er überlässt Russland sich selbst. Da liegt der Unterschied.
Lenins planmäßige Vision einer klassenlosen Gesellschaft zog die physische Vernichtung ganzer Schichten und die geistige Versklavung des Volkes nach sich. Stalin exekutierte seine Ideen und zwang sie nach dem Zweiten Weltkrieg den Nachbarvölkern auf. Jelzins Stegreifpolitik zielte stets in die Gegenrichtung. Er verhinderte einen Erbfolgekrieg um die Sowjetunion nach jugoslawischem Muster, auch wenn die Krim an die Ukraine verloren ging. Er zog die russischen Truppen fristgerecht aus Deutschland ab und suchte die Freundschaft des Westens. Er setzte Gorbatschows Politik fort, indem er die letzten Fesseln der einst monolithischen Gesellschaft zerschnitt.
Russland ist in neun Jahren unter Jelzin vielfarbig, vielstimmig und orientierungslos geworden. Zum Schluss hatte er seinem Land nur noch eines zu geben: den Kronprinzen Wladimir Putin. Wie dieser mit dem Erbe umgeht, steht ihm frei. Anders als Lenin hinterlässt Jelzin kein Vermächtnis. Seine Flamme ist, wie von ihm prophezeit, ausgebrannt. *5. Januar 2000*

siehe auch
✣ **Russland**

Journalismus

Das Wort als Ware

Die neue Macht der Medien: ein Streifzug durch die Presselandschaft. Wie Buchhalter die Blattmacher ablösen

Von Nina Grunenberg

Am Anfang war das Wort. Und das Wort war bei Verlegern, die von ihrem gesellschaftlichen Auftrag erfüllt waren. Sie wollten Deutschland wieder aufbauen und nach den Jahren des Unheils das Volk zur Demokratie erziehen. Sie standen gern im Licht der Öffentlichkeit, wollten Kanzler stürzen oder machen, widersprachen immer und wussten alles besser: Springer, Augstein, Bucerius, Nannen – sie waren »Herren der öffentlichen Meinung«, »monstres sacrés de la presse« nannte »Le Monde« sie. Wenn es sein musste, ließen sie sich ihre politische Gesinnung etwas kosten, zum Beispiel Axel Springer, der seine »Welt« auf einen so rechten Kurs zwang, dass er alle liberalen Geister vertrieb.

Das wäre heute nicht mehr denkbar. Es gibt keinen Verlagsmanager, der Marktanteile mutwillig aufs Spiel setzt. Die Erträge zählen, nicht die Standpunkte. Auch Anzeigenkunden werden heute nicht mehr vergrault, ein Spaß, den sich die Gründerväter manchmal machten, wenn sie zeigen wollten, was sie sich leisten konnten. Ihre Blätter definierten sie nicht primär als Ware, auch wenn sie sehr wach rechnen konnten und reiche Leute wurden. Ihre Gründungen hungerten sie behutsam in die schwarzen Zahlen – die ZEIT brauchte dafür 25 Jahre –; und der Verdrängungswettbewerb, der heute auf dem Markt tobt, war noch nicht unbarmherzig.

»Unter hundert Millionen Mark ist heute kaum noch etwas zu machen«, schätzt Günther Prinz, ehemals Vorstandschef von Springer. Um das »Spiegel«-Konkurrenzblatt »Focus« zu etablieren, musste Verleger Hubert Burda mindestens das Doppelte in die Hand nehmen, davon dreißig Millionen Mark jährlich für Werbung. Peter Boenisch, einer der alten Paradiesvögel der Branche, stellt grimmig fest: »Die Gründer könnten sich heute nicht mehr am Markt halten.« Dabei hatte diese Generation eine sehr hohe Meinung von ihren unternehmerischen Fähigkeiten. Ihre publizistische Aufgabe nahmen sie mit vollem Risiko wahr, und dazu gehörte, »dass manchmal das Verlegerische ganz groß und das Geld ganz klein geschrieben werden muss« (Alfred Neven DuMont, Verleger des »Kölner Stadt-Anzeigers«). Wie immer war früher alles besser? In den publizistischen Geschäftssinn der alten Verleger waren die Redakteure eingeschlossen, aber nicht nur »Kostenstellen«. Ihren Journalisten waren sie interessierte und anregende Gesprächspartner. Sie bewunderten, ja beneideten schreiberische Qualitäten, manche entdeckten eigenes journalistisches Talent. Ihren Chefredakteuren schrieben sie, der alte John Jahr etwa oder Gerd Bucerius, zu jeder Ausgabe lange Briefe, in denen sie ihnen unverblümt die Meinung sagten. Ihre ganz besonderen Lieblinge waren nicht unbedingt die seriösen, sondern die »heißen Jungs«, die mit gewagten Geschichten Leben in die Auflage brachten. Anfallsweise hassten sie die Redakteure auch, besonders wenn die etwas schrieben, was den Alten gegen den Strich ging. Darüber konnten sie Stein und Bein jammern.

Nach einer schweren Auseinandersetzung mit Henri Nannen, dem legendären Chefredakteur des »sterns«, dem er fristlos gekündigt hatte, erlitt Bucerius eine Gallenkolik und musste, in warme Tücher gehüllt, aufs Sofa gelegt werden. »Als der Anfall vorbei war, stellte er ihn fristlos wieder ein«, erinnert sich Rudolf Augstein melancholisch. Ihren Leidenschaften lieferten sich die Gründer gerne aus. Später sagte Bucerius einmal: »Müsste ich Nannen aus meinem Leben streichen, so würde meine Erinnerung ... um das Bitterste ... geringer werden ... Aber auch um das Schönste.«

100562
Nach einer schweren Auseinandersetzung mit »Stern«-Chefredakteur Henri Nannen (Foto) erlitt Gerd Bucerius eine Gallenkolik.

Der Gesinnungsverleger alten Typs, durchdrungen von seinen Kriegserfahrungen, seiner historischen Passion, seiner politischen Sendung und überzeugt von seinem Wert als Eigentümerunternehmer, ist heute fast verschwunden. Mit ihm der dilettantische Charme, der die Aufbaujahre begleitete. Auf dem Epitaph von jedem von ihnen könnte stehen, was Rudolf Augstein am Sarg von Henri Nannen sagte: »Henri, guter alter Freund, unsere Zeit als Blattmacher, es war eine schöne Zeit, ist vorbei.«
Genug der Sentimentalitäten. Alte Männer sind »gefährlich«, wie George Bernard Shaw einmal sagte, »die Zukunft ist ihnen egal«. Die Gründer starben entweder ohne Erben, oder die Erben hatten andere Interessen und wollten Kasse machen. Die Nachfolgefrage blieb in der Schwebe, bis es zu spät war: nach ihnen die Sintflut. Die Unternehmen wurden verkauft oder, wie bei Springer, in eine Aktiengesellschaft überführt. Der Generationswechsel führte oft zu einem Konzentrationsprozess. Die meisten Verlage sind mit ihren Zeitungen heute Monopolisten, oder sie dominieren ihren Markt. In die Zeitungshäuser zogen Manager ein, die Zukunftsperspektiven beim Fernsehen suchten, in Buchverlagen oder im Regionalrundfunk.
»Wir leben in einer Zeitenwende«, sagt Gerd Schulte-Hillen, der Chef des Zeitschriftenhauses Gruner + Jahr, »und haben es mit einer Revolution des Wettbewerbs und der Infoverhältnisse zu tun.« Der Umbruch begann Mitte der Achtzigerjahre mit dem Beginn des Privatfernsehens; seither konkurrieren die Print- mit den elektronischen Medien um Werbeeinnahmen. Schulte-Hillen: »Deutschland ist heute der zweitgrößte Fernsehmarkt der Welt. Dreißig Fernsehsender sind um uns herum entstanden, 250 Rundfunksender, wir haben es mit dem riesigen Wachstumsmarkt des Internets zu tun und mit drei großen Onlinediensten.«

Ihre Medienwelt kennt keine nationalen Grenzen mehr

Mark Wössner, der mächtige Chef von Bertelsmann, des drittgrößten Medienkonzerns der Welt, oder Dieter von Holtzbrinck, zu dessen Konzern die ZEIT gehört, zählen zu jener Kategorie von Tycoons in der Unterhaltungs-, Computer- und Kommunikationsindustrie, deren wirtschaftliche Bedeutung manche Leute mit der von amerikanischen Eisenbahnpionieren am Ende des vergangenen Jahrhunderts vergleichen. Ihre Medienwelt kennt keine nationalen Grenzen mehr, ihre strategischen Visionen sind global.
Und was ist mit den Zeitungen passiert? Sie sind »alte« Objekte und gelten als Dinosaurier der digitalen Welt. »Sie sind ein bisschen unterhaltsamer geworden, ein bisschen bunter«, urteilt Schulte-Hillen, »aber sie werden nicht mehr neu erfunden. Das ist eine reife Technik, in der kein Wachstum mehr drin ist.« Als Werbeträger haben sie jedoch nach wie vor Bedeutung. Mit Nettowerbeeinnahmen von 37,5 Milliarden Mark sind die Deutschen auch auf dem Medienmarkt die Nummer zwei in der Welt. 10,7 Milliarden entfallen auf die insgesamt 369 deutschen Tageszeitungen. Sie hatten von 1985 bis 1996 einen Zuwachs von 64 Prozent. Inzwischen geht ihr Anteil am Werbeumsatz leicht zurück.
Keiner der Medienmanager bezweifelt, dass es auch weiterhin Zeitungen geben

wird. Während der Computer noch vor wenigen Jahren die Printmedien überflüssig zu machen schien, heißt es jetzt: »Wer wissen will, muss lesen.« August (»Gus«) Fischer, der neue Vorstandsvorsitzende von Springer, ist »persönlich sehr, sehr zuversichtlich«, was die Zukunft der Printmedien angeht. Sein Optimismus wird von einer amerikanischen Untersuchung gestützt, wonach der Fernsehkonsum der Amerikaner von 4,5 auf 3,7 Stunden täglich zurückgefallen ist. Dafür wurde mehr Zeit aufs Lesen verwendet: statt 1,9 Stunden 2,3 Stunden. Zukunftshoffnungen weckt auch die amerikanische Zeitschriftenkultur, die neues Leben zeigt.

Das deutsche Zeitungspanorama lässt keine eindeutigen Schlüsse zu. Die überregionalen Qualitätsblätter – »Frankfurter Allgemeine«, »Süddeutsche Zeitung« und »Frankfurter Rundschau« – melden für

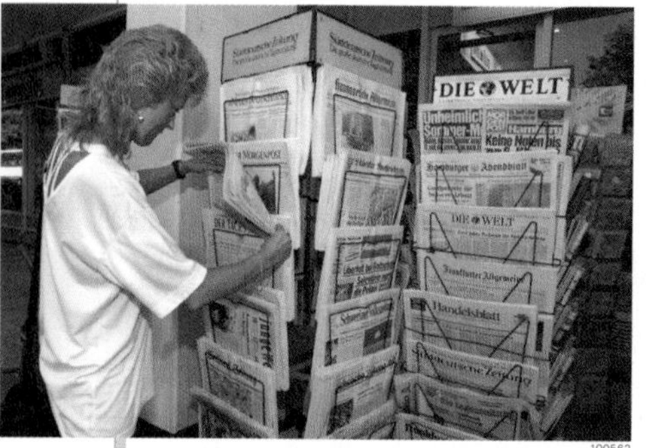

100562

Auch wenn Zeitungen in der digitalen Welt als »Dinosaurier« gelten, haben sie als Werbeträger weiterhin Bedeutung.

das erste Quartal 1998 Auflagenzuwächse. Dagegen bröckeln die Auflagen der Regionalzeitungen vor sich hin, vor allem im Osten. Für G + J-Chef Schulte-Hillen ist klar, welches Fazit er daraus zu ziehen hat: »Keine dummen Blätter machen. Den Leser als intelligenten Menschen achten.« Aber das ist leicht gesagt. Von den Betriebswirten, die in die Verlagsetagen einzogen, lernten die Journalisten, dass der Erfolg einer Zeitung nicht unbedingt vom Talent der Schreiber und Blattmacher abhängt, sondern von konsequenten Marketingideen und verschärftem Kostenbewusstsein. »Zeitungen sind Goldgruben«, lautet eine Binsenwahrheit in der Branche, »wenn sie professionell gemanagt werden.« Die Konfektionsware, die personell ausgedünnte und auf Sparflamme gesetzte Redaktionen liefern, stört die Betriebswirte wenig, solange die Zeitung ein Monopol hat. Unruhe kommt erst auf, wenn das Anzeigenvolumen nachlässt.

Der Trendsetter hin zum Kommerz pur war die WAZ-Gruppe

Die Trendsetter dieser Entwicklung zum Kommerz pur waren Günther Grotkamp und Erich Schumann, die Geschäftsführer der WAZ-Gruppe, der größten regionalen Zeitungsgruppe in Europa. Ihre Umsatzrendite gilt in der Branche als atemberaubend. Als im vergangenen Jahr davon gesprochen wurde, dass sie am Kauf der »Süddeutschen Zeitung« interessiert seien, war jedermann davon überzeugt, dass sie den Preis von angeblich 1,2 Milliarden Mark aus der Hosentasche zahlen könnten. Doch der Traum ging nicht in Erfüllung, jedenfalls bisher nicht. Als vor dreißig Jahren der Anteil des Druckers Richard Gruner an Gruner + Jahr auf den Markt kam und sie ihn kaufen wollten, lehnte dessen Treuhänder Gerd Bucerius, der auch einen Anteil hielt, höflich ab: »Die WAZ wollten wir bei Gruner + Jahr nicht hineinnehmen, weil das ein sehr kommerziell geführtes Medienunternehmen war. Wir haben das Journalistische und Politische höher bewertet.«

»Auch die Gründer wollten alle Geld verdienen«, sagt Werner E. Klatten, im »Spiegel« für »Märkte und Erlöse« verantwortlich, »aber erst kam das Produkt. Heute will man Geld verdienen und fragt sich, welches Produkt man sich dafür aussucht. Die Reihenfolge hat sich geändert.« Die journalistische Primärfunktion machte der kommerziellen Platz. Um den journalistischen Anspruch der Unternehmen nach außen sichtbar zu machen, zogen manche Zeitungshäuser auch gegen den Branchentrend Journalisten zu Managementaufgaben heran.

Prominente Beispiele waren Peter Tamm und Günther Prinz, beide noch von Axel Springer in die Unternehmensführung geholt. Springer betrachtete die Journalisten als die ersten Leute im Haus. Aber Prinz' Nachfolger als Vorstandschef wurde dann

Günter Wille, ein Manager aus der Zigarettenindustrie. Inzwischen hat sich die Philosophie bei Springer erneut geändert. Die »soziale Kompetenz« der Manager wird wieder eingefordert, mehr Sensibilität für die Zeitung als »besondere Ware« verlangt. »Sie brauchen in der Unternehmensspitze Personen, die das publizistische Element symbolisieren«, heißt es. Dem Vorstandschef August Fischer wurde der Chefredakteur von »Bild«, Claus Larass, als Stellvertreter zur Seite gegeben. Er ist im Springer-Vorstand für das Zeitungsgeschäft verantwortlich.

Als Lord McNally kürzlich im britischen Oberhaus den Entwurf für ein Wettbewerbsgesetz einbrachte, das die Kampfpreise unterbinden soll, die die englischen Zeitungen zugrunde richten, erklärte er: »Zeitungen sind anders als Bohnendosen. Sie sind ein wichtiger Bestandteil einer gesunden Demokratie.« Die richtige Balance zwischen Marketing und öffentlicher Verantwortung zu finden ist für die deutschen Medienunternehmer schwierig. Sie haben ein anderes Koordinatensystem als die alten Verleger, die der Öffentlichkeit auch den »Verständigungsrahmen« für den nationalen Gedankenaustausch liefern wollten. Andreas Fritzenkötter, Medienberater des Bundeskanzlers, bringt es kühl auf den Punkt: »Anders als die Gründergeneration empfinden die heutigen Manager keine gesellschaftliche Verantwortung mehr.«

Aber die politische Öffentlichkeit hat sich auch revolutionär verändert. Vielstimmig und bunt ist sie aufgesplittert in viele Teilöffentlichkeiten. Alle reden, aber niemand gibt mehr den Ton an. Die Politiker sprechen in zwanzig, dreißig Mikrofone, sie gehen auf jede Kamera zu, die sich ihnen in den Weg stellt, die Öffentlichkeit wandert in alle Poren, aber niemand prägt sie mehr. Ist das die Mediendemokratie?

»Wir sind schon ein armes Geschäft geworden«, sagt Wolfgang Pfeiffer, Aufsichtsratsvorsitzender der Fazit-Stiftung, Inhaber der »Frankfurter Allgemeinen Zeitung«. »Wir werden unwichtiger, dennoch wird das Bedürfnis, sich zu orientieren, immer größer. Drei nationale Zeitungen schreiben etwas, und folgen die Deutschen? Das kann man vergessen.« Aus seinem Munde klingt das ein wenig kokett. Schließlich ist die »FAZ« eine Zeitung sui generis – ohne Bedürfnisse auf der Ertragsseite. Ihr Konto stimmt, solange sie ausreichend viele Gegner hat. Ihr Milieu wird sich noch lange halten.

100562

Titelblatt einer Ausgabe der »Bild«. Bei Springer wird wieder die »soziale Kompetenz« der Manager eingefordert.

Ernsthaft pessimistisch will niemand sein, wenn es um die Zukunft der Printmedien geht, vor allem diejenigen nicht, die an das dialektische Gesetz glauben. Irgendwann wird sich der »monetaristische Dampf« (Peter Boenisch) verziehen und die Gegenbewegung einsetzen. Vielleicht klagen ja sogar die Leser die Standards wieder ein. Vorsichtiger Optimismus macht sich breit: Die schwachen Stunden der Demokratie waren oft die großen Stunden jener Medien, die sich ernst genommen haben. Claus Larass, der neue Springer-Vorstand, ausgerechnet er, sagt es fast pathetisch: »Letztlich geht es immer noch ums Wort und nicht um Geld. Früher war das Wort in der Obhut eines Priesters, das sollten wir nicht vergessen.« *28. Mai 1998*

siehe auch

- Medienkonzentration
- Medienkonzern
- Medienpolitik
- Presse
- Zeitschriften
- Zeitungen

Ernst Jünger

Der beste Feind der Moderne

Wie der konservative Revolutionär mit dem Jahrhundert kämpfte

Von Thomas Assheuer

Am Anfang war Heroismus, am Ende Demut. Erst Zerstörung, dann Schöpfung. Erst Faszination für den Tod, dann Dank für das biblische Uralter. »Nicht geheuer«, notierte Ernst Jünger, sei ihm, wie jemand seine »natürliche Zeit« so lange überleben kann in einem Jahrhundert, das ihm alle Gelegenheit gab, »vor seiner Zeit zu verschwinden«. Denn seit Verdun fühlte sich Jünger als Überlebender der Moderne, und seitdem schlägt die Lebenszeit im Takt der Weltzeit. Das war kein Privileg, kein Zeichen, sondern ein Auftrag. Die unpersönliche Macht der Geschichte hatte gerufen und ihn zum Ersten Sekretär bestellt. Zur Mitschrift von Schrecken und Untergang. Ernst Jünger: Biograf und Chronist des Jahrhunderts. So sollte der Blick der Nachwelt auf das Werk fallen, auf die Kampfschriften, die Tagebücher und die Romane. Man solle es ihm zurechnen, aber ihn nicht dafür verantwortlich machen. Der Autor bringt den Text der Geschichte zur Sprache, damit ihre Insassen den Sinn verstehen. Und die Verantwortung der Schrift? Gering. Persönliche Schuld? Schweigen. Nun, alle Gratismoral trübt den Blick der Nachgeborenen. Denn natürlich war der Erste Weltkrieg die Initialkatastrophe für Jünger, für das Leben und das Werk. Das Inferno, das »tödliche Erleben«, prägte den traumatischen Kern seiner Existenz und war die Wunde allen Schreibens. Dieser Krieg, schrieb er, sprengt das Bild des Menschen, verschaltet den Körper mit der Maschine und pulverisiert ihn zur Materie. Danach musste das schwarze Feld der Erfahrung »durch Autorschaft« bewältigt, durch Erinnerung ausgelöscht und entschärft werden. Nichts war geblieben von der bürgerlichen Welt, vom faulen Zauber der Sekurität, vom Fortschritt der Freiheit – nichts, nur Panik und Grauen. Das ist die Urszene des Werks, die nichts entschuldigt, aber alles erklärt.

Jünger zieht aus der Todeserfahrung die Konsequenz. Er betreibt ein Vergessen nach vorn und verwandelt den Nihilismus der Politik in den Nihilismus der Literatur. Sie verbürgt nichts, verspricht nichts, nur reine Wahrnehmung und die Freiheit der Einbildung. Die Literatur buchstabiert das Entsetzen: Der Krieg ist das Archaische im Herzen der Moderne, ihr Stahlgewitter eine zweite Natur.

Ernst Jünger

1500

Als die Schlacht zu Ende ist, geht sie für Jünger weiter. Er agitiert, als sei die Weimarer Republik sein Schützengraben; im Takt der »Webstühle von Manchester« hört er das »Rattern der Maschinengewehre von Langemarck« und den »Rhythmus einer neuen Zeit«. Noch Ende der Zwanzigerjahre steht er im Bann der Zerstörung; sein »Abenteuerliches Herz« verachtet den Frieden als Nivellement des tragischen Lebens. »Die Zeiten der Aufklärung sind vorbei, und der Krieg vollendet ihren Untergang.« Nicht Aussöhnung mit der Moderne, sondern ihre Überbietung – so lautete Jüngers innerer Marschbefehl, mit der er »Dampf hinter den Erscheinungen machen« will, bis das Zeitalter als organische Totalität zur tausendjährigen Ruhe kommt, was der von Hitler zu Tode gehetzte Philosoph Walter Benjamin mit dem Satz kommentierte: Für Jünger sei der Stahlhelm »die kosmische Innenseite des Himmels«.

Hier, im heroischen Nihilismus, gehen die Kunst des Schreckens und die Ästhetik der Politik dann doch zusammen. Jünger war eben nicht der brav ausschlagende Seismograph der Zeit, und auch aus historischem Abstand sind seine Tiraden gegen die Republik unbegreiflich in ihrer Schärfe und brutalen Wut. Seine Einleitung zum »Arbeiter« bleibt das singuläre Dokument bürgerlicher Selbstzerstörung im blindwütigen Kampf gegen die Ideen von 1789. »Hochverrat des Geistes gegen den Geist«, nannte Jünger seinen Wahn, und schon dieser Satz sagte alles. Der konservative Revolutionär wurde zum Eideshelfer des Weimarer Untergangs, zum Richtschützen bei der Überwindung der Republik.

Aus der Katastrophe zieht er eine moralische Konsequenz

Als Hitler kam, zog sich Jünger zurück in sein »Ausweichquartier«, die Insektenkunde. Die faschistische Übermoderne, schrieb er später, war auch bloß Terror und damit Teil des Zeitalters, das sie überwinden wollte. Das war zwar die konservative Standardausrede, aber »Auf den Marmorklippen« hat Jünger seine politische Distanz der Nachwelt überliefert. Die Nationalsozialisten haben das Buch entsprechend gelesen: als Widerstandshandlung eines konservativen Revolutionärs.

Der ästhetische Schein trügt nicht. Jünger hält inne, und seine Tagebücher vom Russlandfeldzug lesen sich wie eine nachgetragene Einsicht, ganz so, als kämen ihm die Fantasien der Zerstörung in der Wirklichkeit entgegen. Es gibt in den »Strahlungen« Momente der Scham, stille Empathie, Hinweise auf den Schuldanteil der konservativen Revolution. »Ich darf keinen Augenblick vergessen, dass ich von Leidenden umgeben bin.« Dieser Satz, niedergeschrieben Anfang der Vierzigerjahre, hält die Kehre fest. In seiner »Friedensschrift« fordert er eine Weltregierung und verabschiedet die Kunst des Schreckens. Anders als 1918 zieht Jünger, im Garten von Kirchhorst, aus der Katastrophe nicht eine ästhetische, sondern eine moralische Konsequenz.

Also Kehre. Nach dem Zweiten Weltkrieg zelebriert Jünger nicht mehr die Eruptionen des Schreckens, sondern hält Ausschau nach dem »Wetterleuchten der Vernunft« und dem Quietismus der Kunst. Er wird, auf den Spuren seines Bruders Friedrich Georg, zum Kritiker der Technik und rechnet, Jahrzehnte vor Tschernobyl, mit der atomaren Weltbeherrschung ab. Er träumt vom magischen Blick, von der Wiederverzauberung der Welt durch die zweite Schöpfung der Kunst. Der Waldgänger meditiert über die Metaphysik des Käfers und die Tragik der Steine. Gegenüber dem Anorganischen war er zu einer Hingabe fähig, als gelte es dort, eine Schuld abzutragen und eine Liebe zu gewinnen. So wird die Literatur zur Arche Noah der Zivilisation. Sie ruft nicht zu ihrer Überwindung, sondern zur Rettung. Während die Demokratie auf die Zukunft setzt, rüttelt Jünger erneut am eigenen Weltbild. Er mischt Nietzsche mit Spengler und erzählt in seinem Roman »Eumeswil« von einer Zukunft ohne Zukunft und einer Menschheit ohne Ziel. Alles Leben ist erloschen, dahinter das »Urgestein der Bestialität«. Ohne Hoffnung absolvieren die Menschen das Pensum ihrer posthistorischen Zeit. »Die Sonne«, so amoralisierte Jünger 1968 im kurzen Sommer der Anarchie, »geht, wie über Gerechte und Ungerechte, auch über Tod und Leben auf.«

»Magie« gegen Aufklärung, »Tragik« gegen Utopie sind nun die Kampfvokabeln gegen den Liberalismus. Jünger hält Wache

100562

Die Insektenkunde wurde im Dritten Reich Ernst Jüngers »Ausweichquartier«.

an der »Zeitenwende« und beharrt auf seinem katastrophischen Paradox, dem Nein sagenden Ja zum Weltlauf. Es muss so weitergehen, damit es nicht mehr so weitergeht. Denn auf der »Weltuhr« hat eine neue Stunde geschlagen: Die titanische Anmaßung der Zivilisation findet ein Ende durch sich selbst. Jünger prophezeit die Rückkehr der Götter. Sie nehmen Rache – »in einem Schauspiel von, aber nicht für Menschen«. Also wieder Überwindung, aber nicht zur Übermoderne, sondern zur Urgeschichte. Prompt wurde Jünger im Nachkriegsdeutschland zum Helden für die inneren Partisanen der Republik. Wenn schon Demokratie, dann mit Großem Zapfenstreich und senkrechtem Antikommunismus. Morgens mit Carl Schmitt am Katheder, abends mit Ernst Jünger am Kamin. Das war die Ritterkreuzsentimentalität der Verehrer, für die vor allem einer nur Verachtung übrig hatte: Ernst Jünger.

Eine ästhetische Revolte gegen das Zeitbewusstsein der Moderne

Liest man sein Spätwerk, all die subtilen Jagden und afrikanischen Spiele, dann erkennt man darin nicht nur eine ästhetische Revolte gegen das Zeitbewusstsein der Moderne. Jüngers spiritueller Fatalismus, den er mit allen konservativen Denkern teilt, klingt wie eine hochmütig-verzweifelte Bilanz des technischen Jahrhunderts. Der Solitär liest die Zeichen an der Wand, jene archaische Ungewissheit, mit der die kapitalistische Vernunft die Welt überzieht. Es sind »tellurische Chiffren des Todes«. Finis Terrae. Der Ursprung siegt über den Text der Welt, die natürliche Ordnung über die Eitelkeit der Menschen. Dann ertönt das Schweigen des Anfangs als »Melodie der Erde«.

Sollte sich hinter der Maske des Anarchen diese apokalyptische Sehnsucht verborgen gehalten haben? Jünger, symbiotisch verstrickt in das Jahrhundert der Extreme, registrierte den Todeswunsch der Zivilisation, und er feierte ihn, auf dass alles Zweideutige verschwinde. Die lebensphilosophische Verachtung des Lebens war ihm nicht fremd, und auch nicht der Fetischismus der Ordnung, der letzten. Sie ist ein »Setzerkasten«, in dem alles zur Ruhe kommt. »Irgendwo im Universum muss Ordnung herrschen, und sei es nur in der einsamen Betrachtung; das tat selbst in den Bombennächten gut.«

Doch warum war Jünger, der letzte Gegen-Moderne, zwar ein großer, aber kein schlechthin souveräner Autor? Vielleicht war es das Identitätsverlangen seiner Literatur, die ihn dazu trieb, die Wunde der Erfahrung zu schließen und das Namenlose zur Anschauung zu bringen. Dieses Genie der Wahrnehmung besaß einen einzigartigen Sinn für die Geheimnisse des Bewusstseins, und doch glaubte er, seine Imago könne das »Sein« berühren, »die Zeit zur Strecke bringen« und alle Weltangst besiegen. Worauf »nichts mehr zu fürchten wäre, auch nicht der Tod«.

Hundert verweht. Nicht Wiedergeburt des Autors, sondern Unsterblichkeit des Werks: Diskret hatte sich Jünger mit dieser Idee anfreunden wollen. Das Werk ist Leben in der Unpersönlichkeit der Schrift. Noch einmal das Pathos der Distanz und Desinvolture. »Erfahrung und Leben sind ungenügend aufeinander abgestimmt. Wir müssen den Spieltisch verlassen, wenn wir endlich die Regeln erkannt haben.« Im Alter von 102 Jahren ist Ernst Jünger in Riedlingen gestorben. *19. Februar 1998*

siehe auch

- ✣ **deutsche Literatur**
- ✣ **Humanismus**
- ✣ **Nihilismus**

Kabul

Die Parole? Winken und lächeln

Deutsche Soldaten leisten wertvolle Arbeit. Geriete Afghanistan über den Irak in Vergessenheit, wäre aller Einsatz vergebens gewesen

Von Theo Sommer

Die Heckklappe der alten Transall C-160 schließt sich mit einem gewaltigen »Rumms«. Während der Luftwaffenpilot die Triebwerke anlässt, gibt der Lademeister den Passagieren für den einstündigen Flug von dem usbekischen Städtchen Termez in die afghanische Hauptstadt Kabul eine eindringliche Ermahnung mit auf den Weg: »Bleiben Sie angeschnallt! Wir fliegen hier unter Bedrohung.« Wenig später passiert es auch schon. Ein Zischen und Knallen wie bengalisches Feuerwerk. Die Transall zieht krass nach links unten. Zweimal oder dreimal sackt sie in Sekundenschnelle um 40 oder 60 Meter durch.

100562

Die Bundeswehrsoldaten in der afghanischen Hauptstadt tun einen gefährlichen Dienst.

Die Erklärung: Auf dem Radarschirm war zu erkennen gewesen, dass die Maschine nicht nur angepeilt worden war, sondern sich ein unbekanntes Objekt im Höchsttempo näherte, vermutlich eine Flugabwehrrakete. Der Pilot wich aus und schoss Flares ab, laute, heiße, grell leuchtende Blitzlichtkartuschen – Täuschkörper, die anfliegende Raketen ablenken sollen.

Es war ein Schnellkurs über die Verhältnisse in Afghanistan. Ähnliche Vorfälle erleben die Piloten der Luftwaffe und der Heeresfliegerstaffel immer wieder. Zugleich war es die Demonstration einer Tatsache, die nicht jedem bewusst ist: Die 1200 Soldaten der Bundeswehr, die in Kabul stationiert sind, tun – ein Dreivierteljahr nach dem Sturz des Taliban-Regimes – einen gefährlichen Dienst.

Brigadegeneral Manfred Schlenker ist »Kdr DtEinsKtgt ISAF«. So heißt in der Kürzelsprache des Militärs der Kommandeur des deutschen Einsatzkontingents der ISAF, der International Security Assistance Force. Er befehligt 3500 Soldaten aus neun Nationen. Die Deutschen stellen davon rund ein Drittel. »Die Rahmenbedingungen sind so, dass wir weiterhin von einer Bedrohung ausgehen müssen«, sagt Schlenker. »Unsere Patrouillen werden gelegentlich bedroht, ab und zu werden in einem Stadtteil Straßensperren gegen sie aufgebaut.« Manche Anzeichen deuten darauf hin, dass Al-Qaida-Kämpfer und Taliban-Anhänger aus Pakistan wieder ins Land sickern; zugleich schafft die Hisb-i-Islami des Paschtunenführers Hekmatyar Unruhe. Sorgen bereitet dem General auch die vielen Flüchtlinge. Jeden Tag kommen 3000 von ihnen in die Hauptstadt. Wie soll man wissen, wer sich da alles einschleicht? »Derzeit haben wir eine Sicherheitslage, die weder ruhig noch stabil ist.«

Die Schlagzeilen der jüngsten Zeit bestätigen das. 6. Juli: Ermordung des Vizepräsidenten Hadschi Abdul Qadir. 7. August: 15 Tote bei einem Gefecht im Süden Kabuls. 5. September: Mordanschlag auf Präsident Hamid Karsai in Kandahar. Wenige Stunden zuvor hat eine Autobombe in der Hauptstadt 30 Menschen getötet und Dutzende verletzt. Karsais Behauptung »Im Allgemeinen ist unsere Sicherheitslage gut« erscheint im Lichte dieser Zwischenfälle zweifelhaft. In den Provinzen dauern Schießereien, Gefechte zwischen rivalisierenden Kriegsherrn und innere Unruhen an. Seit Ende März hat es über 160 Warnungen vor Anschlägen auf die Truppe oder die deutsche Botschaft gegeben.

Staub, Staub überall, feiner hellgrauer Mehlstaub. Er liegt fünf bis zehn Zentimeter hoch auf den Wegen, färbt die grünen Tarnnetze eierschalenweiß, bedeckt Fahrzeuge und Gerät, dringt durch sämtliche Ritzen, pappt feinkörnig zwischen den Zähnen.

Unverdrossen wienern die Soldaten täglich ihre Stiefel blank

Auf dem Gelände eines früheren Bauhofs ist nur noch das alte Verwaltungsgebäude halbwegs intakt. Manche Büros dort gleichen Holzverschlägen. Die Soldaten wohnen in Zelten und schlafen auf Feldbetten. Rund um die Zelte sind Sandsackwälle und schottergefüllte Barrieren als Splitterschutz aufgetürmt. Den ganzen Tag brummen die Generatoren, die ein bisschen laue Kühle spenden.

Aber die Soldaten haben sich in den Verhältnissen eingerichtet. Zwischen den Zelten sind komfortable Nischen entstanden. Unverdrossen wienern die Soldaten täglich ihre Stiefel blank. Das erste Kontingent hatte sich wochenlang in Schüsseln kalten Wassers waschen müssen. Mittlerweile stehen da Batterien von Sanitärcontainern, mit ordentlichen Toiletten und Heißwasserduschen. Eine Barackensiedlung wird vor Einbruch des Winters fertig werden. Es gibt eine Bar, eine Marketenderei, ein Kraftsportzentrum, eine Laufstrecke von zwei Kilometern, im Kino zweimal täglich eine Filmvorführung, eine Truppenbücherei. Radio Andernach sendet 24 Stunden am Tag. Das Einsatzlazarett bietet den Qualitätsstandard eines guten deutschen Kreiskrankenhauses. Jede Woche werden Stadtrundfahrten angeboten, mit 18 Kilo schwerer Schutzweste allerdings, in regelmäßigen Abständen auch Fahrten nach Taschkent und andere »Betreuungsfahrten«. Das Telefongespräch nach Hause kostet 30 Cent pro Minute.

Und so klagt die Truppe auch nicht, trotz der langen Tour von sechs Monaten, unterbrochen höchstens von einem kurzen Heimaturlaub. Die Stimmung ist gut, der Zusammenhalt fantastisch. Das Gefühl des Belagertseins mag dazu beitragen.

Kabul sieht aus wie Hamburg oder Berlin im Sommer 1945. Überall Ruinen, leere Fensterhöhlen, eingestürzte Betondecken, zerschossene Fassaden. Das Villen- und Ministerienviertel ist wieder halbwegs repariert, doch der Rest wirkt trostlos. 23 Jahre Krieg haben Spuren hinterlassen, die so schnell nicht verschwinden werden, wobei die meisten Schäden nicht den Sowjets zuzuschreiben sind, sondern dem brutalen Bruderkrieg der Afghanen nach dem Abzug der Russen.

Die Straßen: voller Schlaglöcher. Der Daral-Aman-Palast, das einstige Königsschloss: in Trümmern. Die Märkte: elende Stände. Die Läden: winzige Mauernischen; der pompöse Supermarkt-Palast steht leer. Der Zentralomnibusbahnhof: letzte Ruhestätte von Dutzenden ausgebrannter Busse; ein öffentliches Transportsystem existiert nicht mehr. In ihren langen, hemdähnlichen Gewändern wandern die bärtigen Männer lange Wege. Die Frauen – zwei Drittel tragen weiterhin die Burka – balancieren Kannen, Schüsseln, Körbe auf dem Kopf. Wenn Kabul jemals modern war, licht und locker und lebendig und lebenswert, so erinnert nicht mehr viel daran.

Die Deutsche Welthungerhilfe arbeitet seit Jahren in mehreren afghanischen Provinzen. Helfer verteilen Lebensmittel, bohren Brunnen, bewässern Felder, verschaffen Flüchtlingen ein Dach über dem Kopf. Das Taliban-Regime machte den Deutschen vielerlei Schwierigkeiten. Eine Zeit lang konnten sie noch arbeiten, aber im April vorigen Jahres mussten sie ins pakistanische Peschawar evakuiert werden. Erst um die Jahreswende kehrten sie zurück. Heute arbeitet ein knappes Dutzend Deutscher mit rund 370 einheimischen Helfern wieder an zehn Projekten mit einem Finanzvolumen von knapp 10 Millionen Euro.

Die Arbeit ist nicht ungefährlich. In Masar wurde das Büro ausgeraubt. Die Helfer ha-

Zwei Drittel der Frauen in Kabul tragen nach wie vor die Burka.

ben gelernt, mit der Unsicherheit zu leben. Einige von ihnen haben schon in Afrika gearbeitet und dort persönlich Gewalt erlebt. Hier ist es anders: Nicht Raub und Totschlag drohen, sondern ideologisch begründete, nicht minder unheimliche Gewalt.

Nicht als Eroberer sind die Soldaten gekommen, sondern als Helfer

Die Helfer machen sich nichts vor. Demokratie im Lande binnen 18 Monaten? Ach was! Etwas Hilfe zur Selbsthilfe, mehr ist nicht möglich. Aber den Helfern ist klar: Ohne politische Stabilität wird Afghanistan nicht auf die Beine kommen. Sie wünschen sich, dass die internationale Schutzmacht nicht bloß Kabul unter ihre Fittiche nimmt, sondern im ganzen Land Posten bezieht - ein Wunsch, den das deutsche Militär wie die deutsche Diplomatie abwehrend zur Kenntnis nimmt.

Politische Stabilisierung der Übergangsregierung Karsai - dies ist der Hauptauftrag der ISAF. Außerdem soll die internationale Truppe den Wiederaufbau unterstützen und humanitäre Hilfe leisten. Konkret heißt das: 700 000 alte Kämpfer müssen demobilisiert und eine afghanische Armee aufgebaut werden, wobei man aufpassen muss, dass sie nicht den Provinzfürsten in die Hände fällt. Die Polizei, die von Deutschen ausgebildet wird, muss man schlagkräftig machen, um die Kriminalität einzudämmen. Und die Binnenflüchtlinge - 300 000 bis 800 000 allein in Kabul - müssen integriert, dazu Millionen Flüchtlinge aus dem Iran und aus Pakistan heimgeführt werden.

Die deutschen ISAF-Soldaten schicken Patrouillen - zu Fuß oder gepanzert - durch ihren 40 mal 75 Kilometer messenden Verantwortungsbereich im Nordosten der Stadt. »Wave and smile« ist die Parole: Winkt und lächelt! Sie schützen Polizeiwachen. Sie beseitigen Minen. Sie unterstützen Nichtregierungsorganisationen. Sie haben in der Stadt Info-Boxen aufgestellt. Rund um die Uhr betreiben sie in den beiden Hauptlandessprachen Dari und Paschtu den populären Sender Radio Sadahie Azadi, Stimme der Freiheit, mit viel afghanischer und indischer Musik, mit internationalen Hits und wiederholten Erklärungen ihrer Anwesenheit: Nicht als Eroberer seien die Soldaten aus 19 Ländern gekommen, sondern als Helfer.

Und sie helfen viel. 70 zivilmilitärische Kooperationsobjekte sind abgeschlossen, 45 im Gang, 75 weitere werden vorbereitet. Diese Projekte unterstützen zum Beispiel Kindergärten und Schulen mit Möbeln und Lernmitteln. Als die Ratsversammlung Loya Jirga tagte, hielten Bundeswehrsoldaten 24 Stunden am Tag auf den Hügeln rund um das riesige Oktoberfestzelt aus Deutschland Wache. Die Truppe arbeitet auch mit dem Institut für Germanistik an der Universität zusammen. Bei der Bevölkerung genießt sie Vertrauen. Außerdem gibt die multinationale Brigade vielen Afghanen Arbeit. Immer wieder kommt es vor dem Tor von Camp Warehouse zu Schlägereien zwischen den Arbeitssuchenden - die sechs Dollar pro Tag sind für die Tagelöhner oft die einzige Einkommensquelle.

All dies wäre für die Katz, sollte die internationale Staatengemeinschaft Afghanistan hängen lassen. 1,8 Milliarden Dollar waren für den Wiederaufbau versprochen. Bisher sind erst 90 Millionen eingegangen - mit der Folge, dass die Übergangsregie-

Blick auf Kabul; sollte die internationale Staatengemeinschaft Afghanistan hängen lassen, wäre alles bisher Erreichte vergebens.

100264

rung Karsai ihre Beamten, Richter und Polizisten nicht bezahlen kann. Wie soll Nation Building gelingen, fragt sich General Schlenker, wenn der politisch, ethnisch und geographisch zerklüftete Staat seinen Dienern den Sold schuldig bleibt?

Während sich unsere Maschine wieder auf die Zugspitzhöhe des Hindukusch schraubt, geht mir die Frage eines Soldaten an Staatssekretär Biederbick nicht aus dem Kopf: »Gibt es ein politisches Abbruchkriterium für den Afghanistaneinsatz?« Was sonst nicht seine Art ist, der Staatssekretär weicht einer Antwort aus. Zunächst sieht es ja eher danach aus, dass Deutschland seine ISAF-Rolle verstärken wird: als Lead-Nation, wenn die Türken Anfang nächsten Jahres die Führung der ISAF abgeben. Dann werden wir an die 1 300 Soldaten nach Afghanistan entsenden, mehr militärische Verantwortung übernehmen müssen. Aber dann darf die Bundesregierung, darf die Staatengemeinschaft die Soldaten politisch auch nicht hängen lassen. Geriete Afghanistan über den Irak in Vergessenheit, wäre alles, was unsere Militärs dort bisher geleistet haben, vergebens gewesen. *26. September 2002*

siehe auch

✣ **Afghanistan**

✣ **Bundeswehr**

✣ **ISAF**

Kairo

Die Metropole der arabischen Welt

Der ägyptische Präsident Gamal Abd el Nasser ist zu einem Symbol der Erneuerung geworden

Von Marion Gräfin Dönhoff

Wenn man von Süden – aus Arabien oder Afrika – kommt, dann wirkt Kairo als eine der großen Metropolen der heutigen Welt. Und wenn man die Stadt ein paar Jahre nicht gesehen hat, dann meint man, sie kaum wiederzuerkennen.

Gebäude mit vielen Stockwerken sind wie Pilze aus der Erde geschossen. Überall neue Industrien. Heinkel: Flugzeuge mit Oberschallgeschwindigkeit, Klöckner-Humboldt-Deutz: Lastkraftwagen und Busse, Fiat: Personenkraftwagen; es gibt neue chemische Fabriken und Textilwerke. Im Jahre 1952, als ich zum ersten Mal in diesem Lande war, betrug der Wert der Industrieproduktion nur knapp drei Milliarden Mark, 1962 war die Produktion (zu gleichen Werten) auf 7,5 Milliarden Mark angewachsen. Der Lebensstandard ist entsprechend gestiegen. Breite Straßen, elegante Hotels – Kairo hat heute über vier Millionen Einwohner.

Es ist eine Weltstadt – eine westliche Weltstadt. Jedes Mal, wenn ich die ägyptische Hauptstadt während der letzten zwölf Jahre wiedersah, fiel mir auf, dass sie sowohl in der Stadtplanung wie im Straßenbild westlicher geworden ist. Kairo hat nicht mehr das orientalische Gepräge, das es zur englischen Zeit besaß.

Damals, zur englischen Zeit, pflegten die Europäer zu sagen: »Wenn die Briten eines Tages abziehen sollten, wird alles, was sie dem Lande an zivilisatorischem Fortschritt gebracht haben, verschmutzen, verkommen, verfallen.« Die Wirklichkeit sieht anders aus – nicht nur in der Hauptstadt: Überall werden neue Schulen gebaut, 70 Prozent aller Dörfer, deren Bewohner noch nie klares Wasser gesehen hatten, sind mit Brunnen oder Wasserleitungen versehen worden; der Plan, für jeweils fünf Dörfer ein Zentrum mit Schule, Klubhaus und ärztlicher Betreuung einzurichten, wird zurzeit in Angriff genommen.

Und auch jene andere Prophezeiung ist Lügen gestraft worden: die Behauptung, der Sueskanal werde unter ägyptischer Leitung bald versanden, die Schiffe würden zusammenstoßen. Der Sueskanal, der 1956 von den Ägyptern übernommen wurde, funktioniert heute genauso gut wie eh und je.

Nun sind allerdings jene Investitionen – neue Industrien, Dämme, Straßen – fast ausschließlich mit fremdem Kapital finanziert worden; ja, sogar die Ernährung wird zu einem wesentlichen Teil vom Ausland bestritten – fast jede zweite Scheibe Brot wird aus amerikanischem Weizen gebacken. Im vergangenen Jahr haben die USA den Ägyptern rund eine Milliarde Mark an Lieferungen und Krediten gewährt. Aber

50

Kaffeehaus in Kairo

schließlich sollte dies kein Vorwurf sein. Wenn es der Regierung gelingt, solche Hilfsquellen zu erschließen, umso besser. Und noch eine »Randerscheinung«, wie man das bei uns nennt: Die alte führende Schicht Ägyptens, die nicht nur aus Playboys und Nichtsnutzen bestand, ist vollständig ausgelöscht worden. Ihre Vertreter wurden entweder entschädigungslos enteignet oder stehen unter Sequester, manche waren im Gefängnis, die meisten sind total verarmt. Allerdings, auch dies muss erwähnt werden: Niemand wurde umgebracht, kein Blut ist geflossen. Mit majestätischem Gleichmut ist die Geschichte über jene hinweggegangen.

Viele Ägypter klagen über die Schwerfälligkeit der Bürokratie

Viele Hunderttausende von kleinen und großen Geschäftsleuten, Griechen, Juden, Italiener, Malteser, sind ferner in den letzten acht Jahren enteignet und zur freiwilligen Auswanderung gezwungen worden; sie fielen also der »Ägyptianisierung« zum Opfer. Und schließlich ist die ganze Industrie verstaatlicht worden. Man hört manche Klage über die Schwerfälligkeit des Apparates und über die hohen Kosten der Produktion. Aber noch in allen Staaten ist die Industrie durch viele Stadien der allmählichen Perfektionierung gegangen.

Ganz Arabien hat während des letzten Jahrzehnts nach vielhundertjährigem Schlaf eine erstaunliche Renaissance erlebt. Mag sein, dass dies nach dem Abzug der europäischen Kolonialmächte eine fast zwangsläufige Entwicklung war; aber dass diese Entwicklung einen Kristallisationspunkt fand, ein Symbol, einen Führer, das ist Gamal Abd el Nasser zu danken. Wie General de Gaulle den Franzosen, so hat Präsident Nasser den Arabern Selbstvertrauen, Stolz und neuen Elan gegeben.

Er hat ferner ohne Revolution langsam eine Art Säkularisierung durchgeführt, das heißt, er hat es fertig gebracht, gewisse Belange aus dem rein religiösen Bereich herauszulösen und sie dem Staat zu überantworten, ohne dass die religiöse Intensität darunter gelitten hätte. Im Gegenteil, auch der Islam erlebt heute eine Art Renaissance – was allerdings für die religiösen Minderheiten, wie beispielsweise die etwa fünf Millionen Kopten (offiziell heißt

100562
Gamal Abd el Nassers Ausstrahlung reicht bis in die entferntesten Winkel Arabiens.

es, es gebe nur wenig mehr als eine Million), keineswegs erfreulich ist.

Die Ausstrahlung Gamal Abd el Nassers reicht bis in die fernsten Winkel Arabiens – selbst in Aden sind alle jungen, der Intelligenz zugehörigen Araber diesem Sinnbild arabischer Erneuerung vollständig verfallen. Darum ist es kein Wunder, dass man in Kairo mit souveräner Ruhe und politischer Selbstgewissheit die zurzeit gegen Nasser gerichteten Aktionen in Syrien und im Irak mit ansieht, ohne Gegenmaßnahmen zu ergreifen.

Die ägyptische Führung weiß, dass die Baath-Partei in beiden Ländern nur eine Minderheit darstellt, die über keine Führerpersönlichkeit verfügt, eine Minderheit, die es sich ganz und gar nicht leisten kann, die Kommunisten und die Nasseristen gleichzeitig zu Todfeinden zu haben.

In Kairo ist man darum überzeugt, dass Nasser eines Tages triumphieren wird: der legendenumwobene Nasser, der die Engländer aus der Kanalzone hinausgeworfen hat, der den Sueskanal nationalisierte, der, zwischen Ost und West lavierend, seinem Lande die Unabhängigkeit erhält – ein Staatsmann, der in den letzten zehn Jahren viele Erfahrungen gesammelt hat und der (worum mancher ihn beneidet) noch zwan-

zig Jahre vor sich hat, ehe er ein alter Mann sein wird.
Es ist überdies gar kein Zweifel, dass der ägyptische Präsident eines Tages die Nachfolge Nehrus als politischer Chef der so genannten »Non-committed Nations« antreten wird. Niemand anders hat ein so hohes Prestige wie er. Und überdies befindet er sich in der einzigartigen Situation, die Drehscheibe zwischen Asien und Afrika darzustellen: Er ist, ungeachtet der bestehenden Ländergrenzen, der ungekrönte König der Araber, und hat ein gewichtiges Wort auf dem afrikanischen Kontinent mitzureden.
Dies alles ist ihm keineswegs zugefallen. Diese Stellung hat er systematisch mit viel politischem Sinn, zäher Geduld und psychologischem Geschick ausgebaut. Ägypten hat heute mehr als fünftausend Lehrer an die anderen arabischen Staaten (und an Algerien) abgegeben. Ein Drittel der ägyptischen Zeitungsauflagen wird in den Nachbarstaaten konsumiert, und die Stimme Kairos hallt bis in die fernsten Ecken der arabisch sprechenden Welt.

7. Juni 1963

siehe auch
✤ **Ägypten**
✤ **Nasser, Gamal**

Kalkutta

Megastadt zwischen den Zeiten

Alle Schrecknisse des armen Südens scheinen sich hier zu konzentrieren

Von Thomas Gross

Wer es sich leisten kann, macht einen Bogen um diese Stadt. Touristen gibt es so wenige, dass der internationale Flughafen eine freudlose, staubige Schleuse geblieben ist. Geschäftsleute sehen das Häusermeer am liebsten von oben, auf dem Luftweg von Seoul oder Singapur nach Neu Delhi. Wer trotzdem kommt, tut es nicht ohne jenes Gruseln, das die Erzählungen vornehmlich europäischer Reisender geweckt haben. Kalkuttas Ruf in der Welt ist schlecht, so schlecht, dass der Elendsreport sich als führende Berichtsform durchgesetzt hat. Vorhölle, Moloch, Pestbeule Indiens – die Stadt scheint dazu verurteilt, alle Schrecknisse des armen Südens in sich zu konzentrieren.

Aber das ist nur der Blick von außen. Im Innern hat sich eine ganz andere Wahrnehmung erhalten, ein romantisches, fast zärtliches Verhältnis zur lokalen Tradition. Nicht dass die Lage als unproblematisch empfunden würde, das hieße, das Offensichtliche leugnen: den komatösen Verkehr, die schimmelnden Fassaden, das Heer der Flüchtlinge vom Land, deren provisorische, auf dem Bürgersteig errichtete Behausungen immer weiter ans Zentrum heranrücken. 13 Millionen Menschen sollen es inzwischen sein, alles platzt aus den Nähten. Doch im gebildeten Kalkutta sagt man sich: Slums gibt es anderswo auch, der größte Indiens liegt in Bombay. Und dass Günter Grass, dieser Geistesriese aus Deutschland, von einem »Haufen Scheiße« schrieb, »wie Gott ihn fallen ließ und Kalkutta nannte«, hat eine Wunde hinterlassen, die sich bis heute nicht schließen will.

Kalkutta war nicht nur einst das ökonomische und politische Zentrum Indiens, es sieht sich als Stadt des Geistes und der Literatur. Rabindranath Tagore, der Nobelpreisträger, Amit Chaudhuri, der letzte Flaneur, Amitav Gosh – alle kamen und kommen sie aus Kalkutta. Bis heute diskutiert man erregt die Frage, wann genau der Niedergang einsetzte, ob es an dem Tag war, an dem die Stadtverwaltung die Straßen nicht mehr regelmäßig mit Wasser sprengte, ob die Teilung Indiens schuld ist, die Kalkuttas Randlage verstärkte oder die Verlegung des Regierungssitzes nach Delhi.

Dass die Dinge nicht mehr sind, wie sie einmal waren, zehrt am Selbstbild. Die lokale Industrie liegt darnieder, der Hafen, in dem einst die East India Company ihre Güter umschlug, ist längst verschlammt und ohne Bedeutung. Dafür hat – ausgleichende Gerechtigkeit – der Liberalisierungsschub der Neunziger mitsamt seiner Aufbruchsrhetorik die Stadt nur peripher erreicht. Die wenigen Ladenketten nach internationalem Muster, die in der Park Street eröffnet haben, Kalkuttas urbanster Meile, können nicht darüber hinwegtäuschen: Das »Shining India« von Staatspräsident Vajpayee spielt anderswo.

Bangalore im Süden des Subkontinents boomt, Hyderabad hat sich zum Cyberabad gemausert, Kalkutta scheint bloß die Beschwörung des Vergangenen zu bleiben. Ein Geist der Verspätung beherrscht die Kaffeehäuser, in deren Wände noch keine Warenästhetik Einzug gehalten hat. Gewählt wird traditionell links, obwohl die kommunistische Lokalregierung in mehr als einem Vierteljahrhundert jenseits der Tatsache ihrer Machtausübung wenig erkennbar Gutes bewirkt hat. Doch auch die Verspätung kann identitätsstiftend sein: Ihre Ironie liegt darin, dass sie sich zugleich als Vorsprung auslegen lässt. In Kalkutta träumt man noch immer von einer politischen Kultur, in der der Geist den Ton angibt und die Stimme der Dichtung Gehör findet. Verlangt, ja schreit Indiens Weg in die Globalisierung nicht geradezu danach? Auf Autos, Computer und Kon-

100545

Mit seiner derben Äußerung über Kalkutta hat Günter Grass viele Einwohner der Stadt verletzt.

sum allein lässt sich die Zukunft jedenfalls kaum gründen. Und das, so der Umkehrschluss, kann letztlich nur bedeuten, dass Indien Kalkutta noch mehr braucht als umgekehrt.

Nur als angemessen wird es empfunden, dass hier, in Westbengalen, über Fragen des Fortschritts nachgedacht wird und nicht anderswo. Herr Datta-Ray hat sogar ein Gleichnis dafür gefunden. In anderen Metropolen der Welt begegne man zwei Streitenden mit Neugier, Unverständnis oder gar aktiver Teilnahme an der Auseinandersetzung. Die Stadt Tagores dagegen finde ihre Rolle im Abwägen, in der Schlichtung und Moderation. Datta-Ray ist Journalist beim ortsansässigen »Telegraph«, an diesem Abend steht er allerdings am Rednerpult und leitet eine öffentliche Diskussion zur Frage, wie dem rasenden gesellschaftlichen Wandel zu begegnen sei. »Die Vergangenheit ist unsere Gegenwart, die Vergangenheit ist unsere Zukunft«, fasst er seine Überlegungen zusammen, eine trotzige, stark dehnbare Formel, die beim Publikum ebenso gut ankommt wie die anderen Redebeiträge, in denen lokale Prominente sich als lokale Patrioten präsentieren.

Die Veranstaltung ist Teil einer Konferenz, die der Stadt drei interessante Tage beschert. Führende Intellektuelle aus allen Landesteilen haben sich angekündigt, Menschenrechtsaktivistinnen wie Aruna Roy, globalisierungskritische Stimmen wie Vandana Shiva, dazu Lehrstuhlinhaber aus dem Ausland. Zur Eröffnung spricht Ashis Nandy, Wissenschaftssoziologe und Leiter des Instituts für Entwicklungsstudien in Delhi. Nandy ist trotz seiner bengalischen Herkunft unverdächtig, den Kalkuttaern nach dem Mund zu reden, seine Reputation reicht weit über die Landesgrenzen hinaus. Und doch steht auch bei ihm »Ein Gefühl der Leere« im Zentrum. Seine These: Die indische Moderne sei letztlich steril geblieben, weil sie keinen Sinn für die mit ihr einhergehenden Verluste entwickelt hat.

Die Kluft zwischen Theorie und sozialer Wirklichkeit ist enorm

Dem gebildeten Publikum spricht das aus der Seele. Damen in Festtags-Saris applaudieren, würdige ältere Herren mit Hornbrillen stellen höfliche Fragen. Kalkutta spiegelt sich in dem, was hier über den Fortschritt und seine Auswirkungen gesagt wird, es genießt die Ausführungen des Professors, der die reichen religiösen Traditionen Indiens hervorhebt, und fühlt sich durch die klingenden Namen an glanzvolle Tage erinnert. Der Habitus auf den Podien ist international, die Rhetorik geschliffen, alles, was in Europa oder den USA den philosophischen Diskurs bestimmt, ist angekommen, inklusive der intellektuellen Moden. Gerade die Brillanz der Beiträge aber lässt einen Widerspruch zutage treten, den selbst die engagiertesten Aktivisten nicht aufheben können: Die Kluft zwischen Theorie und sozialer Wirklichkeit ist enorm. Kalkutta demonstriert es wie keine andere Stadt Indiens: Beim ersten Schritt aus dem Konferenzsaal heraus beginnt eine andere Welt.

Die klügsten Ausführungen der Konferenz liefern zugleich Material für eine Selbstanalyse der indischen Gesellschaft, und der Befund fällt nicht günstig aus. Die zuletzt acht Prozent Wirtschaftswachstum haben die Armutsstatistik zwar aufgebes-

Blick in ein Cholera-lager; das Engagement der alten Patrizier erschöpft sich oft genug darin, das Elend von der eigenen Tür fern zu halten.

100562

sert, aber die Ungleichheit im Lande weiter verstärkt. Analphabetismus, Kinderarbeit, häusliche Gewalt - keines dieser Probleme ist auch nur im Ansatz gelöst. Der Staat beschränkt sich aufs Verwalten, die Zivilgesellschaft ist nicht so entwickelt, wie die rege Diskussionskultur vermuten ließe. Der neue Mittelstand, der sich im letzten Jahrzehnt etabliert hat, genießt seinen Reichtum und kümmert sich sonst um nichts. Das Engagement der alten Patrizier erschöpft sich oft genug darin, das Elend von der eigenen Tür fern zu halten.

Die Sterilität der indischen Moderne äußert sich auch in einem Bildungsbürgertum, das sich gern reden hört, aber nur sehr zögernd eingreift. »Wehe, man erwartet Taten von ihnen«, sagt Venkateswar Ramaswamy, ein stiller Mann mit Bart, der eine große Wut mit sich herumträgt. Neben der Tür des kleinen Büros im Stadtteil Howrah hängt ein Bild von Gandhi nebst Sinnspruch: »Dienst am Menschen ist Dienst an Gott.« Drinnen Bastmatten und bunte Zeichnungen: Der Raum, der das Howrah Pilot Project beherbergt, wird zugleich als Schule genutzt, in der die Kinder des umliegenden Slums das Nötigste lernen. An der Wand steht ein Computer, der allerdings gerade außer Betrieb ist. Um ihn zum Laufen zu bringen, braucht man Strom, und den gibt es hier, auf der schlechten Seite der Stadt, nur auf Bestellung: über Mittelsmänner, die ihn illegal zapfen.

Venkateswar ist ein Abtrünniger seiner Klasse. Als junger Mann hat er es nicht mehr ausgehalten, privilegiert zu sein, während andere im Dreck leben müssen. Er studierte in England, wo er mit sozialistischen und sozialreformerischen Ideen in Berührung kam. Zurück in Kalkutta, reduzierte er sein Engagement in der kleinen Fabrik, die sein Vater ihm vererbt hat, auf ein Minimum, um sich der Arbeit für die Armen zu widmen. Venkateswar ist aber auch ein Beispiel für die Grenzen, die dem Engagement gesetzt sind, wenn die Stadt ihm nicht entgegenkommt. Nach langen Jahren ehrenamtlicher Tätigkeit, in denen er Formulare ausfüllte, vorsprach, Eingaben machte, Volontäre anlernte, kommunizierte, organisierte und analysierte, kann er zwar auf bescheidene Erfolge zurückblicken. Trotzdem kommt es ihm manchmal so vor, als habe sich im Grunde nichts getan.

Howrah ist die Schattenstadt Kalkuttas geblieben, der ungeliebte Zwilling auf der anderen Seite des Hooghly River, der die Stadt zerteilt. Als das lokale Bürgertum noch mächtig war, hat es hier seine Jutemühlen betrieben, heute rottet der Großteil der Anlagen vor sich hin. In den engen Gassen fehlt es an fließendem Wasser, bis zu 400 Menschen teilen sich eine Toilette. Die Zunahme von Automobilen hat den

Großteil der Rikschafahrer, die traditionell aus den Slums kamen, um ihre Arbeit gebracht. Fortschritt, sagt Venkateswar, hieße, die wilden Siedlungen zu legalisieren, eine Grundversorgung zu gewährleisten, den Kreislauf der Marginalisierung durch Teilhabe an der Ökonomie der Stadt aufzubrechen. Doch der Fluss des Geldes und der Konsumgüter fließt ebenso an Howrah vorbei wie die Datenströme moderner Kommunikation, und die wenigsten der Besitzenden nehmen Anstoß daran. Die Welten bleiben getrennt. »In Indien gibt es viele Zeiten. In den Zentren bewegt sie sich manchmal, an den Rändern scheint sie stillzustehen.«

Indien im tiefsten Stillstand lässt sich in den Provinzen um Kalkutta erfahren, wo die Tiere auf dem Asphalt dösen und die Menschen malerisch, aber seltsam verloren in der Landschaft herumstehen. Mitten im Busch, am Ende einer Schotterpiste, liegt das Hirbandh Primary Health Center, ein schmuckloser, rissiger Bau. Der Arzt, der hier mit zwei Krankenschwestern und einem Drogisten behandelt, führt durch die Räume, wo Durchfallkranke, Blutarme und Mütter mit Neugeborenen scheu von ihren Matratzen aufblicken. Er zeigt das Behandlungszimmer und entschuldigt sich für die Zurückhaltung seiner Patienten – Besucher aus der Stadt kämen sehr selten. Dass medizinische Hilfe ein Dialog sein soll, sagt er, dass man den Kenntnisstand und die Traditionen der Landbevölkerung berücksichtigen müsse.

Die meisten Sorgen bereitet das schlechte Trinkwasser

Der Wortschatz moderner Entwicklungshilfe ist bereits aufs Land vorgedrungen, wesentliche Teile der Infrastruktur sind es nicht. Das Telefon funktioniert nur in Ausnahmefällen, das Fehlen einer Ambulanz hat schon zu prekären Situationen geführt, dazu Medikamentenmangel und Stromausfälle. Die meisten Sorgen bereitet jedoch auch hier das schlechte Trinkwasser. Oft stehen die gerade als geheilt Entlassenen schon nach wenigen Tagen wieder vor der Tür, ein Teufelskreis, dem allein mit Medizin nicht beizukommen ist. Technisch wäre es kein Problem, einen tieferen Brunnen zu bohren, die deutsche GTZ, die das Projekt unterstützt, wäre binnen einer Woche dazu in der Lage, versichert der zuständige Field-Officer. Doch so ist die Förderung in diesem Fall nicht ausgelegt. Und die Mühlen der eigentlich zuständigen indischen Behörden mahlen langsam.

Ein anschauliches Beispiel bietet der Distriktverwalter, zugleich der oberste lokale Gesundheitszuständige. Hinter seinem riesigen Schreibtisch wirkt er wie der Präsident einer vergessenen Sowjetrepublik. Links an der Wand hängt eine Landkarte, auf denen die Gebiete verzeichnet sind, über die er herrscht. Der Mann hat wenig Zeit, seine Geduld wirkt schon stark strapaziert durch die Formulare, die ihm von Untergebenen gereicht werden, manchmal springen zwei gleichzeitig herbei. Kurz muss er überlegen, ob er die Frage nach dem langsamen Fortgang der Dinge im Health Center beantworten soll. Nun, sagt er dann, die einfachen Leute der Gegend müssten eben erst allmählich an die Zivilisation herangeführt werden, sonst sei der Schock für sie zu groß. Aber die Verantwortlichen in Kalkutta wüssten Bescheid, alles befinde sich auf bestem Dienstwege. Etwas Geduld, dann wird man weitersehen.

»Indiens Bürokratie gehört leider zu den übelsten der Welt«, erklärt Manish, ein junger Architekt, der auch als Stadtführer arbeitet. »Die Bürokratie hat Kalkutta ihr Gesicht gegeben.« Einer seiner »Heritage Walks« führt durch den ehemaligen Herrschaftsbezirk der Briten, wo die über den Fluss verschifften Waren aus den Provinzen in riesigen Lagergebäuden verschwanden. Ein paar Meter weiter das Writer's Building, ein Bau, wie ihn sich Kafka und Foucault gemeinsam ausgedacht haben könnten. Früher wurde hier hinter kolonialer Fassade penibel über die Plünderung des Landes Buch geführt, heute residiert in den Räumen ein Heer von Staatsdienern, deren Verwaltungsaufwand in umgekehrtem Verhältnis zum erzielten Ergebnis steht. Viele Geschichten kursieren über dieses steinerne Mahnmal der Ineffizienz, sarkastische Anekdoten, die dem Humor der Verwalteten entsprungen sind. »Es heißt, hier ginge kein Papier verloren. Ob es aber je wieder nach draußen gelangt, das ist die Frage.«

Dass die Globalisierung trotzdem nach Kalkutta vorgedrungen ist, zeigt sich ein paar Kilometer weiter, im Osten der Stadt,

100562

Slum in Kalkutta; »Indiens Bürokratie gehört leider zu den übelsten der Welt«, erklärt der Architekt Manish.

wo privates Kapital Enklaven geschaffen hat. Der Salt Lake Electronic Complex etwa glänzt mit verspiegelten Fassaden, wie man sie aus Bankenvierteln Europas und Amerikas kennt. Das Cyber-Städtchen, in Planquadraten angelegt und auf dem Gelände eines ehemaligen Slums errichtet, wirkt, als sei die digitale Moderne dem Gewebe der Stadt gewaltsam implantiert worden. Dynamische Business-Menschen mit Firmenpässen an der Brust schlendern über Straßen, die für Größeres bestimmt zu sein scheinen. SAP habe schon eine Filiale eröffnet, heißt es, demnächst werde auch Bill Gates kommen. Oft sind es aber gar keine Computer-Inder, die zu sehen sind, sondern Angestellte eines der vielen Callcenter, die hier eröffnet haben. Ihre Arbeit besteht darin, in geschultem Dienstleistungs-Englisch Auskünfte aller Art zu erteilen. Auch das ist Fortschritt: Wer aus London anruft und wissen will, wie das Wetter in Ohio ist, kann dies über Kalkutta erfahren.

Mit einem Job im Callcenter ist man auf der Höhe der Zeit

Noch fehlt die Schicht, die den passenden Lebensstil im alten Zentrum der Stadt verkörpert, doch unter der Jugend finden sich bereits erste Avantgardisten. Bei seiner Arbeit treffe er immer häufiger auf 20-Jährige, die von einer internationalen Karriere träumen, erzählt Dev, ein Fotograf in T-Shirt und Jeans: Tagsüber hängen sie in einem der modernen Coffeeshops an der Park Street herum und führen ihre Klamotten spazieren, abends gehen sie in eine der Diskotheken, die in den umliegenden Luxushotels eröffnet haben. Auch die Arbeit im Callcenter werde keineswegs als Lohnsklaverei verstanden, die meisten fühlten sich chic und auf der Höhe der Zeit. Manchmal wundert sich Dev, was für Vorstellungen sich in den Köpfen der jungen Leute festgesetzt haben, und kommt sich mit seinen 30 Jahren bereits ein wenig alt vor. »Noch vor wenigen Jahren wäre es in Kalkutta undenkbar gewesen, dass höhere Töchter nicht um neun Uhr abends zu Hause sind.«

Dev, der rasend schnell spricht und dann wieder lange nachdenkt, sieht sich zwischen den Zeiten: dem Kalkutta, das kommen wird, und der Stadt, in der er aufgewachsen ist. Dem Konsumismus der Teens und Twens steht er genauso reserviert gegenüber wie den ewigen Selbstbeweihräucherungen des lokalen Patriziats. Wegziehen will er trotzdem nicht, das Geschäft läuft gut. Seine Bilder werden nicht nur in indischen Magazinen, sondern auch in Hongkong und Mailand gedruckt, vor einigen Monaten hat er sogar das Plakat für eine Ausstellung in Kopenhagen entworfen. Die Entfernung spielt dabei keine Rolle mehr – wozu gibt es schließlich das Internet? Dev lehnt sich zurück und checkt kurz das Display seines Handys. Er kann es sich leisten, in Kalkutta zu bleiben, weil er die Stadt für seine Existenz nicht mehr braucht. *19. Mai 2004*

siehe auch

✣ **Indien**

Kamele

Die Nomadin

Eine Frau aus Hessen erforscht das Zusammenleben von Mensch und Kamel

Von Sabine Etzold

Ilse Köhler-Rollefson hat sich mit ihrer Arbeit ganz dem Leben der Nomaden und ihrer Tiere verschrieben. Schon vor 20 Jahren gründete die 49-jährige Tiermedizinerin aus Wembach in der Nähe von Frankfurt die Liga für Hirtenvölker. Heute lebt sie sechs Monate im Jahr in der indischen Provinz Rajasthan bei der Nomadenkaste der Raika und ihren Dromedaren. Für ihr Engagement bei der Erhaltung der Herden und der uralten Hirtenkultur der Raika wurde sie mit dem Ehrenpreis der Rolex-Stiftung ausgezeichnet. Wer alles über Ilse Köhler-Rollefson erfahren will, lässt am besten die Mutter reden. Die Forscherin selbst sitzt daneben und hört zu, wie die alte Dame zu ihrer Linken wortgewaltig Episoden aus dem Leben der Tochter zum Besten gibt. »Also, das mit den Kamelen fing an, als Ilse 1984 nach ihrem tiermedizinischen Studium ein Stipendium hatte, um in Jordanien bei Ausgrabungen zu helfen wegen ihrer Kenntnisse in der Knochenarchäologie.«

100003

Kamele sind das Forschungsobjekt Ilse Köhler-Rollefsons, seit sie sich im Rahmen eines Stipendiums in Jordanien aufhielt, um bei Ausgrabungen zu helfen.

»Das mit den Kamelen« ist der Beginn der großen Liebe von Köhler-Rollefson zu den nomadisierenden Hirten und ihren Tieren. Jeden Tag zogen damals am Ausgrabungsort Kamelherden vorbei. Die Abende verbrachte sie am Feuer der Beduinen. Die nahmen sie freundlich auf, auch wenn man kein Wort miteinander wechseln konnte. Kommt Köhler-Rollefson selbst zu Wort, erzählt sie fasziniert von der »besonderen symbiotischen Gemeinschaft von Hirten und ihren Herden« und wie sie, die heute 49-Jährige, durchs Leben nomadisierend, zu ihrem Betätigungsfeld kam.

Es liegt in der indischen Provinz Rajasthan. Hier leben die Raika, eine Kaste, deren Lebensgrundlage, die Dromedarherden, bedroht ist. An der lebendigen Vorlage erforscht sie, wie eng die Menschen über Jahrhunderte ihr Leben mit dem der Tiere verflochten haben – und sich eine eigene Kultur gebildet hat. Nun drohen die Traditionen zu verschwinden. Ideen über Landwirtschaft, Rentabilität und Landschaftspflege, importiert aus dem Westen, bringen das angestammte Leben ihrer Studienobjekte aus dem Gleichgewicht.

Sechs Monate im Jahr verbringt sie hier und versucht zu retten, was noch zu retten ist. Sie behandelt kranke Tiere. Sie hilft im Kampf gegen korrupte Beamte um Weiderechte und versucht in Forschungsberichten die wissenschaftliche Welt für die Probleme der Nomadenvölker zu interessieren.

Bis sie eine Anerkennung wie den Rolex-Preis erhielt, ist sie – fast den Nomaden gleich – viel umhergezogen auf der Suche nach dem eigenen Leben und fruchtbaren Forschungsgründen. Die Enge hiesiger Tierarztpraxen hat sie nach dem Studium an der Tierärztlichen Hochschule Hannover fortgetrieben. »Ich wollte immer raus,

hab immer irgendwas gesucht«, sagt sie. Ein vages, »aber unwiderstehliches Gefühl« hat sie nach England geführt, in die USA, in den Sudan. Beim Projekt in Jordanien fand sie nicht nur Kamelknochen aus dem 8. Jahrhundert nach Christus, sondern auch den Ehemann. Der Amerikaner ist auf die Prähistorie des Vorderen Orients spezialisiert.
Die heute 18-jährigen Zwillinge, Tochter und Sohn, wurden noch in Amman geboren. Dann wechselte ihr Mann an die Diego State University, die Familie ging in die USA. Sie selbst bekam dort ein Forschungsstipendium, mit dem sie 1990 zum ersten Mal nach Indien reisen konnte. Ihr Auftrag: Feldforschung zur Sozioökonomie der indischen Kamelhaltung. Damit ging ihr Leben mit den Raika los. Und mit den Dromedaren.
Als die Stelle ihres Mannes weggespart wurde, landet die Familie in ihrem Elternhaus im hessischen Wembach, einem Städtchen nahe Frankfurt, bei der Mutter. Und hier lebt sie immer noch – die anderen sechs Monate des Jahres. Im 200 Jahre alten Fachwerkhaus mit dicken Steinmauern, Dielenböden und einer schlafenden Katze auf dem Kamin in der Wohnküche hat Köhler-Rollefson sich einen Raum »erobert«, den Hunderte von Holz-, Stoff- und Steindromedaren bewachen und dessen leuchtende Teppiche und Kissen indische Farbenpracht unters Fachwerkgebälk zaubern. Hier kann sie sich auch bei jedem Aufenthalt neu überzeugen, dass ihre Zwillinge trotz elterlicher Abwesenheit (ihr Mann ist vor etlichen Jahren zurück in die USA gegangen) bei der Oma bestens aufgehoben sind. Die sagt: »Ich habe sie praktisch aufgezogen, sie wurden ja als Babys hier bei mir abgegeben.«
Einmal während des Gesprächs steckt der weibliche Teil der dritten Generation den blonden Kopf durch den Türspalt: »Oma, beantwortest du wieder mal alle Fragen für die Mama?« Die alte Dame ist nur kurz irritiert, lässt sich aber nicht stoppen. »Und dann hat die Ilse die Familie ernährt.« Ihre Tochter interveniert: »Ist ja gut, Mutti!« – »Nein, das muss mal gesagt werden. Du erzählst das ja doch nicht!«
Es begann damals eine schwierige Zeit. Das Land Hessen half mit einem Wiedereingliederungsprogramm für Frauen in den Beruf. Aber im deutschen Hochschulklima gedeihen Ideen wie die ihren schlecht, verkümmern oft in einer starren Fächereinteilung, die keinen Raum lässt für Multidisziplinarität und wissenschaftliches Nomadentum. Fast wäre ihre Habilitation zu »Kamelkultur und Kamelhaltung bei den indischen Raika. Ein Beitrag zum interkulturellen Vergleich von Mensch-Tier-Beziehungen« daran gescheitert, dass sie fachlich nicht einzuordnen war. Zoologie? Ethnologie? Tierzucht? »Ich habe nirgendwo hingepasst«, sagt sie. Die Lehrbefähigung hat sie dann an der Münchner LMU erhalten, in »Geschichte der Tiermedizin« – einem Fach, »dem sich keine einzige meiner Veröffentlichungen zuordnen lässt«.

Ihr Buch ist eine Art Bibel für die Kamelheilkunde geworden

Von ihrer wissenschaftlichen Arbeit – über 60 Publikationen – macht sie wenig Aufhebens. Dafür bleibt die Mutter unbeirrt bei der Sache: »Du musst dein Buch erwähnen, du erzählst doch mal wieder nur die Hälfte!« Richtig, ihr Handbuch über Kamelkrankheiten und deren Heilung ist eine Art Bibel für Kamelheilkunde geworden. Ohne das Wissen der Raika hätte sie es nie schreiben können. Dromedare sind für die Raika mehr als einfache Nutztiere. Sie gelten fast als Familienmitglieder, und der Umgang mit ihnen ist mit einer Reihe von Tabus geregelt. So wird ihr Fleisch niemals gegessen, ihre Milch nicht getrunken, ihre Wolle nicht weiterverarbeitet. Geld bringen die Herden allein durch den Verkauf der männlichen Jungtiere: Sie dienen den Bauern als Verkehrsmittel.
Die Hirten ziehen neun Monate im Jahr durchs Land, um die Herde zu weiden. Doch seit große Regionen zu privatem Nutzland oder Naturschutzgebieten wurden, ist Weideland knapp geworden. »Naturschutz nach westlichem Modell«, ereifert sich Köhler-Rollefson, »ganze Landstriche werden hermetisch dichtgemacht. Keiner begreift, dass Mensch und Tier auch zur Natur gehören.« Als Folge davon bekommen die Dromedare nicht genug zu fressen. »Chronisch hungerkrank«, sind sie anfälliger für Krankheiten. Etwa für eine Art Malaria, einen durch Stechmücken übertragenen Blutparasiten, der zu Fehlgeburten führt. Von den Raika hat

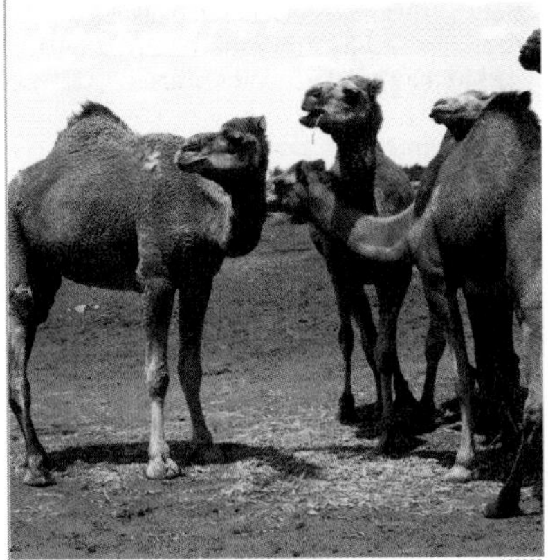
100003
Dromedare sind für die Raika mehr als einfache Nutztiere; sie gelten fast als Familienmitglieder.

Köhler-Rollefson gelernt, die Krankheit am Geruch des Urins der Tiere zu diagnostizieren.
Ihre Arbeit erfordert oft mehr als tiermedizinisches Geschick. Denn die Raika selbst sind keineswegs unproblematisch. Sie haben den Ruf, die rückschrittlichsten, halsstarrigsten Bewohner ganz Rajasthans zu sein, »nicht zu Unrecht«. So wacht ein Ältestenrat darüber, dass Tabus nicht gebrochen und Bräuche eingehalten werden. Etwa darüber, dass Mädchen und Frauen nur die vorgeschriebene Kleidung tragen. Andererseits stehen Mädchen - anders als sonst in Indien - hoch im Kurs. Hier zahlt die Familie des Mannes, nicht die der Frau den Hochzeitspreis. »Wer nur Söhne hat, ist arm dran«, und wenn gar kein Geld da ist, muss der künftige Schwiegersohn - wie der biblische Joseph - sieben Jahre lang ohne Lohn für seine Schwiegereltern arbeiten. Erst dann darf er heiraten.
Anfangs fand sich Ilse Köhler-Rollefson nur mühsam in dieser Welt zurecht. Sie hat Fehler gemacht. Etwa indem sie die Raika überredete, die Milch der Dromedare gegen die Vorschrift doch zu verkaufen. »Das brachte zwar kurzfristig mehr Geld, aber den Jungtieren fehlte nun Milch, und sie wurden noch anfälliger für die Räude.« Das Hauptproblem aber seien derzeit korrupte Forstbeamte, die den Herden für sattes Bestechungsgeld gelegentlich die verbotenen Weidegebiete öffnen - oder sie dichtmachen, wenn sie mehr Geld wollen. Zum Glück hilft ihr jemand im Kampf gegen die Korruption. Ohne Hanwant Singh Rathore könnte sie sich wohl nicht durchsetzen. Hanwant, erfährt man von der Mutter, ist »Ilses Produktmanager« und ein »hoch angesehener Mann. Er gehört der Kriegerkaste an.« Außerdem spricht er alle Dialekte der Raika. Auf ihn hört der Ältestenrat, vor ihm haben die Forstbeamten Respekt. Mit ihm zusammen hat sie 1996 auch die nichtstaatliche Organisation Lokhit Pashu-Palak Sansthan gegründet, eine Nachfolgeorganisation der von ihr einst ins Leben gerufenen Liga für Hirtenvölker.
Jetzt ist die Nomadin in ihrem Doppelleben sesshaft geworden, unterm Wembacher Fachwerk und im eigenen kleinen weißen Bungalow in Rajasthan. Auch die chronischen Finanznöte haben nachgelassen, seit sie als Beraterin für die Hilfsorganisation Misereor und die GTZ arbeitet.
»Näher am Leben« fühlt sie sich in Rasjasthan. Wenn sie etwa des Nachts vor einer internationalen Konferenz der Nachbarin bei der Entbindung beisteht. Oder ein vom tollwütigen Hund gebissenes Kind am Dorfheiler vorbei zum Arzt bringt. Demnächst wird sie zusammen mit Hanwant und ihrer Organisation auf dem eigenen Land einen internationalen Kongress von Pastoralisten - von Hirtenvölkerforschern - ausrichten. Dort soll es unter anderem darum gehen, die Ansprüche dieser Völker auf die genetischen Ressourcen ihrer Haustierrassen zu sichern. »Wir wollen die Tiere nicht nur nach ihren Phänotypen klassifizieren, sondern auch nach traditionellen Merkmalen.« Was das bedeutet, erklärt sie anhand der beiden Rinder, die sie zwecks praktischer Forschung gekauft hat: Die wehrhafte Sorte ist mittels Zucht darauf spezialisiert worden, es mit ihren langen spitzen Hörnern auch mal mit Leoparden aufzunehmen. Und eine weitere bizarre Verhaltensweise haben die Nomaden den Tieren angezüchtet: Sie lassen sich nur von Raika-Männern mit rotem Turban melken. *7. November 2002*

siehe auch
✣ **Verhaltensforschung**
✣ **Tiermedizin**

Karakorum

Die Supermacht im Osten

Archäologen erkunden Karakorum, die Hauptstadt des Dschingis Khan

Von Werner Pluta

Mit ein paar goldenen Dächern hatte der Reisende mindestens gerechnet. Oder Brunnen, aus denen Milch und Honig fließen. Schließlich war das Ziel seiner zehnmonatigen Fahrt die Hauptstadt eines Weltreichs. Ernüchtert notierte Wilhelm von Rubruk am ersten Tag: »Die Stadt ist nicht einmal so stattlich wie der Marktflecken St. Denis.« Die an Ostern 1254 ins Tagebuch gekritzelte Enttäuschung des Gesandten von König Ludwig IX. und Papst Innozenz IV. galt der mongolischen Hauptstadt Karakorum, der Hochburg der Horden Dschingis Khans, der größten Kriegsmacht des 13. Jahrhunderts. Die wilden Reiter aus dem Osten hatten in wenigen Jahrzehnten das größte zusammenhängende Reich der Menschheitsgeschichte etabliert.

Die östliche Supermacht hatte 1206 erste Konturen angenommen. In diesem Jahr ließ sich der Stammesfürst Temudschin zum Führer aller Mongolen ausrufen. Der 44-Jährige hatte das Kunststück vollbracht, alle Stämme zu einen. Fortan nannte er sich Dschingis Khan – ozeangleicher Herrscher – und begann unverzüglich die Nachbarn das Fürchten zu lehren. Nicht einmal die chinesische Mauer sollte den Kriegsfürsten davon abhalten, 1210 den südlichen Nachbarn zu überrennen. Als Dschingis Khan 1227 starb, beherrschte er ein Imperium vom Pazifik bis zum Kaspischen Meer, von Nordafghanistan bis zum Amur.

Dschingis' Sohn und Nachfolger Ögedei führte die Eroberungszüge konsequent fort. Nur einem Zufall verdankt Mitteleuropa womöglich, nicht auch noch überrollt worden zu sein. Die Mongolen standen bereits vor Wien, als die Heere im Mai 1242 plötzlich abzogen – die Nachricht hatte sie erreicht, dass Ögedei Khan gestorben war. Das mongolische Imperium erstreckte sich nun bis zum Mittelmeer, und die Bedeutung von Karakorum war immens – obwohl der Khan selten in seiner Hauptstadt residierte. Als Nomadenführer bevorzugte er seinen mobilen Unterschlupf; die Kapitale hatte er bloß aus weiser Voraussicht gebaut. »Man kann ein Reich vom Rücken der Pferde aus erobern, indes nicht vom Rücken der Pferde verwalten«, lautet eine alte chinesische Weisheit aus der Han-Zeit. Dschingis Khan beherzigte den Rat. 1220 befahl er die Gründung einer Hauptstadt. Ögedei vollendete sie 1235.

Die Gesandtschaft, die sich heute in der Stadt aufhält, muss noch genauer hinsehen als damals Wilhelm von Rubruk, will sie in der Steppe urbane Strukturen ausmachen. Die Mongolisch-Deutsche Karakorum-Expedition (MDKE) gräbt in der Zentralmongolei nach den Resten der untergegangenen Metropole, 360 Kilometer westlich der heutigen Hauptstadt Ulan-Bator. Zur MDKE gehören Forscher der Bonner Universität, des Deutschen Archäologischen Instituts und der Mongolischen Akademie der Wissenschaften.

Da die Nomaden über keine Kenntnisse im Städtebau verfügten, gab der damalige Bauherr Green Cards aus für ausländische Fachkräfte – Freiwillige und Kriegsgefangene. Die Fremdarbeiter drückten Karakorum ihren städtebaulichen Stempel auf. »Chinesische Prinzipien der Stadtplanung« hat der Bonner Archäologe Helmut Roth in den Fundamenten ausgemacht. So teilten Mauern die einzelnen Stadtteile ab. Ebenso waren die Häuser aus Ziegeln chinesischer Art gebaut, dem Klima Rechnung tragend mit Bodenheizung und temperierten Bettpodesten, so genannten Kangs.

»Vortreffliche Künstler und Handwerker« produzierten »feine Textilien und Luxusartikel«, berichtete schon der persische Gelehrte al-Umari, nachdem er die großen Manufakturen Karakorums aufge-

Bevor Dschingis Khan 1227 starb, beherrschte er ein riesiges Imperium vom Pazifik bis zum Kaspischen Meer.

sucht hatte. Im Stadtzentrum schwangen Schmiede ihre schweren Hämmer. Sie dengelten Pflugscharen, Wagenbeschläge und Räuchergefäße für den Gotteskult. Goldschmiede bogen in ihren Werkstätten kunstvolle Preziosen. Und in einer Glashütte gossen die Werktätigen Perlen und Spielsteine, die im Erdreich die Jahrhunderte ohne Schaden überstanden haben.

Relikte aus dem Steppenboden erzählen von städtischem Leben

Die Relikte, die die Bonner Archäologen aus dem Steppenboden kratzen, erzählen von lebhaftem städtischem Leben. Über gepflasterte Hauptstraßen rumpelten Lastkarren mit Waren aus aller Herren Länder. Ausländische Devisen, Porzellan, ein kleines chinesisches Gefäß voll Quecksilber zeugen von mannigfaltigen Beziehungen der mongolischen Global Player, die seinerzeit gar Marco Polos Vater Nicolò zum Tee empfangen hatten.

Besonders stolz sind die Bonner Ausgräber auf ein mit chinesischen und mittelasiatischen Mustern verziertes Goldarmband aus dem 13. Jahrhundert. »Ein sensationeller Fund«, schwärmt Roth und beginnt umgehend, aus dem Kleinod ein Kapitel Wirtschaftsgeschichte zu lesen. Das Armband sollte offensichtlich eingeschmolzen werden: Die Steine sind herausgebrochen, es ist zusammengedrückt. In der zweiten Hälfte des 13. Jahrhunderts führte Kubilai Khan, Neffe des Karakorum-Erbauers Ögedei, Papiergeld ein, das aus der Rinde des Maulbeerbaums gefertigt wurde, wie Marco Polo berichtet. Kubilai schränkte gleichzeitig den Goldbesitz ein. Das Edelmetall musste in Ausgleichsbanken abgeliefert werden. Auf Verstöße gegen den Umtauscherlass standen drakonische Strafen, bis hin zum Todesurteil. In den Banken wurden Goldgegenstände zu 1 800 Gramm schweren Barren eingeschmolzen. »Meines Erachtens haben wir hier den Hinweis auf eine solche Ausgleichsbank im Zentrum der Stadt«, sagt Roth.

Einen halben Kilometer entfernt legt Roths Kollege Hans-Georg Hüttel vom Deutschen Archäologischen Institut den »Palast des Zehntausendfachen Friedens« frei. Hier, im Südwesten der Stadt, regierte der Herr der eurasischen Welt in einem »Palast wie eine Kirche, mit einem Mittelschiff und zwei Seiten hinter zwei Säulenreihen«, wie der Gesandte Rubruk damals ehrfürchtig feststellte. Hier stieß er endlich auf den Brunnen, aus dem Milch und Honig flossen. Er war aus Silber und hatte die Form eines Baumes: das Werk des französischen Kriegsgefangenen Guillaume Boucher. »Innerhalb des Baumes gehen vier Röhren bis zum Gipfel empor. Eine dieser Röhren lässt Wein aus sich herausfließen, die andere vergorene Stutenmilch, die dritte ein Honiggetränk, die letzte Reisbier«, schrieb Rubruk – schließlich doch noch gänzlich entzückt von seinem Trip gen Osten.

Nach Hüttels Befund ruhte die quadratische Palasthalle auf 64 Säulen. Die 35 Meter langen Wände bestanden nur bis in Brusthöhe aus festem Mauerwerk. Darüber war das Holzskelett mit Stoff verhängt. Ausgelegt war der Boden mit grün glasierten Kacheln, fabriziert im palasteigenen Brennofen. Der Palast der Khane hatte nichts vom Schloss eines europäischen Adligen. Hüttel glaubt, dass in dem »funktionalen Bau« Audienzen abgehalten, Gesandte empfangen, Edikte ausgegeben wurden.

Vergeblich fahndeten die Archäologen im Palast bisher nach Bouchers Honigbrun-

100264

Diese steinerne Schildkröte in den Ruinen der ehemaligen Mongolenhauptstadt gehörte zur Palastanlage des Großkhans Ögädäi (erste Hälfte des 13. Jh.).

nen. Stattdessen stießen sie auf Reste eines buddhistischen Heiligtums – so alt wie der Palast. Mit dem Fund wirbelt Hüttel die Kunstgeschichte durcheinander. Nicht erst im 16. Jahrhundert begann im nördlichen Zentralasien die buddhistische Periode, sondern schon im 13. und 14. Jahrhundert.

Offensichtlich frönte Karakorum exakt zu Zeiten der Kreuzzüge fröhlichem Multikulturalismus. Neben mongolischen Beamten flanierten Chinesen, Inder, Georgier, Armenier, Sarazenen und Alanen durch die Straßen. Auch Deutsche, Franzosen, Russen und Ungarn hinterließen ihre Spuren als Beamte in mongolischen Staatsdiensten, aber auch als Gesandte und Handwerker. Die Stadt war, wie Rubruk berichtet, geprägt von religiöser Toleranz: »Es gibt zwölf heilige Tempel unterschiedlicher Nationen, zwei Moscheen, wo das Gesetz Mohammeds ausgerufen wird, und eine christliche Kirche befindet sich ganz am Ende der Stadt.«

Die Pracht währte nicht lange. Gerade einmal zweieinhalb Jahrzehnte blieb Karakorum das Zentrum der Welt. Schon 1260 verlegte Kubilai Khan seine Residenz nach China. Die Ming vertrieben schließlich 1368 Kubilais Herrscherdynastie. Zwölf Jahre später wurde Karakorum von den Chinesen niedergebrannt, die Stadt behielt aber ihre Bedeutung als nationales Symbol. Eine mongolische Reichsversammlung beschloss im Jahr 1415 den Wiederaufbau. Im späten 16. Jahrhundert aber verfiel die Stadt endgültig und wurde zum Steinbruch für das buddhistische Kloster Erdene Zuu.

Elf Jahre nach dem Ende des Kommunismus ist der Karakorum-Erbauer Dschingis Khan für die Mongolen ein identitätsstiftendes Symbol. Viele tragen Khan auf dem T-Shirt, man zahlt mit dessen Konterfei, nippt genüsslich an einem Chinggis Beer oder Khan Bräu. Bei dessen Herstellung bedient man sich erneut ausländischer Kenntnisse – gebraut wird nach deutschem Reinheitsgebot. *3. Januar 2002*

siehe auch
- **Buddhismus**
- **Dschingis Khan**
- **Mongolei**

Erich Kästner

Mein Kästner

Erinnerungen an den Dichter und Freund zum 100. Geburtstag

Von Rudolf Walter Leonhardt

»Wie haben Sie eigentlich Erich Kästner kennen gelernt?« wurde ich während der letzten Wochen häufiger als während der letzten Jahre gefragt. Ob das der Literaturgeschichtsschreibung hilft? Im Übrigen ist die Frage nicht leicht zu beantworten. Es ist alles so lange her.

Wie die meisten meines Jahrgangs (1921) habe ich zunächst einmal Kästners Kinderbücher kennen gelernt. Dann kamen die Gedichte dran, von »Herz auf Taille« (1928) bis »Gesang zwischen den Stühlen« (1932). Mit zwölf durfte ich sie eigentlich nicht mehr lesen, denn da waren sie in Deutschland verboten worden. Aber wer wollte, fand schon hier und da ein Exemplar. Da entdeckte ich: »Man hat unsern Körper und hat unsern Geist / ein wenig zu wenig gekräftigt. / Man hat uns zu lange, zu früh und zumeist / in der Weltgeschichte beschäftigt. // Die Alten behaupten, es würde nun Zeit / für uns zum Säen und Ernten. / Noch einen Moment. Bald sind wir bereit. / Noch einen Moment. Bald ist es so weit! / Dann, zeigen wir euch, was wir lernten!« Meine Generation fand das gut. Und bald konnte sie es ja auch nachempfinden. Freilich, wie das so ist mit dem Lernen und dem Zeigen: Es fällt immer etwas anders aus, als man sich das vorgestellt hatte.

Inzwischen hatte ich alles von Kästner gelesen. Mein Lieblingsbuch wurde der Roman vom Fabian. Aber bis ich den Autor kennen lernte, dauerte es noch immer eine Weile. Ich war in Cambridge und in London, er in Berlin und in München. Und die Stimmung war umgeschlagen. Die Nachkriegsgeneration sah Kästner anders als wir.

Den Bericht verdanke ich Werner Schneyder, dessen Kästner-Biografie die originellste ist: »Den Jungen war über Eltern und Lehrer ein ganzes Lebensalter verdächtig geworden. Alles, was dieser Generation angehörte, konnte nur spießig, faschistoid, Feindbild sein. Erich Kästner war für die, die in den Sechzigerjahren zu denken und zu handeln begannen, von vornherein einer von jenen. Er entstammte der Generation, die den Faschismus nicht verhindert hatte«. Es war diesen Jungen eher ein Rätsel, warum ein Verfasser einer Geschichte wie »Das doppelte Lottchen« von den Nazis geächtet war.

Als wir einander kennen lernten, war es noch das große Thema – Stichwort »innere Emigration«: Warum ist er, der doch alle Möglichkeiten, gute Beziehungen und genug Geld hatte, ins Ausland zu gehen, freiwillig im Nazideutschland geblieben?

100562

Erich Kästner

Das war Ende der Fünfzigerjahre, und wenn ich mich an meine ersten Begegnungen mit Kästner zu erinnern versuche, dann sehe ich immer ein Mikrofon zwischen uns. Mal in München, mal in Hamburg, mal in Berlin, in Rundfunk- und

Fernsehstudios. Und immer ging es um dieses Thema.
Bald pflegten wir an das Tagesgeschäft noch ein paar private Nachtstunden anzuhängen. In einer Bar, zum Beispiel, oder in einem Nachtklub, den beinahe obligatorischen Whisky vor uns. Am Ende trafen wir einander oft auch ohne geschäftlichen Vorwand, mal bei ihm, mal bei mir und noch immer meistens in Bars. Vier Wochen in Berlin, vier Wochen in München. Er war in

2336

Einband von Kästners Jugendbuch »Emil und die Detektive« (Originalausgabe von 1929)

jenen Fünfziger-, Sechzigerjahren sicher kein flotter Casanova mehr, obwohl sich an seiner Anziehungskraft für Frauen nicht viel geändert hatte. Er war nach wie vor elegant angezogen, um den Gürtel herum ein wenig füllig geworden, was bei ihm vor allem dadurch auffiel, dass er ja nicht sehr groß war, aber greisenhaft und krank, wie manche seiner Biografen ihn gesehen haben wollen, kenne ich ihn nur aus seinen allerletzten Lebensjahren, 1972 bis 1974. Er hatte eine sehr angenehme, ruhige, tiefe, gelassene Stimme. Ein Sachse konnte den Tonfall seiner Dresdner Heimat hören. Aber er bevorzugte den bayerischen Gruß »servus«, und wo ich »je nun« sagte, sagte er »na ja«.
Die Frage, warum er denn in Deutschland geblieben sei, beantwortete er nicht immer geduldig. Aber sie war ihm nicht peinlich. Er brauchte sich wirklich keine Vorwürfe zu machen. Er hat niemandem geschadet und manchen helfen können.
Die beiden Standardantworten, vor allem fürs Mikrofon, hießen so:
Erstens: Ich hätte das Leben ohne meine Mutter nur schwer ertragen; meine Mutter das Leben ohne mich vielleicht überhaupt nicht.
Zweitens, in einer 1946 geschriebenen Version: »Ein Schriftsteller will und muss erleben, wie das Volk, zu dem er gehört, in schlimmen Zeiten sein Schicksal erträgt. Gerade dann ins Ausland zu gehen rechtfertigt sich nur durch akute Lebensgefahr. Im Übrigen ist es seine Berufspflicht, jedes Risiko zu laufen, wenn er dadurch Augenzeuge bleiben und eines Tages schriftlich Zeugnis ablegen kann.« Die erste Version hat das Ihre beigetragen zu einem verzerrten Kästner-Bild. Auch der bereits Fünfzigjährige erscheint da noch als heulender Junge am Schürzenzipfel seiner Mutter. Dem sollte man entgegenhalten, dass der junge Mann, der Mitte der Zwanzigerjahre nach Berlin und dann nach München zog, die Wohnung der Mutter in Dresden kaum noch betreten hat. Die besitzergreifende Liebe ging von der Mutter aus. Dem Jungen half sie, anderen Frauen klar zu machen, dass er gewissermaßen mit seiner Mutter verheiratet sei und dass ihm vor anderen Ehen grauste.
Neben der Mutter gab es (mindestens) drei Frauen, die versessen darauf waren, Kästner zu heiraten.
Da war zunächst die große Jugendliebe, da waren die acht Jahre mit Ilse Julius von 1919 bis 1926. Es ist davon nichts geblieben als ein schönes »sachliches« Liebesgedicht.
Dann kam Luiselotte Enderle. Sie entdeckte ihre Liebe zu Kästner in Berlin und nahm ihn in ihre Wohnung auf, nachdem seine 1944 von Bomben zerstört worden war. Beide konnten sie mit der Ufa aus Berlin nach Tirol fliehen und schließlich in München unterkommen.

In München begegnete er 1949 Friedel Siebert. Sie war 27 Jahre jünger als er und sehr attraktiv. Lotte war eifersüchtig, ließ das junge Paar durch Detektive aufstöbern. Doch Friedel und er blieben zusammen; im Dezember 1957 wurde der Sohn Thomas geboren.

Erich glaubte naiv, sich mit zwei Frauen arrangieren zu können

Erich glaubte, naiv, wie Männer sind, das müsse sich doch arrangieren lassen. Lotte könnte doch die Rolle der inzwischen gestorbenen Mutter Kästner übernehmen. Friedel hatte ihr Kind. Er selber wollte viel arbeiten und zwischendurch, schön gerecht, mal die mütterliche Freundin, mal die Geliebte und den Sohn besuchen. Das wurde natürlich nichts. Lotte zeterte, bekam Anfälle, betrank sich immer häufiger. Und sie schikanierte Friedel. 1964 zogen Mutter und siebenjähriger Sohn nach Berlin. Kästner schlug einen Vertrag vor, der ihn verpflichtete, jeweils vier Wochen in Berlin und vier Wochen in München zu sein.

Mitten in diesen Schlamassel geriet ich hinein. Wo Kästner sich aufhielt, konnte ich allenfalls von einer seiner Sekretärinnen erfahren. Am 1. Juni 1965 kam ein kleiner Brief: »Sehen Sie mir meine kaum halb geglückte Geheimnistuerei nach! Meine Versuche, einen privaten Kompromiss zu ermöglichen, den ›München‹ leider nicht verkraften kann, haben mir schließlich die Haut abgezogen.« Eine gut gelaunte Arbeitsgemeinschaft waren wir in diesen beiden Jahren, 64 und 65, ziemlich oft zusammen, denn wir hatten Arbeit zu tun. Anfang 1964 trat der S. Fischer Verlag an mich heran: Ob ich nicht Lust hätte, einen Sammelband über Kästner herauszugeben. Ich nahm an unter der Bedingung, dass beide Seiten, Autor und Verlag, mir völlig freie Hand gäben. Hier sah ich die Gelegenheit, etwas zu tun für Kästners zweite Standardantwort auf die Frage, warum er nicht emigriert sei.

Ich hatte da schon vorher immer wieder gebohrt: Er müsse jetzt schreiben über Deutschland unter der Naziherrschaft. Er hatte es doch als »Berufspflicht« bezeichnet, der Augenzeuge zu sein, der eines Tages schriftlich Zeugnis ablegt. »Die Vergangenheit kommt schon noch dran; jetzt ist erst mal die Zukunft wichtiger.« Ein Staatssekretär Globke, die Wiederaufrüstung und die Atomindustrie machten ihm schwer zu schaffen. Das war ganz Kästners Haltung: Alles Schreckliche, was passiert ist, kann man nicht rückgängig machen. Man muss aufpassen, dass Ähnliches nicht wieder passiert.

Als ich ihm erklärt hatte, das Buch gebe uns doch eine Chance, auch Vergangenes aufzuarbeiten, war er auf einmal begeistert von einer Art, die ich bis dahin nicht zu oft bei ihm getroffen hatte. Dabei gab

Kästner hielt am Ostermontag 1961 während der Abschlusskundgebung auf dem Münchner Königsplatz eine Ansprache vor den Teilnehmern des Ostermarsches gegen Atomwaffen.

es Schwierigkeiten genug. Sein kleines Archiv, zum Beispiel, lag in München. München kam jedoch aus den bekannten privaten Gründen nicht in Frage. Nur in Berlin waren wir ungestört. Die notwendigsten Unterlagen dort hinzubringen gelang mit Hilfe von Frau Rosenow, Erichs wunderbarer Sekretärin. Dafür, dass die Arbeitsgemeinschaft gut gelaunt blieb, sorgte Friedel, der auf diese Weise ja ein paar mehr Vertragstage zufielen, als ihr zustanden.

Als Titel schlug ich vor: »Kästner für Erwachsene«. Nach langem Verhandeln bewilligte uns der Verlag 540 Seiten. Die brauchte ich, denn ich wollte den ganzen »Fabian« drin haben. »Ungekürzt?« fragte Kästner erstaunt. »Wenn Sie ihn kürzen wollen - gerne.« Also ungekürzt. Das war immerhin ein Drittel des Ganzen. Das erste Drittel bestand aus den Gedichten. Kästner: »Wer sucht die aus?« - »Ich.« - Kästner: »Und die ›Kabarett-Chansons‹?« - »Dafür haben wir leider keinen Platz.« Kästner: »Die sind doch wichtig.« - »›Emil und die Detektive‹ ist auch wichtig.« - Kästner: »Bei den Gedichten möchte ich aber ein paar austauschen dürfen.« »Fünf.« - Kästner: »Zehn.« - »Sieben.« Ein Whisky. Es blieb bei sieben. So ging das hin und her. Es dauerte etwas länger, als es sich hier liest.

Als dritter kam der wichtigste Teil: Prosa. Darin diese und jene Kleinigkeit. Darunter der erste öffentliche Abdruck von Kästners »Dissertation über die deutsche Literatur zur Zeit Friedrichs des Großen«. Kästner selber hatte sie nicht mehr gelesen, seit er sie, vierzig Jahre vorher, geschrieben hatte. Das einzige Exemplar, das wir auftreiben konnten, war kaum zu entziffern. Nur Frau Rosenow konnte das.

Für das mir wichtigste Stück dieses dritten Teils hatte ich »Ein Deutsches Tagebuch« erfunden - 43 Essays auf 123 Seiten: Kästners Berichte aus dem Hitler-Reich. Sie stehen alle irgendwo bei Kästner. Der hatte nämlich zu diesem Thema viel mehr geschrieben, als er selber noch wusste. Manches wurde in Mappen mit losen Blättern zusammengesucht, einiges gekürzt, alles mit eigenen Titeln versehen.

»Kästner für Erwachsene« erschien 1966. Keine der danach erschienenen Kästner-Biografien hat es zur Kenntnis genommen. Dafür verzeichnen sie getreulich, dass ein R. W. Leonhardt den E. Kästner in seinem Tessiner Sanatorium besucht hat.

11. Februar 1999

siehe auch

✣ **deutsche Literatur**

Walter Kempowski

Deutschlands Höllenfahrt

»Das Echolot«: eine gewaltige Dokumentation der Gewalt

Von Fritz J. Raddatz

Was Walter Kempowski hier unternimmt, ist so wagemutig und sammelwütig, dass einem vor dieser historischen Eigernordwand der Atem gefriert; sein Unterfangen hat etwas vom Größenwahn, mit dem einer versucht, den Ozean mit einem Sieb auszuschöpfen. Vermessende Vermessenheit. Applaus dem unermüdlichen Arrangeur.

Diesmal also die Zeitspanne 12. Januar bis 14. Februar 1945: Die Lohe des Untergangs leckt schon an der Pforte der Teufel, doch noch tanzen sie um das Feuer, in dem sie mit verbrecherischer Erbarmungslosigkeit Millionen verheizen – die Goebbels und die Görings, die mit voll gestopften Limousinen, sogar Flugzeugen voller Möbel aus jenen Ostgebieten flüchtenden Bonzen, in die sie zugleich das letzte Aufgebot schickten, zum Panzerfaustwahnsinn verführte Kinder – »Mein jüngster Soldat war 13 Jahre alt ... der sogar einen Panzer abgeschossen hat« – und auf ihre Flinten wie auf Krücken gestützte Rentner. »Wunderbares Menschenmaterial« nennt der Lügenbaron Goebbels das, was sein Kumpan Himmler »mit dem Scheuerlappen zur Front hauen« will.

Walter Kempowski

Die Tränen treibende Farce, dass noch immer, Januar 1945, sich junge Männer in dummem Stolz – »Es war ein so großes Erleben. Leider bin ich ohne Brustschmuck geblieben. ... in wenigen Minuten vier T 34 abgeschossen« –, in abstruser Mischung aus heldischem Rausch und eingebläuter Nibelungentreue, opferten: »Der arme Führer, was muss der durchmachen! Wir müssen gewinnen und wir werden auch gewinnen!« Indes dieser kriminelle Irre – der »musische Mensch« nennt sein hinkender Satrap ihn – darüber sinnt, ob man die russischen Hiwis nicht in ihre »schönen Kosakenuniformen« stecken soll, seine Feldherrenqualitäten mit dem Satz »Wir wissen selber nicht, wo der Russe ist und wo wir sind« charakterisierend.

Das ewige Rätsel, wie auch Erwachsene – ein 44-Jähriger – sich einen Nornendunst vorgaukelten: »Welche Lose die Nornen für uns bereithalten, wer vermag es zu sagen ... Wir hier mögen bestehen oder fallen, aber die Heimat soll gerettet werden, und wenn uns das Äußerste beschieden ist, so mögen Götteraugen das Opfer entgegennehmen.« Doch nicht Götteraugen, sondern fassungslose Frauen waren es, die diese widerlichen Briefe vom »Heldentod für Großdeutschland«, »für Führer und Vaterland« entgegennehmen mussten.

Für einen Dreck waren sie gefallen, für keine Größe und Freiheit und Zukunft; und für eine Gangster-Clique, die sie gnadenlos meucheln ließ: »General Busse hat Standgerichte eingesetzt. Von diesen Standgerichten sind eine Reihe Offiziere und Mannschaften zum Tode verurteilt und gleich im Angesicht der Truppe füsiliert worden.« Die Höhe der Pension des Herrn General Busse tät mich interessieren. Wie auch die Träume der verführten Täter – »Es wurden zwanzig unserer Kämpfer gefunden, mit ausgestochenen Augen und von Bajonetten zerstochen und danach ermordet«, berichtet ein Rotarmist. Das »Wir hauen und stechen den Fritz, dieses Vieh« seines Kameraden Wladimir klingt da fast biblisch, dieses »Wir sind jetzt schon in der ›Höhle‹ und zahlen es dem Deutschen mit verstärkter Kraft für unsere gefallenen Kameraden heim. Wir sind Aufklärer, wir waren zu fünft, jetzt sind wir zu dritt, aber das Konto unserer Rache für Wenja wächst, für seinen Tod haben schon 16 deutsche Soldaten zahlen müssen. Ich denke, dabei werden wir es nicht belassen«.

Kempowskis Schnitttechnik, mit der er sein Material aus Briefen, Radiomeldungen, Führerbefehlen, Stalin-Churchill-Telegrammen oder Tagebüchern zusammen- beziehungsweise gegeneinander fügt, hat in den besten Passagen etwas Inszenatorisches: Er macht den Leser zum Zuschauer, ständig ist man wie im Theater – wie bei »Kabale und Liebe«, bei »Othello« – versucht zu rufen: »Trink den Becher nicht aus!«, »Versteck das Taschentuch!«. Dieses unausgesprochene »Mein Gott, haut ab« oder »Du widerliches Schwein«, wenn die Stahlwalze der Roten Armee heranrollt, wenn der transvestitische Wanst in Karinhall bei orgiastischen Festen sich den Pansen stopft in bitterster Hungerzeit bei Strömen von Champagner, Rotspon und Cognac oder sich in widerwärtigster Pose vor den zusammenkartätschten deutschen Soldaten im Osten zeigt: »Er war besonders umfangreich, da er mehrere sonderbar resedabraune Mäntel übereinander trug. Er sah aus wie eine gewaltige Amme, die sich als serbischer General verkleidet hatte. Aus seinem Busen zog er Zigarren hervor, die so dick wie Milchflaschen waren« – diese atemlose Teilnahme am Geschehen bestimmt das Tempo von Kempowskis Breitwand-Collage.

Die Zeugnisse – von der kinoschluchzenden Flakhelferin bis zu den noch in letzter Stunde in den Lagern Gemetzelten (KZ Dachau, 7. Februar 1945: »Gestern 260 Tote, heute 108«) – sind so direkt, dass die Lektüre mitunter kaum zu ertragen ist (mag sein: besonders schneidend für den Leser meines Jahrgangs, der die Erfrorenen, Zerfetzten, Verbrannten noch sah). Kempowskis gewaltige Dokumentation – ein Dokument der Gewalt.

Ein Buch wie ein Mahnmal für die Zerschundenen und Gestäubten

Gewiss, das Unterfangen hat etwas Gigantomanisches, doch es legt Zeugnis ab von einer Gigantomanie des Terrors. Ein Buch wie ein Mahnmal für die Zerschundenen und Gestäupten. Es vereint die Wucht von Remarques Antikriegsroman mit dem gellenden Appell der »Nie wieder Krieg«-Chansons von Tucholsky. Kempowski ist ein Kartograph, er zeigt eine Landkarte des Grauens. Durch die von ihm geradezu infam montierten Einsprengsel der Banalität – die »Mutti«-Briefe der Landser an ihre Frauen; kleine Offiziersflirts, Urlaubsgeschäker oder Erich Kästners Flapsigkeiten – wird dieser »Kulturfilm« nur noch grässlicher. Seine Bilder setzen sich zu dem einen Haupt-Wort des Jahrhunderts zusammen: Verbrechen.

Kempowski erzählte mir während der Arbeit an dem Verbrecher-Album von seiner Sorge, das Material könne einen eigenen Magnetismus entwickeln, eine Art Sog des Mitleids für die im Verderben untergehenden Deutschen. Und in der Tat gleichen diese zwanzigmal vergewaltigten Frauen, diese Mütter mit ihrem erfrorenen Kind im Arm, die Fliehenden auf ihren brechenden Panjewagen, die Deserteure im vereisten Stroh und die Ertrinkenden der Wilhelm Gustloff einer Gespensterarmee, deren stummen Schrei »Seht her, was mit uns geschieht!« man nicht überhören kann. Die wüsten Kriegsbilder von Dix oder Hofer sind dagegen Genremalerei. Zur Schiffskatastrophe der Ertrinkenden fiel dem feixenden Schreihals Goebbels übrigens ein Achselzucken ein, als habe er ein Schlüsselbund verloren. »Leider haben wir das Schiff Wilhelm Gustloff verloren mit etwa 4000 Mann, und zwar befanden sich darunter 900 Mann beste U-Boot-Besatzung.«

Aber: Die Waage von Kempowskis Justitia ist nicht gezinkt. Wie bestialisch auch die Rote Armee bei ihrem Vormarsch hauste –

das berüchtigte Flugblatt ist abgedruckt –, Kempowski, und sei es durch Briefe der Rotarmisten in ihre Heimat, zeigt immer wieder: Was jetzt uns geschieht, haben zuerst wir ihnen angetan. Wir waren es, die den Krieg begannen, wir waren es, die brandschatzten, raubten, mordeten, vergewaltigten, die den »Untermenschen« die Augen ausstachen, ihren Frauen das Baby aus dem Leib schnitten. Und wir waren es, die sich da wie selbstverständlich »zu Hause« fühlten, im gestohlenen Haus wohnten, als gehöre es uns: »Ich denke jetzt oft zurück an die herrliche Zeit in der schönen Stadt Krakau, wenn ich daran denke, dass im Grandhotel oder im Ratskeller russische Offiziere speisen, dass die Rotarmisten durch die schönen Straßen und Anlagen trampeln, – na, mir reicht es.« Wer denn hatte sie – »Wenn ich mir vorstelle, dass in meinem geliebten Senditz jetzt Bolschewisten hausen!« – dorthin gebeten?
Nun weinten die Mörder, nun barmten die Vergewaltiger bei »Mutti«, nun froren die Verheizer – und das große, nie verrinnende Thema ist immer noch einmal da: der Soldat ohne Bein, die Hausfrau ohne Haus, das Kind ohne Eltern. Denen geschah nicht »recht«. Wem zerreißt es nicht das Herz bei dieser Eintragung: »Frau Grimm erzählte uns noch am andern Tag, als sie von der Beerdigung des jungen Soldaten kam, die Mutter habe, als sie noch am offenen Sarge stand, sich gewundert über die sonderbaren Formen, die sich da abhoben, und deshalb das Laken gehoben um nachzusehen, was das sei. Da hätten neben ihrem Sohn in seinem Sarge lauter amputierte Arme und Beine gelegen.«
Auch diese Folie braucht man beim entsetzten Lesen der gnadenlosen Rache – ob der sinnlosen Idiotie des Dresden-Bombardements. Bei den anderen nannten wir es Terrorangriffe und Soldateska. Wie aber nannten wir die Bomben auf Guernica oder Coventry und wie eine Armee samt ihren schmucken Offizieren, die ohne Zögern Hunderttausende in Leningrad verhungern und erfrieren ließ? Dialektik der Hölle. In jeder Einzelheit wird sie in Kempowskis Riesenkaleidoskop belegt: Da knallen die Herren Monokel-Generäle vor dem »Gefreiten des Ersten Weltkriegs« die Hacken ihrer blitzblanken Schäfte zusammen – und schicken noch Abertausende in den Tod; Ekel erregend der betresste Diener Guderian; da notiert Animateur Goebbels seelenruhig »das Ende« in seinem Tagebuch, besorgt sich und Frau Magda – »wohl das Schwerste, was einer Mutter überhaupt zugemutet werden kann« – bereits das Gift, lässt noch rasch den widerwärtigen Durchhaltefilm Kolberg drehen, jubelnd über die »Einspielergebnisse der deutschen Filmindustrie« – und genießt das brausende »Ja« auf seine Geiferfrage »Wollt ihr den totalen Krieg?«; da wurden die Cousinen oder Töchter der fanatisch Jubelnden bereits vergewaltigt, die Söhne verbluteten unter dem Hagel der Stalinorgel, und zugleich erschoss der Onkel die Juden auf dem Todesmarsch bei Gleiwitz.

100562

Goebbels klagte: »Leider haben wir das Schiff Wilhelm Gustloff mit 4000 Mann verloren.«

Der saubere Herr Speer will die Verbrechen nur geahnt haben

Wer eben »Ja« geschrien hatte, dessen Mund war in der nächsten Nacht mit Asche und Mörtel seines geborstenen Hauses gefüllt, und wer aus den Trümmern kriechen konnte, betete am nächsten Morgen um die Vergeltungswaffe mit Ziel London. Die ließ der saubere Herr Speer bauen, wissend, dass der Krieg verloren ist, nur ein »irregeleiteter Architekt«, der Unrecht und Verbrechen allenfalls »geahnt« haben will. Das Land ging unter in Feuer und Stahl, und die (Ver-)Führer saßen am glimmenden Kamin – »Die Umgebung des Führers betrinkt sich« –, stocherten in der Asche, und während sie die Kapseln für ihren Selbstmord bestellten,

hetzten sie die letzten Armeen in den Tod. Ein Pandämonium.
Die Balance der Verbrechen hält Kempowski. Die Proportion nicht. Das Buch

Sind die Tagebucheinsprengsel von Thomas Mann überflüssig?

hat einen empfindlichen Fehler: Es ist überladen. Wie Redner, die nicht aufhören können vor ihrem immer mehr ermattenden Publikum, die den schönen Spruch »Man darf über alles sprechen, nur nicht über 45 Minuten« außer Acht lassen – so kann der geradezu wütende Sammler Kempowski nicht aufhören. Der einen Hälfte meines Arguments bin ich mir nicht ganz sicher: Ich finde Tagebucheinsprengsel von Brecht oder Thomas Mann, gar Klemperer überflüssig, weil bekannt; ich weiß nicht, warum ich belanglose Notate von Max Beckmann und Klaus Mann und Ernst Jünger (alles längst publiziert) lesen soll. Doch mag ich mich täuschen, einer Déformation professionelle unterliegen, und für manche Leser mag das, was ich als Füllsel empfinde, neu sein.
Ganz sicher indes bin ich mir der anderen Hälfte des Arguments: Addierter Schock hat keine Schockwirkung mehr. Bei der zehnten Schilderung einer Massenvergewaltigung – fünfzehnmal die Tochter, fünfmal die Mutter, alles vor den Augen von Mann oder Bruder – wird das Entsetzen lahm. Das Zittern wird in Watte gepackt, es verrinnt. Nun unterliegt dieses Buch – da reine Dokumentation – wohl nicht dem geheimnisvollen Gesetz der Kunst, in der ein Wort, eine Linie, eine Tonfolge zu viel das gesamte Kunstwerk »aushebeln« kann. Doch auch eine Montage gewinnt ihre Kraft aus der Dimension, aus dem dialektischen Bezug des einen Details zum anderen, von Max Ernst bis Kurt Schwitters; schon die antike Ästhetik wusste das – eine Kompanie blinder Mutterschänder wäre vielleicht gut für den Kassenarzt. Nur der eine Ödipus erweckt Schauder und Mitleid.
Da Kempowski sich nun zum Autor dieser Echolot-Bände macht – was er nicht ist; man ist nicht Urheber, wenn 3 440 Seiten keine eigene Zeile vorweisen –, hätte er die eigentliche Rolle des Regisseurs, des Dirigenten genauer abwägen sollen. Sechs Stunden Trommelwirbel machen taub. Und wenn er sich in der Rolle des »Finders« (statt Erfinders) sieht, also des Urinoir-Arrangeurs Duchamp, hätte er bedenken müssen – abgesehen von der Scharlatanerie dieses Dada-Scherzes –, dass fünf Urinoirs allenfalls ein Pissoir ergeben hätten, gewisslich kein Museumsexponat. Weniger ist mehr. In Anbetracht des dramatischen Themas und angesichts der Würde des Materials wünsche ich dem Buch, dass es die Leser nicht entspannt.

Walter Kempowski: »Das Echolot – 12. Januar bis 14. Februar 1945. Fuga Furiosa«; Albrecht Knaus Verlag, München 1999; 4 Bände im Schuber, 3 440 S.

11. November 1999

siehe auch
- **deutsche Geschichte**
- **Nationalsozialismus**
- **Weltkrieg (Zweiter Weltkrieg)**

John F. Kennedy

»Wir werden nie wieder jung sein«

Die Schüsse von Dallas, die Ermordung des jungen amerikanischen Präsidenten, zerstörten den Aufbruchstraum einer ganzen Generation

Von Theo Sommer

Freitag, der 22. November 1963. Als es dunkelte in Deutschland, räumten wir zu Hause den Abendbrottisch ab und schalteten den Fernseher ein. In einer halben Stunde würde uns, die wir noch aufgewühlt waren von den Bildern über das Grubenunglück in Lengede, Karl-Heinz Köpke die Nachrichten verlesen. In Washington war Mittagszeit, im Ministerienviertel und in der M-Street füllten sich die Restaurants und Imbissstuben. Geduldig standen die Touristen am Seiteneingang des Weißen Hauses Schlange und warteten auf den Beginn der nächsten Führung. Der Präsident war tags zuvor nach Texas geflogen, um dort der heillos zerstrittenen Demokratischen Partei zu helfen, ihre Querelen beizulegen.

Einige Berater hätten ihm den Trip am liebsten ausgeredet. Das konservative, krass neureiche Texas zeigte sich John F. Kennedy alles andere als wohlgesinnt. Im Wahlkampf 1960 waren der Vizepräsidentschaftskandidat Lyndon B. Johnson und seine Frau von einem kreischenden Mob bedrängt und bespuckt worden. Ein Jahr darauf hatte der Verleger der »Dallas Morning News« gehöhnt, das Land brauche einen Mann hoch zu Ross, Kennedy jedoch reite auf dem Dreirad seiner kleinen Tochter Caroline. Und vor vier Wochen erst, am Tag der Vereinten Nationen, war der amerikanische UN-Botschafter Adlai Stevenson in Dallas tätlich angegriffen worden. Auf Flugblättern wurde Kennedy des Hochverrats geziehen. »Nigger-Lover« oder »Kommunistenfreund« gehörten wohl noch zu den mildesten Schimpfworten, mit denen sie den Mann im Weißen Haus belegten.

Dallas war nicht nur eine bis zur Hysterie extremistische Stadt, es war auch eine gewalttätige Stadt. Bis zum 1. November hatte es im Jahre 1963 schon 98 Morde gegeben. Es hätte freilich nicht dem Charakter John F. Kennedys entsprochen, der Gefahr aus dem Wege zu gehen. Im Krieg war er dem Tod nur knapp entronnen. Er hatte keine Angst vor ihm. Gern zitierte er den Prediger: »Ein jegliches hat seine Zeit, geboren werden und sterben ...«

Auf Personenschutz gab Kennedy nicht allzu viel. Absolute Sicherheit gebe es doch nicht, sagte er, ein entschlossener Attentäter würde immer einen Weg finden, den Präsidenten umzubringen. Drei seiner Vorgänger hatte dieses Schicksal ja auch schon ereilt: Abraham Lincoln 1865, James Garfield 1881, William McKinley 1901. In dieser Hinsicht war Kennedy Fatalist. Attentate betrachtete er als ein Risiko, das der Demokratie innewohnt. Er ließ sich davon nicht beeindrucken.

So ist er denn mit seiner schönen jungen Frau Jackie am 21. November getrost nach Texas geflogen. San Antonio empfängt ihn mit Begeisterung, selbst in Houston wird er freundlich begrüßt, auch in Fort Worth.

100264

John F. Kennedy

Für Freitag steht Dallas auf dem Programm; abends soll die Reise mit einem rauschenden Empfang im Gouverneurspalast zu Austin ausklingen.
Plagen den 46-Jährigen Vorahnungen? Beim Frühstück in Fort Worth liest er in den »Dallas Morning News« eine von einem schwarzen Trauerrand eingerahmte Anzeige der »amerikanisch denkenden Bürger von Dallas«. Warum habe er die Monroe-Doktrin zugunsten des »Geistes von Moskau« aufgegeben? Weshalb lasse er Kommunisten und Linksextremisten mit Samthandschuhen anfassen, loyale Amerikaner jedoch verfolgen? Kennedy ärgern die Anwürfe. »We are headed into nut country now«, sagt er zu seiner Frau – »jetzt gehts ins Land der Spinner«. Aber an ebendiesem Morgen spricht er auch davon, dass es nicht allzu schwierig sei, einen Präsidenten zu töten. Gegen einen Scharfschützen mit Zielfernrohr, der sich auf einem Hochhaus postiere, könne niemand etwas machen.

»Ich habe meine schusssichere Weste noch nicht angelegt«

Während wir uns in Deutschland in unseren Fernsehsesseln niederlassen und auf die Tagesschau warten, landet der Präsident auf dem Flughafen Love Field in Dallas. »Ganz schön riskant«, scherzt der Kongressabgeordnete Gonzales bei der Ankunft. »Ich habe meine schusssichere Weste noch nicht angelegt.« Es ist 11.50 Uhr Ortszeit, als die Wagenkolonne mit dem Präsidenten sich in Richtung Innenstadt in Bewegung setzt. Kennedy und seine Frau sitzen hinten im zweiten Wagen, einer offenen Stretchlimousine; vor ihnen John Connally, der Gouverneur von Texas, und dessen Frau Nelly.
In den Außenbezirken säumen nicht allzu viele Neugierige den Straßenrand. Sie sind weder unfreundlich noch enthusiastisch. Je mehr sich die Kolonne der Stadtmitte nähert, desto dichter wird die Menschenmenge, umso wärmer auch der Beifall. Der Präsident winkt den Leuten fröhlich zu, Jacqueline stolz an seiner Seite. Als die Kolonne von der Main Street in die Elm Street einbiegt, wendet sich Nelly Connally nach hinten zu dem Präsidentenehepaar und sagt: »Sie können jedenfalls nicht behaupten, dass die Leute in Dallas Ihnen keinen netten Empfang bereitet haben.«
Im sonnigen Dallas ist es 12.30 Uhr, in Deutschland 19.30 Uhr. Die Wagenkolonne des Präsidenten biegt von der Elm Street nach links in die Houston Street ein, vorbei an dem hässlichen Backsteinkasten des Texas School Book Depository, einem Lagerhaus für Lehrmaterial. Weiter voraus geht es durch eine Unterführung zum Freeway. Nelly Connally sagt zu Jacqueline Kennedy: »Bald haben wir's geschafft. Es ist gleich da vorn.«
In diesem Augenblick hören die Journalisten im Pressebus kurz hintereinander drei befremdliche Geräusche: krack, noch einmal krack, dann ein drittes Mal krack. Es sind die drei Schüsse, die in sechs Sekunden die Welt veränderten.
Der erste Schuss traf den Präsidenten im Nacken, durchschlug seinen Hals und bohrte sich in den vor ihm sitzenden Gouverneur Connally. Jacqueline vernahm das Geräusch und wandte sich zu ihrem Mann. Er griff sich an den Hals, einen fragenden Ausdruck im Gesicht, dann sank er ihr langsam entgegen. In diesem Moment traf ihn die zweite Kugel in den Hinterkopf, der förmlich explodierte. Ein Stück blaue Gehirnmasse wurde dem verletzten Connally in den Schoß geschleudert, Blut spritzte auf die Wageninsassen und einige Umstehende, ein Schädelfragment flog auf die Straße.
Aufgescheucht flatterten die Tauben in die Bäume. »Oh, no!«, rief die entsetzte Jackie Kennedy aus. Verwirrt, im Schock oder in Panik – oder um das Schädelfragment einzusammeln? – kroch sie auf Händen und Knien über den Kofferraum der Limousine nach hinten. Tausendmal haben wir das Bild seitdem gesehen; eine einleuchtende Erklärung gibt es für Jackies Verhalten immer noch nicht. 1994 nahm sie das Geheimnis mit ins Grab.
Ein Agent des Secret Service springt auf die Limousine, drückt Jacqueline auf ihren Sitz zurück und wirft sich zu ihrem Schutz über sie. Endlich gibt der Fahrer Gas. Ein paar Minuten später hält der Autokorso im Parkland Hospital. Noch schlägt das Herz des Präsidenten, unregelmäßig flatternd. Doch Bluttransfusionen helfen nichts mehr, alle Kunst der Ärzte kann ihn nicht retten. Pater Oscar Huber erteilt dem Toten die Absolution.
In Deutschland war es abends Viertel vor acht. Das ZDF, noch nicht einmal ein

Dreivierteljahr alt, hatte ich nicht eingeschaltet; es unterbrach seine Sendung um zehn vor acht mit einer Sondermeldung und schickte einen Sprecher mit schwarzer Krawatte ins Studio. Die Leute vom Ersten recherchierten noch: Ente, Gerücht, traurige Wahrheit? Erst um 20.14 Uhr unterbrach Köpke seinen Text: »Präsident Kennedy ist heute Abend um 20 Uhr mitteleuropäischer Zeit an den Folgen eines Attentats gestorben ...«
Bald schon flimmerten die ersten Berichte aus Dallas über die Bildschirme. Den Zuschauern stockte der Atem. Auf der ganzen Welt trieben die Bilder den Menschen die Tränen in die Augen. Auch ich habe mich nicht geschämt zu weinen.

Unvergessen sein gefühlvolles Bekenntnis: »Ich bin ein Berliner«

In Harvard hatte ich Kennedy während des Wahlkampfs 1960 erlebt und viele seiner engeren Berater kennen gelernt. Im Jahr 1961 konnte ich ihn bei seinem Wiener Gipfeltreffen mit Nikita Chruschtschow aus der Nähe beobachten. Seine maßvolle Haltung nach dem Bau der Mauer 1961 und während der Kubakrise 1962 fand meine Bewunderung. Und ich jubelte mit, als er fünf Monate vor seinem Tod im geteilten Deutschland als Garant des Friedens und der Freiheit gefeiert wurde. Unvergessen war sein gefühlvolles Bekenntnis am Schöneberger Rathaus: »Ich bin ein Berliner.«
Kennedys Entschlossenheit im Widerstand gegen den kommunistischen Expansionsdrang bei gleichzeitiger Bereitschaft zum Entspannungsdialog schien mir exemplarisch. Seine »Friedensstrategie«-Rede vom 10. Juni 1963 barg den politischen Kern der allmählich sich abzeichnenden neuen deutschen Ostpolitik.
Und wie so viele andere bewunderte ich den Stil, die Eleganz, den Sinn für Schönheit, die Offenheit für Kunst und Künstler, die goldschimmernde, schwebende Intellektualität, die in Kennedys Amtszeit die Atmosphäre des Weißen Hauses prägten.
Alle deutschen Sender unterbrachen ihre Abendprogramme. In Berlin bildete sich ein Fackelzug zum Schöneberger Rathaus. Die ersten Beileidsbekundungen wurden verlesen. »Wir trauern um den Weltbürger Kennedy«, sagte Altbundespräsident Heuß. Bundeskanzler Ludwig Erhard, seine Prosa

100880
Kennedys Wagenkolonne kurz vor dem Attentat

so geschwollen daherrollend wie seine fränkischen »R«, intonierte: »Man spürt ein Rauschen überm Haupt und ein Wehen an der Wange hin.« Berlins Regierender Bürgermeister Willy Brandt sprach aus, was so viele bewegte: »Eine Flamme ist erloschen, erloschen für alle Menschen, die auf einen gerechten Frieden hoffen und auf ein besseres Leben.« Es war, als sei die Zukunft gestorben. Und viele junge Menschen, deren Idol und Identifikationsfigur Kennedy geworden war, stimmten ein in das Urteil des späteren US-Senators Patrick Moynihan: »Wir werden nie wieder jung sein.«
Am Tatort sagen Zeugen aus, sie hätten gesehen, wie ein Mann aus dem Eckfenster im fünften Stock des Schulbuchauslieferungslagers an der Ecke Houston Street und Elm Street geschossen habe. Wenige Minuten nach dem Anschlag gibt die Polizei eine Personenbeschreibung durch. Um 13.15 Uhr erblickt der Polizist J. D. Tippit einen Fußgänger, auf den die Beschreibung zutrifft. Tippit steigt aus seinem Streifenwagen. Plötzlich zieht der Mann eine Pistole und gibt vier Schüsse ab. Tippit bricht tot zusammen. Der Schütze flüchtet sich in ein Kino. Dort holt ihn die Polizei heraus und überwältigt ihn, ehe er noch einmal zum Schuss kommt.
Im fünften Stock des Lagerhauses hat die Polizei mittlerweile ein Gewehr mit Zielfernrohr und drei Patronenhülsen gefunden. Der Verwalter des Lagerhauses meldet, dass einer seiner Mitarbeiter seit der Mittagspause fehlt. Sein Name: Lee Harvey Oswald. Wie sich herausstellt, ist es der Mann, der den Polizisten Tippit erschossen hat. Seit 14 Uhr befindet er sich in Gewahrsam der Polizei.

Eine kuriose Gestalt. Geboren 1939 in New Orleans; schwierige Jugend; Legastheniker und Schulschwänzer. Der Junge wurde in ein Heim gesteckt, wo die Psychiater ihm eine gestörte Persönlichkeitsstruktur attestierten; seine Frustrationen kompensiere er mit Gewalt- und Allmachtsfantasien. Mit 17 brach er die Schule ab und ging zur Elitetruppe der Marines. Er wurde zum Radartechniker und zum Scharfschützen ausgebildet. Eine Zeit lang diente er auf einem Fliegerhorst in Japan. Dort las er Karl Marx und träumte davon, im Dienst der Weltrevolution Heldentaten zu vollbringen.

Der Attentäter, Lee Harvey Oswald, sah sich als Marxist

Nach drei Jahren wurde er ehrenhaft aus dem Marine Corps entlassen. Er hob sein Erspartes - 1600 Dollar - vom Konto ab, reiste nach Moskau und beantragte die sowjetische Staatsbürgerschaft. Als ihm sein Begehren verweigert wurde, unternahm er einen Selbstmordversuch. Die Behörden gaben seinem Antrag jedoch statt, als er auf dem amerikanischen Generalkonsulat seine Entlassung aus der US-Staatsbürgerschaft verlangte. Seine Begründung: »Ich bin Marxist!« Worauf der Konsulatsbeamte Richard Snyder trocken bemerkte: »Da werden Sie aber in der Sowjetunion sehr einsam sein!«

Die Drohung Oswalds, er wolle alle ihm bekannten Militärgeheimnisse an die Sowjets weitergeben, Radiofrequenzen, Geschwaderumfänge, Codes, Reichweiten und dergleichen, meldete Snyder unverzüglich nach Washington. Die Marines reagierten prompt: Sie verwandelten Oswalds Entlassung aus einer ehrenhaften in eine unehrenhafte. Dies bedrückte und empörte ihn. Schriftlich beschwerte er sich bei dem damaligen Marineminister John Connally. Der war freilich schon seit sechs Wochen nicht mehr im Amt, sondern auf dem Weg in die texanische Politik. Er versprach lediglich, die Angelegenheit seinem Nachfolger zu übergeben. Es geschah jedoch nichts. Oswald kam nicht darüber hinweg. Seinen Hass auf Connally verbarg er nie. Bis heute hält sich denn auch die Version, eigentlich habe er gar nicht Kennedy, sondern den Gouverneur treffen wollen.

Die Russen steckten Oswald als Kontrolleur in eine Minsker Radiofabrik. Er wurde gut bezahlt, doch hatte er das Proletarierleben bald satt. »Die Arbeit ist trist«, vertraute er seinem Tagebuch an. »Mein Geld kann ich nirgendwo ausgeben. Keine Nachtklubs und Kegelbahnen.« Er hatte ein paar Affären, dann verliebte er sich in seine Kollegin Marina Prusakowa und heiratete sie Ende April 1961. Im Februar 1962 wurde eine Tochter geboren. Daraufhin drängte es Oswald zurück. Im Juli 1961 beantragte er ein Ausreisevisum. Im Mai des folgenden Jahres 1962 traf das Paar in Fort Worth ein.

Blutflecken auf dem Chanel-Kostüm

Oswald fand es schwer, wieder Wurzeln zu schlagen. Nach einiger Zeit zog Marina aus der gemeinsamen Wohnung aus. Er wechselte häufig die Arbeitsstelle. Er abonnierte kommunistische Zeitungen und engagierte sich für Fidel Castros Inselrepublik. Er fuhr nach Mexiko und bemühte sich um ein Visum für Kuba. Und er bestellte per Postversand das Gewehr, mit dem er Kennedy erschoss, und die Pistole, die Tippit zum Verhängnis wurde. Im April unternahm er einen Attentatsversuch auf den rechtsradikalen Exgeneral Edwin Walker. Das FBI, das ihn seit seiner Rückkehr beobachtete, bekam von alledem nicht das Geringste mit.

Während Oswald ins Polizeigefängnis eingeliefert wird, rollen Helfer den Sarg mit dem toten Präsidenten auf die Laderampe des Parkland Hospital. Seine Frau folgt ihm, mit ihren 34 Jahren ganz übermenschlich beherrschte Würde. Aschenen Gesichts, die Blutflecken auf ihrem rosafarbenen Chanel-Kostüm inzwischen zu braunen Rostflecken geronnen, die Hand auf dem Bronzesarg - so steigt sie in den weißen Leichenwagen, der die traurige Fracht zur Air Force One bringt. An Bord des Flugzeuges leistet Lyndon B. Johnson den Präsidenteneid.

Als die Maschine landet, ist es Abend in Washington. Eine graue Ambulanz fährt den Sarg ins Weiße Haus; wieder steigt Mrs. Kennedy allein zu ihm. Präsident Johnson aber tritt vor die Mikrofone: »Ich werde mein Bestes geben. Das ist alles, was ich tun kann. Ich bitte um eure Hilfe – und um die Hilfe Gottes.«

Samstag, 23. November 1963. Bedeckt von den Stars and Stripes, steht der Sarg in der Osthalle des Weißen Hauses. Den ganzen verregneten Tag lang nehmen Freunde, Mitarbeiter, Weggefährten Abschied von dem Toten.

Ein endloser Trommelwirbel rollt die Pennsylvania Avenue entlang

Sonntag, 24. November 1963. Letzter Abschied vom Weißen Haus. Über den Lafayette Square bewegt sich der Trauerzug die Pennsylvania Avenue hinunter. Sechs Grauschimmel ziehen die Lafette mit dem Sarg. Es folgt ein reiterloser Rappe, die Stiefel umgedreht in den Steigbügeln, dahinter die große Schar der Trauernden: acht Staatsoberhäupter, zehn Ministerpräsidenten, mehrere Monarchen, Kronprinzessinnen und Kronprinzen. Gleich hinter Charles de Gaulle gehen barhäuptig Bundeskanzler Erhard und Bundespräsident Lübke.
In der Rotunde des Kapitols wird der Sarg auf demselben Katafalk aufgebahrt wie 98 Jahre zuvor der Abraham Lincolns. Dem Gedächtnis der Menschheit sind bis heute die Bilder der schönen jungen Witwe in ihrem schwarzen Schleier eingebrannt, auch die der beiden kleinen Kinder neben ihr in ihren hellblauen Mänteln und roten Schuhen: Caroline mit einem gerahmten Foto des Vaters in der Hand, John Jr., der an diesem Tage drei geworden ist, wie er die Hand zum letzen Salut an die Stirn legt.
Wie überall, so sitzen auch in Deutschland die Menschen vor dem Fernseher. Sie frieren mit den Tausenden von Washingtonern, die eine lange Nacht schon angestanden haben, 40 Blocks lang die Schlange, um in die Rotunde zu gelangen. Sie erschauern bei dem endlosen Trommelwirbel, der die Avenue entlangrollt, 100 Schläge die Minute. Und sie zucken zusammen, als sie hören, was viele der trauernden Zaungäste in Washington aus ihren Transistorradios erfahren: In Dallas ist soeben Lee Harvey Oswald erschossen worden.
Der Polizeipräsident von Dallas hatte beschlossen, Oswald aus prozessrechtlichen Gründen in ein anderes Gefängnis zu verlegen. Die Presse wurde unterrichtet. Ganze Rudel von Journalisten fanden sich am Sonntagmorgen in der Tiefgarage des Polizeipräsidiums ein. Dorthin wurde nun Oswald geführt. Sein Abtransport verzögerte sich, da ein Verhör länger gedauert hatte als ursprünglich geplant. Der Wagen, der ihn wegbringen sollte, war noch nicht da. Man wartete. Da drängte sich ein Mann mit grauem Hut aus der Menge nach vorn. In der vorgestreckten Rechten hielt er eine R-38-Pistole. Vor den laufenden Fernsehkameras schoss er Oswald aus einem Meter Entfernung in den Bauch. Es ist 11.21 Uhr. Wenige Stunden später stirbt Oswald dort, wo sich die Ärzte zwei Tage zuvor vergeblich bemüht haben, sein Opfer Kennedy zu retten: im Parkland Hospital.
Der Attentäter, der den Attentäter umgebracht hat, heißt Jack Ruby, geboren 1922 im jüdischen Viertel Chicagos. Auch er war ein notorischer Schulschwänzer; wurde psychiatrisch begutachtet (»jähzornig und ungehorsam, überdurchschnittlich interessiert an Sex und Straßengangs«); verließ mit 16 Jahren die Schule; schlug sich als Kleingangster mit dem Verkauf gestohlener Karten für Sportveranstaltungen und Pferderennen durch; diente während des Krieges in der Luftwaffe, die ihn ebenfalls zum Scharfschützen ausbildete; besuchte mehrere Male Castros Kuba. Seit 1947 hat er in Dallas gelebt, wo er wechselweise Nachtklubs und Spielhöllen betrieb. Er galt als Schläger, hatte ständig Probleme mit der Steuer, und es wurde ihm Geltungssucht nachgesagt: ein zwielichtiger Typ.
Warum er schoss? »Ich wollte ein Held sein«, brüstete er sich. Doch weshalb? Als Einzeltäter? Im Auftrag der Mafia, die gemeinsam mit der CIA die Ermordung Castros plante? Wir haben es bis zu Rubys Ende (er wurde zum Tode verurteilt, ging in die Revision, verfiel dem Irrsinn und starb 1967 im Gefängnis an Krebs) nicht erfahren und werden es nie erfahren – so wenig wie den Grund, aus dem Lee Harvey Oswald geschossen hat oder ob es neben ihm noch andere Attentäter gab. Leute Castros? Der hatte am 7. September öffentlich gewarnt: »Die US-Führung sollte doch daran denken, dass auch sie sich nicht in Sicherheit wiegen darf, wenn sie terroristische Pläne unterstützt, kubanische Führungspersonen zu ermorden.« Anhänger des vietnamesischen Staatschefs Ngo Dinh Diem, der am 1. November bei einem von Kennedy unterstützten Militärputsch ums Leben gekommen war? Wiederum die Mafia?

Fidel Castro hatte am 7. September 1963 öffentlich gewarnt, die US-Regierung dürfe sich nicht in Sicherheit wiegen.

100562

Unzählige Kommissionen haben diese und andere Fragen überprüft. Verschwörungstheorien aller Art schossen ins Kraut. Abschließend geklärt wurde der Mord an Kennedy nie. Noch immer hat die Behauptung am meisten für sich, dass Oswald die Tat aus eigenem dunklen Antrieb plante und sie auf eigene Rechnung und Gefahr ausführte.

Montag, 25. November 1963. Über Washington wölbt sich ein frostklarer Himmel. Kurz nach zwei hat das Gespann der Grauschimmel die Memorial Bridge über den Potomac hinter sich gebracht, schnaubend und Schaumflocken versprühend zieht es das Gefährt mit dem Sarg auf dem Arlingtoner Heldenfriedhof den Hügel hoch. Im Frühjahr hat Kennedy hier gesessen und die Aussicht über den Fluss genossen, hinüber aufs Lincoln Memorial, das Jefferson Memorial und die Mall bis hinauf zum Kapitol. »I could stay up here forever«, sagte er damals. Nun ist er zurückgekehrt – für immer.

Kennedy war kein Heiliger, aber er verbreitete weltweit Zuversicht

Noch einmal Salut, 21 Kanonenschüsse. Drei Gewehrsalven. Jacqueline Kennedy wird das zusammengefaltete Fahnentuch überreicht, das vier Tage lang den Sarg bedeckt hat. Dann entzündet sie das ewige Licht, das seitdem auf dem Grabe brennt. Im Weißen Haus nimmt sie gefasst die Beileidsbekundungen der Notabeln aus aller Welt entgegen. Spätabends fährt sie noch einmal nach Arlington, vorbei an Tausenden von Trauernden, die einen Blick auf das ewige Licht tun wollen, und legt einen weißen Lilienstrauß auf das frische Grab. Als sie auf dem Heimweg den Potomac überquert, schlagen die Glocken der Hauptstadt Mitternacht. Eine Ära ist zu Ende. Am nächsten Tag kommen die Möbelwagen.

Der Lüster der Kennedy-Ära ist stumpfer geworden mit den Jahren. Kennedys Sexbesessenheit, seine politischen Intrigen, seine fatalen Halbheiten und Doppeldeutigkeiten in der Vietnampolitik – es ist vieles ans Licht gekommen, was einen Schatten wirft auf das Bild des jugendlich strahlenden Präsidenten. John F. Kennedy war kein Heiliger. Aber er verbreitete Zuversicht. Er war ein rationaler Staatsmann in einer irrationalen Welt. Er verhieß einen säkularen Aufbruch. Und das Weiße Haus von Jacqueline und John Fitzgerald Kennedy war ein Hort der Künste, der Wissenschaften, der gepflegten Geselligkeit. Es war wie Camelot, König Arthurs Hof. Die Kennedys erhoben die Herzen und beflügelten die Geister. Sie machten Hoffnung auf eine bessere Zukunft.

Deswegen hat die ganze bewohnte Welt um John F. Kennedy geweint. Und was immer bohrende Biografen noch alles ausgraben mögen: Im Gedächtnis der Zeitgenossen wird Kennedy fortleben als eine aufgehende Sonne, die nie ihren Zenit erreichte – so beschrieb ihn James Reston. Er war ein Unvollendeter. Ein Mann, der große Hoffnungen weckte, ohne sie erfüllen zu dürfen.

Schnitt: Sommer 1967. Nicht ganz vier Jahre nach Kennedys Ermordung flog ich mit Henri Nannen, dem »Stern«-Chef, an einem heißen Juliwochenende nach Texas. Wir wollten Lyndon B. Johnson auf seiner Ranch interviewen. In Dallas machten wir Station, sahen uns das Schulbuchlager in der Elm Street an, fuhren am Parkland Hospital vorbei. Tags darauf bei Johnson, chauffierte uns der Präsident, eine Dose Bier in der Hand, im Jeep über seine Ländereien. Er legte eine Kassette ein: Camelot, Frederick Loewes Musical um König Arthur und die legendäre Tafelrunde, das zur Hymne der kurzen Kennedy-Epoche geworden war. Aus dem letzten Akt erklang Kennedys Lieblingsstrophe: »Don't let it be forgot / that once there was a spot / for one brief shining moment / that was known as Camelot.«

Ich konnte mir nicht helfen, ich bekam feuchte Augen. Und dachte, auf den Präsidenten mit der Bierdose blickend: Nein, der kurze leuchtende Moment – er ist vorbei.

20. November 2003

siehe auch

✣ **Dallas**

✣ **Vereinigte Staaten von Amerika**

Kernwaffentest

Ein erster Schritt zur Abrüstung

Das Abkommen von 1963 hilft bei der Suche nach dem Frieden

Von Marion Gräfin Dönhoff

Man ist es gewohnt, dass die gleichen Begriffe und Vorgänge in Ost und West total verschieden ausgelegt werden. Dass aber die Wertung gewisser Ereignisse auch innerhalb des Westens ganz unterschiedlich ist, das ist neu und wurde zum ersten Mal deutlich bei den Kommentaren zum Moskauer Abkommen über die Einstellung der Atomversuche.

Kennedy warnte, man sollte nicht glauben, dass nun das goldene Zeitalter angebrochen sei – aber, so sagte er, »wenn beide Seiten durch diesen Vertrag Vertrauen und Erfahrung in friedlicher Zusammenarbeit gewinnen, dann kann dieser kurze und einfache Vertrag wirklich zu einem geschichtlichen Markstein auf der uralten Suche des Menschen nach dem Frieden werden«.

Macmillan warnte ebenfalls vor allzu großem Optimismus, fuhr dann aber fort: »Nun, da die erste Bresche in die Mauer des Misstrauens geschlagen ist, die Ost und West trennt, kann man hoffen, dass wir Schritt für Schritt weiterkommen in unserem Bemühen, die Spannung zwischen den beiden großen Militärlagern zu verringern, die Waffen starrend einander gegenüberliegen.«

Neben diesem verhaltenen Optimismus wirkt de Gaulles lapidare Feststellung, das Abkommen habe praktisch keine Bedeutung, wie eine kalte Dusche: »Keiner der Unterzeichnerstaaten hat sich verpflichtet, Atomwaffen nicht anzuwenden, die Lage hat sich damit in keiner Weise geändert.«

Der General hält jede Regelung, die er nicht erfunden oder ausgehandelt hat, für belanglos. Frankreich, so meinte er, werde niemals Abmachungen beitreten, die über seinen Kopf hinweg in die Wege geleitet wurden. Er will stets mit den Großen zusammen am Tisch sitzen. Doch wenn diese zu Tisch rufen, dann hat er gerade etwas anderes vor (er hätte ja nach Moskau mitreisen können) erwartet dann aber, dass, wenn es ihm passt und er zu sich einlädt, jene, die er eben erst vor den Kopf gestoßen hat, freudig herbeieilen werden. Im Augenblick habe Frankreich weder Lust, sich dem Dreimächteabkommen über die partielle Einstellung der Kernwaffenversuche anzuschließen, noch, einem Nichtangriffspakt zwischen dem Warschauer-Pakt-System und der NATO beizutreten. Frankreich werde aber noch vor Ende des Jahres die drei großen Atommächte zu einer Abrüstungskonferenz einladen. Man kann sich vorstellen, mit welcher Spannung und welchem Entzücken die drei dieser Einladung entgegensehen.

100562

Amerikanischer Atomtest in der Wüste von Nevada

Die weitere Verseuchung der Atmosphäre wird verhütet

Das Moskauer Abkommen sei vollständig belanglos. Wie steht es damit? Ist es belanglos oder ist es ein Markstein? Für sich allein genommen und selbst wenn ungünstigstenfalls keine weiteren Schritte folgen sollten, bedeutet es doch immerhin, dass die weitere Verseuchung der Atmosphäre verhütet wird. Und das ist schon sehr viel. Wenn China und Frankreich darauf bestehen mit Atomwaffen zu experimentieren, dann erhöht das nur in geringem Maße die Gefahr (sowohl hinsichtlich der Experimente wie der Wirksamkeit der Waffen). Denn das atomare Geheimnis allein nutzt noch nicht viel, zu seiner wirksamen Anwendung gehören noch zwei weitere Faktoren, die nur unter größtem finanziellen Aufwand zu erstellen sind: die Trägerwaffen und die elektronischen Steuerungsgeräte.

De Gaulle gegenüber gibt es rein schematisch zwei Möglichkeiten der Handlungsweise: entweder Nachgeben oder Druck. Nachgeben würde bedeuten, dass die Amerikaner sich bereit erklären, Frankreich die atomaren Kenntnisse auszuhändigen, die es selbst sich nur unter großen finanziellen Opfern erarbeiten kann – sofern de Gaulle sich seinerseits bereit erklärt, dem Moskauer Abkommen beizutreten. Dieser Regelung steht aber nicht nur die Mac-Mahon-Gesetzgebung in USA entgegen, die genau das verbietet, sondern doch wohl auch der ausgeprägte pädagogische Sinn der Amerikaner, die es sicherlich mehr schmerzen würde als die Engländer, für Erpressungen auch noch Überpreise zu bezahlen.

Die Alternative – nämlich Druck – braucht gar nicht erst herbeigeführt zu werden. Dafür hat de Gaulle schon alle Hebel selbst gestellt. Wenn erst einmal 80 oder 90 Länder dem Abkommen beigetreten sind, und wenn, was zwangsläufig geschehen wird, Algerien und Marokko die Experimente in der Sahara untersagen, dann wird es für Frankreich auf die Dauer sehr schwierig werden, gegen den Druck der UN und der »Anrainer« im Pazifik zu experimentieren. Bismarck hat ein Leben lang versucht, Frankreich zu isolieren. De Gaulle ist in wenigen Jahren das gelungen, was der große deutsche Staatsmann nie erreicht hat.

Doch zurück zur Frage: Markstein oder belanglos? Alle Versuche, zu irgendeinem Arrangement zwischen Ost und West – auch dem unbedeutendsten – zu kommen, scheiterten bisher an dem Misstrauen beider Seiten. Dass etwas geschehen müsse, wusste jeder – in Genf, in New York, in Camp David, in Paris. Aber jeder glaubte, der andere werde die Gelegenheit doch nur dazu benutzen, den Partner des Abkommens übers Ohr zu hauen. Und so wuchs die Spirale von Misstrauen und Wettrüsten

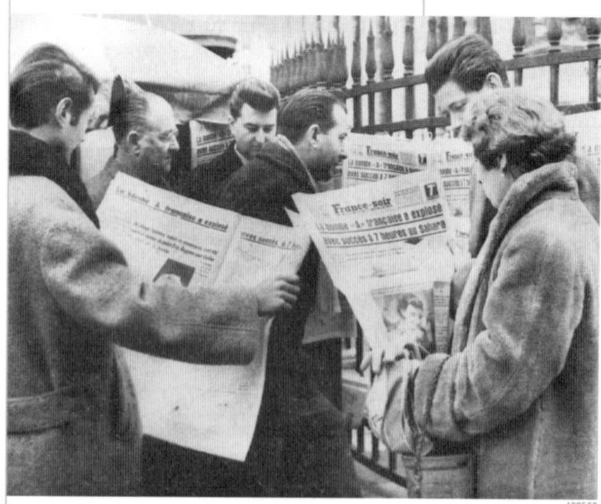

Nach den ersten Meldungen über die Explosion der ersten französischen Atombombe am 13. Februar 1960 in der Sahara stauten sich in Paris die Menschen vor den Zeitungsständen.

100562

weiter gen Himmel, ohne dass noch irgendjemand zu sagen gewusst hätte, welches von beidem Ursache und welches Wirkung war. Was fehlt, ist eben Vertrauen. Und Vertrauen stellt sich nicht von selber ein. Es kann sich aber unter Umständen bilden, wenn praktische Gelegenheiten dafür geschaffen werden.

Bei einer Unterhaltung mit dem polnischen Außenminister über den Plan, der seinen Namen trägt, antwortete Rapacki im vorigen Jahr auf meinen Einwand, dass angesichts der Raketenentwicklung die atomwaffenfreie Zone doch wohl militärisch belanglos geworden sei: »Gerade das macht den Plan ja politisch wieder so interessant. Wenn niemand das Risiko läuft, selbst einen Vorteil einzubüßen oder versehentlich dem anderen einen einzuräumen, dann ist es viel leichter, sich auf etwas Gemeinsames zu einigen. Und«, so fügte er damals hinzu, »im Moment kommt es doch allein darauf an, einmal einen Anfang zu machen.« Nun, ein solcher Anfang könnte das Moskauer Abkommen sein, zeigt es doch, dass beide es wichtiger finden, den Atomkrieg zu vermeiden als die Rivalität auf die Spitze zu treiben.

100562

Egon Bahr setzte auf das Konzept »Wandel durch Annäherung«.

Die Russen drängen auf einen Nichtangriffspakt

De Gaulle hat offenbar im Gegensatz zu Rapacki das Wesen unserer Zeit überhaupt nicht verstanden. In seinem Repertoire gibt es nur: Kanonenboote, Prestigegesichtspunkte und, als Konzession an die neue Zeit, den Traum von der Force de Frappe.

Wie wird es nun weitergehen? Die Russen haben den dringenden Wunsch nach einem Nichtangriffspakt geäußert, wobei Chruschtschow sagte, der Inhalt sei wichtiger als die Form, was doch wohl bedeutet, dass er nicht auf einen Pakt besteht, der alle Unterschriften vereinen und damit die Anerkennung der DDR heraufbeschwören würde, sondern dass er sich auch mit zwei getrennten Erklärungen zufrieden gäbe. Nun hat die Bundesrepublik schließlich oft genug feierlich und offiziell erklärt, dass sie auf Gewalt verzichtet und nicht von Aggressionen träumt. Aber wenn es die Russen beruhigt und wenn dabei noch einmal betont wird, dass die Wiedervereinigung unser oberstes Ziel bleibt, dann ist nicht einzusehen, warum ein solcher »Nichtangriffspakt« nicht ernsthaft diskutiert werden sollte.

Die Diskussion wird allerdings alle alten Argumente des Für und Wider von neuem aufwärmen: entweder sich ganz auf die Abschreckung verlassen und keine Abmachung treffen, keine Kontakte und kein Osthandel, oder aber möglichst viele Kontakte anbahnen und auf Evolution hoffen. Früher, in der Dulles-Ära war diese Kontroverse durch die Stichworte »starke Politik« oder »Verhandeln« gekennzeichnet. Kennedys neue Strategie des Friedens lässt sich in die Erkenntnis zusammenfassen: Man kann die kommunistischen Regimes nicht aus der Welt schaffen, sondern sie nur durch Evolution verändern. Seine Darlegungen wurden in Deutschland mit großem Jubel aufgenommen, was nicht hindert, dass gerade in Berlin, wo die Begeisterung am größten war, jetzt die alte Kontroverse wieder aufgebrochen ist, und zwar zwischen Egon Bahr, dem SPD-Sprecher des Berliner Senats, und Franz Amrehn, dem Führer der CDU-Opposition.

Bahr hatte in einem Vortrag in der Evangelischen Akademie in Tutzing gesagt, dass die gut gemeinten Ratschläge der Menschen aus der Zone: »Brecht den Handel ab, wir schnallen uns gern unseren Gürtel noch enger«, keine Lösung brächten. Im Gegenteil, dass man aus Erfahrung wisse, zunehmende Spannung stärke Ulbricht nur und vertiefe die Spaltung. Bahr sagte, dass, wenn man die Mauer als ein Zeichen der Schwäche, also der Angst und des Selbsterhaltungstriebes der Kommunisten interpretiere, sich die Frage erhebt, ob man dem Regime die Sorgen nach und nach so weit nehmen könne, »dass auch die Auflockerung der Grenzen und der Mauer praktikabel wird. Das ist eine Politik, die man auf die Formel bringen könne, Wandel durch Annäherung.«
Der Führer der Opposition, Amrehn, sprach daraufhin von nicht zu übersehenden »Aufweichungstendenzen, denen von Anfang an der entschiedenste Widerstand entgegengesetzt werden muss«. Und Richard Nixon sagte auf seiner Pressekonferenz in Berlin zum Thema Nichtangriffspakt: »Jeder Pakt dieser Art würde die Spaltung Deutschlands und die Kluft zwischen Ost und West vertiefen.« Die Opposition in Berlin benutzt also die gleichen Argumente wie Nixon, der einstige Gegenkandidat Kennedys.

Es ist nicht leicht für den Staatsbürger, sich eine sachliche und fundierte Meinung zu bilden, weil in einer Demokratie auch die großen Fragen der Nation häufig unter parteipolitischem Aspekt dargestellt werden: Hat die Regierung, in diesem Fall die SPD in Berlin, Stellung bezogen, so stellt die dortige Opposition, in diesem Fall die CDU, die Alternative als ihre Position heraus. Erstens, weil man ja die Unterschiede betonen muss, und zweitens, weil man von jener legitimen Grundhaltung aus dem anderen am ehesten Leichtgläubigkeit, Unverantwortlichkeit, mangelnde Vaterlandsliebe oder was immer vorwerfen kann.
Es wird also nicht leicht sein, sich in den kommenden Diskussionen ein Urteil zu erarbeiten, das unbeeinflusst von Emotionen ist. Wichtig wird sein, sich dabei Kennedys Erkenntnis vor Augen zu halten, dass man die kommunistische Herrschaft nicht beseitigen kann, aber versuchen sollte, sie zu verändern. *2. August 1963*

siehe auch
- **ABC-Waffen**
- **Chruschtschow, Nikita**
- **Kennedy, John F.**
- **NATO**
- **Ost-West-Konflikt**
- **Warschauer Pakt**

Keynesianismus

Psst, Keynes ist wieder da!

In der weltweiten Wirtschaftsflaute setzen Politiker auf die Rezepte des viel geschmähten britischen Ökonomen. Aber das würden sie niemals zugeben

Von Wilfried Herz

Die Lehre des Briten war, recht verstanden, nie ein Freibrief für laxe Budgetpolitik und Schuldenmacherei. Seine Botschaft: Wer Wirtschaftswachstum will, muss auch für eine ausreichende Nachfrage sorgen. Es wirkt kurios: Weltweit setzen Politiker und Ökonomen derzeit mit ihren Rezepten gegen die Wirtschaftsflaute und ihren Hoffnungen auf eine baldige Wende zum Besseren auf die Erkenntnisse des britischen Wirtschaftswissenschaftlers John Maynard Keynes - und dennoch traut sich kaum einer, auch nur den Namen zu nennen.

Erstaunlich ist die Renaissance der keynesianischen Lehre, weil ausgerechnet die überzeugtesten Anhänger in Politik und Wissenschaft ihren Lehrmeister in Verruf gebracht hatten: Sie trieben ihre Staaten in die Schuldenfalle. Schon vor mehr als sechzig Jahren hatte der britische Ökonom bei seinen Forschungen herausgefunden, dass in einer Marktwirtschaft das Gleichgewicht zwischen Angebot und Nachfrage immer wieder kurzfristig gestört werde. Wirtschaftskrisen könnten aber verhindert werden, so seine Erkenntnis, wenn der Staat in den Ablauf eingreife und durch Steuer-, Ausgaben- und Geldpolitik die Nachfrage unterstütze.

In Misskredit geriet die keynesianische Nachfragepolitik in den Sechziger- und Siebzigerjahren. Damals erlagen Politiker, nicht zuletzt die damaligen Bundesregierungen in Bonn, dem Irrglauben, dass sie die Wirtschaft wie mit einem Schalter präzise steuern könnten: Ein höheres Budgetdefizit sollte Wachstum stimulieren und Arbeitslosigkeit beseitigen, eine Zurücknahme des Defizits dagegen einen überhitzten Boom abkühlen und die Inflation dämpfen. Weil jedoch Politiker nicht nur in schlechten, sondern auch in konjunkturell guten Zeiten gern Geld ausgeben, wurde selbst im Wirtschaftsaufschwung nicht gespart - mit der Folge, dass heute noch alle westlichen Industriestaaten mit mehr oder weniger gewaltigen Schuldenbergen zu kämpfen haben.

Missverstanden und missbraucht, wurden die keynesianischen Lehren Anfang der Achtzigerjahre in die Rumpelkammer überholter wirtschaftspolitischer Argumente verbannt, zumal auch noch die fortschreitende Globalisierung die nationale Steuerung von Volkswirtschaften unmöglich zu machen schien. Statt Nachfrage- kam Angebotspolitik in Mode: Deregulierung und niedrigere Steuern auf Kapitaleinkommen sollten das Klima für Produktion und Investitionen verbessern.

160

Die Geldpolitik des amerikanischen Notenbankchefs Greenspan folgt exakt den alten Rezepten Keynes'.

So richtig es war und immer noch ist, die Bedingungen für die Angebotsseite zu verbessern, so falsch wäre es, die Nachfrage völlig zu vernachlässigen. Doch das gerät während des Aufschwungs in Vergessenheit. Nun hofft wieder alle Welt auf den Erfolg keynesianischer Politik: Wie gebannt starren Europäer, aber auch Asiaten und Lateinamerikaner auf die Vereinigten Staaten. Wenn der Wirtschaftsmacht Nummer eins die Wende gelingt, so das allgemeine Kalkül, wird es mit der Weltwirtschaft wieder aufwärts gehen.

Was Präsident George W. Bush und Notenbankpräsident Alan Greenspan in den

USA versuchen, um eine Rezession zu verhindern und die Wirtschaft wieder in Schwung zu bringen, ist Keynesianismus pur. Mit den Schecks, die in diesen Tagen die Finanzämter dank der rückwirkend in Kraft gesetzten Steuerreform versenden und den Familien einen Geldsegen von durchschnittlich 600 Dollar bescheren, soll der private Konsum gestützt werden - reine Nachfragepolitik. Kein Wunder: Die Entwicklung der privaten Nachfrage gilt als Schlüssel für die Erholung der US-Wirtschaft. Auch die Geldpolitik des amerikanischen Notenbankchefs Greenspan, der in der vergangenen Woche zum siebten Mal in diesem Jahr die Leitzinsen gesenkt hat, folgt exakt den alten Rezepten Keynes'.

Die keynesianische Lehre war in den vergangenen Jahren ohnehin nie tot

Doch die Amerikaner sind nicht allein in ihrem Bestreben, die Konjunktur anzukurbeln, indem sie die Binnennachfrage stärken. »Keynes in Asien«, kommentierte kürzlich die »Financial Times« die Strategie südostasiatischer Länder, sich nach der schweren Krise Ende der Neunzigerjahre zu berappeln.

Die keynesianische Lehre war ohnehin nie tot, obwohl das flüchtige Beobachter wirtschaftspolitischer Debatten in den zurückliegenden zwei Jahrzehnten vermuten mochten. Denn beim Konzept der »automatischen Stabilisatoren«, das heute zu Recht als Richtschnur in der Finanzpolitik anerkannt ist, handelt es sich um nichts anderes als Keynes light: Der Staat versucht zwar nicht mehr, in Konjunkturflauten aktiv mit zusätzlichen Ausgaben gegenzusteuern. Aber er trägt dazu bei, die Konjunkturkurven zu glätten, indem er nicht seine Ausgaben kürzt, sondern ein höheres Budgetdefizit zulässt, wenn wegen der schwächeren Konjunktur weniger Steuern in seine Kassen fließen. Auch die höheren Ausgaben für Arbeitslose wirken als konjunkturelle Stabilisatoren. Selbst der Stabilitätspakt der Europäischen Währungsunion, der immerhin dauerhaft für Haushaltsdisziplin und Härte des Euro sorgen soll, folgt dieser Philosophie. Insofern gibt es auch keinen Anlass für eine Lockerung des Paktes. Berlins Finanzminister Hans Eichel hätte besser darauf verzichtet, laut über einen derart unnötigen Vorstoß nachzudenken.

Auch wenn mancher Politiker in der Vergangenheit so tat und heute deutsche Oppositionspolitiker hektisch Steuersenkungen zur Stärkung der Konjunktur fordern - Keynes war nie ein Freibrief für eine laxe Haushaltspolitik und Schuldenmacherei.

100562

Hans Eichel hätte besser darauf verzichtet, laut über die Lockerung des Stabilitätspaktes nachzudenken.

Über einen Konjunkturzyklus hinweg müssen dem britischen Denker zufolge die Ausgaben durch ordentliche Steuereinnahmen und Gebühren finanziert werden, nicht aber per Überziehungskredit. Von dieser Ausgeglichenheit auf mittlere Sicht jedoch ist die Bundesrepublik noch weit entfernt.

Dass eine keynesianische Nachfragepolitik allein nicht ausreicht, damit eine Wirtschaft nachhaltig wächst, zeigt das abschreckende Beispiel Japans. Die Japaner haben es selbst mit neun teuren Konjunkturprogrammen seit 1992 nicht geschafft, sich aus der Krise herauszuarbeiten. Das Ergebnis des zehnten, das zu Beginn dieser Woche angekündigt wurde, wird kaum besser sein, wenn die neue Regierung nicht gleichzeitig die Struktur der Inselwirtschaft in Ordnung bringt.

Zu Recht hat der amerikanische Wissenschaftler und Nobelpreisträger Paul A. Samuelson betont, dass Gott dem Ökonomen zwei Augen gegeben habe - eines für die Nachfrage- und eines für die Angebotsseite. Wer auf einem Auge blind ist, war nie ein guter Wirtschaftspolitiker und wird es auch nie werden. *30. August 2001*

siehe auch
- Keynes, John Maynard
- Marktwirtschaft
- Wachstum

Kurt Georg Kiesinger

Ein Politiker zwischen den Zeiten

Die Erinnerung an die Große Koalition, die von 1966 bis 1969 in Bonn regierte, ist längst verblasst – zu Unrecht. Ihr Kanzler wurde oft unterschätzt

Von Rolf Zundel

Fast alle Bonner Kanzler haben nach dem Ende ihrer Regierungszeit ihre politische Präsenz fühlen lassen – durch Vorbild, verpflichtend oder irritierend, nicht selten durch direkte Kritik. Am wenigsten wohl Kurt Georg Kiesinger, der seine Kanzlerschaft am längsten überlebt hat. Er verschwand nach einigen halbherzigen Versuchen, seinen Bonner Einfluss festzuhalten, fast völlig aus der öffentlichen Wahrnehmung. Die ihn im Tübinger Ruhestand besuchten, berichteten von guten Gesprächen beim Wein, von freundschaftlichem Rat und von der Mühsal, seine Erinnerungen niederzuschreiben. Aber politische Botschaften kamen nicht mehr von ihm. Er brauchte die Politik nicht mehr und sie ihn auch nicht.

Jetzt, da er, 83 Jahre alt, gestorben ist, erinnern wir uns wieder – beinah mit schlechtem Gewissen.

Denn spurlos ist er nicht geblieben, und vom eigenen Wert und Rang hat er nie klein gedacht.

Natürlich behandelte ihn die Union, nachdem er die Kanzlerschaft verloren hatte, ziemlich schnell, so hieß das damals, als »auslaufendes Problem«; eine jüngere Generation trat an, dynamisch, taktisch gewitzt und mit harten Ellbogen. Und leicht verwand er die Enttäuschung gewiss nicht, dass er das Palais Schaumburg hatte räumen müssen. So unfreundlich hatte er sich die »Fantasie der Geschichte«, von der er so schön und geläufig sprach, wenn es um Deutschland ging, in seinem Fall nicht vorgestellt. Er war ungehalten, und da mit der Geschichte zu streiten nicht in seiner Natur lag, nahm er sich die FDP vor: »Hinauskatapultieren« wollte er sie. Wahr ist ja auch, die Organisation von Macht, von Hausmacht zumal, trieb ihn nicht um, das Aktenstudium gehörte nicht zu seinen bevorzugten Tätigkeiten, und das »Spiel hinter den Kulissen« war, wie Bruno Heck einmal schrieb, nicht seine Sache.

Das übliche Bonner Verständnis von Politik ist da ziemlich ungnädig. Harte Knochenarbeit wird verlangt, und der Angstschweiß der Macht muss zu riechen sein. Mühelose Rhetorik und elegante Repräsentation, kurz: Die Beherrschung der politischen Form weckt eher den Verdacht, hier könne etwas nicht stimmen, »König Silberzunge« sei am Werk. Wenn in der Großen Koalition, einem ungewöhnlich schwierigen Bündnis, gleichwohl sehr erfolgreich gearbeitet wurde, geriet das vielen zum Verdienst, an Kiesinger aber blieb das Wort vom »wandernden Vermittlungsausschuss« hängen. Die Vorstellung von politischer Kraft verbindet sich nur selten mit der Fähigkeit, zuhören und zusammenführen zu können. Und wenn schließlich ein Politiker weder warnend in seinen aktiven Jahren noch ruhelos grollend im Alter sich sichtbar in der Sorge um seine

100562

Kurt Georg Kiesinger

Partei und das Vaterland verzehrt, liegt das Urteil nahe: vermutlich ein Leichtgewicht. Von ungefähr kommt es nicht, dass Kiesinger oft unterschätzt worden ist.
Er kam, zugegeben, aus einer Tradition, die in politischen Kreisen der Bundesrepublik »schöngeistig« genannt wird; jenseits des Rheins, wo die Verbindung von Geist und Politik nicht so zweifelhaft ist, spricht man vom Homme de Lettres.
Kiesinger hatte Bildung und er zeigte sie gern. Er hat sie sich übrigens, ehe er einen Mäzen fand, hart erarbeitet, ja erhungert.

Die Nazi-Jahre hat er als Mitarbeiter des Auswärtigen Amts überstanden

Der Berliner Student der Rechtswissenschaften hat das kulturelle Angebot der Weimarer Jahre genossen, die politischen Debatten scheinen ihn eher abgestoßen zu haben. »Sozialismus und Nationalismus«, wie er 1928 in einem Artikel die politische Lage beschrieb, waren für ihn »Organisationen im Schlepptau der Parteien, ohne Geist, ohne Feuer, ohne Schwung und Jugendlichkeit«. Er spürte »Zerrissenheiten«, aber ein Zerrissener wurde er nie. Dafür war er zu gut aufgehoben in einer freundlichen Mischung aus liberalem Katholizismus, schwäbischer Herkunft und bürgerlichem Idealismus. »Man muss nur Geduld haben«, schrieb er damals, »und den Glauben, dass das Angesicht der Welt sich immer wieder ungeahnt erneuert.«

1238

»Ludwig Erhard pflügte, immer die gleiche Spur ziehend, das Bürgergemüt.«

Kein Wunder, dass er die Dimensionen der »nationalsozialistischen Erneuerung« zunächst nicht erkannte, er ging allerdings ziemlich schnell auf Distanz zu den Braunen. Er hat die Nazi-Jahre als Repetitor und später als wissenschaftlicher Hilfsarbeiter im Auswärtigen Amt überstanden, kein Märtyrer, aber achtbar. Immerhin wurde er denunziert, weil er die »antijüdische Aktion« hemmte, und viele Juristen, darunter der spätere Verfassungsrichter Martin Hirsch, schildern ihn als vorzüglichen Rechtslehrer. In seinem Haus wurde relativ offen gesprochen, es war wirklich noch vom Rechtsstaat die Rede. Ein Nazi, bezeugt Hirsch, der damals selbst wegen seiner sozialistischen Vergangenheit in Gefahr stand, war Kiesinger nicht. Die Ohrfeige von Beate Klarsfeld habe er »eindeutig zu Unrecht bekommen«.
Die Rede, geübt in den Repetitorien, war Kiesingers Metier, mehr noch als das Schreiben, das ihm manchmal zu erlesen geriet; der harmonische Sprachfluss brach sich an keinen Klippen. Wo aber, wie in der politischen Debatte, die Provokation, der Einwand der Gegner ins Spiel kam, entfaltete er seine Fähigkeiten voll. Ein Portrait, das den Wahlkämpfer Kiesinger im Jahr 1969 darstellt, macht dies deutlich: »Sein Vorgänger Ludwig Erhard pflügte, immer die gleiche Spur ziehend, das Bürgergemüt. Dessen Vorgänger wiederum, Konrad Adenauer, hat in holzschnittartiger Klarheit die Alternativen gesetzt. Kiesinger ist sensibler, nuancenreicher, locker im Wort wie in der Geste. Er dirigiert das politische Orchester aus Getreuen und Gegnern, lockt Zwischenrufe hervor, provoziert geradezu den schrillen Ton radikaler Opposition, gibt den Posaunen bürgerlicher Entrüstung den Einsatz und leitet damit über zum vollen Seelenton immerwährender Sehnsucht nach Harmonie – der Karajan unter den Wahlkämpfern.«
Der Debattenredner Kiesinger hat von Adenauer viel Lob erfahren, aber hat auch seine Gegner beeindruckt. Fritz Erler nannte ihn »den Partner, mit dem ich am liebsten die Klingen gekreuzt habe ... Wir haben harte Auseinandersetzungen gehabt, aber immer in der Form, die uns nach Abschluss einer Debatte wieder aufeinander zugehen ließ. Und ich glaube, wir haben doch manches Problem klären geholfen«. Nachrichten wie aus einer anderen Zeit.
Spannungslos war das Verhältnis des Abgeordneten Kiesinger zu seinem Kanzler nicht, und wenn er mit ihm über Kreuz geriet, war es auch kein Zufall: gleich in der ersten Sitzung der Unionsfraktion zum Beispiel, als Kiesinger, obwohl ihm Adenauer immer wieder das Wort abzuschneiden ver-

suchte, sich für einen Bundespräsidenten einsetzte, der auch die Zustimmung der Sozialdemokraten finden konnte; so später im Jahr 1955, als ihn der alte Herr rüffelte, weil Kiesinger für eine gemeinsame Außenpolitik von Regierung und Opposition geworben hatte. »Ich bitte Sie«, schrieb ihm Adenauer, »in einer außenpolitisch und innenpolitisch so schwierigen Situation wie der gegenwärtigen, nicht auf ihren eigenen Kopf derartige Darlegungen zu machen.«

Kiesinger hat um Regierungsämter nicht gekämpft, sie sind ihm zugefallen

Ganz passte Kiesinger wohl nicht ins Politikerbild von Adenauer. Hatte der Schwabe nicht 1950, als der Kanzler ihn zum Generalsekretär der CDU vorgeschlagen hatte, die Wahl nicht angenommen, weil ihm die Mehrheit zu knapp erschien! Dergleichen wäre Adenauer nie passiert. Im Kabinett jedenfalls fand sich für Kiesinger kein Platz. Das Außenministerium war durch Brentano besetzt, das Justizministerium, fast schon in Reichweite, ging aus Proporzgründen an die CSU. Fürs Drängeln und Drohen aber war Kiesinger zu stolz. Jedenfalls ließ er sich 1958 von der baden-württembergischen CDU nach Stuttgart rufen – ein nicht untypischer Vorgang. Kiesinger hat um Regierungsämter nicht gekämpft, sie sind ihm zugefallen – ein Grund mehr, dass ihn manche als Paradiesvogel betrachteten.

Sein Stuttgarter Vorvorgänger Reinhold Maier bemerkte denn damals auch boshaft, Kiesingers Regierungsformel laute »R hoch drei: Reden, Reisen, Repräsentieren«. Der Stuttgarter Ministerpräsident kam in der Tat dem Bild eines glanzvollen Landesfürsten ziemlich nahe. Das Regieren allerdings vergaß er nicht. Er tat sehr viel, um die badische CDU mit dem Südwest-Staat zu versöhnen, er gründete neue Universitäten und er verhinderte, in einer Vorausahnung ökologischer Politik, den Ausbau des Hochrheins. Kurz, er war ein ziemlich erfolgreicher Landesvater.

Auch nach Bonn, ins Kanzleramt, ist Kiesinger gerufen worden. Dass die Union ihn für das Amt vorschlug, verdankte er der CSU. Barzel und Schröder blockierten sich gegenseitig, und Strauß war klug genug, um sich an diesem Wettbewerb nicht zu beteiligen. Dass die Politik der Großen Koalition ungewöhnlich erfolgreich war, ist in vielen zeitgeschichtlichen Darstellungen nachzulesen, gleichwohl ist die lebendige politische Erinnerung an dieses Bündnis seltsam trübe, fast ein »blinder Fleck« (Hermann Rudolph). Die Union

Rainer Barzel (Foto) und Innenminister Gerhard Schröder blockierten sich gegenseitig.

betrachtete die Koalition als einen verhängnisvollen Fehler, der den Sozialdemokraten den Weg ins Kanzleramt und zu einer neuen, schlimmen Politik geöffnet hatte. Den Sozialdemokraten wiederum ist das Bündnis wie eine Zwischenetappe zum Eigentlichen, zum Machtwechsel erschienen. Und in der Presse ist die Koalition mit spitzer Feder behandelt worden: unvermeidlich vielleicht in einer als krisenhaft empfundenen Situation, aber doch reichlich fragwürdig.

Was handelnde Personen, ökonomische Fakten und wichtige politische Gesetze angeht, so braucht diese Koalition keinen Vergleich zu scheuen. Das Führungspersonal – ein »Überkabinett« mit Wehner, Brandt, Schiller, Heinemann, Leber von der SPD, mit Strauß, Schröder, Höcherl, Katzer von der Union, dazu noch zwei machtbewusste und organisationskräftige Fraktionschefs, Schmidt und Barzel – war ebenso ansprechend wie anspruchsvoll. Kein Kanzler vor und nach Kiesinger hat so viel politische Begabung dirigieren müssen.

Mit auftrumpfender Stärke war diese Mannschaft nicht zu führen. Da galt der Satz Helmut Schmidts: »Die Richtlinienkompetenz des Bundeskanzlers sollte man innerhalb einer Großen Koalition nicht überschätzen. Es gibt keine Richtlinien gegen Brandt und Wehner.« Es bedurfte tatsächlich des Vermittlers Kiesinger. Dass auch vieles »ausgeklammert« wurde, wie in allen Koalitionen, mindert die Leistung nicht, und auch nicht der Umstand, dass manche in der Kabinettsrunde es für Zeitverschwendung hielten, wenn Kiesinger und Carlo Schmid in wohlgesetzten Worten über Staatsideen und Kulturverfall philosophierten.

Die ökonomischen Erfolge der Großen Koalition sind inzwischen Legende

Die ökonomischen Erfolge der Koalition sind inzwischen Legende. Die Nation lernte mit Schiller das Credo der neuen Ökonomie, und sie lernte auch den Glauben an einen »Aufschwung nach Maß«. Nach knapp drei Jahren herrschten Vollbeschäftigung und Preisstabilität, Finanzminister Strauß hatte nicht nur einen Haushaltsüberschuss zu melden, sondern sogar Schulden zurückgezahlt.

In wenigen Jahren gab es eine ziemlich gründliche Renovierung der Wirtschafts- und Finanzverfassung, der Sozialpolitik, auch des Strafrechts.

Modernisierung hieß das Stichwort. Das Etikett verdeckt ein wenig, wie tief gehend die Reformen schon waren. Kiesinger hat sie nicht gemacht, aber unter seiner Regentschaft wurden sie möglich.

Die Debatte über die Notstandsgesetze, am Ende in ziemlich liberaler Version verabschiedet, und über die gescheiterte Wahlrechtsreform haben den Blick auf diese Ergebnisse verstellt. Noch mehr wurde das öffentliche Interesse durch die Auseinandersetzung mit der Apo abgelenkt. Der Studentenprotest mag durch das Bonner »Establishment« noch einen zusätzlichen Schub erhalten haben. Im Grunde war er – der internationale Kontext beweist es – kein Produkt der Koalition. Kiesinger, der bei Ernst Jünger, Hans Freyer und Tocqueville sein Verständnis von den »Gefährdungen des Menschen in der modernen Welt« geschult hatte, war vielleicht den Studenten gar nicht immer so fern, wie es aussah. Er schrieb in einem Essay über Tocqueville von der »verschleißenden, verkümmernden Tendenz des Zeitalters«, vom »Termitenstaat«, aber seine Antwort hieß nicht Demokratisierung, er forderte eine neue Elite. Er war kein Scharfmacher, aber den in Kapitalismus- und Systemkritik verpuppten Protest der Apo hat er nicht begriffen. Er sah, wie viele Sozialdemokraten übrigens auch, nur »Schreier«, »Gewalttäter«, »Linksfaschisten« – den Angriff auf die parlamentarische Demokratie.

In der Außenpolitik hat Kiesinger im Einklang mit Brandt das aufgeraute Verhältnis zu Frankreich und den USA kalmiert, der Streit zwischen Atlantikern und Gaullisten flaute ab. Dabei hatte er übrigens die Bonner Interessen gegenüber der Weltmacht USA so hart und öffentlich vertreten, wie später nur Helmut Schmidt, allerdings sorgfältig und kunstvoll inszeniert. In der Ostpolitik schwankt sein Bild zwischen alter CDU-Tradition und neuen sozialdemokratischen Erkenntnissen. Er wollte das Verhältnis zur DDR entkrampfen, aber den Schritt zur staatlichen Anerkennung hielt er für falsch. Er beantwortete Briefe aus Ost-Berlin, aber die DDR blieb für ihn ein »Phänomen«.

108

Finanzminister Franz Josef Strauß hatte nicht nur einen Haushaltsüberschuss zu melden, sondern sogar Schulden zurückgezahlt.

Immerhin war Kiesinger damals seiner Partei weit voraus. Nicht zufällig hat Herbert Wehner immer wieder seinen Satz zitiert: »Ein wiedervereinigtes Deutschland hat eine kritische Größenordnung«, und auch die Schlussfolgerung des CDU-Kanzlers: »Man kann das Zusammenwachsen der getrennten Teile Deutschlands nur eingebettet sehen in den Prozess der Überwindung des Ost-West-Konflikts in Europa.« Manche Christdemokraten haben heute noch Schwierigkeiten damit. Im politischen Urteil über den Kanzler Kiesinger herrscht immer noch eine gewisse Verlegenheit. Gehört er wirklich zu den großen Männern? Er war ein Politiker zwischen den Zeiten, das ist wahr, aber nicht ein Kanzler minderen Ranges.

18. März 1988

siehe auch

- Bundeskanzler
- deutsche Geschichte
- Notstandsgesetze

Kim Jong Il

Die Sonne der Menschheit

Nord-Koreas exzentrischer Diktator ist weniger verrückt, als es scheint. Mit kalter Berechnung antwortet er auf die Drohungen der USA

Von Matthias Naß

Ein Angriff auf Nord-Korea hätte verheerende Folgen. Wollten die USA Kim entwaffnen, könnte dieser Seoul in ein Trümmerfeld verwandeln. Es ist wie bei einem Geiselnehmer: Man muss mit ihm sprechen. Eine Million geballter Fäuste; eine Million Menschen in »brennendem Hass« auf Amerika, bereit zum »Kampf auf Leben und Tod«: Die Bürger Pjöngjangs waren zum Demonstrieren abkommandiert. Militärisch ausgerichtet standen sie auf dem Kim-Il-Sung-Platz, trotzten in Schiebermütze und Pelzkragen der Kälte. Der Feind möge sich nicht täuschen, lautete die Botschaft des Regimes, die das Parteiblatt verbreitete: Das koreanische Volk werde nicht zögern, »die Zitadelle der Imperialisten in ein Flammenmeer zu verwandeln«. ER aber war nicht erschienen. Nur sein Bildnis trugen die Massen auf riesenhaften, holzgerahmten Tafeln an den grauen, harten Gesichtern auf der Ehrentribüne vorbei. Der Große Führer, die Sonne der Menschheit, der Himmelgeborene hatte es vorgezogen, zu Hause zu bleiben. Kim Jong Il fehlte. Seine Untertanen huldigten, wie so oft, einem Schemen.

Sein Bild ist allgegenwärtig, in jeder Amtsstube, jedem Klassenzimmer, in den Krankenhäusern, den Kindergärten, unter den nackten Glühbirnen der Wohnzimmer. Es hängt nie allein: Links der Vater – Kim Il Sung, der Große Führer, der Präsident auf ewige Zeit; rechts der Sohn – der ehemals Geliebte, nun ebenfalls Große Führer, der Verehrte General Kim Jong Il. »Fat Man and Little Boy« nannte ein respektloser Reporter in Vanity Fair das nuklear ambitionierte Duo – so hießen die Atombomben, die Hiroshima und Nagasaki verwüsteten.

Die Nord-Koreaner tragen Kims Bild auch auf ihrem Herzen. Obwohl der Alte bei den Anstecknadeln, die sich jeder Nord-Koreaner ans Jackett heftet, noch immer vorn liegt. 60 Prozent, schätzt ein Beobachter aus dem Westen, schmücken sich mit Kim Il Sung; 30 Prozent mit dem Sohn; die restlichen zehn Prozent stecken sich vorsichtshalber beide ans Revers.

Der Vater hatte das Land von der japanischen Knechtschaft befreit

Der Alte. Ihn haben sie in ihrer unverschuldeten Unwissenheit vielleicht wirklich geliebt. Er hatte das Land ja von der japanischen Knechtschaft befreit, die Amerikaner mitsamt ihren Lakaien besiegt; er war ein Despot der väterlichen Art, knechtete die Untertanen mit einem gütigen Lächeln. Als er 1994 starb, weinte das Volk in kollektivem Schmerz; drei Jahre lang trauerte es um den einzigen Gott, den es anbeten durfte, legte Blumen an den Füßen seiner Bronzestatuen nieder – und dankte für den Sohn, der ihm geschenkt wurde.

Kim Jong Il

Der freilich hatte im Ausland gar keinen guten Ruf. Ein Trunkenbold und Frauenheld sei er, verbreitete der süd-koreanische Geheimdienst KCIA gern, unsicher im Auftreten und emotional wenig stabil. Auch habe er, als Chef der Spezialtruppen, mehrere blutige Anschläge zu verantworten, darunter das Bombenattentat auf das süd-koreanische Kabinett 1983 in Rangun und den Absturz eines Jets der Korean Airlines 1987 über der Andamanensee. Der Sohn, von kleiner, eher rundlicher Statur, mit hochtoupiertem Haar und Plateausohlen, gekleidet in die stets gleiche graubraune Blousonkluft mit strammem Gummizug über dem Bauch, Nord-Koreas oberster Terrorist?

Wie anders war das Bild, das der Parlamentspräsident zeichnete, der uns 1997 im Gebäude der »Großen Volksversammlung« empfing. »Unsere Gesellschaft ist eine Einheit von Führer und Volk«, las Kim Yong Nam von säuberlich getippten Blättern ab. »Das ganze Volk hält den Großen Führer für seinen Vater, und die Obhut der Partei ist mit der Obhut einer Mutter zu vergleichen.« Auch wir fühlten uns geborgen in der Obhut der Partei, denn von oben, von der Decke des Konferenzraumes, blickten zwei Kameras aufmerksam auf uns herab.

100562

Über 100 000 Nord-Koreaner nehmen im Stadion in Pjöngjang an einer Massenveranstaltung zu Ehren von Kim Jong Il teil.

Kim Il Sung war seit drei Jahren tot. Aber der Parlamentspräsident hatte eine tröstliche, ja eine frohe Botschaft parat. »Unser Volk kann ihn nicht vergessen, und die Gefühle für ihn werden immer groß sein. Unser geliebter Führer hat, um diese Gefühle zu respektieren, eine neue Zeitrechnung eingeführt: Juche.« Es war also nicht, wie wir wähnten, das Jahr 1997. Nein, wir besuchten Pjöngjang im Jahr »Juche 86«. Nordkoreas Zeitrechnung beginnt 1912, im »Jahr der Sonne«, in dem Kim Il Sung geboren wurde.

Und ist das Land nicht tatsächlich aus der Zeit gefallen, fragt sich die Welt nicht erst heute, im Jahr »Juche 92«. Leben die Nord-Koreaner nicht längst auf ihrem eigenen Planeten, geformt nach dem Willen und dem Wahn ihrer Führer? Als Kim Jong Il seinen 60. Geburtstag feierte, da bedeckte 60 Tage lang 60 Zentimeter hoher Schnee den heiligen Berg Paektu. Und am Himmel zog eine Wolke in der Form einer Kimjongilia, der dem Führer geweihten Staats-Begonie.

»Vorsicht!«, mahnen diejenigen, die Kim Jong Il getroffen haben. »Nehmt den Wahn nicht für die Wirklichkeit.« Als Süd-Koreas Präsident Kim Dae Jung zum ersten innerkoreanischen Gipfel im Juni 2000 nach Pjöngjang reiste, traf er auf einen jovialen, selbstbewussten Gastgeber, der beim Bankett mit ihm alte Volkslieder sang. Die Süd-Koreaner waren verblüfft, fassten ein wenig Vertrauen zum rätselhaften Verwandten im Norden. Kim Dae Jung rühmte später den »gesunden Menschenverstand« Kim Jong Ils.

Ähnlich Madeleine Albright, die im Oktober 2000 zwölf Stunden lang mit Kim Jong Il konferierte. »Er ist nicht verrückt«, sagt Bill Clintons Außenministerin heute. »Isoliert, ja, aber nicht uninformiert.« Kim führte ihr seinen Computer vor, auf dem er das Internet erkundet. Die CNN-Berichte über ihr Treffen hatte er genau verfolgt.

Auch Schwedens Ministerpräsident Göran Persson, der im Mai 2001 mit der EU-Troika nach Nord-Korea reiste, zeigte sich angetan. Kim, lobte er vor Journalisten im Koryo-Hotel, habe seine Dossiers gekannt, sei ohne Gesprächsnotizen ausgekommen. Von sich aus habe er angeregt, eine Studiengruppe nach Europa zu entsenden, die sich dort mit der Marktwirtschaft vertraut machen sollte.

Kim, ein verkappter Reformer? Ein Image, das vor allem die Chinesen pflegen. »Kim kennt die Welt sehr gut«, versichern Diplomaten im Pekinger Außenministerium, wenn man sie um eine Einschätzung bittet. »Er ist ein Mann mit klaren Gedanken.« Auf Reisen habe er stets sein Notebook dabei. Internet und CNN: Auch für Chinas Kommunisten sind sie heute Ausweis von Weltläufigkeit.

Doch als sie Kim Jong Il nach Schanghai brachten, dieses glitzernde Zukunftsversprechen, da rieb sich Kim zwar die Augen. Aber die Metropole am Huangpu dürfte ihn auch ein wenig geängstigt haben, denn sein graues Pjöngjang mit all den Triumphbögen und Revolutionsmuseen, den hohlen Statuen und den leeren Boulevards, sah mit einem Mal schrecklich alt aus. Vielleicht hat er sich auch deshalb noch nicht nach Seoul getraut, hat den Besuch Kim Dae Jungs bisher nicht erwidert, weil er sich den Realitätsschock ersparen möchte, die glänzenden Fassaden der Hauptstadt des Südens, den modischen Schick der Bürger, die zwölfspurigen Stadtautobahnen voller Mittelklasselimousinen.

Mehr als 200 000 politische Gefangene vegetieren unter grauenhaften Umständen

Mit ihrer Autarkiepolitik hat die Kim-Dynastie den Norden, den ehemals reicheren Teil Koreas, ruiniert. Ihre »Juche«-Ideologie, die Lehre vom Vertrauen in die eigene Kraft, hat die Wirtschaft verwüstet und die Bevölkerung am Ende dem Hunger überantwortet. Wer einmal die Produktion von »Ersatznahrung« beobachtet hat – ein Brei aus essbaren Gräsern, Kiefernadeln, Laub, Kürbisblättern und Maispulver, zu »Keksen« gebacken –, der kann George W. Bush gut verstehen, den die Herrschaft Kim Jong Ils »anwidert«. Mehr als 200 000 politische Gefangene leben unter grauenvollen Umständen in Arbeitslagern. Die »Far Eastern Economic Review« veröffentlichte jüngst Satellitenbilder, die Berichte entflohener Gefangener über die Existenz und die Größe dieser Camps bestätigen.

Ein kommunistisches Land? Eher eine feudalistische Militärdiktatur, beherrscht von einigen hundert Familien, die schon mit dem Großen Führer gegen die Japaner kämpften. Kim Jong Ils Macht ruht auf der Armee, in der Öffentlichkeit tritt er nur in Begleitung hoher Offiziere auf.

Weil die roten Feudalherren, ohne Freunde in der Welt, um ihr Überleben fürchten, suchen sie die Rettung in außenpolitischer Erpressung. Vieles in der augenblicklichen Situation erinnert an die letzte Nuklearkrise der Jahre 1993 und 1994. Aber der Ton ist schriller, der Konflikt eskalierte schneller. Vielleicht, weil sich das Regime – nach dem Wort von der »Achse des Bösen« und nach Verkündung der neuen amerikanischen Präventivschlag-Doktrin – heute wirklich bedroht fühlt. Weil es überzeugt ist, nach einem Krieg gegen den Irak werde die Reihe an ihm sein.

100562
Statue des nord-koreanischen Staatsgründers Kim Il Sung, »Großer Führer« genannt, im Zentrum Pjöngjangs

Die »moralische Klarheit«, die George W. Bush für seine Außenpolitik beansprucht, ist gegenüber Kim Jong Il ein guter Kompass, sie darf aber nicht alleiniger Wegweiser sein. Eine militärische Intervention hätte verheerende Folgen. Denn Kim kann zwar nicht die »Zitadelle der Imperialisten in ein Flammenmeer«, aber doch das nahe Seoul in ein Ruinenfeld verwandeln. Es ist wie bei einem Geiselnehmer: Man muss mit ihm sprechen.

Die Welt, wie Kim Jong Il sie sieht, ist bedrohlich. Aufrüstung erscheint ihm als beste Versicherung. Schwer zu entscheiden, was daran kalte Regimelogik ist, was pure Paranoia. Manches erinnert an einen Sektenchef. Er könnte, mit selbstmörderischer Konsequenz, sein Schattenreich und eine ganze Region in den Abgrund reißen.

16. Januar 2003

siehe auch
✣ **Korea (Nord-Korea)**

Martin Luther King

Das Ende des Gewaltlosen

Ein Martyrium für Amerika. Das schwarze Elendsproletariat wird durch das Attentat auf seinen Führer zur Revolte provoziert

Von Joachim Schwelien

Über Washington ballten sich die schweren, schwarzen Rauchschwaden von den Bränden in den Negervierteln der Innenstadt. Sie wanden sich wie ein langer Trauerflor über die Dächer des Kapitols und des Weißen Hauses zum Potomac. Ihr düsterer Anblick weckte Furcht und löste Panik aus. Die Weißen strömten in endlosen Autokolonnen aus der Stadt hinaus in die Vororte Marylands und Virginias.

Es waren dies die Tage des alljährlichen Kirschblütenfestes am Teich gegenüber dem Jefferson-Memorial. Wie ausgestorben lag die Uferstraße; der Wind hatte die hellen Blüten vorzeitig davongeweht. Von drüben, aus dem Zentrum der amerikanischen Hauptstadt, drangen das Sirenengeheul der Polizeiwagen herüber und der durchdringende, beizende Geruch brennender Häuser und Geschäfte. Aufruhr tobte in den Straßen.

Martin Luther King

Dies war die spontan aufgeflammte, letzte Reverenz, welche die Farbigen Washingtons in einem sinnlosen Ausbruch der Gewalt ihrem toten Führer der Gewaltlosigkeit erwiesen, der durch den Gewaltakt eines Fanatikers umgekommen ist. Martin Luther King predigte Liebe, Verstehen und Verzeihung. Er erntete Hass, Blindheit und Vergeltung. Doch was sich am vergangenen Wochenende in Washington, in Chikago und in fünfzig anderen amerikanischen Städten abspielte, war kein Aufstand des empörten und gequälten Gewissens seiner Rassegenossen.

Wer als Neger bewusst mit King oder mit radikalen Führern der Bürgerrechtsbewegung für die Gleichheit, die Freiheit und das Recht der farbigen Amerikaner stritt, blieb an diesen Ausschreitungen unbeteiligt. Sie waren das Werk von Marodeuren, Dieben und Plünderern, die lachenden Gesichtes durch die verwüsteten Straßen zogen, Auslagen ausräumten, ganze Wohnungseinrichtungen davonschleppten, Molotow-Cocktails in die Häuser und auf die Tankstellen schleuderten. Kinder und Halbwüchsige waren da am Werk und erwachsenes Elendsproletariat aus den Slums, denen weder der Name King noch irgendein anderer Name etwas sagte, die nur gehört haben von dem Mord und eine Gelegenheit witterten, sich in der maßlosen Spannung auszutoben, die der Schuss von Memphis in den Negergettos und auch in den gepflegten Vierteln der weißen Amerikaner erzeugte.

Wohl rief ihnen Stokely Carmichael, Wortführer der Black-Power-Bewegung, an diesem Tage zu, sie sollten Rache üben. Doch auf seine Appelle hörten nur wenige – in Harlem und anderswo gingen die Organisatoren der extremistischen Negerorganisationen auf die Straße und mahnten zu Besonnenheit und Ruhe.

Der Aufruhr brach mit Urgewalt los. Seine Motive sind Armut, Arbeitslosigkeit und Hoffnungslosigkeit. Aus dem Fatalismus loderte rasende Zerstörungslust, anarchistische Wut auf.

Dahinter steht kein revolutionäres Ziel, kein ideologisches Programm. Hier wurde kein Vermächtnis eines Toten erfüllt. Sein Testament der Gewaltlosigkeit wurde mit den Füßen getreten – und auch das nicht einmal vorsätzlich und bewusst.

Er hatte den Traum von bürgerlicher Gleichheit und sozialer Befreiung

Und dennoch war es dieses städtische Lumpenproletariat, das jetzt selbstzerstörerisch um sich schlägt, dem das ganze Lebenswerk Martin Luther Kings galt. Ihm hat er im August 1963 in Washington beim Freiheitsmarsch der zweihunderttausend weißen und farbigen Bürgerrechtler vor dem Denkmal des Sklavenbefreiers Abraham Lincoln von der Vision seines Traumes erzählt.

»Ich habe einen Traum«, so drang damals seine volle, sonore, kanzelgeübte Baritonstimme über das weite Feld, »den Traum, dass eines Tages die Söhne früherer Sklaven und die Söhne früherer Sklavenhalter zusammen am Tisch der Brüderlichkeit sitzen werden. Ich habe einen Traum, dass meine vier kleinen Kinder eines Tages in einer Nation leben werden, in der sie nicht nach der Farbe ihrer Haut, sondern nach dem Wesen ihres Charakters beurteilt werden. Ich habe einen Traum ...« Diesen Traum von der bürgerlichen Gleichheit und der sozialen Befreiung des geknechteten und segregierten Negerproletariats wollte Martin Luther King als Christ der Tat zur Wirklichkeit der Wachen und Lebenden machen.

Für den 39-jährigen Pastor endete dieser Traum am Donnerstag, dem 4. April 1968, nachmittags gegen achtzehn Uhr in Memphis im Staate Tennessee. Zum zweiten Mal in der Frist einer Woche war King in diese Stadt gekommen, um mit Massendemonstrationen den seit zwei Monaten streikenden 1300 Müllabfuhr-Arbeitern zu ihrem Recht zu verhelfen, sich als Gewerkschaft zu organisieren und einen höheren Lohn durchzusetzen. Wie in allen Gemeinden Amerikas sind auch in Memphis die Müllmänner überwiegend Farbige – die widrigsten und schmutzigsten Berufe sind überall das Monopol der Neger.

Martin Luther King winkt seinen Anhängern zu. Das Foto entstand bei einer Kundgebung am Ende des »Marsches auf Washington« am 28. August 1963.

100562

Schon das erste Erscheinen Kings hatte zu Krawallen geführt, die ihm aus der Hand glitten: In Memphis kam es zu Plünderungen und Brandstiftungen, ein 16-jähriger Junge wurde erschossen. Doch Pastor King wollte nicht darauf verzichten, in der Stadt weiter zu agitieren. Seit zwei Jahren war er mehr und mehr in den Hintergrund gedrängt worden von den Aposteln des schwarzen Nationalismus und der schwarzen Macht, die nur noch eines wollten: Gewalt gegen Gewalt, Terror gegen Terror zu setzen. Martin Luther King stand am Kreuzweg.

Jetzt musste sich erweisen, ob seine Lehre von der Gewaltlosigkeit, seine Überzeugung vom Zusammenleben und Verschmelzen der Amerikaner aller Rassen dem Fanatismus seiner Rassegenossen standhalten werde – einem Fanatismus, dessen schlimmste Frucht die ebenso fanatisierte Abwehrreaktion des weißen Bürgertums ist.

Schon hatte King für Ende April die Vorbereitungen zu einem großen »Marsch des armen Volkes« in Washington getroffen, der den Kongress aufrütteln sollte. Die militante Gewaltlosigkeit des Nobelpreisträgers aus Atlanta, sein immer ausgeprägterer Einsatz für sozialpolitische Forderungen der Farbigen nach dem langen Ringen um ihre Gleichstellung im rechtlichen Bereich stand vor der Bewährungsprobe gegen die militante Gewalttätigkeit. Sie musste zeigen, ob die Emanzipation der farbigen Minderheit von 22 Millionen als ein Werk ganz Amerikas gelingen oder als ein Unternehmen gegen das weiße Amerika scheitern würde.

Am Abend vor dem Mord sprach King von seinem Lebensende

Der Kreuzweg, an den sich King begeben hatte, führte zu seiner Kreuzstätte. Er hatte sie erahnt. Manche vorangegangene Drohung, einen Bombenanschlag gegen sein Haus, die Zusammenstöße mit rabiaten Sheriffs und Staatspolizisten, zwei Dutzend Inhaftierungen und manchen Gefängnisaufenthalt in den vorangegangenen Jahren hatte er lächelnd, fast unbesorgt wieder abgeschüttelt. Aber in Memphis malte sich schon vor einer Woche Furcht in seinem Gesicht, als er die Unruhe der Menge hinter sich spürte, als ihm der tödliche Hass weißer Rassisten entgegenloderte.

Am Abend vor der Untat stand King vor seinen Gesinnungsfreunden und sprach davon, sein Leben könne zu Ende gehen, doch fürchte er das nicht. »Als ich nach Memphis kam, wurde mir von den Drohungen erzählt und davon, was mir einige unserer kranken weißen Brüder zufügen wollten. Gut, ich weiß nicht, was jetzt geschehen wird. Schwierige Tage liegen vor uns. Aber mich trifft das nicht. Denn ich habe auf dem Berge gestanden, mir soll es recht sein. Wie jedermann, so würde auch ich gern ein langes Leben leben.

Lange zu leben ist schon etwas. Doch das berührt mich im Augenblick wenig. Ich möchte den Willen Gottes erfüllen. Er hat mich auf den Berg geführt, und ich habe umhergeblickt, und ich habe das Gelobte Land gesehen. Mag sein, dass ich nicht zusammen mit euch dorthin gelange, aber heute Abend will ich euch sagen, dass wir als ein Volk das Gelobte Land erreichen werden. Ich bin heute Abend glücklich. Mich bedrückt nichts. Ich fürchte mich vor keinem Menschen. My eyes have seen the glory of the coming of the Lord.« Geradezu jubelnd sprach er diese letzten Worte.

Der Schuss traf Martin Luther King, als er im Hotel »Lorraine« in Memphis auf dem Balkon seines im zweiten Stockwerk gelegenen Zimmers stand, den Rücken halb der Straße zugekehrt, mit Freunden und Mitarbeitern die Pläne für den nächsten Protestmarsch besprechend. Er bot ein kaum zu verfehlendes Ziel. Die Kugel kam aus einem automatischen Jagdgewehr; der Schütze feuerte aus dem Badezimmer einer verkommenen Pension gegenüber und flüchtete. Zehn Minuten nach dem Anschlag war eine Ambulanz zur Stelle, doch bei der Ankunft im Krankenhaus war Dr. King tot – an der Halswunde verblutet.

Der Täter wurde als ein hochgewachsener Weißer mit spitzer Nase und sandfarbenem Haar beschrieben. Lyndon Johnson entsandte seinen Justizminister Ramsay Clark nach Memphis; dort soll er die Fahndung gemeinsam mit der städtischen Mordkommission und Beamten des FBI leiten. Clark versicherte, die Spuren würden bald zur Ermittlung des Schützen führen. Die Stadt setzte eine Belohnung von 150 000 Dollar zur Aufklärung des Verbrechens aus. Senator Robert Kennedy charterte ein Flugzeug für die Überführung der Leiche Kings nach Atlanta.

Präsident Johnson proklamierte den Sonntag zum nationalen Trauer- und Gebetstag. Nach der Beisetzung Kings appellierte der Präsident an den Kongress, mit neuen Bürgerrechtsgesetzen etwas für die Farbigen zu tun.

Die Witwe jedoch, Frau Coretta King, gefasst und ergeben, bat ihre Mitmenschen, der Lehre ihres Mannes treu zu bleiben. Vor fünfzehn Jahren hat sie, die Musikstudentin, den Doktor der Philosophie und Ehrendoktor der Theologie geheiratet; vier Kinder, zwei Jungen und zwei Mädchen, hat die Ehe hervorgebracht. Frau Coretta half ihrem Mann durch die Turbulenzen seines Kampfes um das Recht der Rassegenossen. Jetzt trägt sie stumm das Märtyrertum des Ermordeten.

Die Analogien zum Mord an John F. Kennedy sind erschreckend. Den Amerika-

King mit seiner Frau Coretta

nern war das von dem Augenblick an klar, da die Nachricht aus Memphis kam. Das gesittete Amerika schaudert vor sich selbst zurück. Der Fernsehkommentator der NBC, Chet Huntley, bemerkte anklagend in seinem Abendkommentar, dieses Amerika, schon so vielen Verdächtigungen und Schmähungen ausgesetzt, werde nun wohl als »eine Nation von Killern« erscheinen. Ein Beben geht durch das Volk, das stärker ist als das der Nächte des Aufruhrs und des Brennens. Eine moralische Nation – bedrückt, erdrückt von der Last der Unmoral. Doch daneben auch schweigende, hämische Genugtuung. Die Saat des Rassenwahnes ist aufgegangen. Wird aus dem Wahn Selbstreinigung und Selbstbesinnung wachsen?

Martin Luther King stand im Widerspruch zu einer Umgebung, die der brutalen Gewalttätigkeit als einer missdeuteten Reminiszenz an Pioniertum und überschüssiger Kraft frönt. Er studierte Hegel und Kant, doch seine bevorzugte Jugendlektüre waren die Bücher Tolstois und die Werke, die das Leben Mahatma Gandhis beschrieben. Von Gandhi übernahm er die Lehre der Gewaltlosigkeit, wie er von seinem Vater, der ihn nach dem deutschen Reformator Martin Luther getauft hatte, das Amt des Baptistenpredigers in der Ebenezer-Kirche zu Atlanta übernahm. Nicht nur Einsicht in die Hilflosigkeit der schwarzen Amerikaner bestimmten seine Wendung zur Gewaltlosigkeit; Überzeugung und praktische Vorstellungen flossen dabei zusammen.

»Die direkte gewaltlose Aktion«, so schreibt King in einem letzten, erst nach seinem Tod veröffentlichten Aufsatz, »hat es dem Neger ermöglicht, im aktiven Protest auf die Straße zu gehen, doch das verstopfte die Gewehrläufe des Unterdrückers, weil nicht einmal er bei Tageslicht unbewaffnete Männer, Frauen und Kinder niederschießen konnte. Daher haben zehn Jahre des Protestes im Süden weniger Menschenleben gekostet als zehn Tage des Aufruhrs im Norden.«

Nach diesem pragmatischen Leitsatz verfuhr King, als er in Memphis dafür kämpfte, den Negern ihre von der Verfassung gewährleisteten Rechte einzuräumen, beim Streik gegen die Rassentrennung in den öffentlichen Verkehrsmitteln – bis zu ihrer Integration, mit Sitzstreiks und Demonstrationen in Birmingham, mit dem Marsch für das Wahlrecht in Selma, mit ungezählten anderen Aktionen. Ihm half seine außergewöhnliche rhetorische Begabung, die ihm zum bedeutendsten Redner Amerikas machte. Seine Bilder wählte er aus der Bibel wie aus dem Alltag; er redete ziseliert im Stil, mitreißend durch die eindringliche Stimme. Ein großer Organisator war er nicht, doch scharte er in der »Southern Christian Leadership Conference«, der Sammlungsbewegung christlichen Führertums im Süden, einen Stab von Geistlichen um sich, die ihm halfen.

Schwarze Extremisten wollten ihn als Kollaborateur der Weißen abstempeln

Es gibt eine überbetonte Demut des Christen, die in die Arroganz unantastbarer Gerechtigkeit umschlagen kann; von ihr war ein Hauch auch an Martin Luther King zu spüren. Das Monument des konservativ selbstgefälligen Amerika, Edgar Hoover, der Direktor des Bundeskriminalamtes FBI, nannte King einmal den größten

Heuchler und Lügner des Landes. Der Pastor hielt die andere Wange zum Streich hin und verzieh Hoover öffentlich, eine Spur zu verstehend. Darum wollten ihn die Extremisten der Black-Power-Bewegung zu einem »Onkel Tom« abstempeln, zu einem Kollaborateur des Weißen.

In seinen letzten Jahren bewies King angesichts dieser Anwürfe stählernen Charakter und wirkliche Selbstüberwindung. Wie einfach wäre es gewesen, der Versuchung zu erliegen und vom großen Mahner und Reformator des amerikanischen Lebens in die Rolle des großen Anklägers überzuwechseln! King tat dies nicht, er blieb sich und seinem Vorbild treu. Er wollte Amerikaner sein und nicht Farbiger, wollte die Amerikaner zusammenführen, nicht den trennenden Graben erweitern.

Im Jahre 1964 wurde ihm der Friedensnobelpreis verliehen, weil er so viel für die Befriedung seiner Nation getan hat; er war nach dem Diplomaten Ralph Bunche der zweite amerikanische Neger, der diese Auszeichnung erhielt. King empfand dies als verpflichtenden Ansporn. Danach trat er auch als streitbarer Pazifist auf, als entschiedenster Gegner des Krieges in Vietnam. Er war überzeugt, dass dieser Krieg die innere Befriedung Amerikas vereiteln werde.

In einer Predigt hat Martin Luther King einmal den Wunsch geäußert, man möge sich seiner eines Tages als eines Menschen erinnern, der nach der Bergpredigt habe leben wollen: »Ich möchte kein langes Begräbnis. Wer meinen Nachruf spricht, soll kurz reden. Er soll meine dreihundert oder vierhundert Auszeichnungen nicht erwähnen. Doch ich möchte, dass er erwähnt, Martin Luther King habe sich bemüht, seine Nächsten zu lieben, er habe danach gestrebt, die Hungrigen zu sättigen und die

160

King mit Nobelpreismedaille

Nackten zu kleiden. Er möge sagen, dass ich versucht habe, der Menschheit zu dienen.«

Wenn Amerika diesen Wunsch des Pastors King achtet, wenn sein Tod den Ansporn gibt, von guten Vorsätzen zu großen Taten zu schreiten, nur dann wäre der Nachruf wahrhaftig gerechtfertigt: Martin Luther King hat nicht umsonst gelebt, und er ist nicht vergeblich gestorben. *12. April 1968*

siehe auch

- **Bürgerrechtsbewegung**
- **Gandhi, Mahatma**
- **Vereinigte Staaten von Amerika**
- **ziviler Ungehorsam**